에듀윌과 함께 시작하면,
당신도 합격할 수 있습니다!

막막하고 불안한 마음을
기본서 40회독으로 극복해 합격한 취준생

취업 후 경비원 관리직 승진을 위해 도전하여
첫 시험에 합격한 20대 경비원

정년을 앞두고 제2의 인생을 위해 공부하여
7개월 만에 동차 합격한 직장인

누구나 합격할 수 있습니다.
해내겠다는 '다짐' 하나면 충분합니다.

마지막 페이지를 덮으면,

**에듀윌과 함께
경비지도사 합격이 시작됩니다.**

경비지도사 1위

만점합격자 5인 배출
합격 후기로 검증된 교재

전○준 에듀윌 경비지도사 합격자(男, 전역군인)

2차 시험 만점으로 인생 2막의 시작!

처음 혼자 학습할 때는 많은 어려움이 있었으나, 에듀윌과 학습한 이후에는 교수님들께서 공부 방향성과 핵심 포인트를 찍어주셔서 요점을 확실하게 정리할 수 있었습니다. 특히, 어상일 교수님께서 행정형벌과 과태료를 혼합한 문제가 반드시 나올 거라고 예상하셨는데 실제로 출제되었고, 이근명 교수님께서 "기본에 충실하면 어떠한 문제가 나오더라도 해결할 수 있다."라고 하셨던 말씀이 시험 중 떠올라 생소한 문제도 두려움 없이 해결하여 만점의 영광을 얻을 수 있었습니다.

김○환 에듀윌 경비지도사 합격자(男, 경찰공무원)

직장생활과 육아를 병행하며 2차 시험 만점!

직장생활과 육아를 하며 또 부상에 시달리며 포기해야 하나 고민했지만, 에듀윌 커리큘럼을 끝까지 믿어보았습니다. 강의는 세 번은 무조건 들어야 한다고 생각했습니다. 두 번째까지는 다 아는 내용 같아 또 들을 필요 없을 것 같았지만, 세 번째 듣는 강의에서 같은 내용을 심층적으로 이해하고 다른 파트와 연계하여 흐름을 정리할 수 있게 되었습니다. 기본서 위주로 이해와 암기를 병행하여 실수 없이 만점을 받을 수 있었다고 생각합니다.

우○빈 에듀윌 경비지도사 합격자(男, 대학생)

2차 시험 만점으로 경찰의 꿈에 한 걸음 더!

에듀윌의 커리큘럼은 이론부터 기출, 실전 모의고사, 고득점, 개정법령 특강까지 준비되어 있어서 기본부터 심화까지 흐름을 잡을 수 있었습니다. 특히 고득점 특강 자료는 꽤 많은 분량이었는데, 헷갈리는 부분이 정리되어 있어 공부하는 데 가장 큰 도움이 되었습니다. 시험 전에는 개정법령 특강으로 개정된 법을 숙지하고, 온라인 모의고사 응시로 시험 전 점수를 예측할 수 있어 좋았습니다. 이렇게 시험 직전까지 수험생들을 챙겨주는 에듀윌 덕분에 합격할 수 있었습니다.

다음 합격의 주인공은 당신입니다!

더 많은 합격스토리

* 2021년 제23회 경비지도사 2차 시험 만점합격자 5인 배출

에듀윌 경비지도사

회원 가입 시
100% 무료 혜택 제공

가입 즉시, 경비지도사 공부에 필요한 모든 걸 드립니다!

무료 혜택 1	무료 혜택 2	무료 혜택 3	무료 혜택 4	무료 혜택 5
경비지도사 합격필독서	경비지도사 초보수험가이드	전과목 이론강의 0원	최신 기출문제 &해설특강	온라인 모의고사
	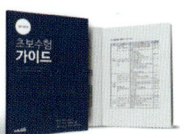			
합격에 꼭 필요한 내용만 담은 합격필독서 *PDF로 제공함	최신 정보&합격 비법 수험가이드 *PDF로 제공함	1, 2차 전과목 기본 이론 강의 무료수강 (3일) *신규가입 회원에 한함	전문 교수진의 꼭 필요한 기출문제 핵심 무료 특강	확실한 실력 체크 무료 온라인 모의고사 *별도 모의고사 신청페이지 오픈 시 확인 가능

더 많은 무료 혜택

eduwill

* 본 혜택의 경로와 내용은 예고 없이 변경되거나 대체될 수 있습니다.

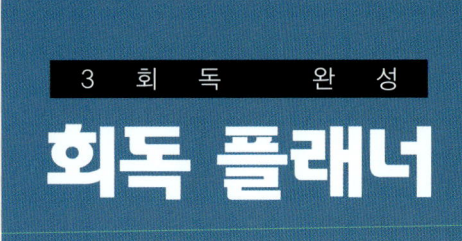

회독 플래너

| 회독 플래너 활용 TIP |
1. 이론 학습 후 회독표에 학습한 날짜를 기록하세요!
2. 〈3회독 워크북〉을 통해 취약한 절을 파악하고, 〈회독 플래너〉를 통해 반복 학습해 보세요.

파트	챕터	절	1회독	2회독	3회독
PART 1 경비업법	CH 01 총칙	01 경비업법의 연혁	__월 __일 ☐	__월 __일 ☐	__월 __일 ☐
		02 경비업법의 목적	__월 __일 ☐	__월 __일 ☐	__월 __일 ☐
		03 용어 정의	__월 __일 ☐	__월 __일 ☐	__월 __일 ☐
	CH 02 경비업의 허가 등	01 경비업 허가	__월 __일 ☐	__월 __일 ☐	__월 __일 ☐
		02 경비업 허가신청	__월 __일 ☐	__월 __일 ☐	__월 __일 ☐
		03 경비업자의 의무	__월 __일 ☐	__월 __일 ☐	__월 __일 ☐
	CH 03 경비지도사와 경비원	01 경비지도사	__월 __일 ☐	__월 __일 ☐	__월 __일 ☐
		02 경비원	__월 __일 ☐	__월 __일 ☐	__월 __일 ☐
	CH 04 행정처분 등	01 경비업 허가의 취소 등	__월 __일 ☐	__월 __일 ☐	__월 __일 ☐
		02 경비지도사 자격의 취소 등	__월 __일 ☐	__월 __일 ☐	__월 __일 ☐
		03 청문	__월 __일 ☐	__월 __일 ☐	__월 __일 ☐
	CH 05 경비협회	01 경비협회	__월 __일 ☐	__월 __일 ☐	__월 __일 ☐
		02 공제사업	__월 __일 ☐	__월 __일 ☐	__월 __일 ☐
	CH 06 보칙	01 감독 등	__월 __일 ☐	__월 __일 ☐	__월 __일 ☐
		02 위임 등	__월 __일 ☐	__월 __일 ☐	__월 __일 ☐
	CH 07 벌칙	01 벌칙	__월 __일 ☐	__월 __일 ☐	__월 __일 ☐
		02 과태료	__월 __일 ☐	__월 __일 ☐	__월 __일 ☐
PART 2 청원경찰법	CH 01 총칙	01 청원경찰제도의 의의	__월 __일 ☐	__월 __일 ☐	__월 __일 ☐
		02 청원경찰법의 목적 및 정의	__월 __일 ☐	__월 __일 ☐	__월 __일 ☐
		03 청원경찰의 직무 등	__월 __일 ☐	__월 __일 ☐	__월 __일 ☐
	CH 02 청원경찰의 배치	01 청원경찰의 배치신청	__월 __일 ☐	__월 __일 ☐	__월 __일 ☐
		02 청원경찰의 배치통보 등	__월 __일 ☐	__월 __일 ☐	__월 __일 ☐
	CH 03 청원경찰의 임용	01 청원경찰의 임용	__월 __일 ☐	__월 __일 ☐	__월 __일 ☐
		02 청원경찰의 교육	__월 __일 ☐	__월 __일 ☐	__월 __일 ☐
	CH 04 청원경찰경비 등	01 청원경찰경비	__월 __일 ☐	__월 __일 ☐	__월 __일 ☐
		02 청원경찰의 복제 및 무기관리	__월 __일 ☐	__월 __일 ☐	__월 __일 ☐
	CH 05 감독 등	01 감독 등	__월 __일 ☐	__월 __일 ☐	__월 __일 ☐
		02 면직 및 징계	__월 __일 ☐	__월 __일 ☐	__월 __일 ☐
	CH 06 과태료와 벌칙 등	01 벌칙	__월 __일 ☐	__월 __일 ☐	__월 __일 ☐
		02 기타	__월 __일 ☐	__월 __일 ☐	__월 __일 ☐

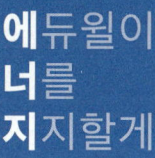

에듀윌이
너를
지지할게

ENERGY

시작하라. 그 자체가 천재성이고,
힘이며, 마력이다.

– 요한 볼프강 폰 괴테(Johann Wolfgang von Goethe)

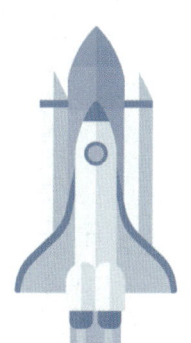

에듀윌 경비지도사

2차 경비업법

한권끝장 + 기출특강

경비지도사 시험, POINT 5

경비지도사란?

사회 다변화 및 범죄 증가에 효과적으로 대응해 경찰력의 보완적 역할을 하고자 발생된 민간경비의 경비원입니다. 즉 경비지도사 자격증은 사람의 신변보호, 국가중요시설의 방호, 시설에 대한 안전 업무를 담당하는 경비원을 효율적으로 관리·감독할 수 있는 전문인력을 양성하기 위해 도입한 자격 제도입니다. 그리고 경비지도사는 일반경비지도사와 기계경비지도사로 나뉘며, 무엇을 선택하는가에 따라 시험 과목과 합격 후 담당 업무가 달라집니다.

❶ 일반경비지도사: 시설경비업무, 호송경비업무, 신변보호업무, 특수경비업무, 혼잡·교통유도경비업무에 종사하는 경비원을 지도·감독 및 교육
❷ 기계경비지도사: 기계경비업무에 종사하는 경비원을 지도·감독 및 교육

Point 1 응시자격

응시자격 없음.
[단, 「경비업법」 제10조 제1항에 따른 결격사유에 해당하는 자는 경비지도사 또는 일반경비원이 될 수 없습니다. 자세한 결격사유는 담당 사이트(큐넷 경비지도사)에서 확인할 수 있습니다.]

Point 2 시험 과목 및 방법

구분	교시	과목 구분	일반 경비지도사	기계 경비지도사	문항 수	시험 시간	시험 방법
1차 시험	1	필수	1. 법학개론 2. 민간경비론		과목당 40문항 (총 80문항)	80분 (09:30~10:50)	객관식 4지택일형
2차 시험	2	필수	경비업법(청원경찰법 포함)			80분 (11:30~12:50)	
		선택 (택 1)	1. 소방학 2. 범죄학 3. 경호학	1. 기계경비개론 2. 기계경비기획 및 설계			

Point 3 합격 기준

구분	합격 기준
1차 시험	매 과목 100점을 만점으로 하여 매 과목 40점 이상, 전 과목 평균 60점 이상 득점한 자
2차 시험	· 선발 예정 인원의 범위 안에서 전 과목 평균 60점 이상을 득점한 자 중에서 고득점 순으로 결정 · 동점자로 인하여 선발 예정 인원이 초과되는 때에는 동점자 모두를 합격자로 결정

※ 1차 시험 불합격자는 2차 시험을 무효로 처리
※ 1차 시험에 합격한 경우 다음 회 시험에 한해 1차 시험 면제
※ 기계경비 또는 일반경비지도사 자격증을 소지한 자가 일반경비 또는 기계경비지도사 시험에 응시할 경우 계속해서 1차 시험 면제

Point 4 자격증 교부 방법 및 활용 방법

(1) 자격증 교부 방법

40시간 기본교육 수료 → 교육수료증 발급 → 교육기관에서 경찰청으로 교육수료자료 송부 → 경찰청 심의 → 경찰청장 명의의 경비지도사 자격증 발급 완료

(2) 자격증 활용 방법

 사설경비업체, 공항 등 취업 상위직급 승진, 경비지도사 의무배치 시행으로 수요 증가

 · 경찰공무원 채용시험 시 가산점 **4점** 부여
· 경찰공무원 승진시험 시 가산점 **0.3점** 부여

 관련 학과 학점 인정 (경찰행정, 경호학과 등 **20학점** 인정)

Point 5 2024년 제26회 경비지도사 시험일정

시험일	2025. 11. 15. (토) * 1차 · 2차 시험 동시 실시
접수 기간	2025. 09. 22.~2025. 09. 26. * 특별추가 접수 기간 : 2025. 10. 30.~2025. 10. 31.
의견 제시 기간	• 1차: 2025. 11. 15.~2025. 11. 21. • 2차: 미정
합격자 발표일	2025. 12. 31.~

※ 시행기관: 한국산업인력공단
※ 응시수수료: 28,000원(1차 · 2차 시험 동시 응시) / 제1차 시험 면제자(제2차 시험만 응시): 18,000원
※ 접수처: 큐넷 경비지도사(www.q-net.or.kr/site/security)
 * 상기 시험일정은 사전 공고내용으로, 확정 공고 및 원서접수에 대한 자세한 내용은 7월 말~8월 중 담당 사이트(큐넷 경비지도사)에서 확인하시기 바랍니다.

13개년 기출분석으로 보는 경비업법

| 최근 13개년 챕터별 출제 비중

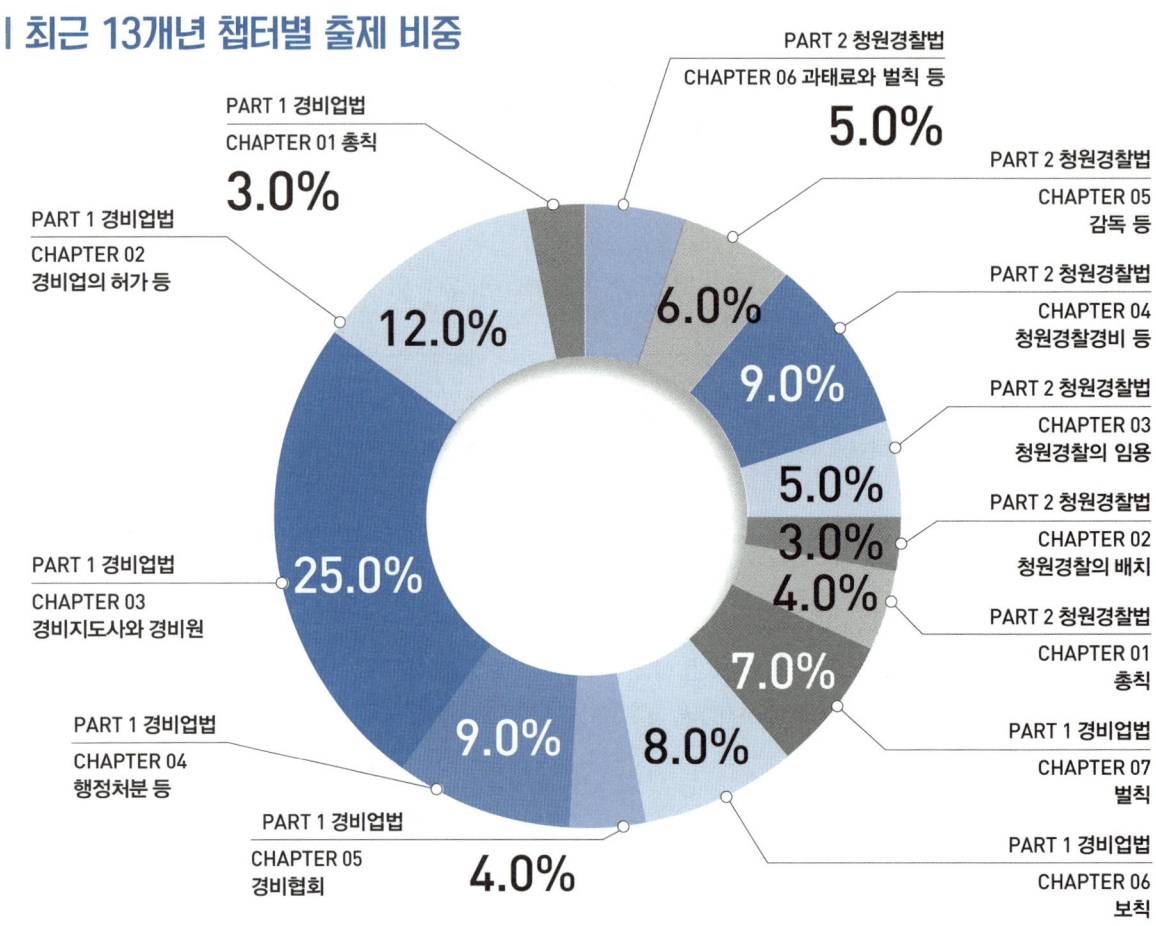

최근 13개년 출제분석 POINT2!

☞ **매년 출제되는 챕터가 있다.**

PART 1 경비업법 CHAPTER 01에서 용어 정의와 집단민원현장, CHAPTER 02에서 허가신청과 법인임원의 결격사유, 기계경비업자의 의무가 거의 매년 출제되었습니다. PART 2 청원경찰법 CHAPTER 01의 청원경찰의 교육, CHAPTER 02의 임용절차, CHAPTER 03의 경비 및 지급, CHAPTER 04의 징계, CHAPTER 05의 과태료 등도 중요하게 출제되고 있습니다.

☞ **개정된 내용은 반드시 출제된다.**

지난 시험들을 토대로 개정된 법과 관련된 내용은 반드시 출제되는 출제경향을 알 수 있습니다. 법조항에 근거한 학습이 필요하며 시험 직전까지 시험일 기준의 법 개정과 관련한 문제에 유의해야 합니다.

· 제14회~제26회 기출문제 기준

최근 13개년 출제문항 수

구분				14회	15회	16회	17회	18회	19회	20회	21회	22회	23회	24회	25회	26회
경비업법	총칙	경비업 정의, 집단민원현장		2	1	2	1	2	2	2			1	1	1	1
	경비업의 허가 등	경비업 허가				1	1						1	1		
		경비업 허가신청	허가신청	1	3	2	3	1	3	1	2	2	1	1	1	2
			법인임원의 결격사유	1			1	1	1	1	1	1	1		1	1
		경비업자의 의무	경비업자의 의무	1	1							1				1
			경비업 도급인 등의 의무				1									
			기계경비업자의 의무	1	1	1	1	2	1	1	1	1	1	1		
	경비지도사와 경비원	경비지도사	결격사유	1	2		2				1	1				
			경비지도사 시험	1	1			1	1	1		1	1	1	1	
			자격증 교부			1	1									
			경비지도사 선임 및 직무	3	1	1		1	2	1	1	1	1	1	1	1
		경비원	경비원 등의 의무	1	1	1	1		1	2	1	1	1	2	1	
			경비원의 교육 등	3	1		1	1	2	1	1	1	1	1	1	
			특수경비원 직무 및 무기	1	2		1	1	1	2	1	1	1	1	1	1
			복장 및 장비	1	1	2	1			1	2	1	1	2	1	2
			명부 및 배치허가 등	1	1	3	1	2	1	1	1	1	3	2	2	2
			범죄경력조회 등		1	1		1		1		1		1	1	1
			비치장부	1		1			1							
	행정처분 등	경비업허가의 취소 등		3	1	1	2	2	1	1	1	2	3	1	2	1
		경비지도사자격의 취소 등		1	1	2		2	1	1	2	2	1	1	1	1
		청문			1	1	1	1	1	1	1			1	1	1
	경비협회	설립과 업무 등		1	1	1	1	1	1	1	1	2		1	1	1
		공제사업					1	1	1	1	1	1	1	1	1	1
	보칙	감독 등	지도, 감독 등	1	1	1	2	2	2	1	1	2	1	2		1
		위임 등	위임 및 위탁		2	1		1	1	2	2	1	2	1	1	2
			수수료		1		1		1				1		1	1
			민감정보 및 고유식별정보					1						1		1
			규제의 재검토									1			1	
	벌칙	벌칙	벌칙		1	2	1	1	1	2	2	1	2	1	1	1
			형의 가중처벌	1	1	1	1		1	1		1	1	1	1	1
		과태료		1	1	1	1	1	1	1	1	1	1	1	1	1
청원경찰법	총칙	청원경찰법의 목적 및 정의				2				1	1		2	1	3	2
	청원경찰의 직무	청원경찰의 직무 등	청원경찰의 직무 및 근무요령	1	1	2	2				1		1	2	2	
			청원경찰의 신분 및 복무								1					
	청원경찰의 배치	청원경찰의 배치신청		1	1			1	1	1		2	1	1	1	1
		청원경찰의 배치폐지 등						1	1							
	청원경찰임용 등	청원경찰의 임용		1	1	1	2			1		2	1	1	1	1
		청원경찰의 교육		1	1	1	1	2	1	1	1	1				
	청원경찰경비 등	청원경찰경비	경비 및 지급시기	1	2	2	2	2	2	1	2	3		1	1	2
			보수산정		1		1		1	1			1	1		
		청원경찰의 무기관리	청원경찰의 복제					1	1	1	1		2			
			무기관리수칙	1	1	1	1				2	1		1	1	1
			무기지급제한	1		1		1								
	감독 등	감독 등		1			1		1	1	1		3	1	1	1
		면직 및 징계		1	1	1	1	1		1		1	1	2	1	2
		권한위임		2	1			1	2							
	과태료와 벌칙 등	과태료		1	1		1	1	1	1	1	1	2	1	1	2
	경비비치부책	공통적 비치부책		1	1	1	1	1	1	1	1			1	1	1
합계				40	40	40	40	40	40	40	40	40	40	40	40	40

지난 시험분석으로 27회 시험 미리보기

I 제26회 시험 총평

☑ 기본 개념 중심의 출제

법의 기본개념을 중심으로 출제되었습니다. 예년과 대부분 동일한 패턴으로 일반적인 개념내용을 묻는 문제의 비중이 많았으나, 옳은 문항의 개수를 묻는 문제가 출제된 점이 기존 출제 경향과 약간의 차이가 있었습니다.

☑ 법조문에 근거한 출제

경비업법(청원경찰법 포함) 자체의 특성상 법조문을 정확히 인지하는지에 관한 기본적 개념과 관련된 문제가 출제 되었습니다. 다만, 제26회 시험에 개정된 부분이 적게 반영되어 내년 시험에는 개정법 출제 가능성이 높다고 볼 수 있습니다.

I 제27회 합격전략

☑ 최근 기출문제 마스터 + 법 개정 이유 분석

기본서를 다독(多讀)하는 방법이 가장 기본적이며, 반드시 보조단의 심화학습이나 관련 용어 등을 함께 숙지하시기 바랍니다. 경비업법은 법 개정에 따른 내용을 제외하고는 같은 패턴의 유사 문제가 반복적으로 출제되기 때문에 최신 기출문제를 완벽히 이해하고 법 개정 이유를 분석하면서 공부하는 습관으로 학습 방향을 설정해야 합니다. 제27회 시험에는 법 개정부분이 많이 출제될 수 있으니 개정 부분에 초점을 맞추어 충분히 학습하세요.

> **With 에듀윌 기본서**
> 핵심이론과 기출문제로 학습한 내용을 점검하고, 제26회까지 반영된 기출 및 예상문제와 모의고사를 풀이한 후 오답노트를 작성해보세요.

☑ 법의 기본 체계 및 핵심용어 숙지

지엽적인 지문 관련 문제나 실무형 문제에 얽매이면 오히려 학습에 방해가 될 수 있습니다. 지금까지의 출제경향을 종합해보면 편협적인 부분에서 출제된 적은 거의 없습니다. 기본적인 체계와 개념, 그리고 핵심 조문을 기반으로 한 빈출 문항 유형에 익숙해질 수 있도록 학습해야 합니다.

> **With 에듀윌 기본서**
> 핵심이론 본문과 함께 수록된 심화학습, 개념 및 용어 설명을 꼭 숙지하여 개념을 충분히 익히세요.

시험 직전까지 개정되는 법령, 어떻게 하나요?

경비지도사 시험은 시험일 기준의 법령을 근거로 문제가 출제됩니다. 따라서 시험 당해 개정된 법령과 관련된 내용은 시험에 출제될 확률이 높습니다. 본 교재는 2025.02.11.까지 개정된 법령을 담고 있습니다. 해당일 이후에 개정된 법령은 아래의 안내를 참고해 반드시 확인하세요!

개정 법령, 이렇게 확인하세요!

1 | '국가법령정보센터(law.go.kr)'를 적극 활용하세요!

국가법령정보센터 홈페이지에서는 법령의 제목만 검색하면 개정 일시와 법령의 내용을 볼 수 있습니다.

2 | 법 개정 내용을 PDF로 확인하세요!

교재 내 QR코드 스캔 또는 '에듀윌 도서몰'을 통해 법 개정 내용을 확인할 수 있습니다.

▶ QR코드 스캔   교재 내 수록
▶ 도서몰 활용   에듀윌 도서몰(book.eduwill.net) 〉 도서자료실 〉 부가학습자료 〉 '경비지도사' 검색

시험 직전 에듀윌에서 개정 법령 특강을 무료로 제공합니다! (10월 중 오픈 예정)
▶ 에듀윌 경비지도사 홈페이지 바로가기   guard.eduwill.net

2차 시험 관련 주요 법령

구분	법령	시행일	구분	법령	시행일
경비업법	경비업법	2025.01.31.	집시법	집회 및 시위에 관한 법률	2021.01.01.
	경비업법 시행령	2025.01.31.		집회 및 시위에 관한 법률 시행령	2024.08.06.
	경비업법 시행규칙	2025.01.31.		집회 및 시위에 관한 법률 시행규칙	2024.07.30.
경찰관 직무집행법	경찰관직무집행법	2024.09.20.	청원경찰법	청원경찰법	2022.11.15.
	경찰관직무집행법 시행령	2024.12.27.		청원경찰법 시행령	2024.04.23.
대통령 경호법	대통령 등의 경호에 관한 법률	2025.06.04.		청원경찰법 시행규칙	2022.11.10.
	대통령 등의 경호에 관한 법률 시행령	2023.06.05.	통합방위법	통합방위법	2024.01.16.
	대통령경호안전대책위원회규정	2022.11.11.		통합방위법 시행령	2023.05.02.
	대통령경호처와 그 소속기관 직제	2023.12.29.	테러방지법	국민보호와 공공안전을 위한 테러방지법	2024.02.09.
형사법	형법	2024.02.09.		국민보호와 공공안전을 위한 테러방지법 시행령	2022.11.01.
	형사소송법	2025.01.17.		국민보호와 공공안전을 위한 테러방지법 시행규칙	2024.10.17.

한권으로 끝내는 경비업법 커리큘럼

STEP 1 CHAPTER별 학습TIP 및 출제비중으로 학습방향 설정

CHAPTER 01 총칙

최근 13개년 출제비중
3.0%

제1절 경비업법의 연혁
제2절 경비업법의 목적
제3절 용어 정의

학습 TIP
- ☑ 용어 정의에 관한 내용이 매년 출제되고 있으며, 용어정의는 경비업법 공부의 기초가 되기 때문에 단어 하나하나를 꼼꼼하게 숙지해야 한다.
- ☑ 출제되는 문제의 유형은 매년 유사하기에 기출문제를 중심으로 학습하는 것이 좋다.
- ☑ 부록 [워크북]의 '기출 빈칸노트' 형태로 개념정리를 반복하여 용어 정의를 반드시 숙지해야 한다.

POINT CHAPTER 내 절별 출제비중
- 01 경비업법의 연혁 ─ 0%
- 02 경비업법의 목적 ─ 0%
- 03 용어 정의 ─

13개년 기출데이터 기반의 학습TIP 제시, 절별 출제비중 산정

- 각 CHAPTER 학습 전, CHAPTER별 학습TIP과 절별 출제비중을 확인하시기 바랍니다.
- 이를 통해 어떤 부분을 더 강조해 학습할지 학습방향을 설정하시기 바랍니다.

＋최신 7개년 기출문제 해설특강

공부는 언제나 기출이 기본!
최고의 예상문제인 기출문제 해설특강으로
최신 출제경향을 완벽하게 파악할 수 있습니다.

※ 에듀윌 홈페이지 회원가입 시, 무료 수강이 가능합니다.

에듀윌 book.eduwill.net ＞ 동영상 강의실 ＞ '경비지도사' 검색

STEP 2 기초부터 심화까지, 회독하며 보는 완벽 이론

중요도 표시를 통한 강약조절학습
- 별의 개수에 따라 중요도를 한눈에 파악할 수 있습니다.
- 중요도가 높은 이론은 여러 번 반복하며 효율적인 학습이 가능합니다.

심화학습을 통한 보충이론학습
- 헷갈릴 수 있는 어려운 개념은 심화학습 코너에 따로 정리하였습니다.
- 한 번 더 정리하며 고난도 개념도 완벽하게 숙지할 수 있습니다.

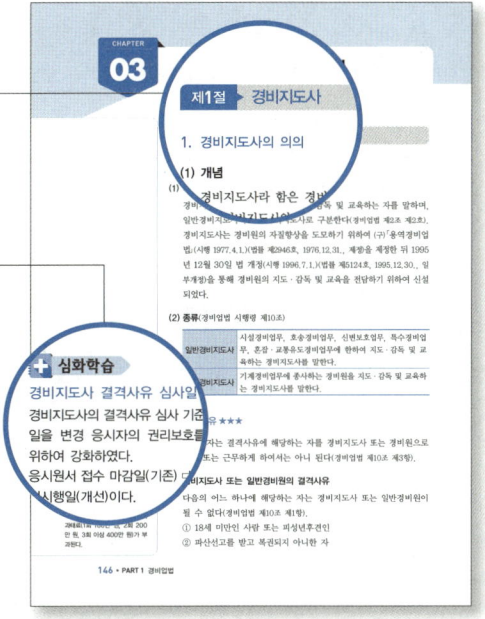

STEP 3 13개년 기출의 핵심만 엄선한 출제 예상문제

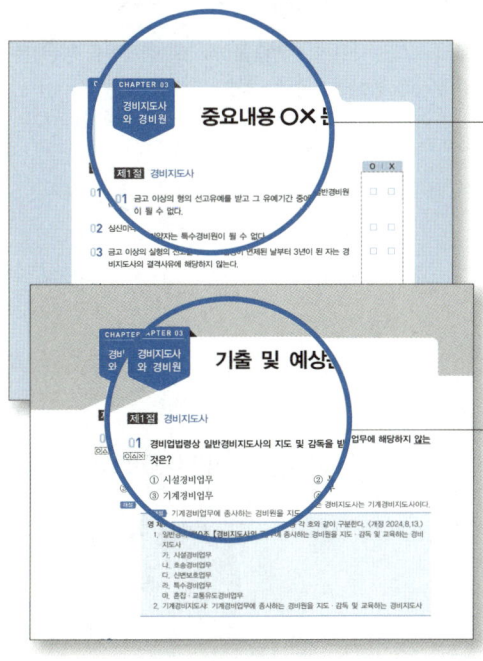

중요내용 OX 문제
중요내용 OX 문제를 통해 시험에 출제될 수 있는 보기 문항들을 미리 살펴보고 익힐 수 있습니다.

기출 및 예상문제
- 13개년 출제분석을 통해 다시 시험에 나올 기출문제만 엄선하였습니다.
- 최신 출제경향에 맞는 예상문제를 함께 수록하여 확실한 개념정리가 가능합니다.

한권으로 끝내는 경비업법 커리큘럼

STEP 4 기본서의 이해를 돕는 3회독 워크북

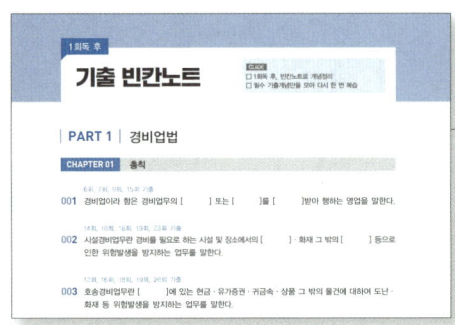

개념정리: 기출 빈칸노트

1회독 후, 필수로 알아 두어야 하는 기출개념만 주관식으로 풀어 보며 확실히 복습하세요.

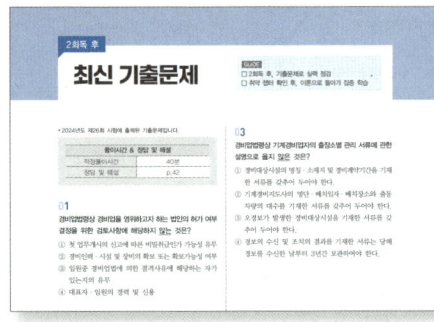

문제풀이: 최신 기출문제

2회독 후, 2024년 기출문제를 풀어 보며 실력을 점검하세요. 문제풀이로 취약챕터를 재점검해 집중적으로 학습하세요.

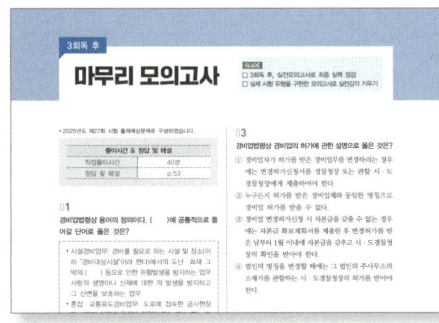

실전연습: 마무리 모의고사

3회독 후, 마무리 모의고사로 실전연습을 하세요. 출제확률 높은 문제만 모아 실전감각을 확실히 익힐 수 있습니다.

➕ 회독 플래너

학습 효율을 높이는 회독 플래너

- 목표와 일정을 세울 수 있는 플래너를 함께 활용하면 더욱 효과가 좋습니다.
- 이론 학습 후 워크북을 사용하며 회독표에 학습한 날짜를 기록하세요.

만점 합격생이 소개하는 경비지도사 학습 TIP!

대학생 합격자 문**님
▶ 2017년 1차 시험 합격
▶ 2018년 2차 시험 만점 합격

 수험생

합격까지 학습기간은 얼마나 되나요?

 합격생

1차 시험은 평균 점수에만 도달하면 되기 때문에 한 달의 시간을 가지고 공부했고, 고난도인 2차 시험은 5개월 정도의 학습기간을 잡고 공부했습니다.

저는 경호학을 전공해서 기본 배경 지식을 갖추고 있었지만, 그렇지 않은 경우 학습 기간을 조금 더 길게 잡아도 좋을 것 같습니다.

 수험생

만점자만의 학습 노하우가 있다면 무엇일까요?

 합격생

가장 효과적이었던 학습방법은 책을 반복해 학습하며 암기하는 것과 기출문제를 주관식처럼 푸는 방법입니다.

❶ **먼저 기본서를 정독하세요.** 이해가 되지 않는 부분도 전체 내용의 뼈대를 세우는 과정이라 생각하며 정독하세요. 이 과정을 반복하다 보면 내용에 대한 이해도가 높아지고, 정독하는 시간이 점점 짧아집니다.

❷ **기출문제를 주관식처럼 풀어보세요.** 처음에는 기출문제의 답을 책에 표시하지 않고, 이면지 등을 활용하며 여러 번 반복해서 풀어보세요. 이 과정을 반복한 후에는 문제를 보고 주관식으로 답을 적어 보세요. 객관식과 다르게 개념을 확실히 정립할 수 있고, 반복되는 문제 풀이로 중요 포인트가 자연스럽게 정리됩니다.

 수험생

합격 후, 경비지도사 자격증은 어떻게 활용하나요?

 합격생

저는 자격증 취득 후에 현재는 경비지도사로 활동하고 있습니다. 반드시 경비지도사로 활동하지 않아도 취업 가산점을 받는 등 더욱 다양한 분야로 진출이 가능합니다!

차례

PART 1 경비업법

CHAPTER 01 총칙

제 1 절	경비업법의 연혁	18
제 2 절	경비업법의 목적	20
제 3 절	용어 정의	21
	■ 중요내용 OX 문제	31
	■ 기출 및 예상문제	32

CHAPTER 02 경비업의 허가 등

제 1 절	경비업 허가	46
제 2 절	경비업 허가신청	47
제 3 절	경비업자의 의무	68
	■ 중요내용 OX 문제	78
	■ 기출 및 예상문제	82

CHAPTER 03 경비지도사와 경비원

제 1 절	경비지도사	146
제 2 절	경비원	184
	■ 중요내용 OX 문제	249
	■ 기출 및 예상문제	255

CHAPTER 04 행정처분 등

제 1 절	경비업 허가의 취소 등	366
제 2 절	경비지도사 자격의 취소 등	373
제 3 절	청문	377
	■ 중요내용 OX 문제	379
	■ 기출 및 예상문제	381

CHAPTER 05 경비협회

제 1 절	경비협회	420
제 2 절	공제사업	421
	■ 중요내용 OX 문제	424
	■ 기출 및 예상문제	426

CHAPTER 06 보칙

제 1 절	감독 등	444
제 2 절	위임 등	446
	■ 중요내용 OX 문제	452
	■ 기출 및 예상문제	453

CHAPTER 07 벌칙

제 1 절	벌칙	482
제 2 절	과태료	488
	■ 중요내용 OX 문제	495
	■ 기출 및 예상문제	497

PART 2 청원경찰법

CHAPTER 01 총칙

제 1 절	청원경찰제도의 의의	544
제 2 절	청원경찰법의 목적 및 정의	545
제 3 절	청원경찰의 직무 등	548
	■ 중요내용 OX 문제	552
	■ 기출 및 예상문제	554

CHAPTER 02 청원경찰의 배치

제 1 절	청원경찰의 배치신청	576
제 2 절	청원경찰의 배치통보 등	580
	■ 중요내용 OX 문제	584
	■ 기출 및 예상문제	586

CHAPTER 03 청원경찰의 임용

제 1 절	청원경찰의 임용	604
제 2 절	청원경찰의 교육	611
	■ 중요내용 OX 문제	614
	■ 기출 및 예상문제	616

CHAPTER 04 청원경찰경비 등

제 1 절	청원경찰경비	638
제 2 절	청원경찰의 복제 및 무기관리	647
	■ 중요내용 OX 문제	659
	■ 기출 및 예상문제	662

CHAPTER 05 감독 등

제 1 절	감독 등	702
제 2 절	면직 및 징계	706
	■ 중요내용 OX 문제	716
	■ 기출 및 예상문제	718

CHAPTER 06 과태료와 벌칙 등

제 1 절	벌칙	752
제 2 절	기타	757
	■ 중요내용 OX 문제	761
	■ 기출 및 예상문제	763

PART 1 경비업법

CHAPTER 01 총칙

제1절 경비업법의 연혁
제2절 경비업법의 목적
제3절 용어 정의

최근 13개년 출제비중

3.0%

학습 TIP

- ☑ 용어 정의에 관한 내용이 매년 출제되고 있으며, 용어 정의는 경비업법 공부의 기초가 되기 때문에 단어 하나하나를 꼼꼼하게 숙지해야 한다.
- ☑ 출세되는 문제의 유형은 매년 유사하기에 기출문제를 중심으로 학습하는 것이 좋다.
- ☑ 부록 [워크북]의 '기출 빈칸노트' 형태로 개념정리를 반복하여 용어 정의를 반드시 숙지해야 한다.

POINT CHAPTER 내 절별 출제비중

01	경비업법의 연혁	0%
02	경비업법의 목적	0%
03	용어 정의	100%

CHAPTER 01 총칙

최신 개정 법령 확인

제1절 경비업법의 연혁

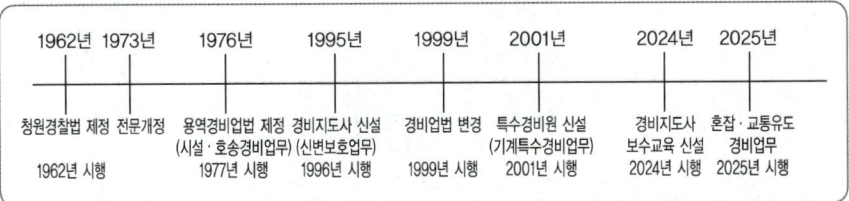

1. 경비업법의 태동

1962년 「군납촉진에 관한 임시조치법」(법률 제979호)에 근거해 경비용역을 제공하여 「용역경비업법」의 태동에 기여하면서부터 우리나라 최초의 현대적 민간경비가 시작되었다.

2. 용역경비업법의 제정

1970년대 들어 새마을운동 등으로 인한 산업화와 도시화에 따른 사회적 병리현상인 강력범죄발생의 급격한 증가와 대간첩 작전, 사회의 빈곤 등 국민치안에 대한 공경비의 한계 등으로 인해 민간경비업자를 활성화하여 국민의 안녕을 도모하자는 일환으로 최초의 관련 법률이 제정되었다. 산업시설·공공시설·사무소 등 기타 경비를 요하는 시설물의 경비업을 할 수 있도록 용역경비업에 관한 사항을 정하여 용역경비업무의 실시에 적정을 기하려는 목적하에 제정되었다. 1976년 「용역경비업법」이 제정되어 용역경비업은 법인만이 영위할 수 있도록 하였고, 용역경비업을 경영하고자 하는 자는 서울특별시장·부산시장 또는 도지사의 허가를 받도록 하면서 민간경비업에 대한 규율이 시작되었다.

3. 경비업법의 주요 내용

(1) 제명변경(시행 1999.10.1.)(법률 제5940호, 1999.3.31., 일부개정)

「행정규제기본법」에 의한 규제정비계획에 따라 경비지도사의 자격 등과 관련된 규정을 합리적으로 조정하고, 설립과 가입이 강제되던 용역경비협회 관련 규정을 정비하는 등 용역경비업과 관련된 과도한 규제를 개선·완화하면서 제명을 「용역경비업법」에서 「경비업법」으로 변경하였다.

(2) 경비지도사 제도 도입(시행 1996.7.1.)(법률 제5124호, 1995.12.30., 일부개정)

사설경비업을 용역경비업의 한 분야로 흡수하고, 경비원의 자질향상을 도모하기 위하여 경비원의 지도·감독 및 교육을 전담하는 경비지도사 제도를 신설하였다. 그리고 용역경비업을 건전하게 육성하기 위하여 현행법에 나타난 일부 미비점을 보완하려 하였다.

(3) 벌칙적용에서 공무원 의제 도입(시행 2019.4.16.)(법률 제16316호, 2019.4.16., 일부개정)

경비지도사의 시험 및 교육에 관한 업무를 위탁받은 기관 또는 단체의 임직원은 그 업무를 수행함에 있어 공무원과 유사한 정도의 공정성과 청렴성이 요구되므로 「형법」 제129조부터 제132조[제129조(수뢰, 사전수뢰), 제130조(제삼자뇌물제공), 제131조(수뢰후부정처사, 사후수뢰), 제132조(알선수뢰)]까지의 규정에 따른 벌칙을 적용할 때 공무원으로 의제하려는 것이다.

(4) 특수경비원의 당연퇴직 도입(시행 2022.11.15.)(법률 제19021호, 2022.11.15., 일부개정)

시설경비업을 영위하려는 법인의 경비인력 확보 부담을 완화하기 위하여 시설경비업 허가 요건 중 최소 경비원 수를 20명에서 10명으로 하향 조정하는 한편, 특수경비원 인력을 원활히 운영하기 위하여 특수경비원이 결격사유에 해당하게 되면 당연퇴직되도록 하였다. 상반기에 정년에 도달하면 6월 30일에, 하반기에 정년에 도달하면 12월 31일에 당연퇴직되도록 하고, 금고 이상의 형의 선고유예를 받고 그 유예기간 중에 있는 경우에는 성폭력범죄나 아동·청소년 성범죄 등의 죄를 범한 경우에만 당연퇴직되도록 하는 등 유사직무 종사자와의 형평성을 고려하여 당연퇴직 요건을 규정하였다.

(5) 경비지도사 보수교육제도 신설(시행 2024.8.14.)(법률 제20266호, 2024. 2.14., 일부개정)

경비지도사 보수교육제도를 신설하여 그 교육을 이수하지 않은 경우 과태료를 부과할 수 있도록 하고, 경비지도사 및 경비원에 대한 교육기관을 지정할 수 있는 근거를 마련하며, 경비업자가 경비지도사를 선임 또는 해임할 때 관할 시·도경찰청장 등에게 신고하도록 하는 등 현행 제도의 운영상 나타난 일부 미비점을 개선·보완하려 하였다.

(6) 혼잡·교통유도경비업무 신설(시행 2025.1.31.)(법률 제20152호, 2024. 1.30., 일부개정)

경비업무의 종류에 혼잡·교통유도경비업무를 추가하고, 혼잡·교통유도경비업무를 일반경비원의 업무로 규정하였다.

> **심화학습**
> **교통유도경비업무의 필요성**
> 최근 발생한 대형참사와 더불어 각종 공사현장, 도로를 점유하는 대형행사 및 옥외집회 현장 등은 사고 위험이 높고, 차량 및 보행자의 통행 불편이 가중되어 도로 이용 시 시민에게 많은 피해가 발생할 수 있다. 이에 교통유도경비업무와 교통유도경비원의 필요성이 증가하고 있다(시행 2025.1.31.).

제2절 경비업법의 목적

1. 경비업법의 목적

「경비업법」은 경비업의 **육성** 및 **발전**과 그 체계적 **관리**에 관하여 필요한 사항을 정함으로써 경비업의 건전한 운영에 이바지함을 목적으로 한다(경비업법 제1조).

2. 경비업법 시행령의 목적

「경비업법 시행령」은 「경비업법」에서 위임된 사항과 그 시행에 관하여 필요한 사항을 규정함을 목적으로 한다(경비업법 시행령 제1조).

3. 경비업법 시행규칙의 목적

「경비업법 시행규칙」은 「경비업법」 및 「경비업법 시행령」에서 위임된 사항과 그 시행에 관하여 필요한 사항을 규정함을 목적으로 한다(경비업법 시행규칙 제1조).

> **심화학습**
> **「청원경찰법」의 목적**
> 「청원경찰법」은 청원경찰의 직무·임용·배치·보수·사회보장 및 그 밖에 필요한 사항을 규정함으로써 청원경찰의 원활한 운영을 목적으로 한다(청원경찰법 제1조). 이 영은 「청원경찰법」에서 위임된 사항과 그 시행에 필요한 사항을 규정함을 목적으로 한다(청원경찰법 시행령 제1조). 이 규칙은 「청원경찰법」 및 같은 법 시행령에서 위임된 사항과 그 시행에 필요한 사항을 규정함을 목적으로 한다(청원경찰법 시행규칙 제1조).

제3절 용어 정의

1. 경비업 ★★★

경비업이라 함은 다음에 해당하는 업무(이하 "경비업무"라 한다)의 **전부** 또는 **일부**를 **도급**받아 행하는 영업을 말한다(경비업법 제2조 제1호). 여기서 일부를 도급받는다는 것은 하도급의 형태를 연상하면 된다.

보충학습 | 기계경비업무 관련 사항에 대한 질의(경비업법 제2조 제1호 라목 관련)

[법제처 06-0329, 2006.12.29., 경찰청]

【질의요지】
기계경비업자가 관제 또는 출동 등 기계경비업무의 일부를 다른 기계경비업자에게 하도급할 수 있는지 여부

【회답】
기계경비업자가 관제 또는 출동 등 도급받은 기계경비업무의 일부를 다른 기계경비업자에게 하도급할 수 있습니다.

【이유】
- 「경비업법」 제2조 제1호 본문 및 라목에 따르면, 기계경비업은 경비대상시설에 설치한 기기에 의하여 감지·송신된 정보를 그 경비대상시설 외의 장소에 설치한 관제시설의 기기로 수신하여 도난·화재 등 위험발생을 방지하는 업무를 도급받아 행하는 영업입니다.
- 「경비업법」 제3조에서 경비업은 법인이 아니면 이를 영위할 수 없는 것으로 규정하고 있고, 동법 제4조 제1항 본문의 규정에 따르면, 경비업을 영위하고자 하는 법인은 도급받아 행하고자 하는 경비업무를 특정하여 그 법인의 주사무소의 소재지를 관할하는 시·도경찰청장의 허가를 받아야 하며, 동법 제7조 제2항에서 경비업자는 경비업무를 성실하게 수행하여야 하고, 또한 도급을 의뢰받은 경비업무가 위법 또는 부당한 것일 때에는 이를 거부하여야 한다고 규정하고 있고, 동법 제8조에서는 기계경비업무를 수행하는 경비업자(이하 "기계경비업자"라 한다)는 경비대상시설에 관한 정보를 수신한 때에는 신속하게 그 사실을 확인하는 등 필요한 대응조치를 취하여야 하고, 이를 위한 대응체제를 갖추어야 한다고 규정하고 있으며, 동법 제9조의 규정에 따르면, 기계경비업자는 경비계약을 체결하는 때에는 오경보를 막기 위하여 계약상대방에게 기기사용요령 및 기계경비운영체계 등에 관하여 설명하여야 하고, 또한 각종 기기가 오작동되지 아니하도록 관리하여야 합니다.
- 한편, 기계경비업자가 기계경비업무의 전부나 일부를 다른 기계경비업자에게 하도급하는 것을 제한하는 규정은 두고 있지 아니합니다.
- 위 관련 규정에 따르면, 기계경비업자는 위와 같은 기계경비업무를 도급받아 행하는 것으로 되어 있는데, 기계경비업무를 도급하는 것은 도난·화재 등 위험발생을 방지하고 그 업무를 수행하는 중에 발생한 손해에 대하여 도급받은 자가 책임을 지도록 하는 데 최종적인 목표가 있는 것이고, 도급받은 기계경비업자가 그 업무의 전부 또는 일부를 다른 기계경비업자에게 하도급하는 경우에도 그 업

도급

당사자의 일방(수급인)이 어느 일을 완성할 것을 약정하고 상대방(도급인)이 그 일의 결과에 대하여 보수를 지급할 것을 약정함으로써 성립하는 계약(민법 제664조)을 말한다. 도급은 고용이나 위임과 같이 노무공급계약의 일종이나, '일의 완성'을 목적으로 하는 점에서 고용이나 위임과 구별된다.

심화학습

「경비업의 표준하도급계약서」 제17조【재하도급】
① "乙"은 경비업무 도급을 수행함에 있어 그 일부 또는 전부를 제3자에게 도급하는 경우에는 사전에 甲의 승인을 받아야 한다.

무수행 중에 발생한 손해에 대하여는 원 수급인이 모든 책임을 지게 되므로 특정고객으로부터 도급받은 기계경비업무의 일부를 당사자인 고객의 의사에 의하여 금지되지 아니하는 한 다른 기계경비업자에게 하도급할 수 있습니다.

(1) 시설경비업무

경비를 필요로 하는 시설 및 장소(이하 "경비대상시설"이라 한다)에서의 **도난·화재** 그 밖의 **혼잡** 등으로 인한 위험발생을 방지하는 업무를 말한다(경비업법 제2조 제1호 가목). 그러나 경계대상에 의해 분류되는 각종 경기대회나 기념행사 등의 집회장소에서 군중의 혼란과 혼잡에 의해 발생할 수 있는 사고 등을 예방하거나 경계·진압하는 경비인 혼잡경비는 「경비업법」상 경비가 아니다.

(2) 호송경비업무

① 개념: **운반 중**에 있는 현금·유가증권·귀금속·상품 그 밖의 물건에 대하여 도난·화재 등 위험발생을 방지하는 업무를 말한다(경비업법 제2조 제1호 나목). 여기서 주의할 것은 호송의 대상이 사람을 의미하는 것이 아니고 운반 중인 귀금속 등이라는 점이다. 참고로, 운반 중이 아닌 현금·유가증권·귀금속·상품 그 밖의 물건에 대하여 도난·화재 등 위험발생을 방지하는 업무는 시설경비업무이다.

② 호송경비통지서 제출: 「경비업법」 규정에 의하여 경비업의 허가를 받은 법인(이하 "경비업자"라 한다)은 호송경비업무를 수행하기 위하여 관할 경찰서의 협조를 얻고자 하는 때에는 현금 등의 운반을 위한 출발 전일까지 출발지의 **경찰서장**에게 호송경비통지서[별지 제1호 서식](전자문서로 된 통지서를 포함한다)를 제출하여야 한다(경비업법 시행규칙 제2조).

심화학습

경비업무 중 방화관리

경비와 관련하여 화재사고를 직면하는 경우가 있는데, 이러한 방화·방재업무도 근무의 성질상 제1차적 경비 책임을 부담한다. 그리고 경비지도사 직무의 하나로 '경찰기관 및 소방기관과의 연락방법에 대한 지도'를 들고 있어 방화관리도 경비업무의 하나임을 간접적으로 인정하고 있다(일본 판례).

심화학습

경비활동대상의 성격에 따른 경비의 분류

경비활동대상의 성격에 따라 치안경비, 재해경비, 혼잡경비, 경호경비, 시설경비, 특수경비, 비상경비 등으로 구분한다.

■ 경비업법 시행규칙 [별지 제1호 서식] 〈개정 2023.7.17.〉

호송경비통지서

접수번호		접수일자		처리기간	즉시
통지인	법인 명칭			허가번호	
	대표자 성명			전화번호	
	소재지				

통지 내용	출발지				
	종착지				
	중간기착지	도내(지명)		관할 경찰서	
		도외(지명)		관할 경찰서	
	도급자(회사명)				
	주요호송품명				
	경비업무의 기간	. . .부터 . . .까지 (일간)			
	호송횟수	월 회			

경비원 명단	성 명	직 책	성 명	직 책

「경비업법 시행규칙」 제2조에 따라 위와 같이 통지합니다.

년 월 일

통지인(대표자)　　　　　　　　　　　　　　　(서명 또는 인)

○○ **경찰서장**　　　　　귀하

첨부서류	없음	수수료 없음

210mm×297mm[백상지 80g/m²(재활용품)]

:: 보충학습   법인의 주사무소 · 경찰관서장 · 경찰관서의 장

1. 법인의 주사무소
   법인 설립 후 법인등기부등본에 기재된 소재지의 사무소를 의미한다. 흔히 경비업체의 주영업장, 본사라고 한다.

2. 경찰관서장
   관할 경찰서장 및 공항경찰대장 등 국가중요시설의 경비책임자를 '관할 경찰관서장'이라 한다. 「경비업법」에서 사용하는 용어이다.

3. 경찰관서의 장
   청원경찰의 배치결정은 관할 시·도경찰청장의 권한이나 관할 경찰서장에게 위임할 수 있는데, 이때 관할 시·도경찰청장과 경찰서장을 지칭할 때 줄여쓰는 용어이다. 예 청원주가 청원경찰을 폐지하거나 감축하였을 때에는 청원경찰 배치결정을 한 경찰관서의 장에게 알려야 하며, 그 사업장이 제4조 제3항에 따라 시·도경찰청장이 청원경찰의 배치를 요청한 사업장일 때에는 그 폐지 또는 감축 사유를 구체적으로 밝혀야 한다(청원경찰법 제10조의5 제2항).

(3) 신변보호업무

사람의 생명이나 신체에 대한 위해의 발생을 방지하고 그 신변을 보호하는 업무를 말한다(경비업법 제2조 제1호 다목). 신변보호업무는 제5차 개정(법률 제5124호, 1995.12.30., 일부개정) 때 경비업의 종류에 추가되었다. 신변보호업무를 **경호**업무와 혼동하는 경우가 있으나, 경호업무는 「대통령 등의 경호에 관한 법률」 및 경찰청 규칙상의 공경비로 호위와 경비의 모든 활동이라는 점에서 차이가 있다.

(4) 기계경비업무

① 경비대상시설에 설치한 기기에 의하여 감지·송신된 정보를 그 **경비대상시설 외**의 장소에 설치한 관제시설의 기기로 수신하여 도난·화재 등 위험발생을 방지하는 업무를 말한다(경비업법 제2조 제1호 라목).

② 여기서 주의할 것은 경비대상시설 내부에 관제실을 설치하여 경비업무를 하는 것은 기계경비업무가 아니라 시설경비업무로 보아야 한다는 것이다. 즉, 관제시설이 기기에 의한 경비대상시설 내부에 있는지 외부에 있는지에 따라 시설경비업무인지 기계경비업무인지가 구별된다.

경호
경호 대상자의 생명과 재산을 보호하기 위하여 신체에 가하여지는 위해(危害)를 방지하거나 제거하고, 특정 지역을 경계·순찰 및 방비하는 등의 모든 안전 활동을 말한다(대통령 등의 경호에 관한 법률 제2조 제1호).

+ 심화학습

경호와 경비
- **경호**: 의뢰인(피경호인)의 신변에 대하여 직·간접적으로 가해지는 위해로부터 의뢰인을 보호·방어하거나 상대를 제압(제재)하는 근접호위활동을 말한다.
- **경비**: 생명 또는 재산을 보호하기 위하여 특정한 지역을 경계·순찰·방비하는 행위를 말한다.

(5) 혼잡·교통유도경비업무

도로에 접속한 공사현장 및 사람과 차량의 통행에 위험이 있는 장소 또는 도로를 점유하는 행사장 등에서 교통사고나 그 밖의 혼잡 등으로 인한 위험발생을 방지하는 업무를 말한다(경비업법 제2조 제1호 바목).

(6) 특수경비업무

① 공항(항공기를 포함한다) 등 **대통령령이 정하는 국가중요시설**(이하 "국가중요시설"이라 한다)의 경비 및 도난·화재 그 밖의 위험발생을 방지하는 업무를 말한다(경비업법 제2조 제1호 마목). 여기서 대통령령(경비업법 시행령)이 정하는 국가중요시설이라 함은 공항·항만, 원자력발전소 등의 시설 중 **국가정보원장**이 지정하는 국가보안목표시설과「통합방위법」제21조 제4항의 규정에 의하여 **국방부장관**이 지정하는 국가중요시설을 말한다(경비업법 시행령 제2조).

② 국가중요시설에 대한 효율적인 경비체계의 구축을 위하여 2001년 경비업의 종류에 특수경비업무를 추가하였다. 특수경비원들이 담당하고 있는 국가중요시설은 적 또는 불순분자, 테러리스트들의 제일의 공격목표가 될 수밖에 없기 때문에 각국에서는 공항 등 중요시설에 대한 보안시설을 강화하고 출입승객, 방문자, 적재화물에 대한 장비개발과 도입, 검색수준을 강화하면서 불순분자의 침입이나 테러행위 등을 예방하고 있다.

> **국가중요시설**
> 공공기관, 공항·항만, 주요 산업시설 등 적에 의하여 점령 또는 파괴되거나 기능이 마비될 경우 국가안보와 국민생활에 심각한 영향을 주게 되는 시설을 의미한다(통합방위법 제2조 제13호). 국가중요시설은 국방부장관이 관계 행정기관의 장 및 국가정보원장과 협의하여 지정한다(통합방위법 제21조 제4항).

∷ 보충학습 특수경비업무의 범위에 대한 질의(경비업법 제2조 제1호 마목 등 관련)

[법제처 14-0063, 2014.8.26., 경찰청]

【질의요지】
「경비업법」제4조 제1항에 따른 경비업 허가를 받은 법인이 채용한 고용인 중 국제공항에서 폭발물처리 등의 업무를 수행하는 폭발물처리요원이 「경비업법」제2조 제3호 나목에 따른 "특수경비원"에 해당하는지?

【질의배경】
인천국제공항공사와 주식회사 ○○(경비업법 제4조 제1항에 따라 경비업 허가를 받은 법인)은 보안검색 등에 관한 도급계약을 체결하였고, ○○가 채용한 고용인들 중 폭발물처리요원은 인천국제공항 내에서 총포·도검·화학류 등의 안보위해물품이 발견될 경우, 현장에 출동하여 그 진위 여부를 확인하고 처리하는 등의 폭발물처리업무를 수행하고 있음
이에 2012.12.26.경 인천국제공항경찰대가 위 폭발물처리반이 「경비업법」제2조 제3호 나목의 "특수경비원"에 해당한다고 보아 주식회사 ○○에 같은 법 제18조 제2항에 따른 경비원 배치 신고를 하라는 명령을 하자, 주식회사 ○○가 이 사안 질의요지와 같은 문의를 경찰청에 하였고, 경찰청에서 그 의견을 명확히 하기 위해 법제처에 법령해석을 요청한 사안임

【회답】
「경비업법」제4조 제1항에 따른 경비업자가 채용한 고용인 중 국제공항에서 폭발물처리 등의 업무를 수행하는 폭발물처리요원은 「경비업법」제2조 제3호 나목에 따른 "특수경비원"에 해당한다고 할 것입니다.

【이유】
「경비업법」제2조 제1호에 따르면 "경비업"이라 함은 시설경비업무[경비를 필요로 하는 시설 및 장소(이하 "경비대상시설"이라 함)에서의 도난·화재 그 밖의 혼잡 등으로 인한 위험발생을 방지하는 업무, 가목], 특수경비업무[공항(항공기를 포함함) 등 대통령령이 정하는 국가중요시설(이하 "국가중요시설"이라 함)의 경비 및 도난·화재 그 밖의 위험발생을 방지하는 업무, 마목] 등 같은 호 각 목의 어느 하나에 해당하는 업무(이하 "경비업무"라 함)의 전부 또는 일부를 도급받아 행하는 영업을 말하고, 같은 조 제3호에 따르면 "경비원"이라 함은 제4조 제1항의 규정에 의하여 경비업의 허가를 받은 법인(이하 "경비업자"라 함)이 채용한 고용인으로서 일반경비원(제1호 가목 내지 라목의 경비업무를 수행하는 자), 특수경비원(제1호 마목의 경비업무를 수행하는 자)의 어느 하나에 해당하는 자를 말하며, 같은 법 제4조 제1항에 따르면 경비업을 영위하고자 하는 법인은 도급받아 행하고자 하는 경비업무를 특정하여 그 법인의 주사무소의 소재지를 관할하는 시·도경찰청장의 허가를 받아야 합니다.

한편,「항공보안법」제10조 제1항에 따르면 국토교통부장관은 항공보안 업무를 수행하기 위하여 국가항공보안계획을 수립·시행하여야 하며, 국가항공보안계획에 따라 공항의 안전을 유지하기 위하여 공항에서의 폭발물 등 처리에 필요한 사항을 정하기 위하여 제정된 공항에서의 폭발물 등에 관한 처리기준 제3조 제1항에 따르면 공항운영자는 공항 내에서 폭발물 등에 의한 폭발사고 피해를 최소화하기 위하여 공항별로 폭발물처리요원을 배치하여야 하는바, 이 사안에서는 「경비업법」제4조 제1항에 따른 경비업자가 채용한 고용인 중 국제공항에서 폭발물처리 등의 업무를 수행하는 폭발물처리요원이 「경비업법」제2조 제3호 나목에 따른 "특수경비원"에 해당하는지 여부가 문제될 수 있습니다.

살피건대,「경비업법」제2조 제3호 나목에 따른 "특수경비원"이라 함은 같은 법 제4조 제1항의 규정에 의한 경비업자가 채용한 고용인으로서 같은 법 제2조 제1호 마목에 따른 특수경비업무, 즉 공항 등 대통령령이 정하는 국가중요시설의 경비 및 도난·화재 그 밖의 위험발생을 방지하는 업무를 수행하는 자를 말하는바, 이 사안의 폭발물처리요원이 「경비업법」제2조 제3호 나목에 따른 "특수경비원"에 해당하기 위하여는 국제공항이 "국가중요시설"에 해당하고, 폭발물처리업무가 "경비 및 도난·화재 그 밖의 위험발생을 방지하는 업무"에 해당하여야 한다고 할 것입니다.

먼저, 국제공항이「경비업법」제2조 제1호 마목에 규정되어 있는 "국가중요시설"에 해당하는지 여부를 살펴보면,「경비업법 시행령」제2조에 따르면 같은 법 제2조 제1호 마목에서 "대통령령이 정하는 국가중요시설"이라 함은 공항·항만, 원자력발전소 등의 시설 중 국가정보원장이 지정하는 국가보안목표시설과「통합방위법」제21조 제4항의 규정에 의하여 국방부장관이 지정하는 국가중요시설을 말하고,「통합방위법」제21조 제4항에 따르면 국가중요시설은 국방부장관이 관계 행정기관의 장 및 국가정보원장과 협의하여 지정하는데, 이에 따라 「국가중요시설 지정 및 방호훈령」제7조에서 국가중요시설을 분류하면서 제7항에서 공항 중 국제공항은 "가"급으로(제1호), 국제공항을 제외한 주요 국내공항은 "나"급으로 하도록 규정하고 있는 바, 이 사안 국제공항이 「경비업법」 제2조 제1호 마목의 국가중요시설에 해당하는 것은 명백하다고 할 것입니다.

다음으로, 이 사안 폭발물처리요원의 업무가 「경비업법」 제2조 제1호 마목에 따른 "경비 및 도난·화재 그 밖의 위험발생을 방지하는 업무"에 해당하는지 여부를 살펴보면, 일반적으로 "경비"라 함은 도난, 재난, 침략 따위를 염려하여 사고가 나지 않도록 미리 살피고 지키는 일을 의미하고, 폭발물처리요원은 폭발물, 생화학 물질, 그 밖에 폭발의 위험이 있거나 의심되는 물질을 발견하거나 신고를 접수한 경우 초동보고 및 안전조치, 운반 등의 폭발물처리를 그 업무로 하는바(공항에서의 폭발물 등에 관한 처리기준 제2조 제3호 및 제6조 참조), 이 사안 폭발물처리요원의 업무는 「경비업법」 제2조 제1호 마목에 따른 경비 및 화재 그 밖의 위험발생을 방지하는 업무에 해당한다고 할 것입니다.

나아가 특수경비제도는 국가중요시설의 경비를 담당하던 청원경찰의 노령화·관료화에 따른 비효율성을 제거하고, 국가중요시설에 대한 경비업무의 과학화·전문화 등 경비기술 향상을 도모하기 위해 같은 법이 2001.4.7. 법률 제6467호로 전부개정되면서 같은 법 제2조 제1호에 마목이 신설되면서 도입된 제도로서(2001.3. 행정자치위원회 의안번호 제160366호 경비업법 개정법률안 검토보고서 참조), 이는 특수경비원들이 담당하고 있는 국가중요시설은 적 또는 불순분자, 테러리스트들의 제일의 공격목표가 될 수밖에 없기 때문에 각국에서는 공항 등 중요시설에 대한 보안시설을 강화하고 출입승객, 방문자, 적재화물에 대한 장비 개발과 도입, 검색수준을 강화하면서 불순분자의 침입이나 테러행위 등을 예방하고 있는 점을 고려한 취지라 할 것이고(헌재결 2009.10.29., 2007헌마1359 참조), 이에 따라 같은 법 제13조 제2항 및 같은 법 시행령 제19조, 같은 법 시행규칙 제15조 제1항, [별표 4]에서 특수경비업자가 특수경비원을 채용한 경우, 특수경비원에게 신임교육을 받게 하도록 규정하고 있는데, 그 실무교육 전체 69시간(법 개정 현재 61시간) 중 '폭발물 처리요령'이 6시간, '테러 및 재난대응요령'이 4시간으로 편성되어 있어 「경비업법」상 특수경비원의 주요 업무 중 하나로서 폭발물 처리 및 테러 대응이 예정되어 있는 점을 종합하여 보면, 이 사안의 폭발물처리요원은 「경비업법」 제2조 제3호 나목에 따른 특수경비원에 해당한다고 할 것입니다.

따라서 「경비업법」 제4조 제1항에 따른 경비업자가 채용한 고용인 중 국제공항에서 폭발물처리 등의 업무를 수행하는 폭발물처리요원은 「경비업법」 제2조 제3호 나목에 따른 "특수경비원"에 해당한다고 할 것입니다.

❯❯ 경비업의 종류와 업무

종류		업무
일반경비 업무	시설경비 업무	경비대상시설에서 도난·화재 그 밖의 혼잡 등으로 인한 위험발생을 방지하는 업무
	호송경비 업무	운반 중에 있는 현금·유가증권·귀금속·상품 그 밖의 물건에 대하여 도난·화재 등 위험발생을 방지하는 업무
	신변보호 업무	사람의 생명이나 신체에 대한 위해의 발생을 방지하고 그 신변을 보호하는 업무

기계경비업무		경비대상시설에 설치한 기기에 의하여 감지·송신된 정보를 그 경비대상시설 외의 장소에 설치한 관제시설의 기기로 수신하여 도난·화재 등 위험발생을 방지하는 업무
혼잡·교통 유도경비 업무		도로에 접속한 공사현장 및 사람과 차량의 통행에 위험이 있는 장소 또는 도로를 점유하는 행사장 등에서 교통사고나 그 밖의 혼잡 등으로 인한 위험발생을 방지하는 업무
특수경비업무		• 공항(항공기 포함) 등 대통령령이 정하는 국가중요시설의 경비 및 도난·화재 그 밖의 위험발생을 방지하는 업무 • 여기에서 대통령령이 정하는 국가중요시설이란 공항·항만, 원자력발전소 등의 시설 중 국가정보원장이 지정하는 국가보안목표시설과「통합방위법」규정에 의하여 국방부장관이 지정하는 국가중요시설을 말함

핵심 기출문제

01 경비업법령상 용어의 정의이다. ( )에 들어갈 내용이 바르게 나열된 것은?

• 제25회 기출

> • 신변보호업무: 사람의 생명이나 신체에 대한 (ㄱ)의 발생을 방지하고 그 신변을 보호하는 업무
> • 특수경비업무: 공항(항공기를 포함) 등 대통령령이 정하는 국가중요시설의 (ㄴ) 및 도난·화재 그 밖의 위험발생을 방지하는 업무
> • 기계경비업무: 경비대상시설에 설치한 기기에 의하여 감지·송신된 정보를 그 경비대상시설 외의 장소에 설치한 (ㄷ)의 기기로 수신하여 도난·화재 등 위험발생을 방지하는 업무

① ㄱ: 위해, ㄴ: 경비, ㄷ: 관제시설
② ㄱ: 위해, ㄴ: 보호, ㄷ: 관제시설
③ ㄱ: 침해, ㄴ: 경비, ㄷ: 감지시설
④ ㄱ: 침해, ㄴ: 보호, ㄷ: 감지시설

해설 • 신변보호업무: 사람의 생명이나 신체에 대한 위해의 발생을 방지하고 그 신변을 보호하는 업무
• 특수경비업무: 공항(항공기를 포함한다) 등 대통령령이 정하는 국가중요시설(이하 "국가중요시설"이라 한다)의 경비 및 도난·화재 그 밖의 위험발생을 방지하는 업무
• 기계경비업무: 경비대상시설에 설치한 기기에 의하여 감지·송신된 정보를 그 경비대상시설 외의 장소에 설치한 관제시설의 기기로 수신하여 도난·화재 등 위험발생을 방지하는 업무

정답 ①

2. 경비업자

경비업은 법인이 아니면 이를 영위할 수 없다(경비업법 제3조). 즉, 경비업자라 함은 「경비업법」 제4조 제1항의 규정에 의하여 경비업의 허가를 받은 **법인(法人)**을 말한다. 개인(個人)은 경비업자가 될 수 없다.

3. 경비지도사 ★★☆

경비지도사라 함은 경비원을 지도·감독 및 교육하는 자를 말하며, **일반경비지도사**와 **기계경비지도사**로 구분한다(경비업법 제2조 제2호, 경비업법 시행령 제10조).

구분	업무
일반경비지도사	시설경비업무, 호송경비업무, 신변보호업무, 특수경비업무, 혼잡·교통유도경비업무에 한하여 지도·감독 및 교육하는 자
기계경비지도사	기계경비업무에 종사하는 경비원을 지도·감독 및 교육하는 자

> **심화학습**
> 경비지도사 제도
> 사설경비업을 용역경비업의 한 분야로 흡수하고, 경비원의 자질 향상을 도모하기 위하여 경비원의 지도·감독 및 교육을 전담하는 경비지도사 제도를 신설하였다(시행 1996.7.1.).

4. 경비원

경비원이라 함은 「경비업법」 제4조 제1항의 규정에 의하여 경비업의 허가를 받은 법인(이하 "경비업자"라 한다)이 채용한 고용인으로서 다음의 어느 하나에 해당하는 자를 말한다(경비업법 제2조 제3호).

> 경비원
> 법인이 채용한 고용인을 말하는 것이 아니라 경비업무를 수행하는 자를 말한다. 또는 법인이 채용한 고용인으로서 일반경비원과 특수경비원을 말한다.

(1) 일반경비원

시설경비, 호송경비, 신변보호, 기계경비 및 혼잡·교통유도경비업무**를 수행하는 자**를 말한다.

(2) 특수경비원

공항(항공기를 포함한다) 등 대통령령이 정하는 국가중요시설(공항·항만, 원자력발전소 등의 시설 중 국가정보원장이 지정하는 국가보안목표시설과 「통합방위법」 제21조 제4항의 규정에 의하여 국방부장관이 지정하는 국가중요시설을 말한다)의 경비업무를 수행하는 자를 말한다.

> 「통합방위법」의 국가중요시설
> 「통합방위법」 제21조 제4항의 국가중요시설은 국방부장관이 관계 행정기관의 장 및 국가정보원장과 협의하여 지정한다.

5. 무기

무기라 함은 인명 또는 신체에 위해를 가할 수 있도록 제작된 권총·소총 등을 말한다(경비업법 제2조 제4호).

> 「경찰관 직무집행법」상 무기
> 무기란 사람의 생명이나 신체에 위해를 끼칠 수 있도록 제작된 권총·소총·도검 등을 말한다(경찰관 직무집행법 제10조의4 제2항).

심화학습

집단민원현장의 경비원 배치

최근 집단민원현장에서 발생한 노조원과 경비원 간의 무력충돌이나 무자격의 경비원 동원으로 인한 폭력사태 등으로 국민생활에 불안감을 주고 있어 경비업자 및 경비원에 대한 규제를 강화하여야 한다는 사회적 요구가 커지면서 그 중 경비원의 폭력(일명 용역깡패)이 문제가 되는 노사분규·재개발현장 등 집단민원현장을 법률에 구체적으로 명확히 규정하게 되었다. 그리고 집단민원현장에 경비원을 배치할 경우 배치 48시간 전까지 관할 경찰서장의 배치허가를 받도록 규정하였다(경비업법 제18조 제2항 근거).

6. 집단민원현장 ★★★

집단민원현장이란 다음의 장소를 말한다(경비업법 제2조 제5호).
① 「노동조합 및 노동관계조정법」에 따라 노동관계 당사자가 **노동쟁의 조정신청을 한 사업장 또는 쟁의행위가 발생한 사업장**
② 「도시 및 주거환경정비법」에 따른 정비사업과 관련하여 **이해대립이 있어 다툼이 있는 장소**
③ 특정 시설물의 설치와 관련하여 **민원이 있는 장소**
④ 주주총회와 관련하여 **이해대립이 있어 다툼이 있는 장소**
⑤ 건물·토지 등 부동산 및 동산에 대한 소유권·운영권·관리권·점유권 등 **법적 권리에 대한 이해대립이 있어 다툼이 있는 장소**
⑥ 100명 이상의 사람이 모이는 국제·문화·예술·체육 행사장
⑦ 「행정대집행법」에 따라 대집행을 하는 장소

핵심 기출문제

02 경비업법령상 집단민원현장으로 옳지 <u>않은</u> 것은? • 제24회 기출

① 노동조합 및 노동관계조정법에 따라 노동관계 당사자가 노동쟁의 조정신청을 한 사업장 또는 쟁의행위가 발생한 사업장
② 공유토지분할에 관한 특례법에 따라 공유토지에 대한 소유권 행사와 토지의 이용에 문제가 있는 장소
③ 도시 및 주거환경정비법에 따른 정비사업과 관련하여 이해대립이 있어 다툼이 있는 장소
④ 행정대집행법에 따라 대집행을 하는 장소

해설 건물·토지 등 부동산 및 동산에 대한 소유권·운영권·관리권·점유권 등 법적 권리에 대한 이해대립이 있어 다툼이 있는 장소가 경비업법령상 집단민원현장에 해당한다.

> 법 제2조【정의】이 법에서 사용하는 용어의 정의는 다음과 같다.
> 5. "집단민원현장"이란 다음 각 목의 장소를 말한다.
> 가. 「노동조합 및 노동관계조정법」에 따라 노동관계 당사자가 노동쟁의 조정신청을 한 사업장 또는 쟁의행위가 발생한 사업장
> 나. 「도시 및 주거환경정비법」에 따른 정비사업과 관련하여 이해대립이 있어 다툼이 있는 장소
> 다. 특정 시설물의 설치와 관련하여 민원이 있는 장소
> 라. 주주총회와 관련하여 이해대립이 있어 다툼이 있는 장소
> 마. 건물·토지 등 부동산 및 동산에 대한 소유권·운영권·관리권·점유권 등 법적 권리에 대한 이해대립이 있어 다툼이 있는 장소
> 바. 100명 이상의 사람이 모이는 국제·문화·예술·체육 행사장
> 사. 「행정대집행법」에 따라 대집행을 하는 장소

정답 ②

CHAPTER 01 총칙 중요내용 OX 문제

제3절 용어 정의

01 경비업이라 함은 경비업무의 전부를 도급받아 행하는 영업을 말한다.

02 호송경비업무란 현금・유가증권・귀금속・상품 그 밖의 물건에 대하여 도난・화재 등 위험발생을 방지하는 업무를 말한다.

03 기계경비업무란 경비대상시설에 설치한 기기에 의하여 감지・송신된 정보를 그 경비대상시설 내에 설치한 관제시설의 기기로 수신하여 도난・화재 등 위험발생을 방지하는 업무를 말한다.

04 특수경비업무란 국가중요시설의 경비 및 도난・화재 그 밖의 위해발생을 방지하는 업무를 말한다.

05 혼잡・교통유도경비업무란 도로에 접속한 공사현장 및 사람과 차량의 통행에 위험이 있는 장소 또는 도로를 점유하는 행사장 등에서 교통사고나 그 밖의 혼잡 등으로 인한 위험발생을 방지하는 업무를 말한다.

06 경비지도사란 경비원을 지도・감독 및 교육하는 자를 말하며, 일반경비지도사와 특수경비지도사로 구분한다.

07 경비원이라 함은 경비업의 허가를 받은 법인이 채용한 고용인으로서 일반경비원과 특수경비원이 있다.

08 경비업법상 무기라 함은 인명 또는 신체에 위해를 가할 수 있도록 제작된 권총・소총 등을 말한다.

09 110명의 사람이 모이는 문화 행사장은 집단민원현장이 아니다.

10 행정절차법에 따라 대집행을 하는 장소는 집단민원현장이다.

OX 정답 01 × 02 × 03 × 04 × 05 ○ 06 × 07 ○ 08 ○ 09 × 10 ×

X 해설
01 경비업은 경비업무의 전부 또는 일부를 도급받아 행하는 영업을 말한다.
02 호송경비업무는 운반 중인 현금・유가증권・귀금속・상품 그 밖의 물건을 대상으로 한다.
03 경비대상시설 외의 장소에 설치한 관제시설의 기기로 수신해야 한다.
04 국가중요시설의 경비 및 도난・화재 그 밖의 위험발생을 방지하는 업무를 말한다.
06 경비지도사는 일반경비지도사와 기계경비지도사로 구분한다.
09 100명 이상의 사람이 모이는 문화 행사장은 집단민원현장에 해당한다.
10 집단민원현장은 「행정대집행법」에 따라 대집행을 하는 장소이다.

CHAPTER 01 총칙

기출 및 예상문제

제1절 경비업법의 연혁

01 우리나라 최초의 경비업법이 제정되어 시행된 시기로 옳은 것은?

① 1962년　　② 1977년　　③ 1995년　　④ 1999년

해설　「경비업법」은 1976년 12월 31일(법률 제2946호)에 「용역경비업법」이라는 명칭으로 처음 제정되어 1977년 4월 1일에 시행되었다.
① 1962년에는 「청원경찰법」이 제정되었고, 1973년에 「청원경찰법」이 전문개정되었다.
③ 1995년에는 경비지도사 제도가 신설되었다.
④ 1999년에 「용역경비업법」이 「경비업법」으로 법명이 변경되었다.

02 경비업법상 경비지도사 제도가 도입되어 시행된 시기는?

① 1962년　　② 1976년　　③ 1996년　　④ 1999년

해설　1995년에 경비지도사 제도가 신설되었고 시행은 1996년이다(1995.12.30., 본조신설, 시행 1996.7.1.).
① 1962년에는 「청원경찰법」이 제정되었고, 1973년에 「청원경찰법」이 전문개정되었다.
② 1976년 12월 31일에 법률 제2946호로 「용역경비업법」이 제정되었다.
④ 1999년에 「용역경비업법」이 「경비업법」으로 법명이 변경되었다.

03 경비업법상 경비업무의 도입시기를 순서대로 바르게 연결한 것은?

| ㄱ. 시설경비업무 | ㄴ. 신변보호업무 | ㄷ. 기계경비업무 |
| ㄹ. 특수경비업무 | ㅁ. 혼잡·교통유도경비업무 | |

① ㄱ - ㄴ - ㄷ - ㄹ - ㅁ
② ㄱ - ㄷ - ㄹ - ㄴ - ㅁ
③ ㄷ - ㄱ - ㄴ - ㄹ - ㅁ
④ ㄴ - ㄹ - ㄱ - ㄷ - ㅁ

해설　ㄱ. 1976년 12월 31일 법률 제2946호로 「용역경비업법」이 제정 시 시설경비업무와 호송경비업무를 규정하고 있다.
ㄴ. 신변보호업무는 1996년 7월 1일에 법률 제5124호로 시행되었다(1995.12.30., 본조신설, 시행 1996.7.1.).
ㄷ. 2001년 7월 8일에 법률 제6467호로 기계경비산업이 급속히 발전함에 따라 기계경비업무의 신고제를 허가제로 변경하였다.
ㄹ. 2001년 7월 8일에 법률 제6467호로 특수경비업무를 경비업의 종류로 신설하였다.
ㅁ. 2025년 1월 31일에 법률 제20152호로 혼잡·교통유도경비업무를 일반경비원의 업무의 종류로 신설하였다.

제2절 경비업법의 목적

04 다음은 경비업법 제1조(목적)의 내용이다. ( ) 안에 들어갈 내용이 순서대로 바르게 짝지어진 것은?

> 이 법은 (   )의 육성 및 발전과 그 체계적 관리에 관하여 필요한 사항을 정함으로써 (   )의 건전한 운영에 이바지함을 목적으로 한다.

① 경비업자, 경비협회
② 경비업, 경비업
③ 경비원, 경비협회
④ 경비지도사, 경비업

해설 「경비업법」은 경비업의 육성 및 발전과 그 체계적 관리에 관하여 필요한 사항을 정함으로써 경비업의 건전한 운영에 이바지함을 목적으로 한다(경비업법 제1조).

05 경비업법에 직접 규정된 목적으로 옳지 않은 것은?

① 경비업의 육성 및 발전에 관한 규정
② 경비업의 체계적 관리에 관하여 필요한 사항을 규정
③ 경비원의 직무·임용·배치·보수·사회보장 및 그 밖에 필요한 사항을 규정
④ 경비업의 건전한 운영에 이바지함을 목적으로 함을 규정

해설 청원경찰의 직무·임용·배치·보수·사회보장 및 그 밖에 필요한 사항을 규정하는 것은 「청원경찰법」의 목적에 해당한다.

「경비업법」과 「청원경찰법」의 목적
1. **「경비업법」의 목적**: 「경비업법」은 경비업의 육성 및 발전과 그 체계적 관리에 관하여 필요한 사항을 정함으로써 경비업의 건전한 운영에 이바지함을 목적으로 한다(경비업법 제1조).
2. **「청원경찰법」의 목적**: 「청원경찰법」은 청원경찰의 직무·임용·배치·보수·사회보장 및 그 밖에 필요한 사항을 규정함으로써 청원경찰의 원활한 운영을 목적으로 한다(청원경찰법 제1조).

01 ②   02 ③   03 ①   04 ②   05 ③   정답

제3절 용어 정의

06 다음 ( ) 안에 들어갈 용어가 순서대로 모두 옳은 것은?

> 경비업법상의 경비업은 시설경비업무, 호송경비업무, ( ), 기계경비업무, ( ), 혼잡·교통유도경비업무의 전부 또는 일부를 ( )받아 행하는 영업을 말한다.

① 신변보호업무, 특수경비업무, 위탁
② 신변보호업무, 특수경비업무, 도급
③ 요인경비업무, 특별경비업무, 임대
④ 요인경비업무, 특별경비업무, 위임

해설 「경비업법」상의 경비업은 시설경비업무, 호송경비업무, 신변보호업무, 기계경비업무, 특수경비업무, 혼잡·교통유도경비업무의 전부 또는 일부를 도급받아 행하는 영업을 말한다(경비업법 제2조 제1호).

07 경비업법상 용어에 관한 설명으로 옳은 것은?

① 시설경비업무는 경비를 필요로 하는 시설 및 장소에서의 도난·화재 그 밖의 혼잡 등으로 인한 위해발생을 방지하는 업무이다.
② 호송경비업무는 현금·유가증권·귀금속·상품 그 밖의 물건에 대하여 도난 등 위험발생을 방지하는 업무이다.
③ 특수경비업무는 경비대상시설에 설치한 기기에 의하여 감지·송신된 정보를 그 경비대상시설 외의 장소에 설치한 관제시설의 기기로 수신하여 도난 등 위험발생을 방지하는 업무이다.
④ 혼잡·교통유도경비업무는 도로에 접속한 공사현장 및 사람과 차량의 통행에 위험이 있는 장소 또는 도로를 점유하는 행사장 등에서 교통사고나 그 밖의 혼잡 등으로 인한 위험발생을 방지하는 업무이다.

해설 ① 시설경비업무는 경비를 필요로 하는 시설 및 장소에서의 도난·화재 그 밖의 혼잡 등으로 인한 위험발생을 방지하는 업무이다.
② 호송경비업무는 운반 중에 있는 현금·유가증권·귀금속·상품 그 밖의 물건에 대하여 도난 등 위험발생을 방지하는 업무이다.
③ 특수경비업무는 공항(항공기를 포함한다) 등 대통령령이 정하는 국가중요시설의 경비 및 도난·화재 그 밖의 위험발생을 방지하는 업무이다. 경비대상시설에 설치한 기기에 의하여 감지·송신된 정보를 그 경비대상시설 외의 장소에 설치한 관제시설의 기기로 수신하여 도난 등 위험발생을 방지하는 업무는 기계경비업무이다.

08 경비업법상 용어에 관한 설명으로 옳지 않은 것은?

• 제12회, 제16회, 제19회 기출

① 시설경비업무는 경비를 필요로 하는 시설 및 장소에서의 도난 등으로 인한 위험발생을 방지하는 업무이다.
② 호송경비업무는 운반 중에 있는 현금 등 물건에 대하여 도난 등 위험발생을 방지하는 업무이다.
③ 신변보호업무는 사람의 생명이나 신체에 대한 위해발생을 방지하고 그 신변을 보호하는 업무이다.
④ 특수경비업무는 경비대상시설에 설치한 기기에 의하여 감지·송신된 정보를 그 경비대상시설 외의 장소에 설치한 관제시설의 기기로 수신하여 도난 등 위험발생을 방지하는 업무이다.

해설 특수경비업무는 공항(항공기를 포함한다) 등 대통령령이 정하는 국가중요시설의 경비 및 도난·화재 그 밖의 위험발생을 방지하는 업무이다. 경비대상시설에 설치한 기기에 의하여 감지·송신된 정보를 그 경비대상시설 외의 장소에 설치한 관제시설의 기기로 수신하여 도난 등 위험발생을 방지하는 업무는 기계경비업무이다.

▶ 「경비업법」상 경비업의 종류와 업무

종류		업무
일반경비업무	시설경비업무	경비대상시설에서 도난·화재 그 밖의 혼잡 등으로 인한 위험발생을 방지하는 업무
	호송경비업무	운반 중에 있는 현금·유가증권·귀금속·상품 그 밖의 물건에 대하여 도난·화재 등 위험발생을 방지하는 업무
	신변보호업무	사람의 생명이나 신체에 대한 위해의 발생을 방지하고 그 신변을 보호하는 업무
	기계경비업무	경비대상시설에 설치한 기기에 의하여 감지·송신된 정보를 그 경비대상시설 외의 장소에 설치한 관제시설의 기기로 수신하여 도난·화재 등 위험발생을 방지하는 업무
	혼잡·교통 유도경비업무	도로에 접속한 공사현장 및 사람과 차량의 통행에 위험이 있는 장소 또는 도로를 점유하는 행사장 등에서 교통사고나 그 밖의 혼잡 등으로 인한 위험발생을 방지하는 업무
특수경비업무		공항(항공기 포함) 등 대통령령이 정하는 국가중요시설(공항·항만, 원자력발전소 등의 시설 중 국가정보원장이 지정하는 국가보안목표시설과 「통합방위법」 제21조 제4항의 규정에 의하여 국방부장관이 지정하는 국가중요시설)의 경비 및 도난·화재 그 밖의 위험발생을 방지하는 업무

06 ② 07 ④ 08 ④ 정답

09 경비업법령상 운반 중에 있는 현금·유가증권·귀금속·상품 그 밖의 물건에 대하여 도난·화재 등 위험발생을 방지하는 업무는?

• 제26회 기출

① 특수경비업무
② 신변보호업무
③ 기계경비업무
④ 호송경비업무

해설 호송경비업무란 운반 중에 있는 현금·유가증권·귀금속·상품 그 밖의 물건에 대하여 도난·화재 등 위험발생을 방지하는 업무이다.

10 경비업법령상 규정된 경비업무에 해당하지 <u>않는</u> 것은?

① 국가중요시설의 경비 및 도난·화재 그 밖의 위험발생을 방지하는 업무
② 경비대상시설에 설치한 기기에서 송신된 정보를 그 경비시설 외의 장소에 설치한 관제시설의 기기로 수신하여 도난·화재 등 위험발생을 방지하는 업무
③ 경비구역 안에 한하여 경비목적을 위하여 필요한 범위 안에서 경찰관 직무집행법에 의한 경찰관의 직무를 행하는 업무
④ 사람의 생명이나 신체에 대한 위해의 발생을 방지하고 그 신변을 보호하는 업무

해설 경비구역 안에 한하여 경비목적을 위하여 필요한 범위 안에서 「경찰관 직무집행법」에 의한 경찰관의 직무를 행하는 업무는 「청원경찰법」상 청원경찰의 업무이다(청원경찰법 제3조).
① 특수경비업무, ② 기계경비업무, ④ 신변보호업무에 대한 설명이다.

11 경비업법에 규정된 용어의 정의이다. ( ) 안에 들어갈 단어가 바르게 짝지어진 것은?

• 제18회 기출

> 시설경비업무란 경비를 필요로 하는 시설 및 장소에서의 (ㄱ)·화재 그 밖의 (ㄴ) 등으로 인한 위험발생을 방지하는 업무를 말한다.

① ㄱ: 위해, ㄴ: 소란
② ㄱ: 도난, ㄴ: 혼잡
③ ㄱ: 위해, ㄴ: 혼잡
④ ㄱ: 도난, ㄴ: 소란

해설 시설경비업무는 경비를 필요로 하는 시설 및 장소에서의 도난·화재 그 밖의 혼잡 등으로 인한 위험발생을 방지하는 업무이다(경비업법 제2조 제1호 가목).

12 경비업법령상 다음에 해당하는 경비업무는?

> 도로에 접속한 공사현장 및 사람과 차량의 통행에 위험이 있는 장소 또는 도로를 점유하는 행사장 등에서 교통사고나 그 밖의 혼잡 등으로 인한 위험발생을 방지하는 업무

① 시설경비업무
② 호송경비업무
③ 신변보호업무
④ 혼잡·교통유도경비업무

해설 혼잡·교통유도경비업무는 도로에 접속한 공사현장 및 사람과 차량의 통행에 위험이 있는 장소 또는 도로를 점유하는 행사장 등에서 교통사고나 그 밖의 혼잡 등으로 인한 위험발생을 방지하는 업무이다(경비업법 제2조 제1호 바목).

13 경비업법령상 시설경비업무의 대상이 아닌 것은?

① 호텔
② 산업시설
③ 아파트단지
④ 운반 중에 있는 상품

해설 시설경비업무란 경비를 필요로 하는 시설 및 장소에서의 도난·화재 그 밖의 혼잡 등으로 인한 위험발생을 방지하는 업무를 말한다. 운반 중에 있는 상품은 호송경비업무의 대상에 속한다.

14 경비업법령상 다음에 해당하는 경비업무는?

> 사람의 생명이나 신체에 대한 위해의 발생을 방지하고 그 신변을 보호하는 업무

① 경호관리업무
② 신변경호업무
③ 신변보호업무
④ 신변관리업무

해설 신변보호업무는 사람의 생명이나 신체에 대한 위해의 발생을 방지하고 그 신변을 보호하는 업무이다(경비업법 제2조 제1호 다목).

---

09 ④　10 ③　11 ②　12 ④　13 ④　14 ③　**정답**

15 경비업법령상 다음 내용에 해당하는 경비업무는?

• 제14회 기출

> 경비대상시설에 설치한 기기에 의하여 감지·송신된 정보를 그 경비대상시설 외의 장소에 설치한 관제시설의 기기로 수신하여 도난·화재 등 위험발생을 방지하는 업무

① 시설경비업무
② 호송경비업무
③ 기계경비업무
④ 특수경비업무

해설 기계경비업무는 경비대상시설에 설치한 기기에 의하여 감지·송신된 정보를 그 경비대상시설 외의 장소에 설치한 관제시설의 기기로 수신하여 도난·화재 등 위험발생을 방지하는 업무이다(경비업법 제2조 제1호 라목).

---

16 경비업법령상 호송경비업자가 관할 경찰서의 협조를 얻고자 할 때 호송경비통지서를 제출하여야 하는 시기로 옳은 것은?

① 출발 전일까지
② 출발 24시간 전까지
③ 출발 3일 전까지
④ 도착 24시간 전까지

해설 호송경비업무를 수행하기 위하여 관할 경찰서의 협조를 얻고자 하는 때에는 현금 등의 운반을 위한 출발 전일까지 출발지의 경찰서장에게 별지 제1호 서식의 호송경비통지서(전자문서로 된 통지서를 포함한다)를 제출하여야 한다.

> **규칙 제2조 【호송경비의 통지】** 경비업법(이하 "법"이라 한다) 제4조 제1항의 규정에 의하여 경비업의 허가를 받은 법인(이하 "경비업자"라 한다)은 법 제2조 제1호 나목의 규정에 의한 호송경비업무를 수행하기 위하여 관할 경찰서의 협조를 얻고자 하는 때에는 현금 등의 운반을 위한 출발 전일까지 출발지의 경찰서장에게 별지 제1호 서식의 호송경비통지서(전자문서로 된 통지서를 포함한다)를 제출하여야 한다.

---

17 경비업법령상 호송경비업자가 호송경비업무를 수행하기 위하여 관할 경찰서의 협조를 얻고자 할 때 호송경비통지서를 제출하여야 하는 대상은?

① 관할 시·도경찰청장
② 출발지 경찰서장
③ 도착지 경찰서장
④ 중간기착지 경찰서장

해설 호송경비업무를 수행하기 위하여 관할 경찰서의 협조를 얻고자 하는 때에는 현금 등의 운반을 위한 출발 전일까지 출발지의 경찰서장에게 별지 제1호 서식의 호송경비통지서(전자문서로 된 통지서를 포함한다)를 제출하여야 한다(경비업법 시행규칙 제2조).

18 경비업법령상 출발지 경찰서장에게 제출하는 호송경비통지서의 기재사항이 아닌 것은?

① 통지인 중 법인 명칭, 허가번호, 대표자 성명, 전화번호, 소재지
② 통지내용 중 출발지, 종착지, 중간기착지 등
③ 통지내용 중 도급자(회사명), 주요호송품명, 경비업무의 기간, 호송횟수
④ 경비원 명단 중 경비원의 성명, 생년월일, 직책

> 해설 경비원 명단 중 경비원의 성명, 직책은 호송경비통지서의 기재사항에 포함되나, 생년월일은 기재사항에 해당하지 않는다.

19 경비업법상 특수경비업무에 관한 용어 정의로 (   ) 안에 해당하지 않는 것은?

> 특수경비업무란 공항(항공기를 포함한다) 등 대통령령이 정하는 국가중요시설의 (   ) 및 (   )·(   ) 그 밖의 위험발생을 방지하는 업무를 말한다.

① 경비   ② 혼잡
③ 도난   ④ 화재

> 해설 특수경비업무란 공항(항공기를 포함한다) 등 대통령령이 정하는 국가중요시설의 경비 및 도난·화재 그 밖의 위험발생을 방지하는 업무를 말한다(경비업법 제2조 제1호 마목).

20 경비업법상 특수경비업무에 관한 용어 정의로 옳은 것은?

> 특수경비업무란 ㄱ. 공항(항공기를 제외한다) 등 ㄴ. 행정안전부령이 정하는 국가중요시설의 ㄷ. 경비 및 도난·화재 ㄹ. 그 밖의 위해발생을 방지하는 업무를 말한다.

① ㄱ   ② ㄴ
③ ㄷ   ④ ㄹ

> 해설 특수경비업무란 ㄱ. 공항(항공기를 포함한다) 등 ㄴ. 대통령령이 정하는 국가중요시설의 ㄷ. 경비 및 도난·화재 ㄹ. 그 밖의 위험발생을 방지하는 업무를 말한다(경비업법 제2조 제1호 마목).

정답 15 ③ 16 ① 17 ② 18 ④ 19 ② 20 ③

21. 경비업법 시행령 제2조의 법조문이다. ( ) 안에 들어갈 내용을 옳게 연결한 것은?

> 경비업법 제2조 제1호 마목에서 '대통령령이 정하는 국가중요시설'이라 함은 공항·항만, 원자력발전소 등의 시설 중 (ㄱ)이(가) 지정하는 국가보안목표시설과 통합방위법 제21조 제4항의 규정에 의하여 (ㄴ)이(가) 지정하는 국가중요시설을 말한다.

① ㄱ: 행정안전부장관,   ㄴ: 국방부장관
② ㄱ: 국가정보원장,   ㄴ: 국방부장관
③ ㄱ: 국방부장관,   ㄴ: 국가정보원장
④ ㄱ: 국방부장관,   ㄴ: 행정안전부장관

해설 「경비업법」 제2조 제1호 마목에서 정하는 '대통령령이 정하는 국가중요시설'이라 함은 공항·항만, 원자력발전소 등의 시설 중 국가정보원장이 지정하는 국가보안목표시설과 「통합방위법」 제21조 제4항의 규정에 의하여 국방부장관이 지정하는 국가중요시설을 말한다(경비업법 시행령 제2조).

22. 경비업법에서 의미하는 경비원의 개념으로 옳은 것은?

① 국가시설주가 채용한 고용인으로서 경비업무를 수행하는 자
② 국가중요시설과 일반시설에 동원된 경비근무자
③ 경비업자가 채용한 고용인으로서 경비업무를 수행하는 자
④ 국가시설주와 경비업자가 채용한 고용인으로서 경비업무를 수행하는 자

해설 경비원이라 함은 경비업의 허가를 받은 법인(이하 "경비업자"라 한다)이 채용한 고용인으로서 일반경비원과 특수경비원이 있다(경비업법 제2조 제3호).

23. 다음 ㄱ~ㄷ 중 경비업법을 적용받는 경우에 해당하는 것은?

> 연예기획사를 운영하는 ㄱ. 대표이사 甲은 ㄴ. 자신의 소속사 인기연예인의 신변을 보호하기 위하여 ㄷ. 무술유단자 10명을 채용하여 신변보호를 시작하였다.

① ㄱ
② ㄴ
③ ㄷ
④ 없음

해설 경비업 허가를 받은 법인이 경비업무를 도급받아 경비업무를 수행하는 경우 「경비업법」을 적용받는다. 대표이사 甲은 「경비업법」에 의한 경비업 허가를 받지 않았으므로 경비업자가 아니며, 도급받지 않고 자체 경호를 위하여 채용한 무술유단자 10명 또한 「경비업법」상의 경비원이 아니다. 즉, ㄱ~ㄷ은 모두 경비업무의 도급이 없는 형태이므로 「경비업법」을 적용받지 않는다.

24 경비업법령상 용어에 관한 설명으로 옳은 것은?

• 제23회 기출

① 시설경비업무란 경비대상시설에 설치한 기기에 의하여 감지·송신된 정보를 수신하여 도난·화재 등 위험발생을 방지하는 업무를 말한다.
② 경비지도사란 경비원을 지도·감독 및 교육하는 자를 말하며 일반경비지도사와 특수경비지도사로 구분한다.
③ 특수경비원은 공항(항공기 포함) 등 대통령령이 정하는 국가중요시설의 경비 및 도난·화재 그 밖의 위험발생을 방지하는 경비업무를 수행하는 자이다.
④ 110명의 사람이 모이는 문화 행사장은 집단민원현장이 아니다.

해설 ① '시설경비업무'란 경비를 필요로 하는 시설 및 장소(이하 "경비대상시설"이라 한다)에서의 도난·화재 그 밖의 혼잡 등으로 인한 위험발생을 방지하는 업무를 말한다. 반면, 기계경비업무는 경비대상시설에 설치한 기기에 의하여 감지·송신된 정보를 그 경비대상시설 외의 장소에 설치한 관제시설의 기기로 수신하여 도난·화재 등 위험발생을 방지하는 업무를 말한다.
② 경비지도사란 경비원을 지도·감독 및 교육하는 자를 말하며, 일반경비지도사와 기계경비지도사로 구분한다.
④ 100명 이상의 사람이 모이는 장소는 집단민원현장에 해당하므로, 110명이 모이는 문화 행사장도 집단민원현장에 해당한다.

25 경비업법령상 규정된 용어에 관한 설명으로 옳은 것은?

① 경비지도사라 함은 경비업의 허가를 받은 법인이 채용한 고용인으로서 일반경비지도사와 특수경비지도사로 구분한다.
② 경비원이라 함은 경비업의 허가를 받은 법인이 채용한 고용인으로서 일반경비원과 특수경비원이 있다.
③ 경비업자라 함은 경비업법 규정에 의하여 경비업 허가를 받은 개인을 말한다.
④ 무기라 함은 인명 또는 신체에 위해를 가할 수 있도록 제작된 권총·소총 및 대공화기 등을 말한다.

해설 ① 경비지도사라 함은 경비원을 지도·감독 및 교육하는 자를 말하며, 일반경비지도사와 기계경비지도사로 구분한다(경비업법 제2조 제2호).
③ 경비업자라 함은 「경비업법」 규정에 의하여 경비업 허가를 받은 법인을 말한다.
④ 무기라 함은 인명 또는 신체에 위해를 가할 수 있도록 제작된 권총·소총 등을 말한다(경비업법 제2조 제4호).

정답 21 ② 22 ③ 23 ④ 24 ③ 25 ②

26 경비업법상 경비업법을 적용받지 않는 대상으로 옳은 것은?

① 시설경비업무를 도급받아 경비업무를 수행하는 경비업자
② 경비업 허가를 받지 않고 시설경비업무를 도급받아 영업하는 자
③ 자기 소유의 건물을 지키기 위하여 100명의 경비원을 뽑아 배치한 건물주
④ 경찰청장 또는 시·도경찰청장의 명을 받아 경비원을 지도·감독하는 경비지도사

해설 자기 소유의 건물을 지키기 위하여 경비원을 뽑아 배치하는 것은 경비업무의 도급이 없는 형태로서 일본에서는 자위방범으로 볼 수 있으나, 우리나라 「경비업법」상 적용대상은 아니다.
① 경비업무를 도급받은 경우이므로 「경비업법」의 적용을 받는다.
② 허가를 받지 않았지만 경비업무의 도급이라는 측면에서 무허가 경비업 영업행위로, 「경비업법」상 형사처벌 대상이 된다.
④ 경찰청장 또는 시·도경찰청장은 경비업자 및 경비지도사에게 명을 내릴 수 있으므로 「경비업법」의 적용대상이다.

27 경비업법령상 집단민원현장에 해당하지 않는 것은?

• 제20회 기출

① 노동조합 및 노동관계조정법에 따라 노동관계 당사자가 노동쟁의 조정신청을 한 사업장
② 특정 시설물의 설치와 관련하여 민원이 있는 장소
③ 주주총회와 관련하여 이해대립이 있어 다툼이 있는 장소
④ 행정절차법에 따라 대집행을 하는 장소

해설 「행정절차법」에는 대집행 규정이 없고, 「행정대집행법」에 대집행의 절차가 규정되어 있다.

> **법 제2조【정의】** 이 법에서 사용하는 용어의 정의는 다음과 같다.
> 5. "집단민원현장"이란 다음 각 목의 장소를 말한다.
>   가. 「노동조합 및 노동관계조정법」에 따라 노동관계 당사자가 노동쟁의 조정신청을 한 사업장 또는 쟁의행위가 발생한 사업장
>   나. 「도시 및 주거환경정비법」에 따른 정비사업과 관련하여 이해대립이 있어 다툼이 있는 장소
>   다. 특정 시설물의 설치와 관련하여 민원이 있는 장소
>   라. 주주총회와 관련하여 이해대립이 있어 다툼이 있는 장소
>   마. 건물·토지 등 부동산 및 동산에 대한 소유권·운영권·관리권·점유권 등 법적 권리에 대한 이해대립이 있어 다툼이 있는 장소
>   바. 100명 이상의 사람이 모이는 국제·문화·예술·체육 행사장
>   사. 「행정대집행법」에 따라 대집행을 하는 장소

28 경비업법에 규정된 집단민원현장에 관한 설명으로 옳은 것을 모두 고른 것은?

ㄱ. 특정 시설물의 설치와 관련하여 민원이 있는 장소
ㄴ. 주주총회가 개최되는 장소
ㄷ. 행정절차법에 따라 대집행을 하는 장소

① ㄱ
② ㄱ, ㄴ
③ ㄴ, ㄷ
④ ㄱ, ㄴ, ㄷ

해설 ㄴ. 주주총회와 관련하여 이해대립이 있어 다툼이 있는 장소, ㄷ. 「행정대집행법」에 따라 대집행을 하는 장소가 「경비업법」에 규정된 집단민원현장이다.

29 경비업법에 규정된 집단민원현장에 관한 설명으로 옳은 것은 몇 개인가?

ㄱ. 노동조합 및 노동관계조정법에 따라 노동관계 당사자가 노동쟁의 조정신청을 한 사업장 또는 쟁의행위가 발생할 것으로 예상되는 사업장
ㄴ. 도시 및 주거환경정비법에 따른 정비사업과 관련하여 이해대립이 있어 다툼이 있거나 예상되는 장소
ㄷ. 특정 시설물의 설치와 관련하여 민원이 있는 장소
ㄹ. 주주총회와 관련하여 이해대립이 있어 다툼이 예상되는 장소
ㅁ. 건물·토지 등 부동산 및 동산에 대한 소유권·운영권·관리권·점유권 등 법적 권리에 대한 이해대립이 있어 다툼이 있는 장소
ㅂ. 100명 이상의 사람이 모이는 국제·문화·예술·체육 행사장
ㅅ. 행정대집행법에 따라 대집행을 하는 장소

① 4개
② 5개
③ 6개
④ 7개

해설 「경비업법」상 집단민원현장에 관한 설명으로 옳은 것은 ㄷ, ㅁ, ㅂ, ㅅ으로 모두 4개이다.
ㄱ. 「노동조합 및 노동관계조정법」에 따라 노동관계 당사자가 노동쟁의 조정신청을 한 사업장 또는 쟁의행위가 발생한 사업장, ㄴ. 「도시 및 주거환경정비법」에 따른 정비사업과 관련하여 이해대립이 있어 다툼이 있는 장소, ㄹ. 주주총회와 관련하여 이해대립이 있어 다툼이 있는 장소가 「경비업법」에 규정된 집단민원현장이다.

26 ③　27 ④　28 ①　29 ①　**정답**

PART 1 경비업법

CHAPTER 02 경비업의 허가 등

제1절　경비업 허가
제2절　경비업 허가신청
제3절　경비업자의 의무

최근 13개년 출제비중

12.0%

학습 TIP

☑ 허가 시 첨부서류 등의 내용 및 기준, 법인 임원의 결격사유, 허가사항의 변경은 매년 출제 비중이 가장 높은 부분이다.

☑ 법인 임원의 결격사유는 최근 5년간 기출문제를 중심으로 개개의 법조문을 확인하는 것이 좋은 학습방법이며, 기준이 대통령령인지 행정안전부령인지 구분하여 큰 틀에서 숙지해야 한다.

POINT CHAPTER 내 절별 출제비중

01 경비업 허가	6%
02 경비업 허가신청	60%
03 경비업자의 의무	34%

CHAPTER 02 경비업의 허가 등

최신 개정
법령 확인

제1절 ▶ 경비업 허가

1. 허가 주체: 시·도경찰청장 ★★★

(1) 허가권자(= 허가관청)

경비업을 영위하고자 하는 법인은 도급받아 행하고자 하는 경비업무를 특정하여 그 법인의 주사무소의 소재지를 관할하는 시·도경찰청장의 허가를 받아야 한다(경비업법 제4조 제1항 본문 중 전문).

(2) 변경의 의미 및 허가범위

도급받아 행하고자 하는 경비업무를 변경하는 경우에도 또한 같다(경비업법 제4조 제1항 후문). 변경허가란 경비업 허가업종 중 일부 허가를 받은 후 다른 업종을 다시 허가받을 수 있는 것(예 시설경비업 허가를 받아 영위하다가 기계경비업을 하려는 경우, 이는 신설의 의미가 아니라 변경의 의미이다)을 말한다. 원칙적으로 법에서는 변경행위를 새로운 행위로 인식하는 경우가 많다는 점을 이해하면 된다. 경비업을 영위하고자 하는 법인은 그 법인의 주사무소의 소재지를 관할하는 시·도경찰청장의 허가를 받지만 경비업의 영업범위는 전국에서 영업이 가능하다.

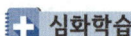 기출문제

01 경비업법상 허가사항에 해당하는 것은? ・제17회 기출

① 경비업의 허가를 받은 법인이 영업을 폐업한 때
② 경비업의 허가를 받은 법인이 영업을 휴업한 때
③ 경비업의 허가를 받은 법인이 임원을 변경한 때
④ 경비업의 허가를 받은 법인이 경비업무를 변경하는 경우

해설 경비업무를 변경하는 경우에도 그 법인의 주사무소의 소재지를 관할하는 시·도경찰청장의 허가를 받아야 한다.
①②③ 경비업의 허가를 받은 법인이 시·도경찰청장에게 신고하여야 하는 경우이다.

정답 ④

+ 심화학습

허가

- **의의**: 허가란 일반적·상대적 금지의 해제로, 학문상 허가이다. 명령적 행위로 자연적 자유의 해제, 즉 예방적 금지의 해제라 할 수 있다.
- **위반 시 행정처분 기준**: 허위 그 밖에 부정한 방법으로 허가받은 경우는 허가취소하며, 허가 없이 경비업무를 변경한 경우 1차 경고, 2차 영업정지 6개월, 3차 이상 위반 시 허가취소에 처한다. 허가 없이 영위한 자(= 무허가)는 3년 이하의 징역 또는 3천만 원 이하의 벌금에 처한다. 구별실익: 행정처분과 행정형벌
- **경비업법 위반 판례**(대법원 2014. 3.27., 선고 2013도11969 경비업법 위반):「주택법」과「경비업법」은 입법 목적과 적용범위 등을 달리하는 법률로서 상호 모순되거나 어느 법률이 다른 법률에 우선하여 배타적으로 적용되는 관계에 있다고는 해석되지 아니하므로, 피고인이 운영하는 공소 외 주식회사가「주택법」제53조 제1항에 의하여 주택관리업 등록을 마쳤다고 하더라도 집합건물의 시설경비업무를 적법하게 영위하기 위해서는 이와는 별도로「경비업법」제4조의 규정에 의한 허가를 받아야 한다.

2. 허가 객체: 경비업자(法人)

경비업은 **법인**(法人)이 아니면 이를 영위할 수 없다(경비업법 제3조). 「경비업법」 제3조는 강행규정으로 경비업은 개인으로서 자연인은 할 수 없다. 그 이유로는 경비업의 공공성에 기인한 사회적 책임을 강화하고자 하는 점(특히 손해배상책임)이 고려되었다고 볼 수 있다. 이때 법인은 민사상의 재단법인, 사단법인, 「상법」상 주식회사, 합명회사, 합자회사, 유한회사를 불문하지만, 일반적으로 「상법」상의 법인을 의미한다고 볼 수 있다.

제2절 ▶ 경비업 허가신청

1. 허가신청서 제출 ★★★

(1) 신청서 제출

경비업의 허가를 받으려는 경우에는 허가신청서에, 경비업의 허가를 받은 법인(이하 "경비업자"라 한다)이 허가를 받은 경비업무를 변경하거나 새로운 경비업무를 추가하려는 경우에는 **변경허가신청서에 행정안전부령으로 정하는 서류를 첨부**하여 **법인의 주사무소를 관할하는 시·도경찰청장 또는 해당 시·도경찰청 소속의 경찰서장**에게 제출하여야 한다. 이 경우 신청서를 제출받은 경찰서장은 지체 없이 관할 시·도경찰청장에게 보내야 한다(경비업법 시행령 제3조 제1항).

> 행정안전부령으로 정한다는 것은 「경비업법 시행규칙」(제3조)에 위임되어 있다는 의미이다. 이는 '경비업의 허가를 받고자 하는 요건은 대통령령으로 정한다.'와 구별된다.

(2) 첨부서류

① 경비업의 허가를 받으려는 경우 또는 경비업자가 허가를 받은 경비업무를 변경하거나 새로운 경비업무를 추가하려는 경우에는 경비업 허가신청서 또는 변경허가신청서[별지 제2호 서식](전자문서로 된 신청서를 포함한다)에 다음의 **서류(전자문서를 포함한다)를 첨부**하여 법인의 주사무소를 관할하는 시·도경찰청장 또는 해당 시·도경찰청 소속의 경찰서장에게 제출하여야 한다. 이 경우 신청서를 제출받은 경찰서장은 지체 없이 관할 시·도경찰청장에게 보내야 한다(경비업법 시행규칙 제3조 제1항).

② 첨부서류의 종류
   ㉠ 법인의 정관 1부
   ㉡ 법인 임원의 이력서 1부
   ㉢ 경비인력·시설 및 장비의 확보계획서 1부(경비업 허가의 신청 시 이를 갖출 수 없는 경우에 한한다)

▶ 허가 종류별 제출서류

구분	서류	제출
신규허가	**신규허가신청서**, 법인 임원의 이력서 1부, 정관 1부, 경비인력·시설 및 장비의 확보계획서 각 1부(허가신청 시 갖출 수 없는 경우)	시·도경찰청장 또는 해당 시·도경찰청 소속의 경찰서장
변경허가	**변경허가신청서**, 법인 임원의 이력서 1부, 정관 1부, 경비인력·시설 및 장비의 확보계획서 각 1부(허가신청 시 갖출 수 없는 경우)	
갱신허가	**갱신허가신청서**, 허가증 원본, 정관 1부(변경사항이 있는 경우만 해당)	

🔷 심화학습

허가 시 제출서류
- 갱신허가 시에는 법인 임원의 이력서, 시설 등의 확보계획서를 제출할 필요가 없다. ➡ 이미 갖추어진 경비업 허가를 연장하는 것이기 때문이다.
- 법인의 등기사항증명서 ➡ 담당 공무원의 확인 사항이다.

(3) 확인

신청서를 제출받은 시·도경찰청장은 「전자정부법」 제36조 제1항에 따른 행정정보의 공동이용을 통하여 법인의 등기사항증명서를 확인하여야 한다(경비업법 시행규칙 제3조 제2항).

핵심 기출문제

02 경비업법령상 경비업 허가를 받으려는 자가 신청서에 첨부하여야 하는 서류를 모두 고른 것은?
• 제25회 기출

> ㄱ. 법인의 정관 1부
> ㄴ. 법인 임원의 이력서 1부
> ㄷ. 법인 임원의 인감증명서 1부

① ㄱ, ㄴ   ② ㄱ, ㄷ   ③ ㄴ, ㄷ   ④ ㄱ, ㄴ, ㄷ

해설 경비업의 허가를 받으려는 경우에는 [별지 제2호 서식]의 경비업 허가신청서에 법인의 정관 1부, 법인 임원의 이력서 1부, 그리고 경비업 허가의 신청 시 이를 갖출 수 없는 경우에 한하여 경비인력·시설 및 장비의 확보계획서 1부의 서류(전자문서를 포함한다)를 첨부하여 법인의 주사무소를 관할하는 시·도경찰청장 또는 해당 시·도경찰청 소속의 경찰서장에게 제출하여야 한다.

정답 ①

:: 보충학습 주요 위임사항

1. 대통령령
   ① **경비지도사 시험**: 경비지도사 시험은 매년 1회 이상 시행하며 시험과목, 시험공고, 시험의 일부가 면제되는 자의 범위 그 밖에 경비지도사 시험에 관하여 필요한 사항은 대통령령으로 정한다(경비업법 제11조 제3항).
   ② **경비지도사의 보수교육**: 선임된 경비지도사는 대통령령으로 정하는 바에 따라 경찰청장이 실시하는 보수교육을 받아야 한다(경비업법 제11조의2).
   ③ **경비지도사 선임·배치**: 경비업자는 대통령령이 정하는 바에 따라 경비지도사를 선임하여야 한다(경비업법 제12조 제1항).
   ④ **경비원의 교육 등**: ㉠ 경비업자는 경비업무를 적정하게 실시하기 위하여 경비원으로 하여금 대통령령으로 정하는 바에 따라 경비원 신임교육 및 직무교육을 받게 하여야 한다(경비업법 제13조 제1항).
   ㉡ 경비원이 되려는 사람은 대통령령으로 정하는 교육기관에서 미리 일반경비원 신임교육을 받을 수 있다(경비업법 제13조 제2항).
   ㉢ 특수경비업자는 대통령령으로 정하는 바에 따라 특수경비원으로 하여금 특수경비원 신임교육과 정기적인 직무교육을 받게 하여야 하고, 특수경비원 신임교육을 받지 아니한 자를 특수경비업무에 종사하게 하여서는 아니 된다(경비업법 제13조 제3항).
   ㉣ 특수경비원의 교육 시 관할 경찰서 소속 경찰공무원이 교육기관에 입회하여 대통령령이 정하는 바에 따라 지도·감독하여야 한다(경비업법 제13조 제4항).
   ⑤ **무기 관련 기준**: 특수경비원의 무기휴대, 무기종류, 그 사용기준 및 안전검사의 기준 등에 관하여 필요한 사항은 대통령령으로 정한다(경비업법 제14조 제9항).
   ⑥ **과태료 부과·징수**: 과태료는 대통령령이 정하는 바에 의하여 시·도경찰청장 또는 경찰관서장이 부과·징수한다(경비업법 제31조 제3항).

2. 행정안전부령
   ① **경비업 허가신청 첨부서류**: 경비업의 허가를 받으려는 경우에는 허가신청서에, 경비업의 허가를 받은 법인(경비업자)이 허가를 받은 경비업무를 변경하거나 새로운 경비업무를 추가하려는 경우에는 변경허가신청서에 행정안전부령으로 정하는 서류를 첨부하여 법인의 주사무소를 관할하는 시·도경찰청장 또는 해당 시·도경찰청 소속의 경찰서장에게 제출하여야 한다(경비업법 시행령 제3조 제1항).
   ② **경비지도사자격증 교부**: 경찰청장은 교육을 받은 자에게 행정안전부령으로 정하는 바에 따라 경비지도사자격증을 교부하여야 한다(경비업법 제11조 제2항).
   ③ **무기관리수칙**: 시설주, 무기의 관리를 위하여 지정받은 책임자(관리책임자)와 특수경비원은 행정안전부령이 정하는 무기관리수칙을 준수하여야 한다(경비업법 시행령 제20조 제7항).
   ④ **장비종류**: 경비원이 휴대할 수 있는 장비의 종류는 경적·단봉·분사기 등 행정안전부령으로 정하되, 근무 중에만 이를 휴대할 수 있다(경비업법 제16조의2 제1항).
   ⑤ **경비원의 명부**: 경비업자는 행정안전부령이 정하는 바에 따라 경비원의 명부를 작성·비치하여야 한다. 다만, 집단민원현장에 배치되는 일반경비원의 명부는 그 경비원이 배치되는 장소에도 작성·비치하여야 한다(경비업법 제18조 제1항).

■ 경비업법 시행규칙 [별지 제2호 서식] 〈개정 2024.8.14.〉

경비업 [ ]신규 [ ]변경 [ ]갱신 허가신청서

접수번호		접수일	처리일	처리기간	15일
신청인	법인 명칭			허가번호	
	주사무소 소재지			전화번호	
	출장소 소재지			전화번호	
	대표자 성명			생년월일	
신청 내용	신청경비업무 [ ]시설경비업무 [ ]호송경비업무 [ ]신변보호업무 [ ]기계경비업무 [ ]특수경비업무 [ ]혼잡·교통유도경비업무				
	자본				
	손해배상(공탁·보험·공제)				

「경비업법」 제4조 제1항·제6조 제2항, 같은 법 시행령 제3조 및 같은 법 시행규칙 제3조·제6조 제1항에 따라 위와 같이 경비업의 (신규·변경·갱신) 허가를 신청합니다.

년   월   일

신청인(대표자)   (서명 또는 인)

시·도경찰청장   귀하

신청인 제출서류	1. 신규·변경 허가신청 　가. 법인의 정관 1부 　나. 법인 임원의 이력서 1부 　다. 경비인력·시설 및 장비의 확보계획서 각 1부(경비업의 허가를 신청하는 때에 갖출 수 없는 경우만 해당합니다) 2. 갱신 허가신청 　가. 허가증 원본 　나. 정관 1부(변경사항이 있는 경우만 해당합니다)	수수료 10,000원
담당 공무원 확인사항	법인의 등기사항증명서	

처리절차

신청서 작성 (신청인) ⇨ 접수 (시·도경찰청 및 경찰서) ⇨ 결재 (시·도경찰청 및 경찰서) ⇨ 허가증 교부 (신청인)

210mm×297mm[백상지 80g/m² (재활용품)]

2. 경비업의 시설 등의 기준 ★★★

(1) 기준(경비업법 시행령 제3조 제2항 별표 1)

허가를 받으려는 법인은 다음의 요건을 갖추어야 한다(경비업법 제4조 제2항).
① 대통령령으로 정하는 1억 원 이상의 자본금 보유
② 경비인력 요건
  ㉠ 시설경비업무: 일반경비원 10명 이상 및 경비지도사 1명 이상
  ㉡ 시설경비업무 외의 경비업무: 대통령령으로 정하는 경비인력
③ 위 ②의 경비인력을 교육할 수 있는 교육장을 포함하여 대통령령으로 정하는 시설과 장비 보유
④ 그 밖에 경비업무 수행을 위하여 대통령령으로 정하는 사항

(2) 조건부 허가(확인)

① 원칙: 허가 또는 변경허가신청서를 제출하는 법인은 [별표 1]의 규정에 의한 경비인력·자본금·시설 및 장비를 갖추어야 한다(경비업법 시행령 제3조 제2항 본문).
② 예외: 경비업의 허가 또는 변경허가를 신청하는 때에 [별표 1]의 규정에 의한 시설 등(**자본금을 제외**한다)을 갖출 수 없는 경우에는 허가 또는 변경허가의 신청 시 시설 등의 확보계획서를 제출한 후 허가 또는 변경허가를 받은 날부터 1월 이내에 [별표 1]의 규정에 의한 시설 등을 갖추고 시·도경찰청장의 확인을 받아야 한다(경비업법 시행령 제3조 제2항 단서).

> 대통령령으로 정한다는 것은 「경비업법 시행령」(제3조 제2항 별표)에 위임되어 있다는 의미이다.
>
> **시설경비업무의 경비인력 요건 하향조정**
> 시설경비업을 영위하려는 법인의 경비인력 확보 부담을 완화하기 위하여 시설경비업 허가 요건 중 최소 경비원 수를 20명에서 10명으로 하향 조정하였다.
>
> **조건(條件)**
> 법률행위의 효력 발생 또는 소멸을 장래의 불확실한 사실의 성부에 연결시키는 부관을 말한다.
>
> **자본금 제외 사유**
> 자본금을 제외하는 이유는 자본금을 조건으로 허가를 할 경우 부실한 경비업체의 난립을 초래할 수 있기 때문이다.

핵심 기출문제

03 경비업법령상 특수경비업의 경비인력 및 자본금의 허가요건으로 옳은 것은?
• 제23회 기출

① 특수경비원 10명 이상, 경비지도사 1명 이상, 자본금 1억 원 이상
② 특수경비원 20명 이상, 경비지도사 1명 이상, 자본금 1억 원 이상
③ 특수경비원 10명 이상, 경비지도사 1명 이상, 자본금 3억 원 이상
④ 특수경비원 20명 이상, 경비지도사 1명 이상, 자본금 3억 원 이상

해설 경비업법령상 특수경비업의 허가를 받으려는 법인의 경비인력 및 자본금 요건은 특수경비원 20명 이상 및 경비지도사 1명 이상, 자본금 3억 원 이상이다.

정답 ④

■ 경비업법 시행령 [별표 1] 〈개정 2024.12.31.〉 ★★★

경비업의 시설 등의 기준(제3조 제2항 관련)

시설 등 기준 / 업무별	경비인력	자본금	시설	장비 등
1. 시설경비업무	• 일반경비원 10명 이상 • 경비지도사 1명 이상	1억 원 이상	기준 경비인력 수 이상을 동시에 교육할 수 있는 교육장	기준 경비인력 수 이상의 경비원 복장 및 경적, 단봉, 분사기
2. 호송경비업무	• 무술유단자인 일반경비원 5명 이상 • 경비지도사 1명 이상	1억 원 이상	기준 경비인력 수 이상을 동시에 교육할 수 있는 교육장	• 호송용 차량 1대 이상 • 현금호송백 1개 이상 • 기준 경비인력 수 이상의 경비원 복장 및 경적, 단봉, 분사기
3. 신변보호업무	• 무술유단자인 일반경비원 5명 이상 • 경비지도사 1명 이상	1억 원 이상	기준 경비인력 수 이상을 동시에 교육할 수 있는 교육장	• 기준 경비인력 수 이상의 무전기 등 통신장비 • 기준 경비인력 수 이상의 경적, 단봉, 분사기
4. 기계경비업무	• 전자·통신분야 기술자격증소지자 5명을 포함한 일반경비원 10명 이상 • 경비지도사 1명 이상	1억 원 이상	• 기준 경비인력 수 이상을 동시에 교육할 수 있는 교육장 • **관제시설**	• 감지장치·송신장치 및 수신장치 • 출장소별로 출동차량 2대 이상 • 기준 경비인력 수 이상의 경비원 복장 및 경적, 단봉, 분사기
5. 특수경비업무	• 특수경비원 20명 이상 • 경비지도사 1명 이상	**3억 원** 이상	기준 경비인력 수 이상을 동시에 교육할 수 있는 교육장	기준 경비인력 수 이상의 경비원 복장 및 경적, 단봉, 분사기
6. 혼잡·교통유도경비업무	• 일반경비원 10명 이상 • 경비지도사 1명 이상	1억 원 이상	기준 경비인력 수 이상을 동시에 교육할 수 있는 교육장	기준 경비인력 수 이상의 경비원 복장 및 경적, 단봉, 분사기, 무전기, 경광봉

[비고]
1. 자본금의 경우 납입자본금을 말하고, 하나의 경비업무에 대한 자본금을 갖춘 경비업자가 그 외의 경비업무를 추가로 하려는 경우 **자본금을 갖춘 것으로 본다.** 다만, 특수경비업자 외의 자가 특수경비업무를 추가로 하려는 경우에는 이미 갖추고 있는 자본금을 포함하여 특수경비업무의 자본금 기준에 적합하여야 한다.
2. 교육장의 경우 하나의 경비업무에 대한 시설을 갖춘 경비업자가 그 외의 경비업무를 추가로 하려는 경우에는 **경비인력이 더 많이 필요한 경비업무에 해당하는 교육장을 갖추어야 한다.**
3. "무술유단자"란 「국민체육진흥법」 제33조에 따른 대한체육회에 가맹된 단체 또는 문화체육관광부에 등록된 무도 관련 단체가 무술유단자로 인정한 사람을 말한다.
4. "호송용 차량"이란 현금이나 그 밖의 귀중품의 운반에 필요한 **견고성 및 안전성**을 갖추고 **무선통신시설** 및 **경보시설**을 갖춘 자동차를 말한다.
5. "현금호송백"이란 현금이나 그 밖의 귀중품을 운반하기 위한 이동용 호송장비로서 경보시설을 갖춘 것을 말한다.
6. "전자·통신분야 기술자격증소지자"란 「국가기술자격법」에 따라 전자 및 통신분야에서 기술자격을 취득한 사람을 말한다.

3. 허가의 제한 ★★★

(1) 동일명칭 경비업 허가제한

① 누구든지 적법한 허가(경비업법 제4조 제1항)를 받은 경비업체와 동일한 명칭으로 경비업 허가를 받을 수 없다(경비업법 제4조의2 제1항).

② 다음의 사유로 경비업체의 허가가 취소된 경우 **허가가 취소된 날부터 10년**이 지나지 아니한 때에는 누구든지 허가가 취소된 경비업체와 **동일한 명칭**으로 허가를 받을 수 없다(경비업법 제4조의2 제2항).

③ 허가취소 사유

㉠ 경비업자는 허가받은 **경비업무 외의 업무에 경비원을 종사**하게 하여서는 아니 된다(경비업법 제7조 제5항)는 규정을 위반하여 경비업무 외의 업무에 경비원을 종사하게 한 때(경비업법 제19조 제1항 제2호)

㉡ 누구든지 **경비원으로 하여금 경비업무의 범위를 벗어난 행위**를 하게 하여서는 아니 된다(경비업법 제15조의2 제2항)는 규정을 위반하여 소속 경비원으로 하여금 경비업무의 범위를 벗어난 행위를 하게 한 때(경비업법 제19조 제1항 제7호)

(2) 대체법인 등 허가제한 기간 및 사유

① 허가제한 기간: 다음의 사유로 **허가가 취소된 법인은 법인명 또는 임원의 변경**에도 불구하고 **허가가 취소된 날부터 5년**이 지나지 아니한 때에는 허가를 받을 수 없다(경비업법 제4조의2 제3항).

② 허가제한 사유

㉠ 경비업자는 허가받은 경비업무 외의 업무에 경비원을 종사하게 하여서는 아니 된다(경비업법 제7조 제5항)는 규정을 위반하여 허가받은 경비업무 외의 업무에 경비원을 종사하게 한 때(경비업법 제19조 제1항 제2호)

㉡ 누구든지 경비원으로 하여금 경비업무의 범위를 벗어난 행위를 하게 하여서는 아니 된다(경비업법 제15조의2 제2항)는 규정을 위반하여 소속 경비원으로 하여금 경비업무의 범위를 벗어난 행위를 하게 한 때(경비업법 제19조 제1항 제7호)

➕ 심화학습

동일명칭의 사용제한
전국적으로 1개의 경비업체만 동일명칭을 사용하게 한다.

③의 ㉠, ㉡은 경비업 허가취소 사유 중 일부이며, 이외의 사유로 취소 시에는 허가제한 기간 규정을 적용받지 않는 문제점이 있다.

4. 허가절차 ★★★

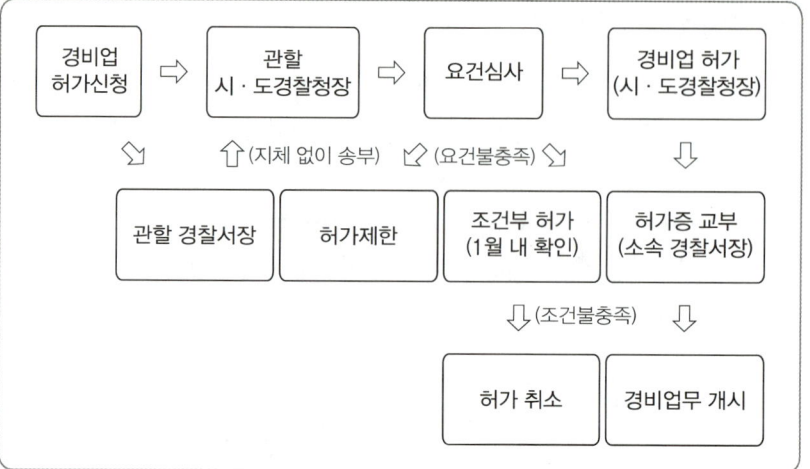

(1) 요건심사

① 시·도경찰청장은 허가 또는 변경허가의 신청을 받은 때에는 경비업을 영위하고자 하는 법인의 임원 중 결격사유에 해당하는 자가 있는지의 유무, 경비인력·시설 및 장비의 확보 또는 확보가능성의 여부, 자본금과 대표자·임원의 경력 및 신용 등을 검토하여 허가 여부를 결정하여야 한다(경비업법 시행령 제4조 제1항).

② 심사 대상
  ㉠ 법인 임원의 결격사유: 다음의 어느 하나에 해당하는 자는 경비업을 영위하는 법인의 임원이 될 수 없다(경비업법 제5조).
    ⓐ 피성년후견인
    ⓑ 파산선고를 받고 복권되지 아니한 자
    ⓒ 금고 이상의 형의 선고를 받고 그 형이 실효되지 아니한 자
    ⓓ 「경비업법」 또는 「대통령 등의 경호에 관한 법률」에 위반하여 벌금형의 선고를 받고 3년이 지나지 아니한 자에 해당하는 경우에는 특수경비업무를 수행하는 법인의 임원 결격사유이다.
    ⓔ 「경비업법」(제19조 제1항 제2호 및 제7호는 제외한다) 또는 「경비업법」에 의한 명령에 위반하여 허가가 취소된 법인의 허가취소 당시의 임원이었던 자로서 그 취소 후 3년이 지나지 아니한 자에 해당하는 경우에는 허가취소 사유에 해당하는 경비업무와 동종의 경비업무를 수행하는 법인의 임원 결격사유이다.

법인 임원의 결격사유를 명시한 것은 경비업체의 공공성에 의한 사회적 책임을 강화하려는 것으로, 특히 특수경비업은 국가중요시설을 경비한다는 업무의 중요성 때문에 더 엄격한 제한을 두고 있다.

심화학습

임원의 결격사유에서 피한정후견인 항목 삭제

경비업 법인 임원과 경비지도사·경비원의 결격사유에서 피한정후견인을 각각 삭제하는 등의 방향으로 「경비업법」을 포함한 10개 법률이 개정되었다. 이는 자격의 취득이나 영업의 등록 또는 임원 등의 결격사유에서 피한정후견인을 삭제함으로써 성년후견제도의 활성화를 도모하고 직무수행능력이 인정되는 피후견인의 기본권 보장을 강화하려는 것이다.

심화학습

형벌의 경중

사형 > 징역 > 금고 > 자격상실 > 자격정지 > 벌금 > 구류 > 과료 > 몰수

ⓕ 다음의 사유로 허가가 취소된 법인의 허가취소 당시의 임원이었던 자로서 허가가 취소된 날부터 5년이 지나지 아니한 자

> ㉠에는 '동종의 경비업무수행'이라는 규정이 없으므로 ㉠의 사유로 취소된 경비업체의 임원은 취소된 날부터 5년간 어떠한 경비업체의 임원도 될 수 없다.

- 경비업자는 허가받은 경비업무 외의 업무에 경비원을 종사하게 하여서는 아니 된다(경비업법 제7조 제5항)는 규정을 위반하여 허가받은 경비업무 외의 업무에 경비원을 종사하게 한 때(경비업법 제19조 제1항 제2호)
- 누구든지 경비원으로 하여금 경비업무의 범위를 벗어난 행위를 하게 하여서는 아니 된다(경비업법 제15조의2 제2항)는 규정을 위반하여 소속 경비원으로 하여금 경비업무의 범위를 벗어난 행위를 하게 한 때(경비업법 제19조 제1항 제7호)

ⓒ 경비인력·시설 및 장비의 확보 또는 확보가능성의 여부
ⓒ 자본금
ⓔ 대표자·임원의 경력 및 신용

핵심 기출문제

04 경비업법령상 경비업을 영위하고자 하는 법인의 허가 여부 결정을 위한 검토사항에 해당하지 <u>않는</u> 것은?
• 제26회 기출

① 첫 업무개시의 신고에 따른 비밀취급인가 가능성 유무
② 경비인력·시설 및 장비의 확보 또는 확보가능성 여부
③ 임원 중 경비업법에 의한 결격사유에 해당하는 자가 있는지의 유무
④ 대표자·임원의 경력 및 신용

> **해설** 시·도경찰청장은 허가 또는 변경허가의 신청을 받은 때에는 경비업을 영위하고자 하는 법인의 임원 중 법 제5조의 규정에 의한 결격사유에 해당하는 자가 있는지의 유무, 경비인력·시설 및 장비의 확보 또는 확보가능성의 여부, 자본금과 대표자·임원의 경력 및 신용 등을 검토하여 허가 여부를 결정하여야 한다.
>
> 정답 ①

05 경비업법령상 특수경비업을 영위하는 법인의 임원이 될 수 <u>없는</u> 자를 모두 고른 것은?
• 제26회 기출

> ㄱ. 파산선고를 받고 복권된 자
> ㄴ. 징역형의 선고를 받고 그 형이 실효되지 아니한 자
> ㄷ. 대통령 등의 경호에 관한 법률에 위반하여 벌금형의 선고를 받고 3년이 지나지 아니한 자

① ㄱ ② ㄱ, ㄴ ③ ㄴ, ㄷ ④ ㄱ, ㄴ, ㄷ

해설 ㄴ과 ㄷ은 결격사유에 해당하며, ㄱ. 파산선고를 받고 복권되지 아니한 자는 모든 경비업무의 공통적인 결격사유에 해당한다.

정답 ③

(2) 허가증 교부

시·도경찰청장은 검토를 한 후 경비업을 허가하거나 변경허가를 한 경우에는 해당 법인의 주사무소를 관할하는 경찰서장을 거쳐 신청인에게 허가증을 발급하여야 한다(경비업법 시행령 제4조 제2항).

심화학습

허가증 발급에서 경유주의 적용
허가증 발급은 경유주의가 적용되나, 갱신허가 시 교부에는 명문규정이 없다.

■ 경비업법 시행규칙 [별지 제3호 서식] 〈개정 2023.7.17.〉

(앞쪽)

제 호

허 가 증

1. 법인 명칭
2. 소재지
3. 대표자 성명
4. 허가번호
5. 허가경비업무
6. 허가유효기간

「경비업법」제4조 제1항 및 제6조 제2항에 따라 위와 같이 허가합니다.

년   월   일

시·도경찰청장　　　[직 인]

210mm × 297mm [보존용지(1종) 120g/m²]

(뒤쪽)

연 월 일	변경신고사항	확 인 자

(3) 허가증 재교부

① 경비업자는 다음의 사유에 따라 허가증 재교부신청서에 다음의 서류를 첨부하여 법인의 주사무소를 관할하는 시·도경찰청장 또는 해당 시·도경찰청 소속의 경찰서장에게 재발급을 신청하여야 하고, 신청서를 제출받은 경찰서장은 지체 없이 관할 시·도경찰청장에게 보내야 한다(경비업법 시행령 제4조 제3항).

② 재교부사유 및 첨부서류
  ㉠ 허가증을 잃어버린 경우: 허가증을 잃어버린 경우에는 그 사유서
  ㉡ 허가증이 못쓰게 된 경우: 허가증이 못쓰게 된 경우에는 그 허가증

» **허가증 재교부에 따른 제출서류 구분**

구분	제출서류	제출
허가증 분실	재교부신청서, 분실 사유서	시·도경찰청장 또는 해당 시·도경찰청 소속의 경찰서장
허가증 훼손	재교부신청서, 허가증	

핵심 기출문제

06 경비업법령상 경비업 허가에 관한 설명으로 옳은 것은? · 제22회 기출

① 시·도경찰청장은 경비업 변경허가를 한 경우 해당 법인의 주사무소를 관할하는 지구대장을 거쳐 신청인에게 허가증을 발급하여야 한다.
② 경비업자는 경비업 허가증이 못쓰게 된 경우에는 그 사유서를 첨부하여 해당 시·도경찰청 소속의 경찰서장에게 재발급을 신청하여야 한다.
③ 시·도경찰청장이 경비업 허가를 신청받아 허가 여부를 결정할 때, 임원의 신용은 검토 대상이 아니다.
④ 누구든지 허가를 받은 경비업체와 동일한 명칭으로 경비업 허가를 받을 수 없다.

해설 ① 시·도경찰청장은 경비업 변경허가를 한 경우 해당 법인의 주사무소를 관할하는 경찰서장을 거쳐 신청인에게 허가증을 발급하여야 한다.
② 경비업자는 경비업 허가증이 못쓰게 된 경우에는 그 허가증을 첨부하여 법인의 주사무소를 관할하는 시·도경찰청장 또는 해당 시·도경찰청 소속의 경찰서장에게 재발급을 신청하여야 한다.
③ 시·도경찰청장이 경비업 허가를 신청받아 허가 여부를 결정할 때 임원의 경력 및 신용 등도 검토 대상이다.

정답 ④

■ 경비업법 시행규칙 [별지 제4호 서식] 〈개정 2023.7.17.〉

허가증 재교부신청서

접수번호	접수일	처리일	처리기간	7일

신청인	법인 명칭		허가번호	
	소재지		전화번호	
	대표자 성명		생년월일	

「경비업법 시행령」 제4조 제3항 및 「경비업법 시행규칙」 제4조 제2항에 따라 위와 같이 경비업허가증의 재교부를 신청합니다.

년   월   일

신청인   (서명 또는 인)

시 · 도경찰청장 귀하

첨부서류	1. 사유서(허가증을 잃어버린 경우만 해당합니다) 2. 허가증(허가증이 못쓰게 된 경우만 해당합니다)	수수료 2,000원

처리절차

신청서 작성	⇨	접수	⇨	결재	⇨	허가증 재교부
(신청인)		(시 · 도경찰청 및 경찰서)		(시 · 도경찰청 및 경찰서)		(신청인)

210mm×297mm[백상지 80g/m² (재활용품)]

5. 허가사항 변경 등의 신고 ★★★

(1) 신고사유

경비업의 허가를 받은 법인은 다음의 어느 하나에 해당하는 때에는 시·도경찰청장에게 **신고**하여야 한다(경비업법 제4조 제3항).

① 영업을 폐업하거나 휴업한 때
② 법인의 명칭이나 대표자·임원을 변경한 때
③ 법인의 주사무소나 출장소를 신설·이전 또는 폐지한 때[법인의 주사무소나 출장소를 신설·이전 또는 폐지한 때에 신고를 하여야 하는 출장소는 주사무소 외의 장소로서 일상적으로 일정 지역 안의 경비업무를 지휘·총괄하는 영업거점인 지점·지사 또는 사업소 등의 장소로 한다(경비업법 시행령 제5조 제3항)]
④ 기계경비업무의 수행을 위한 관제시설을 신설·이전 또는 폐지한 때
⑤ 특수경비업무를 개시하거나 종료한 때
⑥ 그 밖에 대통령령이 정하는 중요사항(정관의 목적)을 변경한 때

> **위반 시 행정처분 기준**
> 「경비업법」 제4조 제3항의 규정에 위반하여 신고하지 아니한 경우(경비업법 제31조)에는 과태료 부과 대상이다.
>
> | 50만원 | 100만원 | 200만원 | 400만원 |
> |---|---|---|---|
> | | 1개월 | 6개월 | 12개월 |

> **심화학습**
> 경비업무 변경과 경비허가를 받은 내용의 변경은 구별하여야 한다.
> ⇨ 구별실익: 허가와 신고

핵심 기출문제

07 경비업법령상 경비업의 허가를 받은 법인이 시·도경찰청장에게 신고하여야 하는 경우에 해당하는 것은?   • 제26회 기출

① 법인의 정관 시행일을 변경한 때
② 법인의 주사무소를 이전한 때
③ 기계경비업무를 개시하거나 종료한 때
④ 특수경비업무의 수행을 위한 관제시설을 신설한 때

해설 ① 법인의 정관의 목적을 변경한 때
③ 특수경비업무를 개시하거나 종료한 때
④ 기계경비업무의 수행을 위한 관제시설을 신설한 때

정답 ②

---

(2) 신고기한 등

① 허가 또는 신고의 절차, 신고의 기한 등 허가 및 신고에 관하여 필요한 사항은 대통령령으로 정한다(경비업법 제4조 제4항).
② 사후신고 사항(7일 이내)
  ㉠ 폐업신고: 경비업자는 폐업을 한 경우에는 폐업을 한 날부터 7일 이내에 폐업신고서에 허가증을 첨부하여 법인의 주사무소를 관할하는 시·도경찰청장 또는 해당 시·도경찰청 소속의

경찰서장에게 제출하여야 한다. 이 경우 폐업신고서를 제출받은 경찰서장은 지체 없이 관할 시·도경찰청장에게 보내야 한다(경비업법 시행령 제5조 제1항).

ⓛ **휴업 및 재개신고**
ⓐ 경비업자는 휴업을 한 경우에는 휴업한 날부터 7일 이내에 휴업신고서를 법인의 주사무소를 관할하는 시·도경찰청장 또는 해당 시·도경찰청 소속의 경찰서장에게 제출하여야 하고, 휴업신고서를 제출받은 경찰서장은 지체 없이 관할 시·도경찰청장에게 보내야 한다.
ⓑ 이 경우 휴업신고를 한 경비업자가 신고한 휴업기간이 끝나기 전에 영업을 다시 시작하거나 신고한 휴업기간을 연장하려는 경우에는 **영업을 다시 시작한 후 7일 이내에 또는 신고한 휴업기간이 끝난 후 7일 이내**에 영업재개신고서 또는 휴업기간연장신고서를 제출하여야 한다(경비업법 시행령 제5조 제2항).
ⓒ 이는 경비업자가 휴업기간 만료 전에 경비업무를 도급받게 되어 영업을 재개한 경우에는 영업을 재개한 후 7일 이내에 신고하도록 하는 근거를 신설하여 경비업자의 편의를 도모하고 필요한 감독 등을 할 수 있도록 하기 위함이다.

③ **사후신고 사항**(30일 이내)
다음의 어느 하나에 해당하는 때에는 그 사유가 발생한 날부터 30일 이내에 신고하여야 한다(경비업법 시행령 제5조 제5항).
㉠ 법인의 명칭이나 대표자·임원을 변경한 때
㉡ 법인의 주사무소나 출장소를 신설·이전 또는 폐지한 때
㉢ 기계경비업무의 수행을 위한 관제시설을 신설·이전 또는 폐지한 때
㉣ 특수경비업무를 개시하거나 종료한 때
㉤ 그 밖에 대통령령이 정하는 중요사항(정관의 목적)을 변경한 때

💠 심화학습

신고기일의 개정

경비업체의 법인 명칭이나 대표자·임원 변경 등 변경신고 사유가 발생한 경우, 사유 발생일부터 15일 이내에 신고하도록 하던 것을 30일 이내로 개정한 것은 신고인의 편의를 도모하기 위함이다.

▶ 신고사항에 따른 신고기일, 제출서류 등

구분	신고기일	제출서류	제출	신고기관
폐업	폐업한 날부터 7일 이내	폐업신고서, 허가증	시·도경찰청장 또는 해당 시·도경찰청 소속의 경찰서장	시·도경찰청장
휴업	휴업한 날부터 7일 이내	휴업신고서, 허가증		
휴업만료 전 영업재개	재개한 후 7일 이내	영업재개신고서		
신고한 휴업기간연장	기간 종료 후 7일 이내	휴업기간연장신고서		
법인 명칭 변경	사유발생일 부터 30일 이내	변경신고서, 허가증 원본		
법인 대표자 변경		변경신고서, 허가증 원본, 법인 대표자 이력서		
법인 임원 변경		변경신고서, 법인 임원 이력서		
주사무소, 출장소 변경		변경신고서, 허가증 원본		
정관의 목적 변경		변경신고서, 법인의 정관		

핵심 기출문제

08 경비업법령상 경비업의 폐업 또는 휴업 등의 신고에 관한 설명으로 옳지 않은 것은?
• 제21회 기출

① 경비업자는 폐업을 한 경우에는 폐업을 한 날부터 7일 이내에 신고하여야 한다.
② 경비업자는 휴업을 한 경우에는 휴업을 한 날부터 7일 이내에 신고하여야 한다.
③ 휴업신고를 한 경비업자가 신고한 휴업기간이 끝나기 전에 영업을 다시 시작하려는 경우에는 영업을 다시 시작하기 전 7일 이내에 영업재개신고서를 제출하여야 한다.
④ 경비업자는 특수경비업무를 개시하거나 종료한 때에는 개시 또는 종료한 날부터 30일 이내에 신고한다.

해설 휴업신고를 한 경비업자가 신고한 휴업기간이 끝나기 전에 영업을 다시 시작하려는 경우에는 영업을 다시 시작한 후 7일 이내에 영업재개신고서를 제출하여야 한다.

정답 ③

■ 경비업법 시행규칙 [별지 제6호 서식] 〈개정 2023.7.17.〉

경비업 허가사항 등의 변경신고서

접수번호		접수일		처리일		처리기간	7일
신고인	법인 명칭				허가번호		
	소재지				전화번호		
	대표자 성명				생년월일		
신고 내용	현재						
	변경 후						
	사유						

「경비업법」제4조 제3항, 같은 법 시행령 제5조 제4항·제5항 및 같은 법 시행규칙 제5조 제2항에 따라 위와 같이 경비업의 허가사항 등의 변경을 신고합니다.

년   월   일

신고인(대표자)   (서명 또는 인)

시·도경찰청장 귀하

신고인 제출서류	1. 명칭 변경의 경우: 허가증 원본 2. 대표자 변경의 경우: 법인 대표자의 이력서 1부 및 허가증 원본 3. 임원 변경의 경우: 법인 임원의 이력서 1부 4. 주사무소 또는 출장소 변경의 경우: 허가증 원본 5. 정관의 목적 변경의 경우: 법인의 정관 1부	수수료 2,000원
담당 공무원 확인사항	법인의 등기사항증명서	

처리절차

신청서 작성 ⇨ 접수 ⇨ 결재 ⇨ 허가증 교부
(신청인)   (시·도경찰청 및 경찰서)   (시·도경찰청 및 경찰서)   (신청인)

210mm×297mm[백상지 80g/m² (재활용품)]

■ 경비업법 시행규칙 [별지 제5호 서식]

경비업 [ ]폐업 / [ ]휴업 / [ ]영업재개 / [ ]휴업기간연장 신고서

※ [ ]에는 해당되는 곳에 ✔표를 합니다. (앞쪽)

접수번호	접수일자	처리기간	즉시

신고인	법인 명칭		허가번호	
	소재지			(전화번호:)
	대표자		생년월일	

신고 내용	주소	(전화번호:)
	폐업 연월일	
	휴업기간 또는 영업재개 연월일	

사유	

휴·폐업상황

계약 회사명	경비장소	경비원 성명	경비원에 대한 조치

「경비업법」 제4조 제3항, 같은 법 시행령 제5조 제1항, 제2항 및 같은 법 시행규칙에 따라

경비업의 [ ]폐업 / [ ]휴업 / [ ]영업재개 / [ ]휴업기간연장 을(를) 신고합니다.

년 월 일

신고인 (서명 또는 인)

시·도경찰청장 귀하

첨부서류	허가증	수수료 없음

210mm×297mm[백상지 80g/m²]

■ 경비업법 시행규칙 [별지 제7호 서식] 〈개정 2023.7.17.〉

특수경비업무 [ ]개시 / [ ]종료 신고서

접수번호	접수일자	처리기간	즉시

신고인	법인 명칭	허가번호	
	소재지	전화번호	
	대표자 성명	생년월일	

경비업무 수행시설	시설명
	주소지

도급내역	도급기간	도급액
	경비원의 수	

경비업무의 기간	개시일 년 월 일
	종료일 년 월 일

「경비업법」 제4조 제3항 및 같은 법 시행규칙 제5조 제4항에 따라 위와 같이 특수경비업무의 (개시·종료)를 신고합니다.

년 월 일

신고인(대표자)　　　　　　　　　　　　(서명 또는 인)

시·도경찰청장 귀하

첨부서류	없음	수수료 없음

210mm×297mm[백상지 80g/m²(재활용품)]

6. 허가의 유효기간 등

(1) 유효기간

경비업 허가의 유효기간은 허가받은 날부터 5년으로 한다(경비업법 제6조 제1항).

(2) 갱신(更新)

① 유효기간이 만료된 후 계속하여 경비업을 하고자 하는 법인은 행정안전부령으로 정하는 바에 의하여 갱신허가를 받아야 한다(경비업법 제6조 제2항). 여기서 중요한 것은 유효기간이 만료되고 계속한다면, 무허가 영업행위에 해당하는 자로 3년 이하의 징역 또는 3천만 원 이하의 벌금에 처한다(경비업법 제28조 제2항 제1호). 만료된 후 계속하여 경비업을 한다는 것은 무허가가 아니라 만료 30일전에 갱신한다는 의미이다.

② 갱신기간 및 제출서류 등
　㉠ 경비업의 갱신허가를 받으려는 자는 허가의 유효기간 만료일 30일 전까지 경비업 갱신허가신청서 [별지 제2호 서식](전자문서로 된 신청서를 포함한다)에 허가증 원본 및 정관(변경사항이 있는 경우만 해당한다)을 첨부하여 법인의 주사무소를 관할하는 시·도경찰청장 또는 해당 시·도경찰청 소속의 경찰서장에게 제출하여야 한다. 경비업 갱신허가신청서를 제출받은 경찰서장은 이를 지체 없이 관할 시·도경찰청장에게 보내야 한다(경비업법 시행규칙 제6조 제1항).
　㉡ 경비업 허가 유효기간 만료일 30일 전까지 경비업의 갱신허가를 신청하지 못하여 유효기간이 종료된 경우에는 유효기간의 경과로 경비업 허가는 실효되어 무허가 영업에 해당되며, 다시 허가를 받으려면 신규허가를 받아야 한다.
　㉢ 갱신허가 시에는 이미 갖추어진 경비업 허가를 연장하는 것이기 때문에 법인 임원의 이력서, 시설 등의 확보계획서를 제출할 필요가 없다.

③ 확인: 신청서를 제출받은 시·도경찰청장은「전자정부법」제36조 제1항에 따른 행정정보의 공동이용을 통하여 법인의 등기사항증명서를 확인하여야 한다(경비업법 시행규칙 제6조 제2항).

④ 갱신허가증 교부: 시·도경찰청장은 갱신허가를 하는 때에는 유효기간이 만료되는 허가증을 회수한 후 허가증을 교부하여야 한다(경비업법 시행규칙 제6조 제3항).

핵심 기출문제

09 경비업법령상 경비업의 허가에 관한 설명으로 옳지 않은 것은?

• 제20회 기출

① 경비업 허가신청서는 법인의 주사무소를 관할하는 시·도경찰청장 또는 해당 시·도경찰청 소속의 경찰서장에게 제출하여야 한다.
② 경비업 허가의 유효기간은 허가받은 날부터 5년으로 한다.
③ 법인의 명칭을 변경할 때에는 그 법인의 주사무소의 소재지를 관할하는 시·도경찰청장의 허가를 받아야 한다.
④ 경비업 허가의 유효기간이 만료된 후 계속하여 경비업을 하고자 하는 법인은 행정안전부령이 정하는 바에 따라 갱신허가를 받아야 한다.

해설 법인의 명칭을 변경할 때에는 그 법인의 주사무소의 소재지를 관할하는 시·도경찰청장에게 신고하여야 한다.

정답 ③

7. 특수경비업자의 업무개시 전의 조치 ★★★

(1) 비밀취급인가

① 비밀취급인가권자: 특수경비업무를 수행하는 경비업자(이하 "특수경비업자"라 한다)는 첫 업무개시의 신고를 하기 전에 **시·도경찰청장**의 비밀취급인가를 받아야 한다(경비업법 시행령 제6조 제1항).
② 비밀취급인가 절차: 인가신청 → 시·도경찰청장 → 경찰청장(경유) → 국가정보원장 보안측정 → 시·도경찰청장의 비밀취급인가

(2) 보안측정

시·도경찰청장은 특수경비업자에게 비밀취급인가를 하고자 하는 때에는 특수경비업자로 하여금 경찰청장을 거쳐 국가정보원장에게 보안측정을 요청하도록 하여야 한다(경비업법 시행령 제6조 제2항).

> 「경비업체 보안업무 관리규칙」 제9조【업체의 비밀취급인가 및 해제】① 시·도경찰청장은 업체의 비밀취급인가 신청을 받은 때에는 심사위원회의 심의를 거쳐 국가정보원의 보안측정 결과, 적정판정이 된 업체에 대하여 서약서를 받고 비밀취급을 인가한다. 이 경우 유효기간은 2년으로 한다.

심화학습

비밀취급인가 및 보안측정에 관한 규정

비밀취급인가 및 보안측정에 관한 규정은 「경비업체 보안업무 관리규칙」 제7조[경찰청훈령 제1003호(2021.1.22.)]를 참고한다.

핵심 기출문제

10 경비업법령상 보안지도·점검의 내용이다. ( )에 들어갈 내용이 바르게 연결된 것은?
• 제21회 기출

> (ㄱ)은 특수경비업자에게 비밀취급인가를 하고자 하는 때에는 특수경비업자로 하여금 (ㄴ)을 거쳐 국가정보원장에게 보안측정을 요청하도록 하여야 한다.

① ㄱ: 관할 경찰서장,　　　ㄴ: 시·도경찰청장
② ㄱ: 관할 경찰서장,　　　ㄴ: 경찰청장
③ ㄱ: 시·도경찰청장,　　　ㄴ: 경찰청장
④ ㄱ: 경찰청장,　　　　　ㄴ: 시·도경찰청장

해설 시·도경찰청장은 특수경비업자에게 비밀취급인가를 하고자 하는 때에는 특수경비업자로 하여금 경찰청장을 거쳐 국가정보원장에게 보안측정을 요청하도록 하여야 한다.

정답 ③

제3절 경비업자의 의무

1. 경비업무의 한계

경비업자는 경비대상시설의 소유자 또는 관리자(이하 "시설주"라 한다)의 **관리권의 범위** 안에서 경비업무를 수행하여야 하며, 다른 사람의 자유와 권리를 침해하거나 그의 정당한 활동에 간섭하여서는 아니 된다(경비업법 제7조 제1항).

:: 보충학습　경비업법 제14조 제1항 및 제15조 제1항에 대한 질의

[법제처 2002.6.25., 행정안전부]
【질의요지】
「경비업법」 제2조 제3호 나목의 규정에 의한 특수경비원이 「항공법」 제61조 제5항의 규정에 의하여 행하는 여객의 신체 또는 물건에 대한 검색(이하 "보안검색업무"라 한다)에 대하여, 「경비업법」 제14조 제1항 및 제15조 제1항의 규정에 의하여 국가중요시설인 공항의 시설주(공항공사를 말한다. 이하 같다)가 감독을 할 수 있는지의 여부
【회답】
「항공법」 제65조 제5항의 규정에 의하여 특수경비원이 행하는 보안검색업무는 시설주 관리권의 범위에 속하는 것으로 볼 수 없으므로 시설주는 그에 대하여 감독할 수 있는 권한이 없다고 할 것입니다.

+ 심화학습

경비업무의 한계
위탁자인 시설주가 가지고 있는 소유권·사용권 등의 관리권(管理權)을 넘어서는 안 된다. 경비원은 도급을 통해 소유자 또는 관리자로부터 위임받은 관리권을 재위임받아 이를 실질적으로 행사하는 대리인으로서 「민법」 제195조의 점유보조자로서의 지위를 가지므로 경비대상시설의 소유자 또는 관리자의 관리권 범위 내에서 경비 목적 달성을 위해 필요한 권한(정지·질문, 출입통제·퇴거 요구, 물품 검색·반입 거부, 자력구제권 등)을 행사할 수 있다.

【이유】

「경비업법」 제2조 제1호 마목 및 동조 제3호 나목에 의하면 특수경비원은 공항 등 국가중요시설의 경비 및 도난·화재 그 밖의 위험발생을 방지하는 업무를 도급받아 행하는 특수경비업자가 채용한 고용원이며, 국가중요시설의 경비 등을 도급받은 특수경비업자는 「경비업법」 제14조 제1항의 규정에 따라 특수경비원으로 하여금 배치된 경비구역 안에서 관할 경찰서장 등 경비책임자 외에 국가중요시설의 시설주 감독을 받아 경비 등의 업무를 수행하도록 하고 있습니다.

그러나 「경비업법」 제7조 제1항에서 경비업자는 경비대상시설 시설주의 관리권의 범위 안에서 경비업무를 수행하도록 규정하고 있으므로 「경비업법」 제14조 제1항의 규정에 의하여 특수경비원에 대하여 행하는 시설주의 감독 역시 시설주 관리권의 범위 안에서 행하여야 한다고 할 것입니다.

따라서 「경비업법」의 이와 같은 취지에 비추어 볼 때 시설주가 특수경비원이 행하는 보안검색업무에 대하여 감독을 할 수 있으려면 그 보안검색업무가 시설주 관리권의 범위 안에 포함된다고 볼 수 있어야 할 것입니다.

그런데 여객의 신체 등에 대하여 수색을 하는 업무인 보안검색업무는 공항시설 등 공항 그 자체의 관리보다는 공공의 안녕질서를 그 목적으로 하는 것으로 기본권 침해의 가능성이 크기 때문에 「항공법」 제61조 제5항에서 규정됨으로써 비로소 인정이 되는 것이라고 할 것입니다. 따라서 보안검색업무는 공항시설 경비에 대한 감독 등과 같이 공항의 인적·물적 요소의 운영을 지도·조정하는 시설주의 일반적 관리권의 범위에 포함시킬 수 있는 사항은 아니라고 할 것입니다.

보안검색업무 및 그와 유사한 업무에 관하여 규정하고 있는 「항공법」 제61조의 규정을 살펴보더라도 동조 제2항에서 공항에서의 수송물건의 점검업무는 항공운송사업자가 지정한 직원으로 하여금 행하도록 하고 있고, 동조 제5항에서 보안검색업무는 경찰관과 특수경비원이 행하도록 하고 있으며, 동조 제6항에서 항공기의 경비업무는 항공운송사업자 또는 소유자 등이 청원경찰이나 특수경비원으로 하여금 행하도록 하고 있는바, 그러한 항공기의 안전과 관련된 업무 중 어느 것도 공항의 시설주가 그 관리권을 행사하기 위하여 행하는 업무라고 볼 수 있는 업무는 없다고 할 것입니다.

이와 같이 보안검색업무가 시설주 관리권의 범위에 속하는 것으로 볼 수 없다면, 시설주는 특수경비원이 행하는 보안검색업무를 감독할 수 있는 권한이 없다고 할 것입니다.

2. 경비업자의 의무 ★★☆

(1) 공통적 의무

① **성실의무**: 경비업자는 경비업무를 **성실하게 수행**하여야 하고, 도급을 의뢰받은 경비업무가 **위법 또는 부당한 것일 때에는 이를 거부하여야 한다**(경비업법 제7조 제2항).

② **권익보호의무**: 경비업자는 불공정한 계약으로 경비원의 권익을 침해하거나 경비업의 건전한 육성과 발전을 해치는 행위를 하여서는 아니 된다(경비업법 제7조 제3항).

> **위반 시 행정처분 기준**
> - **성실의무**: 1차 영업정지 1개월, 2차 영업정지 3개월, 3차 이상 허가취소
> - **권익보호의무**: 명문규정 없음
> - **비밀준수의무**: 3년 이하의 징역 또는 3천만 원 이하의 벌금
> - **업무영역준수의무**: 허가취소 및 영업허가제한(동일명칭은 10년, 대체법인 등은 5년)
> - **경비지도사 선임·해임 신고의무**: 500만원 이하의 과태료 (100/200/400)

③ **비밀준수의무**: 경비업자의 임·직원이거나 임·직원이었던 자는 다른 법률에 특별한 규정이 있는 경우를 제외하고는 그 직무상 알게 된 **비밀을 누설하거나 다른 사람에게 제공**하여 이용하도록 하는 등 부당한 목적을 위하여 사용하여서는 아니 된다(경비업법 제7조 제4항).

④ **업무영역준수의무**: 경비업자는 **허가받은 경비업무 외의 업무에 경비원을 종사**하게 하여서는 아니 된다(경비업법 제7조 제5항).

::보충학습 경비업법 제7조 제5항 및 공동주택관리법 제65조의2 제1항의 관계

「공동주택관리법」 제65조의2【경비원 등 근로자의 업무 등】① 공동주택에 경비원을 배치한 경비업자(경비업법 제4조 제1항에 따라 허가를 받은 경비업자를 말한다)는 「경비업법」 제7조 제5항에도 불구하고 대통령령으로 정하는 공동주택 관리에 필요한 업무에 경비원을 종사하게 할 수 있다.

「공동주택관리법 시행령」 제69조의2【경비원이 예외적으로 종사할 수 있는 업무 등】① 법 제65조의2 제1항에서 "대통령령으로 정하는 공동주택 관리에 필요한 업무"란 다음 각 호의 업무를 말한다.
1. 청소와 이에 준하는 미화의 보조
2. 재활용 가능 자원의 분리배출 감시 및 정리
3. 안내문의 게시와 우편수취함 투입
② 공동주택 경비원은 공동주택에서의 도난, 화재, 그 밖의 혼잡 등으로 인한 위험발생을 방지하기 위한 범위에서 주차 관리와 택배물품 보관 업무를 수행할 수 있다.

⑤ **경비지도사의 선임·해임 신고의무**: 경비업자는 경비지도사를 선임하거나 해임하는 때에는 행정안전부령으로 정하는 바에 따라 해당 경비현장을 관할하는 시·도경찰청장 또는 경찰서장에게 신고하여야 한다(경비업법 제12조의2).

(2) 집단민원현장에 경비지도사 선임·배치의무

> **위반 시 행정처분기준**
> 집단민원현장에 경비지도사 선임·배치의무 위반 시에는 1차 영업정지 1개월, 2차 영업정지 3개월, 3차 이상 허가취소에 처한다.

① 경비업자는 집단민원현장에 경비원을 배치하는 때에는 경비지도사를 선임하고 그 장소에 배치하여 행정안전부령으로 정하는 바에 따라 경비원을 지도·감독하게 하여야 한다(경비업법 제7조 제6항).

② **집단민원현장에 선임·배치된 경비지도사의 직무**: 집단민원현장에 선임·배치된 경비지도사의 직무는 다음과 같다(경비업법 시행규칙 제6조의2).

㉠ 「경비업법」 제15조의2(경비원은 직무를 수행함에 있어 타인에게 위력을 과시하거나 물리력을 행사하는 등 경비업무의 범위를 벗어난 행위를 하여서는 아니 된다. 누구든지 경비원으로 하여금 경비업무의 범위를 벗어난 행위를 하게 하여서는 아니 된다)에 따른 경비원 등의 의무 위반행위 예방 및 제지

ⓒ 경비원의 복장 착용 등에 대한 지도·감독

ⓒ 경비원의 장비 휴대 및 사용에 대한 지도·감독

㉣ 「경비업법」 제18조 제1항 단서(집단민원현장에 배치되는 **일반 경비원의 명부**는 그 경비원이 배치되는 장소에도 작성·비치하여야 한다)에 따라 집단민원현장에 비치된 경비원 명부의 관리

3. 특수경비업자의 의무

(1) 비밀취급인가의무

특수경비업무를 수행하는 경비업자(이하 "특수경비업자"라 한다)는 첫 업무개시의 신고를 하기 전에 **시·도경찰청장**의 비밀취급인가를 받아야 한다(경비업법 시행령 제6조 제1항).

(2) 대행업자 지정신고의무

특수경비업무를 수행하는 경비업자(이하 "특수경비업자"라 한다)는 특수경비업무의 개시신고를 하는 때에는 국가중요시설에 대한 특수경비업무의 수행이 중단되는 경우 **시설주의 동의**를 얻어 다른 특수경비업자 중에서 경비업무를 대행할 자(이하 "경비대행업자"라 한다)를 지정하여 허가관청에 신고하여야 한다. 경비대행업자의 지정을 변경하는 경우에도 또한 같다(경비업법 제7조 제7항).

> **경비대행업자 지정신고의무 구별**
> 경비대행업자 지정신고의무 중 허위신고(과태료 400만 원)와 그 밖의 사유로 신고하지 아니한 경우(과태료 300만 원)를 구별하여야 한다.

(3) 경비대행통보 및 경비업무 인수의무

① 특수경비업자는 국가중요시설에 대한 특수경비업무를 중단하게 되는 경우에는 미리 이를 경비대행업자에게 통보하여야 하며, 경비대행업자는 통보받은 즉시 그 경비업무를 인수하여야 한다.

② 이 경우 신고 규정은 경비대행업자에 대하여 이를 준용한다(경비업법 제7조 제8항). 이는 특수경비업무 도중 부도 등으로 경비업무 중단 시 국가중요시설 방호에 문제가 발생할 수 있으므로 국가중요시설 경비의 연속성을 보장하기 위해 대행업체를 지정하고 지정된 대행업체의 승계의무에 관하여 특별히 규정한 것이다.

(4) 겸업금지의무

① 특수경비업자는 「경비업법」에 의한 경비업과 경비장비의 제조·설비·판매업, 네트워크를 활용한 정보산업, 시설물 유지관리업 및 경비원 교육업 등 대통령령이 정하는 경비관련업 외의 영업을 하여서는 아니 된다(경비업법 제7조 제9항).

> **심화학습**
>
> **겸업금지의무의 완화**
> 경비업자의 대부분이 경비업 외에 다른 업무를 겸업하고 있는 경비업계의 현 실정에 맞추어, 「경비업법」에 의한 경비업 외의 영업을 할 수 없도록 했던 종전의 경비업자의 겸업금지의무를 특수경비업자에 한정함으로써 경비업자의 영업에 대한 규제를 완화하였다. 이는 민간경비분야의 성장과 발전에 이바지하려는 목적으로 제9차 개정(시행 2003.12.19.)(법률 제6787호, 2002.12.18., 일부개정) 때 변경된 것이다.

② 특수경비업자가 할 수 있는 영업: 경비장비의 제조·설비·판매업, 네트워크를 활용한 정보산업, 시설물 유지관리업 및 경비원 교육업 등 대통령령이 정하는 경비관련업이란 다음의 영업을 말한다(경비업법 시행령 제7조의2 제1항).
㉠ [별표 1의2]에 따른 영업

> **[별표 1의2] 특수경비업자가 할 수 있는 영업**(시행령 제7조의2 제1항 관련)

분야	해당 영업
금속가공제품 제조업 (기계 및 가구 제외)	• 일반철물 제조업(자물쇠제조 등 경비 관련 제조업에 한정한다) • 금고 제조업
그 밖의 기계 및 장비 제조업	분사기 및 소화기 제조업
전기장비 제조업	전기경보 및 신호장치 제조업
전자부품, 컴퓨터, 영상, 음향 및 통신장비 제조업	• 전자카드 제조업 • 통신 및 방송장비 제조업 • 영상 및 음향기기 제조업
전문직별 공사업	• 소방시설 공사업 • 배관 및 냉난방 공사업(소방시설 공사 등 방재 관련 공사에 한정한다) • 내부 전기배선 공사업 • 내부 통신배선 공사업
도매 및 상품중개업	통신장비 및 부품 도매업
통신업	전기통신업
부동산업	부동산 관리업
컴퓨터 프로그래밍, 시스템 통합 및 관리업	• 컴퓨터 프로그래밍 서비스업 • 컴퓨터시스템 통합 자문, 구축 및 관리업
건축기술, 엔지니어링 및 관련 기술 서비스업	• 건축설계 및 관련 서비스업(소방시설 설계 등 방재 관련 건축설계에 한정한다) • 건물 및 토목엔지니어링 서비스업(소방공사 감리 등 방재 관련 서비스업에 한정한다)
사업시설 관리 및 조경 서비스업	• 사업시설 유지관리 서비스업 • 건물 산업설비 청소 및 방제 서비스업
사업지원 서비스업	• 인력공급 및 고용알선업 • 경비, 경호 및 탐정업

교육서비스업	• 직원훈련기관 • 그 밖의 기술 및 직업훈련학원(경비 관련 교육에 한정한다)
수리업	• 일반 기계 수리업 • 전기, 전자, 통신 및 정밀기기 수리업
창고 및 운송 관련 서비스업	주차장 운영업

  ⓒ 위 ㉠에 따른 영업에 부수되는 것으로서 경찰청장이 지정·고시하는 영업
 ③ **영업 범위**: 「경비업법」 또는 「경비업법 시행령」에 특별한 규정이 있는 경우를 제외하고는 「통계법」에 따라 통계청장이 고시하는 한국표준산업분류표에 따른다(경비업법 시행령 제7조의2 제2항).

핵심 기출문제

11 경비업법령상 경비업자의 의무에 관한 설명으로 옳은 것은? • 제21회 기출

① 경비업자는 허가받은 경비업무 외의 업무에 경비원을 종사하게 하는 경우 관할 경찰서장에게 보고하여야 한다.
② 경비업자는 도급을 의뢰받은 경비업무가 위법 또는 부당한 것일 때에는 이를 거부하여야 한다.
③ 경비업자는 경비대상시설의 소유자 또는 관리자의 관리권의 범위와 상관없이 독립적으로 경비업무를 수행하여야 한다.
④ 특수경비업자는 부동산 관리업을 할 수 없다.

해설 ① 경비업자는 허가받은 경비업무 외의 업무에 경비원을 종사하게 하여서는 아니 된다.
③ 경비업자는 경비대상시설의 소유자 또는 관리자(이하 "시설주"라 한다)의 관리권의 범위 안에서 경비업무를 수행하여야 하며, 다른 사람의 자유와 권리를 침해하거나 그의 정당한 활동에 간섭하여서는 아니 된다.
④ 특수경비업자는 「경비업법 시행령」 제7조의2 제1항에 의해 대통령령이 정하는 경비관련업을 할 수 있다. 이에는 부동산 관리업이 포함된다.

정답 ②

4. 기계경비업자의 의무

(1) 대응체제 구축의무

 ① **대응체제**: 기계경비업무를 수행하는 경비업자(이하 "기계경비업자"라 한다)는 경비대상시설에 관한 정보를 수신한 때에는 신속하게 그 사실을 확인하는 등 필요한 대응조치를 취하여야 하며, 이를 위한 대응체제를 갖추어야 한다(경비업법 제8조).

+ 심화학습

대응체제 구축의무 위반에 관한 행정처분 규정
1차 경고, 2차 경고, 3차 이상 위반 시 영업정지 1개월에 처한다. 이는 특수경비업자의 대행체제 구축과 구별해야 한다.

② **기계경비업자의 대응체제**: 기계경비업자는 관제시설 등에서 경보를 수신한 때에는 경보를 수신한 때부터 늦어도 **25분** 이내에는 도착시킬 수 있는 대응체제를 갖추어야 한다(경비업법 시행령 제7조).

(2) 오경보의 방지 등

① 오경보의 방지를 위한 설명 등

> 위반 시 행정처분기준
> 1차 100만 원, 2차 200만 원, 3차 이상 400만 원의 과태료를 부과한다.

㉠ 기계경비업자는 경비계약을 체결하는 때에는 오경보를 막기 위하여 계약상대방에게 기기사용요령 및 기계경비운영체계 등에 관해 설명하여야 하며, 각종 기기가 오작동되지 아니하도록 관리하여야 한다(경비업법 제9조 제1항).

㉡ 기계경비업자가 계약상대방에게 하여야 하는 설명은 다음의 사항을 기재한 **서면 또는 전자문서**(이하 "**서면 등**"이라 하며, 전자문서는 계약상대방이 원하는 경우에 한한다)를 교부하는 방법에 의한다(경비업법 시행령 제8조 제1항).

　ⓐ 당해 기계경비업무와 관련된 관제시설 및 출장소(경비업법 시행령 제5조 제3항의 규정에 의한 출장소를 말한다. 이하 같다)의 명칭·소재지

　ⓑ 기계경비업자가 경비대상시설에서 발생한 경보를 수신한 경우에 취하는 조치

　ⓒ 기계경비업무용 기기의 설치장소 및 종류와 그 밖의 기계장치의 개요

　ⓓ 오경보의 발생원인과 송신기기의 유지·관리방법

㉢ 기계경비업자는 위 ㉡의 사항을 기재한 서면 등과 함께 손해배상의 범위와 손해배상액에 관한 사항을 기재한 서면 등을 계약상대방에게 교부하여야 한다(경비업법 시행령 제8조 제2항).

② **기계경비업자의 관리 서류**: 기계경비업자는 대응조치 등 업무의 원활한 운영과 개선을 위하여 대통령령이 정하는 바에 따라 관련 서류를 작성·비치하여야 한다(경비업법 제9조 제2항).

㉠ 기계경비업자는 **출장소별**로 다음의 사항을 기재한 서류를 갖추어 두어야 한다(경비업법 시행령 제9조 제1항).

　ⓐ 경비대상시설의 명칭·소재지 및 경비계약기간

　ⓑ 기계경비지도사의 명단·배치일자·배치장소와 출동차량의 대수

　ⓒ 경보의 수신 및 현장도착 일시와 **조치의 결과**

ⓓ 오경보인 경우 오경보가 발생한 경비대상시설 및 그 오경보에 대한 **조치의 결과**

ⓒ 위 ⓒ와 ⓓ에 규정한 사항을 기재한 서류는 당해 경보를 수신한 날부터 1년간 이를 보관하여야 한다(경비업법 시행령 제9조 제2항).

핵심 기출문제

12 경비업법령상 기계경비업자가 오경보의 방지를 위해 계약상대방에게 설명하여야 하는 사항이 아닌 것은?
• 제25회 기출

① 당해 기계경비업무와 관련된 관제시설 및 출장소의 명칭·소재지
② 기계경비업무용 기기의 설치장소 및 종류와 그 밖의 기계장치의 개요
③ 기계경비지도사의 명단·배치일자·배치장소와 출동차량의 대수
④ 기계경비업자가 경비대상시설에서 발생한 경보를 수신한 경우에 취하는 조치

해설 기계경비업자는 기계경비지도사의 명단·배치일자·배치장소와 출동차량의 대수 등의 내용이 포함된 사항을 기재한 서류를 출장소별로 갖추어 두어야 한다.
①②④ 이외에 오경보의 발생원인과 송신기기의 유지·관리방법은 계약상대방에게 설명하여야 하는 사항이다.

정답 ③

13 경비업법령상 기계경비업자의 출장소별 관리 서류에 관한 설명으로 옳지 않은 것은?
• 제26회 기출

① 경비대상시설의 명칭·소재지 및 경비계약기간을 기재한 서류를 갖추어 두어야 한다.
② 기계경비지도사의 명단·배치일자·배치장소와 출동차량의 대수를 기재한 서류를 갖추어 두어야 한다.
③ 오경보가 발생한 경비대상시설을 기재한 서류를 갖추어 두어야 한다.
④ 경보의 수신 및 조치의 결과를 기재한 서류는 당해 경보를 수신한 날부터 3년간 보관하여야 한다.

해설 경보의 수신 및 조치의 결과를 기재한 서류는 당해 경보를 수신한 날부터 1년간 보관하여야 한다.

정답 ④

5. 경비업무 도급인 등의 의무

(1) 무허가도급 금지의무

누구든지 「경비업법」 제4조 제1항에 따른 허가를 받지 아니한 자에게 경비업무를 도급하여서는 아니 된다(경비업법 제7조의2 제1항).

심화학습

관리 서류 보관 기간

- 경비지도사는 경비원 직무교육 실시대장에 경비원 직무교육 내용을 기록하여 2년간 보존하여야 한다(경비업법 시행령 제17조 제3항).
- 경비업자는 근무상황기록부를 1년 동안 보관하여야 한다(경비업법 시행규칙 제24조의3 제2항).

심화학습

경비원 고용방식과 규제

- **고용방식**: 시설주 등 도급인이 경비원을 고용하는 방식으로는 ① 「경비업법」상 경비업체와 도급계약을 맺어 경비원을 고용하는 방식, ② 개별적으로 직접 경비원을 고용하는 방식이 있다.
- **규제**: ①은 「경비업법」의 규제대상인 반면, ②는 사인 간의 계약관계로서 「경비업법」의 규제대상이 되지 않아 「경비업법」의 규제를 적용받지 않는다.

(2) 집단민원현장 직접고용 제한의무

① 원칙: 누구든지 집단민원현장에 경비인력을 20명 이상 배치하려고 할 때에는 그 경비인력을 직접 고용하여서는 아니 되고, 경비업자에게 경비업무를 도급하여야 한다(경비업법 제7조의2 제2항 본문).

② 예외: 시설주 등이 집단민원현장 발생 3개월 전까지 직접 고용하여 경비업무를 수행하는 피고용인의 경우에는 그러하지 아니하다(경비업법 제7조의2 제2항 단서).

(3) 영향력행사 금지 등

① 도급자의 영향력행사 금지의무: 경비업무를 도급하는 자는 그 경비업무를 수급한 경비업자의 경비원 채용 시 무자격자나 부적격자 등을 채용하도록 관여하거나 영향력을 행사해서는 아니 된다(경비업법 제7조의2 제3항).

② 무자격자 및 부적격자의 구체적인 범위: 무자격자 및 부적격자의 구체적인 범위 등은 대통령령으로 정한다(경비업법 제7조의2 제4항). 다음의 경비업무를 도급하려는 자는 다음의 구분에 해당하는 사람을 그 경비업무를 수급한 경비업자의 경비원으로 채용하도록 관여하거나 영향력을 행사해서는 아니 된다(경비업법 시행령 제7조의3).

㉠ 시설경비업무, 호송경비업무, 신변보호업무, 기계경비업무 또는 혼잡·교통유도경비업무(단, ㉢의 경비업무는 제외)

ⓐ 결격사유(경비업법 제10조 제1항)에 따라 경비지도사 또는 일반경비원이 될 수 없는 사람

ⓑ 「아동·청소년의 성보호에 관한 법률」 제56조 제1항 제14호에 따라 경비업무에 종사할 수 없는 사람

㉡ 특수경비업무

ⓐ 결격사유(경비업법 제10조 제2항)에 따라 특수경비원이 될 수 없는 사람

ⓑ 「아동·청소년의 성보호에 관한 법률」 제56조 제1항 제14호에 따라 경비업무에 종사할 수 없는 사람

㉢ 집단민원현장의 시설경비업무, 신변보호업무 또는 혼잡·교통유도경비업무

ⓐ 결격사유(경비업법 제10조 제1항)에 따라 경비지도사 또는 일반경비원이 될 수 없는 사람

위반 시 행정처분기준

경비업무 도급인 등의 의무 위반 시 3년 이하의 징역 또는 3천만원 이하의 벌금에 처한다(경비업법 제28조).

➕ 심화학습

「아동·청소년의 성보호에 관한 법률」 제56조【아동·청소년 관련 기관 등에의 취업제한 등】

① 법원은 아동·청소년 대상 성범죄 또는 성인 대상 성범죄(이하 "성범죄"라 한다)로 형 또는 치료감호를 선고하는 경우에는 판결(약식명령을 포함한다. 이하 같다)로 그 형 또는 치료감호의 전부 또는 일부의 집행을 종료하거나 집행이 유예·면제된 날(벌금형을 선고받은 경우에는 그 형이 확정된 날)부터 일정기간(이하 "취업 제한 기간"이라 한다) 동안 다음 각 호에 따른 시설·기관 또는 사업장(이하 "아동·청소년 관련 기관 등"이라 한다)을 운영하거나 아동·청소년 관련 기관 등에 취업 또는 사실상 노무를 제공할 수 없도록 하는 명령(이하 "취업 제한 명령"이라 한다)을 성범죄 사건의 판결과 동시에 선고(약식명령의 경우에는 고지)하여야 한다. 다만, 재범의 위험성이 현저히 낮은 경우, 그 밖에 취업을 제한하여서는 아니 되는 특별한 사정이 있다고 판단하는 경우에는 그러하지 아니하다.

14. 「경비업법」 제2조 제1호의 경비업을 행하는 법인. 이 경우 경비업무에 직접 종사하는 사람에 한정한다.

ⓑ 집단민원현장에 일반경비원으로 배치할 수 없는 사람(경비업법 제18조 제6항)
ⓒ 「아동·청소년의 성보호에 관한 법률」 제56조 제1항 제14호에 따라 경비업무에 종사할 수 없는 사람

핵심 기출문제

14 경비업법령상 경비업자 및 경비업무 도급인 등의 의무에 관한 설명으로 옳은 것은?

• 제16회 기출

① 경비업자는 경비업무에 해당하는 한, 시설주의 관리권의 범위를 넘어 경비업무를 수행할 수 있다.
② 경비업자는 도급을 의뢰받은 경비업무가 부당하더라도 위법하지 않는 한, 이를 거부할 수 없다.
③ 특수경비업자는 국가중요시설에 대한 특수경비업무를 중단하게 되는 경우에는 미리 이를 경비대행업자에게 통보하여야 한다.
④ 누구든지 집단민원현장에 경비인력을 10명 이상 배치하려고 할 때에는 경비업자에게 경비업무를 도급하여야 한다.

해설 ① 경비업자는 경비대상시설의 시설주의 관리권의 범위 안에서 경비업무를 수행하여야 하며, 다른 사람의 자유와 권리를 침해하거나 그의 정당한 활동에 간섭하여서는 아니 된다.
② 경비업자는 도급을 의뢰받은 경비업무가 위법 또는 부당한 것일 때에는 이를 거부하여야 한다.
④ 누구든지 집단민원현장에 경비인력을 20명 이상 배치하려고 할 때에는 그 경비인력을 직접 고용하여서는 아니 되고, 경비업자에게 경비업무를 도급하여야 한다.

정답 ③

➕ 심화학습

「경비업법」 제18조 【경비원의 명부와 배치허가 등】

⑥ 경비업자는 다음 각 호의 어느 하나에 해당하는 죄를 범하여 벌금형을 선고받고 5년이 지나지 아니하거나 금고 이상의 형을 선고받고 그 집행이 유예된 날부터 5년이 지나지 아니한 자를 집단민원현장에 일반경비원으로 배치하여서는 아니 된다.

1. 「형법」 제257조부터 제262조까지(상해, 중상해, 특수상해, 상해치사, 폭행, 특수폭행, 폭행치사상), 제264조(상습범), 제276조부터 제281조까지의 죄(체포, 감금, 중체포, 중감금, 특수체포, 특수감금, 상습범, 미수범, 체포·감금 등의 치사상), 제284조의 죄(특수협박), 제285조의 죄(상습범), 제320조의 죄(특수주거침입), 제324조 제2항의 죄(강요), 제350조의2의 죄(특수공갈), 제351조의 죄(상습범)[제350조(공갈), 제350조의2(특수공갈)의 상습범으로 한정한다], 제369조 제1항의 죄(특수손괴)
2. 「폭력행위 등 처벌에 관한 법률」 제2조(폭행 등) 또는 제3조(집단적 폭행 등)의 죄

CHAPTER 02 경비업의 허가 등

중요내용 OX 문제

제1절 경비업 허가

01 경비업자는 도급받아 행하고자 하는 경비업무에 대해 그 법인의 주사무소의 소재지를 관할하는 경찰서장의 허가를 받아야 한다.

02 경비업은 원칙적으로 법인만이 영위할 수 있으나, 법률이 정한 일정 규모 이상의 시설이나 자본금을 갖춘 경우 조합이나 법인이 아닌 사단도 경비업을 영위할 수 있다.

제2절 경비업 허가신청

03 경비업자는 경비업 허가를 갱신하고자 하는 경우에 경비인력·시설 및 장비의 확보계획서 각 1부를 제출하여야 한다.

04 허가를 받으려는 법인은 행정안전부령이 정하는 경비인력·자본금·시설 및 장비를 갖추어야 한다.

05 시설경비업무와 특수경비업무를 겸업하고자 하는 경우 자본금은 1억 원 이상을 보유하여야 한다.

06 경비인력, 자본금, 시설 및 장비를 갖추지 못한 경우 허가를 받은 날부터 1월 이내에 규정에 의한 시설 등을 갖추고 시·도경찰청장의 확인을 받아야 한다.

07 경비업자가 허가받은 경비업무 외의 업무에 경비원을 종사하게 한 사유로 허가가 취소된 법인은 법인명 또는 임원의 변경에도 불구하고 허가가 취소된 날부터 10년이 지나지 아니한 때에는 허가를 받을 수 없다.

08 집회 및 시위에 관한 법률에 위반하여 200만 원의 벌금형의 선고를 받고 그 형이 실효되지 아니한 자는 호송경비업무를 수행하는 법인의 임원이 될 수 있다.

09 내란죄로 징역 1년에 집행유예 3년형의 선고를 받고 그 형이 실효된 자는 특수경비업무를 수행하는 법인의 임원이 될 수 없다.

10 경비업의 허가 여부를 결정하는 경우에 대표자, 임원의 경력 및 신용 등은 검토의 대상이 된다.

	O	X
11 경비업을 허가받은 법인이 법인의 주사무소나 출장소를 신설·이전 또는 폐지한 때에는 시·도경찰청장에게 갱신허가를 받아야 한다.	□	□
12 경비업자는 이미 허가받은 법인의 명칭이나 대표자·임원을 변경한 때에는 그 사유가 발생한 날부터 7일 이내에 시·도경찰청장에게 신고를 하여야 한다.	□	□
13 휴업신고를 한 경비업자가 신고한 휴업기간이 끝나기 전에 영업을 다시 시작하려는 경우에는 영업을 다시 시작하기 전 7일 이내에 영업재개신고서를 제출하여야 한다.	□	□
14 경비업 허가유효기간 만료일 30일 이전에 갱신허가신청서만을 제출함으로써 허가를 갱신할 수 있다.	□	□

OX 정답 01 × 02 × 03 × 04 × 05 × 06 × 07 × 08 ○ 09 × 10 ○ 11 × 12 × 13 × 14 ×

X 해설
01 경비업자는 경비업무를 특정하여 그 법인의 주사무소의 소재지를 관할하는 시·도경찰청장의 허가를 받아야 한다.
02 경비업은 법인이 아니면 영위할 수 없다.
03 경비업 허가의 갱신은 이미 갖추어진 경비업 허가를 연장하는 것이므로 경비인력·시설 및 장비의 확보계획서를 제출할 필요가 없다.
04 허가를 받으려는 법인은 대통령령이 정하는 경비인력·자본금·시설 및 장비를 갖추어야 한다.
05 자본금은 3억 원 이상을 보유하여야 한다.
06 자본금은 조건부 허가를 받을 수 없다.
07 5년이 지나지 아니한 때에는 허가를 받을 수 없다.
09 금고 이상의 형의 선고를 받고 그 형이 실효되었으므로 특수경비업무를 수행하는 법인의 임원이 될 수 있다.
11 시·도경찰청장에게 신고하여야 한다.
12 30일 이내에 시·도경찰청장에게 신고하여야 한다.
13 영업을 다시 시작한 후 7일 이내에 영업재개신고서를 제출하여야 한다.
14 갱신허가신청서와 허가증 원본 그리고 정관 변경이 있는 경우는 정관을 제출하여야 한다.

제3절 경비업자의 의무

15 경비업자는 경비업무에 해당하는 한, 시설주의 관리권의 범위 내에서 경비업무를 수행할 수 있다.

16 경비업자의 임·직원이거나 임·직원이었던 자는 어떠한 경우라도 그 직무상 알게 된 비밀을 누설하거나 다른 사람에게 제공하여 이용하도록 하는 등 부당한 목적을 위하여 사용하여서는 아니 된다.

17 특수경비업자는 국가중요시설에 대한 특수경비업무의 수행이 중단되는 경우 시설주의 동의를 얻어 다른 특수경비업자 중에서 경비업무를 대행할 자를 지정하여 관할 시·도경찰청의 허가를 받아야 한다.

18 특수경비업자가 할 수 있는 경비관련업에는 전기(전자, 통신) 및 정밀기기 수리업이 포함된다.

19 기계경비업자는 관제시설 등에서 경보를 수신한 때에는 경보를 수신한 때부터 늦어도 15분 이내에는 도착시킬 수 있는 대응체제를 갖추어야 한다.

20 기계경비업자는 경비계약을 체결하는 때에 계약상대방에게 기기사용요령 및 기계경비운영체계 등에 관하여 서면 또는 구두로 설명하여야 한다.

21 기계경비업자는 기계경비지도사의 명단·배치일자·배치장소와 출동차량의 대수를 계약상대방에게 설명을 하여야 한다.

22 기계경비업자는 오경보가 발생한 경비대상시설 및 그 오경보에 대한 조치의 결과를 기재한 서류를 조치 후 계약기간 종료 시까지 보관하여야 한다.

23 기계경비업자는 경비대상시설의 명칭·소재지 및 경비계약기간을 기재한 서류를 주사무소에 갖추어 두어야 한다.

24 경찰청장은 특수경비업자에게 비밀취급인가를 하고자 하는 때에는 특수경비업자로 하여금 시·도경찰청장을 거쳐 국가정보원장에게 보안측정을 요청하도록 하여야 한다.

25 시설주 등이 집단민원현장 발생 1개월 전까지 직접 고용하여 경비업무를 수행하게 할 수 있다.

OX 정답 15 ○ 16 × 17 × 18 ○ 19 × 20 × 21 × 22 × 23 × 24 × 25 ×

X 해설
16 다른 법률에 특별한 규정이 있는 경우는 제외한다.
17 관할 시·도경찰청에 신고를 하여야 한다.
19 25분 이내에 도착시킬 수 있는 대응체제를 갖추어야 한다.
20 서면 또는 전자문서(전자문서는 계약 상대방이 원하는 경우에 한한다)를 교부하는 방법에 의한다.
21 기계경비업자는 기계경비지도사의 명단·배치일자·배치장소와 출동차량의 대수 등의 내용이 포함된 사항을 기재한 서류를 출장소별로 갖추어 두어야 한다.
22 당해 경보를 수신한 날부터 1년간 보관하여야 한다.
23 출장소별로 갖추어 두어야 한다.
24 시·도경찰청장이 특수경비업자로 하여금 경찰청장을 거쳐 국가정보원장에게 보안측정을 요청하도록 하여야 한다.
25 집단민원현장 발생 3개월 전까지 직접 고용한 경우에 가능하다.

CHAPTER 02 경비업의 허가 등

기출 및 예상문제

제1절 경비업 허가

01 경비업법 제4조의 내용이다. (   ) 안에 들어갈 내용으로 옳은 것은?

> 경비업을 영위하고자 하는 (ㄱ)은 (ㄴ)받아 행하고자 하는 경비업무를 (ㄷ)하여 그 법인의 주사무소의 소재지를 관할하는 시·도경찰청장의 (ㄹ)를 받아야 한다.

① ㄱ: 개인
② ㄴ: 위임
③ ㄷ: 특정
④ ㄹ: 신고

해설 경비업을 영위하고자 하는 법인은 도급받아 행하고자 하는 경비업무를 특정하여 그 법인의 주사무소의 소재지를 관할하는 시·도경찰청장의 허가를 받아야 한다. 도급받아 행하고자 하는 경비업무를 변경하는 경우에도 또한 같다(경비업법 제4조 제1항).

02 경비업법상 도급받아 행하는 경비업무를 영위하려는 법인의 영업 구역이 다수의 경찰서 관할구역에 걸치는 경우에 허가권자로 옳은 것은?

① 경찰청장
② 경비업자의 주소지 관할 시·도경찰청장
③ 법인의 주사무소의 소재지 관할 시·도경찰청장
④ 법인의 주사무소의 소재지 관할 경찰서장

해설 도급받아 행하는 경비업무를 영위하고자 하는 법인은 경비업의 허가권자에게 허가를 받아야 한다. 이때 경비업의 허가권자는 해당 법인의 주사무소의 소재지를 관할하는 시·도경찰청장이다.

> **법 제4조【경비업의 허가】** ① 경비업을 영위하고자 하는 법인은 도급받아 행하고자 하는 경비업무를 특정하여 그 법인의 주사무소의 소재지를 관할하는 시·도경찰청장의 허가를 받아야 한다. 도급받아 행하고자 하는 경비업무를 변경하는 경우에도 또한 같다.

03 경비업법상 경비업을 영위하고 있는 법인이 도급받아 행하는 경비업무를 변경하는 경우에 권한자로 옳은 것은?

① 경찰청장에게 신고
② 경찰청장에게 허가
③ 시·도경찰청장에게 허가
④ 경찰서장에게 신고

> **해설** 경비업무를 변경하는 경우에도 경비업의 허가권자에게 허가를 받아야 한다. 경비업의 허가권자는 해당 법인의 주사무소의 소재지를 관할하는 시·도경찰청장이다.

04 경비업법령상 경비업을 영위할 수 있는 경우로 옳은 것은?

① 경비업을 영위했던 경험이 많고 일반경비지도사 자격을 취득한 사람
② 경찰공무원법상 경찰공무원으로 7년 이상 재직한 사람
③ 군인사법상 군사경찰병과 부사관으로 7년 이상 재직한 사람
④ 재단법인으로 법원에 등록된 법인

> **해설** 경비업은 법인이 아니면 이를 영위할 수 없다(경비업법 제3조).
> ①②③ 모두 개인이므로 경비업을 영위할 수 없다.

05 경비업법령상 허가사항 중 권한자가 <u>다른</u> 것은?

① 새로운 경비업무를 추가하려는 경우
② 허가를 받은 경비업무를 변경하려는 경우
③ 집단민원현장에 신변보호업무를 위해 일반경비원을 배치하려는 경우
④ 경비업 허가 유효기간 만료 후에도 계속하여 경비업무를 하려는 경우

> **해설** 시설경비업무, 신변보호업무 또는 혼잡·교통유도경비업무 중 집단민원현장에 일반경비원을 배치하려는 경우에는 경비원을 배치하기 48시간 전까지 행정안전부령으로 정하는 바에 따라 배치허가를 신청하고, 관할 경찰관서장의 배치허가를 받은 후에 경비원을 배치하여야 한다.
> ①②④ 경비업의 허가권자인 시·도경찰청장에게 허가를 받아야 한다.

정답 01 ③ 02 ③ 03 ③ 04 ④ 05 ③

06 경비업법령상 허가사항에 해당하는 것을 모두 고른 것은?

> ㄱ. 도급받아 경비업을 영위하고자 하는 경우
> ㄴ. 허가받은 경비업무를 변경하는 경우
> ㄷ. 새로운 경비업무를 추가하는 경우
> ㄹ. 허가받은 유효기간이 만료된 후 계속하여 경비업무를 하려는 경우

① ㄱ, ㄴ ② ㄴ, ㄷ ③ ㄱ, ㄴ, ㄷ ④ ㄱ, ㄴ, ㄷ, ㄹ

해설 경비업을 영위하고자 하는 법인은 도급받아 행하고자 하는 경비업무를 특정하여 그 법인의 주사무소의 소재지를 관할하는 시·도경찰청장의 허가를 받아야 한다. 도급받아 행하고자 하는 경비업무를 변경하는 경우에도 또한 같다(경비업법 제4조 제1항). 그리고 유효기간이 만료된 후 계속하여 경비업을 하고자 하는 법인은 행정안전부령으로 정하는 바에 따라 갱신허가를 받아야 한다(경비업법 제6조 제2항).

제2절 경비업 허가신청

07 경비업법령상 경비업 허가신청 등에 관한 설명으로 옳은 것은? • 제22회 기출

① 경비업 허가신청 시 시설을 갖출 수 없는 경우에는 시설 확보계획서를 제출한 후 허가를 받은 날부터 1월 이내에 법령 규정에 의한 시설을 갖추고 시·도경찰청장의 확인을 받아야 한다.
② 경비업의 허가를 받은 법인은 기계경비업무 수행을 위한 관제시설을 이전한 때에는 관할 경찰서장에게 신고하여야 한다.
③ 경비업 변경허가신청 시 자본금을 갖출 수 없는 경우에는 자본금 확보계획서를 제출한 후 변경허가를 받은 날부터 1월 이내에 자본금을 갖추고 시·도경찰청장의 확인을 받아야 한다.
④ 경비업자가 허가를 받은 경비업무를 변경하려는 경우에는 변경허가신청서를 경찰청장 또는 관할 시·도경찰청장에게 제출하여야 한다.

해설 ② 경비업의 허가를 받은 법인은 기계경비업무 수행을 위한 관제시설을 이전한 때에는 관할 시·도경찰청장에게 신고하여야 한다.
③ 경비업 변경허가신청 시 자본금은 조건부 허가가 될 수 없다.
④ 경비업자가 허가를 받은 경비업무를 변경하려는 경우에는 변경허가신청서를 법인의 주사무소를 관할하는 시·도경찰청장 또는 해당 시·도경찰청 소속의 경찰서장에게 제출하여야 한다.

08 경비업법령상 경비업 허가신청에 관한 설명으로 옳지 않은 것은?

① 경비업을 영위하고자 하는 법인은 경비업무를 특정하여 그 법인의 주사무소의 소재지를 관할하는 시·도경찰청장의 허가를 받아야 한다.
② 경비업을 영위하고자 하는 법인이 도급받아 행하고자 하는 경비업무를 변경하는 경우 그 법인의 주사무소의 소재지를 관할하는 시·도경찰청장의 허가를 받아야 한다.
③ 경비업의 허가를 받으려는 경우에는 허가신청서에 대통령령으로 정하는 서류를 첨부하여 법인의 주사무소를 관할하는 시·도경찰청장 또는 해당 시·도경찰청 소속의 경찰서장에게 제출하여야 한다.
④ 경비업 허가 또는 변경허가신청서를 제출하는 법인은 원칙적으로 법규정에 의한 경비인력·자본금·시설 및 장비를 갖추어야 한다.

해설 경비업의 허가를 받으려는 경우에는 허가신청서에, 경비업의 허가를 받은 법인(경비업자)이 허가를 받은 경비업무를 변경하거나 새로운 경비업무를 추가하려는 경우에는 변경허가신청서에 행정안전부령으로 정하는 서류를 첨부하여 법인의 주사무소를 관할하는 시·도경찰청장 또는 해당 시·도경찰청 소속의 경찰서장에게 제출하여야 한다. 이 경우 신청서를 제출받은 경찰서장은 지체 없이 관할 시·도경찰청장에게 보내야 한다(경비업법 시행령 제3조 제1항).

09 경비업법령상 경비업 허가신청 등에 관한 설명으로 옳은 것은?

① 경비업의 허가를 받으려는 경우에는 허가신청서에 행정안전부령이 정하는 서류를 첨부하여 경찰청장에게 제출하여야 한다.
② 경비업을 영위하고자 하는 개인은 경비업무를 특정하여 주사무소의 소재지를 관할하는 시·도경찰청장의 허가를 받아야 한다.
③ 시·도경찰청장이 경비업을 허가하거나 변경허가를 한 경우에는 해당 법인의 주사무소를 관할하는 시·도경찰청장이 신청인에게 허가증을 발급하여야 한다.
④ 경비업의 허가 또는 변경허가를 신청하는 때에 법규정에 의한 시설 등(자본금을 제외한다)을 갖출 수 없는 경우에는 허가 또는 변경허가의 신청 시 시설 등의 확보계획서를 제출한 후 허가 또는 변경허가를 받은 날부터 1월 이내에 규정에 의한 시설 등을 갖추고 시·도경찰청장의 확인을 받아야 한다.

> **해설**
> ① 경비업의 허가를 받으려는 경우에는 허가신청서에, 경비업의 허가를 받은 법인(경비업자)이 허가를 받은 경비업무를 변경하거나 새로운 경비업무를 추가하려는 경우에는 변경허가신청서에 행정안전부령으로 정하는 서류를 첨부하여 법인의 주사무소를 관할하는 시·도경찰청장 또는 해당 시·도경찰청 소속의 경찰서장에게 제출하여야 한다. 이 경우 신청서를 제출받은 경찰서장은 지체 없이 관할 시·도경찰청장에게 보내야 한다(경비업법 시행령 제3조 제1항).
> ② 경비업을 영위하고자 하는 법인은 도급받아 행하고자 하는 경비업무를 특정하여 그 법인의 주사무소의 소재지를 관할하는 시·도경찰청장의 허가를 받아야 한다. 도급받아 행하고자 하는 경비업무를 변경하는 경우에도 또한 같다(경비업법 제4조 제1항).
> ③ 시·도경찰청장은 검토를 한 후 경비업을 허가하거나 변경허가를 한 경우에는 해당 법인의 주사무소를 관할하는 경찰서장을 거쳐 신청인에게 허가증을 발급하여야 한다(경비업법 시행령 제4조 제2항).

10 경비업법령상 별지 제2호 서식 신규허가신청서 중 신청내용란에 포함되지 않는 것은?

① 법인 명칭
② 신청경비업무
③ 자본
④ 손해배상(공탁·보험·공제)

> **해설** 경비업 신규나 변경·갱신허가신청서(경비업법 시행규칙 별지 제2호 서식)는 신청인과 신청내용으로 구분된다. 신청인란에는 법인 명칭, 허가번호, 주사무소의 소재지, 출장소의 소재지 등을 작성해야 하고, 신청내용란에는 신청경비업무, 자본, 손해배상에 대해 작성해야 한다.

11 경비업법령상 경비업의 신규 · 변경허가신청서의 구비서류에 포함되지 않는 것은?

① 법인의 정관 1부
② 허가증 원본 1부
③ 법인 임원의 이력서 1부
④ 경비인력, 시설 및 장비의 확보계획서 각 1부

해설 경비업 신규나 변경허가는 허가증을 받기 위해 신청하는 것이므로 구비서류에 허가증 원본이 포함되지 않는다. 반면, 경비업의 갱신허가신청 시에는 허가증 원본이 구비서류에 포함된다.

> **규칙 제3조【허가신청 등】** ① 법 제4조 제1항 및 「경비업법 시행령」(이하 "영"이라 한다) 제3조 제1항에 따라 경비업의 허가를 받으려는 경우 또는 경비업자가 허가를 받은 경비업무를 변경하거나 새로운 경비업무를 추가하려는 경우에는 별지 제2호 서식의 경비업 허가신청서 또는 변경허가신청서(전자문서로 된 신청서를 포함한다)에 다음 각 호의 서류(전자문서를 포함한다)를 첨부하여 법인의 주사무소를 관할하는 시 · 도경찰청장 또는 해당 시 · 도경찰청 소속의 경찰서장에게 제출하여야 한다. 이 경우 신청서를 제출받은 경찰서장은 지체 없이 관할 시 · 도경찰청장에게 보내야 한다.
> 1. 법인의 정관 1부
> 2. 법인 임원의 이력서 1부
> 3. 경비인력 · 시설 및 장비의 확보계획서 1부(경비업 허가의 신청 시 이를 갖출 수 없는 경우에 한한다)
> ② 제1항에 따른 신청서를 제출받은 시 · 도경찰청장은 「전자정부법」 제36조 제1항에 따른 행정정보의 공동이용을 통하여 법인의 등기사항증명서를 확인하여야 한다.

12 경비업자가 경비업무를 변경하거나 새로운 경비업무를 추가하고자 하는 경우 시 · 도경찰청장 또는 소속 경찰서장에게 제출하여야 하는 서류가 아닌 것은?

① 법인의 정관 1부
② 법인 임원의 이력서 1부
③ 경비인력 · 시설 및 장비의 확보계획서 1부(허가신청 시 이를 갖출 수 없을 경우에 한함)
④ 법인 대표자의 이력서 1부

해설 법인 대표자 변경의 경우에는 경비업 허가사항 등의 변경에 해당하므로 신고사항으로써 법인 대표자의 이력서 1부 및 허가증 원본을 시 · 도경찰청장에게 제출하면 된다. 그러나 경비업무를 변경하거나 추가할 때에는 경비업 허가와 관련되어 ①②③의 서류만 첨부하여 허가를 신청하며, 신청서를 제출받은 시 · 도경찰청장은 「전자정부법」 제36조 제1항에 따른 행정정보의 공동이용을 통하여 법인의 등기사항증명서를 확인하여야 한다.

| 09 ④ | 10 ① | 11 ② | 12 ④ | 정답 |

13 경비업법령상 경비업의 갱신허가신청서에 첨부되는 구비서류가 아닌 것은?

① 허가증 원본
② 경비시설 확보계획서
③ 법인의 등기사항증명서
④ 법인의 정관

해설 경비인력·시설 및 장비의 확보계획서는 경비업의 신규·변경허가신청 시 조건부 허가일 때의 구비서류에 해당한다. 그러나 경비업 갱신허가신청은 이미 행하고 있는 경비업무의 유효기간연장에 해당하기 때문에 조건부 허가신청은 할 수 없다.

> **규칙 제6조 【허가갱신】** ① 법 제6조 제2항에 따라 경비업의 갱신허가를 받으려는 자는 허가의 유효기간 만료일 30일 전까지 별지 제2호 서식의 경비업 갱신허가신청서(전자문서로 된 신청서를 포함한다)에 허가증 원본 및 정관(변경사항이 있는 경우만 해당한다)을 첨부하여 법인의 주사무소를 관할하는 시·도경찰청장 또는 해당 시·도경찰청 소속의 경찰서장에게 제출하여야 한다. 경비업 갱신허가신청서를 제출받은 경찰서장은 이를 지체 없이 관할 시·도경찰청장에게 보내야 한다.
> ② 제1항에 따른 신청서를 제출받은 시·도경찰청장은 「전자정부법」 제36조 제1항에 따른 행정정보의 공동이용을 통하여 법인의 등기사항증명서를 확인하여야 한다.
> ③ 시·도경찰청장은 법 제6조 제2항의 규정에 의하여 갱신허가를 하는 때에는 유효기간이 만료되는 허가증을 회수한 후 별지 제3호 서식의 허가증을 교부하여야 한다.

14 경비업법령상 경비업의 허가에 관한 설명으로 옳지 않은 것은?   • 제16회 기출

① 경비업의 허가를 받으려는 법인은 1억 원 이상의 자본금을 보유하여야 한다.
② 시설경비업의 허가를 받으려는 법인은 경비원 10명 이상 및 경비지도사 1명 이상을 확보하여야 한다.
③ 기계경비업무의 수행을 위한 관제시설의 신설·이전에 관하여는 시·도경찰청장의 허가를 받아야 한다.
④ 경비업의 허가를 받은 법인은 영업을 폐업하거나 휴업한 때에는 시·도경찰청장에게 신고하여야 한다.

해설 기계경비업무의 수행을 위한 관제시설의 신설·이전에 관하여는 시·도경찰청장에게 신고하여야 한다.

15 경비업법령상 경비업의 허가요건으로 옳은 것을 모두 고른 것은?

• 제19회 기출

ㄱ. 시설경비업무와 특수경비업무를 겸업하고자 하는 경우 자본금은 1억 원 이상을 보유하여야 한다.
ㄴ. 호송경비업무의 장비 등의 기준은 호송용 차량 1대 이상, 현금호송백 1개 이상, 기준 경비인력 수 이상의 경비원 복장 및 경적, 단봉, 분사기가 구비되어야 한다.
ㄷ. 기계경비업무의 시설은 기준 경비인력 수 이상을 동시에 교육할 수 있는 교육장·관제시설이 있어야 한다.
ㄹ. 기계경비업무의 경비인력은 전자·통신분야 기술자격증 소지자 3명을 포함한 일반경비원 10명 이상, 경비지도사 1명 이상이 있어야 한다.
ㅁ. 특수경비업자 외의 자가 특수경비업무를 추가하려는 경우에는 이미 갖추고 있는 자본금을 포함하여 특수경비업무의 자본금 기준에 적합하여야 한다.

① ㄱ, ㄴ, ㄷ
② ㄱ, ㄹ, ㅁ
③ ㄴ, ㄷ, ㄹ
④ ㄴ, ㄷ, ㅁ

해설 ㄱ. 특수경비업자 외의 자가 특수경비업무를 겸업하고자 하는 경우에는 이미 갖추고 있는 자본금을 포함하여 특수경비업무의 자본금 기준(3억 원 이상)을 보유하여야 한다.
ㄹ. 기계경비업무의 경비인력은 전자·통신분야 기술자격증 소지자 5명을 포함한 일반경비원 10명 이상, 경비지도사 1명 이상이 있어야 한다.

13 ② 14 ③ 15 ④ 정답

16 경비업법령상 경비업의 허가에 관한 설명으로 옳지 않은 것은?

① 경비업의 허가를 받은 법인이 도급받아 행하고자 하는 경비업무를 변경하는 경우에는 그 법인의 주사무소 소재지 관할 시·도경찰청장의 허가를 받아야 한다.
② 경비업을 영위하고자 하는 법인은 대통령령으로 정하는 경비인력·자본금·시설 및 장비를 갖추지 못한 경우에는 허가신청 시 그에 대한 확보계획서를 제출한 후 허가를 받은 날부터 1월 이내에 필요한 법정시설 등을 갖추고 시·도경찰청장의 확인을 받아야 한다.
③ 경비업의 허가 여부를 결정하는 경우에 대표자·임원의 경력 및 신용 등은 검토의 대상이 된다.
④ 특수경비업의 허가기준 중 경비인력은 특수경비원 20명 이상 및 경비지도사 1명 이상, 자본금은 3억 원 이상을 갖추어야 한다.

해설 경비업의 허가 또는 변경허가를 신청하는 때에 [별표 1]의 규정에 의한 시설 등(자본금을 제외한다)을 갖출 수 없는 경우에는 허가 또는 변경허가의 신청 시 시설 등의 확보계획서를 제출한 후 허가 또는 변경허가를 받은 날부터 1월 이내에 [별표 1]의 규정에 의한 시설 등을 갖추고 시·도경찰청장의 확인을 받아야 한다.

> **영 제3조【허가신청 등】** ① 법 제4조 제1항에 따라 경비업의 허가를 받으려는 경우에는 허가신청서에, 경비업의 허가를 받은 법인(이하 "경비업자"라 한다)이 허가를 받은 경비업무를 변경하거나 새로운 경비업무를 추가하려는 경우에는 변경허가신청서에 행정안전부령으로 정하는 서류를 첨부하여 법인의 주사무소를 관할하는 시·도경찰청장 또는 해당 시·도경찰청 소속의 경찰서장에게 제출하여야 한다. 이 경우 신청서를 제출받은 경찰서장은 지체 없이 관할 시·도경찰청장에게 보내야 한다.
> ② 제1항의 규정에 의하여 허가 또는 변경허가신청서를 제출하는 법인은 별표 1의 규정에 의한 경비인력·자본금·시설 및 장비를 갖추어야 한다. 다만, 경비업의 허가 또는 변경허가를 신청하는 때에 별표 1의 규정에 의한 시설 등(자본금을 제외한다. 이하 이 항에서 같다)을 갖출 수 없는 경우에는 허가 또는 변경허가의 신청 시 시설 등의 확보계획서를 제출한 후 허가 또는 변경허가를 받은 날부터 1월 이내에 별표 1의 규정에 의한 시설 등을 갖추고 시·도경찰청장의 확인을 받아야 한다.
> **영 제4조【허가절차 등】** ① 시·도경찰청장은 제3조 제1항의 규정에 의하여 허가 또는 변경허가의 신청을 받은 때에는 경비업을 영위하고자 하는 법인의 임원 중 법 제5조의 규정에 의한 결격사유에 해당하는 자가 있는지의 유무, 경비인력·시설 및 장비의 확보 또는 확보가능성의 여부, 자본금과 대표자·임원의 경력 및 신용 등을 검토하여 허가 여부를 결정하여야 한다.

17 경비업법령상 경비업 허가를 받으려는 법인이 갖추어야 할 경비인력·자본금 기준의 내용으로 옳지 <u>않은</u> 것은?

• 제14회 기출변형

① 시설경비업무는 일반경비원 10명 이상의 경비인력 및 경비지도사 1명 이상과 1억 원 이상의 자본금을 갖추어야 한다.
② 호송경비업무는 무술유단자 일반경비원 10명 이상의 경비인력 및 경비지도사 1명 이상과 1억 원 이상의 자본금을 갖추어야 한다.
③ 기계경비업무는 전자·통신분야 기술자격증 소지자 5명을 포함한 일반경비원 10명 이상의 경비인력 및 경비지도사 1명 이상과 1억 원 이상의 자본금을 갖추어야 한다.
④ 특수경비업무는 특수경비원 20명 이상의 경비인력 및 경비지도사 1명 이상과 3억 원 이상의 자본금을 갖추어야 한다.

> **해설** 호송경비업무는 무술유단자 일반경비원 5명 이상의 경비인력 및 경비지도사 1명 이상과 1억 원 이상의 자본금을 갖추어야 한다.

18 경비업법령상 경비업 허가를 받으려는 법인이 갖추어야 할 경비업의 시설 등의 기준(경비업법 시행령 제3조 제2항 관련)에 모두 해당하는 것은? (단, 시설 등은 일정 이상에 해당한다)

① 경비인력
② 자본금
③ 시설 중 교육장
④ 장비 등

> **해설** 경비업 허가를 받으려는 법인이 갖추어야 할 경비업의 시설 등의 기준에 모두 해당하는 것은 시설 중 교육장(기준 경비인력 수 이상을 동시에 교육할 수 있는 교육장)과 경비인력 중 경비지도사의 기준(경비지도사 1명 이상)이다. 그러나 경비지도사의 경우 구체적으로 기계경비업무는 기계경비지도사로, 나머지는 일반경비지도사로 구분된다.

정답 16 ② 17 ② 18 ③

19 경비업법령상 다음의 법정된 경비업의 시설 등의 기준을 갖추어야 하는 것은?

- 경비인력
  - 무술유단자인 일반경비원 5명 이상
  - 경비지도사 1명 이상
- 자본금: 1억 원 이상
- 시설: 기준 경비인력 수 이상을 동시에 교육할 수 있는 교육장
- 장비 등
  - 기준 경비인력 수 이상의 무전기 등 통신장비
  - 기준 경비인력 수 이상의 경적, 단봉, 분사기

① 호송경비업무 ② 신변보호업무
③ 기계경비업무 ④ 특수경비업무

해설 신변보호업무의 시설 등의 기준이다. 장비 등에서 호송경비업무와 다른 점을 구별해야 한다.

▶ [별표 1] 경비업의 시설 등의 기준(시행령 제3조 제2항 관련)

시설 등 기준 업무별	경비인력	자본금	시설	장비 등
1. 시설경비업무	• 일반경비원 10명 이상 • 경비지도사 1명 이상	1억 원 이상	기준 경비인력 수 이상을 동시에 교육할 수 있는 교육장	기준 경비인력 수 이상의 경비원 복장 및 경적, 단봉, 분사기
2. 호송경비업무	• 무술유단자인 일반경비원 5명 이상 • 경비지도사 1명 이상	1억 원 이상	기준 경비인력 수 이상을 동시에 교육할 수 있는 교육장	• 호송용 차량 1대 이상 • 현금호송백 1개 이상 • 기준 경비인력 수 이상의 경비원 복장 및 경적, 단봉, 분사기
3. 신변보호업무	• 무술유단자인 일반경비원 5명 이상 • 경비지도사 1명 이상	1억 원 이상	기준 경비인력 수 이상을 동시에 교육할 수 있는 교육장	• 기준 경비인력 수 이상의 무전기 등 통신장비 • 기준 경비인력 수 이상의 경적, 단봉, 분사기
4. 기계경비업무	• 전자·통신분야 기술자격증소지자 5명을 포함한 일반경비원 10명 이상 • 경비지도사 1명 이상	1억 원 이상	• 기준 경비인력 수 이상을 동시에 교육할 수 있는 교육장 • 관제시설	• 감지장치·송신장치 및 수신장치 • 출장소별로 출동차량 2대 이상 • 기준 경비인력 수 이상의 경비원 복장 및 경적, 단봉, 분사기
5. 특수경비업무	• 특수경비원 20명 이상 • 경비지도사 1명 이상	3억 원 이상	기준 경비인력 수 이상을 동시에 교육할 수 있는 교육장	기준 경비인력 수 이상의 경비원 복장 및 경적, 단봉, 분사기
6. 혼잡·교통 유도경비업무	• 일반경비원 10명 이상 • 경비지도사 1명 이상	1억 원 이상	기준 경비인력 수 이상을 동시에 교육할 수 있는 교육장	기준 경비인력 수 이상의 경비원 복장 및 경적, 단봉, 분사기, 무전기, 경광봉

20 경비업법령상 호송경비업무와 신변보호업무의 경비업 허가를 받으려는 법인이 각각 갖추어야 할 경비업의 시설 등의 기준 중 내용이 <u>다른</u> 것은?

① 경비인력
② 자본금
③ 시설
④ 장비 등

> **해설** 호송경비업무와 신변보호업무의 경비업 허가를 받으려는 법인이 갖추어야 할 시설 등의 기준 중 경비인력, 자본금, 시설은 그 기준이 서로 같으나 장비 등의 기준에서 복장, 호송용 차량, 현금호송백 등의 내용이 서로 다르다.

21 경비업법령상 혼잡·교통유도경비업무의 경비업 허가를 받으려는 법인이 각각 갖추어야 할 경비업의 시설 등의 기준에 관한 설명으로 옳지 <u>않은</u> 것은?

① 경비인력: 일반경비원 10명 이상 및 경비지도사 1명 이상
② 자본금: 1억 원 이상
③ 시설: 기준 경비인력 수 이상을 동시에 교육할 수 있는 교육장
④ 장비 등: 기준 경비인력 수 이상의 경적, 단봉, 분사기

> **해설** 장비 등은 기준 경비인력 수 이상의 경비원 복장 및 경적, 단봉, 분사기, 무전기, 경광봉이다.
>
> ▶ [별표 1] 경비업의 시설 등의 기준(영 제3조 제2항 관련, 일부발췌)

6. 혼잡·교통유도경비업무	• 일반경비원 10명 이상 • 경비지도사 1명 이상	1억 원 이상	기준 경비인력 수 이상을 동시에 교육할 수 있는 교육장	기준 경비인력 수 이상의 경비원 복장 및 경적, 단봉, 분사기, 무전기, 경광봉

22 경비업법령상 경비업의 시설 등의 기준에서 경비인력기준이 무술유단자인 일반경비원 5명 이상 및 경비지도사 1명 이상인 경비업무로 옳은 것은?

① 기계경비업무와 특수경비업무
② 신변보호업무와 특수경비업무
③ 호송경비업무와 신변보호업무
④ 호송경비업무와 특수경비업무

> **해설** 호송경비업무와 신변보호업무의 경비인력기준은 무술유단자인 일반경비원 5명 이상 및 경비지도사 1명 이상이다.

정답 19 ② 20 ④ 21 ④ 22 ③

23 경비업법령상 시설경비업의 허가를 받고자 하는 법인의 경비인력 요건으로 옳은 것은?

• 제21회 기출

① 일반경비원 10명 이상 및 경비지도사 1명 이상
② 일반경비원 10명 이상 및 경비지도사 2명 이상
③ 무술유단자인 일반경비원 5명 이상 및 경비지도사 1명 이상
④ 무술유단자인 일반경비원 10명 이상 및 경비지도사 2명 이상

해설 경비업법령상 시설경비업의 허가를 받으려는 법인의 경비인력 요건은 일반경비원 10명 이상 및 경비지도사 1명 이상이다.

▶ 경비업의 경비인력과 자본금의 기준

구분	경비인력	자본금
시설경비업무	일반경비원 10명 이상 및 경비지도사 1명 이상	1억 원 이상
호송경비업무	무술유단자인 일반경비원 5명 이상 및 경비지도사 1명 이상	1억 원 이상
신변보호업무	무술유단자인 일반경비원 5명 이상 및 경비지도사 1명 이상	1억 원 이상
기계경비업무	전자·통신분야 기술자격증소지자 5명을 포함한 일반경비원 10명 이상 및 경비지도사 1명 이상	1억 원 이상
특수경비업무	특수경비원 20명 이상 및 경비지도사 1명 이상	3억 원 이상
혼잡·교통유도 경비업무	일반경비원 10명 이상 및 경비지도사 1명 이상	1억 원 이상

24 경비업법령상 경비업 허가 시 경비업의 시설 등의 기준에 규정되어 있는 시설의 기준이 나머지와 다른 것은?

① 시설경비업무   ② 기계경비업무
③ 신변보호업무   ④ 호송경비업무

해설 기계경비업무 시설의 기준에는 경비인력 수 이상을 동시에 교육할 수 있는 교육장 외에 관제시설이 추가로 규정되어 있다.

25 경비업법령상 경비업의 시설 등의 기준에 따라 기계경비업 허가신청서를 제출하는 법인이 출장소를 서울, 인천, 대전의 3곳에 두려고 하는 경우에 최종적으로 갖추어야 할 출동차량은 최소 몇 대인가?

• 제17회 기출

① 3대   ② 6대
③ 9대   ④ 12대

해설 출장소별로 출동차량 2대 이상을 갖추어야 한다. 따라서 출장소 3곳×2대 이상=6대 이상이다.

26 경비업법령상 경비업의 시설 등의 기준에서 출장소별로 차량을 2대 이상 구비하여야 하는 경비업무로 옳은 것은?

① 호송경비업무
② 기계경비업무
③ 신변보호업무
④ 특수경비업무

해설 기계경비업무는 출장소별로 출동차량을 2대 이상 갖추어야 한다.
① 호송경비업무는 호송용 차량 1대 이상을 갖추어야 한다.

▶ 경비업의 장비 등의 기준

구분	장비 등
시설경비업무	기준 경비인력 수 이상의 경비원 복장 및 경적, 단봉, 분사기
호송경비업무	• 호송용 차량 1대 이상 • 현금호송백 1개 이상 • 기준 경비인력 수 이상의 경비원 복장 및 경적, 단봉, 분사기
신변보호업무	• 기준 경비인력 수 이상의 무전기 등 통신장비 • 기준 경비인력 수 이상의 경적, 단봉, 분사기
기계경비업무	• 감지장치 · 송신장치 및 수신장치 • 출장소별로 출동차량 2대 이상 • 기준 경비인력 수 이상의 경비원 복장 및 경적, 단봉, 분사기
특수경비업무	기준 경비인력 수 이상의 경비원 복장 및 경적, 단봉, 분사기
혼잡 · 교통유도 경비업무	기준 경비인력 수 이상의 경비원 복장 및 경적, 단봉, 분사기, 무전기, 경광봉

27 경비업법령상 호송경비업무의 허가를 받으려는 법인은 호송용 차량을 몇 대 갖추어야 하는가?

① 1대 이상
② 2대 이상
③ 3대 이상
④ 4대 이상

해설 호송경비업무는 호송용 차량 1대 이상, 기계경비업무는 출장소별로 출동차량 2대 이상을 갖추어야 한다.

정답 23 ① 24 ② 25 ② 26 ② 27 ①

28 경비업법령상 경비업 허가 시 경비업의 시설 등의 기준에서 경비인력이 일반경비원 10명 이상으로 규정되어 있는 경비업무는? (단, 특정분야 자격요건을 갖춘 자를 포함하며, 경비지도사는 1명 이상으로 한다)

① 시설경비업무
② 기계경비업무
③ 신변보호업무
④ 호송경비업무

해설 기계경비업무의 경비인력 기준은 전자 · 통신분야 기술자격증소지자 5명을 포함한 일반경비원 10명 이상 및 경비지도사 1명 이상으로 규정되어 있다.
① 시설경비업무는 일반경비원 10명 이상, 경비지도사 1명 이상으로 규정되어 있다.
③④ 신변보호업무와 호송경비업무는 무술유단자인 일반경비원 5명 이상, 경비지도사 1명 이상으로 규정되어 있다.

29 경비업법령상 시설경비업자가 호송경비업무를 추가로 하고자 하는 경우 추가로 준비하여야 할 최소 자본금액으로 옳은 것은?

① 0원
② 1억 원
③ 2억 원
④ 3억 원

해설 하나의 경비업무에 대한 자본금을 갖춘 경비업자가 그 외의 경비업무를 추가로 하고자 하는 경우에는 자본금을 갖춘 것으로 본다. 다만, 특수경비업자 외의 자가 특수경비업무를 추가로 하고자 하는 경우에는 이미 갖추고 있는 자본금을 포함하여 특수경비업무의 자본금 기준에 적합하여야 한다. 시설경비업무의 자본금은 1억 원 이상이고, 호송경비업무도 1억 원 이상이 필요하다. 하지만 이미 시설경비업무를 수행하고 있어 자본금을 갖춘 것으로 보기 때문에 추가로 준비하여야 할 최소 자본금은 0원이다.

▶ 경비업의 경비인력과 자본금의 기준

구분	경비인력	자본금
시설경비업무	일반경비원 10명 이상 및 경비지도사 1명 이상	1억 원 이상
호송경비업무	무술유단자인 일반경비원 5명 이상 및 경비지도사 1명 이상	1억 원 이상
신변보호업무	무술유단자인 일반경비원 5명 이상 및 경비지도사 1명 이상	1억 원 이상
기계경비업무	전자 · 통신분야 기술자격증소지자 5명을 포함한 일반경비원 10명 이상 및 경비지도사 1명 이상	1억 원 이상
특수경비업무	특수경비원 20명 이상 및 경비지도사 1명 이상	3억 원 이상
혼잡 · 교통유도 경비업무	일반경비원 10명 이상 및 경비지도사 1명 이상	1억 원 이상

30 경비업법령상 시설경비업무에 대한 자본금을 갖춘 시설경비업자가 특수경비업무를 추가로 하고자 하는 경우 추가로 준비하여야 할 최소 자본금액으로 옳은 것은?

① 0원
② 1억 원
③ 2억 원
④ 3억 원

해설 특수경비업자 외의 자가 특수경비업무를 추가로 하고자 하는 경우에는 이미 갖추고 있는 자본금을 포함하여 특수경비업무의 자본금 기준에 적합하여야 한다. 시설경비업무의 자본금은 1억 원 이상이고, 여기에 특수경비업무를 추가한다면 자본금은 총 3억 원 이상이어야 하기 때문에 이미 확보된 자본금 1억 원에 추가로 준비하여야 할 최소 자본금은 2억 원이다.

31 경비업법령상 기계경비업자가 특수경비업무를 추가로 하고자 하는 경우 교육장에 관한 설명으로 옳은 것은? (단, 기계경비업자는 기계경비업무의 시설을 갖춘다)

① 10명 이상 동시에 교육할 수 있는 교육장
② 20명 이상 동시에 교육할 수 있는 교육장
③ 30명 이상 동시에 교육할 수 있는 교육장
④ 동시에 교육이 가능하므로 교육장은 갖춘 것으로 봄

해설 하나의 경비업무에 대한 시설을 갖춘 경비업자가 그 외의 경비업무를 추가로 하려는 경우에는 경비인력이 더 많이 필요한 경비업무에 해당하는 교육장을 갖추어야 한다. 즉, 기계경비업무는 일반경비원 10명 이상 동시 교육이 가능한 교육장이 필요하나, 특수경비업무는 특수경비원 20명 이상을 동시에 교육할 수 있는 교육장이 필요하기 때문에 경비인력이 더 많은 20명 이상이 동시에 교육할 수 있는 교육장을 갖추어야 한다.

32 경비업법령상 경비업의 시설 등의 기준에서 정한 호송용 차량에 관한 내용 중 (   ) 안에 들어갈 용어로 옳지 <u>않은</u> 것은?

• 제14회 기출

> "호송용 차량"이란 현금이나 그 밖의 귀중품의 운반에 필요한 (ㄱ) 및 (ㄴ)을 갖추고 (ㄷ) 및 (ㄹ)을 갖춘 자동차를 말한다.

① ㄱ: 견고성
② ㄴ: 안전성
③ ㄷ: 영상녹화시설
④ ㄹ: 경보시설

해설 호송용 차량이란 현금이나 그 밖의 귀중품의 운반에 필요한 견고성 및 안전성을 갖추고 무선통신시설 및 경보시설을 갖춘 자동차를 말한다.

정답 28 ② 29 ① 30 ③ 31 ② 32 ③

33 경비업법령상 경비업의 시설 등의 기준에 관한 설명으로 옳은 것은?

① 하나의 경비업무에 대한 자본금을 갖춘 경비업자가 그 외의 경비업무를 추가로 하고자 하는 경우에는 반드시 추가적인 자본금을 갖추어야 한다.
② 하나의 경비업무에 대한 시설을 갖춘 경비업자가 그 외의 경비업무를 추가로 하고자 하는 경우에는 경비인력이 더 많이 필요한 경비업무에 해당하는 교육장을 갖춘 것으로 본다.
③ 호송용 차량이란 현금이나 그 밖의 귀중품을 운반하기 위한 이동용 호송장비로서 경보시설을 갖춘 것을 말한다.
④ 전자·통신분야 기술자격증소지자란 국가기술자격법에 따라 전자 및 통신분야에서 기술자격을 취득한 사람을 말한다.

해설 ① 하나의 경비업무에 대한 자본금을 갖춘 경비업자가 그 외의 경비업무를 추가로 하고자 하는 경우 자본금을 갖춘 것으로 본다. 단, 특수경비업자 외의 자가 특수경비업무를 추가로 하고자 하는 경우에는 이미 갖추고 있는 자본금을 포함한 자본금이 특수경비업무의 자본금 기준에 적합해야 한다.
② 하나의 경비업무에 대한 시설을 갖춘 경비업자가 그 외의 경비업무를 추가로 하고자 하는 경우에는 경비인력이 더 많이 필요한 경비업무에 해당하는 교육장을 갖추어야 한다.
③ 현금호송백에 대한 설명이다. 호송용 차량이란 현금이나 그 밖의 귀중품의 운반에 필요한 견고성 및 안전성을 갖추고 무선통신시설 및 경보시설을 갖춘 자동차를 말한다.

34 경비업법령상 허가신청 등에 관한 내용이다. ( ) 안에 들어갈 내용을 순서대로 나열한 것은?

• 제15회 기출

경비업의 허가신청서를 제출하는 법인이 시행령 [별표 1]의 규정에 의한 시설 등(자본금을 제외한다. 이하 같음)을 갖출 수 없는 경우에는 허가신청 시 시설 등의 확보계획서를 제출한 후 허가를 받은 날부터 ( ) 이내에 시설 등을 갖추고 법인의 주사무소 관할 ( )의 확인을 받아야 한다.

① 15일, 경찰서장
② 15일, 시·도경찰청장
③ 1월, 경찰서장
④ 1월, 시·도경찰청장

해설 허가 또는 변경허가신청서를 제출하는 법인은 [별표 1]의 규정에 의한 경비인력·자본금·시설 및 장비를 갖추어야 한다. 다만, 경비업의 허가 또는 변경허가를 신청하는 때에 [별표 1]의 규정에 의한 시설 등(자본금을 제외한다)을 갖출 수 없는 경우에는 허가 또는 변경허가의 신청 시 시설 등의 확보계획서를 제출한 후 허가 또는 변경허가를 받은 날부터 1월 이내에 [별표 1]의 규정에 의한 시설 등을 갖추고 시·도경찰청장의 확인을 받아야 한다(경비업법 시행령 제3조 제2항).

35 경비업법령상 허가의 제한에 관한 설명으로 옳지 않은 것은?

① 누구든지 허가를 받은 경비업체와 동일한 명칭으로 경비업 허가를 받을 수 없다.
② 경비업자가 허가받은 경비업무 외의 업무에 경비원을 종사하게 한 사유로 경비업체의 허가가 취소된 경우, 허가가 취소된 날부터 10년이 지나지 아니한 때에는 누구든지 허가가 취소된 경비업체와 동일한 명칭으로 허가를 받을 수 없다.
③ 소속 경비원으로 하여금 경비업무의 범위를 벗어난 행위를 하게 한 사유로 경비업체의 허가가 취소된 경우, 허가가 취소된 날부터 10년이 지나지 아니한 때에는 누구든지 허가가 취소된 경비업체와 동일한 명칭으로 허가를 받을 수 없다.
④ 경비업자가 허가받은 경비업무 외의 업무에 경비원을 종사하게 한 사유로 허가가 취소된 법인은 법인명 또는 임원의 변경에도 불구하고 허가가 취소된 날부터 10년이 지나지 아니한 때에는 허가를 받을 수 없다.

해설 대체법인 등의 제한으로 경비업자가 허가받은 경비업무 외의 업무에 경비원을 종사하게 한 사유로 허가가 취소된 법인은 법인명 또는 임원의 변경에도 불구하고 허가가 취소된 날부터 5년이 지나지 아니한 때에는 허가를 받을 수 없다.

> 법 제4조의2 【허가의 제한】 ① 누구든지 제4조 제1항에 따른 허가를 받은 경비업체와 동일한 명칭으로 경비업 허가를 받을 수 없다.
> ② 제19조 제1항 제2호 및 제7호의 사유로 경비업체의 허가가 취소된 경우 허가가 취소된 날부터 10년이 지나지 아니한 때에는 누구든지 허가가 취소된 경비업체와 동일한 명칭으로 제4조 제1항에 따른 허가를 받을 수 없다.
> ③ 제19조 제1항 제2호 및 제7호의 사유로 허가가 취소된 법인은 법인명 또는 임원의 변경에도 불구하고 허가가 취소된 날부터 5년이 지나지 아니한 때에는 제4조 제1항에 따른 허가를 받을 수 없다.

정답 33 ④ 34 ④ 35 ④

36 경비업법령상 경비업 허가의 제한에 관한 법조문의 일부이다. (   ) 안에 해당하는 사유로 옳은 것은?

> 법 제4조의2 【허가의 제한】② (   )의 사유로 경비업체의 허가가 취소된 경우 허가가 취소된 날부터 10년이 지나지 아니한 때에는 누구든지 허가가 취소된 경비업체와 동일한 명칭으로 제4조 제1항에 따른 허가를 받을 수 없다.

① 허위 그 밖의 부정한 방법으로 허가를 받은 때
② 영업정지처분을 받고 계속하여 영업을 한 때
③ 관할 경찰관서장의 배치폐지 명령에 따르지 아니한 때
④ 허가받은 경비업무 외의 업무에 경비원을 종사하게 한 때

해설 허가받은 경비업무 외의 업무에 경비원을 종사하게 한 때, 소속 경비원으로 하여금 경비업무의 범위를 벗어난 행위를 하게 한 사유로 경비업체의 허가가 취소된 경우에는 허가가 취소된 날부터 10년이 지나지 아니한 때에는 누구든지 허가가 취소된 경비업체와 동일한 명칭으로 「경비업법」 제4조 제1항에 따른 허가를 받을 수 없다.

37 경비업법령상 경비업 허가신청을 받은 시·도경찰청장이 허가 여부 결정 시 검토할 사항으로 직접 규정된 내용이 <u>아닌</u> 것은?

① 법인 임원 중 결격사유에 해당하는 자의 유무
② 경비인력·시설 및 장비의 확보 또는 확보가능성
③ 법인 정관의 적법성 및 실현가능성
④ 대표자·임원의 경력 및 신용

해설 시·도경찰청장이 경비업 허가 여부 결정 시 검토할 사항으로 법인 정관의 적법성 및 실현가능성에 대한 검토는 명문규정이 없으며, ①②④ 외에 법인의 자본금 등도 검토하여 허가 여부를 결정하여야 한다.

> 영 제4조 【허가절차 등】① 시·도경찰청장은 제3조 제1항의 규정에 의하여 허가 또는 변경허가의 신청을 받은 때에는 경비업을 영위하고자 하는 법인의 임원 중 법 제5조의 규정에 의한 결격사유에 해당하는 자가 있는지의 유무, 경비인력·시설 및 장비의 확보 또는 확보가능성의 여부, 자본금과 대표자·임원의 경력 및 신용 등을 검토하여 허가 여부를 결정하여야 한다.

38 경비업법령상 경비업을 영위하는 법인의 임원 결격사유에 해당하지 않는 것은?

• 제24회 기출

① 피성년후견인
② 피한정후견인
③ 파산선고를 받고 복권되지 아니한 자
④ 금고 이상의 형의 선고를 받고 그 형이 실효되지 아니한 자

> **해설** 피한정후견인은 종전에는 법인의 임원 결격사유에 해당되었으나, 법 개정으로 삭제되었다. 피후견인의 잔존 행위능력을 인정하여 행위능력의 획일적·포괄적 배제에서 개별적·한정적 제한으로 전환하려는 성년후견제도의 취지와 모순되고, 직무수행능력이 인정되는 피후견인의 직업의 자유를 과도하게 제한하는 문제가 있기 때문이다. 이에 경비업 법인의 임원과 경비지도사·경비원의 결격사유에서 피한정후견인을 각각 삭제함으로써 성년후견제도의 활성화를 도모하고 직무수행능력이 인정되는 피후견인의 기본권 보장을 강화하고자 하였다.

39 경비업법령상 경비업을 영위하는 법인의 임원 결격사유에 관한 설명으로 옳은 것은?

• 제22회 기출

① 한정후견인 또는 성년후견인은 임원이 될 수 없다.
② 이 법에 위반하여 벌금형의 선고를 받고 5년이 지나지 아니한 자는 임원이 될 수 없다.
③ 대통령 등의 경호에 관한 법률에 위반하여 벌금형의 선고를 받고 3년이 지나지 아니한 자는 특수경비업무를 수행하는 법인의 임원이 될 수 없다.
④ 관할 경찰관서장의 배치폐지명령에 따르지 아니하여 허가가 취소된 법인의 허가취소 당시의 임원이었던 자로서 허가가 취소된 날부터 5년이 지나지 아니한 자는 특수경비업무를 수행하는 법인의 임원이 될 수 없다.

> **해설** ① 피성년후견인, 피한정후견인 모두 결격사유에 해당하였으나, 법 개정으로 인해 피성년후견인만 임원의 결격사유에 해당한다.
> ②「경비업법」에 위반하여 벌금형의 선고를 받고 3년이 지나지 아니한 자는 특수경비업무를 수행하는 법인의 임원이 될 수 없다.
> ④ 법인의 임원 결격사유 중 '관할 경찰관서장의 배치폐지명령에 따르지 아니하여' 허가가 취소된 법인의 허가취소 당시의 임원이었던 자로서 허가가 취소된 날부터 3년이 지나지 아니한 자의 경우에는 특수경비업무를 수행하는 법인의 임원이 될 수 없다. 반면 '「경비업법」 또는 「경비업법」에 의한 명령을 위반하여' 허가가 취소된 법인의 허가취소 당시의 임원이었던 자로서 허가가 취소된 날부터 3년이 지나지 아니한 자의 경우에는 허가취소사유에 해당하는 경비업무와 동종의 경비업무를 수행하는 법인의 임원이 될 수 없다.

36 ④   37 ③   38 ②   39 ③   **정답**

40 경비업법령상 경비업을 영위하는 법인의 임원이 될 수 있는 자는?

① 피성년후견인
② 파산선고를 받고 복권되지 아니한 자
③ 도로교통법을 위반하여 벌금형의 선고를 받고 3년이 지나지 아니한 자
④ 금고 이상의 형의 선고를 받고 그 형이 실효되지 아니한 자

해설 「도로교통법」을 위반하여 벌금형의 선고를 받고 3년이 지나지 아니한 자는 경비업을 영위하는 법인 임원의 결격사유가 되지 않는다. 참고로, 「경비업법」 또는 「대통령 등의 경호에 관한 법률」에 위반하여 벌금형의 선고를 받고 3년이 지나지 아니한 자는 특수경비업무를 수행하는 법인에만 해당하는 결격사유이다.

> 법 제5조【임원의 결격사유】다음 각 호의 어느 하나에 해당하는 자는 경비업을 영위하는 법인(제4호에 해당하는 자의 경우에는 특수경비업무를 수행하는 법인을 말하고, 제5호에 해당하는 자의 경우에는 허가취소사유에 해당하는 경비업무와 동종의 경비업무를 수행하는 법인을 말한다)의 임원이 될 수 없다.
> 1. 피성년후견인
> 2. 파산선고를 받고 복권되지 아니한 자
> 3. 금고 이상의 형의 선고를 받고 그 형이 실효되지 아니한 자
> 4. 이 법 또는 「대통령 등의 경호에 관한 법률」에 위반하여 벌금형의 선고를 받고 3년이 지나지 아니한 자
> 5. 이 법(제19조 제1항 제2호 및 제7호는 제외한다) 또는 이 법에 의한 명령에 위반하여 허가가 취소된 법인의 허가취소 당시의 임원이었던 자로서 그 취소 후 3년이 지나지 아니한 자
> 6. 제19조 제1항 제2호 및 제7호의 사유로 허가가 취소된 법인의 허가취소 당시의 임원이었던 자로서 허가가 취소된 날부터 5년이 지나지 아니한 자

41 경비업법상 법인 임원의 결격사유에 해당하는 것은?

• 제19회 기출

① 파산선고를 받고 복권된 자
② 금고 이상의 형의 선고를 받고 그 형이 실효된 자
③ 대통령 등의 경호에 관한 법률에 위반하여 벌금형의 선고를 받고 3년이 경과된 자
④ 경비업법에 의한 명령에 위반하여 허가가 취소된 법인의 허가취소 당시 임원이었던 자로서 그 허가취소 후 3년이 경과되지 아니한 자

해설 「경비업법」(제19조 제1항 제2호 및 제7호는 제외한다) 또는 「경비업법」에 의한 명령에 위반하여 허가가 취소된 법인의 허가취소 당시의 임원이었던 자로서 그 취소 후 3년이 지나지 아니한 자는 경비업 법인 임원의 결격사유에 해당한다.

42 경비업법령상 경비업을 영위하는 법인의 임원이 될 수 있는 사람은?

① 18세 미만인 자
② 피성년후견인
③ 경비업법에 위반하여 벌금형의 선고를 받고 3년이 지나지 아니한 자
④ 대통령 등의 경호에 관한 법률에 위반하여 벌금형의 선고를 받고 3년이 지나지 아니한 자

해설 18세 미만인 자는 경비업 법인의 임원이 될 수 있다. 단, 경비지도사나 일반경비원, 특수경비원 및 청원경찰은 될 수 없다.

> **법 제5조【임원의 결격사유】** 다음 각 호의 어느 하나에 해당하는 자는 경비업을 영위하는 법인(제4호에 해당하는 자의 경우에는 특수경비업무를 수행하는 법인을 말하고, 제5호에 해당하는 자의 경우에는 허가취소사유에 해당하는 경비업무와 동종의 경비업무를 수행하는 법인을 말한다)의 임원이 될 수 없다.
> 1. 피성년후견인
> 2. 파산선고를 받고 복권되지 아니한 자
> 3. 금고 이상의 형의 선고를 받고 그 형이 실효되지 아니한 자
> 4. 이 법 또는 「대통령 등의 경호에 관한 법률」에 위반하여 벌금형의 선고를 받고 3년이 지나지 아니한 자
> 5. 이 법(제19조 제1항 제2호 및 제7호는 제외한다) 또는 이 법에 의한 명령에 위반하여 허가가 취소된 법인의 허가취소 당시의 임원이었던 자로서 그 취소 후 3년이 지나지 아니한 자
> 6. 제19조 제1항 제2호 및 제7호의 사유로 허가가 취소된 법인의 허가취소 당시의 임원이었던 자로서 허가가 취소된 날부터 5년이 지나지 아니한 자

43 경비업법령상 규정된 경비업무를 영위하는 법인의 임원의 공통적 결격사유에 해당하는 경우를 모두 고른 것은?

ㄱ. 18세 미만인 자
ㄴ. 피성년후견인
ㄷ. 파산선고를 받고 복권되지 아니한 자
ㄹ. 경비업법에 위반하여 벌금형의 선고를 받고 3년이 지나지 아니한 자

① ㄱ, ㄴ   ② ㄴ, ㄷ   ③ ㄴ, ㄷ, ㄹ   ④ ㄱ, ㄴ, ㄷ, ㄹ

해설 ㄱ. 18세 미만인 자는 경비업 법인의 임원이 될 수 있다.
ㄹ. 「경비업법」에 위반하여 벌금형의 선고를 받고 3년이 지나지 아니한 자의 경우에는 특수경비업무를 수행하는 법인의 결격사유에만 해당한다.

정답 40 ③ 41 ④ 42 ① 43 ②

44 경비업법령상 경비업을 영위하는 법인의 임원 결격사유에 해당하지 않는 것은?

① 경비업법 또는 대통령 등의 경호에 관한 법률에 위반하여 벌금형의 선고를 받고 3년이 지나지 아니한 자
② 허위 그 밖의 부정한 방법으로 허가를 받은 때 또는 경비업법에 의한 명령에 위반하여 허가가 취소된 법인의 허가취소 당시의 임원이었던 자로서 그 취소 후 3년이 지나지 아니한 자
③ 허가받은 경비업무 외의 업무에 경비원을 종사하게 한 사유로 허가가 취소된 법인의 허가취소 당시의 임원이었던 자로서 허가가 취소된 날부터 10년이 지나지 아니한 자
④ 소속 경비원으로 하여금 경비업무의 범위를 벗어난 행위를 하게 한 사유로 허가가 취소된 법인의 허가취소 당시의 임원이었던 자로서 허가가 취소된 날부터 5년이 지나지 아니한 자

> **해설** 허가받은 경비업무 외의 업무에 경비원을 종사하게 한 사유로 허가가 취소된 법인의 허가취소 당시의 임원이었던 자로서 허가가 취소된 날부터 5년이 지나지 아니한 자는 경비업을 영위하는 법인의 임원이 될 수 없다.

45 경비업법령상 경비업을 영위하는 법인의 임원 결격사유에 관한 설명으로 옳은 것은?

• 제14회 기출

① 피성년후견인은 신변보호업무를 수행하는 법인의 임원이 될 수 있다.
② 파산선고를 받고 복권되지 아니한 자는 시설경비업무를 수행하는 법인의 임원이 될 수 있다.
③ 내란죄로 징역 1년에 집행유예 3년의 형의 선고를 받고 그 형이 실효된 자는 특수경비업무를 수행하는 법인의 임원이 될 수 없다.
④ 집회 및 시위에 관한 법률에 위반하여 200만 원의 벌금형의 선고를 받고 그 형이 실효되지 아니한 자는 호송경비업무를 수행하는 법인의 임원이 될 수 있다.

> **해설** 「집회 및 시위에 관한 법률」에 위반하여 벌금형의 선고를 받고 그 형이 실효되지 아니한 자는 법인의 임원 결격사유가 아니다. 참고로, 「경비업법」 또는 「대통령 등의 경호에 관한 법률」에 위반하여 벌금형의 선고를 받고 3년이 지나지 아니한 자는 특수경비업무를 수행하는 법인에만 해당하는 결격사유이다.
> ① 피성년후견인은 신변보호업무를 수행하는 법인의 임원이 될 수 없다.
> ② 파산선고를 받고 복권되지 아니한 자는 시설경비업무를 수행하는 법인의 임원이 될 수 없다.
> ③ 내란죄로 징역 1년에 집행유예 3년의 형의 선고를 받고 그 형이 실효된 자는 '금고 이상의 형의 선고를 받고 그 형이 실효된 자'에 해당하여 특수경비업무를 수행하는 법인의 임원이 될 수 있다.

46 경비업법령상 경비업을 영위하는 법인의 임원이 될 수 없는 자는?

• 제21회 기출

① 파산선고를 받고 복권된 지 3년이 지나지 아니한 갑(甲)
② 금고 이상의 형의 선고를 받고 그 형이 실효된 후 3년이 지난 을(乙)
③ 대통령 등의 경호에 관한 법률에 위반하여 벌금형의 선고를 받은 후 1년이 지나지 않고 특수경비업무를 수행하는 법인의 임원이 되려는 병(丙)
④ 경비업법을 위반하여 벌금형의 선고를 받고 3년이 지난 후 특수경비업무를 수행하는 법인의 임원이 되려는 정(丁)

> **해설** 병(丙)은 「대통령 등의 경호에 관한 법률」에 위반하여 벌금형의 선고를 받은 후 3년이 지나지 않았기에 특수경비업무를 수행하는 법인의 임원의 결격사유에 해당한다.
> ① 파산선고를 받고 복권되지 아니한 자가 결격사유에 해당한다.
> ② 금고 이상의 형의 선고를 받고 그 형이 실효되지 아니한 자가 결격사유에 해당한다.
> ④ 「경비업법」을 위반하여 벌금형의 선고를 받고 3년이 지나지 아니한 자가 결격사유에 해당한다.

> 법 제5조 【임원의 결격사유】 다음 각 호의 어느 하나에 해당하는 자는 경비업을 영위하는 법인(제4호에 해당하는 자의 경우에는 특수경비업무를 수행하는 법인을 말하고, 제5호에 해당하는 자의 경우에는 허가취소사유에 해당하는 경비업무와 동종의 경비업무를 수행하는 법인을 말한다)의 임원이 될 수 없다.
> 1. 피성년후견인
> 2. 파산선고를 받고 복권되지 아니한 자
> 3. 금고 이상의 형의 선고를 받고 그 형이 실효되지 아니한 자
> 4. 이 법 또는 「대통령 등의 경호에 관한 법률」에 위반하여 벌금형의 선고를 받고 3년이 지나지 아니한 자
> 5. 이 법(제19조 제1항 제2호 및 제7호는 제외한다) 또는 이 법에 의한 명령에 위반하여 허가가 취소된 법인의 허가취소 당시의 임원이었던 자로서 그 취소 후 3년이 지나지 아니한 자
> 6. 제19조 제1항 제2호 및 제7호의 사유로 허가가 취소된 법인의 허가취소 당시의 임원이었던 자로서 허가가 취소된 날부터 5년이 지나지 아니한 자

47 경비업법령상 규정된 각 경비업무를 수행하는 법인 임원의 공통적 결격사유가 아닌 것은?

① 피성년후견인
② 파산선고를 받고 복권되지 아니한 자
③ 금고 이상의 형의 선고를 받고 그 형이 실효되지 아니한 자
④ 경비업법 또는 대통령 등의 경호에 관한 법률에 위반하여 벌금형의 선고를 받고 3년이 지나지 아니한 자

> **해설** 「경비업법」 또는 「대통령 등의 경호에 관한 법률」에 위반하여 벌금형의 선고를 받고 3년이 지나지 아니한 자는 특수경비업무를 수행하는 법인의 경우에만 임원이 될 수 없다.

정답 44 ③ 45 ④ 46 ③ 47 ④

48 경비업법령상 특수경비업을 영위하는 법인 임원의 결격사유를 모두 고른 것은?

• 제25회 기출

> ㄱ. 경비업법에 위반하여 벌금형의 선고를 받고 3년이 지나지 아니한 자
> ㄴ. 대통령 등의 경호에 관한 법률에 위반하여 벌금형의 선고를 받고 3년이 지나지 아니한 자
> ㄷ. 금고 이상의 형의 선고를 받고 그 형이 실효되지 아니한 자

① ㄷ
② ㄱ, ㄴ
③ ㄴ, ㄷ
④ ㄱ, ㄴ, ㄷ

해설 ㄱ, ㄴ, ㄷ 모두 특수경비업무를 수행하는 법인 임원의 결격사유에 해당한다. ㄱ, ㄴ은 특수경비업무를 수행하는 법인 임원의 결격사유이며, ㄷ은 공통적인 임원의 결격사유에 해당한다.

49 경비업법령상 2018년 11월 16일을 기준으로 특수경비업무를 수행하는 법인의 임원이 될 수 <u>없는</u> 자는? (단, 경비업법 제19조 제1항 제2호 및 제7호는 제외한다)

• 제20회 기출

① 2015년 11월 14일 파산선고를 받고 2018년 11월 14일 복권된 자
② 호송경비업무를 수행하던 법인이 경비업법에 의한 명령에 위반하여 2015년 11월 14일 허가가 취소된 경우 해당 법인의 허가취소 당시의 임원이었던 자
③ 대통령 등의 경호에 관한 법률을 위반하여 2015년 11월 14일에 벌금형의 선고를 받은 자
④ 2015년 11월 14일 상해죄로 징역 1년에 집행유예 3년의 형을 선고받고 그 형이 실효되지 아니한 자

해설 금고 이상의 형의 선고를 받고 그 형이 실효되지 아니한 자는 법인의 임원이 될 수 없다.
① 2018년 11월 14일 복권되었으므로 결격사유가 아니다.
② 2018년 11월 16일을 기준으로 할 때 허가가 취소된 지 3년이 경과되었고, 동종의 경비업무를 수행하는 법인도 아니므로 법인의 임원이 될 수 있다.
③ 2018년 11월 16일을 기준으로 할 때 벌금형의 선고를 받은 지 3년이 경과되었으므로 결격사유가 아니다.

50 경비업법령상 특수경비업무를 수행하는 법인의 임원 결격사유에만 해당하는 것은?

① 피성년후견인
② 파산선고를 받고 복권되지 아니한 자
③ 금고 이상의 형의 선고를 받고 그 형이 실효되지 아니한 자
④ 대통령 등의 경호에 관한 법률에 위반하여 벌금형의 선고를 받고 3년이 지나지 아니한 자

해설 「경비업법」 또는 「대통령 등의 경호에 관한 법률」에 위반하여 벌금형의 선고를 받고 3년이 지나지 아니한 자는 특수경비업무를 수행하는 법인에만 해당하는 임원 결격사유이다.

51 A는 특수경비업무를 수행하는 ○○경비법인의 임원으로 2022년 3월 5일부터 현재까지 근무하고 있다. 경비업법령상 다음 설명 중 옳지 않은 것은?

① A는 피성년후견인이 아니다.
② A는 2002년 10월 5일 징역형의 선고를 받고 그 형이 실효되었다.
③ A는 2017년 10월 5일 파산선고를 받고 2022년 8월 15일 복권되었다.
④ A는 2022년 6월 7일 도로교통법 위반으로 벌금형을 선고받고 벌금을 납부하였다.

해설 파산선고를 받고 복권되지 아니한 자는 임원의 결격사유에 해당한다. A는 2022년 3월 5일에 임원이 되었기 때문에 해당 시점은 파산선고 후 복권(2022년 8월 15일) 전으로, 법인 임원의 결격사유에 해당한다.

52 경비업법령상 시설경비업무를 수행하는 법인의 임원이었던 자가 신변보호업무를 수행하는 법인의 임원이 되고자 할 경우 결격사유가 아닌 것은? (단, 결격사유 중 경비업법 제19조 제1항 제2호 및 제7호는 제외한다)

① 피성년후견인
② 파산선고를 받고 복권되지 아니한 자
③ 경비업법에 의하여 법인의 허가취소 당시의 임원이었던 자
④ 금고 이상의 형의 선고를 받고 그 형이 실효되지 아니한 자

해설 「경비업법」상(결격사유 중 경비업법 제19조 제1항 제2호 및 제7호는 제외한다) 법인의 허가취소 당시의 임원이었던 자는 3년이 지나지 않으면 허가취소 사유에 해당하는 경비업무와 동종의 경비업무를 수행하는 법인의 임원이 될 수 없다. 시설경비업무를 수행하는 법인의 임원이었던 자는 신변보호업무를 수행하는 법인의 임원이 될 수 있다.

| 48 ④ | 49 ④ | 50 ④ | 51 ③ | 52 ③ | 정답 |

53 경비업법령상 경비업을 영위하는 법인의 임원이 될 수 있는 경우는? (단, 결격사유 중 경비업법 제19조 제1항 제2호 및 제7호는 제외한다)

① 경비업법을 위반하여 벌금형의 선고를 받고 2년이 된 자가 특수경비업무를 수행하는 법인의 임원이 되는 경우
② 파산선고를 받고 복권되지 아니한 자가 시설경비업무를 수행하는 법인의 임원이 되는 경우
③ 금고 이상의 형의 선고를 받고 그 형이 실효되지 아니한 자가 신변보호업무를 수행하는 법인의 임원이 되는 경우
④ 호송경비업무를 수행하는 법인이 경비업법을 위반하여 허가가 취소된 경우, 그 당시 재직 중이던 임원이 그 취소 후 1년 만에 시설경비업무를 수행하는 법인의 임원이 되는 경우

> **해설** 「경비업법」(제19조 제1항 제2호 및 제7호는 제외한다) 또는 「경비업법」에 의한 명령에 위반하여 허가가 취소된 법인의 허가취소 당시의 임원이었던 자로서 그 취소 후 3년이 지나지 아니한 자는 허가취소 사유에 해당하는 경비업무와 동종의 경비업무를 수행하는 법인의 임원이 될 수 없다. 즉, ④의 경우처럼 다른 경비업무의 법인 임원은 될 수 있다.

54 다음은 경비업법상 임원의 결격사유이다. 밑줄 친 부분의 취소사유에 해당하는 것은? (단, 허가취소 사유에 해당하는 경비업무와 동종의 경비업무를 수행하는 법인이다)

> 경비업법 또는 경비업법에 의한 명령에 위반하여 허가가 취소된 법인의 허가취소 당시의 임원이었던 자로서 그 <u>취소 후 5년이 지나지 아니한 자</u>

① 허위 그 밖의 부정한 방법으로 허가를 받은 때
② 허가받은 경비업무 외의 업무에 경비원을 종사하게 한 때
③ 정당한 사유 없이 허가를 받은 날부터 2년 이내에 경비 도급실적이 없거나 계속하여 1년 이상 휴업한 때
④ 영업정지처분을 받고 계속하여 영업을 한 때

> **해설** 「경비업법」 제19조 제1항 제2호(소속 경비원으로 하여금 경비업무의 범위를 벗어난 행위를 하게 한 때) 및 제7호(허가받은 경비업무 외의 업무에 경비원을 종사하게 한 때)의 사유로 허가가 취소된 법인의 허가취소 당시의 임원이었던 자로서 허가가 취소된 날부터 5년이 지나지 아니한 자는 임원이 될 수 없다.

55 경비업법령상 경비업의 허가 등에 관한 설명으로 옳지 않은 것은?

① 시·도경찰청장은 허가신청을 받은 때에는 경비업을 영위하고자 하는 법인의 임원 중 결격사유에 해당하는 자가 있는지의 유무, 경비인력·시설 및 장비의 확보 또는 확보가능성의 여부, 자본금과 대표자·임원의 경력 및 신용 등을 검토하여 허가 여부를 결정하여야 한다.
② 시·도경찰청장은 법에 따른 검토를 한 후 경비업 변경허가를 한 경우에는 해당 법인의 주사무소를 관할하는 경찰서장을 거쳐 신청인에게 허가증을 발급하여야 한다.
③ 경비업자는 경비업 허가증이 못쓰게 된 경우에는 허가증 재교부신청서에 못쓰게 된 그 허가증을 첨부하여 법인의 주사무소를 관할하는 시·도경찰청장 또는 해당 시·도경찰청 소속의 경찰서장에게 재발급을 신청하여야 한다.
④ 경비업자가 허가증을 잃어버린 경우에는 그 사유서와 허가증을 첨부하여 법인의 주사무소를 관할하는 시·도경찰청장 또는 해당 시·도경찰청 소속의 경찰서장에게 재발급을 신청하여야 하고, 신청서를 제출받은 경찰서장은 지체 없이 관할 시·도경찰청장에게 보내야 한다.

해설 허가증을 잃어버린 경우에는 그 사유서를 첨부하여 법인의 주사무소를 관할하는 시·도경찰청장 또는 해당 시·도경찰청 소속의 경찰서장에게 재발급을 신청하여야 한다. 허가증을 첨부하여 재발급을 신청하는 경우는 허가증이 못쓰게 된 경우이다.

> 영 제4조【허가절차 등】① 시·도경찰청장은 제3조 제1항의 규정에 의하여 허가 또는 변경허가의 신청을 받은 때에는 경비업을 영위하고자 하는 법인의 임원 중 법 제5조의 규정에 의한 결격사유에 해당하는 자가 있는지의 유무, 경비인력·시설 및 장비의 확보 또는 확보가능성의 여부, 자본금과 대표자·임원의 경력 및 신용 등을 검토하여 허가 여부를 결정하여야 한다.
> ② 시·도경찰청장은 제1항에 따른 검토를 한 후 경비업을 허가하거나 변경허가를 한 경우에는 해당 법인의 주사무소를 관할하는 경찰서장을 거쳐 신청인에게 허가증을 발급하여야 한다.
> ③ 경비업자는 경비업 허가증을 잃어버리거나 경비업 허가증이 못쓰게 된 경우에는 허가증 재교부신청서에 다음 각 호의 구분에 따른 서류를 첨부하여 법인의 주사무소를 관할하는 시·도경찰청장 또는 해당 시·도경찰청 소속의 경찰서장에게 재발급을 신청하여야 하고, 신청서를 제출받은 경찰서장은 지체 없이 관할 시·도경찰청장에게 보내야 한다.
> 1. 허가증을 잃어버린 경우에는 그 사유서
> 2. 허가증이 못쓰게 된 경우에는 그 허가증

정답 53 ④ 54 ② 55 ④

56 경비업법령상 경비업 허가사항 등의 변경신고서 제출 시 첨부서류로 허가증 원본을 필요로 하는 경우가 아닌 것은?

• 제24회 기출

① 법인의 임원 변경
② 법인의 대표자 변경
③ 법인의 명칭 변경
④ 법인의 주사무소 또는 출장소 변경

> **해설** 법인의 임원 변경의 경우에는 법인 임원의 이력서 1부를 첨부한다.
> ② 법인의 대표자 변경 시에는 법인 대표자의 이력서 1부와 허가증 원본을 첨부한다.
> ③ 법인의 명칭 변경 시에는 허가증 원본을 첨부한다.
> ④ 법인의 주사무소 및 출장소 변경 시에는 허가증 원본을 첨부한다.

57 경비업법령상 경비업자가 시·도경찰청장에게 신고하여야 하는 경우가 아닌 것은?

• 제23회 기출

① 법인의 출장소를 신설·이전한 경우
② 정관의 목적을 변경한 경우
③ 영업을 폐업하거나 휴업한 경우
④ 시설경비업무를 개시하거나 종료한 경우

> **해설** 특수경비업무를 개시하거나 종료한 경우는 시·도경찰청장에게 신고하여야 하는 때에 해당한다.

> **법 제4조 【경비업의 허가】** ③ 제1항의 규정에 의하여 경비업의 허가를 받은 법인은 다음 각 호의 어느 하나에 해당하는 때에는 시·도경찰청장에게 신고하여야 한다.
> 1. 영업을 폐업하거나 휴업한 때
> 2. 법인의 명칭이나 대표자·임원을 변경한 때
> 3. 법인의 주사무소나 출장소를 신설·이전 또는 폐지한 때
> 4. 기계경비업무의 수행을 위한 관제시설을 신설·이전 또는 폐지한 때
> 5. 특수경비업무를 개시하거나 종료한 때
> 6. 그 밖에 대통령령이 정하는 중요사항을 변경한 때

58 경비업법상 경비업 허가를 받은 법인이 시·도경찰청장에게 신고해야 하는 경우가 아닌 것은?

• 제18회 기출

① 영업을 폐업한 때
② 도급받아 행하고자 하는 경비업무를 변경하는 때
③ 법인의 주사무소를 이전한 때
④ 특수경비업무를 개시한 때

해설 경비업을 영위하고자 하는 법인이 도급받아 행하고자 하는 경비업무를 변경하는 때에는 경비업무를 특정하여 그 법인의 주사무소의 소재지를 관할하는 시·도경찰청장의 허가를 받아야 한다.

59 경비업법령상 경비업의 허가를 받은 법인이 신고하여야 하는 경우에 해당하는 것은?

① 법인의 직원을 채용한 때
② 법인의 경비업무를 변경하는 때
③ 경비지도사를 선임하거나 해임한 때
④ 기계경비업무를 개시하거나 종료한 때

해설 경비업자는 경비지도사를 선임하거나 해임하는 때에는 행정안전부령으로 정하는 바에 따라 해당 경비현장을 관할하는 시·도경찰청장 또는 경찰서장에게 신고하여야 한다.
① 경비원을 배치하거나 폐지한 때에는 관할 경찰관서장에게 신고하여야 하나, 법인의 직원 채용 시에는 신고하여야 한다는 별도의 명문 규정이 없다.
② 경비업의 허가를 받은 법인이 경비업무를 변경하는 때에는 시·도경찰청장에게 허가를 받아야 한다.
④ 기계경비업무의 수행을 위한 관제시설을 신설·이전 또는 폐지한 때, 특수경비업무를 개시하거나 종료한 때 시·도경찰청장에게 신고하여야 한다.

> 법 제4조【경비업의 허가】③ 제1항의 규정에 의하여 경비업의 허가를 받은 법인은 다음 각 호의 어느 하나에 해당하는 때에는 시·도경찰청장에게 신고하여야 한다.
> 1. 영업을 폐업하거나 휴업한 때
> 2. 법인의 명칭이나 대표자·임원을 변경한 때
> 3. 법인의 주사무소나 출장소를 신설·이전 또는 폐지한 때
> 4. 기계경비업무의 수행을 위한 관제시설을 신설·이전 또는 폐지한 때
> 5. 특수경비업무를 개시하거나 종료한 때
> 6. 그 밖에 대통령령이 정하는 중요사항을 변경한 때
>
> 법 제12조의2【경비지도사의 선임·해임 신고의 의무】경비업자는 경비지도사를 선임하거나 해임하는 때에는 행정안전부령으로 정하는 바에 따라 해당 경비현장을 관할하는 시·도경찰청장 또는 경찰서장에게 신고하여야 한다.

정답 56 ① 57 ④ 58 ② 59 ③

60 경비업법령상 경비업자의 신고사항 중 그 신고대상기관이 <u>다른</u> 것은?

① 법인의 명칭이나 대표자·임원을 변경한 때
② 영업을 폐업하거나 휴업한 때
③ 특수경비원을 배치 또는 배치폐지한 때
④ 기계경비업무의 수행을 위한 관제시설을 신설·이전 또는 폐지한 때

해설 경비업자가 경비원을 배치하거나 배치를 폐지한 경우에는 행정안전부령이 정하는 바에 따라 관할 경찰관서장에게 신고하여야 한다.
①②④ 시·도경찰청장에게 신고해야 한다. 이외에도 특수경비업무를 개시하거나 종료한 때, 그 밖에 대통령령이 정하는 중요사항을 변경한 때, 법인의 주사무소나 출장소를 신설·이전 또는 폐지한 때에 경비업의 허가를 받은 법인은 시·도경찰청장에게 신고하여야 한다.

61 경비업법령상 경비업자가 경비업 허가사항 등의 변경신고서 제출 시 첨부서류가 옳지 <u>않은</u> 것은? (단, 담당 공무원 확인사항은 확인되었다)

① 법인 명칭 변경: 허가증 원본
② 법인 대표자 변경: 법인 대표자의 이력서 1부 및 허가증 원본
③ 법인 임원 변경: 법인 임원의 이력서 1부
④ 법인 주사무소 또는 출장소 변경: 사무실 등기사항증명서 1부 및 허가증 원본

해설 주사무소 또는 출장소 변경의 경우는 허가증 원본을 제출하면 된다. 법인의 등기사항증명서는 「전자정부법」에서 동의하지 아니할 경우 첨부하여야 한다.

▶ 경비업 허가사항 등의 변경신고서 제출 시 첨부서류(시행규칙 [별지 제6호 서식])

신고인 제출서류	1. 명칭 변경의 경우: 허가증 원본 2. 대표자 변경의 경우: 법인 대표자의 이력서 1부 및 허가증 원본 3. 임원 변경의 경우: 법인 임원의 이력서 1부 4. 주사무소 또는 출장소 변경의 경우: 허가증 원본 5. 정관의 목적 변경의 경우: 법인의 정관 1부	수수료 2,000원
담당 공무원 확인사항	법인의 등기사항증명서	

62 다음 중 경비업법령상 경비업자가 경비업 허가사항 등의 변경신고서 제출 시 허가증 원본을 첨부하지 <u>않아도</u> 되는 경우는?
• 제15회 기출

① 법인 명칭 변경
② 법인 대표자 변경
③ 법인 임원 변경
④ 법인 주사무소 변경

해설 「경비업법 시행규칙」 [별지 제6호 서식]의 내용으로, 법인 임원 변경의 경우 법인 임원의 이력서 1부만 구비하면 되며, 법인의 등기사항증명서는 담당 공무원의 확인사항이다.

63 경비업법령상 경비업 폐업, 휴업 신고 시 첨부서류에 해당하는 것은?

① 허가증
② 법인의 등기사항증명서
③ 법인의 정관
④ 법인 대표자의 이력서

해설 「경비업법 시행규칙」 [별지 제5호 서식]의 내용으로, 경비업 폐업 · 휴업 신고 시에는 신고서에 허가증을 첨부해야 한다.

64 경비업법령상 시 · 도경찰청장에게 경비업 허가사항 등의 변경신고서 제출 시 허가증 원본을 첨부하지 <u>않아도</u> 되는 경우는?

① 법인의 명칭을 변경하는 경우
② 법인의 대표자를 변경하는 경우
③ 주사무소 또는 출장소를 변경하는 경우
④ 법인의 정관 목적을 변경하는 경우

해설 법인의 정관 목적을 변경하는 경우에는 신고인은 법인의 정관만 1부 제출하면 된다.

60 ③ 61 ④ 62 ③ 63 ① 64 ④ **정답**

65 경비업법령상 주사무소 또는 출장소를 변경하는 경우 경비업 허가사항 등의 변경신고서의 구비서류에 해당하는 것은?

① 법인 임원의 이력서
② 허가증 원본
③ 법인의 정관
④ 법인 대표자의 이력서

해설 주사무소 및 출장소 변경 시 구비서류는 허가증 원본이다. 법인의 등기사항증명서는 담당 공무원의 확인사항이다.

> 규칙 제5조 【폐업 또는 휴업 등의 신고】 ② 법 제4조 제3항 제2호에 따른 법인의 명칭·대표자·임원, 같은 항 제3호에 따른 주사무소·출장소나 영 제5조 제4항에 따른 정관의 목적이 변경되어 법 제4조 제3항에 따른 신고를 하는 경우에는 별지 제6호 서식의 경비업 허가사항 등의 변경신고서(전자문서로 된 신고서를 포함한다)에 다음 각 호의 서류(전자문서를 포함한다)를 첨부하여 법인의 주사무소를 관할하는 시·도경찰청장 또는 해당 시·도경찰청 소속의 경찰서장에게 제출하여야 한다. 변경신고서를 제출받은 경찰서장은 이를 지체 없이 관할 시·도경찰청장에게 보내야 한다.
> 1. 명칭 변경의 경우: 허가증 원본
> 2. 대표자 변경의 경우
>   나. 법인 대표자의 이력서 1부
>   다. 허가증 원본
> 3. 임원 변경의 경우: 법인 임원의 이력서 1부
> 4. 주사무소 또는 출장소 변경의 경우: 허가증 원본
> 5. 정관의 목적 변경의 경우: 법인의 정관 1부

66 경비업법령상 (   ) 안에 들어갈 내용으로 옳은 것은?

• 제17회 기출

> 경비업의 허가를 받은 법인은 법인의 주사무소나 출장소를 신설·이전 또는 폐지한 때에는 그 사유가 발생한 날부터 (   )일 이내에 신고하여야 한다.

① 7
② 10
③ 15
④ 30

해설 경비업의 허가를 받은 법인은 법인의 주사무소나 출장소를 신설·이전 또는 폐지한 때에는 그 사유가 발생한 날부터 30일 이내에 시·도경찰청장에게 신고하여야 한다.

67 경비업법령상 경비업자가 경비업 허가사항 등의 변경신고 시 그 기간이 <u>다른</u> 것은?

① 영업을 휴업하거나 폐업한 때
② 법인의 명칭이나 대표자·임원을 변경한 때
③ 특수경비업무를 개시하거나 종료한 때
④ 법인의 정관 목적을 변경한 때

해설 영업을 휴업하거나 폐업한 때에는 7일 이내에 신고하여야 한다.
②③④ 30일 이내에 신고하여야 한다.

▶경비업 허가사항 등의 변경신고 시 신고기간

신고내용	신고기간
영업을 휴업하거나 폐업한 때	7일 이내
휴업만료 전 영업재개한 때	
신고한 휴업 기간을 연장한 때	
법인의 명칭이나 대표자·임원을 변경한 때	30일 이내
법인의 주사무소나 출장소를 신설·이전 또는 폐지한 때	
기계경비업무의 수행을 위한 관제시설을 신설·이전 또는 폐지한 때	
특수경비업무를 개시하거나 종료한 때	
그 밖에 대통령령이 정하는 중요사항(정관 목적)을 변경한 때	

68 경비업법령상 경비업자가 관할 시·도경찰청장에게 제출하는 경비업 신고서 양식이 나머지와 <u>다른</u> 것은?

① 경비업 폐업신고서
② 경비업 허가사항 등의 변경신고서
③ 경비업 휴업기간연장신고서
④ 경비업 영업재개신고서

해설 「경비업법 시행규칙」[별지 제5호 서식]의 신고서 양식을 쓰는 것은 폐업, 휴업, 영업재개, 휴업기간연장 등이고, 경비업 허가사항 등의 변경신고서는 「경비업법 시행규칙」[별지 제6호 서식]을 쓴다.

65 ② 66 ④ 67 ① 68 ② 정답

69 경비업법령상 경비업자가 관할 시·도경찰청장에게 제출하는 경비업 신고서 양식이 나머지와 **다른** 것은?

① 법인의 명칭이나 대표자·임원을 변경한 경우
② 법인의 정관 목적을 변경한 경우
③ 법인의 주사무소나 출장소를 이전한 경우
④ 특수경비업무를 개시하거나 종료한 경우

> **해설** 특수경비업무를 개시 및 종료한 경우에는 「경비업법 시행규칙」 [별지 제7호 서식]의 별도 양식으로 신고한다.
> ①②③ 「경비업법 시행규칙」 [별지 제6호 서식]의 경비업 허가사항 등의 변경신고서 양식으로 신고해야 하는 경우이다.

70 경비업법령상 규정된 양식의 처리기간이 나머지와 **다른** 것은?

① 호송경비통지서　　　　　　　　② 경비업 폐업신고서
③ 경비업 허가사항 등의 변경신고서　④ 특수경비업무 개시신고서

> **해설** 경비업 허가사항 등의 변경신고는 7일 내에 처리한다.
> ①②④ 즉시 처리한다(신고기간과 처리기간은 구별해야 함을 주의한다).
>
> **경비업법령상 규정된 양식의 처리기간**
> 1. 처리기간이 즉시인 것: 호송경비통지서, 경비업 폐업·휴업·영업재개·휴업기간연장신고서, 특수경비업무 개시·종료신고서, 경비원 배치·배치폐지신고서 등
> 2. 처리기간이 7일인 것: 허가증 재교부신청서, 경비업 허가사항 등의 변경신고서 등
> 3. 처리기간이 15일인 것: 경비업 신규·변경·갱신허가신청서 등

71 경비업법령상 다음의 신청서 또는 신고서 중 처리기간이 15일인 것은?

① 경비업 신규허가신청서　　　　　② 경비업 폐업신고서
③ 경비업 허가사항 등의 변경신고서　④ 특수경비업무 개시신고서

> **해설** 처리기간이 15일인 것은 경비업 신규·변경·갱신허가신청서 등이다.
> ②④ 호송경비통지서, 경비업 폐업·휴업·영업재개·휴업기간연장신고서, 특수경비업무 개시·종료신고서, 경비원 배치·배치폐지신고서 등은 즉시 처리한다.
> ③ 허가증 재교부신청서, 경비업 허가사항 등의 변경신고서 등은 처리기간이 7일이다.

72 경비업법령상 시·도경찰청장에게 허가신청이나 신고하는 경우, 신청서나 신고서의 기재사항 중 허가번호가 들어가지 <u>않는</u> 것은?

① 허가증 재교부신청서
② 경비업 변경허가신청서
③ 경비인력·시설·장비 확보계획서
④ 경비업 휴업신고서

해설 경비인력·시설·장비 확보계획서의 양식에는 허가번호란이 없다.

73 경비업법령상 신청 또는 신고 시 수수료가 <u>없는</u> 것은?

① 경비업 갱신허가신청서
② 허가증 재교부신청서
③ 경비업 허가사항 등의 변경신고서
④ 호송경비통지서

해설 호송경비통지서 제출 시에는 수수료가 없다.

> **경비업법령상 규정된 양식의 수수료**
> 1. 수수료가 없는 것: 호송경비통지서, 경비업 폐업·휴업·영업재개·휴업기간 연장신고서, 경비원 배치·배치폐지신고서 등
> 2. 수수료가 2천 원인 것: 허가증 재교부신청서, 경비업 허가사항 등의 변경신고서 등
> 3. 수수료가 1만 원인 것: 경비업 신규·변경·갱신허가신청서 등

74 경비업법령상 경비업 허가의 유효기간에 관한 설명으로 옳은 것은?

① 허가의 유효기간은 5년이다.
② 허가의 유효기간 계산은 허가의 발령이 결정되어 최종적으로 결재된 시점을 기준으로 한다.
③ 허가의 유효기간 만료일 30일 이전에 갱신허가신청서만을 제출함으로써 허가를 갱신할 수 있다.
④ 시·도경찰청장은 직권으로 허가의 유효기간을 연장할 수 있다.

해설 ② 경비업 허가의 유효기간 기산에 대한 명문 규정은 없으나, 통상적으로 허가증에 기재된 일자를 기준으로 한다.
③ 허가의 유효기간 만료일 30일 전까지 경비업 갱신허가신청서(전자문서로 된 신청서를 포함한다)에 허가증 원본 및 정관(변경사항이 있는 경우만 해당한다)을 첨부하여 법인의 주사무소를 관할하는 시·도경찰청장 또는 해당 시·도경찰청 소속의 경찰서장에게 제출하여야 한다.
④ 「경비업법」에 경비업 허가의 유효기간에 관한 직권연장 규정은 없다.

정답 69 ④ 70 ③ 71 ① 72 ③ 73 ④ 74 ①

75 경비업법령상 경비업 허가에 관한 설명으로 옳지 <u>않은</u> 것은?
• 제15회 기출

① 경비업 허가의 유효기간은 허가받은 날부터 5년으로 한다.
② 경비업 허가의 유효기간이 만료된 후 계속하여 경비업을 하고자 하는 법인은 행정안전부령이 정하는 바에 의하여 갱신허가를 받아야 한다.
③ 법인이 도급받아 행하고자 하는 경비업무를 변경하는 경우에는 관할 경찰관서장에게 신고하면 된다.
④ 허가관청은 영업정지처분을 하는 때에는 경비업자가 허가받은 경비업무 중 영업정지사유에 해당하는 경비업무에 한하여 처분을 하여야 한다.

> **해설** 경비업을 영위하고자 하는 법인은 도급받아 행하고자 하는 경비업무를 특정하여 그 법인의 주사무소의 소재지를 관할하는 시·도경찰청장의 허가를 받아야 한다. 도급받아 행하고자 하는 경비업무를 변경하는 경우에도 또한 같다(경비업법 제4조 제1항).

> **법 제4조【경비업의 허가】** ① 경비업을 영위하고자 하는 법인은 도급받아 행하고자 하는 경비업무를 특정하여 그 법인의 주사무소의 소재지를 관할하는 시·도경찰청장의 허가를 받아야 한다. 도급받아 행하고자 하는 경비업무를 변경하는 경우에도 또한 같다.
> **법 제6조【허가의 유효기간 등】** ① 제4조 제1항의 규정에 의한 경비업 허가의 유효기간은 허가받은 날부터 5년으로 한다.
> ② 제1항의 규정에 의한 유효기간이 만료된 후 계속하여 경비업을 하고자 하는 법인은 행정안전부령으로 정하는 바에 따라 갱신허가를 받아야 한다.
> **법 제19조【경비업 허가의 취소 등】** ③ 허가관청은 제1항 및 제2항에 의하여 허가취소 또는 영업정지처분을 하는 때에는 경비업자가 허가받은 경비업무 중 허가취소 또는 영업정지사유에 해당되는 경비업무에 한하여 처분을 하여야 한다. 다만, 제1항 제2호 및 제7호에 해당하여 허가취소를 하는 때에는 그러하지 아니하다.

76 다음은 경비업법 시행령 제6조 제2항의 특수경비업자의 업무개시 전의 조치 규정이다. ( ) 안에 들어갈 권한자로 옳은 것은?

> (ㄱ)은 제1항의 규정에 의하여 특수경비업자에게 비밀취급인가를 하고자 하는 때에는 법 제25조의 규정에 의하여 특수경비업자로 하여금 (ㄴ)을 거쳐 (ㄷ)에게 보안측정을 요청하도록 하여야 한다.

	ㄱ	ㄴ	ㄷ
①	경찰청장	시·도경찰청장	국가정보원장
②	국가정보원장	경찰청장	시·도경찰청장
③	시·도경찰청장	국가정보원장	경찰청장
④	시·도경찰청장	경찰청장	국가정보원장

> **해설** 시·도경찰청장은 제1항의 규정에 의하여 특수경비업자에게 비밀취급인가를 하고자 하는 때에는 법 제25조의 규정에 의하여 특수경비업자로 하여금 경찰청장을 거쳐 국가정보원장에게 보안측정을 요청하도록 하여야 한다(경비업법 시행령 제6조 제2항).

77 경비업 허가의 유효기간 만료일 30일 전까지 해야 하는 갱신허가신청 시 필수적으로 구비해야 하는 서류에 해당하는 것은?

① 법인 임원의 이력서
② 법인 정관
③ 허가증 원본
④ 장비·인력 등의 확보계획서

> 해설) 갱신허가신청 시에는 경비업 갱신허가신청서와 함께 허가증 원본과 정관을 제출하며, 법인의 등기사항증명서는 담당공무원의 확인사항이다. 다만, 정관은 변경사항이 있는 경우에 제출한다. 장비·인력 등의 확보계획서는 신규허가나 변경허가 시 조건부인 경우에 첨부해야 할 서류이며, 갱신의 경우는 요건을 갖춘 경우의 연장에 해당하는바, 조건부 허가가 없다.

78 경비업법령상 비밀취급인가 등에 관한 설명으로 옳은 것은?

① 비밀취급인가 권한자는 경찰청장이다.
② 업무개시신고를 하기 전에 관할 경찰서장의 보안지도·점검을 받아야 한다.
③ 시·도경찰청장은 비밀취급인가를 하기 전에 경찰청장을 거쳐 국가정보원장에게 보안측정을 요청하도록 하여야 한다.
④ 특수경비업자는 국가정보원장을 거쳐 경찰청장에게 보안측정을 하여야 한다.

> 해설) ① 비밀취급인가 권한자는 시·도경찰청장이다.
> ② 업무개시신고를 하기 전에 시·도경찰청장의 비밀취급인가를 받아야 한다. 시·도경찰청장은 대통령령이 정하는 바에 따라 특수경비업자에 대하여 보안지도·점검을 실시하여야 하고, 필요한 경우 관계기관에 보안측정을 요청하여야 한다.
> ④ 특수경비업자는 경찰청장을 거쳐 국가정보원장에게 보안측정을 요청하여야 한다.

> **영 제2조【국가중요시설】** 경비업법(이하 "법"이라 한다) 제2조 제1호 마목에서 "대통령령이 정하는 국가중요시설"이라 함은 공항·항만, 원자력발전소 등의 시설 중 국가정보원장이 지정하는 국가보안목표시설과 「통합방위법」 제21조 제4항의 규정에 의하여 국방부장관이 지정하는 국가중요시설을 말한다.
> **영 제6조【특수경비업자의 업무개시 전의 조치】** ① 법 제2조 제1호 마목의 규정에 의한 특수경비업무를 수행하는 경비업자(이하 "특수경비업자"라 한다)는 법 제4조 제3항 제5호의 규정에 의하여 첫 업무개시의 신고를 하기 전에 시·도경찰청장의 비밀취급인가를 받아야 한다.
> ② 시·도경찰청장은 제1항의 규정에 의하여 특수경비업자에게 비밀취급인가를 하고자 하는 때에는 법 제25조의 규정에 의하여 특수경비업자로 하여금 경찰청장을 거쳐 국가정보원장에게 보안측정을 요청하도록 하여야 한다.

75 ③　76 ④　77 ③　78 ③

79 첫 업무개시를 신고하기 전에 비밀취급인가를 받아야 하는 경비업자에 해당하는 것은?

① 특수경비업자
② 기계경비업자
③ 호송경비업자
④ 시설경비업자

> **해설** 특수경비업무를 수행하는 경비업자(특수경비업자)는 첫 업무개시의 신고를 하기 전에 시·도경찰청장의 비밀취급인가를 받아야 한다(경비업법 시행령 제6조 제1항).

80 경비업법령상 특수경비업자에 관한 규정사항으로 옳지 <u>않은</u> 것은?

① 특수경비업무를 개시한 때에는 30일 이내 관할 시·도경찰청장에게 신고하여야 한다.
② 업무개시신고를 하기 전에 관할 경찰서장의 보안지도·점검을 받아야 한다.
③ 첫 업무개시의 신고를 하기 전에 비밀취급인가를 신청하여야 하며, 비밀취급인가는 시·도경찰청장이 한다.
④ 비밀취급인가를 하기 전에 경찰청장을 거쳐 국가정보원장에게 보안측정을 요청하도록 하여야 한다.

> **해설** 시·도경찰청장은 대통령령이 정하는 바에 따라 특수경비업자에 대하여 보안지도·점검을 실시하여야 하고, 필요한 경우 관계기관에 보안측정을 요청하여야 한다. 시·도경찰청장은 「경비업법」 제25조의 규정에 의하여 특수경비업자에 대하여 연 2회 이상의 보안지도·점검을 실시하여야 한다.

> **영 제6조【특수경비업자의 업무개시 전의 조치】** ① 법 제2조 제1호 마목의 규정에 의한 특수경비업무를 수행하는 경비업자(이하 "특수경비업자"라 한다)는 법 제4조 제3항 제5호의 규정에 의하여 첫 업무개시의 신고를 하기 전에 시·도경찰청장의 비밀취급인가를 받아야 한다.
> ② 시·도경찰청장은 제1항의 규정에 의하여 특수경비업자에게 비밀취급인가를 하고자 하는 때에는 법 제25조의 규정에 의하여 특수경비업자로 하여금 경찰청장을 거쳐 국가정보원장에게 보안측정을 요청하도록 하여야 한다.
> **영 제29조【보안지도점검】** 시·도경찰청장은 법 제25조의 규정에 의하여 특수경비업자에 대하여 연 2회 이상의 보안지도·점검을 실시하여야 한다.

제3절 경비업자의 의무

81 경비업법상 규정된 경비업자의 의무로 볼 수 <u>없는</u> 것은?

① 도급을 의뢰받은 경비업무가 위법 또는 부당한 것일 때 거부할 의무
② 특수경비업자 중에서 경비업무를 대행할 자를 지정·신고할 의무
③ 불공정한 계약으로 경비원의 권익을 침해하기 위한 담합금지 의무
④ 직무상 알게 된 비밀을 누설하거나 부당한 목적을 위한 사용금지 의무

해설 경비업자는 불공정한 계약으로 경비원의 권익을 침해하거나 경비업의 건전한 육성과 발전을 해치는 행위를 하여서는 아니 된다(경비업법 제7조 제3항). 그러나 경비업자 간의 담합금지 의무에 대한 규정은 없다.

82 경비업법상 경비업자의 공통적 의무가 아닌 것은?

① 경비업자는 경비업무를 성실하게 수행하여야 하고, 도급을 의뢰받은 경비업무가 위법 또는 부당한 것일 때에는 이를 거부하여야 한다.
② 경비업자는 불공정한 계약으로 경비원의 권익을 침해하거나 경비업의 건전한 육성과 발전을 해치는 행위를 하여서는 아니 된다.
③ 경비업자는 경비업법에 의한 경비업과 경비장비의 제조·설비·판매업, 네트워크를 활용한 정보산업, 시설물 유지관리업 및 경비원 교육업 등 대통령령이 정하는 경비관련업 외의 영업을 하여서는 아니 된다.
④ 경비업자의 임직원이거나 임직원이었던 자는 다른 법률에 특별한 규정이 있는 경우를 제외하고는 그 직무상 알게 된 비밀을 누설하거나 다른 사람에게 제공하여 이용하도록 하는 등 부당한 목적을 위하여 사용하여서는 아니 된다.

해설 특수경비업자의 의무에 해당하는 규정이다.
①②④ 이외에 경비업자의 공통적 의무로는 경비업자는 경비대상시설의 소유자 또는 관리자(시설주)의 관리권의 범위 안에서 경비업무를 수행하여야 하며, 다른 사람의 자유와 권리를 침해하거나 그의 정당한 활동에 간섭하여서는 아니 된다는 것과 경비업자는 허가받은 경비업무 외의 업무에 경비원을 종사하게 하여서는 아니 된다는 것이 있다.

> 법 제7조【경비업자의 의무】② 경비업자는 경비업무를 성실하게 수행하여야 하고, 도급을 의뢰받은 경비업무가 위법 또는 부당한 것일 때에는 이를 거부하여야 한다.
> ③ 경비업자는 불공정한 계약으로 경비원의 권익을 침해하거나 경비업의 건전한 육성과 발전을 해치는 행위를 하여서는 아니 된다.
> ④ 경비업자의 임·직원이거나 임·직원이었던 자는 다른 법률에 특별한 규정이 있는 경우를 제외하고는 그 직무상 알게 된 비밀을 누설하거나 다른 사람에게 제공하여 이용하도록 하는 등 부당한 목적을 위하여 사용하여서는 아니 된다.
> ⑨ 특수경비업자는 이 법에 의한 경비업과 경비장비의 제조·설비·판매업, 네트워크를 활용한 정보산업, 시설 유지관리업 및 경비원 교육업 등 대통령령이 정하는 경비관련업 외의 영업을 하여서는 아니 된다.

정답 79 ① 80 ② 81 ③ 82 ③

83 경비업법령상 경비업자의 의무에 해당하는 것을 모두 고른 것은?

> ㄱ. 경비지도사 선임의 의무
> ㄴ. 경비원 교육의무
> ㄷ. 경비지도사 선임·해임 신고의무
> ㄹ. 경비원 배치·배치폐지 신고의무

① ㄱ, ㄴ
② ㄱ, ㄹ
③ ㄱ, ㄴ, ㄹ
④ ㄱ, ㄴ, ㄷ, ㄹ

해설
ㄱ. 경비업자는 집단민원현장에 경비원을 배치하는 때에는 경비지도사를 선임하고 그 장소에 배치하여 행정안전부령으로 정하는 바에 따라 경비원을 지도·감독하게 하여야 한다(경비업법 제7조 제6항). 경비업자는 대통령령이 정하는 바에 따라 경비지도사를 선임하여야 한다(경비업법 제12조 제1항).
ㄴ. 경비업자는 경비업무를 적정하게 실시하기 위하여 경비원으로 하여금 대통령령으로 정하는 바에 따라 경비원 신임교육 및 직무교육을 받게 하여야 한다(경비업법 제13조 제1항).
ㄷ. 경비업자는 경비지도사를 선임하거나 해임하는 때에는 행정안전부령으로 정하는 바에 따라 해당 경비현장을 관할하는 시·도경찰청장 또는 경찰서장에게 신고하여야 한다(경비업법 제12조의2).
ㄹ. 경비업자가 경비원을 배치하거나 배치를 폐지한 경우에는 행정안전부령으로 정하는 바에 따라 관할 경찰관서장에게 신고하여야 한다(경비업법 제18조 제2항).

84 경비업법령상 경비업자의 의무에 관한 설명으로 옳지 <u>않은</u> 것은?

① 경비업자는 허가받은 경비업무 외의 업무에 경비원을 종사하게 하여서는 아니 된다.
② 도급을 의뢰받은 경비업무가 위법 또는 부당한 것일 때에는 이를 거부하여야 한다.
③ 경비대행업자가 특수경비업자로부터 국가중요시설에 대한 특수경비업무를 중단한다는 통보를 받은 경우 7일 이내에 그 업무를 인수하여야 한다.
④ 경비업자는 경비업무를 수행함에 있어 다른 사람의 정당한 활동에 간섭하여서는 아니 된다.

해설 경비대행업자가 특수경비업자로부터 국가중요시설에 대한 특수경비업무를 중단한다는 통보를 받은 경우 즉시 그 업무를 인수하여야 한다(경비업법 제7조 제8항).

85 경비업법령상 경비업자에 관한 설명으로 옳은 것은?

① 특수경비업자는 국가중요시설에 대한 특수경비업무의 수행이 중단되는 경우 시설주의 동의를 얻어 다른 특수경비업자 중에서 경비업무를 대행할 자를 지정하여 관할 시·도경찰청의 허가를 받아야 한다.
② 경비업자는 불공정한 계약으로 경비원의 권익을 침해하는 행위를 하여서는 아니 된다.
③ 기계경비업자가 할 수 있는 경비관련업에는 전기, 전자, 통신 및 정밀기기 수리업이 포함된다.
④ 시설주는 경비대상 경비업자의 관리권 범위 안에서 경비업무를 수행하여야 한다.

해설 ① 특수경비업자는 국가중요시설에 대한 특수경비업무의 수행이 중단되는 경우 시설주의 동의를 얻어 다른 특수경비업자 중에서 경비업무를 대행할 자(경비대행업자)를 지정하여 허가관청에 신고하여야 한다(경비업법 제7조 제7항).
③ 특수경비업자가 할 수 있는 경비관련업에는 전기, 전자, 통신 및 정밀기기 수리업이 포함된다.
④ 경비업자는 경비대상 시설의 소유자 또는 관리자(시설주)의 관리권 범위 안에서 경비업무를 수행하여야 한다(경비업법 제7조 제1항).

> **법 제7조【경비업자의 의무】** ① 경비업자는 경비대상시설의 소유자 또는 관리자(이하 "시설주"라 한다)의 관리권의 범위안에서 경비업무를 수행하여야 하며, 다른 사람의 자유와 권리를 침해하거나 그의 정당한 활동에 간섭하여서는 아니된다.
> ③ 경비업자는 불공정한 계약으로 경비원의 권익을 침해하거나 경비업의 건전한 육성과 발전을 해치는 행위를 하여서는 아니된다.
> ⑦ 특수경비업무를 수행하는 경비업자(이하 "특수경비업자"라 한다)는 제4조 제3항 제5호의 규정에 의한 특수경비업무의 개시신고를 하는 때에는 국가중요시설에 대한 특수경비업무의 수행이 중단되는 경우 시설주의 동의를 얻어 다른 특수경비업자중에서 경비업무를 대행할 자(이하 "경비대행업자"라 한다)를 지정하여 허가관청에 신고하여야 한다. 경비대행업자의 지정을 변경하는 경우에도 또한 같다.
>
> ▶[별표 1의2] 특수경비업자가 할 수 있는 영업(시행령 제7조의2 제1항 관련, 일부발췌)
>
> | 분야 | 해당 영업 |
> | --- | --- |
> | 수리업 | • 일반 기계 수리업
• 전기, 전자, 통신 및 정밀기기 수리업 |

정답 83 ④　84 ③　85 ②

86 경비업법령상 경비업자 및 경비원의 의무에 관한 설명으로 옳지 않은 것은? • 제25회 기출

① 경비업자는 경비대상시설의 소유자 또는 관리자의 관리권의 범위 안에서 경비업무를 수행하여야 한다.
② 경비업자는 도급을 의뢰받은 경비업무가 위법 또는 부당한 것일 때에는 시·도경찰청장에게 보고하여야 한다.
③ 경비업자의 임·직원이거나 임·직원이었던 자는 다른 법률에 특별한 규정이 있는 경우를 제외하고는 그 직무상 알게 된 비밀을 누설하거나 다른 사람에게 제공하여 이용하도록 하는 등 부당한 목적을 위하여 사용하여서는 아니 된다.
④ 경비원은 직무를 수행함에 있어 타인에게 위력을 과시하거나 물리력을 행사하는 등 경비업무의 범위를 벗어난 행위를 하여서는 아니 된다.

해설 경비업자는 경비업무를 성실하게 수행하여야 하고, 도급을 의뢰받은 경비업무가 위법 또는 부당한 것일 때에는 이를 거부하여야 한다(경비업법 제7조 제2항).

> 법 제7조【경비업자의 의무】① 경비업자는 경비대상시설의 소유자 또는 관리자(이하 "시설주"라 한다)의 관리권의 범위 안에서 경비업무를 수행하여야 하며, 다른 사람의 자유와 권리를 침해하거나 그의 정당한 활동에 간섭하여서는 아니 된다.
> ② 경비업자는 경비업무를 성실하게 수행하여야 하고, 도급을 의뢰받은 경비업무가 위법 또는 부당한 것일 때에는 이를 거부하여야 한다.
> ③ 경비업자는 불공정한 계약으로 경비원의 권익을 침해하거나 경비업의 건전한 육성과 발전을 해치는 행위를 하여서는 아니 된다.
> ④ 경비업자의 임·직원이거나 임·직원이었던 자는 다른 법률에 특별한 규정이 있는 경우를 제외하고는 그 직무상 알게 된 비밀을 누설하거나 다른 사람에게 제공하여 이용하도록 하는 등 부당한 목적을 위하여 사용하여서는 아니 된다.
> ⑤ 경비업자는 허가받은 경비업무 외의 업무에 경비원을 종사하게 하여서는 아니 된다.
> 법 제15조의2【경비원 등의 의무】① 경비원은 직무를 수행함에 있어 타인에게 위력을 과시하거나 물리력을 행사하는 등 경비업무의 범위를 벗어난 행위를 하여서는 아니 된다.
> ② 누구든지 경비원으로 하여금 경비업무의 범위를 벗어난 행위를 하게 하여서는 아니 된다.

87 경비업법령상 특수경비업자의 의무가 아닌 것은?

① 경비대행업자 지정신고
② 겸업금지의무
③ 대응체제 구축의무
④ 비밀취급인가

해설 대응체제 구축의무는 기계경비자의 의무이다(경비업법 제8조). 특수경비업자는 "국가중요시설에 대한 특수경비업무를 중단하게 되는 경우에는 미리 경비대행업자에게 통보하여야 하며, 경비대행업자는 통보받은 즉시 그 경비업무를 인수하여야 한다. 이 경우 「경비업법」 제7조 제7항의 규정은 경비대행업자에 대하여 이를 준용한다(경비업법 제7조 제8항)."라고 규정된 대행체제 구축과 중단사태발생 시 경비대행통보 및 경비업무 인수의무가 있다.

> 법 제7조【경비업자의 의무】⑦ 특수경비업무를 수행하는 경비업자(이하 "특수경비업자"라 한다)는 제4조 제3항 제5호의 규정에 의한 특수경비업무의 개시신고를 하는 때에는 국가중요시설에 대한 특수경비업무의 수행이 중단되는 경우 시설주의 동의를 얻어 다른 특수경비업자 중에서 경비업무를 대행할 자(이하 "경비대행업자"라 한다)를 지정하여 허가관청에 신고하여야 한다. 경비대행업자의 지정을 변경하는 경우에도 또한 같다.
> ⑧ 특수경비업자는 국가중요시설에 대한 특수경비업무를 중단하게 되는 경우에는 미리 이를 제7항의 규정에 의한 경비대행업자에게 통보하여야 하며, 경비대행업자는 통보받은 즉시 그 경비업무를 인수하여야 한다. 이 경우 제7항의 규정은 경비대행업자에 대하여 이를 준용한다.
> ⑨ 특수경비업자는 이 법에 의한 경비업과 경비장비의 제조·설비·판매업, 네트워크를 활용한 정보산업, 시설물 유지관리업 및 경비원 교육업 등 대통령령이 정하는 경비관련업 외의 영업을 하여서는 아니 된다.

88 경비업법령상 특수경비업자의 의무에만 해당하는 것이 아닌 것은?

① 경비업자는 집단민원현장에 경비원을 배치하는 때에는 경비지도사를 선임하고 그 장소에 배치하여 행정안전부령으로 정하는 바에 따라 경비원을 지도·감독하게 하여야 한다.
② 경비업자는 경비업무의 개시신고를 하는 때에는 국가중요시설에 대한 경비업무의 수행이 중단되는 경우 시설주의 동의를 얻어 다른 경비업자 중에서 경비업무를 대행할 자(경비대행업자)를 지정하여 허가관청에 신고하여야 한다.
③ 경비업자는 국가중요시설에 대한 경비업무를 중단하게 되는 경우에는 미리 이를 경비대행업자에게 통보하여야 하며, 경비대행업자는 통보받은 즉시 그 경비업무를 인수하여야 한다.
④ 경비업법에 의한 경비업과 경비장비의 제조·설비·판매업, 네트워크를 활용한 정보산업, 시설물 유지관리업 및 경비원 교육업 등 대통령령이 정하는 경비관련업 외의 영업을 하여서는 아니 된다.

해설 집단민원현장은 시설경비업무나 신변보호업무의 일반경비원과 관련이 많다. 즉, 특수경비업자의 의무에만 해당하는 것이 아니다(경비업법 제2조 제5호).

86 ② 87 ③ 88 ① 정답

89 경비업법령상 특수경비업자의 특수경비업무가 중단되는 경우 다른 특수경비업자 중에서 경비업무를 대행할 자를 지정할 때 누구의 동의를 얻어야 하는가?

① 관할 경찰관서장
② 관할 시·도경찰청장
③ 시설주
④ 경찰청장

해설 경비업법령상 특수경비업자의 특수경비업무가 중단되는 경우 시설주의 동의를 얻어 다른 특수경비업자 중에서 경비업무를 대행할 자를 지정하여 허가관청에 신고하여야 한다.

> 법 제7조【경비업자의 의무】⑦ 특수경비업무를 수행하는 경비업자(이하 "특수경비업자"라 한다)는 제4조 제3항 제5호의 규정에 의한 특수경비업무의 개시신고를 하는 때에는 국가중요시설에 대한 특수경비업무의 수행이 중단되는 경우 시설주의 동의를 얻어 다른 특수경비업자 중에서 경비업무를 대행할 자(이하 "경비대행업자"라 한다)를 지정하여 허가관청에 신고하여야 한다. 경비대행업자의 지정을 변경하는 경우에도 또한 같다.

90 다음 ( ) 안에 들어갈 내용으로 옳은 것은?

> 특수경비업자는 국가중요시설에 대한 특수경비업무를 중단하게 되는 경우에는 미리 경비대행업자에게 통보하여야 하며, 경비대행업자는 (ㄱ) 그 경비업무를 (ㄴ).

	ㄱ	ㄴ
①	통보를 받은 후 일주일 내에	인수할 수 있다
②	허가관청에 신고한 후	인수하여야 한다
③	통보받은 즉시	인수하여야 한다
④	검토한 후에	거절할 수 있다

해설 특수경비업자는 국가중요시설에 대한 특수경비업무를 중단하게 되는 경우에는 미리 경비대행업자에게 통보하여야 하며, 경비대행업자는 통보받은 즉시 그 경비업무를 인수하여야 한다(경비업법 제7조 제8항).

> 법 제7조【경비업자의 의무】⑦ 특수경비업무를 수행하는 경비업자(이하 "특수경비업자"라 한다)는 제4조 제3항 제5호의 규정에 의한 특수경비업무의 개시신고를 하는 때에는 국가중요시설에 대한 특수경비업무의 수행이 중단되는 경우 시설주의 동의를 얻어 다른 특수경비업자 중에서 경비업무를 대행할 자(이하 "경비대행업자"라 한다)를 지정하여 허가관청에 신고하여야 한다. 경비대행업자의 지정을 변경하는 경우에도 또한 같다.
> ⑧ 특수경비업자는 국가중요시설에 대한 특수경비업무를 중단하게 되는 경우에는 미리 이를 제7항의 규정에 의한 경비대행업자에게 통보하여야 하며, 경비대행업자는 통보받은 즉시 그 경비업무를 인수하여야 한다. 이 경우 제7항의 규정은 경비대행업자에 대하여 이를 준용한다.

91 경비업법령상 특수경비업자가 할 수 있는 경비관련업 분야가 나머지와 <u>다른</u> 것은?

① 전자카드 제조업
② 통신 및 방송장비 제조업
③ 전기경보 및 신호장치 제조업
④ 영상 및 음향기기 제조업

해설 전기경보 및 신호장치 제조업은 전기장비 제조업 분야이다.
①②④ 전자부품, 컴퓨터, 영상, 음향 및 통신장비 제조업 분야이다.

92 경비업법령상 특수경비업자가 할 수 있는 도매 및 상품중개업 분야의 경비관련업에 해당하는 것은?

① 통신장비 및 부품 도매업
② 전기통신업
③ 전기경보 및 신호장치 제조업
④ 부동산 관리업

해설 통신장비 및 부품 도매업은 도매 및 상품중개업 분야에 해당한다.
② 전기통신업은 통신업 분야, ③ 전기경보 및 신호장치 제조업은 전기장비 제조업 분야, ④ 부동산 관리업은 부동산업 분야에 해당한다.

영 제7조의2 【특수경비업자가 할 수 있는 영업】 ① 법 제7조 제9항에서 "경비장비의 제조·설비·판매업, 네트워크를 활용한 정보산업, 시설물 유지관리업 및 경비원 교육업 등 대통령령이 정하는 경비관련업"이란 다음 각 호의 영업을 말한다.
1. 별표 1의2에 따른 영업

▶ [별표 1의2] 특수경비업자가 할 수 있는 영업(시행령 제7조의2 제1항 관련, 일부발췌)

분야	해당 영업
전기장비 제조업	전기경보 및 신호장치 제조업
도매 및 상품중개업	통신장비 및 부품 도매업
통신업	전기통신업
부동산업	부동산 관리업

정답 89 ③ 90 ③ 91 ③ 92 ①

93 경비업법령상 특수경비업자가 할 수 있는 경비관련업 분야의 연결이 옳지 <u>않은</u> 것은?

① 사업시설 관리 및 조경 서비스업 – 건물 산업설비 청소 및 방제 서비스업
② 사업지원 서비스업 – 사업시설 유지관리 서비스업
③ 수리업 – 전기, 전자, 통신 및 정밀기기 수리업
④ 창고 및 운송 관련 서비스업 – 주차장 운영업

해설 사업지원 서비스업에는 인력공급 및 고용알선업 또는 경비, 경호 및 탐정업이 해당한다. 사업시설 유지관리 서비스업은 사업시설 관리 및 조경 서비스업 분야에 해당하는 영업이다.

▶ [별표 1의2] 특수경비업자가 할 수 있는 영업(시행령 제7조의2 제1항 관련)

분야	해당 영업
금속가공제품 제조업 (기계 및 가구 제외)	• 일반철물 제조업(자물쇠제조 등 경비 관련 제조업에 한정) • 금고 제조업
그 밖의 기계 및 장비제조업	분사기 및 소화기 제조업
전기장비 제조업	전기경보 및 신호장치 제조업
전자부품, 컴퓨터, 영상, 음향 및 통신장비 제조업	• 전자카드 제조업 • 통신 및 방송 장비 제조업 • 영상 및 음향기기 제조업
전문직별 공사업	• 소방시설 공사업 • 배관 및 냉난방 공사업(소방시설 공사 등 방재 관련 공사에 한정) • 내부 전기배선 공사업 • 내부 통신배선 공사업
도매 및 상품중개업	통신장비 및 부품 도매업
통신업	전기통신업
부동산업	부동산 관리업
컴퓨터 프로그래밍, 시스템 통합 및 관리업	• 컴퓨터 프로그래밍 서비스업 • 컴퓨터시스템 통합 자문, 구축 및 관리업
건축기술, 엔지니어링 및 관련기술 서비스업	• 건축설계 및 관련 서비스업(소방시설 설계 등 방재 관련 건축설계에 한정) • 건물 및 토목엔지니어링 서비스업(소방공사 감리 등 방재 관련 서비스업에 한정)
사업시설 관리 및 조경 서비스업	• 사업시설 유지관리 서비스업 • 건물 산업설비 청소 및 방제 서비스업
사업지원 서비스업	• 인력공급 및 고용알선업 • 경비, 경호 및 탐정업
교육서비스업	• 직원훈련기관 • 그 밖의 기술 및 직업훈련학원(경비 관련 교육에 한정)
수리업	• 일반 기계 수리업 • 전기, 전자, 통신 및 정밀기기 수리업
창고 및 운송 관련 서비스업	주차장 운영업

94 경비업법령상 특수경비업자가 할 수 있는 경비관련업 분야에 해당하지 않는 것은?

① 인력공급 및 고용알선업
② 부동산 임대업
③ 금고 제조업
④ 주차장 운영업

해설 부동산 임대업은 법 개정으로 삭제되었고, 부동산 관리업이 특수경비업자가 할 수 있는 경비관련업 분야에 해당한다.

▶ [별표 1의2] 특수경비업자가 할 수 있는 영업(시행령 제7조의2 제1항 관련, 일부발췌)

분야	해당 영업
금속가공제품 제조업 (기계 및 가구 제외)	• 일반철물 제조업(자물쇠제조 등 경비 관련 제조업에 한정) • 금고 제조업
부동산업	부동산 관리업
사업지원 서비스업	• 인력공급 및 고용알선업 • 경비, 경호 및 탐정업
창고 및 운송 관련 서비스업	주차장 운영업

95 경비업법령상 특수경비업자가 할 수 있는 전자부품, 컴퓨터, 영상, 음향 및 통신장비 제조업 분야 경비관련업에 해당하지 않는 것은?

① 컴퓨터시스템 통합 자문, 구축 및 관리업
② 전자카드 제조업
③ 통신 및 방송 장비 제조업
④ 영상 및 음향기기 제조업

해설 컴퓨터시스템 통합 자문, 구축 및 관리업은 컴퓨터 프로그래밍, 시스템 통합 및 관리업 분야이다.

▶ [별표 1의2] 특수경비업자가 할 수 있는 영업(시행령 제7조의2 제1항 관련, 일부발췌)

분야	해당 영업
전자부품, 컴퓨터, 영상, 음향 및 통신장비 제조업	• 전자카드 제조업 • 통신 및 방송 장비 제조업 • 영상 및 음향기기 제조업
컴퓨터 프로그래밍, 시스템 통합 및 관리업	• 컴퓨터 프로그래밍 서비스업 • 컴퓨터시스템 통합 자문, 구축 및 관리업

정답 93 ② 94 ② 95 ①

96 경비업법령상 특수경비업자가 할 수 있는 통신업 분야의 경비관련업에 해당하는 것은?

• 제14회 기출변형

① 통신장비 및 부품 도매업
② 전기통신업
③ 통신 및 방송 장비 제조업
④ 내부 통신배선 공사업

해설 ① 통신장비 및 부품 도매업은 도매 및 상품중개업 분야에 해당한다.
③ 통신 및 방송 장비 제조업은 전자부품, 컴퓨터, 영상, 음향 및 통신장비 제조업 분야에 해당한다.
④ 내부 통신배선 공사업은 전문직별 공사업 분야에 해당한다.

▶ [별표 1의2] 특수경비업자가 할 수 있는 영업(시행령 제7조의2 제1항 관련, 일부발췌)

분야	해당 영업
전자부품, 컴퓨터, 영상, 음향 및 통신장비 제조업	• 전자카드 제조업 • 통신 및 방송 장비 제조업 • 영상 및 음향기기 제조업
전문직별 공사업	• 소방시설 공사업 • 배관 및 냉난방 공사업(소방시설 공사 등 방재관련 공사에 한정) • 내부 전기배선 공사업 • 내부 통신배선 공사업
도매 및 상품중개업	통신장비 및 부품 도매업
통신업	전기통신업

97 경비업법령상 기계경비업자의 의무가 아닌 것은?

① 오경보의 방지의무
② 관리서류 비치의무
③ 대응체제 구축의무
④ 비밀취급인가의무

해설 비밀취급인가의무는 특수경비업자의 의무이다.

법 제8조 【대응체제】 기계경비업무를 수행하는 경비업자(이하 "기계경비업자"라 한다)는 경비대상시설에 관한 경보를 수신한 때에는 신속하게 그 사실을 확인하는 등 필요한 대응조치를 취하여야 하며, 이를 위한 대응체제를 갖추어야 한다.
법 제9조 【오경보의 방지 등】 ① 기계경비업자는 경비계약을 체결하는 때에는 오경보를 막기 위하여 계약상대방에게 기기사용요령 및 기계경비운영체계 등에 관하여 설명하여야 하며, 각종 기기가 오작동되지 아니하도록 관리하여야 한다.
② 기계경비업자는 대응조치 등 업무의 원활한 운영과 개선을 위하여 대통령령이 정하는 바에 따라 관련 서류를 작성·비치하여야 한다.
영 제6조 【특수경비업자의 업무개시 전의 조치】 ① 법 제2조 제1호 마목의 규정에 의한 특수경비업무를 수행하는 경비업자(이하 "특수경비업자"라 한다)는 법 제4조 제3항 제5호의 규정에 의하여 첫 업무개시의 신고를 하기 전에 시·도경찰청장의 비밀취급인가를 받아야 한다.

98 경비업법령상 기계경비업자가 오경보의 방지를 위해 계약상대방에게 설명하여야 할 사항으로 옳지 **않은** 것은?

• 제24회 기출

① 당해 기계경비업무와 관련된 관제시설 및 출장소의 명칭·소재지
② 기계경비업자가 경비대상시설에서 발생한 경보를 수신한 경우에 취하는 조치
③ 기계경비업무용 기기의 설치장소 및 종류와 그 밖의 기계장치의 개요
④ 기계경비지도사의 명단·배치일자·배치장소와 출동차량의 대수

> **해설** 기계경비지도사의 명단·배치일자·배치장소와 출동차량의 대수는 기계경비업자가 출장소별로 갖추어 두어야 할 서류에 해당한다.
> ①②③ 이외에도 오경보의 방지를 위해 오경보의 발생원인과 송신기기의 유지·관리방법에 대한 설명을 하여야 한다.

---

99 다음은 경비업법령상 기계경비업자의 대응체제에 대한 내용이다. ( ) 안에 들어갈 숫자로 옳은 것은?

• 제8회, 제9회, 제13회, 제14회, 제20회, 제21회 기출

> 기계경비업자는 관제시설 등에서 경보를 수신한 때에는 경보를 수신한 때부터 늦어도 (　　)분 이내에 도착시킬 수 있는 대응체제를 갖추어야 한다.

① 10　　　　　　　　　　② 15
③ 20　　　　　　　　　　④ 25

> **해설** 기계경비업무를 수행하는 경비업자(기계경비업자)는 관제시설 등에서 경보를 수신한 때에는 경보를 수신한 때부터 늦어도 25분 이내에는 도착시킬 수 있는 대응체제를 갖추어야 한다(경비업법 시행령 제7조).
>
> **영 제7조【기계경비업자의 대응체제】** 법 제2조 제1호 라목의 규정에 의한 기계경비업무를 수행하는 경비업자(이하 "기계경비업자"라 한다)는 법 제8조의 규정에 의하여 관제시설 등에서 경보를 수신한 때에는 경보를 수신한 때부터 늦어도 25분 이내에는 도착시킬 수 있는 대응체제를 갖추어야 한다.

정답 96 ②　97 ④　98 ④　99 ④

100 경비업법령상 기계경비업자의 계약상대방에 대한 설명 의무로 옳지 <u>않은</u> 것은?

① 기계경비업자가 계약상대방에게 하여야 하는 설명은 구두로 하는 것이 원칙이다.
② 기계경비업자가 경비대상시설에서 발생한 경보를 수신한 경우에 취하는 조치를 설명한다.
③ 기계경비업무용 기기의 설치장소 및 종류와 그 밖의 기계장치의 개요를 설명한다.
④ 오경보의 발생원인과 송신기기의 유지·관리방법을 설명한다.

해설 기계경비업자가 계약상대방에게 하여야 하는 설명은 서면 또는 전자문서를 교부하는 방법에 의한다.

> **영 제8조【오경보의 방지를 위한 설명 등】** ① 법 제9조 제1항의 규정에 의하여 기계경비업자가 계약상대방에게 하여야 하는 설명은 다음 각 호의 사항을 기재한 서면 또는 전자문서(이하 "서면 등"이라 하며, 이 조에서 전자문서는 계약상대방이 원하는 경우에 한한다)를 교부하는 방법에 의한다.
> 1. 당해 기계경비업무와 관련된 관제시설 및 출장소(제5조 제3항의 규정에 의한 출장소를 말한다. 이하 같다)의 명칭·소재지
> 2. 기계경비업자가 경비대상시설에서 발생한 경보를 수신한 경우에 취하는 조치
> 3. 기계경비업무용 기기의 설치장소 및 종류와 그 밖의 기계장치의 개요
> 4. 오경보의 발생원인과 송신기기의 유지·관리방법

101 기계경비업자는 경비계약을 체결하는 때에는 오경보를 막기 위하여 계약상대방에게 기기사용요령 및 기계경비운영체계 등에 관하여 설명하여야 하며, 각종 기기가 오작동되지 않게 관리하도록 서면 등을 교부하여야 한다. 다음 중 서면에 포함되는 내용이 <u>아닌</u> 것은?

① 기계경비업자가 경비대상시설에서 발생한 경보를 수신한 경우에 취하는 조치
② 기계경비업무용 기기의 설치장소 및 종류와 그 밖의 기계장치의 개요
③ 오경보의 발생원인과 송신기기의 유지·관리방법
④ 오경보인 경우 오경보가 발생한 경비대상시설 및 그 오경보에 대한 조치의 결과

해설 오경보인 경우 오경보가 발생한 경비대상시설 및 그 오경보에 대한 조치의 결과는 출장소별로 갖추어 두어야 하는 서류에 해당한다.
①②③ 외에도 서면 등에 포함되는 내용은 당해 기계경비업무와 관련된 관제시설 및 출장소의 명칭·소재지가 있다.

> **영 제8조【오경보의 방지를 위한 설명 등】** ① 법 제9조 제1항의 규정에 의하여 기계경비업자가 계약상대방에게 하여야 하는 설명은 다음 각 호의 사항을 기재한 서면 또는 전자문서(이하 "서면 등"이라 하며, 이 조에서 전자문서는 계약상대방이 원하는 경우에 한한다)를 교부하는 방법에 의한다.
> 1. 당해 기계경비업무와 관련된 관제시설 및 출장소(제5조 제3항의 규정에 의한 출장소를 말한다. 이하 같다)의 명칭·소재지
> 2. 기계경비업자가 경비대상시설에서 발생한 경보를 수신한 경우에 취하는 조치
> 3. 기계경비업무용 기기의 설치장소 및 종류와 그 밖의 기계장치의 개요
> 4. 오경보의 발생원인과 송신기기의 유지·관리방법

102 경비업법령상 기계경비업자가 계약상대방에게 오경보방지를 위한 설명서를 교부하는 데 포함될 사항으로 옳지 않은 것은?

① 경비대상시설의 명칭·소재지 및 경비계약기간
② 당해 기계경비업무와 관련된 관제시설 및 출장소의 명칭·소재지
③ 오경보의 발생원인과 송신기기의 유지·관리방법
④ 기계경비업무용 기기의 설치장소 및 종류와 그 밖의 기계장치의 개요

해설 경비대상시설의 명칭·소재지 및 경비계약기간은 「경비업법」 제9조 제2항의 규정에 의하여 기계경비업자가 출장소별로 갖추어 두어야 하는 서류에 기재해야 하는 사항에 해당한다(경비업법 시행령 제9조 제1항).

103 경비업법령상 기계경비업자가 오경보의 방지를 위하여 계약상대방에게 하여야 하는 설명은 서면 등을 교부하는 방법에 의한다. 이때 서면 등에 기재하는 사항을 모두 고른 것은?

• 제22회 기출

ㄱ. 기계경비업무용 기기의 설치장소 및 종류
ㄴ. 오경보의 발생원인과 송신기기의 유지·관리방법
ㄷ. 당해 기계경비업무와 관련된 관제시설 및 출장소의 명칭·소재지

① ㄱ, ㄴ
② ㄱ, ㄷ
③ ㄴ, ㄷ
④ ㄱ, ㄴ, ㄷ

해설 기계경비업자가 계약상대방에게 하여야 하는 설명은 ㄱ, ㄴ, ㄷ을 포함하여 기계경비업자가 경비대상시설에서 발생한 경보를 수신한 경우에 취하는 조치를 기재한 서면 또는 전자문서를 교부하는 방법에 의한다.

정답 100 ① 101 ④ 102 ① 103 ④

104 경비업법령상 기계경비업자의 출장소별 관리 서류에 관한 설명으로 옳지 <u>않은</u> 것은?

• 제23회 기출

① 기계경비지도사의 명단·배치일자·배치장소와 출동차량의 대수를 기재한 서류를 갖추어 두어야 한다.
② 오경보인 경우 오경보가 발생한 경비대상시설 및 그 오경보에 대한 조치의 결과를 기재한 서류를 갖추어 두어야 한다.
③ 경보의 수신 및 현장도착 일시와 조치의 결과를 기재한 서류를 갖추어 두어야 한다.
④ 오경보에 대한 조치의 결과를 기재한 서류는 당해 경보를 수신한 날부터 2년간 이를 보관하여야 한다.

해설 오경보에 대한 조치의 결과를 기재한 서류는 당해 경보를 수신한 날부터 1년간 이를 보관하여야 한다.

105 경비업법령상 기계경비업무에 관한 설명으로 옳은 것은?

• 제21회 기출

① 기계경비업자는 기계경비지도사의 명단·배치일자·배치장소와 출동차량의 대수를 기재한 서류를 1년간 보관하여야 한다.
② 기계경비업자는 오경보가 발생한 경비대상시설 및 그 오경보에 대한 조치의 결과를 기재한 서류를 당해 경보를 수신한 날부터 1년간 보관하여야 한다.
③ 기계경비업자는 관제시설 등에서 경보를 수신한 때에는 경보를 수신한 때부터 늦어도 30분 이내에는 도착시킬 수 있는 대응체제를 갖추어야 한다.
④ 기계경비업자는 경비대상시설의 명칭·소재지 및 경비계약기간을 기재한 서류를 주사무소에 갖추어 두어야 한다.

해설 ① 기계경비업자는 기계경비지도사의 명단·배치일자·배치장소와 출동차량의 대수를 기재한 서류를 출장소별로 갖추어 두어야 한다(경비업법 시행령 제9조 제1항 제2호). 하지만 보관기간에 관한 규정은 없다.
③ 기계경비업자는 관제시설 등에서 경보를 수신한 때에는 경보를 수신한 때부터 늦어도 25분 이내에는 도착시킬 수 있는 대응체제를 갖추어야 한다(경비업법 시행령 제7조).
④ 기계경비업자는 경비대상시설의 명칭·소재지 및 경비계약기간을 기재한 서류를 출장소별로 갖추어 두어야 한다(경비업법 시행령 제9조 제1항 제1호). 하지만 보관기간에 관한 규정은 없다.

106 경비업법령상 기계경비업자가 출장소별로 갖추어 두어야 하는 서류에 해당하는 것은?

① 경비대상시설의 명칭·소재지 및 경비계약기간을 기재한 서류
② 오경보의 발생원인과 송신기기의 유지·관리방법
③ 가입고객의 주민등록번호 등 개인정보를 기재한 서류
④ 경보의 발신 및 현장도착 일시와 조치의 결과

해설 경비대상시설의 명칭·소재지 및 경비계약기간은 「경비업법」 제9조 제2항의 규정에 의하여 기계경비업자가 출장소별로 갖추어 두어야 하는 서류에 기재해야 하는 사항에 해당한다(경비업법 시행령 제9조 제1항).
② 오경보의 발생원인과 송신기기의 유지·관리방법은 오경보방지를 위한 설명의무에 해당하는 사항이다.
③ 가입고객의 주민등록번호 등 개인정보를 기재한 서류에 대한 법적 규정은 없다.
④ 경보의 발신이 아니라 경보의 수신 및 현장도착 일시와 조치의 결과를 기재한 서류를 출장소별로 갖추어 두어야 하며, 이를 기재한 서류는 당해 경보를 수신한 날부터 1년간 보관하여야 한다.

> **영 제9조【기계경비업자의 관리 서류】** ① 기계경비업자는 법 제9조 제2항의 규정에 의하여 출장소별로 다음 각 호의 사항을 기재한 서류를 갖추어 두어야 한다.
> 1. 경비대상시설의 명칭·소재지 및 경비계약기간
> 2. 기계경비지도사의 명단·배치일자·배치장소와 출동차량의 대수
> 3. 경보의 수신 및 현장도착 일시와 조치의 결과
> 4. 오경보인 경우 오경보가 발생한 경비대상시설 및 그 오경보에 대한 조치의 결과
> ② 제1항 제3호 및 제4호의 규정에 의한 사항을 기재한 서류는 당해 경보를 수신한 날부터 1년간 이를 보관하여야 한다.

104 ④   105 ②   106 ①   **정답**

107 경비업법령상 기계경비업무에 관한 설명으로 옳은 것은?

① 기계경비업자는 대응조치 등 업무의 원활한 운영과 개선을 위하여 경비대상시설의 명칭·소재지 및 경비계약기간에 관한 서류를 주사무소에 비치하여야 한다.
② 기계경비업자는 경비계약을 체결하는 때 계약상대방에게 기기사용요령 및 기계경비운영체계 등에 관하여 서면 또는 구두로 설명하여야 한다.
③ 기계경비업자가 경보의 수신 및 현장도착 일시와 조치의 결과에 의한 사항을 기재한 서류는 당해 경보를 수신한 날부터 2년간 이를 보관하여야 한다.
④ 기계경비업자는 경비계약을 체결하는 때에는 오경보를 막기 위하여 각종 기기가 오작동되지 아니하도록 관리하여야 한다.

해설
① 기계경비업자는 대응조치 등 업무의 원활한 운영과 개선을 위하여 출장소별로 관련 서류를 작성·비치하여야 한다.
② 기계경비업자가 계약상대방에게 하여야 하는 설명은 일정한 사항을 기재한 서면 또는 전자문서(전자문서는 계약상대방이 원하는 경우에 한한다)를 교부하는 방법에 의한다.
③ 기계경비업자가 경보의 수신 및 현장도착 일시와 조치의 결과에 의한 사항을 기재한 서류는 당해 경보를 수신한 날부터 1년간 이를 보관하여야 한다.

> **법 제8조【대응체제】** 기계경비업무를 수행하는 경비업자(이하 "기계경비업자"라 한다)는 경비대상시설에 관한 경보를 수신한 때에는 신속하게 그 사실을 확인하는 등 필요한 대응조치를 취하여야 하며, 이를 위한 대응체제를 갖추어야 한다.
> **법 제9조【오경보의 방지 등】** ① 기계경비업자는 경비계약을 체결하는 때에는 오경보를 막기 위하여 계약상대방에게 기기사용요령 및 기계경비운영체계 등에 관하여 설명하여야 하며, 각종 기기가 오작동되지 아니하도록 관리하여야 한다.
> **영 제8조【오경보의 방지를 위한 설명 등】** ① 법 제9조 제1항의 규정에 의하여 기계경비업자가 계약상대방에게 하여야 하는 설명은 다음 각 호의 사항을 기재한 서면 또는 전자문서(이하 "서면 등"이라 하며, 이 조에서 전자문서는 계약상대방이 원하는 경우에 한한다)를 교부하는 방법에 의한다.
> **영 제9조【기계경비업자의 관리 서류】** ① 기계경비업자는 법 제9조 제2항의 규정에 의하여 출장소별로 다음 각 호의 사항을 기재한 서류를 갖추어 두어야 한다.
> 1. 경비대상시설의 명칭·소재지 및 경비계약기간
> 2. 기계경비지도사의 명단·배치일자·배치장소와 출동차량의 대수
> 3. 경보의 수신 및 현장도착 일시와 조치의 결과
> 4. 오경보인 경우 오경보가 발생한 경비대상시설 및 그 오경보에 대한 조치의 결과
> ② 제1항 제3호 및 제4호의 규정에 의한 사항을 기재한 서류는 당해 경보를 수신한 날부터 1년간 이를 보관하여야 한다.

108. 경비업법령상 기계경비업자는 출장소별로 다음 사항을 기재한 서류를 갖추어 두어야 한다. 이 중 당해 경보를 수신한 날부터 1년간 보관하여야 하는 것을 모두 고른 것은?

ㄱ. 경비대상시설의 명칭·소재지 및 경비계약기간
ㄴ. 기계경비지도사의 명단·배치일자·배치장소와 출동차량의 대수
ㄷ. 경보의 수신 및 현장도착 일시와 조치의 결과
ㄹ. 오경보인 경우 오경보가 발생한 경비대상시설 및 그 오경보에 대한 조치의 결과

① ㄱ, ㄴ ② ㄱ, ㄹ ③ ㄴ, ㄷ ④ ㄷ, ㄹ

해설 경보의 수신 및 현장도착 일시와 조치의 결과(ㄷ), 오경보인 경우 오경보가 발생한 경비대상시설 및 그 오경보에 대한 조치의 결과(ㄹ)를 기재한 서류는 당해 경보를 수신한 날부터 1년간 보관하여야 한다(경비업법 시행령 제9조 제2항).

> **영 제9조【기계경비업자의 관리 서류】** ① 기계경비업자는 법 제9조 제2항의 규정에 의하여 출장소별로 다음 각 호의 사항을 기재한 서류를 갖추어 두어야 한다.
> 1. 경비대상시설의 명칭·소재지 및 경비계약기간
> 2. 기계경비지도사의 명단·배치일자·배치장소와 출동차량의 대수
> 3. 경보의 수신 및 현장도착 일시와 조치의 결과
> 4. 오경보인 경우 오경보가 발생한 경비대상시설 및 그 오경보에 대한 조치의 결과
> ② 제1항 제3호 및 제4호의 규정에 의한 사항을 기재한 서류는 당해 경보를 수신한 날부터 1년간 이를 보관하여야 한다.

109. 경비업법령상 기계경비업자의 기계경비업무에 관한 설명으로 옳지 않은 것은?

• 제20회 기출

① 경비계약을 체결하는 때에는 오경보를 막기 위하여 계약상대방에게 기기사용요령 및 기계경비운영체계 등에 관하여 설명하여야 한다.
② 관제시설 등에서 경보를 수신한 때에는 경보를 수신한 때부터 늦어도 25분 이내에 도착시킬 수 있는 대응체제를 갖추어야 한다.
③ 기계경비업무의 수행을 위한 관제시설의 이전에 관해서는 시·도경찰청장의 허가를 받아야 한다.
④ 출장소별로 경보의 수신 및 현장도착 일시와 조치의 결과를 기재한 서류를 당해 경보를 수신한 날로부터 1년간 이를 보관하여야 한다.

해설 기계경비업무의 수행을 위한 관제시설의 이전에 관해서는 시·도경찰청장에게 신고를 하여야 한다.

107 ④ 108 ④ 109 ③ **정답**

110 경비업법령상 기계경비업무에 관한 설명으로 옳지 않은 것은? • 제17회 기출

① 기계경비업무를 수행하는 경비원은 일반경비원에 해당한다.
② 기계경비업자는 관제시설 등에서 경보를 수신한 때에는 경보를 수신한 때부터 늦어도 25분 이내에는 도착시킬 수 있는 대응체제를 갖추어야 한다.
③ 기계경비업자는 경보의 수신 및 현장도착 일시와 조치의 결과를 기재한 서류를 당해 경보를 수신한 날부터 최소 2년간 이를 보관하여야 한다.
④ 기계경비지도사의 직무에는 기계경비업무를 위한 기계장치의 운용·감독 및 오경보방지 등을 위한 기기관리의 감독이 포함된다.

해설 기계경비업자는 「경비업법 시행령」 제9조 제1항, 제2항에 근거하여 경보의 수신 및 현장도착 일시와 조치의 결과를 기재한 서류를 당해 경보를 수신한 날부터 1년간 이를 보관하여야 한다.

111 경비업법령상 기계경비업자의 직무에 해당하지 않는 것은? • 제19회 기출

① 경비대상시설에 관한 경보를 수신한 때에는 신속하게 그 사실을 확인하는 등 필요한 대응조치를 취하여야 한다.
② 경비업과 경비장비의 제조·설비·판매업 등 대통령령이 정하는 경비관련업 외의 영업을 하여서는 안 된다.
③ 기계경비업무를 위한 기계장치의 운용·감독을 하여야 한다.
④ 대응조치 등 업무의 원활한 운영과 개선을 위하여 대통령령이 정하는 바에 따라 관련 서류를 작성·비치하여야 한다.

해설 특수경비업자는 「경비업법」에 의한 경비업과 경비장비의 제조·설비·판매업, 네트워크를 활용한 정보산업, 시설물 유지관리업 및 경비원 교육업 등 대통령령이 정하는 경비관련업 외의 영업을 하여서는 아니 된다(경비업법 제7조 제9항).

112 경비업법령상 기계경비업무 등에 관한 설명으로 옳지 않은 것은? • 제18회 기출

① 경비업 허가를 받기 위한 기계경비업무의 자본금 보유 기준은 1억 원 이상이다.
② 경비업 허가를 받기 위한 기계경비업무의 경비인력기준은 전자·통신분야 기술자격증소지자 5명을 포함한 일반경비원 10명 이상과 경비지도사 1명 이상이다.
③ 기계경비업자는 관제시설 등에서 경보를 수신한 때에는 경보를 수신한 때부터 늦어도 25분 이내에는 도착시킬 수 있는 대응체제를 갖추어야 한다.
④ 오경보인 경우 오경보가 발생한 경비대상시설 및 오경보에 대한 조치 결과를 기재한 서류는 당해 경보를 수신한 날부터 6개월간 이를 보관하여야 한다.

해설 오경보인 경우 오경보가 발생한 경비대상시설 및 오경보에 대한 조치 결과를 기재한 서류는 당해 경보를 수신한 날부터 1년간 이를 보관하여야 한다(경비업법 시행령 제9조).

113 경비업법령상 경비업무 도급인 등의 의무에 관한 설명으로 옳지 않은 것은?

① 누구든지 허가를 받지 아니한 자에게 경비업무를 도급하여서는 아니 된다.
② 누구든지 집단민원현장에 경비인력을 20명 이상 배치하려고 할 때에는 원칙적으로 그 경비인력을 직접 고용하여서는 아니 되고, 경비업자에게 경비업무를 도급하여야 한다.
③ 무자격자 및 부적격자의 구체적인 범위 등은 행정안전부령으로 정한다.
④ 경비업자의 경비원 채용 시 무자격자나 부적격자 등을 채용하도록 관여하거나 영향력을 행사한 도급인에게는 3년 이하의 징역 또는 3천만 원 이하의 벌금에 처한다.

해설 무자격자 및 부적격자의 구체적인 범위 등은 대통령령으로 정한다.

> 법 제7조의2【경비업무 도급인 등의 의무】① 누구든지 제4조 제1항에 따른 허가를 받지 아니한 자에게 경비업무를 도급하여서는 아니 된다.
> ② 누구든지 집단민원현장에 경비인력을 20명 이상 배치하려고 할 때에는 그 경비인력을 직접 고용하여서는 아니 되고, 경비업자에게 경비업무를 도급하여야 한다. 다만, 시설주 등이 집단민원현장 발생 3개월 전까지 직접 고용하여 경비업무를 수행하는 피고용인의 경우에는 그러하지 아니하다.
> ③ 제1항 및 제2항에 따라 경비업무를 도급하는 자는 그 경비업무를 수급한 경비업자의 경비원 채용 시 무자격자나 부적격자 등을 채용하도록 관여하거나 영향력을 행사해서는 아니 된다.
> ④ 제3항에 따른 무자격자 및 부적격자의 구체적인 범위 등은 대통령령으로 정한다.
> 법 제28조【벌칙】② 다음 각 호의 어느 하나에 해당하는 자는 3년 이하의 징역 또는 3천만 원 이하의 벌금에 처한다.
> 5. 제7조의2 제2항을 위반하여 집단민원현장에 20명 이상의 경비인력을 배치하면서 그 경비인력을 직접 고용한 자
> 6. 제7조의2 제3항을 위반하여 경비업자의 경비원 채용 시 무자격자나 부적격자 등을 채용하도록 관여하거나 영향력을 행사한 도급인

110 ③   111 ②   112 ④   113 ③   정답

114
경비업법령상 집단민원현장의 시설경비업무, 신변보호업무 또는 혼잡·교통유도경비업무를 수급한 경비업자에게 경비원을 채용하도록 관여하거나 영향력을 행사해서는 아니 된다는 무자격자 및 부적격자 등의 범위에 대한 설명 중 옳지 <u>않은</u> 것은?

① 금고 이상의 형의 선고유예를 받고 그 유예기간 중에 있는 자
② 사람의 신체를 상해하여 생명에 대한 위험을 발생하게 하여 5년의 징역에 처한 자
③ 단체 또는 다중의 위력을 보이거나 위험한 물건을 휴대하고 주거를 침입하여 5년의 징역에 처한 자
④ 금고 이상의 형의 집행유예선고를 받고 그 유예기간 중에 있는 자

해설 금고 이상의 형의 선고유예를 받고 그 유예기간 중에 있는 자는 특수경비원의 결격사유에 해당한다. 따라서 집단민원현장의 시설경비업무, 신변보호업무 또는 혼잡·교통유도경비업무를 수급한 경비업자에게 경비원을 채용하도록 관여하거나 영향력을 행사해서는 아니 된다는 무자격자 및 부적격자 등의 범위에 해당하지 아니한다.

> **영 제7조의3【무자격자 및 부적격자 등의 범위】** 다음 각 호의 경비업무를 도급하려는 자는 법 제7조의2 제3항에 따라 다음 각 호의 구분에 해당하는 사람을 그 경비업무를 수급한 경비업자의 경비원으로 채용하도록 관여하거나 영향력을 행사해서는 아니 된다.
> 1. 시설경비업무, 호송경비업무, 신변보호업무, 기계경비업무 또는 혼잡·교통유도경비업무. 다만, 제3호의 경비업무는 제외한다.
>   가. 법 제10조 제1항에 따라 경비지도사 또는 일반경비원이 될 수 없는 사람
>   나. 「아동·청소년의 성보호에 관한 법률」 제56조 제1항 제14호에 따라 경비업무에 종사할 수 없는 사람
> 2. 특수경비업무
>   가. 법 제10조 제2항에 따라 특수경비원이 될 수 없는 사람
>   나. 「아동·청소년의 성보호에 관한 법률」 제56조 제1항 제14호에 따라 경비업무에 종사할 수 없는 사람
> 3. 집단민원현장의 시설경비업무, 신변보호업무 또는 혼잡·교통유도경비업무
>   가. 법 제10조 제1항에 따라 경비지도사 또는 일반경비원이 될 수 없는 사람
>   나. 법 제18조 제6항에 따라 집단민원현장에 일반경비원으로 배치할 수 없는 사람
>   다. 「아동·청소년의 성보호에 관한 법률」 제56조 제1항 제14호에 따라 경비업무에 종사할 수 없는 사람

115 경비업법령상 경비업무 도급인 등이 집단민원현장의 시설경비업무, 신변보호업무 또는 혼잡·교통유도경비업무에 경비원으로 채용하도록 관여하거나 영향력을 행사할 수 없는 무자격자 및 부적격자 등의 범위에 규정된 사람으로 옳지 <u>않은</u> 것은?

① 법 제10조 제1항에 따라 경비지도사 또는 일반경비원이 될 수 없는 사람
② 법 제10조 제2항에 따라 특수경비원이 될 수 없는 사람
③ 법 제18조 제6항에 따라 집단민원현장에 일반경비원으로 배치할 수 없는 사람
④ 아동·청소년의 성보호에 관한 법률 제56조 제1항 제14호에 따라 경비업무에 종사할 수 없는 사람

해설 「경비업법」 제10조 제2항에 따라 특수경비원이 될 수 없는 사람은 특수경비업무에 있어 무자격자 및 부적격자 등의 범위에 해당한다. 집단민원현장은 일반경비원이지 특수경비원은 될 수 없다. 즉, 특수경비업무를 도급하려는 자는 ②의 사람을 경비업무를 수급한 경비업자의 경비원으로 채용하도록 관여하거나 영향력을 행사해서는 아니 된다.
①③④ 집단민원현장의 시설경비업무, 신변보호업무 또는 혼잡·교통유도경비업무에 있어 무자격자 및 부적격자 등의 범위에 해당한다.

> 영 제7조의3 【무자격자 및 부적격자 등의 범위】 다음 각 호의 경비업무를 도급하려는 자는 법 제7조의2 제3항에 따라 다음 각 호의 구분에 해당하는 사람을 그 경비업무를 수급한 경비업자의 경비원으로 채용하도록 관여하거나 영향력을 행사해서는 아니 된다.
> 1. 시설경비업무, 호송경비업무, 신변보호업무, 기계경비업무 또는 혼잡·교통유도경비업무. 다만, 제3호의 경비업무는 제외한다.
>   가. 법 제10조 제1항에 따라 경비지도사 또는 일반경비원이 될 수 없는 사람
>   나. 「아동·청소년의 성보호에 관한 법률」 제56조 제1항 제14호에 따라 경비업무에 종사할 수 없는 사람
> 2. 특수경비업무
>   가. 법 제10조 제2항에 따라 특수경비원이 될 수 없는 사람
>   나. 「아동·청소년의 성보호에 관한 법률」 제56조 제1항 제14호에 따라 경비업무에 종사할 수 없는 사람
> 3. 집단민원현장의 시설경비업무, 신변보호업무 또는 혼잡·교통유도경비업무
>   가. 법 제10조 제1항에 따라 경비지도사 또는 일반경비원이 될 수 없는 사람
>   나. 법 제18조 제6항에 따라 집단민원현장에 일반경비원으로 배치할 수 없는 사람
>   다. 「아동·청소년의 성보호에 관한 법률」 제56조 제1항 제14호에 따라 경비업무에 종사할 수 없는 사람

114 ① 115 ②

116 다음 중 경비업법령상 무자격자 및 부적격자의 범위에 관한 설명으로 옳지 않은 것은?

> 영 제7조의3 【무자격자 및 부적격자 등의 범위】 다음 각 호의 경비업무를 도급하려는 자는 법 제7조의2 제3항에 따라 다음 각 호의 구분에 해당하는 사람을 그 경비업무를 수급한 경비업자의 경비원으로 채용하도록 관여하거나 영향력을 행사해서는 아니 된다.

① 기계경비업무를 도급하려는 자는 18세 미만인 자를 그 경비업무를 수급한 경비업자의 경비원으로 채용하도록 관여하여서는 아니 된다.
② 호송경비업무를 도급하려는 자는 형법상 강간죄를 범하여 벌금형을 선고받고 10년이 지나지 아니한 자를 그 경비업무를 수급한 경비업자의 경비원으로 채용하도록 관여하여서는 아니 된다.
③ 특수경비업무를 도급하려는 자는 60세 이상인 자를 그 경비업무를 수급한 경비업자의 경비원으로 채용하도록 관여하여서는 아니 된다.
④ 집단민원현장의 시설경비업무를 도급하려는 자는 형법상 폭행·상해·체포·감금죄를 범하여 벌금형을 선고받고 10년이 지나지 아니한 자를 그 경비업무를 수급한 경비업자의 경비원으로 채용하도록 관여하여서는 아니 된다.

해설 집단민원현장의 시설경비업무를 도급하려는 자는 「형법」상 폭행·상해·체포·감금죄를 범하여 벌금형을 선고받고 5년이 지나지 아니한 자를 그 경비업무를 수급한 경비업자의 경비원으로 채용하도록 관여하여서는 아니 된다(경비업법 시행령 제7조의3 제3호 나목).

117 경비업법령상 규정된 법정 보관기간이 같은 것을 모두 고른 것은?

> ㄱ. 경비원의 근무상황기록부
> ㄴ. 경비원 직무교육 실시대장
> ㄷ. 경보의 수신 및 현장도착 일시와 조치의 결과
> ㄹ. 오경보인 경우 오경보가 발생한 경비대상시설 및 그 오경보에 대한 조치의 결과

① ㄱ, ㄴ   ② ㄱ, ㄹ   ③ ㄱ, ㄷ, ㄹ   ④ ㄱ, ㄴ, ㄷ, ㄹ

해설
ㄱ. 경비업자는 경비원의 근무상황기록부를 1년 동안 보관하여야 한다.
ㄴ. 경비지도사는 경비원에 대한 교육을 실시하고 경비원 직무교육 실시대장에 그 내용을 기록하여 2년간 보존하여야 한다.
ㄷ. 기계경비업자는 경보의 수신 및 현장도착 일시와 조치의 결과에 의한 사항을 기재한 서류를 당해 경보를 수신한 날부터 1년간 이를 보관하여야 한다.
ㄹ. 기계경비업자는 오경보인 경우 오경보가 발생한 경비대상시설 및 그 오경보에 대한 조치의 결과를 기재한 서류를 당해 경보를 수신한 날부터 1년간 이를 보관하여야 한다.

영 제9조【기계경비업자의 관리 서류】① 기계경비업자는 법 제9조 제2항의 규정에 의하여 출장소별로 다음 각 호의 사항을 기재한 서류를 갖추어 두어야 한다.
1. 경비대상시설의 명칭·소재지 및 경비계약기간
2. 기계경비지도사의 명단·배치일자·배치장소와 출동차량의 대수
3. 경보의 수신 및 현장도착 일시와 조치의 결과
4. 오경보인 경우 오경보가 발생한 경비대상시설 및 그 오경보에 대한 조치의 결과
② 제1항 제3호 및 제4호의 규정에 의한 사항을 기재한 서류는 당해 경보를 수신한 날부터 1년간 이를 보관하여야 한다.

영 제17조【경비지도사의 직무 및 준수사항】③ 경비지도사는 법 제12조 제2항 제1호에 따라 경비원에 대한 교육을 실시하고, 행정안전부령으로 정하는 경비원 직무교육 실시대장에 그 내용을 기록하여 2년간 보존하여야 한다.

규칙 제24조의3【경비원 근무상황기록부】① 경비업자는 법 제18조 제5항에 따라 경비업무를 수행하는 경비원의 인적사항, 배치일시, 배치장소, 배치폐지일시 및 근무 여부 등 근무상황을 기록한 근무상황기록부(전자문서로 된 근무상황기록부를 포함한다. 이하 같다)를 작성하여 주된 사무소 및 출장소에 갖추어 두어야 한다.
② 경비업자는 제1항에 따른 근무상황기록부를 1년 동안 보관하여야 한다.

118 경비업법상 허가와 관련된 내용이다. (   ) 안에 들어갈 숫자의 합은? • 제19회 기출변형

- 시설경비업무의 경비업을 영위하기 위해서는 일반경비원 (ㄱ)명 이상 및 경비지도사 (ㄴ)명 이상을 두어야 한다.
- 경비업 허가의 유효기간은 허가받은 날부터 (ㄷ)년으로 한다.
- 집단민원현장에 경비인력을 (ㄹ)명 이상 배치하려고 할 때에는 그 경비인력을 직접 고용하여서는 아니 되고, 경비업자에게 경비업무를 도급하여야 한다. 다만, 시설주 등이 집단민원현장 발생 (ㅁ)개월 전까지 직접 고용하여 경비업무를 수행하는 피고용인의 경우에는 그러하지 아니하다.

① 38   ② 39   ③ 45   ④ 49

해설 일반경비원 10명 이상＋경비지도사 1명 이상＋유효기간 5년＋경비인력 20명 이상＋집단민원현장 발생 3개월 전까지이므로 10＋1＋5＋20＋3＝39명이다.

법 제6조【허가의 유효기간 등】① 제4조 제1항의 규정에 의한 경비업 허가의 유효기간은 허가받은 날부터 5년으로 한다.
법 제7조의2【경비업무 도급인 등의 의무】① 누구든지 제4조 제1항에 따른 허가를 받지 아니한 자에게 경비업무를 도급하여서는 아니 된다.
② 누구든지 집단민원현장에 경비인력을 20명 이상 배치하려고 할 때에는 그 경비인력을 직접 고용하여서는 아니 되고, 경비업자에게 경비업무를 도급하여야 한다. 다만, 시설주 등이 집단민원현장 발생 3개월 전까지 직접 고용하여 경비업무를 수행하는 피고용인의 경우에는 그러하지 아니하다.

116 ④   117 ③   118 ②   **정답**

PART 1 경비업법

CHAPTER 03 경비지도사와 경비원

제1절 경비지도사

제2절 경비원

최근 13개년 출제비중

25.0%

학습 TIP

- ☑ 출제빈도가 가장 높은 챕터이다. 경비원 및 경비지도사의 결격사유는 반드시 출제되는 문제이며, 일반경비원과 특수경비원의 결격사유 차이점 및 신설된 특수경비원의 당연퇴직사유를 파악해야 한다.
- ☑ 경비지도사의 제1차 시험 면제대상을 꼼꼼히 체크해야 하며, 경비지도사의 선임규정, 경비지도사 선임·해임, 교육기관의 지정 및 취소사유, 특수경비원의 의무와 무기 관련 내용, 경비원의 명부, 경비원의 배치에 관한 사항 등은 기출문제와 연계하여 숙지해두어야 한다.

POINT CHAPTER 내 절별 출제비중

- 01 경비지도사 — 32%
- 02 경비원 — 68%

CHAPTER 03 경비지도사와 경비원

최신 개정 법령 확인

제1절 경비지도사

1. 경비지도사의 의의

(1) 개념

경비지도사라 함은 경비원을 지도·감독 및 교육하는 자를 말하며, 일반경비지도사와 기계경비지도사로 구분한다(경비업법 제2조 제2호). 경비지도사는 경비원의 자질향상을 도모하기 위하여 (구)「용역경비업법」(시행 1977.4.1.)(법률 제2946호, 1976.12.31., 제정)을 제정한 뒤 1995년 12월 30일 법 개정(시행 1996.7.1.)(법률 제5124호, 1995.12.30., 일부개정)을 통해 경비원의 지도·감독 및 교육을 전담하기 위하여 신설되었다.

(2) 종류(경비업법 시행령 제10조)

일반경비지도사	시설경비업무, 호송경비업무, 신변보호업무, 특수경비업무, 혼잡·교통유도경비업무에 한하여 지도·감독 및 교육하는 경비지도사를 말한다.
기계경비지도사	기계경비업무에 종사하는 경비원을 지도·감독 및 교육하는 경비지도사를 말한다.

2. 결격사유 ★★★

경비업자는 결격사유에 해당하는 자를 경비지도사 또는 경비원으로 채용 또는 근무하게 하여서는 아니 된다(경비업법 제10조 제3항).

(1) 경비지도사 또는 일반경비원의 결격사유

다음의 어느 하나에 해당하는 자는 경비지도사 또는 일반경비원이 될 수 없다(경비업법 제10조 제1항).
① 18세 미만인 사람 또는 피성년후견인
② 파산선고를 받고 복권되지 아니한 자

심화학습

경비지도사 결격사유 심사일
경비지도사의 결격사유 심사 기준일을 변경 응시자의 권리보호를 위하여 강화하였다.
응시원서 접수 마감일(기존) ⇨ 시험시행일(개선)이다.

행정처분기준
「경비업법」 제10조 제3항의 결격사유자를 배치하거나 선임·배치한 때에는 행정처분(1차 영업정지 1개월, 2차 영업정지 3개월, 3차 이상 허가취소) 및 행정질서벌의 과태료(1회 100만 원, 2회 200만 원, 3회 이상 400만 원)가 부과된다.

③ 금고 이상의 실형의 선고를 받고 그 집행이 종료(집행이 종료된 것으로 보는 경우를 포함한다)되거나 집행이 면제된 날부터 5년이 지나지 아니한 자
④ 금고 이상의 형의 집행유예선고를 받고 그 유예기간 중에 있는 자
⑤ 다음의 어느 하나에 해당하는 죄를 범하여 벌금형을 선고받은 날부터 10년이 지나지 아니하거나 금고 이상의 형을 선고받고 그 집행이 종료된(종료된 것으로 보는 경우를 포함한다) 날 또는 집행이 유예·면제된 날부터 10년이 지나지 아니한 자
  ㉠ 「형법」 제114조(범죄단체 등의 조직)의 죄
  ㉡ 「폭력행위 등 처벌에 관한 법률」 제4조(단체 등의 구성·활동)의 죄
  ㉢ 「형법」 제297조(강간), 제297조의2(유사강간), 제298조(강제추행)부터[제299조(준강간, 준강제추행), 제300조(미수범)] 제301조(강간 등 상해·치상)까지, 제301조의2(강간 등 살인·치사), 제302조(미성년자 등에 대한 간음), 제303조(업무상 위력 등에 의한 간음), 제305조(미성년자에 대한 간음, 추행), 제305조의2(상습범)의 죄
  ㉣ 「성폭력범죄의 처벌 등에 관한 특례법」 제3조(특수강도강간 등)부터[제4조(특수강간 등), 제5조(친족관계에 의한 강간 등), 제6조(장애인에 대한 강간·강제추행 등), 제7조(13세 미만의 미성년자에 대한 강간, 강제추행 등), 제8조(강간 등 상해·치상), 제9조(강간 등 살인·치사), 제10조(업무상 위력 등에 의한 추행)] 제11조(공중 밀집 장소에서의 추행)까지 및 제15조(제3조부터 제9조까지의 미수범만 해당한다)의 죄
  ㉤ 「아동·청소년의 성보호에 관한 법률」 제7조(아동·청소년에 대한 강간·강제추행 등) 및 제8조(장애인인 아동·청소년에 대한 간음 등)의 죄
  ㉥ 위 ㉢부터 ㉤까지의 죄로서 다른 법률에 따라 가중처벌되는 죄
⑥ 다음의 어느 하나에 해당하는 죄를 범하여 벌금형을 선고받은 날부터 5년이 지나지 아니하거나 금고 이상의 형을 선고받고 그 집행이 유예된 날부터 5년이 지나지 아니한 자
  ㉠ 「형법」 제329조(절도)부터[제330조(야간주거침입절도)] 제331조(특수절도)까지, 제331조의2(자동차 등 불법사용), 제332조(상습범)부터[제333조(강도), 제334조(특수강도), 제335조(준강도), 제336조

심화학습
형벌의 종류
- 「형법」상 형벌의 종류: 사형, 징역, 금고, 자격상실, 자격정지, 벌금, 구류, 과료, 몰수(9가지)
- 형벌의 경중: 사형 > 징역 > 금고 > 자격상실 > 자격정지 > 벌금 > 구류 > 과료 > 몰수

집행유예(執行猶豫)
형의 선고를 할 경우에 정상을 참작하여 일정한 기간(1년 이상 5년 이하의 범위 내에서 법원이 정하는 기간) 그 집행을 유예하여, 유예가 취소됨이 없이 무사히 그 기간을 경과한 때에는 형의 선고는 그 효력을 잃은 것으로 보는 제도이다.

심화학습
성범죄 전력에 따른 취업제한 규정
「아동·청소년의 성보호에 관한 법률」의 취업제한 규정에 따라 성범죄 전력이 있는 경우 10년간 경비업 법인에서 경비업무에 종사할 수 없도록 규정하고 있어, 이를 반영하여 성범죄 결격자 배제기간을 5년에서 10년으로 상향 조정하였다.

(인질강도), 제337조(강도상해, 치상), 제338조(강도살인·치사), 제339조(강도강간), 제340조(해상강도), 제341조(상습범), 제342조(미수범)] 제343조(예비, 음모)까지의 죄

ⓒ 위 ㉠의 죄로서 다른 법률에 따라 가중처벌되는 죄

⑦ 위 ⑤의 ㉢부터 ㉥까지의 어느 하나에 해당하는 죄를 범하여 치료감호를 선고받고 그 집행이 종료된 날 또는 집행이 면제된 날부터 10년이 지나지 아니한 자 또는 ⑥의 어느 하나에 해당하는 죄를 범하여 치료감호를 선고받고 그 집행이 면제된 날부터 5년이 지나지 아니한 자

⑧ 「경비업법」이나 「경비업법」에 따른 명령을 위반하여 벌금형을 선고받은 날부터 5년이 지나지 아니하거나 금고 이상의 형을 선고받고 그 집행이 유예된 날부터 5년이 지나지 아니한 자

> **치료감호(治療監護)**
> 심신장애와 중독자를 재범의 위험성이 있다고 인정할 경우 치료감호시설에 수용하여 치료를 위한 조치를 행하는 보안처분이다. 주의할 것은 「형법」 제114조(범죄단체 등의 조직)의 죄와 「폭력행위 등 처벌에 관한 법률」 제4조(단체 등의 구성·활동)의 죄는 적용이 없다.

핵심 기출문제

01 경비업법령상 경비지도사 및 경비원의 결격사유로 옳지 않은 것은?

• 제24회 기출

① 형법 제114조(범죄단체 등의 조직)의 죄를 범하여 벌금형을 선고받은 날부터 10년이 지나지 아니하거나 금고 이상의 형을 선고받고 그 집행이 종료된(종료된 것으로 보는 경우를 포함한다) 날 또는 집행이 유예·면제된 날부터 10년이 지나지 아니한 자

② 형법 제330조(야간주거침입절도)의 죄를 범하여 벌금형을 선고받은 날부터 5년이 지나지 아니하거나 금고 이상의 형을 선고받고 그 집행이 유예된 날부터 5년이 지나지 아니한 자

③ 아동·청소년의 성보호에 관한 법률 제7조(아동·청소년에 대한 강간·강제추행 등)의 죄를 범하여 치료감호를 선고받고 그 집행이 종료된 날 또는 집행이 면제된 날부터 10년이 지나지 아니한 자

④ 성폭력범죄의 처벌 등에 관한 특례법 제3조(특수강도강간 등)의 죄를 범하여 벌금형을 선고받은 날부터 5년이 지나지 아니하거나 금고 이상의 형을 선고받고 그 집행이 유예된 날부터 5년이 지나지 아니한 자

해설 「성폭력범죄의 처벌 등에 관한 특례법」 제3조(특수강도강간 등)의 죄를 범하여 벌금형을 선고받은 날부터 10년이 지나지 아니하거나 금고 이상의 형을 선고받고 그 집행이 종료된(종료된 것으로 보는 경우를 포함한다) 날 또는 집행이 유예·면제된 날부터 10년이 지나지 아니한 자는 결격사유에 해당한다.

정답 ④

「형법」 제114조 【범죄단체 등의 조직】 사형, 무기 또는 장기 4년 이상의 징역에 해당하는 범죄를 목적으로 하는 단체 또는 집단을 조직하거나 이에 가입 또는 그 구성원으로 활동한 사람은 그 목적한 죄에 정한 형으로 처벌한다. 다만, 형을 감경할 수 있다.

「폭력행위 등 처벌에 관한 법률」 제4조 【단체 등의 구성·활동】 ① 이 법에 규정된 범죄를 목적으로 하는 단체 또는 집단을 구성하거나 그러한 단체 또는 집단에 가입하거나 그 구성원으로 활동한 사람은 다음 각 호의 구분에 따라 처벌한다.
1. 수괴: 사형, 무기 또는 10년 이상의 징역
2. 간부: 무기 또는 7년 이상의 징역
3. 수괴·간부 외의 사람: 2년 이상의 유기징역
② 제1항의 단체 또는 집단을 구성하거나 그러한 단체 또는 집단에 가입한 사람이 단체 또는 집단의 위력을 과시하거나 단체 또는 집단의 존속·유지를 위하여 다음 각 호의 어느 하나에 해당하는 죄를 범하였을 때에는 그 죄에 대한 형의 장기 및 단기의 2분의 1까지 가중한다.
1. 「형법」에 따른 죄 중 다음 각 목의 죄
   가. 「형법」 제8장 공무방해에 관한 죄 중 제136조(공무집행방해), 제141조(공용서류 등의 무효, 공용물의 파괴)의 죄
   나. 「형법」 제24장 살인의 죄 중 제250조 제1항(살인), 제252조(촉탁, 승낙에 의한 살인 등), 제253조(위계 등에 의한 촉탁살인 등), 제255조(예비, 음모)의 죄
   다. 「형법」 제34장 신용, 업무와 경매에 관한 죄 중 제314조(업무방해), 제315조(경매, 입찰의 방해)의 죄
   라. 「형법」 제38장 절도와 강도의 죄 중 제333조(강도), 제334조(특수강도), 제335조(준강도), 제336조(인질강도), 제337조(강도상해, 치상), 제339조(강도강간), 제340조 제1항(해상강도) 및 제2항(해상강도상해 또는 치상), 제341조(상습범), 제343조(예비, 음모)의 죄
2. 제2조 또는 제3조의 죄(「형법」 각 해당 조항의 상습범, 특수범, 상습특수범을 포함한다)
③ 타인에게 제1항의 단체 또는 집단에 가입할 것을 강요하거나 권유한 사람은 2년 이상의 유기징역에 처한다.
④ 제1항의 단체 또는 집단을 구성하거나 그러한 단체 또는 집단에 가입하여 단체 또는 집단의 존속·유지를 위하여 금품을 모집한 사람은 3년 이상의 유기징역에 처한다.

「형법」

제297조【강간】폭행 또는 협박으로 사람을 강간한 자는 3년 이상의 유기징역에 처한다.

제297조의2【유사강간】폭행 또는 협박으로 사람에 대하여 구강, 항문 등 신체(성기는 제외한다)의 내부에 성기를 넣거나 성기, 항문에 손가락 등 신체(성기는 제외한다)의 일부 또는 도구를 넣는 행위를 한 사람은 2년 이상의 유기징역에 처한다.

제298조【강제추행】폭행 또는 협박으로 사람에 대하여 추행을 한 자는 10년 이하의 징역 또는 1천 500만 원 이하의 벌금에 처한다.

제299조【준강간, 준강제추행】사람의 심신상실 또는 항거불능의 상태를 이용하여 간음 또는 추행을 한 자는 제297조(강간), 제297조의2(유사강간) 및 제298조(강제추행)의 예에 의한다.

제300조【미수범】제297조(강간), 제297조의2(유사강간), 제298조(강제추행) 및 제299조(준강간, 준강제추행)의 미수범은 처벌한다.

제301조【강간 등 상해·치상】제297조(강간), 제297조의2(유사강간) 및 제298조(강제추행)부터 제300조(미수범)까지의 죄를 범한 자가 사람을 상해하거나 상해에 이르게 한 때에는 무기 또는 5년 이상의 징역에 처한다.

제301조의2【강간 등 살인·치사】제297조(강간), 제297조의2(유사강간) 및 제298조(강제추행)부터 제300조(미수범)까지의 죄를 범한 자가 사람을 살해한 때에는 사형 또는 무기징역에 처한다. 사망에 이르게 한 때에는 무기 또는 10년 이상의 징역에 처한다.

제302조【미성년자 등에 대한 간음】미성년자 또는 심신미약자에 대하여 위계 또는 위력으로써 간음 또는 추행을 한 자는 5년 이하의 징역에 처한다.

제303조【업무상 위력 등에 의한 간음】① 업무, 고용 기타 관계로 인하여 자기의 보호 또는 감독을 받는 사람에 대하여 위계 또는 위력으로써 간음한 자는 7년 이하의 징역 또는 3천만 원 이하의 벌금에 처한다.
② 법률에 의하여 구금된 사람을 감호하는 자가 그 사람을 간음한 때에는 10년 이하의 징역에 처한다.

제305조【미성년자에 대한 간음, 추행】① 13세 미만의 사람에 대하여 간음 또는 추행을 한 자는 제297조(강간), 제297조의2(유사강간), 제298조(강제추행), 제301조(강간 등 상해·치상) 또는 제301조의2(강간 등 살인·치사)의 예에 의한다.
② 13세 이상 16세 미만의 사람에 대하여 간음 또는 추행을 한 19세 이상의 자는 제297조(강간), 제297조의2(유사강간), 제298조(강제추행), 제301조(강간 등 상해·치상) 또는 제301조의2(강간 등 살인·치사)의 예에 의한다.

제305조의2【상습범】상습으로 제297조(강간), 제297조의2(유사강간) 및 제298조(강제추행)부터 제300조(미수범)까지, 제302조(미성년자 등에 대한 간음), 제303조(업무상 위력 등에 의한 간음) 또는 제305조(미성년자에 대한 간음, 추행)의 죄를 범한 자는 그 죄에 정한 형의 2분의 1까지 가중한다.

제329조【절도】타인의 재물을 절취한 자는 6년 이하의 징역 또는 1천만 원 이하의 벌금에 처한다.

제330조【야간주거침입절도】야간에 사람의 주거, 관리하는 건조물, 선박, 항공기 또는 점유하는 방실(房室)에 침입하여 타인의 재물을 절취(竊取)한 자는 10년 이하의 징역에 처한다.

제331조【특수절도】① 야간에 문이나 담 그 밖의 건조물의 일부를 손괴하고 제330조(야간주거침입절도)의 장소에 침입하여 타인의 재물을 절취한 자는 1년 이상 10년 이하의 징역에 처한다.
② 흉기를 휴대하거나 2명 이상이 합동하여 타인의 재물을 절취한 자도 제1항의 형에 처한다.

제331조의2【자동차 등 불법사용】권리자의 동의없이 타인의 자동차, 선박, 항공기 또는 원동기장치자전거를 일시 사용한 자는 3년 이하의 징역, 500만 원 이하의 벌금, 구류 또는 과료에 처한다.

제332조【상습범】상습으로 제329조(절도) 내지 제331조의2(자동차 등 불법사용)의 죄를 범한 자는 그 죄에 정한 형의 2분의 1까지 가중한다.

제333조【강도】폭행 또는 협박으로 타인의 재물을 강취하거나 기타 재산상의 이익을 취득하거나 제삼자로 하여금 이를 취득하게 한 자는 3년 이상의 유기징역에 처한다.

제334조【특수강도】① 야간에 사람의 주거, 관리하는 건조물, 선박이나 항공기 또는 점유하는 방실에 침입하여 제333조(강도)의 죄를 범한 자는 무기 또는 5년 이상의 징역에 처한다.
② 흉기를 휴대하거나 2인 이상이 합동하여 전조의 죄를 범한 자도 전항의 형과 같다.

제335조【준강도】절도가 재물의 탈환에 항거하거나 체포를 면탈하거나 범죄의 흔적을 인멸할 목적으로 폭행 또는 협박한 때에는 제333조(강도) 및 제334조(특수강도)의 예에 의한다.

제336조【인질강도】사람을 체포·감금·약취 또는 유인하여 이를 인질로 삼아 재물 또는 재산상의 이익을 취득하거나 제3자로 하여금 이를 취득하게 한 자는 3년 이상의 유기징역에 처한다.

제337조【강도상해, 치상】강도가 사람을 상해하거나 상해에 이르게 한 때에는 무기 또는 7년 이상의 징역에 처한다.

제338조【강도살인·치사】강도가 사람을 살해한 때에는 사형 또는 무기징역에 처한다. 사망에 이르게 한 때에는 무기 또는 10년 이상의 징역에 처한다.

제339조【강도강간】강도가 사람을 강간한 때에는 무기 또는 10년 이상의 징역에 처한다.

제340조【해상강도】① 다중의 위력으로 해상에서 선박을 강취하거나 선박 내에 침입하여 타인의 재물을 강취한 자는 무기 또는 7년 이상의 징역에 처한다.
② 제1항의 죄를 범한 자가 사람을 상해하거나 상해에 이르게 한 때에는 무기 또는 10년 이상의 징역에 처한다.
③ 제1항의 죄를 범한 자가 사람을 살해 또는 사망에 이르게 하거나 강간한 때에는 사형 또는 무기징역에 처한다.

제341조【상습범】상습으로 제333조(강도), 제334조(특수강도), 제336조(인질강도) 또는 전조 제1항의 죄를 범한 자는 무기 또는 10년 이상의 징역에 처한다.

제342조【미수범】제329조(절도) 내지 제341조(상습범)의 미수범은 처벌한다.

제343조【예비, 음모】강도할 목적으로 예비 또는 음모한 자는 7년 이하의 징역에 처한다.

「성폭력범죄의 처벌 등에 관한 특례법」

제3조【특수강도강간 등】①「형법」제319조 제1항(주거침입), 제330조(야간주거침입절도), 제331조(특수절도) 또는 제342조(미수범. 다만, 제330조 및 제331조의 미수범으로 한정한다)의 죄를 범한 사람이 같은 법 제297조(강간), 제

297조의2(유사강간), 제298조(강제추행) 및 제299조(준강간, 준강제추행)의 죄를 범한 경우에는 무기징역 또는 7년 이상의 징역에 처한다.
② 「형법」 제334조(특수강도) 또는 제342조(미수범. 다만, 제334조의 미수범으로 한정한다)의 죄를 범한 사람이 같은 법 제297조(강간), 제297조의2(유사강간), 제298조(강제추행) 및 제299조(준강간, 준강제추행)의 죄를 범한 경우에는 사형, 무기징역 또는 10년 이상의 징역에 처한다.

제4조 【특수강간 등】 ① 흉기나 그 밖의 위험한 물건을 지닌 채 또는 2명 이상이 합동하여 「형법」 제297조(강간)의 죄를 범한 사람은 무기징역 또는 7년 이상의 징역에 처한다.
② 제1항의 방법으로 「형법」 제298조(강제추행)의 죄를 범한 사람은 5년 이상의 유기징역에 처한다.
③ 제1항의 방법으로 「형법」 제299조(준강간, 준강제추행)의 죄를 범한 사람은 제1항 또는 제2항의 예에 따라 처벌한다.

제5조 【친족관계에 의한 강간 등】 ① 친족관계인 사람이 폭행 또는 협박으로 사람을 강간한 경우에는 7년 이상의 유기징역에 처한다.
② 친족관계인 사람이 폭행 또는 협박으로 사람을 강제추행한 경우에는 5년 이상의 유기징역에 처한다.
③ 친족관계인 사람이 사람에 대하여 「형법」 제299조(준강간, 준강제추행)의 죄를 범한 경우에는 제1항 또는 제2항의 예에 따라 처벌한다.
④ 제1항부터 제3항까지의 친족의 범위는 4촌 이내의 혈족·인척과 동거하는 친족으로 한다.
⑤ 제1항부터 제3항까지의 친족은 사실상의 관계에 의한 친족을 포함한다.

제6조 【장애인에 대한 강간·강제추행 등】 ① 신체적인 또는 정신적인 장애가 있는 사람에 대하여 「형법」 제297조(강간)의 죄를 범한 사람은 무기징역 또는 7년 이상의 징역에 처한다.
② 신체적인 또는 정신적인 장애가 있는 사람에 대하여 폭행이나 협박으로 다음 각 호의 어느 하나에 해당하는 행위를 한 사람은 5년 이상의 유기징역에 처한다.
1. 구강·항문 등 신체(성기는 제외한다)의 내부에 성기를 넣는 행위
2. 성기·항문에 손가락 등 신체(성기는 제외한다)의 일부나 도구를 넣는 행위
③ 신체적인 또는 정신적인 장애가 있는 사람에 대하여 「형법」 제298조(강제추행)의 죄를 범한 사람은 3년 이상의 유기징역 또는 3천만 원 이상 5천만 원 이하의 벌금에 처한다.
④ 신체적인 또는 정신적인 장애로 항거불능 또는 항거곤란 상태에 있음을 이용하여 사람을 간음하거나 추행한 사람은 제1항부터 제3항까지의 예에 따라 처벌한다.
⑤ 위계(僞計) 또는 위력(威力)으로써 신체적인 또는 정신적인 장애가 있는 사람을 간음한 사람은 5년 이상의 유기징역에 처한다.
⑥ 위계 또는 위력으로써 신체적인 또는 정신적인 장애가 있는 사람을 추행한 사람은 1년 이상의 유기징역 또는 1천만 원 이상 3천만 원 이하의 벌금에 처한다.
⑦ 장애인의 보호, 교육 등을 목적으로 하는 시설의 장 또는 종사자가 보호, 감독의 대상인 장애인에 대하여 제1항부터 제6항까지의 죄를 범한 경우에는 그 죄에 정한 형의 2분의 1까지 가중한다.

제7조【13세 미만의 미성년자에 대한 강간, 강제추행 등】① 13세 미만의 사람에 대하여 「형법」 제297조(강간)의 죄를 범한 사람은 무기징역 또는 10년 이상의 징역에 처한다.
② 13세 미만의 사람에 대하여 폭행이나 협박으로 다음 각 호의 어느 하나에 해당하는 행위를 한 사람은 7년 이상의 유기징역에 처한다.
1. 구강·항문 등 신체(성기는 제외한다)의 내부에 성기를 넣는 행위
2. 성기·항문에 손가락 등 신체(성기는 제외한다)의 일부나 도구를 넣는 행위
③ 13세 미만의 사람에 대하여 「형법」 제298조(강제추행)의 죄를 범한 사람은 5년 이상의 유기징역에 처한다.
④ 13세 미만의 사람에 대하여 「형법」 제299조(준강간, 준강제추행)의 죄를 범한 사람은 제1항부터 제3항까지의 예에 따라 처벌한다.
⑤ 위계 또는 위력으로써 13세 미만의 사람을 간음하거나 추행한 사람은 제1항부터 제3항까지의 예에 따라 처벌한다.

제8조【강간 등 상해·치상】① 제3조(특수강도강간 등) 제1항, 제4조(특수강간 등), 제6조(장애인에 대한 강간·강제추행 등), 제7조(13세 미만의 미성년자에 대한 강간, 강제추행 등) 또는 제15조(미수범)(제3조 제1항, 제4조, 제6조 또는 제7조의 미수범으로 한정한다)의 죄를 범한 사람이 다른 사람을 상해하거나 상해에 이르게 한 때에는 무기징역 또는 10년 이상의 징역에 처한다.
② 제5조(친족관계에 의한 강간 등) 또는 제15조(미수범)(제5조의 미수범으로 한정한다)의 죄를 범한 사람이 다른 사람을 상해하거나 상해에 이르게 한 때에는 무기징역 또는 7년 이상의 징역에 처한다.

제9조【강간 등 살인·치사】① 제3조(특수강도강간 등)부터 제7조(13세 미만의 미성년자에 대한 강간, 강제추행 등)까지, 제15조(미수범)(제3조부터 제7조까지의 미수범으로 한정한다)의 죄 또는 「형법」 제297조(강간), 제297조의2(유사강간) 및 제298조(강제추행)부터 제300조(미수범)까지의 죄를 범한 사람이 다른 사람을 살해한 때에는 사형 또는 무기징역에 처한다.
② 제4조(특수강간 등), 제5조(친족관계에 의한 강간 등) 또는 제15조(미수범)(제4조 또는 제5조의 미수범으로 한정한다)의 죄를 범한 사람이 다른 사람을 사망에 이르게 한 때에는 무기징역 또는 10년 이상의 징역에 처한다.
③ 제6조(장애인에 대한 강간·강제추행 등), 제7조(13세 미만의 미성년자에 대한 강간, 강제추행 등) 또는 제15조(미수범)(제6조 또는 제7조의 미수범으로 한정한다)의 죄를 범한 사람이 다른 사람을 사망에 이르게 한 때에는 사형, 무기징역 또는 10년 이상의 징역에 처한다.

제10조【업무상 위력 등에 의한 추행】① 업무, 고용이나 그 밖의 관계로 인하여 자기의 보호, 감독을 받는 사람에 대하여 위계 또는 위력으로 추행한 사람은 3년 이하의 징역 또는 1천 500만 원 이하의 벌금에 처한다.
② 법률에 따라 구금된 사람을 감호하는 사람이 그 사람을 추행한 때에는 5년 이하의 징역 또는 2천만 원 이하의 벌금에 처한다.

제11조【공중 밀집 장소에서의 추행】대중교통수단, 공연·집회 장소, 그 밖에 공중(公衆)이 밀집하는 장소에서 사람을 추행한 사람은 3년 이하의 징역 또는 3천만 원 이하의 벌금에 처한다.

제15조【미수범】제3조(특수강도강간 등)부터 제9조(강간 등 살인·치사)까지, 제14조(카메라 등을 이용한 촬영), 제14조의2(허위영상물 등의 반포 등) 및 제14조의3(촬영물과 편집물 등을 이용한 협박·강요)의 미수범은 처벌한다.

「아동·청소년의 성보호에 관한 법률」

제7조【아동·청소년에 대한 강간·강제추행 등】 ① 폭행 또는 협박으로 아동·청소년을 강간한 사람은 무기 또는 5년 이상의 징역에 처한다.
② 아동·청소년에 대하여 폭행이나 협박으로 다음 각 호의 어느 하나에 해당하는 행위를 한 자는 5년 이상의 유기징역에 처한다.
1. 구강·항문 등 신체(성기는 제외한다)의 내부에 성기를 넣는 행위
2. 성기·항문에 손가락 등 신체(성기는 제외한다)의 일부나 도구를 넣는 행위
③ 아동·청소년에 대하여「형법」제298조의 죄를 범한 자는 2년 이상의 유기징역 또는 1천만 원 이상 3천만 원 이하의 벌금에 처한다.
④ 아동·청소년에 대하여「형법」제299조의 죄를 범한 자는 제1항부터 제3항까지의 예에 따른다.
⑤ 위계(僞計) 또는 위력으로써 아동·청소년을 간음하거나 아동·청소년을 추행한 자는 제1항부터 제3항까지의 예에 따른다.
⑥ 제1항부터 제5항까지의 미수범은 처벌한다.

제8조【장애인인 아동·청소년에 대한 간음 등】 ① 19세 이상의 사람이 13세 이상의 장애 아동·청소년(장애인복지법 제2조 제1항에 따른 장애인으로서 신체적인 또는 정신적인 장애로 사물을 변별하거나 의사를 결정할 능력이 미약한 아동·청소년을 말한다. 이하 같다)을 간음하거나 13세 이상의 장애 아동·청소년으로 하여금 다른 사람을 간음하게 하는 경우에는 3년 이상의 유기징역에 처한다.
② 19세 이상의 사람이 13세 이상의 장애 아동·청소년을 추행한 경우 또는 13세 이상의 장애 아동·청소년으로 하여금 다른 사람을 추행하게 하는 경우에는 10년 이하의 징역 또는 5천만 원 이하의 벌금에 처한다.

(2) 특수경비원의 결격사유

18세 미만인 자 또는 고령자 및 신체장애자를 국가중요시설의 경비인력인 특수경비원으로 투입할 경우 긴급 대처를 요하는 국가중요시설 방호상에 문제가 발생할 수 있으므로 유사시 대처능력이 있는 특수경비원을 확보해야 한다. 이에「경비업법」에서는 일반경비원보다 특수경비원의 결격사유를 더 강화하여 규정하고 있다.

다음의 어느 하나에 해당하는 자는 특수경비원이 될 수 없다(경비업법 제10조 제2항).

① 18세 미만이거나 60세 이상인 사람 또는 피성년후견인
② 심신상실자, 알코올 중독자 등 대통령령으로 정하는 정신적 제약이 있는 자
　㉠ 심신상실자
　㉡ 마약·대마·향정신성의약품 또는 알코올 중독자
　㉢「치매관리법」제2조 제1호에 따른 치매, 조현병·조현정동장애·양극성정동장애(조울병)·재발성우울장애 등의 정신질환이나 정신 발육지연, 뇌전증 등이 있는 사람. 다만, 해당 분야 전문의가 특수경비원으로서 적합하다고 인정하는 사람은 제외한다.

✚ 심화학습

특수경비원에만 해당하는 결격사유

- **연령상한**: 60세 이상인 자
- **심신상실자, 알코올 중독자** 등 대통령령으로 정하는 정신적 제약이 있는 자
- **유예 차이**: 금고 이상의 형의 선고유예를 받고 그 유예기간 중에 있는 자
- **신체·시력**: 팔과 다리가 완전하지 않고 두 눈의 맨눈시력 각각 0.2 미달 또는 교정시력 각각 0.8 미달인 자

③ 다음의 어느 하나에 해당되는 자
  ㉠ 파산선고를 받고 복권되지 아니한 자
  ㉡ 금고 이상의 실형의 선고를 받고 그 집행이 종료(집행이 종료된 것으로 보는 경우를 포함한다)되거나 집행이 면제된 날부터 5년이 지나지 아니한 자
  ㉢ 금고 이상의 형의 집행유예선고를 받고 그 유예기간 중에 있는 자
  ㉣ 다음의 어느 하나에 해당하는 죄를 범하여 벌금형을 선고받은 날부터 10년이 지나지 아니하거나 금고 이상의 형을 선고받고 그 집행이 종료된(종료된 것으로 보는 경우를 포함한다) 날 또는 집행이 유예·면제된 날부터 10년이 지나지 아니한 자
    ⓐ 「형법」 제114조(범죄단체 등의 조직)의 죄
    ⓑ 「폭력행위 등 처벌에 관한 법률」 제4조(단체 등의 구성·활동)의 죄
    ⓒ 「형법」 제297조(강간), 제297조의2(유사강간), 제298조(강제추행)부터[제299조(준강간, 준강제추행), 제300조(미수범)] 제301조(강간 등 상해·치상)까지, 제301조의2(강간 등 살인·치사), 제302조(미성년자 등에 대한 간음), 제303조(업무상 위력 등에 의한 간음), 제305조(미성년자에 대한 간음, 추행), 제305조의2(상습범)의 죄
    ⓓ 「성폭력범죄의 처벌 등에 관한 특례법」 제3조(특수강도강간 등)부터[제4조(특수강간 등), 제5조(친족관계에 의한 강간 등), 제6조(장애인에 대한 강간·강제추행 등), 제7조(13세 미만의 미성년자에 대한 강간, 강제추행 등), 제8조(강간 등 상해·치상), 제9조(강간 등 살인·치사), 제10조(업무상 위력 등에 의한 추행)] 제11조(공중 밀집 장소에서의 추행)까지 및 제15조(제3조부터 제9조까지의 미수범만 해당한다)의 죄
    ⓔ 「아동·청소년의 성보호에 관한 법률」 제7조(아동·청소년에 대한 강간·강제추행 등) 및 제8조(장애인인 아동·청소년에 대한 간음 등)의 죄
    ⓕ 위 ⓒ부터 ⓔ까지의 죄로서 다른 법률에 따라 가중처벌되는 죄

> **심화학습**
> 「형법」 제114조【범죄단체 등의 조직】
> 사형, 무기 또는 장기 4년 이상의 징역에 해당하는 범죄를 목적으로 하는 단체 또는 집단을 조직하거나 이에 가입 또는 그 구성원으로 활동한 사람은 그 목적한 죄에 정한 형으로 처벌한다. 다만, 형을 감경할 수 있다.

ⓜ 다음의 어느 하나에 해당하는 죄를 범하여 벌금형을 선고받은 날부터 5년이 지나지 아니하거나 금고 이상의 형을 선고받고 그 집행이 유예된 날부터 5년이 지나지 아니한 자

ⓐ 「형법」제329조(절도)부터[제330조(야간주거침입절도)] 제331조(특수절도)까지, 제331조의2(자동차 등 불법사용), 제332조(상습범)부터[제333조(강도), 제334조(특수강도), 제335조(준강도), 제336조(인질강도), 제337조(강도상해ㆍ치상), 제338조(강도살인ㆍ치사), 제339조(강도강간), 제340조(해상강도), 제341조(상습범), 제342조(미수범)] 제343조(예비, 음모)까지의 죄

ⓑ 위 ⓐ의 죄로서 다른 법률에 따라 가중처벌되는 죄

ⓑ 위 ⓔ의 ⓒ부터 ⓕ까지의 어느 하나에 해당하는 죄를 범하여 치료감호를 선고받고 그 집행이 종료된 날 또는 집행이 면제된 날부터 10년이 지나지 아니한 자 또는 ⓜ의 어느 하나에 해당하는 죄를 범하여 치료감호를 선고받고 그 집행이 면제된 날부터 5년이 지나지 아니한 자

ⓢ 「경비업법」이나 「경비업법」에 따른 명령을 위반하여 벌금형을 선고받은 날부터 5년이 지나지 아니하거나 금고 이상의 형을 선고받고 그 집행이 유예된 날부터 5년이 지나지 아니한 자

④ 금고 이상의 형의 선고유예를 받고 그 유예기간 중에 있는 자

⑤ 행정안전부령이 정하는 신체조건(팔과 다리가 완전하고 두 눈의 맨눈시력 각각 0.2 이상 또는 교정시력 각각 0.8 이상을 말한다)에 미달되는 자

선고유예(宣告猶豫)

1년 이하의 징역이나 금고, 자격정지 또는 벌금의 형을 선고할 경우에 양형에 관한 사항(「형법」제51조)을 고려하여 뉘우치는 정상이 뚜렷할 때에는 자격정지 이상의 형을 받은 전과가 없는 자에 한하여 그 형의 선고를 유예할 수 있는 제도이다. 형을 병과할 경우에도 형의 전부 또는 일부에 대하여 선고를 유예할 수 있다. 형의 선고유예를 받은 날로부터 2년을 경과한 때에는 면소된 것으로 간주한다. 그러나 형의 선고유예를 받은 자가 유예기간 중 자격정지 이상의 형에 처한 판결이 확정되거나 자격정지 이상의 형에 처한 전과가 발견된 때에는 유예한 형을 선고한다(「형법」제59조, 제60조, 제61조 제1항).

핵심 기출문제

02 경비업법령상 특수경비원의 결격사유로 옳지 않은 것은? • 제25회 기출

① 심신미약자
② 마약ㆍ대마ㆍ향정신성의약품 또는 알코올 중독자
③ 경비업법에 따른 명령을 위반하여 벌금형을 선고받은 날부터 5년이 지나지 아니한 자
④ 인질강도죄(형법 제336조)를 범하여 벌금형을 선고받은 날부터 5년이 지나지 아니한 자

해설 심신미약자(心神微弱者)란 정신 기능이 불완전하여 사고 능력이나 감식력이 극히 모자라는 사람]가 아니라 심신상실자(心神喪失者)란 심한 정신 기능의 장애로 사물을 변별하거나 의사를 결정할 능력이 없는 상태에 있는 사람]가 결격사유에 해당한다.

정답 ①

경비지도사, 일반경비원, 특수경비원의 결격사유 비교

경비지도사 / 일반경비원	특수경비원
1. 18세 미만인 사람	18세 미만이거나 60세 이상인 사람
2. 피성년후견인	
3. 파산선고를 받고 복권되지 아니한 자	
4. 금고 이상의 실형의 선고를 받고 그 집행이 종료(집행이 종료된 것으로 보는 경우를 포함한다)되거나 집행이 면제된 날부터 5년이 지나지 아니한 자	
5. 금고 이상의 형의 집행유예선고를 받고 그 유예기간 중에 있는 자	
6. 다음 각 목의 어느 하나에 해당하는 죄를 범하여 벌금형을 선고받은 날부터 10년이 지나지 아니하거나 금고 이상의 형을 선고받고 그 집행이 종료된(집행이 종료된 것으로 보는 경우를 포함한다) 날 또는 집행이 유예·면제된 날부터 10년이 지나지 아니한 자 가. 「형법」 제114조(범죄단체 등의 조직)의 죄 나. 「폭력행위 등 처벌에 관한 법률」 제4조(단체 등의 구성·활동)의 죄 다. 「형법」 제297조(강간), 제297조의2(유사강간), 제298조(강제추행)부터 제301조(강간 등 상해·치상)까지, 제301조의2(강간 등 살인·치사), 제302조(미성년자 등에 대한 간음), 제303조(업무상 위력 등에 의한 간음), 제305조(미성년자에 대한 간음, 추행), 제305조의2(상습범)의 죄 라. 「성폭력범죄의 처벌 등에 관한 특례법」 제3조(특수강도강간 등)부터 제11조(공중 밀집 장소에서의 추행)까지 및 제15조(제3조부터 제9조까지의 미수범만 해당한다)의 죄 마. 「아동·청소년의 성보호에 관한 법률」 제7조(아동·청소년에 대한 강간·강제추행 등) 및 제8조(장애인인 아동·청소년에 대한 간음 등)의 죄 바. 다목부터 마목까지의 죄로서 다른 법률에 따라 가중처벌되는 죄	
7. 다음 각 목의 어느 하나에 해당하는 죄를 범하여 벌금형을 선고받은 날부터 5년이 지나지 아니하거나 금고 이상의 형을 선고받고 그 집행이 유예된 날부터 5년이 지나지 아니한 자 가. 「형법」 제329조(절도)부터 제331조(특수절도)까지, 제331조의2(자동차 등 불법사용) 및 제332조(상습범)부터 제343조(예비, 음모)까지의 죄 나. 가목의 죄로서 다른 법률에 따라 가중처벌되는 죄	
8. 6.의 다목부터 바목까지의 어느 하나에 해당하는 죄를 범하여 치료감호를 선고받고 그 집행이 종료된 날 또는 집행이 면제된 날부터 10년이 지나지 아니한 자 또는 7.의 각 목의 어느 하나에 해당하는 죄를 범하여 치료감호를 선고받고 그 집행이 면제된 날부터 5년이 지나지 아니한 자	
9. 「경비업법」이나 「경비업법」에 따른 명령을 위반하여 벌금형을 선고받은 날부터 5년이 지나지 아니하거나 금고 이상의 형을 선고받고 그 집행이 유예된 날부터 5년이 지나지 아니한 자	
	10. 심신상실자, 알코올 중독자 등 대통령령으로 정하는 정신적 제약이 있는 자

	가. 심신상실자 나. 마약·대마·향정신성의약품 또는 알코올 중독자 다. 「치매관리법」제2조 제1호에 따른 치매, 조현병·조현정동장애·양극성정동장애(조울병)·재발성우울장애 등의 정신질환이나 정신 발육지연, 뇌전증 등이 있는 사람. 다만, 해당 분야 전문의가 특수경비원으로서 적합하다고 인정하는 사람은 제외함
	11. 금고 이상의 형의 선고유예를 받고 그 유예기간 중에 있는 자
	12. 행정안전부령이 정하는 신체조건(팔과 다리가 완전하고 두 눈의 맨눈시력 각각 0.2 이상 또는 교정시력 각각 0.8 이상)에 미달되는 자

≫ 결격사유 관련(경비업법 제10조) 범죄 비교

구분		경비 관련 분야	일반 범죄	범죄단체 등 조직 구성·활동	강간 등 성범죄	절도·강도 등 재산범죄	경비업 법령상 명령
금고 이상	선고 유예	특수경비원만 해당	유예기간 중	×	×	×	×
	집행 유예	전부 해당	유예기간 중	된 날부터 10년	된 날부터 10년	된 날부터 5년	된 날부터 5년
	집행 면제	전부 해당	된 날부터 5년	된 날부터 10년	된 날부터 10년	×	×
	집행 종료	전부 해당	된 날부터 5년	된 날부터 10년	된 날부터 10년	×	×
벌금형		전부 해당	×	선고받은 날부터 10년	선고받은 날부터 10년	선고받은 날부터 5년	선고받은 날부터 5년
치료 감호	종료	전부 해당	×	×	된 날부터 10년	×	×
	면제	전부 해당	×	×	된 날부터 10년	된 날부터 5년	×

(3) 특수경비원의 당연퇴직사유

특수경비원이 결격사유(경비업법 제10조 제2항)에 해당하게 될 때에는 당연퇴직된다. 다만, 나이가 60세가 되어 퇴직하는 경우(경비업법 제10조 제2항 제1호)에는 60세가 된 날이 1월부터 6월 사이에 있으면 6월 30일에, 7월부터 12월 사이에 있으면 12월 31일에 각각 당연퇴직되고, 파산선고를 받고 복권되지 아니한 자(경비업법 제10조 제2항 제3호 중 제10조 제1항 제2호)는 파산선고를 받은 사람으로서 「채무자 회생 및 파산에 관한 법률」에 따라 신청기한 내에 면책신청을 하지 아니하였거나 면책불허가 결정 또는 면책 취소가 확정된 경우만 해당하며, 금고 이상의 형의 선고유예를 받고 그 유예기간 중에 있는 자(경비업법 제10조 제2항 제4호)는 「성폭력범죄의 처벌 등에 관한 특례법」 제2조, 「아동·청소년의 성보호에 관한 법률」 제2조 제2호 및 직무와 관련하여 「형법」 제355조(횡령, 배임) 또는 제356조(업무상의 횡령과 배임)에 규정된 죄를 범한 사람으로서 금고 이상의 형의 선고유예를 받은 경우만 해당한다(경비업법 제10조의2).

결격사유	당연퇴직사유
60세 이상인 사람	60세가 된 날이 ① 1월부터 6월 사이에 있으면 6월 30일에, ② 7월부터 12월 사이에 있으면 12월 31일에 각각 당연퇴직
파산선고를 받고 복권되지 아니한 자	파산선고를 받은 사람으로서 「채무자 회생 및 파산에 관한 법률」에 따라 ① 신청기한 내에 면책신청을 하지 아니하였거나 ② 면책불허가 결정 또는 ③ 면책 취소가 확정된 경우 당연퇴직
금고 이상의 형의 선고유예를 받고 그 유예기간 중에 있는 자	① 「성폭력범죄의 처벌 등에 관한 특례법」 제2조("성폭력범죄"), ② 「아동·청소년의 성보호에 관한 법률」 제2조 제2호("아동·청소년대상 성범죄") 및 ③ 직무와 관련하여 「형법」 제355조(횡령, 배임) 또는 제356조(업무상의 횡령과 배임)에 규정된 죄를 범한 사람으로서 금고 이상의 형의 선고유예를 받은 경우 당연퇴직

:: 보충학습 청원경찰법상 청원경찰 당연퇴직사유와의 차이점

「국가공무원법」 제33조 제5호는 「형법」 제129조부터 제132조까지를 포함한다.

심화학습

「성폭력범죄의 처벌 등에 관한 특례법」 제2조 【정의】

① 이 법에서 "성폭력범죄"란 다음 각 호의 어느 하나에 해당하는 죄를 말한다.
  1. 「형법」 제2편 제22장 성풍속에 관한 죄 중 제242조(음행매개), 제243조(음화반포 등), 제244조(음화제조 등) 및 제245조(공연음란)의 죄
  5. 이 법 제3조(특수강도강간 등)부터 제15조(미수범)까지의 죄

「아동·청소년의 성보호에 관한 법률」 제2조 【정의】

이 법에서 사용하는 용어의 뜻은 다음과 같다.
  2. "아동·청소년대상 성범죄"란 다음 각 목의 어느 하나에 해당하는 죄를 말한다.
    가. 제7조, 제7조의2, 제8조, 제8조의2, 제9조부터 제11조까지, 제11조의2, 제12조부터 제15조까지 및 제15조의2의 죄
    나. 아동·청소년에 대한 「성폭력범죄의 처벌 등에 관한 특례법」 제3조부터 제15조까지의 죄
    다. 아동·청소년에 대한 「형법」 제297조, 제297조의2 및 제298조부터 제301조까지, 제301조의2, 제302조, 제303조, 제305조, 제339조 및 제342조(제339조의 미수범에 한정한다)의 죄
    라. 아동·청소년에 대한 「아동복지법」 제17조 제2호의 죄

3. 경비지도사 시험 ★★☆

(1) 응시원서 등

① **응시원서 제출**: 경비지도사 시험에 응시하고자 하는 자는 [별지 제8호 서식]의 응시원서(전자문서로 된 원서를 포함한다)를 경비지도사 시험의 관리를 위탁받은 기관 또는 단체(시험관리기관)에 제출해야 한다(경비업법 시행규칙 제8조 제1항).

② **관련서류 제출**: 경비지도사 제1차 시험을 면제받으려는 사람은 면제 사유를 증명할 수 있는 서류로서 공고에서 정하는 서류를 시험관리기관에 제출해야 한다(경비업법 시행규칙 제8조 제2항).

③ **서류 확인**: 시험관리기관은 재직증명서 또는 경력증명서를 제출받은 경우에는 「전자정부법」 제36조 제1항에 따른 행정정보의 공동이용을 통하여 제출인의 국민연금가입자가입증명 또는 건강보험자격득실확인서를 확인해야 한다. 다만, 제출인이 동의하지 않은 경우에는 해당 서류를 제출하도록 해야 한다(경비업법 시행규칙 제8조 제3항).

> **시험 면제 서류 제출**
> 경비지도사 제1차 시험을 면제받으려는 사람은 면제 사유를 증명할 수 있는 서류를 경비지도사 시험의 관리를 위탁받은 기관 또는 단체에 제출하도록 하고, 시험관리기관은 면제 사유의 증명 서류 중 재직증명서 또는 경력증명서를 제출받은 경우에는 행정정보의 공동이용을 통하여 직접 확인하도록 규정하였다.

(2) 시험의 시행 및 공고

① **실시계획 수립**: 경찰청장은 경비지도사 시험(이하 "시험"이라 한다)의 실시계획을 매년 수립해야 한다(경비업법 시행령 제11조 제1항).

② **공고시기**: 경찰청장은 시험의 실시계획에 따라 시험을 실시하고자 하는 때에는 응시자격·시험과목·시험일시·시험장소 및 선발예정인원 등을 시험시행일 90일 전까지 공고하여야 한다(경비업법 시행령 제11조 제2항).

③ **공고방법**: 공고는 관보게재와 각 시·도경찰청 게시판 및 인터넷 홈페이지에 게시하는 방법에 의한다(경비업법 시행령 제11조 제3항).

(3) 시험방법과 과목 등

> 국민의 경비지도사 자격 취득 기회를 최대한 보장하기 위하여 경비지도사 시험은 매년 1회 이상 시행하도록 규정하였다.

① **위임근거**: 경비지도사 시험은 **매년 1회 이상 시행**하며, 시험과목, 시험공고, 시험의 일부가 면제되는 자의 범위 그 밖에 경비지도사 시험에 관하여 필요한 사항은 대통령령으로 정한다(경비업법 제11조 제3항).

② **시험방법**: 시험은 필기시험의 방법에 의하되, 제1차 시험과 제2차 시험으로 구분하여 실시한다. 이 경우 경찰청장이 필요하다고 인정하는 때에는 제1차 시험과 제2차 시험을 병합하여 실시할 수 있다(경비업법 시행령 제12조 제1항).

③ **시험과목**: 제1차 시험 및 제2차 시험의 과목은 [별표 2]와 같다(경비업법 시행령 제12조 제3항).

» [별표 2] 경비지도사의 시험과목(시행령 제12조 제3항 관련)

구분	1차 시험 선택형	2차 시험 선택형 또는 단답형
일반경비 지도사	• 법학개론 • 민간경비론	• 경비업법(청원경찰법을 포함한다) • 소방학 · 범죄학 또는 경호학 중 1과목
기계경비 지도사		• 경비업법(청원경찰법을 포함한다) • 기계경비개론 또는 기계경비기획 및 설계 중 1과목

④ **시험문제유형**: 제1차 시험 및 제2차 시험은 각각 선택형으로 하되, 제2차 시험에 있어서는 선택형 외에 단답형을 추가할 수 있다(경비업법 시행령 제12조 제2항).

⑤ **시험실시**

　㉠ 제2차 시험은 제1차 시험에 합격한 자에 대하여 실시한다. 다만, 제1차 시험과 제2차 시험을 병합하여 실시하는 경우에는 그러하지 아니하다(경비업법 시행령 제12조 제4항).

　㉡ 제1차 시험과 제2차 시험을 병합하여 실시하는 경우에는 제1차 시험에 불합격한 자가 치른 제2차 시험은 이를 무효로 한다(경비업법 시행령 제12조 제5항).

　㉢ 제1차 시험에 합격한 자에 대하여는 다음 회의 시험에 한하여 제1차 시험을 면제한다(경비업법 시행령 제12조 제6항).

(4) 시험의 일부 면제

다음의 어느 하나에 해당하는 사람은 경비지도사 제1차 시험을 면제한다(경비업법 시행령 제13조).

① 「경찰공무원법」에 따른 경찰공무원으로 7년 이상 재직한 사람

② 「대통령 등의 경호에 관한 법률」에 따른 경호공무원 또는 별정직 공무원으로 7년 이상 재직한 사람

③ 「군인사법」에 따른 각 군 전투병과 또는 군사경찰병과 부사관 이상 간부로 7년 이상 재직한 사람

④ 「경비업법」에 따른 경비업무에 7년 이상(특수경비업무의 경우에는 3년 이상으로 한다) 종사하고 행정안전부령으로 정하는 교육과정을 이수한 사람(다음의 어느 하나에 해당하는 사람을 말한다)

> **별정직공무원**
> 특정한 업무를 담당하기 위하여 별도의 자격기준에 의하여 임용되는 공무원으로서 법령에서 별정직으로 지정하는 공무원이다(경호공무원 외의 별정직공무원은 대통령경호처 경호차장만 해당한다).

경비지도사 제1차 시험 면제대상 중 ④와 ⑤, ⑥의 차이점은 교육이수의 선행 여부이다.

㉠ 「고등교육법」에 의한 전문대학 이상의 교육기관(경비지도사의 시험과목 3과목 이상이 개설된 교육기관에 한한다)에서 1년 이상의 경비업무 관련 과정을 마친 사람

㉡ 경찰청장이 지정하는 기관 또는 단체에서 실시하는 64시간 이상의 경비지도사 양성과정을 마치고 수료시험에 합격한 사람

⑤ 「고등교육법」에 따른 대학 이상의 학교를 졸업한 사람으로서 재학 중 경비지도사 시험과목을 3과목 이상을 이수하고 졸업한 후 경비업무에 종사한 경력이 3년 이상인 사람

⑥ 「고등교육법」에 따른 전문대학을 졸업한 사람으로서 재학 중 경비지도사 시험과목을 3과목 이상을 이수하고 졸업한 후 경비업무에 종사한 경력이 5년 이상인 사람

⑦ 일반경비지도사의 자격을 취득한 후 기계경비지도사의 시험에 응시하는 사람 또는 기계경비지도사의 자격을 취득한 후 일반경비지도사의 시험에 응시하는 사람

⑧ 「공무원임용령」에 따른 행정직군 교정직렬 공무원으로 7년 이상 재직한 사람

심화학습

일반직공무원의 구분
- 일반직공무원은 1급부터 9급까지의 계급으로 구분하며, 직군(職群)과 직렬(職列)별로 분류한다.
- 직군(職群)이란 직무의 성질이 유사한 직렬의 군을 말한다. 직렬(職列)이란 직무의 종류가 유사하고 그 책임과 곤란성의 정도가 서로 다른 직급의 군을 말한다.

핵심 기출문제

03 경비업법령상 경비지도사 시험 등에 관한 설명으로 옳지 않은 것은?

• 제25회 기출

① 경비업법에 따른 일반경비업무에 3년 이상 종사하고 행정안전부령으로 정하는 교육과정을 이수한 사람은 경비지도사 1차 시험을 면제한다.
② 경비지도사 시험은 필기시험의 방법에 의하되 제1차 시험과 제2차 시험으로 구분하여 실시한다.
③ 경비지도사 시험의 공고는 관보게재와 각 시·도경찰청 게시판 및 인터넷 홈페이지에 게시하는 방법에 의한다.
④ 대통령 등의 경호에 관한 법률에 따른 경호공무원 또는 별정직공무원으로 7년 이상 재직한 사람은 경비지도사 1차 시험을 면제한다.

해설 「경비업법」에 따른 경비업무에 7년 이상(특수경비업무의 경우에는 3년 이상) 종사하고 행정안전부령으로 정하는 교육과정을 이수한 사람은 경비지도사 1차 시험을 면제한다.

정답 ①

(5) 시험합격자의 결정

① 결정

㉠ 제1차 시험의 합격결정에 있어서는 매 과목 100점을 만점으로 하며, 매 과목 40점 이상, 전과목 평균 60점 이상 득점한 자를

합격자로 결정한다(경비업법 시행령 제14조 제1항).

ⓒ 제2차 시험의 합격결정에 있어서는 선발예정인원의 범위 안에서 60점 이상을 득점한 자 중에서 고득점 순으로 합격자를 결정한다. 이 경우 동점자로 인하여 선발예정인원이 초과되는 때에는 동점자 모두를 합격자로 한다(경비업법 시행령 제14조 제2항).

» 시험합격자 결정

구분	내용
제1차 시험	매 과목 40점 이상, 전과목 평균 60점 이상(단, 매 과목 100점을 만점으로 한다)
제2차 시험	• 선발예정인원의 범위 안에서 60점 이상을 득점한 자 중 고득점 순으로 결정 • 선발예정인원이 초과되는 때에는 동점자 모두 합격

② 교부: 경찰청장은 제2차 시험에 합격한 자에 대하여 합격공고를 하고, 합격 및 교육소집 통지서를 교부하여야 한다(경비업법 시행령 제14조 제3항).

(6) 출제위원

① 임명·위촉: 경찰청장은 시험문제의 출제를 위하여 다음의 어느 하나에 해당하는 사람 중에서 시험출제위원을 임명 또는 위촉한다(경비업법 시행령 제15조 제1항).
  ㉠ 「고등교육법」에 따른 전문대학 이상의 교육기관에서 경찰행정학과 등 경비업무 관련 학과 및 법학과의 조교수 이상으로 재직하고 있는 사람
  ㉡ 석사 이상의 학위소지자로 경찰청장이 정하는 바에 의하여 경비업무에 관한 연구실적이나 전문경력이 인정되는 사람
  ㉢ 경감 이상의 경찰공무원(범죄예방·경비 업무를 담당한 경력이 3년 이상인 사람으로 하되, 경감이 되기 전의 경력을 포함한다)

② 위원 수: 시험출제위원의 수는 시험과목별로 2인 이상으로 한다(경비업법 시행령 제15조 제2항).

③ 성실의무: 시험출제위원으로 임명 또는 위촉된 자는 경찰청장이 정하는 준수사항을 성실히 이행하여야 한다(경비업법 시행령 제15조 제3항).

④ 수당 등: 시험출제위원과 시험관리업무에 종사하는 자에 대하여는 예산의 범위 안에서 수당과 여비를 지급할 수 있다. 다만, 공무원인

+ 심화학습

경찰공무원의 계급
경찰공무원의 계급은 순경, 경장, 경사, 경위, 경감, 경정, 총경, 경무관, 치안감, 치안정감, 치안총감이 있다.

+ 심화학습

「경비업법」 제27조의3 【벌칙 적용에서 공무원 의제】
제27조(위임 및 위탁) 제2항에 따라 위탁받은 업무에 종사하는 관계전문기관 또는 단체의 임직원은 「형법」 제129조부터 제132조(수뢰, 사전수뢰, 제3자 뇌물제공, 수뢰 후 부정처사, 사후수뢰, 알선수뢰)까지의 규정을 적용할 때에는 공무원으로 본다.

위원이 그 소관업무와 직접적으로 관련하여 시험관리업무에 종사하는 경우에는 그러하지 아니하다(경비업법 시행령 제15조 제4항).

>> **출제위원의 자격과 운영 방법**

구분	내용
자격	• 「고등교육법」에 따른 전문대학 이상의 교육기관에서 경찰행정학과 등 경비업무 관련 학과 및 법학과의 조교수 이상으로 재직하고 있는 사람 • 석사 이상의 학위소지자로 경찰청장이 정하는 바에 의하여 경비업무에 관한 연구실적이나 전문경력이 인정되는 사람 • 경감 이상의 경찰공무원(범죄예방·경비 업무를 담당한 경력이 3년 이상인 사람으로 하되, 경감이 되기 전의 경력을 포함한다)
운영	• 시험출제위원의 수는 시험과목별로 2인 이상으로 함 • 시험출제위원으로 임명 또는 위촉된 자는 경찰청장이 정하는 준수사항을 성실히 이행해야 함 • 예산의 범위 안에서 수당과 여비를 지급하나, 공무원인 위원이 그 소관업무와 직접적으로 관련하여 시험관리업무에 종사하는 경우에는 수당 및 여비를 지급하지 않음

4. 경비지도사의 교육 및 자격증 교부 ★★☆

(1) 경비지도사에 대한 기본교육

① **기본교육**: 경비지도사는 결격사유(경비업법 제10조 제1항 각 호)에 해당하지 아니하는 자로서 경찰청장이 시행하는 경비지도사 시험에 합격하고 대통령령으로 정하는 바에 따라 경찰청장이 실시하는 기본교육(이하 "기본교육"이라 한다)을 받은 자이어야 한다(경비업법 제11조 제1항). 결격사유에 해당하는 자는 시험 합격여부와 관계없이 시험을 무효로 처리한다.

② **기본교육시간 및 면제**: 경찰청장이 실시하는 기본교육은 40시간 이상으로 한다. 다만, 다음의 어느 하나에 해당하는 사람이 기본교육을 받는 경우에는 행정안전부령으로 정하는 바에 따라 기본교육의 일부를 면제할 수 있다(경비업법 시행령 제15조의2 제1항).

㉠ 일반경비지도사 자격을 취득한 후 3년 이내에 기계경비지도사 시험에 합격한 사람

㉡ 기계경비지도사 자격을 취득한 후 3년 이내에 일반경비지도사 시험에 합격한 사람

③ **교육과목 및 시간**: 경비지도사 기본교육의 과목, 시간, 그 밖에 기본교육의 실시에 필요한 사항은 행정안전부령으로 정한다(경비업법 시행령 제15조의2 제2항). 기본교육의 과목 및 시간은 [별표 1]과 같다(경비업법 시행규칙 제9조 제1항).

> [별표 1] **경비교육 기본교육의 과목 및 시간**(시행규칙 제9조 제1항 관련) 〈개정 2024.8.14.〉

구분 (교육시간)	과목		시간
공통교육 (22시간)	「경비업법」, 「경찰관직무집행법」, 「도로교통법」 등 관계 법령 및 「개인정보 보호법」에 따른 개인정보 보호지침 등		4
	실무Ⅰ		4
	실무Ⅱ		3
	범죄·테러·재난 대응요령 및 화재 대처법		2
	응급처치법		2
	직업윤리 및 인권보호		2
	체포·호신술		2
	입교식, 평가 및 수료식		3
자격의 종류별 교육 (18시간)	일반경비지도사	시설경비	3
		호송경비	2
		신변보호	2
		특수경비	2
		혼잡·다중운집 인파 관리	2
		교통안전 관리	2
		일반경비 현장실습	5
	기계경비지도사	기계경비 운용관리	4
		기계경비 기획 및 설계	4
		인력경비 개론	5
		기계경비 현장실습	5
계			40

[비고] 다음 각 호의 사람이 기본교육을 받은 경우 공통교육은 면제한다.
1. 일반경비지도사 자격을 취득한 후 3년 이내에 기계경비지도사 시험에 합격한 사람
2. 기계경비지도사 자격을 취득한 후 3년 이내에 일반경비지도사 시험에 합격한 사람

➕ 심화학습

교육과목 비교

구분	경비 지도사	일반 경비원	특수 경비원	청원 경찰
「경비업법」	O	O	O	×
「청원경찰법」	×	×	×	O
「경찰관직무집행법」	O	×	O	O
「형사법」	×	×	O	O
「헌법」	×	×	O	×
「경범죄처벌법」	×	×	×	O
범죄예방론	×	O	O	×

④ 소요비용: 기본교육에 소요되는 비용은 기본교육을 받는 사람의 부담으로 한다(경비업법 시행규칙 제9조 제2항).

핵심 기출문제

04 경비업법령상 기계경비지도사 자격증 취득자가 자격증 취득일부터 3년 이내에 일반경비지도사 시험에 합격하여 교육을 받은 경우, 받아야 하는 교육과목에 해당하지 <u>않는</u> 것은?
· 제17회 기출변형

① 체포 · 호신술
② 신변보호
③ 특수경비
④ 교통안전 관리

해설 기계경비지도사 자격증 취득 시 교육은 40시간(공통교육 + 기계경비지도사 교육) 모두 받아야 하지만, 그 후 3년 이내에 일반경비지도사 시험에 합격하면 공통교육 22시간은 면제되고, 일반경비지도사 교육 18시간만 받으면 된다. 따라서 체포 · 호신술, 「경비업법」, 「경찰관 직무집행법」, 「도로교통법」 등 관계 법령 및 「개인정보 보호법」에 따른 개인정보 보호지침 등은 공통교육 과목이므로 면제된다. 이외에도 실무Ⅰ, 실무Ⅱ, 범죄 · 테러 · 재난 대응요령 및 화재 대처법, 응급처치법, 직업윤리 및 인권보호, 입교식 · 평가 및 수료식이 면제된다.

정답 ①

⑤ 경비지도사 자격증 교부: 경찰청장은 교육을 받은 자에게 행정안전부령으로 정하는 바에 따라 경비지도사자격증을 교부하여야 한다(경비업법 제11조 제2항). 경찰청장은 경비지도사시험에 합격하고 기본교육을 받은 사람에게는 경비지도사자격증 교부대장에 정해진 사항을 기재한 후, 경비지도사 자격증[별지 제10호 서식]을 교부해야 한다(경비업법 시행규칙 제11조).

■ 경비업법 시행규칙 [별지 제10호 서식]

경비지도사 자격증

(앞쪽)

제 호

경비지도사 자격증
(자격종별)

성 명:
생 년 월 일:
자 격 취 득 일:

사진

위의 사람은 「경비업법」 제11조에 따른 경비지도사 자격이 있음을 증명합니다.

(발 급 일)

경 찰 청 장   직인

54mm×84mm [폴리염화비닐(PVC)]

(뒤쪽)

유 의 사 항

1. 다른 사람에게 대여하거나 목적 외 사용을 할 수 없습니다.
2. 자격이 정지된 때에는 그 정지기간 동안 자격증을 경찰관서에 반납하셔야 합니다.
3. 자격이 취소된 때에는 자격증을 경찰관서에 반납하셔야 합니다.

(2) 경비지도사에 대한 보수교육

① **보수교육**: 선임된 경비지도사는 대통령령으로 정하는 바에 따라 경찰청장이 실시하는 보수교육(이하 "보수교육"이라 한다)을 받아야 한다(경비업법 제11조의2).

② **보수교육시간 및 면제**: 경찰청장이 실시하는 보수교육은 선임된 경비지도사를 대상으로 선임된 날부터 매 3년이 되는 날이 속하는 해에 실시하는 6시간 이상의 교육으로 한다. 다만, 일반경비지도사와 기계경비지도사 자격을 모두 취득한 사람이 일반경비지도사와 기계경비지도사에 모두 선임된 경우에는 행정안전부령으로 정하는 바에 따라 보수교육의 일부를 면제할 수 있다(경비업법 시행령 제15조의3 제1항). 그러나 기본교육 또는 직전 보수교육을 받은 날부터 3년 이상 보수교육을 받은 적이 없는 사람이 경비지도사로 선임된 경우에는 선임된 날부터 60일 이내에 보수교육을 받아야 한다(경비업법 시행령 제15조의3 제2항).

③ **교육과목 및 시간**: 경비지도사 보수교육의 과목, 시간, 그 밖에 보수교육의 실시에 필요한 사항은 행정안전부령으로 정한다(경비업법 시행령 제15조의3 제3항). 보수교육의 과목 및 시간은 [별표 1의2]와 같다(경비업법 시행규칙 제11조의2 제1항).

> **[별표 1의2] 경비지도사 보수교육의 과목 및 시간**(시행규칙 제11조의2 제1항 관련) 〈신설 2024.8.14.〉

구분		과목	시간
공통교육		경비업 법령	1
		직업윤리 및 인권보호	1
자격의 종류별 교육	일반경비지도사	일반경비 실무	4
	기계경비지도사	기계경비 실무	

[비고] 일반경비지도사와 기계경비지도사 자격을 모두 취득한 사람이 일반경비업무와 기계경비업무에 모두 선임된 경우 공통교육은 1회만 실시한다.

④ **보수교육의 방법**: 보수교육의 방법은 집합교육을 원칙으로 하되, 부득이한 경우 온라인교육으로 대체할 수 있다(경비업법 시행규칙 제11조의2 제3항).

⑤ **교육이수증 발급**: 경비지도사 교육기관(이하 "경비지도사 교육기관"이라 한다)의 장은 보수교육을 이수한 사람에게 경비지도사 보수교육 이수증[별지 제10호의2 서식]을 발급해야 한다(경비업법 시행규칙 제11조의2 제2항).

■ 경비업법 시행규칙 [별지 제10호의2 서식] 〈신설 2024.8.14.〉

```
제    호

                    경비지도사 보수교육 이수증

성명:
생년월일:
주소:
일반경비지도사 자격번호:
기계경비지도사 자격번호:

    위의 사람은     년    월    일부터    월    일까지 실시한
(일반, 기계)경비지도사 보수교육을 이수하였음을 증명합니다.

                                          년     월     일


                          ○○○교육원 장  직인
```

5. 경비지도사 교육기관의 지정 등 ★★★☆

(1) 경비지도사 교육기관의 지정 및 교육의 위탁 등

① **교육위탁**: 경찰청장은 경비지도사에 대한 기본교육 및 보수교육에 관한 업무를 전문인력 및 시설 등을 갖춘 법인으로서 경찰청장이 지정하는 기관 또는 단체(이하 "경비지도사 교육기관"이라 한다)에 위탁할 수 있다(경비업법 제11조의3 제1항).

② **교육지침**: 경찰청장은 경비지도사에 대한 기본교육 및 보수교육의 전국적 균형을 유지하기 위하여 교육수준 및 교육방법 등에 필요한 지침을 마련하여 시행할 수 있다(경비업법 제11조의3 제2항).

③ **시정명령**: 경찰청장은 경비지도사 교육기관이 교육지침을 위반한 경우에는 기간을 정하여 시정을 명할 수 있다(경비업법 제11조의3 제3항).

④ **교육기관 지정 등**: 그 밖에 경비지도사 교육기관의 지정 기준 및 절차 등에 필요한 사항은 대통령령으로 정한다(경비업법 제11조의3 제4항).

㉠ **지정기준**: 경비지도사 교육기관의 지정 기준은 [별표 2의2]와 같다(경비업법 시행령 제15조의4 제1항).

》 [별표 2의2] 경비지도사 교육기관의 지정 기준(시행령 제15조의4 제1항 관련) 〈신설 2024.8.13.〉

구분	지정 기준
인력	다음의 어느 하나에 해당하는 강사를 1명 이상 갖출 것 • 「고등교육법」에 따른 학교 또는 이에 준하는 학교에서 교육과목 관련 학과의 조교수 이상의 직에 1년 이상 근무한 경력이 있는 사람 • 교육과목 관련 박사학위를 취득한 후 관련 분야의 연구실적이 있는 사람 • 교육과목 관련 석사 이상의 학위를 취득한 후 관련 분야에 1년 이상 근무한 경력이 있는 사람 • 교육과목 관련 분야에서 공무원으로 5년 이상 근무한 경력이 있는 사람 • 교육과목 관련 분야에 7년 이상 근무한 경력이 있는 사람. 다만, 체포·호신술 과목의 경우에는 무도 사범 자격을 취득한 후 관련 분야에 2년 이상 근무한 경력이 있는 사람을 말한다.
시설·장비	• 지정기간 동안 교육 수행에 필요한 강의실과 사무실을 소유 또는 임차 등의 방법으로 확보할 것 • 교육 수행에 필요한 컴퓨터, 시청각 장비 등 교육훈련 기자재를 확보할 것 • 체포·호신술 과목의 경우에는 실습을 위한 별도의 공간 또는 매트 등 안전장비를 확보할 것 • 기계경비지도사 교육에 필요한 감지장치, 수신장치 및 관제시설을 갖춘 실습실을 확보할 것

[비고] 위 표에서 규정한 사항 외에 경비지도사 교육기관의 지정에 필요한 인력 및 시설·장비의 세부기준 등은 경찰청장이 정한다.

㉡ **지정신청**: 경비지도사 교육기관의 지정을 받으려는 자는 경찰청장에게 교육기관 지정 신청서[별지 제10호의3 서식]를 제출해야 한다(경비업법 시행규칙 제11조의3). 경비지도사 교육기관 지정을 받으려는 자는 행정안전부령으로 정하는 바에 따라 다음의 서류를 첨부하여 경찰청장에게 지정을 신청해야 한다(경비업법 시행령 제15조의4 제2항).

　　　　ⓐ 경비 관련 교육 운영계획서 및 운영경력서(운영경력서의 경우에는 경비 관련 교육을 운영한 경력이 있는 자만 해당한다)
　　　　ⓑ 인력 기준에 해당하는 강사의 인적사항 및 자격을 증명하는 서류
　　　　ⓒ 교육 시설 및 장비의 현황을 확인할 수 있는 서류
　　ⓒ 지정절차
　　　　ⓐ 지정 신청을 받은 경찰청장은 지정 기준에 적합한지를 심사하고, 심사 결과 적합하다고 인정되는 경우에는 경비지도사 교육기관으로 지정할 수 있다. 이 경우 경찰청장은 「전자정부법」 제36조 제1항에 따른 행정정보의 공동이용을 통하여 법인 등기사항증명서를 확인해야 한다(경비업법 시행령 제15조의4 제3항).
　　　　ⓑ 경찰청장은 경비지도사 교육기관을 지정하는 경우 그 명칭, 소재지, 지정일자 등을 인터넷 홈페이지에 공고해야 한다(경비업법 시행령 제15조의4 제4항).
　⑤ **위탁기관 및 업무내용 고시**: 경찰청장은 경비지도사에 대한 기본교육 및 보수교육에 관한 업무를 경비지도사 교육기관에 위탁하는 경우에는 위탁받는 기관 및 위탁업무의 내용을 고시해야 한다(경비업법 시행령 제15조의4 제5항).

(2) 경비지도사 교육기관의 지정 취소 등

① **지정취소사유**: 경찰청장은 경비지도사 교육기관이 다음의 어느 하나에 해당하는 경우에는 그 지정을 취소하거나 1년의 범위에서 기간을 정하여 업무의 전부 또는 일부를 정지할 수 있다. 다만, ㉠의 경우에는 그 지정을 취소하여야 한다(경비업법 제11조의4 제1항).
　㉠ 거짓이나 그 밖의 부정한 방법으로 경비지도사 교육기관의 지정을 받은 경우
　㉡ 지정받은 사항을 위반하여 업무를 행한 경우
　㉢ 시정명령(법 제11조의3 제3항)을 받고도 정당한 사유 없이 정하여진 기간 이내에 시정하지 아니한 경우
　㉣ 지정 기준(법 제11조의3 제4항)에 적합하지 아니하게 된 경우
② **지정취소 등의 세부기준**: 그 밖에 경비지도사 교육기관의 지정 취소 및 업무 정지에 관한 세부기준 및 절차는 그 위반행위의 유형과 위반의 정도 등을 고려하여 행정안전부령으로 정한다(경비업법

■ 경비업법 시행규칙 [별지 제10호의3 서식] 〈신설 2024.8.14.〉

[ ]경비지도사
[ ]일반경비원 교육기관 지정 신청서
[ ]특수경비원

접수번호		접수일		처리일		처리기간	3개월

신청인	기관 또는 단체 명칭	
	소재지	전화번호
	대표자 성명	생년월일
	신청인 성명	전화번호

「경비업법」 제11조의3 제1항·제13조의2 제1항 및 같은 법 시행령 제15조의4 제2항·제19조의2 제2항
에 따라 위와 같이 [ ]경비지도사 교육기관
[ ]일반경비원 교육기관의 지정을 신청합니다.
[ ]특수경비원 교육기관

년 월 일

신청인(대표자)   (서명 또는 인)

경찰청장   귀하

신청인 제출서류	1. 경비 관련 교육 운영계획서 2. 경비 관련 교육 운영경력서(경비 관련 교육을 운영한 경력이 있는 경우만 해당합니다) 3. 인력 기준에 해당하는 강사의 인적사항 및 자격을 증명하는 서류 4. 교육 시설 및 장비의 현황을 확인할 수 있는 서류	수수료 없음
담당 공무원 확인사항	법인의 등기사항증명서(경비지도사 교육기관의 지정만 해당합니다)	

처리절차

신청서 작성	→	접수	→	지정 심사	→	지정 심사 결과 통지
(신청인)		(경찰청)		(경찰청 및 시·도경찰청)		(경찰청)

제11조의4 제2항). 경비지도사 교육기관의 지정 취소 및 업무 정지 기준은 [별표 1의3]과 같다(경비업법 시행규칙 제11조의4 제1항).

㉠ 일반기준

　가. 위반행위가 둘 이상이면 그중 무거운 처분기준에 따른다. 다만, 둘 이상의 처분기준이 모두 업무 정지인 경우에는 각 처분기준을 합산한 기간을 넘지 않는 범위에서 무거운 처분기준에 그 처분기준의 2분의 1 범위에서 가중한다.

　나. 위반행위의 횟수에 따른 행정처분 기준은 최근 2년간 같은 위반행위로 행정처분을 받은 경우에 적용한다. 이 경우 기간의 계산은 위반행위에 대한 행정처분일과 그 처분 후 다시 같은 위반행위를 하여 적발된 날을 기준으로 한다.

　다. 나목에 따라 가중된 처분을 하는 경우 가중처분의 적용 차수는 그 위반행위 전 처분차수(나목에 따른 기간 내에 처분이 둘 이상 있었던 경우에는 높은 차수를 말한다)의 다음 차수로 한다.

　라. 처분권자는 ㉡에 따른 처분기준이 업무 정지인 경우에는 위반행위의 동기, 내용 및 위반의 정도 등을 고려하여 2분의 1 범위에서 감경할 수 있다.

㉡ 개별기준

위반행위	근거 법조문	행정처분기준		
		1차	2차	3차 이상
가. 지정받은 사항을 위반하여 업무를 행한 경우	법 제11조의4 제1항 제2호 또는 법 제13조의3 제1항 제2호	업무 정지 1개월	업무 정지 3개월	업무 정지 6개월
나. 법 제11조의3 제3항 또는 법 제13조의2 제3항에 따른 시정명령을 받고도 정당한 사유 없이 시정하지 않은 경우	법 제11조의4 제1항 제3호 또는 법 제13조의3 제1항 제3호	업무 정지 3개월	업무 정지 6개월	지정 취소
다. 법 제11조의3 제4항 또는 법 제13조의2 제4항에 따른 지정 기준에 적합하지 않게 된 경우	법 제11조의4 제1항 제4호 또는 법 제13조의3 제1항 제4호	업무 정지 1개월	업무 정지 3개월	지정 취소

③ 공고 : 경찰청장은 경비지도사 교육기관 지정을 취소하거나 업무정지를 명한 경우 그 사실을 인터넷 홈페이지에 공고해야 한다(경비업법 시행규칙 제11조의4 제2항).

6. 경비지도사의 선임 등 ★★★☆

(1) 경비지도사 선임·배치

위반 시 행정처분기준
「경비업법」제12조 제1항의 규정에 위반하여 경비지도사를 선임하지 아니한 자는 500만 원 이하의 과태료를 부과한다(1회 위반 시 100만 원, 2회 위반 시 200만 원, 3회 이상 위반 시 400만 원).

① 내용 : 경비업자는 대통령령이 정하는 바에 따라 경비지도사를 선임하여야 한다(경비업법 제12조 제1항). 즉, 경비업자는 [별표 3]의 기준에 따라 경비지도사를 선임·배치하여야 한다(경비업법 시행령 제16조 제1항).

② 경비지도사의 선임·배치기준(경비업법 시행령 [별표 3])〈개정 2024. 8.13.〉

㉠ 경비업자는 경비원을 배치하여 영업활동을 하고 있는 지역을 관할하는 시·도경찰청의 관할구역별로 경비원 200명까지는 경비지도사 1명을 선임·배치하고, 경비원이 200명을 초과하는 경우 200명을 초과하는 경비원 100명 단위로 경비지도사 1명씩을 추가로 선임·배치해야 한다(경비업법 시행령 별표 3의 제1호).

인접지

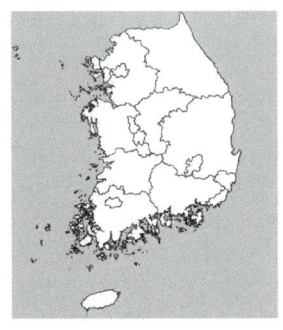

㉡ ㉠에 따라 경비지도사가 선임·배치된 시·도경찰청의 관할구역과 경계를 맞닿아 인접한 시·도경찰청의 관할구역에 배치된 경비원이 30명 이하인 경우에는 ㉠에도 불구하고 경비지도사를 따로 선임·배치하지 않을 수 있다. 이 경우 제주특별자치도경찰청과 전라남도경찰청은 경계를 맞닿아 인접한 것으로 본다(경비업법 시행령 별표 3의 제2호).

㉢ ㉡에 따라 경비지도사를 따로 선임·배치하지 않는 경우 경비지도사 1명이 지도·감독 및 교육할 수 있는 경비원의 총수(경계를 맞닿아 인접한 시·도경찰청의 관할구역에 배치된 경비원의 수를 합산한다)는 200명을 초과할 수 없다(경비업법 시행령 별표 3의 제3호).

㉣ 시설경비업무·호송경비업무·신변보호업무·특수경비업무 또는 혼잡·교통유도경비업무를 하는 경비업자는 일반경비지도사를 선임·배치하고, 시설경비업무·호송경비업무·신변보호업무·특수경비업무 또는 혼잡·교통유도경비업무 중 둘 이상의 경비업무를 하는 경우에는 각 경비업무에 종사하는 경비원의

수를 합산한 인원을 기준으로 경비지도사를 선임·배치해야 한다. 다만, 특수경비업무를 수행하는 경비업자는 특수경비원 신임교육을 이수한(경비업법 시행령 제19조 제1항) 일반경비지도사를 선임·배치해야 한다(경비업법 시행령 별표 3의 비고 제1호).
ⓒ 기계경비업무를 하는 경비업자는 기계경비지도사를 선임·배치해야 한다(경비업법 시행령 별표 3의 비고 제2호).
③ **선임·배치기한**: 경비업자는 선임·배치된 경비지도사에 결원이 있거나 자격정지 등의 사유로 그 직무를 수행할 수 없는 때에는 15일 이내에 경비지도사를 새로이 충원하여야 한다(경비업법 시행령 제16조 제2항).

핵심 기출문제

05 A회사는 다음과 같이 경비원을 배치하였다. 경비업법령상 선임·배치하여야 할 일반경비지도사의 인원은?
• 제20회 기출

- 시설경비업무: 서울 250명, 인천 35명, 대전 44명, 부산 150명
- 기계경비업무: 제주 30명

① 3명　　② 4명　　③ 5명　　④ 6명

해설 일반경비지도사의 인원을 묻고 있으므로 제주도의 기계경비지도사 1명은 제외한다. 서울과 인천은 인접지이지만 인천의 경비원이 35명이므로 별도로 경비지도사를 선임하여야 한다. 따라서 서울 2명, 인천 1명, 대전 1명, 부산 1명으로, 총 5명의 일반경비지도사를 선임·배치하여야 한다.

정답 ③

» 경비지도사 선임·배치

구분		내용
선임·배치 기한	• 결원 시 • 자격정지 등 직무 수행 불가 시	15일 이내 충원
선임·배치 기준	일반경비지도사 (시설경비업무·호송경비업무·신변보호업무·특수경비업무 또는 혼잡·교통유도경비업무)	• 시·도경찰청의 관할구역별로 경비원 200명까지는 일반경비지도사 1명씩 선임·배치 • 200명을 초과하는 경우 200명을 초과하는 경비원 100명 단위로 경비지도사 1명씩을 추가로 선임·배치 • 특수경비업무의 경우는 특수경비원교육을 이수한 일반경비지도사를 선임·배치

		• 둘 이상의 경비업무를 하는 경우 경비지도사의 배치는 각 경비업무에 종사하는 경비원의 수를 합산한 인원을 기준으로 함 • 관할구역에 인접하는 시·도경찰청의 관할구역에 배치되는 경비원이 30명 이하인 경우에는 경비지도사를 따로 선임·배치하지 아니할 수 있음(이 경우 제주특별자치도경찰청과 전라남도경찰청은 경계를 맞닿아 인접한 것으로 본다) • 경비지도사를 따로 선임·배치하지 않는 경우 경비지도사 1명이 지도·감독 및 교육할 수 있는 경비원의 총수(경계를 맞닿아 인접한 시·도경찰청의 관할구역에 배치된 경비원의 수를 합산한다)는 200명을 초과할 수 없음
	기계경비지도사	• 기계경비업무에 한하여 선임·배치 • 선임기준은 일반경비지도사와 동일
미선임 시	1차 100만 원, 2차 200만 원, 3차 이상 400만 원 과태료	
선임 규정 위반 시	1차 영업정지 1개월, 2차 영업정지 3개월, 3차 이상 허가취소	

:: 보충학습 경비지도사 선임과 겸임

1. 경비지도사의 선임시기와 충원시기
경비지도사의 선임시기는 종전에는 최초 경비원을 배치한 때였으나, 법 개정으로 경비업 허가 시에 선임하여야 하며, 이후에 결원 등의 사유발생 시에는 15일 이내에 경비지도사를 새로이 충원하여야 한다.

2. 경비지도사 겸업 가능 여부
경비업법령에 명문 규정이 없으므로 취업한 법인의 취업규칙에 의할 수밖에 없다. 그러나 경찰청 공고 감독명령 제09-1호에 의하면 가능하다고 해석할 수 있다.

> 감독명령 제09-1호 제2조 【내용】 경비업자와 경비지도사는 「경비업법」에 따라 경비원을 배치할 경우 다음 각 호의 내용을 준수하여야 한다.
> 1. 경비지도사는 경비원 배치현장 순회감독 계획 수립 시, 월별 순회감독 일시 및 장소 등을 [별지 1] 양식에 따라 작성, 배치지 관할 경찰서에 제출하여야 한다. 배치지가 여러 개인 경우는 각각의 관할 경찰서에 동일한 내용을 제출한다. 2 이상의 경비업 법인에 동시 선임된 경우에도 이와 같다.
> 2. 순회감독 일정을 변경할 경우는 사전에 관할 경찰서에 변경 사유와 변경된 일정을 작성 제출하여야 한다.
> 3. 선임된 경비지도사는 경비원으로 근무해서는 안 된다.
>   단, 배치현장을 떠나지 않고 경비원 관리·감독이 가능한 경우는 감독명령 제05-2호의 '준관리자급'으로 근무할 수 있다.

(2) 경비지도사의 선임·해임 신고의 의무

경비업자는 경비지도사를 선임하거나 해임하는 때에는 행정안전부령으로 정하는 바에 따라 해당 경비현장을 관할하는 시·도경찰청장 또는 경찰서장에게 신고하여야 한다(경비업법 제12조의2).

① 경비지도사의 선임신고

　㉠ 원칙: 경비업자는 경비지도사를 선임 또는 해임하는 때에는 경비지도사를 선임 또는 해임한 날부터 15일 이내에 경비지도사 자격증 사본을 첨부(경비지도사 선임 신고의 경우에만 해당한다)하여 경비지도사 선임·해임신고서[별지 제10호의4 서식](전자문서로 된 신고서를 포함한다)를 해당 경비현장(경비원 배치장소를 말하며, 이하 "배치지"라 한다)을 관할하는 시·도경찰청장 또는 경찰서장에게 제출해야 한다. 다만, 경비지도사 선임 신고 시 경비지도사 선임신고서에 기재한 해임예정일에 경비지도사를 해임한 경우에는 경비지도사 해임신고서를 제출하지 않아도 된다(경비업법 시행규칙 제11조의5 제1항).

　㉡ 예외: 경비업자는 집단민원현장에 경비원 배치허가를 받은 경우 경비원을 배치하기 전까지 경비지도사 선임신고서를 배치지를 관할하는 경찰서장에게 제출해야 한다(경비업법 시행규칙 제11조의5 제2항).

② 경비지도사의 선임 확인증 발급: 시·도경찰청장 또는 경찰서장은 경비지도사로 선임되거나 선임되었던 사람이 요청하는 경우 경비지도사 선임 확인증[별지 제10호의5 서식]을 발급할 수 있다(경비업법 시행규칙 제11조의5 제3항).

■ 경비업법 시행규칙 [별지 제10호의4 서식] 〈신설 2024.8.14.〉

경비지도사 [ ] 선임 / [ ] 해임 신고서

※ 색상이 어두운 칸은 신청인이 작성하지 않으며, [ ]에는 해당되는 곳에 ✔표를 합니다.

접수번호		접수일시		처리기간	즉시
신고인	법인 명칭		대표자 성명		허가번호
	소재지				전화번호
	선임장소(구체적으로 기재)				전화번호
선임(해임) 내용	선임일시			해임(예정)일시	
	경비지도사 성명: 전화번호:			생년월일: 계약기간:	

	연번	성명	주민등록번호	경비지도사 자격번호	보수교육 이수증 교부번호
경비지도사 명단					

「경비업법」 제12조의2 및 같은 법 시행규칙 제11조의5 제1항에 따라 경비지도사 [ ]선임·[ ]해임을 신고합니다.

년 월 일

(서명 또는 인)   신고인(대표자)

시·도경찰청장 또는 경찰서장 귀하

첨부서류	경비지도사 자격증 사본 1부(경비지도사 선임 신고의 경우에만 해당합니다)	수수료 없음

작성요령

1. 경비지도사 보수교육 이수증 교부번호는 보수교육을 받은 경비지도사만 적습니다.
2. 선임·해임 경비지도사 명단 작성 시 필요하면 별지를 사용하시기 바랍니다.

■ 경비업법 시행규칙 [별지 제10호의5 서식] 〈신설 2024.8.14.〉

제   호

경비지도사 선임 확인증

성명		생년월일	
자격번호		전화번호	

1. 경비지도사 선임 확인
   위의 사람은 아래와 같이 경비업체에 선임되었음을 확인합니다.

경비업체	선임일	해임일

※ 작성 시 필요하면 별지를 사용하시기 바랍니다.

2. 선임 확인

   위의 사람에 대하여 경비업체 최종 선임일이 아래와 같음을 확인합니다.

   ○ 최종 선임일: 년   월   일

3. 현재 선임여부

   위 사람의 현재 경비업체 선임 여부가 아래와 같음을 확인합니다.

   ○ 현재 선임여부: [ ] 선임 중(년   월   일부터), [ ] 미선임

                                                       년   월   일

시 · 도경찰청장 직인
(경찰서장)

(3) 경비지도사의 직무

① **경비지도사의 직무**: 선임된 경비지도사의 직무는 다음과 같다(경비업법 제12조 제2항).
  ㉠ 경비원의 지도·감독·교육에 관한 계획의 수립·실시 및 그 기록의 유지
  ㉡ 경비현장에 배치된 경비원에 대한 순회점검 및 감독
  ㉢ 경찰기관 및 소방기관과의 연락방법에 대한 지도
  ㉣ 집단민원현장에 배치된 경비원에 대한 지도·감독
  ㉤ 그 밖에 대통령령이 정하는 직무
    ⓐ 기계경비업무를 위한 기계장치의 운용·감독(기계경비지도사의 경우에 한한다)
    ⓑ 오경보방지 등을 위한 기기관리의 감독(기계경비지도사의 경우에 한한다)

② **집단민원현장에 선임·배치된 경비지도사의 직무**: 경비업자는 집단민원현장에 선임·배치된 경비지도사로 하여금 다음의 직무를 수행하도록 하여야 한다(경비업법 시행규칙 제6조의2).
  ㉠ 경비원 등의 의무(경비업법 제15조의2) 위반행위 예방 및 제지
  ㉡ 경비원의 복장 착용 등(경비업법 제16조)에 대한 지도·감독
  ㉢ 경비원의 장비 휴대 및 사용(경비업법 제16조의2)에 대한 지도·감독
  ㉣ 집단민원현장에 비치(경비업법 제18조 제1항 단서)된 경비원 명부의 관리

(4) 직무성실의무

① **직무의 성실의무**: 선임된 경비지도사는 앞의 규정(경비업법 제12조 제2항 각 호)에 의한 직무를 대통령령이 정하는 바에 따라 성실하게 수행하여야 한다(경비업법 제12조 제3항).

② **수행 주기**: 경비지도사는 다음의 직무를 월 1회 이상 수행하여야 한다(경비업법 시행령 제17조 제2항).
  ㉠ 경비원의 지도·감독·교육에 관한 계획의 수립·실시 및 그 기록의 유지
  ㉡ 경비현장에 배치된 경비원에 대한 순회점검 및 감독
  ㉢ 기계경비업무를 위한 기계장치의 운용·감독(기계경비지도사의 경우에 한한다)

➕ 심화학습

「경비업법」

제15조의2【경비원 등의 의무】
① 경비원은 직무를 수행함에 있어 타인에게 위력을 과시하거나 물리력을 행사하는 등 경비업무의 범위를 벗어난 행위를 하여서는 아니 된다.
② 누구든지 경비원으로 하여금 경비업무의 범위를 벗어난 행위를 하게 하여서는 아니 된다.

제18조【경비원의 명부와 배치허가 등】
① 경비업자는 행정안전부령으로 정하는 바에 따라 경비원의 명부를 작성·비치하여야 한다. 다만, 집단민원현장에 배치되는 일반경비원의 명부는 그 경비원이 배치되는 장소에도 작성·비치하여야 한다.

㉣ 오경보방지 등을 위한 기기관리의 감독(기계경비지도사의 경우에 한한다)
③ **경비원의 직무교육**: 경비지도사는 경비원의 지도·감독·교육에 관한 계획의 수립·실시 및 그 기록의 유지에 관한 규정(경비업법 제12조 제2항 제1호)에 따라 경비원에 대한 교육을 실시하고, 행정안전부령으로 정하는 경비원 직무교육 실시대장에 그 내용을 기록하여 2년간 보존하여야 한다(경비업법 시행령 제17조 제3항).

≫ 직무내용 및 주기와 권한

주기	권한비교	내용
평상시 수행	공통적 직무 (일반경비지도사와 기계경비지도사)	경찰기관 및 소방기관과의 연락방법에 대한 지도
월 1회 이상 수행		• 경비원의 지도·감독·교육에 관한 계획의 수립·실시 및 그 기록의 유지 • 경비현장에 배치된 경비원에 대한 순회점검 및 감독
	기계경비지도사	• 기계경비업무를 위한 기계장치의 운용·감독 • 오경보방지 등을 위한 기기관리의 감독
규정 없음	집단민원현장에 배치된 경비지도사	• 집단민원현장에 배치된 경비원에 대한 지도·감독 • 집단민원현장에 비치된 경비원 명부의 관리 • 경비원 등의 의무 위반행위 예방 및 제지 • 경비원의 복장 착용 등에 대한 지도·감독 • 경비원의 장비 휴대 및 사용에 대한 지도·감독

> **심화학습**
> **경비원 서류보관기간**
> • 경비원 직무교육 실시대장: 경비지도사 – 2년간 보존
> • 경비원 근무상황기록부: 경비업자 – 1년 동안 보관

> **심화학습**
> **수행주기가 없는 경비지도사의 직무**
> 경찰기관 및 소방기관과의 연락방법 지도에 관한 직무수행주기와 집단민원현장에 배치된 경비원에 대한 지도·감독에 관한 직무수행주기는 명문 규정이 없다. 이는 직무특성상 수행주기를 특정하는 것이 곤란하기 때문이다.

핵심 기출문제

06 경비업법령상 경비지도사의 직무로 규정되지 <u>않은</u> 것은? • 제24회 기출

① 경비업체와의 연락방법에 대한 지도
② 경비현장에 배치된 경비원에 대한 순회점검 및 감독
③ 경비원의 지도·감독·교육에 관한 계획의 수립·실시 및 그 기록의 유지
④ 집단민원현장에 배치된 경비원에 대한 지도·감독

해설 경찰기관 및 소방기관과의 연락방법에 대한 지도가 경비지도사의 직무에 해당한다.
정답 ①

07 경비업법령상 경비지도사의 선임 등에 관한 내용이다. ( )에 들어갈 숫자로 옳은 것은?
• 제26회 기출

> • 경비업자는 경비업법령에 의하여 선임·배치된 경비지도사에 결원이 있거나 자격정지 등의 사유로 그 직무를 수행할 수 없는 때에는 (ㄱ)일 이내에 경비지도사를 새로이 충원하여야 한다.
> • 경비지도사는 경비업법에 따라 경비원에 대한 교육을 실시하고, 행정안전부령으로 정하는 경비원 직무교육 실시대장에 그 내용을 기록하여 (ㄴ)년간 보존하여야 한다.

① ㄱ: 15, ㄴ: 1
② ㄱ: 15, ㄴ: 2
③ ㄱ: 30, ㄴ: 1
④ ㄱ: 30, ㄴ: 2

해설
• 경비업자는 경비업법령에 의하여 선임·배치된 경비지도사에 결원이 있거나 자격정지 등의 사유로 그 직무를 수행할 수 없는 때에는 (15)일 이내에 경비지도사를 새로이 충원하여야 한다.
• 경비지도사는 경비업법에 따라 경비원에 대한 교육을 실시하고, 행정안전부령으로 정하는 경비원 직무교육 실시대장에 그 내용을 기록하여 (2)년간 보존하여야 한다.

정답 ②

08 경비업법령상 경비지도사에 관한 설명으로 옳지 <u>않은</u> 것은? • 제25회 기출

① 경비지도사는 경비원의 지도·감독·교육에 관한 계획의 수립·실시 및 그 기록의 유지를 월 1회 이상 수행하여야 한다.
② 경비업자는 선임·배치된 경비지도사에 결원이 있는 경우에는 15일 이내에 경비지도사를 새로이 충원하여야 한다.
③ 경비지도사는 경비원에 대한 교육을 실시하고, 행정안전부령으로 정하는 경비원 직무교육 실시대장에 그 내용을 기록하여 1년간 보존하여야 한다.
④ 경비지도사가 선임·배치된 시·도경찰청의 관할구역과 경계를 맞닿아 인접한 시·도경찰청의 관할구역에 배치된 경비원이 30명 이하인 경우에는 경비지도사를 따로 선임·배치하지 않을 수 있다.

해설 경비지도사는 경비원에 대한 교육을 실시하고, 행정안전부령으로 정하는 경비원 직무교육 실시대장에 그 내용을 기록하여 2년간 보존하여야 한다.

정답 ③

■ 경비업법 시행규칙 [별지 제9호 서식]

경비지도사자격증 교부대장

연번	성명	주민등록번호	주소	교부일자	비고

297mm×210mm(보존용지(1종) 70g/㎡)

■ 경비업법 시행규칙 [별지 제10호의6 서식] 〈개정 2024.8.14.〉

경비원 직무교육 실시대장

연번	일시	장소	업체명	교육 대상자	교육내용 (과목)	경비지도사 성　　명

210mm×297mm[일반용지 60g/㎡(재활용품)]

제2절 경비원

1. 경비원의 의의 ★★★

(1) 개념

경비원이라 함은 경비업의 허가를 받은 법인(경비업자)이 채용한 고용인으로서 경비업무를 수행하는 자를 말한다(경비업법 제2조 제3호). 주의할 사항은 경비원이 경비업자가 채용한 고용인 모두를 의미하는 것은 아니며, **경비업무를 수행하는 자**를 말한다는 점이다.

(2) 경비원의 구분

경비원은 일반경비원과 특수경비원으로 구분한다. 특수경비원은 직무수행의 특성으로 인해 자격(결격사유), 직무범위, 근무방법 및 지휘체계, 무기휴대, 교육(시간과 과목) 등이 일반경비원보다 엄격하다.

구분	업무
일반경비원	시설경비·호송경비·신변보호·기계경비업무 및 혼잡·교통유도경비업무
특수경비원	특수경비업무

(3) 경비원 등의 의무

① 물리력 행사 등 금지: 경비원은 직무를 수행함에 있어 타인에게 위력을 과시하거나 물리력을 행사하는 등 경비업무의 범위를 벗어난 행위를 하여서는 아니 된다(경비업법 제15조의2 제1항).

② 경비업무 외 업무강요금지(공통): 누구든지 경비원으로 하여금 경비업무의 범위를 벗어난 행위를 하게 하여서는 아니 된다(경비업법 제15조의2 제2항).

> **위반 시 행정처분기준**
> 경비업무 외 업무강요금지 위반 시 행정처분은 허가취소이다(경비업법 제19조 제1항 제7호). 이는 당해처분뿐만 아니라 전부 취소대상이다. 행정형벌은 3년 이하의 징역 또는 3천만 원 이하의 벌금이다(경비업법 제28조 제2항 제9호). 취소 시 허가제한은 동일명의로는 10년, 대체법인 등으로는 5년이다(경비업법 제4조의2 제2항, 제3항).

핵심 기출문제

09 경비업법령상 경비원 등의 의무에 관한 내용이다. ( )에 들어갈 내용으로 옳은 것은?

• 제21회 기출

> 경비원은 직무를 수행함에 있어 타인에게 ( )을 과시하거나 물리력을 행사하는 등 경비업무의 범위를 벗어난 행위를 하여서는 아니 된다.

① 위력
② 권력
③ 사술(詐術)
④ 공권력

해설 경비원은 직무를 수행함에 있어 타인에게 위력을 과시하거나 물리력을 행사하는 등 경비업무의 범위를 벗어난 행위를 하여서는 아니 된다.

정답 ①

:: 보충학습 경비업법 제7조 제5항 및 공동주택관리법 제65조의2 제1항의 관계

「경비업법」제7조【경비업자의 의무】⑤ 경비업자는 허가받은 경비업무 외의 업무에 경비원을 종사하게 하여서는 아니 된다.

「공동주택관리법」제65조의2【경비원 등 근로자의 업무 등】① 공동주택에 경비원을 배치한 경비업자(「경비업법」제4조 제1항에 따라 허가를 받은 경비업자를 말한다)는 「경비업법」제7조 제5항에도 불구하고 대통령령으로 정하는 공동주택 관리에 필요한 업무에 경비원을 종사하게 할 수 있다.

「공동주택관리법 시행령」제69조의2【경비원이 예외적으로 종사할 수 있는 업무 등】① 법 제65조의2 제1항에서 "대통령령으로 정하는 공동주택 관리에 필요한 업무"란 다음 각 호의 업무를 말한다.
1. 청소와 이에 준하는 미화의 보조
2. 재활용 가능 자원의 분리배출 감시 및 정리
3. 안내문의 게시와 우편수취함 투입
② 공동주택 경비원은 공동주택에서의 도난, 화재, 그 밖의 혼잡 등으로 인한 위험발생을 방지하기 위한 범위에서 주차 관리와 택배물품 보관 업무를 수행할 수 있다.

다만, 경비업무의 목적 달성을 침해하지 아니하는 범위에서 대통령령으로 정하는 업무에 대하여는 경비원을 종사하게 할 수 있다. 〈개정 2025.1.7., 시행 2026.1.8.〉

③ 특수경비원의 의무
   ㉠ **직무상 복종의무**: 특수경비원은 **직무를 수행함에 있어 시설주·관할 경찰관서장 및 소속 상사의 직무상 명령**에 복종하여야 한다(경비업법 제15조 제1항).
   ㉡ **이탈금지의무**: 특수경비원은 **소속 상사의 허가 또는 정당한 사유** 없이 경비구역을 벗어나서는 아니 된다(경비업법 제15조 제2항).
   ㉢ **쟁의행위금지의무**: 특수경비원은 파업·태업 그 밖에 경비업무의 정상적인 운영을 저해하는 일체의 쟁의행위를 하여서는 아니 된다(경비업법 제15조 제3항).
   ㉣ **무기안전수칙 준수의무**: 특수경비원이 무기를 휴대하고 경비업무를 수행하는 때에는 다음의 어느 하나에서 정하는 무기의 안전사용수칙을 지켜야 한다(경비업법 제15조 제4항). 특수경비원의 무기안전수칙을 법률에 구체적으로 명시한 것은 상시적으로 무기를 휴대하는 특수경비원의 업무성격에 비추어 볼 때, 무기 오남용을 방지하는 것이 무엇보다 중요하기 때문이다.

㉠, ㉡은 특수경비무의 방호 공백을 막고 원활한 경비업무 수행을 위하여 국가공무원 복무규정 중 복종의무 및 직장이탈금지의무를 규정한 것이다. 「청원경찰법」과 비교 시 ㉠, ㉡, ㉢의 명문은 공통적 규정이다.

위반 시 행정처분기준
- **직무상 복종의무, 이탈금지의무**: 3년 이하의 징역 또는 3천만 원 이하의 벌금
- **쟁의행위금지의무**: 1년 이하의 징역 또는 1천만 원 이하의 벌금
- **무기안전수칙 준수의무**: 죄에 정한 형의 2분의 1까지 가중처벌

ⓐ 특수경비원은 사람을 향하여 권총 또는 소총을 발사하고자 하는 때에는 미리 **구두 또는 공포탄**에 의한 사격으로 상대방에게 경고하여야 한다. 다만, 다음에 해당하는 경우로서 부득이한 때에는 경고하지 아니할 수 있다.
- 특수경비원을 급습하거나 타인의 생명·신체에 대한 중대한 위험을 야기하는 범행이 목전에 실행되고 있는 등 상황이 급박하여 경고할 시간적 여유가 없는 경우
- 인질·간첩 또는 테러사건에 있어서 은밀히 작전을 수행하는 경우

ⓑ 특수경비원은 무기를 사용하는 경우에 있어 범죄와 무관한 다중의 생명·신체에 위해를 가할 우려가 있는 때에는 이를 사용하여서는 아니 된다. 다만, 무기를 사용하지 아니하고는 타인 또는 특수경비원의 생명·신체에 대한 중대한 위협을 방지할 수 없다고 인정되는 때에는 필요한 최소한의 범위 안에서 이를 사용할 수 있다.

ⓒ 특수경비원은 총기 또는 폭발물을 가지고 대항하는 경우를 제외하고는 14세 미만의 자 또는 임산부에 대하여는 권총 또는 소총을 발사하여서는 아니 된다.

핵심 기출문제

10 경비업법령상 특수경비원의 의무에 관한 설명으로 옳지 않은 것은?

• 제26회 기출

① 파업·태업을 하여서는 아니 된다.
② 소속 상사의 허가 또는 정당한 사유 없이 경비구역을 벗어나서는 아니 된다.
③ 어떠한 경우에도 14세 미만의 자에 대하여는 권총 또는 소총을 발사하여서는 아니 된다.
④ 직무를 수행함에 있어 시설주의 직무상 명령에 복종하여야 한다.

[해설] 특수경비원은 총기 또는 폭발물을 가지고 대항하는 경우를 제외하고는 14세 미만의 자 또는 임산부에 대하여는 권총 또는 소총을 발사하여서는 아니 된다.

[정답] ③

2. 경비원의 교육기관 지정 및 취소 등 ★★★

(1) 경비원 교육기관의 지정 등

① 신임교육기관의 지정
  ㉠ 경찰청장은 경비원에 대한 신임교육(이하 "신임교육"이라 한다)의 효율성을 제고하기 위하여 전문인력 및 시설 등을 갖춘 기관 또는 단체를 경비원 교육기관(이하 "경비원 교육기관"이라 한다)으로 지정할 수 있다(경비업법 제13조의2 제1항).
  ㉡ 경찰청장은 경비원에 대한 신임교육의 전국적 균형을 유지하기 위하여 교육수준 및 교육방법 등에 필요한 지침을 마련하여 시행할 수 있다(경비업법 제13조의2 제2항).
  ㉢ 경찰청장은 경비원 교육기관이 교육지침을 위반한 경우에는 기간을 정하여 시정을 명할 수 있다(경비업법 제13조의2 제3항).

② 신임교육기관의 지정 기준 및 절차: 그 밖에 경비원 교육기관의 지정 기준 및 절차 등에 필요한 사항은 대통령령으로 정한다(경비업법 제13조의2 제4항).
  ㉠ 지정 기준: 경비원 교육기관은 일반경비원 교육기관과 특수경비원 교육기관으로 구분하되, 그 지정 기준은 [별표 3의2]와 같다(경비업법 시행령 제19조의2 제1항).

》[별표 3의2] 경비원 교육기관의 지정 기준(시행령 제19조의2 제1항 관련) 〈신설 2024.8.13.〉

구분		지정 기준
일반 경비원 교육 기관	인력	다음의 어느 하나에 해당하는 강사를 1명 이상 갖출 것 • 교육과목 관련 석사 이상의 학위를 취득한 후 관련 분야에 1년 이상 근무한 경력이 있는 사람 • 교육과목 관련 분야에서 공무원으로 5년 이상 근무한 경력이 있는 사람 • 교육과목 관련 분야에 5년 이상 근무한 경력이 있는 사람. 다만, 체포·호신술 과목의 경우에는 무도 사범 자격을 취득한 후 관련 분야에 2년 이상 근무한 경력이 있는 사람을 말한다.
	시설·장비	• 지정기간 동안 교육 수행에 필요한 강의실과 사무실을 소유 또는 임차 등의 방법으로 확보할 것 • 교육 수행에 필요한 컴퓨터, 시청각 장비 등 교육훈련 기자재를 확보할 것

		• 체포·호신술 과목의 경우에는 실습을 위한 별도의 공간 또는 매트 등 안전장비를 확보할 것

특수 경비원 교육 기관	인력	다음의 어느 하나에 해당하는 강사를 1명 이상 갖출 것
		• 「고등교육법」에 따른 학교 또는 이에 준하는 학교에서 교육과목 관련 학과의 조교수 이상의 직에 1년 이상 근무한 경력이 있는 사람
		• 교육과목 관련 박사학위를 취득한 후 관련 분야의 연구실적이 있는 사람
		• 교육과목 관련 석사 이상의 학위를 취득한 후 관련 분야에 3년 이상 근무한 경력이 있는 사람
		• 교육과목 관련 분야에서 공무원으로 7년 이상 근무한 경력이 있는 사람
		• 교육과목 관련 분야에 10년 이상 근무한 경력이 있는 사람. 다만, 체포·호신술 과목 및 폭발물 처리요령 과목에 대해서는 다음의 구분에 따른다.
		  − 체포·호신술 과목: 무도 사범 자격을 취득한 후 관련 분야에 2년 이상 근무한 경력이 있는 사람
		  − 폭발물 처리요령 과목: 관련 분야에 2년 이상 근무한 경력이 있는 사람

	시설 · 장비	• 지정기간 동안 교육 수행에 필요한 강의실과 사무실을 소유 또는 임차 등의 방법으로 확보할 것 • 교육 수행에 필요한 컴퓨터, 시청각 장비 등 교육훈련 기자재를 확보할 것 • 체포·호신술 과목의 경우에는 실습을 위한 별도의 공간 또는 매트 등 안전장비를 확보할 것 • 소총에 의한 실탄사격이 가능하고 10개 사로(射路) 이상을 갖춘 사격장을 사용할 수 있을 것. 다만, 사용계획서를 제출한 경우에는 교육기관 지정을 받은 날부터 2개월 이내에 시·도경찰청장에게 사격장 사용이 가능하다는 사실의 확인을 받아야 한다.

[비고] 위 표에서 규정한 사항 외에 일반경비원 교육기관 또는 특수경비원 교육기관의 지정에 필요한 인력 및 시설·장비의 세부기준 등은 경찰청장이 정한다.

ⓒ 지정 신청: 경비원 교육기관의 지정을 받으려는 자는 경찰청장에게 교육기관 지정 신청서 [별지 제10호의3 서식]을 제출해야 한다(경비업법 시행규칙 제11조의3). 경비원 교육기관 지정을 받

으려는 자는 행정안전부령으로 정하는 바에 따라 다음의 서류를 첨부하여 경찰청장에게 지정을 신청해야 한다(경비업법 시행령 제15조의4 제2항).
- ⓐ 경비 관련 교육 운영계획서 및 운영경력서(운영경력서의 경우에는 경비 관련 교육을 운영한 경력이 있는 자만 해당한다)
- ⓑ 인력 기준에 해당하는 강사의 인적사항 및 자격을 증명하는 서류
- ⓒ 교육 시설 및 장비의 현황을 확인할 수 있는 서류

ⓒ 지정절차
- ⓐ 지정 신청을 받은 경찰청장은 지정 기준에 적합한지를 심사하고, 심사 결과 적합하다고 인정되는 경우에는 경비원 교육기관으로 지정할 수 있다(경비업법 시행령 제15조의4 제3항 전단).
- ⓑ 경찰청장은 경비원 교육기관을 지정하는 경우 그 명칭, 소재지, 지정일자 등을 인터넷 홈페이지에 공고해야 한다(경비업법 시행령 제15조의4 제4항).

(2) 경비원 교육기관의 지정 취소 등

① **지정 취소사유**: 경찰청장은 경비원 교육기관이 다음의 어느 하나에 해당하는 경우에는 그 지정을 취소하거나 1년 이내의 기간을 정하여 업무의 전부 또는 일부를 정지할 수 있다. 다만, ㉠의 경우에는 그 지정을 취소하여야 한다(경비업법 제13조의3 제1항).
- ㉠ 거짓이나 그 밖의 부정한 방법으로 경비원 교육기관의 지정을 받은 경우
- ㉡ 지정받은 사항을 위반하여 업무를 행한 경우
- ㉢ 시정명령(법 제13조의2 제3항)을 받고도 정당한 사유 없이 정하여진 기간 이내에 시정하지 아니한 경우
- ㉣ 지정 기준(법 제13조의2 제4항)에 적합하지 아니하게 된 경우

② **지정 취소 등의 세부기준**: 그 밖에 경비원 교육기관의 지정 취소 및 업무 정지에 관한 세부기준 및 절차는 그 위반행위의 유형과 위반의 정도 등을 고려하여 행정안전부령으로 정한다(경비업법 제13조의3 제2항). 경비원 교육기관의 지정 취소 및 업무 정지 기준은 [별표 1의3]과 같다(경비업법 시행규칙 제16조의2 제1항).

㉠ 일반기준

가. 위반행위가 둘 이상이면 그중 무거운 처분기준에 따른다. 다만, 둘 이상의 처분기준이 모두 업무 정지인 경우에는 각 처분기준을 합산한 기간을 넘지 않는 범위에서 무거운 처분기준에 그 처분기준의 2분의 1 범위에서 가중한다.

나. 위반행위의 횟수에 따른 행정처분 기준은 최근 2년간 같은 위반행위로 행정처분을 받은 경우에 적용한다. 이 경우 기간의 계산은 위반행위에 대한 행정처분일과 그 처분 후 다시 같은 위반행위를 하여 적발된 날을 기준으로 한다.

다. 나목에 따라 가중된 처분을 하는 경우 가중처분의 적용 차수는 그 위반행위 전 처분차수(나목에 따른 기간 내에 처분이 둘 이상 있었던 경우에는 높은 차수를 말한다)의 다음 차수로 한다.

라. 처분권자는 ㉡에 따른 처분기준이 업무 정지인 경우에는 위반행위의 동기, 내용 및 위반의 정도 등을 고려하여 2분의 1 범위에서 감경할 수 있다.

㉡ 개별기준

위반행위	근거 법조문	행정처분기준		
		1차	2차	3차 이상
가. 지정받은 사항을 위반하여 업무를 행한 경우	법 제11조의4 제1항 제2호 또는 법 제13조의3 제1항 제2호	업무 정지 1개월	업무 정지 3개월	업무 정지 6개월
나. 법 제11조의3 제3항 또는 법 제13조의2 제3항에 따른 시정명령을 받고도 정당한 사유 없이 시정하지 않은 경우	법 제11조의4 제1항 제3호 또는 법 제13조의3 제1항 제3호	업무 정지 3개월	업무 정지 6개월	지정 취소
다. 법 제11조의3 제4항 또는 법 제13조의2 제4항에 따른 지정 기준에 적합하지 않게 된 경우	법 제11조의4 제1항 제4호 또는 법 제13조의3 제1항 제4호	업무 정지 1개월	업무 정지 3개월	지정 취소

③ 공고: 경찰청장은 경비원 교육기관 지정을 취소하거나 업무 정지를 명한 경우 그 사실을 인터넷 홈페이지에 공고해야 한다(경비업법 시행규칙 제16조의2 제2항).

3. 경비원의 교육 ★★★

경비업자는 경비업무를 적정하게 실시하기 위하여 경비원으로 하여금 대통령령으로 정하는 바에 따라 경비원 신임교육 및 직무교육을 받게 하여야 한다. 다만, 경비업자는 대통령령으로 정하는 경력 또는 자격을 갖춘 일반경비원을 신임교육 대상에서 제외할 수 있다(경비업법 제13조 제1항).

(1) 일반경비원에 대한 신임교육

① 신임교육
  ㉠ 경비업자는 일반경비원을 채용한 경우 해당 일반경비원에게 **경비업자의 부담**으로 경비원 교육기관 중 일반경비원 교육기관에서 실시하는 일반경비원 신임교육을 받도록 해야 한다(경비업법 시행령 제18조 제1항).
  ㉡ 경비원이 되려는 사람은 대통령령으로 정하는 교육기관에서 미리 일반경비원 신임교육을 받을 수 있다(경비업법 제13조 제2항).

② 신임교육면제자: 경비업자는 다음의 어느 하나에 해당하는 사람을 일반경비원으로 채용한 경우에는 해당 일반경비원을 일반경비원 신임교육 대상에서 제외할 수 있다(경비업법 시행령 제18조 제2항).
  ㉠ 일반경비원 또는 특수경비원 신임교육을 받은 사람으로서 채용 전 3년 이내에 경비업무에 종사한 경력이 있는 사람
  ㉡ 「경찰공무원법」에 따른 경찰공무원으로 근무한 경력이 있는 사람
  ㉢ 「대통령 등의 경호에 관한 법률」에 따른 경호공무원 또는 별정직공무원으로 근무한 경력이 있는 사람
  ㉣ 「군인사법」에 따른 부사관 이상으로 근무한 경력이 있는 사람
  ㉤ 경비지도사 자격이 있는 사람
  ㉥ 채용 당시 일반경비원 신임교육을 받은 지 3년이 지나지 아니한 사람

> 경비원 교육을 받은 후 3년 이상의 기간 동안 경비업무에 종사하지 아니하다가 일반경비원으로 채용되어 경비업무를 수행하고자 하는 경우에는 일반경비원 신임교육을 다시 받도록 하여 경비업무의 질적 수준을 높일 수 있도록 하였다.

핵심 기출문제

11 경비업법령상 일반경비원 신임교육의 제외 대상이 <u>아닌</u> 사람은?

• 제24회 기출

① 경찰공무원법에 따른 경찰공무원으로 근무한 경력이 있는 사람
② 대통령 등의 경호에 관한 법률에 따른 경호공무원 또는 별정직공무원으로 근무한 경력이 있는 사람
③ 소방공무원법에 따른 소방공무원으로 근무한 경력이 있는 사람
④ 군인사법에 따른 부사관 이상으로 근무한 경력이 있는 사람

해설 「소방공무원법」에 따른 소방공무원으로 근무한 경력이 있는 사람에 대한 일반경비원의 신임교육 면제 규정은 없다.

정답 ③

③ 신임교육과목 등: 신임교육의 과목 및 시간, 직무교육의 과목 등 일반경비원의 교육 실시에 필요한 사항은 행정안전부령으로 정한다(경비업법 시행령 제18조 제5항).
  ㉠ 신임교육과목 및 시간: 일반경비원 신임교육의 과목 및 시간은 [별표 2]와 같다(경비업법 시행규칙 제12조 제1항).

》[별표 2] 일반경비원 신임교육의 과목 및 시간(시행규칙 제12조 제1항 관련) 〈개정 2024.8.14.〉

구분 (교육시간)	과목	시간
이론교육 (4시간)	「경비업법」 등 관계 법령	2
	범죄예방론	2
실무교육 (19시간)	시설경비 실무	3
	호송경비 실무	2
	신변보호 실무	2
	기계경비 실무	2
	혼잡 · 교통유도경비 실무	2
	사고예방대책	2
	체포 · 호신술	2
	장비 사용법	2
	직업윤리 및 인권보호	2
기타 (1시간)	입교식, 평가 및 수료식	1
계		24

ⓛ **연도별 교육계획**: 경찰청장은 일반경비원에 대한 신임교육의 실시를 위하여 연도별 교육계획을 수립하고, 법규정에 따른 일반경비원 교육기관이 교육계획에 따라 교육을 실시하도록 하여야 한다(경비업법 시행규칙 제12조 제2항).

≫ 경비원 신임교육시기

구분		교육시기
일반 경비원	• 신규채용 • 신변보호업무를 수행하는 일반경비원 • 집단민원현장에 배치되는 일반경비원	근무배치 전까지 (신임교육 이수 후)
특수 경비원	–	

ⓒ **신임교육 이수증 교부**: 일반경비원 교육기관의 장은 일반경비원 신임교육과정을 마친 사람에게 신임교육 이수증을 교부하고 그 사실을 신임교육 이수증 교부대장에 기록해야 하며, 교육기관, 교육일, 교육 이수증 교부번호 등을 포함한 신임교육 이수자 현황을 경찰청장에게 통보해야 한다(경비업법 시행규칙 제12조 제4항).

ⓔ **신임교육사실 기록의무**: 경비업자는 일반경비원이 신임교육을 받은 때에는 경비원의 명부에 그 사실을 기재하여야 한다(경비업법 시행규칙 제12조 제5항).

ⓜ **신임교육 이수 확인증 발급**: 시·도경찰청장 또는 경찰서장은 일반경비원 신임교육을 받은 사람이 요청하는 경우에는 신임교육 이수 확인증[별지 제12호의2 서식]을 발급할 수 있다(경비업법 시행규칙 제12조 제6항).

신임교육 이수자 현황 통보

경비원 신임교육 이수증이 훼손되거나 이를 분실한 경우 원거리에 있는 교육기관을 방문하여 재발급을 받아야 하는 불편이 있으므로 이를 개선하기 위해 경비원 교육기관의 장은 신임교육 이수자 현황을 경찰청장에게 통보하도록 하고, 시·도경찰청장 또는 경찰서장은 경비원 신임교육을 받은 사람의 요청이 있는 경우 경비원 신임교육 이수 확인증을 발급할 수 있도록 하는 등 현행 제도의 운영상 나타난 일부 미비점을 개선·보완하려는 것이다.

일반경비원 신임교육

구분	내용
교육 대상	• 경비원의 경력이 없는 사람 • 경비원 신임교육을 받은 후 3년 이상의 기간 동안 경비업무에 종사하지 아니한 사람
교육면제 대상	• 일반경비원 또는 특수경비원 신임교육을 받은 사람으로서 채용 전 3년 이내에 경비업무에 종사한 경력이 있는 사람 • 「경찰공무원법」에 따른 경찰공무원으로 근무한 경력이 있는 사람 • 「대통령 등의 경호에 관한 법률」에 따른 경호공무원 또는 별정직공무원으로 근무한 경력이 있는 사람 • 「군인사법」에 따른 부사관 이상으로 근무한 경력이 있는 사람 • 경비지도사 자격이 있는 사람 • 채용 당시 일반경비원 신임교육을 받은 지 3년이 지나지 아니한 사람
교육기관	일반경비원 교육기관
교육비 부담	일반경비업자 부담
신임교육 이수증 교부·기록	일반경비원 교육기관의 장은 일반경비원 신임교육과정을 마친 사람에게 신임교육 이수증을 교부하고 그 사실을 신임교육 이수증 교부대장에 기록해야 하며, 교육기관, 교육일, 교육 이수증 교부번호 등을 포함한 신임교육 이수자 현황을 경찰청장에게 통보
신임교육 사실 기록	경비업자는 일반경비원이 신임교육을 받은 때에는 경비원의 명부에 그 사실을 기재
신임교육 이수 확인증 발급	시·도경찰청장 또는 경찰서장은 일반경비원 신임교육을 받은 사람이 요청하는 경우에는 신임교육 이수 확인증 발급
교육 형태	사전교육

■ 경비업법 시행규칙 [별지 제12호의2 서식] 〈개정 2023.7.17.〉

제 호			
<div align="center">[ ] 신임교육 이수 [ ] 배치폐지　　　확인증 [ ] 현재 배치여부</div>			
성명		생년월일	

1. 신임교육 이수 확인

　위의 사람은 아래와 같이　　[ ] 일반경비원　　신임교육을 이수하였음을 확인합니다.
　　　　　　　　　　　　　　[ ] 특수경비원

교육기관	교육일	교육이수증 교부번호

2. 배치폐지 확인

　위의 사람에 대하여 경비원 최종 배치폐지일이 아래와 같음을 확인합니다.

　○ 최종 배치폐지일:　　　년　　월　　일

3. 현재 배치여부

　위의 사람에 대하여 현재 배치여부가 아래와 같음을 확인합니다.

　○ 현재 배치여부:　[ ] 배치 중(　　년　　월　　일부터)
　　　　　　　　　　[ ] 미배치

년　　월　　일

시 · 도경찰청장(경찰서장)　　[직 인]

210mm×297mm[백상지(80g/㎡)]

(2) 일반경비원에 대한 직무교육

① **직무교육**: 신임교육의 과목 및 시간, 직무교육의 과목 등 일반경비원의 교육 실시에 필요한 사항은 행정안전부령으로 정한다(경비업법 시행령 제18조 제5항).
② **직무교육시간**: 경비업자는 소속 일반경비원에게 선임한 경비지도사가 수립한 교육계획에 따라 매월 행정안전부령으로 정하는 시간(2시간) 이상의 직무교육을 받도록 하여야 한다(경비업법 시행령 제18조 제3항, 경비업법 시행규칙 제13조 제1항).
③ **직무교육과목**: 일반경비원에 대한 직무교육의 과목은 일반경비원의 직무수행에 필요한 이론·실무과목 및 직업윤리 등으로 한다(경비업법 시행규칙 제13조 제2항).
④ **직무교육 방법**: 일반경비원에 대한 직무교육은 집합교육, 온라인교육 등 다양한 방법으로 실시할 수 있다(경비업법 시행규칙 제13조 제3항).

핵심 기출문제

12 경비업법령상 일반경비원의 교육에 관한 설명으로 옳지 않은 것은?

• 제22회 기출변형

① 경비원이 되려는 사람은 대통령령으로 정하는 교육기관에서 미리 일반경비원 신임교육을 받을 수 있다.
② 경비업자는 소속 일반경비원에게 매월 2시간 이상의 직무교육을 받도록 하여야 한다.
③ 일반경비원의 교육 실시에 필요한 사항은 대통령령으로 정한다.
④ 일반경비원에 대한 직무교육의 과목은 일반경비원의 직무수행에 필요한 이론·실무과목 및 직업윤리 등으로 한다.

해설 일반경비원의 교육 실시에 필요한 사항은 행정안전부령으로 정한다.

정답 ③

(3) 특수경비원에 대한 신임교육

① **신임교육**: 특수경비업자는 대통령령으로 정하는 바에 따라 특수경비원으로 하여금 특수경비원 신임교육과 정기적인 직무교육을 받게 하여야 하고, 특수경비원 신임교육을 받지 아니한 자를 특수경비업무에 종사하게 하여서는 아니 된다(경비업법 제13조 제3항). 즉, 특수경비원의 경우에는 「경비업법」에서 국가공무원에 준하는 의무를 부과하고 무기휴대 및 사용권을 부여하므로 경비업무를 수행하기 전에 반드시 사전 교육 과정을 이수하도록 한 것이다.

② **신임교육기관**: 특수경비업자는 특수경비원을 채용한 경우 해당 특수경비원에게 특수경비업자의 부담으로 경비원 교육기관 중 특수경비원 교육기관에서 실시하는 특수경비원 신임교육을 받도록 해야 한다(경비업법 시행령 제19조 제1항).

③ **신임교육면제자**: 특수경비업자는 채용 전 3년 이내에 특수경비업무에 종사하였던 경력이 있는 사람을 특수경비원으로 채용한 경우에는 해당 특수경비원을 특수경비원 신임교육 대상에서 제외할 수 있다(경비업법 시행령 제19조 제2항).

④ **교육 시 지도·감독**: 특수경비원의 교육 시 관할 경찰서 소속 경찰공무원이 교육기관에 입회하여 대통령령이 정하는 바에 따라 지도·감독하여야 한다(경비업법 제13조 제4항).

⑤ **특수경비원 교육과목 등**: 특수경비원에 대한 신임교육의 과목 및 시간, 직무교육의 과목 등 교육 실시에 필요한 사항은 행정안전부령으로 정한다(경비업법 시행령 제19조 제4항).

 ㉠ **신임교육과목 및 시간**: 특수경비원 신임교육의 과목 및 시간은 [별표 4]와 같다(경비업법 시행규칙 제15조 제1항).

》 **[별표 4] 특수경비원 신임교육의 과목 및 시간**(시행규칙 제15조 제1항 관련) 〈개정 2024.8.14.〉

구분 (교육시간)	과목	시간
이론교육 (15시간)	「경비업법」 및 「경찰관 직무집행법」 등 관계 법령	8
	「헌법」 및 형사법	4
	범죄예방론	3
실무교육 (61시간)	테러 및 재난 대응요령	4
	폭발물 처리요령	6
	화재대처법	3
	응급처치법	3
	장비 사용법	3
	출입통제 요령	3
	직업윤리 및 인권보호	2
	기계경비 실무	3
	혼잡·교통유도경비 업무	4
	정보보호 및 보안 업무	6
	시설경비 요령	4
	민방공	4
	총기조작	3
	사격	6

	체포·호신술	4
	관찰·기록기법	3
기타 (4시간)	입교식, 평가 및 수료식	4
계		80

ⓒ 신임교육 이수증 교부: 특수경비원 교육기관의 장은 특수경비원 신임교육과정을 마친 사람에게 신임교육 이수증을 교부하고 그 사실을 신임교육 이수증 교부대장에 기록해야 하며, 교육기관, 교육일, 교육 이수증 교부번호 등을 포함한 신임교육 이수자 현황을 경찰청장에게 통보해야 한다(경비업법 시행규칙 제15조 제2항).

ⓒ 신임교육사실 기록의무: 경비업자는 특수경비원이 신임교육을 받은 때에는 경비원의 명부에 그 사실을 기재하여야 한다(경비업법 시행규칙 제15조 제3항).

ⓔ 신임교육 이수 확인증 발급: 시·도경찰청장 또는 경찰서장은 특수경비원 신임교육을 받은 사람이 요청하는 경우에는 신임교육 이수 확인증[별지 제12호의2 서식]을 발급할 수 있다(경비업법 시행규칙 제15조 제4항).

≫ 특수경비원 신임교육

구분	내용
교육면제 대상	채용 전 3년 이내에 특수경비업무에 종사하였던 경력이 있는 사람
교육비 부담	특수경비업자 부담
신임교육 이수증 교부·기록	특수경비원 교육기관의 장은 특수경비원 신임교육과정을 마친 사람에게 신임교육 이수증을 교부하고 그 사실을 신임교육 이수증 교부대장에 기록해야 하며, 교육기관, 교육일, 교육 이수증 교부번호 등을 포함한 신임교육 이수자 현황을 경찰청장에게 통보
신임교육 사실 기록	경비업자는 특수경비원이 신임교육을 받은 때에는 경비원의 명부에 그 사실을 기재
신임교육 이수 확인증 발급	시·도경찰청장 또는 경찰서장은 특수경비원 신임교육을 받은 사람이 요청하는 경우에는 신임교육 이수 확인증 발급
교육 형태	사전교육
교육 시 지도·감독	특수경비원의 교육 시 관할 경찰서 소속 경찰공무원이 교육기관에 입회하여 대통령령이 정하는 바에 따라 지도·감독

(4) 특수경비원에 대한 직무교육

① **직무교육**: 직무교육의 과목 등 특수경비원의 교육 실시에 필요한 사항은 행정안전부령으로 정한다(경비업법 시행령 제19조 제4항).
② **직무교육시간**: 특수경비업자는 소속 특수경비원에게 선임한 경비지도사가 수립한 교육계획에 따라 매월 행정안전부령으로 정하는 시간(3시간) 이상의 직무교육을 받도록 하여야 한다(경비업법 시행령 제19조 제3항, 경비업법 시행규칙 제16조 제1항).

》 교육시간 비교

구분	일반경비원	특수경비원	청원경찰
신임교육	24시간	80시간	76시간(2주간)
직무교육(월)	2시간 이상	3시간 이상	4시간 이상

③ **공무원파견교육**: 관할 경찰서장 및 공항경찰대장 등 국가중요시설의 경비책임자(관할 경찰관서장)는 필요하다고 인정하는 경우에는 특수경비원이 배치된 경비대상시설에 소속 공무원을 파견하여 직무집행에 필요한 교육을 실시할 수 있다(경비업법 시행규칙 제16조 제2항).
④ **직무교육과목**: 특수경비원에 대한 직무교육의 과목은 특수경비원의 직무수행에 필요한 이론·실무과목 및 직업윤리 등으로 한다(경비업법 시행규칙 제16조 제3항).
⑤ **직무교육 방법**: 특수경비원에 대한 직무교육은 집합교육, 온라인교육 등 다양한 방법으로 실시할 수 있다(경비업법 시행규칙 제16조 제4항).

핵심 기출문제

13 경비업법령상 경비원의 교육 등에 관한 설명으로 옳지 않은 것은?

· 제26회 기출

① 경비업자는 군인사법에 따른 부사관 이상으로 근무한 경력이 있는 사람을 일반경비원으로 채용한 경우에는 해당 일반경비원을 일반경비원 신임교육 대상에서 제외할 수 있다.
② 경비업자는 소속 일반경비원에게 경비지도사가 수립한 교육계획에 따라 매월 2시간 이상의 직무교육을 받도록 하여야 한다.
③ 특수경비업자는 채용 전 3년 이내에 특수경비업무에 종사하였던 경력이 있는 사람을 특수경비원으로 채용한 경우에는 해당 특수경비원을 특수경비원 신임교육 대상에서 제외할 수 있다.
④ 특수경비업자는 소속 특수경비원에게 경비지도사가 수립한 교육계획에 따라 매월 2시간의 직무교육을 받도록 하여야 한다.

해설 특수경비업자는 소속 특수경비원에게 경비지도사가 수립한 교육계획에 따라 매월 3시간의 직무교육을 받도록 하여야 한다.

정답 ④

3. 특수경비원의 직무 및 무기사용 등 ★★★

(1) 특수경비원의 직무

① **특수경비업자의 위험발생방지의무**: 특수경비업자는 특수경비원으로 하여금 배치된 경비구역 안에서 관할 경찰서장 및 공항경찰대장 등 국가중요시설의 경비책임자(이하 "관할 경찰관서장"이라 한다)와 국가중요시설의 시설주의 감독을 받아 시설을 경비하고 도난·화재 그 밖의 위험의 발생을 방지하는 업무를 수행하게 하여야 한다(경비업법 제14조 제1항).

② **특수경비원의 국가중요시설에 대한 의무**: 특수경비원은 국가중요시설에 대한 경비업무수행 중 국가중요시설의 정상적인 운영을 해치는 장해를 일으켜서는 아니 된다(경비업법 제14조 제2항).

> **위반 시 행정처분기준**
> 특수경비원의 국가중요시설에 대한 의무의 위반 시 「경비업법」상의 가장 무거운 행정형벌인 5년 이하의 징역 또는 5천만 원 이하의 벌금에 처한다.

(2) 특수경비원의 무기사용 등

① **무기의 구입 및 기부채납**: **시·도경찰청장**은 국가중요시설에 대한 경비업무의 수행을 위하여 필요하다고 인정하는 때에는 시설주의 신청에 의하여 무기를 구입한다. 이 경우 **시설주**는 그 무기의 구입대금을 지불하고, 구입한 무기를 국가에 기부채납하여야 한다(경비업법 제14조 제3항).

> **기부채납**
> 국가 또는 지방자치단체가 무상으로 재산을 받아들이는 것을 말한다. 이 경우 기부(寄附)는 「민법」상의 증여와 같은 것이며, 채납(採納)은 승낙에 해당한다. 기부채납된 재산은 국유재산이 된다.

② **무기의 대여 및 휴대**: 시·도경찰청장은 국가중요시설에 대한 경비업무의 수행을 위하여 필요하다고 인정하는 때에는 관할 경찰관서장으로 하여금 시설주의 신청에 의하여 시설주로부터 국가에 기부채납된 무기를 대여하게 하고, 시설주는 이를 특수경비원으로 하여금 휴대하게 할 수 있다. 이 경우 특수경비원은 정당한 사유 없이 무기를 소지하고 배치된 경비구역을 벗어나서는 아니 된다(경비업법 제14조 제4항).

> **위반 시 행정처분기준**
> 정당한 사유 없이 무기를 소지하고 업무영역 이탈 시 2년 이하의 징역 또는 2천만 원 이하의 벌금에 처한다.

③ **무기의 관리책임 및 감독 등**
㉠ 시설주가 대여받은 무기에 대하여 시설주 및 관할 경찰관서장은 무기의 **관리책임**을 지고, 관할 경찰관서장은 시설주 및 특수경비원의 무기관리상황을 대통령령이 정하는 바에 따라 **지도·감독**하여야 한다(경비업법 제14조 제5항).

ⓒ 관할 경찰관서장은 시설주 및 특수경비원의 무기관리상황을 매월 1회 이상 점검하여야 한다(경비업법 시행령 제21조).
　　ⓒ 관할 경찰관서장은 무기의 적정한 관리를 위하여 무기를 대여받은 시설주에 대하여 필요한 명령을 발할 수 있다(경비업법 제14조 제6항).

> **위반 시 행정처분기준**
> 시설주에 대한 감독상 필요한 명령을 정당한 이유없이 이행하지 아니한 자는 500만 원 이하의 과태료를 부과한다.

:: 보충학습 　무기사용에 대한 청원경찰법령과의 비교

「청원경찰법 시행령」 제16조【무기휴대】① 청원주가 법 제8조 제2항에 따라 청원경찰이 휴대할 무기를 대여받으려는 경우에는 관할 경찰서장을 거쳐 시·도경찰청장에게 무기대여를 신청하여야 한다.
② 제1항의 신청을 받은 시·도경찰청장이 무기를 대여하여 휴대하게 하려는 경우에는 청원주로부터 국가에 기부채납된 무기에 한정하여 관할 경찰서장으로 하여금 무기를 대여하여 휴대하게 할 수 있다.
③ 제1항에 따라 무기를 대여하였을 때에는 관할 경찰서장은 청원경찰의 무기관리 상황을 수시로 점검하여야 한다.
④ 청원주 및 청원경찰은 행정안전부령으로 정하는 무기관리수칙을 준수하여야 한다.

④ **무기관리책임자**: 시설주로부터 무기의 관리를 위하여 지정받은 책임자(이하 "관리책임자"라 한다)는 다음에 의하여 이를 관리하여야 한다(경비업법 제14조 제7항).
　　㉠ 무기출납부 및 무기장비운영카드를 비치·기록하여야 한다.
　　㉡ 무기는 관리책임자가 직접 지급·회수하여야 한다.

> **위반 시 행정처분기준**
> 무기관리책임자는 관리의무 위반 시 1년 이하의 징역 또는 1천만 원 이하의 벌금에 처한다.

⑤ **무기의 사용**: 특수경비원은 국가중요시설의 경비를 위하여 무기를 사용하지 아니하고는 다른 수단이 없다고 인정되는 때에는 필요한 한도 안에서 무기를 사용할 수 있다. 다만, 다음의 어느 하나에 해당하는 때를 제외하고는 사람에게 위해를 끼쳐서는 아니 된다(경비업법 제14조 제8항).
　　㉠ 무기 또는 폭발물을 소지하고 국가중요시설에 침입한 자가 특수경비원으로부터 3회 이상 투기(投棄) 또는 투항(投降)을 요구받고도 이에 불응하면서 계속 항거하는 경우, 이를 억제하기 위하여 무기를 사용하지 아니하고는 다른 수단이 없다고 인정되는 때
　　㉡ 국가중요시설에 침입한 무장간첩이 특수경비원으로부터 투항(投降)을 요구받고도 이에 불응한 때
⑥ 특수경비원의 무기휴대, 무기종류, 그 사용기준 및 안전검사의 기준 등에 관하여 필요한 사항은 대통령령으로 정한다(경비업법 제14조 제9항).

(3) 특수경비원 무기휴대의 절차 등

① **무기대여신청서 제출**: **시설주**는 특수경비원이 휴대할 무기를 대여받고자 하는 때에는 무기대여신청서[별지 제13호 서식]를 관할 경찰서장 및 공항경찰대장 등 국가중요시설의 경비책임자(관할 경찰관서장)를 거쳐 시·도경찰청장에게 제출하여야 한다(경비업법 시행령 제20조 제1항).

② **무기휴대 사전승인**

㉠ 시설주는 관할 경찰관서장으로부터 대여받은 무기를 특수경비원에게 휴대하게 하는 경우에는 관할 경찰관서장의 사전승인을 얻어야 한다(경비업법 시행령 제20조 제2항).

㉡ 사전승인을 함에 있어 관할 경찰관서장은 국가중요시설에 총기 또는 폭발물의 소지자나 무장간첩 침입의 우려가 있는지의 여부 등을 고려하는 등 특수경비원에게 무기를 지급하여야 할 필요성이 있는지의 여부에 관하여 판단하여야 한다(경비업법 시행령 제20조 제3항).

> 「청원경찰법」은 무기휴대 시 사전승인절차가 없다.

③ **무기휴대 및 회수 등**

㉠ **무기의 회수**: 시설주는 무기지급의 필요성이 해소되었다고 인정되는 때에는 특수경비원으로부터 즉시 무기를 회수하여야 한다(경비업법 시행령 제20조 제4항).

㉡ **무기의 종류**: 특수경비원이 휴대할 수 있는 무기종류는 권총 및 소총으로 한다(경비업법 시행령 제20조 제5항).

㉢ **안전검사의 기준**: 「위해성 경찰장비의 사용기준 등에 관한 규정」 제18조 및 [별표 2]의 규정은 「경비업법」 제14조 제9항의 규정에 의한 안전검사의 기준에 관하여 이를 준용한다(경비업법 시행령 제20조 제6항).

핵심 기출문제

14 경비업법령상 특수경비원의 직무 및 무기사용 등에 관한 설명으로 옳은 것은?

• 제23회 기출

① 시·도경찰청장은 국가중요시설에 대한 경비업무의 수행을 위하여 필요하다고 인정하는 때에는 경비업자의 신청에 의하여 무기를 구입한다.

② 시설주가 대여받은 무기에 대하여 시설주 및 관할 경찰관서장은 무기의 관리책임을 지고, 관할 경찰관서장은 시설주 및 특수경비원의 무기관리상황을 대통령령이 정하는 바에 따라 지도·감독하여야 한다.

③ 시설주는 무기지급의 필요성이 해소되었다고 인정되는 때에는 특수경비원으로부터 24시간 이내에는 무기를 회수하여야 한다.
④ 관할 경찰관서장은 시설주 및 특수경비원의 무기관리상황을 매주 1회 이상 점검하여야 한다.

해설 ① 시·도경찰청장은 국가중요시설에 대한 경비업무의 수행을 위하여 필요하다고 인정하는 때에는 시설주의 신청에 의하여 무기를 구입한다.
③ 시설주는 무기지급의 필요성이 해소되었다고 인정되는 때에는 특수경비원으로부터 즉시 무기를 회수하여야 한다.
④ 관할 경찰관서장은 시설주 및 특수경비원의 무기관리상황을 매월 1회 이상 점검하여야 한다.

정답 ②

》 특수경비원의 무기휴대 절차

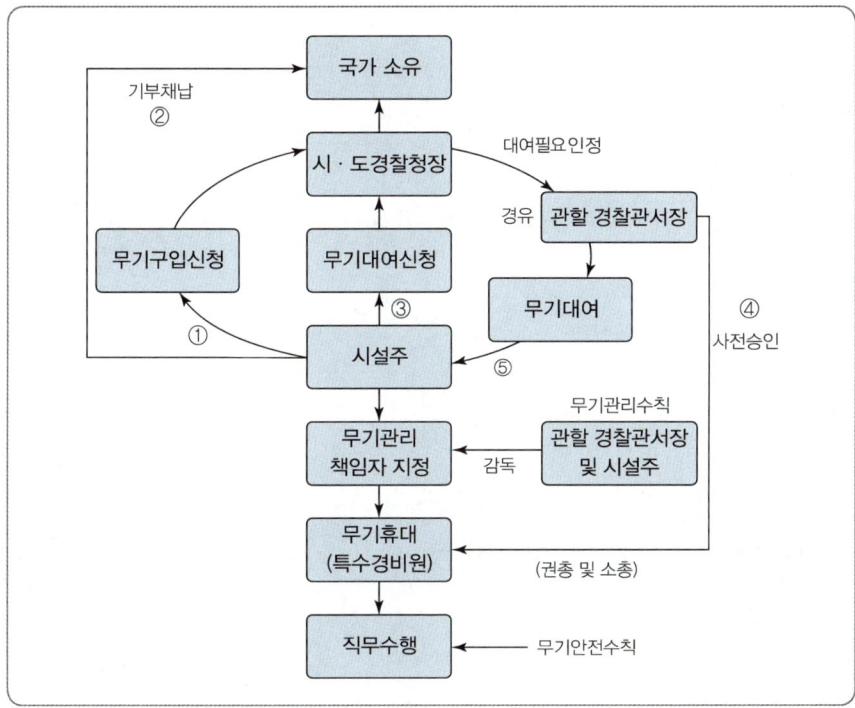

■ 경비업법 시행규칙 [별지 제13호 서식]

무기대여신청서

(앞쪽)

접수번호	접수일자		처리기간	30일
시설주 (신청인)	성명		생년월일	
	직책			
배치사업장의 명칭		배치사업장의 소재지		
특수경비원 배치 인원				
대여 요청량	총기 종류	수량	탄종	수량

대여신청 사유	
대여기간	
무기관리 방법	
비고	

「경비업법」 제14조 제4항, 같은 법 시행령 제20조 제1항 및 같은 법 시행규칙 제17조에 따라 위와 같이 무기대여를 신청합니다.

년   월   일

신청인   (서명 또는 인)

○○**경찰서장**   귀하

첨부서류	없음	수수료 없음

210mm×297mm[백상지 80g/m²]

:: 보충학습 위해성 경찰장비의 사용기준 등에 관한 규정

[별표 2] 위해성 경찰장비의 안전검사기준(위해성경찰장비규정 제18조 관련)

경찰장비	안전검사기준	검사내용	검사 빈도
경찰장구	수갑	1. 해제하는 경우 톱날의 회전이 자유로운지 여부 및 과도한 힘을 요하는지 여부 2. 물리적 손상에 의하여 모서리 등에 날카로운 부분이 있는지 여부	연간 1회
	포승, 호송용 포승	면사·나일론사 이외의 재질이 사용되었는지 여부	연간 1회
	경찰봉, 호신용 경봉	1. 물리적 손상 등으로 날카로운 부분이 있는지 여부 2. 호신용 경봉은 폈을 때 봉의 말단이 부착되어 있는지 여부 및 접혀짐·펴짐이 자유로운지 여부	반기 1회
	전자충격기	1. 작동순간 전압 6만 볼트, 실효전류 0.05암페어, 1회 작동시간 30초를 초과하는지 여부 2. 자체결함·기능손상·균열 등으로 인한 누전현상 유무	반기 1회
	방패	균열 등으로 모서리 기타 표면에 날카로운 부분이 있는지 여부	반기 1회
	전자방패	1. 균열 등으로 모서리 기타 표면에 날카로운 부분이 있는지 여부 2. 작동순간 전압 5만 볼트, 실효전류 0.0039암페어를 초과하는지 여부 3. 자체결함·기능손상·균열 등으로 인한 누전현상 유무	반기 1회
무기	권총, 소총, 기관총, 산탄총, 유탄발사기	1. 총열의 균열 유무 2. 방아쇠를 당길 수 있는 힘이 1킬로그램 이상인지 여부 3. 안전장치의 작동 여부	연간 1회
	박격포, 3인치포, 함포	포열의 균열 유무	연간 1회
	크레모아, 수류탄, 폭약류	1. 신관부 및 탄체의 부식 또는 충전물 누출 여부 2. 안전장치의 이상 유무	연간 1회
	도검	대검멈치쇠의 고장 유무	연간 1회

분사기, 최루탄 등	근접분사기	1. 안전핀의 부식 여부 2. 용기의 균열 유무	반기 1회
	가스분사기	1. 안전장치의 결함 유무 2. 약제통의 균열 유무	반기 1회
	가스발사총, 최루탄 발사장치	1. 구경의 임의개조 여부 2. 방아쇠를 당길 수 있는 힘이 1킬로그램 이상인지 여부	반기 1회
	최루탄(최루탄 발사장치를 제외한 것을 말한다)	물 또는 습기에 젖어 있는지 여부	반기 1회
기타 장비	가스차, 살수차, 특수진압차	최루탄발사대의 각도가 15도 이상인지 여부	반기 1회
	물포	곧은 물줄기의 압력이 제곱센티미터당 15킬로그램의 압력 이하인지 여부	반기 1회
	석궁	방아쇠를 당길 수 있는 힘이 1킬로그램 이상인지 여부	반기 1회
	다목적발사기	1. 안전장치의 작동 여부 2. 방아쇠를 당길 수 있는 힘이 1킬로그램 이상인지 여부	연간 1회
	도주차량 차단장비	원격조정버튼 미조작 시 차단핀이 완전히 눕혀지는지 여부	분기 1회

》 특수경비원의 무기 등

무기구입	시·도경찰청장(시설주가 신청한다)
구입대금	국가중요시설의 시설주(특수경비업자는 아니다)
무기소유	국가(시설주가 국가에 기부채납한다)
무기대여	• 무기대여신청서를 관할 경찰서장 및 공항경찰대장 등 국가중요시설의 경비책임자(관할 경찰관서장)를 거쳐 시·도경찰청장에게 제출 • 시·도경찰청장이 관할 경찰관서장으로 하여금 무기를 대여하도록 함
무기관리책임	시설주 및 관할 경찰관서장
무기관리상황 감독	• 관할 경찰관서장 • 관할 경찰관서장은 시설주 및 특수경비원의 무기관리상황을 매월 1회 이상 점검

무기휴대사전승인	• 시설주가 관할 경찰관서장에게 사전승인을 얻어야 함 • 국가중요시설에 총기 또는 폭발물의 소지자나 무장간첩 침입의 우려가 있는지의 여부 등을 고려함
무기휴대	시설주가 특수경비원에게 휴대하게 함
무기 관련 특수경비원의 의무	• 정당한 사유 없이 무기를 소지하고 배치된 경비구역 이탈금지의무 • 무기의 안전사용수칙 준수의무
무기지급 필요성 해소	시설주는 특수경비원으로부터 즉시 무기 회수
휴대 가능한 무기 종류	권총 및 소총

(4) 무기의 관리수칙 등

① 시설주, 무기의 관리를 위하여 지정받은 책임자(관리책임자)와 특수경비원은 **행정안전부령**이 정하는 무기관리수칙을 준수하여야 한다(경비업법 시행령 제20조 제7항).

② **시설주 등의 관리수칙**: 무기를 대여받은 국가중요시설의 **시설주 또는 관리책임자**는 다음의 관리수칙에 따라 무기(탄약을 포함한다. 이하 같다)를 관리하여야 한다(경비업법 시행규칙 제18조 제1항).

   ㉠ 무기의 관리를 위한 책임자를 지정하고 관할 경찰관서장에게 이를 통보할 것
   ㉡ 무기고 및 탄약고는 단층에 설치하고 환기·방습·방화 및 총받침대 등의 시설을 할 것
   ㉢ 탄약고는 무기고와 사무실 등 많은 사람을 수용하거나 많은 사람이 오고 가는 시설과 떨어진 곳에 설치할 것
   ㉣ 무기고 및 탄약고에는 이중 잠금장치를 하여야 하며, 열쇠는 관리책임자가 보관하되, 근무시간 이후에는 열쇠를 당직책임자에게 인계하여 보관시킬 것
   ㉤ 관할 경찰관서장이 정하는 바에 의하여 무기의 관리실태를 매월 파악하여 다음 달 3일까지 관할 경찰관서장에게 통보할 것
   ㉥ 대여받은 무기를 빼앗기거나 대여받은 무기가 분실·도난 또는 훼손되는 등의 사고가 발생한 때에는 관할 경찰관서장에게 그 사유를 지체 없이 통보할 것
   ㉦ 대여받은 무기를 빼앗기거나 대여받은 무기가 분실·도난 또는 훼손된 때에는 경찰청장이 정하는 바에 의하여 그 전액을 배상할 것. 다만, 전시·사변, 천재·지변 그 밖의 불가항력의 사유가 있다고 시·도경찰청장이 인정한 때에는 그러하지 아니함

> ㉤의 '관할 경찰관서장이 정하는 바에 의하여~'는 「청원경찰법」에서는 '청원주는 경찰청장이 정하는 바에 따라~'라고 규정되어 있다.

ⓔ 시설주는 자체계획을 수립하여 보관하고 있는 무기를 매주 1회 이상 손질할 수 있게 할 것

③ **징계 등 요청**: 시설주 또는 관리책임자는 고의 또는 과실로 무기(부속품을 포함한다)를 빼앗기거나 무기가 분실·도난 또는 훼손되도록 한 특수경비원에 대하여 특수경비업자에게 교체 또는 징계 등의 조치를 요청할 수 있다. 이 경우 특수경비업자는 특별한 사유가 없는 한 이에 응하여야 한다(경비업법 시행규칙 제18조 제2항).

④ **무기출납수칙**: 무기를 대여받은 **시설주 또는 관리책임자**가 특수경비원에게 무기를 출납하고자 하는 때에는 다음의 관리수칙에 따라 무기를 관리하여야 한다(경비업법 시행규칙 제18조 제3항).

ⓐ 관할 경찰관서장이 무기를 회수하여 집중적으로 관리하도록 지시하는 경우 또는 출납하는 탄약의 수를 증감하거나 출납을 중지하도록 지시하는 경우에는 이에 따를 것

ⓑ 탄약의 출납은 소총에 있어서는 1정당 15발 이내, 권총에 있어서는 1정당 7발 이내로 하되, 생산된 후 오래된 탄약을 우선적으로 출납할 것

ⓒ 무기를 지급받은 특수경비원으로 하여금 무기를 매주 1회 이상 손질하게 할 것

ⓓ 수리가 필요한 무기가 있는 때에는 그 목록과 무기장비운영카드를 첨부하여 관할 경찰관서장에게 수리를 요청할 것

⑤ **특수경비원의 무기관리수칙**: 시설주로부터 무기를 지급받은 **특수경비원**은 다음의 관리수칙에 따라 무기를 관리하여야 한다(경비업법 시행규칙 제18조 제4항).

ⓐ 무기를 지급받거나 반납하는 때 또는 무기의 인계 인수를 하는 때에는 반드시 '앞에 총'의 자세에서 '검사 총'을 할 것

ⓑ 무기를 지급받은 때에는 별도의 지시가 없는 한 탄약은 무기로부터 분리하여 휴대하여야 하며, 소총은 '우로 어깨걸어 총'의 자세를 유지하고, 권총은 '권총집에 넣어 총'의 자세를 유지할 것

ⓒ 지급받은 무기를 다른 사람에게 보관·휴대 또는 손질시키지 아니할 것

ⓓ 무기를 손질 또는 조작하는 때에는 총구를 반드시 공중으로 향하게 할 것

ⓔ 무기를 반납하는 때에는 손질을 철저히 한 후 반납하도록 할 것

ⓑ 근무시간 이후에는 무기를 시설주에게 반납하거나 교대근무자에게 인계할 것
⑥ **무기지급의 제외 등**: 시설주는 다음의 특수경비원에 대하여 무기를 지급해서는 안 되며, 지급된 무기가 있는 경우 이를 즉시 회수해야 한다(경비업법 시행규칙 제18조 제5항).
　ⓐ 형사사건으로 인하여 조사를 받고 있는 사람
　ⓑ 사직의사를 표명한 사람
　ⓒ 정신질환자
　ⓓ 그 밖에 무기를 지급하기에 부적합하다고 인정되는 사람

≫ 무기의 지급 제한 비교

경비업법(시설주 ⇨ 특수경비원)	청원경찰법(청원주 ⇨ 청원경찰)
• 형사사건으로 인하여 조사를 받고 있는 사람 • 사직의사를 표명한 사람 • 정신질환자 • 그 밖에 무기를 지급하기에 부적합하다고 인정되는 사람	• 직무상 비위(非違)로 징계대상이 된 사람 • 형사사건으로 조사대상이 된 사람 • 사직의사를 밝힌 사람 • 치매, 조현병, 조현정동장애, 양극성 정동장애(조울병), 재발성 우울장애 등의 정신질환으로 인하여 무기와 탄약의 휴대가 적합하지 않다고 해당 분야 전문의가 인정하는 사람 • 위의 규정 중 어느 하나에 준하는 사유로 청원주가 무기와 탄약을 지급하기에 적절하지 않다고 인정하는 사람

⑦ **무기수송**: 시설주는 무기를 수송하는 때에는 출발하기 전에 관할 경찰서장에게 그 사실을 통보하여야 하며, 통보를 받은 관할 경찰서장은 1인 이상의 무장경찰관을 무기를 수송하는 자동차 등에 함께 타도록 하여야 한다(경비업법 시행규칙 제18조 제6항).

핵심 기출문제

15 경비업법령상 시설주가 무기를 지급할 수 있는 특수경비원은?

• 제18회 기출

① 민사재판에 증인으로 출석 예정인 특수경비원
② 형사사건으로 인하여 조사를 받고 있는 특수경비원
③ 사직의사를 표명한 특수경비원
④ 정신질환자인 특수경비원

해설 ②③④ 특수경비원에 대하여 무기를 지급해서는 안 되는 경우에 해당하며, 지급된 무기가 있는 경우 이를 즉시 회수해야 한다.

정답 ①

16 경비업법령상 특수경비원의 직무 및 무기사용 등에 관한 내용이다. ( )에 들어갈 숫자로 옳은 것은?

• 제26회 기출

- 관할 경찰관서장은 시설주 및 특수경비원의 무기관리상황을 매월 (ㄱ) 회 이상 점검하여야 한다.
- 무기를 대여받은 국가중요시설의 시설주 또는 관리책임자는 관할 경찰관서장이 정하는 바에 의하여 무기의 관리실태를 매월 파악하여 다음 달 (ㄴ)일까지 관할 경찰관서장에게 통보하여야 한다.

① ㄱ: 1, ㄴ: 3
② ㄱ: 1, ㄴ: 5
③ ㄱ: 2, ㄴ: 3
④ ㄱ: 2, ㄴ: 5

해설
- 관할 경찰관서장은 시설주 및 특수경비원의 무기관리상황을 매월 1회 이상 점검하여야 한다.
- 무기를 대여받은 국가중요시설의 시설주 또는 관리책임자는 관할 경찰관서장이 정하는 바에 의하여 무기의 관리실태를 매월 파악하여 다음 달 3일까지 관할 경찰관서장에게 통보하여야 한다.

정답 ①

4. 경비원의 복장·장비 등 ★☆☆

(1) 복장

① 복장신고
  ㉠ 경비업자는 경찰공무원 또는 군인의 제복과 색상 및 디자인 등이 명확히 구별되는 소속 경비원의 복장을 정하고 이를 확인할 수 있는 사진을 첨부하여 주된 사무소를 관할하는 시·도경찰청장에게 행정안전부령으로 정하는 바에 따라 신고하여야 한다(경비업법 제16조 제1항).

위반 시 행정처분기준

복장신고규정 위반 시 과태료를 부과한다. 일반적으로 위반 1회 100만 원, 2회 200만 원, 3회 이상 400만 원의 과태료가 부과된다. 그러나 집단민원현장의 경우 1회 600만 원, 2회 1,200만 원, 3회 이상 2,400만 원의 과태료를 부과한다.
복장위반에 대한 행정처분은 1차 경고, 2차 영업정지 1개월, 3차 이상 영업정지 3개월에 해당한다.

ⓒ 경비원의 복장신고(변경신고를 포함한다)를 하려는 경비업자는 소속 경비원에게 **복장을 착용하도록 하기 전**에 [별지 제13호의2 서식]의 경비원 복장 등 신고서(전자문서로 된 신고서를 포함한다. 이하 같다)를 경비업자의 주된 사무소를 관할하는 시·도경찰청장에게 제출하여야 한다(경비업법 시행규칙 제19조 제1항).

② 복장 착용
ⓐ 경비업자는 경비업무 수행 시 경비원에게 소속 경비업체를 표시한 이름표를 부착하도록 하고, 신고된 동일한 복장을 착용하게 하여야 하며, 복장에 소속 회사를 오인할 수 있는 표시를 하거나 다른 회사의 복장을 착용하게 하여서는 아니 된다. 다만, 집단민원현장이 아닌 곳에서 신변보호업무를 수행하는 경우 또는 경비업무의 성격상 부득이한 사유가 있어 관할 경찰관서장이 허용하는 경우에는 그러하지 아니하다(경비업법 제16조 제2항).
ⓑ 경비원은 경비업무 수행 시 이름표를 경비원 복장의 상의 가슴 부위에 부착하여 경비원의 이름을 외부에서 알아볼 수 있도록 하여야 한다(경비업법 시행규칙 제19조 제4항).

③ 시정명령
ⓐ 시·도경찰청장은 제출받은 사진을 검토한 후 경비업자에게 복장 변경 등에 대한 시정명령을 할 수 있다(경비업법 제16조 제3항).
ⓑ 시정명령을 받은 경비업자는 이를 이행하여야 하고, 시·도경찰청장에게 행정안전부령으로 정하는 바에 따라 이행보고를 하여야 한다(경비업법 제16조 제4항).
ⓒ 경비원 복장 시정명령에 대한 이행보고를 하려는 경비업자는 [별지 제13호의3 서식]의 시정명령 이행보고서(전자문서로 된 보고서를 포함한다. 이하 같다)에 이행사실을 입증할 수 있는 사진 등의 서류를 첨부하여 시정명령을 한 시·도경찰청장에게 제출하여야 한다(경비업법 시행규칙 제19조 제2항).

④ **제출**: 경비업자는 신고서 또는 이행보고서를 경비업자의 주된 사무소를 관할하는 시·도경찰청 소속 경찰서장을 거쳐 제출할 수 있다. 이 경우 신고서 또는 이행보고서를 받은 경찰서장은 지체 없이 경비업자의 주된 사무소를 관할하는 시·도경찰청장에게 해당 신고서 또는 이행보고서를 보내야 한다(경비업법 시행규칙 제19조 제3항).

⑤ 그 밖에 경비원의 복장 등에 필요한 사항은 행정안전부령으로 정한다(경비업법 제16조 제5항).

> **위반 시 행정처분기준**
> 이름표 부착 및 신고된 동일 복장 착용규정 위반 시 과태료를 부과한다. 일반적으로 위반 1회 100만 원, 2회 200만 원, 3회 이상 400만 원의 과태료가 부과된다. 그러나 집단민원현장의 경우 1회 600만 원, 2회 1,200만 원, 3회 이상 2,400만 원의 과태료를 부과한다.

핵심 기출문제

17 경비업법령상 경비원의 복장 등에 관한 설명으로 옳지 <u>않은</u> 것은?

• 제26회 기출

① 경비업자는 경찰공무원 또는 군인의 제복과 색상 및 디자인 등이 명확히 구별되는 소속 경비원의 복장을 정하고 이를 확인할 수 있는 사진을 첨부하여 주된 사무소를 관할하는 경찰서장을 거쳐 경찰청장에게 신고하여야 한다.
② 경비원은 경비업무 수행 시 이름표를 경비원 복장의 상의 가슴 부위에 부착하여 경비원의 이름을 외부에서 알아볼 수 있도록 하여야 한다.
③ 경비업자는 집단민원현장이 아닌 곳에서 신변보호업무를 수행하는 경우에는 신고된 복장과 다른 복장을 경비원에게 착용하게 할 수 있다.
④ 복장 변경 등에 대한 시정명령을 받은 경비업자는 이를 이행하여야 한다.

해설 경비업자는 경찰공무원 또는 군인의 제복과 색상 및 디자인 등이 명확히 구별되는 소속 경비원의 복장을 정하고 이를 확인할 수 있는 사진을 첨부하여 주된 사무소를 관할하는 시·도경찰청장에게 행정안전부령으로 정하는 바에 따라 신고하여야 한다.

정답 ①

≫ 경비업법과 청원경찰법상 복장 비교

경비업법	① 경찰공무원 또는 군인의 제복과 색상 및 디자인 등이 명확히 구별되는 소속 경비원의 복장을 정하고, 이를 확인할 수 있는 사진을 첨부하여 주된 사무소를 관할하는 시·도경찰청장에게 행정안전부령으로 정하는 바에 따라 신고하여야 한다. ② 경비업자는 경비업무 수행 시 경비원에게 소속 경비업체를 표시한 이름표를 부착하도록 하고, 신고된 동일한 복장을 착용하게 하여야 하며, 복장에 소속 회사를 오인할 수 있는 표시를 하거나 다른 회사의 복장을 착용하게 하여서는 아니 된다. 다만, 집단민원현장이 아닌 곳에서 신변보호업무를 수행하는 경우 또는 경비업무의 성격상 부득이한 사유가 있어 관할 경찰관서장이 허용하는 경우에는 그러하지 아니하다. ③ 경비원의 복장 등에 필요한 사항은 행정안전부령으로 정한다.
청원경찰법	① 청원경찰은 근무 중 제복을 착용하여야 한다. ② 하복·동복의 착용시기는 사업장별로 청원주가 결정하되, 착용시기를 통일하여야 한다. ③ 제복의 형태·규격 및 재질은 청원주가 결정하되, 경찰공무원 또는 군인 제복의 색상과 명확하게 구별될 수 있어야 하며, 사업장별로 통일해야 한다. ④ 청원경찰이 그 배치지의 특수성 등으로 특수복장을 착용할 필요가 있을 때에는 청원주는 시·도경찰청장의 승인을 받아 특수복장을 착용하게 할 수 있다.

■ 경비업법 시행규칙 [별지 제13호의2 서식] 〈개정 2023.7.17.〉

경비원 복장 등 신고서

접수번호		접수일자		처리기간	즉시
신고인	법인 명칭			허가번호	
	소재지			전화번호	
	대표자 성명			생년월일	

복장 사진	상의	하의

표지장 사진	

「경비업법」 제16조 제1항, 같은 법 시행규칙 제19조 제1항에 따라 위와 같이 경비원의 복장을 신고합니다.

년   월   일

신고인(대표자)   (서명 또는 인)

시 · 도경찰청장   귀하

첨부서류	없음	수수료 없음

작성요령
여러 개의 복장을 신고할 경우에는 별지를 사용하시기 바랍니다.

210mm×297mm[백상지 80g/m² (재활용품)]

■ 경비업법 시행규칙 [별지 제13호의3 서식] 〈개정 2023.7.17.〉

시정명령 이행보고서

[ ] 경비원 복장 등
[ ] 출동차량 도색 등

접수번호		접수일		처리기간	즉시

보고인	법인 명칭		허가번호	
	대표자 성명			
	소재지		전화번호	

시정명령 이행보고	시정 지시사항
	시정 결과

「경비업법」제16조 제4항·제16조의3 제4항 및 같은 법 시행규칙 제19조 제2항·제21조 제2항에 따라 경비원 복장 등 또는 출동차량 도색 등의 시정명령에 대한 이행을 위와 같이 보고합니다.

년   월   일

보고인(대표자)   (서명 또는 인)

시·도경찰청장 귀하

첨부서류	시정사항에 따른 시정 결과 사진	수수료 없음

작성요령
여러 개의 복장과 차량 디자인을 보고할 경우에는 별지를 사용하시기 바랍니다.

210mm×297mm[백상지 80g/㎡(재활용품)]

(2) 장비 등

① 장비의 종류

㉠ 경비원이 휴대할 수 있는 장비의 종류는 경적·단봉·분사기 등 행정안전부령으로 정하되, 근무 중에만 이를 휴대할 수 있다(경비업법 제16조의2 제1항).

㉡ 경비원은 근무 중 경적, 단봉, 분사기, 안전방패, 무전기 및 그 밖에 경비 업무 수행에 필요한 것으로서 공격적인 용도로 제작되지 아니하는 장비를 휴대할 수 있으며, 안전모 및 방검복 등 안전장비를 착용할 수 있다(경비업법 시행규칙 제20조 제1항).

㉢ 경비원 장비의 구체적인 기준은 [별표 5]에 따른다(경비업법 시행규칙 제20조 제2항).

> **[별표 5] 경비원 휴대장비의 구체적인 기준**(시행규칙 제20조 제2항 관련) 〈개정 2023.7.17.〉

장비	장비기준
1. 경적	금속이나 플라스틱 재질의 호루라기
2. 단봉	금속(합금 포함)이나 플라스틱 재질의 전장 700mm 이하의 호신용 봉
3. 분사기	「총포·도검·화약류 등의 안전관리에 관한 법률」에 따른 분사기
4. 안전방패	플라스틱 재질의 폭 500mm 이하, 길이 1,000mm 이하의 방패로 경찰공무원이 사용하는 안전방패와 색상 및 디자인이 명확히 구분되어야 함
5. 무전기	무전기 송신 시 실시간으로 수신이 가능한 것
6. 안전모	안면을 가리지 아니하면서, 머리를 보호하는 장비로 경찰공무원이 사용하는 방석모와 색상 및 디자인이 명확히 구분되어야 함
7. 방검복	경찰공무원이 사용하는 방검복과 색상 및 디자인이 명확히 구분되어야 함

② 분사기의 휴대
경비업자가 경비원으로 하여금 분사기를 휴대하여 직무를 수행하게 하는 경우에는 「총포·도검·화약류 등 단속법」(=「총포·도검·화약류 등의 안전관리에 관한 법률」)에 따라 미리 분사기의 소지허가를 받아야 한다(경비업법 제16조의2 제2항).

위반 시 행정처분기준

①의 ㉠ 규정을 위반하여 장비 외의 흉기 등을 휴대할 경우 1년 이하의 징역 또는 1천만 원 이하의 벌금에 처하며, 형벌의 특수폭행 등에 그 죄에 정한 형의 2분의 1까지 가중처벌한다. 또한 행정처분의 대상으로 1차 경고, 2차 영업정지 1개월, 3차 이상 위반 시 영업정지 3개월이다.

심화학습

「총포·도검·화약류 등의 안전관리에 관한 법률」 제2조 【총포·도검·화약류·분사기·전자충격기·석궁의 소지허가】

① 제10조 각 호의 어느 하나에 해당하지 아니하는 자가 총포·도검·화약류·분사기·전자충격기·석궁을 소지하려는 경우에는 행정안전부령으로 정하는 바에 따라 다음 각 호의 구분에 따라 허가를 받아야 한다. 다만, 제1호 및 제2호의 총포 소지허가를 받으려는 경우에는 신청인의 정신질환 또는 성격장애 등을 확인할 수 있도록 행정안전부령으로 정하는 서류를 허가관청에 제출하여야 한다.

1. 총포(제2호에서 정하는 것은 제외한다): 주소지를 관할하는 시·도경찰청장
2. 총포 중 엽총·가스발사총·공기총·마취총·도살총·산업용총·구난구명총 또는 그 부품: 주소지를 관할하는 경찰서장
3. 도검·화약류·분사기·전자충격기 및 석궁: 주소지를 관할하는 경찰서장

③ 장비의 사용원칙 등
  ㉠ 누구든지 장비를 임의로 개조하여 통상의 용법과 달리 사용함으로써 다른 사람의 생명·신체에 위해를 가하여서는 아니 된다(경비업법 제16조의2 제3항).
  ㉡ 경비원은 경비업무를 위하여 필요하다고 인정되는 상당한 이유가 있을 때에는 필요한 최소한도에서 장비를 사용할 수 있다(경비업법 제16조의2 제4항).
  ㉢ 경찰청장은 경비원이 휴대하는 장비 등에 대하여 2014년 6월 8일을 기준으로 3년마다(매 3년이 되는 해의 6월 8일 전까지를 말한다) 그 타당성을 검토하여 개선 등의 조치를 하여야 한다(경비업법 시행규칙 제27조의2).
④ 그 밖에 경비원의 장비 등에 관하여 필요한 사항은 행정안전부령으로 정한다(경비업법 제16조의2 제5항).

핵심 기출문제

18 경비업법령상 경비원의 휴대장비의 구체적 기준으로 옳지 <u>않은</u> 것은?

• 제22회 기출

① 경적: 금속이나 플라스틱 재질의 호루라기
② 단봉: 금속(합금 포함)이나 플라스틱 재질의 전장 700mm 이하의 호신용 봉
③ 분사기: 경찰관 직무집행법에 따른 분사기
④ 안전방패: 플라스틱 재질의 폭 500mm 이하, 길이 1,000mm 이하의 방패로 경찰공무원이 사용하는 안전방패와 색상 및 디자인이 명확히 구분되어야 함

해설 분사기는 「총포·도검·화약류 등의 안전관리에 관한 법률」에 따른 분사기를 말한다.

정답 ③

19 경비업법령상 경비업자가 경비원으로 하여금 직무를 수행하게 하는 경우, 총포·도검·화약류 등의 안전관리에 관한 법률(총포·도검·화약류 등 단속법)에 따라 미리 소지허가를 받아야 하는 것은?

• 제21회 기출

① 경적
② 단봉
③ 분사기
④ 안전방패

해설 경비업자가 경비원으로 하여금 분사기를 휴대하여 직무를 수행하게 하는 경우에는 「총포·도검·화약류 등의 안전관리에 관한 법률」에 따라 미리 분사기의 소지허가를 받아야 한다.

정답 ③

(3) 출동차량 등

① **구별**: 경비업자는 출동차량 등의 도색 및 표지를 경찰차량 및 군차량과 명확히 구별될 수 있게 하여야 한다(경비업법 제16조의3 제1항).

② **신고**
  ㉠ 경비업자는 출동차량 등의 도색 및 표지를 정하고 이를 확인할 수 있는 사진을 첨부하여 주된 사무소를 관할하는 시·도경찰청장에게 행정안전부령으로 정하는 바에 따라 신고하여야 한다(경비업법 제16조의3 제2항).
  ㉡ 출동차량 등에 대한 신고(변경신고를 포함한다)를 하려는 경비업자는 **출동차량 등을 운행하기 전**에 [별지 제13호의4 서식]의 출동차량 등 신고서(전자문서로 된 신고서를 포함한다. 이하 같다)를 경비업자의 주된 사무소를 관할하는 시·도경찰청장에게 제출하여야 한다(경비업법 시행규칙 제21조 제1항).

③ **시정명령**: 시·도경찰청장은 제출받은 사진을 검토한 후 경비업자에게 도색 및 표지 변경 등에 대한 시정명령을 할 수 있다(경비업법 제16조의3 제3항).

④ **이행 및 보고**
  ㉠ 시정명령을 받은 경비업자는 이를 이행하여야 하고, 시·도경찰청장에게 행정안전부령으로 정하는 바에 따라 이행보고를 하여야 한다(경비업법 제16조의3 제4항).
  ㉡ 출동차량 등의 시정명령에 대한 이행보고를 하려는 경비업자는 [별지 제13호의3 서식]의 시정명령 이행보고서에 이행사실을 입증할 수 있는 사진 등의 서류를 첨부하여 시정명령을 한 시·도경찰청장에게 제출하여야 한다(경비업법 시행규칙 제21조 제2항).

⑤ **제출**: 경비업자는 신고서 및 이행보고서를 경비업자의 주된 사무소를 관할하는 시·도경찰청장 소속의 경찰서장을 거쳐 제출할 수 있다. 이 경우 신고서 또는 이행보고서를 받은 경찰서장은 지체 없이 경비업자의 주된 사무소를 관할하는 시·도경찰청장에게 해당 신고서 또는 이행보고서를 보내야 한다(경비업법 시행규칙 제21조 제3항).

⑥ 그 밖에 출동차량 등에 필요한 사항은 행정안전부령으로 정한다(경비업법 제16조의3 제5항).

■ 경비업법 시행규칙 [별지 제13호의4 서식] 〈개정 2023.7.17.〉

출동차량 등 신고서

접수번호		접수일자		처리기간	즉시
신고인	법인 명칭			허가번호	
	대표자 성명			전화번호	
	소재지				

차량 사진

전면	후면
좌측면	우측면

「경비업법」 제16조의3 제2항 및 같은 법 시행규칙 제21조 제1항에 따라 위와 같이 출동차량 등을 신고합니다.

년 월 일

신고인(대표자) (서명 또는 인)

시 · 도경찰청장 귀하

첨부서류	없음	수수료 없음

작성요령

여러 개의 차량을 신고할 경우에는 별지를 사용하시기 바랍니다.

210mm×297mm[백상지 80g/m²(재활용품)]

핵심 기출문제

20 경비업법령상 출동차량에 관한 내용이다. ( )에 들어갈 내용으로 옳은 것은?
• 제24회 기출

> 경비업자는 출동차량 등의 도색 및 표지를 (ㄱ)차량 및 (ㄴ)차량과 명확히 구별될 수 있게 하여야 한다.

① ㄱ: 소방, ㄴ: 군
② ㄱ: 소방, ㄴ: 구급
③ ㄱ: 경찰, ㄴ: 군
④ ㄱ: 경찰, ㄴ: 구급

해설 경비업자는 출동차량 등의 도색 및 표지를 경찰차량 및 군차량과 명확히 구별될 수 있게 하여야 한다.

정답 ③

21 경비업법령상 경비원의 장비 및 출동차량 등에 관한 설명으로 옳지 <u>않은</u> 것은?
• 제26회 기출

① 경비업자가 경비원으로 하여금 분사기를 휴대하여 직무를 수행하게 하는 경우에는 총포·도검·화약류 등 단속법에 따라 미리 분사기의 소지허가를 받아야 한다.
② 경비원은 근무 중 경적, 단봉, 분사기, 안전방패, 무전기 및 그 밖에 경비업무 수행에 필요한 것으로서 공격적인 용도로 제작되지 아니하는 장비를 휴대할 수 있다.
③ 경비업자는 출동차량 등의 도색 및 표지를 경찰차량 및 군차량과 명확히 구별될 수 있게 하여야 한다.
④ 경비원이 휴대할 수 있는 장비의 종류는 경적·단봉·분사기 등 행정안전부령으로 정하되, 근무 중에는 물론 근무 후에도 이를 휴대할 수 있다.

해설 경비원이 휴대할 수 있는 장비의 종류는 경적·단봉·분사기 등 행정안전부령으로 정하되, 근무 중에만 이를 휴대할 수 있다.

정답 ④

5. 결격사유 확인을 위한 범죄경력조회 등 ★★☆

(1) 범죄경력조회

① **직권 또는 요청에 의한 조회**: 경찰청장, 시·도경찰청장 또는 관할 경찰관서장은 직권으로 또는 범죄경력조회 요청이 있는 경우에는 경비업자의 임원, 경비지도사 또는 경비원이 결격사유(경비업법 제5조 제3호·제4호, 제10조 제1항 제3호부터 제8호까지 또는 같은 조

> **범죄경력조회 비교**
> 경비업법 제5조 제3호·제4호, 제10조 제1항 제3호부터 제8호까지 또는 같은 조 제2항 제3호·제4호에서 특수경비원의 경우에는 "파산선고를 받고 복권되지 아니한 자"가 포함되는 점이다.

제2항 제3호・제4호)에 해당하는지를 확인하기 위하여 「형의 실효 등에 관한 법률」 제6조에 따른 범죄경력조회를 할 수 있다(경비업법 제17조 제1항).

② 경비업자의 범죄경력조회 요청

㉠ 경비업자는 선출・선임・채용 또는 배치하려는 임원, 경비지도사 또는 경비원이 결격사유(경비업법 제5조 제3호・제4호, 제10조 제1항 제3호부터 제8호까지 또는 같은 조 제2항 제3호・제4호)에 해당하는지를 확인하기 위하여 주된 사무소, 출장소 또는 배치장소를 관할하는 시・도경찰청장 또는 경찰관서장에게 「형의 실효 등에 관한 법률」 제6조에 따른 범죄경력조회를 요청할 수 있다(경비업법 제17조 제2항).

㉡ 범죄경력조회 요청은 [별지 제13호의5 서식]의 범죄경력조회 신청서(전자문서로 된 신청서를 포함한다)에 따른다(경비업법 시행규칙 제22조 제1항).

㉢ 경비업자는 범죄경력조회를 요청하는 경우 다음의 서류를 첨부하여야 한다(경비업법 시행규칙 제22조 제2항).

ⓐ 경비업 허가증 사본
ⓑ 취업자 또는 취업예정자 범죄경력조회 동의서[별지 제13호의6 서식]

핵심 기출문제

22 경비업법령상 경비원의 결격사유 확인을 위해 경비업자가 범죄경력조회를 요청하는 경우 첨부하여야 하는 서류로만 옳게 나열된 것은?

• 제26회 기출

ㄱ. 경비업 허가증 사본
ㄴ. 주민등록초본
ㄷ. 취업자 또는 취업예정자 범죄경력조회 동의서
ㄹ. 신분증 사본

① ㄱ, ㄴ
② ㄱ, ㄷ
③ ㄱ, ㄴ, ㄷ
④ ㄴ, ㄷ, ㄹ

해설 범죄경력조회 신청서에 경비업 허가증 사본과 취업자 또는 취업예정자 범죄경력조회 동의서를 첨부하여야 한다.

정답 ②

(2) 통보

① **통보 내용**: 범죄경력조회 요청을 받은 시·도경찰청장 또는 관할 경찰관서장이 경비업자에게 그 결과를 통보할 때에는 경비업자의 임원, 경비지도사 또는 경비원이 **결격사유**(경비업법 제5조 제3호·제4호, 제10조 제1항 제3호부터 제8호까지 또는 같은 조 제2항 제3호·제4호)**에 해당하는지 여부만을** 통보하여야 한다(경비업법 제17조 제3항).

② **통보 대상**: 시·도경찰청장 또는 관할 경찰관서장은 경비업자의 임원, 경비지도사 또는 경비원이 「경비업법」상의 결격사유(제5조 각 호, 제10조 제1항 각 호 또는 제2항 각 호)에 해당하는 사실을 알게 되거나 「경비업법」 또는 「경비업법」에 따른 명령을 위반한 때에는 경비업자에게 그 사실을 통보하여야 한다(경비업법 제17조 제4항).

> 「경비업법」
> 제5조【임원의 결격사유】다음 각 호의 어느 하나에 해당하는 자는 경비업을 영위하는 법인(제4호에 해당하는 자의 경우에는 특수경비업무를 수행하는 법인을 말하고, 제5호에 해당하는 자의 경우에는 허가취소사유에 해당하는 경비업무와 동종의 경비업무를 수행하는 법인을 말한다)의 임원이 될 수 없다.
> 1. 피성년후견인
> 2. 파산선고를 받고 복권되지 아니한 자
> 3. 금고 이상의 형의 선고를 받고 그 형이 실효되지 아니한 자
> 4. 이 법 또는 「대통령 등의 경호에 관한 법률」에 위반하여 벌금형의 선고를 받고 3년이 지나지 아니한 자
> 5. 이 법(제19조 제1항 제2호 및 제7호는 제외한다) 또는 이 법에 의한 명령에 위반하여 허가가 취소된 법인의 허가취소 당시의 임원이었던 자로서 그 취소 후 3년이 지나지 아니한 자
> 6. 제19조 제1항 제2호 및 제7호의 사유로 허가가 취소된 법인의 허가취소 당시의 임원이었던 자로서 허가가 취소된 날부터 5년이 지나지 아니한 자
>
> 제10조【경비지도사 및 경비원의 결격사유】① 다음 각 호의 어느 하나에 해당하는 자는 경비지도사 또는 일반경비원이 될 수 없다.
> 1. 18세 미만인 사람 또는 피성년후견인
> 2. 파산선고를 받고 복권되지 아니한 자
> 3. 금고 이상의 실형의 선고를 받고 그 집행이 종료(집행이 종료된 것으로 보는 경우를 포함한다)되거나 집행이 면제된 날부터 5년이 지나지 아니한 자
> 4. 금고 이상의 형의 집행유예선고를 받고 그 유예기간 중에 있는 자
> 5. 다음 각 목의 어느 하나에 해당하는 죄를 범하여 벌금형을 선고받은 날부터 10년이 지나지 아니하거나 금고 이상의 형을 선고받고 그 집행이 종료된(종료된 것으로 보는 경우를 포함한다) 날 또는 집행이 유예·면제된 날부터 10년이 지나지 아니한 자
>   가. 「형법」 제114조의 죄
>   나. 「폭력행위 등 처벌에 관한 법률」 제4조의 죄
>   다. 「형법」 제297조, 제297조의2, 제298조부터 제301조까지, 제301조의2, 제302조, 제303조, 제305조, 제305조의2의 죄
>   라. 「성폭력범죄의 처벌 등에 관한 특례법」 제3조부터 제11조까지 및 제15조(제3조부터 제9조까지의 미수범만 해당한다)의 죄

마. 「아동·청소년의 성보호에 관한 법률」 제7조 및 제8조의 죄
바. 다목부터 마목까지의 죄로서 다른 법률에 따라 가중처벌되는 죄
6. 다음 각 목의 어느 하나에 해당하는 죄를 범하여 벌금형을 선고받은 날부터 5년이 지나지 아니하거나 금고 이상의 형을 선고받고 그 집행이 유예된 날부터 5년이 지나지 아니한 자
  가. 「형법」 제329조부터 제331조까지, 제331조의2 및 제332조부터 제343조까지의 죄
  나. 가목의 죄로서 다른 법률에 따라 가중처벌되는 죄
7. 제5호 다목부터 바목까지의 어느 하나에 해당하는 죄를 범하여 치료감호를 선고받고 그 집행이 종료된 날 또는 집행이 면제된 날부터 10년이 지나지 아니한 자 또는 제6호 각 목의 어느 하나에 해당하는 죄를 범하여 치료감호를 선고받고 그 집행이 면제된 날부터 5년이 지나지 아니한 자
8. 이 법이나 이 법에 따른 명령을 위반하여 벌금형을 선고받은 날부터 5년이 지나지 아니하거나 금고 이상의 형을 선고받고 그 집행이 유예된 날부터 5년이 지나지 아니한 자

② 다음 각 호의 어느 하나에 해당하는 자는 특수경비원이 될 수 없다.
1. 18세 미만이거나 60세 이상인 사람 또는 피성년후견인
2. 심신상실자, 알코올 중독자 등 대통령령으로 정하는 정신적 제약이 있는 자
3. 제1항 제2호부터 제8호까지의 어느 하나에 해당하는 자
4. 금고 이상의 형의 선고유예를 받고 그 유예기간 중에 있는 자
5. 행정안전부령으로 정하는 신체조건에 미달되는 자

핵심 기출문제

23 경비업법령상 결격사유 확인을 위한 범죄경력조회 등에 관한 설명으로 옳지 않은 것은?

• 제25회 기출

① 시·도경찰청장 또는 관할 경찰관서장은 경비업자의 임원, 경비지도사 또는 경비원이 결격사유에 해당하는 사실을 알게 된 때에는 경비업자에게 그 사실을 통보하여야 한다.
② 범죄경력조회 요청을 받은 관할 경찰관서장은 경비업자에게 그 결과를 통보할 때에는 경비업자의 임원, 경비지도사 또는 경비원이 결격사유에 해당하는지 여부만을 통보하여야 한다.
③ 경비업자는 선출하려는 임원, 경비지도사 또는 경비원이 결격사유에 해당하는지를 확인하기 위하여 주된 사무소, 출장소 또는 배치장소를 관할하는 시·도경찰청장 또는 경찰관서장에게 형의 실효 등에 관한 법률 제6조에 따른 범죄경력조회를 요청할 수 있다.
④ 경비업자는 범죄경력조회를 요청하는 경우 취업자 또는 취업예정자 범죄경력조회 동의서와 주민등록초본을 첨부하여야 한다.

해설 경비업자는 범죄경력조회를 요청하는 경우 범죄경력조회 신청서(전자문서로 된 신청서를 포함한다)에 경비업 허가증 사본, 취업자 또는 취업예정자 범죄경력조회 동의서를 첨부하여야 한다.

정답 ④

■ 경비업법 시행규칙 [별지 제13호의5 서식] 〈개정 2023.7.17.〉

범죄경력조회 신청서

접수번호		접수일자		처리일자		처리기간	1일
신청인 (대표자)	업체명				허가번호		
	대표자				전화번호		
	주소지						
대상자	성명	한글					
		한자			영문*		
	주민등록번호 (여권번호 또는 외국인등록번호*)	–		국적*			
	주 소						
	취업(예정)직위						

「경비업법」 제17조 제2항에 따라 우리 업체에 취업(예정)자인 (임원·경비원·경비지도사)에 대한 범죄경력조회를 요청하오니 그 결과를 회신해 주시기 바랍니다.

년   월   일

신청인(대표자)   (서명 또는 인)

_____ 시·도경찰청장(경찰서장) 귀하

첨부서류	1. 경비업 허가증 사본 2. 취업자 또는 취업예정자 범죄경력조회 동의서 각 1부	수수료
		없음

작성요령

1. 영문 성명 및 국적은 조회 대상자가 외국인인 경우만 적습니다.
2. 조회 대상자가 외국인인 경우 주민등록번호 대신 여권번호 또는 외국인등록번호를 적습니다.
3. 조회 대상자가 여러 명일 경우에는 별지를 사용하시기 바랍니다.

처리절차

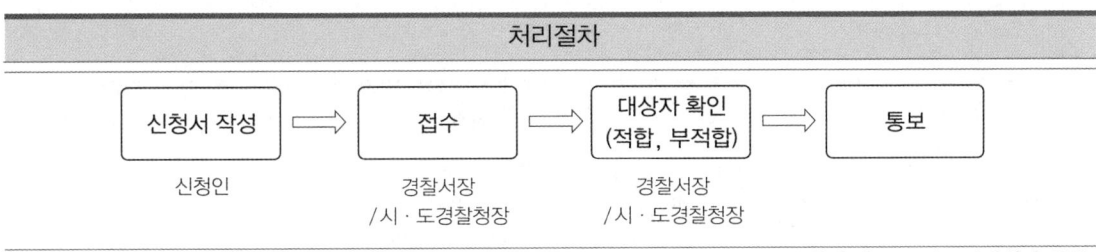

210mm×297mm[백상지 80g/m² (재활용품)]

■ 경비업법 시행규칙 [별지 제13호의6 서식]

범죄경력조회 동의서

대상자	성명	한글		
		한자		영문*
	주민등록번호 (여권번호 또는 외국인등록번호*)	–	국적*	
	주소			
	전화번호	자택	휴대전화	

본인은 경비업체 ○○에 (임원·경비지도사·경비원)으로 취업한 사람(취업예정자)로서, 「경비업법」 제17조 제2항에 따른 범죄경력조회에 동의합니다.

년   월   일

동의자   (서명 또는 인)

_____ 시·도경찰청장(경찰서장) 귀하

작성요령

1. 영문 성명 및 국적은 조회 대상자가 외국인인 경우만 적습니다.
2. 조회 대상자가 외국인인 경우 주민등록번호 대신 여권번호 또는 외국인등록번호를 적습니다.

210mm×297mm[백상지 80g/m²(재활용품)]

(3) 위반행위의 보고 및 통보

① **서면 등 통보**: 경비업자의 출장소 또는 경비대상시설을 관할하는 시·도경찰청장 또는 경찰관서장은 출장소의 임·직원이나 경비원이 「경비업법」 또는 「경비업법」에 의한 명령에 위반한 사실을 안 때에는 지체 없이 그 사실을 서면 등으로 당해 경비업을 허가한 시·도경찰청장에게 통보하거나 보고하여야 한다(경비업법 시행령 제23조 제1항).

② **행정처분 통보**: 통보 또는 보고를 받은 시·도경찰청장은 그 위반행위에 대하여 행정처분을 한 때에는 이를 해당 시·도경찰청장 또는 경찰관서장에게 통보하여야 한다(경비업법 시행령 제23조 제2항).

6. 경비원의 명부 ★★☆

경비업자는 행정안전부령이 정하는 바에 따라 경비원의 명부를 작성·비치하여야 한다. 다만, 집단민원현장에 배치되는 일반경비원의 명부는 그 경비원이 배치되는 장소에도 작성·비치하여야 한다(경비업법 제18조 제1항).

> **단서 규정 위반**
> 단서 규정(집단민원현장)을 위반하여 경비원의 명부를 작성·비치하지 아니하는 자는 행정처분의 대상이며, 또한 행정질서벌(과태료)의 대상이다.

(1) 작성·비치

경비업자는 다음의 장소에 [별지 제14호 서식]의 경비원 명부(② 및 ③의 경우에는 해당 장소에 배치된 경비원의 명부를 말한다)를 작성·비치하여 두고, 이를 항상 정리하여야 한다(경비업법 시행규칙 제23조).
① 주된 사무소 ② 출장소 ③ 집단민원현장

(2) 위반 시 조치 비교

위반대상	구분	1차 위반	2차 위반	3차 이상 위반
원칙 (법 제18조 제1항 본문)	경비원 명부 미비치	100만 원	200만 원	400만 원
	경비원 명부 미작성	50만 원	100만 원	200만 원
집단민원현장 (법 제18조 제1항 단서)	경비원 명부 미작성·미비치	영업정지 1개월	영업정지 3개월	허가취소
	경비원 명부 미비치	600만 원	1,200만 원	2,400만 원
	경비원 명부 미작성	300만 원	600만 원	1,200만 원

핵심 기출문제

24 경비업법령상 경비원의 명부를 작성·비치하여 두어야 하는 장소가 **아닌** 것은?
• 제22회 기출

① 집단민원현장 ② 관할 경찰관서
③ 주된 사무소 ④ 신설 출장소

해설 경비업법령상 경비업자는 주된 사무소, 출장소, 집단민원현장에 배치된 경비원의 명부를 작성·비치하여 두고, 이를 항상 정리하여야 한다.

정답 ②

7. 경비원의 배치허가 등 ★★☆

(1) 배치신고 및 허가신청

① 경비업자가 경비원을 배치하거나 배치를 폐지한 경우에는 행정안전부령이 정하는 바에 따라 관할 경찰관서장에게 신고하여야 한다(경비업법 제18조 제2항 본문).

② **원칙**(사후신고): 경비업자는 경비업무를 수행하기 위하여 **20일 이상** 경비원을 배치하거나 그 기간을 연장하려는 때에는 경비원을 배치한 후 7일 이내에 [별지 제15호 서식]의 경비원 배치신고서(전자문서로 된 신고서를 포함하며, 이하 "배치신고서"라 한다)를 배치지를 관할하는 경찰관서장에게 제출해야 한다(경비업법 시행규칙 제24조 제1항 본문).

핵심 기출문제

25 경비업법령상 경비원의 배치신고에 관한 내용이다. (   )에 들어갈 숫자로 옳은 것은?
• 제24회 기출

> 경비업자는 경비업무를 수행하기 위하여 (ㄱ)일 이상 경비원을 배치하거나 그 기간을 연장하려는 때에는 경비원을 배치한 후 (ㄴ)일 이내에 경비원 배치신고서를 배치지를 관할하는 경찰관서장에게 제출해야 한다.

① ㄱ: 10, ㄴ: 7 ② ㄱ: 15, ㄴ: 10
③ ㄱ: 20, ㄴ: 7 ④ ㄱ: 30, ㄴ: 10

해설 경비업자는 경비업무를 수행하기 위하여 20일 이상 경비원을 배치하거나 그 기간을 연장하려는 때에는 경비원을 배치한 후 7일 이내에 경비원 배치신고서(전자문서로 된 신고서 포함)를 배치지를 관할하는 경찰관서장에게 제출해야 한다.

정답 ③

③ 예외
　㉠ 허가신청 및 사전신고해야 하는 경우: 다음의 경우에는 허가신청 및 사전신고하여야 한다.
　　ⓐ 시설경비업무, 신변보호업무 또는 혼잡·교통유도경비업무(경비업법 제2조 제1호) 중 집단민원현장에 배치된 일반경비원
　　ⓑ 집단민원현장이 아닌 곳에서 신변보호업무(경비업법 제2조 제1호 다목)를 수행하는 일반경비원
　　ⓒ 특수경비원
　㉡ 허가신청: 위 ㉠의 ⓐ(시설경비업무, 신변보호업무 또는 혼잡·교통유도경비업무 중 집단민원현장에 배치된 일반경비원)의 경우에 경비원을 배치하기 **48시간 전**까지 행정안전부령으로 정하는 바에 따라 배치허가를 신청하고, 관할 경찰관서장의 배치허가를 받은 후에 경비원을 배치하여야 하며, 이 경우 관할 경찰관서장은 배치허가를 함에 있어 필요한 조건을 붙일 수 있다(경비업법 제18조 제2항 단서).
　㉢ 사전신고: 위 ㉠의 ⓑ(집단민원현장이 아닌 곳에서 신변보호업무를 수행하는 일반경비원) 및 ⓒ(특수경비원)의 경우에는 배치하기 전까지 신고하여야 한다(경비업법 제18조 제2항 단서). 즉, ⓑ 및 ⓒ에 해당하는 경비원을 배치하는 경우에는 경비원을 배치하는 기간과 관계없이 경비원을 배치하기 전까지 배치신고서를 배치지 관할 경찰관서장에게 제출하여야 한다(경비업법 시행규칙 제24조 제1항 단서).

(2) 특수경비원의 배치신고 등

① 배치신고: 특수경비원의 경우에는 배치하기 전까지 신고하여야 한다(경비업법 제18조 제2항 단서). 특수경비원을 배치하는 경우에는 경비원을 배치하는 기간과 관계없이 경비원을 배치하기 전까지 배치신고서를 제출해야 한다(경비업법 시행규칙 제24조 제1항 단서).
② 동의서: 특수경비원을 배치하는 경비업자는 배치신고서에 특수경비원 전원의 [별지 제15호의2 서식]의 병력(病歷)신고 및 개인정보 이용 동의서를 첨부하여 관할 경찰관서장에게 제출해야 한다(경비업법 시행규칙 제24조 제2항).
③ 치료경력의 조회요청
　㉠ 동의서를 제출받은 관할 경찰관서장은 국민건강보험공단 등

관계기관에 치료경력의 조회를 요청할 수 있다(경비업법 시행규칙 제24조 제3항).

ⓛ 관할 경찰관서장은 동의서의 기재내용 또는 관계기관의 조회결과를 확인하여 필요한 경우 경비업자에게 다음의 서류를 제출하도록 요청할 수 있다. 이 경우 경비업자는 해당 특수경비원의 서류(제출일 기준 6개월 이내에 발급된 서류에 한정한다)를 관할 경찰관서장에게 제출해야 한다(경비업법 시행규칙 제24조 제4항).

ⓐ 다음에 해당하지 않음을 증명하는 해당 분야 전문의의 진단서 1부
- 심신상실자
- 마약·대마·향정신성의약품 또는 알코올 중독자
- 「치매관리법」 제2조 제1호에 따른 치매, 조현병·조현정동장애·양극성정동장애(조울병)·재발성우울장애 등의 정신질환이나 정신 발육지연, 뇌전증 등이 있는 사람

ⓑ 다음에 해당하는 경우 이를 증명하는 해당 분야 전문의의 진단서 1부
- 「치매관리법」 제2조 제1호에 따른 치매, 조현병·조현정동장애·양극성정동장애(조울병)·재발성우울장애 등의 정신질환이나 정신 발육지연, 뇌전증 등이 있는 사람. 다만, 해당 분야 전문의가 특수경비원으로서 적합하다고 인정하는 사람은 제외한다.

(3) 집단민원현장에의 일반경비원 배치허가 등

① **허가신청**: 집단민원현장에 일반경비원 배치허가를 신청하려는 경비업자는 [별지 제15호의3 서식]의 집단민원현장 일반경비원 배치허가신청서(전자문서에 의한 신청서를 포함하며, 이하 "배치허가신청서"라 한다)에 집단민원현장에 배치될 일반경비원의 신임교육 이수증(일반경비원 신임교육 면제대상의 경우 신임교육 면제대상에 해당함을 입증할 수 있는 서류를 말한다) 각 1부를 첨부하여 관할 경찰관서장에게 제출해야 한다(경비업법 시행규칙 제24조의2 제1항).

② **허가통보**: 배치허가신청서를 받은 관할 경찰관서장은 경비원 배치예정 일시 전까지 배치허가 여부를 결정하여 경비업자에게 통보하여야 한다(경비업법 시행규칙 제24조의2 제2항).

③ **배치기간 연장허가**: 일반경비원 배치허가를 받은 경비업자가 경비원 배치기간을 연장하려는 경우에는 배치기간이 만료되기 48시간 전까지 배치허가신청서를 관할 경찰관서장에게 제출하여 허가를 받아야 한다(경비업법 시행규칙 제24조의2 제3항).

④ **추가배치허가**: 일반경비원 배치허가를 받은 경비업자가 집단민원현장에 새로운 경비원을 배치하려는 경우에는 새로운 경비원을 배치하기 48시간 전까지 배치허가신청서를 관할 경찰관서장에게 제출하여 허가를 받아야 한다(경비업법 시행규칙 제24조의2 제4항).

⑤ **배치폐지 절차**: 일반경비원 배치허가를 받은 경비업자가 경비원의 배치를 폐지한 때에는 배치폐지를 한 날부터 48시간 이내에 [별지 제15호의4 서식]의 집단민원현장 일반경비원 배치폐지신고서(전자문서로 된 신고서를 포함한다)를 관할 경찰관서장에게 제출해야 한다(경비업법 시행규칙 제24조의2 제5항).

⑥ **경비지도사의 변경**: 일반경비원 배치허가를 받은 경비업자가 집단민원현장에 배치된 경비지도사를 변경한 경우에는 변경된 내용을 관할 경찰관서장에게 통보하여야 한다(경비업법 시행규칙 제24조의2 제6항).

(4) 배치허가 불허사유 및 방문조사

관할 경찰관서장은 배치허가신청을 받은 경우 다음의 사유에 해당하는 때에는 배치허가를 하여서는 아니 된다. 이 경우 관할 경찰관서장은 다음의 사유를 확인하기 위하여 소속 경찰관으로 하여금 그 배치장소를 방문하여 조사하게 할 수 있다(경비업법 제18조 제3항).

① 「경비업법」 제15조의2 제1항(경비원은 직무를 수행함에 있어 타인에게 위력을 과시하거나 물리력을 행사하는 등 경비업무의 범위를 벗어난 행위를 하여서는 아니 된다) 및 제2항(누구든지 경비원으로 하여금 경비업무의 범위를 벗어난 행위를 하게 하여서는 아니 된다)을 위반하여 경비업무의 범위를 벗어난 행위를 할 우려가 있는 경우

② 경비원 중 「경비업법」 제10조 제1항 또는 제2항에 해당하는 결격자나 「경비업법」 제13조에 따른 신임교육을 받지 아니한 사람이 대통령령으로 정하는 기준(100분의 21) 이상으로 포함되어 있는 경우

③ 「경비업법」 제24조에 따라 경비원의 복장·장비 등에 대하여 내려진 필요한 명령을 이행하지 아니하는 경우

> **100분의 21 이상**
> 100분의 21 이상이란 「경비업법」 제7조의2 제2항 단서 조항에 근거하여 시설주 등이 집단민원현장 발생 3개월 전에 직접 고용하여 경비업무를 수행하는 피고용인이 있을 수 있음을 고려한 것이다.

≫ 배치불허 사유와 배치폐지 사유의 비교

배치불허 사유	배치폐지 사유
• 경비업무의 범위를 벗어난 행위를 할 우려가 있는 때 • 경비원 중 결격자나 신임교육을 받지 아니한 사람이 100분의 21 이상으로 포함되어 있는 때 • 경비원의 복장 · 장비 등에 대하여 내려진 필요한 명령을 이행하지 아니하는 때	• 배치허가를 받지 아니하고 경비원을 배치하거나 경비원 명단 및 배치일시 · 배치장소 등 배치허가신청의 내용을 거짓으로 한 때 • 결격사유에 해당하는 자를 집단민원현장에 일반경비원으로 배치한 때 • 신임교육을 이수하지 아니한 자를 경비원으로 배치한 때 • 경비업자 또는 경비원이 위력이나 흉기 또는 그 밖의 위험한 물건을 사용하여 집단적 폭력사태를 일으킨 때 • 경비업자가 경비원배치 · 배치폐지 신고의무를 위반하여 신고하지 아니하고 일반경비원을 배치한 때

(5) 경비가 필요한 시설 등에 대한 경비의 요청

① **배치요청**: 시 · 도경찰청장 또는 경찰서장은 행사장, 그 밖에 많은 사람이 모이는 시설 또는 장소(이하 "행사장 등"이라 한다)에서 혼잡 등으로 인한 위험의 발생을 방지하기 위하여 경비가 필요하다고 인정하는 경우에는 행사의 주최자나 시설 또는 장소의 관리자에게 행사장 등에 경비원을 배치하도록 요청할 수 있다(경비업법 시행령 제30조 제1항).

② **요청시기**: 시 · 도경찰청장 또는 경찰서장은 요청을 할 때 행사의 주최자나 시설 또는 장소의 관리자에게 행사장 등에 경비원을 배치할 수 없다고 판단되는 경우에는 행사개최일 또는 많은 사람이 모이는 날 1일 전까지 그 사실을 통지해 줄 것을 함께 요청할 수 있다(경비업법 시행령 제30조 제2항).

핵심 기출문제

26 경비업법령상 경비원의 명부와 배치허가 등에 관한 설명으로 옳지 <u>않은</u> 것은?
• 제26회 기출

① 경비업자가 경비원의 배치를 폐지한 경우에는 행정안전부령으로 정하는 바에 따라 관할 경찰관서장에게 신고하여야 한다.
② 집단민원현장에 배치되는 특수경비원의 명부는 그 경비원이 배치되는 장소에도 작성·비치하여야 한다.
③ 경비업자는 특수경비원을 배치하는 경우에는 경비원을 배치하는 기간과 관계없이 경비원을 배치하기 전까지 경비원 배치신고서를 배치지를 관할하는 경찰관서장에게 제출해야 한다.
④ 일반경비원 배치허가를 받은 경비업자가 집단민원현장에 새로운 경비원을 배치하려는 경우에는 새로운 경비원을 배치하기 48시간 전까지 배치허가 신청서를 관할 경찰관서장에게 제출하여 허가를 받아야 한다.

해설 집단민원현장에 배치되는 일반경비원의 명부는 그 경비원이 배치되는 장소에도 작성·비치하여야 한다.

정답 ②

27 경비업법령상 관할 경찰관서장이 집단민원현장에 일반경비원 배치허가 신청을 받은 경우에 배치허가를 하여서는 아니 되는 경우로 옳지 <u>않은</u> 것은?
• 제26회 기출

① 경비원 중 신임교육을 받지 아니한 사람이 100분의 15 포함되어 있는 경우
② 경비업무의 범위를 벗어난 행위를 할 우려가 있는 경우
③ 경비원 중 결격자가 대통령령으로 정하는 기준 이상으로 포함되어 있는 경우
④ 경비원의 복장·장비 등에 대하여 내려진 필요한 명령을 이행하지 아니하는 경우

해설 경비원 중 신임교육을 받지 아니한 사람이 100분의 21 이상 포함되어 있는 경우에는 배치허가를 하여서는 아니 된다.

정답 ①

■ 경비업법 시행규칙 [별지 제15호 서식] 〈개정 2023.7.17.〉

경비원 [ ] 배치 / [ ] 배치폐지 신고서

접수번호	접수일자		처리기간	즉시

신고인	법인 명칭	대표자 성명	허가번호
	소재지		전화번호
	배치장소(구체적으로 기재)		전화번호

경비원 배치(폐지) 내용	배치일시	배치폐지(예정)일시
	경비의 목적 또는 내용(구체적으로 기재)	

경비원 명단	연번	성명	주민등록번호	배치 경비업무	경비원 신임교육 이수증 교부번호

「경비업법」 제18조 제2항, 같은 법 시행규칙 제24조에 따라 위와 같이 경비원의 (배치·배치폐지)를 신고합니다.

년 월 일

신고인(대표자) (서명 또는 인)

○○ **경찰서장** 귀하

첨부서류	병력(病歷)신고 및 개인정보 이용 동의서(특수경비원의 배치신고에만 해당합니다)	수수료 없음

작성요령

1. 경비원 신임교육 이수증 번호는 신임교육을 받은 경비원만 적습니다.
2. 배치·배치폐지 경비원 명단 작성 시 필요하면 별지를 사용하시기 바랍니다.

210mm×297mm[백상지 80g/m² (재활용품)]

■ 경비업법 시행규칙 [별지 제15호의2 서식]

병력(病歷) 신고 및 개인정보 이용 동의서

※ 다음 물음을 읽고 있음 또는 없음의 해당 [ ] 칸에 ✔표시를 하며, 있음에 표시한 경우 그 내용을 적습니다.

접수번호		접수일	처리일		처리기간	10일
(1) 귀하는 조현병ㆍ정동장애(情動障碍)ㆍ재발성우울장애 등의 정신질환으로 치료받은 사실이 있습니까?					[ ]있음 [ ]없음	
(있는 경우)	병명			치료병원		
	치료개시일			치료종료일		
(2) 귀하는 치매ㆍ정신발육지연ㆍ뇌전증 등으로 치료받은 사실이 있습니까?					[ ]있음 [ ]없음	
(있는 경우)	병명			치료병원		
	치료개시일			치료종료일		
(3) 귀하는 마약ㆍ대마ㆍ향정신성의약품의 사용 또는 알코올 중독 등으로 치료받거나 수사기관에 단속된 사실이 있습니까?					[ ]있음 [ ]없음	
(치료사실이 있는 경우)	병명			치료병원		
	치료개시일			치료종료일		
(단속된 사실이 있는 경우)	단속일시			단속기관		
	위반행위					

                                                       년　　　월　　　일

　　　　　　　　　　　　　　신고인　　　　　　　　　　　　(서명 또는 인)

　　　　○○ **경찰서장**　　　귀하

개인정보 이용 동의서

본인은 배치지 관할 경찰관서장이「경비업법」제10조 제2항에 따른 특수경비원 결격사유의 해당 여부 판단을 위해 국민건강보험공단 등 관계기관에 동의일부터 최근 5년간 본인의 심신상실, 마약ㆍ대마ㆍ향정신성의약품ㆍ알코올 중독, 치매, 조현병ㆍ조현정동장애ㆍ양극성정동장애(조울병)ㆍ재발성우울장애 등의 정신질환 또는 정신 발육지연, 뇌전증 등의 치료경력을 조회하는 것에 동의합니다.

                                                       년　　　월　　　일

　　　　　　　　　　　　　　동의인　　　　　　　　　　　　(서명 또는 인)

유의사항

1. 기재하신 내용은「경비업법」제10조 제2항에 따른 특수경비원 결격사유의 해당 여부 판단을 위한 자료로만 활용됩니다.
2. 허위사실을 기재하여 특수경비원으로 배치된 경우「경비업법」제24조에 따라 배치가 폐지될 수 있습니다.

$210mm \times 297mm$(백상지 $80g/m^2$)

■ 경비업법 시행규칙 [별지 제15호의3 서식] 〈개정 2023.7.17.〉

집단민원현장 일반경비원 배치허가 신청서

접수번호		접수일자		처리일		처리기간	48시간
경비업체	법인 명칭					허가번호	
	대표자 성명					전화번호	
	소재지						
경비지도사	성명			자격번호		연락처	
집단민원현장 관리책임자	성명			직책		연락처	
경비원 배치 내용	배치 예정일시			배치허가의 요청 기간			
	집단민원현장의 유형 및 배치 예정 경비원 수						
	경비의 목적 또는 내용(구체적으로 기재)						
	배치지 주소 및 경비원의 업무 활동의 범위(구체적으로 기재)						
	사용 예정 장비						
	경비계획						
경비업무 도급인	성명					연락처	
경비원 명단	연번	경비원 성명		주민등록번호		경비원 신임교육 이수증 번호	

「경비업법」 제18조 제2항 각 호 외의 부분 단서 및 같은 법 시행규칙 제24조의2에 따라 위와 같이 집단민원현장 일반경비원 배치허가를 신청합니다.

년   월   일

신청인(대표자)　　　　　　　　　　　　　　　　(서명 또는 인)

○○ **경찰서장**　귀하

첨부서류	배치될 경비원의 신임교육 이수증 또는 배치될 경비원이 신임교육 면제 대상에 해당함을 입증할 수 있는 서류 각 1부	수수료 없음

유의사항
1. 경비계획 기재 또는 배치할 경비원의 명단 작성 시 필요하면 별지를 사용하시기 바랍니다.
2. 집단민원현장 관리책임자는 선임한 경우만 적습니다.

210mm×297mm[백상지 80g/m²(재활용품)]

■ 경비업법 시행규칙 [별지 제15호의4 서식] 〈개정 2023.7.17.〉

집단민원현장 일반경비원 배치폐지 신고서

접수번호		접수일자		처리기간	즉시
경비업체	법인 명칭			허가번호	
	대표자 성명			전화번호	
	소재지				
경비지도사	성명		자격번호	연락처	
배치장소	주소				
배치폐지 경비원 명단	연번	경비원 성명		주민등록번호	배치폐지일시

「경비업법」 제18조 제2항 각 호 외의 부분 본문 및 같은 법 시행규칙 제24조의2 제5항에 따라 위와 같이 집단민원현장 일반경비원 배치폐지를 신고합니다.

년　　　월　　　일

신고인(대표자)　　　　　　　　　　　　　　　(서명 또는 인)

○○ **경찰서장**　　귀하

첨부서류	없음	수수료 없음

유의사항

배치폐지 경비원 명단 작성 시 필요하면 별지를 사용하시기 바랍니다.

210mm×297mm[백상지 80g/m²(재활용품)]

(6) 배치허가권자의 의무

배치허가신청을 받은 관할 경찰관서장은 배치되는 경비원 중 결격자(경비업법 제10조 제1항 또는 제2항)가 있는 경우에는 그 사람을 제외하고 배치허가를 하여야 한다(경비업법 제18조 제4항).

「경비업법」 제10조 【경비지도사 및 경비원의 결격사유】 ① 다음 각 호의 어느 하나에 해당하는 자는 경비지도사 또는 일반경비원이 될 수 없다.
1. 18세 미만인 사람 또는 피성년후견인
2. 파산선고를 받고 복권되지 아니한 자
3. 금고 이상의 실형의 선고를 받고 그 집행이 종료(집행이 종료된 것으로 보는 경우를 포함한다)되거나 집행이 면제된 날부터 5년이 지나지 아니한 자
4. 금고 이상의 형의 집행유예선고를 받고 그 유예기간 중에 있는 자
5. 다음 각 목의 어느 하나에 해당하는 죄를 범하여 벌금형을 선고받은 날부터 10년이 지나지 아니하거나 금고 이상의 형을 선고받고 그 집행이 종료된(종료된 것으로 보는 경우를 포함한다) 날 또는 집행이 유예·면제된 날부터 10년이 지나지 아니한 자
   가. 「형법」 제114조의 죄
   나. 「폭력행위 등 처벌에 관한 법률」 제4조의 죄
   다. 「형법」 제297조, 제297조의2, 제298조부터 제301조까지, 제301조의2, 제302조, 제303조, 제305조, 제305조의2의 죄
   라. 「성폭력범죄의 처벌 등에 관한 특례법」 제3조부터 제11조까지 및 제15조(제3조부터 제9조까지의 미수범만 해당한다)의 죄
   마. 「아동·청소년의 성보호에 관한 법률」 제7조 및 제8조의 죄
   바. 다목부터 마목까지의 죄로서 다른 법률에 따라 가중처벌되는 죄
6. 다음 각 목의 어느 하나에 해당하는 죄를 범하여 벌금형을 선고받은 날부터 5년이 지나지 아니하거나 금고 이상의 형을 선고받고 그 집행이 유예된 날부터 5년이 지나지 아니한 자
   가. 「형법」 제329조부터 제331조까지, 제331조의2 및 제332조부터 제343조까지의 죄
   나. 가목의 죄로서 다른 법률에 따라 가중처벌되는 죄
7. 제5호 다목부터 바목까지의 어느 하나에 해당하는 죄를 범하여 치료감호를 선고받고 그 집행이 종료된 날 또는 집행이 면제된 날부터 10년이 지나지 아니한 자 또는 제6호 각 목의 어느 하나에 해당하는 죄를 범하여 치료감호를 선고받고 그 집행이 면제된 날부터 5년이 지나지 아니한 자
8. 이 법이나 이 법에 따른 명령을 위반하여 벌금형을 선고받은 날부터 5년이 지나지 아니하거나 금고 이상의 형을 선고받고 그 집행이 유예된 날부터 5년이 지나지 아니한 자
② 다음 각 호의 어느 하나에 해당하는 자는 특수경비원이 될 수 없다.
1. 18세 미만이거나 60세 이상인 사람 또는 피성년후견인
2. 심신상실자, 알코올 중독자 등 대통령령으로 정하는 정신적 제약이 있는 자
3. 제1항 제2호부터 제8호까지의 어느 하나에 해당하는 자
4. 금고 이상의 형의 선고유예를 받고 그 유예기간 중에 있는 자
5. 행정안전부령으로 정하는 신체조건에 미달되는 자

(7) 경비원의 근무상황기록부

① 경비업자는 경비원을 배치하여 경비업무를 수행하게 하는 때에는 행정안전부령으로 정하는 바에 따라 배치된 경비원의 인적사항과 배치일시·배치장소 등 근무상황을 기록하여 보관하여야 한다(경비업법 제18조 제5항).

② 경비업자는 경비업무를 수행하는 경비원의 인적사항, 배치일시, 배치장소, 배치폐지일시 및 근무 여부 등 근무상황을 기록한 근무상황기록부(전자문서로 된 근무상황기록부를 포함한다. 이하 같다)를 작성하여 주된 사무소 및 출장소에 갖추어 두어야 한다(경비업법 시행규칙 제24조의3 제1항).

③ 경비업자는 근무상황기록부를 1년 동안 보관하여야 한다(경비업법 시행규칙 제24조의3 제2항).

(8) 배치금지 대상자

경비업자는 다음의 어느 하나에 해당하는 죄를 범하여 벌금형을 선고받고 5년이 지나지 아니하거나 금고 이상의 형을 선고받고 그 집행이 유예된 날부터 5년이 지나지 아니한 자를 집단민원현장에 일반경비원으로 배치하여서는 아니 된다(경비업법 제18조 제6항).

① 「형법」 제257조부터 제262조까지(상해, 존속상해, 중상해, 존속중상해, 특수상해, 상해치사, 폭행, 존속폭행, 특수폭행, 폭행치사상), 제264조(상습범), 제276조부터 제281조까지(체포, 감금, 존속체포, 존속감금, 중체포, 중감금, 존속중체포, 존속중감금, 특수체포, 특수감금, 상습범, 미수범 체포·감금 등의 치사상)의 죄, 제284조의 죄(특수협박), 제285조의 죄(상습범), 제320조의 죄(특수주거침입), 제324조(강요) 제2항의 죄, 제350조의2의 죄(특수공갈), 제351조의 죄(상습범)[제350조(공갈), 제350조의2(특수공갈)의 상습범으로 한정한다], 제369조(특수손괴) 제1항의 죄

② 「폭력행위 등 처벌에 관한 법률」 제2조(폭행 등) 또는 제3조(집단적 폭행 등)의 죄

심화학습

경비원 관련 서류 보관
근무상황기록부는 경비업자가 기록 후 1년 동안 보관하나, 경비원 직무교육 실시대장은 경비지도사가 기록 후 2년간 보존한다.

위반 시 행정처분기준
근무상황기록부를 보관하지 아니하는 자는 행정질서벌(과태료) 대상으로 1회 50만 원, 2회 100만 원, 3회 이상 위반 시 200만 원의 과태료를 부과한다.

위반 시 행정처분기준
「경비업법」 제18조 제6항의 규정을 위반하여 배치금지 대상자를 집단민원현장에 일반경비원으로 배치한 경우는 행정처분대상으로 1차 영업정지 1개월, 2차 영업정지 3개월, 3차 이상 허가취소이다.

핵심 기출문제

28 경비업법령상 경비원의 명부와 배치허가 등에 관한 설명으로 옳지 <u>않은</u> 것은?

• 제24회 기출

① 경비업자는 시설경비업무, 신변보호업무 또는 혼잡·교통유도경비업무 중 집단민원현장에 일반경비원을 배치하는 경우에는 경비원을 배치하기 24시간 전까지 행정안전부령으로 정하는 바에 따라 배치허가를 신청하여야 한다.

② 경비업자가 집단민원현장이 아닌 곳에서 신변보호업무를 수행하는 일반경비원을 배치하는 경우에는 경비원을 배치하기 전까지 관할 경찰관서장에게 신고하여야 한다.

③ 경비업자가 특수경비원을 배치하는 경우에는 경비원을 배치하기 전까지 관할 경찰관서장에게 신고하여야 한다.

④ 경비업자는 경비원을 배치하여 경비업무를 수행하게 하는 때에는 배치된 경비원의 인적사항과 배치일시·배치장소 등 근무상황을 기록하여 보관하여야 한다.

해설 경비업자는 시설경비업무, 신변보호업무 또는 혼잡·교통유도경비업무 중 집단민원현장에 일반경비원을 배치하는 경우에는 경비원을 배치하기 48시간 전까지 행정안전부령으로 정하는 바에 따라 배치허가를 신청하고, 관할 경찰관서장의 배치허가를 받은 후에 경비원을 배치하여야 한다. 이 경우 관할 경찰관서장은 배치허가를 함에 있어 필요한 조건을 붙일 수 있다.

정답 ①

「형법」

제257조【상해, 존속상해】① 사람의 신체를 상해한 자는 7년 이하의 징역, 10년 이하의 자격정지 또는 1천만 원 이하의 벌금에 처한다.
② 자기 또는 배우자의 직계존속에 대하여 제1항의 죄를 범한 때에는 10년 이하의 징역 또는 1천 500만 원 이하의 벌금에 처한다.
③ 전 2항의 미수범은 처벌한다.

제258조【중상해, 존속중상해】① 사람의 신체를 상해하여 생명에 대한 위험을 발생하게 한 자는 1년 이상 10년 이하의 징역에 처한다.
② 신체의 상해로 인하여 불구 또는 불치나 난치의 질병에 이르게 한 자도 전항의 형과 같다.
③ 자기 또는 배우자의 직계존속에 대하여 전 2항의 죄를 범한 때에는 2년 이상 15년 이하의 징역에 처한다.

제258조의2【특수상해】① 단체 또는 다중의 위력을 보이거나 위험한 물건을 휴대하여 제257조 제1항 또는 제2항의 죄를 범한 때에는 1년 이상 10년 이하의 징역에 처한다.
② 단체 또는 다중의 위력을 보이거나 위험한 물건을 휴대하여 제258조의 죄를 범한 때에는 2년 이상 20년 이하의 징역에 처한다.
③ 제1항의 미수범은 처벌한다.

제259조【상해치사】 ① 사람의 신체를 상해하여 사망에 이르게 한 자는 3년 이상의 유기징역에 처한다. ② 자기 또는 배우자의 직계존속에 대하여 전항의 죄를 범한 때에는 무기 또는 5년 이상의 징역에 처한다.

제260조【폭행, 존속폭행】 ① 사람의 신체에 대하여 폭행을 가한 자는 2년 이하의 징역, 500만 원 이하의 벌금, 구류 또는 과료에 처한다.
② 자기 또는 배우자의 직계존속에 대하여 제1항의 죄를 범한 때에는 5년 이하의 징역 또는 700만 원 이하의 벌금에 처한다.
③ 제1항 및 제2항의 죄는 피해자의 명시한 의사에 반하여 공소를 제기할 수 없다.

제261조【특수폭행】 단체 또는 다중의 위력을 보이거나 위험한 물건을 휴대하여 제260조 제1항 또는 제2항의 죄를 범한 때에는 5년 이하의 징역 또는 1천만 원 이하의 벌금에 처한다.

제262조【폭행치사상】 제260조(폭행, 존속폭행)와 제261조(특수폭행)의 죄를 지어 사람을 사망이나 상해에 이르게 한 경우에는 제257조부터 제259조까지의 예에 따른다.

제264조【상습범】 상습으로 제257조(상해, 존속상해), 제258조(중상해, 존속중상해), 제258조의2(특수상해), 제260조(폭행, 존속폭행) 또는 제261조(특수폭행)의 죄를 범한 때에는 그 죄에 정한 형의 2분의 1까지 가중한다.

제276조【체포, 감금, 존속체포, 존속감금】 ① 사람을 체포 또는 감금한 자는 5년 이하의 징역 또는 700만 원 이하의 벌금에 처한다.
② 자기 또는 배우자의 직계존속에 대하여 제1항의 죄를 범한 때에는 10년 이하의 징역 또는 1천 500만 원 이하의 벌금에 처한다.

제277조【중체포, 중감금, 존속중체포, 존속중감금】 ① 사람을 체포 또는 감금하여 가혹한 행위를 가한 자는 7년 이하의 징역에 처한다.
② 자기 또는 배우자의 직계존속에 대하여 전항의 죄를 범한 때에는 2년 이상의 유기징역에 처한다.

제278조【특수체포, 특수감금】 단체 또는 다중의 위력을 보이거나 위험한 물건을 휴대하여 전 2조의 죄를 범한 때에는 그 죄에 정한 형의 2분의 1까지 가중한다.

제279조【상습범】 상습으로 제276조(체포, 감금, 존속체포, 존속감금) 또는 제277조(중체포, 중감금, 존속중체포, 존속중감금)의 죄를 범한 때에는 전조의 예에 의한다.

제280조【미수범】 전 4조의 미수범은 처벌한다.

제281조【체포·감금 등의 치사상】 ① 제276조(체포, 감금, 존속체포, 존속감금) 내지 제280조(미수범)의 죄를 범하여 사람을 상해에 이르게 한 때에는 1년 이상의 유기징역에 처한다. 사망에 이르게 한 때에는 3년 이상의 유기징역에 처한다.
② 자기 또는 배우자의 직계존속에 대하여 제276조(체포, 감금, 존속체포, 존속감금) 내지 제280조(미수범)의 죄를 범하여 상해에 이르게 한 때에는 2년 이상의 유기징역에 처한다. 사망에 이르게 한 때에는 무기 또는 5년 이상의 징역에 처한다.

제284조【특수협박】 단체 또는 다중의 위력을 보이거나 위험한 물건을 휴대하여 전조 제1항, 제2항의 죄를 범한 때에는 7년 이하의 징역 또는 1천만 원 이하의 벌금에 처한다.

제285조【상습범】 상습으로 제283조(협박, 존속협박) 제1항, 제2항 또는 전조의 죄를 범한 때에는 그 죄에 정한 형의 2분의 1까지 가중한다.

제320조【특수주거침입】 단체 또는 다중의 위력을 보이거나 위험한 물건을 휴대하여 전조의 죄를 범한 때에는 5년 이하의 징역에 처한다.

제324조【강요】 ① 폭행 또는 협박으로 사람의 권리행사를 방해하거나 의무 없는 일을 하게 한 자는 5년 이하의 징역 또는 3천만 원 이하의 벌금에 처한다.
② 단체 또는 다중의 위력을 보이거나 위험한 물건을 휴대하여 제1항의 죄를 범한 자는 10년 이하의 징역 또는 5천만 원 이하의 벌금에 처한다.

제350조의2【특수공갈】 단체 또는 다중의 위력을 보이거나 위험한 물건을 휴대하여 제350조(공갈)의 죄를 범한 자는 1년 이상 15년 이하의 징역에 처한다.

제351조【상습범】 상습으로 제347조(사기) 내지 전조의 죄를 범한 자는 그 죄에 정한 형의 2분의 1까지 가중한다.

제369조【특수손괴】 ① 단체 또는 다중의 위력을 보이거나 위험한 물건을 휴대하여 제366조(재물손괴 등)의 죄를 범한 때에는 5년 이하의 징역 또는 1천만 원 이하의 벌금에 처한다.
② 제1항의 방법으로 제367조(공익건조물파괴)의 죄를 범한 때에는 1년 이상의 유기징역 또는 2천만 원 이하의 벌금에 처한다.

「폭력행위 등 처벌에 관한 법률」

제2조【폭행 등】 ② 2명 이상이 공동하여 다음 각 호의 죄를 범한 사람은 「형법」 각 해당 조항에서 정한 형의 2분의 1까지 가중한다.
1. 「형법」 제260조 제1항(폭행), 제283조 제1항(협박), 제319조(주거침입, 퇴거불응) 또는 제366조(재물손괴 등)의 죄
2. 「형법」 제260조 제2항(존속폭행), 제276조 제1항(체포, 감금), 제283조 제2항(존속협박) 또는 제324조 제1항(강요)의 죄
3. 「형법」 제257조 제1항(상해)·제2항(존속상해), 제276조 제2항(존속체포, 존속감금) 또는 제350조(공갈)의 죄

③ 이 법(형법 각 해당 조항 및 각 해당 조항의 상습범, 특수범, 상습특수범, 각 해당 조항의 상습범의 미수범, 특수범의 미수범, 상습특수범의 미수범을 포함한다)을 위반하여 2회 이상 징역형을 받은 사람이 다시 제2항 각 호에 규정된 죄를 범하여 누범(累犯)으로 처벌할 경우에는 다음 각 호의 구분에 따라 가중처벌한다.
1. 제2항 제1호에 규정된 죄를 범한 사람: 7년 이하의 징역
2. 제2항 제2호에 규정된 죄를 범한 사람: 1년 이상 12년 이하의 징역
3. 제2항 제3호에 규정된 죄를 범한 사람: 2년 이상 20년 이하의 징역

④ 제2항과 제3항의 경우에는 「형법」 제260조 제3항 및 제283조 제3항을 적용하지 아니한다.

제3조【집단적 폭행 등】 ④ 이 법(형법 각 해당 조항 및 각 해당 조항의 상습범, 특수범, 상습특수범, 각 해당 조항의 상습범의 미수범, 특수범의 미수범, 상습특수범의 미수범을 포함한다)을 위반하여 2회 이상 징역형을 받은 사람이 다시 다음 각 호의 죄를 범하여 누범으로 처벌할 경우에는 다음 각 호의 구분에 따라 가중처벌한다.
1. 「형법」 제261조(특수폭행)(제260조 제1항의 죄를 범한 경우에 한정한다), 제284조(특수협박)(제283조 제1항의 죄를 범한 경우에 한정한다), 제320조(특수주거침입) 또는 제369조 제1항(특수손괴)의 죄: 1년 이상 12년 이하의 징역

2. 「형법」 제261조(특수폭행)(제260조 제2항의 죄를 범한 경우에 한정한다), 제278조(특수체포, 특수감금)(제276조 제1항의 죄를 범한 경우에 한정한다), 제284조(특수협박)(제283조 제2항의 죄를 범한 경우에 한정한다) 또는 제324조 제2항(강요)의 죄: 2년 이상 20년 이하의 징역
3. 「형법」 제258조의2 제1항(특수상해), 제278조(특수체포, 특수감금)(제276조 제2항의 죄를 범한 경우에 한정한다) 또는 제350조의2(특수공갈)의 죄: 3년 이상 25년 이하의 징역

(9) 배치제한과 배치폐지

① **배치제한**: 경비업자는 경비원 명부에 없는 자를 경비업무에 종사하게 하여서는 아니 되고, 경비원을 배치하는 경우에는 신임교육을 이수한 자를 배치하여야 한다(경비업법 제18조 제7항).

② **배치폐지 명령**: 관할 경찰관서장은 경비업자가 다음의 어느 하나에 해당하는 때에는 배치폐지를 명할 수 있다(경비업법 제18조 제8항).

㉠ 배치허가를 받지 아니하고 경비원을 배치하거나 경비원 명단 및 배치일시·배치장소 등 배치허가신청의 내용을 거짓으로 한 때(경비업법 제18조 제2항 각 호 외의 부분 단서 위반)

㉡ 다음 결격사유에 해당하는 자를 집단민원현장에 일반경비원으로 배치한 때

ⓐ 경비업자는 다음의 어느 하나에 해당하는 죄를 범하여 벌금형을 선고받고 5년이 지나지 아니하거나 금고 이상의 형을 선고받고 그 집행이 유예된 날부터 5년이 지나지 아니한 자를 집단민원현장에 일반경비원으로 배치하여서는 아니 된다(경비업법 제18조 제6항).

ⓑ 결격사유에 해당하는 죄
- 「형법」 제257조부터 제262조까지(상해, 존속상해, 중상해, 존속중상해, 특수상해, 상해치사, 폭행, 존속폭행, 특수폭행, 폭행치사상), 제264조(상습범), 제276조부터 제281조까지(체포, 감금, 존속체포, 존속감금, 중체포, 중감금, 존속중체포, 존속중감금, 특수체포, 특수감금, 상습범, 미수범 체포·감금 등의 치사상)의 죄, 제284조의 죄(특수협박), 제285조의 죄(상습범), 제320조의 죄(특수주거침입), 제324조(강요) 제2항의 죄, 제350조의2의 죄(특수공갈), 제351조의 죄(상습범)[제350조(공갈), 제350조의2(특수공갈)의 상습범으로 한정한다], 제369조(특수손괴) 제1항의 죄
- 「폭력행위 등 처벌에 관한 법률」 제2조(폭행 등) 또는 제3조(집단적 폭행 등)의 죄

위반 시 행정처분기준
신임교육을 이수하지 아니한 자를 배치하면 행정질서벌(과태료) 대상으로 1회 600만 원, 2회 1,200만 원, 3회 이상 위반 시 2,400만 원의 과태료를 부과한다.

위반 시 행정처분기준
「경비업법」 제18조 제8항 규정 위반 시에는 행정처분으로 허가취소하여야 하며, 행정형벌로는 1년 이하의 징역 또는 1천만 원 이하의 벌금에 처한다.

「경비업법」 제18조 제2항 각 호 외의 부분 단서 위반
"다만, 다음 제1호의 경우에는 경비원을 배치하기 48시간 전까지 행정안전부령으로 정하는 바에 따라 배치허가를 신청하고, 관할 경찰관서장의 배치허가를 받은 후에 경비원을 배치하여야 하며~"의 내용을 위반한 것을 말한다.

ⓒ 신임교육을 이수하지 아니한 자를 다음(경비업법 제18조 제2항 각 호)의 경비원으로 배치한 때
  ⓐ 시설경비업무(제2조 제1호 가목), 신변보호업무(제2조 제1호 다목) 또는 혼잡·교통유도경비업무(제2조 제1호 바목) 중 집단민원현장에 배치된 일반경비원
  ⓑ 집단민원현장이 아닌 곳에서 신변보호업무(제2조 제1호 다목)를 수행하는 일반경비원
  ⓒ 특수경비원
ⓔ 경비업자 또는 경비원이 위력이나 흉기 또는 그 밖의 위험한 물건을 사용하여 집단적 폭력사태를 일으킨 때
ⓜ 경비업자가 신고하지 아니하고 일반경비원을 배치한 때(경비업법 제18조 제2항 각 호 외의 부분 본문 위반)

> 「경비업법」 제18조 제2항 각 호 외의 부분 본문 위반
> 「경비업법」 제18조 제2항에 규정된 "경비업자가 경비원을 배치하거나 배치를 폐지한 경우에는 행정안전부령으로 정하는 바에 따라 관할 경찰관서장에게 신고하여야 한다. 다만, ~"에서 밑줄 친 부분을 위반한 것을 말한다.

핵심 기출문제

29 경비업법령상 관할 경찰관서장이 배치폐지를 명할 수 있는 경우가 **아닌** 것은?

• 제25회 기출

① 경비원 명단 및 배치일시·배치장소 등 배치허가 신청의 내용을 거짓으로 한 때
② 70세인 일반경비원을 경비업무에 종사하게 한 때
③ 상해죄(형법 제257조 제1항)로 벌금형을 선고받고 5년이 지나지 아니한 자를 집단민원현장에 일반경비원으로 배치한 때
④ 경비업자 또는 경비원이 위력이나 흉기 또는 그 밖의 위험한 물건을 사용하여 집단적 폭력사태를 일으킨 때

해설 일반경비원은 연령상한제가 없기에 법령위반이 아니며, 관할 경찰관서장이 배치폐지를 명할 수 있는 사유가 아니다.

정답 ②

③ **경비원의 배치폐지 신고**
  ㉠ 경비원의 배치신고를 한 경비업자가 경비원의 배치를 폐지한 때에는 배치폐지를 한 날부터 7일 이내에 [별지 제15호 서식]의 경비원 배치폐지 신고서(전자문서로 된 신고서를 포함한다)를 배치지의 관할 경찰관서장에게 제출하여야 한다. 다만, 경비원 배치신고 시에 기재한 배치폐지 예정일에 경비원의 배치를 폐지한 경우에는 그러하지 아니하다(경비업법 시행규칙 제24조 제5항).
  ㉡ 일반경비원 배치허가를 받은 경비업자가 경비원의 배치를 폐지한 때에는 배치폐지를 한 날부터 48시간 이내에 [별지 제15호의4 서식]의 집단민원현장 일반경비원 배치폐지신고서(전자문서로 된 신고서를 포함한다)를 관할 경찰관서장에게 제출하여야 한다(경비업법 시행규칙 제24조의2 제5항).

ⓒ 시·도경찰청장 또는 경찰서장은 일반경비원 또는 특수경비원이나 일반경비원 또는 특수경비원으로 근무했던 사람이 요청하는 경우에는 배치폐지 또는 현재 배치여부 확인증[별지 제12호의2 서식]을 발급할 수 있다(경비업법 시행규칙 제24조 제6항).

》 경비원의 배치 및 배치폐지 신고

신고시기	신고요건	신고주체	신고기관	신고방법
배치 후 7일 이내 신고	20일 이상 경비원을 배치하거나 그 기간을 연장하고자 하는 때	경비업자	배치지 관할 경찰관서장	• 직접 제출 • 우편 제출 • 전자통신망 이용 제출
경비원 배치 전 신고	• 특수경비원 • 집단민원현장이 아닌 곳에서 신변보호업무를 수행하는 일반경비원			
배치 48시간 전 허가 신청	시설경비업무, 신변보호업무 또는 혼잡·교통유도경비업무 중 집단민원현장에 배치된 일반경비원의 경우 "집단민원현장"이란 다음의 장소를 말한다. • 「노동조합 및 노동관계조정법」에 따라 노동관계 당사자가 노동쟁의 조정신청을 한 사업장 또는 쟁의행위가 발생한 사업장 • 「도시 및 주거환경정비법」에 따른 정비사업과 관련하여 이해대립이 있어 다툼이 있는 장소 • 특정 시설물의 설치와 관련하여 민원이 있는 장소 • 주주총회와 관련하여 이해대립이 있어 다툼이 있는 장소 • 건물·토지 등 부동산 및 동산에 대한 소유권·운영권·관리권·점유권 등 법적 권리에 대한 이해대립이 있어 다툼이 있는 장소 • 100명 이상의 사람이 모이는 국제·문화·예술·체육 행사장 • 「행정대집행법」에 따라 대집행을 하는 장소			
폐지 후 7일 이내 신고	배치신고를 한 경비근무자를 배치폐지한 경우(단, 경비원 배치신고 시에 기재한 배치폐지 예정일에 경비원의 배치를 폐지한 경우에는 별도 신고할 필요 없음)			
배치폐지한 날부터 48시간 이내 신고	일반경비원 배치허가를 받은 경비업자가 경비원의 배치를 폐지한 때에는 배치폐지를 한 날부터 48시간 이내			

■ 경비업법 시행규칙 [별지 제14호 서식] 〈개정 2023.7.17.〉 (앞쪽)

관리번호		경비원 명부(제23조 관련)				채용일	
						퇴직일	
성명		(성별)		생년월일		사진 (3.5cm×4.5cm)	
주소				전화번호			
배치지				경비원 신임교육 이수증 교부번호			
신체조건 (특수경비원으로 한정함)		신체 이상 여부		시력			
				좌	우		
		[ ] ○ / [ ] X					
상벌	연월일	종류	시행·처분기관	연월일	종류	시행·처분기관	

(뒤쪽)

교육훈련		경력		
기간	내용	기간	근무장소	직위(직책)
~		~		
~		~		
~		~		
~		~		
~		~		
~		~		
~		~		
~		~		
~		~		
~		~		
~		~		
~		~		
~		~		
~		~		
~		~		
~		~		

8. 갖추어 두어야 하는 장부 또는 서류 ★★☆

(1) 시설주

특수경비원을 배치한 시설주는 다음의 장부 및 서류를 갖추어 두어야 한다(경비업법 시행규칙 제26조 제1항).
① 근무일지
② 근무상황카드
③ 경비구역 배치도
④ 순찰표철
⑤ 무기탄약출납부
⑥ 무기장비 운영카드

> **장부 또는 서류의 서식**
> 장부 또는 서류의 서식은 경찰관서에서 사용하는 서식을 준용한다.

(2) 관할 경찰관서장

특수경비원을 배치한 국가중요시설의 관할 경찰관서장은 다음의 장부 및 서류를 갖추어 두어야 한다(경비업법 시행규칙 제26조 제2항).
① 감독순시부
② 특수경비원 전·출입 관계철
③ 특수경비원 교육훈련 실시부
④ 무기·탄약대여대장
⑤ 그 밖에 특수경비원의 관리 등을 위하여 필요한 장부 또는 서류

핵심 기출문제

30 경비업법령상 특수경비원을 배치한 시설주가 갖추어 두어야 할 장부 및 서류로 옳지 <u>않은</u> 것은? • 제19회 기출

① 감독순시부
② 순찰표철
③ 근무상황카드
④ 무기장비 운영카드

해설 감독순시부는 특수경비원을 배치한 국가중요시설의 관할 경찰관서장이 갖추어 두어야 한다.

정답 ①

---

9. 경비전화의 가설

① 관할 경찰관서장은 시설주의 신청에 의하여 특수경비원이 배치된 국가중요시설 등에 경비전화를 가설할 수 있다(경비업법 시행규칙 제25조 제1항).
② 경비전화를 가설하는 경우의 소요경비는 시설주의 부담으로 한다(경비업법 시행규칙 제25조 제2항).

> **➕ 심화학습**
> 「청원경찰법 시행규칙」에서는 경비전화의 가설 신청 및 비용 부담을 청원주가 한다.

■ 경비업법 시행규칙 제26조 제1항 관련 서식

※ 관리번호				경비원 근무상황카드				퇴직구분		일자		
① 주민등록번호										사유		
② 성명			⑤ 주소				⑧ 생활근거지				사진 30mm×40mm	
③ 생년월일			⑥ 재산	동산		부동산		재산총액				
				원		원		원				
④ 배치장소			⑦ 병역	역종		병과						
⑨ 자격면허	연월일			종별			수여기관					

⑩ 경비원 경력					⑪ 복무상황						
발령연월일	직급	지휘관 또는 직무대리	부서 및 직책	기록자인	구분 / 연도	연가	공가	결근	병가		직위해제·휴직 기간 및 사유
									공상	기타	

본표 기재 사항은 사실과 같음을 확인함

년   월   일

기록자

성명   ㉐

직   급

경비업법 시행규칙 제26조 제1항 관련 서식

무기장비 운영카드

① 카드등록번호:

② 정부물품분류번호	③ 품 명	④ 규 격	⑤ 단 위	⑥ 계정(회계)분류	⑦ 운용부서명	⑧ 물품운용관	⑨ 물품출납공무원	⑩ 물품관리관
⑪ 취득가격		⑬ 취득년월일		⑮ 취득방법		⑰ 취 득 처		
⑫ 용 도		⑭ 용 량		⑯ 제작회사		⑱ 내용년수		

주 요 부 대 품

⑲ 취득일자	⑳ 품 명	㉑ 규 격	㉒ 단 위	㉓ 수 량	㉔ 단 가	㉕ 금 액	㉖ 취득일자	㉗ 품 명	㉘ 규 격	㉙ 단 위	㉚ 수 량	㉛ 단 가	㉜ 금 액

■ 경비업법 시행규칙 제26조 제1항 관련 서식

무기탄약출납부
(　　년 월 일 요일)

책임자

1. 일상경비용무기함 I (경비상황실)

일 시	구 분	출 고	입 고	현 재 고	비 고	소지자서명
	권 총(K5)					
	(실탄)					
	소 총(K1)					
	(실탄/공포탄)					
	권 총(K5)					
	(실탄)					
	소 총(K1)					
	(실탄/공포탄)					

〈작성요령〉
- 무기고를 기준으로 무기 입·출 및 현재고를 기재
- 지급처:

2. 일상경비용무기함 II (경비본부)

일 시	구 분	출 고	입 고	현 재 고	비 고	소지자서명
	가스발사총					
	(실탄/공포탄)					
	가스발사총					
	(실탄/공포탄)					

- 가스예비약제:
- 무전기(출고/현재수량):

■ 경비업법 시행규칙 제26조 제1항 관련 서식

순 찰 표

(　　　지점)　　　　20　.　.　.　　　경비대장　　　　㊞

구분＼회수										
시 간										
순찰자										
감독자										

CHAPTER 03 경비지도사와 경비원 중요내용 OX 문제

제1절 경비지도사

01 금고 이상의 형의 선고유예를 받고 그 유예기간 중에 있는 자는 일반경비원이 될 수 없다.

02 심신미약자는 특수경비원이 될 수 없다.

03 금고 이상의 실형의 선고를 받고 그 집행이 면제된 날부터 3년이 된 자는 경비지도사의 결격사유에 해당하지 않는다.

04 금고 이상의 형의 선고유예를 받고 그 유예기간 중에 있는 자는 특수경비원이 될 수 없다.

05 특수경비원이 금고 이상의 형의 선고유예를 받고 그 유예기간 중에 있는 자는 당연퇴직된다.

06 경찰청장은 경비지도사의 수급상황을 조사하여 경비지도사를 새로이 선발할 필요가 있다고 인정되는 때에는 경비지도사 시험의 실시계획을 수립하여야 한다.

07 경비업법에 따른 일반경비업무에 3년 이상 종사하고 행정안전부령으로 정하는 교육 과정을 이수한 사람은 경비지도사 1차 시험을 면제한다.

OX 정답
01 × 02 × 03 × 04 ○ 05 × 06 × 07 ×

X 해설
01 금고 이상의 형의 집행유예 선고를 받고 그 유예기간 중에 있는 자는 일반경비원이 될 수 없다.
02 심신미약자(心神微弱者)가 아니라 심신상실자(心神喪失者)는 특수경비원이 될 수 없다.
03 집행이 면제된 날부터 5년이 지나지 아니한 자는 결격사유에 해당한다.
05 특수경비원이 금고 이상의 형의 선고유예를 받고 그 유예기간 중에 있는 자는 「성폭력범죄의 처벌 등에 관한 특례법」제2조, 「아동·청소년의 성보호에 관한 법률」제2조 제2호 및 직무와 관련하여 「형법」제355조(횡령, 배임) 또는 제356조(업무상의 횡령과 배임)에 규정된 죄를 범한 사람으로서 금고 이상의 형의 선고유예를 받은 경우만 당연퇴직에 해당한다.
06 경찰청장은 경비지도사 시험의 실시계획을 매년 수립해야 한다.
07 「경비업법」에 따른 경비업무에 7년 이상(특수경비업무의 경우에는 3년 이상) 종사하고 행정안전부령으로 정하는 교육과정을 이수한 사람은 경비지도사 제1차 시험을 면제한다.

	O	X

08 소방공무원으로 재직한 사람은 경비지도사 제1차 시험 면제대상이 아니다. ☐ ☐

09 신변보호는 일반경비지도사와 기계경비지도사의 공통교육과목이다. ☐ ☐

10 인력경비 개론은 기계경비지도사의 교육과목이다. ☐ ☐

11 경비지도사가 선임·배치된 시·도경찰청의 관할구역과 경계를 맞닿아 인접한 시·도경찰청의 관할구역에 배치된 경비원이 30명 이하인 경우에는 경비지도사를 따로 선임·배치하지 않을 수 있다. ☐ ☐

12 경비업자는 선임·배치된 경비지도사에 결원이 있거나 자격정지 등의 사유로 그 직무를 수행할 수 없는 때에는 15일 이내에 경비지도사를 새로이 충원하여야 한다. ☐ ☐

13 경비지도사는 경찰기관 및 의료기관과의 연락방법에 대한 지도를 하여야 한다. ☐ ☐

14 경비지도사는 경비원에 대한 교육을 실시하고, 행정안전부령으로 정하는 경비원 직무교육 실시대장에 그 내용을 기록하여 1년간 보존하여야 한다. ☐ ☐

제2절 경비원

15 경비원은 직무를 수행함에 있어 경비업무의 범위를 벗어난 행위를 하여서는 아니 된다. ☐ ☐

16 특수경비원은 시설주의 허가 또는 정당한 사유 없이 경비구역을 벗어나서는 아니 된다. ☐ ☐

17 경비원의 생명에 대한 위험을 방지하기 위하여 다중의 신체에 위해를 가할 우려가 있는 때에도 무기를 사용할 수 있다. ☐ ☐

18 경비원에 대한 신임교육은 경비원의 부담으로 실시한다. ☐ ☐

19 청원경찰법령상 청원경찰로 근무한 경력이 있는 사람일지라도 일반경비원 신임교육대상이다. ☐ ☐

	O	X
20	특수경비업자는 채용 전 5년 이내에 특수경비업무에 종사하였던 경력이 있는 사람을 특수경비원으로 채용한 경우에는 해당 특수경비원을 특수경비원 신임교육 대상에서 제외할 수 있다.	☐	☐
21	특수경비원에 대한 교육 시 관할 경찰서 소속 경찰공무원이 교육기관에 입회하여 지도·감독하여야 한다.	☐	☐
22	경비업자는 특수경비원이 신임교육을 받은 때에는 경비원의 명부에 그 사실을 기재하여야 한다.	☐	☐
23	특수경비업자는 특수경비원의 경력이 없는 사람으로서 특수경비원으로 채용된 사람에 대하여는 특수경비원의 부담으로 특수경비원 신임교육을 받게 하여야 한다.	☐	☐
24	경비원 교육기관 지정을 받으려는 자는 행정안전부령으로 정하는 바에 따라 서류를 첨부하여 경찰청장에게 지정을 신청해야 한다.	☐	☐
25	경비업법과 청원경찰법은 일반경비원과 특수경비원의 신임교육과목으로 공통된 과목이다.	☐	☐
26	특수경비업자는 소속 특수경비원에게 매년 6시간의 직무교육을 실시하여야 한다.	☐	☐

OX 정답 08 ○ 09 × 10 ○ 11 ○ 12 ○ 13 × 14 × 15 ○ 16 × 17 × 18 × 19 ○ 20 × 21 ○ 22 ○ 23 × 24 ○ 25 × 26 ×

X 해설
09 신변보호는 일반경비지도사의 교육과목이다.
13 경비지도사는 경찰기관 및 소방기관과의 연락방법에 대한 지도를 하여야 한다.
14 행정안전부령으로 정하는 경비원 직무교육 실시대장에 그 내용을 기록하여 2년간 보존하여야 한다.
16 특수경비원은 소속 상사의 허가 또는 정당한 사유 없이 경비구역을 벗어나서는 아니 된다.
17 경비원은 원칙적으로 무기를 사용하여서는 아니 된다.
18 경비원 신임교육의 비용은 경비업자가 부담하는 것이 원칙이나, 경비원이 되려는 사람이 자기부담으로 교육을 받을 수도 있다.
20 특수경비원 신임교육을 받은 사람으로서 채용 전 3년 이내에 경비업무에 종사한 경력이 있는 사람이 신임교육의 대상에서 제외된다.
23 특수경비원 신임교육의 비용은 특수경비업자가 부담한다.
25 「경비업법」은 공통이나, 「청원경찰법」은 법 개정으로 삭제된 교육과목이다.
26 매월 3시간 이상의 직무교육을 실시하여야 한다.

	O	X

27 관할 경찰관서장은 필요하다고 인정하는 경우에는 특수경비원이 배치된 경비대상시설에 소속 공무원을 파견하여 직무집행에 필요한 교육을 실시할 수 있다. ☐ ☐

28 시·도경찰청장이 시설주의 신청에 의하여 무기를 구입한 경우, 시설주는 그 무기의 구입대금을 지불하고, 구입한 무기를 국가에 기부채납하여야 한다. ☐ ☐

29 시·도경찰청장은 시설주 및 특수경비원의 무기관리상황을 매 분기 1회 이상 점검하여야 한다. ☐ ☐

30 시·도경찰청장은 무기의 적정한 관리를 위하여 무기를 대여받은 시설주에 대하여 필요한 명령을 발할 수 있다. ☐ ☐

31 시설주가 대여받은 무기를 특수경비원에게 휴대하게 하는 경우에는 시·도경찰청장의 사전승인을 얻어야 한다. ☐ ☐

32 관할 경찰관서장은 무기지급의 필요성이 해소되었다고 인정되는 때에는 특수경비원으로부터 즉시 무기를 회수하여야 한다. ☐ ☐

33 무기를 대여받은 시설주는 수리가 필요한 무기가 있는 때에는 그 목록과 무기장비운영카드를 첨부하여 특수경비업자에게 수리를 요청하여야 한다. ☐ ☐

34 시설주는 자체계획을 수립하여 보관하고 있는 무기를 매주 1회 이상 손질할 수 있게 하여야 한다. ☐ ☐

35 무기를 손질 또는 조작하는 때에는 총구를 반드시 지상으로 향하게 하여야 한다. ☐ ☐

36 시설주는 무기를 수송하는 때에는 출발하기 전에 관할 경찰서장에게 그 사실을 통보하여야 한다. ☐ ☐

37 경비원은 경비업무 수행 시 이름표를 경비원 복장의 상의 가슴 부위에 부착하여 경비원의 이름을 외부에서 알아볼 수 있도록 하여야 한다. ☐ ☐

38 관할 경찰관서장은 시설주의 신청에 의하여 특수경비원이 배치된 국가중요시설 등에 경비전화를 가설할 수 있다. ☐ ☐

39 경비업자는 경비원이 경비업무 수행 시 신고된 동일복장을 반드시 착용하게 하여야 한다. ☐ ☐

40 경비원이 휴대할 수 있는 장비의 종류는 경적·단봉·분사기 등이다. ☐ ☐

41 경비업자가 경비원으로 하여금 분사기를 휴대하여 직무를 수행하게 하는 경우에는 총포·도검·화약류 등의 안전관리에 관한 법률에 따라 미리 분사기의 소지허가를 받아야 한다.

42 기계경비업자는 출동차량 등의 도색 및 표지를 정한 때에는 그 도색 및 표지를 확인할 수 있는 사진을 주된 사무소를 관할하는 경찰관서장에게 제출하여야 한다.

43 시·도경찰청장은 제출받은 사진을 검토한 후 경비업자에게 출동차량 등의 도색 및 표지 변경 등에 대한 시정명령을 할 수 있다.

44 경비업자는 경비업무를 수행하기 위하여 20일 이상 경비원을 배치하거나 그 기간을 연장하고자 하는 때에는 경비원을 배치한 후 7일 이내에 경비원배치신고서를 배치장소를 관할하는 경찰관서장에게 제출하여야 한다.

45 경비업자는 특수경비원을 배치하거나 그 기간을 연장하고자 하는 때에는 경비원을 배치한 후 7일 이내에 경비원 배치신고서를 배치장소를 관할하는 경찰관서장에게 제출해야 한다.

46 경비업자는 노사분규가 진행 중인 사업장에 경비원을 배치하는 경우에는 배치 후 24시간 이내에 시·도경찰청장에게 신고하여야 한다.

OX 정답 27 ○ 28 ○ 29 × 30 × 31 × 32 × 33 × 34 × 35 × 36 ○ 37 ○ 38 ○
39 × 40 ○ 41 ○ 42 × 43 ○ 44 ○ 45 × 46 ×

X 해설
29 관할 경찰관서장이 매월 1회 이상 점검하여야 한다.
30 관할 경찰관서장이 명령을 발할 수 있다.
31 관할 경찰관서장의 사전승인을 얻어야 한다.
32 시설주가 즉시 회수하여야 한다.
33 관할 경찰관서장에게 수리를 요청하여야 한다.
35 총구를 반드시 공중으로 향하게 하여야 한다.
39 집단민원현장이 아닌 곳에서 신변보호업무를 수행하는 경우 또는 경비업무의 성격상 부득이한 사유가 있어 관할 경찰관서장이 허용하는 경우는 예외적으로 신고된 동일복장을 착용하지 않아도 된다.
42 주된 사무소를 관할하는 시·도경찰청장에게 행정안전부령으로 정하는 바에 따라 신고하여야 한다.
45 특수경비원을 배치하는 경우에는 경비원을 배치하기 전에 배치신고서를 제출하여야 한다.
46 집단민원현장에 경비원을 배치하는 경우에는 배치하기 48시간 전까지 배치허가를 신청하고, 관할 경찰관서장의 배치허가를 받은 후에 경비원을 배치해야 한다.

	O	X

47 관할 경찰관서장은 배치허가신청을 받은 경우, 불허 사유에 해당하는 때에는 이를 확인하기 위하여 소속 경찰관으로 하여금 그 배치장소를 방문하여 조사하게 할 수 있다. ☐ ☐

48 경비업자가 경비원을 배치하여 경비업무를 수행하게 하는 때에는 근무상황 기록부를 작성하여 2년 동안 보관해야 한다. ☐ ☐

49 경비업자는 형법상 상해죄 또는 폭행죄를 범하여 벌금형 선고를 받고 7년이 지나지 아니한 자를 집단민원현장에 일반경비원으로 배치하여서는 아니 된다. ☐ ☐

50 관할 경찰관서장은 경비업자로부터 요청받은 선임하려는 경비지도사의 범죄경력조회 결과를 경비업자에게 통보할 때에는 결격사유에 해당하는지 여부만을 통보하여야 한다. ☐ ☐

51 시·도경찰청장은 경비업자의 임원이 결격사유에 해당하는 사실을 알게 된 때에는 경비업법에 따른 경비업자의 요청이 없는 한 그 사실을 통보해서는 아니 된다. ☐ ☐

52 경비업자는 범죄경력조회를 요청하는 경우 취업자 또는 취업예정자 범죄경력조회 동의서와 주민등록초본을 첨부하여야 한다. ☐ ☐

53 무기탄약출납부는 특수경비원을 배치한 관할 경찰관서장이 갖추어 두어야 한다. ☐ ☐

54 특수경비원 전·출입 관계철은 특수경비원을 배치한 시설주가 갖추어 두어야 한다. ☐ ☐

OX 정답 47 O 48 X 49 X 50 O 51 X 52 X 53 X 54 X

X 해설
48 1년 동안 보관해야 한다.
49 5년이 지나지 아니한 자를 집단민원현장에 일반경비원으로 배치하여서는 아니 된다.
51 직권으로 그 사실을 통보하여야 한다.
52 경비업 허가증 사본을 첨부하여야 한다.
53 시설주가 갖추어 두어야 한다.
54 관할 경찰관서장이 갖추어 두어야 한다.

CHAPTER 03 기출 및 예상문제

경비지도사와 경비원

제1절 경비지도사

01 경비업법령상 일반경비지도사의 지도 및 감독을 받는 경비원의 업무에 해당하지 <u>않는</u> 것은?

① 시설경비업무
② 특수경비업무
③ 기계경비업무
④ 신변보호업무

해설 기계경비업무에 종사하는 경비원을 지도·감독 및 교육하는 경비지도사는 기계경비지도사이다.

> 영 제10조【경비지도사의 구분】경비지도사는 다음 각 호와 같이 구분한다.
> 1. 일반경비지도사: 다음 각 목의 경비업무에 종사하는 경비원을 지도·감독 및 교육하는 경비지도사
>   가. 시설경비업무
>   나. 호송경비업무
>   다. 신변보호업무
>   라. 특수경비업무
>   마. 혼잡·교통유도경비업무
> 2. 기계경비지도사: 기계경비업무에 종사하는 경비원을 지도·감독 및 교육하는 경비지도사

02 경비업법상 경비지도사가 될 수 있는 자는?

① 금고 이상의 형의 선고유예를 받고 그 유예기간 중에 있는 자
② 금고 이상의 실형의 선고를 받고 그 집행이 종료된 날부터 3년이 지난 자
③ 강제추행죄(형법 제298조)를 범하여 300만 원의 벌금형을 선고받고 5년이 지난 자
④ 경비업법을 위반하여 1,000만 원의 벌금형을 선고받고 3년이 지난 자

해설 금고 이상의 형의 집행유예선고를 받고 그 유예기간 중에 있는 자는 결격사유에 해당하지만, 금고 이상의 형의 선고유예를 받고 그 유예기간 중에 있는 자는 경비지도사의 결격사유에 해당하지 아니한다. 이는 특수경비원의 결격사유에 해당한다.
② 금고 이상의 실형의 선고를 받고 그 집행이 종료(집행이 종료된 것으로 보는 경우를 포함한다)되거나 집행이 면제된 날부터 5년이 지나지 아니한 자는 결격사유에 해당한다.
③ 강제추행죄(형법 제298조)를 범하여 벌금형을 선고받고 10년이 지나지 아니한 자는 결격사유에 해당한다.
④ 「경비업법」을 위반하여 1,000만 원의 벌금형을 선고받고 5년이 지나지 아니한 자는 결격사유에 해당한다.

정답 01 ③ 02 ①

03 경비업법령상 경비지도사가 될 수 있는 자는?

① 피성년후견인
② 금고 이상의 실형의 선고를 받고 그 집행이 종료(집행이 종료된 것으로 보는 경우를 포함한다)되거나 집행이 면제된 날부터 5년이 지나지 아니한 자
③ 파산선고를 받고 복권되지 아니한 자
④ 금고 이상의 형의 집행유예선고를 받고 그 유예기간이 끝난 날부터 2년이 지나지 아니한 자

해설 금고 이상의 형의 집행유예선고를 받고 그 유예기간 중에 있는 자는 경비지도사의 결격사유에 해당한다. 하지만 금고 이상의 형의 집행유예선고를 받고 그 유예기간이 끝난 날부터 2년이 지나지 아니한 자는 청원경찰의 결격사유이지 경비지도사의 결격사유에는 해당하지 않는다.

> 법 제10조【경비지도사 및 경비원의 결격사유】① 다음 각 호의 어느 하나에 해당하는 자는 경비지도사 또는 일반경비원이 될 수 없다.
> 1. 18세 미만인 사람 또는 피성년후견인
> 2. 파산선고를 받고 복권되지 아니한 자
> 3. 금고 이상의 실형의 선고를 받고 그 집행이 종료(집행이 종료된 것으로 보는 경우를 포함한다)되거나 집행이 면제된 날부터 5년이 지나지 아니한 자
> 4. 금고 이상의 형의 집행유예선고를 받고 그 유예기간 중에 있는 자
> 5. 다음 각 목의 어느 하나에 해당하는 죄를 범하여 벌금형을 선고받은 날부터 10년이 지나지 아니하거나 금고 이상의 형을 선고받고 그 집행이 종료된(종료된 것으로 보는 경우를 포함한다) 날 또는 집행이 유예·면제된 날부터 10년이 지나지 아니한 자
>   가.「형법」제114조의 죄
>   나.「폭력행위 등 처벌에 관한 법률」제4조의 죄
>   다.「형법」제297조, 제297조의2, 제298조부터 제301조까지, 제301조의2, 제302조, 제303조, 제305조, 제305조의2의 죄
>   라.「성폭력범죄의 처벌 등에 관한 특례법」제3조부터 제11조까지 및 제15조(제3조부터 제9조까지의 미수범만 해당한다)의 죄
>   마.「아동·청소년의 성보호에 관한 법률」제7조 및 제8조의 죄
>   바. 다목부터 마목까지의 죄로서 다른 법률에 따라 가중처벌되는 죄
> 6. 다음 각 목의 어느 하나에 해당하는 죄를 범하여 벌금형을 선고받은 날부터 5년이 지나지 아니하거나 금고 이상의 형을 선고받고 그 집행이 유예된 날부터 5년이 지나지 아니한 자
>   가.「형법」제329조부터 제331조까지, 제331조의2 및 제332조부터 제343조까지의 죄
>   나. 가목의 죄로서 다른 법률에 따라 가중처벌되는 죄
> 7. 제5호 다목부터 바목까지의 어느 하나에 해당하는 죄를 범하여 치료감호를 선고받고 그 집행이 종료된 날 또는 집행이 면제된 날부터 10년이 지나지 아니한 자 또는 제6호 각 목의 어느 하나에 해당하는 죄를 범하여 치료감호를 선고받고 그 집행이 면제된 날부터 5년이 지나지 아니한 자
> 8. 이 법이나 이 법에 따른 명령을 위반하여 벌금형을 선고받은 날부터 5년이 지나지 아니하거나 금고 이상의 형을 선고받고 그 집행이 유예된 날부터 5년이 지나지 아니한 자

04 갑(甲)이 경비원이 되고자 한다. 경비업법령상 옳지 않은 것은? (단, 연령계산은 법적 단서 조항을 고려하지 않는다)

① 경비지도사 자격증을 취득한 갑(甲)은 경비원이 될 수 있다.
② 갑(甲)이 18세인 경우에는 일반경비원 및 특수경비원이 될 수 있다.
③ 갑(甲)이 60세인 경우에는 일반경비원 및 특수경비원이 될 수 없다.
④ 갑(甲)은 일반경비원이 되기 위해 교육기관에서 미리 일반경비원 신임교육을 받을 수 있다.

해설 갑(甲)이 60세인 경우에는 일반경비원은 될 수 있으나, 특수경비원은 될 수 없다.

05 경비업법령상 특수경비원은 될 수가 없으나 경비지도사가 될 수 있는 자는? (단, 다른 결격사유는 고려하지 않는다)

• 제17회 기출

① 팔과 다리가 완전하고 두 눈의 교정시력이 각각 0.8인 자
② 금고 이상의 형의 선고유예를 받고 그 유예기간 중에 있는 자
③ 금고 이상의 형의 집행유예선고를 받고 그 유예기간 중에 있는 자
④ 형법 제114조(범죄단체 등의 조직)의 죄를 범하여 벌금형을 선고받은 날부터 10년이 지나지 아니한 자

해설 금고 이상의 형의 선고유예를 받고 그 유예기간 중에 있는 자는 경비지도사는 될 수 있으나, 특수경비원은 될 수 없다.

정답 03 ④ 04 ③ 05 ②

06 경비업법령상 경비원의 결격사유에 관한 설명으로 옳지 않은 것은?

• 제21회 기출

① 18세 미만 또는 60세 이상인 자는 일반경비원이 될 수 없다.
② 금고 이상의 형의 선고유예를 받고 그 유예기간 중에 있는 자는 특수경비원이 될 수 없다.
③ 금고 이상의 형의 집행유예선고를 받고 그 유예기간 중에 있는 자는 일반경비원이 될 수 없다.
④ 형법 제297조(강간)의 죄로 금고 이상의 형을 선고받고 그 집행이 유예된 날부터 10년이 지나지 아니한 자는 일반경비원 및 특수경비원이 될 수 없다.

해설 18세 미만인 자는 일반경비원 또는 특수경비원이 될 수 없다. 그러나 60세 이상인 자의 경우 특수경비원은 될 수 없지만, 일반경비원은 될 수 있다.

▶ 경비지도사, 일반경비원, 특수경비원 결격사유의 비교

경비지도사 / 일반경비원	특수경비원
1. 18세 미만인 사람	18세 미만이거나 60세 이상인 사람
2. 피성년후견인	
3. 파산선고를 받고 복권되지 아니한 자	
4. 금고 이상의 실형의 선고를 받고 그 집행이 종료(집행이 종료된 것으로 보는 경우를 포함한다)되거나 집행이 면제된 날부터 5년이 지나지 아니한 자	
5. 금고 이상의 형의 집행유예선고를 받고 그 유예기간 중에 있는 자	
6. 다음 각 목의 어느 하나에 해당하는 죄를 범하여 벌금형을 선고받은 날부터 10년이 지나지 아니하거나 금고 이상의 형을 선고받고 그 집행이 종료된(종료된 것으로 보는 경우를 포함한다) 날 또는 집행이 유예·면제된 날부터 10년이 지나지 아니한 자 가. 「형법」 제114조의 죄 나. 「폭력행위 등 처벌에 관한 법률」 제4조의 죄 다. 「형법」 제297조, 제297조의2, 제298조부터 제301조까지, 제301조의2, 제302조, 제303조, 제305조, 제305조의2의 죄 라. 「성폭력범죄의 처벌 등에 관한 특례법」 제3조부터 제11조까지 및 제15조(제3조부터 제9조까지의 미수범만 해당한다)의 죄 마. 「아동·청소년의 성보호에 관한 법률」 제7조 및 제8조의 죄 바. 다목부터 마목까지의 죄로서 다른 법률에 따라 가중처벌되는 죄	
7. 다음 각 목의 어느 하나에 해당하는 죄를 범하여 벌금형을 선고받은 날부터 5년이 지나지 아니하거나 금고 이상의 형을 선고받고 그 집행이 유예된 날부터 5년이 지나지 아니한 자 가. 「형법」 제329조부터 제331조까지, 제331조의2 및 제332조부터 제343조까지의 죄 나. 가목의 죄로서 다른 법률에 따라 가중처벌되는 죄	
8. 6.의 다목부터 바목까지의 어느 하나에 해당하는 죄를 범하여 치료감호를 선고받고 그 집행이 종료된 날 또는 집행이 면제된 날부터 10년이 지나지 아니한 자 또는 7.의 각 목의 어느 하나에 해당하는 죄를 범하여 치료감호를 선고받고 그 집행이 면제된 날부터 5년이 지나지 아니한 자	
9. 「경비업법」이나 「경비업법」에 따른 명령을 위반하여 벌금형을 선고받은 날부터 5년이 지나지 아니하거나 금고 이상의 형을 선고받고 그 집행이 유예된 날부터 5년이 지나지 아니한 자	

	10. 심신상실자, 알코올 중독자 등 대통령령으로 정하는 정신적 제약이 있는 자 가. 심신상실자 나. 마약·대마·향정신성의약품 또는 알코올 중독자 다. 「치매관리법」 제2조 제1호에 따른 치매, 조현병·조현정동장애·양극성정동장애(조울병)·재발성우울장애 등의 정신질환이나 정신 발육지연, 뇌전증 등이 있는 사람. 다만, 해당 분야 전문의가 특수경비원으로서 적합하다고 인정하는 사람은 제외한다.
	11. 금고 이상의 형의 선고유예를 받고 그 유예기간 중에 있는 자
	12. 행정안전부령으로 정하는 신체조건(팔과 다리가 완전하고 두 눈의 맨눈시력 각각 0.2 이상 또는 교정시력 각각 0.8 이상)에 미달되는 자

07 경비업법령상 특수경비원이 될 수 있는 자는?

• 제15회 기출

① 18세로서 음주운전이 적발되어 운전면허 정지기간 중에 있는 자
② 20세로서 징역 1년 실형을 선고받고 그 집행이 종료된 날부터 4년이 된 자
③ 22세로서 금고 1년형의 선고유예를 받고 그 유예기간 중에 있는 자
④ 60세로서 두 눈의 교정시력이 각각 0.6인 자

해설 음주운전으로 인한 운전면허정지는 「도로교통법」상의 행정처분으로, 「경비업법」상의 결격사유에 해당하지 않는다.
② 20세로서 징역 1년 실형을 선고받고 그 집행이 종료된 날부터 4년이 된 자는 금고 이상의 실형의 선고를 받고 그 집행이 종료(집행이 종료된 것으로 보는 경우를 포함한다)되거나, 집행이 면제된 날부터 5년이 지나지 아니한 자에 해당하므로 결격사유이다.
③ 22세로서 금고 1년형의 선고유예를 받고 그 유예기간 중에 있는 자는 금고 이상의 형의 선고유예를 받고 그 유예기간 중에 있는 자에 해당하므로 결격사유이다.
④ 60세로서 두 눈의 교정시력이 각각 0.6인 자는 나이 제한(18세 미만이거나 60세 이상인 사람)으로 결격사유에 해당하며, 신체조건(두 눈의 맨눈시력 각각 0.2 이상 또는 교정시력 각각 0.8 이상)에도 미달한다.

06 ① 07 ① **정답**

08 경비업법상 규정된 일반경비원과 경비지도사의 법정 결격사유에 해당하지 <u>않는</u> 것은?

① 파산선고를 받고 복권되지 아니한 자
② 금고 이상의 실형의 선고를 받고 그 집행이 종료(집행이 종료된 것으로 보는 경우를 포함한다)되거나 집행이 면제된 날부터 5년이 지나지 아니한 자
③ 금고 이상의 형의 집행유예선고를 받고 그 유예기간 중에 있는 자
④ 금고 이상의 형의 선고유예를 받고 그 유예기간 중에 있는 자

> **해설** 금고 이상의 형의 선고유예를 받고 그 유예기간 중에 있는 자는 특수경비원의 결격사유에 해당한다.

09 경비업법령상 경비지도사 및 경비원이 될 수 있는 자는?

① 형법 제297조(강간) 죄를 범하여 벌금형을 선고받은 날부터 5년이 지난 자
② 형법 제298조(강제추행) 죄를 범하여 금고형을 선고받고 그 집행이 종료된 날부터 5년이 지난 자
③ 형법 제297조(강간) 죄를 범하여 치료감호를 선고받고 그 집행이 면제된 날부터 5년이 지난 자
④ 형법 제339조(강도강간) 죄를 범하여 치료감호를 선고받고 그 집행이 면제된 날부터 5년이 지난 자

> **해설** 「형법」제339조(강도강간) 죄를 범하여 벌금형을 선고받은 날부터 5년이 지나지 아니하거나, 금고 이상의 형을 선고받고 그 집행이 유예된 날부터 5년이 지나지 아니한 경우 경비원의 결격사유에 해당한다. 죄를 범하여 치료감호를 선고받고 그 집행이 면제된 날부터 5년이 지났기에 결격사유에 해당하지 않는다.
> ①「경비업법」제10조 제1항 제5호 다목에 근거해「형법」제297조(강간) 죄를 범하여 벌금형을 선고받은 날부터 10년이 지나지 아니한 자는 결격사유에 해당하여 경비지도사 및 경비원이 될 수 없다.
> ②「경비업법」제10조 제1항 제5호 다목에 근거해「형법」제298조(강제추행) 죄를 범하여 금고 이상의 형을 선고받고 그 집행이 종료된 날부터 10년이 지나지 아니한 자는 결격사유에 해당하여 경비지도사 및 경비원이 될 수 없다.
> ③「경비업법」제10조 제1항 제5호 다목에 근거해「형법」제297조(강간) 죄를 범하여 치료감호를 선고받고 그 집행이 면제된 날부터 10년이 지나지 않은 자는 결격사유에 해당하여 경비지도사 및 경비원이 될 수 없다.

10 경비업법령상 경비지도사 및 경비원의 결격사유에 해당하지 <u>않는</u> 것은? • 제23회 기출

① 벌금형의 선고유예를 받고 그 유예기간이 끝난 날부터 5년이 지나지 아니한 자
② 징역 3년의 실형의 선고를 받고 그 집행이 면제된 날부터 5년이 지나지 아니한 자
③ 형법 제114조(범죄단체 등의 조직)의 죄를 범하여 벌금형을 선고받은 날부터 5년이 지나지 아니한 자
④ 형법 제297조(강간)의 죄를 범하여 치료감호를 선고받고 그 집행이 종료된 날 또는 집행이 면제된 날부터 5년이 지나지 아니한 자

> **해설** 특수경비원의 경우에는 금고 이상의 형의 선고유예를 받고 그 유예기간 중에 있는 자는 결격사유에 해당하나, 벌금형의 선고유예는 결격사유에 해당하지 않는다.
> ③④ 10년이 지나지 아니한 자에 해당하므로 결격사유에 해당한다.

11 경비업법 제10조 제1항 제7호에 근거한 경비지도사 및 경비원의 결격사유 중 일부 기준 내용이다. 다음 (   )의 요건에 해당하지 <u>않는</u> 것은?

> 7. 다음 (   )의 어느 하나에 해당하는 죄를 범하여 치료감호를 선고받고 그 집행이 종료된 날 또는 집행이 면제된 날부터 10년이 지나지 아니한 자

① 형법 제297조(강간)의 죄
② 폭력행위 등 처벌에 관한 법률 제4조(단체 등의 구성 · 활동)의 죄
③ 성폭력범죄의 처벌 등에 관한 특례법 제3조(특수강도강간 등)의 죄
④ 아동 · 청소년의 성보호에 관한 법률 제7조(아동 · 청소년에 대한 강간 · 강제추행 등)의 죄

> **해설** ①②③④ 모두 죄를 범하여 벌금형을 선고받은 날 또는 금고 이상의 형을 선고받고 그 집행이 종료된 날 또는 집행이 유예 · 면제된 날부터 10년이 지나지 아니하면 경비지도사 및 경비원의 결격사유에 해당한다. 그러나 ②를 제외한 ①③④의 죄를 범하여 치료감호를 선고받고 그 집행이 종료된 날 또는 집행이 면제된 날부터 10년이 지나지 아니한 경우 경비지도사 및 경비원의 결격사유로 규정되어 있다.

정답 08 ④ 09 ④ 10 ① 11 ②

12 경비업법령상 경비지도사, 일반경비원 및 특수경비원의 공통적 결격사유가 <u>아닌</u> 것은?

① 형법의 범죄단체 등의 조직에 관한 죄를 범하여 벌금형을 선고받은 날부터 10년이 지나지 아니하거나 금고 이상의 형을 선고받고 그 집행이 종료된(종료된 것으로 보는 경우를 포함한다) 날 또는 집행이 유예·면제된 날부터 10년이 지나지 아니한 자

② 아동·청소년의 성보호에 관한 법률의 아동·청소년에 대한 강간·강제추행 등 죄를 범하여 벌금형을 선고받은 날부터 10년이 지나지 아니하거나 금고 이상의 형을 선고받고 그 집행이 종료된(종료된 것으로 보는 경우를 포함한다) 날 또는 집행이 유예·면제된 날부터 10년이 지나지 아니한 자

③ 경비업법이나 경비업법에 따른 명령을 위반하여 벌금형을 선고받은 날부터 5년이 지나지 아니하거나 금고 이상의 형을 선고받고 그 집행이 유예된 날부터 5년이 지나지 아니한 자

④ 경비업법이나 경비업법에 따른 명령을 위반하여 금고 이상의 형의 선고유예를 받고 그 유예기간 중에 있는 자

해설 금고 이상의 형의 선고유예를 받고 그 유예기간 중에 있는 자는 특수경비원에만 해당하는 결격사유이다.

13 경비업법령상 경비업체의 법인의 임원과 경비지도사 및 경비원의 공통적 결격사유를 모두 고른 것은?

ㄱ. 18세 미만인 자
ㄴ. 피성년후견인
ㄷ. 파산선고를 받고 복권되지 아니한 자
ㄹ. 금고 이상의 형의 선고유예를 받고 그 유예기간 중에 있는 자
ㅁ. 금고 이상의 실형의 선고를 받고 그 집행이 종료(집행이 종료된 것으로 보는 경우를 포함한다)되거나 집행이 면제된 날부터 5년이 지나지 아니한 자

① ㄱ, ㄴ
② ㄴ, ㄷ
③ ㄱ, ㄴ, ㄷ
④ ㄱ, ㄴ, ㄷ, ㄹ, ㅁ

해설 ㄱ, ㅁ. 법인의 임원의 결격사유가 아니다.
ㄹ. 특수경비원에만 해당하는 결격사유이다.

14 경비업법령상 경비지도사 및 경비원의 결격사유와 청원경찰법령상 청원경찰 임용의 결격사유의 공통적 사유가 아닌 것은?

① 피성년후견인
② 파산선고를 받고 복권되지 아니한 자
③ 금고 이상의 실형의 선고를 받고 그 집행이 끝나거나(집행이 끝난 것으로 보는 경우를 포함한다) 집행이 면제된 날부터 5년이 지나지 아니한 자
④ 금고 이상의 형의 집행유예를 선고받고 그 유예기간이 끝난 날부터 2년이 지나지 아니한 자

> 해설 금고 이상의 형의 집행유예선고를 받고 그 유예기간 중에 있는 자는 경비업법령상 경비지도사 및 경비원의 결격사유이다. 그러나 청원경찰법령상 청원경찰은 금고 이상의 형의 집행유예를 선고받고 그 유예기간이 끝난 날부터 2년이 지나지 아니한 자가 임용의 결격사유이다.

15 경비업법령상 특수경비원의 결격사유만으로 당연퇴직사유에 해당하는 것은?

① 60세가 도래된 사람
② 파산선고를 받고 복권되지 아니한 자
③ 금고 이상의 형의 집행유예선고를 받고 그 유예기간 중에 있는 자
④ 금고 이상의 형의 선고유예를 받고 그 유예기간 중에 있는 자

> 해설 ③ 금고 이상의 형의 집행유예선고를 받고 그 유예기간 중에 있는 자는 그 자체로 당연퇴직사유에 해당한다. ①②④의 경우도 결격사유(경비업법 제10조 제2항)에 해당하지만, 그 자체만으로 당연퇴직사유가 아니라 일정한 요건을 갖춘 경우에 당연퇴직사유에 해당한다.

결격사유	당연퇴직사유
60세 이상인 사람	60세가 된 날이 ① 1월부터 6월 사이에 있으면 6월 30일에, ② 7월부터 12월 사이에 있으면 12월 31일에 각각 당연퇴직
파산선고를 받고 복권되지 아니한 자	파산선고를 받은 사람으로서 「채무자 회생 및 파산에 관한 법률」에 따라 ① 신청기한 내에 면책신청을 하지 아니하였거나 ② 면책불허가 결정 또는 ③ 면책 취소가 확정된 경우 당연퇴직
금고 이상의 형의 선고유예를 받고 그 유예기간 중에 있는 자	① 「성폭력범죄의 처벌 등에 관한 특례법」 제2조("성폭력범죄"), ② 「아동·청소년의 성보호에 관한 법률」 제2조 제2호("아동·청소년대상 성범죄") 및 ③ 직무와 관련하여 「형법」 제355조(횡령, 배임) 또는 제356조(업무상의 횡령과 배임)에 규정된 죄를 범한 사람으로서 금고 이상의 형의 선고유예를 받은 경우 당연퇴직

12 ④   13 ②   14 ④   15 ③   정답

16 경비업법상 특수경비원의 당연퇴직사유에 해당하지 <u>않는</u> 경우에 해당하는 사람은? (단, 경비업 제10조 제2항의 결격사유에 해당한 자로 채무자 회생 및 파산에 관한 법률에 해당하는 경우에만 한정한다)

① 신청기한 내에 면책신청을 하지 아니한 사람
② 면책불허가를 결정받은 사람
③ 면책 취소가 확정된 사람
④ 면책이 확정된 사람

> **해설** 파산선고를 받고 복권되지 아니한 자에 해당하는 경우에는 파산선고를 받은 사람으로서 「채무자 회생 및 파산에 관한 법률」에 따라 ① 신청기한 내에 면책신청을 하지 아니하였거나 ② 면책불허가 결정 또는 ③ 면책 취소가 확정된 경우 당연퇴직사유에 해당한다.

17 경비업법령상 경비지도사 시험 등에 관한 설명으로 옳은 것은?　　　　　• 제24회 기출

① 경비지도사 시험은 매년 1회 이상 시행한다.
② 경비지도사 시험에 관하여 필요한 사항은 행정안전부령으로 정한다.
③ 경찰청장은 경비지도사 시험의 실시계획에 따라 시험을 실시하고자 하는 때에는 응시자격·시험과목·시험일시·시험장소 및 선발예정인원 등을 시험시행일 6개월 전까지 공고하여야 한다.
④ 경비업법에 따른 특수경비업무에 2년 이상 종사하고 행정안전부령으로 정하는 교육과정을 이수한 사람은 경비지도사 제1차 시험을 면제한다.

> **해설** ② 경비지도사 시험에 관하여 필요한 사항은 대통령령으로 정한다.
> ③ 경찰청장은 경비지도사 시험의 실시계획에 따라 시험을 실시하고자 하는 때에는 응시자격·시험과목·시험일시·시험장소 및 선발예정인원 등을 시험시행일 90일 전까지 공고하여야 한다.
> ④ 「경비업법」에 따른 특수경비업무의 경우에는 3년 이상 종사하고 행정안전부령으로 정하는 교육과정을 이수한 사람은 경비지도사 제1차 시험을 면제한다.

18 경비업법령상 경비지도사의 시험 등에 관한 설명으로 옳지 않은 것은? • 제23회 기출

① 경비지도사는 경비지도사의 결격사유가 없는 자로서 경찰청장이 시행하는 경비지도사 시험에 합격하고 행정안전부령으로 정하는 교육을 받은 자이어야 한다.
② 군인사법에 따른 각 군 전투병과 또는 군사경찰병과 부사관 이상 간부로 6년 재직한 사람은 경비지도사 제1차 시험을 면제한다.
③ 일반경비지도사의 자격을 취득한 후 기계경비지도사의 시험에 응시하는 사람은 경비지도사 제1차 시험을 면제한다.
④ 고등교육법에 따른 전문대학을 졸업한 사람으로서 재학 중 경비지도사 시험과목을 3과목 이상을 이수하고 졸업한 후 경비업무에 6년 종사한 사람은 경비지도사 제1차 시험을 면제한다.

해설 종전의 출제 당시에는 정답이 ②만 해당하였으나 법 개정(2024.2.13.)으로 ①도 추가되어 복수정답이 되었다.
① 경비지도사는 결격사유(법 제10조 제1항 각 호)의 어느 하나에 해당하지 아니하는 자로서 경찰청장이 시행하는 경비지도사 시험에 합격하고 대통령령으로 정하는 바에 따라 경찰청장이 실시하는 기본교육(이하 "기본교육"이라 한다)을 받은 자이어야 한다.
② 「군인사법」에 따른 각 군 전투병과 또는 군사경찰병과 부사관 이상 간부로 7년 이상 재직한 사람은 경비지도사 제1차 시험을 면제한다.

19 경비업법령상 경비지도사 시험 등에 관한 설명으로 옳은 것은? • 제20회 기출변형

① 경찰청장은 시험을 실시하고자 하는 때에는 시험일시 등을 시험시행일 60일 전까지 공고한다.
② 경찰청장은 경비지도사 시험의 실시계획을 매년 수립하여야 한다.
③ 공무원임용령에 따른 행정직군 소방직렬 공무원으로 7년 이상 재직한 사람은 1차 시험을 면제한다.
④ 경찰청장이 지정하는 기관 또는 단체에서 실시하는 44시간 이상의 경비지도사 양성과정을 마치고 수료시험에 합격하면 1차 시험을 면제한다.

해설 ① 경찰청장은 시험의 실시계획에 따라 시험을 실시하고자 하는 때에는 응시자격·시험과목·시험일시·시험장소 및 선발예정인원 등을 시험시행일 90일 전까지 공고하여야 한다.
③ 「공무원임용령」에 따른 행정직군 교정직렬 공무원으로 7년 이상 재직한 사람은 1차 시험을 면제한다.
④ 「경비업법」에 따른 경비업무에 7년 이상(특수경비업무의 경우에는 3년 이상) 종사하고 경찰청장이 지정하는 기관 또는 단체에서 실시하는 64시간 이상의 경비지도사 양성과정을 마치고 수료시험에 합격하면 1차 시험을 면제한다.

정답 16 ④ 17 ① 18 ①, ② 19 ②

20 경비업법령상 경비지도사 제1차 시험 면제대상에 해당하는 사람은?

① 경찰공무원법에 따른 해양경찰공무원으로 7년 재직한 사람
② 군인사법에 따른 각 군 전투병과 또는 군사경찰병과 군무원으로 7년 이상 재직한 사람
③ 청원경찰법에 따른 청원경찰로 7년 이상 재직한 사람
④ 소방공무원법에 따른 소방공무원으로 7년 이상 재직한 사람

해설 「경찰공무원법」에 따른 해양경찰공무원으로 7년 재직한 사람은 경비지도사 제1차 시험 면제대상에 해당한다. 참고로 전투경찰, 의무경찰 등 군 대체근무 경력은 제외한다.
② 「군인사법」에 따른 각 군 전투병과 또는 군사경찰병과 부사관 이상 간부로 7년 이상 재직한 사람(임관일로부터 전역일 기준)은 경비지도사 제1차 시험 면제대상에 해당한다. 그러나 사관학교 학생, 군무원, 장교(부사관)임관예정자(훈련생), 일반병 근무경력은 포함되지 않는다.
③④ 경비지도사 제1차 시험 면제대상이 아니다.

21 경비업법령상 경비지도사 제1차 시험 면제에 관한 내용이다. (　　) 안에 알맞은 것은?

• 제19회 기출

- 고등교육법에 의한 전문대학 이상의 교육기관에서 (ㄱ)년 이상의 경비업무 관련 과정을 마친 사람
- 경찰청장이 지정하는 기관 또는 단체에서 실시하는 (ㄴ)시간 이상의 경비지도사 양성과정을 마치고 수료시험에 합격한 사람

① ㄱ: 1, ㄴ: 64　　② ㄱ: 2, ㄴ: 68
③ ㄱ: 1, ㄴ: 72　　④ ㄱ: 2, ㄴ: 78

해설
- 「고등교육법」에 의한 전문대학 이상의 교육기관(경비지도사의 시험과목 3과목 이상이 개설된 교육기관에 한한다)에서 1년 이상의 경비업무 관련 과정을 마친 사람
- 경찰청장이 지정하는 기관 또는 단체에서 실시하는 64시간 이상의 경비지도사 양성과정을 마치고 수료시험에 합격한 사람

> **규칙 제10조 【경비지도사 시험의 일부면제】** 영 제13조 제4호에서 "행정안전부령으로 정하는 교육과정을 이수한 사람"이란 다음 각 호의 어느 하나에 해당하는 사람을 말한다.
> 1. 「고등교육법」에 의한 전문대학 이상의 교육기관(경비지도사의 시험과목 3과목 이상이 개설된 교육기관에 한한다)에서 1년 이상의 경비업무 관련 과정을 마친 사람
> 2. 경찰청장이 지정하는 기관 또는 단체에서 실시하는 64시간 이상의 경비지도사 양성과정을 마치고 수료시험에 합격한 사람

22 경비업법령상 경비지도사 제1차 시험 면제대상자가 되기 위한 법정기간이 나머지와 <u>다른</u> 것은?

① 공무원임용령에 따른 행정직군 교정직렬 공무원으로 재직한 사람
② 대통령 등의 경호에 관한 법률에 따른 경호공무원 또는 별정직공무원으로 재직한 사람
③ 군인사법에 따른 각 군 전투병과 또는 군사경찰병과 부사관 이상 간부로 재직한 사람
④ 경비업법에 따른 특수경비업무에 종사하고 행정안전부령으로 정하는 교육과정을 이수한 사람

해설 「경비업법」에 따른 특수경비업무에 3년 이상 종사하고 행정안전부령으로 정하는 교육과정을 이수한 사람은 경비지도사 제1차 시험 면제대상에 해당한다.
①②③ 7년 이상 재직하여야 경비지도사 제1차 시험 면제대상자가 된다.

> **영 제13조【시험의 일부면제】** 법 제11조 제3항에 따라 다음 각 호의 어느 하나에 해당하는 사람은 경비지도사 제1차 시험을 면제한다.
> 1. 「경찰공무원법」에 따른 경찰공무원으로 7년 이상 재직한 사람
> 2. 「대통령 등의 경호에 관한 법률」에 따른 경호공무원 또는 별정직공무원으로 7년 이상 재직한 사람
> 3. 「군인사법」에 따른 각 군 전투병과 또는 군사경찰병과 부사관 이상 간부로 7년 이상 재직한 사람
> 4. 「경비업법」에 따른 경비업무에 7년 이상(특수경비업무의 경우에는 3년 이상) 종사하고 행정안전부령으로 정하는 교육과정을 이수한 사람
> 5. 「고등교육법」에 따른 대학 이상의 학교를 졸업한 사람으로서 재학 중 제12조 제3항에 따른 경비지도사 시험과목을 3과목 이상 이수하고 졸업한 후 경비업무에 종사한 경력이 3년 이상인 사람
> 6. 「고등교육법」에 따른 전문대학을 졸업한 사람으로서 재학 중 제12조 제3항에 따른 경비지도사 시험과목을 3과목 이상 이수하고 졸업한 후 경비업무에 종사한 경력이 5년 이상인 사람
> 7. 일반경비지도사의 자격을 취득한 후 기계경비지도사의 시험에 응시하는 사람 또는 기계경비지도사의 자격을 취득한 후 일반경비지도사의 시험에 응시하는 사람
> 8. 「공무원임용령」에 따른 행정직군 교정직렬 공무원으로 7년 이상 재직한 사람

정답 20 ① 21 ① 22 ④

23 경비업법령상 경비지도사 제1차 시험의 면제대상으로 옳은 것은?

• 제18회 기출

① 경찰공무원법에 따른 경찰공무원으로 5년 이상 재직한 사람
② 경비업법에 따른 특수경비업무에 3년 이상 종사하고 행정안전부령으로 정하는 교육과정을 이수한 사람
③ 고등교육법에 따른 전문대학을 졸업한 사람으로서 재학 중 경비지도사 시험과목을 3과목 이상을 이수하고 졸업한 후 경비업무에 종사한 경력이 3년 이상인 사람
④ 공무원임용령에 따른 행정직군 교정직렬 공무원으로 3년 이상 재직한 사람

해설 ①「경찰공무원법」에 따른 경찰공무원으로 7년 이상 재직한 사람은 경비지도사 제1차 시험을 면제한다.
③「고등교육법」에 따른 전문대학을 졸업한 사람으로서 재학 중 경비지도사 시험과목을 3과목 이상을 이수하고 졸업한 후 경비업무에 종사한 경력이 5년 이상인 사람은 경비지도사 제1차 시험을 면제한다.
④「공무원임용령」에 따른 행정직군 교정직렬 공무원으로 7년 이상 재직한 사람은 경비지도사 제1차 시험을 면제한다.

24 경비업법령상 경비지도사 시험출제위원 임명 또는 위촉요건에 관한 법규정이다. ( ) 안에 들어갈 내용이 모두 옳은 것은?

- 경감 이상의 경찰공무원(범죄예방·경비 업무를 담당한 경력이 (ㄱ)년 이상인 사람으로 하되, 경감이 되기 전의 경력을 포함한다)
- 시험출제위원의 수는 시험과목별로 (ㄴ)인 이상으로 한다.

① ㄱ: 2, ㄴ: 2
② ㄱ: 2, ㄴ: 3
③ ㄱ: 3, ㄴ: 2
④ ㄱ: 3, ㄴ: 3

해설
- 경감 이상의 경찰공무원(범죄예방·경비 업무를 담당한 경력이 3년 이상인 사람으로 하되, 경감이 되기 전의 경력을 포함한다)
- 시험출제위원의 수는 시험과목별로 2인 이상으로 한다.

25 경비업법령상 경비지도사의 시험 등에 관한 설명으로 옳지 <u>않은</u> 것은?

① 경비지도사 시험의 시험과목, 시험공고, 시험의 일부가 면제되는 자의 범위 그 밖에 경비지도사 시험에 관하여 필요한 사항은 대통령령으로 정한다.
② 경찰청장은 시험문제의 출제를 위하여 경감 이상의 경찰공무원(범죄예방·경비 업무를 담당한 경력이 3년 이상인 사람으로 하되, 경감이 되기 전의 경력을 포함한다)을 시험출제위원으로 임명 또는 위촉한다.
③ 시험출제위원의 수는 시험과목별로 2인 이상으로 하며, 시험출제위원으로 임명 또는 위촉된 자는 경찰청장이 정하는 준수사항을 성실히 이행하여야 한다.
④ 시험출제위원과 시험관리업무에 종사하는 자 모두에 대하여는 예산의 범위 안에서 수당과 여비를 지급할 수 있다.

해설 시험출제위원과 시험관리업무에 종사하는 자에 대하여는 예산의 범위 안에서 수당과 여비를 지급할 수 있다. 다만, 공무원인 위원이 그 소관업무와 직접적으로 관련하여 시험관리업무에 종사하는 경우에는 그러하지 아니하다.

> **법 제11조【경비지도사의 시험 등】** ③ 경비지도사 시험은 매년 1회 이상 시행하며, 시험과목, 시험공고, 시험의 일부가 면제되는 자의 범위 그 밖에 경비지도사 시험에 관하여 필요한 사항은 대통령령으로 정한다.
> **영 제15조【시험출제위원의 임명·위촉 등】** ① 경찰청장은 시험문제의 출제를 위하여 다음 각 호의 어느 하나에 해당하는 자 중에서 시험출제위원을 임명 또는 위촉한다. 〈개정 2024.8.13.〉
> 1. 「고등교육법」에 따른 전문대학 이상의 교육기관에서 경찰행정학과 등 경비업무 관련 학과 및 법학과의 조교수 이상으로 재직하고 있는 사람
> 2. 석사 이상의 학위소지자로 경찰청장이 정하는 바에 의하여 경비업무에 관한 연구실적이나 전문경력이 인정되는 사람
> 3. 경감 이상의 경찰공무원(범죄예방·경비 업무를 담당한 경력이 3년 이상인 사람으로 하되, 경감이 되기 전의 경력을 포함한다)
> ② 제1항의 규정에 의한 시험출제위원의 수는 시험과목별로 2인 이상으로 한다.
> ③ 시험출제위원으로 임명 또는 위촉된 자는 경찰청장이 정하는 준수사항을 성실히 이행하여야 한다.
> ④ 시험출제위원과 시험관리업무에 종사하는 자에 대하여는 예산의 범위 안에서 수당과 여비를 지급할 수 있다. 다만, 공무원인 위원이 그 소관업무와 직접적으로 관련하여 시험관리업무에 종사하는 경우에는 그러하지 아니하다.

정답 23 ② 24 ③ 25 ④

26 경비업법령상 경비지도사에 대한 기본교육에 관한 설명 중 옳지 않은 것은?

① 선임된 경비지도사는 대통령령으로 정하는 바에 따라 경찰청장이 실시하는 기본교육을 받아야 한다.
② 경찰청장이 실시하는 기본교육은 원칙적으로 40시간 이상으로 한다.
③ 일반경비지도사 자격을 취득한 후 3년 이내에 기계경비지도사시험에 합격한 사람이 기본교육을 받는 경우에는 행정안전부령으로 정하는 바에 따라 기본교육의 일부를 면제할 수 있다.
④ 경비지도사 기본교육의 과목, 시간, 그 밖에 기본교육의 실시에 필요한 사항은 행정안전부령으로 정한다.

해설 경비지도사는 경찰청장이 시행하는 경비지도사 시험에 합격하고 대통령령으로 정하는 바에 따라 경찰청장이 실시하는 기본교육(이하 "기본교육"이라 한다)을 받은 자이어야 한다. 선임된 경비지도사는 대통령령으로 정하는 바에 따라 경찰청장이 실시하는 보수교육을 받아야 한다.

> **영 제15조의2 【경비지도사의 기본교육】** ① 법 제11조 제1항에 따라 경찰청장이 실시하는 기본교육(이하 "기본교육"이라 한다)은 40시간 이상으로 한다. 다만, 다음 각 호의 어느 하나에 해당하는 사람이 기본교육을 받는 경우에는 행정안전부령으로 정하는 바에 따라 기본교육의 일부를 면제할 수 있다.
> 1. 일반경비지도사 자격을 취득한 후 3년 이내에 기계경비지도사시험에 합격한 사람
> 2. 기계경비지도사 자격을 취득한 후 3년 이내에 일반경비지도사시험에 합격한 사람
> ② 제1항에 따른 기본교육의 과목, 시간, 그 밖에 기본교육의 실시에 필요한 사항은 행정안전부령으로 정한다.

27 경비업법령상 경찰청장이 실시하는 기본교육에 관한 설명 중 옳지 않은 것은?

① 경비지도사는 결격사유(법 제10조 제1항 각 호)에 해당하지 아니하는 자로서 경찰청장이 시행하는 경비지도사 시험에 합격하고 대통령령으로 정하는 바에 따라 경찰청장이 실시하는 기본교육을 받은 자이어야 한다.
② 경찰청장이 실시하는 기본교육은 44시간 이상으로 한다.
③ 일반경비지도사 자격을 취득한 후 3년 이내에 기계경비지도사시험에 합격한 사람이 기본교육을 받는 경우에는 행정안전부령으로 정하는 바에 따라 기본교육의 일부를 면제할 수 있다.
④ 기본교육의 과목이나 시간, 그 밖에 기본교육의 실시에 필요한 사항은 행정안전부령으로 정한다.

해설 경찰청장이 실시하는 기본교육은 40시간 이상으로 한다.

28 경비업법령상 일반경비지도사가 자격증을 취득하기 위하여 받아야 할 교육의 과목에 해당하지 않는 것은?

• 제16회 기출변형

① 직업윤리 및 인권보호
② 호송경비
③ 인력경비 개론
④ 경비업법, 경찰관직무집행법, 도로교통법 등 관계 법령 및 개인정보 보호법에 따른 개인정보 보호지침 등

해설 인력경비 개론은 기계경비지도사의 교육과목 중 하나이다.

▶ [별표 1] 경비지도사 기본교육의 과목 및 시간(시행규칙 제9조 제1항 관련)

구분 (교육시간)	과목		시간
공통교육 (22시간)	「경비업법」, 「경찰관직무집행법」, 「도로교통법」 등 관계 법령 및 「개인정보 보호법」에 따른 개인정보 보호지침 등		4
	실무 I		4
	실무 II		3
	범죄 · 테러 · 재난 대응요령 및 화재 대처법		2
	응급처치법		2
	직업윤리 및 인권보호		2
	체포 · 호신술		2
	입교식, 평가 및 수료식		3
자격의 종류별 교육 (18시간)	일반경비지도사	시설경비	3
		호송경비	2
		신변보호	2
		특수경비	2
		혼잡 · 다중운집 인파 관리	2
		교통안전 관리	2
		일반경비 현장실습	5
	기계경비지도사	기계경비 운용관리	4
		기계경비 기획 및 설계	4
		인력경비 개론	5
		기계경비 현장실습	5
계			40

[비고] 다음 각 호의 사람이 기본교육을 받은 경우 공통교육은 면제한다.
1. 일반경비지도사 자격을 취득한 후 3년 이내에 기계경비지도사 시험에 합격한 사람
2. 기계경비지도사 자격을 취득한 후 3년 이내에 일반경비지도사 시험에 합격한 사람

26 ① 27 ② 28 ③ 정답

29 경비업법령상 경비지도사 기본교육과목 중 일반경비지도사와 기계경비지도사의 공통교육 과목이 <u>아닌</u> 것은?

① 경비업법
② 인력경비 개론
③ 체포·호신술
④ 직업윤리 및 인권보호

해설 인력경비 개론은 기계경비지도사의 교육과목 중 하나이다.

30 경비업법령상 경비지도사 기본교육과 관련하여 기계경비지도사가 받아야 할 교육과목이 <u>아닌</u> 것은?

① 기계경비 운용관리
② 기계경비 기획 및 설계
③ 교통안전 관리
④ 인력경비 개론

해설 교통안전 관리는 일반경비지도사의 교육과목이다.

▶경비지도사 자격의 종류별 교육(18시간)

구분	과목	시간
일반경비지도사	시설경비	3
	호송경비	2
	신변보호	2
	특수경비	2
	혼잡·다중운집 인파 관리	2
	교통안전 관리	2
	일반경비 현장실습	5
기계경비지도사	기계경비 운용관리	4
	기계경비 기획 및 설계	4
	인력경비 개론	5
	기계경비 현장실습	5

31 경비업법령상 경비지도사 기본교육의 과목 중 일반경비지도사 자격의 종류별 교육과목이 아닌 것은?

① 인력경비 개론
② 혼잡·다중운집 인파 관리
③ 시설경비
④ 교통안전 관리

해설 인력경비 개론은 기계경비지도사의 교육과목이다.

32 경비업법령상 경비지도사에 대한 보수교육에 관한 설명 중 옳지 않은 것은?

① 선임된 경비지도사는 대통령령으로 정하는 바에 따라 경찰청장이 실시하는 보수교육을 받아야 한다.
② 경찰청장이 실시하는 보수교육은 법에 따라 선임된 경비지도사를 대상으로 원칙적으로 선임된 날부터 매 3년이 되는 날이 속하는 해에 실시하는 6시간 이상의 교육으로 한다.
③ 기본교육 또는 직전 보수교육을 받은 날부터 3년 이상 보수교육을 받은 적이 없는 사람이 법에 따라 경비지도사로 선임된 경우에는 선임된 날부터 60일 이내에 보수교육을 받아야 한다.
④ 경비지도사 보수교육의 과목, 시간, 그 밖에 보수교육의 실시에 필요한 사항은 대통령령으로 정한다.

해설 경비지도사 보수교육의 과목, 시간, 그 밖에 보수교육의 실시에 필요한 사항은 행정안전부령으로 정한다.

> **법 제11조의2【경비지도사의 보수교육】** 제12조 제1항에 따라 선임된 경비지도사는 대통령령으로 정하는 바에 따라 경찰청장이 실시하는 보수교육(이하 "보수교육"이라 한다)을 받아야 한다.
> **영 제15조의3【경비지도사의 보수교육】** ① 법 제11조의2에 따라 경찰청장이 실시하는 보수교육(이하 "보수교육"이라 한다)은 법 제12조 제1항에 따라 선임된 경비지도사를 대상으로 선임된 날부터 매 3년이 되는 날이 속하는 해에 실시하는 6시간 이상의 교육으로 한다. 다만, 일반경비지도사와 기계경비지도사 자격을 모두 취득한 사람이 법 제12조 제1항에 따라 일반경비지도사와 기계경비지도사에 모두 선임된 경우에는 행정안전부령으로 정하는 바에 따라 보수교육의 일부를 면제할 수 있다.
> ② 제1항에도 불구하고 기본교육 또는 직전 보수교육을 받은 날부터 3년 이상 보수교육을 받은 적이 없는 사람이 법 제12조 제1항에 따라 경비지도사로 선임된 경우에는 선임된 날부터 60일 이내에 보수교육을 받아야 한다.
> ③ 제1항 및 제2항에 따른 보수교육의 과목, 시간, 그 밖에 보수교육의 실시에 필요한 사항은 행정안전부령으로 정한다.

정답 29 ② 30 ③ 31 ① 32 ④

33 경비업법령상 경비지도사에 대한 보수교육 등에 관한 설명 중 옳지 않은 것은?

① 경비지도사 보수교육의 공통교육과목은 경비업법령 1시간, 직업윤리 및 인권보호 1시간 교육으로 한다.
② 일반경비지도사와 기계경비지도사 자격을 모두 취득한 사람이 일반경비업무와 기계경비업무에 모두 선임된 경우 공통교육은 면제한다.
③ 일반경비지도사와 기계경비지도사 자격을 모두 취득한 사람이 일반경비지도사와 기계경비지도사에 모두 선임된 경우에는 행정안전부령으로 정하는 바에 따라 보수교육의 일부를 면제할 수 있다.
④ 보수교육의 방법은 집합교육을 원칙으로 하되, 부득이한 경우 온라인교육으로 대체할 수 있다.

해설 일반경비지도사와 기계경비지도사 자격을 모두 취득한 사람이 일반경비업무와 기계경비업무에 모두 선임된 경우 공통교육은 1회만 실시한다.

> 규칙 제11조의2【경비지도사의 보수교육】③ 보수교육의 방법은 집합교육을 원칙으로 하되, 부득이한 경우 온라인교육으로 대체할 수 있다.
> [본조신설 2024.8.14.]

▶ [별표 1의2] 경비지도사 보수교육의 과목 및 시간(시행규칙 제11조의2 제1항 관련)

구분		과목	시간
공통교육		경비업법령	1
		직업윤리 및 인권보호	1
자격의 종류별 교육	일반경비지도사	일반경비 실무	4
	기계경비지도사	기계경비 실무	

비고: 일반경비지도사와 기계경비지도사 자격을 모두 취득한 사람이 일반경비업무와 기계경비업무에 모두 선임된 경우 공통교육은 1회만 실시한다.

34 경비업법령상 경비지도사에 대한 보수교육의 과목과 시간에 관한 내용이다. 다음 (　　) 에 알맞은 조합은?

구분		과목	시간
공통교육		경비업법령	1
		(ㄱ)	1
자격의 종류별 교육	일반경비지도사	일반경비 실무	(ㄴ)
	기계경비지도사	기계경비 실무	

① ㄱ: 도로교통법, ㄴ: 2
② ㄱ: 혼잡·다중운집 인파 관리, ㄴ: 2
③ ㄱ: 교통안전 관리, ㄴ: 3
④ ㄱ: 직업윤리 및 인권보호, ㄴ: 4

해설 ㄱ: 직업윤리 및 인권보호, ㄴ: 4

▶ [별표 1의2] 경비지도사 보수교육의 과목 및 시간(시행규칙 제11조의2 제1항 관련)

구분		과목	시간
공통교육		경비업법령	1
		직업윤리 및 인권보호	1
자격의 종류별 교육	일반경비지도사	일반경비 실무	4
	기계경비지도사	기계경비 실무	

비고: 일반경비지도사와 기계경비지도사 자격을 모두 취득한 사람이 일반경비업무와 기계경비업무에 모두 선임된 경우 공통교육은 1회만 실시한다.

35 경비업법령상 경비지도사에 대한 보수교육에 관한 내용이다. 다음 (   )에 알맞은 권한 기관은?

> (   )은 보수교육을 이수한 사람에게 별지 제10호의2 서식의 경비지도사 보수교육 이수증을 발급해야 한다.

① 경찰청장
② 시·도경찰청장
③ 경비지도사 교육기관의 장
④ 시·도경찰청장 또는 경찰서장

해설 경비지도사 교육기관(이하 "경비지도사 교육기관"이라 한다)의 장은 보수교육을 이수한 사람에게 별지 제10호의2 서식의 경비지도사 보수교육 이수증을 발급해야 한다.

> 규칙 제11조의2【경비지도사의 보수교육】② 법 제11조의3 제1항에 따른 경비지도사 교육기관(이하 "경비지도사 교육기관"이라 한다)의 장은 보수교육을 이수한 사람에게 별지 제10호의2 서식의 경비지도사 보수교육 이수증을 발급해야 한다.
> [본조신설 2024.8.14.]

---

36 경비업법령상 경찰청장이 실시하는 보수교육에 관한 다음 설명 중 옳지 <u>않은</u> 것은?

① 선임된 경비지도사는 대통령령으로 정하는 바에 따라 경찰청장이 실시하는 보수교육을 받아야 한다.
② 경비지도사의 보수교육의 과목 및 시간에서 공통교육과목 중 경비업법은 2시간이다.
③ 경비지도사의 보수교육의 방법은 집합교육을 원칙으로 하되, 부득이한 경우 온라인 교육으로 대체할 수 있다.
④ 경비지도사 교육기관의 장은 보수교육을 이수한 사람에게 경비지도사 보수교육 이수증을 발급해야 한다.

해설 경비지도사의 보수교육의 과목 및 시간에서 공통교육과목 중 경비업법은 1시간, 직업윤리 및 인권보호는 1시간이다.

37 경비업법령상 경비지도사 교육기관의 지정 등에 관한 설명 중 옳은 것은?

① 경비지도사 교육기관의 지정을 받으려는 자는 경찰청장에게 별지 제10호의3 서식의 교육기관 지정 신청서를 제출해야 한다.
② 경찰청장은 경비지도사에 대한 기본교육 및 보수교육에 관한 업무를 전문인력 및 시설 등을 갖춘 법인으로서 경찰청장이 지정하는 기관 또는 단체(이하 "경비지도사 교육기관"이라 한다)에 위임할 수 있다.
③ 경찰청장은 경비지도사 교육기관이 교육지침을 위반한 경우에는 기간을 정하여 시정을 명하여야 한다.
④ 그 밖에 경비지도사 교육기관의 지정 기준 및 절차 등에 필요한 사항은 행정안전부령으로 정한다.

해설
② 경찰청장은 경비지도사에 대한 기본교육 및 보수교육에 관한 업무를 전문인력 및 시설 등을 갖춘 법인으로서 경찰청장이 지정하는 기관 또는 단체(이하 "경비지도사 교육기관"이라 한다)에 위탁할 수 있다.
③ 경찰청장은 경비지도사 교육기관이 교육지침을 위반한 경우에는 기간을 정하여 시정을 명할 수 있다.
④ 그 밖에 경비지도사 교육기관의 지정 기준 및 절차 등에 필요한 사항은 대통령령으로 정한다.

> 법 제11조의3 【경비지도사 교육기관의 지정 및 교육의 위탁 등】 ① 경찰청장은 경비지도사에 대한 기본교육 및 보수교육에 관한 업무를 전문인력 및 시설 등을 갖춘 법인으로서 경찰청장이 지정하는 기관 또는 단체(이하 "경비지도사 교육기관"이라 한다)에 위탁할 수 있다.
> ② 경찰청장은 경비지도사에 대한 기본교육 및 보수교육의 전국적 균형을 유지하기 위하여 교육수준 및 교육방법 등에 필요한 지침을 마련하여 시행할 수 있다.
> ③ 경찰청장은 경비지도사 교육기관이 제2항에 따른 교육지침을 위반한 경우에는 기간을 정하여 시정을 명할 수 있다.
> ④ 그 밖에 경비지도사 교육기관의 지정 기준 및 절차 등에 필요한 사항은 대통령령으로 정한다.
> [본조신설 2024.2.13.]
>
> 규칙 제11조의3 【경비지도사 교육기관의 지정 신청 등】 법 제11조의3 제1항·제13조의2 제1항 및 영 제15조의4 제2항(영 제19조의2 제2항에 따라 준용되는 경우를 포함한다)에 따라 경비지도사 교육기관 또는 경비원 교육기관의 지정을 받으려는 자는 경찰청장에게 별지 제10호의3 서식의 교육기관 지정 신청서를 제출해야 한다.
> [본조신설 2024.8.14.]

35 ③   36 ②   37 ①   정답

38 경비업법령상 경비지도사 교육기관의 지정 기준 중 인력 지정 기준으로 옳은 것은 몇 개인가? (단, 해당하는 강사 1명 이상을 갖출 것)

> 가. 「고등교육법」 제2조 각 호에 따른 학교 또는 이에 준하는 학교에서 교육과목 관련 학과의 조교수 이상의 직에 1년 이상 근무한 경력이 있는 사람
> 나. 교육과목 관련 박사학위를 취득한 후 관련 분야의 연구실적이 있는 사람
> 다. 교육과목 관련 석사 이상의 학위를 취득한 후 관련 분야의 연구실적이 있는 사람
> 라. 교육과목 관련 분야에서 공무원으로 3년 이상 근무한 경력이 있는 사람
> 마. 교육과목 관련 분야에 5년 이상 근무한 경력이 있는 사람. 다만, 체포·호신술 과목의 경우에는 무도 사범 자격을 취득한 후 관련 분야에 2년 이상 근무한 경력이 있는 사람을 말한다.

① 2개 ② 3개
③ 4개 ④ 5개

해설 가, 나 2개가 옳다.
다. 교육과목 관련 석사 이상의 학위를 취득한 후 관련 분야에 1년 이상 근무한 경력이 있는 사람
라. 교육과목 관련 분야에서 공무원으로 5년 이상 근무한 경력이 있는 사람
마. 교육과목 관련 분야에 7년 이상 근무한 경력이 있는 사람. 다만, 체포·호신술 과목의 경우에는 무도 사범 자격을 취득한 후 관련 분야에 2년 이상 근무한 경력이 있는 사람을 말한다.

▶ 경비지도사 교육기관의 지정 기준 중 인력 지정 기준

인력	다음의 어느 하나에 해당하는 강사를 1명 이상 갖출 것 • 「고등교육법」 제2조 각 호에 따른 학교 또는 이에 준하는 학교에서 교육과목 관련 학과의 조교수 이상의 직에 1년 이상 근무한 경력이 있는 사람 • 교육과목 관련 박사학위를 취득한 후 관련 분야의 연구실적이 있는 사람 • 교육과목 관련 석사 이상의 학위를 취득한 후 관련 분야에 1년 이상 근무한 경력이 있는 사람 • 교육과목 관련 분야에서 공무원으로 5년 이상 근무한 경력이 있는 사람 • 교육과목 관련 분야에 7년 이상 근무한 경력이 있는 사람. 다만, 체포·호신술 과목의 경우에는 무도 사범 자격을 취득한 후 관련 분야에 2년 이상 근무한 경력이 있는 사람을 말한다.

39 경비업법령상 경비지도사 교육기관의 지정 기준에 관한 설명 중 시설·장비에 관한 기준으로 옳은 것을 모두 고른 것은?

> ㄱ. 지정기간 동안 교육 수행에 필요한 강의실과 사무실을 소유 또는 임차 등의 방법으로 확보할 것
> ㄴ. 교육 수행에 필요한 컴퓨터, 시청각 장비 등 교육훈련 기자재를 확보할 것
> ㄷ. 체포·호신술 과목의 경우에는 실습을 위한 별도의 공간 또는 매트 등 안전장비를 확보할 것
> ㄹ. 기계경비지도사 교육에 필요한 감지장치, 수신장치 및 관제시설을 갖춘 실습실을 확보할 것

① ㄱ, ㄴ
② ㄷ, ㄹ
③ ㄴ, ㄷ, ㄹ
④ ㄱ, ㄴ, ㄷ, ㄹ

해설 ㄱ, ㄴ, ㄷ, ㄹ 모두 경비지도사 교육기관의 지정을 위한 시설·장비에 관한 기준에 해당한다.

40 경비업법령상 경비지도사 교육기관을 지정받으려는 자가 교육기관 지정 신청서에 첨부하여야 하는 서류에 해당하는 것을 모두 고른 것은?

> ㄱ. 경비 관련 교육 운영계획서 및 운영경력서(운영경력서의 경우에는 경비 관련 교육을 운영한 경력이 있는 자만 해당한다)
> ㄴ. 인력 기준에 해당하는 강사의 인적사항 및 자격을 증명하는 서류
> ㄷ. 교육 시설 및 장비의 현황을 확인할 수 있는 서류

① ㄱ, ㄴ
② ㄴ, ㄷ
③ ㄱ, ㄷ
④ ㄱ, ㄴ, ㄷ

해설 ㄱ, ㄴ, ㄷ 모두 경비지도사 교육기관의 지정을 받기 위하여 제출하는 교육기관 지정 신청서에 첨부하여야 할 서류이다.

38 ① 39 ④ 40 ④

41 경비업법령상 경찰청장이 경비지도사 교육기관의 지정을 반드시 취소하는 경우에 해당하지 않는 것은? (단, 위반행위의 차수는 고려한다)

① 거짓이나 그 밖의 부정한 방법으로 경비지도사 교육기관의 지정을 받은 경우
② 지정받은 사항을 위반하여 업무를 행한 경우
③ 시정명령을 받고도 정당한 사유 없이 정하여진 기간 이내에 시정하지 아니한 경우
④ 지정 기준에 적합하지 아니하게 된 경우

해설 지정받은 사항을 위반하여 업무를 행한 경우는 1차 업무정지 1개월, 2차 업무정지 3개월, 3차 이상 업무정지 6개월에 해당한다.
①의 거짓이나 그 밖의 부정한 방법으로 경비지도사 교육기관의 지정을 받은 경우는 반드시 그 지정을 취소하여야 한다.
③④의 경우에는 그 지정을 취소하거나 1년의 범위에서 기간을 정하여 업무의 전부 또는 일부를 정지할 수 있다. 그러나 단서에 위반행위의 차수를 고려하면 다음과 같다.
③ 시정명령(법 제11조의3 제3항)을 받고도 정당한 사유 없이 정하여진 기간 이내에 시정하지 아니한 경우는 1차 업무정지 3개월, 2차 업무정지 6개월, 3차 이상 지정취소에 해당한다.
④ 지정 기준(법 제11조의3 제4항)에 적합하지 아니하게 된 경우는 1차 업무정지 1개월, 2차 업무정지 3개월, 3차 이상 지정취소에 해당한다.

▶ [별표 4] 행정처분 기준(시행령 제34조 관련, 일부발췌)
2. 개별기준

위반행위	근거 법조문	행정처분기준		
		1차	2차	3차 이상
가. 지정받은 사항을 위반하여 업무를 행한 경우	법 제11조의4 제1항 제2호 또는 법 제13조의3 제1항 제2호	업무정지 1개월	업무정지 3개월	업무정지 6개월
나. 법 제11조의3 제3항 또는 법 제13조의2 제3항에 따른 시정명령을 받고도 정당한 사유 없이 시정하지 않은 경우	법 제11조의4 제1항 제3호 또는 법 제13조의3 제1항 제3호	업무정지 3개월	업무정지 6개월	지정취소
다. 법 제11조의3 제4항 또는 법 제13조의2 제4항에 따른 지정 기준에 적합하지 않게 된 경우	법 제11조의4 제1항 제4호 또는 법 제13조의3 제1항 제4호	업무정지 1개월	업무정지 3개월	지정취소

42 경비업법령상 경비지도사 교육기관 및 경비원 교육기관의 지정 취소 및 업무 정지 기준에 관한 설명 중 옳은 것은?

① 위반행위가 둘 이상이면 그중 무거운 처분기준에 따른다. 다만, 둘 이상의 처분기준이 모두 업무 정지인 경우에는 각 처분기준을 합산한 기간을 넘지 않는 범위에서 무거운 처분기준에 그 처분기준의 2분의 1 범위에서 가중한다.

② 위반행위의 횟수에 따른 행정처분 기준은 최근 2년간 같은 위반행위로 행정처분을 받은 경우에 적용한다. 이 경우 기간의 계산은 위반행위에 대한 적발된 날과 그 처분 후 다시 같은 위반행위를 하여 행정처분일을 기준으로 한다.

③ ②에 따라 가중된 처분을 하는 경우 가중처분의 적용 차수는 그 위반행위 전 처분차수(최근 2년 기간 내에 처분이 둘 이상 있었던 경우에는 낮은 차수를 말한다)의 다음 차수로 한다.

④ 처분권자는 개별기준에 따른 처분기준이 업무 정지인 경우에는 위반행위의 동기, 내용 및 위반의 정도 등을 고려하여 2분의 1 범위에서 가중할 수 있다.

해설 ② 위반행위의 횟수에 따른 행정처분 기준은 최근 2년간 같은 위반행위로 행정처분을 받은 경우에 적용한다. 이 경우 기간의 계산은 위반행위에 대한 행정처분일과 그 처분 후 다시 같은 위반행위를 하여 적발된 날을 기준으로 한다.
③ ②에 따라 가중된 처분을 하는 경우 가중처분의 적용 차수는 그 위반행위 전 처분차수(최근 2년 기간 내에 처분이 둘 이상 있었던 경우에는 높은 차수를 말한다)의 다음 차수로 한다.
④ 처분권자는 개별기준에 따른 처분기준이 업무 정지인 경우에는 위반행위의 동기, 내용 및 위반의 정도 등을 고려하여 2분의 1 범위에서 감경할 수 있다.

43 경비업법령상 경비지도사 교육기관의 지정 취소 및 업무 정지 기준에 관한 법규정이다. ( ) 안에 들어갈 내용으로 옳은 것은?

위반행위	처분기준		
	1차	2차	3차 이상
지정받은 사항을 위반하여 업무를 행한 경우	업무정지 1개월	업무정지 3개월	업무정지 6개월
시정명령을 받고도 정당한 사유 없이 시정하지 않은 경우	(ㄱ)	(ㄴ)	(ㄷ)

① ㄱ: 업무정지 1개월, ㄴ: 업무정지 3개월, ㄷ: 업무정지 6개월
② ㄱ: 업무정지 1개월, ㄴ: 업무정지 3개월, ㄷ: 지정취소
③ ㄱ: 업무정지 3개월, ㄴ: 업무정지 6개월, ㄷ: 지정취소
④ ㄱ: 업무정지 1개월, ㄴ: 업무정지 6개월, ㄷ: 지정취소

해설 ㄱ: 업무정지 3개월, ㄴ: 업무정지 6개월, ㄷ: 지정취소

▶ [별표 4] 행정처분 기준(시행령 제34조 관련, 일부발췌)
2. 개별기준

위반행위	근거 법조문	행정처분기준		
		1차	2차	3차 이상
가. 지정받은 사항을 위반하여 업무를 행한 경우	법 제11조의4 제1항 제2호 또는 법 제13조의3 제1항 제2호	업무정지 1개월	업무정지 3개월	업무정지 6개월
나. 법 제11조의3 제3항 또는 법 제13조의2 제3항에 따른 시정명령을 받고도 정당한 사유 없이 시정하지 않은 경우	법 제11조의4 제1항 제3호 또는 법 제13조의3 제1항 제3호	업무정지 3개월	업무정지 6개월	지정취소
다. 법 제11조의3 제4항 또는 법 제13조의2 제4항에 따른 지정 기준에 적합하지 않게 된 경우	법 제11조의4 제1항 제4호 또는 법 제13조의3 제1항 제4호	업무정지 1개월	업무정지 3개월	지정취소

44 경비업법령상 경비지도사의 선임·배치에 관한 설명으로 옳지 않은 것은?

① 시설경비업무·호송경비업무·신변보호업무·특수경비업무 또는 혼잡·교통유도경비업무에 한해 경비원을 배치하여 영업활동을 하고 있는 지역을 관할하는 시·도경찰청의 관할구역별로 경비원 200명까지는 경비지도사 1명을 선임·배치하고, 경비원이 200명을 초과하는 경우 200명을 초과하는 경비원 100명 단위로 경비지도사 1명씩을 추가로 선임·배치해야 한다.
② 시설경비업무·호송경비업무·신변보호업무·특수경비업무 또는 혼잡·교통유도경비업무 중 둘 이상의 경비업무를 하는 경우에는 각 경비업무에 종사하는 경비원의 수를 합산한 인원을 기준으로 일반경비지도사를 선임·배치해야 한다. 다만, 특수경비업무를 수행하는 경비업자는 특수경비원 신임교육을 이수한 일반경비지도사를 선임·배치해야 한다.
③ 경비지도사가 선임·배치된 시·도경찰청의 관할구역과 경계를 맞닿아 인접한 시·도경찰청의 관할구역에 배치된 경비원이 30명 이하인 경우에는 경비지도사를 따로 선임·배치하지 않을 수 있다.
④ 위 ③에 따라 경비지도사를 따로 선임·배치하지 않는 경우 경비지도사 1명이 지도·감독 및 교육할 수 있는 경비원의 총수(경계를 맞닿아 인접한 시·도경찰청의 관할구역에 배치된 경비원의 수를 합산한다)는 100명을 초과할 수 없다.

해설 위 ③에 따라 경비지도사를 따로 선임·배치하지 않는 경우 경비지도사 1명이 지도·감독 및 교육할 수 있는 경비원의 총수(경계를 맞닿아 인접한 시·도경찰청의 관할구역에 배치된 경비원의 수를 합산한다)는 200명을 초과할 수 없다.

> 영 제16조【경비지도사의 선임·배치】① 경비업자는 법 제12조 제1항의 규정에 의하여 [별표 3]의 기준에 따라 경비지도사를 선임·배치하여야 한다.
>
> 1. 경비업자는 경비원을 배치하여 영업활동을 하고 있는 지역을 관할하는 시·도경찰청의 관할구역별로 경비원 200명까지는 경비지도사 1명을 선임·배치하고, 경비원이 200명을 초과하는 경우 200명을 초과하는 경비원 100명 단위로 경비지도사 1명씩을 추가로 선임·배치해야 한다.
> 2. 제1호에 따라 경비지도사가 선임·배치된 시·도경찰청의 관할구역과 경계를 맞닿아 인접한 시·도경찰청의 관할구역에 배치된 경비원이 30명 이하인 경우에는 제1호에도 불구하고 경비지도사를 따로 선임·배치하지 않을 수 있다. 이 경우 제주특별자치도경찰청과 전라남도경찰청은 경계를 맞닿아 인접한 것으로 본다.
> 3. 제2호에 따라 경비지도사를 따로 선임·배치하지 않는 경우 경비지도사 1명이 지도·감독 및 교육할 수 있는 경비원의 총수(경계를 맞닿아 인접한 시·도경찰청의 관할구역에 배치된 경비원의 수를 합산한다)는 200명을 초과할 수 없다.
>
> ※ 비고
> 1. 시설경비업무·호송경비업무·신변보호업무·특수경비업무 또는 혼잡·교통유도경비업무를 하는 경비업자는 일반경비지도사를 선임·배치하고, 시설경비업무·호송경비업무·신변보호업무·특수경비업무 또는 혼잡·교통유도경비업무 중 둘 이상의 경비업무를 하는 경우에는 각 경비업무에 종사하는 경비원의 수를 합산한 인원을 기준으로 경비지도사를 선임·배치해야 한다. 다만, 특수경비업무를 수행하는 경비업자는 제19조 제1항에 따른 특수경비원 신임교육을 이수한 일반경비지도사를 선임·배치해야 한다.

정답 43 ③ 44 ④

45 경비업법령상 경비지도사에 관한 설명이다. (   ) 안에 들어갈 내용으로 옳은 것은?

> - 경비업자는 선임·배치된 경비지도사에 결원이 있거나 자격정지 등의 사유로 그 직무를 수행할 수 없는 때에는 (ㄱ) 이내에 경비지도사를 새로이 충원해야 한다.
> - 경비지도사가 선임·배치된 시·도경찰청의 관할구역과 경계를 맞닿아 인접한 시·도경찰청의 관할구역에 배치되는 경비원이 (ㄴ) 이하인 경우에는 경비지도사를 따로 선임·배치하지 않을 수 있다.
> - 경비지도사는 경비원에 대한 교육을 실시하고, 행정안전부령으로 정하는 경비원 직무교육 실시대장에 그 내용을 기록하여 (ㄷ)간 보존하여야 한다.

① ㄱ: 15일, ㄴ: 30명, ㄷ: 1년
② ㄱ: 15일, ㄴ: 30명, ㄷ: 2년
③ ㄱ: 1월, ㄴ: 30명, ㄷ: 1년
④ ㄱ: 1월, ㄴ: 50명, ㄷ: 2년

해설
- 경비업자는 선임·배치된 경비지도사에 결원이 있거나 자격정지 등의 사유로 그 직무를 수행할 수 없는 때에는 15일 이내에 경비지도사를 새로이 충원해야 한다.
- 경비지도사가 선임·배치된 시·도경찰청의 관할구역과 경계를 맞닿아 인접한 시·도경찰청의 관할구역에 배치되는 경비원이 30명 이하인 경우에는 경비지도사를 따로 선임·배치하지 않을 수 있다.
- 경비지도사는 경비원에 대한 교육을 실시하고, 행정안전부령으로 정하는 경비원 직무교육 실시대장에 그 내용을 기록하여 2년간 보존하여야 한다.

46 경비업법령상 시설경비업·호송경비업·신변보호업 및 특수경비업을 하는 경비업체의 각 경비업에 종사하는 경비원 인원이 서울 430명, 대구 20명, 부산 30명일 때 최소한의 경비지도사 선임 인원은?

① 4명   ② 5명   ③ 6명   ④ 7명

해설 서울 430명에 대해 4명(200명까지 1명, 200명을 초과하는 100명당 1명씩 추가), 대구 20명에 대해 1명, 부산 30명에 대해 1명으로, 총 6명의 경비지도사가 필요하다.

47 경비원의 수가 다음과 같을 때, 경비업법령상 경비업자가 선임·배치하여야 하는 경비지도사의 최소 인원은?

• 제15회 기출

- 서울특별시: 407명
- 인천광역시: 15명
- 강원특별자치도: 120명
- 경상남도: 20명
- 제주특별자치도: 30명

① 6명　　② 7명　　③ 8명　　④ 9명

해설 이 문제는 경비원의 종류가 명시되어 있지 않아 다소 논란의 여지가 있을 수 있다. 단서 조항으로 '기계경비업무는 없다', '주된 사무소는 ○○시' 등의 조건이 있을 때 정확한 문제가 될 수 있다. 주어진 조건에 서울특별시와 인접지인 인천광역시가 있으며, 인천광역시는 경비원이 30명 이하이므로 경비지도사를 배치하지 않을 수 있다. 경상남도와 제주특별자치도는 30명 이하이나 인접지 관할구역이 없으므로 독자적으로 1명씩 선임·배치하여야 한다. 따라서 서울특별시와 인천광역시(407명 + 15명 = 422명) 4명, 강원특별자치도 1명, 경상남도 1명, 제주특별자치도 1명으로, 총 7명의 경비지도사를 최소로 선임·배치하여야 한다.

48 경비업법령상 경비업자가 경기도경찰청 관할의 시설경비업무 경비원 200명, 호송경비업무 경비원 100명, 신변보호업무 경비원 150명을 배치하고자 할 경우 선임·배치에 필요한 최소 일반경비지도사는 몇 명인가?

① 2명　　② 3명　　③ 4명　　④ 5명

해설 「경비업법 시행령」[별표 3](제1호의 나목)의 기준에 따라 각 경비업에 종사하는 경비원의 수를 합산한 인원을 기준으로 할 때, 경비원의 수를 합산하면 총 450명이다. 이를 「경비업법 시행령」[별표 3](제1호의 가목)의 기준을 적용하여 계산하면 200명까지 1명, 200명을 초과하는 100명당 1명씩 추가로 선임·배치해야 하므로 선임·배치에 필요한 최소 일반경비지도사는 4명이다.

49 경비업법령상 A회사에서 선임·배치하여야 할 일반경비지도사의 인원으로 옳은 것은?

• 제19회 기출

A회사는 부산지역에 소재하는 시설경비를 전문으로 하는 경비업체이다. 현재 A회사는 부산지역에만 경비원 400명을 배치하여 경비업무를 수행하고 있다.

① 1명　　② 2명　　③ 3명　　④ 4명

해설 경비원 200명까지 경비지도사 1명을 선임하고, 200명을 초과하는 100명당 1명씩을 추가로 선임하므로 총 3명을 선임·배치하여야 한다.

정답　45 ②　46 ③　47 ②　48 ③　49 ③

50 경비업법령상 경비지도사의 선임·해임 신고에 관한 설명으로 옳지 않은 것은?

① 경비업자는 경비지도사를 선임하는 때에는 경비지도사를 선임한 날부터 15일 이내에 경비지도사 자격증 사본을 첨부하여 경비지도사 선임신고서를 해당 경비현장을 관할하는 시·도경찰청장 또는 경찰서장에게 제출해야 한다.
② 경비업자는 집단민원현장에 경비원 배치허가를 받은 경우 경비원을 배치하기 48시간 전까지 경비지도사 선임신고서를 배치지를 관할하는 경찰서장에게 제출해야 한다.
③ 경비업자는 경비지도사를 해임하는 때에는 경비지도사를 해임한 날부터 15일 이내에 경비지도사 해임신고서를 해당 경비현장을 관할하는 시·도경찰청장 또는 경찰서장에게 제출해야 한다.
④ 시·도경찰청장 또는 경찰서장은 경비지도사로 선임되거나 선임되었던 사람이 요청하는 경우 경비지도사 선임 확인증을 발급할 수 있다.

해설 집단민원현장에 경비원 배치허가를 받은 경우 경비원을 배치하기 전까지 경비지도사 선임신고서를 배치지를 관할하는 경찰서장에게 제출해야 한다.

> 규칙 제11조의5【경비지도사의 선임·해임 신고】① 경비업자는 법 제12조의2에 따라 경비지도사를 선임 또는 해임하는 때에는 경비지도사를 선임 또는 해임한 날부터 15일 이내에 경비지도사 자격증 사본을 첨부(경비지도사 선임 신고의 경우에만 해당한다)하여 별지 제10호의4 서식의 경비지도사 선임·해임신고서(전자문서로 된 신고서를 포함하며, 이하 같다)를 해당 경비현장(경비원 배치장소를 말하며, 이하 "배치지"라 한다)을 관할하는 시·도경찰청장 또는 경찰서장에게 제출해야 한다. 다만, 경비지도사 선임 신고 시 경비지도사 선임신고서에 기재한 해임 예정일에 경비지도사를 해임한 경우에는 경비지도사 해임신고서를 제출하지 않아도 된다.
> ② 경비업자는 제1항 본문에도 불구하고 법 제18조 제2항 단서에 따라 집단민원현장에 경비원 배치허가를 받은 경우 경비원을 배치하기 전까지 경비지도사 선임신고서를 배치지를 관할하는 경찰서장에게 제출해야 한다.
> ③ 시·도경찰청장 또는 경찰서장은 경비지도사로 선임되거나 선임되었던 사람이 요청하는 경우 별지 제10호의5 서식의 경비지도사 선임 확인증을 발급할 수 있다.

51 경비업법령상 경비지도사의 선임·해임 신고의무 등에 관한 설명으로 옳지 <u>않은</u> 것은?

① 경비업자는 경비지도사를 선임하거나 해임하는 때에는 대통령령으로 정하는 바에 따라 해당 경비현장을 관할하는 경찰관서장에게 신고하여야 한다.
② 경비업자는 경비지도사를 선임한 경우 15일 이내에 경비지도사 자격증 사본을 첨부하여 경비지도사 선임신고서를 해당 경비현장을 관할하는 시·도경찰청장 또는 경찰서장에게 제출하여야 한다.
③ 경비지도사 선임신고 시 경비지도사 선임신고서에 기재한 해임 예정일에 경비지도사를 해임한 경우에는 경비지도사 해임신고서를 제출하지 않아도 된다.
④ 경비업자는 집단민원현장에 경비원 배치허가를 받은 경우 경비원을 배치하기 전까지 경비지도사 선임신고서를 배치지를 관할하는 경찰서장에게 제출해야 한다.

> **해설** 경비업자는 경비지도사를 선임하거나 해임하는 때에는 행정안전부령으로 정하는 바에 따라 해당 경비현장을 관할하는 시·도경찰청장 또는 경찰서장에게 신고하여야 한다.

52 경비업법령상 경비지도사의 선임 등에 관한 설명으로 옳지 <u>않은</u> 것은? • 제23회 기출

① 경비현장에 배치된 경비원에 대한 순회점검 및 감독의 직무는 선임된 경비지도사의 직무에 해당한다.
② 경비업자는 선임·배치된 경비지도사가 자격정지의 사유로 그 직무를 수행할 수 없는 때에는 7일 이내에 경비지도사를 새로이 충원하여야 한다.
③ 경비지도사는 경비원에 대한 교육을 실시하고, 행정안전부령으로 정하는 경비원 직무교육 실시대장에 그 내용을 기록하여 2년간 보존하여야 한다.
④ 경비지도사가 선임·배치된 시·도경찰청의 관할구역과 경계를 맞닿아 인접한 시·도경찰청의 관할구역에 배치되는 경비원이 30명 이하인 경우에는 경비지도사를 따로 선임·배치하지 않을 수 있다.

> **해설** 경비업자는 선임·배치된 경비지도사에 결원이 있거나 자격정지 등의 사유로 그 직무를 수행할 수 없는 때에는 15일 이내에 경비지도사를 새로이 충원하여야 한다.

정답 50 ② 51 ① 52 ②

53 경비업법령상 경비지도사에 관한 설명으로 옳지 않은 것은?

・제18회 기출변형

① 경비지도사는 경비원에 대한 직무교육을 실시하고, 행정안전부령으로 정하는 경비원 직무교육 실시대장에 그 내용을 기록하여 2년간 보존하여야 한다.
② 일반경비지도사 자격증 취득자가 자격증 취득일부터 3년 이내에 기계경비지도사 시험에 합격하여 교육을 받을 경우에는 공통교육은 면제한다.
③ 일반경비지도사란 시설경비업무, 호송경비업무, 신변보호업무, 특수경비업무, 혼잡·교통유도경비업무에 종사하는 경비원을 지도·감독 및 교육하는 경비지도사를 말한다.
④ 경비업자는 선임·배치된 경비지도사에 결원이 있거나 자격정지 등의 사유로 그 직무를 수행할 수 없는 때에는 30일 이내에 경비지도사를 새로 충원하여야 한다.

해설 경비업자는 선임·배치된 경비지도사에 결원이 있거나 자격정지 등의 사유로 그 직무를 수행할 수 없는 때에는 15일 이내에 경비지도사를 새로이 충원하여야 한다.

> 영 제16조【경비지도사의 선임·배치】 ① 경비업자는 법 제12조 제1항의 규정에 의하여 별표 3의 기준에 따라 경비지도사를 선임·배치하여야 한다.
> ② 경비업자는 제1항의 규정에 의하여 선임·배치된 경비지도사에 결원이 있거나 자격정지 등의 사유로 그 직무를 수행할 수 없는 때에는 15일 이내에 경비지도사를 새로이 충원하여야 한다.

54 경비업법령상 경비지도사의 직무에 관한 설명으로 옳지 않은 것은?

・제21회 기출

① 경비지도사는 집단민원현장에 배치된 경비원에 대한 지도·감독을 성실하게 수행하여야 한다.
② 경비지도사는 소방기관과의 연락방법에 대한 지도를 월 1회 이상 수행하여야 한다.
③ 경비지도사는 경비원 직무교육 실시대장에 경비원 교육 내용을 기록하여 2년간 보존하여야 한다.
④ 기계경비지도사는 오경보방지 등을 위한 기기관리의 감독을 월 1회 이상 수행하여야 한다.

해설 소방기관과의 연락방법 지도에 대한 월 수행주기는 명문화되어 있지 않다.

55 경비업법령상 일반경비지도사의 직무에 관한 설명으로 옳은 것을 모두 고른 것은?

• 제19회 기출

> ㄱ. 경비원의 지도 · 감독 · 교육에 관한 계획의 수립
> ㄴ. 경비현장에 배치된 경비원에 대한 순회점검 및 감독
> ㄷ. 오경보방지 등을 위한 기기관리의 감독
> ㄹ. 집단민원현장에 배치된 경비원에 대한 지도 · 감독

① ㄱ, ㄴ, ㄷ ② ㄱ, ㄴ, ㄹ ③ ㄱ, ㄷ, ㄹ ④ ㄴ, ㄷ, ㄹ

해설 오경보방지 등을 위한 기기관리의 감독(ㄷ)은 기계경비지도사의 직무이다.

> 법 제12조【경비지도사의 선임 등】② 제1항의 규정에 의하여 선임된 경비지도사의 직무는 다음 과 같다.
> 1. 경비원의 지도 · 감독 · 교육에 관한 계획의 수립 · 실시 및 그 기록의 유지
> 2. 경비현장에 배치된 경비원에 대한 순회점검 및 감독
> 3. 경찰기관 및 소방기관과의 연락방법에 대한 지도
> 4. 집단민원현장에 배치된 경비원에 대한 지도 · 감독
> 5. 그 밖에 대통령령이 정하는 직무
>
> 영 제17조【경비지도사의 직무 및 준수사항】① 법 제12조 제2항 제5호에서 "대통령령이 정하는 직무"란 다음 각 호의 직무를 말한다.
> 1. 기계경비업무를 위한 기계장치의 운용 · 감독(기계경비지도사의 경우에 한한다)
> 2. 오경보방지 등을 위한 기기관리의 감독(기계경비지도사의 경우에 한한다)

▶ **직무내용 및 주기와 권한**

주기	권한비교	내용
평상시 수행	공통적 직무 (일반경비지도사, 기계경비지도사)	경찰기관 및 소방기관과의 연락방법에 대한 지도
월 1회 이상 수행		• 경비원의 지도 · 감독 · 교육에 관한 계획의 수립 · 실시 및 그 기록의 유지 • 경비현장에 배치된 경비원에 대한 순회점검 및 감독
	기계경비지도사	• 기계경비업무를 위한 기계장치의 운용 · 감독 • 오경보방지 등을 위한 기기관리의 감독
규정 없음	집단민원현장에 배치된 경비지도사	• 집단민원현장에 배치된 경비원에 대한 지도 · 감독 • 집단민원현장에 비치된 경비원 명부의 관리 • 경비원 등의 의무 위반행위 예방 및 제지 • 경비원의 복장 착용 등에 대한 지도 · 감독 • 경비원의 장비 휴대 및 사용에 대한 지도 · 감독

정답 53 ④ 54 ② 55 ②

56 경비업법령상 일반경비지도사와 기계경비지도사의 공통적인 직무에 해당하는 것을 모두 고른 것은?

> ㄱ. 경비원의 지도·감독·교육에 관한 계획의 수립·실시 및 그 기록의 유지
> ㄴ. 경비현장에 배치된 경비원에 대한 순회점검 및 감독
> ㄷ. 경찰기관 및 소방기관과의 연락방법에 대한 지도
> ㄹ. 오경보방지 등을 위한 기기관리의 감독
> ㅁ. 기계경비업무를 위한 기계장치의 운용·감독

① ㄱ, ㄴ, ㄷ ② ㄱ, ㄹ, ㅁ ③ ㄴ, ㄷ, ㄹ ④ ㄷ, ㄹ, ㅁ

해설 오경보방지 등을 위한 기기관리의 감독(ㄹ), 기계경비업무를 위한 기계장치의 운용·감독(ㅁ)은 경비업법령에 근거하여 기계경비지도사의 직무에 해당한다.

57 경비업법령상 규정된 집단민원현장에 선임·배치된 경비지도사의 직무로 옳지 <u>않은</u> 것은?

① 경비원 등의 의무 위반행위의 예방 및 제지
② 경비원의 복장 착용에 대한 지도 및 감독
③ 경비원의 장비 휴대 및 사용에 대한 지도 및 감독
④ 집단민원현장에 비치된 특수경비원의 명부에 대한 관리

해설 집단민원현장에 비치된 일반경비원의 명부에 대한 관리가 집단민원현장에 선임·배치된 경비지도사의 직무이다.

> 규칙 제6조의2【집단민원현장에 선임·배치된 경비지도사의 직무】법 제7조 제6항에 따라 경비업자는 집단민원현장에 선임·배치된 경비지도사로 하여금 다음 각 호의 직무를 수행하도록 하여야 한다.
> 1. 법 제15조의2에 따른 경비원 등의 의무 위반행위의 예방 및 제지
> 2. 법 제16조에 따른 경비원의 복장 착용 등에 대한 지도·감독
> 3. 법 제16조의2에 따른 경비원의 장비 휴대 및 사용에 대한 지도·감독
> 4. 법 제18조 제1항 단서에 따라 집단민원현장에 비치된 경비원 명부의 관리

58 경비업법령상 기계경비지도사가 월 1회 이상 수행하여야 하는 직무가 아닌 것은?

① 오경보방지 등을 위한 기기관리의 감독
② 경비현장에 배치된 경비원에 대한 순회점검 및 감독
③ 기계경비업무를 위한 기계장치의 운용·감독
④ 경찰기관 및 소방기관과의 연락방법에 대한 지도

해설 경찰기관 및 소방기관과의 연락방법에 대한 지도는 직무수행주기에 관한 명문 규정이 없으며, 수시 또는 평상시 하는 직무이다.
①②③ 기계경비지도사가 월 1회 이상 수행해야 하는 직무이다.

> 법 제12조【경비지도사의 선임 등】② 제1항의 규정에 의하여 선임된 경비지도사의 직무는 다음과 같다.
> 1. 경비원의 지도·감독·교육에 관한 계획의 수립·실시 및 그 기록의 유지
> 2. 경비현장에 배치된 경비원에 대한 순회점검 및 감독
> 영 제17조【경비지도사의 직무 및 준수사항】① 법 제12조 제2항 제5호에서 "대통령령이 정하는 직무"란 다음 각 호의 직무를 말한다.
> 1. 기계경비업무를 위한 기계장치의 운용·감독(기계경비지도사의 경우에 한한다)
> 2. 오경보방지 등을 위한 기기관리의 감독(기계경비지도사의 경우에 한한다)
> ② 경비지도사는 법 제12조 제3항에 따라 같은 조 제2항 제1호·제2호의 직무 및 제1항 각 호의 직무를 월 1회 이상 수행하여야 한다.

59 경비업법령상 경비지도사의 직무에 관한 설명으로 옳지 않은 것은?

① 매월 1회 이상 경비원의 지도·감독·교육에 관한 계획을 수립하고 실시해야 한다.
② 매월 1회 이상 경비현장에 배치된 경비원에 대한 순회점검 및 감독활동을 해야 한다.
③ 경찰기관 및 소방기관과의 연락방법에 대한 지도를 성실하게 수행하여야 한다.
④ 직무수행 규정을 위반한 경우에는 1차 위반 시 자격정지 1개월, 2차 위반 시 자격정지 3개월, 3차 이상 위반 시 자격취소의 처분을 받는다.

해설 경비지도사의 성실의무 위반 시에는 1차 위반 시 자격정지 3개월, 2차 위반 시 자격정지 6개월, 3차 이상 위반 시 자격정지 12개월이다. 반면, 경비업자가 성실의무를 위반했을 경우에는 1차 위반 시 영업정지 1개월, 2차 위반 시 영업정지 3개월, 3차 이상 위반 시 허가취소의 처분을 받는다.

정답 56 ① 57 ④ 58 ④ 59 ④

60 경비업법령상 경비원에 대한 직무교육을 실시하고 경비원 직무교육 실시대장을 기록 보존하는 사람은?

① 경비업자
② 시설주
③ 경비지도사
④ 교육실시기관 또는 단체의 장

해설 경비지도사는 「경비업법」 제12조(경비지도사의 선임 등) 제2항 제1호에 따라 경비원에 대한 교육을 실시하고, 행정안전부령으로 정하는 경비원 직무교육 실시대장에 그 내용을 기록하여 2년간 보존하여야 한다(경비업법 시행령 제17조 제3항).

61 다음은 경비업법령상 내용이다. ( ) 안에 들어갈 내용으로 옳은 것은?

> 경비지도사는 경비업법에 따라 경비원에 대한 교육을 실시하고, 행정안전부령으로 정하는 경비원 직무교육 실시대장에 그 내용을 기록하여 ( )간 보존하여야 한다.

① 2개월
② 1년
③ 2년
④ 3년

해설 경비지도사는 「경비업법」 제12조(경비지도사의 선임 등) 제2항 제1호에 따라 경비원에 대한 교육을 실시하고, 행정안전부령으로 정하는 경비원 직무교육 실시대장에 그 내용을 기록하여 2년간 보존하여야 한다(경비업법 시행령 제17조 제3항).

제2절 경비원

62 경비업법령상 국가중요시설을 경비대상으로 하는 특수경비업무가 다른 경비업무보다 규정이 엄격한 경우에 해당하지 않는 것은?

① 경비업 허가 시 자본금 기준액
② 경비원의 교육과목 및 교육시간
③ 경비원의 신분보장
④ 쟁의행위 금지

해설 일반경비원과 특수경비원 모두 민간인이다. 그리고 이외에 경비관련업 외의 영업금지, 대행체계구축 및 신고의무 등이 있다.

63 경비업법상 경비원은 일반경비원과 특수경비원으로 구분된다. 다음 중 일반경비원과 특수경비원의 차이점이 <u>아닌</u> 것은?

① 경비원 신임교육 시간
② 무기휴대 가능 여부
③ 경비원의 신분
④ 월중 직무교육 시간

> [해설] 「경비업법」에는 경비원의 신분에 대한 규정이 없고, 일반경비원과 특수경비원 모두 민간인으로 본다.

64 경비업법상 규정된 경비원의 의무 중 공통적 의무에 해당하는 것은?

① 경비원은 직무를 수행함에 있어 타인에게 위력을 과시하거나 물리력을 행사하는 등 경비업무의 범위를 벗어난 행위를 하여서는 아니 된다.
② 경비원은 직무를 수행함에 있어 시설주·관할 경찰관서장 및 소속 상사의 직무상 명령에 복종하여야 한다.
③ 경비원은 소속 상사의 허가 또는 정당한 사유 없이 경비구역을 벗어나서는 아니 된다.
④ 경비원은 파업·태업 그 밖에 경비업무의 정상적인 운영을 저해하는 일체의 쟁의행위를 하여서는 아니 된다.

> [해설] ②③④ 특수경비원의 의무에 해당한다.
>
> **법 제15조【특수경비원의 의무】** ① 특수경비원은 직무를 수행함에 있어 시설주·관할 경찰관서장 및 소속 상사의 직무상 명령에 복종하여야 한다.
> ② 특수경비원은 소속 상사의 허가 또는 정당한 사유 없이 경비구역을 벗어나서는 아니 된다.
> ③ 특수경비원은 파업·태업 그 밖에 경비업무의 정상적인 운영을 저해하는 일체의 쟁의행위를 하여서는 아니 된다.

정답 60 ③ 61 ③ 62 ③ 63 ③ 64 ①

65 경비업법령상 규정된 특수경비원과 관련한 내용으로 옳은 것은?

① 특수경비원은 국가중요시설에 대한 경비업무를 수행함에 있어 노동3권이 제한되어 파업·태업 그 밖에 경비업무의 정상적인 운영을 저해하는 일체의 행위를 하여서는 아니 된다.
② 특수경비원의 교육 시 관할 경찰서 소속 경찰공무원이 교육기관에 입회하여 대통령령이 정하는 바에 따라 지도·감독하여야 한다.
③ 특수경비원은 시설주의 허가 또는 정당한 사유 없이 경비구역을 벗어나서는 아니 된다.
④ 특수경비원은 사람을 향하여 권총 또는 소총을 발사하고자 하는 때에는 인질사건에 있어서 은밀히 작전을 수행하는 경우로서 부득이한 때에도 공포탄에 의한 사격으로 상대방에게 경고하여야 한다.

해설 ① 특수경비원은 파업·태업 그 밖에 경비업무의 정상적인 운영을 저해하는 일체의 쟁의행위를 하여서는 아니 된다.
③ 특수경비원은 소속 상사의 허가 또는 정당한 사유 없이 경비구역을 벗어나서는 아니 된다.
④ 특수경비원은 사람을 향하여 권총 또는 소총을 발사하고자 하는 때에는 원칙적으로 미리 구두 또는 공포탄에 의한 사격으로 상대방에게 경고하여야 한다. 그러나 인질·간첩 또는 테러사건에 있어서 은밀히 작전을 수행하는 경우로서 부득이한 때에는 경고하지 아니할 수 있다.

66 경비업법령상 특수경비원의 의무에 관한 설명으로 옳지 <u>않은</u> 것은? • 제25회 기출

① 특수경비원은 소속 상사의 허가 또는 정당한 사유 없이 경비구역을 벗어나서는 아니 된다.
② 특수경비원은 쟁의행위 유형 중 태업은 할 수 있지만, 파업은 할 수 없다.
③ 특수경비원은 총기 또는 폭발물을 가지고 대항하는 경우를 제외하고는 14세 미만의 자 또는 임산부에 대하여는 권총 또는 소총을 발사하여서는 아니 된다.
④ 특수경비원은 사람을 향하여 권총 또는 소총을 발사하고자 하는 때에는 미리 구두 또는 공포탄에 의한 사격으로 상대방에게 경고하는 것이 원칙이다.

해설 특수경비원은 파업·태업 그 밖에 경비업무의 정상적인 운영을 저해하는 일체의 쟁의행위를 하여서는 아니 된다.

67 경비업법령상 특수경비원의 의무에 관한 설명으로 옳은 것은?

• 제24회 기출

① 특수경비원은 직무를 수행함에 있어 시설주·관할 경찰관서장 및 소속 상사의 직무상 명령에 복종하여야 한다.
② 특수경비원은 시설주의 허가 또는 정당한 사유 없이 경비구역을 벗어나서는 아니 된다.
③ 특수경비원은 경비업무의 정상적인 운영을 저해한다 하더라도 파업·태업이 아닌 다른 방법에 의한 쟁의행위는 가능하다.
④ 특수경비원은 14세 미만의 자 또는 임산부에 대하여는 어떠한 경우라도 소총을 발사하여서는 아니 된다.

해설 ② 특수경비원은 소속 상사의 허가 또는 정당한 사유 없이 경비구역을 벗어나서는 아니 된다.
③ 특수경비원은 파업·태업 그 밖에 경비업무의 정상적인 운영을 저해하는 일체의 쟁의행위를 하여서는 아니 된다.
④ 특수경비원은 총기 또는 폭발물을 가지고 대항하는 경우를 제외하고는 14세 미만의 자 또는 임산부에 대하여는 권총 또는 소총을 발사하여서는 아니 된다.

> 법 제15조 【특수경비원의 의무】 ① 특수경비원은 직무를 수행함에 있어 시설주·관할 경찰관서장 및 소속 상사의 직무상 명령에 복종하여야 한다.
> ② 특수경비원은 소속 상사의 허가 또는 정당한 사유 없이 경비구역을 벗어나서는 아니 된다.
> ③ 특수경비원은 파업·태업 그 밖에 경비업무의 정상적인 운영을 저해하는 일체의 쟁의행위를 하여서는 아니 된다.
> ④ 특수경비원이 무기를 휴대하고 경비업무를 수행하는 때에는 다음 각 호의 어느 하나에서 정하는 무기의 안전사용수칙을 지켜야 한다.
> 1. 특수경비원은 사람을 향하여 권총 또는 소총을 발사하고자 하는 때에는 미리 구두 또는 공포탄에 의한 사격으로 상대방에게 경고하여야 한다. 다만, 다음 각 목의 1에 해당하는 경우로서 부득이한 때에는 경고하지 아니할 수 있다.
>   가. 특수경비원을 급습하거나 타인의 생명·신체에 대한 중대한 위험을 야기하는 범행이 목전에 실행되고 있는 등 상황이 급박하여 경고할 시간적 여유가 없는 경우
>   나. 인질·간첩 또는 테러사건에 있어서 은밀히 작전을 수행하는 경우
> 2. 특수경비원은 무기를 사용하는 경우에 있어서 범죄와 무관한 다중의 생명·신체에 위해를 가할 우려가 있는 때에는 이를 사용하여서는 아니 된다. 다만, 무기를 사용하지 아니하고는 타인 또는 특수경비원의 생명·신체에 대한 중대한 위협을 방지할 수 없다고 인정되는 때에는 필요한 최소한의 범위 안에서 이를 사용할 수 있다.
> 3. 특수경비원은 총기 또는 폭발물을 가지고 대항하는 경우를 제외하고는 14세 미만의 자 또는 임산부에 대하여는 권총 또는 소총을 발사하여서는 아니 된다.

정답 65 ② 66 ② 67 ①

68 경비업법령상 특수경비원의 의무에 관한 설명으로 옳은 것은?

• 제23회 기출

① 소속 상사의 허가 또는 정당한 사유 없이 경비구역을 벗어나서는 아니 된다.
② 사람을 향하여 권총 또는 소총을 발사하고자 하는 때에는 인질사건에 있어서 은밀히 작전을 수행하는 경우로서 부득이한 때에도 공포탄에 의한 사격으로 상대방에게 경고하여야 한다.
③ 무기를 사용하지 아니하고는 타인의 생명·신체에 대한 중대한 위험을 방지할 수 없다고 인정되는 때에는 필요한 최대한의 범위 안에서 이를 사용하여야 한다.
④ 임산부가 총기 또는 폭발물을 가지고 대항하는 경우에도 임산부에 대하여 소총을 발사하여서는 아니 된다.

해설 ② 사람을 향하여 권총 또는 소총을 발사하고자 하는 때에는 인질·간첩 또는 테러사건에 있어서 은밀히 작전을 수행하는 경우로서 부득이한 때를 제외하고 원칙적으로 미리 구두 또는 공포탄에 의한 사격으로 상대방에게 경고하여야 한다.
③ 무기를 사용하지 아니하고는 타인 또는 특수경비원의 생명·신체에 대한 중대한 위험을 방지할 수 없다고 인정되는 때에는 필요한 최소한의 범위 안에서 이를 사용할 수 있다.
④ 총기 또는 폭발물을 가지고 대항하는 경우를 제외하고는 14세 미만의 자 또는 임산부에 대하여는 권총 또는 소총을 발사하여서는 아니 된다.

69 경비업법령상 특수경비원의 의무에 관한 설명으로 옳은 것은?

• 제17회·제18회 기출

① 특수경비원은 시설주의 허가 또는 정당한 사유 없이 경비구역을 벗어나서는 아니 된다.
② 인질사건에 있어서 작전을 수행하는 경우라도 권총 또는 소총을 발사하고자 하는 때에는 반드시 미리 구두로 경고를 하여야 한다.
③ 특수경비원은 총기 또는 폭발물을 가지고 대항하는 경우에도 14세 미만의 자 또는 임산부에 대하여는 권총 또는 소총을 발사하여서는 아니 된다.
④ 특수경비원은 파업·태업 그 밖에 경비업무의 정상적인 운영을 저해하는 일체의 쟁의행위를 하여서는 아니 된다.

해설 ① 특수경비원은 소속 상사의 허가 또는 정당한 사유 없이 경비구역을 벗어나서는 아니 된다.
② 특수경비원은 사람을 향하여 권총 또는 소총을 발사하고자 하는 때에는 미리 구두 또는 공포탄에 의한 사격으로 상대방에게 경고하여야 한다. 다만, 상황이 급박하여 경고할 시간적 여유가 없는 경우 또는 인질·간첩 또는 테러사건에 있어서 은밀히 작전을 수행하는 경우 등에 해당하는 경우로서 부득이한 때에는 경고하지 아니할 수 있다.
③ 특수경비원은 총기 또는 폭발물을 가지고 대항하는 경우를 제외하고 14세 미만의 자 또는 임산부에 대하여는 권총 또는 소총을 발사하여서는 아니 된다.

70 경비업법령상 특수경비원의 의무에 관한 설명으로 옳은 것은?

① 특수경비원은 관할 경찰서장의 허가 없이 경비구역을 벗어나서는 아니 된다.
② 특수경비원은 테러사건에 있어서 은밀히 작전을 수행하는 경우로서 부득이한 때에는 경고 없이 사람을 향하여 권총 또는 소총을 발사할 수 있다.
③ 특수경비원은 직무를 수행함에 있어 경비업자·시설주 및 관할 경찰관서장의 직무상 명령에 복종하여야 한다.
④ 특수경비원은 사람을 향하여 권총을 발사하고자 하는 때에는 구두에 의한 경고가 아닌 공포탄 사격에 의한 경고를 선행하여야 한다.

> **해설** ① 특수경비원은 소속 상사의 허가 또는 정당한 사유 없이 경비구역을 벗어나서는 아니 된다.
> ③ 특수경비원은 직무를 수행함에 있어 시설주·관할 경찰관서장 및 소속 상사의 직무상 명령에 복종하여야 한다.
> ④ 특수경비원은 원칙적으로 사람을 향하여 권총 또는 소총을 발사하고자 하는 때에는 미리 구두 또는 공포탄에 의한 사격으로 상대방에게 경고하여야 한다.

71 경비업법령상 특수경비원의 권리와 의무에 관한 설명으로 옳은 것은? • 제20회 기출

① 특수경비원은 총기 또는 폭발물을 가지고 대항하는 경우를 제외하고는 18세 미만인 자에 대하여는 권총을 발사하여서는 아니 된다.
② 특수경비원은 단결권을 행사할 수 없다.
③ 시설주는 고의 또는 과실로 무기를 분실한 특수경비원에 대하여 특수경비업자에게 징계 등의 조치를 요청할 수 있다.
④ 테러사건에 있어서 은밀히 작전을 수행하는 경우에는 부득이한 때에도 미리 상대방에게 경고한 후 권총을 사용하여야 한다.

> **해설** 법적 내용은 옳으나, ③은 문제에서 묻고 있는 특수경비원의 권리와 의무에 관한 설명이 아니므로 주의하여 학습해야 한다.
> ① 특수경비원은 총기 또는 폭발물을 가지고 대항하는 경우를 제외하고는 14세 미만인 자에 대하여 권총을 발사하여서는 아니 된다.
> ② 특수경비원은 노동 3권 중에 단체행동권을 행사할 수 없다.
> ④ 테러사건에 있어서 은밀히 작전을 수행하는 경우로서 부득이한 때에는 상대방에게 경고하지 아니하고 권총 또는 소총을 발사할 수 있다.

정답 68 ① 69 ④ 70 ② 71 ③

72 경비업법령상 특수경비원이 경고하지 아니하고 사람을 향하여 권총을 발사할 수 있는 부득이한 때가 <u>아닌</u> 것은?

• 제21회 기출

① 특수경비원이 급습을 받아 상황이 급박하여 경고할 시간적 여유가 없는 경우
② 타인의 생명·신체에 대한 중대한 위험을 야기하는 범행이 목전에 실행되고 있는 등 상황이 급박하여 경고할 시간적 여유가 없는 경우
③ 경비업무 수행 중 절도범과 마주친 경우
④ 테러사건에 있어서 은밀히 작전을 수행하는 경우

> **해설** 특수경비원이 경고하지 아니하고 사람을 향하여 권총을 발사할 수 있는 부득이한 경우는 특수경비원이 급습을 받거나 타인의 생명·신체에 대한 중대한 위험을 야기하는 범행이 목전에 실행되고 있는 등 상황이 급박하여 경고할 시간적 여유가 없는 경우이거나, 인질·간첩 또는 테러사건에 있어서 은밀히 작전을 수행하는 경우 등이다.

73 경비업법령상 특수경비원의 근무 중 무기사용의 안전수칙으로 옳지 <u>않은</u> 것은?

① 근무 중 사람을 향하여 총기를 발사하고자 하는 때에는 원칙적으로 구두 또는 공포탄 사격으로 상대방에게 경고하여야 한다.
② 타인의 생명에 중대한 위험을 야기하는 범행이 목전에 실행되어 상황이 급박하여 경고할 시간적 여유가 없을 때에는 경고하지 않을 수 있다.
③ 경비원의 생명에 대한 위험을 방지하기 위하여는 다중의 신체에 위해를 가할 우려가 있을 때라도 무기를 사용할 수 있다.
④ 원칙적으로 14세 미만의 자 또는 임산부에 대하여 총기를 발사하여서는 아니 된다.

> **해설** 무기를 사용하지 아니하고는 타인 또는 특수경비원의 생명·신체에 대한 중대한 위협을 방지할 수 없다고 인정되는 때에는 필요한 최소한의 범위 안에서 무기를 사용할 수 있다.

74 경비업법령상 경비원의 교육기관 지정 등에 관한 설명으로 옳지 않은 것은?

① 경찰청장은 경비원에 대한 신임교육의 효율성을 제고하기 위하여 전문인력 및 시설 등을 갖춘 기관 또는 단체를 경비원 교육기관으로 지정할 수 있다.
② 경찰청장은 경비원에 대한 신임교육의 전국적 균형을 유지하기 위하여 교육수준 및 교육방법 등에 필요한 지침을 마련하여 시행하여야 한다.
③ 경찰청장은 경비원 교육기관이 교육지침을 위반한 경우에는 기간을 정하여 시정을 명할 수 있다.
④ 그 밖에 경비원 교육기관의 지정 기준 및 절차 등에 필요한 사항은 대통령령으로 정한다.

해설 경찰청장은 경비원에 대한 신임교육의 전국적 균형을 유지하기 위하여 교육수준 및 교육방법 등에 필요한 지침을 마련하여 시행할 수 있다.

> 법 제13조의2【경비원 교육기관의 지정 등】 ① 경찰청장은 제13조 제1항부터 제3항까지에 따른 경비원에 대한 신임교육(이하 "신임교육"이라 한다)의 효율성을 제고하기 위하여 전문인력 및 시설 등을 갖춘 기관 또는 단체를 경비원 교육기관(이하 "경비원 교육기관"이라 한다)으로 지정할 수 있다.
> ② 경찰청장은 경비원에 대한 신임교육의 전국적 균형을 유지하기 위하여 교육수준 및 교육방법 등에 필요한 지침을 마련하여 시행할 수 있다.
> ③ 경찰청장은 경비원 교육기관이 제2항에 따른 교육지침을 위반한 경우에는 기간을 정하여 시정을 명할 수 있다.
> ④ 그 밖에 경비원 교육기관의 지정 기준 및 절차 등에 필요한 사항은 대통령령으로 정한다.

정답 72 ③ 73 ③ 74 ②

75 경비업법령상 경비원 교육기관의 지정신청 시에 신청서에 신청인의 제출서류에 해당하지 **않는** 것은?

① 경비 관련 교육 운영계획서
② 인력 기준에 해당하는 강사의 인적사항 및 자격을 증명하는 서류
③ 교육 시설 및 장비의 현황을 확인할 수 있는 서류
④ 법인의 등기사항증명서

해설 ▶ 법인의 등기사항증명서는 담당공무원의 확인사항으로 경비지도사 교육기관의 지정만 해당한다.

신청인 제출서류	• 경비 관련 교육 운영계획서 • 경비 관련 교육 운영경력서(경비 관련 교육을 운영한 경력이 있는 경우만 해당한다) • 인력 기준에 해당하는 강사의 인적사항 및 자격을 증명하는 서류 • 교육 시설 및 장비의 현황을 확인할 수 있는 서류	수수료 없음
담당 공무원 확인사항	법인의 등기사항증명서(경비지도사 교육기관의 지정만 해당)	

76 경비업법령상 경비원 교육기관의 지정 기준 중 일반경비원 교육기관의 인력기준으로 옳은 것은?

① 교육과목 관련 박사학위를 취득한 후 관련 분야의 연구실적이 있는 사람
② 교육과목 관련 석사 이상의 학위를 취득한 후 관련 분야에 3년 이상 근무한 경력이 있는 사람
③ 교육과목 관련 분야에서 공무원으로 5년 이상 근무한 경력이 있는 사람
④ 교육과목 관련 분야에 10년 이상 근무한 경력이 있는 사람

해설 ▶ ①②④는 특수경비원 교육기관의 인력기준에 해당한다. 일반경비원 교육기관의 인력기준은 다음과 같다.
② 교육과목 관련 석사 이상의 학위를 취득한 후 관련 분야에 1년 이상 근무한 경력이 있는 사람
④ 교육과목 관련 분야에 5년 이상 근무한 경력이 있는 사람

구분(강사 1명 이상)	경비지도사	특수경비원	일반경비원
조교수 이상의 직	1년 이상	1년 이상	–
박사학위	연구실적	연구실적	–
석사 이상의 학위	1년 이상	3년 이상	1년 이상
공무원	5년 이상	7년 이상	5년 이상
관련 분야 경력의 사람	7년 이상	10년 이상	5년 이상
체포 · 호신술/무도	2년 이상	2년 이상	2년 이상

▶ [별표 3의2] 경비원 교육기관의 지정 기준(시행령 제19조의2 제1항 관련, 일부발췌)

다음의 어느 하나에 해당하는 강사를 1명 이상 갖출 것
1) 교육과목 관련 석사 이상의 학위를 취득한 후 관련 분야에 1년 이상 근무한 경력이 있는 사람
2) 교육과목 관련 분야에서 공무원으로 5년 이상 근무한 경력이 있는 사람
3) 교육과목 관련 분야에 5년 이상 근무한 경력이 있는 사람. 다만, 체포·호신술 과목의 경우에는 무도 사범 자격을 취득한 후 관련 분야에 2년 이상 근무한 경력이 있는 사람을 말한다.

77. 경비업법령상 경비원 교육기관의 지정 기준 중 특수경비원 교육기관의 인력기준으로 옳지 않은 것은?

① 교육과목 관련 박사학위를 취득한 후 관련 분야의 연구실적이 있는 사람
② 교육과목 관련 석사 이상의 학위를 취득한 후 관련 분야에 1년 이상 근무한 경력이 있는 사람
③ 교육과목 관련 분야에서 공무원으로 7년 이상 근무한 경력이 있는 사람
④ 체포·호신술 과목은 무도 사범 자격을 취득한 후 관련 분야에 2년 이상 근무한 경력이 있는 사람

해설 특수경비원 교육기관의 인력기준은 교육과목 관련 석사 이상의 학위를 취득한 후 관련 분야에 3년 이상 근무한 경력이 있는 사람이어야 한다.

구분(강사 1명 이상)	경비지도사	특수경비원	일반경비원
조교수 이상의 직	1년 이상	1년 이상	–
박사학위	연구실적	연구실적	–
석사 이상의 학위	1년 이상	3년 이상	1년 이상
공무원	5년 이상	7년 이상	5년 이상
관련 분야 경력의 사람	7년 이상	10년 이상	5년 이상
체포·호신술/무도	2년 이상	2년 이상	2년 이상

▶ [별표 3의2] 경비원 교육기관의 지정 기준(시행령 제19조의2 제1항 관련, 일부발췌)

다음의 어느 하나에 해당하는 강사를 1명 이상 갖출 것
1) 「고등교육법」 제2조 각 호에 따른 학교 또는 이에 준하는 학교에서 교육과목 관련 학과의 조교수 이상의 직에 1년 이상 근무한 경력이 있는 사람
2) 교육과목 관련 박사학위를 취득한 후 관련 분야의 연구실적이 있는 사람
3) 교육과목 관련 석사 이상의 학위를 취득한 후 관련 분야에 3년 이상 근무한 경력이 있는 사람
4) 교육과목 관련 분야에서 공무원으로 7년 이상 근무한 경력이 있는 사람
5) 교육과목 관련 분야에 10년 이상 근무한 경력이 있는 사람. 다만, 체포·호신술 과목 및 폭발물 처리요령 과목에 대해서는 다음의 구분에 따른다.
   가) 체포·호신술 과목: 무도 사범 자격을 취득한 후 관련 분야에 2년 이상 근무한 경력이 있는 사람
   나) 폭발물 처리요령 과목: 관련 분야에 2년 이상 근무한 경력이 있는 사람

75 ④ 76 ③ 77 ② 정답

78 경비업법령상 경비원 교육기관의 지정 기준 중 특수경비원 교육기관의 시설·장비기준으로 옳지 <u>않은</u> 것은?

① 지정기간 동안 교육 수행에 필요한 강의실과 사무실을 소유 또는 임차 등의 방법으로 확보할 것
② 교육 수행에 필요한 컴퓨터, 시청각 장비 등 교육훈련 기자재를 확보할 것
③ 체포·호신술 과목의 경우에는 실습을 위한 별도의 공간 또는 매트 등 안전장비를 확보할 것
④ 소총에 의한 실탄사격이 가능하고 2개 사로(射路) 이상을 갖춘 사격장을 사용할 수 있을 것. 다만, 사용계획서를 제출한 경우에는 교육기관 지정을 받은 날부터 1개월 이내에 시·도경찰청장에게 사격장 사용이 가능하다는 사실의 확인을 받아야 한다.

> **해설** 소총에 의한 실탄사격이 가능하고 10개 사로(射路) 이상을 갖춘 사격장을 사용할 수 있을 것. 다만, 사용계획서를 제출한 경우에는 교육기관 지정을 받은 날부터 2개월 이내에 시·도경찰청장에게 사격장 사용이 가능하다는 사실의 확인을 받아야 한다.

79 경비업법령상 경비원 교육기관의 지정 기준 중 특수경비원 교육기관의 시설·장비기준에 관한 일부 규정이다. ( )에 알맞은 조합은?

> 소총에 의한 실탄사격이 가능하고 (ㄱ)개 사로(射路) 이상을 갖춘 사격장을 사용할 수 있을 것. 다만, 사용계획서를 제출한 경우에는 교육기관 지정을 받은 날부터 (ㄴ)개월 이내에 시·도경찰청장에게 사격장 사용이 가능하다는 사실의 확인을 받아야 한다.

① ㄱ: 5, ㄴ: 1
② ㄱ: 5, ㄴ: 2
③ ㄱ: 10, ㄴ: 1
④ ㄱ: 10, ㄴ: 2

> **해설** 소총에 의한 실탄사격이 가능하고 10개 사로(射路) 이상을 갖춘 사격장을 사용할 수 있을 것. 다만, 사용계획서를 제출한 경우에는 교육기관 지정을 받은 날부터 2개월 이내에 시·도경찰청장에게 사격장 사용이 가능하다는 사실의 확인을 받아야 한다.

80 경비업법령상 경찰청장은 경비원 교육기관이 법정사유에 해당하는 경우에는 그 지정을 취소하거나 1년 이내의 기간을 정하여 업무의 전부 또는 일부를 정지할 수 있다. 다음 중 지정을 취소하여야 하는 사유에 해당하는 것은? (단, 위반 차수를 고려하지 아니한다)

① 거짓이나 그 밖의 부정한 방법으로 경비원 교육기관의 지정을 받은 경우
② 지정받은 사항을 위반하여 업무를 행한 경우
③ 시정명령을 받고도 정당한 사유 없이 정하여진 기간 이내에 시정하지 아니한 경우
④ 지정 기준에 적합하지 아니하게 된 경우

> **해설** 거짓이나 그 밖의 부정한 방법으로 경비원 교육기관의 지정을 받은 경우에는 그 지정을 취소하여야 한다.

81 경비업법령상 경찰청장은 경비원 교육기관이 법정사유에 해당하는 경우에는 그 지정을 취소하거나 1년 이내의 기간을 정하여 업무의 전부 또는 일부를 정지할 수 있다. 다음 중 지정취소 사유에 해당하지 <u>않는</u> 것은? (단, 위반 차수를 고려한다)

① 거짓이나 그 밖의 부정한 방법으로 경비원 교육기관의 지정을 받은 경우
② 지정받은 사항을 위반하여 업무를 행한 경우
③ 시정명령을 받고도 정당한 사유 없이 정하여진 기간 이내에 시정하지 아니한 경우
④ 지정 기준에 적합하지 아니하게 된 경우

> **해설** 지정받은 사항을 위반하여 업무를 행한 경우에는 1차 업무정지 1개월, 2차 업무정지 3개월, 3차 이상 업무정지 6개월에 해당한다.
> ① 거짓이나 그 밖의 부정한 방법으로 경비원 교육기관의 지정을 받은 경우에는 그 지정을 취소하여야 한다.
> ③ 시정명령(법 제13조의2 제3항)을 받고도 정당한 사유 없이 정하여진 기간 이내에 시정하지 아니한 경우에 3차 이상인 때에는 지정취소한다.
> ④ 지정 기준(법 제13조의2 제4항)에 적합하지 아니하게 된 경우에 3차 이상인 때에는 지정취소한다.

78 ④　79 ④　80 ①　81 ②　**정답**

82 경비업법상 경비원이 받아야 할 교육 중 교육대상자에 따른 종류로 옳은 것은?

① 신임교육, 직무교육
② 기본교육, 보수교육
③ 사전교육, 사후교육
④ 일반경비원교육, 특수경비원교육

> **해설** 경비원교육은 교육대상자에 따라 일반경비원교육, 특수경비원교육으로 분류할 수 있다. 교육의 내용에 따라 신임교육, 직무교육으로 분류할 수 있고, 기본교육, 보수교육은 경비지도사의 교육 내용에 따른 분류이다.

83 경비업무를 적정하게 실시하기 위하여 경비원으로 하여금 대통령령이 정하는 바에 따라 경비원 교육을 받게 하여야 할 사람은?

① 경비지도사
② 경비업자
③ 시 · 도경찰청장
④ 경찰관서장

> **해설** 경비업자는 경비원으로 하여금 신임 · 직무교육을 받게 하여야 한다.

84 경비업법령상 일반경비원으로 채용된 사람 중 신임교육의 대상에서 제외될 수 있는 사람은?

① 경비원의 경력이 없는 사람으로서 일반경비원으로 채용된 사람
② 일반경비원 신임교육을 받은 후 3년 이상의 기간 동안 경비업무에 종사하지 아니하다가 일반경비원으로 채용된 사람
③ 소방공무원법에 따른 소방공무원으로 근무한 경력이 있는 사람
④ 경비지도사 자격이 있는 사람

> **해설** 경비지도사 자격이 있는 사람은 신임교육의 대상에서 제외할 수 있다.

> **영 제18조 【일반경비원에 대한 교육】** ② 경비업자는 법 제13조 제1항 단서에 따라 다음 각 호의 어느 하나에 해당하는 사람을 일반경비원으로 채용한 경우에는 해당 일반경비원을 일반경비원 신임교육 대상에서 제외할 수 있다.
> 1. 법 제13조 제1항 본문 및 같은 조 제3항에 따른 일반경비원 또는 특수경비원 신임교육을 받은 사람으로서 채용 전 3년 이내에 경비업무에 종사한 경력이 있는 사람
> 2. 「경찰공무원법」에 따른 경찰공무원으로 근무한 경력이 있는 사람
> 3. 「대통령 등의 경호에 관한 법률」에 따른 경호공무원 또는 별정직공무원으로 근무한 경력이 있는 사람
> 4. 「군인사법」에 따른 부사관 이상으로 근무한 경력이 있는 사람
> 5. 경비지도사 자격이 있는 사람
> 6. 채용 당시 법 제13조 제2항에 따른 일반경비원 신임교육을 받은 지 3년이 지나지 아니한 사람

85 다음은 경비업법령상 일반경비원 신임교육에 관한 법규정이다. (   ) 안에 들어갈 권한 자는?

> (   )은(는) 일반경비원에 대한 신임교육의 실시를 위하여 연도별 교육계획을 수립하고, 경비업법 시행령 제19조의2 제1항에 따른 일반경비원 교육기관이 교육계획에 따라 교육을 실시하도록 하여야 한다.

① 경찰청장
② 경비업자
③ 시·도경찰청장 또는 경찰서장
④ 경비지도사

해설 경찰청장은 일반경비원에 대한 신임교육의 실시를 위하여 연도별 교육계획을 수립하고, 영 제19조의2 제1항에 따른 일반경비원 교육기관(이하 "일반경비원 교육기관"이라 한다)이 교육계획에 따라 교육을 실시하도록 하여야 한다(경비업법 시행규칙 제12조 제2항).

86 경비업법령상 일반경비원 신임교육의 과목 중 이론교육과목에 해당하는 것은?

① 경찰관 직무집행법 등 관계 법령
② 경비업법 등 관계 법령
③ 청원경찰법
④ 헌법 및 형사법

해설 경비업법령상 일반경비원 신임교육의 과목 중에서 이론교육과목은 「경비업법」 등 관계 법령, 범죄예방론이다.
①③④ 「경찰관 직무집행법」 등 관계 법령, 「헌법」 및 형사법은 특수경비원 신임교육의 과목 중 이론교육과목이다. 「청원경찰법」은 청원경찰의 신임교육의 학술과목에 해당한다.

▶ **[별표 2] 일반경비원 신임교육의 과목 및 시간**(시행규칙 제12조 제1항 관련)

구분(교육시간)	과목	시간
이론교육(4시간)	「경비업법」 등 관계 법령	2
	범죄예방론	2
실무교육(19시간)	시설경비 실무	3
	호송경비 실무	2
	신변보호 실무	2
	기계경비 실무	2
	혼잡·교통유도경비 실무	2
	사고예방대책	2
	체포·호신술	2
	장비 사용법	2
	직업윤리 및 인권보호	2
기타(1시간)	입교식, 평가 및 수료식	1
계		24

정답 82 ④ 83 ② 84 ④ 85 ① 86 ②

87 경비업법령상 일반경비원 신임교육의 실무교육 과목 중 교육시간이 <u>다른</u> 것은?

① 시설경비 실무
② 호송경비 실무
③ 신변보호 실무
④ 기계경비 실무

해설 ① 시설경비 실무만 3시간이며, 나머지 ②③④는 2시간이다.

▶ [별표 2] 일반경비원 신임교육의 과목 및 시간(시행규칙 제12조 제1항 관련, 일부발췌)

실무교육 (19시간)	시설경비 실무	3
	호송경비 실무	2
	신변보호 실무	2
	기계경비 실무	2
	혼잡·교통유도경비 실무	2
	사고예방대책	2
	체포·호신술	2
	장비 사용법	2
	직업윤리 및 인권보호	2

88 경비업법 시행규칙 제12조의 일부 내용이다. (   ) 안에 들어갈 권한자는?

> (   )은(는) 일반경비원이 제1항의 규정에 의한 신임교육을 받은 때에는 제23조 제1항의 규정에 의한 경비원의 명부에 그 사실을 기재하여야 한다.

① 경찰청장
② 경비업자
③ 시·도경찰청장 또는 경찰서장
④ 일반경비원 교육기관의 장

해설 경비업자는 일반경비원이 제1항의 규정에 의한 신임교육을 받은 때에는 제23조 제1항의 규정에 의한 경비원의 명부에 그 사실을 기재하여야 한다.

89 경비업법령상 일반경비원에 대한 교육의 실시에 관한 설명으로 옳지 <u>않은</u> 것은?

① 경비원이 되려는 사람은 대통령령으로 정하는 교육기관에서 미리 일반경비원 신임교육을 받을 수 있다.
② 경찰청장은 일반경비원에 대한 신임교육의 실시를 위하여 연도별 교육계획을 수립하고, 일반경비원 교육기관이 교육계획에 따라 교육을 실시하도록 하여야 한다.
③ 일반경비원 교육기관은 일반경비원 신임교육을 받은 사람이 요청하는 경우에는 신임교육 이수 확인증을 발급할 수 있다.
④ 일반경비원에 대한 직무교육은 집합교육, 온라인교육 등 다양한 방법으로 실시할 수 있다.

해설 시·도경찰청장 또는 경찰서장은 일반경비원 신임교육을 받은 사람이 요청하는 경우에는 신임교육 이수 확인증을 발급할 수 있다.

> 법 제13조【경비원의 교육 등】② 경비원이 되려는 사람은 대통령령으로 정하는 교육기관에서 미리 일반경비원 신임교육을 받을 수 있다.
> 규칙 제12조【일반경비원에 대한 신임교육의 실시 등】② 경찰청장은 일반경비원에 대한 신임교육의 실시를 위하여 연도별 교육계획을 수립하고, 영 제19조의2 제1항에 따른 일반경비원 교육기관(이하 "일반경비원 교육기관"이라 한다)이 교육계획에 따라 교육을 실시하도록 하여야 한다.
> ⑥ 시·도경찰청장 또는 경찰서장은 제1항에 따른 일반경비원 신임교육을 받은 사람이 요청하는 경우에는 별지 제12호의2 서식의 신임교육 이수 확인증을 발급할 수 있다.
> 규칙 제13조【일반경비원에 대한 직무교육의 시간 등】① 영 제18조 제3항에서 "행정안전부령으로 정하는 시간"이란 2시간을 말한다.
> ② 영 제18조 제3항에 따른 일반경비원에 대한 직무교육의 과목은 일반경비원의 직무수행에 필요한 이론·실무과목 및 직업윤리 등으로 한다.
> ③ 영 제18조 제3항에 따른 일반경비원에 대한 직무교육은 집합교육, 온라인교육 등 다양한 방법으로 실시할 수 있다.

90 경비업법령상 경비원과 경비지도사의 교육에 관한 설명으로 옳지 <u>않은</u> 것은? (단, 교육 대상 제외자는 해당하지 않는다)
• 제19회 기출변형

① 경비지도사의 기본교육에 소요되는 비용은 경비업자의 부담으로 한다.
② 일반경비원의 신임교육에서 이론교육은 4시간이고 실무교육은 19시간이고 기타 1시간이다.
③ 경비업자는 일반경비원을 채용한 경우 해당 일반경비원에게 일반경비원 교육기관에서 실시하는 신임교육을 받도록 해야 한다.
④ 일반경비지도사 자격증 취득자가 자격증 취득일부터 3년 이내에 기계경비지도사 시험에 합격하여 교육을 받을 경우 공통교육은 면제된다.

해설 경비지도사의 기본교육에 소요되는 비용은 기본교육을 받는 사람의 부담으로 한다.
④ 일반경비지도사 자격증 취득자 또는 기계경비지도사 자격증 취득자가 자격증 취득일부터 3년 이내에 기계경비지도사 또는 일반경비지도사 시험에 합격하여 교육을 받을 경우에는 공통교육을 면제한다.

> 규칙 제9조【경비지도사의 기본교육】① 법 제11조 제1항 및 영 제15조의2 제1항에 따른 기본교육(이하 "기본교육"이라 한다)의 과목 및 시간은 별표 1과 같다.
> ② 기본교육에 소요되는 비용은 기본교육을 받는 사람의 부담으로 한다.

정답 87 ① 88 ② 89 ③ 90 ①

91 경비업법령상 특수경비원 교육기관의 지정 기준 중 인력기준으로 옳지 <u>않은</u> 것은?

① 폭발물 처리요령 과목의 경우 교육과목 관련 분야에서 2년 이상 근무경력이 있는 사람
② 교육과목 관련 분야에서 공무원으로 5년 이상 근무한 경력이 있는 사람
③ 교육과목 관련 석사 이상의 학위를 취득한 후 관련 분야에 3년 이상 근무한 경력이 있는 사람
④ 교육과목 관련 박사학위를 취득한 후 관련 분야의 연구실적이 있는 사람

해설 교육과목 관련 분야에서 공무원으로 7년 이상 근무한 경력이 있는 사람이다.

▶ 특수경비원 교육기관의 지정 기준 중 인력기준(영 제19조의2 제1항 관련)

인력	• 「고등교육법」 제2조 각 호에 따른 학교 또는 이에 준하는 학교에서 교육과목 관련 학과의 조교수 이상의 직에 1년 이상 근무한 경력이 있는 사람 • 교육과목 관련 박사학위를 취득한 후 관련 분야의 연구실적이 있는 사람 • 교육과목 관련 석사 이상의 학위를 취득한 후 관련 분야에 3년 이상 근무한 경력이 있는 사람 • 교육과목 관련 분야에서 공무원으로 7년 이상 근무한 경력이 있는 사람 • 교육과목 관련 분야에 10년 이상 근무한 경력이 있는 사람. 다만, 체포·호신술 과목 및 폭발물 처리요령 과목에 대해서는 다음의 구분에 따른다. - 체포·호신술 과목: 무도 사범 자격을 취득한 후 관련 분야에 2년 이상 근무한 경력이 있는 사람 - 폭발물 처리요령 과목: 관련 분야에 2년 이상 근무한 경력이 있는 사람

92 경비업법령상 특수경비원의 신임교육과목의 구분 중 이론교육과목에 명문규정이 <u>없는</u> 것은?

① 경비업법
② 경찰관 직무집행법 등 관계 법령
③ 헌법 및 형사법
④ 청원경찰법

해설 「청원경찰법」은 법 개정으로 명문규정이 없다.

▶ [별표 4] 특수경비원 신임교육의 과목 및 시간(시행규칙 제15조 제1항 관련)

구분 (교육시간)	과목	시간
이론교육 (15시간)	「경비업법」 및 「경찰관 직무집행법」 등 관계 법령	8
	「헌법」 및 형사법	4
	범죄예방론	3
실무교육 (61시간)	테러 및 재난 대응요령	4
	폭발물 처리요령	6
	화재대처법	3
	응급처치법	3
	장비 사용법	3
	출입통제 요령	3
	직업윤리 및 인권보호	2
	기계경비 실무	3
	혼잡·교통유도경비 업무	4
	정보보호 및 보안 업무	6
	시설경비 요령	4
	민방공	4
	총기조작	3
	사격	6
	체포·호신술	4
	관찰·기록기법	3
기타 (4시간)	입교식, 평가 및 수료식	4
계		80

93 경비업법령상 특수경비원의 신임교육과목의 구분 중 실무교육에 해당하지 <u>않는</u> 것은?

① 범죄예방론
② 장비 사용법
③ 직업윤리 및 인권보호
④ 정보보호 및 보안 업무

해설 범죄예방론은 특수경비원의 신임교육과목 중 이론교육에 해당한다.
②③④ 특수경비원의 신임교육과목 중 실무교육에 해당한다.

91 ② 92 ④ 93 ①

94 A특수경비업체에서 5개월 동안 근무한 甲이 경비업법령상 특수경비원으로서 받았어야 할 신임교육과 직무교육의 시간을 합하면 최소 몇 시간인가? (단, 甲은 신임교육 대상 제외자에 해당하지 않는다)

• 제17회 기출변형

① 69시간
② 88시간
③ 95시간
④ 118시간

해설 특수경비원은 신임교육 80시간에 직무교육은 매월 3시간 이상(5개월×3시간=15시간) 받아야 하므로, 80시간+15시간=95시간이다.

---

95 경비업법령상 일반경비원과 특수경비원의 신임교육과목 중 공통적 이론교육 과목으로 옳은 것은? (단, 예외 및 교육시간은 고려하지 아니한다)

① 범죄예방론
② 경찰관 직무집행법
③ 헌법 및 형사법
④ 청원경찰법

해설 일반경비원과 특수경비원의 공통적 이론교육 과목은 범죄예방론과 「경비업법」이다.
②③ 특수경비원의 이론교육 과목이다.
④ 청원경찰의 교육과목에 해당한다.

▶ **일반경비원과 특수경비원의 신임교육과목**

구분		일반경비원	특수경비원
이론교육		• 「경비업법」 등 관계 법령 • 범죄예방론	• 「경비업법」, 「경찰관 직무집행법」 등 관계 법령 • 「헌법」 및 형사법 • 범죄예방론
실무교육		• 시설경비 실무 • 호송경비 실무 • 신변보호 실무 • 기계경비 실무 • 혼잡·교통유도경비 실무 • 사고예방대책 • 체포·호신술 • 장비 사용법 • 직업윤리 및 인권보호	• 테러 및 재난 대응요령 • 폭발물 처리요령 • 화재대처법 • 응급처치법 • 장비 사용법 • 출입통제 요령 • 직업윤리 및 인권보호 • 기계경비 실무 • 혼잡·교통유도경비 실무 • 정보보호 및 보안 업무 • 시설경비 요령 • 민방공 • 총기조작 • 사격 • 체포·호신술 • 관찰·기록기법
기타		입교식, 평가 및 수료식	입교식, 평가 및 수료식

96 경비업법령상 특수경비원의 교육에 관한 설명으로 옳지 않은 것은?

① 특수경비업자는 대통령령으로 정하는 바에 따라 특수경비원으로 하여금 특수경비원 신임교육과 정기적인 직무교육을 받게 하여야 하고, 특수경비원 신임교육을 받지 아니한 자를 특수경비업무에 종사하게 하여서는 아니 된다.
② 특수경비업자는 채용 전 3년 이내에 특수경비업무에 종사하였던 경력이 있는 사람을 특수경비원으로 채용한 경우에는 해당 특수경비원을 특수경비원 신임교육 대상에서 제외할 수 있다.
③ 특수경비원의 교육 시 관할 경찰서 소속 경찰공무원이 교육기관에 입회하여 대통령령이 정하는 바에 따라 지도·감독할 수 있다.
④ 특수경비업자는 선임한 경비지도사가 수립한 교육계획에 따라 소속 특수경비원에게 매월 행정안전부령으로 정하는 3시간 이상의 직무교육을 받도록 하여야 한다.

해설 특수경비원의 교육 시 관할 경찰서 소속 경찰공무원이 교육기관에 입회하여 대통령령이 정하는 바에 따라 지도·감독하여야 한다.

> 법 제13조【경비원의 교육 등】④ 제3항에 의한 특수경비원의 교육 시 관할 경찰서 소속 경찰공무원이 교육기관에 입회하여 대통령령이 정하는 바에 따라 지도·감독하여야 한다.
> 영 제19조【특수경비원에 대한 교육】① 특수경비업자는 특수경비원을 채용한 경우 법 제13조 제3항에 따라 해당 특수경비원에게 특수경비업자의 부담으로 경비원 교육기관 중 제19조의2 제1항에 따른 특수경비원 교육기관에서 실시하는 특수경비원 신임교육을 받도록 해야 한다.
> ② 제1항에도 불구하고 특수경비업자는 채용 전 3년 이내에 특수경비업무에 종사하였던 경력이 있는 사람을 특수경비원으로 채용한 경우에는 해당 특수경비원을 특수경비원 신임교육 대상에서 제외할 수 있다.
> ③ 특수경비업자는 법 제13조 제3항에 따라 소속 특수경비원에게 법 제12조에 따라 선임한 경비지도사가 수립한 교육계획에 따라 매월 행정안전부령으로 정하는 시간 이상의 직무교육을 받도록 하여야 한다.
> 규칙 제16조【특수경비원에 대한 직무교육의 시간 등】① 영 제19조 제3항에서 "행정안전부령이 정하는 시간"이란 3시간을 말한다.
> ② 관할 경찰서장 및 공항경찰대장 등 국가중요시설의 경비책임자(이하 "관할 경찰관서장"이라 한다)는 필요하다고 인정하는 경우에는 특수경비원이 배치된 경비대상시설에 소속 공무원을 파견하여 직무집행에 필요한 교육을 실시할 수 있다.

94 ③   95 ①   96 ③   **정답**

97 경비업법령상 특수경비원의 직무교육에 관한 설명 중 옳지 <u>않은</u> 것은?

① 특수경비업자는 소속 특수경비원에게 선임한 경비지도사가 수립한 교육계획에 따라 매월 6시간 이상의 직무교육을 받도록 하여야 한다.
② 관할 경찰관서장은 필요하다고 인정하는 경우에는 특수경비원이 배치된 경비대상시설에 소속 공무원을 파견하여 직무집행에 필요한 교육을 실시할 수 있다.
③ 특수경비원에 대한 직무교육의 과목은 특수경비원의 직무수행에 필요한 이론·실무과목 및 직업윤리 등으로 한다.
④ 특수경비원에 대한 직무교육은 집합교육, 온라인교육 등 다양한 방법으로 실시할 수 있다.

해설 특수경비업자는 소속 특수경비원에게 선임한 경비지도사가 수립한 교육계획에 따라 매월 3시간 이상의 직무교육을 받도록 하여야 한다.

> 규칙 제16조【특수경비원에 대한 직무교육의 시간 등】① 영 제19조 제3항에서 "행정안전부령으로 정하는 시간"이란 3시간을 말한다.
> ② 관할 경찰서장 및 공항경찰대장 등 국가중요시설의 경비책임자(이하 "관할 경찰관서장"이라 한다)는 필요하다고 인정하는 경우에는 특수경비원이 배치된 경비대상시설에 소속 공무원을 파견하여 직무집행에 필요한 교육을 실시할 수 있다.
> ③ 영 제19조 제3항에 따른 특수경비원에 대한 직무교육의 과목은 특수경비원의 직무수행에 필요한 이론·실무과목 및 직업윤리 등으로 한다.
> ④ 영 제19조 제3항에 따른 특수경비원에 대한 직무교육은 집합교육, 온라인교육 등 다양한 방법으로 실시할 수 있다.

98 경비업법령상 경비지도사 교육과 특수경비원 신임교육의 공통적인 교육과목에 해당하는 것을 모두 고른 것은?

• 제22회 기출변형

ㄱ. 범죄예방론	ㄴ. 체포·호신술
ㄷ. 응급처치법	ㄹ. 경비업법
ㅁ. 실무Ⅰ	

① ㄱ, ㄴ, ㄷ
② ㄱ, ㄴ, ㅁ
③ ㄴ, ㄷ, ㄹ
④ ㄷ, ㄹ, ㅁ

해설 ㄴ. 체포·호신술과 ㄷ. 응급처치법, ㄹ. 「경비업법」은 경비지도사 교육 및 일반경비원과 특수경비원 신임교육의 공통적인 교육과목에 해당한다.
ㄱ. 범죄예방론은 일반경비원과 특수경비원 신임교육의 공통적인 교육과목에 해당한다.
ㅁ. 실무Ⅰ은 경비지도사의 교육과목이다.

99 경비업법 시행규칙 제15조의 일부 내용이다. (　　) 안에 들어갈 권한자는?

> (　　)은(는) 제1항에 따른 특수경비원 신임교육을 받은 사람이 요청하는 경우에는 [별지 제12호의2 서식]의 신임교육 이수 확인증을 발급할 수 있다.

① 경찰청장
② 경비업자
③ 시·도경찰청장 또는 경찰서장
④ 일반경비원 교육기관의 장

해설 시·도경찰청장 또는 경찰서장은 제1항에 따른 특수경비원 신임교육을 받은 사람이 요청하는 경우에는 별지 제12호의2 서식의 신임교육 이수 확인증을 발급할 수 있다.

> 규칙 제15조【특수경비원에 대한 신임교육의 실시 등】① 영 제19조 제1항에 따른 특수경비원 신임교육의 과목 및 시간은 별표 4와 같다.
> ② 영 제19조의2 제1항에 따른 특수경비원 교육기관의 장은 제1항에 따른 특수경비원 신임교육과정을 마친 사람에게 별지 제11호 서식의 신임교육 이수증을 교부하고 그 사실을 별지 제12호 서식의 신임교육 이수증 교부대장에 기록해야 하며, 교육기관, 교육일, 교육 이수증 교부번호 등을 포함한 신임교육 이수자 현황을 경찰청장에게 통보해야 한다. 〈개정 2024.8.14.〉
> ③ 경비업자는 특수경비원이 제1항의 규정에 의한 신임교육을 받은 때에는 제23조 제1항의 규정에 의한 경비원의 명부에 그 사실을 기재하여야 한다.
> ④ 시·도경찰청장 또는 경찰서장은 제1항에 따른 특수경비원 신임교육을 받은 사람이 요청하는 경우에는 별지 제12호의2 서식의 신임교육 이수 확인증을 발급할 수 있다.

100 경비업법령상 경비원의 교육 등에 관한 설명으로 옳지 않은 것은?   • 제25회 기출

① 경찰공무원 교육훈련규정에 따른 경찰교육기관은 일반경비원 신임교육이 가능하다.
② 군인사법에 따른 부사관 이상으로 근무한 경력이 있는 사람은 일반경비원 신임교육 대상에서 제외할 수 있다.
③ 특수경비업자는 채용 전 5년 이내에 특수경비업무에 종사하였던 경력이 있는 사람을 특수경비원으로 채용한 경우에는 해당 특수경비원을 특수경비원 신임교육 대상에서 제외할 수 있다.
④ 경비업자는 특수경비원이 신임교육을 받은 때에는 경비원의 명부에 그 사실을 기재하여야 한다.

해설 ① 출제 당시 맞는 내용이었으나 법 개정(2024.8.13.)으로 삭제되었다.
③ 특수경비업자는 채용 전 3년 이내에 특수경비업무에 종사하였던 경력이 있는 사람을 특수경비원으로 채용한 경우에는 해당 특수경비원을 특수경비원 신임교육 대상에서 제외할 수 있다.

정답 97 ①　98 ③　99 ③　100 ①, ③

101 경비업법령상 경비원의 교육 등에 관한 설명으로 옳은 것은?

• 제23회 기출변형

① 경비업자는 일반경비원 신임교육을 받은 사람으로서 채용 전 3년 이내에 경비업무에 종사한 경력이 있는 사람을 일반경비원 신임교육 대상에서 제외할 수 있다.
② 경비원이 되려는 사람은 경비협회에서 미리 일반경비원 신임교육을 받을 수 없다.
③ 특수경비업자는 특수경비원으로 하여금 특수경비원 신임교육을 받게 하여서는 아니 된다.
④ 특수경비원의 교육 시 경비업자가 교육기관에 입회하여 행정안전부령이 정하는 바에 따라 지도·감독하여야 한다.

> **해설** ② 경비원이 되려는 사람은 일반경비원 교육기관에서 미리 일반경비원 신임교육을 받을 수 있다(경비업법 제13조 제2항).
> ③ 특수경비업자는 특수경비원으로 하여금 특수경비원 신임교육을 받게 하여야 한다(경비업법 제13조 제3항).
> ④ 특수경비원의 교육 시 관할 경찰서 소속 경찰공무원이 교육기관에 입회하여 대통령령이 정하는 바에 따라 지도·감독하여야 한다(경비업법 제13조 제4항).

102 경비업법령상 경비원의 교육 등에 관한 설명으로 옳지 <u>않은</u> 것은?

① 경비업자는 경비업무를 적정하게 실시하기 위하여 경비원으로 하여금 대통령령으로 정하는 바에 따라 경비원 신임교육 및 직무교육을 받게 하여야 한다.
② 특수경비업자는 대통령령으로 정하는 바에 따라 특수경비원으로 하여금 특수경비원 신임교육과 정기적인 직무교육을 받게 하여야 하고, 특수경비원 신임교육을 받지 아니한 자를 특수경비업무에 종사하게 하여서는 아니 된다.
③ 특수경비원의 교육 시 관할 경찰서 소속 경찰공무원이 교육기관에 입회하여 대통령령이 정하는 바에 따라 지도·감독하여야 한다.
④ 관할 경찰서장 및 공항경찰대장 등 국가중요시설의 경비책임자는 필요하다고 인정하는 경우에는 특수경비원이 배치된 경비대상시설에 소속 공무원을 파견하여 직무집행에 필요한 교육을 실시하여야 한다.

> **해설** 관할 경찰서장 및 공항경찰대장 등 국가중요시설의 경비책임자(이하 "관할 경찰관서장"이라 한다)는 필요하다고 인정하는 경우에는 특수경비원이 배치된 경비대상시설에 소속 공무원을 파견하여 직무집행에 필요한 교육을 실시할 수 있다(경비업법 시행규칙 제16조 제2항).

103 경비업법령상 경비원 교육에 관한 설명으로 옳은 것은?

• 제18회 기출변형

① 일반경비원의 신임교육에서 이론교육은 6시간이고, 과목은 경비업법, 범죄예방론, 형사법이다.
② 특수경비업자는 채용 전 5년 이내에 특수경비업무에 종사하였던 경력이 있는 사람을 특수경비원으로 채용한 경우에는 신임교육을 면제할 수 있다.
③ 경비업자는 소속 일반경비원에게 매월 2시간 이상의 직무교육을 받도록 하여야 한다.
④ 특수경비업자는 소속 특수경비원에게 매월 8시간 이상의 직무교육을 받도록 하여야 한다.

해설 ① 일반경비원의 신임교육에서 이론교육은 4시간이고, 과목은 「경비업법」 등 관계 법령, 범죄예방론이다.
② 특수경비업자는 채용 전 3년 이내에 특수경비업무에 종사하였던 경력이 있는 사람을 특수경비원으로 채용한 경우에는 신임교육을 면제할 수 있다.
④ 특수경비업자는 소속 특수경비원에게 매월 3시간 이상의 직무교육을 받도록 하여야 한다.

▶ [별표 2] 일반경비원 신임교육의 과목 및 시간(시행규칙 제12조 제1항 관련)

구분(교육시간)	과목	시간
이론교육(4시간)	「경비업법」 등 관계 법령	2
	범죄예방론	2
실무교육(19시간)	시설경비 실무	3
	호송경비 실무	2
	신변보호 실무	2
	기계경비 실무	2
	혼잡 · 교통유도경비 실무	2
	사고예방대책	2
	체포 · 호신술	2
	장비 사용법	2
	직업윤리 및 인권보호	2
기타(1시간)	입교식, 평가 및 수료식	1
	계	24

영 제18조【일반경비원에 대한 교육】③ 경비업자는 법 제13조 제1항에 따라 소속 일반경비원에게 법 제12조에 따라 선임한 경비지도사가 수립한 교육계획에 따라 매월 행정안전부령으로 정하는 시간 이상의 직무교육을 받도록 하여야 한다.
영 제19조【특수경비원에 대한 교육】② 제1항에도 불구하고 특수경비업자는 채용 전 3년 이내에 특수경비업무에 종사하였던 경력이 있는 사람을 특수경비원으로 채용한 경우에는 해당 특수경비원을 특수경비원 신임교육 대상에서 제외할 수 있다.
③ 특수경비업자는 법 제13조 제3항에 따라 소속 특수경비원에게 법 제12조에 따라 선임한 경비지도사가 수립한 교육계획에 따라 매월 행정안전부령으로 정하는 시간 이상의 직무교육을 받도록 하여야 한다.
규칙 제13조【일반경비원에 대한 직무교육의 시간 등】① 영 제18조 제3항에서 "행정안전부령으로 정하는 시간"이란 2시간을 말한다.
규칙 제16조【특수경비원에 대한 직무교육의 시간 등】① 영 제19조 제3항에서 "행정안전부령으로 정하는 시간"이란 3시간을 말한다.

정답 101 ① 102 ④ 103 ③

104 경비업법령상 특수경비원의 직무 및 무기사용 등에 관한 설명으로 옳은 것은?

• 제23회 기출

① 시·도경찰청장은 국가중요시설에 대한 경비업무의 수행을 위하여 필요하다고 인정하는 때에는 경비업자의 신청에 의하여 무기를 구입한다.
② 시설주가 대여받은 무기에 대하여 시설주 및 관할 경찰관서장은 무기의 관리책임을 지고, 관할 경찰관서장은 시설주 및 특수경비원의 무기관리상황을 대통령령이 정하는 바에 따라 지도·감독하여야 한다.
③ 시설주는 무기지급의 필요성이 해소되었다고 인정되는 때에는 특수경비원으로부터 24시간 이내에는 무기를 회수하여야 한다.
④ 관할 경찰관서장은 시설주 및 특수경비원의 무기관리상황을 매주 1회 이상 점검하여야 한다.

해설 ① 시·도경찰청장은 국가중요시설에 대한 경비업무의 수행을 위하여 필요하다고 인정하는 때에는 시설주의 신청에 의하여 무기를 구입한다.
③ 시설주는 무기지급의 필요성이 해소되었다고 인정되는 때에는 특수경비원으로부터 즉시 무기를 회수하여야 한다.
④ 관할 경찰관서장은 시설주 및 특수경비원의 무기관리상황을 매월 1회 이상 점검하여야 한다.

105 경비업법령상 특수경비원의 무기휴대 및 관리에 관한 설명으로 옳은 것은?

• 제22회 기출

① 시설주는 특수경비원이 휴대할 무기를 대여받고자 하는 때에는 무기대여신청서를 관할 경찰관서장을 거쳐 경찰청장에게 제출하여야 한다.
② 시설주는 무기의 관리를 위한 책임자를 지정하고 관할 경찰관서장에게 이를 통보하여야 한다.
③ 특수경비원이 휴대할 수 있는 무기종류는 권총에 한한다.
④ 시설주는 자체계획을 수립하여 보관하고 있는 무기를 매월 1회 이상 손질할 수 있게 하여야 한다.

해설 ① 시설주는 특수경비원이 휴대할 무기를 대여받고자 하는 때에는 무기대여신청서를 관할 경찰서장 및 공항경찰대장 등 국가중요시설의 경비책임자(이하 "관할 경찰서장"이라 한다)를 거쳐 시·도경찰청장에게 제출하여야 한다.
③ 특수경비원이 휴대할 수 있는 무기종류는 권총 및 소총으로 한다.
④ 시설주는 자체계획을 수립하여 보관하고 있는 무기를 매주 1회 이상 손질할 수 있게 하여야 한다.

106 경비업법상 특수경비원의 직무 및 무기사용 등에 관한 설명으로 옳은 것은? • 제20회 기출

① 무기는 관리책임자가 직접 지급·회수한다.
② 시·도경찰청장은 필요한 경우에 관할 경찰관서장의 신청에 의하여 시설주로부터 국가에 기부채납된 무기를 대여하게 할 수 있다.
③ 관할 경찰관서장은 무기지급의 필요성이 해소되었다고 인정되는 때에는 특수경비원으로부터 즉시 무기를 회수하여야 한다.
④ 국가중요시설에 대한 경비업무의 수행을 위하여 필요한 경우에 시설주는 경찰청장의 승인에 의하여 무기를 구입한다.

해설 ② 시·도경찰청장은 국가중요시설에 대한 경비업무의 수행을 위하여 필요하다고 인정하는 때에는 관할 경찰관서장으로 하여금 시설주의 신청에 의하여 시설주로부터 국가에 기부채납된 무기를 대여하게 한다.
③ 시설주는 무기지급의 필요성이 해소되었다고 인정되는 때에는 특수경비원으로부터 즉시 무기를 회수하여야 한다.
④ 시·도경찰청장은 국가중요시설에 대한 경비업무의 수행을 위하여 필요하다고 인정하는 때에는 시설주의 신청에 의하여 무기를 구입한다.

정답 104 ② 105 ② 106 ①

107 다음은 경비업법령상의 내용이다. ( ) 안에 공통적으로 들어갈 내용으로 옳은 것은?

> • 시 · 도경찰청장은 국가중요시설에 대한 경비업무의 수행을 위하여 필요하다고 인정하는 때에는 ( )의 신청에 의하여 무기를 구입한다. 이 경우 ( )은(는) 그 무기의 구입대금을 지불하고, 구입한 무기를 국가에 기부채납하여야 한다.
> • 시 · 도경찰청장은 국가중요시설에 대한 경비업무의 수행을 위하여 필요하다고 인정하는 때에는 관할 경찰관서장으로 하여금 ( )의 신청에 의하여 시설주로부터 국가에 기부채납된 무기를 대여하게 하고, ( )은(는) 이를 특수경비원으로 하여금 휴대하게 할 수 있다.

① 경비업자
② 시설주
③ 청원경찰
④ 경비책임자

해설
• 시 · 도경찰청장은 국가중요시설에 대한 경비업무의 수행을 위하여 필요하다고 인정하는 때에는 시설주의 신청에 의하여 무기를 구입한다. 이 경우 시설주는 그 무기의 구입대금을 지불하고, 구입한 무기를 국가에 기부채납하여야 한다(경비업법 제14조 제3항).
• 시 · 도경찰청장은 국가중요시설에 대한 경비업무의 수행을 위하여 필요하다고 인정하는 때에는 관할 경찰관서장으로 하여금 시설주의 신청에 의하여 시설주로부터 국가에 기부채납된 무기를 대여하게 하고, 시설주는 이를 특수경비원으로 하여금 휴대하게 할 수 있다(경비업법 제14조 제4항).

108 경비업법상 특수경비원의 무기사용 등에 관한 설명으로 옳지 않은 것은? • 제19회 기출

① 특수경비원은 경비업무 수행 중 국가중요시설의 정상적인 운영을 해치는 장해를 일으켜서는 안 된다.
② 특수경비원의 무기휴대, 무기종류, 그 사용기준 등에 관하여 필요한 사항은 대통령령으로 정한다.
③ 시 · 도경찰청장은 무기의 적정한 관리를 위하여 무기를 대여받은 시설주에 대하여 필요한 명령을 발할 수 있다.
④ 시 · 도경찰청장은 국가중요시설에 대한 경비업무의 수행을 위하여 필요하다고 인정하는 때에는 시설주의 신청에 의하여 무기를 구입한다.

해설 관할 경찰관서장은 무기의 적정한 관리를 위하여 무기를 대여받은 시설주에 대하여 필요한 명령을 발할 수 있다.

109 경비업법령상 특수경비원의 직무 및 무기사용 등에 관한 설명으로 옳지 <u>않은</u> 것은?

① 특수경비업자는 특수경비원으로 하여금 배치된 경비구역 안에서 관할 경찰관서장과 국가중요시설의 시설주의 감독을 받아 시설을 경비하고 도난·화재 그 밖의 위험의 발생을 방지하는 업무를 수행하게 하여야 한다.
② 특수경비원은 국가중요시설에 대한 경비업무 수행 중 국가중요시설의 정상적인 운영을 해치는 장해를 일으켜서는 아니 된다.
③ 관할 경찰관서장은 국가중요시설에 대한 경비업무의 수행을 위하여 필요하다고 인정하는 때에는 시설주의 신청에 의하여 무기를 구입한다. 이 경우 시설주는 그 무기의 구입대금을 지불하고, 구입한 무기를 국가에 기부채납하여야 한다.
④ 시·도경찰청장은 국가중요시설에 대한 경비업무의 수행을 위하여 필요하다고 인정하는 때에는 관할 경찰관서장으로 하여금 시설주의 신청에 의하여 시설주로부터 국가에 기부채납된 무기를 대여하게 하고, 시설주는 이를 특수경비원으로 하여금 휴대하게 할 수 있다.

해설 시·도경찰청장은 국가중요시설에 대한 경비업무의 수행을 위하여 필요하다고 인정하는 때에는 시설주의 신청에 의하여 무기를 구입한다. 이 경우 시설주는 그 무기의 구입대금을 지불하고, 구입한 무기를 국가에 기부채납하여야 한다.

> 법 제14조【특수경비원의 직무 및 무기사용 등】① 특수경비업자는 특수경비원으로 하여금 배치된 경비구역 안에서 관할 경찰서장 및 공항경찰대장 등 국가중요시설의 경비책임자(이하 "관할 경찰관서장"이라 한다)와 국가중요시설의 시설주의 감독을 받아 시설을 경비하고 도난·화재 그 밖의 위험의 발생을 방지하는 업무를 수행하게 하여야 한다.
> ② 특수경비원은 국가중요시설에 대한 경비업무 수행 중 국가중요시설의 정상적인 운영을 해치는 장해를 일으켜서는 아니 된다.
> ③ 시·도경찰청장은 국가중요시설에 대한 경비업무의 수행을 위하여 필요하다고 인정하는 때에는 시설주의 신청에 의하여 무기를 구입한다. 이 경우 시설주는 그 무기의 구입대금을 지불하고, 구입한 무기를 국가에 기부채납하여야 한다.
> ④ 시·도경찰청장은 국가중요시설에 대한 경비업무의 수행을 위하여 필요하다고 인정하는 때에는 관할 경찰관서장으로 하여금 시설주의 신청에 의하여 시설주로부터 국가에 기부채납된 무기를 대여하게 하고, 시설주는 이를 특수경비원으로 하여금 휴대하게 할 수 있다. 이 경우 특수경비원은 정당한 사유 없이 무기를 소지하고 배치된 경비구역을 벗어나서는 아니 된다.

정답 107 ② 108 ③ 109 ③

110 경비업법령상 특수경비원의 직무 및 무기사용에 관한 설명으로 옳지 않은 것은?

• 제17회 기출

① 관할 경찰서장은 경비업자 및 특수경비원의 무기관리상황을 수시로 점검하여야 한다.
② 관할 경찰관서장은 무기의 적정한 관리를 위하여 무기를 대여받은 시설주에 대하여 필요한 명령을 발할 수 있다.
③ 특수경비원은 국가중요시설의 경비를 위하여 무기를 사용하지 아니하고는 다른 수단이 없다고 인정되는 때에는 필요한 한도 안에서 무기를 사용할 수 있다.
④ 시·도경찰청장은 국가중요시설에 대한 경비업무의 수행을 위하여 필요하다고 인정하는 때에는 관할 경찰관서장으로 하여금 시설주의 신청에 의하여 시설주로부터 국가에 기부채납된 무기를 대여하게 할 수 있다.

해설 관할 경찰관서장은 시설주 및 특수경비원의 무기관리상황을 매월 1회 이상 점검하여야 한다.

> 법 제14조【특수경비원의 직무 및 무기사용 등】④ 시·도경찰청장은 국가중요시설에 대한 경비업무의 수행을 위하여 필요하다고 인정하는 때에는 관할 경찰관서장으로 하여금 시설주의 신청에 의하여 시설주로부터 국가에 기부채납된 무기를 대여하게 하고, 시설주는 이를 특수경비원으로 하여금 휴대하게 할 수 있다. 이 경우 특수경비원은 정당한 사유 없이 무기를 소지하고 배치된 경비구역을 벗어나서는 아니 된다.
> ⑥ 관할 경찰관서장은 무기의 적정한 관리를 위하여 제4항의 규정에 의하여 무기를 대여받은 시설주에 대하여 필요한 명령을 발할 수 있다.
> ⑧ 특수경비원은 국가중요시설의 경비를 위하여 무기를 사용하지 아니하고는 다른 수단이 없다고 인정되는 때에는 필요한 한도 안에서 무기를 사용할 수 있다. 다만, 다음 각 호의 어느 하나에 해당하는 때를 제외하고는 사람에게 위해를 끼쳐서는 아니 된다. 〈개정 2024.2.13.〉
> 1. 무기 또는 폭발물을 소지하고 국가중요시설에 침입한 자가 특수경비원으로부터 3회 이상 투기(投棄) 또는 투항(投降)을 요구받고도 이에 불응하면서 계속 항거하는 경우 이를 억제하기 위하여 무기를 사용하지 아니하고는 다른 수단이 없다고 인정되는 때
> 2. 국가중요시설에 침입한 무장간첩이 특수경비원으로부터 투항(投降)을 요구받고도 이에 불응한 때
>
> 영 제21조【무기관리에 대한 지도·감독】관할 경찰관서장은 법 제14조 제5항의 규정에 의하여 시설주 및 특수경비원의 무기관리상황을 매월 1회 이상 점검하여야 한다.

111 경비업법령상 특수경비원의 직무 등에 관한 설명으로 옳지 않은 것은?

① 특수경비원은 배치된 구역 안에서 관할 경찰관서장과 시설주의 감독을 받아 시설을 경비하고 위험의 발생을 방지하는 업무를 수행한다.
② 경비업무 수행 중 시설의 정상적인 운영을 해치는 장해를 일으켜서는 아니 된다.
③ 시설주는 필요시 무기를 구입할 수 있고, 구입한 무기는 국가에 기부채납하여야 한다.
④ 시설주는 특수경비원으로 하여금 무기를 휴대하게 할 수 있다.

해설 시·도경찰청장은 국가중요시설에 대한 경비업무의 수행을 위하여 필요하다고 인정하는 때에는 시설주의 신청에 의하여 무기를 구입한다. 이 경우 시설주는 그 무기의 구입대금을 지불하고, 구입한 무기를 국가에 기부채납하여야 한다(경비업법 제14조 제3항).

112 다음은 경비업법령상의 내용이다. ( ) 안에 들어갈 내용으로 옳은 것은?

- 시설주는 경비업법 제14조 제4항의 규정에 의하여 특수경비원이 휴대할 무기를 대여받고자 하는 때에는 무기대여신청서를 관할 경찰서장 및 공항경찰대장 등 국가중요시설의 경비책임자를 거쳐 (ㄱ)에게 제출하여야 한다.
- (ㄴ)은(는) 경비업법 제14조 제4항의 규정에 의하여 관할 경찰관서장으로부터 대여받은 무기를 특수경비원에게 휴대하게 하는 경우에는 동조 제9항의 규정에 의하여 (ㄷ)의 사전승인을 얻어야 한다.

	ㄱ	ㄴ	ㄷ
①	시·도경찰청장	시설주	관할 경찰관서장
②	시·도경찰청장	경비업자	관할 경찰관서장
③	관할 경찰관서장	시설주	시·도경찰청장
④	관할 경찰관서장	특수경비업자	관할 경찰관서장

해설
- 시설주는 「경비업법」 제14조 제4항의 규정에 의하여 특수경비원이 휴대할 무기를 대여받고자 하는 때에는 무기대여신청서를 관할 경찰서장 및 공항경찰대장 등 국가중요시설의 경비책임자를 거쳐 시·도경찰청장에게 제출하여야 한다(경비업법 시행령 제20조 제1항).
- 시설주는 「경비업법」 제14조 제4항의 규정에 의하여 관할 경찰관서장으로부터 대여받은 무기를 특수경비원에게 휴대하게 하는 경우에는 동조 제9항의 규정에 의하여 관할 경찰관서장의 사전승인을 얻어야 한다(경비업법 시행령 제20조 제2항).

정답 110 ① 111 ③ 112 ①

113 경비업법령상 특수경비원이 배치된 경비시설에 대한 무기의 관리책임을 지는 자로 가장 옳은 것은?

① 시설주
② 경비업자
③ 관할 경찰관서장
④ 시설주 및 관할 경찰관서장

해설 시설주가 대여받은 무기에 대하여 시설주 및 관할 경찰관서장은 무기의 관리책임을 지고, 관할 경찰관서장은 시설주 및 특수경비원의 무기관리상황을 대통령령이 정하는 바에 따라 지도·감독하여야 한다.

114 시설주가 대여받은 무기를 특수경비원에게 휴대하게 하는 경우 사전승인을 받아야 하는 경찰기관으로 옳은 것은?

① 시·도경찰청장
② 관할 경찰관서장
③ 경찰서장
④ 공항경찰대장

해설 경비업법령상 시설주는 「경비업법」 제14조 제4항의 규정에 의하여 관할 경찰관서장으로부터 대여받은 무기를 특수경비원에게 휴대하게 하는 경우에는 「경비업법」 제14조 제9항의 규정에 의하여 관할 경찰관서장의 사전승인을 얻어야 한다.

115 시설주가 특수경비원이 휴대할 무기를 대여받고자 하는 때에는 무기대여신청서를 누구에게 제출하여야 하는가?

① 시·도경찰청장
② 공항경찰대장
③ 관할 지구대장
④ 경찰청장

해설 경비업법령상 시설주는 「경비업법」 제14조 제4항의 규정에 의하여 특수경비원이 휴대할 무기를 대여받고자 하는 때에는 무기대여신청서를 관할 경찰서장 및 공항경찰대장 등 국가중요시설의 경비책임자(관할 경찰관서장)를 거쳐 시·도경찰청장에게 제출하여야 한다.

> **영 제20조【특수경비원 무기휴대의 절차 등】** ① 시설주는 법 제14조 제4항의 규정에 의하여 특수경비원이 휴대할 무기를 대여받고자 하는 때에는 무기대여신청서를 관할 경찰서장 및 공항경찰대장 등 국가중요시설의 경비책임자(이하 "관할 경찰관서장"이라 한다)를 거쳐 시·도경찰청장에게 제출하여야 한다.

116 경비업법 시행령 제20조의 일부 내용이다. (   ) 안에 들어갈 권한자는?

> (   )은(는) 제3항의 규정에 의한 무기지급의 필요성이 해소되었다고 인정되는 때에는 특수경비원으로부터 즉시 무기를 회수하여야 한다.

① 시 · 도경찰청장
② 경비업자
③ 관할 경찰관서장
④ 시설주

해설 시설주는 제3항의 규정에 의한 무기지급의 필요성이 해소되었다고 인정되는 때에는 특수경비원으로부터 즉시 무기를 회수하여야 한다(경비업법 시행령 제20조 제4항).

117 경비업법령상 특수경비원의 직무 및 무기사용에 관한 설명으로 옳지 않은 것은?

① 시설주가 대여받은 무기에 대하여 시설주 및 관할 경찰관서장은 무기의 관리책임을 지고, 관할 경찰관서장은 시설주 및 특수경비원의 무기관리상황을 대통령령이 정하는 바에 따라 지도 · 감독하여야 한다.
② 관할 경찰관서장은 무기의 적정한 관리를 위하여 무기를 대여받은 시설주에 대하여 필요한 명령을 발할 수 있다.
③ 시설주로부터 무기의 관리를 위하여 지정받은 책임자는 무기출납부 및 무기장비운영카드를 비치 · 기록하여야 한다.
④ 시설주로부터 무기의 관리를 위하여 지정받은 관리책임자가 무기를 직접 지급 · 회수하여서는 아니 된다.

해설 시설주로부터 무기의 관리를 위하여 지정받은 책임자(이하 "관리책임자"라 한다)는 무기출납부 및 무기장비운영카드를 비치 · 기록하여야 하고, 무기를 직접 지급 · 회수하여야 한다(경비업법 제14조 제7항).

> 법 제14조【특수경비원의 직무 및 무기사용 등】⑤ 시설주가 제4항의 규정에 의하여 대여받은 무기에 대하여 시설주 및 관할 경찰관서장은 무기의 관리책임을 지고, 관할 경찰관서장은 시설주 및 특수경비원의 무기관리상황을 대통령령이 정하는 바에 따라 지도 · 감독하여야 한다.
> ⑥ 관할 경찰관서장은 무기의 적정한 관리를 위하여 제4항의 규정에 의하여 무기를 대여받은 시설주에 대하여 필요한 명령을 발할 수 있다.
> ⑦ 시설주로부터 무기의 관리를 위하여 지정받은 책임자(이하 "관리책임자"라 한다)는 다음 각 호에 의하여 이를 관리하여야 한다.
> 1. 무기출납부 및 무기장비운영카드를 비치 · 기록하여야 한다.
> 2. 무기는 관리책임자가 직접 지급 · 회수하여야 한다.

정답 113 ④ 114 ② 115 ① 116 ④ 117 ④

118 경비업법령상 특수경비원의 직무 및 무기사용 등에 관한 설명으로 옳은 것을 모두 고른 것은?

• 제25회 기출

ㄱ. 시·도경찰청장이 시설주의 신청에 의하여 무기를 구입한 경우, 시설주는 그 무기의 구입대금을 지불하고, 구입한 무기를 국가에 기부채납하여야 한다.
ㄴ. 시설주는 관할 경찰관서장으로부터 대여받은 무기를 특수경비원에게 휴대하게 하는 경우에는 관할 경찰관서장의 사전승인을 얻어야 한다.
ㄷ. 무기를 대여받은 시설주는 관할 경찰관서장이 정하는 바에 의하여 무기의 관리실태를 매월 파악하여 다음 달 5일까지 관할 경찰관서장에게 통보하여야 한다.
ㄹ. 무기를 대여받은 시설주는 수리가 필요한 무기가 있는 때에는 그 목록과 무기장비운영카드를 첨부하여 특수경비업자에게 수리를 요청하여야 한다.

① ㄱ, ㄴ
② ㄱ, ㄷ
③ ㄴ, ㄹ
④ ㄷ, ㄹ

해설 ㄷ. 무기를 대여받은 시설주는 관할 경찰관서장이 정하는 바에 의하여 무기의 관리실태를 매월 파악하여 다음 달 3일까지 관할 경찰관서장에게 통보하여야 한다.
ㄹ. 무기를 대여받은 시설주는 수리가 필요한 무기가 있는 때에는 그 목록과 무기장비운영카드를 첨부하여 관할 경찰관서장에게 수리를 요청하여야 한다.

119 경비업법령상 무기의 휴대 및 사용에 관한 설명으로 옳은 것은?

① 관할 경찰관서장으로부터 대여받은 무기를 일반경비원에게 휴대하게 하는 경우 시설주는 관할 경찰관서장의 사전승인을 얻어야 한다.
② 시·도경찰청장은 국가중요시설에 대한 경비업무의 수행을 위하여 필요하다고 인정하는 때에는 시설주의 신청에 의하여 무기를 구입하고, 그 구입대금은 시설주가 지불한다.
③ 관할 경찰관서장은 무기지급의 필요성이 해소되었다고 인정되는 때에는 특수경비원으로부터 즉시 무기를 회수하여야 한다.
④ 무기를 대여받은 국가중요시설의 시설주는 무기를 수송하는 경우 출발 전 시·도경찰청장에게 그 사실을 통보하여야 한다.

해설 ① 관할 경찰관서장으로부터 대여받은 무기를 특수경비원에게 휴대하게 하는 경우 시설주는 관할 경찰관서장의 사전승인을 얻어야 한다.
③ 시설주는 무기지급의 필요성이 해소되었다고 인정되는 때에는 특수경비원으로부터 즉시 무기를 회수하여야 한다.
④ 시설주는 무기를 수송하는 때에는 출발하기 전에 관할 경찰서장에게 그 사실을 통보하여야 하며, 통보를 받은 관할 경찰서장은 1인 이상의 무장경찰관을 무기를 수송하는 자동차 등에 함께 타도록 하여야 한다.

> **법 제14조【특수경비원의 직무 및 무기사용 등】** ③ 시·도경찰청장은 국가중요시설에 대한 경비업무의 수행을 위하여 필요하다고 인정하는 때에는 시설주의 신청에 의하여 무기를 구입한다. 이 경우 시설주는 그 무기의 구입대금을 지불하고, 구입한 무기를 국가에 기부채납하여야 한다.
> **영 제20조【특수경비원 무기휴대의 절차 등】** ② 시설주는 법 제14조 제4항의 규정에 의하여 관할 경찰관서장으로부터 대여받은 무기를 특수경비원에게 휴대하게 하는 경우에는 동조 제9항의 규정에 의하여 관할 경찰관서장의 사전승인을 얻어야 한다.
> ④ 시설주는 제3항의 규정에 의한 무기지급의 필요성이 해소되었다고 인정되는 때에는 특수경비원으로부터 즉시 무기를 회수하여야 한다.
> ⑤ 법 제14조 제9항의 규정에 의하여 특수경비원이 휴대할 수 있는 무기종류는 권총 및 소총으로 한다.
> **규칙 제18조【무기의 관리수칙 등】** ⑥ 시설주는 무기를 수송하는 때에는 출발하기 전에 관할 경찰서장에게 그 사실을 통보하여야 하며, 통보를 받은 관할 경찰서장은 1인 이상의 무장경찰관을 무기를 수송하는 자동차 등에 함께 타도록 하여야 한다.

정답 118 ① 119 ②

120 경비업법령상 국가중요시설의 시설주와 무기관리책임자의 관리수칙으로 옳은 것은?

① 무기고 및 탄약고는 복층에 설치하고 환기 등의 시설을 갖추어야 한다.
② 탄약고는 많은 사람이 오고 가는 곳에 설치하여 방범능력을 높여야 한다.
③ 무기고 및 탄약고에는 이중 잠금장치를 하고 열쇠는 관할 경찰서장이 보관한다.
④ 무기의 관리실태를 매월 파악하여 다음 달 3일까지 관할 경찰관서장에게 통보하여야 한다.

> **해설**
> ① 무기고 및 탄약고는 복층이 아닌 단층에 설치하여야 한다.
> ② 탄약고는 무기고와 사무실 등 많은 사람을 수용하거나 많은 사람이 오고 가는 시설과 떨어진 곳에 설치하여야 한다.
> ③ 무기고 및 탄약고의 열쇠는 관할 경찰서장이 아닌 관리책임자가 보관하되, 근무시간 이후에는 당직책임자에게 인계하여 보관시켜야 한다.
>
> 규칙 제18조 【무기의 관리수칙 등】 ① 법 제14조 제4항에 따라 무기를 대여받은 국가중요시설의 시설주(이하 "시설주"라 한다) 또는 같은 조 제7항의 규정에 의한 관리책임자(이하 "관리책임자"라 한다)는 다음 각 호의 관리수칙에 따라 무기(탄약을 포함한다. 이하 같다)를 관리해야 한다.
> 1. 무기의 관리를 위한 책임자를 지정하고 관할 경찰관서장에게 이를 통보할 것
> 2. 무기고 및 탄약고는 단층에 설치하고 환기·방습·방화 및 총받침대 등의 시설을 할 것
> 3. 탄약고는 무기고와 사무실 등 많은 사람을 수용하거나 많은 사람이 오고 가는 시설과 떨어진 곳에 설치할 것
> 4. 무기고 및 탄약고에는 이중 잠금장치를 하여야 하며, 열쇠는 관리책임자가 보관하되, 근무시간 이후에는 열쇠를 당직책임자에게 인계하여 보관시킬 것
> 5. 관할 경찰관서장이 정하는 바에 의하여 무기의 관리실태를 매월 파악하여 다음 달 3일까지 관할 경찰관서장에게 통보할 것
> 6. 대여받은 무기를 빼앗기거나 대여받은 무기가 분실·도난 또는 훼손되는 등의 사고가 발생한 때에는 관할 경찰관서장에게 그 사유를 지체 없이 통보할 것
> 7. 대여받은 무기를 빼앗기거나 대여받은 무기가 분실·도난 또는 훼손된 때에는 경찰청장이 정하는 바에 의하여 그 전액을 배상할 것. 다만, 전시·사변, 천재·지변 그 밖의 불가항력의 사유가 있다고 시·도경찰청장이 인정한 때에는 그러하지 아니하다.
> 8. 시설주는 자체계획을 수립하여 보관하고 있는 무기를 매주 1회 이상 손질할 수 있게 할 것

121 경비업법령상 국가중요시설의 시설주와 무기관리책임자의 관리수칙에 관한 설명 중 ( ) 안의 권한자가 나머지와 다른 것은?

① 무기의 관리를 위한 책임자를 지정하고 (   )에게 이를 통보할 것
② 무기의 관리실태를 매월 파악하여 다음 달 3일까지 (   )에게 통보할 것
③ 대여받은 무기를 빼앗기거나 대여받은 무기가 분실·도난 또는 훼손되는 등의 사고가 발생한 때에는 (   )에게 그 사유를 지체 없이 통보할 것
④ 대여받은 무기를 빼앗기거나 대여받은 무기가 분실·도난 또는 훼손된 때에는 (   )이(가) 정하는 바에 의하여 그 전액을 배상할 것

해설 대여받은 무기를 빼앗기거나 대여받은 무기가 분실·도난 또는 훼손된 때에는 경찰청장이 정하는 바에 의하여 그 전액을 배상할 것
① 무기의 관리를 위한 책임자를 지정하고 관할 경찰관서장에게 이를 통보할 것
② 무기의 관리실태를 매월 파악하여 다음 달 3일까지 관할 경찰관서장에게 통보할 것
③ 대여받은 무기를 빼앗기거나 대여받은 무기가 분실·도난 또는 훼손되는 등의 사고가 발생한 때에는 관할 경찰관서장에게 그 사유를 지체 없이 통보할 것

122 경비업법령상 특수경비원의 무기 관리수칙 등에 관한 설명으로 옳은 것은? • 제24회 기출

① 무기를 대여받은 국가중요시설의 시설주는 무기를 지급받은 특수경비원으로 하여금 무기를 매주 1회 이상 손질하게 하여야 한다.
② 무기를 대여받은 국가중요시설의 시설주는 특수경비원에게 무기를 출납하고자 하는 때에는 탄약의 출납은 권총에 있어서는 1정당 15발 이내, 소총에 있어서는 1정당 7발 이내로 하여야 한다.
③ 무기를 대여받은 국가중요시설의 시설주는 고의 또는 과실로 무기(부속품을 포함한다)를 빼앗기거나 무기가 분실·도난 또는 훼손되도록 한 특수경비원에 대하여 특수경비업자에게 교체 또는 징계 등의 조치를 요청하여야 한다.
④ 무기를 대여받은 국가중요시설의 시설주는 무기를 수송하는 때에는 출발하기 전에 관할 경찰서장에게 그 사실을 통보하여야 하며, 통보를 받은 관할 경찰서장은 2인 이상의 무장경찰관을 무기를 수송하는 자동차 등에 함께 타도록 하여야 한다.

해설 ② 무기를 대여받은 국가중요시설의 시설주는 특수경비원에게 무기를 출납하고자 하는 때에는 탄약의 출납은 소총에 있어서는 1정당 15발 이내, 권총에 있어서는 1정당 7발 이내로 하되, 생산된 후 오래된 탄약을 우선적으로 출납하여야 한다.
③ 무기를 대여받은 국가중요시설의 시설주 또는 관리책임자는 고의 또는 과실로 무기(부속품을 포함한다)를 빼앗기거나 무기가 분실·도난 또는 훼손되도록 한 특수경비원에 대하여 특수경비업자에게 교체 또는 징계 등의 조치를 요청할 수 있다.
④ 무기를 대여받은 국가중요시설의 시설주는 무기를 수송하는 때에는 출발하기 전에 관할 경찰서장에게 그 사실을 통보하여야 하며, 통보를 받은 관할 경찰서장은 1인 이상의 무장경찰관을 무기를 수송하는 자동차 등에 함께 타도록 하여야 한다.

123 경비업법령상 시설주 또는 관리책임자가 특수경비원에게 무기를 출납하고자 하는 때의 무기관리수칙에 해당하지 않는 것은?

① 관할 경찰관서장이 출납하는 탄약의 수를 감소시키려는 경우에는 그 지시에 따라야 한다.
② 무기를 인계·인수하는 때에는 반드시 '앞에 총'의 자세에서 '검사 총'을 하여야 한다.
③ 무기의 수리가 필요하면 관할 경찰관서장에게 수리를 요청할 수 있다.
④ 탄약의 출납은 소총은 1정당 15발 이내, 권총은 1정당 7발 이내로 한다.

해설 무기를 인계·인수하는 때에는 반드시 '앞에 총'의 자세에서 '검사 총'을 하여야 한다는 것은 시설주로부터 무기를 지급받은 특수경비원의 무기관리수칙이다.
①③④ 무기를 대여받은 시설주 또는 관리책임자가 특수경비원에게 무기를 출납하고자 하는 때의 무기관리수칙이다.

124 경비업법령상 특수경비원의 무기관리수칙으로 옳지 <u>않은</u> 것은?

① 무기를 인계·인수하는 때에는 반드시 '앞에 총'의 자세에서 '검사 총'을 한다.
② 무기를 지급받은 때에는 탄약은 무기에 장전하여 휴대하여야 하며, 소총은 '우로 어깨걸어 총'의 자세를 유지한다.
③ 무기를 손질할 때에는 총구를 반드시 공중으로 향하게 하여야 한다.
④ 근무시간 이후에는 무기를 시설주에게 반납하거나 교대근무자에게 인계한다.

> **해설** 무기를 지급받은 때에는 별도의 지시가 없는 한 탄약은 무기로부터 분리하여 휴대하여야 하며, 소총은 '우로 어깨걸어 총'의 자세를 유지하고, 권총은 '권총집에 넣어 총'의 자세를 유지한다.

125 경비업법령상 시설주 또는 관리책임자가 준수하여야 할 무기관리수칙에 관한 설명으로 옳지 <u>않은</u> 것은?
• 제20회 기출

① 무기의 관리를 위한 책임자를 지정하고 관할 경찰관서장에게 이를 통보하여야 한다.
② 무기고 및 탄약고의 열쇠는 관리책임자가 보관하되, 근무시간 이후에는 당직책임자에게 인계하고 보관시킨다.
③ 무기의 관리실태를 매월 파악하여 다음 달 3일까지 관할 경찰관서장에게 통보를 하여야 한다.
④ 대여받은 무기를 빼앗긴 때에는 시·도경찰청장이 정하는 바에 의하여 그 전액을 배상하여야 한다.

> **해설** 대여받은 무기를 빼앗기거나 대여받은 무기가 분실·도난 또는 훼손된 때에는 경찰청장이 정하는 바에 의하여 그 전액을 배상하여야 한다. 다만, 전시·사변, 천재지변 그 밖의 불가항력의 사유가 있다고 시·도경찰청장이 인정한 때에는 그러하지 아니하다.

정답 122 ① 123 ② 124 ② 125 ④

126 경비업법령상 시설주가 무기를 수송하기 위해 출발하기 전 그 사실을 통보해야 하는 관청으로 옳은 것은?

① 관할 시·도경찰청장
② 관할 경찰서장
③ 관할 경찰관서장
④ 경찰청장

해설 무기수송 시 출발지 관할 경찰서장에게 그 사실을 통보하여야 한다.

> 규칙 제18조【무기의 관리수칙 등】⑥ 시설주는 무기를 수송하는 때에는 출발하기 전에 관할 경찰서장에게 그 사실을 통보하여야 하며, 통보를 받은 관할 경찰서장은 1인 이상의 무장경찰관을 무기를 수송하는 자동차 등에 함께 타도록 하여야 한다.

127 경비업법령상 시설주가 무기를 지급하여서는 아니 되는 특수경비원에 해당하지 않는 것은?

① 직무상 비위(非違)로 징계 대상이 된 사람
② 형사사건으로 인하여 조사를 받고 있는 사람
③ 사직의사를 표명한 사람
④ 정신질환자

해설 직무상 비위(非違)로 징계 대상이 된 사람에 대한 무기지급제한의 규정은 「청원경찰법」상 청원주의 청원경찰에 대한 명문 규정이다.

> 규칙 제18조【무기의 관리수칙 등】⑤ 시설주는 다음 각 호의 특수경비원에 대하여 무기를 지급해서는 안 되며, 지급된 무기가 있는 경우 이를 즉시 회수하여야 한다.
> 1. 형사사건으로 인하여 조사를 받고 있는 사람
> 2. 사직의사를 표명한 사람
> 3. 정신질환자
> 4. 그 밖에 무기를 지급하기에 부적합하다고 인정되는 사람

128 경비업법령상 경비원의 복장에 관한 설명으로 옳지 않은 것은?

① 경비업자는 경찰공무원 또는 군인의 제복과 색상 및 디자인 등이 명확히 구별되는 소속 경비원의 복장을 정하고 이를 확인할 수 있는 사진을 첨부하여 주된 사무소를 관할하는 시·도경찰청장에게 행정안전부령으로 정하는 바에 따라 신고하여야 한다.
② 경비업자는 경비업무 수행 시 어떤 경우에도 반드시 경비원에게 소속 경비업체를 표시한 이름표를 부착하도록 하고, 신고된 동일한 복장을 착용하게 하여야 하며, 복장에 소속 회사를 오인할 수 있는 표시를 하거나 다른 회사의 복장을 착용하게 하여서는 아니 된다.
③ 시·도경찰청장은 제출받은 사진을 검토한 후 경비업자에게 복장 변경 등에 대한 시정명령을 할 수 있다.
④ 시정명령을 받은 경비업자는 이를 이행하여야 하고, 시·도경찰청장에게 행정안전부령으로 정하는 바에 따라 이행보고를 하여야 한다.

해설 경비업자는 경비업무 수행 시 경비원에게 소속 경비업체를 표시한 이름표를 부착하도록 하고, 신고된 동일한 복장을 착용하게 하여야 하며, 복장에 소속 회사를 오인할 수 있는 표시를 하거나 다른 회사의 복장을 착용하게 하여서는 아니 된다. 다만, 집단민원현장이 아닌 곳에서 신변보호업무를 수행하는 경우 또는 경비업무의 성격상 부득이한 사유가 있어 관할 경찰관서장이 허용하는 경우에는 그러하지 아니하다(경비업법 제16조 제2항).

129 경비업법령상 경비원의 복장에 관한 내용이다. ( )에 들어갈 내용이 바르게 연결된 것은?

• 제21회 기출

> 경비업자는 경찰공무원 또는 군인의 제복과 색상 및 디자인 등이 명확히 구별되는 소속 경비원의 복장을 정하고 이를 확인할 수 있는 사진을 첨부하여 주된 사무소를 관할하는 (ㄱ)에게 행정안전부령으로 정하는 바에 따라 신고하여야 한다. (ㄱ)은 제출받은 사진을 검토한 후 경비업자에게 복장 변경 등에 대한 (ㄴ)을 할 수 있다.

① ㄱ: 경찰서장, ㄴ: 시정명령
② ㄱ: 경찰서장, ㄴ: 이행명령
③ ㄱ: 시·도경찰청장, ㄴ: 이행명령
④ ㄱ: 시·도경찰청장, ㄴ: 시정명령

해설 경비업자는 경찰공무원 또는 군인의 제복과 색상 및 디자인 등이 명확히 구별되는 소속 경비원의 복장을 정하고 이를 확인할 수 있는 사진을 첨부하여 주된 사무소를 관할하는 시·도경찰청장에게 행정안전부령으로 정하는 바에 따라 신고하여야 한다. 시·도경찰청장은 제출받은 사진을 검토한 후 경비업자에게 복장 변경 등에 대한 시정명령을 할 수 있다.

130 경비업법령상 경비원의 휴대장비에 관한 설명으로 옳지 않은 것은?

① 경비원은 근무 중 경적, 단봉, 분사기, 안전방패, 무전기 및 그 밖에 경비 업무 수행에 필요한 것으로서 공격적인 용도로 제작되지 아니하는 장비를 휴대할 수 있으며, 안전모 및 방검복 등 안전장비를 착용할 수 있다.
② 안전모는 얼굴을 가리면서 머리를 보호하는 장비로, 경찰공무원이 사용하는 방석모와 색상 및 디자인이 명확히 구분되어야 한다.
③ 방검복은 경찰공무원이 사용하는 방검복과 색상 및 디자인이 명확히 구분되어야 한다.
④ 경찰청장은 경비원이 휴대하는 장비 등에 대하여 2014년 6월 8일을 기준으로 3년마다(매 3년이 되는 해의 6월 8일 전까지를 말한다) 그 타당성을 검토하여 개선 등의 조치를 하여야 한다.

해설 안전모는 얼굴을 가리지 아니하면서, 머리를 보호하는 장비로 경찰공무원이 사용하는 방석모와 색상 및 디자인이 명확히 구분되어야 한다.

131 경비업법령상 경비원의 장비에 관한 설명으로 옳은 것은?

① 경비원이 휴대할 수 있는 장비의 종류는 경적·단봉·분사기 등 대통령령으로 정하되, 근무 중에만 이를 휴대할 수 있다.
② 시설주가 경비원으로 하여금 분사기를 휴대하여 직무를 수행하게 하는 경우에는 총포·도검·화약류 등의 안전관리에 관한 법률에 따라 미리 분사기의 소지허가를 받아야 한다.
③ 누구든지 장비를 임의로 개조하여 통상의 용법과 달리 사용함으로써 다른 사람의 생명·신체에 위해를 가하여서는 아니 된다.
④ 경비원은 경비업무를 위하여 필요하다고 인정되는 상당한 이유가 있을 때에는 필요한 최대한도에서 법에서 정한 장비를 사용할 수 있다.

해설 ① 경비원이 휴대할 수 있는 장비의 종류는 경적·단봉·분사기 등 행정안전부령으로 정하되, 근무 중에만 이를 휴대할 수 있다.
② 경비업자가 경비원으로 하여금 분사기를 휴대하여 직무를 수행하게 하는 경우에는 「총포·도검·화약류 등의 안전관리에 관한 법률」에 따라 미리 분사기의 소지허가를 받아야 한다.
④ 경비원은 경비업무를 위하여 필요하다고 인정되는 상당한 이유가 있을 때에는 필요한 최소한도에서 법에서 정한 장비를 사용할 수 있다.

> 법 제16조의2【경비원의 장비 등】① 경비원이 휴대할 수 있는 장비의 종류는 경적·단봉·분사기 등 행정안전부령으로 정하되, 근무 중에만 이를 휴대할 수 있다.
> ② 경비업자가 경비원으로 하여금 분사기를 휴대하여 직무를 수행하게 하는 경우에는 「총포·도검·화약류 등 단속법」에 따라 미리 분사기의 소지허가를 받아야 한다.
> ③ 누구든지 제1항의 장비를 임의로 개조하여 통상의 용법과 달리 사용함으로써 다른 사람의 생명·신체에 위해를 가하여서는 아니 된다.
> ④ 경비원은 경비업무를 위하여 필요하다고 인정되는 상당한 이유가 있을 때에는 필요한 최소한도에서 제1항의 장비를 사용할 수 있다.
> ⑤ 그 밖에 경비원의 장비 등에 관하여 필요한 사항은 행정안전부령으로 정한다.

정답 129 ④ 130 ② 131 ③

132 경비업법령상 경비원의 복장·장비 등에 관한 설명으로 옳지 않은 것은? • 제25회 기출

① 경비원은 근무 중 경비 업무 수행에 필요한 것으로서 공격적인 용도로 제작된 장비를 휴대할 수 있다.
② 경비업자는 출동차량 등의 도색 및 표지를 정하고 이를 확인할 수 있는 사진을 첨부하여 주된 사무소를 관할하는 시·도경찰청장에게 행정안전부령으로 정하는 바에 따라 신고하여야 한다.
③ 경비원이 휴대할 수 있는 장비의 종류는 경적·단봉·분사기 등 행성안전부령으로 정하되, 근무 중에만 이를 휴대할 수 있다.
④ 누구든지 장비를 임의로 개조하여 통상의 용법과 달리 사용함으로써 다른 사람의 생명·신체에 위해를 가하여서는 아니 된다.

해설 경비원은 근무 중 경비 업무 수행에 필요한 것으로서 공격적인 용도로 제작되지 아니하는 장비를 휴대할 수 있다.

133 경비업법령상 경비원의 복장과 장비에 관한 설명으로 옳지 않은 것은? • 제24회 기출

① 경비업자는 경찰공무원 또는 군인의 제복과 색상 및 디자인 등이 명확히 구별되는 소속 경비원의 복장을 정하여야 한다.
② 경비업자는 집단민원현장이 아닌 곳에서 신변보호업무를 수행하는 경비원에게도 소속 경비업체를 표시한 이름표를 부착하도록 해야 한다.
③ 누구든지 경비원이 휴대할 수 있는 장비를 임의로 개조하여 통상의 용법과 달리 사용함으로써 다른 사람의 생명·신체에 위해를 가하여서는 아니 된다.
④ 경비원은 경비업무를 위하여 필요하다고 인정되는 상당한 이유가 있을 때에는 필요한 최소한도에서 경비업법령에서 정한 장비를 사용할 수 있다.

해설 경비업자는 경비업무 수행 시 경비원에게 소속 경비업체를 표시한 이름표를 부착하도록 하고, 신고된 동일한 복장을 착용하게 하여야 하며, 복장에 소속 회사를 오인할 수 있는 표시를 하거나 다른 회사의 복장을 착용하게 하여서는 아니 된다. 다만, 집단민원현장이 아닌 곳에서 신변보호업무를 수행하는 경우 또는 경비업무의 성격상 부득이한 사유가 있어 관할 경찰관서장이 허용하는 경우에는 그러하지 아니하다.

134 경비업법령상 경비원의 복장, 장비, 출동차량 등에 관한 설명으로 옳지 않은 것은?

• 제23회 기출

① 경비원은 근무 중 경적, 단봉, 분사기 등 장비를 휴대할 수 있다.
② 경비업자는 경비업무 수행 시 경비원에게 소속 경비업체를 표시한 이름표를 부착하도록 하여야 한다.
③ 집단민원현장에서 신변보호업무를 수행하는 경우에는 동일한 복장을 착용하지 아니할 수 있다.
④ 경비업자는 출동차량 등의 도색 및 표지를 경찰차량 및 군차량과 명확히 구별될 수 있게 하여야 한다.

해설 집단민원현장이 아닌 곳에서 신변보호업무를 수행하는 경우 또는 경비업무의 성격상 부득이한 사유가 있어 관할 경찰관서장이 허용하는 경우에는 신고된 동일한 복장을 착용하지 아니할 수 있다.

> **법 제16조【경비원의 복장 등】** ② 경비업자는 경비업무 수행 시 경비원에게 소속 경비업체를 표시한 이름표를 부착하도록 하고, 제1항에 따라 신고된 동일한 복장을 착용하게 하여야 하며, 복장에 소속 회사를 오인할 수 있는 표시를 하거나 다른 회사의 복장을 착용하게 하여서는 아니 된다. 다만, 집단민원현장이 아닌 곳에서 신변보호업무를 수행하는 경우 또는 경비업무의 성격상 부득이한 사유가 있어 관할 경찰관서장이 허용하는 경우에는 그러하지 아니하다.
> **법 제16조의2【경비원의 장비 등】** ① 경비원이 휴대할 수 있는 장비의 종류는 경적·단봉·분사기 등 행정안전부령으로 정하되, 근무 중에만 이를 휴대할 수 있다.
> **법 제16조의3【출동차량 등】** ① 경비업자는 출동차량 등의 도색 및 표지를 경찰차량 및 군차량과 명확히 구별될 수 있게 하여야 한다.

정답 132 ① 133 ② 134 ③

135 경비업법령상 경비원의 복장 및 장비 등에 관한 설명으로 옳은 것은? • 제20회 기출

① 경비원은 근무 중 경비업무 수행에 필요한 것으로서 공격적인 용도로 제작되지 아니하는 장비를 휴대할 수 있다.
② 경비업자는 경비업무 수행상 필요한 경우 경비원에게 소속 경비업체를 표시한 이름표를 부착하도록 할 수 있다.
③ 집단민원현장에서 신변보호업무를 수행하는 경우에 경비업자는 신고된 동일한 복장과 다른 복장을 경비원에게 착용하게 할 수 있다.
④ 경비업무 수행 시 경비원의 이름표는 경비업자가 지정한 부위에 부착한다.

해설 ② 경비업자는 경비업무 수행상 필요한 경우 경비원에게 소속 경비업체를 표시한 이름표를 부착하도록 하여야 한다.
③ 경비업자는 경비업무 수행 시 경비원에게 소속 경비업체를 표시한 이름표를 부착하도록 하고, 신고된 동일한 복장을 착용하게 하여야 하며, 복장에 소속 회사를 오인할 수 있는 표시를 하거나 다른 회사의 복장을 착용하게 하여서는 아니 된다. 다만, 집단민원현장이 아닌 곳에서 신변보호업무를 수행하는 경우 또는 경비업무의 성격상 부득이한 사유가 있어 관할 경찰관서장이 허용하는 경우에는 그러하지 아니하다(경비업법 제16조 제2항).
④ 경비원은 경비업무 수행 시 이름표를 경비원 복장의 상의 가슴 부위에 부착하여 경비원의 이름을 외부에서 알아볼 수 있도록 하여야 한다(경비업법 시행규칙 제19조 제4항).

136 경비업법령상 경비원의 복장·장비 등에 관한 설명으로 옳지 않은 것은? • 제17회 기출

① 경비업자는 경찰공무원 또는 군인의 제복과 색상 및 디자인 등이 명확히 구별되는 소속 경비원의 복장을 정하여 주된 사무소를 관할하는 경찰서장에게 신고하여야 한다.
② 경비원은 근무 중 경적, 단봉, 분사기, 안전방패, 무전기 및 그 밖에 경비업무 수행에 필요한 것으로서 공격적인 용도로 제작되지 아니한 장비를 휴대할 수 있다.
③ 경비업자가 경비원으로 하여금 분사기를 휴대하여 직무를 수행하게 하는 경우에는 총포·도검·화약류 등의 안전관리에 관한 법률에 따라 미리 분사기의 소지허가를 받아야 한다.
④ 장비를 임의로 개조하여 통상의 용법과 달리 사용함으로써 다른 사람의 생명·신체에 위해를 가하여서는 아니 된다.

해설 경비업자는 경찰공무원 또는 군인의 제복과 색상 및 디자인 등이 명확히 구별되는 소속 경비원의 복장을 정하고 이를 확인할 수 있는 사진을 첨부하여 주된 사무소를 관할하는 시·도경찰청장에게 행정안전부령으로 정하는 바에 따라 신고하여야 한다(경비업법 제16조 제1항).

137 경비업법령상 경비원의 장비 등에 관한 설명으로 옳지 않은 것은?

• 제18회 기출

① 경비원이 휴대할 수 있는 장비의 종류는 경적·단봉·분사기 등 대통령령으로 정하되, 근무시간 이외에도 이를 휴대할 수 있다.
② 경비업자가 경비원으로 하여금 분사기를 휴대하여 직무를 수행하게 하는 경우에는 총포·도검·화약류 등의 안전관리에 관한 법률에 따라 미리 분사기의 소지허가를 받아야 한다.
③ 누구든지 경비원의 장비를 임의로 개조하여 통상의 용법과 달리 사용함으로써 다른 사람의 생명·신체에 위해를 가하여서는 아니 된다.
④ 경비원은 경비업무를 위하여 필요하다고 인정되는 상당한 이유가 있을 때에는 필요한 최소한도에서 경비원의 장비를 사용할 수 있다.

해설 경비원이 휴대할 수 있는 장비의 종류는 경적·단봉·분사기 등 행정안전부령으로 정하되, 근무 중에만 이를 휴대할 수 있다.

> 법 제16조의2 【경비원의 장비 등】 ① 경비원이 휴대할 수 있는 장비의 종류는 경적·단봉·분사기 등 행정안전부령으로 정하되, 근무 중에만 이를 휴대할 수 있다.
> ② 경비업자가 경비원으로 하여금 분사기를 휴대하여 직무를 수행하게 하는 경우에는 「총포·도검·화약류 등 단속법」에 따라 미리 분사기의 소지허가를 받아야 한다.
> ③ 누구든지 제1항의 장비를 임의로 개조하여 통상의 용법과 달리 사용함으로써 다른 사람의 생명·신체에 위해를 가하여서는 아니 된다.
> ④ 경비원은 경비업무를 위하여 필요하다고 인정되는 상당한 이유가 있을 때에는 필요한 최소한도에서 제1항의 장비를 사용할 수 있다.
> ⑤ 그 밖에 경비원의 장비 등에 관하여 필요한 사항은 행정안전부령으로 정한다.

138 경비업법령상 경비원의 복장·장비 등에 관한 설명으로 옳지 않은 것은? • 제16회 기출

① 경비원은 근무 중 경비업무 수행에 필요한 것으로서 공격적인 용도로 제작된 장비를 휴대할 수 있다.
② 경비업자가 경비원으로 하여금 분사기를 휴대하여 직무를 수행하게 하는 경우에는 총포·도검·화약류 등의 안전관리에 관한 법률에 따라 미리 분사기의 소지허가를 받아야 한다.
③ 경비원은 경비업무 수행 시 이름표를 경비원 복장의 상의 가슴 부위에 부착하여 경비원의 이름을 외부에서 알아볼 수 있도록 하여야 한다.
④ 경비업자는 출동차량 등의 도색 및 표지를 정하고 이를 확인할 수 있는 사진을 첨부하여 운행하기 전에 주된 사무소를 관할하는 시·도경찰청장에게 신고하여야 한다.

해설 경비원은 근무 중 경적, 단봉, 분사기, 안전방패, 무전기 및 그 밖에 경비업무 수행에 필요한 것으로서 공격적인 용도로 제작되지 아니하는 장비를 휴대할 수 있으며, 안전모 및 방검복 등 안전장비를 착용할 수 있다.

> 법 제16조의2【경비원의 장비 등】① 경비원이 휴대할 수 있는 장비의 종류는 경적·단봉·분사기 등 행정안전부령으로 정하되, 근무 중에만 이를 휴대할 수 있다.
> ② 경비업자가 경비원으로 하여금 분사기를 휴대하여 직무를 수행하게 하는 경우에는 「총포·도검·화약류 등 단속법」에 따라 미리 분사기의 소지허가를 받아야 한다.
> ③ 누구든지 제1항의 장비를 임의로 개조하여 통상의 용법과 달리 사용함으로써 다른 사람의 생명·신체에 위해를 가하여서는 아니 된다.
> 법 제16조의3【출동차량 등】② 경비업자는 출동차량 등의 도색 및 표지를 정하고 이를 확인할 수 있는 사진을 첨부하여 주된 사무소를 관할하는 시·도경찰청장에게 행정안전부령으로 정하는 바에 따라 신고하여야 한다.
> 규칙 제19조【경비원의 복장 등 신고 등】④ 경비원은 경비업무 수행 시 이름표를 경비원 복장의 상의 가슴 부위에 부착하여 경비원의 이름을 외부에서 알아볼 수 있도록 하여야 한다.
> 규칙 제20조【경비원의 휴대장비】① 법 제16조의2 제1항에 따라 경비원은 근무 중 경적, 단봉, 분사기, 안전방패, 무전기 및 그 밖에 경비업무 수행에 필요한 것으로서 공격적인 용도로 제작되지 아니하는 장비를 휴대할 수 있으며, 안전모 및 방검복 등 안전장비를 착용할 수 있다.

139 경비업법령상 경비원의 제복 및 출동차량 등에 관한 설명으로 옳은 것은?

① 경비원은 근무 중에 반드시 복장을 착용하여야 한다.
② 경비원의 복장은 군인과는 명확히 구별되어야 하나 경찰공무원과는 유사한 복장으로 할 수 있다.
③ 기계경비업자는 출동차량의 도색 및 표지를 경찰 및 군차량과 명확히 구별될 수 있게 하여야 한다.
④ 경비원의 복장의 형식과 색상 및 기계경비업자의 출동차량의 도색과 표지를 확인할 수 있는 사진을 관할 경찰관서장에게 신고하여야 한다.

> **해설** ① 경비업자는 경비업무 수행 시 경비원에게 소속 경비업체를 표시한 이름표를 부착하도록 하고, 신고된 동일한 복장을 착용하게 하여야 하며, 복장에 소속 회사를 오인할 수 있는 표시를 하거나 다른 회사의 복장을 착용하게 하여서는 아니 된다. 다만, 집단민원현장이 아닌 곳에서 신변보호업무를 수행하는 경우 또는 경비업무의 성격상 부득이한 사유가 있어 관할 경찰관서장이 허용하는 경우에는 그러하지 아니하다.
> ② 경비업자는 경찰공무원 또는 군인의 제복과 색상 및 디자인 등이 명확히 구별되는 소속 경비원의 복장을 정하여야 한다.
> ④ 경비업자는 소속 경비원의 복장과 출동차량 등의 도색 및 표지를 정하고 이를 확인할 수 있는 사진을 첨부하여 주된 사무소를 관할하는 시·도경찰청장에게 행정안전부령으로 정하는 바에 따라 신고하여야 한다.

140 경비업법령상 경비원의 장비 및 출동차량 등에 관한 설명으로 옳은 것은? • 제16회 기출

① 경비원이 휴대할 수 있는 장비는 근무 외에도 휴대할 수 있다.
② 경비원은 시·도경찰청장의 허가를 받아 장비를 임의로 개조하여 통상의 용법과 달리 사용할 수 있다.
③ 경비원이 사용하는 방검복의 경우는 경찰공무원이 사용하는 방검복과 그 디자인이 구별될 필요가 없다.
④ 시·도경찰청장은 경비업자로부터 제출받은 출동차량 등의 사진을 검토한 후 경비업자에게 그 도색 및 표지 변경 등에 대한 시정명령을 할 수 있다.

> **해설** ① 경비원이 휴대할 수 있는 장비는 근무 중에만 휴대할 수 있다.
> ② 누구든지 장비를 임의로 개조하여 통상의 용법과 달리 사용함으로써 다른 사람의 생명·신체에 위해를 가하여서는 아니 된다.
> ③ 경비원이 사용하는 방검복의 경우는 경찰공무원이 사용하는 방검복과 그 디자인이 구별되어야 한다.

정답 138 ① 139 ③ 140 ④

141 경비업법령상 결격사유 확인을 위한 범죄경력조회 등에 관한 설명으로 옳지 않은 것은?

• 제24회 기출

① 관할 경찰관서장은 범죄경력조회 요청이 있는 경우에만 범죄경력조회를 할 수 있다.
② 경비업자는 선출하려는 임원이 결격사유에 해당하는지를 확인하기 위하여 범죄경력조회를 요청할 수 있다.
③ 범죄경력조회 요청을 받은 시·도경찰청장 또는 관할 경찰관서장은 경비업자에게 그 결과를 통보할 때에는 결격사유에 해당하는지 여부만을 통보하여야 한다.
④ 시·도경찰청장 또는 관할 경찰관서장은 경비업자의 임원, 경비지도사 또는 경비원이 결격사유에 해당하는 사실을 알게 된 때에는 경비업자에게 그 사실을 통보하여야 한다.

해설 경찰청장, 시·도경찰청장 또는 관할 경찰관서장은 직권으로 또는 범죄경력조회 요청이 있는 경우에는 경비업자의 임원, 경비지도사 또는 경비원이 결격사유에 해당하는지를 확인하기 위하여 「형의 실효 등에 관한 법률」 제6조에 따른 범죄경력조회를 할 수 있다.

142 경비업법령상 경비원 등의 결격사유 확인을 위한 범죄경력조회 등에 관한 설명으로 옳지 않은 것은?

• 제22회 기출

① 관할 경찰관서장은 직권으로 경비업자의 임원, 경비지도사 또는 경비원이 결격사유에 해당하는지를 확인하기 위하여 형의 실효 등에 관한 법률에 따른 범죄경력조회를 할 수 있다.
② 관할 경찰관서장은 직권으로 경비업자의 임원, 경비지도사 또는 경비원이 결격사유에 해당하는 사실을 알게 된 때에는 경비업자의 요청이 있는 경우에만 그 사실을 통보하여야 한다.
③ 경비업자는 범죄경력조회를 요청하는 경우 경비업 허가증 사본과 취업자 또는 취업예정자 범죄경력조회 동의서를 첨부하여야 한다.
④ 범죄경력조회 요청을 받은 관할 경찰관서장은 경비업자에게 그 결과를 통보할 때에는 경비업자의 임원, 경비지도사 또는 경비원이 결격사유에 해당하는지 여부만을 통보하여야 한다.

해설 경찰청장, 시·도경찰청장 또는 관할 경찰관서장은 직권으로 또는 범죄경력조회 요청이 있는 경우에는 경비업자의 임원, 경비지도사 또는 경비원이 결격사유에 해당하는지를 확인하기 위하여 「형의 실효 등에 관한 법률」에 따른 범죄경력조회를 할 수 있으며, 시·도경찰청장 또는 관할 경찰관서장은 경비업자의 임원, 경비지도사 또는 경비원이 결격사유에 해당하는 사실을 알게 되거나 「경비업법」 또는 「경비업법」에 따른 명령을 위반한 때에는 경비업자에게 그 사실을 통보하여야 한다.

> **법 제17조【결격사유 확인을 위한 범죄경력조회 등】** ① 경찰청장, 시·도경찰청장 또는 관할 경찰관서장은 직권으로 또는 제2항에 따른 범죄경력조회 요청이 있는 경우에는 경비업자의 임원, 경비지도사 또는 경비원이 제5조 제3호·제4호, 제10조 제1항 제3호부터 제8호까지 또는 같은 조 제2항 제3호·제4호에 따른 결격사유에 해당하는지를 확인하기 위하여 「형의 실효 등에 관한 법률」 제6조에 따른 범죄경력조회를 할 수 있다.
> ③ 제2항에 따른 범죄경력조회 요청을 받은 시·도경찰청장 또는 관할 경찰관서장은 경비업자에게 그 결과를 통보할 때에는 경비업자의 임원, 경비지도사 또는 경비원이 제5조 제3호·제4호, 제10조 제1항 제3호부터 제8호까지 또는 같은 조 제2항 제3호·제4호에 따른 결격사유에 해당하는지 여부만을 통보하여야 한다.
> ④ 시·도경찰청장 또는 관할 경찰관서장은 경비업자의 임원, 경비지도사 또는 경비원이 제5조 각 호, 제10조 제1항 각 호 또는 제2항 각 호의 결격사유에 해당하는 사실을 알게 되거나 이 법 또는 이 법에 따른 명령을 위반한 때에는 경비업자에게 그 사실을 통보하여야 한다.
> **규칙 제22조【결격사유 확인을 위한 범죄경력조회 요청】** ① 법 제17조 제2항에 따른 범죄경력조회 요청은 별지 제13호의5 서식의 범죄경력조회 신청서(전자문서로 된 신청서를 포함한다)에 따른다.
> ② 경비업자는 제1항에 따라 범죄경력조회를 요청하는 경우 다음 각 호의 서류를 첨부하여야 한다.
> 1. 경비업 허가증 사본
> 2. 별지 제13호의6 서식의 취업자 또는 취업예정자 범죄경력조회 동의서

정답 141 ① 142 ②

143 경비업법령상 경비원 등의 결격사유 확인을 위한 범죄경력조회 등에 관한 설명으로 옳지 않은 것은?

• 제18회 기출

① 경찰청장, 시·도경찰청장 또는 관할 경찰관서장은 직권으로 또는 경비업자의 범죄경력조회 요청이 있는 경우 경비업자의 임원, 경비지도사 또는 경비원이 경비업법상 결격사유에 해당하는지를 확인하기 위하여 범죄경력조회를 할 수 있다.

② 범죄경력조회 요청을 받은 시·도경찰청장 또는 관할 경찰관서장은 경비업자에게 그 결과를 통보할 때에는 경비업자의 임원, 경비지도사 또는 경비원이 경비업법상의 결격사유에 해당하는지 여부만을 통보하여야 한다.

③ 시·도경찰청장 또는 관할 경찰관서장은 경비업자의 임원, 경비지도사 또는 경비원이 경비업법상의 결격사유에 해당하는 사실을 알게 된 때에는 경비업자에게 그 사실을 통보하여야 한다.

④ 범죄경력조회 요청은 범죄경력조회 신청서(전자문서 포함) 또는 구두로 한다.

해설 범죄경력조회 요청은 범죄경력조회 신청서(전자문서 포함)에 따른다.

144 경비업법령상 범죄경력조회 등에 관한 설명으로 옳은 것은?

• 제20회 기출

① 경찰청장은 범죄경력조회 요청이 있는 경우에만 경비업자의 임원에 대한 범죄경력조회를 할 수 있다.

② 시·도경찰청장은 직권으로 경비지도사에 대한 범죄경력조회를 할 수 없다.

③ 경비업자는 선출하려는 임원이 결격사유에 해당하는지를 확인하기 위하여 범죄경력조회를 요청할 수 있다.

④ 관할 경찰관서장이 경비업자에게 범죄경력조회 결과를 통보할 때에는 결격사유에 해당하는 일정한 범죄사실을 통보하여야 한다.

해설 ① 경찰청장은 직권 또는 범죄경력조회 요청이 있는 경우에 경비업자의 임원에 대한 범죄경력조회를 할 수 있다.
② 시·도경찰청장은 직권으로 경비지도사에 대한 범죄경력조회를 할 수 있다.
④ 관할 경찰관서장이 경비업자에게 범죄경력조회 결과를 통보할 때에는 결격사유에 해당하는지 여부만을 통보하여야 한다.

145 경비업법령상 경찰청장, 시·도경찰청장 또는 관할 경찰관서장의 직권 또는 요청에 의한 범죄경력조회 중 경비업자의 임원에 대한 결격사유 중 결격사유에 해당하는지를 확인하기 위하여 형의 실효 등에 관한 법률 제6조에 따른 범죄경력조회를 할 수 있는 대상을 모두 고른 것은?

> ㄱ. 파산선고를 받고 복권되지 아니한 자
> ㄴ. 금고 이상의 형의 선고를 받고 그 형이 실효되지 아니한 자
> ㄷ. 이 법 또는 대통령 등의 경호에 관한 법률에 위반하여 벌금형의 선고를 받고 3년이 지나지 아니한 자

① ㄱ
② ㄴ
③ ㄴ, ㄷ
④ ㄱ, ㄴ, ㄷ

해설 경찰청장, 시·도경찰청장 또는 관할 경찰관서장은 직권으로 또는 경비업자의 법에 따른 범죄경력조회 요청이 있는 경우에는 경비업자의 임원이 금고 이상의 형의 선고를 받고 그 형이 실효되지 아니한 자, 이 법 또는 「대통령 등의 경호에 관한 법률」에 위반하여 벌금형의 선고를 받고 3년이 지나지 아니한 자(제5조 제3호·제4호)에 따른 결격사유에 해당하는지를 확인하기 위하여 「형의 실효 등에 관한 법률」 제6조에 따른 범죄경력조회를 할 수 있다.

146 경비업법령상 경비업자가 경비원을 채용하는 경우 결격사유의 유무를 확인하기 위하여 필요한 때에 범죄경력조회 등 필요한 협조를 주된 사무소, 출장소 또는 배치장소를 관할하는 시·도경찰청장 또는 경찰관서장에게 요청할 때 첨부하여야 하는 관련 서류가 <u>아닌</u> 것은?

① 경비업 허가증 사본
② 경비업 허가증 원본
③ 취업자 범죄경력조회 동의서
④ 취업예정자 범죄경력조회 동의서

해설 경비업자는 경비업 허가증 사본과 별지 제13조의6 서식의 취업자 또는 취업예정자 범죄경력조회 동의서를 첨부하여야 한다.

정답 143 ④ 144 ③ 145 ③ 146 ②

147 경비업법령상 결격사유 확인을 위한 범죄경력조회 등에 관한 설명으로 옳지 않은 것은?

① 경찰청장, 시·도경찰청장 또는 관할 경찰관서장은 직권으로 경비업자의 임원, 경비지도사 또는 경비원이 결격사유에 해당하는지를 확인하기 위하여 형의 실효 등에 관한 법률에 따른 범죄경력조회를 할 수 있다.

② 경비업자는 선출·선임·채용 또는 배치하려는 임원, 경비지도사 또는 경비원이 결격사유에 해당하는지를 확인하기 위하여 주된 사무소, 출장소 또는 배치장소를 관할하는 시·도경찰청장 또는 경찰관서장에게 형의 실효 등에 관한 법률에 따른 범죄경력조회를 요청할 수 있다.

③ 범죄경력조회 요청을 받은 시·도경찰청장 또는 관할 경찰관서장은 경비업자에게 그 결과를 통보할 때에는 경비업자의 임원, 경비지도사 또는 경비원의 결격사유 및 범죄경력내역을 통보하여야 한다.

④ 시·도경찰청장 또는 관할 경찰관서장은 경비업자의 임원, 경비지도사 또는 경비원이 결격사유에 해당하는 사실을 알게 되거나 경비업법 또는 경비업법에 따른 명령을 위반한 때에는 경비업자에게 그 사실을 통보하여야 한다.

해설 범죄경력조회 요청을 받은 시·도경찰청장 또는 관할 경찰관서장은 경비업자에게 그 결과를 통보할 때에는 경비업자의 임원, 경비지도사 또는 경비원이 결격사유에 해당하는지 여부만을 통보하여야 한다(경비업법 제17조 제3항).

148
경비업법령상 경비업자 갑(甲)은 서울에 주사무소를, 청주에 출장소를 두고 서울과 청주에 각각 일반경비원을 배치하고 있다. 고용한 경비원의 명부를 작성·비치하여야 할 장소에 관한 설명으로 옳은 것은? (단, 집단민원현장이 아니다)

① 주사무소인 서울에만 서울과 청주에 배치된 경비원 명부를 작성·비치하여 두고, 이를 항상 정리해야 한다.
② 주사무소인 서울에는 서울과 청주에 배치된 경비원 명부를, 출장소인 청주에는 청주에만 배치된 경비원 명부를 작성·비치하여 두고, 이를 항상 정리해야 한다.
③ 주사무소인 서울과 출장소인 청주에 각각 배치된 경비원 명부를 작성·비치하여 두고, 이를 항상 정리해야 한다.
④ 주사무소인 서울과 출장소인 청주에 서울과 청주에 배치된 경비원 명부를 작성·비치하여 두고, 이를 항상 정리해야 한다.

해설 경비업자는 주사무소인 서울에는 서울과 청주에 배치된 경비원 명부를, 출장소인 청주에는 청주에만 배치된 경비원 명부를 작성·비치하여 두고, 이를 항상 정리해야 한다.

> 규칙 제23조 【경비원의 명부】 경비업자는 법 제18조 제1항에 따라 다음 각 호의 장소에 별지 제14호 서식의 경비원 명부(제2호 및 제3호의 경우에는 해당 장소에 배치된 경비원의 명부를 말한다)를 작성·비치하여 두고, 이를 항상 정리하여야 한다.
> 1. 주된 사무소
> 2. 영 제5조 제3항에 따른 출장소
> 3. 집단민원현장

149
경비업법령상 경비원의 배치에 관한 설명이다. ( ) 안에 들어갈 내용을 순서대로 옳게 나열한 것은?

• 제17회, 제24회 기출

> 경비업자는 시설경비업무를 수행하기 위하여 ( )일 이상 경비원을 배치하거나 그 기간을 연장하려는 때에는 경비원을 배치한 후 ( )일 이내에 경비원 배치신고서를 배치지를 관할하는 경찰관서장에게 제출해야 한다.

① 10, 5
② 10, 7
③ 20, 5
④ 20, 7

해설 경비업자는 시설경비업무를 수행하기 위하여 20일 이상 경비원을 배치하거나 그 기간을 연장하려는 때에는 경비원을 배치한 후 7일 이내에 경비원 배치신고서를 배치지를 관할하는 경찰관서장에게 제출해야 한다(경비업법 시행규칙 제24조 제1항).

정답 147 ③ 148 ② 149 ④

150 경비업법령상 경비원의 배치에 관한 설명으로 옳지 않은 것은?

• 제23회 기출

① 시설경비업무 중 집단민원현장에 일반경비원을 배치하는 경우에는 배치하기 48시간 전까지 배치허가를 신청하여야 한다.
② 신변보호업무 중 집단민원현장에 일반경비원을 배치하는 경우에는 배치하기 전까지 배치허가를 신청하여야 한다.
③ 집단민원현장이 아닌 곳에서 신변보호업무를 수행하는 일반경비원을 배치하는 경우에는 경비원을 배치하기 전까지 신고하여야 한다.
④ 특수경비원을 배치하는 경우에는 경비원을 배치하기 전까지 신고하여야 한다.

해설 신변보호업무 중 집단민원현장에 일반경비원을 배치하는 경우에는 배치하기 48시간 전까지 배치허가를 신청하여야 한다.

151 경비업법상 경비원의 명부와 배치허가 등에 관한 설명으로 옳지 않은 것은?

• 제19회 기출

① 경비업자는 행정안전부령으로 정하는 바에 따라 경비원의 명부를 작성·비치하여야 한다.
② 경비업자가 경비원의 배치를 폐지한 경우에는 관할 경찰관서장에게 신고하여야 한다.
③ 경비업자는 경비원을 배치하여 경비업무를 수행하게 하는 때에는 행정안전부령으로 정하는 바에 따라 배치된 경비원의 인적사항과 배치일시·배치장소 등 근무상황을 기록하여 보관하여야 한다.
④ 경비업자는 금고 이상의 형을 선고받고 그 집행이 유예된 날로부터 5년이 지나지 아니한 자를 집단민원현장에 일반경비원으로 배치할 수 있다.

해설 경비업자는 금고 이상의 형을 선고받고 그 집행이 유예된 날로부터 5년이 지나지 아니한 자를 집단민원현장에 일반경비원으로 배치하여서는 아니 된다. 이 문제는 ④가 정답이기는 하나, 「형법」상 상해·폭행·협박·강요 등의 범죄와 「폭력행위 등 처벌에 관한 법률」상 폭행 등과 관련된 범죄를 범한 경우 외에는 배치를 금지하지 않고 있기 때문에, 해당 단서 조항이 추가되어야 정확한 내용이라 할 수 있다.

법 제18조【경비원의 명부와 배치허가 등】 ① 경비업자는 행정안전부령으로 정하는 바에 따라 경비원의 명부를 작성·비치하여야 한다. 다만, 집단민원현장에 배치되는 일반경비원의 명부는 그 경비원이 배치되는 장소에도 작성·비치하여야 한다.
② 경비업자가 경비원을 배치하거나 배치를 폐지한 경우에는 행정안전부령으로 정하는 바에 따라 관할 경찰관서장에게 신고하여야 한다. 다만, 다음 제1호의 경우에는 경비원을 배치하기 48시간 전까지 행정안전부령으로 정하는 바에 따라 배치허가를 신청하고, 관할 경찰관서장의 배치허가를 받은 후에 경비원을 배치하여야 하며(제2호 및 제3호의 경우에는 경비원을 배치하기 전까지 신고하여야 한다), 이 경우 관할 경찰관서장은 배치허가를 함에 있어 필요한 조건을 붙일 수 있다.
⑤ 경비업자는 경비원을 배치하여 경비업무를 수행하게 하는 때에는 행정안전부령으로 정하는 바에 따라 배치된 경비원의 인적사항과 배치일시·배치장소 등 근무상황을 기록하여 보관하여야 한다.
⑥ 경비업자는 다음 각 호의 어느 하나에 해당하는 죄를 범하여 벌금형을 선고받고 5년이 지나지 아니하거나 금고 이상의 형을 선고받고 그 집행이 유예된 날부터 5년이 지나지 아니한 자를 집단민원현장에 일반경비원으로 배치하여서는 아니 된다.
1. 「형법」 제257조부터 제262조까지, 제264조, 제276조부터 제281조까지의 죄, 제284조의 죄, 제285조의 죄, 제320조의 죄, 제324조 제2항의 죄, 제350조의2의 죄, 제351조의 죄(제350조, 제350조의2의 상습범으로 한정한다), 제369조 제1항의 죄
2. 「폭력행위 등 처벌에 관한 법률」 제2조 또는 제3조의 죄

규칙 제24조의3【경비원 근무상황기록부】 ① 경비업자는 법 제18조 제5항에 따라 경비업무를 수행하는 경비원의 인적사항, 배치일시, 배치장소, 배치폐지일시 및 근무 여부 등 근무상황을 기록한 근무상황기록부(전자문서로 된 근무상황기록부를 포함한다. 이하 같다)를 작성하여 주된 사무소 및 출장소에 갖추어 두어야 한다.
② 경비업자는 제1항에 따른 근무상황기록부를 1년 동안 보관하여야 한다.

152

경비업법령상 경비업자가 경비원 배치 48시간 전까지 행정안전부령에 따라 배치허가를 신청하고 관할 경찰관서장의 배치허가를 받은 후에 경비원을 배치하여야 하는 경우는?

• 제21회 기출

① 시설경비업무 중 집단민원현장에 일반경비원을 배치하는 경우
② 특수경비업무 중 집단민원현장에 특수경비원을 배치하는 경우
③ 기계경비업무 중 집단민원현장에 일반경비원을 배치하는 경우
④ 호송경비업무 중 집단민원현장에 일반경비원을 배치하는 경우

해설 시설경비업무, 신변보호업무 또는 혼잡·교통유도경비업무 중 집단민원현장에 배치된 일반경비원의 경우에는 경비원을 배치하기 48시간 전까지 행정안전부령으로 정하는 바에 따라 배치허가를 신청하고, 관할 경찰관서장의 배치허가를 받은 후에 경비원을 배치하여야 한다.

150 ② 151 ④ 152 ① 정답

153 경비업법령상 경비원의 명부와 배치 등에 관한 설명으로 옳은 것은?

• 제16회 기출

① 경비업자는 주된 사무소, 출장소, 집단민원현장에 경비원 명부를 작성·비치하여 두고, 이를 항상 정리해야 한다.
② 경비업자가 경비원을 배치하여 경비업무를 수행하게 하는 때에는 근무상황기록부를 작성하여 2년 동안 보관해야 한다.
③ 경비업자는 형법상 상해죄 또는 폭행죄를 범하여 벌금형 선고를 받고 7년이 지나지 아니한 자를 집단민원현장에 일반경비원으로 배치하여서는 아니 된다.
④ 관할 경찰관서장은 경비원이 위력이나 흉기 또는 그 밖의 위험한 물건을 사용하여 집단적 폭력사태를 일으킨 때에는 경비업의 허가를 취소해야 한다.

해설
② 경비업자가 경비원을 배치하여 경비업무를 수행하게 하는 때에는 근무상황기록부를 작성하여 1년 동안 보관해야 한다.
③ 경비업자는 「형법」상 상해죄 또는 폭행죄를 범하여 벌금형 선고를 받고 5년이 지나지 아니한 자를 집단민원현장에 일반경비원으로 배치하여서는 아니 된다.
④ 관할 경찰관서장은 경비원이 위력이나 흉기 또는 그 밖의 위험한 물건을 사용하여 집단적 폭력사태를 일으킨 때에는 배치폐지를 명할 수 있고, 배치폐지 명령에 따르지 아니한 때에는 경비업의 허가를 취소하여야 하며, 배치폐지 명령을 따르지 아니한 자는 1년 이하의 징역 또는 1천만 원 이하의 벌금에 처한다.

154 경비업법령상 경비원의 배치·배치폐지신고에 관한 설명으로 옳지 않은 것은?

① 경비업자는 원칙적으로 경비업무를 수행하기 위하여 20일 이상 경비원을 배치하고자 하는 때에는 경비원을 배치한 후 7일 이내에 경비원 배치신고서를 배치장소를 관할하는 경찰관서장에게 제출하여야 한다.
② 시설경비업무, 신변보호업무 또는 혼잡·교통유도경비업무 중 집단민원현장에 배치된 일반경비원을 배치하기 24시간 전까지 행정안전부령으로 정하는 바에 따라 배치허가를 신청하고, 관할 경찰관서장의 배치허가를 받은 후에 경비원을 배치하여야 한다.
③ 집단민원현장이 아닌 곳에서 신변보호업무를 수행하는 일반경비원의 경우 배치하기 전까지 신고하여야 한다.
④ 특수경비원은 배치하기 전에 신고하여야 하며, 이 경우에는 경비원을 배치하는 기간과 관계없이 경비원을 배치하기 전까지 경비원 배치신고서를 제출하여야 한다.

해설 시설경비업무, 신변보호업무 또는 혼잡·교통유도경비업무 중 집단민원현장에 배치된 일반경비원을 배치하기 48시간 전까지 행정안전부령으로 정하는 바에 따라 배치허가를 신청하고, 관할 경찰관서장의 배치허가를 받은 후에 경비원을 배치하여야 한다(경비업법 제18조 제2항).

155 경비업법령상 경비원 배치 등에 관한 설명으로 옳지 않은 것은?

• 제22회 기출

① 시설경비업무에 배치되는 일반경비원은 경비원을 배치하기 48시간 전까지 관할 경찰관서장에게 배치허가를 받아야 한다.
② 경비업자는 시설경비업무를 수행하기 위하여 20일 이상 경비원을 배치하거나 그 기간을 연장하려는 때에는 경비원을 배치한 후 7일 이내에 배치지를 관할하는 경찰관서장에게 배치신고서를 제출하여야 한다.
③ 특수경비원을 배치하는 경우에는 경비원을 배치하는 기간과 관계없이 경비원을 배치하기 전까지 배치지를 관할하는 경찰관서장에게 배치신고서를 제출하여야 한다.
④ 경비업무 범위 위반 및 신임교육 유무 등을 확인하기 위해 관할 경찰관서장은 그 배치장소를 방문하여 조사하여야 한다.

해설 ① 시설경비업무에 일반경비원을 배치한 경우에는 관할 경찰관서장에게 신고하여야 한다. 다만, 시설경비업무 중 집단민원현장에 배치되는 일반경비원은 경비원을 배치하기 48시간 전까지 행정안전부령으로 정하는 바에 따라 배치허가를 신청하고, 관할 경찰관서장의 배치허가를 받은 후에 경비원을 배치하여야 한다.
④ 경비업무 범위 위반 및 신임교육 유무 등의 사유를 확인하기 위해 관할 경찰관서장은 소속 경찰관으로 하여금 그 배치장소를 방문하여 조사하게 할 수 있다.

156. 경비업법령상 경비원 배치의 신고에 관한 규정이다. ( ) 안에 들어갈 숫자로 옳은 것은?

- 시설경비업무, 신변보호업무 또는 혼잡·교통유도경비업무 중 집단민원현장에 배치된 일반경비원의 경우 경비원을 배치하기 (ㄱ)시간 전까지 행정안전부령으로 정하는 바에 따라 배치허가를 신청하고, 관할 경찰관서장의 배치허가를 받은 후에 경비원을 배치하여야 하며, 이 경우 관할 경찰관서장은 배치허가를 함에 있어 필요한 조건을 붙일 수 있다.
- 시·도경찰청장 또는 경찰서장은 요청을 할 때 행사의 주최자나 시설 또는 장소의 관리자에게 행사장 등에 경비원을 배치할 수 없다고 판단되는 경우에는 행사개최일 또는 많은 사람이 모이는 날 (ㄴ) 전까지 그 사실을 통지해 줄 것을 함께 요청할 수 있다.

① ㄱ: 7, ㄴ: 1일
② ㄱ: 15, ㄴ: 24시간
③ ㄱ: 20, ㄴ: 48시간
④ ㄱ: 48, ㄴ: 1일

해설
- 시설경비업무, 신변보호업무 또는 혼잡·교통유도경비업무 중 집단민원현장에 배치된 일반경비원의 경우 경비원을 배치하기 48시간 전까지 행정안전부령으로 정하는 바에 따라 배치허가를 신청하고, 관할 경찰관서장의 배치허가를 받은 후에 경비원을 배치하여야 하며, 이 경우 관할 경찰관서장은 배치허가를 함에 있어 필요한 조건을 붙일 수 있다(경비업법 제18조 제2항).
- 시·도경찰청장 또는 경찰서장은 요청을 할 때 행사의 주최자나 시설 또는 장소의 관리자에게 행사장 등에 경비원을 배치할 수 없다고 판단되는 경우에는 행사개최일 또는 많은 사람이 모이는 날 1일 전까지 그 사실을 통지해 줄 것을 함께 요청할 수 있다(경비업법 시행령 제30조 제2항).

157. 경비업법 시행령 제30조의 내용의 일부이다. ( ) 안에 들어갈 내용으로 옳은 것은?

( )은(는) 행사장, 그 밖에 많은 사람이 모이는 시설 또는 장소(이하 "행사장 등"이라 한다)에서 혼잡 등으로 인한 위험의 발생을 방지하기 위하여 경비가 필요하다고 인정하는 경우에는 행사의 주최자나 시설 또는 장소의 관리자에게 행사장 등에 경비원을 배치하도록 요청할 수 있다.

① 경찰청장
② 시·도경찰청장 또는 경찰서장
③ 시설주
④ 경비업자

해설 시·도경찰청장 또는 경찰서장은 행사장, 그 밖에 많은 사람이 모이는 시설 또는 장소(이하 "행사장 등"이라 한다)에서 혼잡 등으로 인한 위험의 발생을 방지하기 위하여 경비가 필요하다고 인정하는 경우에는 행사의 주최자나 시설 또는 장소의 관리자에게 행사장 등에 경비원을 배치하도록 요청할 수 있다.

> 영 제30조 【경비가 필요한 시설 등에 대한 경비의 요청】 ① 시·도경찰청장 또는 경찰서장은 행사장, 그 밖에 많은 사람이 모이는 시설 또는 장소(이하 "행사장 등"이라 한다)에서 혼잡 등으로 인한 위험의 발생을 방지하기 위하여 경비가 필요하다고 인정하는 경우에는 행사의 주최자나 시설 또는 장소의 관리자에게 행사장 등에 경비원을 배치하도록 요청할 수 있다.
> ② 시·도경찰청장 또는 경찰서장은 제1항에 따른 요청을 할 때 행사의 주최자나 시설 또는 장소의 관리자에게 행사장 등에 경비원을 배치할 수 없다고 판단되는 경우에는 행사개최일 또는 많은 사람이 모이는 날 1일 전까지 그 사실을 통지해 줄 것을 함께 요청할 수 있다.
> [전문개정 2024.8.13.]

158

경비업법령상 관할 경찰관서장이 집단민원현장에 일반경비원 배치허가 신청을 받은 경우에 배치허가를 하여서는 아니 되는 경우로 옳지 않은 것은?

• 제23회 기출

① 경비업무의 범위를 벗어난 행위를 할 우려가 있는 경우
② 결격자가 100분의 21 이상 포함되어 있는 경우
③ 경비원의 복장·장비 등에 대하여 내려진 필요한 명령을 이행하지 아니하는 경우
④ 직무교육을 받지 아니한 사람이 대통령령으로 정하는 기준 이상으로 포함되어 있는 경우

해설 신임교육을 받지 아니한 사람이 대통령령으로 정하는 기준 이상으로 포함되어 있는 경우에 배치허가를 하여서는 아니 된다.

> 법 제18조 【경비원의 명부와 배치허가 등】 ③ 관할 경찰관서장은 제2항 각 호 외의 부분 단서에 따른 배치허가 신청을 받은 경우 다음 각 호의 사유에 해당하는 때에는 배치허가를 하여서는 아니 된다. 이 경우 관할 경찰관서장은 다음 각 호의 사유를 확인하기 위하여 소속 경찰관으로 하여금 그 배치장소를 방문하여 조사하게 할 수 있다.
> 1. 제15조의2 제1항 및 제2항을 위반하여 경비업무의 범위를 벗어난 행위를 할 우려가 있는 경우
> 2. 경비원 중 제10조 제1항 또는 제2항에 해당하는 결격자나 제13조에 따른 신임교육을 받지 아니한 사람이 대통령령으로 정하는 기준 이상으로 포함되어 있는 경우
> 3. 제24조에 따라 경비원의 복장·장비 등에 대하여 내려진 필요한 명령을 이행하지 아니하는 경우

156 ④   157 ②   158 ④   **정답**

159 경비업법령상 경비업자가 집단민원현장에 경비원의 배치허가신청 시 불허가 처분기준으로 옳지 않은 것은?

① 경비원이 직무를 수행함에 있어 타인에게 위력을 과시하거나 물리력을 행사하는 등 경비업무의 범위를 벗어난 행위를 할 우려가 있는 경우
② 누구든지 경비원으로 하여금 경비업무의 범위를 벗어난 행위를 하게 할 우려가 있는 경우
③ 경비원 중 결격자나 신임교육을 받지 아니한 사람이 100분의 20 이상으로 포함되어 있는 경우
④ 경비원의 복장·장비 등에 대하여 내려진 필요한 명령을 이행하지 아니하는 경우

> **해설** 경비업자가 배치허가신청을 한 경비원 중 법정사유 결격자나 신임교육을 받지 아니한 사람의 총합이 배치허가신청된 경비원 수의 100분의 21 이상인 경우에 불허가 처분기준에 해당한다.
>
> 법 제18조 【경비원의 명부와 배치허가 등】 ③ 관할 경찰관서장은 제2항 각 호 외의 부분 단서에 따른 배치허가 신청을 받은 경우 다음 각 호의 사유에 해당하는 때에는 배치허가를 하여서는 아니 된다. 이 경우 관할 경찰관서장은 다음 각 호의 사유를 확인하기 위하여 소속 경찰관으로 하여금 그 배치장소를 방문하여 조사하게 할 수 있다.
> 1. 제15조의2 제1항 및 제2항을 위반하여 경비업무의 범위를 벗어난 행위를 할 우려가 있는 경우
> 2. 경비원 중 제10조 제1항 또는 제2항에 해당하는 결격자나 제13조에 따른 신임교육을 받지 아니한 사람이 대통령령으로 정하는 기준 이상으로 포함되어 있는 경우
> 3. 제24조에 따라 경비원의 복장·장비 등에 대하여 내려진 필요한 명령을 이행하지 아니하는 경우
> ④ 제2항 각 호 외의 부분 단서에 따른 배치허가신청을 받은 관할 경찰관서장은 배치되는 경비원 중 제10조 제1항 또는 제2항에 해당하는 결격자가 있는 경우에는 그 사람을 제외하고 배치허가를 하여야 한다.
> 영 제22조 【집단민원현장 배치 불허가 기준】 법 제18조 제3항 제2호에서 "대통령령으로 정하는 기준"이란 100분의 21을 말한다.

160 경비업법령상 집단민원현장에 일반경비원으로 배치하면 안 되는 사람을 모두 고른 것은?

> ㄱ. 형법 제257조(상해, 존속상해)의 죄를 범하여 벌금형을 선고받고 5년이 지나지 아니하거나 금고 이상의 형을 선고받고 그 집행이 유예된 날부터 5년이 지나지 아니한 자
> ㄴ. 형법 제260조(폭행, 존속폭행)의 죄를 범하여 벌금형을 선고받고 5년이 지나지 아니하거나 금고 이상의 형을 선고받고 그 집행이 유예된 날부터 5년이 지나지 아니한 자
> ㄷ. 형법 제261조(특수폭행)의 죄를 범하여 벌금형을 선고받고 5년이 지나지 아니하거나 금고 이상의 형을 선고받고 그 집행이 유예된 날부터 5년이 지나지 아니한 자
> ㄹ. 폭력행위 등 처벌에 관한 법률 제3조(집단적 폭행 등)의 죄를 범하여 벌금형을 선고받고 5년이 지나지 아니하거나 금고 이상의 형을 선고받고 그 집행이 유예된 날부터 5년이 지나지 아니한 자

① ㄱ, ㄴ
② ㄱ, ㄴ, ㄷ
③ ㄴ, ㄷ, ㄹ
④ ㄱ, ㄴ, ㄷ, ㄹ

해설 경비업법령상 경비업자는 「경비업법」 제18조 제6항 각 호의 어느 하나에 해당하는 죄를 범하여 벌금형을 선고받고 5년이 지나지 아니하거나, 금고 이상의 형을 선고받고 그 집행이 유예된 날부터 5년이 지나지 아니한 자를 집단민원현장에 일반경비원으로 배치하여서는 아니 된다(경비업법 제18조 제6항). 따라서 ㄱ, ㄴ, ㄷ, ㄹ 모두 집단민원현장에 일반경비원으로 배치하면 안 되는 경우에 해당한다.

161 다음은 경비업법 시행규칙의 내용이다. ( ) 안에 들어갈 권한자는?

> (   )은(는) 경비업무를 수행하는 경비원의 인적사항, 배치일시, 배치장소, 배치폐지일시 및 근무 여부 등 근무상황을 기록한 근무상황기록부(전자문서로 된 근무상황기록부를 포함한다)를 작성하여 주된 사무소 및 출장소에 갖추어 두어야 한다.

① 경찰청장
② 시·도경찰청장
③ 경찰관서장
④ 경비업자

해설 경비업자는 경비업무를 수행하는 경비원의 인적사항, 배치일시, 배치장소, 배치폐지일시 및 근무 여부 등 근무상황을 기록한 근무상황기록부(전자문서로 된 근무상황기록부를 포함한다)를 작성하여 주된 사무소 및 출장소에 갖추어 두어야 한다(경비업법 시행규칙 제24조의3 제1항).

정답 159 ③　160 ④　161 ④

162 경비업법상 100명 이상의 사람이 모이는 국제·문화·예술·체육 행사장에 경비업무를 수행하는 일반경비원을 배치할 때 일반경비업자는 언제까지 배치허가를 신청해야 하는가?

① 배치하기 24시간 전
② 배치하기 48시간 전
③ 배치하기 3일 전
④ 배치하기 7일 전

해설 「경비업법」상 100명 이상의 사람이 모이는 국제·문화·예술·체육 행사장은 집단민원현장에 해당한다. 집단민원현장에 일반경비원을 배치할 경우, 배치하기 48시간 전까지 행정안전부령으로 정하는 바에 따라 배치허가를 신청하고, 관할 경찰관서장의 배치허가를 받은 후에 경비원을 배치하여야 한다.

> 법 제2조【정의】5. "집단민원현장"이란 다음 각 목의 장소를 말한다.
>   가. 「노동조합 및 노동관계조정법」에 따라 노동관계 당사자가 노동쟁의 조정신청을 한 사업장 또는 쟁의행위가 발생한 사업장
>   나. 「도시 및 주거환경정비법」에 따른 정비사업과 관련하여 이해대립이 있어 다툼이 있는 장소
>   다. 특정 시설물의 설치와 관련하여 민원이 있는 장소
>   라. 주주총회와 관련하여 이해대립이 있어 다툼이 있는 장소
>   마. 건물·토지 등 부동산 및 동산에 대한 소유권·운영권·관리권·점유권 등 법적 권리에 대한 이해대립이 있어 다툼이 있는 장소
>   바. 100명 이상의 사람이 모이는 국제·문화·예술·체육 행사장
>   사. 「행정대집행법」에 따라 대집행을 하는 장소
> 규칙 제24조의2【집단민원현장에의 일반경비원 배치허가 신청 등】④ 제2항에 따라 일반경비원 배치허가를 받은 경비업자가 집단민원현장에 새로운 경비원을 배치하려는 경우에는 새로운 경비원을 배치하기 48시간 전까지 배치허가 신청서를 관할 경찰관서장에게 제출하여 허가를 받아야 한다.

163 경비업법령상 경비원의 근무상황기록부의 보존기한으로 옳은 것은?

① 1년
② 2년
③ 3년
④ 4년

해설 경비업자는 근무상황기록부를 1년 동안 보관하여야 한다(경비업법 시행규칙 제24조의3 제2항).

> 규칙 제24조의3【경비원의 근무상황기록부】① 경비업자는 법 제18조 제5항에 따라 경비업무를 수행하는 경비원의 인적사항, 배치일시, 배치장소, 배치폐지일시 및 근무 여부 등 근무상황을 기록한 근무상황기록부(전자문서로 된 근무상황기록부를 포함한다. 이하 같다)를 작성하여 주된 사무소 및 출장소에 갖추어 두어야 한다.
> ② 경비업자는 제1항에 따른 근무상황기록부를 1년 동안 보관하여야 한다.

164 경비업법령상 경비원의 명부와 배치허가 등에 관한 설명으로 옳지 않은 것은?

• 제18회 기출

① 관할 경찰관서장은 신임교육을 받지 아니한 경비원이 100분의 21 이상인 경우 배치허가를 하여서는 아니 된다.
② 경비업자가 특수경비원을 배치한 경우에는 대통령령이 정하는 바에 따라 경비원을 배치하기 48시간 전까지 관할 경찰관서장에게 신고하여야 한다.
③ 경비업자 또는 경비원이 위력이나 흉기 또는 그 밖의 위험한 물건을 사용하여 집단적 폭력사태를 일으킨 때에는 관할 경찰관서장은 배치폐지를 명할 수 있다.
④ 경비업자는 상해죄를 범하여 벌금형을 선고받고 5년이 지나지 아니한 자를 집단민원현장에 일반경비원으로 배치하여서는 아니 된다.

해설 특수경비원을 배치하기 전까지 행정안전부령이 정하는 바에 따라 관할 경찰관서장에게 신고하여야 한다.

> 법 제18조 【경비원의 명부와 배치허가 등】 ② 경비업자가 경비원을 배치하거나 배치를 폐지한 경우에는 행정안전부령으로 정하는 바에 따라 관할 경찰관서장에게 신고하여야 한다. 다만, 다음 제1호의 경우에는 경비원을 배치하기 48시간 전까지 행정안전부령으로 정하는 바에 따라 배치허가를 신청하고, 관할 경찰관서장의 배치허가를 받은 후에 경비원을 배치하여야 하며 (제2호 및 제3호의 경우에는 경비원을 배치하기 전까지 신고하여야 한다), 이 경우 관할 경찰관서장은 배치허가를 함에 있어 필요한 조건을 붙일 수 있다.
> 1. 제2조 제1호에 따른 시설경비업무, 신변보호업무 또는 혼잡·교통유도경비업무 중 집단민원현장에 배치된 일반경비원
> 2. 집단민원현장이 아닌 곳에서 제2조 제1호 다목의 규정에 의한 신변보호업무를 수행하는 일반경비원
> 3. 특수경비원
> ⑥ 경비업자는 다음 각 호의 어느 하나에 해당하는 죄를 범하여 벌금형을 선고받고 5년이 지나지 아니하거나 금고 이상의 형을 선고받고 그 집행이 유예된 날부터 5년이 지나지 아니한 자를 집단민원현장에 일반경비원으로 배치하여서는 아니 된다.
> 1. 「형법」 제257조부터 제262조까지, 제264조, 제276조부터 제281조까지의 죄, 제284조의 죄, 제285조의 죄, 제320조의 죄, 제324조 제2항의 죄, 제350조의2의 죄, 제351조의 죄(제350조, 제350조의2의 상습범으로 한정한다), 제369조 제1항의 죄
> 2. 「폭력행위 등 처벌에 관한 법률」 제2조 또는 제3조의 죄
> ⑧ 관할 경찰관서장은 경비업자가 다음 각 호의 어느 하나에 해당하는 때에는 배치폐지를 명할 수 있다.
> 4. 경비업자 또는 경비원이 위력이나 흉기 또는 그 밖의 위험한 물건을 사용하여 집단적 폭력사태를 일으킨 때
> 영 제22조 【집단민원현장 배치 불허가 기준】 법 제18조 제3항 제2호에서 "대통령령으로 정하는 기준"이란 100분의 21을 말한다.

165 경비업법령상 관할 경찰관서장이 경비업자에 대하여 경비원 배치폐지를 명할 수 있는 경우로 명시되지 <u>않은</u> 것은?

• 제22회 기출

① 경비원의 복장·장비 등에 대하여 내려진 필요한 명령을 이행하지 아니한 때
② 경비원 명단 및 배치일시·배치장소 등 배치허가 신청의 내용을 거짓으로 한 때
③ 결격사유에 해당하는 자를 집단민원현장에 일반경비원으로 배치한 때
④ 경비업자 또는 경비원이 위력이나 흉기 또는 그 밖의 위험한 물건을 사용하여 집단적 폭력사태를 일으킨 때

> **해설** 경비원의 복장·장비 등에 대하여 내려진 필요한 명령을 이행하지 아니한 때에는 배치불허사유에 해당되며, 관할 경찰관서장은 그 사유를 확인하기 위하여 소속 경찰관으로 하여금 그 배치장소를 방문하여 조사하게 할 수 있다.

166 경비업법령상 관할 경찰관서장이 경비원의 배치폐지를 명할 수 있는 경우가 <u>아닌</u> 것은?

• 제16회 기출

① 경비업법상 배치허가를 필요로 하는 경우 배치허가 신청의 내용을 거짓으로 한 경우
② 경비업자가 경비업법을 위반하여 신고를 하지 아니하고 일반경비원을 배치한 경우
③ 경비원 신임교육을 이수하지 아니한 자를 경비원으로 배치한 경우
④ 형법상 사기죄로 기소된 자를 경비원으로 배치한 경우

> **해설** 사기죄로 기소된 자를 경비원으로 배치한 경우는 배치폐지를 명할 수 있는 사유에 해당되지 않는다.

> 법 제18조【경비원의 명부와 배치허가 등】⑧ 관할 경찰관서장은 경비업자가 다음 각 호의 어느 하나에 해당하는 때에는 배치폐지를 명할 수 있다.
> 1. 제2항 각 호 외의 부분 단서를 위반하여 배치허가를 받지 아니하고 경비원을 배치하거나 경비원 명단 및 배치일시·배치장소 등 배치허가 신청의 내용을 거짓으로 한 때
> 2. 제6항의 결격사유에 해당하는 자를 집단민원현장에 일반경비원으로 배치한 때
> 3. 제7항을 위반하여 신임교육을 이수하지 아니한 자를 제2항 각 호의 경비원으로 배치한 때
> 4. 경비업자 또는 경비원이 위력이나 흉기 또는 그 밖의 위험한 물건을 사용하여 집단적 폭력사태를 일으킨 때
> 5. 경비업자가 제2항 각 호 외의 부분 본문을 위반하여 신고하지 아니하고 일반경비원을 배치한 때

167 경비업법령상 집단민원현장에 배치된 일반경비원에 관한 설명으로 옳지 않은 것은?

• 제16회 기출

① 경비업자는 경비원을 배치하기 48시간 전까지 배치허가를 신청하고, 관할 경찰관서장의 배치허가를 받은 후에 경비원을 배치해야 한다.
② 집단민원현장에 배치되는 일반경비원의 명부는 그 경비원이 배치되는 장소에 작성·비치해야 한다.
③ 관할 경찰관서장은 배치허가를 함에 있어 필요한 조건을 붙일 수 없다.
④ 관할 경찰관서장은 배치허가 신청을 받은 경우, 불허가사유에 해당하는 때에는 이를 확인하기 위하여 소속 경찰관으로 하여금 그 배치장소를 방문하여 조사하게 할 수 있다.

해설 시설경비업무, 신변보호업무 또는 혼잡·교통유도경비업무 중 집단민원현장에 일반경비원을 배치하는 경우에는 48시간 전까지 행정안전부령으로 정하는 바에 따라 배치허가를 신청하고, 관할 경찰관서장의 배치허가를 받은 후에 경비원을 배치하여야 하며, 이 경우 관할 경찰관서장은 배치허가를 함에 있어 필요한 조건을 붙일 수 있다.

168 경비업법령상 관할 경찰관서장이 경비업자에게 배치폐지를 명할 수 있는 사유로 옳지 않은 것은?

① 집단민원현장에 배치허가를 받지 아니하고 경비원을 배치하거나 경비원 명단 및 배치일시·배치장소 등 배치허가 신청의 내용을 거짓으로 한 때
② 도로교통법을 위반하여 벌금형을 선고받고 5년이 지나지 아니하거나 금고 이상의 형을 선고받고 그 집행이 유예된 날부터 5년이 지나지 아니한 자를 집단민원현장에 일반경비원으로 배치한 때
③ 신임교육을 이수하지 아니한 자를 집단민원현장이 아닌 곳에서 신변보호업무를 수행하는 일반경비원으로 배치한 때
④ 경비업자 또는 경비원이 위력이나 흉기 또는 그 밖의 위험한 물건을 사용하여 집단적 폭력사태를 일으킨 때

해설 「도로교통법」을 위반한 것은 배치폐지를 명할 수 있는 사유에 해당하지 않는다.

정답 165 ① 166 ④ 167 ③ 168 ②

169 경비업법령상 제출서류 중 처리기간이 나머지와 다른 것은?

① 경비원배치신고서
② 경비원폐지신고서
③ 집단민원현장 일반경비원 배치허가신청서
④ 집단민원현장 일반경비원 배치폐지신고서

해설 집단민원현장 일반경비원 배치허가신청서는 48시간 내에 처리하여야 한다.
①②④ 즉시 처리해야 하는 서류이다.

170 다음은 경비업법령상의 내용이다. ( ) 안에 공통적으로 들어갈 권한자는?

- ( )은(는) 행사장, 그 밖에 많은 사람이 모이는 시설 또는 장소(이하 "행사장 등"이라 한다)에서 혼잡 등으로 인한 위험의 발생을 방지하기 위하여 경비가 필요하다고 인정하는 경우에는 행사의 주최자나 시설 또는 장소의 관리자에게 행사장 등에 경비원을 배치하도록 요청할 수 있다.
- ( )은(는) 요청을 할 때 행사의 주최자나 시설 또는 장소의 관리자에게 행사장 등에 경비원을 배치할 수 없다고 판단되는 경우에는 행사개최일 또는 많은 사람이 모이는 날 1일 전까지 그 사실을 통지해 줄 것을 함께 요청할 수 있다.

① 경찰청장
② 시·도경찰청장 또는 경찰서장
③ 경찰관서장
④ 경비업자

해설 시·도경찰청장 또는 경찰서장의 권한이다.

> 영 제30조【경비가 필요한 시설 등에 대한 경비의 요청】 ① 시·도경찰청장 또는 경찰서장은 행사장, 그 밖에 많은 사람이 모이는 시설 또는 장소(이하 "행사장 등"이라 한다)에서 혼잡 등으로 인한 위험의 발생을 방지하기 위하여 경비가 필요하다고 인정하는 경우에는 행사의 주최자나 시설 또는 장소의 관리자에게 행사장 등에 경비원을 배치하도록 요청할 수 있다.
> ② 시·도경찰청장 또는 경찰서장은 제1항에 따른 요청을 할 때 행사의 주최자나 시설 또는 장소의 관리자에게 행사장 등에 경비원을 배치할 수 없다고 판단되는 경우에는 행사개최일 또는 많은 사람이 모이는 날 1일 전까지 그 사실을 통지해 줄 것을 함께 요청할 수 있다.

171 경비업법령상 특수경비원을 배치한 시설주가 갖추어 두어야 하는 장부 또는 서류에 해당하지 않는 것은?

• 제16회 기출

① 근무일지
② 무기·탄약대여대장
③ 순찰표철
④ 경비구역 배치도

해설 무기·탄약대여대장은 특수경비원을 배치한 국가중요시설의 관할 경찰관서장이 갖추어 두어야 한다.

172 경비업법령상 특수경비원을 배치한 경우 갖추어 두어야 하는 장부 또는 서류에 관한 내용 중 옳은 것은?

	시설주	관할 경찰관서장
①	근무일지	근무상황카드
②	감독순시부	경비구역 배치도
③	무기탄약출납부	무기·탄약대여대장
④	특수경비원 교육훈련실시부	특수경비원 전·출입관계철

해설 ①은 시설주, ②의 감독순시부는 관할 경찰관서장, 경비구역 배치도는 시설주이며, ④는 관할 경찰관서장이 갖추어 두어야 하는 장부 및 서류에 해당된다.

정답 169 ③ 170 ② 171 ② 172 ③

173 경비업법령상 특수경비원을 배치한 시설주가 갖추어 두어야 하는 장부 또는 서류에 해당하는 것은?

① 무기ㆍ탄약대여대장
② 무기장비 운영카드
③ 특수경비원 전ㆍ출입 관계철
④ 특수경비원 교육훈련 실시부

해설 ①③④ 무기ㆍ탄약대여대장, 특수경비원 전ㆍ출입 관계철, 특수경비원 교육훈련 실시부는 관할 경찰관서장이 갖추어 두어야 하는 장부 또는 서류이다.

▶ 특수경비원 배치 관련 비치 장부 및 서류

특수경비원을 배치한 '시설주'가 갖추어야 할 장부 및 서류 (경비업법 시행규칙 제26조 제1항)	특수경비원을 배치한 국가중요시설의 '관할 경찰관서장'이 갖추어야 할 장부 및 서류 (경비업법 시행규칙 제26조 제2항)
1. 근무일지 2. 근무상황카드 3. 경비구역 배치도 4. 순찰표철 5. 무기탄약출납부 6. 무기장비 운영카드	1. 감독순시부 2. 특수경비원 전ㆍ출입 관계철 3. 특수경비원 교육훈련 실시부 4. 무기ㆍ탄약대여대장 5. 그 밖에 특수경비원의 관리 등을 위하여 필요한 장부 또는 서류

174 경비업법령상 특수경비원을 배치한 국가중요시설의 관할 경찰관서장이 갖추어 두어야 하는 장부 및 서류가 아닌 것은?

① 특수경비원 전ㆍ출입 관계철
② 무기ㆍ탄약대여대장
③ 무기탄약출납부
④ 감독순시부

해설 국가중요시설의 경비를 지도ㆍ감독하는 경찰관서장이 갖추어 두어야 할 장부 및 서류에는 감독순시부, 특수경비원 전ㆍ출입 관계철, 특수경비원 교육훈련 실시부, 무기ㆍ탄약대여대장, 그 밖에 특수경비원의 관리 등을 위하여 필요한 장부 또는 서류 등이 있다. 무기탄약출납부는 특수경비원을 배치한 시설주가 갖추어 두어야 할 장부 및 서류이다.

▶ 특수경비원 배치 관련 비치 장부 및 서류

특수경비원을 배치한 '시설주'가 갖추어야 할 장부 및 서류 (경비업법 시행규칙 제26조 제1항)	특수경비원을 배치한 국가중요시설의 '관할 경찰관서장'이 갖추어야 할 장부 및 서류 (경비업법 시행규칙 제26조 제2항)
1. 근무일지 2. 근무상황카드 3. 경비구역 배치도 4. 순찰표철 5. 무기탄약출납부 6. 무기장비 운영카드	1. 감독순시부 2. 특수경비원 전ㆍ출입 관계철 3. 특수경비원 교육훈련 실시부 4. 무기ㆍ탄약대여대장 5. 그 밖에 특수경비원의 관리 등을 위하여 필요한 장부 또는 서류

175 경비업법령상 경비원 명부 등에 관한 설명으로 옳지 <u>않은</u> 것은?
· 제20회 기출

① 경비업자는 배치되는 일반경비원의 명부를 그 경비원이 배치되는 모든 장소에 작성·비치하여야 한다.
② 경비업자는 경비원의 근무상황기록부를 1년 동안 보관하여야 한다.
③ 관할 경찰관서장은 시설주의 신청에 의하여 특수경비원이 배치된 국가중요시설 등에 경비전화를 가설할 수 있다.
④ 경비전화를 가설하는 경우의 소요경비는 시설주의 부담으로 한다.

해설 경비업자는 주된 사무소, 출장소, 집단민원현장에 경비원의 명부를 작성·비치하여 두고, 이를 항상 정리하여야 한다. 다만, 출장소와 집단민원현장의 경우에는 해당 장소에 배치된 경비원의 명부를 작성·비치하여 두고, 이를 항상 정리하여야 한다.

176 경비업법령으로 정해진 기간이 가장 긴 것은?

① 경비업 허가의 유효기간
② 기계경비업자의 오경보를 수신한 서류의 보관기간
③ 경비지도사 1차 시험 면제자 중 일정 기간 특수경비업무에 종사하고 법에 정한 교육과정을 이수한 자
④ 경비지도사 시험 출제위원 자격으로 방범·경비업무를 일정 기간 담당한 경감 이상 경찰공무원의 경력이 있는 자

해설 경비업 허가의 유효기간은 5년이다.
② 기계경비업자의 오경보를 수신한 서류의 보관기간은 1년이다.
③④ 3년 이상의 과정 또는 경력이다.

173 ② 174 ③ 175 ① 176 ① 정답

177 다음은 경비업법 시행규칙 제25조의 법조문이다. (   ) 안에 들어갈 권한자가 모두 옳은 것은?

> 제25조【경비전화의 가설】 ① (ㄱ)은(는) (ㄴ)의 신청에 의하여 특수경비원이 배치된 국가중요시설 등에 경비전화를 가설할 수 있다.
> ② 제1항의 규정에 의하여 경비전화를 가설하는 경우의 소요경비는 (ㄴ)의 부담으로 한다.

	ㄱ	ㄴ
①	시·도경찰청장	관할 경찰관서장
②	시·도경찰청장	시설주
③	시설주	관할 경찰관서장
④	관할 경찰관서장	시설주

해설 관할 경찰관서장은 시설주의 신청에 의하여 특수경비원이 배치된 국가중요시설 등에 경비전화를 가설할 수 있다. 경비전화를 가설하는 경우의 소요경비는 시설주의 부담으로 한다(경비업법 시행규칙 제25조 제1항, 제2항).

177 ④ 정답

인생은 곱셈이다.

어떤 찬스가 와도 내가 제로면
아무런 의미가 없다.

– 나카무라 미츠루

PART 1 경비업법

CHAPTER 04 행정처분 등

제1절   경비업 허가의 취소 등
제2절   경비지도사 자격의 취소 등
제3절   청문

최근 13개년 출제비중

9.0%

학습 TIP

☑ 경비업 허가취소 사유의 필수적 사유와 일반기준은 반드시 출제되는 단원이다. 기출문제를 중심으로 필수적 사유의 개별적 기준과 일반기준을 대조하여 숙지해야 한다.

☑ 경비지도사의 자격취소 및 자격정지, 개정된 청문대상도 최근 출제비중이 높아 반드시 숙지해야 하는 내용이다. '모두 고르세요' 식의 발문으로 출제되는 경향을 보이고 있으므로, 세부내용까지 꼼꼼히 학습해야 한다.

POINT CHAPTER 내 절별 출제비중

- 01 경비업 허가의 취소 등 — 42%
- 02 경비지도사 자격의 취소 등 — 36%
- 03 청문 — 22%

CHAPTER 04 행정처분 등

최신 개정 법령 확인

제1절 경비업 허가의 취소 등

1. 경비업 허가취소 사유 ★★★☆

(1) 허가취소 사유

허가관청은 경비업자가 다음의 어느 하나에 해당하는 때에는 그 허가를 **취소하여야 한다**(경비업법 제19조 제1항).
① 허위 그 밖의 부정한 방법으로 허가를 받은 때
② 허가받은 경비업무 외의 업무에 경비원을 종사하게 한 때(경비업법 제7조 제5항 위반)
③ 특수경비업자가 「경비업법」에 의한 경비업과 경비장비의 제조·설비·판매업, 네트워크를 활용한 정보산업, 시설물 유지관리업 및 경비원 교육업 등 대통령령이 정하는 경비관련업 외의 영업을 하여서는 아니 된다(경비업법 제7조 제9항)는 규정에 위반하여 경비업 및 경비관련업 외의 영업을 한 때
④ 정당한 사유 없이 허가를 받은 날부터 2년 이내에 경비 도급실적이 없거나 계속하여 1년 이상 휴업한 때
⑤ 정당한 사유 없이 최종 도급계약 종료일의 다음 날부터 2년 이내에 경비 도급실적이 없을 때
⑥ 영업정지처분을 받고 계속하여 영업을 한 때
⑦ 소속 경비원으로 하여금 경비업무의 범위를 벗어난 행위를 하게 한 때(경비업법 제15조의2 제2항 위반)
⑧ 관할 경찰관서장의 배치폐지 명령(경비업법 제18조 제8항)에 따르지 아니한 때

> **심화학습**
>
> **경비 도급실적 산정기간**
> 정당한 사유 없이 허가를 받은 날부터 1년 이내에 경비 도급실적이 없는 경비업자의 경우 매년 폐업 후 다시 허가를 받아야 하는 불편을 해소하기 위하여 경비 도급실적의 산정기간을 1년에서 2년으로 연장하였다.
>
> 「경비업법」 제18조 제8항 위반 시 행정처분(허가취소) 대상이며, 행정형벌(1년 이하의 징역 또는 1천만 원 이하의 벌금)에 처한다.

> **보충학습** 기타 허가취소 사유
>
> 1. 「경비업법 시행령」 제3조 제2항에 의한 취소
>   조건부 허가 시 1월 내 조건을 충족하지 못한 경우
> 2. 「경비업법 시행령」 제24조 [별표 4]에 의한 취소
>   영업정지처분에 해당하는 위반행위가 적발된 날 이전 최근 2년간 같은 위반행위로 2회 영업정지처분을 받은 경우에는 「경비업법 시행령」 제24조 [별표 4]의 기준에도 불구하고 그 위반행위에 대한 행정처분기준은 허가취소로 한다.

핵심 기출문제

01 경비업법령상 경비업 허가취소 사유에 해당하지 <u>않는</u> 것은? • 제26회 기출

① 경비업 및 경비관련업 외의 영업을 한 때
② 영업정지처분을 받고 계속하여 영업을 한 때
③ 정당한 사유 없이 허가를 받은 날부터 1년 이내에 경비 도급실적이 없을 때
④ 관할 경찰관서장의 배치폐지 명령에 따르지 아니한 때

해설 정당한 사유 없이 허가를 받은 날부터 2년 이내에 경비 도급실적이 없거나 계속하여 1년 이상 휴업한 때 경비업 허가취소 사유에 해당한다.

정답 ③

(2) 허가취소 또는 영업정지

허가관청은 경비업자가 다음의 어느 하나에 해당하는 때에는 대통령령으로 정하는 행정처분의 기준에 따라 그 허가를 취소하거나 6개월 이내의 기간을 정하여 영업의 전부 또는 일부에 대하여 영업정지를 명할 수 있다(경비업법 제19조 제2항).

① 도급받아 행하고자 하는 경비업무를 변경하는 경우 시·도경찰청장의 허가를 받아야 한다(법 제4조 제1항 후단)는 규정을 위반하여 시·도경찰청장의 허가 없이 경비업무를 변경한 때
② 경비업자는 경비업무를 성실하게 수행하여야 하고 도급을 의뢰받은 경비업무가 위법 또는 부당한 것일 때에는 이를 거부하여야 한다(법 제7조 제2항)는 규정을 위반하여 도급을 의뢰받은 경비업무가 위법한 것임에도 이를 거부하지 아니한 때
③ 경비업자는 집단민원현장에 경비원을 배치하는 때에는 경비지도사를 선임하고 그 장소에 배치하여 행정안전부령으로 정하는 바에 따라 경비원을 지도·감독하게 하여야 한다(법 제7조 제6항)는 규정을 위반하여 경비지도사를 집단민원현장에 선임·배치하지 아니한 때
④ 기계경비업자는 경비대상시설에 관한 경보를 수신한 때에는 신속하게 그 사실을 확인하는 등 필요한 대응조치를 취하여야 하며, 이를 위한 대응체제를 갖추어야 한다(법 제8조)는 규정을 위반하여 경비대상시설에 관한 경보 대응체제를 갖추지 아니한 때
⑤ 기계경비업자는 대응조치 등 업무의 원활한 운영과 개선을 위하여 대통령령이 정하는 바에 따라 관련 서류를 작성·비치하여야 한다(법 제9조 제2항)는 규정을 위반하여 관련 서류를 작성·비치하지 아니한 때

+ 심화학습

「경비업법」 제18조 【경비원의 명부와 배치허가 등】
⑧ 관할 경찰관서장은 경비업자가 다음 각 호의 어느 하나에 해당하는 때에는 배치폐지를 명할 수 있다.
1. 제2항 각 호 외의 부분 단서를 위반하여 배치허가를 받지 아니하고 경비원을 배치하거나 경비원 명단 및 배치일시·배치장소 등 배치허가신청의 내용을 거짓으로 한 때
2. 제6항의 결격사유에 해당하는 자를 집단민원현장에 일반경비원으로 배치한 때
3. 제7항을 위반하여 신임교육을 이수하지 아니한 자를 제2항 각 호의 경비원으로 배치한 때
4. 경비업자 또는 경비원이 위력이나 흉기 또는 그 밖의 위험한 물건을 사용하여 집단적 폭력사태를 일으킨 때
5. 경비업자가 제2항 각 호 외의 부분 본문을 위반하여 신고하지 아니하고 일반경비원을 배치한 때

+ 심화학습

경비지도사 선임 여부에 따른 행정처분기준
- 집단민원현장에 경비지도사를 선임·배치하지 않은 경우: 행정처분 1개월 영업정지, 3개월 영업정지, 허가취소
- 결격사유자를 경비지도사로 선임한 경우
  ① 행정처분: 1개월 영업정지, 3개월 영업정지, 허가취소
  ② 과태료: 100만 원, 200만 원, 400만 원
- 선임규정을 위반하여 경비지도사를 선임한 경우: 행정처분 1개월 영업정지, 3개월 영업정지, 허가취소
- 경비지도사를 선임하지 않은 경우: 과태료 100만 원, 200만 원, 400만 원

⑥ 경비업자는 「경비업법」 제10조 제1항 각 호 또는 제2항 각 호의 결격사유에 해당하는 자를 경비지도사 또는 경비원으로 채용 또는 근무하게 하여서는 아니 된다(법 제10조 제3항)는 규정을 위반하여 결격사유에 해당하는 경비원을 배치하거나 결격사유에 해당하는 경비지도사를 선임·배치한 때

⑦ 경비업자는 대통령령이 정하는 바에 따라 경비지도사를 선임하여야 한다(법 제12조 제1항)는 규정을 위반하여 경비지도사를 선임한 때

⑧ 경비업자는 경비업무를 적정하게 실시하기 위하여 경비원으로 하여금 대통령령으로 정하는 바에 따라 경비원 신임교육 및 직무교육을 받게 하여야 한다(법 제13조)는 규정을 위반하여 경비원으로 하여금 교육을 받게 하지 아니한 때

⑨ 경비원의 복장 등(법 제16조)에 관한 규정을 위반한 때

⑩ 경비원의 장비 등(법 제16조의2)에 관한 규정을 위반한 때

⑪ 경비원의 출동차량 등(법 제16조의3)에 관한 규정을 위반한 때

⑫ 집단민원현장에 배치되는 일반경비원의 명부는 그 경비원이 배치되는 장소에도 작성·비치하여야 한다(법 제18조 제1항 단서)는 규정을 위반하여 집단민원현장에 일반경비원 명부를 작성·비치하지 아니한 때

⑬ 집단민원현장의 경우에는 경비원을 배치하기 48시간 전까지 행정안전부령으로 정하는 바에 따라 배치허가를 신청하고, 관할 경찰관서장의 배치허가를 받은 후에 경비원을 배치하여야 한다(법 제18조 제2항 각 호 외의 부분 단서)는 규정을 위반하여 배치허가를 받지 아니하고 경비원을 배치하거나 경비원 명단 및 배치일시·배치장소 등 배치허가 신청의 내용을 거짓으로 한 때

⑭ 경비업자는 다음의 어느 하나에 해당하는 죄를 범하여 벌금형을 선고받고 5년이 지나지 아니하거나 금고 이상의 형을 선고받고 그 집행이 유예된 날부터 5년이 지나지 아니한 자를 집단민원현장에 일반경비원으로 배치하여서는 아니 된다(법 제18조 제6항)는 규정을 위반하여 결격사유에 해당하는 일반경비원을 집단민원현장에 배치한 때

㉠ 「형법」 제257조부터 제262조까지(상해, 존속상해, 중상해, 존속중상해, 특수상해, 상해치사, 폭행, 존속폭행, 특수폭행, 폭행치사상), 제264조(상습범), 제276조부터 제281조까지의 죄(체포, 감금, 존속체포, 존속감금, 중체포, 중감금, 존속중체포, 존속중감금, 특수

> ⑦ '~ 위반하여 경비지도사를 선임한 때'의 의미는 예를 들어, 특수경비원이 채용되어 있는 경우 특수경비교육을 이수한 일반경비지도사를 선임하여야 하나, 미이수자를 선임한 경우를 연상하면 된다.

체포, 특수감금, 상습범, 미수범, 체포·감금 등의 치사상), 제284
조의 죄(특수협박), 제285조의 죄(상습범), 제320조의 죄(특수주
거침입), 제324조 제2항의 죄(강요), 제350조의2의 죄(특수공
갈), 제351조의 죄(제350조, 제350조의2의 상습범으로 한정한다),
제369조 제1항의 죄(특수손괴)
- ⓒ 「폭력행위 등 처벌에 관한 법률」 제2조(폭행 등) 또는 제3조
(집단적 폭행 등)의 죄
⑮ 감독상 명령(법 제24조)에 따르지 아니한 때
⑯ 손해(법 제26조)를 배상하지 아니한 때

> **위반 시 행정처분기준**
> - **경비업자**: 1차 경고, 2차 영업정지 3개월, 3차 이상 허가취소
> - **경비지도사**: 1차 자격정지 1월, 2차 자격정지 6월, 3차 이상 자격정지 9월
>
> 단, 시·도경찰청장 또는 관할 경찰관서장의 중지명령에 따르지 아니한 자는 1년 이하의 징역 또는 1천만 원 이하의 벌금에 처한다.

핵심 기출문제

02 경비업법령상 6개월 이내의 기간을 정하여 영업의 전부 또는 일부에 대하여 경비업자에게 영업정지를 명할 수 있는 사유로 명시되지 <u>않은</u> 것은?

• 제22회 기출

① 경비원의 출동차량 등에 관한 규정을 위반한 때
② 배치경비원 인원 및 배치시간 등 배치허가 신청의 내용을 과실로 누락한 때
③ 경비원으로 하여금 교육을 받게 하지 아니한 때
④ 경비원의 복장 등에 관한 규정을 위반한 때

해설 배치허가 신청의 내용을 과실로 누락한 때 영업정지를 명한다는 명문 규정은 없다. 단, 배치허가를 받지 아니하고 경비원을 배치하거나 경비원 명단 및 배치일시·배치장소 등 배치허가 신청의 내용을 거짓으로 한 때 그 허가를 취소하거나 6개월 이내의 기간을 정하여 영업의 전부 또는 일부에 대하여 영업정지를 명할 수 있다.

정답 ②

2. 허가관청의 처분범위

(1) 원칙

허가관청은 규정에 의하여 허가취소 또는 영업정지처분을 하는 때에는 경비업자가 허가받은 경비업무 중 허가취소 또는 영업정지사유에 해당되는 경비업무에 한하여 처분을 하여야 한다(경비업법 제19조 제3항 본문).

(2) 예외

다음에 해당하여 허가취소를 하는 때에는 해당 경비업무 외의 업무부분에 대해서도 허가취소가 가능하다고 본다(경비업법 제19조 제3항 단서 조항).

> **헌법불합치, 2020헌가19**
> [2002.12.18. 법률 제6787호에 의하여 2002.4.25. 헌법재판소에서 위헌 결정된 이 조를 개정함.]
> [헌법불합치, 2020헌가19, 2023.3.23., 1. 경비업법(2001.4.7. 법률 제6467호로 전부 개정된 것)
> [2025.1.7. 법률 20645호에 의하여 2023.3.23. 헌법재판소에서 헌법불합치 결정된 이 조 제5항을 개정함.]
> 제19조 제1항 2호(제7조 제5항의 규정에 위반하여 허가받은 경비업무 외의 업무에 경비원을 종사하게 한 때)는 삭제되고 대신 제19조 제2항 제2호의2(제7조 제5항을 위반하여 경비업무 또는 경비업무의 목적 달성을 침해하지 아니한 범위에서 대통령령으로 정하는 업무 외의 업무에 경비원을 종사하게 한 때)가 신설되었으며 시행일은 2026.1.8.이나, 금년 시행내용은 아니다.

> 참고
> 2025.1.7. 개정으로 2026.1.8. 삭제된다.

① 「경비업법」제7조 제5항의 규정에 위반하여 허가받은 경비업무 외의 업무에 경비원을 종사하게 한 때(경비업법 제19조 제1항 제2호)
② 「경비업법」제15조의2 제2항을 위반하여 소속 경비원으로 하여금 경비업무의 범위를 벗어난 행위를 하게 한 때(경비업법 제19조 제1항 제7호)

3. 행정처분기준(경비업법 시행령 제24조 관련) ★★★

(1) 일반기준

① 개별기준(경비업법 시행령 별표 4 제2호)에 따른 행정처분이 영업정지인 경우에는 위반행위의 동기, 내용 및 위반의 정도 등을 고려하여 가중하거나 감경할 수 있다(별표 4 제1호의 가목).
② 위반행위가 2 이상인 경우로서 그에 해당하는 각각의 처분기준이 다른 경우에는 그중 중한 처분기준에 따르며, 2 이상의 처분기준이 동일한 영업정지인 경우에는 중한 처분기준의 2분의 1까지 가중할 수 있다. 다만, 가중하는 경우에도 각 처분기준을 합산한 기간을 초과할 수 없다(별표 4 제1호의 나목).
③ 위반행위의 횟수에 따른 행정처분기준은 최근 2년간 같은 위반행위로 행정처분을 받은 경우에 적용한다. 이 경우 기준 적용일은 위반행위에 대한 행정처분일과 그 처분 후의 위반행위가 다시 적발된 날을 기준으로 한다(별표 4 제1호의 다목).
④ 영업정지처분에 해당하는 위반행위가 적발된 날 이전 최근 2년간 같은 위반행위로 2회 영업정지처분을 받은 경우에는 개별기준에도 불구하고 그 위반행위에 대한 행정처분기준은 허가취소로 한다(별표 4 제1호의 라목).

핵심 기출문제

03 경비업법령상 행정처분의 일반기준에 관한 설명으로 옳은 것은?

• 제23회 기출

① 행정처분이 영업정지인 경우에는 가중하거나 감경할 수 없다.
② 위반행위가 2 이상인 경우로서 그에 해당하는 각각의 처분기준이 다른 경우에는 그중 경한 처분기준에 따른다.
③ 위반행위의 횟수에 따른 행정처분기준 적용일은 위반행위에 대한 행정처분일과 그 처분 후의 위반행위가 다시 적발된 날을 기준으로 한다.

④ 영업정지처분에 해당하는 위반행위가 적발된 날 이전 최근 2년간 같은 위반행위로 3회 이상 영업정지처분을 받은 경우에는 그 위반행위에 대한 행정처분기준은 허가취소로 한다.

해설 ① 행정처분이 영업정지인 경우에는 위반행위의 동기, 내용 및 위반의 정도 등을 고려하여 가중하거나 감경할 수 있다.
② 위반행위가 2 이상인 경우로서 그에 해당하는 각각의 처분기준이 다른 경우에는 그 중 중한 처분기준에 따른다.
④ 영업정지처분에 해당하는 위반행위가 적발된 날 이전 최근 2년간 같은 위반행위로 2회 영업정지처분을 받은 경우에는 개별기준에도 불구하고 그 위반행위에 대한 행정처분기준은 허가취소로 한다.

정답 ③

(2) 개별기준(경비업법 시행령 별표 4 제2호)

위반행위	해당 법조문	행정처분기준 1차 위반	2차 위반	3차 이상 위반
가. 법 제4조 제1항 후단을 위반하여 시·도경찰청장의 허가 없이 경비업무를 변경한 때	법 제19조 제2항 제1호	경고	영업정지 6개월	허가취소
나. 법 제7조 제2항을 위반하여 도급을 의뢰받은 경비업무가 위법한 것임에도 이를 거부하지 않은 때	법 제19조 제2항 제2호	영업정지 1개월	영업정지 3개월	허가취소
다. 법 제7조 제6항을 위반하여 경비지도사를 집단민원현장에 선임·배치하지 않은 때	법 제19조 제2항 제3호	영업정지 1개월	영업정지 3개월	허가취소
라. 법 제8조를 위반하여 경비대상시설에 관한 경보대응체제를 갖추지 않은 때	법 제19조 제2항 제4호	경고	경고	영업정지 1개월
마. 법 제9조 제2항을 위반하여 관련 서류를 작성·비치하지 않은 때	법 제19조 제2항 제5호	경고	경고	영업정지 1개월
바. 법 제10조 제3항을 위반하여 결격사유에 해당하는 경비원을 배치하거나 결격사유에 해당하는 경비지도사를 선임·배치한 때	법 제19조 제2항 제6호	영업정지 1개월	영업정지 3개월	허가취소
사. 법 제12조 제1항을 위반하여 경비지도사를 선임한 때	법 제19조 제2항 제7호	영업정지 1개월	영업정지 3개월	허가취소

위반행위	해당 법조문	1차 위반	2차 위반	3차 이상 위반
아. 법 제13조를 위반하여 경비원으로 하여금 교육을 받게 하지 않은 때	법 제19조 제2항 제8호	경고	경고	영업정지 1개월
자. 법 제16조에 따른 경비원의 복장 등에 관한 규정을 위반한 때	법 제19조 제2항 제9호	경고	영업정지 1개월	영업정지 3개월
차. 법 제16조의2에 따른 경비원의 장비 등에 관한 규정을 위반한 때	법 제19조 제2항 제10호	경고	영업정지 1개월	영업정지 3개월
카. 법 제16조의3에 따른 경비원의 출동차량 등에 관한 규정을 위반한 때	법 제19조 제2항 제11호	경고	영업정지 1개월	영업정지 3개월
타. 법 제18조 제1항 단서를 위반하여 집단민원현장에 일반경비원 명부를 작성·비치하지 않은 때	법 제19조 제2항 제12호	영업정지 1개월	영업정지 3개월	허가취소
파. 법 제18조 제2항 각 호 외의 부분 단서를 위반하여 배치허가를 받지 아니하고 경비원을 배치하거나 경비원 명단 및 배치일시·배치장소 등 배치허가 신청의 내용을 거짓으로 한 때	법 제19조 제2항 제13호	영업정지 1개월	영업정지 3개월	허가취소
하. 법 제18조 제6항을 위반하여 결격사유에 해당하는 일반경비원을 집단민원현장에 배치한 때	법 제19조 제2항 제14호	영업정지 1개월	영업정지 3개월	허가취소
거. 법 제24조에 따른 감독상 명령에 따르지 않은 때	법 제19조 제2항 제15호	경고	영업정지 3개월	허가취소
너. 법 제26조를 위반하여 손해를 배상하지 않은 때	법 제19조 제2항 제16호	경고	영업정지 3개월	영업정지 6개월

핵심 기출문제

04 경비업법령상 2차 위반 시 행정처분의 기준이 가장 중한 행위는?

• 제25회 기출

① 경비업자가 경비원의 복장 등에 관한 규정을 위반한 때
② 경비업자가 결격사유에 해당하는 일반경비원을 집단민원현장에 배치한 때
③ 경비업자가 경비원의 출동차량 등에 관한 규정을 위반한 때
④ 기계경비업자가 관련 서류를 작성·비치하지 않은 때

해설 경비업자가 결격사유에 해당하는 일반경비원을 집단민원현장에 배치한 때는 영업정지 3개월에 해당한다.
① 경비업자가 경비원의 복장 등에 관한 규정을 위반한 때는 영업정지 1개월에 해당한다.
③ 경비업자가 경비원의 출동차량 등에 관한 규정을 위반한 때는 영업정지 1개월에 해당한다.
④ 기계경비업자가 관련 서류를 작성·비치하지 않은 때는 경고에 해당한다.

정답 ②

:: 보충학습 감독상 명령 위반의 조치

[조항]
「경비업법」제24조【감독】① 경찰청장 또는 시·도경찰청장은 경비업무의 적정한 수행을 위하여 경비업자 및 경비지도사를 지도·감독하며 필요한 명령을 할 수 있다.

[행정처분기준]

위반행위자	행정처분기준		
	1차 위반	2차 위반	3차 이상 위반
1. 경비업자	경고	영업정지 3개월	허가취소
2. 경비지도사	자격정지 1월	자격정지 6월	자격정지 9월

제2절 ▶ 경비지도사 자격의 취소 등

1. 경비지도사 자격의 취소 ★★★

(1) 자격취소 사유

경찰청장은 경비지도사가 다음의 어느 하나에 해당하는 때에는 그 자격을 취소하여야 한다(경비업법 제20조 제1항).
① 다음의 결격사유(경비업법 제10조 제1항 각 호)에 해당하게 된 때
 ㉠ 18세 미만인 사람 또는 피성년후견인
 ㉡ 파산선고를 받고 복권되지 아니한 자
 ㉢ 금고 이상의 실형의 선고를 받고 그 집행이 종료(집행이 종료된 것으로 보는 경우를 포함한다)되거나 집행이 면제된 날부터 5년이 지나지 아니한 자
 ㉣ 금고 이상의 형의 집행유예선고를 받고 그 유예기간 중에 있는 자
 ㉤ 다음의 어느 하나에 해당하는 죄를 범하여 벌금형을 선고받은 날부터 10년이 지나지 아니하거나 금고 이상의 형을 선고받고

그 집행이 종료된(종료된 것으로 보는 경우를 포함한다) 날 또는 집행이 유예·면제된 날부터 10년이 지나지 아니한 자
  ⓐ 「형법」 제114조의 죄(범죄단체 등의 조직)
  ⓑ 「폭력행위 등 처벌에 관한 법률」 제4조의 죄(단체 등의 구성·활동)
  ⓒ 「형법」 제297조(강간), 제297조의2(유사강간), 제298조부터 제301조까지(강제추행, 준강간, 준강제추행, 미수범, 강간 등 상해·치상), 제301조의2(강간 등 살인·치사), 제302조(미성년자 등에 대한 간음), 제303조(업무상 위력 등에 의한 간음), 제305조(미성년자에 대한 간음, 추행), 제305조의2의 죄(상습범)
  ⓓ 「성폭력범죄의 처벌 등에 관한 특례법」 제3조부터 제11조까지(특수강도강간 등, 특수강간 등, 친족관계에 의한 강간 등, 장애인에 대한 강간·강제추행 등, 13세 미만의 미성년자에 대한 강간·강제추행 등, 강간 등 상해·치상, 강간 등 살인·치사, 업무상 위력 등에 의한 추행, 공중 밀집 장소에서의 추행) 및 제15조(제3조부터 제9조까지의 미수범만 해당한다)의 죄
  ⓔ 「아동·청소년의 성보호에 관한 법률」 제7조(아동·청소년에 대한 강간·강제추행 등) 및 제8조(장애인인 아동·청소년에 대한 간음 등)의 죄
  ⓕ 위 ⓒ부터 ⓔ까지의 죄로서 다른 법률에 따라 가중처벌되는 죄
ⓑ 다음의 어느 하나에 해당하는 죄를 범하여 벌금형을 선고받은 날부터 5년이 지나지 아니하거나 금고 이상의 형을 선고받고 그 집행이 유예된 날부터 5년이 지나지 아니한 자
  ⓐ 「형법」 제329조부터 제331조까지(절도, 야간주거침입절도, 특수절도), 제331조의2(자동차 등 불법사용) 및 제332조부터 제343조까지의 죄(강도, 특수강도, 준강도, 인질강도, 강도상해, 치상, 강도살인·치사, 강도강간, 해상강도, 상습범, 미수범, 예비, 음모)
  ⓑ 위 ⓐ의 죄로서 다른 법률에 따라 가중처벌되는 죄
ⓢ 위 ⓜ의 ⓒ부터 ⓕ까지의 어느 하나에 해당하는 죄를 범하여 치료감호를 선고받고 그 집행이 종료된 날 또는 집행이 면제된 날부터 10년이 지나지 아니한 자 또는 ⓑ의 어느 하나에 해당하는 죄를 범하여 치료감호를 선고받고 그 집행이 면제된 날부

터 5년이 지나지 아니한 자
- ⓒ 「경비업법」이나 「경비업법」에 따른 명령을 위반하여 벌금형을 선고받은 날부터 5년이 지나지 아니하거나 금고 이상의 형을 선고받고 그 집행이 유예된 날부터 5년이 지나지 아니한 자
② 허위 그 밖의 부정한 방법으로 경비지도사 자격증을 교부받은 때
③ 경비지도사 자격증을 다른 사람에게 빌려주거나 양도한 때
④ **자격정지 기간 중에 경비지도사로 선임되어 활동한 때**

> **규정 신설 사유**
> 경비지도사 자격정지 기간 중 경비지도사로 선임되어 활동하여도 이에 대한 자격취소 규정이 없어 행정처분을 하지 못하는 불합리한 점을 시정하기 위하여 자격정지 기간 중 경비지도사로 선임되어 활동하였을 경우 그 자격을 취소할 수 있는 규정을 신설하였다.

핵심 기출문제

05 경비업법령상 경비지도사 자격의 취소사유를 모두 고른 것은? • 제25회 기출

> ㄱ. 경비지도사 자격증을 다른 사람에게 양도한 때
> ㄴ. 자격정지 기간 중에 경비지도사로 선임되어 활동한 때
> ㄷ. 파산선고를 받고 복권되지 아니한 자
> ㄹ. 금고 이상의 형의 집행유예선고를 받고 그 유예기간 중에 있는 자

① ㄱ, ㄴ
② ㄱ, ㄷ, ㄹ
③ ㄴ, ㄷ, ㄹ
④ ㄱ, ㄴ, ㄷ, ㄹ

해설 모두 자격취소사유에 해당한다. [정답] ④

(2) 자격정지

① **자격정지 사유**: 경찰청장은 경비지도사가 다음의 어느 하나에 해당하는 때에는 대통령령이 정하는 바에 따라 1년의 범위 내에서 그 자격을 정지시킬 수 있다(경비업법 제20조 제2항).
  - ㉠ 선임된 경비지도사는 직무를 성실하게 수행하여야 한다는 규정(경비업법 제12조 제3항)에 위반하여 직무를 성실하게 수행하지 아니한 때
  - ㉡ 경비업무의 적정한 수행을 위하여 경비업자 및 경비지도사를 지도·감독하며 필요한 명령을 할 수 있다는 규정(경비업법 제24조)에 의한 경찰청장 또는 시·도경찰청장의 명령을 위반한 때
② **경비지도사의 자격정지처분의 기준**: 경비지도사에 대한 자격정지처분의 기준은 [별표 5]와 같다(경비업법 시행령 제25조).

≫ [별표 5] 경비지도사 자격정지처분기준(시행령 제25조 관련)

위반행위	해당 법조문	행정처분기준		
		1차	2차	3차 이상
1. 법 제12조 제3항의 규정에 위반하여 직무를 성실하게 수행하지 아니한 때	법 제20조 제2항 제1호	자격정지 3월	자격정지 6월	자격정지 12월
2. 법 제24조의 규정에 의한 경찰청장, 시·도경찰청장의 명령을 위반한 때	법 제20조 제2항 제2호	자격정지 1월	자격정지 6월	자격정지 9월

[비고] 위반행위의 횟수에 따른 행정처분의 기준은 당해 위반행위가 있은 이전 최근 2년간 같은 위반행위로 행정처분을 받은 경우에 적용한다.

∷ 보충학습   성실의무 위반 비교

[조항]
1. 「경비업법」제7조【경비업자의 의무】② 경비업자는 경비업무를 성실하게 수행하여야 하고, 도급을 의뢰받은 경비업무가 위법 또는 부당한 것일 때에는 이를 거부하여야 한다.
2. 「경비업법」제12조【경비지도사 선임 등】③ 선임된 경비지도사는 제2항 각 호의 규정에 의한 직무를 대통령령이 정하는 바에 따라 성실하게 수행하여야 한다.

[행정처분기준]

위반행위자	행정처분기준		
	1차 위반	2차 위반	3차 이상 위반
1. 경비업자	영업정지 1개월	영업정지 3개월	허가취소
2. 경비지도사	자격정지 3월	자격정지 6월	자격정지 12월

2. 자격증의 회수

경찰청장은 경비지도사의 자격을 취소한 때에는 경비지도사 자격증을 회수하여야 하고, 경비지도사의 자격을 정지한 때에는 그 정지기간 동안 경비지도사 자격증을 회수하여 보관하여야 한다(경비업법 제20조 제3항).

핵심 기출문제

06 경비업법령상 경비지도사 자격정지처분 기준으로 옳은 것은? • 제26회 기출

① 경비업법 제12조 제3항의 규정을 1차 위반하여 직무를 성실하게 수행하지 아니한 때: 자격정지 1월
② 경비업법 제12조 제3항의 규정을 2차 위반하여 직무를 성실하게 수행하지 아니한 때: 자격정지 3월
③ 경비업법 제24조의 규정에 의한 시·도경찰청장의 명령을 2차 위반한 때: 자격정지 3월
④ 경비업법 제24조의 규정에 의한 시·도경찰청장의 명령을 3차 위반한 때: 자격정지 9월

> **해설** ① 경비업법 제12조 제3항의 규정을 1차 위반하여 직무를 성실하게 수행하지 아니한 때: 자격정지 3월
> ② 경비업법 제12조 제3항의 규정을 2차 위반하여 직무를 성실하게 수행하지 아니한 때: 자격정지 6월
> ③ 경비업법 제24조의 규정에 의한 시·도경찰청장의 명령을 2차 위반한 때: 자격정지 6월
>
> 정답 ④

제3절 ▶ 청문

1. 청문 ★★★

경찰청장 또는 시·도경찰청장은 다음의 어느 하나에 해당하는 처분을 하고자 하는 경우에는 청문을 실시하여야 한다(경비업법 제21조).

① 경비지도사 교육기관의 지정 취소 또는 업무의 정지(경비업법 제11조의4)
② 경비원 교육기관의 지정 취소 또는 업무의 정지(경비업법 제13조의3)
③ 경비업 허가의 취소 또는 영업정지(경비업법 제19조)
④ 경비지도사 자격의 취소 또는 정지(경비업법 제20조 제1항 또는 제2항)

> **청문(聽聞)**
> 행정기관이 행정처분 등을 하기 전에 대상이 되는 사람이나 이해관계가 있는 사람들에게 행정처분 등의 내용을 미리 알리고 의견이나 주장을 듣는 절차를 말한다.

핵심 기출문제

07 경비업법령상 청문을 실시하여야 하는 업무정지처분의 대상을 모두 고른 것은?

• 제26회 기출

> ㄱ. 경비지도사 교육기관이 교육지침을 위반하여 시정명령을 받고도 정당한 사유 없이 정하여진 기간 이내에 시정하지 아니한 경우
> ㄴ. 경비지도사 교육기관이 거짓으로 경비지도사 교육기관의 지정을 받은 경우
> ㄷ. 경비원 교육기관이 지정 기준에 적합하지 아니하게 된 경우
> ㄹ. 경비원 교육기관이 지정받은 사항을 위반하여 업무를 행한 경우

① ㄱ, ㄴ
② ㄱ, ㄷ, ㄹ
③ ㄴ, ㄷ, ㄹ
④ ㄱ, ㄴ, ㄷ, ㄹ

해설 ㄴ. 경비지도사 교육기관이 거짓으로 경비지도사 교육기관의 지정을 받은 경우는 청문대상은 맞으나 문제에 업무정지처분의 대상이 아니라 교육기관 지정 취소사유로 청문대상이다.

[정답] ②

CHAPTER 04 행정처분 등

중요내용 OX 문제

제1절 경비업 허가의 취소 등

01 허가관청은 경비업자가 허가받은 경비업무 외의 업무에 경비원을 종사하게 한 때에는 6월 이내의 영업정지를 명할 수 있다.

02 경비업자가 영업정지처분을 받고도 계속 영업을 한 때에는 1년 이내의 기간을 정하여 영업의 전부에 대하여 영업정지를 명하여야 한다.

03 정당한 사유 없이 최종 도급계약 종료일의 다음 날부터 1년 이내에 경비 도급실적이 없을 때에는 경비업의 허가를 취소하여야 한다.

04 영업정지처분에 해당하는 위반행위가 있은 날 이전 최근 3년간 같은 위반행위로 3회 영업정지처분을 받은 경우에는 그 위반행위에 대한 행정처분기준은 허가취소로 한다.

05 시·도경찰청장의 허가 없이 경비업무를 변경한 경우 2차 위반에 대하여는 영업정지 3개월이다.

06 결격사유에 해당하는 경비지도사를 선임·배치한 때와 법령을 위반하여 경비지도사를 선임한 때에는 1차 영업정지 1개월, 2차 영업정지 3개월, 3차 이상 위반 시 허가취소이다.

07 경비원의 복장·장비 및 출동차량에 관한 규정을 위반한 경우 3차 이상 위반 시 영업정지 1개월이다.

OX 정답 01 × 02 × 03 × 04 × 05 × 06 ○ 07 ×

X 해설
01 영업허가를 취소하여야 하는 경우에 해당한다.
02 영업허가를 취소하여야 하는 경우에 해당한다.
03 정당한 사유 없이 최종 도급계약 종료일의 다음 날부터 2년 이내에 경비 도급실적이 없을 때에는 그 허가를 취소하여야 한다.
04 적발된 날 이전 최근 2년간 같은 위반행위로 2회 영업정지처분을 받은 경우 허가취소로 한다.
05 영업정지 6개월이다.
07 영업정지 3개월이다.

제2절 경비지도사 자격의 취소 등

08 경찰청장은 경비지도사가 벌금형을 선고받은 때에는 그 자격을 취소하여야 한다.

09 경찰청장은 경비지도사가 금고 이상의 형의 선고유예를 받고 그 유예기간 중에 있는 때에는 그 자격을 취소하여야 한다.

10 경찰기관 및 소방기관과의 연락 방법에 대한 지도 등의 직무를 성실하게 수행하지 아니한 때에는 2년의 범위 내에서 그 자격을 정지시킬 수 있다.

제3절 청문

11 경찰청장은 경비지도사의 자격을 취소한 때에는 경비지도사 자격증을 회수하여야 하고, 자격을 정지한 때에는 자격증을 회수하지 않는다.

12 경비원의 업무수행 중 제3자에게 입힌 손해에 대한 경비업자의 배상 시에 청문 절차를 거쳐야 한다.

OX 정답 08 × 09 × 10 × 11 × 12 ×

X 해설
08 「형법」제114조의 죄(범죄단체 등의 조직), 「폭력행위 등 처벌에 관한 법률」제4조의 죄(단체 등의 구성·활동), 「형법」제297조의 죄(강간) 등으로 벌금형을 선고받고 10년이 지나지 아니한 경우가 자격을 취소해야 하는 경우에 해당한다.
09 금고 이상의 형의 집행유예선고를 받고 그 유예기간 중에 있는 경우 그 자격을 취소한다.
10 1년의 범위 내에서 그 자격을 정지시킬 수 있다.
11 경비지도사의 자격을 정지한 때에도 정지기간 동안 자격증을 회수하여 보관하여야 한다.
12 손해배상 시에는 청문 절차가 없고, 행정처분 시(영업정지) 청문을 하여야 한다.

CHAPTER 04
행정처분 등
기출 및 예상문제

제1절 경비업 허가의 취소 등

01 경비업법령상 경비업 허가를 취소하여야 하는 경우가 <u>아닌</u> 것은? • 제25회 기출

① 정당한 사유 없이 최종 도급계약 종료일의 다음 날부터 1년 이내에 경비 도급실적이 없을 때
② 정당한 사유 없이 허가를 받은 날부터 2년 이내에 경비 도급실적이 없거나 계속하여 1년 이상 휴업한 때
③ 영업정지처분을 받고 계속하여 영업을 한 때
④ 관할 경찰관서장의 배치폐지 명령에 따르지 아니한 때

해설 정당한 사유 없이 최종 도급계약 종료일의 다음 날부터 2년 이내에 경비 도급실적이 없을 때에는 그 허가를 취소하여야 한다.

> **법 제19조【경비업 허가의 취소 등】** ① 허가관청은 경비업자가 다음 각 호의 어느 하나에 해당하는 때에는 그 허가를 취소하여야 한다.
> 1. 허위 그 밖의 부정한 방법으로 허가를 받은 때
> 2. 제7조 제5항의 규정에 위반하여 허가받은 경비업무 외의 업무에 경비원을 종사하게 한 때
> 3. 제7조 제9항의 규정에 위반하여 경비업 및 경비관련업 외의 영업을 한 때
> 4. 정당한 사유 없이 허가를 받은 날부터 2년 이내에 경비 도급실적이 없거나 계속하여 1년 이상 휴업한 때
> 5. 정당한 사유 없이 최종 도급계약 종료일의 다음 날부터 2년 이내에 경비 도급실적이 없을 때
> 6. 영업정지처분을 받고 계속하여 영업을 한 때
> 7. 제15조의2 제2항을 위반하여 소속 경비원으로 하여금 경비업무의 범위를 벗어난 행위를 하게 한 때
> 8. 제18조 제8항에 따른 관할 경찰관서장의 배치폐지 명령에 따르지 아니한 때

정답 01 ①

02 경비업법령상 경비업 허가의 취소 사유로 옳지 <u>않은</u> 것은?

• 제24회 기출

① 경비업자가 허가받은 경비업무 외의 업무에 경비원을 종사하게 한 때
② 특수경비업자가 경비업 및 경비관련업 외의 영업을 한 때
③ 경비업자가 소속 경비원으로 하여금 경비업무의 범위를 벗어난 행위를 하게 한 때
④ 경비업자가 정당한 사유 없이 최종 도급계약 종료일의 다음 날부터 1년 이내에 경비 도급실적이 없을 때

해설 › 경비업자가 정당한 사유 없이 최종 도급계약 종료일의 다음 날부터 2년 이내에 경비 도급실적이 없을 때에 그 허가를 취소하여야 한다.

> 법 제19조【경비업 허가의 취소 등】① 허가관청은 경비업자가 다음 각 호의 어느 하나에 해당하는 때에는 그 허가를 취소하여야 한다.
> 1. 허위 그 밖의 부정한 방법으로 허가를 받은 때
> 2. 제7조 제5항의 규정에 위반하여 허가받은 경비업무 외의 업무에 경비원을 종사하게 한 때
> 3. 제7조 제9항의 규정에 위반하여 경비업 및 경비관련업 외의 영업을 한 때
> 4. 정당한 사유 없이 허가를 받은 날부터 2년 이내에 경비 도급실적이 없거나 계속하여 1년 이상 휴업한 때
> 5. 정당한 사유 없이 최종 도급계약 종료일의 다음 날부터 2년 이내에 경비 도급실적이 없을 때
> 6. 영업정지처분을 받고 계속하여 영업을 한 때
> 7. 제15조의2 제2항을 위반하여 소속 경비원으로 하여금 경비업무의 범위를 벗어난 행위를 하게 한 때
> 8. 제18조 제8항에 따른 관할 경찰관서장의 배치폐지 명령에 따르지 아니한 때

03 경비업법령상 허가관청이 경비업자의 경비업 허가를 취소해야 하는 사유로 옳지 <u>않은</u> 것은? (단, 위반 횟수는 고려하지 않는다)

① 허위 그 밖의 부정한 방법으로 허가를 받은 때
② 경비업자가 허가받은 경비업무 외의 업무에 경비원을 종사하게 한 때
③ 배치금지의 결격사유에 해당하는 자를 집단민원현장에 일반경비원으로 배치 시 관할 경찰관서장의 배치폐지 명령(법 제18조 제8항)에 따르지 아니한 때
④ 폭력행위 등 처벌에 관한 법률을 위반하는 행위를 하는 경우 그 위반행위의 중지명령에 따르지 아니한 때

> **해설** 「경비업법」 제24조 제3항의 규정(시·도경찰청장 또는 관할 경찰관서장은 경비업자 또는 배치된 경비원이 「경비업법」이나 「경비업법」에 따른 명령, 「폭력행위 등 처벌에 관한 법률」을 위반하는 행위를 하는 경우 그 위반행위의 중지를 명할 수 있다) 위반은 「경비업법」 제24조에 따른 감독상 명령에 따르지 않은 때에 해당하여 1차 경고, 2차 영업정지 3개월, 3차 이상 허가취소이며, 또한 행정형벌로 1년 이하의 징역 또는 1천만 원 이하의 벌금에 처한다.
> ①, ②에 해당하는 때에는 그 허가를 취소하여야 한다.
> ③ 배치금지의 결격사유에 해당하는 자를 집단민원현장에 일반경비원으로 배치 시 「경비업법」 제18조 제8항에 근거하여 배치폐지를 명할 수 있다. 이 경우 관할 경찰관서장의 배치폐지 명령에 따르지 아니한 때에는 경비업 허가를 반드시 취소하여야 한다.

04 경비업법령상 허가관청이 의무적으로 경비업 허가를 취소해야 하는 사유가 아닌 것은?

• 제23회 기출

① 도급을 의뢰받은 경비업무가 위법한 것임에도 이를 거부하지 아니한 때
② 정당한 사유 없이 허가를 받은 날부터 2년 이내에 경비 도급실적이 없거나 계속하여 1년 이상 휴업한 때
③ 소속 경비원으로 하여금 경비업무의 범위를 벗어난 행위를 하게 한 때
④ 관할 경찰관서장의 배치폐지 명령에 따르지 아니한 때

> **해설** 도급을 의뢰받은 경비업무가 위법한 것임에도 이를 거부하지 아니한 때에는 대통령령으로 정하는 행정처분의 기준에 따라 그 허가를 취소하거나 6개월 이내의 기간을 정하여 영업의 전부 또는 일부에 대하여 영업정지를 명할 수 있다(경비업법 제19조 제2항 제2호).

05 경비업법령상 경비업 허가의 취소 사유가 아닌 것은?

• 제21회 기출

① 경비업자가 허가받은 경비업무 외의 업무에 경비원을 종사하게 한 때
② 경비업자가 정당한 사유 없이 최종 도급계약 종료일의 다음 날부터 1년 이내에 경비 도급실적이 없을 때
③ 경비업자가 소속 경비원으로 하여금 경비업무의 범위를 벗어난 행위를 하게 한 때
④ 경비업자가 관할 경찰관서장의 배치폐지 명령에 따르지 아니한 때

> **해설** 경비업자가 정당한 사유 없이 최종 도급계약 종료일의 다음 날부터 2년 이내에 경비 도급실적이 없을 때 이는 경비업법령상 경비업 허가의 취소 사유에 해당한다.

정답 02 ④ 03 ④ 04 ① 05 ②

06 경비업법령상 행정처분 기준 중 가장 무거운 경우에 해당하는 것은? (단, 위반 시 위반차수도 고려한다)

① 경비원으로 하여금 교육을 받게 하지 않은 때
② 경비원의 장비 등에 관한 규정을 위반한 때
③ 경비원이 업무수행 중 고의 또는 과실로 제3자에게 손해를 배상하지 않은 때
④ 결격사유에 해당하는 경비원을 배치하거나 결격사유에 해당하는 경비지도사를 선임·배치한 때

해설 결격사유에 해당하는 경비원을 배치하거나 결격사유에 해당하는 경비지도사를 선임·배치한 때에는 1차 영업정지 1개월, 2차 영업정지 3개월, 3차 이상은 허가취소이다.
① 경비원으로 하여금 교육을 받게 하지 않은 때에는 1차 경고, 2차 경고, 3차 이상은 영업정지 1개월이다.
② 경비원의 장비 등에 관한 규정을 위반한 때에는 1차 경고, 2차 영업정지 1개월, 3차 이상은 영업정지 3개월이다.
③ 경비원이 업무수행 중 고의 또는 과실로 제3자에게 손해를 배상하지 않은 때에는 1차 경고, 2차 영업정지 3개월, 3차 이상은 영업정지 6개월이다.

▶ [별표 4] 행정처분기준(시행령 제24조 관련, 일부발췌)
2. 개별기준

위반행위	해당 법조문	행정처분 기준		
		1차 위반	2차 위반	3차 이상 위반
가. 법 제4조 제1항 후단을 위반하여 시·도경찰청장의 허가 없이 경비업무를 변경한 때	법 제19조 제2항 제1호	경고	영업정지 6개월	허가취소
나. 법 제7조 제2항을 위반하여 도급을 의뢰받은 경비업무가 위법한 것임에도 이를 거부하지 않은 때	법 제19조 제2항 제2호	영업정지 1개월	영업정지 3개월	허가취소
다. 법 제7조 제6항을 위반하여 경비지도사를 집단민원현장에 선임·배치하지 않은 때	법 제19조 제2항 제3호	영업정지 1개월	영업정지 3개월	허가취소
라. 법 제8조를 위반하여 경비대상 시설에 관한 경보 대응체제를 갖추지 않은 때	법 제19조 제2항 제4호	경고	경고	영업정지 1개월
마. 법 제9조 제2항을 위반하여 관련 서류를 작성·비치하지 않은 때	법 제19조 제2항 제5호	경고	경고	영업정지 1개월
바. 법 제10조 제3항을 위반하여 결격사유에 해당하는 경비원을 배치하거나 결격사유에 해당하는 경비지도사를 선임·배치한 때	법 제19조 제2항 제6호	영업정지 1개월	영업정지 3개월	허가취소
사. 법 제12조 제1항을 위반하여 경비지도사를 선임한 때	법 제19조 제2항 제7호	영업정지 1개월	영업정지 3개월	허가취소
아. 법 제13조를 위반하여 경비원으로 하여금 교육을 받게 하지 않은 때	법 제19조 제2항 제8호	경고	경고	영업정지 1개월

자.	법 제16조에 따른 경비원의 복장 등에 관한 규정을 위반한 때	법 제19조 제2항 제9호	경고	영업정지 1개월	영업정지 3개월
차.	법 제16조의2에 따른 경비원의 장비 등에 관한 규정을 위반한 때	법 제19조 제2항 제10호	경고	영업정지 1개월	영업정지 3개월
카.	법 제16조의3에 따른 경비원의 출동차량 등에 관한 규정을 위반한 때	법 제19조 제2항 제11호	경고	영업정지 1개월	영업정지 3개월
타.	법 제18조 제1항 단서를 위반하여 집단민원현장에 일반경비원 명부를 작성·비치하지 않은 때	법 제19조 제2항 제12호	영업정지 1개월	영업정지 3개월	허가취소
파.	법 제18조 제2항 각 호 외의 부분 단서를 위반하여 배치허가를 받지 아니하고 경비원을 배치하거나 경비원 명단 및 배치일시·배치장소 등 배치허가 신청의 내용을 거짓으로 한 때	법 제19조 제2항 제13호	영업정지 1개월	영업정지 3개월	허가취소
하.	법 제18조 제6항을 위반하여 결격사유에 해당하는 일반경비원을 집단민원현장에 배치한 때	법 제19조 제2항 제14호	영업정지 1개월	영업정지 3개월	허가취소
거.	법 제24조에 따른 감독상 명령에 따르지 않은 때	법 제19조 제2항 제15호	경고	영업정지 3개월	허가취소
너.	법 제26조를 위반하여 손해를 배상하지 않은 때	법 제19조 제2항 제16호	경고	영업정지 3개월	영업정지 6개월

07 경비업법령상 경비업 허가의 필요적 취소 사유에 해당하는 경우는?

① 경비업자가 소속 경비원의 직무교육을 실시하지 아니한 때
② 경비업자가 소속 경비원의 복장을 경찰공무원의 제복으로 통일한 때
③ 경비업자가 소속 경비원이 근무 중 제3자에게 손해를 입힌 데에 대한 배상책임을 지지 아니한 때
④ 경비업자가 영업정지처분을 받고 계속하여 영업을 한 때

해설 ① 경비업자가 소속 경비원의 직무교육을 실시하지 아니한 경우 1차·2차 위반 시 경고에 해당하고, 3차 이상 위반 시 영업정지 1개월에 해당한다.
② 경비원의 복장규정 위반은 1차 위반 시 경고, 2차 위반 시 영업정지 1개월, 3차 이상 위반 시 영업정지 3개월에 해당한다.
③ 경비업자가 소속 경비원이 근무 중 제3자에게 손해를 입힌 데에 대한 배상책임을 지지 아니한 경우 1차 위반 시 경고, 2차 위반 시 영업정지 3개월, 3차 이상 위반 시 영업정지 6개월에 해당한다.

06 ④   07 ④

08 경비업법상 경비업 허가의 필요적 취소 사유에 해당하는 경우는?

• 제20회 기출

① 정당한 사유 없이 허가를 받은 날부터 1년 이내에 경비 도급실적이 없거나 계속하여 1년 이상 휴업한 때
② 정당한 사유 없이 최종 도급계약 종료일의 다음 날부터 1년 이내에 경비 도급실적이 없을 때
③ 경비원 명단 및 배치일시 · 배치장소 등 배치허가 신청의 내용을 거짓으로 한 때
④ 소속 경비원으로 하여금 경비업무의 범위를 벗어난 행위를 하게 한 때

해설 ① 정당한 사유 없이 허가를 받은 날부터 2년 이내에 경비 도급실적이 없거나 계속하여 1년 이상 휴업한 때 이는 경비업 허가의 필요적 취소 사유에 해당한다.
② 정당한 사유 없이 최종 도급계약 종료일의 다음 날부터 2년 이내에 경비 도급실적이 없을 때 경비업 허가의 필요적 취소 사유에 해당한다.
③ 경비원 명단 및 배치일시 · 배치장소 등 배치허가 신청의 내용을 거짓으로 한 때에는 대통령령으로 정하는 행정처분의 기준에 따라 그 허가를 취소하거나 6개월 이내의 기간을 정하여 영업의 전부 또는 일부에 대하여 영업정지를 명할 수 있다.

09 경비업법령상 허가관청이 경비업자의 경비업 허가를 취소해야 하는 사유로 옳지 않은 것은?

① 경비업자가 허가받은 경비업무 외의 업무에 경비원을 종사하게 한 때
② 영업정지처분을 받고 계속하여 영업을 한 때
③ 관할 경찰관서장의 배치폐지 명령(법 제18조 제8항)에 따르지 아니한 때
④ 폭력행위 등 처벌에 관한 법률을 위반하는 행위를 하는 경우 그 위반행위의 중지 명령에 따르지 아니한 때

해설 「경비업법」 제24조 제3항의 규정(시 · 도경찰청장 또는 관할 경찰관서장은 경비업자 또는 배치된 경비원이 「경비업법」이나 「경비업법」에 따른 명령, 「폭력행위 등 처벌에 관한 법률」을 위반하는 행위를 하는 경우 그 위반행위의 중지를 명할 수 있다) 위반 시에는 행정형벌로 1년 이하의 징역 또는 1천만 원 이하의 벌금에 처한다.

10 경비업법령상 허가관청이 경비업 허가를 취소해야만 하는 경우가 아닌 것은?

① 영업정지처분을 받고 계속하여 영업을 한 때
② 소속 경비원으로 하여금 경비업무의 범위를 벗어난 행위를 하게 한 때
③ 관할 경찰관서장의 배치폐지 명령에 따르지 아니한 때
④ 경비지도사를 집단민원현장에 선임 · 배치하지 아니한 때

> **해설** 허가관청은 경비업자가 「경비업법」 제7조 제6항을 위반하여 경비지도사를 집단민원현장에 선임 · 배치하지 아니한 때에는 대통령령으로 정하는 행정처분의 기준에 따라 그 허가를 취소하거나 6개월 이내의 기간을 정하여 영업의 전부 또는 일부에 대하여 영업정지를 명할 수 있다.
>
> ▶ [별표 4] 행정처분기준(시행령 제24조 관련, 일부발췌)
> 2. 개별기준

위반행위	해당 법조문	행정처분기준		
		1차 위반	2차 위반	3차 이상 위반
가. 법 제4조 제1항의 후단을 위반하여 시 · 도경찰청장의 허가 없이 경비업무를 변경한 때	법 제19조 제2항 제1호	경고	영업정지 6개월	허가취소
나. 법 제7조 제2항의 규정을 위반하여 도급을 의뢰받은 경비업무가 위법한 것임에도 이를 거부하지 않은 때	법 제19조 제2항 제2호	영업정지 1개월	영업정지 3개월	허가취소
다. 법 제7조 제6항의 규정을 위반하여 경비지도사를 집단민원현장에 선임 · 배치하지 않은 때	법 제19조 제2항 제3호	영업정지 1개월	영업정지 3개월	허가취소

11 경비업법령상 허가관청이 행정처분의 기준에 따라 그 허가를 취소하거나 6개월 이내의 기간을 정하여 영업의 전부 또는 일부에 대하여 영업정지를 명할 수 있는 경우가 아닌 것은?

① 시 · 도경찰청장의 허가 없이 경비업무를 변경한 때
② 허가받은 경비업무 외의 업무에 경비원을 종사하게 한 때
③ 도급을 의뢰받은 경비업무가 위법한 것임에도 이를 거부하지 아니한 때
④ 결격사유에 해당하는 일반경비원을 집단민원현장에 배치한 때

> **해설** 경비업자가 허가받은 경비업무 외의 업무에 경비원을 종사하게 한 때에는 「경비업법」 제19조 제1항 제2호에 근거하여 경비업 허가를 취소하여야 한다.

08 ④ 09 ④ 10 ④ 11 ② **정답**

12 경비업법령상 행정처분 기준의 일반기준에 관한 설명으로 옳은 것은?

① 허가관청은 행정처분이 영업정지인 경우에는 위반행위의 동기, 내용 및 위반의 정도 등을 고려하여 가중하거나 감경하여야 한다.
② 위반행위가 2 이상인 경우로서 그에 해당하는 각각의 처분기준이 다른 경우에는 그중 경한 처분기준에 따른다.
③ 위반행위가 2 이상인 경우로서 2 이상의 처분기준이 동일한 영업정지인 경우에는 중한 처분기준의 2분의 1까지 가중할 수 있다. 다만, 가중하는 경우에도 각 처분기준을 합산한 기간을 초과할 수 없다.
④ 영업정지처분에 해당하는 위반행위로 영업정지처분이 있은 날 이전 최근 2년간 같은 위반행위로 2회 영업정지처분을 받은 경우에는 그 위반행위에 대한 행정처분 기준은 허가취소로 한다.

해설
① 허가관청은 행정처분이 영업정지인 경우에는 위반행위의 동기, 내용 및 위반의 정도 등을 고려하여 가중하거나 감경할 수 있다.
② 위반행위가 2 이상인 경우로서 그에 해당하는 각각의 처분기준이 다른 경우에는 그중 중한 처분기준에 따른다.
④ 영업정지처분에 해당하는 위반행위가 적발된 날 이전 최근 2년간 같은 위반행위로 2회 영업정지처분을 받은 경우에는 제2호의 기준에도 불구하고 그 위반행위에 대한 행정처분 기준은 허가취소로 한다.

▶ [별표 4] 행정처분기준(시행령 제24조 관련, 일부발췌)

1. 일반기준
가. 제2호에 따른 행정처분이 영업정지인 경우에는 위반행위의 동기, 내용 및 위반의 정도 등을 고려하여 가중하거나 감경할 수 있다.
나. 위반행위가 2 이상인 경우로서 그에 해당하는 각각의 처분기준이 다른 경우에는 그중 중한 처분기준에 따르며, 2 이상의 처분기준이 동일한 영업정지인 경우에는 중한 처분기준의 2분의 1까지 가중할 수 있다. 다만, 가중하는 경우에도 각 처분기준을 합산한 기간을 초과할 수 없다.
다. 위반행위의 횟수에 따른 행정처분기준은 최근 2년간 같은 위반행위로 행정처분을 받은 경우에 적용한다. 이 경우 기준 적용일은 위반행위에 대한 행정처분일과 그 처분 후의 위반행위가 다시 적발된 날을 기준으로 한다.
라. 영업정지처분에 해당하는 위반행위가 적발된 날 이전 최근 2년간 같은 위반행위로 2회 영업정지처분을 받은 경우에는 제2호의 기준에도 불구하고 그 위반행위에 대한 행정처분 기준은 허가취소로 한다.

13 경비업법령상 행정처분의 일반기준에 관한 설명으로 옳은 것은?

• 제16회 기출

① 위반행위가 2 이상인 경우로서 그에 해당하는 각각의 처분기준이 다른 경우에는 그 중 경한 처분기준에 따른다.
② 2 이상의 처분기준이 동일한 영업정지인 경우에는 중한 처분기준의 3분의 1까지 가중할 수 있다.
③ 위반행위의 횟수에 따른 행정처분 기준은 최근 1년간 같은 위반행위로 행정처분을 받은 경우에 적용한다.
④ 영업정지처분에 해당하는 위반행위가 적발된 날 이전 최근 2년간 같은 위반행위로 2회 영업정지처분을 받은 경우에는 그 위반행위에 대한 행정처분 기준은 허가취소로 한다.

해설
① 위반행위가 2 이상인 경우로서 그에 해당하는 각각의 처분기준이 다른 경우에는 그중 중한 처분기준에 따른다.
② 2 이상의 처분기준이 동일한 영업정지인 경우에는 중한 처분기준의 2분의 1까지 가중할 수 있다. 다만, 가중하는 경우에도 각 처분기준을 합산한 기간을 초과할 수 없다.
③ 위반행위의 횟수에 따른 행정처분 기준은 최근 2년간 같은 위반행위로 행정처분을 받은 경우에 적용한다. 이 경우 기준 적용일은 위반행위에 대한 행정처분일과 그 처분 후의 위반행위가 다시 적발된 날을 기준으로 한다.

▶ [별표 4] 행정처분기준(시행령 제24조 관련, 일부발췌)

> 1. 일반기준
> 가. 제2호에 따른 행정처분이 영업정지인 경우에는 위반행위의 동기, 내용 및 위반의 정도 등을 고려하여 가중하거나 감경할 수 있다.
> 나. 위반행위가 2 이상인 경우로서 그에 해당하는 각각의 처분기준이 다른 경우에는 그중 중한 처분기준에 따르며, 2 이상의 처분기준이 동일한 영업정지인 경우에는 중한 처분기준의 2분의 1까지 가중할 수 있다. 다만, 가중하는 경우에도 각 처분기준을 합산한 기간을 초과할 수 없다.
> 다. 위반행위의 횟수에 따른 행정처분기준은 최근 2년간 같은 위반행위로 행정처분을 받은 경우에 적용한다. 이 경우 기준 적용일은 위반행위에 대한 행정처분일과 그 처분 후의 위반행위가 다시 적발된 날을 기준으로 한다.
> 라. 영업정지처분에 해당하는 위반행위가 적발된 날 이전 최근 2년간 같은 위반행위로 2회 영업정지처분을 받은 경우에는 제2호의 기준에도 불구하고 그 위반행위에 대한 행정처분 기준은 허가취소로 한다.

정답 12 ③ 13 ④

14 경비업법령상 행정처분의 일반기준에 관한 설명으로 옳지 <u>않은</u> 것은?

• 제18회 기출

① 행정처분이 영업정지인 경우에는 위반행위의 동기, 내용 및 위반의 정도 등을 고려하여 가중하거나 감경할 수 있다.
② 위반행위가 2 이상인 경우로서 그에 해당하는 각각의 처분기준이 다른 경우에는 그중 중한 처분기준에 따른다.
③ 위반행위가 2 이상인 경우로서 2 이상의 처분기준이 동일한 영업정지인 경우에는 각 처분기준을 합산한 기간으로 한다.
④ 영업정지처분에 해당하는 위반행위가 적발된 날 이전 최근 2년간 같은 위반행위로 2회 영업정지처분을 받은 경우에는 개별기준에도 불구하고 그 위반행위에 대한 행정처분 기준은 허가취소로 한다.

해설 2 이상의 처분기준이 동일한 영업정지인 경우에는 중한 처분기준의 2분의 1까지 가중할 수 있다. 다만, 가중하는 경우에도 각 처분기준을 합산한 기간을 초과할 수 없다.

▶ [별표 4] 행정처분기준(시행령 제24조 관련, 일부발췌)

> 1. 일반기준
> 가. 제2호에 따른 행정처분이 영업정지인 경우에는 위반행위의 동기, 내용 및 위반의 정도 등을 고려하여 가중하거나 감경할 수 있다.
> 나. 위반행위가 2 이상인 경우로서 그에 해당하는 각각의 처분기준이 다른 경우에는 그중 중한 처분기준에 따르며, 2 이상의 처분기준이 동일한 영업정지인 경우에는 중한 처분기준의 2분의 1까지 가중할 수 있다. 다만, 가중하는 경우에도 각 처분기준을 합산한 기간을 초과할 수 없다.
> 다. 위반행위의 횟수에 따른 행정처분 기준은 최근 2년간 같은 위반행위로 행정처분을 받은 경우에 적용한다. 이 경우 기준 적용일은 위반행위에 대한 행정처분일과 그 처분 후의 위반행위가 다시 적발된 날을 기준으로 한다.
> 라. 영업정지처분에 해당하는 위반행위가 적발된 날 이전 최근 2년간 같은 위반행위로 2회 영업정지처분을 받은 경우에는 제2호의 기준에도 불구하고 그 위반행위에 대한 행정처분 기준은 허가취소로 한다.

15 경비업법령상 경비업 허가취소처분 사유에 해당하지 않는 것은?

• 제19회 기출

① 경비업자가 집단민원현장에 경비지도사를 선임·배치하여야 함에도 불구하고 이를 3차례 위반한 때
② 경비업자가 특수폭행죄를 범하여 벌금형을 선고받고 5년이 지나지 아니한 자를 일반경비원으로 집단민원현장에 배치해서는 아니 됨에도 불구하고 이를 2차례 위반한 때
③ 경비업자가 영업정지처분을 받고 계속하여 영업을 한 때
④ 경비업자가 관할 경찰관서장의 배치폐지 명령에 따르지 아니한 때

해설 경비업자가 특수폭행죄를 범하여 벌금형을 선고받고 5년이 지나지 아니한 자를 일반경비원으로 집단민원현장에 배치해서는 아니 됨에도 불구하고 이를 2차례 위반한 때에는 영업정지 3개월에 해당한다.

▶ [별표 4] 행정처분기준(시행령 제24조 관련, 일부발췌)
2. 개별기준

위반행위	해당 법조문	행정처분기준		
		1차 위반	2차 위반	3차 이상 위반
다. 법 제7조 제6항을 위반하여 경비지도사를 집단민원현장에 선임·배치하지 않은 때	법 제19조 제2항 제3호	영업정지 1개월	영업정지 3개월	허가취소
하. 법 제18조 제6항을 위반하여 결격사유에 해당하는 일반경비원을 집단민원현장에 배치한 때	법 제19조 제2항 제14호	영업정지 1개월	영업정지 3개월	허가취소

14 ③   15 ②

16 경비업법령상 경비업자의 행위에 대한 행정처분기준으로 옳지 않은 것은? (단, 행정처분 기준의 경감이나 가중은 고려하지 않는다)

① 시·도경찰청장의 허가 없이 경비업무를 변경한 경우 2차 위반에 대하여는 영업정지 6개월이다.
② 경비원이 업무수행 중 고의로 발생한 손해를 배상하지 아니한 경우 3차 위반에 대하여는 영업정지 6개월이다.
③ 경비원의 복장·장비 및 출동차량에 관한 규정을 위반한 경우 3차 위반에 대하여는 영업정지 1개월이다.
④ 경비원으로 하여금 규정에 의한 교육을 받게 하지 아니한 경우 3차 위반에 대하여는 영업정지 1개월이다.

해설 경비원의 복장·장비 및 출동차량에 관한 규정을 위반한 경우 3차 위반에 대하여는 영업정지 3개월이다.

▶ [별표 4] 행정처분기준(시행령 제24조 관련, 일부발췌)
2. 개별기준

위반행위	해당 법조문	행정처분기준		
		1차 위반	2차 위반	3차 이상 위반
가. 법 제4조 제1항 후단을 위반하여 시·도경찰청장의 허가 없이 경비업무를 변경한 때	법 제19조 제2항 제1호	경고	영업정지 6개월	허가취소
아. 법 제13조를 위반하여 경비원으로 하여금 교육을 받게 하지 않은 때	법 제19조 제2항 제8호	경고	경고	영업정지 1개월
자. 법 제16조에 따른 경비원의 복장 등에 관한 규정을 위반한 때	법 제19조 제2항 제9호	경고	영업정지 1개월	영업정지 3개월
차. 법 제16조의2에 따른 경비원의 장비 등에 관한 규정을 위반한 때	법 제19조 제2항 제10호	경고	영업정지 1개월	영업정지 3개월
카. 법 제16조의3에 따른 경비원의 출동차량 등에 관한 규정을 위반한 때	법 제19조 제2항 제11호	경고	영업정지 1개월	영업정지 3개월
너. 법 제26조를 위반하여 손해를 배상하지 않은 때	법 제19조 제2항 제16호	경고	영업정지 3개월	영업정지 6개월

17 다음은 경비업법 시행령 별표에서 정한 행정처분의 개별기준이다. ( ) 안에 들어갈 내용으로 옳은 것은?

• 제17회 기출

위반행위	1차 위반	2차 위반	3차 이상 위반
경비업법 제4조 제1항 후단을 위반하여 시·도경찰청장의 허가 없이 경비업무를 변경한 때	(ㄱ)	(ㄴ)	(ㄷ)

① ㄱ: 경고, ㄴ: 영업정지 1개월, ㄷ: 영업정지 3개월
② ㄱ: 경고, ㄴ: 영업정지 6개월, ㄷ: 허가취소
③ ㄱ: 영업정지 1개월, ㄴ: 영업정지 3개월, ㄷ: 영업정지 6개월
④ ㄱ: 영업정지 1개월, ㄴ: 영업정지 3개월, ㄷ: 허가취소

해설 시·도경찰청장의 허가 없이 경비업무를 변경한 때에는 1차 위반 시 경고, 2차 위반 시 영업정지 6개월, 3차 이상 위반 시 허가취소에 해당한다.

▶ [별표 4] 행정처분기준(시행령 제24조 관련, 일부발췌)
2. 개별기준

위반행위	해당 법조문	행정처분기준		
		1차 위반	2차 위반	3차 이상 위반
가. 법 제4조 제1항 후단을 위반하여 시·도경찰청장의 허가 없이 경비업무를 변경한 때	법 제19조 제2항 제1호	경고	영업정지 6개월	허가취소

18 경비업법령상 경비업자가 법 제7조 제6항의 규정을 위반하여 경비지도사를 집단민원현장에 선임·배치하지 않은 때의 행정처분으로 옳은 것은? (단, 행정처분기준의 경감이나 가중은 고려하지 않는다)

① 1차 위반 – 경고
② 1차 위반 – 영업정지 3개월
③ 2차 위반 – 영업정지 6개월
④ 3차 이상 위반 – 허가취소

해설 경비업자가 「경비업법」 제7조 제6항의 규정을 위반하여 경비지도사를 집단민원현장에 선임·배치하지 아니한 때에는 1차 위반 시 영업정지 1개월, 2차 위반 시 영업정지 3개월, 3차 이상 위반 시 허가취소이다.

16 ③ 17 ② 18 ④ **정답**

19 경비업법령상 행정처분기준이 아래와 같은 경우, (   ) 안의 규정위반행위에 해당하지 않는 것은?

위반행위	행정처분기준		
	1차 위반	2차 위반	3차 이상 위반
( )	영업정지 1개월	영업정지 3개월	허가취소

① 시 · 도경찰청장의 허가 없이 경비업무를 변경한 때
② 경비업자가 도급을 의뢰받은 경비업무가 위법한 것임에도 이를 거부하지 않은 때
③ 경비업자가 법 규정을 위반하여 경비지도사를 집단민원현장에 선임 · 배치하지 않은 때
④ 경비업자가 법 규정을 위반하여 결격사유에 해당하는 경비원을 배치하거나 결격사유에 해당하는 경비지도사를 선임 · 배치한 때

해설 시 · 도경찰청장의 허가 없이 경비업무를 변경한 때에는 1차 위반 시 경고, 2차 위반 시 영업정지 6개월, 3차 이상 위반 시 허가취소의 행정처분을 받는다.

20 금고 이상의 형의 집행유예선고를 받고 그 유예기간 중에 있는 자를 경비지도사로 선임 · 배치한 경우, 경비업자에 대한 경비업법상 1차 행정처분기준으로 옳은 것은?

① 경고
② 영업정지 1개월
③ 영업정지 3개월
④ 영업정지 6개월

해설 결격사유에 해당하는 경비지도사를 선임 · 배치한 경우의 행정처분은 1차 위반 시 영업정지 1개월, 2차 위반 시 영업정지 3개월, 3차 이상 위반 시 허가취소이다.

21 경비업법령상 행정처분기준 중 개별기준에 관한 다음 표의 (   ) 안의 내용으로 알맞은 것은?

• 제14회 기출

위반행위	1차 위반	2차 위반	3차 이상 위반
경비업법 제24조의 규정에 의한 경찰청장, 시·도경찰청장 또는 관할 경찰관서장의 감독상 명령에 따르지 않은 때	(ㄱ)	영업정지 3개월	(ㄴ)
경비업법 제26조의 규정에 위반하여 경비업자가 경비원의 업무수행 중 고의 또는 과실로 발생한 손해를 배상하지 않은 때			(ㄷ)

① ㄱ: 영업정지 1개월, ㄴ: 영업정지 6개월, ㄷ: 허가취소
② ㄱ: 영업정지 1개월, ㄴ: 영업정지 6개월, ㄷ: 영업정지 6개월
③ ㄱ: 경고,   ㄴ: 허가취소,   ㄷ: 허가취소
④ ㄱ: 경고,   ㄴ: 허가취소,   ㄷ: 영업정지 6개월

해설 ▶ [별표 4] 행정처분기준(시행령 제24조 관련, 일부발췌)
2. 개별기준

위반행위	해당 법조문	행정처분기준		
		1차 위반	2차 위반	3차 이상 위반
거. 법 제24조에 따른 감독상 명령에 따르지 않은 때	법 제19조 제2항 제15호	경고	영업정지 3개월	허가취소
너. 법 제26조를 위반하여 손해를 배상하지 않은 때	법 제19조 제2항 제16호	경고	영업정지 3개월	영업정지 6개월

22 경비업법령상 위반행위에 대한 행정처분의 개별기준이 나머지와 <u>다른</u> 것은?

① 경비대상시설에 관한 경보 대응체제(법 제8조)를 갖추지 않은 때
② 관련 서류를 작성·비치(법 제9조 제2항)하지 않은 때
③ 경비원으로 하여금 교육(법 제13조)을 받게 하지 않은 때
④ 경비원의 복장 등(법 제16조)에 관한 규정을 위반한 때

해설 경비원의 복장 등에 관한 규정(법 제16조)을 위반한 때에는 1차 위반 시 경고, 2차 위반 시 영업정지 1개월, 3차 이상 위반 시 영업정지 3개월이다.
①②③ 1차 위반 시 경고, 2차 위반 시 경고, 3차 이상 위반 시 영업정지 1개월이다.

19 ①   20 ②   21 ④   22 ④   정답

23 경비업법령상 위반행위에 대한 행정처분의 개별기준이 나머지와 <u>다른</u> 것은?

① 경비대상 시설에 관한 경보 대응체제(법 제8조)를 갖추지 않은 때
② 경비원의 출동차량 등(법 제16조의3)에 관한 규정을 위반한 때
③ 경비원의 장비 등(법 제16조의2)에 관한 규정을 위반한 때
④ 경비원의 복장 등(법 제16조)에 관한 규정을 위반한 때

> **해설** 경비대상 시설에 관한 경보 대응체제(법 제8조)를 갖추지 않은 때에는 1차 위반 시 경고, 2차 위반 시 경고, 3차 이상 위반 시 영업정지 1개월이다.
> ②③④ 1차 위반 시 경고, 2차 위반 시 영업정지 1개월, 3차 이상 위반 시 영업정지 3개월이다.

24 경비업법령상 위반행위에 대한 행정처분의 개별기준이 나머지와 <u>다른</u> 것은?

① 경비지도사를 집단민원현장에 선임·배치(법 제7조 제6항)하지 않은 때
② 결격사유(법 제10조 제3항)에 해당하는 경비원을 배치하거나 결격사유에 해당하는 경비지도사를 선임·배치한 때
③ 법 제12조 제1항을 위반하여 경비지도사를 선임한 때
④ 법 제24조에 따른 감독상 명령에 따르지 않은 때

> **해설** 「경비업법」 제24조에 따른 감독상 명령에 따르지 않은 때에는 1차 위반 시 경고, 2차 위반 시 영업정지 3개월, 3차 이상 위반 시 허가취소이다.
> ①②③ 1차 위반 시 영업정지 1개월, 2차 위반 시 영업정지 3개월, 3차 이상 위반 시 허가취소이다.

25 아파트의 용역경비원이 업무수행 중 실수로 주차되어 있는 차량을 손괴하여 차량주가 손해배상을 요구하였으나 경비업자는 행위자인 경비원의 책임으로 경비원이 배상하여야 한다며 배상하지 않는 경우, 경비업법령상 1차 처분기준으로 옳은 것은?

① 경고
② 영업정지 1개월
③ 영업정지 3개월
④ 영업정지 6개월

> **해설** 경비업자가 경비원이 업무수행 중 고의 또는 과실로 발생한 손해를 배상하지 아니한 경우의 처분기준은 1차 경고, 2차 영업정지 3개월, 3차 이상 영업정지 6개월이다.

26. 경비업법령상 허가관청이 1차 위반한 경비업자에게 행하는 행정처분기준이 나머지와 다른 것은?

① 경비업자가 법 제7조 제6항을 위반하여 경비지도사를 집단민원현장에 선임·배치하지 않은 때
② 기계경비업자가 법 제8조를 위반하여 경비대상시설에 관한 경보 대응체제를 갖추지 않은 때
③ 경비업자가 법 제10조 제3항을 위반하여 결격사유에 해당하는 경비원을 배치하거나 결격사유에 해당하는 경비지도사를 선임·배치한 때
④ 경비업자가 법 제12조 제1항을 위반하여 경비지도사를 선임한 때

해설 기계경비업자가 「경비업법」 제8조의 규정을 위반하여 경비대상시설에 관한 경보 대응체제를 갖추지 않은 때에는 1차 위반 시 경고이다.
①③④ 1차 위반 시 영업정지 1개월이다.

▶ **[별표 4] 행정처분기준(시행령 제24조 관련, 일부발췌)**
2. 개별기준

위반행위	해당 법조문	행정처분기준		
		1차 위반	2차 위반	3차 이상 위반
다. 법 제7조 제6항을 위반하여 경비지도사를 집단민원현장에 선임·배치하지 않은 때	법 제19조 제2항 제3호	영업정지 1개월	영업정지 3개월	허가취소
라. 법 제8조를 위반하여 경비대상시설에 관한 경보 대응체제를 갖추지 않은 때	법 제19조 제2항 제4호	경고	경고	영업정지 1개월
바. 법 제10조 제3항을 위반하여 결격사유에 해당하는 경비원을 배치하거나 결격사유에 해당하는 경비지도사를 선임·배치한 때	법 제19조 제2항 제6호	영업정지 1개월	영업정지 3개월	허가취소
사. 법 제12조 제1항을 위반하여 경비지도사를 선임한 때	법 제19조 제2항 제7호	영업정지 1개월	영업정지 3개월	허가취소

23 ①   24 ④   25 ①   26 ②   **정답**

27 경비업법령상 행정처분의 기준이 3차 위반 시 영업정지 3개월인 위반행위에 해당하는 것은?

• 제23회 기출

① 집단민원현장에 일반경비원 명부를 작성·비치하지 않은 때
② 경비원의 복장 등에 관한 규정을 위반한 때
③ 손해를 배상하지 않은 때
④ 경비대상시설에 관한 경보대응체제를 갖추지 않은 때

> **해설** 경비원의 복장 등에 관한 규정을 위반한 때에는 1차 경고, 2차 영업정지 1개월, 3차 영업정지 3개월에 해당한다.
> ① 집단민원현장에 일반경비원 명부를 작성·비치하지 않은 때에는 1차 영업정지 1개월, 2차 영업정지 3개월, 3차 허가취소에 해당한다.
> ③ 손해를 배상하지 않은 때에는 1차 경고, 2차 영업정지 3개월, 3차 영업정지 6개월에 해당한다.
> ④ 경비대상시설에 관한 경보대응체제를 갖추지 않은 때에는 1차 경고, 2차 경고, 3차 영업정지 1개월에 해당한다.

28 경비업법령상 허가관청이 법령을 3차 이상 위반한 경비업자에게 행하는 행정처분기준이 나머지와 다른 것은?

① 시·도경찰청장의 허가 없이 경비업무를 변경한 때
② 도급을 의뢰받은 경비업무가 위법한 것임에도 이를 거부하지 않은 때
③ 경비원이 업무수행 중 고의 또는 과실로 손해를 입힌 경우 그 손해를 배상하지 않은 때
④ 결격사유에 해당하는 자를 경비지도사로 선임한 때

> **해설** 경비원이 업무수행 중 고의 또는 과실로 손해를 입힌 경우 그 손해를 배상하지 않은 때에는 3차 이상 위반 시 영업정지 6개월이다.
> ①②④ 3차 이상 위반 시 행정처분기준은 허가취소이다.
>
> ▶ **[별표 4] 행정처분기준(시행령 제24조 관련, 일부발췌)**
> 2. 개별기준

위반행위	해당 법조문	행정처분기준		
		1차 위반	2차 위반	3차 이상 위반
가. 법 제4조 제1항 후단을 위반하여 시·도경찰청장의 허가 없이 경비업무를 변경한 때	법 제19조 제2항 제1호	경고	영업정지 6개월	허가취소
나. 법 제7조 제2항을 위반하여 도급을 의뢰받은 경비업무가 위법한 것임에도 이를 거부하지 않은 때	법 제19조 제2항 제2호	영업정지 1개월	영업정지 3개월	허가취소

위반행위	해당 법조문	1차 위반	2차 위반	3차 이상 위반
바. 법 제10조 제3항을 위반하여 결격사유에 해당하는 경비원을 배치하거나 결격사유에 해당하는 경비지도사를 선임·배치한 때	법 제19조 제2항 제6호	영업정지 1개월	영업정지 3개월	허가취소
너. 법 제26조를 위반하여 손해를 배상하지 않은 때	법 제19조 제2항 제16호	경고	영업정지 3개월	영업정지 6개월

29 경비업법령상 행정처분 중 3차 이상 위반 시 영업정지 3개월에 해당하는 것이 <u>아닌</u> 것은?

① 경비원으로 하여금 교육(법 제13조)을 받게 하지 않은 때
② 경비원의 복장 등(법 제16조)에 관한 규정을 위반한 때
③ 경비원의 장비 등(법 제16조의2)에 관한 규정을 위반한 때
④ 경비원의 출동차량 등(법 제16조의3)에 관한 규정을 위반한 때

해설 경비원으로 하여금 「경비업법」 제13조를 위반하여 규정에 의한 교육을 받게 하지 않은 때에는 3차 이상 위반 시 영업정지 1개월이다.
②③④ 3차 이상 위반 시 영업정지 3개월이다.

▶ [별표 4] 행정처분기준(시행령 제24조 관련, 일부발췌)
2. 개별기준

위반행위	해당 법조문	행정처분기준		
		1차 위반	2차 위반	3차 이상 위반
아. 법 제13조를 위반하여 경비원으로 하여금 교육을 받게 하지 않은 때	법 제19조 제2항 제8호	경고	경고	영업정지 1개월
자. 법 제16조에 따른 경비원의 복장 등에 관한 규정을 위반한 때	법 제19조 제2항 제9호	경고	영업정지 1개월	영업정지 3개월
차. 법 제16조의2에 따른 경비원의 장비 등에 관한 규정을 위반한 때	법 제19조 제2항 제10호	경고	영업정지 1개월	영업정지 3개월
카. 법 제16조의3에 따른 경비원의 출동차량 등에 관한 규정을 위반한 때	법 제19조 제2항 제11호	경고	영업정지 1개월	영업정지 3개월

정답 27 ② 28 ③ 29 ①

제2절 경비지도사 자격의 취소 등

30 경비업법령상 경비지도사 자격의 취소 사유에 해당하지 <u>않는</u> 것은?
• 제23회 기출

① 허위 그 밖의 부정한 방법으로 경비지도사 자격증을 교부받은 때
② 경비지도사 자격증을 다른 사람에게 빌려주거나 양도한 때
③ 경찰청장 또는 시·도경찰청장의 명령을 위반한 때
④ 자격정지 기간 중에 경비지도사로 선임되어 활동한 때

> **해설** 「경비업법」 제24조의 규정에 의한 경찰청장 또는 시·도경찰청장의 명령을 위반한 때에는 1년의 범위 내에서 그 자격을 정지시킬 수 있다.

31 경비업법령상 경비지도사 자격의 취소 사유에 해당하는 것을 모두 고른 것은?

ㄱ. 금고 이상의 형의 선고유예를 받고 그 유예기간 중에 있는 때
ㄴ. 경비지도사 자격증을 다른 사람에게 빌려주거나 양도한 때
ㄷ. 자격정지 기간 중에 경비지도사로 선임되어 활동한 때
ㄹ. 경찰청장 또는 시·도경찰청장의 명령을 위반한 때

① ㄱ, ㄴ　　② ㄴ, ㄷ　　③ ㄷ, ㄹ　　④ ㄱ, ㄴ, ㄷ

> **해설** ㄱ은 특수경비원의 결격사유에 해당하며, ㄹ은 1년 범위 내에서 자격을 정지시킬 수 있다.

32 경비업법령상 경비지도사의 자격취소 또는 정지 사유에 해당하지 <u>않는</u> 것은?

① 경비지도사가 절도죄(형법 제329조)를 범하여 금고 이상의 형을 받은 때
② 경비지도사가 경비업자와 업무계약을 불성실하게 체결한 때
③ 경비지도사 자격증을 다른 사람에게 빌려준 때
④ 경찰청장이 경비업무의 적정한 수행을 위하여 경비지도사의 지도·감독을 위하여 내린 필요한 명령을 경비지도사가 위반한 때

> **해설** 경비지도사와 경비업자 간의 업무계약의 체결은 사법상의 계약관계이기 때문에 「경비업법」을 적용하지 않는다.

법 제20조 【경비지도사 자격의 취소 등】 ① 경찰청장은 경비지도사가 다음 각 호의 어느 하나에 해당하는 때에는 그 자격을 취소하여야 한다.
1. 제10조 제1항 각 호의 결격사유에 해당하게 된 때

> 1. 18세 미만인 사람 또는 피성년후견인
> 2. 파산선고를 받고 복권되지 아니한 자
> 3. 금고 이상의 실형의 선고를 받고 그 집행이 종료(집행이 종료된 것으로 보는 경우를 포함한다)되거나 집행이 면제된 날부터 5년이 지나지 아니한 자
> 4. 금고 이상의 형의 집행유예선고를 받고 그 유예기간 중에 있는 자
> 5. 다음 각 목의 어느 하나에 해당하는 죄를 범하여 벌금형을 선고받은 날부터 10년이 지나지 아니하거나 금고 이상의 형을 선고받고 그 집행이 종료된(종료된 것으로 보는 경우를 포함한다) 날 또는 집행이 유예·면제된 날부터 10년이 지나지 아니한 자
>   가. 「형법」 제114조의 죄
>   나. 「폭력행위 등 처벌에 관한 법률」 제4조의 죄
>   다. 「형법」 제297조, 제297조의2, 제298조부터 제301조까지, 제301조의2, 제302조, 제303조, 제305조, 제305조의2의 죄
>   라. 「성폭력범죄의 처벌 등에 관한 특례법」 제3조부터 제11조까지 및 제15조(제3조부터 제9조까지의 미수범만 해당한다)의 죄
>   마. 「아동·청소년의 성보호에 관한 법률」 제7조 및 제8조의 죄
>   바. 다목부터 마목까지의 죄로서 다른 법률에 따라 가중처벌되는 죄
> 6. 다음 각 목의 어느 하나에 해당하는 죄를 범하여 벌금형을 선고받은 날부터 5년이 지나지 아니하거나 금고 이상의 형을 선고받고 그 집행이 유예된 날부터 5년이 지나지 아니한 자
>   가. 「형법」 제329조부터 제331조까지, 제331조의2 및 제332조부터 제343조까지의 죄
>   나. 가목의 죄로서 다른 법률에 따라 가중처벌되는 죄
>   다. 삭제 〈2014.12.30.〉
>   라. 삭제 〈2014.12.30.〉
> 7. 제5호 다목부터 바목까지의 어느 하나에 해당하는 죄를 범하여 치료감호를 선고받고 그 집행이 종료된 날 또는 집행이 면제된 날부터 10년이 지나지 아니한 자 또는 제6호 각 목의 어느 하나에 해당하는 죄를 범하여 치료감호를 선고받고 그 집행이 면제된 날부터 5년이 지나지 아니한 자
> 8. 이 법이나 이 법에 따른 명령을 위반하여 벌금형을 선고받은 날부터 5년이 지나지 아니하거나 금고 이상의 형을 선고받고 그 집행이 유예된 날부터 5년이 지나지 아니한 자

2. 허위 그 밖의 부정한 방법으로 경비지도사 자격증을 교부받은 때
3. 경비지도사 자격증을 다른 사람에게 빌려주거나 양도한 때
4. 자격정지 기간 중에 경비지도사로 선임되어 활동한 때

② 경찰청장은 경비지도사가 다음 각 호의 어느 하나에 해당하는 때에는 대통령령이 정하는 바에 따라 1년의 범위 내에서 그 자격을 정지시킬 수 있다.
1. 제12조 제3항의 규정에 위반하여 직무를 성실하게 수행하지 아니한 때
2. 제24조의 규정에 의한 경찰청장 또는 시·도경찰청장의 명령을 위반한 때

30 ③ 31 ② 32 ② **정답**

33 경비업법령상 경비지도사 자격취소처분의 사유가 아닌 것은?

• 제21회 기출

① 허위 그 밖의 부정한 방법으로 경비지도사 자격증을 교부받은 때
② 경비지도사 자격증을 다른 사람에게 빌려주거나 양도한 때
③ 자격정지 기간 중에 경비지도사로 선임되어 활동한 때
④ 제24조의 규정에 의한 경찰청장 또는 시·도경찰청장의 명령을 위반한 때

해설 「경비업법」 제24조의 규정에 의한 경찰청장 또는 시·도경찰청장의 명령을 위반한 때에는 1년의 범위 내에서 그 자격을 정지시킬 수 있다.

> **법 제20조【경비지도사 자격의 취소 등】** ② 경찰청장은 경비지도사가 다음 각 호의 어느 하나에 해당하는 때에는 대통령령이 정하는 바에 따라 1년의 범위 내에서 그 자격을 정지시킬 수 있다.
> 1. 제12조 제3항의 규정에 위반하여 직무를 성실하게 수행하지 아니한 때
> 2. 제24조의 규정에 의한 경찰청장 또는 시·도경찰청장의 명령을 위반한 때

34 경비업법상 경찰청장이 경비지도사의 자격을 취소하여야 하는 사유로 옳지 않은 것은?

① 허위 그 밖의 부정한 방법으로 경비지도사 자격증을 교부받은 때
② 자격정지 기간 중에 경비지도사로 선임되어 활동한 때
③ 경비지도사 자격증을 다른 사람에게 빌려주거나 양도한 때
④ 경비지도사의 직무를 성실하게 수행하지 아니한 때

해설 경비지도사의 직무를 성실하게 수행하지 아니한 때에는 대통령령이 정하는 바에 따라 1년의 범위 내에서 그 자격을 정지시킬 수 있다.

> **법 제20조【경비지도사 자격의 취소 등】** ① 경찰청장은 경비지도사가 다음 각 호의 어느 하나에 해당하는 때에는 그 자격을 취소하여야 한다.
> 1. 제10조 제1항 각 호의 결격사유에 해당하게 된 때
> 2. 허위 그 밖의 부정한 방법으로 경비지도사 자격증을 교부받은 때
> 3. 경비지도사 자격증을 다른 사람에게 빌려주거나 양도한 때
> 4. 자격정지 기간 중에 경비지도사로 선임되어 활동한 때

35 경비업법령상 경비지도사 자격의 취소 사유에 해당하는 것을 모두 고른 것은?

• 제14회 기출

ㄱ. 피성년후견인의 선고를 받은 경우
ㄴ. 경비지도사 자격증을 다른 사람에게 빌려주거나 양도한 경우
ㄷ. 허위 그 밖의 부정한 방법으로 경비지도사 자격증을 교부받은 경우
ㄹ. 경비업무의 적절한 수행을 위한 경찰청장 또는 시·도경찰청장의 감독상의 명령을 위반한 경우

① ㄱ, ㄴ   ② ㄴ, ㄷ   ③ ㄱ, ㄴ, ㄷ   ④ ㄴ, ㄷ, ㄹ

해설 경비업무의 적절한 수행을 위한 경찰청장 또는 시·도경찰청장의 감독상의 명령을 위반한 경우는 1년의 범위 내에서 그 자격을 정지시킬 수 있다.

▶ [별표 5] 경비지도사 자격정지처분기준(시행령 제25조 관련, 일부발췌)

위반행위	해당 법조문	행정처분기준		
		1차	2차	3차 이상
2. 법 제24조의 규정에 의한 경찰청장, 시·도경찰청장의 명령을 위반한 때	법 제20조 제2항 제2호	자격정지 1월	자격정지 6월	자격정지 9월

[비고] 위반행위의 횟수에 따른 행정처분의 기준은 당해 위반행위가 있은 이전 최근 2년간 같은 위반행위로 행정처분을 받은 경우에 적용한다.

36 경비업법령상 경비지도사 자격의 취소 등에 관한 설명으로 옳지 않은 것은? • 제24회 기출

① 경찰청장은 기계경비지도사가 오경보방지 등을 위한 기기관리 감독의 직무를 위반하여 직무를 성실하게 수행하지 아니한 때에는 1년의 범위 내에서 그 자격을 정지시킬 수 있다.
② 경찰청장은 경비지도사의 자격을 정지한 때에는 그 정지기간 동안 경비지도사 자격증을 회수하여 보관하여야 한다.
③ 경찰청장은 경비지도사가 경찰청장 또는 시·도경찰청장의 명령을 위반한 때에는 1년의 범위 내에서 그 자격을 정지시킬 수 있다.
④ 경찰청장은 경비지도사가 자격정지 기간 중에 경비지도사로 선임되어 활동한 때에는 1년의 범위 내에서 그 자격을 정지시킬 수 있다.

해설 경찰청장은 경비지도사가 자격정지 기간 중에 경비지도사로 선임되어 활동한 때에는 그 자격을 취소하여야 한다.

정답 33 ④ 34 ④ 35 ③ 36 ④

37 경비업법령상 경비지도사 자격의 취소 사유에 해당하지 않는 것은?

① 금고 이상의 형의 집행유예선고를 받고 그 유예기간 중에 있는 경우
② 금고 이상의 형의 선고유예를 받고 그 유예기간 중에 있는 경우
③ 금고 이상의 실형의 선고를 받고 그 집행이 종료되거나 집행이 면제된 날부터 5년이 지나지 아니한 경우
④ 경비지도사가 경비지도사 자격증을 다른 사람에게 빌려주거나 양도한 경우

해설 금고 이상의 형의 선고유예를 받고 그 유예기간 중에 있는 경우는 특수경비원의 결격사유로, 경비지도사의 자격취소 사유에 해당하지 않는다.

> 법 제10조【경비지도사 및 경비원의 결격사유】① 다음 각 호의 어느 하나에 해당하는 자는 경비지도사 또는 일반경비원이 될 수 없다.
> 1. 18세 미만인 사람 또는 피성년후견인
> 2. 파산선고를 받고 복권되지 아니한 자
> 3. 금고 이상의 실형의 선고를 받고 그 집행이 종료(집행이 종료된 것으로 보는 경우를 포함한다)되거나 집행이 면제된 날부터 5년이 지나지 아니한 자
> 4. 금고 이상의 형의 집행유예선고를 받고 그 유예기간 중에 있는 자
> 5. 다음 각 목의 어느 하나에 해당하는 죄를 범하여 벌금형을 선고받은 날부터 10년이 지나지 아니하거나 금고 이상의 형을 선고받고 그 집행이 종료된(종료된 것으로 보는 경우를 포함한다) 날 또는 집행이 유예·면제된 날부터 10년이 지나지 아니한 자
>   가. 「형법」 제114조의 죄
>   나. 「폭력행위 등 처벌에 관한 법률」 제4조의 죄
>   다. 「형법」 제297조, 제297조의2, 제298조부터 제301조까지, 제301조의2, 제302조, 제303조, 제305조, 제305조의2의 죄
>   라. 「성폭력범죄의 처벌 등에 관한 특례법」 제3조부터 제11조까지 및 제15조(제3조부터 제9조까지의 미수범만 해당한다)의 죄
>   마. 「아동·청소년의 성보호에 관한 법률」 제7조 및 제8조의 죄
>   바. 다목부터 마목까지의 죄로서 다른 법률에 따라 가중처벌되는 죄
> 6. 다음 각 목의 어느 하나에 해당하는 죄를 범하여 벌금형을 선고받은 날부터 5년이 지나지 아니하거나 금고 이상의 형을 선고받고 그 집행이 유예된 날부터 5년이 지나지 아니한 자
>   가. 「형법」 제329조부터 제331조까지, 제331조의2 및 제332조부터 제343조까지의 죄
>   나. 가목의 죄로서 다른 법률에 따라 가중처벌되는 죄
>   다. 삭제 〈2014. 12. 30.〉
>   라. 삭제 〈2014. 12. 30.〉
> 7. 제5호 다목부터 바목까지의 어느 하나에 해당하는 죄를 범하여 치료감호를 선고받고 그 집행이 종료된 날 또는 집행이 면제된 날부터 10년이 지나지 아니한 자 또는 제6호 각 목의 어느 하나에 해당하는 죄를 범하여 치료감호를 선고받고 그 집행이 면제된 날부터 5년이 지나지 아니한 자
> 8. 이 법이나 이 법에 따른 명령을 위반하여 벌금형을 선고받은 날부터 5년이 지나지 아니하거나 금고 이상의 형을 선고받고 그 집행이 유예된 날부터 5년이 지나지 아니한 자
> ② 다음 각 호의 어느 하나에 해당하는 자는 특수경비원이 될 수 없다.
>
> 법 제20조【경비지도사 자격의 취소 등】① 경찰청장은 경비지도사가 다음 각 호의 어느 하나에 해당하는 때에는 그 자격을 취소하여야 한다.
> 1. 제10조 제1항 각 호의 결격사유에 해당하게 된 때
> 2. 허위 그 밖의 부정한 방법으로 경비지도사 자격증을 교부받은 때
> 3. 경비지도사 자격증을 다른 사람에게 빌려주거나 양도한 때

4. 자격정지 기간 중에 경비지도사로 선임되어 활동한 때
② 경찰청장은 경비지도사가 다음 각 호의 어느 하나에 해당하는 때에는 대통령령이 정하는 바에 따라 1년의 범위 내에서 그 자격을 정지시킬 수 있다.
  1. 제12조 제3항의 규정에 위반하여 직무를 성실하게 수행하지 아니한 때
  2. 제24조의 규정에 의한 경찰청장 또는 시·도경찰청장의 명령을 위반한 때

38 경비업법상 경비지도사 자격을 정지시킬 수 있는 경우는?
• 제18회 기출

① 집단민원현장에 배치된 경비원에 대한 지도·감독 직무를 성실하게 수행하지 아니한 때
② 자격정지 기간 중에 경비지도사로 선임되어 활동한 때
③ 허위 그 밖의 부정한 방법으로 경비지도사 자격증을 교부받은 때
④ 경비지도사 자격증을 다른 사람에게 빌려주거나 양도한 때

해설 직무를 성실하게 수행하지 아니한 때에는 1년의 범위 내에서 그 자격을 정지시킬 수 있다.
②③④ 경비지도사 자격을 취소해야 하는 경우에 해당한다.

39 경비업법령상 경비지도사 자격정지처분기준에 관한 설명으로 옳은 것은?
• 제22회 기출

① 위반행위의 횟수에 따른 행정처분의 기준은 당해 위반행위가 있은 이전 최근 1년간 같은 위반행위로 행정처분을 받은 경우에 적용한다.
② 위반행위의 횟수에 따른 행정처분기준은 당해 위반행위가 있은 이전 최근 2년간 동일성 여부와 관계없이 위반행위로 행정처분을 받은 누적 횟수에 적용한다.
③ 경찰청장의 명령을 1차 위반한 때 행정처분기준은 자격정지 6월이다.
④ 시·도경찰청장의 명령을 2차 위반한 때 행정처분기준은 자격정지 6월이다.

해설 ①② 위반행위의 횟수에 따른 행정처분의 기준은 당해 위반행위가 있은 이전 최근 2년간 같은 위반행위로 행정처분을 받은 경우에 적용한다.
③ 경찰청장의 명령을 1차 위반한 때 행정처분기준은 자격정지 1월이다.

▶ [별표 5] 경비지도사 자격정지처분기준(시행령 제25조 관련, 일부발췌)

위반행위	해당 법조문	행정처분기준		
		1차	2차	3차 이상
2. 법 제24조의 규정에 의한 경찰청장, 시·도경찰청장의 명령을 위반한 때	법 제20조 제2항 제2호	자격정지 1월	자격정지 6월	자격정지 9월

[비고] 위반행위의 횟수에 따른 행정처분의 기준은 당해 위반행위가 있은 이전 최근 2년간 같은 위반행위로 행정처분을 받은 경우에 적용한다.

37 ② 38 ① 39 ④ 정답

40 경비업법령상 경비지도사에 대한 자격정지처분의 사유에 해당하는 것은? • 제19회 기출

① 경비지도사 갑(甲)은 자격정지 기간 중에 경비지도사로 선임되어 활동하였다.
② 경비지도사 을(乙)은 허위 그 밖의 부정한 방법으로 경비지도사 자격증을 교부받았다.
③ 경비지도사 병(丙)은 시·도경찰청장의 적정한 경비업무 수행을 위하여 필요한 지도·감독상 명령을 위반하였다.
④ 경비지도사 정(丁)은 경비지도사 자격증을 무(戊)에게 빌려주거나 양도하였다.

해설 「경비업법」 제24조의 규정에 의한 경찰청장 또는 시·도경찰청장의 명령을 위반한 때에는 1년의 범위 내에서 그 자격을 정지시킬 수 있다.
①②④ 경비지도사 자격을 취소하여야 하는 경우이다.

> 법 제20조【경비지도사 자격의 취소 등】① 경찰청장은 경비지도사가 다음 각 호의 어느 하나에 해당하는 때에는 그 자격을 취소하여야 한다.
> 1. 제10조 제1항 각 호의 결격사유에 해당하게 된 때
> 2. 허위 그 밖의 부정한 방법으로 경비지도사 자격증을 교부받은 때
> 3. 경비지도사 자격증을 다른 사람에게 빌려주거나 양도한 때
> 4. 자격정지 기간 중에 경비지도사로 선임되어 활동한 때
> ② 경찰청장은 경비지도사가 다음 각 호의 어느 하나에 해당하는 때에는 대통령령이 정하는 바에 따라 1년의 범위 내에서 그 자격을 정지시킬 수 있다.
> 1. 제12조 제3항의 규정에 위반하여 직무를 성실하게 수행하지 아니한 때
> 2. 제24조의 규정에 의한 경찰청장 또는 시·도경찰청장의 명령을 위반한 때

41 경비업법령상 경비지도사가 직무를 성실하게 수행하지 아니한 경우, 1차 위반 시 행정처분의 기준으로 옳은 것은? • 제21회 기출

① 경비지도사 자격정지 1월
② 경비지도사 자격정지 3월
③ 경비지도사 자격정지 6월
④ 경비지도사 자격정지 9월

해설 경비업법령상 경비지도사가 직무를 성실하게 수행하지 아니한 경우, 1차 위반 시 경비지도사 자격정지 3월, 2차 위반 시 경비지도사 자격정지 6월, 3차 이상 위반 시 경비지도사 자격정지 12월에 처한다.

42 다음 표는 경비업법 시행령 별표에서 정한 경비지도사 자격정지처분기준이다. ( ) 안에 들어갈 내용으로 옳은 것은?

• 제16회 기출

위반행위	1차 위반	2차 위반	3차 이상 위반
경비업법 제12조 제3항의 규정에 위반하여 직무를 성실하게 수행하지 아니한 때	자격정지 3월	자격정지 (ㄱ)월	자격정지 (ㄴ)월
경비업법 제24조의 규정에 의한 경찰청장, 시·도경찰청장의 명령을 위반한 때	자격정지 (ㄷ)월	자격정지 6월	자격정지 9월

① ㄱ: 6, ㄴ: 9, ㄷ: 1
② ㄱ: 6, ㄴ: 9, ㄷ: 3
③ ㄱ: 6, ㄴ: 12, ㄷ: 1
④ ㄱ: 9, ㄴ: 12, ㄷ: 3

해설 경비지도사가 성실의무 규정을 위반한 경우 2차 위반 시 자격정지 6월, 3차 이상 위반 시 자격정지 12월에 처한다. 그리고 경찰청장, 시·도경찰청장의 명령을 위반한 경우 1차 위반 시 자격정지 1월에 처한다.

▶ [별표 5] 경비지도사 자격정지처분기준(시행령 제25조 관련)

위반행위	해당 법조문	행정처분기준		
		1차	2차	3차 이상
1. 법 제12조 제3항의 규정에 위반하여 직무를 성실하게 수행하지 아니한 때	법 제20조 제2항 제1호	자격정지 3월	자격정지 6월	자격정지 12월
2. 법 제24조의 규정에 의한 경찰청장, 시·도경찰청장의 명령을 위반한 때	법 제20조 제2항 제2호	자격정지 1월	자격정지 6월	자격정지 9월

[비고] 위반행위의 횟수에 따른 행정처분의 기준은 당해 위반행위가 있은 이전 최근 2년간 같은 위반행위로 행정처분을 받은 경우에 적용한다.

43 경비업법령상 경비지도사가 소속 경비원의 지도·감독·교육에 대한 계획수립과 그 계획에 의한 교육실시 기록유지를 아니한 때에 행정처분의 내용으로 옳은 것은?

① 1차: 자격정지 1월, 2차: 자격정지 3월, 3차 이상: 자격정지 9월
② 1차: 자격정지 1월, 2차: 자격정지 6월, 3차 이상: 자격정지 9월
③ 1차: 자격정지 3월, 2차: 자격정지 6월, 3차 이상: 자격정지 12월
④ 1차: 자격정지 3월, 2차: 자격정지 9월, 3차 이상: 자격정지 12월

해설 성실의무 규정을 위반한 경우이다. 「경비업법」 제12조 제3항의 규정에 위반하여 직무를 성실하게 수행하지 아니한 때에는 1차 위반 시 자격정지 3월, 2차 위반 시 자격정지 6월, 3차 이상 위반 시 자격정지 12월이다(경비업법 시행령 제25조 별표 5).

40 ③   41 ②   42 ③   43 ③   **정답**

44 경비업법령상 경비지도사가 경찰청장의 명령을 위반한 때 부과되는 자격정지처분기준으로 옳은 것은?

• 제20회 기출

① 1차 위반: 1월, 2차 위반: 3월
② 1차 위반: 1월, 2차 위반: 6월
③ 1차 위반: 3월, 2차 위반: 6월
④ 1차 위반: 3월, 2차 위반: 9월

해설 1차 위반은 자격정지 1월, 2차 위반은 자격정지 6월, 3차 이상 위반은 자격정지 9월에 처한다.

▶ [별표 5] 경비지도사 자격정지처분기준(시행령 제25조 관련, 일부발췌)

위반행위	해당 법조문	행정처분기준		
		1차	2차	3차 이상
2. 법 제24조의 규정에 의한 경찰청장, 시·도경찰청장의 명령을 위반한 때	법 제20조 제2항 제2호	자격정지 1월	자격정지 6월	자격정지 9월

[비고] 위반행위의 횟수에 따른 행정처분의 기준은 당해 위반행위가 있은 이전 최근 2년간 같은 위반행위로 행정처분을 받은 경우에 적용한다.

45 경비업법령상 경비지도사가 경찰청장, 시·도경찰청장의 명령을 1차 위반할 때의 행정처분기준으로 옳은 것은?

• 제18회 기출

① 자격정지 1월
② 자격정지 3월
③ 자격정지 6월
④ 자격취소

해설 경찰청장, 시·도경찰청장의 명령을 위반한 때에는 1차 위반 시 자격정지 1월이다.

▶ [별표 5] 경비지도사 자격정지처분기준(시행령 제25조 관련, 일부발췌)

위반행위	해당 법조문	행정처분기준		
		1차	2차	3차 이상
2. 법 제24조의 규정에 의한 경찰청장, 시·도경찰청장의 명령을 위반한 때	법 제20조 제2항 제2호	자격정지 1월	자격정지 6월	자격정지 9월

[비고] 위반행위의 횟수에 따른 행정처분의 기준은 당해 위반행위가 있은 이전 최근 2년간 같은 위반행위로 행정처분을 받은 경우에 적용한다.

46 경비업법령상 경비지도사가 경찰기관 또는 소방기관의 연락지도방법에 대한 지도를 소홀히 하여 사고가 발생하였을 때의 1차 행정처분기준으로 옳은 것은?

① 자격정지 3월
② 자격정지 6월
③ 자격정지 9월
④ 자격정지 12월

해설 경비지도사가 직무의 성실 수행을 위반한 경우로, 1차 위반 시 자격정지 3월이다.

▶ [별표 5] 경비지도사 자격정지처분기준(시행령 제25조 관련, 일부발췌)

위반행위	해당 법조문	행정처분기준		
		1차	2차	3차 이상
1. 법 제12조 제3항의 규정에 위반하여 직무를 성실하게 수행하지 아니한 때	법 제20조 제2항 제1호	자격정지 3월	자격정지 6월	자격정지 12월

[비고] 위반행위의 횟수에 따른 행정처분의 기준은 당해 위반행위가 있은 이전 최근 2년간 같은 위반행위로 행정처분을 받은 경우에 적용한다.

47 경비업법상 경비지도사 자격의 취소 등에 관한 설명으로 옳지 않은 것은? • 제15회 기출

① 경비지도사가 허위로 경비지도사 자격증을 교부받은 때에는 그 자격이 취소된다.
② 경비지도사가 경비지도사 자격증을 다른 사람에게 빌려준 때에는 그 자격이 취소된다.
③ 경비지도사가 경비업법 제24조의 명령을 위반하여 자격정지처분을 받은 후 2년 내에 또다시 명령위반으로 적발된 경우 12월의 자격정지처분을 받을 수 있다.
④ 경비지도사가 경비현장에 배치된 경비원에 대한 순회점검 및 감독 의무 등 직무를 성실하게 수행하지 아니하여 1차 적발된 경우 3월의 자격정지처분을 받을 수 있다.

해설 경비지도사가 「경비업법」 제24조의 명령을 위반하여 자격정지처분을 받은 후 2년 내에 또다시 명령위반으로 적발된 경우에는 2차 위반에 해당하므로 6월의 자격정지처분을 받을 수 있다.

> 법 제20조 【경비지도사 자격의 취소 등】 ① 경찰청장은 경비지도사가 다음 각 호의 어느 하나에 해당하는 때에는 그 자격을 취소하여야 한다.
> 1. 제10조 제1항 각 호의 결격사유에 해당하게 된 때
> 2. 허위 그 밖의 부정한 방법으로 경비지도사 자격증을 교부받은 때
> 3. 경비지도사 자격증을 다른 사람에게 빌려주거나 양도한 때
> 4. 자격정지 기간 중에 경비지도사로 선임되어 활동한 때
> ② 경찰청장은 경비지도사가 다음 각 호의 어느 하나에 해당하는 때에는 대통령령이 정하는 바에 따라 1년의 범위 내에서 그 자격을 정지시킬 수 있다.
> 1. 제12조 제3항의 규정에 위반하여 직무를 성실하게 수행하지 아니한 때
> 2. 제24조의 규정에 의한 경찰청장 또는 시·도경찰청장의 명령을 위반한 때

44 ②   45 ①   46 ①   47 ③   **정답**

48 경비업법령상 기계경비지도사가 오경보 방지 등을 위한 기기관리의 감독을 태만히 하였을 때의 3차 이상 행정처분기준으로 옳은 것은?

① 자격정지 3월
② 자격정지 6월
③ 자격정지 9월
④ 자격정지 12월

해설 「경비업법」제12조 제3항의 규정에 위반하여 경비지도사가 직무의 성실 수행을 위반한 경우 3차 이상 위반 시 행정처분은 자격정지 12월이다.

▶ [별표 5] 경비지도사 자격정지처분기준(시행령 제25조 관련, 일부발췌)

위반행위	해당 법조문	행정처분기준		
		1차	2차	3차 이상
1. 법 제12조 제3항의 규정에 위반하여 직무를 성실하게 수행하지 아니한 때	법 제20조 제2항 제1호	자격정지 3월	자격정지 6월	자격정지 12월

[비고] 위반행위의 횟수에 따른 행정처분의 기준은 당해 위반행위가 있은 이전 최근 2년간 같은 위반행위로 행정처분을 받은 경우에 적용한다.

제3절 청문

49 경비업법령상 경찰청장 또는 시·도경찰청장이 행정처분을 하기 위하여 청문을 실시하여야 하는 경우를 모두 고른 것은?

ㄱ. 경비지도사 교육기관의 지정 취소 또는 업무의 정지
ㄴ. 경비원 교육기관의 지정 또는 업무의 정지
ㄷ. 경비업 허가 또는 영업정지
ㄹ. 경비지도사 자격의 취소 또는 정지

① ㄱ, ㄹ
② ㄱ, ㄷ
③ ㄴ, ㄷ
④ ㄱ, ㄴ, ㄷ, ㄹ

해설 ㄴ. 경비원 교육기관의 지정이 아니라 지정 취소인 경우에 해당하며, ㄷ. 경비업 허가가 아니라 경비업 허가의 취소인 경우에 해당한다.

법 제21조【청문】경찰청장 또는 시·도경찰청장은 다음 각 호의 어느 하나에 해당하는 처분을 하고자 하는 경우에는 청문을 실시하여야 한다.
1. 제11조의4에 따른 경비지도사 교육기관의 지정 취소 또는 업무의 정지
2. 제13조의3에 따른 경비원 교육기관의 지정 취소 또는 업무의 정지
3. 제19조의 규정에 의한 경비업 허가의 취소 또는 영업정지
4. 제20조 제1항 또는 제2항의 규정에 의한 경비지도사 자격의 취소 또는 정지

50 경비업법령상 경찰청장 또는 시·도경찰청장이 행정처분을 하기 위하여 청문을 실시하여야 하는 경우를 모두 고른 것은?

• 제25회 기출

> ㄱ. 경비업자가 허위 그 밖의 부정한 방법으로 허가를 받아 그 허가를 취소하는 경우
> ㄴ. 허위 그 밖의 부정한 방법으로 경비지도사 자격증을 교부받아 그 자격을 취소하는 경우
> ㄷ. 경비지도사가 경찰청장 또는 시·도경찰청장의 명령을 위반하여 그 자격을 정지하는 경우

① ㄱ, ㄴ
② ㄱ, ㄷ
③ ㄴ, ㄷ
④ ㄱ, ㄴ, ㄷ

해설 경찰청장 또는 시·도경찰청장이 경비업 허가의 취소 또는 영업정지, 경비지도사 자격의 취소 또는 정지의 행정처분을 하기 위하여는 청문을 실시하여야 한다.

> 법 제21조【청문】경찰청장 또는 시·도경찰청장은 다음 각 호의 어느 하나에 해당하는 처분을 하고자 하는 경우에는 청문을 실시하여야 한다.
> 1. 제11조의4에 따른 경비지도사 교육기관의 지정 취소 또는 업무의 정지
> 2. 제13조의3에 따른 경비원 교육기관의 지정 취소 또는 업무의 정지
> 3. 제19조의 규정에 의한 경비업 허가의 취소 또는 영업정지
> 4. 제20조 제1항 또는 제2항의 규정에 의한 경비지도사 자격의 취소 또는 정지

51 경비업법령상 경찰청장 또는 시·도경찰청장이 청문을 실시해야 하는 행정처분에 해당하는 것을 모두 고른 것은?

• 제24회 기출

> ㄱ. 경비업 허가의 취소
> ㄴ. 경비업 영업정지
> ㄷ. 경비지도사 자격의 취소
> ㄹ. 경비지도사 자격의 정지

① ㄱ, ㄷ
② ㄴ, ㄹ
③ ㄱ, ㄴ, ㄷ
④ ㄱ, ㄴ, ㄷ, ㄹ

해설 경비업 허가의 취소(ㄱ) 또는 영업정지(ㄴ), 경비지도사 자격의 취소(ㄷ) 또는 정지(ㄹ)에 해당하는 처분을 하고자 하는 경우에는 청문을 실시하여야 한다.

정답 48 ④ 49 ① 50 ④ 51 ④

52 경비업법령상 경찰청장 또는 시·도경찰청장이 청문을 실시해야 하는 행정처분이 아닌 것은?

• 제21회 기출

① 경비업자에 대한 과태료 부과처분
② 경비업 영업정지처분
③ 경비지도사 자격취소처분
④ 경비지도사 자격정지처분

해설 경비업 허가의 취소 또는 영업정지, 경비지도사 자격의 취소 또는 정지처분 시에 청문을 하여야 한다.

> 법 제21조【청문】경찰청장 또는 시·도경찰청장은 다음 각 호의 어느 하나에 해당하는 처분을 하고자 하는 경우에는 청문을 실시하여야 한다.
> 1. 제11조의4에 따른 경비지도사 교육기관의 지정 취소 또는 업무의 정지
> 2. 제13조의3에 따른 경비원 교육기관의 지정 취소 또는 업무의 정지
> 3. 제19조의 규정에 의한 경비업 허가의 취소 또는 영업정지
> 4. 제20조 제1항 또는 제2항의 규정에 의한 경비지도사 자격의 취소 또는 정지

53 경비업법령상 청문을 실시하여야 하는 행정처분에 해당하지 않는 것은?

• 제19회 기출

① 경비업 허가취소처분
② 경비업 영업정지처분
③ 경비지도사 자격정지처분
④ 경비업자에 대한 과태료 부과처분

해설 경비업 허가의 취소 또는 영업정지, 경비지도사 자격의 취소 또는 정지처분을 하고자 하는 경우에는 청문을 실시하여야 한다(경비업법 제21조). 그러나 경비업자에 대한 과태료 부과처분은 청문의 대상으로 명문화되어 있지 않다.

54 경비업법령상 경찰청장 등의 청문대상에 해당하지 <u>않는</u> 것은?

① 부정한 방법으로 경비지도사 자격증을 교부받은 때
② 경비업자가 규정을 위반하여 경비지도사를 선임한 때
③ 시·도경찰청장의 허가를 받지 않고 경비업을 영위한 때
④ 특수경비업자가 경비업 및 경비관련업 외의 영업을 한 때

해설 무허가 영업행위는 3년 이하의 징역 또는 3천만 원 이하의 벌금에 처하는 경우로, 청문대상이 아닙니다.
① 경비지도사 자격취소 사유, ② 경비업자의 경비업 허가취소 또는 영업정지 사유, ④ 경비업자의 경비업 허가취소 사유로 모두 청문의 대상이 된다.

> **법 제21조 【청문】** 경찰청장 또는 시·도경찰청장은 다음 각 호의 어느 하나에 해당하는 처분을 하고자 하는 경우에는 청문을 실시하여야 한다.
> 1. 제11조의4에 따른 경비지도사 교육기관의 지정 취소 또는 업무의 정지
> 2. 제13조의3에 따른 경비원 교육기관의 지정 취소 또는 업무의 정지
> 3. 제19조의 규정에 의한 경비업 허가의 취소 또는 영업정지
> 4. 제20조 제1항 또는 제2항의 규정에 의한 경비지도사 자격의 취소 또는 정지

55 경비업법령상 청문 절차를 반드시 거쳐야만 하는 경우가 <u>아닌</u> 것은? • 제15회 기출

① 현장배치 경비원에 대한 감독을 수행하지 않아 받은 경비지도사의 자격정지처분
② 경비원의 업무수행 중 제3자에게 입힌 손해에 대한 경비업자의 배상
③ 허가 없이 경비업무를 변경하여 받은 경비업의 영업정지처분
④ 결격사유에 해당되는 경비원 채용이 적발되어 받은 경비업 허가의 취소처분

해설 경비원의 업무수행 중 제3자에게 입힌 손해에 대한 경비업자의 배상은 청문대상이 아니다. 손해배상을 하지 아니하여 행정처분대상이 되는 경우 청문대상이 된다.

정답 52 ① 53 ④ 54 ③ 55 ②

56 경비업법령상 청문을 실시하여야 하는 경우로 옳지 않은 것은?

• 제20회 기출

① 관할 경찰관서장의 배치폐지 명령에 따르지 아니하여 경비업 허가의 취소처분을 하고자 하는 경우
② 경비업자가 집단민원현장에 특수경비원 명부를 작성·비치하지 않아 9개월 영업정지처분을 하고자 하는 경우
③ 경비지도사가 자격정지 기간 중에 경비지도사로 선임되어 활동하다가 적발되어 경비지도사 자격취소처분을 하고자 하는 경우
④ 경비현장에 배치된 경비원에 대한 순회점검 및 감독을 수행하지 않아 경비지도사 자격정지처분을 하고자 하는 경우

해설 집단민원현장에 일반경비원 명부를 작성·비치하지 않은 때의 행정처분은 1차 위반 시 영업정지 1개월, 2차 위반 시 영업정지 3개월, 3차 이상 위반 시 허가취소이다. 경비업자에게 영업정지처분을 하고자 하는 경우에는 청문을 하여야 하나, 제시된 9개월 영업정지처분은 법이 정한 6개월 이하의 영업정지처분에 어긋나고 또한 특수경비원의 명부가 아닌 일반경비원의 명부를 비치해야 한다.

57 경비업법령상 경찰청장 또는 시·도경찰청장이 청문을 실시하고 처분을 하여야 하는 경우를 모두 고른 것은?

ㄱ. 경비업 허가의 취소
ㄴ. 경비업의 영업허가
ㄷ. 경비지도사 자격의 취소
ㄹ. 경비지도사 자격의 정지

① ㄱ, ㄴ
② ㄱ, ㄷ, ㄹ
③ ㄴ, ㄷ, ㄹ
④ ㄱ, ㄴ, ㄷ, ㄹ

해설 ㄴ. 경비업의 영업허가는 금지의 해제로, 수익적 행정처분이기 때문에 청문대상이 아니다. 청문은 행정기관이 불이익한 조치에 대한 행정처분 등을 행하는 데 있어 그 필요성·타당성을 판단하기 위하여 상대방·이해관계인·증인·감정인 등의 변명이나 의견 등을 청취하고 증거를 제출하게 함으로써 사실을 조사하는 절차이다.

> 법 제21조 【청문】 경찰청장 또는 시·도경찰청장은 다음 각 호의 어느 하나에 해당하는 처분을 하고자 하는 경우에는 청문을 실시하여야 한다.
> 1. 제11조의4에 따른 경비지도사 교육기관의 지정 취소 또는 업무의 정지
> 2. 제13조의3에 따른 경비원 교육기관의 지정 취소 또는 업무의 정지
> 3. 제19조의 규정에 의한 경비업 허가의 취소 또는 영업정지
> 4. 제20조 제1항 또는 제2항의 규정에 의한 경비지도사 자격의 취소 또는 정지

58 경비업법령상 경찰청장 또는 시·도경찰청장이 다음 내용의 위반에 따른 행정처분을 하고자 하는 경우에 청문을 실시하지 <u>않아도</u> 되는 것은? (단, 집단민원현장이 아니다)

① 경비업자가 시·도경찰청장의 허가 없이 경비업무를 변경한 경우
② 시설주가 무기의 적정한 관리를 위한 관할 경찰관서장의 명령을 정당한 사유 없이 이행하지 아니한 경우
③ 경비지도사가 규정에 의한 직무를 성실하게 수행하지 아니한 경우
④ 경비지도사가 경비지도사 자격증을 다른 사람에게 빌려주거나 양도한 경우

> **해설** 관할 경찰관서장은 무기의 적정한 관리를 위하여 규정에 의하여 무기를 대여받은 시설주에 대하여 필요한 명령을 발할 수 있다. 관할 경찰관서장의 명령을 위반한 경우 시설주에게는 500만 원 이하의 과태료를 부과한다. 과태료 부과 시에는 청문 규정이 없다.
> ① 경비업 영업정지 또는 허가취소 사유, ③ 경비지도사의 자격정지 사유, ④ 경비지도사의 자격취소 사유에 해당하는 경우로 각각 규정에 의한 청문 절차가 필요하다.

59 경비업법령상 경찰청장 또는 시·도경찰청장이 청문을 실시해야 하는 경우에 해당하지 <u>않는</u> 것은?

• 제16회 기출

① 경비업 법인 임원 선임 취소
② 경비지도사 자격의 정지
③ 경비업 영업정지
④ 경비업 허가의 취소

> **해설** 경비업 법인 임원 선임 취소는 시·도경찰청장에게 신고하여야 하는 경우이다.

> 법 제21조【청문】경찰청장 또는 시·도경찰청장은 다음 각 호의 어느 하나에 해당하는 처분을 하고자 하는 경우에는 청문을 실시하여야 한다.
> 1. 제11조의4에 따른 경비지도사 교육기관의 지정 취소 또는 업무의 정지
> 2. 제13조의3에 따른 경비원 교육기관의 지정 취소 또는 업무의 정지
> 3. 제19조의 규정에 의한 경비업 허가의 취소 또는 영업정지
> 4. 제20조 제1항 또는 제2항의 규정에 의한 경비지도사 자격의 취소 또는 정지

56 ②   57 ②   58 ②   59 ①   **정답**

60 경비업법에 관한 설명으로 옳지 않은 것은?

• 제18회 기출

① 시 · 도경찰청장이 경비업 허가의 취소 또는 영업정지를 하고자 하는 경우에는 청문을 실시하여야 한다.
② 시 · 도경찰청장은 경비지도사의 자격을 정지하는 때에는 청문을 실시하지 않는다.
③ 경찰청장은 경비지도사의 자격을 정지하는 때에는 그 정지기간 동안 경비지도사 자격증을 회수하여 보관한다.
④ 허가관청은 경비업자가 영업정지처분을 받고 계속하여 영업을 한 때에는 그 허가를 취소하여야 한다.

해설 경찰청장 또는 시 · 도경찰청장은 경비지도사의 자격을 정지하는 때에는 청문을 실시하여야 한다.

> 법 제19조【경비업 허가의 취소 등】① 허가관청은 경비업자가 다음 각 호의 어느 하나에 해당하는 때에는 그 허가를 취소하여야 한다.
> 1. 허위 그 밖의 부정한 방법으로 허가를 받은 때
> 2. 제7조 제5항의 규정에 위반하여 허가받은 경비업무 외의 업무에 경비원을 종사하게 한 때
> 3. 제7조 제9항의 규정에 위반하여 경비업 및 경비관련업 외의 영업을 한 때
> 4. 정당한 사유 없이 허가를 받은 날부터 2년 이내에 경비 도급실적이 없거나 계속하여 1년 이상 휴업한 때
> 5. 정당한 사유 없이 최종 도급계약 종료일의 다음 날부터 2년 이내에 경비 도급실적이 없을 때
> 6. 영업정지처분을 받고 계속하여 영업을 한 때
> 7. 제15조의2 제2항을 위반하여 소속 경비원으로 하여금 경비업무의 범위를 벗어난 행위를 하게 한 때
> 8. 제18조 제8항에 따른 관할 경찰관서장의 배치폐지 명령에 따르지 아니한 때
>
> 법 제20조【경비지도사 자격의 취소 등】③ 경찰청장은 제1항의 규정에 의하여 경비지도사의 자격을 취소한 때에는 경비지도사 자격증을 회수하여야 하고, 제2항의 규정에 의하여 경비지도사의 자격을 정지한 때에는 그 정지기간 동안 경비지도사 자격증을 회수하여 보관하여야 한다.
>
> 법 제21조【청문】경찰청장 또는 시 · 도경찰청장은 다음 각 호의 어느 하나에 해당하는 처분을 하고자 하는 경우에는 청문을 실시하여야 한다.
> 1. 제11조의4에 따른 경비지도사 교육기관의 지정 취소 또는 업무의 정지
> 2. 제13조의3에 따른 경비원 교육기관의 지정 취소 또는 업무의 정지
> 3. 제19조의 규정에 의한 경비업 허가의 취소 또는 영업정지
> 4. 제20조 제1항 또는 제2항의 규정에 의한 경비지도사 자격의 취소 또는 정지

정답 60 ②

에듀윌이 너를 지지할게

ENERGY

우리는 기회를 기다리는 사람이 되기 전에
기회를 얻을 수 있는 실력을 갖춰야 한다.
일에 더 열중하는 사람이 되어야 한다.

– 안창호

PART 1 경비업법

CHAPTER 05 경비협회

제1절 경비협회
제2절 공제사업

최근 13개년 출제비중

4.0%

학습 TIP

- ☑ 최근 5년간 경비협회의 공제사업에 관한 내용이 지속적으로 출제되고 있음을 유의해야 한다.
- ☑ 경비협회의 업무와 공제사업의 내용을 비교하여 분석하고, 공제규정 및 공제사업의 감독 중 권한자에 대하여 반드시 숙지해야 한다.

POINT CHAPTER 내 절별 출제비중

01 경비협회 — 69%
02 공제사업 — 31%

CHAPTER 05 경비협회

최신 개정
법령 확인

제1절 경비협회

1. 경비협회의 설립 ★★☆

(1) 설립목적

경비업자는 경비업무의 건전한 발전과 경비원의 자질향상 및 교육훈련 등을 위하여 대통령령이 정하는 바에 따라 경비협회를 설립할 수 있다(경비업법 제22조 제1항).

(2) 정관 작성

경비업자가 「경비업법」에 따라 경비협회(이하 "협회"라 한다)를 설립하려는 경우에는 정관을 작성하여야 한다(경비업법 시행령 제26조 제1항).

(3) 회비

협회는 정관이 정하는 바에 의하여 회원으로부터 회비를 징수할 수 있다(경비업법 시행령 제26조 제2항).

2. 경비협회의 법적 성격과 업무 ★☆☆

(1) 법적 성격

① 경비협회는 법인으로 한다(경비업법 제22조 제2항).
② 경비협회에 관하여 「경비업법」에 특별한 규정이 있는 것을 제외하고는 **「민법」 중 사단법인에 관한 규정을 준용**한다(경비업법 제22조 제4항).

(2) 업무(경비업법 제22조 제3항) ★★☆

① 경비업무의 연구
② 경비원 교육·훈련 및 그 연구
③ 경비원의 후생·복지에 관한 사항
④ 경비진단에 관한 사항
⑤ 그 밖에 경비업무의 건전한 운영과 육성에 관하여 필요한 사항

심화학습

발기인 5인 이상 요건 폐지
경비협회 설립 시 요구되던 발기인 5인 이상 요건을 폐지함으로써 경비협회 설립과 관련된 국민의 결사의 자유를 최대한 보장할 수 있게 되었다.

법인(法人)
자연인이 아니고 법률상으로 인격을 인정받아 권리능력을 부여받은 주체를 말한다. 그중 사단법인은 일정한 목적을 위하여 결합한 사람의 단체를 실체로 하는 법률에 의하여 법률적인 권리와 의무의 주체로 인정을 받은 법인을 말한다.

핵심 기출문제

01 경비업법령상 경비협회에 관한 설명으로 옳은 것은? · 제26회 기출

① 경비지도사는 경비업무의 건전한 발전 등을 위하여 경비협회를 설립할 수 있다.
② 경비협회를 설립하려는 경우에는 정관을 작성하여야 한다.
③ 경비업법에 특별한 규정이 있는 것을 제외하고는 민법 중 재단법인에 관한 규정을 준용한다.
④ 경비협회는 관할 경찰관서장의 허가를 받아 회원으로부터 회비를 징수할 수 있다.

해설 ① 경비업자는 경비업무의 건전한 발전 등을 위하여 경비협회를 설립할 수 있다.
③ 「경비업법」에 특별한 규정이 있는 것을 제외하고는 「민법」 중 사단법인에 관한 규정을 준용한다.
④ 경비협회는 정관이 정하는 바에 의하여 회원으로부터 회비를 징수할 수 있다.

정답 ②

제2절 공제사업

1. 목적 ★★★

(1) 사업내용

경비협회는 다음의 공제사업을 할 수 있다(경비업법 제23조 제1항).
① 경비업자의 손해배상책임을 보장하기 위한 사업
② 경비업자가 경비업을 운영할 때 필요한 입찰보증, 계약보증(이행보증을 포함한다), 하도급보증을 위한 사업
③ 경비원의 복지향상과 업무상 재해로 인한 손실을 보상하는 사업
④ 경비업무와 관련한 연구 및 경비원 교육·훈련에 관한 사업

(2) 회계 구분

협회는 「경비업법」에 의하여 공제사업(경비업법 제23조 제1항)을 하는 경우 공제사업의 회계는 다른 사업의 회계와 구분하여 **경리하여야 한다**(경비업법 시행령 제27조 제1항).

2. 공제규정

(1) 제정

경비협회는 공제사업을 하고자 하는 때에는 공제규정을 제정하여야 한다(경비업법 제23조 제2항).

(2) 내용

공제규정에는 공제사업의 범위, 공제계약의 내용, 공제금, 공제료 및 공제금에 충당하기 위한 책임준비금 등 공제사업의 운영에 관하여 필요한 사항을 정하여야 한다(경비업법 제23조 제3항).

3. 감독 ★★★

(1) 감독기준

경찰청장은 공제사업의 건전한 육성과 가입자의 보호를 위하여 공제사업의 감독에 관한 기준을 정할 수 있다(경비업법 제23조 제4항).

(2) 협의

경찰청장은 공제규정을 승인하거나 공제사업의 감독에 관한 기준을 정하는 경우에는 미리 금융위원회와 협의하여야 한다(경비업법 제23조 제5항).

(3) 검사 요청

경찰청장은 공제사업에 대하여 「금융위원회의 설치 등에 관한 법률」에 따른 금융감독원의 원장에게 검사를 요청할 수 있다(경비업법 제23조 제6항).

핵심 기출문제

02 경비업법령상 경비협회의 공제사업에 관한 설명으로 옳지 않은 것은?

• 제26회 기출

① 경비협회는 공제사업을 하고자 하는 때에는 공제사업의 운영에 관하여 필요한 사항에 대하여 공제규정을 제정하여야 한다.
② 경비협회는 공제사업의 회계를 다른 사업의 회계와 구분하여 경리하여야 한다.
③ 경찰청장은 공제사업에 대하여 금융위원회에게 검사를 요청할 수 있다.
④ 경찰청장은 공제사업의 건전한 육성과 가입자의 보호를 위하여 공제사업의 감독에 관한 기준을 정할 수 있다.

해설 경찰청장은 공제사업에 대하여 「금융위원회의 설치 등에 관한 법률」에 따른 금융감독원의 원장에게 검사를 요청할 수 있다.

정답 ③

:: 보충학습 주요 쟁점: 경비협회(설립할 수 있음)

1. 설립목적: 대통령령으로 정함
2. '할 수 있다'와 '하여야 한다'의 비교

할 수 있다	• 회비징수(정관으로 정함) • 공제사업의 감독에 관한 기준 • 공제사업에 대한 검사 요청(경찰청장이 금융감독원의 원장에게 검사 요청)
하여야 한다	• 정관 작성 • 회계 구분 • 공제규정 제정 • 공제규정의 승인 협의(경찰청장은 미리 금융위원회와 협의)

CHAPTER 05

경비협회 중요내용 O X 문제

제1절 경비협회

01 경비업자는 경비업무의 건전한 발전과 경비원의 자질향상 및 교육훈련 등을 위하여 대통령령이 정하는 바에 따라 경비협회를 설립할 수 있다.

02 경비협회는 법인으로 한다.

03 경비협회에 관하여 경비업법에 특별한 규정이 있는 것을 제외하고는 민법 중 재단법인에 관한 규정을 준용한다.

04 경비진단에 관한 사항은 경비협회의 업무가 아니다.

05 경비협회는 정관이 정하는 바에 의하여 회원으로부터 회비를 징수한다.

제2절 공제사업

06 경비협회는 경비업자의 손해배상책임을 보장하기 위하여 대통령령이 정하는 바에 따라 공제사업을 하여야 한다.

07 경비협회는 경비원의 복지향상을 위한 공제사업을 할 수 없다.

08 경비협회는 경비업자가 경비업을 운영할 때 필요한 입찰보증, 계약보증(이행보증을 포함한다), 하도급보증을 위한 사업의 공제사업을 할 수 있다.

09 공제규정에는 공제사업의 범위, 공제계약의 내용 등 공제사업의 운영에 관하여 필요한 사항을 정하여야 한다.

10 경비협회가 법 규정에 의하여 공제사업을 하는 경우 공제사업의 회계는 다른 사업의 회계와 구분하여 경리하여야 한다.

11 시 · 도경찰청장은 공제규정을 승인하거나 공제사업의 감독에 관한 기준을 정하는 경우에는 미리 금융위원회와 협의하여야 한다.

12 경찰청장은 공제사업의 건전한 육성을 위하여 공제사업의 감독에 관한 기준을 경비협회와 협의하여 정한다.

13 경찰청장은 공제사업에 대하여 금융감독원 원장에게 감사를 요청할 수 있다.

OX 정답   01 ○   02 ○   03 ×   04 ×   05 ×   06 ×   07 ×   08 ○   09 ○   10 ○   11 ×
12 ×   13 ×

X 해설
03 경비협회에 관하여 「경비업법」에 특별한 규정이 있는 것을 제외하고는 「민법」 중 사단법인에 관한 규정을 준용한다.
04 경비진단에 관한 사항은 경비협회의 업무에 해당한다.
05 경비협회는 정관이 정하는 바에 의하여 회원으로부터 회비를 징수할 수 있다.
06 경비협회는 경비업자의 손해배상책임을 보장하기 위하여 공제사업을 할 수 있다.
07 경비협회는 경비원의 복지향상과 업무상 재해로 인한 손실을 보상하는 사업을 위한 공제사업을 할 수 있다.
11 시 · 도경찰청장이 아닌 경찰청장이 협의해야 한다.
12 경찰청장은 공제사업의 건전한 육성을 위하여 공제사업의 감독에 관한 기준을 미리 금융위원회와 협의하여야 한다.
13 감사가 아닌 검사를 요청할 수 있다.

CHAPTER 05 경비협회

기출 및 예상문제

제1절 경비협회

01 경비업법령상 경비협회에 관한 설명으로 옳은 것은? · 제25회 기출

① 경비업자는 행정안전부령이 정하는 바에 따라 경비협회를 설립할 수 있다.
② 경비협회는 경비업법에 특별한 규정이 있는 경우를 제외하고는 민법 중 사단법인에 관한 규정을 준용한다.
③ 경비협회는 회원으로부터 회비를 징수할 수 없다.
④ 경비진단에 관한 사항은 경비협회의 업무가 아니다.

해설 ① 경비업자는 경비업무의 건전한 발전과 경비원의 자질향상 및 교육훈련 등을 위하여 대통령령이 정하는 바에 따라 경비협회를 설립할 수 있다.
③ 경비협회는 정관이 정하는 바에 의하여 회원으로부터 회비를 징수할 수 있다.
④ 경비진단에 관한 사항은 경비협회의 업무에 해당한다.

> 법 제22조【경비협회】① 경비업자는 경비업무의 건전한 발전과 경비원의 자질향상 및 교육훈련 등을 위하여 대통령령이 정하는 바에 따라 경비협회를 설립할 수 있다.
> ② 경비협회는 법인으로 한다.
> ③ 경비협회의 업무는 다음과 같다.
> 1. 경비업무의 연구
> 2. 경비원 교육·훈련 및 그 연구
> 3. 경비원의 후생·복지에 관한 사항
> 4. 경비진단에 관한 사항
> 5. 그 밖에 경비업무의 건전한 운영과 육성에 관하여 필요한 사항
> ④ 경비협회에 관하여 이 법에 특별한 규정이 있는 것을 제외하고는 「민법」 중 사단법인에 관한 규정을 준용한다.
> 영 제26조【경비협회】① 경비업자가 법 제22조 제1항에 따라 경비협회(이하 "협회"라 한다)를 설립하려는 경우에는 정관을 작성하여야 한다.
> ② 협회는 정관이 정하는 바에 의하여 회원으로부터 회비를 징수할 수 있다.

02 경비업법령상 경비협회에 관한 설명으로 옳지 않은 것은?

• 제24회 기출

① 경비업자는 경비업무의 건전한 발전과 경비원의 자질향상 및 교육훈련 등을 위하여 대통령령이 정하는 바에 따라 경비협회를 설립할 수 있다.
② 경비협회에 관하여 경비업법에 특별한 규정이 있는 것을 제외하고는 민법 중 조합에 관한 규정을 준용한다.
③ 경비협회의 업무로는 경비원의 후생·복지에 관한 사항도 포함된다.
④ 경비협회는 법인으로 한다.

해설 경비협회에 관하여 「경비업법」에 특별한 규정이 있는 것을 제외하고는 「민법」 중 사단법인에 관한 규정을 준용한다.

> 법 제22조 【경비협회】 ① 경비업자는 경비업무의 건전한 발전과 경비원의 자질향상 및 교육훈련 등을 위하여 대통령령이 정하는 바에 따라 경비협회를 설립할 수 있다.
> ② 경비협회는 법인으로 한다.
> ③ 경비협회의 업무는 다음과 같다.
> 1. 경비업무의 연구
> 2. 경비원 교육·훈련 및 그 연구
> 3. 경비원의 후생·복지에 관한 사항
> 4. 경비진단에 관한 사항
> 5. 그 밖에 경비업무의 건전한 운영과 육성에 관하여 필요한 사항
> ④ 경비협회에 관하여 이 법에 특별한 규정이 있는 것을 제외하고는 「민법」 중 사단법인에 관한 규정을 준용한다.

정답 01 ② 02 ②

03 경비업법령상 경비협회에 관한 설명으로 옳지 않은 것은?

• 제20회, 제21회 기출

① 경비업자는 경비업무의 건전한 발전과 경비원의 자질향상 및 교육훈련 등을 위하여 대통령령이 정하는 바에 따라 경비협회를 설립할 수 있다.
② 협회는 정관이 정하는 바에 의하여 회원으로부터 회비를 징수할 수 있다.
③ 경비협회의 업무에는 경비업무의 연구도 포함된다.
④ 경비협회에 관한 경비업법에 특별한 규정이 있는 것을 제외하고는 민법 중 재단법인에 관한 규정을 준용한다.

> **해설** 경비협회에 관한 「경비업법」에 특별한 규정이 있는 것을 제외하고는 「민법」 중 사단법인에 관한 규정을 준용한다.

> **법 제22조 【경비협회】** ① 경비업자는 경비업무의 건전한 발전과 경비원의 자질향상 및 교육훈련 등을 위하여 대통령령이 정하는 바에 따라 경비협회를 설립할 수 있다.
> ② 경비협회는 법인으로 한다.
> ③ 경비협회의 업무는 다음과 같다.
> 1. 경비업무의 연구
> 2. 경비원 교육·훈련 및 그 연구
> 3. 경비원의 후생·복지에 관한 사항
> 4. 경비진단에 관한 사항
> 5. 그 밖에 경비업무의 건전한 운영과 육성에 관하여 필요한 사항
> ④ 경비협회에 관하여 이 법에 특별한 규정이 있는 것을 제외하고는 「민법」 중 사단법인에 관한 규정을 준용한다.
>
> **영 제26조 【경비협회】** ① 경비업자가 법 제22조 제1항에 따라 경비협회(이하 "협회"라 한다)를 설립하려는 경우에는 정관을 작성하여야 한다.
> ② 협회는 정관이 정하는 바에 의하여 회원으로부터 회비를 징수할 수 있다.

04 경비업법령상 경비협회, 공제사업에 관한 설명으로 옳지 않은 것은?

• 제18회 기출

① 경비협회는 법인으로 한다.
② 경비협회는 정관이 정하는 바에 의하여 회원으로부터 회비를 징수할 수 있다.
③ 경찰청장은 경비협회의 공제규정을 승인하는 때에는 미리 금융위원회와 협의하여야 한다.
④ 경비협회에 관하여 경비업법에 특별한 규정이 있는 것을 제외하고는 민법 중 재단법인에 관한 규정을 준용한다.

> **해설** 경비협회에 관하여 「경비업법」에 특별한 규정이 있는 것을 제외하고는 「민법」 중 사단법인에 관한 규정을 준용한다(경비업법 제22조 제4항).

05 경비업법령상 경비협회에 관한 설명으로 옳지 않은 것은?

• 제19회 기출

① 경비협회는 행정안전부령이 정하는 바에 의하여 회원으로부터 회비를 징수할 수 있다.
② 경비협회는 경비업자의 손해배상책임을 보장하기 위한 사업의 공제사업을 할 수 있다.
③ 경비협회에 관하여 경비업법에 특별한 규정이 있는 것을 제외하고는 민법상 사단법인에 관한 규정을 준용한다.
④ 경비협회가 공제사업을 하고자 하는 때에는 공제규정을 제정하여야 하고, 경찰청장이 이 공제규정을 승인하는 경우에는 미리 금융감독위원회와 협의를 하여야 한다.

해설 경비협회는 정관이 정하는 바에 의하여 회원으로부터 회비를 징수할 수 있다.
④ 현행 시행법에 근거하면 '금융감독위원회'가 아니라 '금융위원회'가 더 정확한 표현이다. 그러나 시험시행기관은 ①만 정답으로 인정하였다.

> 법 제22조【경비협회】 ④ 경비협회에 관하여 이 법에 특별한 규정이 있는 것을 제외하고는 「민법」 중 사단법인에 관한 규정을 준용한다.
> 법 제23조【공제사업】 ① 경비협회는 다음 각 호의 공제사업을 할 수 있다.
>   1. 제26조에 따른 경비업자의 손해배상책임을 보장하기 위한 사업
>   2. 경비업자가 경비업을 운영할 때 필요한 입찰보증, 계약보증(이행보증을 포함한다), 하도급보증을 위한 사업
>   3. 경비원의 복지향상과 업무상 재해로 인한 손실을 보상하는 사업
>   4. 경비업무와 관련한 연구 및 경비원 교육·훈련에 관한 사업
>   ④ 경찰청장은 제1항에 따른 공제사업의 건전한 육성과 가입자의 보호를 위하여 공제사업의 감독에 관한 기준을 정할 수 있다.
>   ⑤ 경찰청장은 제2항에 따른 공제규정을 승인하거나 제4항에 따라 공제사업의 감독에 관한 기준을 정하는 경우에는 미리 금융위원회와 협의하여야 한다.
> 영 제26조【경비협회】 ② 협회는 정관이 정하는 바에 의하여 회원으로부터 회비를 징수할 수 있다.

03 ④   04 ④   05 ①   **정답**

06 경비업법령상 경비협회에 관한 설명으로 옳은 것은?

• 제17회 기출

① 경비협회를 설립하려면 경비업자 10인 이상으로 구성된 발기인을 필요로 한다.
② 경비협회의 업무에는 경비진단에 관한 사항도 포함된다.
③ 경비협회는 공익법인이므로 회원으로부터 회비를 징수하여서는 아니 된다.
④ 경비협회에 관하여 경비업법에 특별한 규정이 있는 것을 제외하고는 민법 중 재단법인에 관한 규정을 준용한다.

> **해설** ① 종전에는 5인 이상의 발기인 규정이 있었으나, 규제 완화로 인해 해당 규정이 삭제되었다.
> ③ 경비협회는 정관이 정하는 바에 의하여 회원으로부터 회비를 징수할 수 있다.
> ④ 경비협회에 관하여 「경비업법」에 특별한 규정이 있는 것을 제외하고는 「민법」 중 사단법인에 관한 규정을 준용한다.

> 법 제22조【경비협회】① 경비업자는 경비업무의 건전한 발전과 경비원의 자질향상 및 교육훈련 등을 위하여 대통령령이 정하는 바에 따라 경비협회를 설립할 수 있다.
> ② 경비협회는 법인으로 한다.
> ③ 경비협회의 업무는 다음과 같다.
> 1. 경비업무의 연구
> 2. 경비원 교육·훈련 및 그 연구
> 3. 경비원의 후생·복지에 관한 사항
> 4. 경비진단에 관한 사항
> 5. 그 밖에 경비업무의 건전한 운영과 육성에 관하여 필요한 사항
> ④ 경비협회에 관하여 이 법에 특별한 규정이 있는 것을 제외하고는 「민법」 중 사단법인에 관한 규정을 준용한다.
> 영 제26조【경비협회】① 경비업자가 법 제22조 제1항에 따라 경비협회(이하 "협회"라 한다)를 설립하려는 경우에는 정관을 작성하여야 한다.
> ② 협회는 정관이 정하는 바에 의하여 회원으로부터 회비를 징수할 수 있다.

07 경비업법령상 경비협회에 관한 설명으로 옳지 <u>않은</u> 것은?

① 경비협회는 경비업무의 연구와 경비원 교육·훈련을 업무로 한다.
② 경비협회는 경비원의 후생·복지에 관한 사항을 업무로 한다.
③ 경비협회는 법인으로 한다.
④ 경비협회에 관하여 경비업법에 특별한 규정이 있는 것을 제외하고는 민법 중 재단법인에 관한 규정을 준용한다.

> **해설** 경비협회에 관하여 「경비업법」에 특별한 규정이 있는 것을 제외하고는 「민법」 중 사단법인에 관한 규정을 준용한다(경비업법 제22조 제4항).

08 경비업법령상 경비협회에 관한 설명으로 옳은 것은?

① 경비업자 5인 이상이 발기인이 되어 경비협회를 설립할 수 있다.
② 경비협회는 정관이 정하는 바에 의하여 회비를 징수한다.
③ 경비협회는 경비업자의 손해배상책임을 보장하기 위하여 공제사업을 할 수 있다.
④ 경비협회에 관하여 경비업법에 특별한 규정이 있는 것을 제외하고는 민법 중 재단법인에 관한 규정을 준용한다.

해설 ① 경비협회 설립 시 요구되던 발기인 5인 이상의 요건을 폐지함으로써 경비협회 설립과 관련된 국민의 결사의 자유를 최대한 보장할 수 있도록 하였다.
② 경비협회는 정관이 정하는 바에 의하여 회비를 징수할 수 있다.
④ 경비협회에 관하여 「경비업법」에 특별한 규정이 있는 것을 제외하고는 「민법」 중 사단법인에 관한 규정을 준용한다.

> 법 제22조 【경비협회】 ④ 경비협회에 관하여 이 법에 특별한 규정이 있는 것을 제외하고는 「민법」 중 사단법인에 관한 규정을 준용한다.
> 법 제23조 【공제사업】 ① 경비협회는 다음 각 호의 공제사업을 할 수 있다.
> 　1. 제26조에 따른 경비업자의 손해배상책임을 보장하기 위한 사업
> 　2. 경비업자가 경비업을 운영할 때 필요한 입찰보증, 계약보증(이행보증을 포함한다), 하도급보증을 위한 사업
> 　3. 경비원의 복지향상과 업무상 재해로 인한 손실을 보상하는 사업
> 　4. 경비업무와 관련한 연구 및 경비원 교육·훈련에 관한 사업
> 영 제26조 【경비협회】 ① 경비업자가 법 제22조 제1항에 따라 경비협회(이하 "협회"라 한다)를 설립하려는 경우에는 정관을 작성하여야 한다.
> ② 협회는 정관이 정하는 바에 의하여 회원으로부터 회비를 징수할 수 있다.

09 경비업법령상 경비협회의 업무사항으로 옳지 않은 것은?

① 경비업 허가에 관한 사항
② 경비원의 후생·복지에 관한 사항
③ 경비업무의 연구
④ 경비원의 교육·훈련 및 그 연구

해설 경비업 허가에 관한 사항은 시·도경찰청장의 권한으로, 경비협회의 업무사항이 아니다.

06 ②　07 ④　08 ③　09 ①　**정답**

10 경비업법상 경비협회의 업무에 해당하지 않는 것은?

• 제19회 기출

① 경비원의 후생·복지에 관한 사항
② 경비진단에 관한 사항
③ 경비지도사의 지도·감독
④ 경비원 교육·훈련 및 그 연구

해설 경찰청장 또는 시·도경찰청장은 경비업무의 적정한 수행을 위하여 경비업자 및 경비지도사를 지도·감독하며 필요한 명령을 할 수 있다(경비업법 제24조 제1항).

> 법 제22조【경비협회】③ 경비협회의 업무는 다음과 같다.
> 1. 경비업무의 연구
> 2. 경비원 교육·훈련 및 그 연구
> 3. 경비원의 후생·복지에 관한 사항
> 4. 경비진단에 관한 사항
> 5. 그 밖에 경비업무의 건전한 운영과 육성에 관하여 필요한 사항

11 경비업법령상 경비협회의 업무에 해당하는 것은?

① 경비업 허가에 관한 사항
② 경비진단에 관한 사항
③ 경비지도사의 지도·감독
④ 경비지도사 및 경비원의 신분증명서의 발급

해설 경비진단에 관한 사항이 경비협회의 업무에 해당한다.

> 법 제22조【경비협회】③ 경비협회의 업무는 다음과 같다.
> 1. 경비업무의 연구
> 2. 경비원 교육·훈련 및 그 연구
> 3. 경비원의 후생·복지에 관한 사항
> 4. 경비진단에 관한 사항
> 5. 그 밖에 경비업무의 건전한 운영과 육성에 관하여 필요한 사항

12 경비업법령상 경비협회의 업무 등에 관한 내용으로 옳지 <u>않은</u> 것은? • 제18회 기출

① 경비협회의 업무에는 경비원의 후생·복지에 관한 사항이 포함된다.
② 경비협회는 경비업자가 경비업을 운영할 때 필요한 이행보증을 포함한 계약보증을 위한 공제사업을 할 수 있다.
③ 경비업자는 경비업무의 건전한 발전과 경비원의 자질향상 및 교육훈련 등을 위하여 행정안전부령이 정하는 바에 따라 경비협회를 설립할 수 있다.
④ 경찰청장은 경비업법에 따른 공제사업의 건전한 육성과 가입자의 보호를 위하여 공제사업의 감독에 관한 기준을 정할 수 있다.

해설 경비업자는 경비업무의 건전한 발전과 경비원의 자질향상 및 교육훈련 등을 위하여 대통령령이 정하는 바에 따라 경비협회를 설립할 수 있다(경비업법 제22조 제1항).

> **법 제22조 【경비협회】** ① 경비업자는 경비업무의 건전한 발전과 경비원의 자질향상 및 교육훈련 등을 위하여 대통령령이 정하는 바에 따라 경비협회를 설립할 수 있다.
> ③ 경비협회의 업무는 다음과 같다.
> 1. 경비업무의 연구
> 2. 경비원 교육·훈련 및 그 연구
> 3. 경비원의 후생·복지에 관한 사항
> 4. 경비진단에 관한 사항
> 5. 그 밖에 경비업무의 건전한 운영과 육성에 관하여 필요한 사항
>
> **법 제23조 【공제사업】** ① 경비협회는 다음 각 호의 공제사업을 할 수 있다.
> 1. 제26조에 따른 경비업자의 손해배상책임을 보장하기 위한 사업
> 2. 경비업자가 경비업을 운영할 때 필요한 입찰보증, 계약보증(이행보증을 포함한다), 하도급보증을 위한 사업
> 3. 경비원의 복지향상과 업무상 재해로 인한 손실을 보상하는 사업
> 4. 경비업무와 관련한 연구 및 경비원 교육·훈련에 관한 사업
> ④ 경찰청장은 제1항에 따른 공제사업의 건전한 육성과 가입자의 보호를 위하여 공제사업의 감독에 관한 기준을 정할 수 있다.

정답 10 ③ 11 ② 12 ③

제2절 공제사업

13 경비업법령상 경비협회의 공제사업에 관한 설명으로 옳지 않은 것은? • 제25회 기출

① 경비협회는 공제사업을 하는 경우 공제사업의 회계는 다른 사업의 회계와 통합하여 경리하여야 한다.
② 경비협회는 경비원의 복지향상과 업무상 재해로 인한 손실을 보상하는 공제사업을 할 수 있다.
③ 경비협회는 경비업자의 손해배상책임을 보장하기 위한 공제사업을 할 수 있다.
④ 경비협회는 경비업을 운영할 때 필요한 입찰보증, 계약보증(이행보증 포함), 하도급보증을 위한 공제사업을 할 수 있다.

> **해설** 경비협회는 공제사업을 하는 경우 공제사업의 회계는 다른 사업의 회계와 구분하여 경리하여야 한다(경비업법 시행령 제27조 제1항).

> 법 제23조【공제사업】① 경비협회는 다음 각 호의 공제사업을 할 수 있다.
> 1. 제26조에 따른 경비업자의 손해배상책임을 보장하기 위한 사업
> 2. 경비업자가 경비업을 운영할 때 필요한 입찰보증, 계약보증(이행보증을 포함한다), 하도급보증을 위한 사업
> 3. 경비원의 복지향상과 업무상 재해로 인한 손실을 보상하는 사업
> 4. 경비업무와 관련한 연구 및 경비원 교육·훈련에 관한 사업
> 영 제27조【공제사업】① 협회는 법 제23조 제1항의 규정에 의하여 공제사업을 하는 경우 공제사업의 회계는 다른 사업의 회계와 구분하여 경리하여야 한다.

14 경비업법령상 경비협회의 공제사업에 관한 내용으로 옳지 않은 것은? • 제24회 기출

① 경비협회는 경비업자의 손해배상책임을 보장하기 위한 공제사업을 할 수 있다.
② 경비협회는 경비원의 복지향상을 위한 공제사업을 할 수 없다.
③ 경비협회는 공제사업을 하고자 하는 때에는 공제규정을 제정하여야 한다.
④ 경비협회는 경비업자가 경비업을 운영할 때 필요한 입찰보증, 계약보증(이행보증을 포함한다), 하도급보증을 위한 공제사업을 할 수 있다.

> **해설** 경비협회는 경비원의 복지향상과 업무상 재해로 인한 손실을 보상하는 사업을 위한 공제사업을 할 수 있다(경비업법 제23조 제1항).

15 경비업법령상 경비협회가 할 수 있는 공제사업에 해당하지 않는 것은? • 제22회 기출

① 경비원의 손해배상책임을 보장하기 위한 사업
② 경비원의 복지향상과 업무상 재해로 인한 손실을 보상하는 사업
③ 경비원 교육·훈련에 관한 사업
④ 경비업자가 경비업을 운영할 때 필요한 하도급보증을 위한 사업

해설 경비협회는 경비업자의 손해배상책임을 보장하기 위한 공제사업을 할 수 있다(경비업법 제23조 제1항).

> 법 제23조【공제사업】① 경비협회는 다음 각 호의 공제사업을 할 수 있다.
> 1. 제26조에 따른 경비업자의 손해배상책임을 보장하기 위한 사업
> 2. 경비업자가 경비업을 운영할 때 필요한 입찰보증, 계약보증(이행보증을 포함한다), 하도급보증을 위한 사업
> 3. 경비원의 복지향상과 업무상 재해로 인한 손실을 보상하는 사업
> 4. 경비업무와 관련한 연구 및 경비원 교육·훈련에 관한 사업

16 경비업법상 경비협회가 할 수 있는 공제사업에 해당하는 것은?

① 경비지도사의 손해배상책임과 형사책임을 보장하기 위한 사업
② 경비원의 손해배상책임을 보장하기 위한 사업
③ 경비업무와 관련한 연구 및 경비원 교육·훈련에 관한 사업
④ 경비업자의 복지향상과 업무상 재해로 인한 손실을 보상하는 사업

해설 ①② 경비협회가 할 수 있는 공제사업은 경비업자의 손해배상책임을 보장하기 위한 사업으로, 경비지도사나 경비원의 손해배상책임과 형사책임의 보장에 대한 명문 규정은 없다.
④ 경비협회는 경비원의 복지향상과 업무상 재해로 인한 손실을 보상하는 공제사업을 할 수 있다.

정답 13 ① 14 ② 15 ① 16 ③

17 경비업법령상 경비협회의 공제사업으로 옳지 않은 것은?

① 경비업자의 손해배상책임을 보장하기 위한 사업
② 경비업자가 경비업을 운영할 때 필요한 입찰보증, 계약보증(이행보증을 포함한다), 하도급보증을 위한 사업
③ 경비업자의 복지향상과 업무상 재해로 인한 손실을 보상하는 사업
④ 경비업무와 관련한 연구 및 경비원 교육·훈련에 관한 사업

해설 경비협회는 경비원의 복지향상과 업무상 재해로 인한 손실을 보상하는 공제사업을 할 수 있다(경비업법 제23조 제1항).

18 경비업법령상 경비협회의 공제사업 중 경비업자가 경비업을 운영할 때 필요한 법정 보증 사업에 해당하지 않는 것은?

① 입찰보증
② 계약보증(이행보증을 포함한다)
③ 하도급보증
④ 하자보증

해설 경비협회는 경비업자가 경비업을 운영할 때 필요한 입찰보증, 계약보증(이행보증을 포함한다), 하도급보증을 위한 공제사업을 할 수 있다.

> 법 제23조【공제사업】① 경비협회는 다음 각 호의 공제사업을 할 수 있다.
> 1. 제26조에 따른 경비업자의 손해배상책임을 보장하기 위한 사업
> 2. 경비업자가 경비업을 운영할 때 필요한 입찰보증, 계약보증(이행보증을 포함한다), 하도급보증을 위한 사업
> 3. 경비원의 복지향상과 업무상 재해로 인한 손실을 보상하는 사업
> 4. 경비업무와 관련한 연구 및 경비원 교육·훈련에 관한 사업

19 경비업법령상 경비협회가 공제사업을 하는 목적으로 옳지 <u>않은</u> 것은?

① 경비원이 업무수행 중 과실로 경비대상에 입힌 손해에 대한 경비업자의 배상책임을 보장하기 위함이다.
② 경비원이 업무수행 중 과실로 제3자에게 입힌 손해에 대한 경비업자의 배상책임을 보장하기 위함이다.
③ 경비원이 업무수행 중 고의로 경비업체에 입힌 손해에 대한 경비업자의 배상책임을 보장하기 위함이다.
④ 경비원이 업무수행 중 고의로 경비대상에 입힌 손해에 대한 경비업자의 배상책임을 보장하기 위함이다.

해설 경비원이 업무수행 중 고의 또는 과실로 손해를 입힌 경우의 손해배상 객체는 경비대상과 제3자이다. 경비업체는 그 객체에 해당하지 않는다.

> 법 제26조 【손해배상 등】 ① 경비업자는 경비원이 업무수행 중 고의 또는 과실로 경비대상에 손해가 발생하는 것을 방지하지 못한 때에는 그 손해를 배상하여야 한다.
> ② 경비업자는 경비원이 업무수행 중 고의 또는 과실로 제3자에게 손해를 입힌 경우에는 이를 배상하여야 한다.

20 경비업법령상 경비협회의 공제사업에 관한 내용 중 옳은 것은?

① 경비협회는 공제사업을 하고자 하는 때에는 공제규정을 제정하여야 한다.
② 경비협회는 공제사업의 건전한 육성과 가입자의 보호를 위하여 공제사업의 감독에 관한 기준을 정할 수 있다.
③ 경찰청장은 공제규정을 승인하거나 공제사업의 감독에 관한 기준을 정하는 경우에는 미리 금융감독원의 원장과 협의하여야 한다.
④ 경비협회는 공제사업에 대하여 금융위원회의 설치 등에 관한 법률에 따른 금융감독원의 원장에게 검사를 요청할 수 있다.

해설 ② 경찰청장은 공제사업의 건전한 육성과 가입자의 보호를 위하여 공제사업의 감독에 관한 기준을 정할 수 있다.
③ 경찰청장은 공제규정을 승인하거나 공제사업의 감독에 관한 기준을 정하는 경우에는 미리 금융위원회와 협의하여야 한다.
④ 경찰청장은 공제사업에 대하여 「금융위원회의 설치 등에 관한 법률」에 따른 금융감독원의 원장에게 검사를 요청할 수 있다.

정답 17 ③　18 ④　19 ③　20 ①

21 경비업법령상 경비협회의 공제사업에 관한 설명으로 옳지 <u>않은</u> 것은?

① 경비협회는 경비업자의 손해배상책임을 보장하기 위한 공제사업을 할 수 있다.
② 경비협회는 공제사업을 하고자 하는 때에는 공제규정을 제정하여야 한다.
③ 경비협회는 공제사업을 하는 경우 공제사업의 회계는 다른 사업의 회계와 구분하여 경리하여야 한다.
④ 경비협회는 손해배상책임의 보장 외의 목적으로는 공제사업을 할 수 없다.

> **해설** 경비협회는 경비업자의 손해배상책임의 보장 외에 경비원의 복지향상과 업무상 재해로 인한 손실보상 등의 목적으로 공제사업을 운영할 수 있다(경비업법 제23조 제1항).

22 경비업법령상 경비협회 공제사업의 공제규정 내용에 해당하는 것을 모두 고른 것은?

> ㄱ. 공제금 및 공제보험의 종류
> ㄴ. 공제사업의 감독에 관한 기준
> ㄷ. 공제료 및 공제금에 충당하기 위한 책임준비금

① ㄱ
② ㄴ
③ ㄷ
④ ㄱ, ㄴ, ㄷ

> **해설** 공제규정에는 공제사업의 범위, 공제계약의 내용, 공제금, 공제료 및 공제금에 충당하기 위한 책임준비금 등 공제사업의 운영에 관하여 필요한 사항을 정하여야 한다(경비업법 제23조 제3항).

23 경비업법령상 공제사업을 하려는 경비협회가 공제규정의 내용으로 정할 수 <u>없는</u> 것은?

• 제21회 기출

① 공제사업의 범위
② 공제계약의 내용
③ 공제사업의 감독에 관한 기준
④ 공제금에 충당하기 위한 책임준비금

> **해설** 공제규정에는 공제사업의 범위, 공제계약의 내용, 공제금, 공제료 및 공제금에 충당하기 위한 책임준비금 등 공제사업의 운영에 관하여 필요한 사항을 정하여야 한다.

> **법 제23조【공제사업】** ② 경비협회는 제1항의 규정에 의한 공제사업을 하고자 하는 때에는 공제규정을 제정하여야 한다.
> ③ 제2항의 공제규정에는 공제사업의 범위, 공제계약의 내용, 공제금, 공제료 및 공제금에 충당하기 위한 책임준비금 등 공제사업의 운영에 관하여 필요한 사항을 정하여야 한다.

24 경비업법령상 경비협회의 공제사업에 관한 설명으로 옳지 <u>않은</u> 것은? • 제23회 기출

① 경비협회는 경비업자가 경비업을 운영할 때 필요한 입찰보증을 위한 공제사업을 할 수 있다.
② 공제규정에는 공제사업의 범위, 공제계약의 내용 등 공제사업의 운영에 관하여 필요한 사항을 정하여야 한다.
③ 경찰청장은 공제규정을 승인하는 경우에는 미리 금융감독원과 협의하여야 한다.
④ 공제사업을 하는 경우 공제사업의 회계는 다른 사업의 회계와 구분하여 경리하여야 한다.

해설 경찰청장은 공제규정을 승인하는 경우에는 미리 금융위원회와 협의하여야 한다.

25 경비업법령상 경비협회 공제사업의 범위 및 감독 등에 관한 설명으로 옳은 것은?

① 공제규정에는 공제사업의 범위, 공제계약의 내용, 공제금, 공제료 및 공제금에 충당하기 위한 책임준비금 등 공제사업의 운영에 관하여 필요한 사항을 정하여야 한다.
② 시·도경찰청장은 공제사업의 건전한 육성과 가입자의 보호를 위하여 공제사업의 감독에 관한 기준을 정할 수 있다.
③ 경찰청장은 공제규정을 승인하거나 공제사업의 감독에 관한 기준을 정하는 경우에는 미리 행정안전부장관과 협의하여야 한다.
④ 경찰청장은 공제사업에 대하여 금융위원회의 설치 등에 관한 법률에 따른 금융위원회에 검사를 요청할 수 있다.

해설 ② 경찰청장은 공제사업의 건전한 육성과 가입자의 보호를 위하여 공제사업의 감독에 관한 기준을 정할 수 있다(경비업법 제23조 제4항).
③ 경찰청장은 공제규정을 승인하거나 공제사업의 감독에 관한 기준을 정하는 경우에는 미리 금융위원회와 협의하여야 한다(경비업법 제23조 제5항).
④ 경찰청장은 공제사업에 대하여 「금융위원회의 설치 등에 관한 법률」에 따른 금융감독원의 원장에게 검사를 요청할 수 있다(경비업법 제23조 제6항).

정답 21 ④ 22 ③ 23 ③ 24 ③ 25 ①

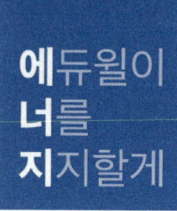

별은 바라보는 자에게 빛을 준다.

– 이영도, 『드래곤 라자』, 황금가지

PART 1 경비업법

CHAPTER 06 보칙

제1절 감독 등

제2절 위임 등

최근 13개년 출제비중

8.0%

학습 TIP

- ☑ 최근 형벌 조항 적용 시 공무원 의제에 관한 내용이 계속 출제되고 있다. 특히 지도·감독의 권한은 자주 출제되는 파트이다.
- ☑ 보안지도·점검과 권한의 위임사항 및 형벌 조항 적용 시 공무원 의제, 민감정보 등을 정확히 이해해야 한다.

POINT | CHAPTER 내 절별 출제비중

- 01 감독 등 — 47%
- 02 위임 등 — 53%

CHAPTER 06 보칙

최신 개정 법령 확인

제1절 감독 등

1. 지도 · 감독 ★★★

① 경찰청장 또는 시·도경찰청장은 경비업무의 적정한 수행을 위하여 경비업자 및 경비지도사를 지도·감독하며 필요한 명령을 **할 수 있다**(경비업법 제24조 제1항).

② 시·도경찰청장 또는 관할 경찰관서장은 소속 경찰공무원으로 하여금 관할 구역 안에 있는 경비업자의 주사무소 및 출장소와 경비원 배치장소에 출입하여 근무상황 및 교육훈련상황 등을 감독하며 필요한 명령을 하게 할 수 있다. 이 경우 출입하는 경찰공무원은 그 권한을 표시하는 증표를 관계인에게 **내보여야 한다**(경비업법 제24조 제2항).

③ 시·도경찰청장 또는 관할 경찰관서장은 경비업자 또는 배치된 경비원이「경비업법」이나「경비업법」에 따른 명령,「폭력행위 등 처벌에 관한 법률」을 위반하는 행위를 하는 경우 그 위반행위의 중지를 **명할 수 있다**(경비업법 제24조 제3항).

④ 시·도경찰청장 또는 관할 경찰관서장은 경비업무 장소가 집단민원현장으로 판단되는 경우에는 그때부터 48시간 이내에 경비업자에게 경비원 배치허가를 받을 것을 **고지하여야 한다**(경비업법 제24조 제4항).

2. 보안지도·점검 등 ★★☆

① 시·도경찰청장은 대통령령이 정하는 바에 따라 특수경비업자에 대하여 보안지도·점검을 실시하여야 하고, 필요한 경우 관계기관에 보안측정을 **요청하여야 한다**(경비업법 제25조).
② 시·도경찰청장은 특수경비업자에 대하여 연 2회 이상의 보안지도·점검을 **실시하여야 한다**(경비업법 시행령 제29조).

핵심 기출문제

01 경비업법령상 감독 및 보안지도·점검에 관한 설명으로 옳지 <u>않은</u> 것은?

• 제26회 기출

① 시·도경찰청장은 경비업무의 적정한 수행을 위하여 경비지도사를 지도·감독하며 필요한 명령을 할 수 있다.
② 관할 경찰관서장은 소속 경찰공무원으로 하여금 관할 구역 안에 있는 경비업자의 주사무소에 출입하여 근무상황을 감독하며 필요한 명령을 하게 할 수 있다.
③ 시·도경찰청장은 배치된 경비원이 경비업법에 따른 명령을 위반하는 행위를 하는 경우 그 위반행위의 중지를 명할 수 있다.
④ 관할 경찰관서장은 경비업무 장소가 집단민원현장으로 판단되는 경우에는 그때부터 48시간 이내에 경비지도사에게 경비원 배치허가를 받을 것을 고지하여야 한다.

해설 시·도경찰청장 또는 관할 경찰관서장은 경비업무 장소가 집단민원현장으로 판단되는 경우에는 그때부터 48시간 이내에 경비업자에게 경비원 배치허가를 받을 것을 고지하여야 한다.

정답 ④

3. 손해배상 등 ★☆☆

① 경비업자는 경비원이 업무수행 중 고의 또는 과실로 경비대상에 손해가 발생하는 것을 방지하지 못한 때에는 그 손해를 배상하여야 한다(경비업법 제26조 제1항).
② 경비업자는 경비원이 업무수행 중 고의 또는 과실로 제3자에게 손해를 입힌 경우에는 이를 배상하여야 한다(경비업법 제26조 제2항).

「청원경찰법」상 배상책임과의 비교

「청원경찰법」 제10조의2 【청원경찰의 불법행위에 대한 배상책임】 청원경찰(국가기관이나 지방자치단체에 근무하는 청원경찰은 제외한다)의 직무상 불법행위에 대한 배상책임에 관하여는 「민법」의 규정을 따른다.

핵심 기출문제

02 경비업법령상 경비업자의 책임에 관한 설명으로 옳은 것은? • 제26회 기출

① 경비업자는 경비원이 업무수행 중 경비대상에 손해가 발생하는 것을 방지하여도 손해를 배상하여야 한다.
② 경비업자는 경비원이 업무수행 중 고의로 제3자에게 손해를 입힌 경우에는 그 손해가 발생하는 것을 방지하지 못한 때에만 배상할 책임이 있다.
③ 경비업자는 경비원이 업무수행 중 과실로 제3자에게 손해를 입힌 경우에도 이를 배상하여야 한다.
④ 경비업자는 경비원이 업무수행 중 과실로 경비대상에 손해가 발생하는 것을 방지하지 못한 때에는 그 손해를 배상할 책임이 없다.

해설 ①④ 경비업자는 경비원이 업무수행 중 고의 또는 과실로 경비대상에 손해가 발생하는 것을 방지하지 못한 때에는 그 손해를 배상하여야 한다.
② 경비업자는 경비원이 업무수행 중 고의 또는 과실로 제3자에게 손해를 입힌 경우에는 이를 배상하여야 한다.

정답 ③

제2절 ▶ 위임 등

1. 위임 및 위탁 ★★★

(1) 권한의 위임

「경비업법」에 의한 경찰청장의 권한은 대통령령이 정하는 바에 따라 그 일부를 시·도경찰청장에게 위임할 수 있다(경비업법 제27조 제1항, 경비업법 시행령 제31조 제1항).

① 경비지도사의 자격의 취소 및 정지(경비업법 제20조)에 관한 권한
② 경비지도사 자격의 취소 및 정지에 관한 청문(경비업법 제21조 제4호)의 권한

(2) 업무의 위탁

① 위탁내용
  ㉠ 경찰청장은 경비지도사의 시험에 관한 업무를 대통령령이 정하는 바에 따라 관계전문기관 또는 단체에 위탁할 수 있다(경비업법 제27조 제2항).

심화학습

「행정권한의 위임 및 위탁에 관한 규정」 제2조 【정의】

이 영에서 사용하는 용어의 뜻은 다음과 같다.
1. "위임"이란 법률에 규정된 행정기관의 장의 권한 중 일부를 그 보조기관 또는 하급행정기관의 장이나 지방자치단체의 장에게 맡겨 그의 권한과 책임 아래 행사하도록 하는 것을 말한다.
2. "위탁"이란 법률에 규정된 행정기관의 장의 권한 중 일부를 다른 행정기관의 장에게 맡겨 그의 권한과 책임 아래 행사하도록 하는 것을 말한다.

ⓛ 경찰청장 또는 경찰관서장은 경비지도사 시험의 관리에 관한 업무를 경비업무에 관한 인력과 전문성을 갖춘 기관 또는 단체로서 경찰청장이 지정하여 고시하는 기관 또는 단체에 위탁한다(경비업법 시행령 제31조 제2항).

② 벌칙 적용에서 공무원 의제: 경비업무 위탁 규정(경비업법 제27조 제2항)에 따라 위탁받은 업무에 종사하는 관계전문기관 또는 단체의 임직원은 「형법」제129조부터 제132조[제129조(수뢰, 사전수뢰), 제130조(제삼자뇌물제공), 제131조(수뢰후부정처사, 사후수뢰), 제132조(알선수뢰)]까지의 규정을 적용할 때에는 공무원으로 본다(경비업법 제27조의3).

핵심 기출문제

03 경비업법령상 경찰청장의 권한이 시·도경찰청장에게 위임되어 있는 것을 모두 고른 것은?

• 제26회 기출

```
ㄱ. 경비지도사 자격의 취소권한
ㄴ. 경비지도사 자격증의 교부권한
ㄷ. 경비지도사 시험의 관리에 관한 권한
ㄹ. 경비지도사 자격의 정지에 관한 청문권한
```

① ㄱ, ㄴ ② ㄱ, ㄹ
③ ㄴ, ㄷ ④ ㄷ, ㄹ

해설 ㄴ. 경비지도사 자격증의 교부권한은 위임 규정이 없다.
ㄷ. 경비지도사 시험의 관리에 관한 권한은 위탁사항이다.

정답 ②

04 경비업법령상 경찰청장으로부터 경비지도사의 시험에 관한 업무를 위탁받은 단체의 임직원이 공무원으로 의제되어 적용받는 형법상의 규정에 해당하는 것은?

• 제26회 기출

① 제122조(직무유기) ② 제126조(피의사실공표)
③ 제127조(공무상 비밀의 누설) ④ 제129조(수뢰, 사전수뢰)

해설 경찰청장으로부터 경비지도사의 시험에 관한 업무를 위탁받은 업무에 종사하는 관계전문기관 또는 단체의 임직원은 「형법」제129조부터 제132조까지[제129조(수뢰, 사전수뢰), 제130조(제삼자뇌물제공), 제131조(수뢰후부정처사, 사후수뢰), 제132조(알선수뢰)]의 규정을 적용할 때에는 공무원으로 본다.

정답 ④

➕ 심화학습

「형법」

제129조【수뢰, 사전수뢰】
① 공무원 또는 중재인이 그 직무에 관하여 뇌물을 수수, 요구 또는 약속한 때에는 5년 이하의 징역 또는 10년 이하의 자격정지에 처한다.
② 공무원 또는 중재인이 될 자가 그 담당할 직무에 관하여 청탁을 받고 뇌물을 수수, 요구 또는 약속한 후 공무원 또는 중재인이 된 때에는 3년 이하의 징역 또는 7년 이하의 자격정지에 처한다.

제130조【제삼자뇌물제공】
공무원 또는 중재인이 그 직무에 관하여 부정한 청탁을 받고 제3자에게 뇌물을 공여하게 하거나 공여를 요구 또는 약속한 때에는 5년 이하의 징역 또는 10년 이하의 자격정지에 처한다.

제131조【수뢰후부정처사, 사후수뢰】
① 공무원 또는 중재인이 전 2조의 죄를 범하여 부정한 행위를 한 때에는 1년 이상의 유기징역에 처한다.
② 공무원 또는 중재인이 그 직무상 부정한 행위를 한 후 뇌물을 수수, 요구 또는 약속하거나 제삼자에게 이를 공여하게 하거나 공여를 요구 또는 약속한 때에도 전항의 형과 같다.
③ 공무원 또는 중재인이었던 자가 그 재직 중에 청탁을 받고 직무상 부정한 행위를 한 후 뇌물을 수수, 요구 또는 약속한 때에는 5년 이하의 징역 또는 10년 이하의 자격정지에 처한다.
④ 전 3항의 경우에는 10년 이하의 자격정지를 병과할 수 있다.

제132조【알선수뢰】
공무원이 그 지위를 이용하여 다른 공무원의 직무에 속한 사항의 알선에 관하여 뇌물을 수수, 요구 또는 약속한 때에는 3년 이하의 징역 또는 7년 이하의 자격정지에 처한다.

> **심화학습**
>
> **시험시행기관 귀책사유**
>
> 시험시행기관의 귀책사유는 다음 각 호와 같다.
>
> 가. 같은 시험 일자에 2개 이상의 자격으로 접수되어 한 자격을 응시하지 못하게 된 경우(시험일시를 사전에 고지한 경우는 제외)
>
> 나. 수험원서를 접수한 광역지방자치단체 행정구역 이외의 다른 광역지방 자치단체 행정구역으로 시험장이 배정되어 시험에 응시하지 못한 경우(시험장소를 사전에 고지하여 수험자가 선택한 경우는 제외)
>
> 다. 시험시설장비의 고장, 정전, 단수, 천재지변, 감염병 예방 등으로 시험시행을 하지 못한 경우
>
> 라. 기타 시험 관련 고지 오류로 인하여 시험에 응시하지 못한 경우(착오에 대한 정정공지를 하였을 경우는 제외)

2. 수수료 ★☆☆

(1) 허가증 등의 수수료

① 수수료

㉠ 「경비업법」에 따른 경비업의 허가를 받거나 허가증을 재교부 받고자 하는 자는 대통령령이 정하는 바에 따라 수수료를 납부하여야 한다(경비업법 제27조의2).

㉡ 「경비업법」에 의한 경비업의 허가를 받거나 허가증을 재교부 받고자 하는 자는 다음의 수수료를 납부하여야 한다(경비업법 시행령 제28조 제1항).

ⓐ 경비업 허가(추가·변경·갱신허가 포함)의 경우: 1만 원

ⓑ 허가사항 변경신고로 인한 허가증 재교부의 경우: 2천 원

② 납부방법: 수수료는 허가 등의 신청서에 수입인지를 첨부하여 납부한다(경비업법 시행령 제28조 제2항).

(2) 시험응시 수수료

① 수수료: 시험에 응시하고자 하는 자는 경찰청장이 정하여 고시하는 수수료를 납부하여야 한다(경비업법 시행령 제28조 제3항).

② 응시수수료의 반환: 경찰청장은 다음의 어느 하나에 해당하는 경우에는 받은 응시수수료의 전부 또는 일부를 다음의 구분에 따라 반환하여야 한다(경비업법 시행령 제28조 제4항).

㉠ 응시수수료를 과오납한 경우: 과오납한 금액 전액

㉡ 시험시행기관의 귀책사유로 시험에 응시하지 못한 경우: 응시수수료 전액

㉢ 시험시행일 20일 전까지 접수를 취소하는 경우: 응시수수료 전액

㉣ 시험시행일 10일 전까지 접수를 취소하는 경우: 응시수수료의 100분의 50

(3) 전자결제 등

경찰청장 및 시·도경찰청장은 위 (1)과 (2)의 규정에도 불구하고 정보통신망을 이용하여 전자화폐·전자결제 등의 방법으로 수수료를 납부하게 할 수 있다(경비업법 시행령 제28조 제5항).

핵심 기출문제

05 경비업법령상 시험에 응시하고자 하는 자가 납부한 응시수수료의 전부 또는 일부를 반환하는 기준으로 옳지 않은 것은?
• 제26회 기출

① 응시수수료를 과오납한 경우: 과오납한 금액 전액
② 시험시행기관의 귀책사유로 시험에 응시하지 못한 경우: 응시수수료 전액
③ 시험시행일 20일 전까지 접수를 취소하는 경우: 응시수수료의 100분의 80
④ 시험시행일 10일 전까지 접수를 취소하는 경우: 응시수수료의 100분의 50

해설 시험시행일 20일 전까지 접수를 취소하는 경우: 응시수수료 전액을 반환하여야 한다.
정답 ③

3. 민감정보 및 고유식별정보의 처리 ★★★

(1) 내용

경찰청장, 시·도경찰청장, 경찰서장 및 경찰관서장(경비업법 시행령 제31조에 따라 경찰청장 및 경찰관서장의 권한을 위임·위탁받은 자를 포함한다)은 다음의 사무를 수행하기 위하여 불가피한 경우 「개인정보 보호법」 제23조에 따른 **건강에 관한 정보**[임원, 경비지도사 및 경비원의 결격사유 확인에 관한 사무(제1호의2) 및 특수경비원의 직무 및 무기사용 등에 관한 사무(제4호)의 사무로 한정한다], 같은 법 시행령 제18조 제2호에 따른 **범죄경력자료에 해당하는 정보**[임원, 경비지도사 및 경비원의 결격사유 확인에 관한 사무(제1호의2) 및 보안지도·점검 및 보안측정에 관한 사무(제9호)의 사무로 한정한다], 같은 영 제19조 제1호 또는 제4호에 따른 **주민등록번호 또는 외국인등록번호**가 포함된 자료를 처리할 수 있다(경비업법 시행령 제31조의2).

(2) 처리가능한 사무

① 경비업의 허가(경비업법 제4조) 및 갱신허가(경비업법 제6조) 등에 관한 사무
② 임원(경비업법 제5조), 경비지도사 및 경비원의 결격사유(경비업법 제10조) 확인에 관한 사무
③ 경비지도사 시험 등(경비업법 제11조)에 관한 사무
④ 경비지도사의 선임·해임 신고(경비업법 제12조의2)에 관한 사무
⑤ 경비원의 교육 등(경비업법 제13조)에 관한 사무
⑥ 특수경비원의 직무 및 무기사용 등(경비업법 제14조)에 관한 사무
⑦ 경비원 배치허가 등(경비업법 제18조)에 관한 사무

심화학습

「개인정보 보호법」 제23조 【민감정보의 처리 제한】
① 개인정보처리자는 사상·신념, 노동조합·정당의 가입·탈퇴, 정치적 견해, 건강, 성생활 등에 관한 정보, 그 밖에 정보주체의 사생활을 현저히 침해할 우려가 있는 개인정보로서 대통령령으로 정하는 정보(이하 "민감정보"라 한다)를 처리하여서는 아니 된다.

「개인정보 보호법 시행령」 제19조 【고유식별정보의 범위】
법 제24조 제1항 각 호 외의 부분에서 "대통령령으로 정하는 정보"란 다음 각 호의 어느 하나에 해당하는 정보를 말한다. 다만, 공공기관이 법 제18조 제2항 제5호부터 제9호까지의 규정에 따라 다음 각 호의 어느 하나에 해당하는 정보를 처리하는 경우의 해당 정보는 제외한다.
1. 「주민등록법」 제7조의2 제1항에 따른 주민등록번호
2. 「여권법」 제7조 제1항 제1호에 따른 여권번호
3. 「도로교통법」 제80조에 따른 운전면허의 면허번호
4. 「출입국관리법」 제31조 제5항에 따른 외국인등록번호

⑧ 행정처분(경비업법 제19조 및 제20조)에 관한 사무
⑨ 경비업자 및 경비지도사의 지도·감독(경비업법 제24조)에 관한 사무
⑩ 보안지도·점검 및 보안측정(경비업법 제25조)에 관한 사무

핵심 기출문제

06 경비업법령상 경찰청장 등이 불가피한 경우 민감정보 및 고유식별정보를 처리할 수 있는 사무가 아닌 것은?
• 제25회 기출

① 경비지도사 시험 등에 관한 사무
② 특수경비원의 직무 및 무기사용 등에 관한 사무
③ 경비업자 및 경비지도사의 지도·감독에 관한 사무
④ 경비업자의 손해배상 책임에 관한 사무

해설 경비업자의 손해배상 책임에 관한 사무에 관한 민감정보 및 고유식별정보의 처리규정은 없다.

정답 ④

》 민감정보 및 고유식별정보의 처리 비교

구분	경비업법	청원경찰법
내용	① 건강에 관한 정보 ② 범죄경력자료에 해당하는 정보 ③ 주민등록번호 ④ 외국인등록번호	① 건강에 관한 정보 ② 범죄경력자료에 해당하는 정보 ③ 주민등록번호 ④ 외국인등록번호
가능 사무	① 경비업의 허가(법 제4조) 및 갱신허가(법 제6조) 등에 관한 사무 ② 임원(법 제5조), 경비지도사 및 경비원의 결격사유(법 제10조) 확인에 관한 사무 ③ 경비지도사 시험 등(법 제11조)에 관한 사무 ④ 경비지도사의 선임·해임 신고(경비업법 제12조의2)에 관한 사무 ⑤ 경비원의 교육 등(경비업법 제13조)에 관한 사무 ⑥ 특수경비원의 직무 및 무기사용 등(경비업법 제14조)에 관한 사무 ⑦ 경비원 배치허가 등(경비업법 제18조)에 관한 사무 ⑧ 행정처분(경비업법 제19조 및 제20조)에 관한 사무	① 청원경찰법 및 청원경찰법 시행령에 따른 청원경찰의 임용, 배치 등 인사관리에 관한 사무 ② 청원경찰의 제복 착용 및 무기휴대(법 제8조)에 관한 사무 ③ 청원주에 대한 지도·감독(법 제9조의3)에 관한 사무 ④ 위 ①부터 ③까지의 규정에 따른 사무를 수행하기 위하여 필요한 사무

건강에 관한 정보
경찰청장 등이 특수경비원 등의 결격사유 확인을 위한 사무의 처리를 위하여 건강에 관한 정보 등을 처리할 수 있는 근거를 마련하려는 것이다.

⑨ 경비업자 및 경비지도사의 지도·감독(법 제24조)에 관한 사무
⑩ 보안지도·점검 및 보안측정(법 제25조)에 관한 사무

4. 규제의 재검토 ★★★

(1) 경비업법 시행령상 규제의 재검토

경찰청장은 다음의 사항에 대하여 다음의 기준일을 기준으로 3년마다(매 3년이 되는 해의 기준일과 같은 날 전까지를 말한다) 그 타당성을 검토하여 개선 등의 조치를 해야 한다(경비업법 시행령 제31조의3).
① 경비업의 시설 등의 기준(경비업법 시행령 제3조 제2항 및 별표 1): 2014년 6월 8일
② 경비지도사의 기본교육 및 보수교육의 시간(경비업법 시행령 제15조의2 제1항 및 제15조의3 제1항): 2025년 1월 1일
③ 집단민원현장 배치 불허가기준(경비업법 시행령 제22조): 2014년 6월 8일

(2) 경비업법 시행규칙상 규제의 재검토

경찰청장은 「경비업법 시행규칙」 제20조에 따른 **경비원이 휴대하는 장비** 등에 대하여 2014년 6월 8일을 기준으로 3년마다(매 3년이 되는 해의 6월 8일 전까지를 말한다) 그 타당성을 검토하여 개선 등의 조치를 하여야 한다(경비업법 시행규칙 제27조의2).

> 행정처분기준과 과태료의 부과기준은 법 개정(2021.3.2.)으로 규제의 재검토 항목에서 삭제되었다.

핵심 기출문제

07 경비업법령상 경찰청장이 3년마다 타당성을 검토하여 개선 등의 조치를 해야 하는 것을 모두 고른 것은?
• 제25회 기출

ㄱ. 경비업의 시설 등의 기준
ㄴ. 집단민원현장 배치 불허가기준
ㄷ. 행정처분기준
ㄹ. 과태료 부과기준

① ㄱ, ㄴ
② ㄱ, ㄷ, ㄹ
③ ㄴ, ㄷ, ㄹ
④ ㄱ, ㄴ, ㄷ, ㄹ

해설 경찰청장은 경비업의 시설 등의 기준, 경비지도사의 기본교육 및 보수교육의 시간, 집단민원현장 배치 불허가기준에 대하여 각 기준일을 기준으로 3년마다(매 3년이 되는 해의 기준일과 같은 날 전까지를 말한다) 그 타당성을 검토하여 개선 등의 조치를 해야 한다.
정답 ①

CHAPTER 06 보칙

중요내용 OX 문제

제1절 감독 등

01 시·도경찰청장 또는 관할 경찰관서장은 경비업무의 적정한 수행을 위하여 경비업자 및 경비지도사를 지도·감독하며 필요한 명령을 할 수 있다.

02 시·도경찰청장은 경비업무 장소가 집단민원현장으로 판단되는 경우에는 그때부터 24시간 이내에 경비업자에게 경비원 배치허가를 받을 것을 고지하여야 한다.

03 시·도경찰청장은 특수경비업자에 대하여 보안지도·점검을 실시하여야 하고 필요한 경우 관계기관에 보안측정을 요청하여야 한다.

제2절 위임 등

04 경비업법령상 경찰청장으로부터 경비지도사의 시험 및 교육에 관한 업무를 위탁받은 단체의 임직원은 공무원으로 의제되어 형법상 제127조(공무상 비밀의 누설)의 규정을 적용받는다.

05 경찰청장은 경비지도사 시험 관리에 관한 업무를 경비업에 관한 인력과 전문성을 갖추고 경찰관서장이 지정하여 고시한 기관 또는 단체에 위임할 수 있다.

06 건강에 관한 정보는 경찰청장 등이 처리할 수 있는 민감정보 및 고유식별정보에 해당하지 않는다.

OX 정답 01 × 02 × 03 ○ 04 × 05 × 06 ×

X 해설
01 시·도경찰청장 또는 경찰청장이 한다.
02 48시간 이내에 경비업자에게 경비원 배치허가를 받을 것을 고지하여야 한다.
04 위탁받은 업무에 종사하는 관계전문기관 또는 단체의 임직원은 「형법」 제129조(수뢰, 사전수뢰), 제130조(제삼자뇌물제공), 제131조(수뢰후부정처사, 사후수뢰), 제132조(알선수뢰)의 규정을 적용할 때에는 공무원으로 본다. 「형법」 제127조는 해당하지 않는다.
05 경비지도사 시험 관리에 관한 업무를 경비업무에 관한 인력과 전문성을 갖춘 기관 또는 단체로서 경찰청장이 지정하여 고시하는 기관 또는 단체에 위탁한다.
06 「경비업법 시행령」 제31조의2에 따라 사무수행을 위하여 불가피한 경우 건강에 관한 정보가 포함된 자료를 처리할 수 있다. 이는 경찰청장 등이 특수경비원 등의 결격사유 확인을 위한 사무의 처리를 위해 건강에 관한 정보 등을 처리할 수 있는 근거를 마련하려는 것이다.

CHAPTER 06
보칙 — 기출 및 예상문제

제1절 감독 등

01 경비업법령상 감독 및 보안지도·점검에 관한 설명으로 옳지 <u>않은</u> 것은? • 제24회 기출

① 시·도경찰청장 또는 관할 경찰관서장은 소속 경찰공무원으로 하여금 관할 구역 안에 있는 경비업자의 주사무소 및 출장소와 경비원 배치장소에 출입하여 근무상황 및 교육훈련상황 등을 감독하며 필요한 명령을 하게 할 수 있다.
② 시·도경찰청장 또는 관할 경찰관서장은 경비업자 또는 배치된 경비원이 폭력행위 등 처벌에 관한 법률을 위반하는 행위를 하는 경우 그 위반행위의 중지를 명할 수 있다.
③ 관할 경찰서장은 특수경비업자에 대하여 연 2회 이상의 보안지도·점검을 실시하여야 한다.
④ 경찰청장 또는 시·도경찰청장은 경비업무의 적정한 수행을 위하여 경비업자 및 경비지도사를 지도·감독하며 필요한 명령을 할 수 있다.

해설 시·도경찰청장은 특수경비업자에 대하여 연 2회 이상의 보안지도·점검을 실시하여야 한다.

> **법 제24조【감독】** ① 경찰청장 또는 시·도경찰청장은 경비업무의 적정한 수행을 위하여 경비업자 및 경비지도사를 지도·감독하며 필요한 명령을 할 수 있다.
> ② 시·도경찰청장 또는 관할 경찰관서장은 소속 경찰공무원으로 하여금 관할 구역 안에 있는 경비업자의 주사무소 및 출장소와 경비원 배치장소에 출입하여 근무상황 및 교육훈련상황 등을 감독하며 필요한 명령을 하게 할 수 있다. 이 경우 출입하는 경찰공무원은 그 권한을 표시하는 증표를 관계인에게 내보여야 한다.
> ③ 시·도경찰청장 또는 관할 경찰관서장은 경비업자 또는 배치된 경비원이 이 법이나 이 법에 따른 명령, 「폭력행위 등 처벌에 관한 법률」을 위반하는 행위를 하는 경우 그 위반행위의 중지를 명할 수 있다.
> ④ 시·도경찰청장 또는 관할 경찰관서장은 경비업무 장소가 집단민원현장으로 판단되는 경우에는 그때부터 48시간 이내에 경비업자에게 경비원 배치허가를 받을 것을 고지하여야 한다.
> **영 제29조【보안지도점검】** 시·도경찰청장은 법 제25조의 규정에 의하여 특수경비업자에 대하여 연 2회 이상의 보안지도·점검을 실시하여야 한다.

정답 01 ③

02 경비업법령상 감독 및 보안지도·점검 등에 관한 설명으로 옳지 <u>않은</u> 것은? • 제23회 기출

① 시·도경찰청장은 경비업무의 적정한 수행을 위하여 경비업자 및 경비지도사를 지도·감독하며 필요한 명령을 할 수 있다.
② 시·도경찰청장은 경비업무 장소가 집단민원현장으로 판단되는 경우에는 그때부터 24시간 이내에 경비업자에게 경비원 배치허가를 받을 것을 고지하여야 한다.
③ 시·도경찰청장은 특수경비업자에 대하여 연 2회 이상의 보안지도·점검을 실시하여야 한다.
④ 시·도경찰청장은 배치된 경비원이 폭력행위 등 처벌에 관한 법률을 위반하는 행위를 하는 경우 그 위반행위의 중지를 명할 수 있다.

[해설] 시·도경찰청장 또는 관할 경찰관서장은 경비업무 장소가 집단민원현장으로 판단되는 경우에는 그때부터 48시간 이내에 경비업자에게 경비원 배치허가를 받을 것을 고지하여야 한다(경비업법 제24조 제4항).

> **법 제24조 【감독】** ① 경찰청장 또는 시·도경찰청장은 경비업무의 적정한 수행을 위하여 경비업자 및 경비지도사를 지도·감독하며 필요한 명령을 할 수 있다.
> ③ 시·도경찰청장 또는 관할 경찰관서장은 경비업자 또는 배치된 경비원이 이 법이나 이 법에 따른 명령, 「폭력행위 등 처벌에 관한 법률」을 위반하는 행위를 하는 경우 그 위반행위의 중지를 명할 수 있다.
> ④ 시·도경찰청장 또는 관할 경찰관서장은 경비업무 장소가 집단민원현장으로 판단되는 경우에는 그때부터 48시간 이내에 경비업자에게 경비원 배치허가를 받을 것을 고지하여야 한다.
> **영 제29조 【보안지도점검】** 시·도경찰청장은 법 제25조의 규정에 의하여 특수경비업자에 대하여 연 2회 이상의 보안지도·점검을 실시하여야 한다.

03 경비업법령상 감독, 보안지도·점검 등에 관한 설명으로 옳지 않은 것은? • 제20회 기출

① 시·도경찰청장은 경비업무의 적정한 수행을 위하여 경비지도사를 지도·감독하며 필요한 명령을 할 수 있다.
② 시·도경찰청장은 특수경비업자에 대하여 보안지도·점검을 연 1회 이상 실시하여야 한다.
③ 시·도경찰청장은 경비업무 장소가 집단민원현장으로 판단되는 경우에는 그때부터 48시간 이내에 경비업자에게 경비원 배치허가를 받을 것을 고지하여야 한다.
④ 시·도경찰청장은 배치된 경비원이 폭력행위 등 처벌에 관한 법률을 위반하는 행위를 하는 경우 그 위반행위의 중지를 명할 수 있다.

해설 시·도경찰청장은 특수경비업자에 대하여 연 2회 이상의 보안지도·점검을 실시하여야 한다.

> 법 제24조【감독】① 경찰청장 또는 시·도경찰청장은 경비업무의 적정한 수행을 위하여 경비업자 및 경비지도사를 지도·감독하며 필요한 명령을 할 수 있다.
> ② 시·도경찰청장 또는 관할 경찰관서장은 소속 경찰공무원으로 하여금 관할 구역 안에 있는 경비업자의 주사무소 및 출장소와 경비원 배치장소에 출입하여 근무상황 및 교육훈련상황 등을 감독하며 필요한 명령을 하게 할 수 있다. 이 경우 출입하는 경찰공무원은 그 권한을 표시하는 증표를 관계인에게 내보여야 한다.
> ③ 시·도경찰청장 또는 관할 경찰관서장은 경비업자 또는 배치된 경비원이 이 법이나 이 법에 따른 명령, 「폭력행위 등 처벌에 관한 법률」을 위반하는 행위를 하는 경우 그 위반행위의 중지를 명할 수 있다.
> ④ 시·도경찰청장 또는 관할 경찰관서장은 경비업무 장소가 집단민원현장으로 판단되는 경우에는 그때부터 48시간 이내에 경비업자에게 경비원 배치허가를 받을 것을 고지하여야 한다.
> 법 제25조【보안지도·점검 등】시·도경찰청장은 대통령령이 정하는 바에 따라 특수경비업자에 대하여 보안지도·점검을 실시하여야 하고, 필요한 경우 관계기관에 보안측정을 요청하여야 한다.
> 영 제29조【보안지도점검】시·도경찰청장은 법 제25조의 규정에 의하여 특수경비업자에 대하여 연 2회 이상의 보안지도·점검을 실시하여야 한다.

02 ② 03 ② **정답**

04 경비업법령상 지도·감독 등에 관한 설명으로 옳은 것은?

① 경찰청장 또는 시·도경찰청장은 경비업무의 적정한 수행을 위하여 경비업자 및 경비지도사를 지도·감독하며 필요한 명령을 하여야 한다.
② 시·도경찰청장 또는 관할 경찰관서장은 소속 경찰공무원으로 하여금 관할 구역 안에 있는 경비업자의 주사무소 및 출장소와 경비원 배치장소에 출입하여 근무상황 및 교육훈련상황 등을 감독하며 필요한 명령을 하게 하여야 한다.
③ 시·도경찰청장 또는 관할 경찰관서장은 경비업자 또는 배치된 경비원이 경비업법이나 경비업법에 따른 명령, 폭력행위 등 처벌에 관한 법률을 위반하는 행위를 하는 경우 그 위반행위의 중지를 명하여야 한다.
④ 시·도경찰청장 또는 관할 경찰관서장은 경비업무 장소가 집단민원현장으로 판단되는 경우에는 그때부터 48시간 이내에 경비업자에게 경비원 배치허가를 받을 것을 고지하여야 한다.

해설
① 경찰청장 또는 시·도경찰청장은 경비업무의 적정한 수행을 위하여 경비업자 및 경비지도사를 지도·감독하며 필요한 명령을 할 수 있다(경비업법 제24조 제1항).
② 시·도경찰청장 또는 관할 경찰관서장은 소속 경찰공무원으로 하여금 관할 구역 안에 있는 경비업자의 주사무소 및 출장소와 경비원배치장소에 출입하여 근무상황 및 교육훈련상황 등을 감독하며 필요한 명령을 하게 할 수 있다(경비업법 제24조 제2항).
③ 시·도경찰청장 또는 관할 경찰관서장은 경비업자 또는 배치된 경비원이「경비업법」이나「경비업법」에 따른 명령,「폭력행위 등 처벌에 관한 법률」을 위반하는 행위를 하는 경우 그 위반행위의 중지를 명할 수 있다(경비업법 제24조 제3항).

> 법 제24조【감독】① 경찰청장 또는 시·도경찰청장은 경비업무의 적정한 수행을 위하여 경비업자 및 경비지도사를 지도·감독하며 필요한 명령을 할 수 있다.
> ② 시·도경찰청장 또는 관할 경찰관서장은 소속 경찰공무원으로 하여금 관할 구역 안에 있는 경비업자의 주사무소 및 출장소와 경비원 배치장소에 출입하여 근무상황 및 교육훈련상황 등을 감독하며 필요한 명령을 하게 할 수 있다. 이 경우 출입하는 경찰공무원은 그 권한을 표시하는 증표를 관계인에게 내보여야 한다.
> ③ 시·도경찰청장 또는 관할 경찰관서장은 경비업자 또는 배치된 경비원이 이 법이나 이 법에 따른 명령,「폭력행위 등 처벌에 관한 법률」을 위반하는 행위를 하는 경우 그 위반행위의 중지를 명할 수 있다.
> ④ 시·도경찰청장 또는 관할 경찰관서장은 경비업무 장소가 집단민원현장으로 판단되는 경우에는 그때부터 48시간 이내에 경비업자에게 경비원 배치허가를 받을 것을 고지하여야 한다.

05 경비업법상 경비업자 및 경비지도사에 대한 감독에 관한 설명으로 옳지 <u>않은</u> 것은?

• 제17회 기출

① 경찰청장 또는 시·도경찰청장은 경비업무의 적정한 수행을 위하여 경비업자 및 경비지도사를 지도·감독하며 필요한 명령을 할 수 있다.
② 관할 경찰관서장은 배치된 경비원이 경비업법을 위반하는 행위를 하는 경우 그를 지도·감독하는 경비지도사의 자격을 취소하여야 한다.
③ 시·도경찰청장 또는 관할 경찰관서장은 경비업무 장소가 집단민원현장으로 판단되는 경우에는 그때부터 48시간 이내에 경비업자에게 경비원 배치허가를 받을 것을 고지하여야 한다.
④ 시·도경찰청장 또는 관할 경찰관서장은 소속 경찰공무원으로 하여금 관할 구역 안에 있는 경비업자의 주사무소 및 출장소와 경비원 배치장소에 출입하여 근무상황 및 교육훈련상황 등을 감독하며 필요한 명령을 하게 할 수 있다.

> **해설** 시·도경찰청장 또는 관할 경찰관서장은 경비업자 또는 배치된 경비원이 「경비업법」이나 「경비업법」에 따른 명령, 「폭력행위 등 처벌에 관한 법률」을 위반하는 행위를 하는 경우 그 위반행위의 중지를 명할 수 있다(경비업법 제24조 제3항).

06 경비업법령상 경찰청장 등의 지도·감독·점검에 관한 설명으로 옳지 <u>않은</u> 것은?

• 제19회 기출

① 시·도경찰청장은 특수경비업자에 대하여 보안지도·점검을 연 2회 이상 실시하여야 한다.
② 관할 경찰관서장은 경비업자가 경비업법을 위반하는 행위를 하는 경우 그 위반행위의 중지를 명할 수 있다.
③ 시·도경찰청장은 경비업무 장소가 집단민원현장으로 판단되는 경우에는 그때부터 7일 이내에 경비업자에게 경비원 배치허가를 받을 것을 고지하여야 한다.
④ 관할 경찰관서장은 소속 경찰공무원으로 하여금 관할 구역 안에 있는 경비업자의 주사무소 및 출장소와 경비원 배치장소에 출입하여 근무상황 및 교육훈련상황 등을 감독하며 필요한 명령을 하게 할 수 있다.

> **해설** 시·도경찰청장 또는 관할 경찰관서장은 경비업무 장소가 집단민원현장으로 판단되는 경우에는 그때부터 48시간 이내에 경비업자에게 경비원 배치허가를 받을 것을 고지하여야 한다(경비업법 제24조 제4항).

정답 04 ④ 05 ② 06 ③

07 경비업법령상 경찰관서장의 지도·감독·점검에 관한 설명으로 옳은 것은?

① 경찰청장 또는 시·도경찰청장은 경비업무의 적정한 수행을 위하여 경비업자 및 경비지도사를 지도·감독하며 필요한 명령을 할 수 있다.
② 경찰청장 또는 시·도경찰청장은 특수경비업자에 대하여 연 2회 이상의 보안지도·점검을 실시하여야 하고, 필요한 경우 관계기관에 보안측정을 요청할 수 있다.
③ 경찰청장 또는 시·도경찰청장은 소속 경찰공무원으로 하여금 관할 구역 안에 있는 경비업자의 주사무소 및 출장소와 경비원 배치장소에 출입하여 감독하며 필요한 명령을 하게 할 수 있다.
④ 시·도경찰청장 또는 관할 경찰관서장은 경비업자 또는 배치된 경비원이 경비업법에 따른 명령, 폭력행위 등 처벌에 관한 법률을 위반하는 행위를 하는 경우 그 위반행위의 중지를 명해야 한다.

해설
② 시·도경찰청장은 특수경비업자에 대하여 연 2회 이상의 보안지도·점검을 실시하여야 하고, 필요한 경우 관계기관에 보안측정을 요청하여야 한다.
③ 시·도경찰청장 또는 관할 경찰관서장은 소속 경찰공무원으로 하여금 관할 구역 안에 있는 경비업자의 주사무소 및 출장소와 경비원 배치장소에 출입하여 근무상황 및 교육훈련상황 등을 감독하며 필요한 명령을 하게 할 수 있다.
④ 시·도경찰청장 또는 관할 경찰관서장은 경비업자 또는 배치된 경비원이 「경비업법」에 따른 명령, 「폭력행위 등 처벌에 관한 법률」을 위반하는 행위를 하는 경우 그 위반행위의 중지를 명할 수 있다.

> 법 제24조 【감독】 ① 경찰청장 또는 시·도경찰청장은 경비업무의 적정한 수행을 위하여 경비업자 및 경비지도사를 지도·감독하며 필요한 명령을 할 수 있다.
> ② 시·도경찰청장 또는 관할 경찰관서장은 소속 경찰공무원으로 하여금 관할 구역 안에 있는 경비업자의 주사무소 및 출장소와 경비원 배치장소에 출입하여 근무상황 및 교육훈련상황 등을 감독하며 필요한 명령을 하게 할 수 있다. 이 경우 출입하는 경찰공무원은 그 권한을 표시하는 증표를 관계인에게 내보여야 한다.
> ③ 시·도경찰청장 또는 관할 경찰관서장은 경비업자 또는 배치된 경비원이 이 법이나 이 법에 따른 명령, 「폭력행위 등 처벌에 관한 법률」을 위반하는 행위를 하는 경우 그 위반행위의 중지를 명할 수 있다.
> ④ 시·도경찰청장 또는 관할 경찰관서장은 경비업무 장소가 집단민원현장으로 판단되는 경우에는 그때부터 48시간 이내에 경비업자에게 경비원 배치허가를 받을 것을 고지하여야 한다.
> 법 제25조 【보안지도·점검 등】 시·도경찰청장은 대통령령이 정하는 바에 따라 특수경비업자에 대하여 보안지도·점검을 실시하여야 하고, 필요한 경우 관계기관에 보안측정을 요청하여야 한다.
> 영 제29조 【보안지도점검】 시·도경찰청장은 법 제25조의 규정에 의하여 특수경비업자에 대하여 연 2회 이상의 보안지도·점검을 실시하여야 한다.

08 경비업법령상 시·도경찰청장 등의 감독과 보안지도점검에 관한 내용이다. ( )에 들어갈 숫자가 순서대로 옳은 것은?

• 제22회 기출

> • 시·도경찰청장 또는 관할 경찰관서장은 경비업무 장소가 집단민원현장으로 판단되는 경우에는 그때부터 ( )시간 이내에 경비업자에게 경비원 배치허가를 받을 것을 고지하여야 한다.
> • 시·도경찰청장은 특수경비업자에 대하여 연 ( )회 이상의 보안지도·점검을 실시하여야 한다.

① 24, 2
② 24, 4
③ 48, 2
④ 48, 4

해설
• 시·도경찰청장 또는 관할 경찰관서장은 경비업무 장소가 집단민원현장으로 판단되는 경우에는 그때부터 48시간 이내에 경비업자에게 경비원 배치허가를 받을 것을 고지하여야 한다.
• 시·도경찰청장은 특수경비업자에 대하여 연 2회 이상의 보안지도·점검을 실시하여야 한다.

> **법 제24조【감독】** ④ 시·도경찰청장 또는 관할 경찰관서장은 경비업무 장소가 집단민원현장으로 판단되는 경우에는 그때부터 48시간 이내에 경비업자에게 경비원 배치허가를 받을 것을 고지하여야 한다.
> **영 제29조【보안지도점검】** 시·도경찰청장은 법 제25조의 규정에 의하여 특수경비업자에 대하여 연 2회 이상의 보안지도·점검을 실시하여야 한다.

09 다음의 권한자는 누구인가?

> 대통령령이 정하는 바에 따라 특수경비업자에 대하여 보안지도·점검을 실시하여야 하고, 필요한 경우 관계기관에 보안측정을 요청하여야 한다.

① 시·도경찰청장
② 시설주
③ 경찰청장
④ 경찰서장

해설 시·도경찰청장은 대통령령이 정하는 바에 따라 특수경비업자에 대하여 보안지도·점검을 실시하여야 하고, 필요한 경우 관계기관에 보안측정을 요청하여야 한다(경비업법 제25조).

> **법 제25조【보안지도·점검 등】** 시·도경찰청장은 대통령령이 정하는 바에 따라 특수경비업자에 대하여 보안지도·점검을 실시하여야 하고, 필요한 경우 관계기관에 보안측정을 요청하여야 한다.

07 ① 08 ③ 09 ① **정답**

10 경비업법령상 경비업자에 대한 보안지도·점검에 관한 내용이다. (   ) 안에 들어갈 내용을 순서대로 옳게 나열한 것은?

• 제17회 기출

> 시·도경찰청장은 (   )에 대하여 연 (   )회 이상의 보안지도·점검을 실시하여야 한다.

① 특수경비업자, 1
② 기계경비업자, 1
③ 특수경비업자, 2
④ 기계경비업자, 2

해설 시·도경찰청장은 「경비업법」 제25조의 규정에 의하여 특수경비업자에 대하여 연 2회 이상의 보안지도·점검을 실시하여야 한다(경비업법 시행령 제29조).

11 경비업법령상 시·도경찰청장의 권한에 관한 설명으로 옳지 않은 것은?

① 시·도경찰청장은 특수경비업자에 대하여 보안지도·점검을 실시하여야 한다.
② 시·도경찰청장은 경비업무의 적정한 수행을 위하여 경비업자를 지도·감독하며 필요한 명령을 할 수 있다.
③ 시·도경찰청장은 경비업을 하고자 하는 법인에 대하여 경비업무를 특정하여 경비업 허가를 해 준다.
④ 시·도경찰청장은 특수경비업자에게 비밀취급인가를 해 주고 필요시 관계기관에 보안측정을 직접 요청한다.

해설 보안측정은 시·도경찰청장이 관계기관에 요청하나, 대외기관으로 경찰청장을 거쳐 국가정보원장에게 요청하도록 하고 있다(경비업법 시행령 제6조 제2항).

12 경비업법령상 경비업자의 손해배상책임이 발생하는 것은? • 제24회 기출

① 경비원이 업무수행 중이 아닌 때에 고의로 경비대상에 손해가 발생하는 것을 방지하지 못한 경우
② 경비원이 업무수행 중 무과실로 경비대상에 손해가 발생하는 것을 방지하지 못한 경우
③ 경비원이 업무수행 중 고의로 제3자에게 손해를 입힌 경우
④ 경비원이 업무수행 중이 아닌 때에 과실로 제3자에게 손해를 입힌 경우

> **해설** 경비업자는 경비원이 업무수행 중 고의 또는 과실로 경비대상에 손해가 발생하는 것을 방지하지 못한 때에는 그 손해를 배상하여야 한다. 경비업자는 경비원이 업무수행 중 고의 또는 과실로 제3자에게 손해를 입힌 경우에는 이를 배상하여야 한다.

13 경비업법령상 경비업자의 책임에 관한 설명으로 옳지 않은 것은? • 제19회, 제22회 기출

① 경비업자는 경비원이 업무수행 중 고의로 경비대상에 손해가 발생하는 것을 방지하지 못한 때에는 그 손해를 배상하여야 한다.
② 경비업자는 경비원이 업무수행 중 고의로 제3자에게 손해를 입힌 경우에는 이를 배상하여야 한다.
③ 경비업자는 경비원이 업무수행 중 과실로 제3자에게 손해를 입힌 경우에는 이를 배상할 책임이 없다.
④ 경비업자는 경비원이 업무수행 중 과실로 경비대상에 손해가 발생하는 것을 방지하지 못한 때에는 그 손해를 배상하여야 한다.

> **해설** 경비업자는 경비원이 업무수행 중 과실로 제3자에게 손해를 입힌 경우에는 이를 배상하여야 한다.
>
> > **법 제26조【손해배상 등】** ① 경비업자는 경비원이 업무수행 중 고의 또는 과실로 경비대상에 손해가 발생하는 것을 방지하지 못한 때에는 그 손해를 배상하여야 한다.
> > ② 경비업자는 경비원이 업무수행 중 고의 또는 과실로 제3자에게 손해를 입힌 경우에는 이를 배상하여야 한다.

정답 10 ③ 11 ④ 12 ③ 13 ③

14 경비업법령상 손해배상에 관한 설명으로 옳은 것은?

① 업무수행 중 고의, 과실을 불문하고 경비업자가 배상책임을 진다.
② 업무수행 중 고의로 손해를 입힌 경우에만 손해를 배상한다.
③ 업무수행 중 과실로 제3자에게 손해를 입힌 경우에는 배상하지 않는다.
④ 고의, 과실을 불문하고 해당 경비원이 손해에 대한 배상을 해야 한다.

> **해설** 경비원의 업무수행 중 고의, 과실을 불문하고 경비업자는 손해를 입은 당사자 및 제3자에 대하여 손해를 배상하여야 한다.

> 법 제26조【손해배상 등】① 경비업자는 경비원이 업무수행 중 고의 또는 과실로 경비대상에 손해가 발생하는 것을 방지하지 못한 때에는 그 손해를 배상하여야 한다.
> ② 경비업자는 경비원이 업무수행 중 고의 또는 과실로 제3자에게 손해를 입힌 경우에는 이를 배상하여야 한다.

15 경비업법상 경비업자의 손해배상책임이 발생하는 것을 모두 고른 것은? • 제20회 기출

> ㄱ. 경비원이 업무수행 중 고의로 경비대상에 손해가 발생하는 것을 방지하지 못한 경우
> ㄴ. 경비원이 업무수행 중 고의로 제3자에게 손해를 입힌 경우
> ㄷ. 경비원이 업무수행 중 과실로 경비대상에 손해가 발생하는 것을 방지하지 못한 경우
> ㄹ. 경비원이 업무수행 중 과실로 제3자에게 손해를 입힌 경우

① ㄱ, ㄴ
② ㄱ, ㄴ, ㄷ
③ ㄴ, ㄷ, ㄹ
④ ㄱ, ㄴ, ㄷ, ㄹ

> **해설** 경비업자는 경비원이 업무수행 중 고의 또는 과실로 경비대상에 손해가 발생하는 것을 방지하지 못한 때에는 그 손해를 배상하여야 하며, 경비원이 업무수행 중 고의 또는 과실로 제3자에게 손해를 입힌 경우에도 이를 배상하여야 한다.

16 A경비법인에 소속된 경비원 B는 근무가 없는 일요일에 자신이 파견되어 있는 ○○은행 앞에서 우연히 지나가던 행인과 말다툼을 하다가 행인을 폭행하였다. 이로 인해 행인이 전치 3주의 상해를 입은 경우, 손해배상책임에 관한 설명으로 옳은 것은?

① 경비업자 A는 소속 경비원이 타인에게 가한 손해이므로 배상책임을 진다.
② 업무수행 중의 손해가 아니기 때문에 경비원 B가 개인적으로 손해배상책임을 진다.
③ 관할 경찰서장이 손해배상책임을 진다.
④ 경비원 B가 업무수행 중에 제3자에게 과실로 손해를 가한 경우라면 이에 대한 배상책임은 경비원 B만 진다.

> **해설** 경비업자 A가 배상책임을 지려면 소속 경비원 B의 불법행위가 업무수행 중에 발생했어야 한다. 경비원 B의 행위는 업무수행 중의 행위가 아니므로 경비원 B가 개인적으로 피해자에게 손해배상을 하여야 한다.
> ④ 경비원 B의 행위가 업무수행 중에 발생하였다면 경비업자 A도 손해배상책임을 진다.

17 경비업법에 관한 설명으로 옳지 <u>않은</u> 것은?　　　　　　　　　　　　　• 제18회 기출

① 경비업자는 경비원이 업무수행 중 고의로 제3자에게 손해를 입힌 경우에는 이를 배상하여야 한다.
② 경비업자는 경비원이 업무수행 중 과실로 제3자에게 손해를 입힌 경우에는 배상책임이 면제된다.
③ 경비업자는 경비원이 업무수행 중 고의 또는 과실로 경비대상에 손해가 발생하는 것을 방지하지 못한 때에는 그 손해를 배상하여야 한다.
④ 기계경비업자는 대응조치 등 업무의 원활한 운영과 개선을 위하여 대통령령이 정하는 바에 따라 관련 서류를 작성·비치하여야 한다.

> **해설** 경비업자는 경비원이 업무수행 중 고의 또는 과실로 제3자에게 손해를 입힌 경우에는 이를 배상하여야 한다.
>
> 법 제9조 【오경보의 방지 등】 ② 기계경비업자는 대응조치 등 업무의 원활한 운영과 개선을 위하여 대통령령이 정하는 바에 따라 관련 서류를 작성·비치하여야 한다.
> 법 제26조 【손해배상 등】 ① 경비업자는 경비원이 업무수행 중 고의 또는 과실로 경비대상에 손해가 발생하는 것을 방지하지 못한 때에는 그 손해를 배상하여야 한다.
> ② 경비업자는 경비원이 업무수행 중 고의 또는 과실로 제3자에게 손해를 입힌 경우에는 이를 배상하여야 한다.

정답 14 ①　15 ④　16 ②　17 ②

제2절 위임 등

18 경비업법령상 경찰청장이 시·도경찰청장에게 위임하는 권한에 해당하는 것은?

• 제25회 기출

① 경비협회의 공제사업에 대한 금융감독원장의 검사요청권한
② 경비지도사 자격증의 교부권한
③ 경비지도사 자격의 취소에 관한 권한
④ 경비지도사 시험의 관리에 관한 권한

해설 ①② 경비협회의 공제사업에 대한 금융감독원장의 검사요청권한 및 경비지도사 자격증의 교부권한은 경찰청장 권한은 맞으나 위임규정은 없다.
④ 경찰청장 또는 경찰관서장은 경비지도사 시험의 관리에 관한 권한을 경비업무에 관한 인력과 전문성을 갖춘 기관 또는 단체로서 경찰청장이 지정하여 고시하는 기관 또는 단체에 위탁한다.

19 경비업법령상 경찰청장이 시·도경찰청장에게 위임할 수 있는 사항에 해당하지 않는 것은?

• 제24회 기출

① 경비지도사의 자격의 취소 및 정지에 관한 청문
② 경비지도사의 교육에 관한 업무
③ 경비지도사의 자격의 취소
④ 경비지도사의 자격의 정지

해설 경찰청장은 경비지도사의 시험에 관한 업무는 대통령령이 정하는 바에 따라 관계전문기관 또는 단체에 위탁할 수 있다. 경찰청장 또는 경찰관서장은 경비지도사 시험의 관리에 관한 업무를 경비업무에 관한 인력과 전문성을 갖춘 기관 또는 단체로서 경찰청장이 지정하여 고시하는 기관 또는 단체에 위탁한다.

20 경비업법령상 경찰청장의 권한이 시·도경찰청장에게 위임되어 있는 것을 모두 고른 것은?

• 제23회 기출

> ㄱ. 경비지도사 자격의 정지
> ㄴ. 경비지도사 자격의 취소
> ㄷ. 경비지도사 자격의 취소 및 정지에 관한 청문

① ㄱ
② ㄱ, ㄴ
③ ㄴ, ㄷ
④ ㄱ, ㄴ, ㄷ

해설 경찰청장은 경비지도사 자격의 취소 및 정지에 관한 권한, 경비지도사 자격의 취소 및 정지에 관한 청문의 권한을 시·도경찰청장에게 위임한다.

---

21 경비업법에 관한 규정이다. ( ) 안에 들어갈 내용으로 올바르게 짝지어진 것은?

• 제18회 기출

> • 경찰청장은 경비지도사의 시험에 관한 업무를 대통령령이 정하는 바에 따라 관계전문기관 또는 단체에 (ㄱ)할 수 있다.
> • 경비업법에 의한 경찰청장의 권한은 대통령령이 정하는 바에 따라 그 일부를 시·도경찰청장에게 (ㄴ)할 수 있다.

① ㄱ: 위탁, ㄴ: 위임
② ㄱ: 위임, ㄴ: 위임
③ ㄱ: 위임, ㄴ: 위탁
④ ㄱ: 위탁, ㄴ: 위탁

해설
• 경찰청장은 경비지도사의 시험에 관한 업무를 대통령령이 정하는 바에 따라 관계전문기관 또는 단체에 위탁할 수 있다.
• 「경비업법」에 의한 경찰청장의 권한은 대통령령이 정하는 바에 따라 그 일부를 시·도경찰청장에게 위임할 수 있다.

> 법 제27조【위임 및 위탁】① 이 법에 의한 경찰청장의 권한은 대통령령이 정하는 바에 따라 그 일부를 시·도경찰청장에게 위임할 수 있다.
> ② 경찰청장은 제11조의 규정에 의한 경비지도사의 시험에 관한 업무를 대통령령이 정하는 바에 따라 관계전문기관 또는 단체에 위탁할 수 있다.

정답 18 ③ 19 ② 20 ④ 21 ①

22 경비업법령상 위임에 관한 내용이다. ( )에 들어갈 내용이 바르게 연결된 것은?

• 제21회 기출

> 경비업법에 의한 경찰청장의 권한은 대통령령이 정하는 바에 따라 그 일부를 (ㄱ)에게 위임할 수 있다고 하는데, 위임되는 권한에는 (ㄴ)에 관한 권한이 포함된다.

① ㄱ: 시·도경찰청장,   ㄴ: 경비지도사 시험 관리 및 경비지도사의 교육업무
② ㄱ: 관할 경찰서장,   ㄴ: 경비지도사 시험 관리 및 경비지도사의 교육업무
③ ㄱ: 시·도경찰청장,   ㄴ: 경비지도사의 자격의 취소 및 정지
④ ㄱ: 관할 경찰서장,   ㄴ: 경비지도사의 자격의 취소 및 정지

해설 「경비업법」에 의한 경찰청장의 권한은 대통령령이 정하는 바에 따라 그 일부를 시·도경찰청장에게 위임할 수 있다. 위임되는 권한에는 경비지도사의 자격의 취소 및 정지에 관한 권한 및 경비지도사의 자격의 취소 및 정지에 관한 청문의 권한이 있다.

23 경비업법령상 경찰청장 권한의 위임사항에 해당하지 않는 것은?

• 제22회 기출변형

① 경비지도사 시험
② 경비지도사의 자격의 취소
③ 경비지도사의 자격의 정지
④ 경비지도사 자격의 취소 및 정지에 관한 청문

해설 경찰청장은 경비지도사 시험의 관리와 경비지도사의 교육에 관한 업무를 경비업무에 관한 인력과 전문성을 갖춘 기관으로서 경찰청장이 지정하여 고시하는 기관 또는 단체에 위탁할 수 있다.

> **법 제27조【위임 및 위탁】** ① 이 법에 의한 경찰청장의 권한은 대통령령이 정하는 바에 따라 그 일부를 시·도경찰청장에게 위임할 수 있다.
> ② 경찰청장은 제11조의 규정에 의한 경비지도사의 시험에 관한 업무를 대통령령이 정하는 바에 따라 관계전문기관 또는 단체에 위탁할 수 있다.
> **영 제31조【권한의 위임 및 위탁】** ① 경찰청장은 법 제27조 제1항의 규정에 의하여 다음 각 호의 권한을 시·도경찰청장에게 위임한다.
> 1. 법 제20조의 규정에 의한 경비지도사의 자격의 취소 및 정지에 관한 권한
> 2. 법 제21조 제2호의 규정에 의한 경비지도사 자격의 취소 및 정지에 관한 청문의 권한

24 경비업법령상 경찰청장이 시·도경찰청장에게 위임한 권한에 해당하지 않는 것은?

• 제20회 기출

① 경비지도사의 자격의 정지에 관한 권한
② 경비지도사의 자격의 취소에 관한 권한
③ 경비지도사 자격증의 교부에 관한 권한
④ 경비지도사 자격의 취소에 관한 청문의 권한

> **해설** 경찰청장은 경비지도사의 자격의 취소 및 정지에 관한 권한, 경비지도사 자격의 취소 및 정지에 관한 청문의 권한을 시·도경찰청장에게 위임한다.
>
> > 영 제31조【권한의 위임 및 위탁】① 경찰청장은 법 제27조 제1항의 규정에 의하여 다음 각 호의 권한을 시·도경찰청장에게 위임한다.
> > 1. 법 제20조의 규정에 의한 경비지도사의 자격의 취소 및 정지에 관한 권한
> > 2. 법 제21조 제2호의 규정에 의한 경비지도사 자격의 취소 및 정지에 관한 청문의 권한
> > ② 경찰청장 또는 경찰관서장은 법 제27조 제2항에 따라 법 제11조 제1항에 따른 경비지도사 시험의 관리에 관한 업무를 경비업무에 관한 인력과 전문성을 갖춘 기관 또는 단체로서 경찰청장이 지정하여 고시하는 기관 또는 단체에 위탁한다.
> > 규칙 제11조【경비지도사 자격증의 교부】 경찰청장은 법 제11조의 규정에 의한 경비지도사 시험에 합격하고 기본교육을 받은 사람에게는 별지 제9호 서식의 경비지도사 자격증 교부대장에 정해진 사항을 기재한 후, 별지 제10호 서식의 경비지도사 자격증을 교부해야 한다.

25 경비업법령상 경찰청장이 시·도경찰청장에게 위임한 권한에 해당하는 것은?

• 제19회 기출

① 경비업의 허가권한
② 경비지도사 자격증의 교부권한
③ 경비지도사의 자격의 취소·정지에 관한 청문의 권한
④ 경비협회의 공제사업에 대한 금융감독원장의 검사요청권한

> **해설** 경찰청장은 경비지도사의 자격의 취소 및 정지에 관한 권한, 경비지도사 자격의 취소 및 정지에 관한 청문의 권한을 시·도경찰청장에게 위임한다(경비업법 시행령 제31조 제1항).
>
> > 영 제31조【권한의 위임 및 위탁】① 경찰청장은 법 제27조 제1항의 규정에 의하여 다음 각 호의 권한을 시·도경찰청장에게 위임한다.
> > 1. 법 제20조의 규정에 의한 경비지도사의 자격의 취소 및 정지에 관한 권한
> > 2. 법 제21조 제2호의 규정에 의한 경비지도사 자격의 취소 및 정지에 관한 청문의 권한

정답 22 ③ 23 ① 24 ③ 25 ③

26 경비업법령상 경찰청장의 권한 중 위탁할 수 있는 권한에 해당하는 것은?

① 경비지도사의 자격의 정지에 관한 권한
② 경비지도사의 자격의 취소에 관한 권한
③ 경비지도사의 시험의 관리에 관한 권한
④ 경비지도사 자격의 취소 및 정지에 관한 청문의 권한

> **해설** 경비지도사 시험의 관리에 관한 권한은 위탁사항이다. 경찰청장은 경비지도사의 시험에 관한 업무를 대통령령이 정하는 바에 따라 관계전문기관 또는 단체에 위탁할 수 있다.
>
> 법 제27조【위임 및 위탁】② 경찰청장은 제11조의 규정에 의한 경비지도사의 시험에 관한 업무를 대통령령이 정하는 바에 따라 관계전문기관 또는 단체에 위탁할 수 있다.
> 영 제31조【권한의 위임 및 위탁】② 경찰청장 또는 경찰관서장은 법 제27조 제2항에 따라 법 제11조 제1항에 따른 경비지도사 시험의 관리에 관한 업무를 경비업무에 관한 인력과 전문성을 갖춘 기관 또는 단체로서 경찰청장이 지정하여 고시하는 기관 또는 단체에 위탁한다.

27 경비업법령상 경찰청장이 시·도경찰청장에게 위임할 수 있는 권한에 해당하는 것은?

• 제16회 기출

① 경비지도사의 자격의 취소 및 정지
② 경비지도사 시험의 관리
③ 경비지도사의 교육
④ 경비업 허가의 취소 및 영업정지

> **해설** 경찰청장은 경비지도사의 자격의 취소 및 정지에 관한 권한, 경비지도사 자격의 취소 및 정지에 관한 청문의 권한을 시·도경찰청장에게 위임한다(경비업법 시행령 제31조 제1항).
>
> 영 제31조【권한의 위임 및 위탁】① 경찰청장은 법 제27조 제1항의 규정에 의하여 다음 각 호의 권한을 시·도경찰청장에게 위임한다.
> 1. 법 제20조의 규정에 의한 경비지도사의 자격의 취소 및 정지에 관한 권한
> 2. 법 제21조 제2호의 규정에 의한 경비지도사 자격의 취소 및 정지에 관한 청문의 권한

28 경비업법령상 권한의 위임 및 위탁 등에 관한 설명으로 옳지 않은 것은? • 제15회 기출변형

① 경비업법에 의한 경찰청장의 권한은 대통령령이 정하는 바에 따라 그 일부를 시·도경찰청장에게 위임할 수 있다.
② 경찰청장은 경비지도사의 자격의 취소 및 정지에 관한 권한을 시·도경찰청장에게 위임한다.
③ 경찰청장은 경비지도사 자격의 취소 및 정지에 관한 청문의 권한을 시·도경찰청장에게 위임한다.
④ 경찰청장은 경비지도사 시험의 관리에 관한 업무를 경비업무에 관한 인력과 전문성을 갖추고 경찰관서장이 지정하여 고시한 기관 또는 단체에 위임할 수 있다.

> **해설** 경찰청장은 경비지도사의 시험에 관한 업무를 대통령령이 정하는 바에 따라 관계전문기관 또는 단체에 위탁할 수 있다(경비업법 제27조 제2항). 경찰청장 또는 경찰관서장은 경비지도사 시험의 관리에 관한 업무를 경비업무에 관한 인력과 전문성을 갖춘 기관 또는 단체로서 경찰청장이 지정하여 고시하는 기관 또는 단체에 위탁한다(경비업법 시행령 제31조 제2항).

29 경비업법령상 경찰청장으로부터 경비지도사의 시험에 관한 업무를 위탁받은 단체의 임직원이 공무원으로 의제되어 적용받는 형법상의 규정에 해당하지 않는 것은?

• 제23회 기출변형

① 형법 제127조(공무상 비밀의 누설)
② 형법 제129조(수뢰, 사전수뢰)
③ 형법 제130조(제삼자뇌물제공)
④ 형법 제132조(알선수뢰)

> **해설** 위탁받은 업무에 종사하는 관계전문기관 또는 단체의 임직원은 「형법」 제129조(수뢰, 사전수뢰), 제130조(제삼자뇌물제공), 제131조(수뢰후부정처사, 사후수뢰), 제132조(알선수뢰)의 규정을 적용할 때에는 공무원으로 본다.
>
> > **법 제27조의3【벌칙 적용에서 공무원 의제】** 제27조 제2항에 따라 위탁받은 업무에 종사하는 관계전문기관 또는 단체의 임직원은 「형법」 제129조부터 제132조[형법 제129조(수뢰, 사전수뢰), 제130조(제삼자뇌물제공), 제131조(수뢰후부정처사, 사후수뢰), 제132조(알선수뢰)]까지의 규정을 적용할 때에는 공무원으로 본다.

| 26 ③ | 27 ① | 28 ④ | 29 ① | 정답 |

30 경비업법령상 경찰청장의 권한 중 시·도경찰청장에게 위임할 수 있는 권한에 해당하는 것을 모두 고른 것은?

> ㄱ. 경비지도사의 자격의 취소에 관한 권한
> ㄴ. 경비지도사의 자격의 정지에 관한 권한
> ㄷ. 경비지도사 자격의 취소 및 정지에 관한 청문의 권한
> ㄹ. 경비지도사의 시험의 관리에 관한 권한
> ㅁ. 경비지도사의 자격증 교부에 관한 권한

① ㄱ, ㄴ, ㄷ
② ㄱ, ㄴ, ㄹ
③ ㄱ, ㄷ, ㅁ
④ ㄴ, ㄷ, ㄹ, ㅁ

해설 ㄹ. 경찰청장은 경비지도사의 시험의 관리에 관한 업무를 대통령령이 정하는 바에 따라 관계전문기관 또는 단체에 위탁할 수 있다.
ㅁ. 경비지도사 자격증의 교부에 관한 권한은 별도의 위임·위탁 규정이 없다.

> 영 제31조【권한의 위임 및 위탁】① 경찰청장은 법 제27조 제1항의 규정에 의하여 다음 각 호의 권한을 시·도경찰청장에게 위임한다.
> 1. 법 제20조의 규정에 의한 경비지도사의 자격의 취소 및 정지에 관한 권한
> 2. 법 제21조 제2호의 규정에 의한 경비지도사 자격의 취소 및 정지에 관한 청문의 권한
> ② 경찰청장 또는 경찰관서장은 법 제27조 제2항에 따라 법 제11조 제1항에 따른 경비지도사 시험의 관리에 관한 업무를 경비업무에 관한 인력과 전문성을 갖춘 기관 또는 단체로서 경찰청장이 지정하여 고시하는 기관 또는 단체에 위탁한다.
> 규칙 제11조【경비지도사 자격증의 교부】경찰청장은 법 제11조의 규정에 의한 경비지도사 시험에 합격하고 기본교육을 받은 사람에게는 별지 제9호 서식의 경비지도사 자격증 교부대장에 정해진 사항을 기재한 후, 별지 제10호 서식의 경비지도사 자격증을 교부해야 한다.

31 경비업법령상 경찰청장으로부터 경비지도사의 시험에 관한 업무를 위탁받은 단체의 임직원이 공무원으로 의제되어 적용받는 형법상의 규정은?

• 제21회 기출변형

① 형법 제123조(직권남용)
② 형법 제127조(공무상 비밀의 누설)
③ 형법 제129조(수뢰, 사전수뢰)
④ 형법 제227조(허위공문서작성 등)

해설 위탁받은 업무에 종사하는 관계전문기관 또는 단체의 임직원은 「형법」제129조(수뢰, 사전수뢰), 제130조(제삼자뇌물제공), 제131조(수뢰후부정처사, 사후수뢰), 제132조(알선수뢰)의 규정을 적용할 때에는 공무원으로 본다(경비업법 제27조의3).

32 경비업법상 벌칙 적용에서 공무원 의제에 관한 규정이다. 이에 해당하는 내용으로 옳지 않은 것은?

> 제27조의3【벌칙 적용에서 공무원 의제】제27조 제2항에 따라 위탁받은 업무에 종사하는 관계전문기관 또는 단체의 임직원은 형법 제129조부터 제132조까지의 규정을 적용할 때에는 공무원으로 본다.

① 수뢰, 사전수뢰, 알선수뢰
② 제삼자뇌물제공
③ 수뢰후부정처사, 사후수뢰
④ 뇌물 공여

해설 경비지도사의 시험에 관한 업무를 위탁받은 기관 또는 단체의 임직원은 그 업무를 수행함에 있어 공무원과 유사한 정도의 공정성과 청렴성이 요구되므로 「형법」제129조(수뢰, 사전수뢰), 제130조(제삼자뇌물제공), 제131조(수뢰후부정처사, 사후수뢰), 제132조(알선수뢰)까지의 규정에 따른 벌칙을 적용할 때에는 공무원으로 의제한다.

> 법 제27조의3【벌칙 적용에서 공무원 의제】제27조 제2항에 따라 위탁받은 업무에 종사하는 관계전문기관 또는 단체의 임직원은 「형법」제129조부터 제132조[형법 제129조(수뢰, 사전수뢰), 제130조(제삼자뇌물제공), 제131조(수뢰후부정처사, 사후수뢰), 제132조(알선수뢰)]까지의 규정을 적용할 때에는 공무원으로 본다.

정답 30 ① 31 ③ 32 ④

33 경비업법령상 허가증 등의 수수료에 관한 설명으로 옳지 않은 것은?

• 제25회 기출

① 경비업 허가사항의 변경신고로 인한 허가증 재교부의 경우에는 1만 원의 수수료를 납부하여야 한다.
② 경찰청장은 시험시행기관의 귀책사유로 시험에 응시하지 못한 경우 납부한 응시수수료 전액을 반환하여야 한다.
③ 경찰청장 및 시·도경찰청장은 정보통신망을 이용하여 전자화폐·전자결제 등의 방법으로 수수료를 납부하게 할 수 있다.
④ 경비지도사 시험에 응시하고자 하는 자는 경찰청장이 정하여 고시하는 수수료를 납부하여야 한다.

해설 경비업 허가사항의 변경신고로 인한 허가증 재교부의 경우에는 2천 원의 수수료를 납부하여야 한다.

> **영 제28조【허가증 등의 수수료】** ① 법에 의한 경비업의 허가를 받거나 허가증을 재교부받고자 하는 자는 다음 각 호의 수수료를 납부하여야 한다.
> 1. 법 제4조 제1항 및 법 제6조 제2항의 규정에 의한 경비업의 허가(추가·변경·갱신허가를 포함한다)의 경우에는 1만 원
> 2. 허가사항의 변경신고로 인한 허가증 재교부의 경우에는 2천 원
> ② 제1항의 규정에 의한 수수료는 허가 등의 신청서에 수입인지를 첨부하여 납부한다.
> ③ 시험에 응시하고자 하는 자는 경찰청장이 정하여 고시하는 수수료를 납부하여야 한다.
> ④ 경찰청장은 다음 각 호의 어느 하나에 해당하는 경우에는 제3항에 따라 받은 응시수수료의 전부 또는 일부를 다음 각 호의 구분에 따라 반환하여야 한다.
> 1. 응시수수료를 과오납한 경우: 과오납한 금액 전액
> 2. 시험시행기관의 귀책사유로 시험에 응시하지 못한 경우: 응시수수료 전액
> 3. 시험시행일 20일 전까지 접수를 취소하는 경우: 응시수수료 전액
> 4. 시험시행일 10일 전까지 접수를 취소하는 경우: 응시수수료의 100분의 50
> ⑤ 경찰청장 및 시·도경찰청장은 제2항 및 제3항의 규정에 불구하고 정보통신망을 이용하여 전자화폐·전자결제 등의 방법으로 수수료를 납부하게 할 수 있다.

34 경비업법령상 허가증 등의 수수료에 관한 설명으로 옳은 것은? • 제24회 기출

① 경비업 허가사항의 변경신고로 인한 허가증 재교부의 경우에는 1만 원의 수수료를 납부하여야 한다.
② 경비지도사 시험 응시수수료를 과오납한 경우에는 경찰청장은 과오납한 금액의 100분의 50을 반환하여야 한다.
③ 경비업의 갱신허가를 받고자 하는 경우에는 2천 원의 수수료를 납부하여야 한다.
④ 경비지도사 시험 시행일 20일 전까지 접수를 취소하는 경우에는 경찰청장은 응시수수료 전액을 반환하여야 한다.

해설 ① 경비업 허가사항의 변경신고로 인한 허가증 재교부의 경우에는 2천 원의 수수료를 납부하여야 한다.
② 경비지도사 시험 응시수수료를 과오납한 경우에는 경찰청장은 과오납한 금액 전액을 반환하여야 한다.
③ 경비업의 갱신허가를 받고자 하는 경우에는 1만 원의 수수료를 납부하여야 한다.

35 경비업법령상 수수료 납부에 관한 설명으로 옳은 것은? • 제17회 기출

① 경비업의 갱신허가를 받고자 하는 자는 2만 원의 수수료를 납부하여야 한다.
② 허가사항의 변경신고로 인한 허가증 재교부의 경우에는 2천 원의 수수료를 납부하여야 한다.
③ 시험에 응시하고자 하는 자의 귀책사유로 시험에 응시하지 못한 경우, 납부한 응시수수료 전액을 반환받는다.
④ 경찰청장은 시험 응시자가 시험시행일 20일 전까지 접수를 취소하는 경우, 응시수수료의 100분의 50을 반환하여야 한다.

해설 ① 경비업의 갱신허가를 받고자 하는 자는 1만 원의 수수료를 납부하여야 한다.
③ 시험에 응시하고자 하는 자의 귀책사유가 아니라 시험시행기관의 귀책사유로 시험에 응시하지 못한 경우, 납부한 응시수수료 전액을 반환받는다.
④ 경찰청장은 시험 응시자가 시험시행일 20일 전까지 접수를 취소하는 경우, 응시수수료의 전액을 반환하여야 한다.

정답 33 ① 34 ④ 35 ②

36 경비업법령상 허가증 등의 수수료에 관한 설명으로 옳지 않은 것은?

• 제22회 기출

① 경비업의 허가사항의 변경신고로 인한 허가증을 재교부받고자 하는 자는 2천 원의 수수료를 납부하여야 한다.
② 경찰청장 및 시·도경찰청장은 정보통신망을 이용하여 전자화폐·전자결제 등의 방법으로 수수료를 납부하게 할 수 있다.
③ 경비지도사 시험에 응시하고자 하는 자는 경찰청장이 정하여 고시하는 수수료를 납부하여야 한다.
④ 시·도경찰청장은 경비지도사 시험시행일 20일 전까지 접수를 취소하는 경우 응시수수료 전액을 반환하여야 한다.

해설 경찰청장은 경비지도사 시험시행일 20일 전까지 접수를 취소하는 경우 응시수수료 전액을 반환하여야 한다.

> **영 제28조 【허가증 등의 수수료】** ① 법에 의한 경비업의 허가를 받거나 허가증을 재교부받고자 하는 자는 다음 각 호의 수수료를 납부하여야 한다.
> 1. 법 제4조 제1항 및 법 제6조 제2항의 규정에 의한 경비업의 허가(추가·변경·갱신허가를 포함한다)의 경우에는 1만 원
> 2. 허가사항의 변경신고로 인한 허가증 재교부의 경우에는 2천 원
> ② 제1항의 규정에 의한 수수료는 허가 등의 신청서에 수입인지를 첨부하여 납부한다.
> ③ 시험에 응시하고자 하는 자는 경찰청장이 정하여 고시하는 수수료를 납부하여야 한다.
> ④ 경찰청장은 다음 각 호의 어느 하나에 해당하는 경우에는 제3항에 따라 받은 응시수수료의 전부 또는 일부를 다음 각 호의 구분에 따라 반환하여야 한다.
> 1. 응시수수료를 과오납한 경우: 과오납한 금액 전액
> 2. 시험시행기관의 귀책사유로 시험에 응시하지 못한 경우: 응시수수료 전액
> 3. 시험시행일 20일 전까지 접수를 취소하는 경우: 응시수수료 전액
> 4. 시험시행일 10일 전까지 접수를 취소하는 경우: 응시수수료의 100분의 50
> ⑤ 경찰청장 및 시·도경찰청장은 제2항 및 제3항의 규정에 불구하고 정보통신망을 이용하여 전자화폐·전자결제 등의 방법으로 수수료를 납부하게 할 수 있다.

37 경비업법령상 수수료 환불에 관한 설명으로 옳지 않은 것은?

① 응시수수료를 과오납한 경우에는 전액을 반환한다.
② 시험시행기관의 귀책사유로 시험에 응시하지 못한 경우에는 응시수수료 전액을 반환한다.
③ 시험시행일 20일 전까지 접수를 취소하는 경우에는 응시수수료 전액을 반환한다.
④ 시험시행일 10일 전까지 접수를 취소하는 경우에는 응시수수료의 100분의 50을 반환한다.

해설 응시수수료를 과오납한 경우에는 과오납한 금액 전액을 반환한다.

> 영 제28조 【허가증 등의 수수료】 ④ 경찰청장은 다음 각 호의 어느 하나에 해당하는 경우에는 제3항에 따라 받은 응시수수료의 전부 또는 일부를 다음 각 호의 구분에 따라 반환하여야 한다.
> 1. 응시수수료를 과오납한 경우: 과오납한 금액 전액
> 2. 시험시행기관의 귀책사유로 시험에 응시하지 못한 경우: 응시수수료 전액
> 3. 시험시행일 20일 전까지 접수를 취소하는 경우: 응시수수료 전액
> 4. 시험시행일 10일 전까지 접수를 취소하는 경우: 응시수수료의 100분의 50

38 경비업법령상 허가증 등의 수수료에 관한 설명으로 옳지 않은 것은? ・제19회 기출

① 경비지도사 시험에 응시하고자 하는 자는 경찰청장이 정하여 고시하는 수수료를 납부하여야 한다.
② 경비업의 변경・추가허가의 경우에는 1만 원의 수수료를 납부하여야 한다.
③ 경찰서장은 정보통신망을 이용하여 전자화폐・전자결제 등의 방법으로 수수료를 납부하게 할 수 있다.
④ 경비업의 허가를 받거나 허가증을 재교부받고자 하는 자는 대통령령이 정하는 바에 따라 수수료를 납부하여야 한다.

해설 경찰청장 및 시・도경찰청장은 정보통신망을 이용하여 전자화폐・전자결제 등의 방법으로 수수료를 납부하게 할 수 있다.

정답 36 ④　37 ①　38 ③

39 경비업법령상 민감정보 및 고유식별정보의 처리에 관한 내용이다. 다음 중 「개인정보 보호법」 제23조에 따른 건강에 관한 정보에만 불가피한 경우에 처리할 수 있는 내용을 모두 고른 것은?

> ㄱ. 임원, 경비지도사 및 경비원의 결격사유 확인에 관한 사무
> ㄴ. 경비지도사의 선임·해임 신고에 관한 사무
> ㄷ. 특수경비원의 직무 및 무기사용 등에 관한 사무
> ㄹ. 보안지도·점검 및 보안측정에 관한 사무

① ㄱ, ㄴ
② ㄱ, ㄷ
③ ㄱ, ㄹ
④ ㄱ, ㄴ, ㄷ, ㄹ

해설 ㄱ. 임원, 경비지도사 및 경비원의 결격사유 확인에 관한 사무와 ㄷ. 특수경비원의 직무 및 무기사용 등에 관한 사무는 「개인정보 보호법」 제23조에 따른 건강에 관한 정보에만 한정한다. ㄱ. 임원, 경비지도사 및 경비원의 결격사유 확인에 관한 사무와 ㄹ. 보안지도·점검 및 보안측정에 관한 사무는 「개인정보 보호법 시행령」 제18조 제2호에 따른 범죄경력자료에 해당하는 정보에만 한정한다.

40 경비업법령상 경찰청장 등이 처리할 수 있는 민감정보 및 고유식별정보가 아닌 것은?

• 제23회 기출

① 건강에 관한 정보
② 범죄경력자료에 해당하는 정보
③ 주민등록번호 또는 외국인등록번호가 포함된 자료
④ 신용카드 사용내역이 포함된 자료

해설 신용카드 사용내역이 포함된 자료는 경비업법령상의 경찰청장 등이 처리할 수 있는 민감정보 및 고유식별정보에 해당하지 않는다.

41 경비업법령상 경찰청장, 시·도경찰청장, 경찰서장 및 경찰관서장(제31조에 따라 경찰청장 및 경찰관서장의 권한을 위임·위탁받은 자를 포함한다)은 법정 사무를 수행하기 위하여 불가피한 경우에 민감정보 및 고유식별정보의 처리를 할 수 있다. 민감정보 및 고유식별정보에 해당하는 것을 모두 고른 것은?

> ㄱ. 건강에 관한 정보
> ㄴ. 범죄경력자료에 해당하는 정보
> ㄷ. 주민등록번호 또는 외국인등록번호가 포함된 자료
> ㄹ. 유전자검사 등의 결과로 얻어진 유전자정보

① ㄱ, ㄹ
② ㄱ, ㄴ, ㄷ
③ ㄴ, ㄷ, ㄹ
④ ㄱ, ㄴ, ㄷ, ㄹ

해설 경찰청장, 시·도경찰청장, 경찰서장 및 경찰관서장(제31조에 따라 경찰청장 및 경찰관서장의 권한을 위임·위탁받은 자를 포함한다)은 법정 사무를 수행하기 위하여 불가피한 경우「개인정보 보호법」제23조에 따른 건강에 관한 정보(제1호의2 및 제4호의 사무로 한정한다), 같은 법 시행령 제18조 제2호에 따른 범죄경력자료에 해당하는 정보(제1호의2 및 제9호의 사무로 한정한다), 같은 영 제19조 제1호 또는 제4호에 따른 주민등록번호 또는 외국인등록번호가 포함된 자료를 처리할 수 있다.

> **영 제31조의2【민감정보 및 고유식별정보의 처리】** 경찰청장, 시·도경찰청장, 경찰서장 및 경찰관서장(제31조에 따라 경찰청장 및 경찰관서장의 권한을 위임·위탁받은 자를 포함한다)은 다음 각 호의 사무를 수행하기 위하여 불가피한 경우「개인정보 보호법」제23조에 따른 건강에 관한 정보(제1호의2 및 제4호의 사무로 한정한다), 같은 법 시행령 제18조 제2호에 따른 범죄경력자료에 해당하는 정보(제1호의2 및 제9호의 사무로 한정한다), 같은 영 제19조 제1호 또는 제4호에 따른 주민등록번호 또는 외국인등록번호가 포함된 자료를 처리할 수 있다.
> 1. 법 제4조 및 제6조에 따른 경비업의 허가 및 갱신허가 등에 관한 사무
> 1의2. 법 제5조 및 제10조에 따른 임원, 경비지도사 및 경비원의 결격사유 확인에 관한 사무
> 2. 법 제11조에 따른 경비지도사 시험 등에 관한 사무
> 2의2. 법 제12조의2에 따른 경비지도사의 선임·해임 신고에 관한 사무
> 3. 법 제13조에 따른 경비원의 교육 등에 관한 사무
> 4. 법 제14조에 따른 특수경비원의 직무 및 무기사용 등에 관한 사무
> 5. 삭제 〈2021.7.13.〉
> 6. 법 제18조에 따른 경비원 배치허가 등에 관한 사무
> 7. 법 제19조 및 제20조에 따른 행정처분에 관한 사무
> 8. 법 제24조에 따른 경비업자 및 경비지도사의 지도·감독에 관한 사무
> 9. 법 제25조에 따른 보안지도·점검 및 보안측정에 관한 사무
> 10. 삭제 〈2022.12.20.〉

42 경비업법령상 민감정보 및 고유식별정보를 처리할 수 있는 사무가 아닌 것은?

• 제17회 기출

① 기계경비운영체계의 오작동 여부 확인에 관한 사무
② 경비업 허가의 취소에 따른 행정처분에 관한 사무
③ 경비지도사의 결격사유 확인을 위한 범죄경력조회 등에 관한 사무
④ 특수경비업자에 대한 보안지도 · 점검 및 보안측정에 관한 사무

해설 기계경비운영체계의 오작동 여부 확인에 관한 사무는 명문화되어 있지 않다.
③ 경비지도사의 결격사유 확인을 위한 범죄경력조회 등에 관한 사무처리의 개별적 법규정은 법 개정(2021.7.13.)으로 삭제되었다. 그 이유는 「경비업법 시행령」 제31조의2(민감정보 및 고유식별정보의 처리) 본문에 '범죄경력자료에 해당하는 정보'라는 법적 근거가 있어 중복되는 내용이기 때문이다.

> **영 제31조의2 【민감정보 및 고유식별정보의 처리】** 경찰청장, 시 · 도경찰청장, 경찰서장 및 경찰관서장(제31조에 따라 경찰청장 및 경찰관서장의 권한을 위임 · 위탁받은 자를 포함한다)은 다음 각 호의 사무를 수행하기 위하여 불가피한 경우 「개인정보 보호법」 제23조에 따른 건강에 관한 정보(제1호의2 및 제4호의 사무로 한정한다), 같은 법 시행령 제18조 제2호에 따른 범죄경력자료에 해당하는 정보(제1호의2 및 제9호의 사무로 한정한다), 같은 영 제19조 제1호 또는 제4호에 따른 주민등록번호 또는 외국인등록번호가 포함된 자료를 처리할 수 있다.
> 1. 법 제4조 및 제6조에 따른 경비업의 허가 및 갱신허가 등에 관한 사무
> 1의2. 법 제5조 및 제10조에 따른 임원, 경비지도사 및 경비원의 결격사유 확인에 관한 사무
> 2. 법 제11조에 따른 경비지도사 시험 등에 관한 사무
> 2의2. 법 제12조의2에 따른 경비지도사의 선임 · 해임 신고에 관한 사무
> 3. 법 제13조에 따른 경비원의 교육 등에 관한 사무
> 4. 법 제14조에 따른 특수경비원의 직무 및 무기사용 등에 관한 사무
> 5. 삭제 〈2021.7.13.〉
> 6. 법 제18조에 따른 경비원 배치허가 등에 관한 사무
> 7. 법 제19조 및 제20조에 따른 행정처분에 관한 사무
> 8. 법 제24조에 따른 경비업자 및 경비지도사의 지도 · 감독에 관한 사무
> 9. 법 제25조에 따른 보안지도 · 점검 및 보안측정에 관한 사무
> 10. 삭제 〈2022.12.20.〉

43 경비업법령상 민감정보 및 고유식별정보의 처리가 가능한 사무에 해당하지 않는 것은?

① 경비지도사 시험 등에 관한 사무
② 특수경비원의 직무 및 무기사용에 관한 사무
③ 보안지도·점검 및 보안측정에 관한 사무
④ 경비원의 복장, 장비 등에 관한 사무

해설 경비원의 복장, 장비 등에 관한 사무는 경비업법령상 민감정보 및 고유식별정보의 처리가 가능한 사무에 해당하지 않는다(경비업법 시행령 제31조의2).

44 경비업법령상 경찰청장이 3년마다 타당성을 검토하여 개선 등의 조치를 해야 하는 규제사항에 해당하는 것은?

• 제21회 기출변형

① 경비원이 휴대하는 장비
② 행정처분기준
③ 과태료 부과기준
④ 벌금형 부과기준

해설 법 개정(2021.3.2.)으로 ② 행정처분기준과 ③ 과태료 부과기준은 삭제되었으며 ④ 벌금형 부과기준은 경찰청장이 타당성을 검토하여 개선 등의 조치를 해야 하는 명문 규제사항에 포함되지 않는다.

> 영 제31조의3【규제의 재검토】경찰청장은 다음 각 호의 사항에 대하여 다음 각 호의 기준일을 기준으로 3년마다(매 3년이 되는 해의 기준일과 같은 날 전까지를 말한다) 그 타당성을 검토하여 개선 등의 조치를 해야 한다.
> 1. 제3조 제2항 및 별표 1에 따른 경비업의 시설 등의 기준: 2014년 6월 8일
> 1의2. 제15조의2 제1항 및 제15조의3 제1항에 따른 경비지도사의 기본교육 및 보수교육의 시간: 2025년 1월 1일
> 2. 제22조에 따른 집단민원현장 배치 불허가 기준: 2014년 6월 8일
> 3. 삭제 〈2021.3.2.〉
> 4. 삭제 〈2021.3.2.〉
>
> 규칙 제27조의2【규제의 재검토】경찰청장은 제20조에 따른 경비원이 휴대하는 장비 등에 대하여 2014년 6월 8일을 기준으로 3년마다(매 3년이 되는 해의 6월 8일 전까지를 말한다) 그 타당성을 검토하여 개선 등의 조치를 하여야 한다.

정답 42 ① 43 ④ 44 ①

PART 1 경비업법

CHAPTER 07 벌칙

제1절 벌칙

제2절 과태료

최근 13개년 출제비중

7.0%

학습 TIP

- ☑ 행정형벌 중 형의 가중처벌 규정에 관한 내용이 매번 출제되고 있다. 과태료는 신설된 개개의 사항까지 반드시 잘 파악해야 한다.
- ☑ 최근 5년간 출제된 지문 중심으로 행정형벌의 규정을 각각 구분하고, 특히 형의 가중처벌 및 양벌규정을 정확히 숙지해야 한다.

POINT CHAPTER 내 절별 출제비중

- 01 벌칙 — 65%
- 02 과태료 — 35%

CHAPTER 07 벌칙

제1절 벌칙

1. 행정형벌 ★★★

(1) 5년 이하의 징역 또는 5천만 원 이하의 벌금

국가중요시설의 정상적인 운영을 해치는 장해를 일으킨 특수경비원(경비업법 제14조 제2항)은 5년 이하의 징역 또는 5천만 원 이하의 벌금에 처한다(경비업법 제28조 제1항).

(2) 3년 이하의 징역 또는 3천만 원 이하의 벌금

다음의 어느 하나에 해당하는 자는 3년 이하의 징역 또는 3천만 원 이하의 벌금에 처한다(경비업법 제28조 제2항).
① 허가(경비업법 제4조 제1항)를 받지 아니하고 경비업을 영위한 자
② 경비업자의 임직원이거나 임직원이었던 자는 다른 법률에 특별한 규정이 있는 경우를 제외하고는 그 직무상 알게 된 비밀을 누설하거나 다른 사람에게 제공하여 이용하도록 하는 등 부당한 목적을 위하여 사용하여서는 아니 된다(경비업법 제7조 제4항)는 규정에 위반하여 직무상 알게 된 비밀을 누설하거나 부당한 목적을 위하여 사용한 자
③ 특수경비업자는 국가중요시설에 대한 특수경비업무를 중단하게 되는 경우에는 미리 이를 경비대행업자에게 통보하여야 하며, 경비대행업자는 통보받은 즉시 그 경비업무를 인수하여야 한다(경비업법 제7조 제8항)는 규정에 위반하여 경비업무의 중단을 통보하지 아니하거나 경비업무를 즉시 인수하지 아니한 특수경비업자 또는 경비대행업자
④ 집단민원현장에 경비원을 배치하면서 누구든지 「경비업법」에 따른 허가를 받지 아니한 자에게 경비업무를 도급하여서는 아니 된다(경비업법 제7조의2 제1항)는 규정을 위반하여 허가를 받지 아니한 자에게 경비업무를 도급한 자

⑤ 누구든지 집단민원현장에 경비인력을 20명 이상 배치하려고 할 때에는 그 경비인력을 직접 고용하여서는 아니 되고, 경비업자에게 경비업무를 도급하여야 한다. 다만, 시설주 등이 집단민원현장 발생 3개월 전까지 직접 고용하여 경비업무를 수행하는 피고용인의 경우에는 그러하지 아니하다(경비업법 제7조의2 제2항)는 규정을 위반하여 집단민원현장에 20명 이상의 경비인력을 배치하면서 그 경비인력을 직접 고용한 자

⑥ 경비업자의 경비원 채용 시 무자격자나 부적격자 등을 채용하도록 관여하거나 영향력을 행사(경비업법 제7조의2 제3항 위반)한 도급인

⑦ 과실로 인하여 「경비업법」 제14조 제2항을 위반하여 국가중요시설의 정상적인 운영을 해치는 장해를 일으킨 특수경비원

⑧ 특수경비원으로서 경비구역 안에서 시설물의 절도, 손괴, 위험물의 폭발 등의 사유로 인한 위급사태가 발생한 때에 직무상 복종명령(경비업법 제15조 제1항) 또는 경비구역 이탈금지(경비업법 제15조 제2항)의 규정에 위반한 자

⑨ 누구든지 경비원으로 하여금 경비업무의 범위를 벗어난 행위를 하게 하여서는 아니 된다(경비업법 제15조의2 제2항)는 규정을 위반하여 경비원에게 경비업무의 범위를 벗어난 행위를 하게 한 자

> ⑦에서 과실범까지 형사처벌하는 것은 특수경비원이 일반인보다 국가중요시설의 기능을 쉽게 마비시킬 수 있기 때문이다.

> **위반 시 행정처분기준**
> 경비원에게 경비업무의 범위를 벗어난 행위를 하게 한 자는 행정형벌(3년 이하의 징역 또는 3천만 원 이하의 벌금)과 행정처분의 대상(허가관청에 의하여 그 허가를 취소)이다.

(3) 2년 이하의 징역 또는 2천만 원 이하의 벌금

시설주는 무기를 특수경비원으로 하여금 휴대하게 할 수 있다. 이 경우 특수경비원은 정당한 사유 없이 무기를 소지하고 배치된 경비구역을 벗어나서는 아니 된다(경비업법 제14조 제4항 후단)는 규정을 위반하여 정당한 사유 없이 무기를 소지하고 배치된 경비구역을 벗어난 특수경비원은 2년 이하의 징역 또는 2천만 원 이하의 벌금에 처한다(경비업법 제28조 제3항).

(4) 1년 이하의 징역 또는 1천만 원 이하의 벌금

다음의 어느 하나에 해당하는 자는 1년 이하의 징역 또는 1천만 원 이하의 벌금에 처한다(경비업법 제28조 제4항).

① 시설주로부터 무기의 관리를 위하여 지정받은 책임자는 무기출납부 및 무기장비운영카드를 비치·기록하여야 하며, 무기는 관리책임자가 직접 지급·회수하여야 한다(경비업법 제14조 제7항)는 규정을 위반한 관리책임자

② 특수경비원은 파업·태업 그 밖에 경비업무의 정상적인 운영을 저해하는 일체의 쟁의행위를 하여서는 아니 된다(경비업법 제15조 제3항)는 규정을 위반하여 쟁의행위를 한 특수경비원
③ 경비원은 직무를 수행함에 있어 타인에게 위력을 과시하거나 물리력을 행사하는 등 경비업무의 범위를 벗어난 행위를 하여서는 아니 된다(경비업법 제15조의2 제1항)는 규정을 위반하여 경비업무의 범위를 벗어난 행위를 한 경비원
④ 「경비업법」 제16조의2 제1항(경비원이 휴대할 수 있는 장비의 종류는 경적·단봉·분사기 등 행정안전부령으로 정하되, 근무 중에만 이를 휴대할 수 있다)에서 정한 장비 외에 흉기 또는 그 밖의 위험한 물건을 휴대하고 경비업무를 수행한 경비원 또는 경비원에게 이를 휴대하고 경비업무를 수행하게 한 자
⑤ 「경비업법」 제18조 제8항의 규정을 위반하여 경찰관서장의 배치폐지 명령을 따르지 아니한 자
⑥ 「경비업법」 제24조 제3항(시·도경찰청장 또는 관할 경찰관서장은 경비업자 또는 배치된 경비원이 경비업법이나 경비업법에 따른 명령, 폭력행위 등 처벌에 관한 법률을 위반하는 행위를 하는 경우 그 위반행위의 중지를 명할 수 있다)에 따른 시·도경찰청장 또는 관할 경찰관서장의 중지명령에 따르지 아니한 자

위반 시 행정처분기준 비교

「경비업법」 제18조 제8항을 위반하여 경찰관서장의 배치폐지 명령을 따르지 아니한 자는 행정형벌(1년 이하의 징역 또는 1천만 원 이하의 벌금)과 행정처분의 대상(허가관청에 의하여 그 허가를 취소)이다. 「경비업법」 제24조 제3항에 따른 시·도경찰청장 또는 관할 경찰관서장의 중지명령에 따르지 아니한 자는 행정형벌(1년 이하의 징역 또는 1천만 원 이하의 벌금)의 대상이다.

핵심 기출문제

01 경비업법령상 법정형이 "경비업의 허가를 받지 아니하고 경비업을 영위한 자"에 대한 법정형과 같은 것은?

• 제26회 기출

① 다른 법률에 특별한 규정이 있는 경우가 아님에도 그 직무상 알게 된 비밀을 누설한 경비업자의 임·직원
② 국가중요시설에 대한 경비업무 수행 중 국가중요시설의 정상적인 운영을 해치는 장해를 일으킨 특수경비원
③ 쟁의행위를 한 특수경비원
④ 경비업법에서 정한 장비 외에 흉기 또는 그 밖의 위험한 물건을 휴대하고 경비업무를 수행한 경비원

해설 "경비업의 허가를 받지 아니하고 경비업을 영위한 자"는 3년 이하의 징역 또는 3천만 원 이하의 벌금에 처한다.
① 다른 법률에 특별한 규정이 있는 경우가 아님에도 그 직무상 알게 된 비밀을 누설한 경비업자의 임·직원은 3년 이하의 징역 또는 3천만 원 이하의 벌금에 처한다.
② 국가중요시설에 대한 경비업무 수행 중 국가중요시설의 정상적인 운영을 해치는 장해를 일으킨 특수경비원은 5년 이하의 징역 또는 5천만 원 이하의 벌금에 처한다.
③ 쟁의행위를 한 특수경비원은 1년 이하의 징역 또는 1천만 원 이하의 벌금에 처한다.

④ 경비업법에서 정한 장비 외에 흉기 또는 그 밖의 위험한 물건을 휴대하고 경비업무를 수행한 경비원은 1년 이하의 징역 또는 1천만 원 이하의 벌금에 처한다.

[정답] ①

2. 형의 가중처벌 ★★☆

(1) 특수경비원에 대한 가중처벌

① **내용**: 특수경비원이 무기를 휴대하고 경비업무를 수행하는 중에 「경비업법」 제14조 제8항(특수경비원은 국가중요시설의 경비를 위하여 무기를 사용하지 아니하고는 다른 수단이 없다고 인정되는 때에는 필요한 한도 안에서 무기를 사용할 수 있다)의 규정 및 「경비업법」 제15조 제4항(특수경비원이 무기를 휴대하고 경비업무를 수행하는 때에는 일정한 무기의 안전사용수칙을 지켜야 한다)의 규정에 의한 무기의 안전수칙을 위반하여 「형법」 제258조의2(특수상해) 제1항[제257조 제1항(상해)의 죄로 한정한다]·제2항[제258조 제1항·제2항(중상해)의 죄로 한정한다], 제259조(상해치사) 제1항, 제260조 제1항(폭행), 제262조(폭행치사상), 제268조(업무상과실·중과실 치사상), 제276조 제1항(체포, 감금), 제277조 제1항(중체포, 중감금), 제281조(체포·감금 등의 치사상) 제1항, 제283조 제1항(협박), 제324조(강요) 제2항(특수강요), 제350조의2(특수공갈) 및 제366조(재물손괴 등)의 죄를 범한 때에는 그 죄에 정한 형의 2분의 1까지 가중처벌한다(경비업법 제29조 제1항).

② **목적**: 가중처벌 규정을 둔 이유는 특수경비원이 무기휴대·사용권을 부여받게 되면서 일반 시민의 기본권을 침해할 소지가 있으므로 이에 대한 안전 장치로서 범행개연성이 높은 범죄, 즉 생명·신체·자유에 대한 범죄에 제한적으로 가중처벌 규정을 두어 범죄예방효과를 높이고자 함에 있다.

(2) 경비원에 대한 가중처벌

경비원이 경비업무를 수행하는 중에 「경비업법」 제16조의2 제1항(경비원이 휴대할 수 있는 장비의 종류는 경적·단봉·분사기 등 행정안전부령으로 정하되, 근무 중에만 이를 휴대할 수 있다)에서 정한 장비 외에 흉기 또는 그 밖의 위험한 물건을 휴대하고 「형법」 제258조의2(특수상해) 제1항[제257조 제1항(상해)의 죄로 한정한다]·제2항[제258조 제1항·제2항(중상해)의 죄로 한정한다], 제259조(상해치사) 제1항, 제261조(특수

심화학습

특수경비원의 무기와 경비원의 장비 외의 가중 비교

- **특수경비원**: 무기를 휴대하고 경비업무 수행 중 「형법」 제260조 제1항(폭행)의 죄를 범한 때 가중처벌한다.
- **경비원**: 경비원의 장비 외의 흉기 또는 그 밖에 위험한 물건을 휴대하고 경비업무 수행 중 「형법」 제261조(특수폭행)의 죄를 범한 때 가중처벌한다.

특수강요

강요라는 단어는 일상에서도 흔히 쓰이는 용어이지만, 「형법」 제324조(강요)죄로 규정하여 폭행 또는 협박으로 사람의 권리행사를 방해하거나 의무 없는 일을 하게 하는 범죄로, 5년 이하의 징역 또는 3천만 원 이하의 벌금에 처하게 된다. 특수강요죄는 제324조 제2항에 규정되어 있는 조문으로, 단체 또는 다중의 위력을 보이거나 위험한 물건을 휴대하여 강요죄를 저지르는 것으로 가중처벌되는 죄를 말한다.

특수폭행

단체 또는 다중의 위력을 보이거나 위험한 물건을 휴대하여 「형법」 제260조 제1항 또는 제2항에 해당하는 범죄를 저지름으로써 성립하는 범죄를 말한다.

폭행), 제262조(폭행치사상), 제268조(업무상과실·중과실 치사상), 제276조 제1항(체포, 감금), 제277조 제1항(중체포, 중감금), 제281조(체포·감금 등의 치사상) 제1항, 제283조 제1항(협박), 제324조(강요) 제2항(특수강요), 제350조의2(특수공갈) 및 제366조(재물손괴 등)의 죄를 범한 때에는 그 죄에 정한 형의 2분의 1까지 가중처벌한다(경비업법 제29조 제2항).

「형법」

제257조【상해, 존속상해】① 사람의 신체를 상해한 자는 7년 이하의 징역, 10년 이하의 자격정지 또는 1천만 원 이하의 벌금에 처한다.

제258조【중상해, 존속중상해】① 사람의 신체를 상해하여 생명에 대한 위험을 발생하게 한 자는 1년 이상 10년 이하의 징역에 처한다.
② 신체의 상해로 인하여 불구 또는 불치나 난치의 질병에 이르게 한 자도 전항의 형과 같다.

제258조의2【특수상해】① 단체 또는 다중의 위력을 보이거나 위험한 물건을 휴대하여 제257조 제1항 또는 제2항의 죄를 범한 때에는 1년 이상 10년 이하의 징역에 처한다.
② 단체 또는 다중의 위력을 보이거나 위험한 물건을 휴대하여 제258조의 죄를 범한 때에는 2년 이상 20년 이하의 징역에 처한다.
③ 제1항의 미수범은 처벌한다.

제259조【상해치사】① 사람의 신체를 상해하여 사망에 이르게 한 자는 3년 이상의 유기징역에 처한다.

제260조【폭행, 존속폭행】① 사람의 신체에 대하여 폭행을 가한 자는 2년 이하의 징역, 500만 원 이하의 벌금, 구류 또는 과료에 처한다.

제261조【특수폭행】단체 또는 다중의 위력을 보이거나 위험한 물건을 휴대하여 제260조 제1항 또는 제2항의 죄를 범한 때에는 5년 이하의 징역 또는 1천만 원 이하의 벌금에 처한다.

제262조【폭행치사상】제260조와 제261조의 죄를 지어 사람을 사망이나 상해에 이르게 한 경우에는 제257조부터 제259조까지의 예에 따른다.

제268조【업무상과실·중과실 치사상】업무상과실 또는 중대한 과실로 사람을 사망이나 상해에 이르게 한 자는 5년 이하의 금고 또는 2천만 원 이하의 벌금에 처한다.

제276조【체포, 감금, 존속체포, 존속감금】① 사람을 체포 또는 감금한 자는 5년 이하의 징역 또는 700만 원 이하의 벌금에 처한다.

제277조【중체포, 중감금, 존속중체포, 존속중감금】① 사람을 체포 또는 감금하여 가혹한 행위를 가한 자는 7년 이하의 징역에 처한다.

제281조【체포·감금등의 치사상】① 제276조 내지 제280조의 죄를 범하여 사람을 상해에 이르게 한 때에는 1년 이상의 유기징역에 처한다. 사망에 이르게 한 때에는 3년 이상의 유기징역에 처한다.

제283조【협박, 존속협박】① 사람을 협박한 자는 3년 이하의 징역, 500만 원 이하의 벌금, 구류 또는 과료에 처한다.

제324조【강요】② 단체 또는 다중의 위력을 보이거나 위험한 물건을 휴대하여 제1항의 죄를 범한 자는 10년 이하의 징역 또는 5천만 원 이하의 벌금에 처한다.

> 제350조의2【특수공갈】단체 또는 다중의 위력을 보이거나 위험한 물건을 휴대하여 제350조의 죄를 범한 자는 1년 이상 15년 이하의 징역에 처한다.
> 제366조【재물손괴등】타인의 재물, 문서 또는 전자기록 등 특수매체기록을 손괴 또는 은닉 기타 방법으로 기 효용을 해한 자는 3년 이하의 징역 또는 700만 원 이하의 벌금에 처한다.

핵심 기출문제

02 경비업법령상 일반경비원이 경비업무 수행 중에 경비업법령에서 정한 장비 외에 흉기 또는 그 밖의 위험한 물건을 휴대하고 죄를 범한 경우, 그 죄에 정한 형의 2분의 1까지 가중처벌되는 형법상의 범죄가 <u>아닌</u> 것은?

• 제26회 기출

① 폭행죄(형법 제260조 제1항)
② 특수폭행죄(형법 제261조)
③ 폭행치사상죄(형법 제262조)
④ 업무상과실·중과실 치사상죄(형법 제268조)

해설 경비원이 경비업무 수행 중에 경비업법령에서 정한 장비 외에 흉기 또는 그 밖의 위험한 물건을 휴대하고 「형법」 제258조의2 제1항(특수상해)(제257조 제1항의 죄로 한정한다)·제2항(제258조 제1항·제2항의 죄로 한정한다), 제259조 제1항(상해치사), 제261조(특수폭행), 제262조(폭행치사상), 제268조(업무상과실·중과실 치사상), 제276조 제1항(체포, 감금), 제277조 제1항(중체포, 중감금), 제281조(체포·감금등의 치사상) 제1항, 제283조 제1항(협박), 제324조(강요) 제2항(특수강요), 제350조의2(특수공갈) 및 제366조(재물손괴등)의 죄를 범한 때에는 그 죄에 정한 형의 2분의 1까지 가중처벌한다.

정답 ①

3. 양벌규정

(1) 내용

법인의 대표자나 법인 또는 개인의 대리인, 사용인, 그 밖의 종업원이 그 법인 또는 개인의 업무에 관하여 경비업법 제28조(벌칙)의 위반행위를 하면 그 행위자를 벌하는 외에 그 법인 또는 개인에게도 해당 조문의 벌금형을 과(科)한다(경비업법 제30조 본문).

(2) 예외

법인 또는 개인이 그 위반행위를 방지하기 위하여 해당 업무에 관하여 상당한 주의와 감독을 게을리하지 아니한 경우에는 그러하지 아니하다(경비업법 제30조 단서).

> **심화학습**
> 양벌규정의 적용 형벌에 따른 규정방식 중 '벌금형'만 규정하고 있는 점에 주의한다. 법인은 본질적으로 징역형 등 자유형을 과하는 것이 불가능하다.

(3) 필요성

양벌규정은 어떤 범죄가 이루어진 경우에 행위자를 벌할 뿐만 아니라, 그 행위자와 일정한 관계가 있는 자연인 또는 법인에 대해서도 형을 과하도록 정한 규정을 말하며, 벌칙규정에 행위자만을 처벌하는 것만으로는 형벌의 목적을 달성하기 어렵다는 전제에서 비롯되었다. 실제 행위한 자의 위반행위에 따라 이득을 얻는 자는 그 법인 또는 사용주가 되기 때문에 그들에게도 위반행위방지 및 위반행위의 장래에 예방조치를 강구할 책임이 있기에 양벌규정을 둔다.

핵심 기출문제

03 경비업법령상 양벌규정이 적용될 수 <u>없는</u> 자는? · 제25회 기출

① 법인의 대표자
② 법인의 대리인
③ 사용인
④ 사용인의 배우자

해설 법인의 대표자나 법인 또는 개인의 대리인, 사용인, 그 밖의 종업원이 그 법인 또는 개인의 업무에 관하여 제28조의 위반행위를 하면 그 행위자를 벌하는 외에 그 법인 또는 개인에게도 해당 조문의 벌금형을 과(科)한다.

정답 ④

제2절 과태료

1. 과태료의 부과

(1) 3천만 원 이하의 과태료 ★★★

다음의 어느 하나에 해당하는 경비업자에게는 3천만 원 이하의 과태료를 부과한다(경비업법 제31조 제1항).

① 경비업자는 경찰공무원 또는 군인의 제복과 색상 및 디자인 등이 명확히 구별되는 소속 경비원의 복장을 정하고 이를 확인할 수 있는 사진을 첨부하여 주된 사무소를 관할하는 시·도경찰청장에게 행정안전부령으로 정하는 바에 따라 신고하여야 한다(경비업법 제16조 제1항)는 규정을 위반하여 경비원의 복장에 관한 신고를 하지 아니하고 집단민원현장에 경비원을 배치한 자

② 경비업자는 경비업무 수행 시 경비원에게 소속 경비업체를 표시한 이름표를 부착하도록 하고, 신고된 동일한 복장을 착용하게 하여야 하며, 복장에 소속 회사를 오인할 수 있는 표시를 하거나 다른 회사의 복장을 착용하게 하여서는 아니 된다(경비업법 제16조 제2항)는 규정을 위반하여 이름표를 부착하게 하지 아니하거나, 신고된 동일 복장을 착용하게 하지 아니하고 집단민원현장에 경비원을 배치한 자

③ 집단민원현장에 배치되는 일반경비원의 명부는 그 경비원이 배치되는 장소에도 작성·비치하여야 한다(경비업법 제18조 제1항 단서)는 규정을 위반하여 집단민원현장에 일반경비원을 배치하면서 경비원의 명부를 배치장소에 작성·비치하지 아니한 자

④ 「경비업법」 제18조 제2항 **각 호 외의 부분 단서**를 위반하여 배치허가를 받지 아니하고 경비원을 배치하거나 경비원 명단 및 배치일시·배치장소 등 배치허가 신청의 내용을 거짓으로 한 자

> 「경비업법」 제18조 【경비원의 명부와 배치허가 등】 ② 경비업자가 경비원을 배치하거나 배치를 폐지한 경우에는 행정안전부령이 정하는 바에 따라 관할 경찰관서장에게 신고하여야 한다. 다만, 다음 제1호의 경우에는 경비원을 배치하기 48시간 전까지 행정안전부령으로 정하는 바에 따라 배치허가를 신청하고, 관할 경찰관서장의 배치허가를 받은 후에 경비원을 배치하여야 하며(제2호 및 제3호의 경우에는 경비원을 배치하기 전까지 신고하여야 한다), 이 경우 관할 경찰관서장은 배치허가를 함에 있어 필요한 조건을 붙일 수 있다.
> 1. 제2조 제1호에 따른 시설경비업무, 신변보호업무 또는 혼잡·교통유도경비업무 중 집단민원현장에 배치된 일반경비원
> 2. 집단민원현장이 아닌 곳에서 제2조 제1호 다목의 규정에 의한 신변보호업무를 수행하는 일반경비원
> 3. 특수경비원

⑤ 경비업자는 경비원 명부에 없는 자를 경비업무에 종사하게 하여서는 아니 되고, 경비원을 배치하는 경우에는 신임교육을 이수한 자를 배치하여야 한다(경비업법 제18조 제7항)는 규정을 위반하여 신임교육을 이수하지 아니한 자를 「경비업법」 제18조 제2항 각 호의 경비원으로 배치한 자

(2) 500만 원 이하의 과태료 ★★☆

다음의 어느 하나에 해당하는 경비업자, 경비지도사 또는 시설주에게는 500만 원 이하의 과태료를 부과한다(경비업법 제31조 제2항).

① 휴·폐업, 법인의 명칭·임원변경 등 신고(경비업법 제4조 제3항) 또는 경비원의 배치·배치폐지 신고(경비업법 제18조 제2항)의 규정을 위반하여 신고를 하지 아니한 자
② 특수경비업무의 경비대행업자는 시설주의 동의를 얻어 허가관청에 신고해야 한다(경비업법 제7조 제7항)는 규정을 위반하여 경비대행업자 지정신고를 하지 아니한 자
③ 오경보의 방지(경비업법 제9조 제1항)의 규정을 위반하여 설명의무를 이행하지 아니한 자
④ 정당한 사유 없이 보수교육(경비업법 제11조의2)을 받지 아니한 경비지도사
⑤ 경비지도사를 선임하지 아니한 자(경비업법 제12조 제1항 규정 위반)
⑥ 경비지도사의 선임 또는 해임의 신고(경비업법 제12조의2)를 하지 아니한 자
⑦ 감독상 필요한 명령(경비업법 제14조 제6항)을 정당한 이유 없이 이행하지 아니한 자
⑧ 결격사유에 해당하는 경비원을 배치하거나 결격사유에 해당하는 경비지도사를 선임·배치한 자(경비업법 제10조 제3항 위반)
⑨ 복장 등에 관한 신고 규정을 위반(경비업법 제16조 제1항)하여 신고를 하지 아니한 자
⑩ 이름표를 부착하게 하지 아니하거나, 신고된 동일 복장을 착용하게 하지 아니하고 경비원을 경비업무에 배치한 자(경비업법 제16조 제2항 위반)
⑪ 경비원의 명부작성·비치(경비업법 제18조 제1항 본문)의 규정을 위반하여 명부를 작성·비치하지 아니한 자
⑫ 경비원의 근무상황을 기록하여 보관(경비업법 제18조 제5항)하지 아니한 자

> **보충학습** 감독상 필요한 명령
>
> [조항]
> 「경비업법」제14조【특수경비원의 직무 및 무기사용 등】⑥ 관할 경찰관서장은 무기의 적정한 관리를 위하여 제4항의 규정에 의하여 무기를 대여받은 시설주에 대하여 필요한 명령을 발할 수 있다.
> 「경비업법」제24조【감독】① 경찰청장 또는 시·도경찰청장은 경비업무의 적정한 수행을 위하여 경비업자 및 경비지도사를 지도·감독하며 필요한 명령을 할 수 있다.

「경비업법」상 주요 명령

제14조【특수경비원의 직무 및 무기사용 등】
⑥ 관할 경찰관서장은 무기의 적정한 관리를 위하여 제4항의 규정에 의하여 무기를 대여받은 시설주에 대하여 필요한 명령을 발할 수 있다.

제18조【경비원의 명부와 배치허가 등】
⑧ 관할 경찰관서장은 경비업자가 다음 각 호의 어느 하나에 해당하는 때에는 배치폐지를 명할 수 있다.

제24조【감독】
① 경찰청장 또는 시·도경찰청장은 경비업무의 적정한 수행을 위하여 경비업자 및 경비지도사를 지도·감독하며 필요한 명령을 할 수 있다.

[행정처분기준]
- 「경비업법」 제14조 제6항의 규정에 의한 감독상 필요한 명령을 정당한 이유 없이 이행하지 아니한 자는 500만 원 이하의 과태료 부과 대상이다.
- 「경비업법」 제24조 제1항의 규정에 의한 경찰청장, 시·도경찰청장의 명령을 위반한 때에는 행정처분 대상이다.

위반자	행정처분기준		
	1차	2차	3차 이상
경비업자	경고	영업정지 3개월	허가취소
경비지도사	자격정지 1월	자격정지 6월	자격정지 9월

핵심 기출문제

04 경비업법령상 과태료의 부과기준이 다른 것은? • 제23회 기출

① 경비업자가 경비원의 복장에 관한 신고를 하지 않고 집단민원현장에 경비원을 배치한 경우
② 경비업자가 집단민원현장에 배치되는 일반경비원의 명부를 그 배치장소에 비치하지 않은 경우
③ 경비업자가 신임교육을 이수하지 않은 자를 특수경비원으로 배치한 경우
④ 경비업자가 결격사유에 해당하는 경비지도사를 선임·배치한 경우

해설 경비업자가 결격사유에 해당하는 경비지도사를 선임·배치한 경우에는 경비업자에게 500만 원 이하의 과태료를 부과한다.
①②③ 경비업자에게 3천만 원 이하의 과태료를 부과한다.

정답 ④

2. 과태료 부과기준

(1) 부과·징수

과태료는 대통령령이 정하는 바에 의하여 시·도경찰청장 또는 경찰관서장이 부과·징수한다(경비업법 제31조 제3항).

(2) 부과기준

① 과태료의 부과기준은 [별표 6]과 같다(경비업법 시행령 제32조 제1항).
② 시·도경찰청장 또는 경찰관서장은 「질서위반행위규제법」 제14조 각 호의 사항을 고려하여 [별표 6]에 따른 금액의 100분의 50의 범위에서 경감하거나 가중할 수 있다. 다만, 가중하는 때에는 3천만 원(경비업법 제31조 제1항) 및 500만 원(경비업법 제31조 제2항)에 따른 과태료 금액의 상한을 초과할 수 없다(경비업법 시행령 제32조 제2항).

[별표 6] **과태료의 부과기준**(시행령 제32조 제1항 관련) 〈개정 2024.8.13.〉

위반행위	해당 법조문	과태료 금액 (단위: 만 원)		
		1회 위반	2회 위반	3회 이상
1. 법 제4조 제3항 또는 제18조 제2항을 위반하여 신고를 하지 않은 경우 　가. 1개월 이내의 기간 경과 　나. 1개월 초과 6개월 이내의 기간 경과 　다. 6개월 초과 12개월 이내의 기간 경과 　라. 12개월 초과의 기간 경과	법 제31조 제2항 제1호	50 100 200 400		
2. 법 제7조 제7항을 위반하여 경비대행업자 지정신고를 하지 않은 경우 　가. 허위로 신고한 경우 　나. 그 밖의 사유로 신고하지 않은 경우	법 제31조 제2항 제2호	400 300		
3. 법 제9조 제1항을 위반하여 설명의무를 이행하지 않은 경우	법 제31조 제2항 제3호	100	200	400
4. 법 제10조 제3항을 위반하여 결격사유에 해당하는 경비원을 배치하거나 결격사유에 해당하는 경비지도사를 선임·배치한 경우	법 제31조 제2항 제6호	100	200	400
4의2. 법 제11조의2를 위반하여 정당한 사유 없이 보수교육을 받지 않은 경우 　가. 1년 이내의 기간 경과 　나. 1년 초과 2년 이내의 기간 경과 　다. 2년 초과의 기간 경과	법 제31조 제2항 제3호의2	100 200 300		
5. 법 제12조 제1항을 위반하여 경비지도사를 선임하지 않은 경우	법 제31조 제2항 제4호	100	200	400
5의2. 법 제12조의2를 위반하여 경비지도사의 선임 또는 해임의 신고를 하지 않은 경우 　가. 6개월 이내의 기간 경과 　나. 6개월 초과 12개월 이내의 기간 경과 　다. 12개월 초과의 기간 경과	법 제31조 제2항 제4호의2	100 200 400		
6. 법 제14조 제6항에 따른 감독상 필요한 명령을 정당한 이유 없이 이행하지 않은 경우	법 제31조 제2항 제5호	500		
7. 법 제16조 제1항을 위반하여 복장 등에 관한 신고 규정을 위반하여 신고를 하지 않은 경우	법 제31조 제2항 제7호	100	200	400

위반행위	근거 법조문	1차	2차	3차
8. 법 제16조 제1항을 위반하여 경비원의 복장에 관한 신고를 하지 않고 집단민원현장에 경비원을 배치한 경우	법 제31조 제1항 제1호	600	1,200	2,400
9. 법 제16조 제2항을 위반하여 이름표를 부착하게 하지 않거나, 신고된 동일 복장을 착용하게 하지 않고 경비원을 경비업무에 배치한 경우	법 제31조 제2항 제8호	100	200	400
10. 법 제16조 제2항을 위반하여 이름표를 부착하게 하지 않거나, 신고된 동일 복장을 착용하게 하지 않고 집단민원현장에 경비원을 배치한 경우	법 제31조 제1항 제2호	600	1,200	2,400
11. 법 제18조 제1항 본문을 위반하여 명부를 작성·비치하지 않은 경우 　가. 경비원 명부를 비치하지 않은 경우 　나. 경비원 명부를 작성하지 않은 경우	법 제31조 제2항 제9호	100 50	200 100	400 200
12. 법 제18조 제1항 단서를 위반하여 집단민원현장에 배치되는 일반경비원의 명부를 그 배치장소에 작성·비치하지 않은 경우 　가. 경비원 명부를 비치하지 않은 경우 　나. 경비원 명부를 작성하지 않은 경우	법 제31조 제1항 제3호	600 300	1,200 600	2,400 1,200
13. 법 제18조 제2항 각 호 외의 부분 단서를 위반하여 배치허가를 받지 않고 경비원을 배치하거나, 경비원 명단 및 배치일시·배치장소 등 배치허가 신청의 내용을 거짓으로 한 경우	법 제31조 제1항 제4호	1,000	2,000	3,000
14. 법 제18조 제5항을 위반하여 경비원의 근무상황을 기록하여 보관하지 않은 경우	법 제31조 제2항 제10호	50	100	200
15. 법 제18조 제7항을 위반하여 법 제13조에 따른 신임교육을 이수하지 않은 자를 법 제18조 제2항 각 호의 경비원으로 배치한 경우	법 제31조 제1항 제5호	600	1,200	2,400

[비고]

가. 위반행위의 횟수에 따른 과태료의 가중된 부과기준은 최근 2년간 같은 위반행위로 과태료 부과처분을 받은 경우에 적용한다. 이 경우 기간의 계산은 위반행위에 대하여 과태료 부과처분을 받은 날과 그 처분 후 다시 같은 위반행위를 하여 적발된 날을 기준으로 한다.

나. 가목에 따라 가중된 부과처분을 하는 경우 가중처분의 적용 차수는 그 위반행위 전 부과처분 차수(가목에 따른 기간 내에 과태료 부과처분이 둘 이상 있었던 경우에는 높은 차수를 말한다)의 다음 차수로 한다.

(3) 과태료 부과 고지서 등

① **과태료 부과 사전 통지서**: 과태료 부과의 사전 통지는 [별지 제16호 서식]의 과태료 부과 사전 통지서에 따른다(경비업법 시행규칙 제28조 제1항).

② **과태료 부과 고지서**: 과태료의 부과는 [별지 제17호 서식]의 과태료 부과 고지서에 따른다(경비업법 시행규칙 제28조 제2항).

핵심 기출문제

05 경비업법령에 위반한 다음의 경비업자 중 부과될 수 있는 과태료 최고액이 **다른** 사람은? (단, 가중·감경은 고려하지 않는다) • 제26회 기출

① 경비업법의 규정에 위반하여 경비대행업자 지정신고를 하지 아니한 자
② 경비업법의 규정에 위반하여 경비원의 복장에 관한 신고를 하지 아니하고 집단민원현장에 경비원을 배치한 자
③ 경비업법의 규정에 위반하여 이름표를 부착하게 하지 아니하고 집단민원현장에 경비원을 배치한 자
④ 경비업법의 규정에 위반하여 집단민원현장에 일반경비원을 배치하면서 경비원의 명부를 배치장소에 작성·비치하지 아니한 자

> **해설** 「경비업법」의 규정에 위반하여 경비대행업자 지정신고를 하지 아니한 자는 500만 원 이하의 과태료(허위로 신고한 경우 400만 원, 그 밖의 사유로 신고하지 않은 경우 300만 원)를 부과한다.
> ② 「경비업법」의 규정에 위반하여 경비원의 복장에 관한 신고를 하지 아니하고 집단민원현장에 경비원을 배치한 자에게는 3천만 원 이하의 과태료(3차 이상 2,400만 원)를 부과한다.
> ③ 「경비업법」의 규정에 위반하여 이름표를 부착하게 하지 아니하고 집단민원현장에 경비원을 배치한 자에게는 3천만 원 이하의 과태료(3차 이상 2,400만 원)를 부과한다.
> ④ 「경비업법」의 규정에 위반하여 집단민원현장에 일반경비원을 배치하면서 경비원의 명부를 배치장소에 작성·비치하지 아니한 자에게는 3천만 원 이하의 과태료(경비원 명부를 비치하지 않은 경우 3차 이상 2,400만 원, 경비원 명부를 작성하지 않은 경우 3차 이상 1,200만 원)를 부과한다.
>
> 정답 ①

CHAPTER 07 벌칙

중요내용 OX 문제

제1절 벌칙

01 고의로 국가중요시설의 정상적인 운영을 해치는 장해를 일으킨 특수경비원은 3년 이하의 징역 또는 3천만 원 이하의 벌금에 처한다.

02 직무상 알게 된 비밀을 누설한 경비업자의 임직원은 2년 이하의 징역 또는 2천만 원 이하의 벌금에 처한다.

03 경비업법 규정에 위반하여 쟁의행위를 한 특수경비원은 2년 이하의 징역 또는 2천만 원 이하의 벌금에 처한다.

04 시·도경찰청장 또는 관할 경찰관서장은 경비업자 또는 배치된 경비원이 경비업법이나 경비업법에 따른 명령, 폭력행위 등 처벌에 관한 법률을 위반하는 행위를 하는 경우 그 위반행위의 중지명령에 따르지 아니한 자는 1년 이하의 징역 또는 1천만 원 이하의 벌금에 처한다.

05 경비업법령상 특수경비원이 무기를 휴대하고 경비업무 수행 중에 법령에 규정된 무기의 안전수칙을 위반하여 살인죄를 범한 경우 법정형의 2분의 1까지 가중처벌된다.

06 경비업법령상 특수경비원이 무기를 휴대하고 경비업무 수행 중에 법령에 규정된 무기의 안전수칙을 위반하여 과실치사상죄를 범한 경우 법정형의 2분의 1까지 가중처벌된다.

OX 정답 01 ×   02 ×   03 ×   04 ○   05 ×   06 ×

X 해설
01 5년 이하의 징역 또는 5천만 원 이하의 벌금에 처한다.
02 3년 이하의 징역 또는 3천만 원 이하의 벌금에 처한다.
03 1년 이하의 징역 또는 1천만 원 이하의 벌금에 처한다.
05 살인죄에 대한 가중처벌 규정은 없다.
06 업무상과실치사상죄에 대한 가중처벌 규정은 있으나, 과실치사상죄에 대한 가중처벌 규정은 없다.

제2절 과태료

07 이름표를 부착하게 하지 아니하거나, 신고된 동일 복장을 착용하게 하지 아니하고 경비원을 경비업무에 배치한 경비업자에게는 3천만 원 이하의 과태료를 부과한다.

08 경비지도사 선임규정을 위반하여 경비지도사를 선임한 경비업자에게는 500만 원 이하의 과태료를 부과한다.

09 집단민원현장에 배치되는 일반경비원의 명부를 그 배치장소에 비치하지 않은 경우에는 위반 횟수가 3회 이상이면 부과되는 과태료 금액은 1,200만 원이다.

10 과태료는 대통령령이 정하는 바에 의하여 시·도경찰청장 또는 경찰관서장이 부과·징수한다.

11 무기의 적정관리를 위해 관할 경찰관서장의 감독상 필요한 명령을 정당한 이유 없이 이행하지 않은 경우에는 위반 횟수와 관계없이 동일한 과태료를 부과한다.

OX 정답 07 × 08 × 09 × 10 ○ 11 ○

X 해설
07 500만 원 이하의 과태료를 부과한다. 단, 집단민원현장에 배치한 경우에는 3천만 원 이하의 과태료 부과 대상이다.
08 과태료 부과 대상이 아니라 행정처분 대상이다.
09 위반 횟수가 3회 이상이면 부과되는 과태료 금액은 2,400만 원이다.

CHAPTER 07 벌칙 기출 및 예상문제

제1절 벌칙

01 경비업법령상 벌칙에 관한 설명으로 옳은 것을 모두 고른 것은? • 제22회 기출

> ㄱ. 과실로 인하여 국가중요시설의 정상적인 운영을 해치는 장해를 일으킨 특수경비원은 3년 이하의 징역 또는 3천만 원 이하의 벌금에 처한다.
> ㄴ. 정당한 사유 없이 무기를 소지하고 배치된 경비구역을 벗어난 특수경비원은 2년 이하의 징역 또는 2천만 원 이하의 벌금에 처한다.
> ㄷ. 허가를 받지 아니하고 경비업을 영위한 자는 2년 이하의 징역 또는 2천만 원 이하의 벌금에 처한다.

① ㄱ, ㄴ
② ㄱ, ㄷ
③ ㄴ, ㄷ
④ ㄱ, ㄴ, ㄷ

해설 ㄷ. 허가를 받지 아니하고 경비업을 영위한 자는 3년 이하의 징역 또는 3천만 원 이하의 벌금에 처한다(경비업법 제28조 제2항).

정답 01 ①

02 경비업법령상 위반행위를 한 행위자에 대한 법정형이 다른 것은?

• 제24회 기출

① 경비업무 도급인이 그 경비업무를 수급한 경비업자의 경비원 채용 시 무자격자나 부적격자 등을 채용하도록 관여하거나 영향력을 행사한 경우
② 경비원이 경비업법령에서 정한 장비 외에 흉기 또는 그 밖의 위험한 물건을 휴대하고 경비업무를 수행한 경우
③ 경비원이 직무를 수행함에 있어 타인에게 위력을 과시하는 등 경비업무의 범위를 벗어난 행위를 한 경우
④ 경비업자가 배치허가 신청의 내용을 거짓으로 한 것이 발각되어 경찰관서장이 배치폐지 명령을 하였으나 이에 따르지 아니한 경우

해설 경비업무 도급인이 그 경비업무를 수급한 경비업자의 경비원 채용 시 무자격자나 부적격자 등을 채용하도록 관여하거나 영향력을 행사한 경우에는 3년 이하의 징역 또는 3천만 원 이하의 벌금에 처한다.
②③④ 1년 이하의 징역 또는 1천만 원 이하의 벌금에 처하는 경우에 해당한다.

> 법 제28조 【벌칙】 ② 다음 각 호의 어느 하나에 해당하는 자는 3년 이하의 징역 또는 3천만 원 이하의 벌금에 처한다.
> 1. 제4조 제1항의 규정에 의한 허가를 받지 아니하고 경비업을 영위한 자
> 2. 제7조 제4항의 규정에 위반하여 직무상 알게 된 비밀을 누설하거나 부당한 목적을 위하여 사용한 자
> 3. 제7조 제8항의 규정에 위반하여 경비업무의 중단을 통보하지 아니하거나 경비업무를 즉시 인수하지 아니한 특수경비업자 또는 경비대행업자
> 4. 집단민원현장에 경비원을 배치하면서 제7조의2 제1항을 위반하여 제4조 제1항에 따른 허가를 받지 아니한 자에게 경비업무를 도급한 자
> 5. 제7조의2 제2항을 위반하여 집단민원현장에 20명 이상의 경비인력을 배치하면서 그 경비인력을 직접 고용한 자
> 6. 제7조의2 제3항을 위반하여 경비업자의 경비원 채용 시 무자격자나 부적격자 등을 채용하도록 관여하거나 영향력을 행사한 도급인
> 7. 과실로 인하여 제14조 제2항의 규정에 위반하여 국가중요시설의 정상적인 운영을 해치는 장해를 일으킨 특수경비원
> 8. 특수경비원으로서 경비구역 안에서 시설물의 절도, 손괴, 위험물의 폭발 등의 사유로 인한 위급사태가 발생한 때에 제15조 제1항 또는 제2항의 규정에 위반한 자
> 9. 제15조의2 제2항의 규정을 위반하여 경비원에게 경비업무의 범위를 벗어난 행위를 하게 한 자
> ④ 다음 각 호의 어느 하나에 해당하는 자는 1년 이하의 징역 또는 1천만 원 이하의 벌금에 처한다.
> 1. 제14조 제7항의 규정에 위반한 관리책임자
> 2. 제15조 제3항의 규정에 위반하여 쟁의행위를 한 특수경비원
> 3. 제15조의2 제1항을 위반하여 경비업무의 범위를 벗어난 행위를 한 경비원
> 4. 제16조의2 제1항에서 정한 장비 외에 흉기 또는 그 밖의 위험한 물건을 휴대하고 경비업무를 수행한 경비원 또는 경비원에게 이를 휴대하고 경비업무를 수행하게 한 자
> 5. 제18조 제8항을 위반하여 경찰관서장의 배치폐지 명령을 따르지 아니한 자
> 6. 제24조 제3항에 따른 시·도경찰청장 또는 관할 경찰관서장의 중지명령에 따르지 아니한 자

03 경비업법상 특수경비원이 고의로 국가중요시설에 대한 경비업무 수행 중 국가중요시설의 정상적인 운영을 해치는 장해를 일으킨 경우에 부과되는 벌칙으로 옳은 것은?

① 1년 이하의 징역 또는 1천만 원 이하의 벌금
② 2년 이하의 징역 또는 2천만 원 이하의 벌금
③ 3년 이하의 징역 또는 3천만 원 이하의 벌금
④ 5년 이하의 징역 또는 5천만 원 이하의 벌금

해설 ▶ 특수경비원이 국가중요시설의 정상적인 운영을 해치는 장해를 일으킨 경우 5년 이하의 징역 또는 5천만 원 이하의 벌금에 처한다(경비업법 제28조 제1항). 또한 과실로 인하여 「경비업법」 제14조 제2항의 규정에 위반하여 국가중요시설의 정상적인 운영을 해치는 장해를 일으킨 특수경비원은 3년 이하의 징역 또는 3천만 원 이하의 벌금에 처한다(경비업법 제28조 제2항 제7호). 과실범까지 형사처벌(3년 이하의 징역 또는 3천만 원 이하의 벌금)하는 것은 특수경비원이 일반인보다 국가중요시설의 기능을 쉽게 마비시킬 수 있기 때문이다.

02 ① 03 ④ 정답

04 경비업법령상 법정형의 최고한도가 높은 것부터 순서대로 나열된 것은? (단, 가중처벌 등은 고려하지 않는다)

• 제23회 기출

> ㄱ. 경찰관서장의 배치폐지 명령을 따르지 아니한 자
> ㄴ. 경비원에게 경비업무의 범위를 벗어난 행위를 하게 한 자
> ㄷ. 국가중요시설의 정상적인 운영을 해치는 장해를 일으킨 특수경비원

① ㄴ - ㄱ - ㄷ
② ㄴ - ㄷ - ㄱ
③ ㄷ - ㄱ - ㄴ
④ ㄷ - ㄴ - ㄱ

해설
ㄷ. 국가중요시설의 정상적인 운영을 해치는 장해를 일으킨 특수경비원은 5년 이하의 징역 또는 5천만 원 이하의 벌금에 처한다.
ㄴ. 경비원에게 경비업무의 범위를 벗어난 행위를 하게 한 자는 3년 이하의 징역 또는 3천만 원 이하의 벌금에 처한다.
ㄱ. 경찰관서장의 배치폐지 명령을 따르지 아니한 자는 1년 이하의 징역 또는 1천만 원 이하의 벌금에 처한다.

> 법 제28조【벌칙】① 제14조 제2항의 규정에 위반하여 국가중요시설의 정상적인 운영을 해치는 장해를 일으킨 특수경비원은 5년 이하의 징역 또는 5천만 원 이하의 벌금에 처한다.
> ② 다음 각 호의 어느 하나에 해당하는 자는 3년 이하의 징역 또는 3천만 원 이하의 벌금에 처한다.
> 1. 제4조 제1항의 규정에 의한 허가를 받지 아니하고 경비업을 영위한 자
> 2. 제7조 제4항의 규정에 위반하여 직무상 알게 된 비밀을 누설하거나 부당한 목적을 위하여 사용한 자
> 3. 제7조 제8항의 규정에 위반하여 경비업무의 중단을 통보하지 아니하거나 경비업무를 즉시 인수하지 아니한 특수경비업자 또는 경비대행업자
> 4. 집단민원현장에 경비원을 배치하면서 제7조의2 제1항을 위반하여 제4조 제1항에 따른 허가를 받지 아니한 자에게 경비업무를 도급한 자
> 5. 제7조의2 제2항을 위반하여 집단민원현장에 20명 이상의 경비인력을 배치하면서 그 경비인력을 직접 고용한 자
> 6. 제7조의2 제3항을 위반하여 경비업자의 경비원 채용 시 무자격자나 부적격자 등을 채용하도록 관여하거나 영향력을 행사한 도급인
> 7. 과실로 인하여 제14조 제2항의 규정에 위반하여 국가중요시설의 정상적인 운영을 해치는 장해를 일으킨 특수경비원
> 8. 특수경비원으로서 경비구역 안에서 시설물의 절도, 손괴, 위험물의 폭발 등의 사유로 인한 위급사태가 발생한 때에 제15조 제1항 또는 제2항의 규정에 위반한 자
> 9. 제15조의2 제2항의 규정을 위반하여 경비원에게 경비업무의 범위를 벗어난 행위를 하게 한 자
> ③ 제14조 제4항 후단의 규정에 위반하여 정당한 사유 없이 무기를 소지하고 배치된 경비구역을 벗어난 특수경비원은 2년 이하의 징역 또는 2천만 원 이하의 벌금에 처한다.
> ④ 다음 각 호의 어느 하나에 해당하는 자는 1년 이하의 징역 또는 1천만 원 이하의 벌금에 처한다.
> 1. 제14조 제7항의 규정에 위반한 관리책임자

2. 제15조 제3항의 규정에 위반하여 쟁의행위를 한 특수경비원
3. 제15조의2 제1항을 위반하여 경비업무의 범위를 벗어난 행위를 한 경비원
4. 제16조의2 제1항에서 정한 장비 외에 흉기 또는 그 밖의 위험한 물건을 휴대하고 경비업무를 수행한 경비원 또는 경비원에게 이를 휴대하고 경비업무를 수행하게 한 자
5. 제18조 제8항을 위반하여 경찰관서장의 배치폐지 명령을 따르지 아니한 자
6. 제24조 제3항에 따른 시·도경찰청장 또는 관할 경찰관서장의 중지명령에 따르지 아니한 자

05 경비업법령상 벌칙에 관한 설명으로 옳은 것은?

• 제16회 기출

① 국가중요시설에 대한 경비업무 수행 중 국가중요시설의 정상적인 운영을 해치는 장해를 일으킨 특수경비원은 5년 이하의 징역 또는 5천만 원 이하의 벌금에 처한다.
② 허가를 받지 아니하고 경비업을 영위한 자는 2년 이하의 징역 또는 2천만 원 이하의 벌금에 처한다.
③ 국가중요시설에 대한 경비업무 수행 중 정당한 사유 없이 무기를 소지하고 배치된 경비구역을 벗어난 특수경비원은 3년 이하의 징역 또는 3천만 원 이하의 벌금에 처한다.
④ 경비업법 규정에 위반하여 쟁의행위를 한 특수경비원은 2년 이하의 징역 또는 2천만 원 이하의 벌금에 처한다.

해설 ② 허가를 받지 아니하고 경비업을 영위한 자는 3년 이하의 징역 또는 3천만 원 이하의 벌금에 처한다.
③ 국가중요시설에 대한 경비업무 수행 중 정당한 사유 없이 무기를 소지하고 배치된 경비구역을 벗어난 특수경비원은 2년 이하의 징역 또는 2천만 원 이하의 벌금에 처한다.
④ 「경비업법」 규정에 위반하여 쟁의행위를 한 특수경비원은 1년 이하의 징역 또는 1천만 원 이하의 벌금에 처한다.

정답 04 ④ 05 ①

06 특수경비원 갑(甲)이 국가중요시설에 대한 경비업무 수행 중 국가중요시설의 정상적 운영을 해치는 장해를 발생시킨 경우, 경비업법령상 벌칙규정에 관한 설명으로 옳은 것을 모두 고른 것은?

• 제21회 기출

> ㄱ. 갑(甲)이 고의로 위와 같은 행위를 했다면, 그 처벌기준은 5년 이하의 징역 또는 5천만 원 이하의 벌금이다.
> ㄴ. 갑(甲)이 과실로 위와 같은 행위를 했다면, 그 처벌기준은 1년 이하의 징역 또는 1천만 원 이하의 벌금이다.
> ㄷ. 양벌규정에 의하면 갑(甲)이 소속된 법인의 처벌기준은 1천만 원 이하의 벌금이다.
> ㄹ. 갑(甲)을 고용한 법인의 대표자에게는 3천만 원 이하의 과태료가 부과된다.

① ㄱ
② ㄱ, ㄴ
③ ㄱ, ㄷ
④ ㄴ, ㄹ

해설
ㄴ. 갑(甲)이 과실로 위와 같은 행위를 했다면, 그 처벌기준은 3년 이하의 징역 또는 3천만 원 이하의 벌금이다.
ㄷ. 양벌규정에 의하면 갑(甲)이 소속된 법인에도 해당 조문의 벌금형을 과하기 때문에 처벌기준은 고의인지 과실인지에 따라 5천만 원 이하 또는 3천만 원 이하의 벌금이다.
ㄹ. 과태료의 부과는 양벌규정에 해당하지 아니한다. 그 이유는 법인의 대표자나 법인 또는 개인의 대리인, 사용인, 그 밖의 종업원이 그 법인 또는 개인의 업무에 관하여「경비업법」제28조의 위반행위를 하면 그 행위자를 벌하는 외에 그 법인 또는 개인에게도 해당 조문의 벌금형을 과(科)하기 때문이다.

> 법 제28조【벌칙】① 제14조 제2항의 규정에 위반하여 국가중요시설의 정상적인 운영을 해치는 장해를 일으킨 특수경비원은 5년 이하의 징역 또는 5천만 원 이하의 벌금에 처한다.
> ② 다음 각 호의 어느 하나에 해당하는 자는 3년 이하의 징역 또는 3천만 원 이하의 벌금에 처한다.
> 7. 과실로 인하여 제14조 제2항의 규정에 위반하여 국가중요시설의 정상적인 운영을 해치는 장해를 일으킨 특수경비원
> 법 제30조【양벌규정】법인의 대표자나 법인 또는 개인의 대리인, 사용인, 그 밖의 종업원이 그 법인 또는 개인의 업무에 관하여 제28조의 위반행위를 하면 그 행위자를 벌하는 외에 그 법인 또는 개인에게도 해당 조문의 벌금형을 과(科)한다. 다만, 법인 또는 개인이 그 위반행위를 방지하기 위하여 해당 업무에 관하여 상당한 주의와 감독을 게을리하지 아니한 경우에는 그러하지 아니하다.

07 경비업법상 법정형 3년 이하의 징역 또는 3천만 원 이하의 벌금에 처해지지 않는 자는?

• 제18회 기출

① 경비업 허가를 받지 않고 경비업을 영위한 자
② 집단민원현장에 경비원을 배치하면서 경비업 허가를 받지 아니한 자에게 경비업무를 도급한 자
③ 경비원으로 하여금 직무를 수행함에 있어 타인에게 위력을 과시하거나 물리력을 행사하는 등 경비업무의 범위를 벗어난 행위를 하게 한 자
④ 파업·태업 그 밖에 경비업무의 정상적인 운영을 저해하는 쟁의행위를 한 특수경비원

해설 파업·태업 그 밖에 경비업무의 정상적인 운영을 저해하는 쟁의행위를 한 특수경비원은 1년 이하의 징역 또는 1천만 원 이하의 벌금에 처한다.

---

08 경비구역 안에서 시설물의 절도, 손괴, 위험물의 폭발 등의 사유로 인한 위급사태가 발생한 때 다음의 의무규정을 위반한 자에 대한 처벌규정으로 옳은 것은?

> • 특수경비원은 직무를 수행함에 있어 시설주·관할 경찰관서장 및 소속 상사의 직무상 명령에 복종하여야 한다.
> • 특수경비원은 소속 상사의 허가 또는 정당한 사유 없이 경비구역을 벗어나서는 아니 된다.

① 1년 이하의 징역 또는 1천만 원 이하의 벌금
② 2년 이하의 징역 또는 2천만 원 이하의 벌금
③ 3년 이하의 징역 또는 3천만 원 이하의 벌금
④ 5년 이하의 징역 또는 5천만 원 이하의 벌금

해설 특수경비원으로서 경비구역 안에서 시설물의 절도, 손괴, 위험물의 폭발 등의 사유로 인한 위급사태가 발생한 때에 「경비업법」 제15조(특수경비원의 의무) 제1항 또는 제2항의 규정에 위반한 자는 3년 이하의 징역 또는 3천만 원 이하의 벌금에 처한다(경비업법 제28조 제2항).

> 법 제28조【벌칙】② 다음 각 호의 어느 하나에 해당하는 자는 3년 이하의 징역 또는 3천만 원 이하의 벌금에 처한다.
> 8. 특수경비원으로서 경비구역 안에서 시설물의 절도, 손괴, 위험물의 폭발 등의 사유로 인한 위급사태가 발생한 때에 제15조 제1항 또는 제2항의 규정에 위반한 자
> 법 제15조【특수경비원의 의무】① 특수경비원은 직무를 수행함에 있어 시설주·관할 경찰관서장 및 소속 상사의 직무상 명령에 복종하여야 한다.
> ② 특수경비원은 소속 상사의 허가 또는 정당한 사유 없이 경비구역을 벗어나서는 아니 된다.

06 ① 07 ④ 08 ③ 정답

09 경비업법령상 3년 이하의 징역 또는 3천만 원 이하의 벌금에 처해지는 경우로 옳지 않은 것은?

① 직무상 알게 된 비밀을 누설하거나 부당한 목적을 위하여 사용한 자
② 경비업무의 중단을 통보하지 아니하거나 경비업무를 즉시 인수하지 아니한 특수경비업자 또는 경비대행업자
③ 규정을 위반하여 경비원에게 경비업무의 범위를 벗어난 행위를 하게 한 자
④ 경비업무의 범위를 벗어난 행위를 한 경비원

해설 「경비업법」제15조의2 제1항을 위반하여 경비업무의 범위를 벗어난 행위를 한 경비원은 1년 이하의 징역 또는 1천만 원 이하의 벌금에 처한다.

10 다음은 경비업법상 경비업무 도급인 등의 의무규정이다. 이 규정을 위반하였을 경우 받게 되는 법정형은?

> - 누구든지 허가를 받지 아니한 자에게 경비업무를 도급하여서는 아니 된다.
> - 누구든지 집단민원현장에 경비인력을 20명 이상 배치하려고 할 때에는 그 경비인력을 직접 고용하여서는 아니 되고, 경비업자에게 경비업무를 도급하여야 한다. 다만, 시설주 등이 집단민원현장 발생 3개월 전까지 직접 고용하여 경비업무를 수행하는 피고용인의 경우에는 그러하지 아니하다.

① 1년 이하의 징역 또는 1천만 원 이하의 벌금
② 2년 이하의 징역 또는 2천만 원 이하의 벌금
③ 3년 이하의 징역 또는 3천만 원 이하의 벌금
④ 5년 이하의 징역 또는 5천만 원 이하의 벌금

해설 집단민원현장에 경비원을 배치하면서 「경비업법」제7조의2 제1항을 위반하여 「경비업법」제4조 제1항에 따른 허가를 받지 아니한 자에게 경비업무를 도급한 자 또는 「경비업법」제7조의2 제2항을 위반하여 집단민원현장에 20명 이상의 경비인력을 배치하면서 그 경비인력을 직접 고용한 자는 3년 이하의 징역 또는 3천만 원 이하의 벌금에 처한다.

11. 경비업법상 위반행위를 한 행위자에 대한 법정형이 같은 것으로 묶인 것은? • 제17회 기출

ㄱ. 허가를 받지 아니하고 경비업을 영위한 자
ㄴ. 경비업법에서 정한 장비 외에 흉기를 휴대하고 경비업무를 수행한 경비원
ㄷ. 경비업무 수행 중 과실로 인하여 국가중요시설의 정상적인 운영을 해치는 장해를 일으킨 특수경비원
ㄹ. 국가중요시설에 대한 경비업무 중 정당한 사유 없이 무기를 소지하고 배치된 경비구역을 벗어난 특수경비원

① ㄱ, ㄷ   ② ㄱ, ㄹ   ③ ㄴ, ㄷ   ④ ㄴ, ㄹ

해설 ㄱ, ㄷ. 3년 이하의 징역 또는 3천만 원 이하의 벌금에 처한다.
ㄴ. 1년 이하의 징역 또는 1천만 원 이하의 벌금에 처한다.
ㄹ. 2년 이하의 징역 또는 2천만 원 이하의 벌금에 처한다.

> 법 제28조【벌칙】② 다음 각 호의 어느 하나에 해당하는 자는 3년 이하의 징역 또는 3천만 원 이하의 벌금에 처한다.
> 1. 제4조 제1항의 규정에 의한 허가를 받지 아니하고 경비업을 영위한 자
> 7. 과실로 인하여 제14조 제2항의 규정에 위반하여 국가중요시설의 정상적인 운영을 해치는 장해를 일으킨 특수경비원
> ③ 제14조 제4항 후단의 규정에 위반하여 정당한 사유 없이 무기를 소지하고 배치된 경비구역을 벗어난 특수경비원은 2년 이하의 징역 또는 2천만 원 이하의 벌금에 처한다.
> ④ 다음 각 호의 어느 하나에 해당하는 자는 1년 이하의 징역 또는 1천만 원 이하의 벌금에 처한다.
> 4. 제16조의2 제1항에서 정한 장비 외에 흉기 또는 그 밖의 위험한 물건을 휴대하고 경비업무를 수행한 경비원 또는 경비원에게 이를 휴대하고 경비업무를 수행하게 한 자

12. 경비업법령상 행정형벌에 처해지는 경우로 옳지 않은 것은?

① 직무상 알게 된 비밀을 누설하거나 부당한 목적을 위하여 사용한 자
② 경비업무의 중단 시 경비대행업자 지정신고를 하지 아니한 자
③ 경비원에게 경비업무의 범위를 벗어난 행위를 하게 한 자
④ 경비업무의 범위를 벗어난 행위를 한 경비원

해설 경비대행업자 지정신고를 하지 아니한 자에게는 500만 원 이하의 과태료를 부과한다.
①③ 직무상 알게 된 비밀을 누설하거나 부당한 목적을 위하여 사용한 자, 경비원에게 경비업무의 범위를 벗어난 행위를 하게 한 자는 3년 이하의 징역 또는 3천만 원 이하의 벌금에 처한다.
④ 경비업무의 범위를 벗어난 행위를 한 경비원은 1년 이하의 징역 또는 1천만 원 이하의 벌금에 처한다.

09 ④   10 ③   11 ①   12 ②   **정답**

13 경비업법령상 벌칙의 형량이 나머지와 다른 것은?

① 집단민원현장에 경비원을 배치하면서 허가를 받지 아니한 자에게 경비업무를 도급한 자
② 집단민원현장에 20명 이상의 경비인력을 배치하면서 그 경비인력을 직접 고용한 자
③ 과실로 인하여 국가중요시설의 정상적인 운영을 해치는 장해를 일으킨 특수경비원
④ 경비업무의 범위를 벗어난 행위를 한 경비원

해설 경비업무의 범위를 벗어난 행위를 한 경비원은 1년 이하의 징역 또는 1천만 원 이하의 벌금에 처한다.
①②③ 3년 이하의 징역 또는 3천만 원 이하의 벌금에 처한다.

14 경비업법상 국가중요시설에 대한 경비업무 중 정당한 사유 없이 무기를 소지하고 배치된 경비구역을 벗어난 특수경비원의 처벌기준은?
・제20회 기출

① 1년 이하의 징역 또는 1천만 원 이하의 벌금
② 2년 이하의 징역 또는 2천만 원 이하의 벌금
③ 3년 이하의 징역 또는 3천만 원 이하의 벌금
④ 5년 이하의 징역 또는 5천만 원 이하의 벌금

해설 국가중요시설에 대한 경비업무 수행 중 정당한 사유 없이 무기를 소지하고 배치된 경비구역을 벗어난 특수경비원은 2년 이하의 징역 또는 2천만 원 이하의 벌금에 처한다.

> 법 제14조【특수경비원의 직무 및 무기사용 등】④ 시・도경찰청장은 국가중요시설에 대한 경비업무의 수행을 위하여 필요하다고 인정하는 때에는 관할 경찰관서장으로 하여금 시설주의 신청에 의하여 시설주로부터 국가에 기부채납된 무기를 대여하게 하고, 시설주는 이를 특수경비원으로 하여금 휴대하게 할 수 있다. 이 경우 특수경비원은 정당한 사유 없이 무기를 소지하고 배치된 경비구역을 벗어나서는 아니 된다.
> 법 제28조【벌칙】③ 제14조 제4항 후단의 규정에 위반하여 정당한 사유 없이 무기를 소지하고 배치된 경비구역을 벗어난 특수경비원은 2년 이하의 징역 또는 2천만 원 이하의 벌금에 처한다.

15 경비업법령상 1년 이하의 징역 또는 1천만 원 이하의 벌금에 처하는 경우가 아닌 것은?

① 무기출납부 및 무기장비운영카드를 비치·기록하여야 하며 무기는 관리책임자가 직접 지급·회수하여야 하는 규정을 위반한 관리책임자
② 경비업법이나 경비업법에 따른 명령, 폭력행위 등 처벌에 관한 법률을 위반하는 행위를 하면서 시·도경찰청장 또는 관할 경찰관서장의 중지명령에 따르지 아니한 경비업자
③ 경비원에게 경비업무의 범위를 벗어난 행위를 하게 한 자
④ 법이 정한 장비 외에 흉기 또는 그 밖의 위험한 물건을 휴대하고 경비업무를 수행한 경비원 또는 경비원에게 이를 휴대하고 경비업무를 수행하게 한 자

해설 경비원에게 경비업무의 범위를 벗어난 행위를 하게 한 자는 3년 이하의 징역 또는 3천만 원 이하의 벌금에 처한다. 직무를 수행함에 있어 타인에게 위력을 과시하거나 물리력을 행사하는 등 경비업무의 범위를 벗어난 행위를 한 경비원이 1년 이하의 징역 또는 1천만 원 이하의 벌금에 처한다.

> 법 제28조【벌칙】④ 다음 각 호의 어느 하나에 해당하는 자는 1년 이하의 징역 또는 1천만 원 이하의 벌금에 처한다.
> 1. 제14조 제7항의 규정에 위반한 관리책임자
> 2. 제15조 제3항의 규정에 위반하여 쟁의행위를 한 특수경비원
> 3. 제15조의2 제1항을 위반하여 경비업무의 범위를 벗어난 행위를 한 경비원
> 4. 제16조의2 제1항에서 정한 장비 외에 흉기 또는 그 밖의 위험한 물건을 휴대하고 경비업무를 수행한 경비원 또는 경비원에게 이를 휴대하고 경비업무를 수행하게 한 자
> 5. 제18조 제8항을 위반하여 경찰관서장의 배치폐지 명령을 따르지 아니한 자
> 6. 제24조 제3항에 따른 시·도경찰청장 또는 관할 경찰관서장의 중지명령에 따르지 아니한 자

16 경비업법령상 행정형벌을 경량부터 중형의 순서를 바르게 나열한 것은?

ㄱ. 직무를 수행함에 있어 타인에게 위력을 과시하거나 물리력을 행사하는 등 경비업무의 범위를 벗어난 행위를 한 경비원
ㄴ. 정당한 사유 없이 무기를 소지하고 배치된 경비구역을 벗어난 특수경비원
ㄷ. 경비구역 안에서 시설물의 절도, 손괴, 위험물의 폭발 등의 사유로 인한 위급사태가 발생한 때에 직무상 복종명령에 위반한 특수경비원
ㄹ. 국가중요시설의 정상적인 운영을 해치는 장해를 일으킨 특수경비원

① ㄱ - ㄴ - ㄷ - ㄹ
② ㄴ - ㄷ - ㄹ - ㄱ
③ ㄷ - ㄹ - ㄱ - ㄴ
④ ㄹ - ㄷ - ㄴ - ㄱ

해설

ㄱ. 직무를 수행함에 있어 타인에게 위력을 과시하거나 물리력을 행사하는 등 경비업무의 범위를 벗어난 행위를 한 경비원은 1년 이하의 징역 또는 1천만 원 이하의 벌금에 처한다.
ㄴ. 정당한 사유 없이 무기를 소지하고 배치된 경비구역을 벗어난 특수경비원은 2년 이하의 징역 또는 2천만 원 이하의 벌금에 처한다.
ㄷ. 특수경비원으로서 경비구역 안에서 시설물의 절도, 손괴, 위험물의 폭발 등의 사유로 인한 위급사태가 발생한 때에 직무상 복종명령(경비업법 제15조 제1항) 또는 이탈금지(경비업법 제15조 제2항)의 규정에 위반한 자는 3년 이하의 징역 또는 3천만 원 이하의 벌금에 처한다.
ㄹ. 국가중요시설의 정상적인 운영을 해치는 장해를 일으킨 특수경비원은 5년 이하의 징역 또는 5천만 원 이하의 벌금에 처한다.

법 제28조【벌칙】 ① 제14조 제2항의 규정에 위반하여 국가중요시설의 정상적인 운영을 해치는 장해를 일으킨 특수경비원은 5년 이하의 징역 또는 5천만 원 이하의 벌금에 처한다.
② 다음 각 호의 어느 하나에 해당하는 자는 3년 이하의 징역 또는 3천만 원 이하의 벌금에 처한다.
1. 제4조 제1항의 규정에 의한 허가를 받지 아니하고 경비업을 영위한 자
2. 제7조 제4항의 규정에 위반하여 직무상 알게 된 비밀을 누설하거나 부당한 목적을 위하여 사용한 자
3. 제7조 제8항의 규정에 위반하여 경비업무의 중단을 통보하지 아니하거나 경비업무를 즉시 인수하지 아니한 특수경비업자 또는 경비대행업자
4. 집단민원현장에 경비원을 배치하면서 제7조의2 제1항을 위반하여 제4조 제1항에 따른 허가를 받지 아니한 자에게 경비업무를 도급한 자
5. 제7조의2 제2항을 위반하여 집단민원현장에 20명 이상의 경비인력을 배치하면서 그 경비인력을 직접 고용한 자
6. 제7조의2 제3항을 위반하여 경비업자의 경비원 채용 시 무자격자나 부적격자 등을 채용하도록 관여하거나 영향력을 행사한 도급인
7. 과실로 인하여 제14조 제2항의 규정에 위반하여 국가중요시설의 정상적인 운영을 해치는 장해를 일으킨 특수경비원
8. 특수경비원으로서 경비구역 안에서 시설물의 절도, 손괴, 위험물의 폭발 등의 사유로 인한 위급사태가 발생한 때에 제15조 제1항 또는 제2항의 규정에 위반한 자
9. 제15조의2 제2항의 규정을 위반하여 경비원에게 경비업무의 범위를 벗어난 행위를 하게 한 자

③ 제14조 제4항 후단의 규정에 위반하여 정당한 사유 없이 무기를 소지하고 배치된 경비구역을 벗어난 특수경비원은 2년 이하의 징역 또는 2천만 원 이하의 벌금에 처한다.
④ 다음 각 호의 어느 하나에 해당하는 자는 1년 이하의 징역 또는 1천만 원 이하의 벌금에 처한다.
1. 제14조 제7항의 규정에 위반한 관리책임자
2. 제15조 제3항의 규정에 위반하여 쟁의행위를 한 특수경비원
3. 제15조의2 제1항을 위반하여 경비업무의 범위를 벗어난 행위를 한 경비원
4. 제16조의2 제1항에서 정한 장비 외에 흉기 또는 그 밖의 위험한 물건을 휴대하고 경비업무를 수행한 경비원 또는 경비원에게 이를 휴대하고 경비업무를 수행하게 한 자
5. 제18조 제8항을 위반하여 경찰관서장의 배치폐지 명령을 따르지 아니한 자
6. 제24조 제3항에 따른 시·도경찰청장 또는 관할 경찰관서장의 중지명령에 따르지 아니한 자

17 경비업법령상 1년 이하의 징역이나 1천만 원 이하의 벌금형에 해당하는 행위를 한 사람을 모두 고른 것은?

• 제21회 기출

ㄱ. 직무수행 중 경비업무의 범위를 벗어나 타인에게 물리력을 행사한 경비원
ㄴ. 정당한 사유 없이 무기를 소지하고 배치된 경비구역을 벗어난 특수경비원
ㄷ. 법률에 근거 없이 직무상 알게 된 비밀을 누설한 경비업체의 임원
ㄹ. 경비업법에서 정한 장비 외에 흉기를 휴대하고 경비업무를 수행한 경비원

① ㄱ, ㄴ
② ㄱ, ㄹ
③ ㄴ, ㄷ
④ ㄷ, ㄹ

해설 ㄴ. 정당한 사유 없이 무기를 소지하고 배치된 경비구역을 벗어난 특수경비원은 2년 이하의 징역 또는 2천만 원 이하의 벌금에 처한다.
ㄷ. 법률에 근거 없이 직무상 알게 된 비밀을 누설한 경비업체의 임원에 해당하는 자는 3년 이하의 징역 또는 3천만 원 이하의 벌금에 처한다.

16 ① 17 ②

18 경비업법상 벌칙에 관한 설명으로 옳지 않은 것은?

① 국가중요시설의 정상적인 운영을 해치는 장해를 일으킨 특수경비원은 3년 이하의 징역 또는 3천만 원 이하의 벌금에 처한다.
② 허가를 받지 아니하고 경비업을 영위한 자는 3년 이하의 징역 또는 3천만 원 이하의 벌금에 처한다.
③ 직무상 알게 된 비밀을 누설하거나 부당한 목적을 위하여 사용한 자는 3년 이하의 징역 또는 3천만 원 이하의 벌금에 처한다.
④ 경비업무의 중단을 통보하지 아니하거나 경비업무를 즉시 인수하지 아니한 특수경비업자 또는 경비대행업자는 3년 이하의 징역 또는 3천만 원 이하의 벌금에 처한다.

해설 국가중요시설의 정상적인 운영을 해치는 장해를 일으킨 특수경비원은 5년 이하의 징역 또는 5천만 원 이하의 벌금에 처한다(경비업법 제28조 제1항).

19 경비업법령상 경비업자 또는 경비원의 행위와 벌칙에 관한 설명으로 옳은 것은?

• 제15회 기출

① 파업을 한 특수경비원은 1년 이하의 징역 또는 1천만 원 이하의 벌금에 처한다.
② 직무상 알게 된 비밀을 누설한 경비업자의 임직원은 2년 이하의 징역 또는 2천만 원 이하의 벌금에 처한다.
③ 고의로 국가중요시설의 정상적인 운영을 해치는 장해를 일으킨 특수경비원은 3년 이하의 징역 또는 3천만 원 이하의 벌금에 처한다.
④ 정당한 사유 없이 무기를 소지하고 배치된 경비구역을 벗어난 특수경비원은 3년 이하의 징역 또는 3천만 원 이하의 벌금에 처한다.

해설
② 직무상 알게 된 비밀을 누설한 경비업자의 임직원은 3년 이하의 징역 또는 3천만 원 이하의 벌금에 처한다.
③ 고의로 국가중요시설의 정상적인 운영을 해치는 장해를 일으킨 특수경비원은 5년 이하의 징역 또는 5천만 원 이하의 벌금에 처한다.
④ 정당한 사유 없이 무기를 소지하고 배치된 경비구역을 벗어난 특수경비원은 2년 이하의 징역 또는 2천만 원 이하의 벌금에 처한다.

20 경비업법령상 특수경비원이 무기를 휴대하고 경비업무 수행 중에 경비업법령의 규정에 의한 무기의 안전수칙을 위반하여 형법에 규정된 범죄를 범한 경우, 그 법정형의 2분의 1까지 가중처벌하는 범죄가 아닌 것은?

• 제25회 기출

① 특수상해죄(형법 제258조의2 제1항)
② 특수폭행죄(형법 제261조)
③ 특수강요죄(형법 제324조 제2항)
④ 특수공갈죄(형법 제350조의2)

해설 폭행죄(형법 제260조 제1항)에 해당하며, 특수폭행죄(형법 제261조)에 관한 명문규정이 없다. 또 하나는 강요죄(형법 제324조 제2항)는 「형법」에는 강요죄로 규정되어 있고 학문상은 특수강요죄 라고 한다. 이를 문제본위로 파악해야 한다는 질의에 답을 많이 해주었다.

21 경비업법령상 특수경비원이 무기를 휴대하고 경비업무를 수행 중에 경비업법의 규정에 의한 무기의 안전수칙을 위반하여 범죄를 범한 경우 그 법정형의 2분의 1까지 가중처벌 되는 형법상의 범죄가 아닌 것은?

• 제23회 기출

① 형법 제261조(특수폭행죄)
② 형법 제268조(업무상과실·중과실 치사상죄)
③ 형법 제350조의2(특수공갈죄)
④ 형법 제366조(재물손괴죄)

해설 「형법」 제261조(특수폭행)의 죄의 경우에는 경비원이 경비원의 장비 외의 흉기 또는 그 밖에 위험 한 물건을 휴대하고 경비업무 수행 중 「형법」 제261조(특수폭행)의 죄를 범한 경우가 가중처벌대 상이다.

> **법 제29조【형의 가중처벌】** ① 특수경비원이 무기를 휴대하고 경비업무를 수행 중에 제14조 제 8항의 규정 및 제15조 제4항의 규정에 의한 무기의 안전수칙을 위반하여 「형법」 제258조의2 (특수상해) 제1항(제257조 제1항의 죄로 한정한다)·제2항(제258조 제1항·제2항의 죄로 한 정한다), 제259조(상해치사) 제1항, 제260조 제1항(폭행), 제262조(폭행치사상), 제268조(업 무상과실·중과실 치사상), 제276조 제1항(체포, 감금), 제277조 제1항(중체포, 중감금), 제 281조(체포·감금 등의 치사상) 제1항, 제283조 제1항(협박), 제324조(강요) 제2항(특수강요), 제350조의2(특수공갈) 및 제366조(재물손괴 등)의 죄를 범한 때에는 그 죄에 정한 형의 2분의 1까지 가중처벌한다.

18 ① 19 ① 20 ② 21 ① **정답**

22 경비업법령상 특수경비원의 형의 가중처벌 대상에 해당되는 형법상 범죄는? • 제15회 기출

① 특수강도죄
② 특수주거침입죄
③ 살인죄
④ 중체포죄

해설 특수강도죄, 특수주거침입죄, 살인죄는 경비업법령상 특수경비원의 형의 가중처벌 대상에 해당되는 「형법」상 범죄가 아니다.

> 법 제29조【형의 가중처벌】① 특수경비원이 무기를 휴대하고 경비업무를 수행 중에 제14조 제8항의 규정 및 제15조 제4항의 규정에 의한 무기의 안전수칙을 위반하여 「형법」 제258조의2(특수상해) 제1항(제257조 제1항의 죄로 한정한다)·제2항(제258조 제1항·제2항의 죄로 한정한다), 제259조(상해치사) 제1항, 제260조 제1항(폭행), 제262조(폭행치사상), 제268조(업무상과실·중과실 치사상), 제276조 제1항(체포, 감금), 제277조 제1항(중체포, 중감금), 제281조(체포·감금 등의 치사상) 제1항, 제283조 제1항(협박), 제324조(강요) 제2항(특수강요), 제350조의2(특수공갈) 및 제366조(재물손괴 등)의 죄를 범한 때에는 그 죄에 정한 형의 2분의 1까지 가중처벌한다.

23 특수경비원이 무기를 휴대하고 경비업무를 수행 중에 경비업법령상 무기의 안전수칙을 위반하여 죄를 범한 경우 그 죄에 정한 형의 2분의 1까지 가중처벌한다는 규정에 해당하는 형법상 범죄가 <u>아닌</u> 것은?

① 형법 제257조 제1항(상해죄)
② 형법 제262조(폭행치사상죄)
③ 형법 제267조(과실치사죄)
④ 형법 제324조 제2항(특수강요죄)

해설 특수경비원이 무기를 휴대하고 경비업무 수행 중에 「경비업법」 제14조(특수경비원의 직무 및 무기사용 등) 제8항의 규정 및 제15조(특수경비원의 의무) 제4항의 규정에 의한 무기의 안전수칙을 위반하여 「형법」 제268조(업무상과실·중과실 치사상)의 죄를 범한 때에는 그 죄에 정한 형의 2분의 1까지 가중처벌한다(경비업법 제29조 제1항). 「형법」 제267조(과실치사죄)는 가중처벌 대상이 아니다.

24
특수경비원이 무기를 휴대하고 경비업무를 수행 중에 경비업법령상 무기의 안전수칙을 위반하여 죄를 범한 경우 그 죄에 정한 형의 2분의 1까지 가중처벌한다는 규정에 해당하는 형법상 범죄가 아닌 것은?

① 형법 제262조(폭행치사상죄)
② 형법 제266조(과실치상죄)
③ 형법 제324조 제2항(특수강요죄)
④ 형법 제350조의2(특수공갈죄)

해설 법정형의 2분의 1까지 가중처벌되는 「형법」상 범죄는 「형법」 제262조(폭행치사상), 제268조(업무상과실·중과실 치사상), 제324조(강요) 제2항(특수강요), 제350조의2(특수공갈)이다. 「형법」 제266조(과실치상)는 이에 해당하지 않는다.

25
경비업법령상 경비원이 경비업무 수행 중에 경비업법령에서 정한 장비 외에 흉기 또는 그 밖의 위험한 물건을 휴대하고 죄를 범한 경우, 그 죄에 정한 형의 2분의 1까지 가중처벌되는 형법상의 범죄가 아닌 것은?

• 제24회 기출

① 특수폭행죄(형법 제261조) ② 폭행치사상죄(형법 제262조)
③ 특수협박죄(형법 제284조) ④ 특수공갈죄(형법 제350조의2)

해설 경비원이 경비업무 수행 중에 경비업법령에서 정한 장비 외에 흉기 또는 그 밖의 위험한 물건을 휴대하고 「형법」 제258조의2(특수상해) 제1항[제257조 제1항(상해)의 죄로 한정한다]·제2항[제258조 제1항·제2항(중상해)의 죄로 한정한다], 제259조(상해치사) 제1항, 제261조(특수폭행), 제262조(폭행치사상), 제268조(업무상과실·중과실 치사상), 제276조 제1항(체포, 감금), 제277조 제1항(중체포, 중감금), 제281조(체포·감금 등의 치사상) 제1항, 제283조 제1항(협박), 제324조(강요) 제2항(특수강요), 제350조의2(특수공갈) 및 제366조(재물손괴 등)의 죄를 범한 때에는 그 죄에 정한 형의 2분의 1까지 가중처벌한다.

| 22 ④ | 23 ③ | 24 ② | 25 ③ | **정답** |

26 경비업법령상 경비원이 경비업무 수행 중에 경비업법령에서 정한 장비 외에 흉기 또는 그 밖의 위험한 물건을 휴대하고 죄를 범한 경우, 그 죄에 정한 형의 2분의 1까지 가중처벌하는 형법상 범죄에 해당하지 않는 것은?

• 제22회 기출

① 형법 제268조(업무상과실·중과실 치사상죄)
② 형법 제276조 제1항(체포·감금죄)
③ 형법 제283조 제1항(협박죄)
④ 형법 제314조(업무방해죄)

해설 「형법」제314조(업무방해죄)는 가중처벌 대상이 아니다.

> 법 제29조【형의 가중처벌】② 경비원이 경비업무 수행 중에 제16조의2 제1항에서 정한 장비 외에 흉기 또는 그 밖의 위험한 물건을 휴대하고 「형법」제258조의2(특수상해) 제1항[제257조 제1항(상해)의 죄로 한정한다]·제2항[제258조 제1항·제2항(중상해)의 죄로 한정한다], 제259조(상해치사) 제1항, 제261조(특수폭행), 제262조(폭행치사상), 제268조(업무상과실·중과실 치사상), 제276조 제1항(체포, 감금), 제277조 제1항(중체포, 중감금), 제281조(체포·감금 등의 치사상) 제1항, 제283조 제1항(협박), 제324조(강요) 제2항(특수강요), 제350조의2(특수공갈) 및 제366조(재물손괴 등)의 죄를 범한 때에는 그 죄에 정한 형의 2분의 1까지 가중처벌한다.

27 경비업법상 경비원이 경비업무 수행 중에 경비장비 외의 흉기를 휴대하고 형법상의 죄를 범한 경우 형의 가중처벌에 해당하지 않는 것은?

• 제19회 기출

① 폭행죄(형법 제260조 제1항)
② 체포죄(형법 제276조 제1항)
③ 협박죄(형법 제283조 제1항)
④ 재물손괴죄(형법 제366조)

해설 경비원이 경비업무 수행 중에 「경비업법」제16조의2 제1항에서 정한 장비 외에 흉기 또는 그 밖의 위험한 물건을 휴대하고 「형법」상의 죄를 범한 경우 가중처벌을 받는 것은 단순 폭행죄(형법 제260조 제1항)가 아니라 특수폭행죄(형법 제261조)이다.

28 경비업법상 경비원이 경비업무 수행 중에 경비업법에 규정된 장비 외에 흉기 또는 그 밖의 위험한 물건을 휴대하고 범죄를 범한 경우 그 법정형의 2분의 1까지 가중처벌되는 형법상의 범죄가 <u>아닌</u> 것은?

• 제17회 기출

① 형법 제262조(폭행치사상죄)
② 형법 제268조(업무상과실·중과실 치사상죄)
③ 형법 제319조(주거침입죄)
④ 형법 제324조(강요죄)

해설 「형법」 제319조(주거침입죄)에 대한 가중처벌 명문 규정은 없다. 경비원이 경비업무 수행 중에 「경비업법」 제16조의2 제1항(경비원이 휴대할 수 있는 장비의 종류는 경적·단봉·분사기 등 행정안전부령으로 정하되, 근무 중에만 이를 휴대할 수 있다)에서 정한 장비 외에 흉기 또는 그 밖의 위험한 물건을 휴대하고 「형법」 제258조의2(특수상해) 제1항[제257조 제1항(상해)의 죄로 한정한다]·제2항[제258조 제1항·제2항(중상해)의 죄로 한정한다], 제259조(상해치사) 제1항, 제261조(특수폭행), 제262조(폭행치사상), 제268조(업무상과실·중과실 치사상), 제276조 제1항(체포, 감금), 제277조 제1항(중체포, 중감금), 제281조(체포·감금 등의 치사상) 제1항, 제283조 제1항(협박), 제324조(강요) 제2항(특수강요), 제350조의2(특수공갈) 및 제366조(재물손괴 등)의 죄를 범한 때에는 그 죄에 정한 형의 2분의 1까지 가중처벌한다(경비업법 제29조 제2항).

29 경비업법령상 경비원의 경비업무 수행 중 경비업법에 규정된 장비 외에 흉기 그 밖의 위험한 물건을 휴대하고 일정한 형법상의 범죄를 범한 경우 그 법정형의 2분의 1까지 가중처벌한다. 다음 중 이에 해당되는 형법상의 범죄는?

• 제16회 기출

① 형법 제136조(공무집행방해죄)
② 형법 제261조(특수폭행)
③ 형법 제324조의2(인질강요죄)
④ 형법 제333조(강도죄)

해설 경비원이 경비업무 수행 중 「경비업법」에 규정된 장비 외에 흉기 또는 그 밖의 위험한 물건을 휴대하고 일정한 「형법」상의 범죄를 범한 경우에는 특수폭행죄가 성립한다. 이는 특수경비원이 무기를 휴대하고 경비업무를 수행 중에 법 규정에 의한 무기의 안전수칙을 위반하여 범한 폭행죄의 범죄와는 구별되어야 한다.

26 ④   27 ①   28 ③   29 ②   정답

30 경비업법령상 형의 가중처벌 규정 중 경비원이 휴대할 수 있는 장비 외에 흉기 또는 그 밖의 위험한 물건을 휴대하고 죄를 범한 경우 법정형의 2분의 1까지 가중처벌되는 형법상의 범죄가 아닌 것은?

① 형법 제258조 제1항·제2항(중상해죄)
② 형법 제258조의2 제1항(특수상해죄)
③ 형법 제260조 제1항(폭행죄)
④ 형법 제268조(업무상과실·중과실 치사상죄)

해설 특수경비원이 무기를 휴대하고 경비업무 수행 중 「형법」 제260조 제1항(폭행)의 범죄를 범할 경우 가중처벌한다. 그러나 경비원은 경비원의 장비 외에 흉기 또는 그 밖의 위험한 물건을 휴대하고 경비업무 수행 중 「형법」 제261조(특수폭행)의 죄를 범한 경우가 가중처벌 대상이다.

①②④ 경비원이 경비업무 수행 중에 「경비업법」 제16조의2 제1항(경비원이 휴대할 수 있는 장비의 종류는 경적·단봉·분사기 등 행정안전부령으로 정하되, 근무 중에만 이를 휴대할 수 있다)에서 정한 장비 외에 흉기 또는 그 밖의 위험한 물건을 휴대하고 「형법」 제258조의2(특수상해) 제1항[제257조 제1항(상해)의 죄로 한정한다]·제2항[제258조 제1항·제2항(중상해)의 죄로 한정한다], 제259조(상해치사) 제1항, 제261조(특수폭행), 제262조(폭행치사상), 제268조(업무상과실·중과실 치사상), 제276조 제1항(체포, 감금), 제277조 제1항(중체포, 중감금), 제281조(체포·감금 등의 치사상) 제1항, 제283조 제1항(협박), 제324조(강요) 제2항(특수강요), 제350조의2(특수공갈) 및 제366조(재물손괴 등)의 죄를 범한 때에는 그 죄에 정한 형의 2분의 1까지 가중처벌한다(경비업법 제29조 제2항).

> 법 제29조【형의 가중처벌】② 경비원이 경비업무 수행 중에 제16조의2 제1항에서 정한 장비 외에 흉기 또는 그 밖의 위험한 물건을 휴대하고 「형법」 제258조의2(특수상해) 제1항[제257조 제1항(상해)의 죄로 한정한다]·제2항[제258조 제1항·제2항(중상해)의 죄로 한정한다], 제259조(상해치사) 제1항, 제261조(특수폭행), 제262조(폭행치사상), 제268조(업무상과실·중과실 치사상), 제276조 제1항(체포, 감금), 제277조 제1항(중체포, 중감금), 제281조(체포·감금 등의 치사상) 제1항, 제283조 제1항(협박), 제324조(강요) 제2항(특수강요), 제350조의2(특수공갈) 및 제366조(재물손괴 등)의 죄를 범한 때에는 그 죄에 정한 형의 2분의 1까지 가중처벌한다.

31 경비업법령상 경비원이 경비업무 수행 중 경비업법에 규정된 장비 외에 흉기 그 밖의 위험한 물건을 휴대하고 일정한 형법상의 죄를 범한 경우 법정형의 2분의 1까지 가중처벌한다. 다음 중 이에 해당되는 형법상의 범죄는?

① 형법 제137조(위계에 의한 공무집행방해죄)
② 형법 제144조(특수공무방해죄)
③ 형법 제261조(특수폭행)
④ 형법 제333조(강도죄)

해설 경비원이 경비업무 수행 중에 경비원이 휴대할 수 있는 장비 외에 흉기 또는 그 밖의 위험한 물건을 휴대하고 「형법」 제261조(특수폭행)의 죄를 범한 경우 가중처벌 대상이다.

> **법 제29조 【형의 가중처벌】** ② 경비원이 경비업무 수행 중에 제16조의2 제1항에서 정한 장비 외에 흉기 또는 그 밖의 위험한 물건을 휴대하고 「형법」 제258조의2(특수상해) 제1항[제257조 제1항(상해)의 죄로 한정한다]·제2항[제258조 제1항·제2항(중상해)의 죄로 한정한다], 제259조(상해치사) 제1항, 제261조(특수폭행), 제262조(폭행치사상), 제268조(업무상과실·중과실 치사상), 제276조 제1항(체포, 감금), 제277조 제1항(중체포, 중감금), 제281조(체포·감금 등의 치사상) 제1항, 제283조 제1항(협박), 제324조(강요) 제2항(특수강요), 제350조의2(특수공갈) 및 제366조(재물손괴 등)의 죄를 범한 때에는 그 죄에 정한 형의 2분의 1까지 가중처벌한다.

32 경비업법령상 양벌규정이 적용되는 행위자가 될 수 없는 자는? • 제16회, 제20회 기출

① 법인의 대표자
② 개인의 대리인
③ 사용인
④ 직계존비속

해설 법인의 대표자나 법인 또는 개인의 대리인, 사용인, 그 밖의 종업원이 그 법인 또는 개인의 업무에 관하여 「경비업법」 제28조의 위반행위를 하면 그 행위자를 벌하는 외에 그 법인 또는 개인에게도 해당 조문의 벌금형을 과(科)한다. 직계존비속은 이에 해당하지 않는다.

> **법 제30조 【양벌규정】** 법인의 대표자나 법인 또는 개인의 대리인, 사용인, 그 밖의 종업원이 그 법인 또는 개인의 업무에 관하여 제28조의 위반행위를 하면 그 행위자를 벌하는 외에 그 법인 또는 개인에게도 해당 조문의 벌금형을 과(科)한다. 다만, 법인 또는 개인이 그 위반행위를 방지하기 위하여 해당 업무에 관하여 상당한 주의와 감독을 게을리하지 아니한 경우에는 그러하지 아니하다.

30 ③ 31 ③ 32 ④ **정답**

33 경비업법령상 양벌규정이 적용되는 경우에 해당하지 <u>않는</u> 것은? (단, 법인 또는 개인이 그 위반행위를 방지하기 위하여 해당 업무에 관하여 상당한 주의와 감독을 게을리하지 아니한 경우는 고려하지 않는다)

• 제23회 기출

① 경비업자의 경비원 채용 시 부적격자 등을 채용하도록 관여한 도급인
② 배치허가를 받지 아니하고 경비원을 배치한 자
③ 허가를 받지 아니하고 경비업을 영위한 자
④ 경비업무의 범위를 벗어난 행위를 한 경비원

> **해설** 법인의 대표자나 법인 또는 개인의 대리인, 사용인, 그 밖의 종업원이 그 법인 또는 개인의 업무에 관하여 「경비업법」 제28조의 위반행위를 하면 그 행위자를 벌하는 외에 그 법인 또는 개인에게도 해당 조문의 벌금형을 과(科)하는 것이 양벌규정이다. 그러나 배치허가를 받지 아니하고 경비원을 배치한 자(경비업자)는 「경비업법」 제28조의 위반행위에 해당하지 않으므로 양벌규정을 적용할 수 없고 3천만 원 이하의 과태료를 부과할 뿐이다.
> ① 경비업자의 경비원 채용 시 부적격자 등을 채용하도록 관여한 도급인에게는 3년 이하의 징역 또는 3천만 원 이하의 벌금에 처한다.
> ③ 허가를 받지 아니하고 경비업을 영위한 자는 3년 이하의 징역 또는 3천만 원 이하의 벌금에 처한다.
> ④ 경비업무의 범위를 벗어난 행위를 한 경비원은 1년 이하의 징역 또는 1천만 원 이하의 벌금에 처한다.

34 경비업법령상 양벌규정이 적용되는 경우에 해당하는 것은? (단, 법인 또는 개인이 그 위반행위를 방지하기 위하여 해당 업무에 관하여 상당한 주의와 감독을 게을리하지 아니한 경우는 고려하지 않는다)

① 정당한 사유 없이 보수교육을 받지 아니한 경비지도사
② 경비지도사의 선임 또는 해임의 신고를 하지 아니한 자
③ 경비원에게 경비업무의 범위를 벗어난 행위를 하게 한 자
④ 결격사유에 해당하는 경비원을 배치하거나 결격사유에 해당하는 경비지도사를 선임·배치한 자

> **해설** 경비원에게 경비업무의 범위를 벗어난 행위를 하게 한 자는 3년 이하의 징역 또는 3천만 원 이하의 벌금에 처하는 제28조의 위반행위로 벌금형을 과(科)하는 양벌규정이 적용된다.
> ①②④는 500만 원 이하의 과태료를 부과한다.
>
> > **법 제30조 【양벌규정】** 법인의 대표자나 법인 또는 개인의 대리인, 사용인, 그 밖의 종업원이 그 법인 또는 개인의 업무에 관하여 제28조의 위반행위를 하면 그 행위자를 벌하는 외에 그 법인 또는 개인에게도 해당 조문의 벌금형을 과(科)한다. 다만, 법인 또는 개인이 그 위반행위를 방지하기 위하여 해당 업무에 관하여 상당한 주의와 감독을 게을리하지 아니한 경우에는 그러하지 아니하다.

35 다음의 경비업법 제24조의 조문 중 규정 위반 시에 병과(倂科)대상에 해당하는 것은?

① 경찰청장 또는 시·도경찰청장은 경비업무의 적정한 수행을 위하여 경비업자 및 경비지도사를 지도·감독하며 필요한 명령을 할 수 있다.

② 시·도경찰청장 또는 관할 경찰관서장은 소속 경찰공무원으로 하여금 관할 구역 안에 있는 경비업자의 주사무소 및 출장소와 경비원 배치장소에 출입하여 근무상황 및 교육훈련상황 등을 감독하며 필요한 명령을 하게 할 수 있다. 이 경우 출입하는 경찰공무원은 그 권한을 표시하는 증표를 관계인에게 내보여야 한다.

③ 시·도경찰청장 또는 관할 경찰관서장은 경비업자 또는 배치된 경비원이 이 법이나 이 법에 따른 명령, 폭력행위 등 처벌에 관한 법률을 위반하는 행위를 하는 경우 그 위반행위의 중지를 명할 수 있다.

④ 시·도경찰청장 또는 관할 경찰관서장은 경비업무 장소가 집단민원현장으로 판단되는 경우에는 그때부터 48시간 이내에 경비업자에게 경비원 배치허가를 받을 것을 고지하여야 한다.

해설 법 제24조의 규정에 의한 경찰청장 또는 시·도경찰청장의 명령을 위반한 때에는 대통령령이 정하는 바에 따라 1년의 범위 내에서 그 자격을 정지시킬 수 있다.
법 제24조 제3항에 따른 시·도경찰청장 또는 관할 경찰관서장의 중지명령에 따르지 아니한 자는 1년 이하의 징역 또는 1천만 원 이하의 벌금에 처한다.

33 ② 34 ③ 35 ③ **정답**

36 경비업법령상 관련된 규정을 위반하는 경우에 행정처분과 행정형벌의 대상인 것은?

① 경비업무의 중단을 통보하지 아니하거나 경비업무를 즉시 인수하지 아니한 특수경비업자 또는 경비대행업자
② 집단민원현장에 경비원을 배치하면서 허가를 받지 아니한 자에게 경비업무를 도급한 자
③ 과실로 국가중요시설의 정상적인 운영을 해치는 장해를 일으킨 특수경비원
④ 경비원으로 하여금 경비업무의 범위를 벗어난 행위를 하게 한 자

해설 경비원으로 하여금 경비업무의 범위를 벗어난 행위를 하게 한 자는 경비업 허가의 취소 대상이며, 형사처벌로는 3년 이하의 징역 또는 3천만 원 이하의 벌금에 처한다.
①②③ 3년 이하의 징역 또는 3천만 원 이하의 벌금에 처한다.

> 법 제19조【경비업 허가의 취소 등】① 허가관청은 경비업자가 다음 각 호의 어느 하나에 해당하는 때에는 그 허가를 취소하여야 한다.
>   7. 제15조의2 제2항을 위반하여 소속 경비원으로 하여금 경비업무의 범위를 벗어난 행위를 하게 한 때
> 법 제28조【벌칙】② 다음 각 호의 어느 하나에 해당하는 자는 3년 이하의 징역 또는 3천만 원 이하의 벌금에 처한다.
>   3. 제7조 제8항의 규정에 위반하여 경비업무의 중단을 통보하지 아니하거나 경비업무를 즉시 인수하지 아니한 특수경비업자 또는 경비대행업자
>   4. 집단민원현장에 경비원을 배치하면서 제7조의2 제1항을 위반하여 제4조 제1항에 따른 허가를 받지 아니한 자에게 경비업무를 도급한 자
>   7. 과실로 인하여 제14조 제2항의 규정에 위반하여 국가중요시설의 정상적인 운영을 해치는 장해를 일으킨 특수경비원
>   9. 제15조의2 제2항의 규정을 위반하여 경비원에게 경비업무의 범위를 벗어난 행위를 하게 한 자

37 경비업법령상 반드시 경비업 허가를 취소해야 하는 사유인 동시에 3년 이하의 징역 또는 3천만 원 이하의 벌금에 해당하는 것은?

① 특수경비업자가 경비업 및 경비관련업 외의 영업을 한 때
② 특수경비원이 국가중요시설의 정상적인 운영을 해치는 장해를 일으킨 때
③ 경비업자가 경비원에게 경비업무의 범위를 벗어난 행위를 하게 한 때
④ 시설주가 무기관련 감독상 필요한 명령을 정당한 이유 없이 이행하지 아니한 때

해설 ① 경비업 허가를 취소하여야 한다.
② 5년 이하의 징역 또는 5천만 원 이하의 벌금에 처한다.
④ 500만 원의 과태료를 부과한다.

38 경비업법에 의하여 형사처벌을 받게 되는 자는?

① 경비대행업자 지정신고를 아니한 자
② 무기대여를 받고 경찰서장의 감독상 명령을 정당한 이유 없이 이행하지 아니한 시설주
③ 시설주로부터 무기관리책임자로 지정받고 무기장비운영카드를 비치하지 않은 관리책임자
④ 경비지도사를 선임하지 않은 경비업자

해설 시설주로부터 무기의 관리를 위하여 지정받은 책임자가 무기출납부 및 무기장비운영카드를 비치·기록하여야 한다는 규정을 위반한 경우, 무기는 관리책임자가 직접 지급·회수하여야 한다는 규정을 위반한 경우에는 1년 이하의 징역 또는 1천만 원 이하의 벌금에 처한다(경비업법 제28조 제4항). ①②④ 500만 원 이하의 과태료 부과 대상이다(경비업법 제31조 제2항).

> 법 제31조 【과태료】 ② 다음 각 호의 어느 하나에 해당하는 경비업자, 경비지도사 또는 시설주에게는 500만 원 이하의 과태료를 부과한다.
> 1. 휴·폐업, 법인의 명칭·임원변경 등 신고(제4조 제3항) 또는 경비원의 배치·배치폐지 신고(제18조 제2항)의 규정에 위반하여 신고를 하지 아니한 자
> 2. 특수경비업무의 경비대행업자는 시설주의 동의를 얻어 허가관청에 신고(제7조 제7항)해야 한다는 규정에 위반하여 경비대행업자 지정신고를 하지 아니한 자
> 3. 오경보의 방지(제9조 제1항)의 규정에 위반하여 설명의무를 이행하지 아니한 자
> 3의2. 제11조의2를 위반하여 정당한 사유 없이 보수교육을 받지 아니한 경비지도사
> 4. 제12조 제1항의 규정에 위반하여 경비지도사를 선임하지 아니한 자
> 4의2. 제12조의2를 위반하여 경비지도사의 선임 또는 해임의 신고를 하지 아니한 자
> 5. 제14조 제6항에 의한 감독상 필요한 명령을 정당한 이유 없이 이행하지 아니한 자
> 6. 제10조 제3항을 위반하여 결격사유에 해당하는 경비원을 배치하거나 결격사유에 해당하는 경비지도사를 선임·배치한 자
> 7. 제16조 제1항의 복장 등에 관한 신고 규정을 위반하여 신고를 하지 아니한 자
> 8. 제16조 제2항의 이름표를 부착하게 하지 아니하거나, 신고된 동일 복장을 착용하게 하지 아니하고 경비원을 경비업무에 배치한 자
> 9. 경비원의 명부작성·비치(제18조 제1항 본문)의 규정에 위반하여 명부를 작성·비치하지 아니한 자
> 10. 제18조 제5항을 위반하여 경비원의 근무상황을 기록하여 보관하지 아니한 자

39 경비업법령상 처벌기준이 나머지와 <u>다른</u> 것은?

① 경비대행업자 지정신고를 하지 아니한 자
② 설명의무를 이행하지 아니한 자
③ 경비지도사를 선임하지 아니한 자
④ 경찰관서장의 배치폐지 명령을 따르지 아니한 자

> **해설** 「경비업법」제18조(경비원의 명부와 배치허가 등) 제8항의 규정을 위반하여 경찰관서장의 배치폐지 명령을 따르지 아니한 자는 1년 이하의 징역 또는 1천만 원 이하의 벌금에 처한다(경비업법 제28조 제4항 제5호).
> ①②③ 500만 원 이하의 과태료 부과 대상이다.

제2절 과태료

40 경비업법령상 과태료 부과기준이 <u>다른</u> 하나는? • 제22회 기출

① 경비업자가 기계경비업자의 계약자에 대한 오경보를 막기 위한 기기설명의무를 위반하여 설명의무를 이행하지 않은 경우
② 경비업자가 신고된 동일 복장을 착용하게 하지 아니하고 집단민원현장에 경비원을 배치한 경우
③ 경비업자가 행정안전부령에 따라 경비원 명부를 비치하지 않은 경우
④ 경비업자가 대통령령이 정하는 바에 따라 경비지도사를 선임하지 않은 경우

> **해설** 경비업자가 신고된 동일 복장을 착용하게 하지 아니하고 집단민원현장에 경비원을 배치한 경우는 3천만 원 이하의 과태료가 부과된다.
> ①③④ 500만 원 이하의 과태료를 부과한다.

41 경비업법령상 과태료 부과금액이 다른 것은?

• 제19회 기출

① 기계경비업자가 경비계약을 체결하면서 계약상대방에게 기기사용요령 및 기계경비 운영체계 등에 관한 설명의무를 이행하지 않은 경우
② 경비업자가 신임교육을 이수하지 않은 자를 집단민원현장이 아닌 곳에서 신변보호업무를 수행하는 일반경비원으로 배치한 경우
③ 경비업자가 결격사유에 해당하는 경비원을 배치하거나 결격사유에 해당하는 경비지도사를 선임·배치한 경우
④ 경비업자가 행정안전부령에 따라 경비원 명부를 작성·비치하지 않고 경비원을 경비업무에 배치한 경우

해설 경비업자가 신임교육을 이수하지 않은 자를 집단민원현장이 아닌 곳에서 신변보호업무를 수행하는 일반경비원으로 배치한 경우에는 3천만 원 이하의 과태료를 부과한다.
①③④ 500만 원 이하의 과태료를 부과한다.

> **신임교육을 이수하지 아니한 자를 경비원으로 배치한 경우 행정처분기준**
>
> 신임교육을 이수하지 아니한 자를 다음(경비업법 제18조 제2항 각 호) 경비원으로 배치한 자는 3천만 원 이하의 과태료를 부과한다.
> 1. 「경비업법」 제2조 제1호에 따른 시설경비업무, 신변보호업무 또는 혼잡·교통유도경비업무 중 집단민원현장에 배치된 일반경비원
> 2. 집단민원현장이 아닌 곳에서 「경비업법」 제2조 제1호 다목의 규정에 의한 신변보호업무를 수행하는 일반경비원
> 3. 특수경비원

39 ④   40 ②   41 ②

42 경비업법령상 과태료 부과기준이 나머지와 다른 것은?

① 규정을 위반하여 경비원의 복장에 관한 신고를 하지 아니하고 집단민원현장에 경비원을 배치한 자
② 규정을 위반하여 이름표를 부착하게 하지 아니하거나, 신고된 동일 복장을 착용하게 하지 아니하고 집단민원현장에 경비원을 배치한 자
③ 규정을 위반하여 집단민원현장에 일반경비원을 배치하면서 경비원의 명부를 배치장소에 작성·비치하지 아니한 자
④ 결격사유에 해당하는 경비원을 배치하거나 결격사유에 해당하는 경비지도사를 선임·배치한 자

해설 결격사유에 해당하는 경비원을 배치하거나 결격사유에 해당하는 경비지도사를 선임·배치한 자에게는 500만 원 이하의 과태료를 부과한다(경비업법 제31조 제2항).
①②③ 경비업자에게 3천만 원 이하의 과태료를 부과하는 경우이다.

> **법 제31조【과태료】** ① 다음 각 호의 어느 하나에 해당하는 경비업자에게는 3천만 원 이하의 과태료를 부과한다.
> 1. 경비업자는 경찰공무원 또는 군인의 제복과 색상 및 디자인 등이 명확히 구별되는 소속 경비원의 복장을 정하고 이를 확인할 수 있는 사진을 첨부하여 주된 사무소를 관할하는 시·도경찰청장에게 행정안전부령으로 정하는 바에 따라 신고하여야 한다(제16조 제1항)는 규정을 위반하여 경비원의 복장에 관한 신고를 하지 아니하고 집단민원현장에 경비원을 배치한 자
> 2. 경비업자는 경비업무 수행 시 경비원에게 소속 경비업체를 표시한 이름표를 부착하도록 하고, 신고된 동일한 복장을 착용하게 하여야 하며, 복장에 소속 회사를 오인할 수 있는 표시를 하거나 다른 회사의 복장을 착용하게 하여서는 아니 된다(제16조 제2항)는 규정을 위반하여 이름표를 부착하게 하지 아니하거나, 신고된 동일 복장을 착용하게 하지 아니하고 집단민원현장에 경비원을 배치한 자
> 3. 집단민원현장에 배치되는 일반경비원의 명부는 그 경비원이 배치되는 장소에도 작성·비치하여야 한다(제18조 제1항 단서)는 단서를 위반하여 집단민원현장에 일반경비원을 배치하면서 경비원의 명부를 배치장소에 작성·비치하지 아니한 자
> 4. 제18조 제2항 각 호 외의 부분 단서를 위반하여 배치허가를 받지 아니하고 경비원을 배치하거나 경비원 명단 및 배치일시·배치장소 등 배치허가 신청의 내용을 거짓으로 한 자
> 5. 경비업자는 경비원 명부에 없는 자를 경비업무에 종사하게 하여서는 아니 되고, 경비원을 배치하는 경우에는 신임교육을 이수한 자를 배치하여야 한다(제18조 제7항)는 규정을 위반하여 신임교육을 이수하지 아니한 자를 제18조 제2항 각 호의 경비원으로 배치한 자
> ② 다음 각 호의 어느 하나에 해당하는 경비업자, 경비지도사 또는 시설주에게는 500만 원 이하의 과태료를 부과한다.
> 6. 제10조 제3항을 위반하여 결격사유에 해당하는 경비원을 배치하거나 결격사유에 해당하는 경비지도사를 선임·배치한 자

43 경비업법령상 과태료 금액이 가장 많은 것은?

① 기계경비업자가 계약상대방에게 행하여야 하는 설명의무를 이행하지 않은 경우
② 경비업자가 휴업신고를 하지 않은 경우
③ 경비지도사를 선임하지 않은 경우
④ 집단민원현장 배치장소에 배치된 일반경비원의 명부를 작성·비치하지 않은 경우

해설 집단민원현장 배치장소에 배치된 일반경비원의 명부를 작성·비치하지 않은 경우에는 3천만 원 이하의 과태료를 부과한다.
①②③ 500만 원 이하의 과태료를 부과한다.

44 경비업법령상 과태료 부과 대상자가 나머지와 다른 것은?

① 휴·폐업, 법인의 명칭·임원변경 등의 신고 규정을 위반하거나 경비원의 배치폐지 신고를 하지 아니한 자
② 경비원의 명부를 작성·비치하지 아니한 자
③ 경비지도사를 선임하지 아니한 자
④ 감독상 필요한 명령을 정당한 이유 없이 이행하지 아니한 자

해설 감독상 필요한 명령을 정당한 이유 없이 이행하지 않은 것은 시설주에게 과태료를 부과하는 경우이다.
①②③ 경비업자에게 과태료를 부과하는 경우이다.

> **법 제31조【과태료】** ② 다음 각 호의 어느 하나에 해당하는 경비업자, 경비지도사 또는 시설주에게는 500만 원 이하의 과태료를 부과한다.
> 1. 휴·폐업, 법인의 명칭·임원변경 등 신고(제4조 제3항) 또는 경비원의 배치·배치폐지 신고(제18조 제2항)의 규정에 위반하여 신고를 하지 아니한 자
> 2. 특수경비업무의 경비대행업자는 시설주의 동의를 얻어 허가관청에 신고(제7조 제7항)해야 한다는 규정에 위반하여 경비대행업자 지정신고를 하지 아니한 자
> 3. 오경보의 방지(제9조 제1항)의 규정에 위반하여 설명의무를 이행하지 아니한 자
> 3의2. 제11조의2를 위반하여 정당한 사유 없이 보수교육을 받지 아니한 경비지도사
> 4. 제12조 제1항의 규정에 위반하여 경비지도사를 선임하지 아니한 자
> 4의2. 제12조의2를 위반하여 경비지도사의 선임 또는 해임의 신고를 하지 아니한 자
> 5. 제14조 제6항에 의한 감독상 필요한 명령을 정당한 이유 없이 이행하지 아니한 자
> 6. 제10조 제3항을 위반하여 결격사유에 해당하는 경비원을 배치하거나 결격사유에 해당하는 경비지도사를 선임·배치한 자
> 7. 제16조 제1항의 복장 등에 관한 신고 규정을 위반하여 신고를 하지 아니한 자
> 8. 제16조 제2항의 이름표를 부착하게 하지 아니하거나, 신고된 동일 복장을 착용하게 하지 아니하고 경비원을 경비업무에 배치한 자
> 9. 경비원의 명부작성·비치(제18조 제1항 본문)의 규정에 위반하여 명부를 작성·비치하지 아니한 자
> 10. 제18조 제5항을 위반하여 경비원의 근무상황을 기록하여 보관하지 아니한 자

정답 42 ④ 43 ④ 44 ④

45 경비업법령상 과태료 부과 대상자가 같은 것을 모두 고른 것은?

ㄱ. 정당한 사유 없이 보수교육(법 제11조의2)을 받지 아니한 자
ㄴ. 경비지도사의 선임 또는 해임의 신고(법 제12조의2)를 하지 아니한 자
ㄷ. 감독상 필요한 명령(법 제14조 제6항)을 정당한 이유 없이 이행하지 아니한 자
ㄹ. 경비원의 명부작성·비치(법 제18조 제1항 본문)의 규정에 위반하여 명부를 작성·비치하지 아니한 자

① ㄱ, ㄴ
② ㄴ, ㄹ
③ ㄷ, ㄹ
④ ㄱ, ㄴ, ㄹ

해설 경비지도사의 선임 또는 해임의 신고(법 제12조의2)를 하지 아니한 자(ㄴ)와 경비원의 명부작성·비치(법 제18조 제1항 본문)의 규정에 위반하여 명부를 작성·비치하지 아니한 자(ㄹ)는 경비업자이기에 경비업자에게 과태료를 부과하는 경우이다.
ㄱ. 정당한 사유 없이 보수교육(법 제11조의2)을 받지 아니한 자는 경비지도사에 해당하여 경비지도사에게 과태료를 부과하는 경우이다.
ㄷ. 감독상 필요한 명령(법 제14조 제6항)을 정당한 이유 없이 이행하지 아니한 자는 시설주이기에 시설주에게 과태료를 부과하는 경우이다.

> 법 제31조【과태료】② 다음 각 호의 어느 하나에 해당하는 경비업자, 경비지도사 또는 시설주에게는 500만 원 이하의 과태료를 부과한다.
> 1. 휴·폐업, 법인의 명칭·임원변경 등 신고(제4조 제3항) 또는 경비원의 배치·배치폐지 신고(제18조 제2항)의 규정에 위반하여 신고를 하지 아니한 자
> 2. 특수경비업무의 경비대행업자는 시설주의 동의를 얻어 허가관청에 신고(제7조 제7항)해야 한다는 규정에 위반하여 경비대행업자 지정신고를 하지 아니한 자
> 3. 오경보의 방지(제9조 제1항)의 규정에 위반하여 설명의무를 이행하지 아니한 자
> 3의2. 제11조의2를 위반하여 정당한 사유 없이 보수교육을 받지 아니한 경비지도사
> 4. 제12조 제1항의 규정에 위반하여 경비지도사를 선임하지 아니한 자
> 4의2. 제12조의2를 위반하여 경비지도사의 선임 또는 해임의 신고를 하지 아니한 자
> 5. 제14조 제6항에 의한 감독상 필요한 명령을 정당한 이유 없이 이행하지 아니한 자
> 6. 제10조 제3항을 위반하여 결격사유에 해당하는 경비원을 배치하거나 결격사유에 해당하는 경비지도사를 선임·배치한 자
> 7. 제16조 제1항의 복장 등에 관한 신고 규정을 위반하여 신고를 하지 아니한 자
> 8. 제16조 제2항의 이름표를 부착하게 하지 아니하거나, 신고된 동일 복장을 착용하게 하지 아니하고 경비원을 경비업무에 배치한 자
> 9. 경비원의 명부작성·비치(제18조 제1항 본문)의 규정에 위반하여 명부를 작성·비치하지 아니한 자
> 10. 제18조 제5항을 위반하여 경비원의 근무상황을 기록하여 보관하지 아니한 자

46 경비업법령상 경비업법 위반횟수에 관계없이 과태료 금액이 동일한 것은? • 제16회 기출

① 기계경비업자가 경비계약을 체결하면서 계약상대방에게 설명의무를 이행하지 않은 경우
② 무기의 적정관리를 위해 관할 경찰관서장의 감독상 필요한 명령을 정당한 이유 없이 이행하지 않은 경우
③ 경비업자가 경비업법을 위반하여 경비원의 복장 등에 관한 신고 규정을 위반하여 신고를 하지 않은 경우
④ 경비업자가 경비업법을 위반하여 경비원의 근무상황을 기록하여 보관하지 않은 경우

해설 무기의 적정관리를 위해 관할 경찰관서장의 감독상 필요한 명령을 정당한 이유 없이 이행하지 않은 경우에는 위반횟수에 관계없이 500만 원의 과태료를 부과한다.
① 기계경비업자가 경비계약을 체결하면서 계약상대방에게 설명의무를 이행하지 않은 경우에는 1회 100만 원, 2회 200만 원, 3회 이상은 400만 원의 과태료를 부과한다.
③ 경비업자가 「경비업법」을 위반하여 경비원의 복장 등에 관한 신고 규정을 위반하여 신고를 하지 않은 경우에는 1회 100만 원, 2회 200만 원, 3회 이상은 400만 원의 과태료를 부과한다.
④ 경비업자가 「경비업법」을 위반하여 경비원의 근무상황을 기록하여 보관하지 않은 경우에는 1회 50만 원, 2회 100만 원, 3회 이상은 200만 원의 과태료를 부과한다.

▶ [별표 6] 과태료의 부과기준(시행령 제32조 제1항 관련, 일부발췌)

위반행위	해당 법조문	과태료 금액(단위: 만 원)		
		1회 위반	2회 위반	3회 이상
3. 법 제9조 제1항을 위반하여 설명의무를 이행하지 않은 경우	법 제31조 제2항 제3호	100	200	400
6. 법 제14조 제6항에 따른 감독상 필요한 명령을 정당한 이유 없이 이행하지 않은 경우	법 제31조 제2항 제5호	500		
7. 법 제16조 제1항을 위반하여 복장 등에 관한 신고 규정을 위반하여 신고를 하지 않은 경우	법 제31조 제2항 제7호	100	200	400
14. 법 제18조 제5항을 위반하여 경비원의 근무상황을 기록하여 보관하지 않은 경우	법 제31조 제2항 제10호	50	100	200

정답 45 ② 46 ②

47 경비업법령상 2회 위반 시 과태료 부과기준의 금액이 <u>다른</u> 경우는? • 제25회 기출

① 기계경비업자가 계약상대방에게 설명의무를 이행하지 않은 경우
② 경비업자가 결격사유에 해당하는 경비지도사를 선임·배치한 경우
③ 경비업자가 경비원의 근무상황을 기록하여 보관하지 않은 경우
④ 경비업자가 경비원의 복장 등에 관한 신고 규정을 위반하여 신고를 하지 않은 경우

해설 경비업자가 경비원의 근무상황을 기록하여 보관하지 않은 경우는 100만 원을 부과한다(1회: 50만 원, 2회: 100만 원, 3회 이상: 200만 원).
① 기계경비업자가 계약상대방에게 설명의무를 이행하지 않은 경우는 200만 원을 부과한다(1회: 100만 원, 2회: 200만 원, 3회 이상: 400만 원).
② 경비업자가 결격사유에 해당하는 경비지도사를 선임·배치한 경우는 200만 원을 부과한다(1회: 100만 원, 2회: 200만 원, 3회 이상: 400만 원).
④ 경비업자가 경비원의 복장 등에 관한 신고 규정을 위반하여 신고를 하지 않은 경우는 200만 원을 부과한다(1회: 100만 원, 2회: 200만 원, 3회 이상: 400만 원).

▶ [별표 6] 과태료의 부과기준(시행령 제32조 제1항 관련, 일부발췌)

위반행위	해당 법조문	과태료 금액(단위: 만 원)		
		1회 위반	2회 위반	3회 이상
3. 법 제9조 제1항을 위반하여 설명의무를 이행하지 않은 경우	법 제31조 제2항 제3호	100	200	400
4. 법 제10조 제3항을 위반하여 결격사유에 해당하는 경비원을 배치하거나 결격사유에 해당하는 경비지도사를 선임·배치한 경우	법 제31조 제2항 제6호	100	200	400
7. 법 제16조 제1항을 위반하여 복장 등에 관한 신고 규정을 위반하여 신고를 하지 않은 경우	법 제31조 제2항 제7호	100	200	400
14. 법 제18조 제5항을 위반하여 경비원의 근무상황을 기록하여 보관하지 않은 경우	법 제31조 제2항 제10호	50	100	200

48 경비업법령상 과태료의 부과기준에 관한 설명으로 옳은 것은?

• 제24회 기출

① 경비원의 복장에 관한 신고를 하지 않고 집단민원현장에 경비원을 배치한 경우에는 위반 횟수가 2회이면 부과되는 과태료 금액은 600만 원이다.

② 관할 경찰관서장이 무기의 적정 관리를 위하여 무기를 대여받은 시설주에 대하여 감독상 필요한 명령을 하였으나 정당한 이유 없이 이행하지 않은 경우에는 위반 횟수에 관계없이 부과되는 과태료 금액은 500만 원이다.

③ 이름표를 부착하게 하지 않거나, 신고된 동일 복장을 착용하게 하지 않고 집단민원현장에 경비원을 배치한 경우에는 위반 횟수가 1회이면 부과되는 과태료 금액은 300만 원이다.

④ 집단민원현장에 배치되는 일반경비원의 명부를 그 배치장소에 비치하지 않은 경우에는 위반 횟수가 3회 이상이면 부과되는 과태료 금액은 1,200만 원이다.

해설 ① 경비원의 복장에 관한 신고를 하지 않고 집단민원현장에 경비원을 배치한 경우에는 위반 횟수가 2회이면 부과되는 과태료 금액은 1,200만 원이다.
③ 이름표를 부착하게 하지 않거나, 신고된 동일 복장을 착용하게 하지 않고 집단민원현장에 경비원을 배치한 경우에는 위반 횟수가 1회이면 부과되는 과태료 금액은 600만 원이다.
④ 집단민원현장에 배치되는 일반경비원의 명부를 그 배치장소에 비치하지 않은 경우에는 위반 횟수가 3회 이상이면 부과되는 과태료 금액은 2,400만 원이다.

정답 47 ③ 48 ②

49 경비업법령상 과태료 부과기준이다. ( )에 들어갈 숫자의 연결이 옳은 것은?

• 제20회 기출

위반행위	과태료 금액(단위: 만 원)		
	1회 위반	2회 위반	3회 이상
경비업자가 경비원의 복장 등에 관한 신고 규정을 위반하여 신고하지 않은 경우	100	200	(ㄱ)
경비업자가 경비원의 복장에 관한 신고를 하지 않고 집단민원현장에 경비원을 배치한 경우	(ㄴ)	1,200	2,400

① ㄱ: 300, ㄴ: 300
② ㄱ: 400, ㄴ: 600
③ ㄱ: 500, ㄴ: 800
④ ㄱ: 600, ㄴ: 1,000

해설 경비업자가 경비원의 복장 등에 관한 신고 규정을 위반하여 신고하지 않은 경우 3회 이상 위반 시 400만 원의 과태료를 부과하고, 경비업자가 경비원의 복장에 관한 신고를 하지 않고 집단민원현장에 경비원을 배치한 경우 1회 위반은 600만 원의 과태료를 부과한다.

▶ [별표 6] 과태료의 부과기준(시행령 제32조 제1항 관련, 일부발췌)

위반행위	해당 법조문	과태료 금액(단위: 만 원)		
		1회 위반	2회 위반	3회 이상
7. 법 제16조 제1항을 위반하여 복장 등에 관한 신고 규정을 위반하여 신고를 하지 않은 경우	법 제31조 제2항 제7호	100	200	400
8. 법 제16조 제1항을 위반하여 경비원의 복장에 관한 신고를 하지 않고 집단민원현장에 경비원을 배치한 경우	법 제31조 제1항 제1호	600	1,200	2,400

[비고] 가. 위반행위의 횟수에 따른 과태료의 가중된 부과기준은 최근 2년간 같은 위반행위로 과태료 부과처분을 받은 경우에 적용한다. 이 경우 기간의 계산은 위반행위에 대하여 과태료 부과처분을 받은 날과 그 처분 후 다시 같은 위반행위를 하여 적발된 날을 기준으로 한다.
나. 가목에 따라 가중된 부과처분을 하는 경우 가중처분의 적용 차수는 그 위반행위 전 부과처분 차수(가목에 따른 기간 내에 과태료 부과처분이 둘 이상 있었던 경우에는 높은 차수를 말한다)의 다음 차수로 한다.

50. 경비업법령상 과태료의 부과기준이다. (   ) 안에 들어갈 내용으로 옳은 것은?

위반행위	과태료 금액(단위: 만 원)
5의2. 법 제12조의2를 위반하여 경비지도사의 선임 또는 해임의 신고를 하지 않은 경우	
가. 6개월 이내의 기간 경과	(ㄱ)
나. 6개월 초과 12개월 이내의 기간 경과	(ㄴ)
다. 12개월 초과의 기간 경과	(ㄷ)

	ㄱ	ㄴ	ㄷ
①	50	100	200
②	100	200	300
③	100	200	400
④	300	600	1,200

해설 경비지도사의 선임 또는 해임의 신고를 하지 않은 경우 6개월 이내의 기간 경과 시 100만 원, 6개월 초과 12개월 이내의 기간 경과 시 200만 원, 12개월 초과의 기간 경과 시 400만 원의 과태료를 부과한다.

위반행위	해당 법조문	과태료 금액 (단위: 만 원)
5의2. 법 제12조의2를 위반하여 경비지도사의 선임 또는 해임의 신고를 하지 않은 경우	법 제31조 제2항 제4호의2	
가. 6개월 이내의 기간 경과		100
나. 6개월 초과 12개월 이내의 기간 경과		200
다. 12개월 초과의 기간 경과		400

49 ②   50 ③

51 경비업법령상 (　)에 들어갈 과태료 부과 금액으로 옳은 것은?

위반행위	해당 법조문	과태료 금액(단위: 만 원)		
		1회 위반	2회 위반	3회 이상
11. 법 제18조 제1항 본문을 위반하여 명부를 작성·비치하지 않은 경우 나. 경비원 명부를 작성하지 않은 경우	법 제31조 제2항 제9호	(ㄱ)	(ㄴ)	(ㄷ)
14. 법 제18조 제5항을 위반하여 경비원의 근무상황을 기록하여 보관하지 않은 경우	법 제31조 제2항 제10호	(ㄱ)	(ㄴ)	(ㄷ)

	ㄱ	ㄴ	ㄷ
①	50	100	200
②	100	200	400
③	300	600	1,200
④	600	1,200	2,400

해설 경비원 명부를 작성하지 않은 경우와 경비원의 근무상황을 기록하여 보관하지 않은 경우는 1회 위반 시 50만 원, 2회 위반 시 100만 원, 3회 이상 위반 시 200만 원의 과태료를 부과한다.

▶ [별표 6] 과태료의 부과기준(시행령 제32조 제1항 관련, 일부발췌)

위반행위	해당 법조문	과태료 금액(단위: 만 원)		
		1회 위반	2회 위반	3회 이상
11. 법 제18조 제1항 본문을 위반하여 명부를 작성·비치하지 않은 경우 나. 경비원 명부를 작성하지 않은 경우	법 제31조 제2항 제9호	50	100	200
14. 법 제18조 제5항을 위반하여 경비원의 근무상황을 기록하여 보관하지 않은 경우	법 제31조 제2항 제10호	50	100	200

[비고] 가. 위반행위의 횟수에 따른 과태료의 가중된 부과기준은 최근 2년간 같은 위반행위로 과태료 부과처분을 받은 경우에 적용한다. 이 경우 기간의 계산은 위반행위에 대하여 과태료 부과처분을 받은 날과 그 처분 후 다시 같은 위반행위를 하여 적발된 날을 기준으로 한다.
나. 가목에 따라 가중된 부과처분을 하는 경우 가중처분의 적용 차수는 그 위반행위 전 부과처분 차수(가목에 따른 기간 내에 과태료 부과처분이 둘 이상 있었던 경우에는 높은 차수를 말한다)의 다음 차수로 한다.

52 경비업법령상 과태료의 부과기준에서 1회 위반 시 부과되는 과태료 금액이 <u>다른</u> 것은?

• 제18회 기출

① 경비지도사를 선임하지 않은 경우
② 경비원 명부를 비치하지 않은 경우
③ 결격사유에 해당하는 경비지도사를 선임·배치한 경우
④ 경비원 명단 및 배치일시·배치장소 등 배치허가 신청의 내용을 거짓으로 한 경우

해설 경비원 명단 및 배치일시·배치장소 등 배치허가 신청의 내용을 거짓으로 한 경우 1회 위반 시에는 1,000만 원의 과태료를 부과한다.
①②③ 1회 위반 시 100만 원의 과태료를 부과한다.

▶ [별표 6] 과태료의 부과기준(시행령 제32조 제1항 관련, 일부발췌)

위반행위	해당 법조문	과태료 금액(단위: 만 원)		
		1회 위반	2회 위반	3회 이상
4. 법 제10조 제3항을 위반하여 결격사유에 해당하는 경비원을 배치하거나 결격사유에 해당하는 경비지도사를 선임·배치한 경우	법 제31조 제2항 제6호	100	200	400
5. 법 제12조 제1항을 위반하여 경비지도사를 선임하지 않은 경우	법 제31조 제2항 제4호	100	200	400
11. 법 제18조 제1항 본문을 위반하여 명부를 작성·비치하지 않은 경우 가. 경비원 명부를 비치하지 않은 경우 나. 경비원 명부를 작성하지 않은 경우	법 제31조 제2항 제9호	100 50	200 100	400 200
13. 법 제18조 제2항 각 호 외의 부분 단서를 위반하여 배치허가를 받지 않고 경비원을 배치하거나, 경비원 명단 및 배치일시·배치장소 등 배치허가 신청의 내용을 거짓으로 한 경우	법 제31조 제1항 제4호	1,000	2,000	3,000

53 경비업법령상 과태료의 부과기준이다. 다음 중 위반 횟수에 따라 부과하는 위반행위는?

① 경비원을 배치하거나 배치를 폐지한 경우에 신고를 하지 않은 경우
② 정당한 사유 없이 보수교육을 받지 않은 경우
③ 경비원의 근무상황을 기록하여 보관하지 않은 경우
④ 경비지도사의 선임 또는 해임의 신고를 하지 않은 경우

해설 경비원의 근무상황을 기록하여 보관하지 않은 경우는 위반 횟수에 따라 과태료를 부과한다.
①②④ 위반 횟수가 아니라 기간의 경과에 따라 과태료를 부과한다.

▶ [별표 6] 과태료의 부과기준(시행령 제32조 제1항 관련, 일부발췌)

위반행위	해당 법조문	과태료 금액(단위: 만 원)		
		1회 위반	2회 위반	3회 이상
1. 법 제4조 제3항 또는 제18조 제2항을 위반하여 신고를 하지 않은 경우 가. 1개월 이내의 기간 경과 나. 1개월 초과 6개월 이내의 기간 경과 다. 6개월 초과 12개월 이내의 기간 경과 라. 12개월 초과의 기간 경과	법 제31조 제2항 제1호	50 100 200 400		
2. 법 제7조 제7항을 위반하여 경비대행업자 지정신고를 하지 않은 경우 가. 허위로 신고한 경우 나. 그 밖의 사유로 신고하지 않은 경우	법 제31조 제2항 제2호	400 300		
4의2. 법 제11조의2를 위반하여 정당한 사유 없이 보수교육을 받지 않은 경우 가. 1년 이내의 기간 경과 나. 1년 초과 2년 이내의 기간 경과 다. 2년 초과의 기간 경과	법 제31조 제2항 제3호의2	100 200 300		
5의2. 법 제12조의2를 위반하여 경비지도사의 선임 또는 해임의 신고를 하지 않은 경우 가. 6개월 이내의 기간 경과 나. 6개월 초과 12개월 이내의 기간 경과 다. 12개월 초과의 기간 경과	법 제31조 제2항 제4호의2	100 200 400		
14. 법 제18조 제5항을 위반하여 경비원의 근무상황을 기록하여 보관하지 않은 경우	법 제31조 제2항 제10호	50	100	200

54 경비업법령상 위반 횟수와 관계없이 과태료를 동일하게 부과하는 경우가 아닌 것은?

① 특수경비업자가 경비대행업자 지정신고를 허위로 한 경우
② 특수경비업자가 경비대행업자 지정신고를 그 밖의 사유로 신고하지 않은 경우
③ 경비업자가 경비원의 복장 등에 관한 신고 규정을 위반하여 신고를 하지 않은 경우
④ 무기의 적정관리를 위한 관할 경찰관서장의 감독상 필요한 명령을 정당한 이유 없이 이행하지 않은 경우

해설 경비업자가 경비원의 복장 등에 관한 신고 규정을 위반하여 신고를 하지 않은 경우에는 1회 위반 시 100만 원, 2회 위반 시 200만 원, 3회 이상 위반 시 400만 원의 과태료를 부과한다. 즉, 위반 횟수에 따라 과태료가 달라진다.
① 400만 원, ② 300만 원, ④ 500만 원의 과태료를 위반 횟수와 관계없이 부과한다.

55 경비업법령상 2회 위반의 경우 과태료 부과기준이 다른 것은?

• 제21회 기출

① 경비업자가 결격사유에 해당하는 경비원을 배치한 경우
② 경비업자가 경비지도사를 선임하지 아니한 경우
③ 특수경비업무를 수행하는 경비업자가 경비대행업자 지정신고를 허위로 한 경우
④ 경비업자가 복장 등에 관한 신고 규정을 위반하여 신고를 하지 않은 경우

해설 특수경비업무를 수행하는 경비업자가 경비대행업자 지정신고를 허위로 한 경우는 횟수에 관계없이 400만 원의 과태료를 부과한다.
①②④ 2회 위반 시 200만 원의 과태료를 부과한다.

▶ [별표 6] 과태료의 부과기준(시행령 제32조 제1항 관련, 일부발췌)

위반행위	해당 법조문	과태료 금액(단위: 만 원)		
		1회 위반	2회 위반	3회 이상
2. 법 제7조 제7항을 위반하여 경비대행업자 지정신고를 하지 않은 경우 가. 허위로 신고한 경우 나. 그 밖의 사유로 신고하지 않은 경우	법 제31조 제2항 제2호	400 300		
4. 법 제10조 제3항을 위반하여 결격사유에 해당하는 경비원을 배치하거나 결격사유에 해당하는 경비지도사를 선임·배치한 경우	법 제31조 제2항 제6호	100	200	400
5. 법 제12조 제1항을 위반하여 경비지도사를 선임하지 않은 경우	법 제31조 제2항 제4호	100	200	400
7. 법 제16조 제1항을 위반하여 복장 등에 관한 신고 규정을 위반하여 신고를 하지 않은 경우	법 제31조 제2항 제7호	100	200	400

53 ③ 54 ③ 55 ③ **정답**

56 경비업법령상 과태료의 부과기준으로서 과태료 금액이 가장 많은 것은? (단, 최초 1회 위반을 기준으로 한다)

• 제17회 기출

① 집단민원현장에 일반경비원을 배치하면서 일반경비원 명부를 그 배치장소에 비치하지 아니한 경우
② 경비업법상 복장 등에 관한 신고 규정을 위반하여 신고를 하지 않은 경우
③ 경비원 명단 및 배치일시·배치장소 등 배치허가 신청의 내용을 거짓으로 한 경우
④ 기계경비업자가 경비계약을 체결하면서, 오경보를 막기 위하여 계약상대방에게 기기사용요령 및 기계경비운영체계 등에 관한 설명의무를 이행하지 아니한 경우

해설 경비원 명단 및 배치일시·배치장소 등 배치허가 신청의 내용을 거짓으로 한 경우에는 1,000만 원의 과태료가 부과된다.
① 600만 원, ②④ 100만 원의 과태료가 부과된다.

▶ [별표 6] 과태료의 부과기준(시행령 제32조 제1항 관련)

위반행위	해당 법조문	과태료 금액(단위: 만 원)		
		1회 위반	2회 위반	3회 이상
3. 법 제9조 제1항을 위반하여 설명의무를 이행하지 않은 경우	법 제31조 제2항 제3호	100	200	400
7. 법 제16조 제1항을 위반하여 복장 등에 관한 신고 규정을 위반하여 신고를 하지 않은 경우	법 제31조 제2항 제7호	100	200	400
12. 법 제18조 제1항 단서를 위반하여 집단민원현장에 배치되는 일반경비원의 명부를 그 배치장소에 작성·비치하지 않은 경우 가. 경비원 명부를 비치하지 않은 경우 나. 경비원 명부를 작성하지 않은 경우	법 제31조 제1항 제3호	600 300	1,200 600	2,400 1,200
13. 법 제18조 제2항 각 호 외의 부분 단서를 위반하여 배치허가를 받지 않고 경비원을 배치하거나, 경비원 명단 및 배치일시·배치장소 등 배치허가 신청의 내용을 거짓으로 한 경우	법 제31조 제1항 제4호	1,000	2,000	3,000

57 경비업법령상 신고대상을 신고하지 않은 기간에 따라 과태료 금액이 <u>다른</u> 것은? (단, 횟수가 아니다)

① 특수경비업자가 경비대행업자 지정신고를 하지 않은 경우
② 경비업자가 경비원의 복장에 관한 신고를 하지 않고 집단민원현장에 경비원을 배치한 경우
③ 경비업자가 경비원의 복장 등에 관한 신고 규정을 위반하여 신고를 하지 않은 경우
④ 경비업자가 경비원을 배치하거나 배치를 폐지하고 지정신고를 하지 않은 경우

해설 경비업자가 경비원을 배치하거나 배치를 폐지하고 지정신고를 하지 않은 경우에는 신고하지 않은 기간에 따라 과태료 금액이 다르다.
① 특수경비업자가 경비대행업자 지정신고를 하지 않은 경우 300만 원의 과태료가 부과된다.
② 경비업자가 경비원의 복장에 관한 신고를 하지 않고 집단민원현장에 경비원을 배치한 경우 1회 위반 시 600만 원, 2회 위반 시 1,200만 원, 3회 이상 위반 시 2,400만 원의 과태료를 부과한다. 즉, 기간이 아니라 위반 횟수에 따라 과태료 금액이 다르다.
③ 경비업자가 경비원의 복장 등에 관한 신고 규정을 위반하여 신고를 하지 않은 경우 1회 위반 시 100만 원, 2회 위반 시 200만 원, 3회 이상 위반 시 400만 원의 과태료를 부과한다. 즉, 기간이 아니라 위반 횟수에 따라 과태료 금액이 다르다.

▶ [별표 6] 과태료의 부과기준(시행령 제32조 제1항 관련, 일부발췌)

위반행위	해당 법조문	과태료 금액(단위: 만 원)
1. 법 제4조 제3항 또는 제18조 제2항을 위반하여 신고를 하지 않은 경우 가. 1개월 이내의 기간 경과 나. 1개월 초과 6개월 이내의 기간 경과 다. 6개월 초과 12개월 이내의 기간 경과 라. 12개월 초과의 기간 경과	법 제31조 제2항 제1호	50 100 200 400

56 ③   57 ④

58 경비업법령상 과태료의 부과기준으로서 과태료 금액이 가장 많은 것은? (단, 집단민원현장이 아니다)

① 경비원 명부를 비치하지 아니한 경우
② 기계경비업자가 계약상대방에게 설명의무를 이행하지 아니한 경우
③ 무기를 대여받은 시설주가 관할 경찰관서장의 감독상 필요한 명령을 정당한 이유 없이 이행하지 아니한 경우
④ 경비지도사를 선임하지 아니한 경우

해설 무기를 대여받은 시설주가 관할 경찰관서장의 감독상 필요한 명령을 정당한 이유 없이 이행하지 아니한 경우에는 500만 원 이하의 과태료를 부과한다.
①②④ 400만 원 이하의 과태료를 부과한다.

▶ [별표 6] 과태료의 부과기준(시행령 제32조 제1항 관련, 일부발췌)

위반행위	해당 법조문	과태료 금액(단위: 만 원)		
		1회 위반	2회 위반	3회 이상
3. 법 제9조 제1항을 위반하여 설명의무를 이행하지 않은 경우	법 제31조 제2항 제3호	100	200	400
5. 법 제12조 제1항을 위반하여 경비지도사를 선임하지 않은 경우	법 제31조 제2항 제4호	100	200	400
6. 법 제14조 제6항에 따른 감독상 필요한 명령을 정당한 이유 없이 이행하지 않은 경우	법 제31조 제2항 제5호	500		
11. 법 제18조 제1항 본문을 위반하여 명부를 작성·비치하지 않은 경우 가. 경비원 명부를 비치하지 않은 경우 나. 경비원 명부를 작성하지 않은 경우	법 제31조 제2항 제9호	100 50	200 100	400 200

[비고] 가. 위반행위의 횟수에 따른 과태료의 가중된 부과기준은 최근 2년간 같은 위반행위로 과태료 부과처분을 받은 경우에 적용한다. 이 경우 기간의 계산은 위반행위에 대하여 과태료 부과처분을 받은 날과 그 처분 후 다시 같은 위반행위를 하여 적발된 날을 기준으로 한다.
나. 가목에 따라 가중된 부과처분을 하는 경우 가중처분의 적용 차수는 그 위반행위 전 부과처분 차수(가목에 따른 기간 내에 과태료 부과처분이 둘 이상 있었던 경우에는 높은 차수를 말한다)의 다음 차수로 한다.

59 경비업법령상 과태료 부과금액(최대한 가능)이 가장 큰 것은?

① 경비대행업자 지정신고(법 제7조 제7항)를 허위로 한 경우
② 감독상 필요한 명령(법 제14조 제6항)을 정당한 이유 없이 이행하지 아니한 경우
③ 경비원의 복장에 관한 신고(법 제16조 제1항)를 하지 아니하고 집단민원현장에 경비원을 배치한 경우
④ 경비원의 근무상황을 기록하여 보관(법 제18조 제5항)하지 아니한 경우

해설 경비원의 복장에 관한 신고(경비업법 제16조 제1항)를 하지 아니하고 집단민원현장에 경비원을 배치한 경우에는 최대 2,400만 원 이하의 과태료를 부과한다.
① 400만 원, ② 500만 원, ④ 200만 원 이하의 과태료를 부과한다.

▶ [별표 6] 과태료의 부과기준(시행령 제32조 제1항 관련, 일부발췌)

위반행위	해당 법조문	과태료 금액(단위: 만 원)		
		1회 위반	2회 위반	3회 이상
2. 법 제7조 제7항을 위반하여 경비대행업자 지정신고를 하지 않은 경우 가. 허위로 신고한 경우 나. 그 밖의 사유로 신고하지 않은 경우	법 제31조 제2항 제2호	400 300		
6. 법 제14조 제6항에 따른 감독상 필요한 명령을 정당한 이유 없이 이행하지 않은 경우	법 제31조 제2항 제5호	500		
8. 법 제16조 제1항을 위반하여 경비원의 복장에 관한 신고를 하지 않고 집단민원현장에 경비원을 배치한 경우	법 제31조 제1항 제1호	600	1,200	2,400
14. 법 제18조 제5항을 위반하여 경비원의 근무상황을 기록하여 보관하지 않은 경우	법 제31조 제2항 제10호	50	100	200

[비고] 가. 위반행위의 횟수에 따른 과태료의 가중된 부과기준은 최근 2년간 같은 위반행위로 과태료 부과처분을 받은 경우에 적용한다. 이 경우 기간의 계산은 위반행위에 대하여 과태료 부과처분을 받은 날과 그 처분 후 다시 같은 위반행위를 하여 적발된 날을 기준으로 한다.
나. 가목에 따라 가중된 부과처분을 하는 경우 가중처분의 적용 차수는 그 위반행위 전 부과처분 차수(가목에 따른 기간 내에 과태료 부과처분이 둘 이상 있었던 경우에는 높은 차수를 말한다)의 다음 차수로 한다.

60 경비업법령상 과태료 부과금액이 가장 큰 것은?

① 경비원의 복장에 관한 신고를 하지 아니하고 집단민원현장에 경비원을 배치한 경우
② 이름표를 부착하게 하지 아니하거나, 신고된 동일 복장을 착용하게 하지 아니하고 집단민원현장에 경비원을 배치한 경우
③ 배치허가를 받지 아니하고 경비원을 배치하거나 경비원 명단 및 배치일시·배치장소 등 배치허가 신청의 내용을 거짓으로 한 경우
④ 신임교육을 이수하지 아니한 자를 집단민원현장에 경비원으로 배치한 경우

해설 배치허가를 받지 아니하고 경비원을 배치하거나 경비원 명단 및 배치일시·배치장소 등 배치허가 신청의 내용을 거짓으로 한 경우에는 3,000만 원 이하의 과태료를 부과한다.
①②④ 2,400만 원 이하의 과태료를 부과한다.

▶ [별표 6] 과태료의 부과기준(시행령 제32조 제1항 관련, 일부발췌)

위반행위	해당 법조문	과태료 금액(단위: 만 원)		
		1회 위반	2회 위반	3회 이상
8. 법 제16조 제1항을 위반하여 경비원의 복장에 관한 신고를 하지 않고 집단민원현장에 경비원을 배치한 경우	법 제31조 제1항 제1호	600	1,200	2,400
10. 법 제16조 제2항을 위반하여 이름표를 부착하게 하지 않거나, 신고된 동일 복장을 착용하게 하지 않고 집단민원현장에 경비원을 배치한 경우	법 제31조 제1항 제2호	600	1,200	2,400
13. 법 제18조 제2항 각 호 외의 부분 단서를 위반하여 배치허가를 받지 않고 경비원을 배치하거나, 경비원 명단 및 배치일시·배치장소 등 배치허가 신청의 내용을 거짓으로 한 경우	법 제31조 제1항 제4호	1,000	2,000	3,000
15. 법 제18조 제7항을 위반하여 법 제13조에 따른 신임교육을 이수하지 않은 자를 법 제18조 제2항 각 호의 경비원으로 배치한 경우	법 제31조 제1항 제5호	600	1,200	2,400

[비고] 가. 위반행위의 횟수에 따른 과태료의 가중된 부과기준은 최근 2년간 같은 위반행위로 과태료 부과처분을 받은 경우에 적용한다. 이 경우 기간의 계산은 위반행위에 대하여 과태료 부과처분을 받은 날과 그 처분 후 다시 같은 위반행위를 하여 적발된 날을 기준으로 한다.
나. 가목에 따라 가중된 부과처분을 하는 경우 가중처분의 적용 차수는 그 위반행위 전 부과처분 차수(가목에 따른 기간 내에 과태료 부과처분이 둘 이상 있었던 경우에는 높은 차수를 말한다)의 다음 차수로 한다.

정답 60 ③

에듀윌이
너를
지지할게
ENERGY

꿈을 풀어라.
꿈이 없는 사람은
아무런 생명력도 없는 인형과 같다.

– 발타사르 그라시안(Baltasar Gracian)

PART 2 청원경찰법

CHAPTER 01 총칙

제1절 청원경찰제도의 의의
제2절 청원경찰법의 목적 및 정의
제3절 청원경찰의 직무 등

최근 13개년 출제비중

4.0%

학습 TIP

- ☑ 출제빈도와 난이도가 비교적 낮아 기출문제만 종합하여 파악해도 무난한 풀이가 가능한 챕터이다.
- ☑ 청원경찰의 목적과 배치장소, 청원경찰의 직무, 근무요령에 대한 숙지가 필요하다.

| POINT | CHAPTER 내 절별 출제비중 |

01	청원경찰제도의 의의	0%
02	청원경찰법의 목적 및 정의	47%
03	청원경찰의 직무 등	53%

CHAPTER 01 총칙

최신 개정 법령 확인

제1절 청원경찰제도의 의의

1. 청원경찰제도

(1) 개념

국가기관 또는 공공단체와 그 관리하에 있는 중요시설 또는 사업장, 국내 주재(駐在) 외국기관, 그 밖에 행정안전부령(청원경찰법 시행규칙 제2조)으로 정하는 중요시설·사업장 등의 경영자가 경비[이하 "청원경찰경비"(請願警察經費)라 한다]를 부담할 것을 조건으로 경찰의 배치를 신청하는 경우, 그 기관·시설 또는 사업장 등의 경비(警備)를 담당하게 하기 위하여 배치하는 경찰을 두는 제도를 말한다.

(2) 도입배경

청원경찰제도는 공경비와 민간경비가 혼합된 형태로, 우리나라에만 존재하는 독특한 제도이다. 1960년대 급속한 경제성장으로 국가중요시설 및 기간시설이 증가하고 냉전시대의 국제적 상황 및 국내의 북한 무장게릴라 침투 등으로 인해 경찰인력만으로는 국가차원의 주요시설을 보호하는 데 한계가 있었다. 그 결과 민간인 신분으로 근무지역 내에서 「경찰관 직무집행법」에 의거한 경찰관 직무를 수행하게 하고 청원경찰의 경비업무에 드는 비용은 청원주가 부담하게 함으로써 국가의 재정적 부담도 줄일 수 있는 제도인 청원경찰제도가 창설되었다.

2. 청원경찰법의 연혁

(1) 제정

「청원경찰법」은 소요경비를 부담할 것을 조건으로 경찰관의 배치를 신청하는 경우에 이에 응하여 청원경찰관을 배치하는 제도를 신설함으로써 경찰인력의 부족을 보완하고 건물 등의 경비 및 공안업무에

만전을 기하려는 목적으로 제정되었다[(시행 1962.4.3.) (법률 제1049호, 1962.4.3., 제정)].

(2) 주요개정 내용

① 청원경찰관의 배치를 받은 시설 또는 사업장의 경영자는 그 경비를 미리 국고에 선납하게 되어 있어 그 회계절차가 복잡할 뿐만 아니라 사업자금의 불필요한 동결현상까지 초래하였으므로 경비의 선납제를 폐지하고 직불제로 하는 한편, 청원경찰관의 배치범위를 조정하고 그에 대한 무기의 대여규정과 사회보장규정 등을 명문화함으로써 청원경찰제도의 합리적인 운영을 기하기 위하여 전부개정하였으며, 현행법은 총 12개 조항, 부칙으로 구성되어 있다[(시행 1973.12.31.)(법률 제2666호, 1973.12.31., 전부개정)].

② 현행 「청원경찰법」은 청원경찰의 임용결격사유를 국가공무원의 임용결격사유와 동일하게 규정하면서 임용결격사유에 해당되면 당연퇴직되도록 하고 있으나, 「국가공무원법」에서는 임용결격사유보다 당연퇴직사유를 완화하여 규정하고 있는바, 청원경찰에게 국가공무원에 비해 엄격한 당연퇴직사유가 적용됨으로써 직업선택의 자유가 과도하게 제한되는 측면이 있고, 이에 청원경찰이 임용결격사유에 해당될 때에도 파산선고를 받은 사람의 경우에는 신청기한 내에 면책신청을 하지 아니하였거나 면책불허가 결정 또는 면책취소가 확정된 경우만, 금고 이상의 형의 선고유예를 받은 사람의 경우에는 수뢰, 성폭력범죄 및 직무와 관련된 횡령 등의 죄를 범한 사람만 당연퇴직되도록 함으로써 청원경찰의 기본권을 보호하려는 것이다[(시행 2022.11.15.)(법률 제19033호, 2022.11.15., 일부개정)].

제2절 ▶ 청원경찰법의 목적 및 정의

1. 청원경찰법의 목적 ★☆☆

「청원경찰법」은 청원경찰의 **직무 · 임용 · 배치 · 보수 · 사회보장** 및 그 밖에 필요한 사항을 규정함으로써 청원경찰의 원활한 운영을 목적으로 한다(청원경찰법 제1조).

핵심 기출문제

01 청원경찰의 원활한 운영을 목적으로 청원경찰법에서 규정하고 있는 것은 모두 몇 개인가?

• 제26회 기출

> ㄱ. 청원경찰의 보수 ㄴ. 청원경찰의 임용
> ㄷ. 청원경찰의 직무 ㄹ. 청원경찰의 사회보장

① 1개 ② 2개 ③ 3개 ④ 4개

해설 「청원경찰법」은 청원경찰의 직무·임용·배치·보수·사회보장 및 그 밖에 필요한 사항을 규정함으로써 청원경찰의 원활한 운영을 목적으로 한다.

정답 ④

---

2. 용어 정의 ★★☆

(1) 청원경찰

「청원경찰법」에서 청원경찰이란 다음의 어느 하나에 해당하는 기관의 장 또는 시설·사업장 등의 경영자가 경비[이하 "청원경찰경비"(請願警察經費)라 한다]를 부담할 것을 조건으로 경찰의 배치를 신청하는 경우 그 기관·시설 또는 사업장 등의 경비(警備)를 담당하게 하기 위하여 배치하는 경찰을 말한다(청원경찰법 제2조).

① 국가기관 또는 공공단체와 그 관리하에 있는 중요시설 또는 사업장
② 국내 주재(駐在) 외국기관
③ 그 밖에 **행정안전부령**(청원경찰법 시행규칙 제2조)으로 정하는 중요 시설·사업장 또는 장소
  ㉠ 선박, 항공기 등 수송시설
  ㉡ 금융 또는 보험을 업(業)으로 하는 시설 또는 사업장
  ㉢ 언론, 통신, 방송 또는 인쇄를 업으로 하는 시설 또는 사업장
  ㉣ 학교 등 육영시설
  ㉤ 「의료법」에 따른 의료기관
  ㉥ 그 밖에 공공의 안녕질서 유지와 국민경제를 위하여 고도의 경비(警備)가 필요한 중요 시설, 사업체 또는 장소

➕ 심화학습

경찰청과 그 소속기관에 청원경찰의 배치가 가능한지 여부 등(청원경찰법 제2조 제1호 등 관련)

【질의요지】 청원경찰을 배치받으려는 자(이하 "청원주"라 함)는 「청원경찰법」 제4조에 따라 관할 시·도경찰청장에게 신청을 해야 하고, 같은 법 제9조의3 제2항, 제10조의3 및 같은 법 시행령 제20조 제3호에 따라 시·도경찰청장 또는 경찰서장의 지도 및 감독을 받아야 하는바, 같은 법 제2조 제1호에 따라 청원경찰을 배치할 수 있는 국가기관에 경찰청과 그 소속기관이 포함되는지?

【회답】 이 사안의 경우 「청원경찰법」 제2조 제1호의 국가기관에 경찰청과 그 소속기관이 포함됩니다.

【이유】 「청원경찰법」 제2조에서는 국가기관의 장 또는 그 관리하에 있는 중요 시설의 경영자 등이 경비(經費)를 부담할 것을 조건으로 경찰의 배치를 신청하는 경우 그 기관 또는 시설 등의 경비(警備)를 담당하기 위해 배치하는 경찰을 청원경찰로 정의하고 있습니다.

핵심 기출문제

02 청원경찰법령상 청원경찰의 배치 대상 기관·시설·사업장 등에 해당하는 것은 모두 몇 개인가?
• 제25회 기출

ㄱ. 학교 등 육영시설
ㄴ. 언론, 통신, 방송 또는 인쇄를 업으로 하는 시설 또는 사업장
ㄷ. 「의료법」에 따른 의료기관
ㄹ. 선박, 항공기 등 수송시설
ㅁ. 금융 또는 보험을 업(業)으로 하는 시설 또는 사업장

① 2개　　② 3개　　③ 4개　　④ 5개

해설 모두 청원경찰의 배치 대상 기관·시설·사업장 등에 해당한다.

정답 ④

(2) 청원경찰경비

청원경찰경비란 해당하는 기관의 장 또는 시설·사업장 등의 경영자가 부담하는 경비를 말한다.

:: 보충학습　주요 위임사항

대통령령	행정안전부령
• 청원경찰을 배치받으려는 자는 대통령령으로 정하는 바에 따라 관할 시·도경찰청장에게 청원경찰 배치를 신청하여야 한다. • 청원경찰의 임용자격·임용방법·교육 및 보수에 관하여는 대통령령으로 정한다. • 청원주는 청원경찰이 퇴직할 때에는 「근로자퇴직급여 보장법」에 따른 퇴직금을 지급하여야 한다. 다만, 국가기관이나 지방자치단체에 근무하는 청원경찰의 퇴직금에 관하여는 따로 대통령령으로 정한다. • 청원경찰의 복제(服制)와 무기 휴대에 필요한 사항은 대통령령으로 정한다. • 과태료는 대통령령으로 정하는 바에 따라 시·도경찰청장이 부과·징수한다.	• 교육기간·교육과목·수업시간 및 그 밖에 교육의 시행에 필요한 사항은 행정안전부령으로 정한다. • 청원경찰경비의 지급방법 또는 납부방법은 행정안전부령으로 정한다. • 청원경찰의 제복·장구 및 부속물에 관하여 필요한 사항은 행정안전부령으로 정한다. • 청원주 및 청원경찰은 행정안전부령으로 정하는 무기관리수칙을 준수하여야 한다.

제3절 청원경찰의 직무 등

1. 청원경찰의 직무 ★★★

(1) 직무범위

① 내용: 청원경찰은 청원경찰의 배치결정을 받은 자[이하 "청원주"(請願主)라 한다]와 배치된 기관·시설 또는 사업장 등의 구역을 관할하는 경찰서장의 감독을 받아 **그 경비구역만의 경비를 목적으로 필요한 범위에서 「경찰관 직무집행법」에 따른 경찰관의 직무를 수행**한다(청원경찰법 제3조).
　㉠ 불심검문
　㉡ 보호조치 등
　㉢ 위험발생의 방지 등
　㉣ 범죄예방과 제지
　㉤ 경찰장구의 사용
　㉥ 분사기 등의 사용
　㉦ 무기의 사용

② 주의사항
　㉠ 청원경찰이 직무를 수행할 때에는 경비 목적을 위하여 필요한 최소한의 범위에서 하여야 한다(청원경찰법 시행규칙 제21조 제1항).
　㉡ 청원경찰은 「경찰관 직무집행법」에 따른 직무 외의 수사활동 등 사법경찰관리의 직무를 수행해서는 아니 된다(청원경찰법 시행규칙 제21조 제2항). 또한 대간첩 작전수행, 사실확인 등 치안정보의 수집·작성 및 배포, 교통단속 등은 제한한다.

③ 보고: 청원경찰이 직무를 수행할 때 「경찰관 직무집행법」 및 「경찰관 직무집행법 시행령」에 따라 하여야 할 모든 보고는 관할 경찰서장에게 서면으로 보고하기 전에 지체 없이 구두로 보고하고 그 지시에 따라야 한다(청원경찰법 시행규칙 제22조).

(2) 근무요령

① 입초근무자: 자체경비를 하는 입초근무자는 경비구역의 정문이나 그 밖의 지정된 장소에서 경비구역의 내부, 외부 및 출입자의 움직임을 감시한다(청원경찰법 시행규칙 제14조 제1항).

심화학습

「경찰관 직무집행법」 제2조 【직무의 범위】

경찰관은 다음 각 호의 직무를 수행한다.
1. 국민의 생명·신체 및 재산의 보호
2. 범죄의 예방·진압 및 수사
2의2. 범죄피해자 보호
3. 경비, 주요 인사(人士) 경호 및 대간첩·대테러 작전 수행
4. 공공안녕에 대한 위험의 예방과 대응을 위한 정보의 수집·작성 및 배포
5. 교통 단속과 교통 위해(危害)의 방지
6. 외국 정부기관 및 국제기구와의 국제협력
7. 그 밖에 공공의 안녕과 질서 유지

경찰장구

경찰장구란 경찰관이 휴대하여 범인 검거와 범죄 진압 등의 직무 수행에 사용하는 수갑, 포승(捕繩), 경찰봉, 방패 등을 말한다.

청원경찰의 분사기 휴대

청원주는 「총포·도검·화약류 등의 안전관리에 관한 법률」에 따른 분사기의 소지허가를 받아 청원경찰로 하여금 그 분사기를 휴대하여 직무를 수행하게 할 수 있다(청원경찰법 시행령 제15조).

② **소내근무자**: 업무처리 및 자체경비를 하는 소내근무자는 근무 중 특이한 사항이 발생하였을 때에는 지체 없이 청원주 또는 관할 경찰서장에게 보고하고 그 지시에 따라야 한다(청원경찰법 시행규칙 제14조 제2항).

③ **순찰근무자**: 순찰근무자는 청원주가 지정한 일정한 구역을 순회하면서 경비 임무를 수행한다. 이 경우 순찰은 단독 또는 복수로 정선순찰(정해진 노선을 규칙적으로 순찰하는 것을 말한다)을 하되, 청원주가 필요하다고 인정할 때에는 요점순찰(순찰구역 내 지정된 중요지점을 순찰하는 것을 말한다) 또는 난선순찰(임의로 순찰지역이나 노선을 선정하여 불규칙적으로 순찰하는 것을 말한다)을 할 수 있다(청원경찰법 시행규칙 제14조 제3항).

④ **대기근무자**: 대기근무자는 소내근무에 협조하거나 휴식하면서 불의의 사고에 대비한다(청원경찰법 시행규칙 제14조 제4항).

핵심 기출문제

03 청원경찰법령상 청원경찰의 직무에 관한 설명으로 옳지 않은 것은?

• 제25회 기출

① 청원경찰은 청원주와 관할 경찰서장의 감독을 받아 그 경비구역만의 경비를 목적으로 필요한 범위에서 경찰관 직무집행법에 따른 경찰관의 직무를 수행한다.
② 청원경찰이 직무를 수행할 때에 경찰관 직무집행법 및 같은 법 시행령에 따라 하여야 할 모든 보고는 관할 경찰서장에게 서면으로 보고하기 전에 지체 없이 구두로 보고하고 그 지시에 따라야 한다.
③ 청원경찰은 형법이나 그 밖의 법령에 따른 벌칙을 적용하는 경우와 청원경찰법 및 같은 법 시행령에서 특별히 규정한 경우를 제외하고는 공무원으로 본다.
④ 청원경찰은 경찰관 직무집행법에 따른 직무 외의 수사활동 등 사법경찰관리의 직무를 수행해서는 아니 된다.

해설 청원경찰은 「형법」이나 그 밖의 법령에 따른 벌칙을 적용하는 경우와 「청원경찰법」 및 「청원경찰법 시행령」에서 특별히 규정한 경우를 제외하고는 공무원으로 보지 아니한다(청원경찰법 시행령 제18조).

정답 ③

04 청원경찰법령상 청원경찰의 근무요령에 관한 설명으로 옳은 것은 모두 몇 개인가?

• 제25회 기출

- 대기근무자는 소내근무에 협조하거나 휴식하면서 불의의 사고에 대비한다.
- 순찰근무자는 청원주가 지정한 일정한 구역을 순회하면서 경비 임무를 수행한다. 이 경우 순찰은 단독 또는 복수로 정선순찰을 하되, 청원주가 필요하다고 인정할 때에는 요점순찰 또는 난선순찰을 할 수 있다.
- 소내근무자는 근무 중 특이한 사항이 발생하였을 때에는 지체 없이 청원주 또는 관할 경찰서장에게 보고하고 그 지시에 따라야 한다.
- 입초근무자는 경비구역의 정문이나 그 밖의 지정된 장소에서 경비구역의 내부, 외부 및 출입자의 움직임을 감시한다.

① 1개 ② 2개
③ 3개 ④ 4개

해설 모두 청원경찰의 근무요령에 대한 옳은 설명에 해당한다.

정답 ④

2. 청원경찰의 신분 및 복무 ★★☆

(1) 청원경찰의 신분

① **신분**: 청원경찰은 「형법」이나 그 밖의 법령에 따른 벌칙을 적용하는 경우와 「청원경찰법」 및 「청원경찰법 시행령」에서 특별히 규정한 경우를 제외하고는 공무원으로 보지 아니한다(청원경찰법 시행령 제18조).

② **신분증명서**
   ㉠ 청원경찰의 신분증명서는 청원주가 발행하며, 그 형식은 청원주가 결정하되 사업장별로 통일하여야 한다(청원경찰법 시행규칙 제11조 제1항).
   ㉡ 청원경찰은 근무 중에는 항상 신분증명서를 휴대하여야 한다(청원경찰법 시행규칙 제11조 제2항).

(2) 청원경찰의 복무

① 「국가공무원법」 등 준용: 청원경찰의 과도한 복무규정을 완화하기 위하여 경찰공무원에 관한 규정을 포괄적으로 준용하던 청원경찰의

심화학습

파면처분취소[대법원 1993.7. 13., 선고, 92다47564, 판결]

【판시사항】국가나 지방자치단체에 근무하는 청원경찰에 대한 징계처분에 대한 불복방법

【판결요지】국가나 지방자치단체에 근무하는 청원경찰은 「국가공무원법」이나 「지방공무원법」상의 공무원은 아니지만, 다른 청원경찰과 달리 그 임용권자가 행정기관의 장이고, 국가나 지방자치단체로부터 보수를 받으며, 「산업재해보상보험법」이나 「근로기준법」이 아닌 「공무원연금법」에 따른 재해보상과 퇴직급여를 지급받고, 직무상의 불법행위에 대하여도 「민법」이 아닌 「국가배상법」이 적용되는 등의 특질이 있으며 그 외 임용자격, 직무, 복무의무 내용 등을 종합하여 볼 때, 그 근무관계를 사법상의 고용계약관계로 보기는 어려우므로 그에 대한 징계처분의 시정을 구하는 소는 행정소송의 대상이지 민사소송의 대상은 아니다.

복무의무에 관하여 제8차 개정[(시행 2001.7.8.)(법률 제6466호, 2001. 4.7., 일부개정)]으로 「국가공무원법」 및 「경찰공무원법」의 일부 규정을 준용한다. 즉, 「국가공무원법」 제57조(복종의 의무), 제58조(직장 이탈 금지) 제1항, 제60조(비밀 엄수의 의무) 및 「경찰공무원법」 제24조(거짓 보고 등의 금지)의 규정을 준용한다(청원경찰법 제5조 제4항).

㉠ 「국가공무원법」 준용

의무	해당 법조문	세부내용
복종의 의무	제57조	공무원은 직무를 수행할 때 소속 상관의 직무상 명령에 복종하여야 한다.
직장 이탈 금지	제58조 제1항	공무원은 소속 상관의 허가 또는 정당한 사유가 없으면 직장을 이탈하지 못한다.
비밀 엄수의 의무	제60조	공무원은 재직 중은 물론 퇴직 후에도 직무상 알게 된 비밀을 엄수(嚴守)하여야 한다.

㉡ 「경찰공무원법」 준용

의무	해당 법조문	세부내용
거짓 보고 등의 금지	제24조	• 경찰공무원은 직무에 관하여 거짓으로 보고나 통보를 하여서는 아니 된다. • 경찰공무원은 직무를 게을리하거나 유기(遺棄)해서는 아니 된다.

② 취업규칙: 청원경찰의 복무규정(청원경찰법 제5조 제4항)에서 규정한 사항 외에 청원경찰의 복무에 관하여는 해당 사업장의 취업규칙에 따른다(청원경찰법 시행령 제7조).

핵심 기출문제

05 청원경찰법상 청원경찰의 복무에 관하여 경찰공무원법 규정이 준용되는 것은?
• 제17회 기출 변형

① 거짓 보고 등의 금지
② 비밀 엄수의 의무
③ 직장 이탈 금지
④ 복종의 의무

해설 청원경찰의 복무에 관하여는 「국가공무원법」 제57조(복종의 의무), 제58조(직장 이탈 금지) 제1항, 제60조(비밀 엄수의 의무) 및 「경찰공무원법」 제24조(거짓 보고 등의 금지)의 규정을 준용한다.

정답 ①

CHAPTER 01

총칙 | 중요내용 O X 문제

제2절 청원경찰법의 목적 및 정의

01 청원경찰법은 청원경찰의 직무 · 임용 · 배치 · 보수 · 사회보장 및 그 밖에 필요한 사항을 규정함으로써 청원경찰의 원활한 운영을 목적으로 한다.

02 청원경찰이란 국가가 경비를 부담할 것을 조건으로 경찰의 배치를 신청하는 경우 그 기관 · 시설 또는 사업장 등의 경비(警備)를 담당하게 하기 위하여 배치하는 경찰을 말한다.

03 청원경찰법령상 청원경찰이 배치될 수 있는 곳은 국가기관 또는 공공단체와 그 관리하에 있는 중요시설 또는 사업장, 국내 주재 외국기관으로 한정한다.

04 사회복지사업법에 의한 사회복지시설은 청원경찰법령상 청원경찰이 배치될 수 있는 중요시설 또는 사업장에 해당한다.

05 행정안전부령으로 정하는 청원경찰이 배치되는 중요시설 · 사업장 또는 장소에 학교시설은 제외된다.

제3절 청원경찰의 직무 등

06 청원경찰은 청원주와 배치된 기관 · 시설 또는 사업장 등의 구역을 관할하는 시 · 도경찰청장의 감독을 받아 그 경비구역만의 경비를 목적으로 필요한 범위에서 경찰관 직무집행법에 따른 경찰관의 직무를 수행한다.

07 청원경찰은 그 경비구역만의 경비를 목적으로 필요한 최소한의 범위에서 경찰관 직무집행법에 따른 수사활동 등 사법경찰관리의 직무를 수행할 수 있다.

08 청원경찰이 직무를 수행할 때 경찰관 직무집행법령에 따라 하여야 할 모든 보고는 관할 시 · 도경찰청장에게 서면으로 해야 한다.

09 순찰은 요점순찰을 하되, 청원주가 필요하다고 인정할 때에는 정선순찰 또는 난선순찰을 할 수 있다.

	O	X

10 청원경찰은 형법이나 그 밖의 법령에 따른 벌칙을 적용하는 경우를 제외하고는 공무원으로 본다.

11 청원경찰의 복무와 관련하여 국가공무원법상의 복종의무에 관한 규정이 준용된다.

12 청원경찰은 복무에 관하여 취업규칙에 따르지 않는다.

OX 정답 01 ○ 02 × 03 × 04 × 05 × 06 × 07 × 08 × 09 × 10 × 11 ○ 12 ×

X 해설
- 02 청원주가 경비를 부담할 것을 조건으로 한다.
- 03 국가기관 또는 공공단체와 그 관리하에 있는 중요시설 또는 사업장, 국내 주재 외국기관뿐만 아니라 기타 행정안전부령으로 정하는 중요시설·사업장 또는 장소에도 청원경찰이 배치될 수 있다.
- 04 「사회복지사업법」에 의한 사회복지시설은 사회복지사업을 할 목적으로 설치된 시설을 말한다. 청원경찰법령상 청원경찰이 배치될 수 있는 중요시설 또는 사업장에 해당하지 않는다.
- 05 행정안전부령으로 정하는 청원경찰이 배치되는 중요시설·사업장 또는 장소에는 학교 등 육영시설이 포함된다.
- 06 청원경찰은 청원주와 관할하는 경찰서장의 감독을 받는다.
- 07 청원경찰은 수사활동 등 사법경찰관리의 직무를 수행해서는 아니 된다.
- 08 청원경찰은 직무수행 시 모든 보고를 관할 경찰서장에게 서면으로 보고하기 전에 지체 없이 구두로 보고하고 그 지시에 따라야 한다.
- 09 순찰근무자는 청원주가 지정한 일정한 구역을 순회하면서 경비임무를 수행한다. 이 경우 순찰은 단독 또는 복수로 정선순찰(정해진 노선을 규칙적으로 순찰하는 것을 말한다)을 하되, 청원주가 필요하다고 인정할 때에는 요점순찰(순찰구역 내 지정된 중요지점을 순찰하는 것을 말한다) 또는 난선순찰(임의로 순찰지역이나 노선을 선정하여 불규칙적으로 순찰하는 것을 말한다)을 할 수 있다.
- 10 청원경찰은 「형법」이나 그 밖의 법령에 따른 벌칙을 적용하는 경우와 「청원경찰법」 및 「청원경찰법 시행령」에서 특별히 규정한 경우를 제외하고는 공무원으로 보지 아니한다.
- 12 청원경찰은 복무에 관하여 「국가공무원법」 및 「경찰공무원법」 준용 외에는 해당 사업장의 취업규칙에 따른다.

CHAPTER 01 총칙 기출 및 예상문제

제2절 청원경찰법의 목적 및 정의

01 청원경찰법 제1조의 내용이다. (   ) 안에 들어갈 용어로 옳은 것은? • 제16회 기출

> 청원경찰법은 청원경찰의 직무 · 임용 · 배치 · 보수 · (   ) 및 그 밖에 필요한 사항을 규정함으로써 청원경찰의 원활한 운영을 목적으로 한다.

① 무기휴대
② 신분보장
③ 사회보장
④ 징계

해설 「청원경찰법」은 청원경찰의 직무 · 임용 · 배치 · 보수 · 사회보장 및 그 밖에 필요한 사항을 규정함으로써 청원경찰의 원활한 운영을 목적으로 한다(청원경찰법 제1조).

02 청원경찰법 제1조의 내용이다. (   ) 안에 들어갈 내용으로 옳지 <u>않은</u> 것은?

> 청원경찰법은 청원경찰의 직무 · (   ) · (   ) · (   ) · 사회보장 및 그 밖에 필요한 사항을 규정함으로써 청원경찰의 원활한 운영을 목적으로 한다.

① 임용
② 배치
③ 보수
④ 징계

해설 「청원경찰법」은 청원경찰의 직무 · 임용 · 배치 · 보수 · 사회보장 및 그 밖에 필요한 사항을 규정함으로써 청원경찰의 원활한 운영을 목적으로 한다(청원경찰법 제1조).

03 청원경찰법령상 청원경찰의 배치 대상이 <u>아닌</u> 것은? • 제20회, 제23회 기출

① 의료법에 따른 의료기관
② 인쇄를 업으로 하는 사업장
③ 사회복지사업법에 따른 사회복지시설
④ 학교 등 육영시설

해설 국가기관 또는 공공단체와 그 관리 하에 있는 중요시설 또는 사업장, 국내 주재 외국기관, 그 밖에 행정안전부령으로 정하는 중요시설, 사업장 또는 장소는 청원경찰의 배치대상이다. 「사회복지사업법」에 따른 사회복지시설에 관한 법 규정은 없다.

청원경찰법령상 청원경찰 배치 대상 기관·시설·사업장(법 제2조, 규칙 제2조)
1. 국가기관 또는 공공단체와 그 관리 하에 있는 중요시설 또는 사업장
2. 국내 주재(駐在) 외국기관
3. 그 밖에 행정안전부령으로 정하는 중요시설, 사업장 또는 장소
   ① 선박, 항공기 등 수송시설
   ② 금융 또는 보험을 업(業)으로 하는 시설 또는 사업장
   ③ 언론, 통신, 방송 또는 인쇄를 업으로 하는 시설 또는 사업장
   ④ 학교 등 육영시설
   ⑤ 「의료법」에 따른 의료기관
   ⑥ 그 밖에 공공의 안녕질서 유지와 국민경제를 위하여 고도의 경비(警備)가 필요한 중요 시설, 사업체 또는 장소

04 청원경찰법령상 청원경찰의 배치 대상으로 명시되지 않은 것은?

• 제22회 기출

① 국가기관
② 공공단체
③ 국내 주재(駐在) 외국기관
④ 대통령령으로 정하는 중요시설

해설 국가기관 또는 공공단체와 그 관리하에 있는 중요시설 또는 사업장, 국내 주재 외국기관, 그 밖에 행정안전부령으로 정하는 중요시설, 사업장 또는 장소는 청원경찰의 배치 대상이다.

05 청원경찰법령상 청원경찰의 배치 대상 기관·시설·사업장에 해당하는 것을 모두 고른 것은?

• 제24회 기출

ㄱ. 금융을 업으로 하는 시설 또는 사업장
ㄴ. 국내 주재(駐在) 외국기관
ㄷ. 인쇄를 업으로 하는 시설 또는 사업장
ㄹ. 대통령령으로 정하는 중요 시설, 사업장 또는 장소

① ㄱ, ㄴ
② ㄴ, ㄷ
③ ㄱ, ㄴ, ㄷ
④ ㄱ, ㄴ, ㄹ

해설 청원경찰법령상 국가기관 또는 공동단체와 그 관리하에 있는 중요시설 또는 사업장, 국내 주재 외국기관, 그 밖에 행정안전부령으로 정하는 중요 시설, 사업장 또는 장소에 해당하는 기관의 장 또는 시설·사업장 등의 경영자가 경비(經費)를 부담하는 조건으로 청원경찰을 배치한다. 이때 행정안전부령으로 정하는 중요 시설, 사업장 또는 장소에는 ㄱ, ㄴ, ㄷ 외에도 「의료법」에 따른 의료기관 등이 포함된다.

정답 01 ③ 02 ④ 03 ③ 04 ④ 05 ③

06 청원경찰법령상 청원경찰 배치 대상 기관·시설·사업장에 해당하는 것을 모두 고른 것은?

• 제16회 기출

> ㄱ. 국내 주재(駐在) 외국기관
> ㄴ. 선박, 항공기 등 수송시설
> ㄷ. 언론, 통신, 방송을 업으로 하는 시설
> ㄹ. 공공의 안녕질서 유지와 국민경제를 위하여 고도의 경비가 필요한 장소

① ㄱ, ㄴ
② ㄱ, ㄷ, ㄹ
③ ㄴ, ㄷ, ㄹ
④ ㄱ, ㄴ, ㄷ, ㄹ

해설 ㄱ, ㄴ, ㄷ, ㄹ. 모두 청원경찰 배치 대상 기관·시설·사업장에 해당한다.

청원경찰법령상 청원경찰 배치 대상 기관·시설·사업장(법 제2조, 규칙 제2조)
1. 국가기관 또는 공공단체와 그 관리하에 있는 중요시설 또는 사업장
2. 국내 주재(駐在) 외국기관
3. 그 밖에 행정안전부령으로 정하는 중요시설, 사업장 또는 장소
    ① 선박, 항공기 등 수송시설
    ② 금융 또는 보험을 업(業)으로 하는 시설 또는 사업장
    ③ 언론, 통신, 방송 또는 인쇄를 업으로 하는 시설 또는 사업장
    ④ 학교 등 육영시설
    ⑤ 「의료법」에 따른 의료기관
    ⑥ 그 밖에 공공의 안녕질서 유지와 국민경제를 위하여 고도의 경비(警備)가 필요한 중요 시설, 사업체 또는 장소

07 청원경찰법령상 청원경찰에 관한 설명으로 옳은 것은?

• 제26회 기출

① 청원경찰은 청원주 등의 경비(經費)의 부담을 면제할 것을 조건으로 사업장 등의 경비(警備)를 담당하게 하기 위하여 배치하는 경찰이다.
② 선박, 항공기 등 수송시설에는 청원경찰이 배치될 수 없다.
③ 청원경찰은 청원경찰의 배치 결정을 받은 자의 감독을 받는다.
④ 청원경찰은 배치된 기관·시설 또는 사업장 등의 구역을 관할하는 시·도지사의 감독을 받는다.

해설 ① 청원경찰은 청원주 등의 경비(經費)를 부담할 것을 조건으로 사업장 등의 경비(警備)를 담당하게 하기 위하여 배치하는 경찰이다.
② 선박, 항공기 등 수송시설에는 청원경찰이 배치될 수 있다.
④ 청원경찰은 배치된 기관·시설 또는 사업장 등의 구역을 관할하는 경찰서장의 감독을 받는다. 청원경찰은 청원주와 배치된 기관·시설 또는 사업장 등의 구역을 관할하는 경찰서장의 감독을 받아 그 경비구역만의 경비를 목적으로 필요한 범위에서 「경찰관 직무집행법」에 따른 경찰관의 직무를 수행한다.

> **법 제2조 【정의】** 이 법에서 "청원경찰"이란 다음 각 호의 어느 하나에 해당하는 기관의 장 또는 시설·사업장 등의 경영자가 경비[이하 "청원경찰경비"(請願警察經費)라 한다]를 부담할 것을 조건으로 경찰의 배치를 신청하는 경우 그 기관·시설 또는 사업장 등의 경비(警備)를 담당하게 하기 위하여 배치하는 경찰을 말한다.
> 1. 국가기관 또는 공공단체와 그 관리하에 있는 중요 시설 또는 사업장
> 2. 국내 주재(駐在) 외국기관
> 3. 그 밖에 행정안전부령으로 정하는 중요 시설, 사업장 또는 장소
>
> **규칙 제2조 【배치 대상】** 「청원경찰법」(이하 "법"이라 한다) 제2조 제3호에서 "그 밖에 행정안전부령으로 정하는 중요 시설, 사업장 또는 장소"란 다음 각 호의 시설, 사업장 또는 장소를 말한다.
> 1. 선박, 항공기 등 수송시설
> 2. 금융 또는 보험을 업(業)으로 하는 시설 또는 사업장
> 3. 언론, 통신, 방송 또는 인쇄를 업으로 하는 시설 또는 사업장
> 4. 학교 등 육영시설
> 5. 「의료법」에 따른 의료기관
> 6. 그 밖에 공공의 안녕질서 유지와 국민경제를 위하여 고도의 경비(警備)가 필요한 중요 시설, 사업체 또는 장소
>
> **법 제3조 【청원경찰의 직무】** 청원경찰은 제4조 제2항에 따라 청원경찰의 배치 결정을 받은 자[이하 "청원주"(請願主)라 한다]와 배치된 기관·시설 또는 사업장 등의 구역을 관할하는 경찰서장의 감독을 받아 그 경비구역만의 경비를 목적으로 필요한 범위에서 「경찰관 직무집행법」에 따른 경찰관의 직무를 수행한다.

정답 06 ④ 07 ③

08 청원경찰법령에 관한 설명으로 옳지 않은 것은?

• 제25회 기출

① 청원경찰법은 청원경찰의 직무·임용·배치·보수·사회보장 및 그 밖에 필요한 사항을 규정함으로써 청원경찰의 원활한 운영을 목적으로 한다.
② 청원경찰은 청원주가 경비(經費)를 부담할 것을 조건으로 사업장 등의 경비(警備)를 담당하게 하기 위하여 배치하는 경찰을 말한다.
③ 청원경찰의 직무상 불법행위에 대한 배상책임에 관하여는 경찰관 직무집행법의 규정을 따른다.
④ 청원경찰은 형의 선고, 징계처분 또는 신체상·정신상의 이상으로 직무를 감당하지 못할 때를 제외하고는 그 의사에 반하여 면직되지 아니한다.

해설 청원경찰(국가기관이나 지방자치단체에 근무하는 청원경찰은 제외한다)의 직무상 불법행위에 대한 배상책임에 관하여는 「민법」의 규정을 따른다.

> **법 제1조【목적】** 이 법은 청원경찰의 직무·임용·배치·보수·사회보장 및 그 밖에 필요한 사항을 규정함으로써 청원경찰의 원활한 운영을 목적으로 한다.
> **법 제2조【정의】** 이 법에서 "청원경찰"이란 다음 각 호의 어느 하나에 해당하는 기관의 장 또는 시설·사업장 등의 경영자가 경비[이하 "청원경찰경비"(請願警察經費)라 한다]를 부담할 것을 조건으로 경찰의 배치를 신청하는 경우 그 기관·시설 또는 사업장 등의 경비(警備)를 담당하게 하기 위하여 배치하는 경찰을 말한다.
> 1. 국가기관 또는 공공단체와 그 관리하에 있는 중요 시설 또는 사업장
> 2. 국내 주재(駐在) 외국기관
> 3. 그 밖에 행정안전부령으로 정하는 중요 시설, 사업장 또는 장소
> **법 제10조의2【청원경찰의 불법행위에 대한 배상책임】** 청원경찰(국가기관이나 지방자치단체에 근무하는 청원경찰은 제외한다)의 직무상 불법행위에 대한 배상책임에 관하여는 「민법」의 규정을 따른다.
> **법 제10조의4【의사에 반한 면직】** ① 청원경찰은 형의 선고, 징계처분 또는 신체상·정신상의 이상으로 직무를 감당하지 못할 때를 제외하고는 그 의사(意思)에 반하여 면직(免職)되지 아니한다.

09 청원경찰법령상 청원경찰에 관한 설명으로 옳지 않은 것은? • 제23회 기출

① 청원주 등이 경비(經費)를 부담할 것을 조건으로 사업장 등의 경비(警備)를 담당하게 하기 위하여 배치하는 경찰이다.
② 청원주와 배치된 사업장 등의 구역을 관할하는 시·도지사 및 시·도경찰청장의 감독을 받는다.
③ 선박, 항공기 등 수송시설에도 배치될 수 있다.
④ 배치된 경비구역만의 경비를 목적으로 필요한 범위에서 경찰관 직무집행법에 따른 경찰관의 직무를 수행한다.

해설 청원경찰은 청원경찰의 배치결정을 받은 자와 배치된 기관·시설 또는 사업장 등의 구역을 관할하는 경찰서장의 감독을 받는다.

10 청원경찰법령에 관한 설명으로 옳지 않은 것은? • 제22회 기출

① 청원경찰법은 1962년에 제정되었다.
② 청원경찰법은 청원경찰의 직무·임용·배치·보수·사회보장 및 그 밖에 필요한 사항을 규정함으로써 청원경찰의 원활한 운영을 목적으로 한다.
③ 청원경찰은 파업, 태업 또는 그 밖에 업무의 정상적인 운영을 방해하는 일체의 쟁의행위를 하여서는 아니 된다.
④ 지방자치단체에 근무하는 청원경찰의 직무상 불법행위에 대한 배상책임에 관하여는 민법의 규정을 따른다.

해설 청원경찰의 직무상 불법행위에 대한 배상책임에 관하여는 「민법」의 규정을 따른다. 단, 국가기관이나 지방자치단체에 근무하는 청원경찰은 제외한다.

> **법 제1조【목적】** 이 법은 청원경찰의 직무·임용·배치·보수·사회보장 및 그 밖에 필요한 사항을 규정함으로써 청원경찰의 원활한 운영을 목적으로 한다.
> **법 제9조의4【쟁의행위의 금지】** 청원경찰은 파업, 태업 또는 그 밖에 업무의 정상적인 운영을 방해하는 일체의 쟁의행위를 하여서는 아니 된다.
> **법 제10조의2【청원경찰의 불법행위에 대한 배상책임】** 청원경찰(국가기관이나 지방자치단체에 근무하는 청원경찰은 제외한다)의 직무상 불법행위에 대한 배상책임에 관하여는 「민법」의 규정을 따른다.

정답 08 ③ 09 ② 10 ④

11 청원경찰법상 청원경찰 등에 관한 설명으로 옳지 <u>않은</u> 것은? • 제19회 기출

① 청원경찰법은 청원경찰의 원활한 운영을 목적으로 제정되었다.
② 청원경찰은 국내 주재 외국기관에도 배치될 수 있다.
③ 청원경찰은 청원주 등이 경비(經費)를 부담할 것을 조건으로 사업장 등의 경비(警備)를 담당하게 하기 위하여 배치하는 경찰을 말한다.
④ 청원경찰은 청원주와 관할 시·도경찰청장의 감독을 받아 그 경비구역만의 경비를 목적으로 필요한 범위에서 경찰공무원법에 따른 경찰관의 직무를 수행한다.

해설 청원경찰은 청원주와 관할하는 경찰서장의 감독을 받아 그 경비구역만의 경비를 목적으로 필요한 범위에서 「경찰관 직무집행법」에 따른 경찰관의 직무를 수행한다(청원경찰법 제3조).

제3절 청원경찰의 직무 등

12 청원경찰법령상 청원경찰의 직무에 관한 설명으로 옳지 <u>않은</u> 것은? • 제24회 기출

① 청원경찰은 청원경찰의 배치 결정을 받은 자와 배치된 기관·시설 또는 사업장 등의 구역을 관할하는 시·도경찰청장의 감독을 받는다.
② 청원경찰은 경찰관 직무집행법에 따른 직무 외의 수사활동 등 사법경찰관리의 직무를 수행해서는 아니 된다.
③ 청원경찰은 그 경비구역만의 경비를 목적으로 필요한 범위에서 경찰관 직무집행법에 따른 경찰관의 직무를 수행한다.
④ 청원경찰이 직무를 수행할 때에는 경비 목적을 위하여 필요한 최소한의 범위에서 하여야 한다.

해설 청원경찰은 청원경찰의 배치 결정을 받은 자와 배치된 기관·시설 또는 사업장 등의 구역을 관할하는 경찰서장의 감독을 받는다.

13 청원경찰법령상 청원경찰의 직무에 관한 설명으로 옳지 않은 것은?

① 청원경찰이 직무를 수행할 때에는 경비목적을 위하여 필요한 최소한의 범위에서 한다.
② 청원경찰은 경찰관 직무집행법에 따른 직무 외의 수사활동 등 사법경찰관리의 직무를 수행한다.
③ 청원경찰은 그 경비구역만의 경비를 목적으로 필요한 범위에서 경찰관 직무집행법에 따른 경찰관의 직무를 수행한다.
④ 청원경찰은 청원주와 관할하는 경찰서장의 감독을 받는다.

해설 청원경찰은 「경찰관 직무집행법」에 따른 직무 외의 수사활동 등 사법경찰관리의 직무를 수행해서는 아니 된다.

> **법 제3조 【청원경찰의 직무】** 청원경찰은 제4조 제2항에 따라 청원경찰의 배치결정을 받은 자[이하 "청원주"(請願主)라 한다]와 배치된 기관·시설 또는 사업장 등의 구역을 관할하는 경찰서장의 감독을 받아 그 경비구역만의 경비를 목적으로 필요한 범위에서 「경찰관 직무집행법」에 따른 경찰관의 직무를 수행한다.
> **규칙 제21조 【주의사항】** ① 청원경찰이 법 제3조에 따른 직무를 수행할 때에는 경비목적을 위하여 필요한 최소한의 범위에서 하여야 한다.
> ② 청원경찰은 「경찰관 직무집행법」에 의한 직무 외의 수사활동 등 사법경찰관리의 직무를 수행해서는 아니 된다.

11 ④ 12 ① 13 ②

14 청원경찰법령상 청원경찰의 직무에 관한 설명으로 옳지 <u>않은</u> 것은?

① 청원경찰은 청원주와 배치된 기관·시설 또는 사업장 등의 구역을 관할하는 경찰서장의 감독을 받는다.
② 청원경찰은 그 경비구역만의 경비를 목적으로 필요한 범위에서 경찰관 직무집행법에 따른 경찰관의 직무를 수행한다.
③ 청원경찰이 직무를 수행할 때에는 경비 목적을 위하여 필요한 최소한의 범위에서 하여야 하며 수사활동 등 사법경찰관리의 직무를 수행할 수 없다.
④ 청원경찰은 직무를 수행하기 위하여 필요한 경우 무기를 휴대할 수 있으며 무기 휴대에 대하여 필요한 사항은 행정안전부령으로 정한다.

해설 청원경찰의 무기 휴대에 필요한 사항은 대통령령으로 정한다.

> **법 제3조【청원경찰의 직무】** 청원경찰은 제4조 제2항에 따라 청원경찰의 배치결정을 받은 자[이하 "청원주"(請願主)라 한다]와 배치된 기관·시설 또는 사업장 등의 구역을 관할하는 경찰서장의 감독을 받아 그 경비구역만의 경비를 목적으로 필요한 범위에서「경찰관 직무집행법」에 따른 경찰관의 직무를 수행한다.
> **법 제8조【제복 착용과 무기 휴대】** ② 시·도경찰청장은 청원경찰이 직무를 수행하기 위하여 필요하다고 인정하면 청원주의 신청을 받아 관할 경찰서장으로 하여금 청원경찰에게 무기를 대여하여 지니게 할 수 있다.
> ③ 청원경찰의 복제(服制)와 무기 휴대에 필요한 사항은 대통령령으로 정한다.
> **규칙 제21조【주의사항】** ① 청원경찰이 법 제3조에 따른 직무를 수행할 때에는 경비목적을 위하여 필요한 최소한의 범위에서 하여야 한다.
> ② 청원경찰은「경찰관 직무집행법」에 의한 직무 외의 수사활동 등 사법경찰관리의 직무를 수행해서는 아니 된다.

15 청원경찰법령상 청원경찰에게 근무 중 경비구역만의 경비목적을 위해 필요한 범위에서 적용되는 법은? (단, 예외는 고려하지 않는다)

① 경비업법
② 경찰법
③ 국가공무원법
④ 경찰관 직무집행법

해설 청원경찰은 청원주와 배치된 기관·시설 또는 사업장 등의 구역을 관할하는 경찰서장의 감독을 받아 그 경비구역만의 경비를 목적으로 필요한 범위에서「경찰관 직무집행법」에 따른 경찰관의 직무를 수행한다.

> **법 제3조【청원경찰의 직무】** 청원경찰은 제4조 제2항에 따라 청원경찰의 배치결정을 받은 자[이하 "청원주"(請願主)라 한다]와 배치된 기관·시설 또는 사업장 등의 구역을 관할하는 경찰서장의 감독을 받아 그 경비구역만의 경비를 목적으로 필요한 범위에서「경찰관 직무집행법」에 따른 경찰관의 직무를 수행한다.

16 청원경찰법령상 청원경찰에 관한 설명으로 옳지 않은 것은?

• 제17회 기출

① 청원경찰은 경찰관 직무집행법에 따른 직무 외의 수사활동 등 사법경찰관리의 직무를 수행해서는 아니 된다.
② 청원경찰은 형법이나 그 밖의 법령에 따른 벌칙을 적용하는 경우를 제외하고는 공무원으로 본다.
③ 청원경찰이 직무를 수행할 때에는 경비 목적을 위하여 필요한 최소한의 범위에서 하여야 한다.
④ 청원경찰이 직무를 수행할 때에 경찰관 직무집행법 및 같은 법 시행령에 따라 하여야 할 모든 보고는 관할 경찰서장에게 서면으로 보고하기 전에 지체 없이 구두로 보고하고 그 지시에 따라야 한다.

해설 청원경찰은 「형법」이나 그 밖의 법령에 따른 벌칙을 적용하는 경우와 「청원경찰법」 및 「청원경찰법 시행령」에서 특별히 규정한 경우를 제외하고는 공무원으로 보지 아니한다.

> 법 제10조 【직권남용 금지 등】② 청원경찰 업무에 종사하는 사람은 「형법」이나 그 밖의 법령에 따른 벌칙을 적용할 때에는 공무원으로 본다.
> 영 제18조 【청원경찰의 신분】 청원경찰은 「형법」이나 그 밖의 법령에 따른 벌칙을 적용하는 경우와 법 및 이 영에서 특별히 규정한 경우를 제외하고는 공무원으로 보지 아니한다.
> 규칙 제21조【주의사항】① 청원경찰이 법 제3조에 따른 직무를 수행할 때에는 경비목적을 위하여 필요한 최소한의 범위에서 하여야 한다.
> ② 청원경찰은 「경찰관 직무집행법」에 의한 직무 외의 수사활동 등 사법경찰관리의 직무를 수행해서는 아니 된다.
> 규칙 제22조【보고】 청원경찰이 법 제3조에 따라 직무를 수행할 때에 「경찰관 직무집행법」 및 같은 법 시행령에 따라 하여야 할 모든 보고는 관할 경찰서장에게 서면으로 보고하기 전에 지체 없이 구두로 보고하고 그 지시에 따라야 한다.

정답 14 ④ 15 ④ 16 ②

17 청원경찰법령상 청원경찰이 청원경찰 업무를 행하는 도중 경찰관 직무집행법 및 경찰관 직무집행법 시행령에 의하여 행하여야 할 모든 보고를 서면으로 보고하기에 앞서 취하는 행동으로 옳은 것은?

① 시간적인 여유를 두고 천천히 구두로 보고한다.
② 사건의 진행상황을 지켜보면서 꼭 필요하다고 생각할 때 구두로 보고한다.
③ 지체 없이 구두로 보고한다.
④ 어떠한 내용도 즉각 보고하면 나중에 책임 문제가 발생하므로 24시간 정도 시간을 두고 정리해 본 후 보고한다.

> **해설** 청원경찰이 직무를 수행할 때 「경찰관 직무집행법」 및 「경찰관 직무집행법 시행령」에 따라 하여야 할 모든 보고는 관할 경찰서장에게 서면으로 보고하기 전에 지체 없이 구두로 보고하고 그 지시에 따라야 한다.

> **규칙 제22조【보고】** 청원경찰이 법 제3조에 따라 직무를 수행할 때에 「경찰관 직무집행법」 및 같은 법 시행령에 따라 하여야 할 모든 보고는 관할 경찰서장에게 서면으로 보고하기 전에 지체 없이 구두로 보고하고 그 지시에 따라야 한다.

18 청원경찰법령상 청원경찰에 관한 설명으로 옳지 않은 것은?

① 청원경찰은 청원주가 소요경비를 부담할 것을 조건으로 경찰의 배치를 신청하는 경우 그 경비(警備)를 담당하게 하기 위하여 배치하는 경찰이다.
② 청원경찰의 배치를 받고자 하는 자는 경찰청장령이 정하는 바에 의하여 관할 시·도경찰청장에게 신청하여야 한다.
③ 청원경찰은 청원주와 배치된 기관, 시설 또는 사업장 등의 구역을 관할하는 경찰서장의 감독을 받아 경비구역 내에서 경비목적을 위하여 필요한 범위 내에서 경찰관 직무집행법에 의한 경찰관의 직무를 행한다.
④ 청원경찰은 공공의 안녕질서 유지와 국민경제상 고도의 보호를 필요로 하는 중요시설, 사업체 또는 장소에도 배치될 수 있다.

> **해설** 청원경찰의 배치를 받으려는 자는 대통령령으로 정하는 바에 따라 관할 시·도경찰청장에게 청원경찰 배치를 신청하여야 한다(청원경찰법 제4조 제1항).

19 청원경찰법령상 청원경찰의 직무에 관한 설명으로 옳은 것은?

① 청원경찰은 청원주와 관할 경찰서장의 감독을 받아 그 경비구역만의 경비를 목적으로 필요한 범위에서 경찰관 직무집행법에 따른 경찰관의 직무를 수행한다.
② 청원경찰은 자신이 배치된 기관의 경비뿐 아니라 그 구역을 관할하는 경찰서장의 명에 따라 관할 경찰서의 경비업무를 보조하여야 한다.
③ 복무에 관하여 청원경찰은 해당 사업장의 취업규칙에 따르지 않는다.
④ 청원경찰은 청원주의 신청에 따라 배치되며, 청원주의 감독을 받는 것이 아니라 배치된 기관·시설 또는 사업장 등의 구역을 관할하는 경찰서장의 감독을 받는다.

해설 ② 청원경찰의 배치결정을 받은 자(청원주)와 배치된 기관·시설 또는 사업장 등의 구역을 관할하는 경찰서장의 감독을 받아 그 경비구역만의 경비를 목적으로 필요한 범위에서 「경찰관 직무집행법」에 따른 경찰관의 직무를 수행한다.
③ 청원경찰의 복무에 관하여는 「국가공무원법」 제57조, 제58조 제1항, 제60조, 제66조 제1항 및 「경찰공무원법」 제24조를 준용하는 경우 외에 해당 사업장의 취업규칙에 따른다.
④ 청원주는 항상 소속 청원경찰의 근무 상황을 감독하고, 근무 수행에 필요한 교육을 하여야 한다.

> 법 제3조 【청원경찰의 직무】 청원경찰은 제4조 제2항에 따라 청원경찰의 배치결정을 받은 자[이하 "청원주"(請願主)라 한다]와 배치된 기관·시설 또는 사업장 등의 구역을 관할하는 경찰서장의 감독을 받아 그 경비구역만의 경비를 목적으로 필요한 범위에서 「경찰관 직무집행법」에 따른 경찰관의 직무를 수행한다.
> 법 제9조의3 【감독】 ① 청원주는 항상 소속 청원경찰의 근무 상황을 감독하고, 근무 수행에 필요한 교육을 하여야 한다.
> 영 제7조 【복무】 법 제5조 제4항에서 규정한 사항 외에 청원경찰의 복무에 관하여는 해당 사업장의 취업규칙에 따른다.

17 ③   18 ②   19 ①   **정 답**

20 청원경찰법령상 청원경찰의 직무에 관한 설명으로 옳지 <u>않은</u> 것은?

① 청원경찰은 경비구역 안에 한하여 경비를 목적으로 필요한 범위에서 경찰관 직무집행법에 따른 경찰관의 직무를 행할 수 있다.
② 청원경찰은 경비구역 안에서 수사활동 등 사법경찰관리의 직무를 수행할 수 있다.
③ 청원경찰의 무기휴대에 관하여 필요한 사항은 대통령령으로 정한다.
④ 청원경찰은 청원주와 배치된 기관·시설 또는 사업장 등의 구역을 관할하는 경찰서장의 감독을 받는다.

> **해설** 청원경찰은 「경찰관 직무집행법」에 따른 직무 이외의 수사활동 등 사법경찰관리의 직무를 행하여서는 아니 된다.
>
> > 법 제3조 【청원경찰의 직무】 청원경찰은 제4조 제2항에 따라 청원경찰의 배치결정을 받은 자 [이하 "청원주(請願主)"라 한다]와 배치된 기관·시설 또는 사업장 등의 구역을 관할하는 경찰서장의 감독을 받아 그 경비구역만의 경비를 목적으로 필요한 범위에서 「경찰관 직무집행법」에 따른 경찰관의 직무를 수행한다.
> > 법 제8조 【제복착용과 무기휴대】 ③ 청원경찰의 복제(服制)와 무기휴대에 필요한 사항은 대통령령으로 정한다.
> > 규칙 제21조 【주의사항】 ① 청원경찰이 법 제3조에 따른 직무를 수행할 때에는 경비목적을 위하여 필요한 최소한의 범위에서 하여야 한다.
> > ② 청원경찰은 「경찰관 직무집행법」에 의한 직무 외의 수사활동 등 사법경찰관리의 직무를 수행해서는 아니 된다.

21 청원경찰법령상 청원경찰의 직무에 관한 설명으로 옳지 <u>않은</u> 것은?

• 제16회 기출

① 경비구역 내에서의 입초근무, 소내근무, 순찰근무, 대기근무를 수행한다.
② 청원경찰의 배치결정을 받은 자의 지시와 감독에 의해서만 직무를 수행해야 한다.
③ 직무를 수행할 때에는 경비목적을 위하여 필요한 최소한의 범위에서 해야 한다.
④ 경찰관 직무집행법에 따른 직무 외의 수사활동 등의 직무를 수행해서는 아니 된다.

> **해설** 청원경찰은 청원경찰의 배치결정을 받은 자와 배치된 기관·시설 또는 사업장 등의 구역을 관할하는 경찰서장의 감독을 받아 그 경비구역만의 경비를 목적으로 필요한 범위에서 「경찰관 직무집행법」에 따른 경찰관의 직무를 수행한다.

22 청원경찰법령상 청원경찰의 직무에 관한 설명으로 옳지 않은 것은?

① 청원경찰은 청원주와 배치된 기관·시설 또는 사업장 등의 구역을 관할하는 경찰서장의 감독을 받는다.
② 청원경찰은 재직 중은 물론 퇴직 후에도 직무상 알게 된 비밀을 엄수하여야 한다.
③ 순찰은 요점순찰을 하되, 청원주가 필요하다고 인정할 때에는 정선순찰 또는 난선순찰을 할 수 있다.
④ 자체경비를 하는 입초근무자는 경비구역의 정문이나 그 밖의 지정된 장소에서 경비구역의 내부, 외부 및 출입자의 움직임을 감시한다.

해설 순찰근무자는 청원주가 지정한 일정한 구역을 순회하면서 경비임무를 수행한다. 이 경우 순찰은 단독 또는 복수로 정선순찰(정해진 노선을 규칙적으로 순찰하는 것을 말한다)을 하되, 청원주가 필요하다고 인정할 때에는 요점순찰(순찰구역 내 지정된 중요지점을 순찰하는 것을 말한다) 또는 난선순찰(임의로 순찰지역이나 노선을 선정하여 불규칙적으로 순찰하는 것을 말한다)을 할 수 있다.

> **법 제3조【청원경찰의 직무】** 청원경찰은 제4조 제2항에 따라 청원경찰의 배치결정을 받은 자[이하 "청원주"(請願主)라 한다]와 배치된 기관·시설 또는 사업장 등의 구역을 관할하는 경찰서장의 감독을 받아 그 경비구역만의 경비를 목적으로 필요한 범위에서「경찰관 직무집행법」에 따른 경찰관의 직무를 수행한다.
> **법 제5조【청원경찰의 임용 등】** ④ 청원경찰의 복무에 관하여는「국가공무원법」제57조(복종의 의무), 제58조 제1항(직장 이탈 금지), 제60조(비밀 엄수의 의무) 및「경찰공무원법」제24조(거짓 보고 등의 금지)를 준용한다.
> **규칙 제14조【근무요령】** ① 자체경비를 하는 입초근무자는 경비구역의 정문이나 그 밖의 지정된 장소에서 경비구역의 내부, 외부 및 출입자의 움직임을 감시한다.
> ② 업무처리 및 자체경비를 하는 소내근무자는 근무 중 특이한 사항이 발생하였을 때에는 지체 없이 청원주 또는 관할 경찰서장에게 보고하고 그 지시에 따라야 한다.
> ③ 순찰근무자는 청원주가 지정한 일정한 구역을 순회하면서 경비임무를 수행한다. 이 경우 순찰은 단독 또는 복수로 정선순찰(정해진 노선을 규칙적으로 순찰하는 것을 말한다)을 하되, 청원주가 필요하다고 인정할 때에는 요점순찰(순찰구역 내 지정된 중요지점을 순찰하는 것을 말한다) 또는 난선순찰(임의로 순찰지역이나 노선을 선정하여 불규칙적으로 순찰하는 것을 말한다)을 할 수 있다.
> ④ 대기근무자는 소내근무에 협조하거나 휴식하면서 불의의 사고에 대비한다.
>「국가공무원법」제60조【비밀 엄수의 의무】 공무원은 재직 중은 물론 퇴직 후에도 직무상 알게 된 비밀을 엄수(嚴守)하여야 한다.

정답 20 ② 21 ② 22 ③

23 청원경찰법령상 청원경찰의 근무요령에 관한 설명으로 옳은 것은? • 제24회 기출

① 소내근무자는 근무 중 특이한 사항이 발생하였을 때에는 지체 없이 청원주 또는 시·도경찰청장에게 보고하고 그 지시에 따라야 한다.
② 대기근무자는 입초근무에 협조하거나 휴식하면서 불의의 사고에 대비한다.
③ 순찰근무자는 청원주가 지정한 일정한 구역을 단독 또는 복수로 난선순찰을 하되, 청원주가 필요하다고 인정할 때에는 정선순찰 또는 요점순찰을 할 수 있다.
④ 입초근무자는 경비구역의 정문이나 그 밖의 지정된 장소에서 경비구역의 내부, 외부 및 출입자의 움직임을 감시한다.

> **해설** ① 소내근무자는 근무 중 특이한 사항이 발생하였을 때에는 지체 없이 청원주 또는 관할 경찰서장에게 보고하고 그 지시에 따라야 한다.
> ② 대기근무자는 소내근무에 협조하거나 휴식하면서 불의의 사고에 대비한다.
> ③ 순찰근무자는 청원주가 지정한 일정한 구역을 순회하면서 경비임무를 수행한다. 이 경우 순찰은 단독 또는 복수로 정선순찰(정해진 노선을 규칙적으로 순찰하는 것을 말한다)을 하되, 청원주가 필요하다고 인정할 때에는 요점순찰(순찰구역 내 지정된 중요지점을 순찰하는 것을 말한다) 또는 난선순찰(임의로 순찰지역이나 노선을 선정하여 불규칙적으로 순찰하는 것을 말한다)을 할 수 있다.

24 청원경찰법령상 근무요령 중 업무처리 및 자체경비를 하며, 근무 중 특이한 사항이 발생하였을 때에는 지체 없이 청원주 또는 관할 경찰서장에게 보고하고 그 지시에 따라야 하는 근무자는 누구인가? • 제17회 기출

① 입초근무자
② 순찰근무자
③ 소내근무자
④ 대기근무자

> **해설** 업무처리 및 자체경비를 하는 소내근무자는 근무 중 특이한 사항이 발생하였을 때에는 지체 없이 청원주 또는 관할 경찰서장에게 보고하고 그 지시에 따라야 한다.

25 청원경찰법령상 청원경찰의 근무요령으로 옳지 않은 것은?

• 제23회 기출

① 자체경비를 하는 입초근무자는 경비구역의 정문이나 그 밖의 지정된 장소에서 경비구역의 내부, 외부 및 출입자의 움직임을 감시한다.
② 업무처리 및 자체경비를 하는 소내근무자는 근무 중 특이한 사항이 발생하였을 때에는 지체 없이 청원주 또는 관할 경찰서장에게 보고하고 그 지시에 따라야 한다.
③ 대기근무자는 소내근무에 협조하거나 휴식하면서 불의의 사고에 대비한다.
④ 순찰근무자는 단독 또는 복수로 요점순찰(要點巡察)을 하되, 청원주가 필요하다고 인정할 때에는 정선순찰(定線巡察) 또는 난선순찰(亂線巡察)을 할 수 있다.

해설 순찰근무자는 청원주가 지정한 일정 구역을 순회하면서 경비임무를 수행한다. 이 경우 순찰은 단독 또는 복수로 정선순찰(定線巡察, 정해진 노선을 규칙적으로 순찰하는 것을 말한다)을 하되, 청원주가 필요하다고 인정할 때에는 요점순찰(要點巡察, 순찰구역 내 지정된 중요지점을 순찰하는 것을 말한다) 또는 난선순찰(亂線巡察, 임의로 순찰지역이나 노선을 선정하여 불규칙적으로 순찰하는 것을 말한다)을 할 수 있다.

> **규칙 제14조 【근무요령】** ① 자체경비를 하는 입초근무자는 경비구역의 정문이나 그 밖의 지정된 장소에서 경비구역의 내부, 외부 및 출입자의 움직임을 감시한다.
> ② 업무처리 및 자체경비를 하는 소내근무자는 근무 중 특이한 사항이 발생하였을 때에는 지체 없이 청원주 또는 관할 경찰서장에게 보고하고 그 지시에 따라야 한다.
> ③ 순찰근무자는 청원주가 지정한 일정한 구역을 순회하면서 경비임무를 수행한다. 이 경우 순찰은 단독 또는 복수로 정선순찰(정해진 노선을 규칙적으로 순찰하는 것을 말한다)을 하되, 청원주가 필요하다고 인정할 때에는 요점순찰(순찰구역 내 지정된 중요지점을 순찰하는 것을 말한다) 또는 난선순찰(임의로 순찰지역이나 노선을 선정하여 불규칙적으로 순찰하는 것을 말한다)을 할 수 있다.
> ④ 대기근무자는 소내근무에 협조하거나 휴식하면서 불의의 사고에 대비한다.

정답 23 ④　24 ③　25 ④

26 청원경찰법령상 청원경찰의 근무요령에 관한 설명으로 옳지 <u>않은</u> 것은? • 제21회 기출

① 대기근무자는 소내근무에 협조하거나 휴식하면서 불의의 사고에 대비한다.
② 자체경비를 하는 입초근무자는 경비구역의 정문이나 그 밖의 지정된 장소에서 경비구역의 내부, 외부 및 출입자의 움직임을 감시한다.
③ 업무처리 및 자체경비를 하는 소내근무자는 근무 중 특이한 사항이 발생하였을 때에는 지체 없이 청원주 또는 관할 경찰서장에게 보고하고 그 지시에 따라야 한다.
④ 순찰근무자는 청원주가 지정한 일정한 구역을 요점순찰을 하되, 청원주가 필요하다고 인정할 때에는 정선순찰을 할 수 있다.

해설 순찰근무자는 청원주가 지정한 일정한 구역을 순회하면서 경비임무를 수행한다. 이 경우 순찰은 단독 또는 복수로 정선순찰(정해진 노선을 규칙적으로 순찰하는 것을 말한다)을 하되, 청원주가 필요하다고 인정할 때에는 요점순찰(순찰구역 내 지정된 중요지점을 순찰하는 것을 말한다) 또는 난선순찰(임의로 순찰지역이나 노선을 선정하여 불규칙적으로 순찰하는 것을 말한다)을 할 수 있다.

> 규칙 제14조【근무요령】① 자체경비를 하는 입초근무자는 경비구역의 정문이나 그 밖의 지정된 장소에서 경비구역의 내부, 외부 및 출입자의 움직임을 감시한다.
> ② 업무처리 및 자체경비를 하는 소내근무자는 근무 중 특이한 사항이 발생하였을 때에는 지체 없이 청원주 또는 관할 경찰서장에게 보고하고 그 지시에 따라야 한다.
> ③ 순찰근무자는 청원주가 지정한 일정한 구역을 순회하면서 경비임무를 수행한다. 이 경우 순찰은 단독 또는 복수로 정선순찰(정해진 노선을 규칙적으로 순찰하는 것을 말한다)을 하되, 청원주가 필요하다고 인정할 때에는 요점순찰(순찰구역 내 지정된 중요지점을 순찰하는 것을 말한다) 또는 난선순찰(임의로 순찰지역이나 노선을 선정하여 불규칙적으로 순찰하는 것을 말한다)을 할 수 있다.
> ④ 대기근무자는 소내근무에 협조하거나 휴식하면서 불의의 사고에 대비한다.

27 청원경찰법령상 청원경찰의 근무요령에 관한 설명으로 옳은 것은?

① 대기근무자는 소내근무에 협조하거나 휴식하면서 불의의 사고에 대비한다.
② 소내근무자는 근무 중 특이한 사항이 발생하였을 때에는 지체 없이 관할 시·도경찰청장에게 보고하고 그 지시에 따라야 한다.
③ 순찰근무자는 요점순찰 또는 난선순찰을 하되, 청원주가 필요하다고 인정할 때에는 정선순찰을 할 수 있다.
④ 소내근무자는 경비구역의 정문이나 그 밖의 지정된 장소에서 경비구역의 내부, 외부 및 출입자의 움직임을 감시한다.

해설 ② 소내근무자는 근무 중 특이한 사항이 발생하였을 때에는 지체 없이 청원주 또는 관할 경찰서장에게 보고하고 그 지시에 따라야 한다.
③ 순찰근무자는 청원주가 지정한 일정한 구역을 순회하면서 경비임무를 수행한다. 이 경우 순찰은 단독 또는 복수로 정선순찰을 하되, 청원주가 필요하다고 인정할 때에는 요점순찰 또는 난선순찰을 할 수 있다.
④ 입초근무자는 경비구역의 정문이나 그 밖의 지정된 장소에서 경비구역의 내부, 외부 및 출입자의 움직임을 감시한다.

> **규칙 제14조【근무요령】** ① 자체경비를 하는 입초근무자는 경비구역의 정문이나 그 밖의 지정된 장소에서 경비구역의 내부, 외부 및 출입자의 움직임을 감시한다.
> ② 업무처리 및 자체경비를 하는 소내근무자는 근무 중 특이한 사항이 발생하였을 때에는 지체 없이 청원주 또는 관할 경찰서장에게 보고하고 그 지시에 따라야 한다.
> ③ 순찰근무자는 청원주가 지정한 일정한 구역을 순회하면서 경비임무를 수행한다. 이 경우 순찰은 단독 또는 복수로 정선순찰(정해진 노선을 규칙적으로 순찰하는 것을 말한다)을 하되, 청원주가 필요하다고 인정할 때에는 요점순찰(순찰구역 내 지정된 중요지점을 순찰하는 것을 말한다) 또는 난선순찰(임의로 순찰지역이나 노선을 선정하여 불규칙적으로 순찰하는 것을 말한다)을 할 수 있다.
> ④ 대기근무자는 소내근무에 협조하거나 휴식하면서 불의의 사고에 대비한다.

26 ④ 27 ①

28 청원경찰법령상 청원경찰의 복무에 관하여 국가공무원법이 준용되는 명문 규정을 모두 고른 것은?

ㄱ. 국가공무원법 제56조 성실의무
ㄴ. 국가공무원법 제57조 복종의 의무
ㄷ. 국가공무원법 제58조 직장 이탈 금지
ㄹ. 국가공무원법 제60조 비밀 엄수의 의무
ㅁ. 국가공무원법 제64조 영리 업무 및 겸직 금지
ㅂ. 국가공무원법 제66조 집단행위의 금지

① ㄱ, ㅁ
② ㄴ, ㄷ, ㄹ
③ ㄴ, ㄷ, ㄹ, ㅂ
④ ㄱ, ㄴ, ㄷ, ㄹ, ㅁ, ㅂ

해설 청원경찰의 복무에 「국가공무원법」이 준용되는 규정으로는 「국가공무원법」 제57조 복종의 의무(ㄴ), 「국가공무원법」 제58조 제1항 직장 이탈 금지(ㄷ), 「국가공무원법」 제60조 비밀 엄수의 의무(ㄹ)가 있다.

▶ 「국가공무원법」 준용 청원경찰의 복무

의무	해당 법조문	세부내용
복종의 의무	법 제57조	공무원은 직무를 수행할 때 소속 상관의 직무상 명령에 복종하여야 한다.
직장 이탈 금지	법 제58조 제1항	공무원은 소속 상관의 허가 또는 정당한 사유가 없으면 직장을 이탈하지 못한다.
비밀 엄수의 의무	법 제60조	공무원은 재직 중은 물론 퇴직 후에도 직무상 알게 된 비밀을 엄수(嚴守)하여야 한다.

29 청원경찰법령상 청원경찰의 복무에 관하여 국가공무원법의 규정이 준용되지 않는 것은?

• 제15회 기출 변형

① 청원경찰의 정치 운동의 금지
② 청원경찰의 비밀 엄수의 의무
③ 청원경찰의 복종의 의무
④ 청원경찰의 직장 이탈의 금지

해설 청원경찰의 복무에 관하여는 「국가공무원법」 제57조(복종의 의무), 제58조 제1항(직장 이탈 금지), 제60조(비밀 엄수의 의무) 및 「경찰공무원법」 제24조(거짓 보고 등의 금지)의 규정을 준용한다.

> 법 제5조【청원경찰의 임용 등】④ 청원경찰의 복무에 관하여는 「국가공무원법」 제57조, 제58조 제1항, 제60조 및 「경찰공무원법」 제24조를 준용한다.

30 청원경찰법령상 청원경찰의 복무에 관하여 국가공무원법이 준용되는 규정이 아닌 것은?

① 공무원은 직무를 수행할 때 소속 상관의 직무상 명령에 복종하여야 한다.
② 공무원은 소속 상관의 허가 또는 정당한 사유가 없으면 직장을 이탈하지 못한다.
③ 공무원은 재직 중은 물론 퇴직 후에도 직무상 알게 된 비밀을 엄수(嚴守)하여야 한다.
④ 공무원은 직무에 관하여 거짓으로 보고나 통보를 하여서는 아니 된다.

해설 공무원은 직무에 관하여 거짓으로 보고나 통보를 하여서는 아니 된다는 규정은 「경찰공무원법」 제24조(거짓 보고 등의 금지)를 준용한 것이다.
① 「국가공무원법」 제57조, ② 「국가공무원법」 제58조 제1항, ③ 「국가공무원법」 제60조에 해당한다.

▶ 「국가공무원법」 준용 청원경찰의 복무

의무	해당 법조문	세부내용
복종의 의무	법 제57조	공무원은 직무를 수행할 때 소속 상관의 직무상 명령에 복종하여야 한다.
직장 이탈 금지	법 제58조 제1항	공무원은 소속 상관의 허가 또는 정당한 사유가 없으면 직장을 이탈하지 못한다.
비밀 엄수의 의무	법 제60조	공무원은 재직 중은 물론 퇴직 후에도 직무상 알게 된 비밀을 엄수(嚴守)하여야 한다.

▶ 「경찰공무원법」 준용 청원경찰의 복무

의무	해당 법조문	세부내용
거짓 보고 등의 금지	법 제24조	• 경찰공무원은 직무에 관하여 거짓으로 보고나 통보를 하여서는 아니 된다. • 경찰공무원은 직무를 게을리하거나 유기(遺棄)해서는 아니 된다.

28 ② 29 ① 30 ④ **정답**

PART 2 청원경찰법

CHAPTER 02 청원경찰의 배치

제1절　청원경찰의 배치신청
제2절　청원경찰의 배치통보 등

최근 13개년 출제비중

3.0%

학습 TIP

- ☑ 청원경찰의 배치신청 시 첨부서류와 배치 여부 결정이 주요 내용이며, 시·도경찰청장의 배치요청, 청원경찰의 배치통보의 경우에는 종전 배치지 관할 경찰서장의 통보에 대해 정확히 파악해야 한다.
- ☑ 청원경찰의 직무와 근무요령에 대해 숙지해야 한다.

POINT CHAPTER 내 절별 출제비중

| 01 | 청원경찰의 배치신청 | 82% |
| 02 | 청원경찰의 배치통보 등 | 18% |

CHAPTER 02 청원경찰의 배치

최신 개정
법령 확인

제1절 › 청원경찰의 배치신청

1. 청원경찰의 배치신청

(1) 배치신청

① 청원경찰을 배치받으려는 자는 대통령령으로 정하는 바에 따라 관할 시·도경찰청장에게 청원경찰 배치를 신청하여야 한다(청원경찰법 제4조 제1항).

② **배치신청서 제출**: 「청원경찰법」에 따라 청원경찰의 배치를 받으려는 자는 청원경찰 배치신청서에 첨부서류를 첨부하여 기관·시설·사업장 또는 장소(이하 "사업장"이라 한다)의 소재지를 관할하는 경찰서장(이하 "관할 경찰서장"이라 한다)을 거쳐 시·도경찰청장에게 제출하여야 한다. 이 경우 배치장소가 둘 이상의 도(특별시, 광역시, 특별자치시 및 특별자치도를 포함한다. 이하 같다)일 때에는 주된 사업장의 관할 경찰서장을 거쳐 시·도경찰청장에게 한꺼번에 신청할 수 있다(청원경찰법 시행령 제2조).

③ 첨부서류
 ㉠ 경비구역 평면도 1부
 ㉡ 배치계획서 1부

시·도경찰청장은 (2) 배치 여부 결정, (3) 청원경찰 배치 요청을 관할 경찰서장에게 위임한다(청원경찰법 시행령 제20조 제1호).

(2) 배치 여부 결정

시·도경찰청장은 청원경찰 배치신청을 받으면 지체 없이 그 배치 여부를 결정하여 신청인에게 알려야 한다(청원경찰법 제4조 제2항).

(3) 청원경찰 배치 요청

시·도경찰청장은 청원경찰의 배치가 필요하다고 인정되는 기관의 장 또는 시설·사업장의 경영자에게 청원경찰을 배치할 것을 요청할 수 있다(청원경찰법 제4조 제3항).

2. 근무배치 등의 위임

(1) 위임
「경비업법」에 따른 경비업자(이하 "경비업자"라 한다)가 중요시설의 경비를 도급받았을 때에는 청원주는 그 사업장에 배치된 청원경찰의 근무배치 및 감독에 관한 권한을 해당 경비업자에게 위임할 수 있다(청원경찰법 시행령 제19조 제1항).

(2) 불이익조치 금지
청원주는 경비업자에게 청원경찰의 근무배치 및 감독에 관한 권한을 위임한 경우에 이를 이유로 청원경찰의 보수나 신분상의 불이익을 주어서는 아니 된다(청원경찰법 시행령 제19조 제2항).

(3) 문제점
청원경찰의 근무배치 및 감독에 관한 권한을 청원주로부터 위임받은 경비업자는 청원경찰에 대한 임용 및 해임 등의 인사권이 없기 때문에 실질적인 지휘·감독이 실현되기가 어렵다.

핵심 기출문제

01 청원경찰법령상 청원경찰의 배치에 관한 설명으로 옳지 <u>않은</u> 것은?

• 제26회 기출

① 청원경찰을 배치받으려는 자는 대통령령으로 정하는 바에 따라 관할 시·도경찰청장에게 청원경찰 배치를 신청하여야 한다.
② 시·도경찰청장은 청원경찰 배치 신청을 받으면 7일 이내에 그 배치 여부를 결정하여 신청인에게 알려야 한다.
③ 청원경찰의 배치를 받으려는 자는 청원경찰 배치신청서에 경비구역 평면도 1부와 배치계획서 1부를 첨부하여야 한다.
④ 청원경찰 배치신청서 제출 시 배치 장소가 둘 이상의 도(특별시, 광역시, 특별자치시 및 특별자치도를 포함)일 때에는 주된 사업장의 관할 경찰서장을 거쳐 시·도경찰청장에게 한꺼번에 신청할 수 있다.

해설 시·도경찰청장은 청원경찰 배치 신청을 받으면 지체 없이 그 배치 여부를 결정하여 신청인에게 알려야 한다.

정답 ②

■ 청원경찰법 시행규칙 [별지 제1호 서식]

청원경찰 배치신청서

(앞쪽)

접수번호	접수일자	처리기간	7일

청원주	성명		생년월일	
	직책		연락처	

배치 사업장의 명칭	
배치 사업장의 소재지	
경비 구역	
경비 배치 방법	
배치 받으려는 사유	
배치 받으려는 청원경찰 인원	
배치 기간	
근무 방법	

「청원경찰법」 제4조 제1항, 같은 법 시행령 제2조 및 같은 법 시행규칙 제3조 제1항에 따라 위와 같이 청원경찰 배치를 신청합니다.

년 월 일

신청인 　　　　　　　　　　　　　　　　(서명 또는 인)

○○경찰서장　　귀하

첨부서류	1. 경비 구역 평면도 1부 2. 배치 계획서 1부	수수료 없음

210mm×297mm[백상지 80g/m²(재활용품)]

■ 청원경찰법 시행규칙 [별지 제2호 서식]

기 관 명

(우)　　　주소　　　　　　　　/전화(　)　　　-　　　　/팩스(　)　　　-
담당부서명:　　　　　　　　　　　　　　　　　담당자

문서번호:

수신:

청원경찰 배치 결정(배치 불허) 통지서

① 청원주	성명	
	주민등록번호	
	직책	
② 배치사업장의 명칭		③ 배치사업장의 소재지	
④ 경비구역	
⑤ 청원경찰 배치인원	
⑥ 배치기간	
⑦ 배치 결정 (배치 불허) 사유	

「청원경찰법」 제4조 제2항에 따라 귀하의 청원경찰 배치신청에 대하여 위와 같이 통지합니다.

．　．　．

시 · 도경찰청장(경찰서장) 인

※ 청원경찰의 배치결정을 받았으면 　년　월　일까지 청원경찰 임용대상자의 임용승인신청서를 제출하여 주시기 바랍니다.

210mm×297mm[신문용지 54g/m² (재활용품)]

제2절 청원경찰의 배치통보 등

1. 청원경찰의 배치통보

(1) 배치통보

청원주는 청원경찰을 신규로 배치하거나 이동배치하였을 때에는 배치지(이동배치의 경우에는 종전의 배치지)를 관할하는 경찰서장에게 그 사실을 통보하여야 한다(청원경찰법 시행령 제6조 제1항).

(2) 전입지통보

청원경찰의 배치통보를 받은 경찰서장은 이동배치지가 다른 관할구역에 속할 때에는 전입지를 관할하는 경찰서장에게 이동배치한 사실을 통보하여야 한다(청원경찰법 시행령 제6조 제2항).

2. 청원경찰 배치의 폐지 등

(1) 청원경찰의 배치폐지

① 내용: 청원주는 청원경찰이 배치된 시설이 폐쇄되거나 축소되어 청원경찰의 배치를 폐지하거나 배치인원을 감축할 필요가 있다고 인정하면 청원경찰의 배치를 폐지하거나 배치인원을 감축할 수 있다(청원경찰법 제10조의5 제1항 본문).

② 예외: 청원주는 다음의 어느 하나에 해당하는 경우에는 청원경찰의 배치를 폐지하거나 배치인원을 감축할 수 없다(청원경찰법 제10조의5 제1항 단서).
   ㉠ 청원경찰을 대체할 목적으로 「경비업법」에 따른 특수경비원을 배치하는 경우
   ㉡ 청원경찰이 배치된 기관·시설 또는 사업장 등이 배치인원의 변동 사유 없이 다른 곳으로 이전하는 경우

(2) 배치폐지의 통지

청원주가 청원경찰을 폐지하거나 감축하였을 때에는 청원경찰 배치결정을 한 경찰관서의 장에게 알려야 하며, 그 사업장이 시·도경찰청장이 청원경찰의 배치를 요청한 사업장일 때에는 그 폐지 또는 감축 사유를 구체적으로 밝혀야 한다(청원경찰법 제10조의5 제2항).

심화학습

배치인원의 변동 사유 없이 다른 곳으로 이전하는 경우

청원경찰이 배치된 기관·시설 또는 사업장 등이 다른 장소로 이전하는 경우에도 그 기관·시설 또는 사업장에 대한 경비는 지속적으로 필요하기 때문에 건물의 이전을 시설 폐쇄의 일종으로 보아 배치폐지 사유로 보는 것은 부적절하다. 따라서 배치인원의 변동 사유 없이 단순히 그 기관·시설 또는 사업장을 이전하는 경우 청원주가 배치를 폐지하거나 배치인원을 감축할 수 없도록 한다.

경찰관서의 장

경찰관서의 장은 「경비업법」상의 경찰관서장과 의미가 다르다. '경찰관서의 장'은 시·도경찰청장 또는 경찰서장을 말한다.

3. 청원경찰의 고용보장

청원경찰의 배치를 폐지하거나 배치인원을 감축하는 경우 해당 청원주는 배치폐지나 배치인원 감축으로 과원(過員)이 되는 청원경찰 인원을 그 기관·시설 또는 사업장 내의 유사 업무에 종사하게 하거나 다른 시설·사업장 등에 재배치하는 등 청원경찰의 고용이 보장될 수 있도록 노력하여야 한다(청원경찰법 제10조의5 제3항).

핵심 기출문제

02 청원경찰법령상 청원경찰의 배치폐지 등에 관한 설명으로 옳지 <u>않은</u> 것은?

· 제19회 기출

① 청원주는 청원경찰을 대체할 목적으로 특수경비원을 배치하는 경우에 청원경찰의 배치를 폐지하거나 배치인원을 감축할 수 없다.
② 청원주가 청원경찰을 배치폐지하였을 때에는 청원경찰 배치결정을 한 경찰관서장에게 알려야 한다.
③ 청원주가 청원경찰을 배치폐지하는 경우에는 배치폐지로 과원(過員)이 되는 그 사업장 내의 유사 업무에 종사하게 하는 등 청원경찰의 고용을 보장하여야 한다.
④ 청원주는 청원경찰이 배치된 사업장이 배치인원의 변동사유 없이 다른 곳으로 이전하는 경우에 배치인원을 감축할 수 없다.

해설 청원경찰의 배치를 폐지하거나 배치인원을 감축하는 경우 해당 청원주는 배치폐지나 배치인원 감축으로 과원(過員)이 되는 청원경찰 인원을 그 기관·시설 또는 사업장 내의 유사 업무에 종사하게 하거나 다른 시설·사업장 등에 재배치하는 등 청원경찰의 고용이 보장될 수 있도록 노력하여야 한다.

정답 ③

심화학습

청원경찰의 고용보장
시설의 폐쇄나 축소로 청원경찰의 배치를 폐지하거나 배치인원을 감축하는 경우에도 그 청원주에게 과원이 되는 청원경찰 인원을 그 기관·시설 또는 사업장 내의 유사 업무에 종사하게 하거나 다른 시설·사업장 등에 재배치하는 등 청원경찰의 고용이 보장될 수 있도록 노력해야 할 의무를 부여함으로써 청원경찰의 고용 불안을 해소하고 신분상의 불이익이 발생하지 않도록 하려는 것이다.

■ 청원경찰법 시행규칙 [별지 제4호 서식]

기 관 명

(우)　　주소　　　　　　　/전화(　)　－　　　/팩스(　)　－	
담당 부서명:　　　　　　　　　　　　　담당자	

문서번호:

수신:

청원경찰 배치(전출)통보서

① 청원주	성명	
	주민등록번호	
	직책	

② 배치사업장의 명칭		③ 배치사업장의 소재지	

청원경찰 배치(전출) 상황(총　　명)

④ 일련번호	⑤ 경비배치구역	⑥ 성명	⑦ 주민등록번호	⑧ 임명일	⑨ 기본교육 이수상황	⑩ 전출일 및 전출지	⑪ 비고

「청원경찰법 시행령」 제6조에 따라 위와 같이 청원경찰의 배치(전출)상황을 통보합니다.

.　.　.

청원주　　㊞
경찰서장　㊞

210mm×297mm[신문용지 54g/㎡(재활용품)]

■ 청원경찰법 시행규칙 [별지 제6호 서식]

청원경찰 배치 [ ] 폐지 / [ ] 감축 통보서

접수번호	접수일자	처리기간	즉시

청원주	성명		생년월일	
	직책		연락처	

통보 내용	배치 사업장의 명칭	배치 사업장의 소재지
	청원경찰 배치 인원	
	폐지 또는 감축 인원	
	폐지 또는 감축 사유	

반납 무기 수량	총기의 종류	수량	탄약의 종류	수량

비고	

「청원경찰법」 제10조의5 제2항 및 같은 법 시행규칙 제23조에 따라 위와 같이 청원경찰의 배치(폐지·감축)을 통보합니다.

년 월 일

청원주 (서명 또는 인)

○○경찰서장 귀하

첨부 서류	없음	수수료 없음

유의사항

「청원경찰법」 제4조 제3항에 따라 시·도경찰청장이 청원경찰의 배치를 요청한 사업장의 청원주가 청원경찰의 배치를 폐지하거나 배치 인원을 감축할 때에는 같은 법 제10조의5 제2항에 따라 '폐지 또는 감축 사유' 란에 그 폐지 또는 감축의 사유를 구체적으로 밝혀야 합니다(지면이 부족한 경우에는 별지를 사용할 수 있습니다).

210mm×297mm[백상지 80g/m² (재활용품)]

CHAPTER 02 청원경찰의 배치

중요내용 OX 문제

제1절 청원경찰의 배치신청

01 배치장소가 둘 이상의 도(특별시, 광역시, 특별자치시 및 특별자치도를 포함한다)일 때에는 주된 사업장의 관할 시·도경찰청장을 거쳐 경찰청장에게 한꺼번에 신청할 수 있다.

02 청원경찰 배치신청서에는 경비구역 평면도와 배치계획서 및 청원경찰경비에 관한 사항이 첨부되어야 한다.

03 시·도경찰청장은 배치신청을 받은 후 30일 이내에 배치 여부를 결정하여 통지하여야 한다.

04 경찰청장은 청원경찰 배치가 필요하다고 인정하는 기관의 장에게 청원경찰을 배치할 것을 요청하여야 한다.

05 경비업법에 따른 경비업자가 중요 시설의 경비를 도급받았을 때에는 시·도경찰청장은 그 사업장에 배치된 청원경찰의 근무배치 및 감독에 관한 권한을 해당 경비업자에게 위임할 수 있다.

제2절 청원경찰의 배치통보 등

06 청원주는 청원경찰을 신규로 배치하거나 이동배치하였을 때에는 배치지(이동배치의 경우에는 이동한 배치지)를 관할하는 경찰서장에게 그 사실을 통보하여야 한다.

07 청원경찰의 이동배치의 통보를 받은 경찰서장은 이동배치지가 다른 관할구역에 속할 때에는 전입지를 관할하는 시·도경찰청장에게 이동배치한 사실을 통보하여야 한다.

08 청원경찰이 배치된 사업장이 배치인원의 변동 사유 없이 다른 곳으로 이전하는 경우 청원주는 청원경찰의 배치를 폐지하거나 배치인원을 감축할 수 없다.

09 청원주는 경비업법에 따른 특수경비원을 배치할 목적으로 청원경찰의 배치를 폐지하거나 배치인원을 감축할 수 없다.

10 청원주가 청원경찰을 배치폐지하는 경우에는 배치폐지로 과원(過員)이 되는 그 사업장 내의 유사 업무에 종사하게 하는 등 청원경찰의 고용을 보장하여야 한다.

OX 정답 01 × 02 × 03 × 04 × 05 × 06 × 07 × 08 ○ 09 ○ 10 ×

X 해설
01 주된 사업장의 관할 경찰서장을 거쳐 시·도경찰청장에게 한꺼번에 신청할 수 있다.
02 배치신청서에는 경비구역 평면도와 배치계획서를 첨부하여야 한다.
03 배치신청을 받은 후 지체 없이 배치 여부를 결정하여 신청인에게 통지하여야 한다.
04 시·도경찰청장은 청원경찰 배치가 필요하다고 인정하는 기관의 장 또는 시설·사업장의 경영자에게 청원경찰을 배치할 것을 요청할 수 있다.
05 청원주는 그 사업장에 배치된 청원경찰의 근무배치 및 감독에 관한 권한을 해당 경비업자에게 위임할 수 있다.
06 청원주는 청원경찰을 신규로 배치하거나 이동배치하였을 때에는 배치지(이동배치의 경우에는 종전의 배치지)를 관할하는 경찰서장에게 그 사실을 통보하여야 한다.
07 전입지를 관할하는 경찰서장에게 이동배치한 사실을 통보하여야 한다.
10 배치폐지로 과원(過員)이 되는 청원경찰 인원을 그 기관·시설 또는 사업장 내의 유사 업무에 종사하게 하거나 다른 시설·사업장 등에 재배치하는 등 청원경찰의 고용이 보장될 수 있도록 노력하여야 한다.

CHAPTER 02 청원경찰의 배치

기출 및 예상문제

제1절 청원경찰의 배치신청

01 청원경찰법령상 청원경찰의 배치에 관한 설명으로 옳지 <u>않은</u> 것은? • 제24회 기출

① 청원경찰을 배치받으려는 자는 대통령령으로 정하는 바에 따라 관할 시·도경찰청장에게 청원경찰 배치를 신청하여야 한다.
② 시·도경찰청장은 청원경찰 배치신청을 받으면 지체 없이 그 배치 여부를 결정하여 신청인에게 알려야 한다.
③ 시·도경찰청장은 청원경찰 배치가 필요하다고 인정하는 기관의 장 또는 시설·사업장의 경영자에게 청원경찰을 배치할 것을 요청할 수 있다.
④ 청원경찰의 배치를 받으려는 자는 청원경찰 배치신청서에 경비구역 평면도 1부 또는 배치계획서 1부를 첨부해야 한다.

> **해설** 청원경찰의 배치를 받으려는 자는 청원경찰 배치신청서에 경비구역 평면도 1부와 배치계획서 1부를 첨부해야 한다.
>
> > **법 제4조【청원경찰의 배치】** ① 청원경찰을 배치받으려는 자는 대통령령으로 정하는 바에 따라 관할 시·도경찰청장에게 청원경찰 배치를 신청하여야 한다.
> > ② 시·도경찰청장은 제1항의 청원경찰 배치신청을 받으면 지체 없이 그 배치 여부를 결정하여 신청인에게 알려야 한다.
> > ③ 시·도경찰청장은 청원경찰 배치가 필요하다고 인정하는 기관의 장 또는 시설·사업장의 경영자에게 청원경찰을 배치할 것을 요청할 수 있다.
> > **영 제2조【청원경찰의 배치 신청 등】** 「청원경찰법」(이하 "법"이라 한다) 제4조 제1항에 따라 청원경찰의 배치를 받으려는 자는 청원경찰 배치신청서에 다음 각 호의 서류를 첨부하여 법 제2조 각 호의 기관·시설·사업장 또는 장소(이하 "사업장"이라 한다)의 소재지를 관할하는 경찰서장(이하 "관할 경찰서장"이라 한다)을 거쳐 시·도경찰청장에게 제출하여야 한다. 이 경우 배치 장소가 둘 이상의 도(특별시, 광역시, 특별자치시 및 특별자치도를 포함한다. 이하 같다)일 때에는 주된 사업장의 관할 경찰서장을 거쳐 시·도경찰청장에게 한꺼번에 신청할 수 있다.
> > 1. 경비구역 평면도 1부
> > 2. 배치계획서 1부

02 청원경찰법령상 청원경찰의 배치순서로 옳은 것은?

ㄱ. 배치신청
ㄴ. 배치결정
ㄷ. 임용승인신청과 임용승인
ㄹ. 임용
ㅁ. 보고

① ㄱ - ㄴ - ㄷ - ㄹ - ㅁ
② ㄱ - ㄷ - ㄴ - ㄹ - ㅁ
③ ㄱ - ㅁ - ㄷ - ㄹ - ㄴ
④ ㄴ - ㄹ - ㅁ - ㄱ - ㄷ

해설
ㄱ. 배치신청: 청원경찰을 배치받으려는 자는 대통령령으로 정하는 바에 따라 관할 시·도경찰청장에게 청원경찰의 배치를 신청하여야 한다(청원경찰법 제4조 제1항).
ㄴ. 배치결정: 시·도경찰청장은 청원경찰 배치신청을 받으면 지체 없이 그 배치 여부를 결정하여 신청인에게 알려야 한다(청원경찰법 제4조 제2항).
ㄷ. 임용승인신청과 임용승인: 청원경찰은 청원주가 임용하되, 임용을 할 때에는 미리 시·도경찰청장의 승인을 받아야 한다(청원경찰법 제5조 제1항).
ㄹ. 임용: 청원경찰의 배치결정을 받은 자(청원주)는 그 배치결정통지를 받은 날부터 30일 이내에 배치결정된 인원수의 임용예정자에 대하여 청원경찰 임용승인을 시·도경찰청장에게 신청하여야 한다(청원경찰법 시행령 제4조 제1항).
ㅁ. 보고: 청원주가 청원경찰을 임용하였을 때에는 임용한 날부터 10일 이내에 그 임용사항을 관할 경찰서장을 거쳐 시·도경찰청장에게 보고하여야 한다. 청원경찰이 퇴직하였을 때에도 또한 같다(청원경찰법 시행령 제4조 제2항).

정답 01 ④ 02 ①

03 청원경찰법령상 청원경찰의 배치에 관한 설명으로 옳지 않은 것은?

• 제22회 기출

① 청원경찰 배치신청서 제출 시 배치장소가 둘 이상의 도(道)일 때에는 주된 사업장의 관할 경찰서장을 거쳐 시·도경찰청장에게 한꺼번에 신청할 수 있다.
② 청원경찰을 배치받으려는 자는 대통령령으로 정하는 바에 따라 관할 시·도경찰청장에게 청원경찰 배치를 신청하여야 한다.
③ 청원경찰 배치신청서에 첨부하여야 할 서류는 경비구역 평면도와 청원경찰 직무교육 계획서이다.
④ 시·도경찰청장은 청원경찰 배치가 필요하다고 인정하는 기관의 장 또는 시설·사업장의 경영자에게 청원경찰을 배치할 것을 요청할 수 있다.

해설 청원경찰 배치신청서에 첨부하여야 할 서류는 경비구역 평면도 1부와 배치계획서 1부이다.

> 법 제4조【청원경찰의 배치】① 청원경찰을 배치받으려는 자는 대통령령으로 정하는 바에 따라 관할 시·도경찰청장에게 청원경찰 배치를 신청하여야 한다.
> ② 시·도경찰청장은 제1항의 청원경찰 배치신청을 받으면 지체 없이 그 배치 여부를 결정하여 신청인에게 알려야 한다.
> ③ 시·도경찰청장은 청원경찰 배치가 필요하다고 인정하는 기관의 장 또는 시설·사업장의 경영자에게 청원경찰을 배치할 것을 요청할 수 있다.
> 영 제2조【청원경찰의 배치 신청 등】「청원경찰법」(이하 "법"이라 한다) 제4조 제1항에 따라 청원경찰의 배치를 받으려는 자는 청원경찰 배치신청서에 다음 각 호의 서류를 첨부하여 법 제2조 각 호의 기관·시설·사업장 또는 장소(이하 "사업장"이라 한다)의 소재지를 관할하는 경찰서장(이하 "관할 경찰서장"이라 한다)을 거쳐 시·도경찰청장에게 제출하여야 한다. 이 경우 배치 장소가 둘 이상의 도(특별시, 광역시, 특별자치시 및 특별자치도를 포함한다. 이하 같다)일 때에는 주된 사업장의 관할 경찰서장을 거쳐 시·도경찰청장에게 한꺼번에 신청할 수 있다.
> 1. 경비구역 평면도 1부
> 2. 배치계획서 1부

04 청원경찰법령상 청원경찰의 배치 및 이동에 관한 설명으로 옳은 것은? • 제25회 기출

① 청원경찰 배치신청서 제출 시, 배치 장소가 둘 이상의 도(道)일 때에는 경찰청장에게 한꺼번에 신청할 수 있다.
② 청원경찰의 배치를 받으려는 자는 청원경찰 배치신청서에 경비구역 평면도 1부와 청원경찰 명부 1부를 첨부하여야 한다.
③ 청원경찰을 배치받으려는 자는 대통령령으로 정하는 바에 따라 경찰청장에게 청원경찰 배치를 신청하여야 한다.
④ 청원주는 청원경찰을 신규로 배치하거나 이동배치하였을 때에는 배치지(이동배치의 경우에는 종전의 배치지)를 관할하는 경찰서장에게 그 사실을 통보하여야 한다.

해설
① 청원경찰 배치신청서 제출 시, 배치 장소가 둘 이상의 도(특별시, 광역시, 특별자치시 및 특별자치도를 포함한다)일 때에는 주된 사업장의 관할 경찰서장을 거쳐 시·도경찰청장에게 한꺼번에 신청할 수 있다.
② 청원경찰의 배치를 받으려는 자는 청원경찰 배치신청서에 경비구역 평면도 1부와 배치계획서 1부를 첨부하여야 한다.
③ 청원경찰을 배치받으려는 자는 대통령령으로 정하는 바에 따라 관할 시·도경찰청장에게 청원경찰 배치를 신청하여야 한다.

> 법 제4조【청원경찰의 배치】① 청원경찰을 배치받으려는 자는 대통령령으로 정하는 바에 따라 관할 시·도경찰청장에게 청원경찰 배치를 신청하여야 한다.
> 영 제2조【청원경찰의 배치 신청 등】「청원경찰법」(이하 "법"이라 한다) 제4조 제1항에 따라 청원경찰의 배치를 받으려는 자는 청원경찰 배치신청서에 다음 각 호의 서류를 첨부하여 법 제2조 각 호의 기관·시설·사업장 또는 장소(이하 "사업장"이라 한다)의 소재지를 관할하는 경찰서장(이하 "관할 경찰서장"이라 한다)을 거쳐 시·도경찰청장에게 제출하여야 한다. 이 경우 배치 장소가 둘 이상의 도(특별시, 광역시, 특별자치시 및 특별자치도를 포함한다. 이하 같다)일 때에는 주된 사업장의 관할 경찰서장을 거쳐 시·도경찰청장에게 한꺼번에 신청할 수 있다.
> 1. 경비구역 평면도 1부
> 2. 배치계획서 1부
> 영 제6조【배치 및 이동】① 청원주는 청원경찰을 신규로 배치하거나 이동배치하였을 때에는 배치지(이동배치의 경우에는 종전의 배치지)를 관할하는 경찰서장에게 그 사실을 통보하여야 한다.

정답 03 ③ 04 ④

05 청원경찰법령상 청원경찰의 배치에 관한 설명으로 옳은 것은?
• 제20회, 제21회 기출

① 시·도경찰청장은 청원경찰 배치신청을 받으면 15일 이내에 그 배치 여부를 결정하여 신청인에게 알려야 한다.
② 청원경찰 배치신청서 제출 시, 배치장소가 둘 이상의 도(道)일 때에는 주된 사업장의 관할 경찰서장을 거쳐 시·도경찰청장에게 한꺼번에 신청할 수 있다.
③ 청원경찰의 배치를 받으려는 자는 청원경찰 배치신청서에 경비구역 배치도 1부를 첨부하여 사업장의 소재지를 관할하는 시·도경찰청장에게 제출하여야 한다.
④ 관할 경찰서장은 청원경찰이 배치된 시설이 축소될 경우 배치인원을 감축할 수 있다.

해설
① 시·도경찰청장은 청원경찰 배치신청을 받으면 지체 없이 그 배치 여부를 결정하여 신청인에게 알려야 한다.
③ 청원경찰의 배치를 받으려는 자는 청원경찰 배치신청서에 경비구역 평면도 1부와 배치계획서 1부를 첨부하여 사업장의 소재지를 관할하는 경찰서장을 거쳐 시·도경찰청장에게 제출하여야 한다.
④ 청원주는 청원경찰이 배치된 시설이 폐쇄되거나 축소되어 청원경찰의 배치를 폐지하거나 배치인원을 감축할 필요가 있다고 인정하면 청원경찰의 배치를 폐지하거나 배치인원을 감축할 수 있다.

> **법 제4조【청원경찰의 배치】** ① 청원경찰을 배치받으려는 자는 대통령령으로 정하는 바에 따라 관할 시·도경찰청장에게 청원경찰 배치를 신청하여야 한다.
> ② 시·도경찰청장은 제1항의 청원경찰 배치신청을 받으면 지체 없이 그 배치 여부를 결정하여 신청인에게 알려야 한다.
> ③ 시·도경찰청장은 청원경찰 배치가 필요하다고 인정하는 기관의 장 또는 시설·사업장의 경영자에게 청원경찰을 배치할 것을 요청할 수 있다.
> **법 제10조의5【배치의 폐지 등】** ① 청원주는 청원경찰이 배치된 시설이 폐쇄되거나 축소되어 청원경찰의 배치를 폐지하거나 배치인원을 감축할 필요가 있다고 인정하면 청원경찰의 배치를 폐지하거나 배치인원을 감축할 수 있다. 다만, 청원주는 다음 각 호의 어느 하나에 해당하는 경우에는 청원경찰의 배치를 폐지하거나 배치인원을 감축할 수 없다.
> 1. 청원경찰을 대체할 목적으로 「경비업법」에 따른 특수경비원을 배치하는 경우
> 2. 청원경찰이 배치된 기관·시설 또는 사업장 등이 배치인원의 변동 사유 없이 다른 곳으로 이전하는 경우
> **영 제2조【청원경찰의 배치 신청 등】** 「청원경찰법」(이하 "법"이라 한다) 제4조 제1항에 따라 청원경찰의 배치를 받으려는 자는 청원경찰 배치신청서에 다음 각 호의 서류를 첨부하여 법 제2조 각 호의 기관·시설·사업장 또는 장소(이하 "사업장"이라 한다)의 소재지를 관할하는 경찰서장(이하 "관할 경찰서장"이라 한다)을 거쳐 시·도경찰청장에게 제출하여야 한다. 이 경우 배치장소가 둘 이상의 도(특별시, 광역시, 특별자치시 및 특별자치도를 포함한다. 이하 같다)일 때에는 주된 사업장의 관할 경찰서장을 거쳐 시·도경찰청장에게 한꺼번에 신청할 수 있다.
> 1. 경비구역 평면도 1부
> 2. 배치계획서 1부

06 청원경찰법령상 청원경찰의 배치장소가 둘 이상의 도일 때 청원경찰의 배치신청서 제출에 관한 설명으로 옳은 것은? (단, 특별시, 광역시, 특별자치시 및 특별자치도를 포함한다)

① 주된 사업장을 관할하는 경찰서장에게 직접 신청해야 한다.
② 주된 사업장을 관할하는 시·도경찰청장에게 직접 신청해야 한다.
③ 주된 사업장의 관할 경찰서장을 거쳐 시·도경찰청장에게 한꺼번에 신청할 수 있다.
④ 주된 사업장의 관할 시·도경찰청장을 거쳐 경찰청장에게 한꺼번에 신청할 수 있다.

> **해설** 배치장소가 둘 이상의 도(특별시, 광역시, 특별자치시 및 특별자치도를 포함한다)일 때에는 주된 사업장의 관할 경찰서장을 거쳐 시·도경찰청장에게 한꺼번에 신청할 수 있다.
>
> > 영 제2조 【청원경찰의 배치 신청 등】「청원경찰법」(이하 "법"이라 한다) 제4조 제1항에 따라 청원경찰의 배치를 받으려는 자는 청원경찰 배치신청서에 다음 각 호의 서류를 첨부하여 법 제2조 각 호의 기관·시설·사업장 또는 장소(이하 "사업장"이라 한다)의 소재지를 관할하는 경찰서장(이하 "관할 경찰서장"이라 한다)을 거쳐 시·도경찰청장에게 제출하여야 한다. 이 경우 배치장소가 둘 이상의 도(특별시, 광역시, 특별자치시 및 특별자치도를 포함한다. 이하 같다)일 때에는 주된 사업장의 관할 경찰서장을 거쳐 시·도경찰청장에게 한꺼번에 신청할 수 있다.
> > 1. 경비구역 평면도 1부
> > 2. 배치계획서 1부

07 청원경찰법령상 청원경찰 배치에 관한 설명으로 옳은 것은? •제18회 기출

① 청원경찰을 배치받으려는 자는 행정안전부령으로 정하는 바에 따라 경찰청장에게 청원경찰 배치를 신청하여야 한다.
② 청원경찰의 배치를 받으려는 자는 청원경찰 배치신청서에 경비구역 평면도 1부와 배치계획서 1부를 첨부하여야 한다.
③ 사회복지사업법에 따른 사회복지시설은 청원경찰 배치 대상이다.
④ 금융 또는 보험을 업(業)으로 하는 시설 또는 사업장은 청원경찰 배치 대상이 아니다.

> **해설** ① 청원경찰을 배치받으려는 자는 대통령령으로 정하는 바에 따라 관할 시·도경찰청장에게 청원경찰 배치를 신청하여야 한다.
> ③ 「사회복지사업법」에 따른 사회복지시설은 청원경찰 배치 대상이 아니다.
> ④ 금융 또는 보험을 업(業)으로 하는 시설 또는 사업장은 청원경찰 배치 대상에 해당한다.

05 ②   06 ③   07 ②   **정답**

08 청원경찰법령상 청원경찰의 직무 및 배치에 관한 설명으로 옳지 <u>않은</u> 것은? · 제15회 기출

① 청원경찰을 배치받으려는 자는 관할 시·도경찰청장에게 청원경찰 배치를 신청해야 한다.
② 시·도경찰청장은 청원경찰 배치신청을 받으면 지체 없이 그 배치 여부를 결정하여 신청인에게 알려야 한다.
③ 청원경찰이 직무를 수행할 때에 경찰관 직무집행법령에 따라 하여야 할 모든 보고는 관할 시·도경찰청장에게 서면으로 해야 한다.
④ 시·도경찰청장은 청원경찰 배치가 필요하다고 인정하는 기관의 장에게 청원경찰을 배치할 것을 요청할 수 있다.

해설 청원경찰이 직무를 수행할 때 「경찰관 직무집행법」 및 「경찰관 직무집행법 시행령」에 따라 하여야 할 모든 보고는 관할 경찰서장에게 서면으로 보고하기 전에 지체 없이 구두로 보고하고 그 지시에 따라야 한다.

> **법 제4조【청원경찰의 배치】** ① 청원경찰을 배치받으려는 자는 대통령령으로 정하는 바에 따라 관할 시·도경찰청장에게 청원경찰 배치를 신청하여야 한다.
> ② 시·도경찰청장은 제1항의 청원경찰 배치신청을 받으면 지체 없이 그 배치 여부를 결정하여 신청인에게 알려야 한다.
> ③ 시·도경찰청장은 청원경찰 배치가 필요하다고 인정하는 기관의 장 또는 시설·사업장의 경영자에게 청원경찰을 배치할 것을 요청할 수 있다.
> **규칙 제22조【보고】** 청원경찰이 법 제3조에 따라 직무를 수행할 때에 「경찰관 직무집행법」 및 같은 법 시행령에 따라 하여야 할 모든 보고는 관할 경찰서장에게 서면으로 보고하기 전에 지체 없이 구두로 보고하고 그 지시에 따라야 한다.

09 청원경찰법령상 청원경찰의 배치를 받으려는 자가 신청 시 제출해야 하는 서류가 아닌 것은?

① 배치신청서
② 경비구역 평면도
③ 청원경찰명부
④ 배치계획서

해설 청원경찰의 배치를 받으려는 자는 청원경찰 배치신청서에 경비구역 평면도 1부, 배치계획서 1부를 첨부하여 기관·시설·사업장 또는 장소(사업장)의 소재지를 관할하는 경찰서장(관할 경찰서장)을 거쳐 시·도경찰청장에게 제출하여야 한다. 이 경우 배치장소가 둘 이상의 도(특별시, 광역시, 특별자치시 및 특별자치도를 포함한다)일 때에는 주된 사업장의 관할 경찰서장을 거쳐 시·도경찰청장에게 한꺼번에 신청할 수 있다(청원경찰법 시행령 제2조).

10 청원경찰법령상 청원경찰의 배치에 관한 설명으로 옳지 않은 것은?

① KBS와 같은 언론사는 청원경찰의 배치대상이 되는 시설에 해당한다.
② 청원경찰의 배치를 받고자 하는 자는 청원경찰 배치신청서를 사업장 소재지 관할 경찰서장을 거쳐 시·도경찰청장에게 제출하여야 한다.
③ 청원경찰의 배치장소가 2 이상의 도인 때에는 주된 사업장의 관할 경찰서장을 거쳐 관할 시·도경찰청장에게 한꺼번에 신청할 수 있다.
④ 청원경찰의 배치를 받고자 하는 자는 청원경찰 배치신청서에 경비구역 평면도 1부 또는 배치계획서 1부를 첨부하여야 한다.

해설 청원경찰의 배치를 받고자 하는 자는 청원경찰 배치신청서에 경비구역 평면도 1부와 배치계획서 1부를 첨부하여야 한다(청원경찰법 시행령 제2조).

08 ③   09 ③   10 ④   정답

11 청원경찰법령상 청원경찰의 배치 등에 관한 설명으로 옳은 것은?

① 청원경찰을 배치받으려는 자는 법령이 정하는 청원경찰 배치신청서를 경찰청장에게 직접 제출하여야 한다.
② 청원경찰 배치신청서에는 경비구역 평면도와 배치계획서 및 청원경찰경비에 관한 사항이 첨부되어야 한다.
③ 시·도경찰청장은 청원경찰 배치신청을 받으면 1개월 이내에 그 배치 여부를 결정하여 신청인에게 알려야 한다.
④ 시·도경찰청장은 청원경찰의 배치가 필요하다고 인정되는 기관의 장에게 청원경찰을 배치할 것을 요청할 수 있다.

해설 ① 청원경찰을 배치받으려는 자는 대통령령이 정하는 청원경찰 배치신청서를 소재지를 관할하는 경찰서장(관할 경찰서장)을 거쳐 시·도경찰청장에게 제출하여야 한다.
② 청원경찰 배치신청서에는 경비구역 평면도 1부와 배치계획서 1부가 첨부되어야 한다.
③ 시·도경찰청장은 청원경찰 배치신청을 받으면 지체 없이 그 배치 여부를 결정하여 신청인에게 알려야 한다.

> **법 제2조【정의】** 이 법에서 "청원경찰"이란 다음 각 호의 어느 하나에 해당하는 기관의 장 또는 시설·사업장 등의 경영자가 경비[이하 "청원경찰경비"(請願警察經費)라 한다]를 부담할 것을 조건으로 경찰의 배치를 신청하는 경우 그 기관·시설 또는 사업장 등의 경비(警備)를 담당하게 하기 위하여 배치하는 경찰을 말한다.
> 1. 국가기관 또는 공공단체와 그 관리하에 있는 중요시설 또는 사업장
> 2. 국내 주재(駐在) 외국기관
> 3. 그 밖에 행정안전부령으로 정하는 중요시설, 사업장 또는 장소
>
> **법 제4조【청원경찰의 배치】** ① 청원경찰을 배치받으려는 자는 대통령령으로 정하는 바에 따라 관할 시·도경찰청장에게 청원경찰 배치를 신청하여야 한다.
> ② 시·도경찰청장은 제1항의 청원경찰 배치신청을 받으면 지체 없이 그 배치 여부를 결정하여 신청인에게 알려야 한다.
> ③ 시·도경찰청장은 청원경찰 배치가 필요하다고 인정하는 기관의 장 또는 시설·사업장의 경영자에게 청원경찰을 배치할 것을 요청할 수 있다.
>
> **영 제2조【청원경찰의 배치 신청 등】** 청원경찰법(이하 "법"이라 한다) 제4조 제1항에 따라 청원경찰의 배치를 받으려는 자는 청원경찰 배치신청서에 다음 각 호의 서류를 첨부하여 법 제2조 각 호의 기관·시설·사업장 또는 장소(이하 "사업장"이라 한다)의 소재지를 관할하는 경찰서장(이하 "관할 경찰서장"이라 한다)을 거쳐 시·도경찰청장에게 제출하여야 한다. 이 경우 배치장소가 둘 이상의 도(특별시, 광역시, 특별자치시 및 특별자치도를 포함한다. 이하 같다)일 때에는 주된 사업장의 관할 경찰서장을 거쳐 시·도경찰청장에게 한꺼번에 신청할 수 있다.
> 1. 경비구역 평면도 1부
> 2. 배치계획서 1부

12 경비업법에 따른 경비업자가 중요시설의 경비를 도급받은 때에는 청원주는 그 사업장에 배치된 청원경찰의 근무배치 및 감독에 관한 권한을 누구에게 위임할 수 있는가?

① 경찰청장
② 시·도경찰청장
③ 관할 경찰서장
④ 해당 경비업자

해설 「경비업법」에 따른 경비업자가 중요시설의 경비를 도급받았을 때에는 청원주는 그 사업장에 배치된 청원경찰의 근무배치 및 감독에 관한 권한을 해당 경비업자에게 위임할 수 있다.

> 영 제19조 【근무배치 등의 위임】 ① 「경비업법」에 따른 경비업자(이하 이 조에서 "경비업자"라 한다)가 중요시설의 경비를 도급받았을 때에는 청원주는 그 사업장에 배치된 청원경찰의 근무배치 및 감독에 관한 권한을 해당 경비업자에게 위임할 수 있다.

13 청원경찰법령상 경비업법에 따른 경비업자가 중요시설의 경비를 도급받은 때, 청원주가 경비업자에게 위임할 수 있는 사항은?

① 청원경찰의 임용
② 청원경찰의 징계
③ 청원경찰의 근무배치
④ 청원경찰의 배치폐지

해설 「경비업법」에 따른 경비업자가 중요시설의 경비를 도급받았을 때에는 청원주는 그 사업장에 배치된 청원경찰의 근무배치 및 감독에 관한 권한을 해당 경비업자에게 위임할 수 있다(청원경찰법 시행령 제19조 제1항).

제2절 청원경찰의 배치통보 등

14 청원경찰법령상 청원주가 청원경찰을 신규로 배치한 때에는 누구에게 통보해야 하는가?

① 배치지를 관할하는 경찰서장
② 배치지를 관할하는 시·도경찰청장
③ 주사무소를 관할하는 경찰서장
④ 주사무소를 관할하는 시·도경찰청장

해설 청원주는 청원경찰을 신규로 배치하거나 이동배치하였을 때에는 배치지(이동배치의 경우에는 종전의 배치지)를 관할하는 경찰서장에게 그 사실을 통보하여야 한다.

> 영 제6조 【배치 및 이동】 ① 청원주는 청원경찰을 신규로 배치하거나 이동배치하였을 때에는 배치지(이동배치의 경우에는 종전의 배치지)를 관할하는 경찰서장에게 그 사실을 통보하여야 한다.
> ② 제1항의 통보를 받은 경찰서장은 이동배치지가 다른 관할구역에 속할 때에는 전입지를 관할하는 경찰서장에게 이동배치한 사실을 통보하여야 한다.

정답 11 ④ 12 ④ 13 ③ 14 ①

15 청원경찰법령상 청원경찰의 배치와 이동 등에 관한 설명으로 옳은 것은?

① 청원경찰을 배치받으려는 자는 행정안전부령으로 정하는 바에 따라 관할 경찰서장에게 청원경찰 배치를 신청하여야 한다.
② 청원주는 청원경찰을 신규로 배치하였을 때에는 배치지를 관할하는 경찰서장에게 그 사실을 통보하여야 한다.
③ 청원주는 청원경찰을 이동배치하였을 때에는 전입지를 관할하는 경찰서장에게 그 사실을 통보하여야 한다.
④ 청원경찰의 이동배치의 통보를 받은 경찰서장은 이동배치지가 다른 관할 구역에 속할 때에는 전입지를 관할하는 시·도경찰청장에게 이동배치한 사실을 통보하여야 한다.

해설 ① 청원경찰을 배치받으려는 자는 대통령령으로 정하는 바에 따라 관할 시·도경찰청장에게 청원경찰 배치를 신청하여야 한다.
③ 청원주는 청원경찰을 이동배치하였을 때에는 종전의 배치지를 관할하는 경찰서장에게 그 사실을 통보하여야 한다.
④ 청원경찰의 이동배치의 통보를 받은 경찰서장은 이동배치지가 다른 관할 구역에 속할 때에는 전입지를 관할하는 경찰서장에게 이동배치한 사실을 통보하여야 한다.

> **법 제4조【청원경찰의 배치】** ① 청원경찰을 배치받으려는 자는 대통령령으로 정하는 바에 따라 관할 시·도경찰청장에게 청원경찰 배치를 신청하여야 한다.
> ② 시·도경찰청장은 제1항의 청원경찰 배치신청을 받으면 지체 없이 그 배치 여부를 결정하여 신청인에게 알려야 한다.
> ③ 시·도경찰청장은 청원경찰 배치가 필요하다고 인정하는 기관의 장 또는 시설·사업장의 경영자에게 청원경찰을 배치할 것을 요청할 수 있다.
> **영 제6조【배치 및 이동】** ① 청원주는 청원경찰을 신규로 배치하거나 이동배치하였을 때에는 배치지(이동배치의 경우에는 종전의 배치지)를 관할하는 경찰서장에게 그 사실을 통보하여야 한다.
> ② 제1항의 통보를 받은 경찰서장은 이동배치지가 다른 관할 구역에 속할 때에는 전입지를 관할하는 경찰서장에게 이동배치한 사실을 통보하여야 한다.

16 청원경찰법령상 청원경찰의 배치와 이동에 관한 설명으로 옳지 않은 것은? • 제23회 기출

① 청원경찰을 배치받으려는 자는 대통령령으로 정하는 바에 따라 관할 시·도경찰청장에게 청원경찰 배치를 신청하여야 한다.
② 시·도경찰청장은 청원경찰 배치가 필요하다고 인정하는 기관의 장 또는 시설·사업장의 경영자에게 청원경찰을 배치할 것을 요청할 수 있다.
③ 청원주는 청원경찰을 이동배치하였을 때에는 전입지를 관할하는 경찰서장에게 그 사실을 통보하여야 한다.
④ 청원주는 청원경찰이 배치된 기관·시설 또는 사업장 등이 배치인원의 변동 사유 없이 다른 곳으로 이전하는 경우에는 청원경찰의 배치인원을 감축할 수 없다.

해설 청원주는 청원경찰을 이동배치하였을 때에는 종전의 배치지를 관할하는 경찰서장에게 그 사실을 통보하여야 한다.

> 법 제4조 【청원경찰의 배치】 ① 청원경찰을 배치받으려는 자는 대통령령으로 정하는 바에 따라 관할 시·도경찰청장에게 청원경찰 배치를 신청하여야 한다.
> ② 시·도경찰청장은 제1항의 청원경찰 배치신청을 받으면 지체 없이 그 배치 여부를 결정하여 신청인에게 알려야 한다.
> ③ 시·도경찰청장은 청원경찰 배치가 필요하다고 인정하는 기관의 장 또는 시설·사업장의 경영자에게 청원경찰을 배치할 것을 요청할 수 있다.
> 법 제10조의5 【배치의 폐지 등】 ① 청원주는 청원경찰이 배치된 시설이 폐쇄되거나 축소되어 청원경찰의 배치를 폐지하거나 배치인원을 감축할 필요가 있다고 인정하면 청원경찰의 배치를 폐지하거나 배치인원을 감축할 수 있다. 다만, 청원주는 다음 각 호의 어느 하나에 해당하는 경우에는 청원경찰의 배치를 폐지하거나 배치인원을 감축할 수 없다.
> 1. 청원경찰을 대체할 목적으로 「경비업법」에 따른 특수경비원을 배치하는 경우
> 2. 청원경찰이 배치된 기관·시설 또는 사업장 등이 배치인원의 변동 사유 없이 다른 곳으로 이전하는 경우
> 영 제6조 【배치 및 이동】 ① 청원주는 청원경찰을 신규로 배치하거나 이동배치하였을 때에는 배치지(이동배치의 경우에는 종전의 배치지)를 관할하는 경찰서장에게 그 사실을 통보하여야 한다.
> ② 제1항의 통보를 받은 경찰서장은 이동배치지가 다른 관할구역에 속할 때에는 전입지를 관할하는 경찰서장에게 이동배치한 사실을 통보하여야 한다.

정답 15 ② 16 ③

17 청원경찰법령상 청원경찰의 배치와 이동 등에 관한 설명으로 옳지 <u>않은</u> 것은?

• 제21회 기출

① 청원경찰이 배치된 사업장이 배치인원의 변동 사유 없이 다른 곳으로 이전하는 경우 청원주는 청원경찰의 배치를 폐지하거나 배치인원을 감축할 수 없다.
② 청원주는 배치폐지하거나 배치인원의 감축으로 과원(過員)이 되는 청원경찰의 고용이 보장될 수 있도록 노력하여야 한다.
③ 청원주는 청원경찰을 신규로 배치하였을 때에는 배치지를 관할하는 경찰서장에게 그 사실을 통보하여야 한다.
④ 청원경찰의 이동배치의 통보를 받은 경찰서장은 이동배치지가 다른 관할구역에 속할 때에는 전입지를 관할하는 시·도경찰청장에게 이동배치한 사실을 통보하여야 한다.

해설 청원경찰의 이동배치의 통보를 받은 경찰서장은 이동배치지가 다른 관할구역에 속할 때에는 전입지를 관할하는 경찰서장에게 이동배치한 사실을 통보하여야 한다.

> **법 제10조의5【배치의 폐지 등】** ① 청원주는 청원경찰이 배치된 시설이 폐쇄되거나 축소되어 청원경찰의 배치를 폐지하거나 배치인원을 감축할 필요가 있다고 인정하면 청원경찰의 배치를 폐지하거나 배치인원을 감축할 수 있다. 다만, 청원주는 다음 각 호의 어느 하나에 해당하는 경우에는 청원경찰의 배치를 폐지하거나 배치인원을 감축할 수 없다.
> 1. 청원경찰을 대체할 목적으로「경비업법」에 따른 특수경비원을 배치하는 경우
> 2. 청원경찰이 배치된 기관·시설 또는 사업장 등이 배치인원의 변동 사유 없이 다른 곳으로 이전하는 경우
> ③ 제1항에 따라 청원경찰의 배치를 폐지하거나 배치인원을 감축하는 경우 해당 청원주는 배치폐지나 배치인원 감축으로 과원(過員)이 되는 청원경찰 인원을 그 기관·시설 또는 사업장 내의 유사 업무에 종사하게 하거나 다른 시설·사업장 등에 재배치하는 등 청원경찰의 고용이 보장될 수 있도록 노력하여야 한다.
> **영 제6조【배치 및 이동】** ① 청원주는 청원경찰을 신규로 배치하거나 이동배치하였을 때에는 배치지(이동배치의 경우에는 종전의 배치지)를 관할하는 경찰서장에게 그 사실을 통보하여야 한다.
> ② 제1항의 통보를 받은 경찰서장은 이동배치지가 다른 관할구역에 속할 때에는 전입지를 관할하는 경찰서장에게 이동배치한 사실을 통보하여야 한다.

18 청원경찰법령상 청원경찰의 배치를 폐지하거나 배치인원을 감축할 수 있는 사유로 옳은 것을 모두 고른 것은?

> ㄱ. 청원경찰이 배치된 시설이 폐쇄된 경우
> ㄴ. 청원경찰이 배치된 시설이 축소된 경우
> ㄷ. 청원경찰을 대체할 목적으로 경비업법에 따른 특수경비원을 배치하는 경우
> ㄹ. 청원경찰이 배치된 기관·시설 또는 사업장 등이 배치인원의 변동 사유 없이 다른 곳으로 이전하는 경우

① ㄱ, ㄴ   ② ㄱ, ㄷ   ③ ㄴ, ㄷ   ④ ㄷ, ㄹ

해설 청원주는 청원경찰이 배치된 시설이 폐쇄되거나 축소되어 청원경찰의 배치를 폐지하거나 배치인원을 감축할 필요가 있다고 인정하면 청원경찰의 배치를 폐지하거나 배치인원을 감축할 수 있다.

19 청원경찰법령상 청원경찰의 배치 및 배치폐지에 관한 설명으로 옳은 것은?

① 청원주는 청원경찰을 이동배치하였을 때에는 이동배치지를 관할하는 경찰서장에게 그 사실을 통보하여야 한다.
② 청원주는 청원경찰이 배치된 기관·시설 또는 사업장 등이 배치인원의 변동 사유 없이 다른 곳으로 이전할 필요가 있다고 인정하면 청원경찰의 배치를 폐지하거나 배치인원을 감축할 수 있다.
③ 청원주가 청원경찰을 폐지하거나 감축하였을 때에는 청원경찰 배치결정을 한 시·도경찰청장에게 알려야 하며, 그 사업장이 시·도경찰청장이 청원경찰의 배치를 요청한 사업장일 때에는 그 폐지 또는 감축 사유를 구체적으로 밝혀야 한다.
④ 청원경찰의 배치를 폐지하거나 배치인원을 감축하는 경우 해당 청원주는 배치폐지나 배치인원 감축으로 과원(過員)이 되는 청원경찰 인원을 그 기관·시설 또는 사업장 내의 유사 업무에 종사하게 하거나 다른 시설·사업장 등에 재배치하는 등 청원경찰의 고용이 보장될 수 있도록 노력하여야 한다.

해설 ① 청원주는 청원경찰을 이동배치하였을 때에는 종전의 배치지를 관할하는 경찰서장에게 그 사실을 통보하여야 한다.
② 청원주는 청원경찰이 배치된 기관·시설 또는 사업장 등이 배치인원의 변동 사유 없이 다른 곳으로 이전하는 경우에는 청원경찰의 배치를 폐지하거나 배치인원을 감축할 수 없다.
③ 청원주가 청원경찰을 폐지하거나 감축하였을 때에는 청원경찰 배치결정을 한 경찰관서의 장에게 알려야 하며, 그 사업장이 시·도경찰청장이 청원경찰의 배치를 요청한 사업장일 때에는 그 폐지 또는 감축 사유를 구체적으로 밝혀야 한다.

정답 17 ④   18 ①   19 ④

20 청원경찰법령상 청원경찰의 배치폐지 등에 관한 설명으로 옳은 것을 모두 고른 것은?

ㄱ. 청원주는 특수경비원을 배치할 목적으로 청원경찰 배치를 폐지할 수 있다.
ㄴ. 청원주가 청원경찰을 폐지하거나 감축하였을 때에는 청원경찰배치 결정을 한 경찰관서의 장에게 알려야 한다.
ㄷ. 청원경찰의 배치를 폐지한 경우 해당 청원주는 배치폐지로 과원(過員)이 된 청원경찰 인원을 그 기관·시설 등에 재배치하는 등 청원경찰의 고용을 보장하여야 한다.

① ㄱ
② ㄴ
③ ㄱ, ㄷ
④ ㄱ, ㄴ, ㄷ

해설
ㄱ. 청원주는 특수경비원을 배치할 목적으로 청원경찰배치를 폐지할 수 없다.
ㄷ. 청원경찰의 배치를 폐지한 경우 해당 청원주는 배치폐지로 과원(過員)이 된 청원경찰 인원을 그 기관·시설 등에 재배치하는 등 청월경찰의 고용이 보장될 수 있도록 노력해야 한다.

> **법 제10조의5【배치의 폐지 등】** ① 청원주는 청원경찰이 배치된 시설이 폐쇄되거나 축소되어 청원경찰의 배치를 폐지하거나 배치인원을 감축할 필요가 있다고 인정하면 청원경찰의 배치를 폐지하거나 배치인원을 감축할 수 있다. 다만, 청원주는 다음 각 호의 어느 하나에 해당하는 경우에는 청원경찰의 배치를 폐지하거나 배치인원을 감축할 수 없다.
> 1. 청원경찰을 대체할 목적으로 「경비업법」에 따른 특수경비원을 배치하는 경우
> 2. 청원경찰이 배치된 기관·시설 또는 사업장 등이 배치인원의 변동사유 없이 다른 곳으로 이전하는 경우
> ② 제1항에 따라 청원주가 청원경찰을 폐지하거나 감축하였을 때에는 청원경찰 배치 결정을 한 경찰관서의 장에게 알려야 하며, 그 사업장이 제4조 제3항에 따라 시·도경찰청장이 청원경찰의 배치를 요청한 사업장일 때에는 그 폐지 또는 감축 사유를 구체적으로 밝혀야 한다.
> ③ 제1항에 따라 청원경찰의 배치를 폐지하거나 배치인원을 감축하는 경우 해당 청원주는 배치폐지나 배치인원 감축으로 과원(過員)이 되는 청원경찰 인원을 그 기관·시설 또는 사업장 내의 유사 업무에 종사하게 하거나 다른 시설·사업장 등에 재배치하는 등 청원경찰의 고용이 보장될 수 있도록 노력하여야 한다.

21 청원경찰법령상 ( ) 안에 들어갈 관청이 나머지와 다른 것은?

ㄱ. 청원경찰은 청원경찰의 배치결정을 받은 자[이하 "청원주(請願主)"라 한다]와 배치된 기관·시설 또는 사업장 등의 구역을 관할하는 ( )의 감독을 받아 그 경비구역만의 경비를 목적으로 필요한 범위에서 경찰관 직무집행법에 따른 경찰관의 직무를 수행한다.
ㄴ. 청원주는 청원경찰 배치결정의 통지를 받았을 때에는 통지를 받은 날부터 15일 이내에 청원경찰에 대한 징계 규정을 제정하여 관할 ( )에게 신고하여야 한다. 징계 규정을 변경할 때에도 또한 같다.
ㄷ. 청원경찰은 청원주가 임용하되, 임용을 할 때에는 미리 ( )의 승인을 받아야 한다.
ㄹ. 청원경찰을 배치받으려는 자는 대통령령으로 정하는 바에 따라 관할 ( )에게 청원경찰 배치를 신청하여야 한다.

① ㄱ ② ㄴ
③ ㄷ ④ ㄹ

해설
ㄱ. 청원경찰은 청원경찰의 배치결정을 받은 자[이하 "청원주(請願主)"라 한다]와 배치된 기관·시설 또는 사업장 등의 구역을 관할하는 경찰서장의 감독을 받아 그 경비구역만의 경비를 목적으로 필요한 범위에서 「경찰관 직무집행법」에 따른 경찰관의 직무를 수행한다(청원경찰법 제3조).
ㄴ. 청원주는 청원경찰 배치결정의 통지를 받았을 때에는 통지를 받은 날부터 15일 이내에 청원경찰에 대한 징계 규정을 제정하여 관할 시·도경찰청장에게 신고하여야 한다. 징계 규정을 변경할 때에도 또한 같다(청원경찰법 시행령 제8조 제5항).
ㄷ. 청원경찰은 청원주가 임용하되, 임용을 할 때에는 미리 시·도경찰청장의 승인을 받아야 한다(청원경찰법 제5조 제1항).
ㄹ. 청원경찰을 배치받으려는 자는 대통령령으로 정하는 바에 따라 관할 시·도경찰청장에게 청원경찰 배치를 신청하여야 한다(청원경찰법 제4조 제1항).

20 ② 21 ①

PART 2 청원경찰법

CHAPTER 03 청원경찰의 임용

제1절 청원경찰의 임용

제2절 청원경찰의 교육

최근 13개년 출제비중

5.0%

학습 TIP

- ☑ 청원경찰의 임용권자와 승인권자를 구분해야 하고, 임용자격 중 국가공무원법상 결격사유에 대해 알아두어야 한다.
- ☑ 청원경찰의 임용권자와 승인권자 비교, 임용자격 중 국가공무원법과 청원경찰법의 비교를 유의해 학습하고, 최근 개정된 청원경찰의 임용요건을 법조항에 근거해 파악해두어야 한다.

POINT CHAPTER 내 절별 출제비중

- 01 청원경찰의 임용 — 48%
- 02 청원경찰의 교육 — 52%

CHAPTER 03 청원경찰의 임용

최신 개정 법령 확인

제1절 청원경찰의 임용

1. 청원경찰의 임용권자 등 ★★☆

(1) 청원경찰의 임용 및 승인권자
① 임용권자: 청원경찰은 **청원주**가 임용한다(청원경찰법 제5조 제1항).
② 임용승인권자: 청원경찰을 청원주가 임용을 할 때에는 미리 시·도경찰청장의 승인을 받아야 한다(청원경찰법 제5조 제1항).

핵심 기출문제

01 청원경찰법령상 청원경찰의 임용권자로 옳은 것은? • 제24회 기출

① 청원주 ② 경찰서장
③ 경찰청장 ④ 시·도경찰청장

해설 청원경찰은 청원주가 임용하되, 임용을 할 때에는 미리 시·도경찰청장의 승인을 받아야 한다.

정답 ①

(2) 청원경찰의 임용자격
① 「**국가공무원법**」상 임용요건(국가공무원법 제33조): 다음 각 호의 어느 하나의 결격사유에 해당하는 사람은 청원경찰로 임용될 수 없다(청원경찰법 제5조 제2항).
㉠ 피성년후견인
㉡ 파산선고를 받은 자로서 복권되지 아니한 자
㉢ 금고 이상의 실형을 선고받고 그 집행이 끝나거나(집행이 끝난 것으로 보는 경우를 포함한다) 집행이 면제된 날부터 5년이 지나지 아니한 자
㉣ 금고 이상의 형의 집행유예를 선고받고 그 유예기간이 끝난 날부터 2년이 지나지 아니한 자

피성년후견인
질병, 장애, 노령, 그 밖의 사유로 인한 정신적 제약으로 사무를 처리할 능력이 지속적으로 결여된 사람으로서 가정법원으로부터 성년후견개시의 심판을 받은 자를 말한다(민법 제9조 관련). 예를 들어 식물인간인 상태에 있거나 치매 증상으로 보이는 경우 사무를 처리할 능력이 지속적으로 결여되어 있다고 할 수 있다.

ⓜ 금고 이상의 형의 선고유예를 받은 경우에 그 선고유예 기간 중에 있는 자
ⓑ 법원의 판결 또는 다른 법률에 따라 자격이 상실되거나 정지된 자
ⓢ 공무원으로 재직기간 중 직무와 관련하여 「형법」 제355조(횡령, 배임) 및 제356조(업무상의 횡령과 배임)에 규정된 죄를 범한 자로서 300만 원 이상의 벌금형을 선고받고 그 형이 확정된 후 2년이 지나지 아니한 자
ⓞ 다음 어느 하나에 해당하는 죄를 범한 사람으로서 100만 원 이상의 벌금형을 선고받고 그 형이 확정된 후 3년이 지나지 아니한 사람
  ⓐ 「성폭력범죄의 처벌 등에 관한 특례법」 제2조에 따른 성폭력범죄
  ⓑ 「정보통신망 이용촉진 및 정보보호 등에 관한 법률」 제74조 제1항 제2호(음란한 부호·문언·음향·화상 또는 영상을 배포·판매·임대하거나 공공연하게 전시한 자) 및 제3호(공포심이나 불안감을 유발하는 부호·문언·음향·화상 또는 영상을 반복적으로 상대방에게 도달하게 한 자)에 규정된 죄
  ⓒ 「스토킹범죄의 처벌 등에 관한 법률」 제2조 제2호에 따른 스토킹 범죄
ⓩ 미성년자에 대하여 「성폭력범죄의 처벌 등에 관한 특례법」 제2조에 따른 성폭력범죄 또는 「아동·청소년의 성보호에 관한 법률」 제2조 제2호에 따른 아동·청소년대상 성범죄를 범한 사람으로서 다음의 어느 하나에 해당하는 날부터 20년이 지나지 아니한 사람
  ⓐ 금고 이상의 실형을 선고받고 그 집행이 끝나거나(집행이 끝난 것으로 보는 경우를 포함한다) 집행이 면제된 날
  ⓑ 금고 이상의 형의 집행유예를 선고받고 그 집행유예가 확정된 날
  ⓒ 벌금 이하의 형을 선고받고 그 형이 확정된 날
  ⓓ 치료감호를 선고받고 그 집행이 끝나거나 집행이 면제된 날
  ⓔ 징계로 파면처분 또는 해임처분을 받은 날
ⓩ 징계로 파면 처분을 받은 때부터 5년이 지나지 아니한 자
ⓚ 징계로 해임 처분을 받은 때부터 3년이 지나지 아니한 자

청원경찰의 결격사유 중 「국가공무원법」상 결격사유와 「청원경찰법」상 결격사유의 구별 실익은 당연퇴직 여부이다. 단, ①의 ⓜ에서 금고 이상의 형의 선고유예를 받은 경우 당연퇴직 사유는 위헌이다.

심화학습

「형법」 제355조 【횡령, 배임】
① 타인의 재물을 보관하는 자가 그 재물을 횡령하거나 그 반환을 거부한 때에는 5년 이하의 징역 또는 1천 500만 원 이하의 벌금에 처한다.
② 타인의 사무를 처리하는 자가 그 임무에 위배하는 행위로써 재산상의 이익을 취득하거나 제3자로 하여금 이를 취득하게 하여 본인에게 손해를 가한 때에도 전항의 형과 같다.

파면과 해임
- **파면**: 공무원의 신분을 박탈하는 것이다. 파면된 자는 향후 5년간 공무원이 될 수 없으며, 퇴직금은 5년 미만 근무자의 경우 1/4을 감액, 5년 이상 근무자의 경우 1/2을 감액한 후 지급한다.
- **해임**: 공무원의 신분을 박탈하며, 파면보다는 가벼운 처벌이기는 하나, 강제퇴직 시키는 것은 동일하다. 해임이 되면 3년 동안 공무원으로 임용될 수 없다. 다만, 해임의 경우 연금을 지급한다는 점에서 연금법상의 불이익은 없는 것이 파면과의 큰 차이이다.

심화학습

횡령죄와 배임죄

- **횡령죄**: 타인의 재물을 보관하는 자가 그 재물을 횡령하거나 그 반환을 거부함으로써 성립하는 죄를 말한다(형법 제355조 제1항). 횡령죄를 범할 수 있는 주체는 타인의 재물을 보관하는 자이고, 타인의 재물만이 횡령죄의 객체가 될 수 있으며 재산상의 이익은 제외된다. 보관은 재물에 대한 사실적 지급 또는 법률적 지배를 말한다.

- **배임죄**: 타인을 위하여 그 사무를 처리하는 자가 그 임무에 위배되는 행위로써 재산상의 이익을 취득하거나 제3자로 하여금 이를 취득하게 하여 본인에게 재산상의 손해를 가하는 죄(형법 제355조 제2항)이다. 타인을 위하여 그 사무를 처리하는 자란 타인과의 위탁 신임관계에 의하여 사적 또는 공적 사무를 행하는 자를 말하며, 이러한 신분이 없는 자는 본죄의 주체가 될 수 없다.

경비업법과 청원경찰법의 주요 결격사유의 비교

구분		경비업법			청원경찰법
		법인 임원	경비지도사, 일반경비원	특수경비원	청원경찰
연령 규정		–	18세 미만	18세 미만이거나 60세 이상	18세 미만
피성년후견인		공통적 결격사유			
파산선고 받고 복권되지 아니한 자		공통적 결격사유			
금고 이상의 실형을 선고 받은 경우	선고유예	–	–	유예기간 중	
	집행유예	–	유예기간 중		유예기간이 끝난 날부터 2년이 지나지 아니한 자
	집행종료	–	5년이 지나지 아니한 자 (단, 범죄단체구성 등 성 관련 범죄 10년)		5년이 지나지 아니한 자
	집행면제	–	5년이 지나지 아니한 자 (단, 범죄단체구성 등 성 관련 범죄 10년)		5년이 지나지 아니한 자
	실효	실효되지 아니한 자	–		
벌금형 선고받은 경우		3년이 지나지 아니한 자 (특수경비업무 임원만)	5년이 지나지 아니한 자 (단, 범죄단체구성 등 성 관련 범죄 10년)		100만 원 이상의 벌금형을 선고받고 그 형이 확정된 후 3년이 지나지 아니한 자(성범죄, 스토킹범죄 및 음란물 유포죄 관련)
치료감호 선고받은 경우	집행종료	–	성 관련 범죄로 10년이 지나지 아니한 자		치료감호가 확정된 사람(집행유예를 선고받은 후 그 집행유예기간이 경과된 자 포함)[미성년자 관련 성범죄]
	집행면제	–	5년이 지나지 아니한 자 (단, 성 관련 범죄 10년)		

관련 판례 청원경찰법 제10조의6 제1호 위헌제청 [전원재판부 2017헌가 26, 2018.1.25., 위헌]

【판시사항】
청원경찰이 금고 이상의 형의 선고유예를 받은 경우 당연퇴직되도록 규정한「청원경찰법」(2010.2.4., 법률 제10013호로 개정된 것) 제10조의6 제1호 중 제5조 제2항에 의한「국가공무원법」제33조 제5호에 관한 부분이 직업의 자유를 침해하는지 여부(적극)

【결정요지】
금고 이상의 형의 선고유예를 받은 경우 사회적 비난 가능성이 크거나 직무수행에 대한 국민의 신뢰 등에 미치는 부정적인 영향이 크다고 일률적으로 단정하기 어렵고, 같은 금고 이상의 형의 선고유예를 받은 경우라고 하여도 범죄의 종류, 죄질, 내용이 지극히 다양하므로, 그에 따라 국민의 청원경찰직에 대한 신뢰 등에 미치는 영향도 큰 차이가 있다. 따라서 선고유예 판결의 확정에 따른 당연퇴직 사유를 규정함에 있어서 직업의 자유에 대한 제한을 최소화하기 위해서는 입법목적을 달성함에 반드시 필요한 범죄의 유형, 내용 등으로 그 범위를 가급적 한정하여 규정하거나, 혹은 적어도「청원경찰법」상에 마련된 징계 등 별도의 제도로도 입법목적을 충분히 달성할 수 있는 것으로 판단되는 경우를 당연퇴직 사유에서 제외시켜 규정하여야 한다. 그럼에도 불구하고 심판대상조항은 청원경찰이 저지른 범죄의 종류나 내용을 불문하고 금고 이상의 형의 선고유예를 받게 되면 당연히 퇴직되도록 규정함으로써 청원경찰에게 공무원보다 더 가혹한 제재를 가하고 있으므로, 침해의 최소성 원칙에 위배된다. 심판대상조항은 청원경찰이 저지른 범죄의 종류나 내용을 불문하고 범죄행위로 금고 이상의 형의 선고유예를 받게 되면 당연히 퇴직되도록 규정함으로써 그것이 달성하려는 공익의 비중에도 불구하고 청원경찰의 직업의 자유를 과도하게 제한하고 있어 법익의 균형성 원칙에도 위배된다. 따라서 심판대상조항은 과잉금지원칙에 반하여 직업의 자유를 침해한다.

② 「청원경찰법」상 임용요건
  ㉠ 청원경찰의 임용자격·임용방법·교육 및 보수에 관하여는 **대통령령**으로 정한다(청원경찰법 제5조 제3항).
  ㉡ 청원경찰의 임용자격은 다음과 같다(청원경찰법 시행령 제3조).
    ⓐ 18세 이상인 사람
    ⓑ 행정안전부령으로 정하는 신체조건에 해당하는 사람
      • 신체가 건강하고 팔다리가 완전할 것
      • 시력(교정시력을 포함한다)은 양쪽 눈이 각각 0.8 이상일 것

» 청원경찰과 특수경비원의 임용요건 비교

구분	청원경찰	특수경비원
연령	18세 이상	18세 이상 60세 미만
신체조건	신체가 건강하고 팔다리가 완전하여야 한다.	팔다리가 완전하여야 한다.
시력	교정시력 포함 0.8 이상	• 맨눈 시력 0.2 이상 • 교정시력 0.8 이상

법 개정 시 청원경찰의 임용자격에서 남자의 경우에는 군복무를 마쳤거나 면제된 사람으로 한정하는 내용을 삭제하였는데, 이는 병역미필자에 대한 불합리한 차별을 해소하려는 것이다.

심화학습

임용 상한 연령 제한 폐지
국민권익위원회의 개선권고(2013. 11.22.)에 따라 청원경찰의 임용 상한 연령(50세 미만) 제한을 폐지하여 당연퇴직 연령(60세)에 도달하지 않은 국민이라면 누구에게나 청원경찰시험의 응시기회가 주어지도록 개선하였다.

핵심 기출문제

02 청원경찰법령상 청원경찰의 임용자격에 관한 내용이다. ( )에 들어갈 숫자가 순서대로 옳은 것은?

• 제23회 기출

> 청원경찰의 임용자격은 ( )세 이상으로 신체가 건강하고 팔다리가 완전하며 시력(교정시력을 포함한다)은 양쪽 눈이 각각 ( ) 이상인 사람이다.

① 18, 0.5 ② 18, 0.8 ③ 19, 0.8 ④ 19, 1.0

해설 청원경찰의 임용자격은 18세 이상으로 신체가 건강하고 팔다리가 완전하며 시력(교정시력을 포함한다)은 양쪽 눈이 각각 0.8 이상인 사람이다.

[정답] ②

2. 청원경찰의 임용절차

(1) 임용신청

① **임용승인신청**: 청원경찰의 배치결정을 받은 자(이하 "청원주"라 한다)는 그 배치결정통지를 받은 날부터 30일 이내에 배치결정된 인원 수의 임용예정자에 대하여 청원경찰 임용승인을 시·도경찰청장에게 신청하여야 한다(청원경찰법 시행령 제4조 제1항).

② **첨부서류**: 청원주가 시·도경찰청장에게 청원경찰 임용승인을 신청할 때에는 청원경찰 임용 승인 신청서 [별지 제3호 서식]에 그 해당자에 관한 다음의 서류를 첨부해야 한다(청원경찰법 시행규칙 제5조 제1항).

   ㉠ 이력서 1부
   ㉡ 주민등록증 사본 1부
   ㉢ 민간인 신원진술서 1부(보안업무규정 제36조에 따른 신원조사가 필요한 경우만 해당한다)
   ㉣ 최근 3월 이내에 발행한 채용신체검사서 또는 취업용 건강진단서 1부
   ㉤ 가족관계등록부 중 기본증명서 1부

③ **병적증명서 확인**: 신청서를 제출받은 시·도경찰청장은 「전자정부법」 제36조 제1항에 따라 행정정보의 공동이용을 통하여 해당자의 병적증명서를 확인하여야 한다. 다만, 그 해당자가 확인에 동의하지 아니할 때에는 해당 서류를 첨부하도록 하여야 한다(청원경찰법 시행규칙 제5조 제2항).

국가정보원의 직무 범위를 국가안전보장에 한정된 국가 기밀을 취급하는 인원에 대한 보안 업무 등으로 명확히 하고, 국가정보원의 신원조사 대상을 공무원 임용 예정자 전체에서 공무원 임용 예정자 중 국가안전보장에 한정된 국가 기밀을 취급하는 직위에 임용될 예정인 사람으로 한정하는 등의 내용으로 「국가정보원법」 및 「보안업무규정」이 개정됨에 따라, 청원경찰의 배치결정을 받은 자가 시·도경찰청장에게 청원경찰임용승인을 신청할 때 첨부하는 서류 중 민간인 신원진술서는 「보안업무규정」에 따른 신원조사가 필요한 경우에만 첨부하도록 하려는 것이다.

가족관계등록부
가족관계등록부는 등록기준지, 개인의 성명과 생년월일 등 신분에 관한 사항, 가족관계에 관한 사항 따위를 기록한 공문서이다. 2008년 「호적법」 폐지에 따라 호적을 대체하기 위해 마련한 문서로, 등록부에 기록된 사항에 대해서는 필요에 따라 '기본증명서, 혼인관계증명서, 가족관계증명서, 입양관계증명서, 친자입양관계증명서'의 총 5가지 종류의 증명서를 발급받을 수 있다.

(2) 임용보고

청원주가 청원경찰을 임용하였을 때에는 임용한 날부터 10일 이내에 그 임용사항을 관할 경찰서장을 거쳐 시·도경찰청장에게 보고하여야 한다. 청원경찰이 퇴직하였을 때에도 또한 같다(청원경찰법 시행령 제4조 제2항). 즉, 청원주는 청원경찰이 퇴직한 날부터 10일 이내에 그 퇴직사항을 관할 경찰서장을 거쳐 시·도경찰청장에게 보고하여야 한다.

핵심 기출문제

03 청원경찰법령상 청원경찰 임용승인신청서의 첨부서류에 해당하지 않는 것은?
・제25회 기출

① 이력서 1부
② 주민등록등본 1부
③ 가족관계등록부 중 기본증명서 1부
④ 최근 3개월 이내에 발행한 채용신체검사서 1부

해설 임용승인신청서의 첨부서류는 주민등록등본이 아니라 주민등록증 사본 1부이다. 그 외에 민간인 신원진술서(보안업무규정 제36조에 따른 신원조사가 필요한 경우만 해당한다) 1부도 첨부서류에 해당한다.

정답 ②

04 청원경찰법령상 청원경찰의 임용에 관한 설명으로 옳은 것은? ・제26회 기출

① 청원경찰의 임용자격에 관하여는 대통령령으로 정한다.
② 청원경찰은 관할경찰서장이 임용한다.
③ 청원주가 청원경찰을 임용하였을 때에는 임용한 날부터 30일 이내에 그 사항을 관할 경찰서장을 거쳐 시·도경찰청장에게 보고하여야 한다.
④ 청원주는 청원경찰이 퇴직하였을 때에는 퇴직한 날부터 60일 이내에 그 사항을 관할 경찰서장을 거쳐 시·도경찰청장에게 보고하여야 한다.

해설 ② 청원경찰은 청원주가 임용한다.
③ 청원주가 청원경찰을 임용하였을 때에는 임용한 날부터 10일 이내에 그 사항을 관할 경찰서장을 거쳐 시·도경찰청장에게 보고하여야 한다.
④ 청원주는 청원경찰이 퇴직하였을 때에는 퇴직한 날부터 10일 이내에 그 사항을 관할 경찰서장을 거쳐 시·도경찰청장에게 보고하여야 한다.

정답 ①

■ 청원경찰법 시행규칙 [별지 제3호 서식]

청원경찰 임용 승인 신청서

(앞쪽)

접수번호	접수일자		처리기간	15일

청원주	성명	생년월일
	직책	연락처

배치 사업장의 명칭	
배치 사업장의 소재지	
청원경찰 배치결정 통지 접수일	

임용예정자(총 명)	일련번호	성명	생년월일	주소	병역

「청원경찰법」제5조 제1항, 같은 법 시행령 제4조 제1항 및 같은 법 시행규칙 제5조에 따라 위 사람들을 청원경찰로 임명하려고 하니 승인해 주시기 바랍니다.

년   월   일

신청인   (서명 또는 인)

○○경찰서장   귀하

첨부 서류	임용예정자에 대한 다음 각 호의 서류 1. 이력서 1부 2. 주민등록증 사본 1부 3. 민간인 신원진술서 1부 4. 최근 3개월 이내에 발행한 채용신체검사서 또는 취업용 건강진단서 1부 5. 가족관계등록부 중 기본증명서 1부	수수료 없음
담당 공무원 확인사항	임용예정자 병적증명서	

행정정보 공동이용 동의서

임용예정자는 이 건 업무처리와 관련하여 담당 공무원이「전자정부법」제36조에 따른 행정정보의 공동이용을 통하여 위의 담당 공무원 확인 사항을 확인하는 것에 동의합니다.
※ 동의하지 아니하는 경우에는 임용예정자가 직접 관련 서류를 제출하여야 합니다.
※ 임용예정자가 2명 이상인 경우에는 별지를 사용할 수 있습니다.

청원경찰 임용예정자   (서명 또는 인)

210mm×297mm[백상지 80g/m²(재활용품)]

제2절 청원경찰의 교육

1. 청원경찰의 신임교육

(1) 교육시기

청원주는 청원경찰로 임용된 사람으로 하여금 경비구역에 배치하기 전에 경찰교육기관에서 직무수행에 필요한 교육을 받게 하여야 한다. 다만, 경찰교육기관의 교육계획상 부득이하다고 인정할 때에는 우선 배치하고 임용 후 1년 이내에 교육을 받게 할 수 있다(청원경찰법 시행령 제5조 제1항).

(2) 교육면제

경찰공무원(의무경찰을 포함한다) 또는 청원경찰에서 퇴직한 사람이 퇴직한 날부터 3년 이내에 청원경찰로 임용되었을 때에는 교육을 면제할 수 있다(청원경찰법 시행령 제5조 제2항).

(3) 교육기간 등

① 교육기간·교육과목·수업시간 및 그 밖에 교육의 시행에 필요한 사항은 **행정안전부령**으로 정한다(청원경찰법 시행령 제5조 제3항).
② 교육기간: 교육기간은 2주간으로 한다(청원경찰법 시행규칙 제6조).
③ 청원경찰의 교육과목 및 수업시간(시행규칙 제6조 별표 1)

학과별	과목		시간
정신교육	정신교육		8
학술교육	형사법		10
	「청원경찰법」		5
실무교육	경무	「경찰관 직무집행법」	5
	방범	방범업무	3
		「경범죄 처벌법」	2
	경비	시설경비	6
		소방	4
	정보	대공이론	2
		불심검문	2
	민방위	민방공	3
		화생방	2
	기본훈련		5
	총기조작		2

+ 심화학습

교육과목 비교

- **내용**: 일반경비지도사, 기계경비지도사, 일반경비원, 특수경비원은 「경비업법」이 공통적 교육과목이지만, 청원경찰은 「경비업법」이 교육과목에 포함되지 않는다.
- **비교표**

구분	경비지도사	일반경비원	특수경비원	청원경찰
「경비업법」	O	O	O	×
「청원경찰법」	×	×	×	O
「경찰관 직무집행법」	O	×	O	O
형사법	×	×	O	O
「헌법」	×	×	O	×
「경범죄 처벌법」	×	×	×	O
범죄예방론	×	O	O	×

	총검술	2
술과	사격	6
	체포술 및 호신술	6
기타	입교·수료 및 평가	3
	계	76

핵심 기출문제

05 청원경찰법령상 청원경찰을 배치하기 전에 직무수행에 필요한 교육의 내용으로 옳지 <u>않은</u> 것은? (단, 교육대상 제외자는 해당하지 않는다)

• 제19회 기출

① 학술교육은 형사법 10시간, 청원경찰법 5시간을 이수하여야 한다.
② 정신교육은 정신교육 과목을 8시간 이수하여야 한다.
③ 실무교육은 경범죄 처벌법 및 사격과목 등을 포함하여 40시간을 이수하여야 한다.
④ 술과는 체포술 및 호신술 과목 6시간과 입교·수료 및 평가 3시간을 이수하여야 한다.

해설 ③ 실무교육은 「경범죄 처벌법」 및 사격과목 등을 포함하여 44시간을 이수하여야 한다.
④ 술과는 체포술 및 호신술 과목 6시간이다. 입교·수료 및 평가는 기타 학과에 속하며 3시간을 이수하여야 한다.

정답 ③, ④

2. 청원경찰의 직무교육

(1) 교육시간

청원주는 소속 청원경찰에게 그 직무집행에 필요한 교육을 매월 4시간 이상 하여야 한다(청원경찰법 시행규칙 제13조 제1항).

(2) 소속 공무원 파견교육

청원경찰이 배치된 사업장의 소재지를 관할하는 경찰서장(이하 "관할 경찰서장"이라 한다)은 필요하다고 인정하는 경우에는 그 사업장에 소속 공무원을 파견하여 직무집행에 필요한 교육을 할 수 있다(청원경찰법 시행규칙 제13조 제2항).

청원경찰의 교육

구분	교육시간	교육시기	교육면제	교육기관
신임교육	2주간 (76시간)	• 경비구역에 배치하기 전 • 경찰교육기관의 교육계획상 부득이한 경우 우선 배치하고 임용 후 1년 이내	경찰공무원(의무경찰을 포함한다) 또는 청원경찰에서 퇴직한 날부터 3년 이내에 청원경찰로 임용된 때	경찰교육기관
직무교육	4시간 이상	매월 실시	없음	청원주(관할 경찰서장은 필요하다고 인정하는 경우에는 그 사업장에 소속 공무원을 파견하여 직무집행에 필요한 교육을 할 수 있다)

핵심 기출문제

06 청원경찰법령상 청원경찰의 교육 등에 관한 설명으로 옳지 않은 것은?

• 제22회 기출

① 청원주는 청원경찰로 임용된 사람으로 하여금 경비구역에 배치하기 전에 경찰교육기관에서 직무수행에 필요한 교육을 받게 하여야 한다. 다만, 경찰교육기관의 교육계획상 부득이하다고 인정할 때에는 우선 배치하고 임용 후 1년 이내에 교육을 받게 할 수 있다.
② 경비지도사 자격증을 취득한 사람이 청원경찰로 임용되었을 때에는 경찰교육기관에서 직무수행에 필요한 교육을 면제할 수 있다.
③ 청원경찰의 직무수행에 필요한 교육의 교육과목 및 수업시간표는 행정안전부령으로 정한다.
④ 청원경찰의 직무수행에 필요한 교육의 교육과목 중 정신교육의 수업시간은 8시간이다.

해설 경찰공무원(의무경찰을 포함한다) 또는 청원경찰에서 퇴직한 사람이 퇴직한 날부터 3년 이내에 청원경찰로 임용되었을 때에는 경찰교육기관에서 직무수행에 필요한 교육을 면제할 수 있다. 경비지도사 자격증을 취득한 사람은 교육 면제에 해당되지 않는다.

정답 ②

CHAPTER 03 청원경찰의 임용

중요내용 OX 문제

제1절 청원경찰의 임용

01 청원경찰은 청원주가 임용하여 시·도경찰청장의 승인을 받아야 한다.

02 법원의 판결 또는 다른 법률에 따라 자격이 상실되거나 정지된 자는 청원경찰로 임용될 수 없다.

03 군 복무를 마친 55세의 남자는 청원경찰이 될 수 있다.

04 청원경찰의 배치결정을 받은 자는 그 배치결정의 통지를 받은 날부터 60일 이내에 임용예정자에 대한 임용승인을 관할 경찰서장에게 신청하여야 한다.

05 청원주가 시·도경찰청장에게 청원경찰 임용승인을 신청할 때 청원경찰 임용승인신청서에 가족관계등록부 중 가족관계증명서 1부를 첨부하여야 한다.

06 청원주가 청원경찰을 임용하였을 때에는 임용한 날부터 10일 이내에 그 임용사항을 관할 경찰서장을 거쳐 시·도경찰청장에게 보고해야 한다.

07 청원주는 청원경찰이 퇴직하였을 때에는 그 퇴직한 날부터 14일 이내에 시·도경찰청장에게 보고하여야 한다.

제2절 청원경찰의 교육

08 청원주는 청원경찰로 임용된 사람으로 하여금 경비구역 배치 후에 경찰교육기관에서 직무수행에 필요한 교육을 받게 하여야 한다.

09 경찰공무원(의무경찰을 포함한다) 또는 청원경찰에서 퇴직한 사람이 퇴직한 날부터 3년 이내에 청원경찰로 임용되었을 때에는 교육을 면제할 수 있다.

10 청원경찰의 교육과목에는 법학개론, 민사소송법, 민간경비론이 있다.

11 청원경찰의 교육과목 중 학술교육은 형사법 10시간, 청원경찰법 5시간을 이수하여야 한다.

12 청원경찰의 신임 교육기간은 2주로 한다.

13 청원주는 소속 청원경찰에게 그 직무집행에 필요한 교육을 매년 4시간 이상 하여야 한다.

OX 정답 01 × 02 ○ 03 ○ 04 × 05 × 06 ○ 07 × 08 × 09 ○ 10 × 11 ○ 12 ○ 13 ×

X 해설
01 청원주가 임용하되, 임용하기 전에 미리 시·도경찰청장의 승인을 받아야 한다.
04 배치결정의 통지를 받은 날부터 30일 이내에 임용예정자에 대한 임용승인을 관할 시·도경찰청장에게 신청하여야 한다.
05 가족관계등록부 중 기본증명서 1부를 첨부하여야 한다.
07 퇴직한 날부터 10일 이내에 관할 경찰서장을 거쳐 시·도경찰청장에게 보고하여야 한다.
08 원칙적으로 경비구역에 배치하기 전에 경찰교육기관에서 직무수행에 필요한 교육을 받게 하여야 한다.
10 청원경찰의 교육과목에는 형사법,「청원경찰법」,「경찰관 직무집행법」,「경범죄 처벌법」등이 있다.
13 직무집행에 필요한 교육은 매월 4시간 이상 하여야 한다.

CHAPTER 03 청원경찰의 임용

기출 및 예상문제

제1절 청원경찰의 임용

01 청원경찰법령상 청원경찰의 임용과 승인에 관한 내용이다. ( ) 안에 들어갈 말이 올바르게 짝지어진 것은?
• 제20회 기출

> 청원경찰은 (ㄱ)(이)가 임용하되, 임용을 할 때에는 미리 (ㄴ)의 승인을 받아야 한다.

① ㄱ: 시·도경찰청장   ㄴ: 청원주
② ㄱ: 경찰청장   ㄴ: 청원주
③ ㄱ: 청원주   ㄴ: 시·도경찰청장
④ ㄱ: 청원주   ㄴ: 경찰청장

해설 청원경찰은 청원주가 임용하되, 임용을 할 때에는 미리 시·도경찰청장의 승인을 받아야 한다(청원경찰법 제5조 제1항).

02 청원경찰법령상 청원경찰의 임용 등에 관한 설명으로 옳은 것은?
• 제22회 기출

① 청원주는 청원경찰 배치결정의 통지를 받은 날부터 10일 이내에 배치결정된 인원수의 임용예정자에 대하여 청원경찰 임용승인을 시·도경찰청장에게 신청하여야 한다.
② 청원주가 청원경찰을 임용하였을 때에는 임용한 날부터 10일 이내에 그 임용사항을 관할 경찰서장을 거쳐 시·도경찰청장에게 보고하여야 한다.
③ 청원경찰의 임용자격·임용방법·교육 및 보수에 관하여는 행정안전부령으로 정한다.
④ 청원경찰의 복무에 관하여는 국가공무원법 및 경찰법을 준용한다.

해설 ① 청원주는 청원경찰 배치결정의 통지를 받은 날부터 30일 이내에 배치결정된 인원수의 임용예정자에 대하여 청원경찰 임용승인을 시·도경찰청장에게 신청하여야 한다.
③ 청원경찰의 임용자격·임용방법·교육 및 보수에 관하여는 대통령령으로 정한다.
④ 청원경찰의 복무에 관하여는 「국가공무원법」 제57조(복종의 의무), 제58조 제1항(직장 이탈 금지), 제60조(비밀 엄수의 의무) 및 「경찰공무원법」 제24조(거짓 보고 등의 금지)를 준용한다.

03 청원경찰법령에 관한 설명으로 옳지 않은 것은?

• 제18회 기출

① 청원경찰은 청원주가 임용하되, 임용을 할 때에는 미리 시·도경찰청장의 승인을 받아야 한다.
② 청원경찰의 배치결정을 받은 자는 그 배치결정의 통지를 받은 날부터 60일 이내에 임용예정자에 대한 임용승인을 관할 경찰서장에게 신청하여야 한다.
③ 청원주가 청원경찰을 임용하였을 때에는 임용한 날부터 10일 이내에 그 임용사항을 관할 경찰서장을 거쳐 시·도경찰청장에게 보고하여야 한다.
④ 청원주가 청원경찰을 면직시켰을 때에는 그 사실을 관할 경찰서장을 거쳐 시·도경찰청장에게 보고하여야 한다.

해설 청원경찰의 배치결정을 받은 자(청원주)는 그 배치결정의 통지를 받은 날부터 30일 이내에 배치결정된 인원수의 임용예정자에 대하여 청원경찰 임용승인을 시·도경찰청장에게 신청하여야 한다(청원경찰법 시행령 제4조 제1항).

01 ③ 02 ② 03 ② **정답**

04 청원경찰법령상 청원경찰 임용의 요건 중 국가공무원법에 규정된 결격사유로 옳지 않은 것은?

① 파산선고를 받은 자로서 복권되지 아니한 자는 임용결격사유이다.
② 금고 이상의 실형을 선고받고 그 집행이 끝나거나(집행이 끝난 것으로 보는 경우를 포함한다) 집행이 면제된 날부터 5년이 지나지 아니한 자는 임용결격사유이다.
③ 금고 이상의 형의 선고유예를 받고 그 유예기간이 끝난 날부터 2년이 지나지 아니한 자는 임용결격사유이다.
④ 법원의 판결 또는 다른 법률에 따라 자격이 상실되거나 정지된 자는 임용결격사유이다.

해설 청원경찰은 금고 이상의 형의 집행유예를 선고받고 그 유예기간이 끝난 날부터 2년이 지나지 아니한 자는 임용결격사유이다. 또한 금고 이상의 형의 선고유예를 받은 경우에 그 선고유예 기간 중에 있는 자는 임용결격사유이다.

「국가공무원법」 제33조【결격사유】다음 각 호의 어느 하나에 해당하는 자는 공무원으로 임용될 수 없다.
1. 피성년후견인
2. 파산선고를 받고 복권되지 아니한 자
3. 금고 이상의 실형을 선고받고 그 집행이 끝나거나(집행이 끝난 것으로 보는 경우를 포함한다) 집행이 면제된 날부터 5년이 지나지 아니한 자
4. 금고 이상의 형의 집행유예를 선고받고 그 유예기간이 끝난 날부터 2년이 지나지 아니한 자
5. 금고 이상의 형의 선고유예를 받은 경우에 그 선고유예 기간 중에 있는 자
6. 법원의 판결 또는 다른 법률에 따라 자격이 상실되거나 정지된 자
6의2. 공무원으로 재직기간 중 직무와 관련하여 「형법」 제355조 및 제356조에 규정된 죄를 범한 자로서 300만 원 이상의 벌금형을 선고받고 그 형이 확정된 후 2년이 지나지 아니한 자
6의3. 다음 각 목의 어느 하나에 해당하는 죄를 범한 사람으로서 100만 원 이상의 벌금형을 선고받고 그 형이 확정된 후 3년이 지나지 아니한 사람
  가. 「성폭력범죄의 처벌 등에 관한 특례법」 제2조에 따른 성폭력범죄
  나. 「정보통신망 이용촉진 및 정보보호 등에 관한 법률」 제74조 제1항 제2호 및 제3호에 규정된 죄
  다. 「스토킹범죄의 처벌 등에 관한 법률」 제2조 제2호에 따른 스토킹범죄
6의4. 미성년자에 대하여 「성폭력범죄의 처벌 등에 관한 특례법」 제2조에 따른 성폭력범죄 또는 「아동·청소년의 성보호에 관한 법률」 제2조 제2호에 따른 아동·청소년대상 성범죄를 범한 사람으로서 다음 각 목의 어느 하나에 해당하는 날부터 20년이 지나지 아니한 사람
  가. 금고 이상의 실형을 선고받고 그 집행이 끝나거나(집행이 끝난 것으로 보는 경우를 포함한다) 집행이 면제된 날
  나. 금고 이상의 형의 집행유예를 선고받고 그 집행유예가 확정된 날
  다. 벌금 이하의 형을 선고받고 그 형이 확정된 날
  라. 치료감호를 선고받고 그 집행이 끝나거나 집행이 면제된 날
  마. 징계로 파면처분 또는 해임처분을 받은 날
7. 징계로 파면처분을 받은 때부터 5년이 지나지 아니한 자
8. 징계로 해임처분을 받은 때부터 3년이 지나지 아니한 자

05 청원경찰법령상 청원경찰의 임용 등에 관한 설명으로 옳은 것은?

• 제20회 기출

① 청원경찰은 나이가 58세가 되었을 때 당연퇴직된다.
② 청원경찰의 복무에 관하여는 경찰관 직무집행법을 준용한다.
③ 청원경찰은 청원주가 임용하되, 임용을 할 때에는 경찰공무원법이 정하는 특별한 경우를 제외하고는 미리 경찰청장의 승인을 받아야 한다.
④ 청원주가 청원경찰을 임용하였을 때에는 임용한 날부터 10일 이내에 그 임용사항을 관할 경찰서장을 거쳐 시·도경찰청장에게 보고한다.

해설
① 청원경찰은 나이가 60세가 되었을 때 퇴직한다. 다만, 그 날이 1월부터 6월 사이에 있으면 6월 30일에, 7월부터 12월 사이에 있으면 12월 31일에 각각 당연퇴직된다.
② 청원경찰의 복무에 관하여는 「국가공무원법」 제57조(복종의 의무), 제58조 제1항(직장 이탈 금지), 제60조(비밀 엄수의 의무) 및 「경찰공무원법」 제24조(거짓 보고 등의 금지)를 준용한다.
③ 청원경찰은 청원주가 임용하되, 임용을 할 때에는 미리 시·도경찰청장의 승인을 받아야 한다.

> **법 제5조【청원경찰의 임용 등】** ① 청원경찰은 청원주가 임용하되, 임용을 할 때에는 미리 시·도경찰청장의 승인을 받아야 한다.
> ④ 청원경찰의 복무에 관하여는 「국가공무원법」 제57조, 제58조 제1항, 제60조 및 「경찰공무원법」 제24조를 준용한다.
>
> **법 제10조의6【당연퇴직】** 청원경찰이 다음 각 호의 어느 하나에 해당할 때에는 당연퇴직된다.
> 1. 제5조 제2항에 따른 임용결격사유에 해당될 때. 다만, 「국가공무원법」 제33조 제2호는 파산선고를 받은 사람으로서 「채무자 회생 및 파산에 관한 법률」에 따라 신청기한 내에 면책신청을 하지 아니하였거나 면책불허가 결정 또는 면책 취소가 확정된 경우만 해당하고, 「국가공무원법」 제33조 제5호는 「형법」 제129조부터 제132조까지, 「성폭력범죄의 처벌 등에 관한 특례법」 제2조, 「아동·청소년의 성보호에 관한 법률」 제2조 제2호 및 직무와 관련하여 「형법」 제355조 또는 제356조에 규정된 죄를 범한 사람으로서 금고 이상의 형의 선고유예를 받은 경우만 해당한다.
> 2. 제10조의5에 따라 청원경찰의 배치가 폐지되었을 때
> 3. 나이가 60세가 되었을 때. 다만, 그 날이 1월부터 6월 사이에 있으면 6월 30일에, 7월부터 12월 사이에 있으면 12월 31일에 각각 당연퇴직된다.
>
> **영 제4조【임용방법 등】** ② 청원주가 법 제5조 제1항에 따라 청원경찰을 임용하였을 때에는 임용한 날부터 10일 이내에 그 임용사항을 관할 경찰서장을 거쳐 시·도경찰청장에게 보고하여야 한다. 청원경찰이 퇴직하였을 때에도 또한 같다.

정답 04 ③ 05 ④

06 청원경찰법령상 청원경찰의 임용 등에 관한 설명으로 옳지 않은 것은? • 제15회 기출 변형

① 청원경찰은 청원주가 임용하되, 임용을 할 때에는 미리 시·도경찰청장의 승인을 받아야 한다.
② 피성년후견인은 청원경찰로 임용될 수 있다.
③ 청원경찰로 임용되기 위해서는 신체가 건강하고 팔다리가 완전하며, 시력(교정시력을 포함한다)은 양쪽 눈이 각각 0.8 이상이어야 한다.
④ 군복무가 면제된 만 25세인 남자는 청원경찰로 임용될 수 있다.

해설 피성년후견인이란 질병, 장애, 노령 그 밖의 사유로 인한 정신적 제약으로 사무를 처리할 능력이 지속적으로 결여되어 가정법원으로부터 성년후견개시의 심판을 받은 자를 말한다(민법 제9조). 피성년후견인은 청원경찰로 임용될 수 없다.

07 청원경찰법령상 청원경찰의 임용방법 등에 관한 내용이다. ( ) 안에 들어갈 내용을 순서대로 옳게 나열한 것은? • 제17회 기출

- 청원주는 청원경찰의 배치결정의 통지를 받은 날부터 ( )일 이내에 배치결정된 인원수의 임용예정자에 대하여 청원경찰 임용승인을 시·도경찰청장에게 신청하여야 한다.
- 청원주가 청원경찰을 임용하였을 때에는 임용한 날부터 ( )일 이내에 그 임용사항을 관할 경찰서장을 거쳐 시·도경찰청장에게 보고하여야 한다.

① 10, 30
② 15, 30
③ 30, 10
④ 30, 15

해설
- 청원주는 청원경찰의 배치결정의 통지를 받은 날부터 30일 이내에 배치결정된 인원수의 임용예정자에 대하여 청원경찰 임용승인을 시·도경찰청장에게 신청하여야 한다.
- 청원주가 「청원경찰법」 제5조 제1항에 따라 청원경찰을 임용하였을 때에는 임용한 날부터 10일 이내에 그 임용사항을 관할 경찰서장을 거쳐 시·도경찰청장에게 보고하여야 한다.

> 영 제4조【임용방법 등】① 법 제4조 제2항에 따라 청원경찰의 배치 결정을 받은 자(이하 "청원주"라 한다)는 법 제5조 제1항에 따라 그 배치 결정의 통지를 받은 날부터 30일 이내에 배치 결정된 인원수의 임용예정자에 대하여 청원경찰 임용승인을 시·도경찰청장에게 신청하여야 한다.
> ② 청원주가 법 제5조 제1항에 따라 청원경찰을 임용하였을 때에는 임용한 날부터 10일 이내에 그 임용사항을 관할 경찰서장을 거쳐 시·도경찰청장에게 보고하여야 한다. 청원경찰이 퇴직하였을 때에도 또한 같다.

08 청원경찰법령상 청원주가 시·도경찰청장에게 청원경찰 임용승인을 신청할 때 청원경찰 임용승인신청서에 첨부해야 하는 서류가 <u>아닌</u> 것은?

• 제16회 기출 변형

① 주민등록증 사본 1부
② 가족관계등록부 중 가족관계증명서 1부
③ 민간인 신원진술서 1부(보안업무규정 제36조에 따른 신원조사가 필요한 경우만 해당한다)
④ 최근 3개월 이내에 발행한 채용신체검사서 또는 취업용 건강진단서 1부

해설 가족관계등록부 중 기본증명서 1부를 첨부해야 한다.

> 규칙 제5조 【임용승인신청서 등】 ① 법 제4조 제2항에 따라 청원경찰의 배치결정을 받은 재[이하 "청원주"(請願主)라 한다]가 영 제4조 제1항에 따라 시·도경찰청장에게 청원경찰 임용승인을 신청할 때에는 [별지 제3호 서식]의 청원경찰 임용승인신청서에 그 해당자에 관한 다음 각 호의 서류를 첨부하여야 한다.
> 1. 이력서 1부
> 2. 주민등록증 사본 1부
> 3. 민간인 신원진술서 1부(보안업무규정 제36조에 따른 신원조사가 필요한 경우만 해당한다)
> 4. 최근 3개월 이내에 발행한 채용신체검사서 또는 취업용 건강진단서 1부
> 5. 가족관계등록부 중 기본증명서 1부
> ② 제1항에 따른 신청서를 제출받은 시·도경찰청장은 「전자정부법」 제36조 제1항에 따라 행정정보의 공동이용을 통하여 해당자의 병적증명서를 확인하여야 한다. 다만, 그 해당자가 확인에 동의하지 아니할 때에는 해당 서류를 첨부하도록 하여야 한다.

09 청원경찰법령상 청원주가 청원경찰 임용승인신청 시 임용승인신청서에 첨부하는 서류로 옳은 것은?

① 주민등록등본 1부
② 민간인 신원진술서 4부
③ 최근 3개월 이내에 발행한 채용신체검사서 또는 취업용 건강진단서 1부
④ 가족관계등록부 중 가족관계증명서 1부

해설 청원주가 청원경찰 임용승인신청 시 임용승인신청서에 첨부하는 서류는 청원경찰 임용예정자의 이력서 1부, 주민등록증 사본 1부, 민간인 신원진술서 1부(보안업무규정 제36조에 따른 신원조사가 필요한 경우만 해당한다), 최근 3개월 이내에 발행한 채용신체검사서 또는 취업용 건강진단서 1부, 가족관계등록부 중 기본증명서 1부 등이다.
신청서를 제출받은 시·도경찰청장은 「전자정부법」 제36조 제1항에 따라 행정정보의 공동이용을 통하여 해당자의 병적증명서를 확인하여야 한다. 다만, 그 해당자가 확인에 동의하지 아니할 때에는 해당 서류를 첨부하도록 하여야 한다(청원경찰법 시행규칙 제5조 제2항).

06 ② 07 ③ 08 ② 09 ③ **정답**

10 청원경찰법령상 청원경찰의 임용에 관한 설명으로 옳은 것은?

① 청원경찰은 청원주가 임용하여 시·도경찰청장의 승인을 받아야 한다.
② 금고 이상의 실형을 선고받고 그 집행이 끝나거나(집행이 끝난 것으로 보는 경우를 포함한다) 집행이 면제된 날부터 5년이 지난 사람은 청원경찰로 임용될 수 없다.
③ 청원주는 청원경찰의 배치결정 통지를 받은 날부터 30일 이내에 배치결정된 인원수의 임용예정자에 대하여 청원경찰 임용승인을 시·도경찰청장에게 신청하여야 한다.
④ 청원주가 청원경찰을 임용하였을 때에는 임용한 날부터 지체 없이 그 임용사항을 관할 경찰서장을 거쳐 시·도경찰청장에게 보고하여야 한다. 청원경찰이 퇴직하였을 때에도 또한 같다.

해설 ① 청원경찰은 청원주가 임용하되, 임용을 할 때에는 미리 시·도경찰청장의 승인을 받아야 한다.
② 금고 이상의 실형을 선고받고 그 집행이 끝나거나(집행이 끝난 것으로 보는 경우를 포함한다) 집행이 면제된 날부터 5년이 지나지 아니한 사람은 청원경찰로 임용될 수 없으나 5년이 경과하여 실효되었기에 청원경찰로 임용될 수 있다.
④ 청원주가 청원경찰을 임용하였을 때에는 임용한 날부터 10일 이내에 그 임용사항을 관할 경찰서장을 거쳐 시·도경찰청장에게 보고하여야 한다. 청원경찰이 퇴직하였을 때에도 또한 같다.

> 법 제5조 【청원경찰의 임용 등】 ① 청원경찰은 청원주가 임용하되, 임용을 할 때에는 미리 시·도경찰청장의 승인을 받아야 한다.
> ②「국가공무원법」 제33조 각 호의 어느 하나의 결격사유에 해당하는 사람은 청원경찰로 임용될 수 없다.
> 영 제4조 【임용방법 등】 ① 법 제4조 제2항에 따라 청원경찰의 배치결정을 받은 자(이하 "청원주"라 한다)는 법 제5조 제1항에 따라 그 배치결정의 통지를 받은 날부터 30일 이내에 배치결정된 인원수의 임용예정자에 대하여 청원경찰 임용승인을 시·도경찰청장에게 신청하여야 한다.
> ② 청원주가 법 제5조 제1항에 따라 청원경찰을 임용하였을 때에는 임용한 날부터 10일 이내에 그 임용사항을 관할 경찰서장을 거쳐 시·도경찰청장에게 보고하여야 한다. 청원경찰이 퇴직하였을 때에도 또한 같다.

11 청원경찰법령상 청원경찰의 임용과 교육에 관한 설명으로 옳은 것은? • 제21회 기출

① 청원경찰의 임용자격으로서는 19세 이상인 사람으로 남자의 경우에는 군복무를 마친 사람으로 한다.
② 경찰공무원에서 퇴직한 사람이 퇴직한 날부터 3년 이내에 청원경찰로 임용되었을 때에는 직무수행에 필요한 교육을 면제할 수 있다.
③ 청원주가 청원경찰을 임용하였을 때에는 임용한 날부터 15일 이내에 그 임용사항을 관할 경찰서장을 거쳐 시·도경찰청장에게 보고하여야 한다.
④ 경찰교육기관의 교육계획상 부득이하다고 인정할 때에는 청원주는 청원경찰로 임용된 사람을 경비구역에 우선 배치하고 임용 후 2년 이내에 교육을 받게 할 수 있다.

해설 ① 청원경찰의 임용자격은 18세 이상인 사람으로 행정안전부령으로 정하는 신체조건에 해당하는 사람이다. 남자의 경우 군복무를 마쳤거나 군복무가 면제된 사람으로 한정하는 내용은 법 개정으로 삭제되었다.
③ 청원주가 청원경찰을 임용하였을 때에는 임용한 날부터 10일 이내에 그 임용사항을 관할 경찰서장을 거쳐 시·도경찰청장에게 보고하여야 한다.
④ 청원주는 청원경찰로 임용된 사람으로 하여금 경비구역에 배치하기 전에 경찰교육기관에서 직무수행에 필요한 교육을 받게 하여야 한다. 다만, 경찰교육기관의 교육계획상 부득이하다고 인정할 때에는 우선 배치하고 임용 후 1년 이내에 교육을 받게 할 수 있다.

> 영 제3조 【임용자격】 법 제5조 제3항에 따른 청원경찰의 임용자격은 다음 각 호와 같다.
> 1. 18세 이상인 사람
> 2. 행정안전부령으로 정하는 신체조건에 해당하는 사람
>
> 영 제4조 【임용방법 등】 ① 법 제4조 제2항에 따라 청원경찰의 배치결정을 받은 자(이하 "청원주"라 한다)는 법 제5조 제1항에 따라 그 배치결정의 통지를 받은 날부터 30일 이내에 배치결정된 인원수의 임용예정자에 대하여 청원경찰 임용승인을 시·도경찰청장에게 신청하여야 한다.
> ② 청원주가 법 제5조 제1항에 따라 청원경찰을 임용하였을 때에는 임용한 날부터 10일 이내에 그 임용사항을 관할 경찰서장을 거쳐 시·도경찰청장에게 보고하여야 한다. 청원경찰이 퇴직하였을 때에도 또한 같다.
>
> 영 제5조 【교육】 ① 청원주는 청원경찰로 임용된 사람으로 하여금 경비구역에 배치하기 전에 경찰교육기관에서 직무수행에 필요한 교육을 받게 하여야 한다. 다만, 경찰교육기관의 교육계획상 부득이하다고 인정할 때에는 우선 배치하고 임용 후 1년 이내에 교육을 받게 할 수 있다.
> ② 경찰공무원(의무경찰을 포함한다) 또는 청원경찰에서 퇴직한 사람이 퇴직한 날부터 3년 이내에 청원경찰로 임용되었을 때에는 제1항에 따른 교육을 면제할 수 있다.

정답 10 ③ 11 ②

제2절 청원경찰의 교육

12 청원경찰법령상 청원경찰의 교육에 관한 내용으로 옳은 것은?

① 청원주는 청원경찰로 임용하기 전에 경찰교육기관에서 직무수행에 필요한 교육을 받게 하여야 한다.
② 의무경찰을 포함한 경찰공무원 또는 청원경찰에서 퇴직한 사람이 퇴직한 날부터 2년 이내에 청원경찰로 임용되었을 때에는 교육을 면제할 수 있다.
③ 교육기간·교육과목·수업시간 및 그 밖에 교육의 시행에 필요한 사항은 행정안전부령으로 정한다.
④ 청원경찰의 신임교육기간은 2주간(80시간)이다.

해설 ① 청원주는 청원경찰로 임용된 사람으로 하여금 경비구역에 배치하기 전에 경찰교육기관에서 직무수행에 필요한 교육을 받게 하여야 한다. 다만, 경찰교육기관의 교육계획상 부득이하다고 인정할 때에는 우선 배치하고 임용 후 1년 이내에 교육을 받게 할 수 있다.
② 의무경찰을 포함한 경찰공무원 또는 청원경찰에서 퇴직한 사람이 퇴직한 날부터 3년 이내에 청원경찰로 임용되었을 때에는 교육을 면제할 수 있다.
④ 청원경찰의 신임교육기간은 2주간(76시간)이다.

> 법 제5조【교육】① 청원주는 청원경찰로 임용된 사람으로 하여금 경비구역에 배치하기 전에 경찰교육기관에서 직무 수행에 필요한 교육을 받게 하여야 한다. 다만, 경찰교육기관의 교육계획상 부득이하다고 인정할 때에는 우선 배치하고 임용 후 1년 이내에 교육을 받게 할 수 있다.
> ② 경찰공무원(의무경찰을 포함한다) 또는 청원경찰에서 퇴직한 사람이 퇴직한 날부터 3년 이내에 청원경찰로 임용되었을 때에는 제1항에 따른 교육을 면제할 수 있다.
> ③ 제1항의 교육기간·교육과목·수업시간 및 그 밖에 교육의 시행에 필요한 사항은 행정안전부령으로 정한다.

13 청원경찰법령상 청원경찰의 교육에 관한 설명으로 옳지 <u>않은</u> 것은? • 제18회 기출

① 경찰공무원(의무경찰을 포함한다)에서 퇴직한 사람이 퇴직한 날부터 3년 이내에 청원경찰로 임용되었을 때에는 직무수행에 필요한 교육을 면제할 수 있다.
② 청원주는 청원경찰로 임용된 사람으로 하여금 경비구역에 배치하기 전에 경찰교육기관에서 직무수행에 필요한 교육을 받게 하여야 한다. 다만, 경찰교육기관의 교육계획상 부득이하다고 인정할 때에는 우선 배치하고 임용 후 1년 이내에 교육을 받게 할 수 있다.
③ 청원경찰의 교육과목에는 법학개론, 민사소송법, 민간경비론이 있다.
④ 청원주는 소속 청원경찰에게 그 직무집행에 필요한 교육을 매월 4시간 이상 하여야 한다.

해설 ▶ 청원경찰의 교육과목에는 형사법, 「청원경찰법」, 「경찰관 직무집행법」, 「경범죄 처벌법」 등이 있다.

영 제5조 【교육】 ① 청원주는 청원경찰로 임용된 사람으로 하여금 경비구역에 배치하기 전에 경찰교육기관에서 직무수행에 필요한 교육을 받게 하여야 한다. 다만, 경찰교육기관의 교육계획상 부득이하다고 인정할 때에는 우선 배치하고 임용 후 1년 이내에 교육을 받게 할 수 있다.
② 경찰공무원(의무경찰을 포함한다) 또는 청원경찰에서 퇴직한 사람이 퇴직한 날부터 3년 이내에 청원경찰로 임용되었을 때에는 제1항에 따른 교육을 면제할 수 있다.

규칙 제6조 【교육기간 등】 영 제5조 제3항에 따른 교육기간은 2주로 하고, 교육과목 및 수업시간은 [별표 1]과 같다.

▶ **[별표 1] 청원경찰의 교육과목 및 수업시간표**(시행규칙 제6조 관련)

학과별	과목		시간
정신교육	정신교육		8
학술교육	형사법		10
	「청원경찰법」		5
실무교육	경무	「경찰관 직무집행법」	5
	방범	방범업무	3
		「경범죄 처벌법」	2
	경비	시설경비	6
		소방	4
	정보	대공이론	2
		불심검문	2
	민방위	민방공	3
		화생방	2
	기본훈련		5
	총기조작		2
	총검술		2
	사격		6
술과	체포술 및 호신술		6
기타	입교·수료 및 평가		3

규칙 제13조 【직무교육】 ① 청원주는 소속 청원경찰에게 그 직무집행에 필요한 교육을 매월 4시간 이상 하여야 한다.

12 ③ 13 ③

14 청원경찰법령상 청원경찰로 임용이 된 경우에 이수하여야 할 교육과목과 수업시간으로 옳지 <u>않은</u> 것은? (단, 교육면제자는 고려하지 않는다)
• 제18회 기출

① 형사법 – 5시간
② 청원경찰법 – 5시간
③ 경찰관 직무집행법 – 5시간
④ 시설경비 – 6시간

해설 형사법의 수업시간은 10시간이다.

15 청원경찰법령상 청원경찰의 신임교육과목 중 학술교육에 해당하는 것을 모두 고른 것은?

| ㄱ. 청원경찰법 | ㄴ. 형사법 |
| ㄷ. 경찰관 직무집행법 | ㄹ. 경범죄 처벌법 |

① ㄱ
② ㄱ, ㄴ
③ ㄱ, ㄴ, ㄷ
④ ㄴ, ㄷ, ㄹ

해설 신임교육 학과별 교육과목 중 「청원경찰법」(ㄱ), 형사법(ㄴ)은 학술교육에 해당하며, 「경찰관 직무집행법」(ㄷ), 「경범죄 처벌법」(ㄹ)은 실무교육에 해당한다.

16 청원경찰법령상 청원경찰의 신임교육과목 중 학과별 교육이 <u>아닌</u> 것은?

① 정신교육
② 학술교육
③ 이론교육
④ 술과

해설 이론교육은 특수경비원과 일반경비원의 교육 구분에 해당한다. 청원경찰의 교육과목은 학과별로 정신교육, 학술교육, 실무교육, 술과, 기타로 구분된다.

17 청원경찰법령상 청원경찰로 임용이 된 경우에 이수하여야 할 교육과목과 수업시간이 나머지와 <u>다른</u> 것은? (단, 교육면제자는 고려하지 않는다)

① 소방
② 시설경비
③ 사격
④ 체포술 및 호신술

해설 소방은 4시간, 시설경비·사격·체포술 및 호신술은 각 6시간이다.

18 청원경찰법령상 신임교육의 학과별 교육시간 중 정신교육은 몇 시간인가?

① 4시간 ② 6시간
③ 8시간 ④ 10시간

해설 청원경찰의 신임교육시간은 총 76시간으로, 정신교육 8시간, 학술교육 15시간, 실무교육 44시간, 술과(체포술 및 호신술) 6시간, 기타 3시간으로 편성되어 있다.

19 청원경찰법령상 청원경찰의 교육에 관한 설명으로 옳은 것은?

① 청원경찰을 배치하기 전에 직무수행에 필요한 교육을 받게 해야 하지만 부득이한 경우에는 임용 후 2년 이내에 교육을 받게 할 수 있다.
② 청원경찰의 신임교육기간은 2주이다.
③ 청원주는 소속 청원경찰에게 매월 6시간 이상의 직무교육을 실시해야 한다.
④ 청원경찰의 신임교육과목에는 경비업법, 청원경찰법, 형사법, 경찰관 직무집행법, 화생방 등이 있다.

해설 ① 청원주는 청원경찰로 임용된 사람으로 하여금 경비구역에 배치하기 전에 경찰교육기관에서 직무수행에 필요한 교육을 받게 하여야 한다. 다만, 경찰교육기관의 교육계획상 부득이하다고 인정할 때에는 우선 배치하고 임용 후 1년 이내에 교육을 받게 할 수 있다.
③ 청원주는 소속 청원경찰에게 매월 4시간 이상의 직무교육을 실시해야 한다.
④ 청원경찰의 신임교육과목에 「경비업법」은 포함되지 않는다.

> **영 제5조【교육】** ① 청원주는 청원경찰로 임용된 사람으로 하여금 경비구역에 배치하기 전에 경찰교육기관에서 직무수행에 필요한 교육을 받게 하여야 한다. 다만, 경찰교육기관의 교육계획상 부득이하다고 인정할 때에는 우선 배치하고 임용 후 1년 이내에 교육을 받게 할 수 있다.
> ② 경찰공무원(의무경찰을 포함한다) 또는 청원경찰에서 퇴직한 사람이 퇴직한 날부터 3년 이내에 청원경찰로 임용되었을 때에는 제1항에 따른 교육을 면제할 수 있다.
> **규칙 제6조【교육기간 등】** 영 제5조 제3항에 따른 교육기간은 2주로 하고, 교육과목 및 수업시간은 [별표 1]과 같다.
> **규칙 제13조【직무교육】** ① 청원주는 소속 청원경찰에게 그 직무집행에 필요한 교육을 매월 4시간 이상 하여야 한다.

정답 14 ① 15 ② 16 ③ 17 ① 18 ③ 19 ②

20 청원경찰법령상 청원경찰의 교육에 관한 설명으로 옳지 않은 것은?

•제17회 기출

① 청원경찰의 교육과목에는 대공이론, 국가보안법, 통합방위법이 포함된다.
② 청원주는 소속 청원경찰에게 그 직무집행에 필요한 교육을 매월 4시간 이상 하여야 한다.
③ 의무경찰을 포함한 경찰공무원 또는 청원경찰에서 퇴직한 사람이 퇴직한 날부터 3년 이내에 청원경찰로 임용되었을 때에는 신임교육을 면제할 수 있다.
④ 청원경찰의 신임교육기간은 2주로 한다.

해설 청원경찰의 교육과목에 대공이론은 있으나, 「국가보안법」, 「통합방위법」은 포함되지 않는다.

> 영 제5조【교육】① 청원주는 청원경찰로 임용된 사람으로 하여금 경비구역에 배치하기 전에 경찰교육기관에서 직무수행에 필요한 교육을 받게 하여야 한다. 다만, 경찰교육기관의 교육계획상 부득이하다고 인정할 때에는 우선 배치하고 임용 후 1년 이내에 교육을 받게 할 수 있다.
> ② 경찰공무원(의무경찰을 포함한다) 또는 청원경찰에서 퇴직한 사람이 퇴직한 날부터 3년 이내에 청원경찰로 임용되었을 때에는 제1항에 따른 교육을 면제할 수 있다.
> 규칙 제6조【교육기간 등】영 제5조 제3항에 따른 교육기간은 2주로 하고, 교육과목 및 수업시간은 [별표 1]과 같다.

▶ [별표 1] **청원경찰의 교육과목 및 수업시간표**(시행규칙 제6조 관련)

학과별	과목		시간
정신교육	정신교육		8
학술교육	형사법		10
	「청원경찰법」		5
실무교육	경무	「경찰관 직무집행법」	5
	방범	방범업무	3
		「경범죄 처벌법」	2
	경비	시설경비	6
		소방	4
	정보	대공이론	2
		불심검문	2
	민방위	민방공	3
		화생방	2
	기본훈련		5
	총기조작		2
	총검술		2
	사격		6
술과	체포술 및 호신술		6
기타	입교·수료 및 평가		3

> 규칙 제13조【직무교육】① 청원주는 소속 청원경찰에게 그 직무집행에 필요한 교육을 매월 4시간 이상 하여야 한다.

21 청원경찰법령상 청원경찰의 교육에 관한 설명으로 옳지 않은 것은?

① 청원주는 소속 청원경찰에 대하여 그 직무집행과 관련된 교육을 매월 2시간 이상 실시하여야 한다.
② 청원경찰에서 퇴직한 자가 퇴직한 날부터 3년 이내에 청원경찰로 임용된 때에는 교육을 면제할 수 있다.
③ 청원경찰의 교육비는 청원주가 부담한다.
④ 청원주는 청원경찰에 임용된 자에 대하여 원칙적으로 경비구역에 배치하기 전에 경찰교육기관에서 직무수행상 필요한 교육을 받게 하여야 한다.

> **해설** 청원주는 소속 청원경찰에 대하여 그 직무집행에 관하여 필요한 교육을 매월 4시간 이상 실시하여야 한다(청원경찰법 시행규칙 제13조 제1항).

22 다음은 청원경찰법령상 내용이다. (   ) 안에 들어갈 내용이 순서대로 옳은 것은?

> 청원주는 청원경찰에 임용된 자에 대하여 경비구역에 배치하기 전에 경찰교육기관에서 직무수행상 필요한 교육을 (   ) 받게 하여야 한다. 다만, 경찰교육기관의 교육계획상 부득이하다고 인정할 때에는 우선 배치하고 임용 후 (   ) 이내에 교육을 받게 할 수 있다.

① 1주 40시간, 6개월
② 1주 40시간, 1년
③ 2주 76시간, 6개월
④ 2주 76시간, 1년

> **해설** 청원경찰의 교육기간은 2주 76시간으로, 부득이한 경우에는 우선 배치하고 임용 후 1년 이내에 교육을 받게 할 수 있다.
>
> **영 제5조 【교육】** ① 청원주는 청원경찰로 임용된 사람으로 하여금 경비구역에 배치하기 전에 경찰교육기관에서 직무수행에 필요한 교육을 받게 하여야 한다. 다만, 경찰교육기관의 교육계획상 부득이하다고 인정할 때에는 우선 배치하고 임용 후 1년 이내에 교육을 받게 할 수 있다.
> **규칙 제6조 【교육기간 등】** 영 제5조 제3항에 따른 교육기간은 2주로 하고, 교육과목 및 수업시간은 [별표 1]과 같다.

정답 20 ① | 21 ① | 22 ④

23 청원경찰법령상 청원경찰로 임용되었으나 경찰교육기관의 교육계획상 부득이하게 교육을 받지 못한 사람에 대한 청원주의 조치로 옳은 것은?

① 청원경찰을 우선 배치하고 배치 후 2개월 이내에 교육을 받게 한다.
② 청원경찰을 우선 배치하고 배치 후 1년 이내에 교육을 받게 한다.
③ 청원경찰을 우선 배치하고 임용 후 2개월 이내에 교육을 받게 한다.
④ 청원경찰을 우선 배치하고 임용 후 1년 이내에 교육을 받게 한다.

해설 청원주는 청원경찰로 임용된 사람으로 하여금 경비구역에 배치하기 전에 경찰교육기관에서 직무수행에 필요한 교육을 받게 하여야 한다. 다만, 경찰교육기관의 교육계획상 부득이하다고 인정할 때에는 우선 배치하고 임용 후 1년 이내에 교육을 받게 할 수 있다(청원경찰법 시행령 제5조 제1항).

> 영 제5조 【교육】① 청원주는 청원경찰로 임용된 사람으로 하여금 경비구역에 배치하기 전에 경찰교육기관에서 직무수행에 필요한 교육을 받게 하여야 한다. 다만, 경찰교육기관의 교육계획상 부득이하다고 인정할 때에는 우선 배치하고 임용 후 1년 이내에 교육을 받게 할 수 있다.

24 청원경찰법령상 청원경찰로 임용 후 신임교육을 면제할 수 있는 사람은 모두 몇 명인가?

> ㄱ. 경찰공무원법에 따른 경찰공무원에서 퇴직 후 3년 이내인 사람
> ㄴ. 청원경찰법에 따른 청원경찰에서 퇴직 후 3년 이내인 사람
> ㄷ. 군인사법에 따른 부사관에서 전역 후 3년 이내인 사람
> ㄹ. 경비지도사 자격이 있는 사람
> ㅁ. 특수경비원 신임교육을 받은 사람으로서 채용 전 3년 이내에 경비업무에 종사한 경력이 있는 사람

① 1명　　② 2명
③ 4명　　④ 5명

해설 「경찰공무원법」에 따른 경찰공무원에서 퇴직 후 3년 이내인 사람(ㄱ), 「청원경찰법」에 따른 청원경찰에서 퇴직 후 3년 이내인 사람(ㄴ)이 청원경찰로 임용되었을 경우 신임교육을 면제할 수 있다.

> 영 제5조 【교육】① 청원주는 청원경찰로 임용된 사람으로 하여금 경비구역에 배치하기 전에 경찰교육기관에서 직무 수행에 필요한 교육을 받게 하여야 한다. 다만, 경찰교육기관의 교육계획상 부득이하다고 인정할 때에는 우선 배치하고 임용 후 1년 이내에 교육을 받게 할 수 있다.
> ② 경찰공무원(의무경찰을 포함한다) 또는 청원경찰에서 퇴직한 사람이 퇴직한 날부터 3년 이내에 청원경찰로 임용되었을 때에는 제1항에 따른 교육을 면제할 수 있다.

25 청원경찰법령상 청원경찰 임용 시 기본교육을 면제받을 수 있는 사람은?

① 일반경비원 신임교육을 받은 사람으로서 채용 전 3년 이내에 경비업무에 종사한 경력이 있는 사람
② 경찰공무원법에 따른 경찰공무원에서 퇴직 후 3년 이내인 사람
③ 군인사법에 따른 각 군 헌병병과 부사관에서 퇴직 후 3년 이내인 사람
④ 경비지도사 자격이 있는 사람

해설 경찰공무원(의무경찰을 포함한다) 또는 청원경찰에서 퇴직한 사람이 퇴직한 날부터 3년 이내에 청원경찰로 임용되었을 때에는 교육을 면제할 수 있다.
①④ 일반경비원의 신임교육이 면제될 수 있는 자이다.
③ 「군인사법」에 따른 각 군 헌병병과 부사관이었던 사람은 일반경비원의 신임교육이 면제될 수 있다.

영 제5조 【교육】② 경찰공무원(의무경찰을 포함한다) 또는 청원경찰에서 퇴직한 사람이 퇴직한 날부터 3년 이내에 청원경찰로 임용되었을 때에는 제1항에 따른 교육을 면제할 수 있다.

26 청원경찰법령상 청원경찰교육에 관한 내용으로 옳은 것을 모두 고른 것은? · 제14회 기출

ㄱ. 청원경찰에서 퇴직한 자가 퇴직한 날부터 3년 이내에 청원경찰로 임용되었을 때에는 경비구역에 배치하기 전에 경찰교육기관에서 시행하는 직무수행에 필요한 교육을 면제할 수 있다.
ㄴ. 청원경찰로 임용된 자가 받는 교육과목 중 학술교육과목으로 형사법, 청원경찰법이 있다.
ㄷ. 청원경찰로 임용된 자가 경찰교육기관에서 받는 직무수행에 필요한 교육의 기간은 4주로 한다.
ㄹ. 청원주는 소속 청원경찰에게 그 직무집행에 필요한 교육을 매년 4시간 이상 하여야 한다.

① ㄱ, ㄴ
② ㄱ, ㄷ
③ ㄴ, ㄷ
④ ㄷ, ㄹ

해설 ㄷ. 청원경찰로 임용된 자가 경찰교육기관에서 받는 직무수행에 필요한 교육기간은 2주로 한다.
ㄹ. 청원주는 소속 청원경찰에게 그 직무집행에 필요한 교육을 매월 4시간 이상 하여야 한다.

정답 23 ④   24 ②   25 ②   26 ①

27 청원경찰법령상 청원경찰의 교육에 관한 규정으로 옳은 것은?

① 청원주는 청원경찰로 임용된 사람으로 하여금 경비구역 배치 후에 경찰교육기관에서 직무수행에 필요한 교육을 받게 하여야 한다.
② 군인사법에 의한 부사관 이상, 경찰공무원(의무경찰을 포함한다) 또는 청원경찰에서 퇴직한 사람이 퇴직한 날부터 3년 이내에 청원경찰로 임용되었을 때에는 교육을 면제할 수 있다.
③ 교육기간·교육과목·수업시간 및 그 밖에 교육의 시행에 필요한 사항은 행정안전부령으로 정한다.
④ 청원경찰이 배치된 사업장의 소재지를 관할하는 경찰서장은 필요하다고 인정하는 경우에는 그 사업장에 소속 공무원을 파견하여 직무집행에 필요한 교육을 하여야 한다.

해설
① 청원주는 청원경찰로 임용된 사람으로 하여금 경비구역에 배치하기 전에 경찰교육기관에서 직무수행에 필요한 교육을 받게 하여야 한다.
② 경찰공무원(의무경찰을 포함한다) 또는 청원경찰에서 퇴직한 사람이 퇴직한 날부터 3년 이내에 청원경찰로 임용되었을 때에는 교육을 면제할 수 있다(청원경찰법 시행령 제5조 제2항).
④ 청원경찰이 배치된 사업장의 소재지를 관할하는 경찰서장은 필요하다고 인정하는 경우에는 그 사업장에 소속 공무원을 파견하여 직무집행에 필요한 교육을 할 수 있다(청원경찰법 시행규칙 제13조 제2항).

28 청원경찰법령상 청원경찰의 교육 및 배치 등에 관한 설명으로 옳은 것은? • 제15회 기출

① 청원경찰의 교육기간은 2주이며, 수업시간은 76시간이다.
② 경찰공무원으로 퇴직한 사람이 퇴직한 날부터 5년 이내에 청원경찰로 임용되었을 때에는 청원경찰교육을 면제해야 한다.
③ 청원주의 사정상 부득이하다고 인정될 때에는 청원경찰을 우선 배치하고 임용 후 1년 이내에 청원경찰교육을 받게 할 수 있다.
④ 청원경찰을 이동배치하여 이동배치지가 다른 관할구역에 속할 때에는 청원주는 전입지를 관할하는 경찰서장에게 그 사실을 통보해야 한다.

해설
② 경찰공무원(의무경찰을 포함한다) 또는 청원경찰에서 퇴직한 사람이 퇴직한 날부터 3년 이내에 청원경찰로 임용되었을 때에는 직무수행에 필요한 교육을 면제할 수 있다.
③ 경찰교육기관의 교육계획상 부득이하다고 인정할 때에는 청원경찰을 우선 배치하고 임용 후 1년 이내에 교육을 받게 할 수 있다.
④ 청원경찰을 이동배치했음을 통보받은 경찰서장은 이동배치지가 다른 관할구역에 속할 때에는 전입지를 관할하는 경찰서장에게 이동배치한 사실을 통보하여야 한다.

> **영 제5조【교육】** ① 청원주는 청원경찰로 임용된 사람으로 하여금 경비구역에 배치하기 전에 경찰교육기관에서 직무수행에 필요한 교육을 받게 하여야 한다. 다만, 경찰교육기관의 교육계획상 부득이하다고 인정할 때에는 우선 배치하고 임용 후 1년 이내에 교육을 받게 할 수 있다.
> ② 경찰공무원(의무경찰을 포함한다) 또는 청원경찰에서 퇴직한 사람이 퇴직한 날부터 3년 이내에 청원경찰로 임용되었을 때에는 제1항에 따른 교육을 면제할 수 있다.
> **영 제6조【배치 및 이동】** ① 청원주는 청원경찰을 신규로 배치하거나 이동배치하였을 때에는 배치지(이동배치의 경우에는 종전의 배치지)를 관할하는 경찰서장에게 그 사실을 통보하여야 한다.
> ② 제1항의 통보를 받은 경찰서장은 이동배치지가 다른 관할구역에 속할 때에는 전입지를 관할하는 경찰서장에게 이동배치한 사실을 통보하여야 한다.

정답 27 ③ 28 ①

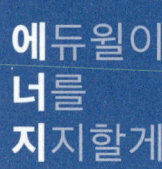

운명은 우연이 아닌, 선택이다.
기다리는 것이 아니라, 성취하는 것이다.

– 윌리엄 제닝스 브라이언(William Jennings Bryan)

PART 2 청원경찰법

CHAPTER 04 청원경찰경비 등

제1절   청원경찰경비
제2절   청원경찰의 복제 및 무기관리

최근 13개년 출제비중

9.0%

학습 TIP

- ☑ 청원경찰법 과목에서 출제비중이 가장 큰 챕터이다. 청원경찰경비의 구성, 대여품과 지급품, 무기지급 및 관리수칙 등에 관한 내용이 자주 출제된다.
- ☑ 청원경찰경비의 구성, 보수산정기준 및 지급방법, 보상금, 퇴직금, 대여품 및 지급품의 구성 및 지급시기를 정확히 파악해야 한다. 특히, 무기에 관한 휴대절차 및 지급 제한 및 회수사항은 반드시 숙지해야 한다.

POINT CHAPTER 내 절별 출제비중

- 01 청원경찰경비 — 58%
- 02 청원경찰의 복제 및 무기관리 — 42%

CHAPTER 04 청원경찰경비 등

최신 개정 법령 확인

제1절 청원경찰경비

1. 청원경찰경비의 부담 등 ★★★

(1) 청원경찰경비

① 청원주 부담의무: 청원주는 청원경찰경비(請願警察經費)를 부담하여야 한다(청원경찰법 제6조 제1항).
② 청원경찰경비의 구성
  ㉠ 청원경찰에게 지급할 봉급과 각종 수당
  ㉡ 청원경찰의 피복비
  ㉢ 청원경찰의 교육비
  ㉣ 보상금(청원경찰법 제7조) 및 퇴직금(청원경찰법 제7조의2)

핵심 기출문제

01 청원경찰법령상 청원주가 부담하여야 하는 청원경찰경비에 해당하지 <u>않는</u> 것은?
· 제24회 기출

① 청원경찰에게 지급할 봉급과 각종 수당
② 청원경찰의 피복비
③ 청원경찰의 교육비
④ 청원경찰의 업무추진비

해설 청원경찰의 업무추진비는 청원경찰경비의 법규정에 없는 내용이다. ①②③ 외에도 보상금 및 퇴직금이 청원경찰경비에 해당한다.

정답 ④

(2) 보수

① 국가기관 또는 지방자치단체에 근무하는 청원경찰

㉠ 보수: 국가기관 또는 지방자치단체에 근무하는 청원경찰의 보수는 다음의 구분에 따라 같은 재직기간에 해당하는 경찰공무원의 보수를 감안하여 대통령령으로 정한다(청원경찰법 제6조 제2항). 재직기간은 청원경찰로서 근무한 기간으로 한다.

ⓐ 재직기간 15년 미만: 순경
ⓑ 재직기간 15년 이상 23년 미만: 경장
ⓒ 재직기간 23년 이상 30년 미만: 경사
ⓓ 재직기간 30년 이상: 경위

㉡ 각종 수당: 국가기관 또는 지방자치단체에 근무하는 청원경찰의 각종 수당은 「공무원수당 등에 관한 규정」에 따른 수당 중 가계보전수당, 실비변상 등으로 하며, 그 세부항목은 경찰청장이 정하여 고시한다(청원경찰법 시행령 제9조 제2항).

심화학습

청원경찰의 보수 조정

국가 또는 지방자치단체에 근무하는 청원경찰은 그 복무에 있어서는 공무원에 준하는 여러 가지 규율과 제약을 받고 있으나, 신분에 있어서는 공무원이 아니기 때문에 인사상의 처우나 보수 등 근무 여건이 열악하다. 특히, 청원경찰의 보수체계는 상위 보수단계로 올라가는 데 있어 비교적 장기간이 소요된다. 이에 청원경찰의 보수를 상향 조정하여 청원경찰의 근무 여건을 개선하고 장기근무를 유도하였다.

핵심 기출문제

02 청원경찰법령상 국가기관에 근무하는 청원경찰의 보수는 재직기간에 해당하는 경찰공무원 보수를 감안하여 정한다. 이에 관한 예시로 옳은 것은?

· 제20회 기출

① 16년: 경장, 20년: 경장, 25년: 경사, 32년: 경사
② 16년: 순경, 20년: 경장, 25년: 경사, 32년: 경사
③ 16년: 경장, 20년: 경장, 25년: 경사, 32년: 경위
④ 16년: 순경, 20년: 경장, 25년: 경사, 32년: 경위

해설 청원경찰 16년과 20년은 재직기간 15년 이상 23년 미만에 해당하므로 경장, 25년은 재직기간 23년 이상 30년 미만에 해당하므로 경사, 32년은 재직기간 30년 이상에 해당하므로 경위의 보수를 감안한다.

정답 ③

:: 보충학습 국가경찰공무원의 계급

계급별	경무관	치안감	치안정감	치안총감
형태				
업무	시·도경찰청 차장, 서울·경기지방청 부장, 경찰청 심의관급	시·도경찰청장, 경찰종합학교장, 중앙경찰학교장, 경찰청 국장급	경찰청 차장, 서울시·경기도경찰청장, 경찰대학장급	경찰의 총수인 경찰청장

계급별	경위	경감	경정	총경
형태				
업무	지구대 사무소장, 특수파출소장, 경찰서 계장급, 경찰청·시·도경찰청 실무자	지구대장, 경찰서 주요 계장(형사, 정보2 등), 경찰청·시·도경찰청 반장급	경찰서 과장, 경찰청·시·도경찰청 계장급	경찰서장, 경찰청·시·도경찰청 과장급

계급별	순경	경장	경사
형태			
업무	'순경, 경장, 경사'는 일선 지구대와 경찰서·기동대 등에서 치안실무자로 국민과 가장 밀접한 임무를 수행하고 있으며 '경찰의 뿌리'라고 할 수 있음		

② 국가기관 또는 지방자치단체에 근무하는 청원경찰 외의 청원경찰
  ㉠ 부담기준액 고시
    ⓐ **고시권자**: 청원주의 봉급·수당의 최저부담기준액(국가기관 또는 지방자치단체에 근무하는 청원경찰의 봉급·수당은 제외한다)과 피복비 및 교육비에 따른 비용의 부담기준액은 경찰청장이 정하여 고시(告示)한다(청원경찰법 제6조 제3항).
    ⓑ **고시시기**: 청원경찰경비의 최저부담기준액 및 부담기준액은 경찰공무원 중 순경의 것을 고려하여 다음 연도분을 매년 12월에 고시하여야 한다. 다만, 부득이한 사유가 있을 때에는 수시로 고시할 수 있다(청원경찰법 시행령 제12조 제2항).
  ㉡ 지급기준
    ⓐ **원칙**: 국가기관 또는 지방자치단체에 근무하는 청원경찰 외의 청원경찰의 봉급과 각종 수당은 경찰청장이 고시한 최저부담기준액 이상으로 지급하여야 한다(청원경찰법 시행령 제10조 본문).

위반 시 행정처분기준
지급기준의 원칙을 위반하여 최저부담기준액 이상 지급하지 아니한 경우에는 500만 원 이하의 과태료를 부과한다.

ⓑ 예외: 고시된 최저부담기준액이 배치된 사업장에서 같은 종류의 직무나 유사 직무에 종사하는 근로자에게 지급하는 임금보다 적을 때에는 그 사업장에서 같은 종류의 직무나 유사 직무에 종사하는 근로자에게 지급하는 임금에 상당하는 금액을 지급하여야 한다(청원경찰법 시행령 제10조 단서).

> **관련 판례** 임금(대판 1996.7.30., 95다12804)
>
> 【판시사항】
> 「청원경찰법」 제6조 및 동법 시행령 제8조 제1항 단서에 의한 한국공항공단 청원경찰의 공항 소방대원과의 임금 차액 청구에 대하여, 양자가 동종 또는 유사한 직무를 수행하고 있지 않다는 이유로, 이를 배척한 원심판결을 수긍한 사례
>
> 【판결요지】
> 청원경찰의 보수가 당해 사업장에서 동종 또는 유사 직무 근로자에게 지급하는 임금보다 적어서는 아니 됨을 규정한 「청원경찰법」 제6조, 동법 시행령 제8조 제1항을 근거로 한 공항 소방대원과의 임금 차액 상당의 금원 지급 청구에 대하여, 한 사업장 내에서 근무하는 근로자라고 하더라도 그 업무의 내용과 성격, 업무의 난이도, 근로자의 경력 기타 모든 사정을 고려하여 그 직급과 직책을 나누어 이에 상응하는 보수를 책정하여 지급하는 것은 원칙적으로 사용자의 권한이라 할 것인데, 한국공항공단의 청원경찰과 소방대의 각 설치 근거 및 감독 관계가 서로 다르고 각 그 업무의 내용이 구별되어 있으므로, 청원경찰이 순찰 중에 화재를 발견하여 진압하는 경우가 있었다고 하더라도 그 점만으로 한국공항공단 소속 청원경찰의 직무가 같은 공단 소방직 근로자인 공항 소방대원의 직무와 동일 또는 유사하다고 볼 수 없어 이를 전제로 한 임금 차액 지급 청구는 이유 없다고 한 원심판결을 수긍한 사례

ⓒ 보수산정기준
ⓐ 원칙: 청원경찰의 보수산정에 관하여 그 배치된 사업장의 **취업규칙**에 따른다.
ⓑ 예외: 청원경찰의 보수산정에 관하여 그 배치된 사업장의 취업규칙에 특별한 규정이 없는 경우에는 다음의 경력을 봉급 산정의 기준이 되는 경력에 산입(算入)하여야 한다(청원경찰법 시행령 제11조 제1항).
- 청원경찰로 근무한 경력
- 군 또는 의무경찰에 복무한 경력
- 수위·경비원·감시원 또는 그 밖에 청원경찰과 비슷한 직무에 종사하던 사람이 해당 사업장의 청원주에 의하여 청원경찰로 임용된 경우에는 그 직무에 종사한 경력
- 국가기관 또는 지방자치단체에서 근무하는 청원경찰에 대해서는 국가기관 또는 지방자치단체에서 **상근(常勤)**으로 근무한 경력

(3) 승급 준용

① **국가기관 또는 지방자치단체에 근무하는 청원경찰**: 국가기관 또는 지방자치단체에 근무하는 청원경찰 보수의 호봉 간 승급기간은 경찰공무원의 승급기간에 관한 규정을 준용한다(청원경찰법 시행령 제11조 제2항).

② **국가기관 또는 지방자치단체에 근무하는 청원경찰 외의 청원경찰**: 국가기관 또는 지방자치단체에 근무하는 청원경찰 외의 청원경찰 보수의 호봉 간 승급기간 및 승급액은 그 배치된 사업장의 취업규칙에 따르며, 이에 관한 취업규칙이 없을 때에는 순경의 승급에 관한 규정을 준용한다(청원경찰법 시행령 제11조 제3항).

핵심 기출문제

03 청원경찰법령상 청원경찰의 보수에 관한 설명으로 옳지 <u>않은</u> 것은?

• 제17회 기출

① 국가기관 또는 지방자치단체에 근무하는 청원경찰 보수의 호봉 간 승급기간은 경찰공무원의 승급기간에 관한 규정을 준용한다.
② 국가기관에 근무하는 청원경찰의 보수는 그 재직기간이 25년인 경우, 경찰공무원 경사의 보수를 감안하여 대통령령으로 정한다.
③ 국가기관 또는 지방자치단체에 근무하는 청원경찰의 봉급·수당에 관한 청원주의 최저부담기준액은 경찰청장이 정하여 고시한다.
④ 국가기관 또는 지방자치단체에 근무하는 청원경찰의 각종 수당은 공무원수당 등에 관한 규정에 따른 수당 중 가계보전수당, 실비변상 등으로 하며, 그 세부항목은 경찰청장이 정하여 고시한다.

해설 국가기관 또는 지방자치단체에 근무하는 청원경찰의 보수는 재직기간(청원경찰로서 근무한 기간)에 해당하는 경찰공무원의 보수를 감안하여 대통령령으로 정하며, 각종 수당은 「공무원수당 등에 관한 규정」에 따른 수당 중 가계보전수당, 실비변상 등으로 하며, 그 세부 항목은 경찰청장이 정하여 고시한다.

정답 ③

04 청원경찰법령상 청원경찰의 보수산정 시의 경력 인정 등에 관한 규정이다. ( )에 들어갈 내용으로 옳은 것은?
• 제26회 기출

> 국가기관 또는 지방자치단체에 근무하는 청원경찰 외의 청원경찰 보수의 호봉 간 승급기간 및 승급액은 그 배치된 사업장의 (ㄱ)에 따르며, 이에 관한 (ㄱ)이 없을 때에는 (ㄴ)의 승급에 관한 규정을 준용한다.

① ㄱ: 정관, ㄴ: 순경
② ㄱ: 정관, ㄴ: 경장
③ ㄱ: 취업규칙, ㄴ: 순경
④ ㄱ: 취업규칙, ㄴ: 경장

해설 국가기관 또는 지방자치단체에 근무하는 청원경찰 외의 청원경찰 보수의 호봉 간 승급기간 및 승급액은 그 배치된 사업장의 (취업규칙)에 따르며, 이에 관한 취업규칙이 없을 때에는 (순경)의 승급에 관한 규정을 준용한다.

정답 ③

05 청원경찰법령상 청원경찰의 봉급 산정의 기준이 되는 경력에 산입되지 않는 것은?
• 제24회 기출

① 청원경찰로 근무한 경력
② 군 또는 의무경찰에 복무한 경력
③ 수위·경비원·감시원 또는 그 밖에 청원경찰과 비슷한 직무에 종사하던 사람이 해당 사업장의 청원주에 의하여 청원경찰로 임용된 경우에는 그 직무에 종사한 경력
④ 국가기관 또는 공공단체에서 근무하는 청원경찰에 대해서는 국가기관 또는 공공단체에서 비상근(非常勤)으로 근무한 경력

해설 국가기관 또는 지방자치단체에서 근무하는 청원경찰에 대해서는 국가기관 또는 지방자치단체에서 상근(常勤)으로 근무한 경력을 봉급 산정의 기준이 되는 경력에 산입(算入)하여야 한다.

정답 ④

2. 청원경찰경비의 지급방법 등 ★★☆

(1) 지급 및 납부방법

① 청원경찰경비의 지급방법 또는 납부방법은 **행정안전부령**으로 정한다(청원경찰법 시행령 제12조 제1항).
② **봉급과 각종 수당**: 봉급과 각종 수당은 청원주가 그 청원경찰이 배치된 기관·시설·사업장 또는 장소(이하 "사업장"이라 한다)의 직원에

대한 보수 지급일에 청원경찰에게 직접 지급한다(청원경찰법 시행규칙 제8조 제1호).

③ **피복**: 피복은 청원주가 제작하거나 구입하여 [별표 2]에 따른 정기지급일 또는 신규 배치 시에 청원경찰에게 현품으로 지급한다(청원경찰법 시행규칙 제8조 제2호).

㉠ 청원경찰에게 지급하는 급여품은 [별표 2]와 같고, 대여품은 [별표 3]과 같다(청원경찰법 시행규칙 제12조 제1항).

》 [별표 2] 청원경찰 급여품표(시행규칙 제12조 관련)

품명	수량	사용기간	정기지급일
근무복(하복)	1	1년	5월 5일
근무복(동복)	1	1년	9월 25일
한여름 옷	1	1년	6월 5일
외투·방한복 또는 점퍼	1	2~3년	9월 25일
기동화 또는 단화	1	단화 1년, 기동화 2년	9월 25일
비옷	1	3년	5월 5일
정모	1	3년	9월 25일
기동모	1	3년	필요할 때
기동복	1	2년	필요할 때
방한화	1	2년	9월 25일
장갑	1	2년	9월 25일
호루라기	1	2년	9월 25일

》 [별표 3] 청원경찰 대여품표(시행규칙 제12조 관련)

품명	수량
허리띠	1
경찰봉	1
가슴표장	1
분사기	1
포승	1

㉡ 청원경찰이 퇴직할 때에는 대여품을 청원주에게 반납하여야 한다(청원경찰법 시행규칙 제12조 제2항).

④ **교육비**: 교육비는 청원주가 해당 청원경찰의 입교(入校) 3일 전에 해당 경찰교육기관에 낸다(청원경찰법 시행규칙 제8조 제3호).

핵심 기출문제

06 청원경찰법령상 청원경찰의 대여품에 해당하는 것은? • 제23회 기출

① 기동모 ② 방한화 ③ 허리띠 ④ 근무복

해설 허리띠는 대여품에 해당한다.
①②④ 기동모, 방한화, 근무복은 급여품에 해당한다.

[정답] ③

---

(2) 보상금

① **지급 사유**: 청원주는 청원경찰이 다음의 어느 하나에 해당하게 되면 대통령령으로 정하는 바에 따라 청원경찰 본인 또는 그 유족에게 보상금을 지급하여야 한다(청원경찰법 제7조).
  ㉠ 직무수행으로 인하여 부상을 입거나, 질병에 걸리거나 또는 사망한 경우
  ㉡ 직무상의 부상·질병으로 인하여 퇴직하거나, 퇴직 후 2년 이내에 사망한 경우
② **재원(財源)**: 청원주는 보상금의 지급을 이행하기 위하여 「산업재해보상보험법」에 따른 산업재해보상보험에 가입하거나, 「근로기준법」에 따라 보상금을 지급하기 위한 재원(財源)을 따로 마련하여야 한다(청원경찰법 시행령 제13조).

(3) 퇴직금

청원주는 청원경찰이 퇴직할 때에는 「근로자퇴직급여 보장법」에 따른 퇴직금을 지급하여야 한다. 다만, 국가기관 또는 지방자치단체에 근무하는 청원경찰의 퇴직금에 관하여는 따로 **대통령령**으로 정한다(청원경찰법 제7조의2).

핵심 기출문제

07 청원경찰법령상 청원경찰의 보상금 지급사유가 아닌 것은? • 제25회 기출

① 청원경찰이 직무수행으로 인하여 부상을 입은 경우
② 청원경찰이 직무수행으로 인하여 질병에 걸린 경우
③ 청원경찰이 직무수행으로 인하여 사망한 경우
④ 청원경찰이 직무상의 부상으로 인하여 퇴직 후 3년 이내에 사망한 경우

해설 퇴직 후 2년 이내에 사망한 경우에 청원경찰 본인 또는 그 유족에게 보상금을 지급하여야 한다.

[정답] ④

08 청원경찰법령상 청원경찰의 보상금과 퇴직금에 관한 설명이다. ( )에 들어갈 내용으로 옳은 것은?

• 제26회 기출

> • 청원주는 보상금 지급의 이행을 위하여 (ㄱ)에 따른 산업재해보상보험에 가입하거나, (ㄴ)에 따라 보상금을 지급하기 위한 재원(財源)을 따로 마련하여야 한다.
> • 청원주는 청원경찰이 퇴직할 때에는 (ㄷ)에 따른 퇴직금을 지급하여야 한다. 다만, 국가기관이나 지방자치단체에 근무하는 청원경찰의 퇴직금에 관하여는 따로 (ㄹ)으로 정한다.

① ㄱ: 근로기준법
② ㄴ: 산업재해보상보험법
③ ㄷ: 근로자퇴직급여 보장법
④ ㄹ: 행정안전부령

해설 • 청원주는 보상금 지급의 이행을 위하여 「산업재해보상보험법」에 따른 산업재해보상보험에 가입하거나, 「근로기준법」에 따라 보상금을 지급하기 위한 재원(財源)을 따로 마련하여야 한다.
• 청원주는 청원경찰이 퇴직할 때에는 「근로자퇴직급여 보장법」에 따른 퇴직금을 지급하여야 한다. 다만, 국가기관이나 지방자치단체에 근무하는 청원경찰의 퇴직금에 관하여는 따로 대통령령으로 정한다.

정답 ③

09 청원경찰법령상 청원경찰의 경비에 관한 설명으로 옳은 것은?

• 제23회 기출

① 국가기관 또는 지방자치단체에 근무하는 청원경찰의 보수는 재직기간 15년 이상 23년 미만인 경우 같은 재직기간에 해당하는 경찰공무원 경장의 보수를 감안하여 대통령령으로 정한다.
② 청원경찰의 피복비는 청원주가 부담하여야 하는 청원경찰경비에 해당하지 않는다.
③ 청원경찰이 직무상의 부상·질병으로 인하여 퇴직 후 3년 이내에 사망한 경우 청원주는 대통령령으로 정하는 바에 따라 그 유족에게 보상금을 지급하여야 한다.
④ 교육비는 청원주가 경찰교육기관 입교(入校) 3일 전에 해당 청원경찰에게 지급하여 납부하게 한다.

해설 ② 청원경찰의 피복비는 청원주가 부담하여야 하는 청원경찰경비에 해당한다.
③ 청원경찰이 직무상의 부상·질병으로 인하여 퇴직 후 2년 이내에 사망한 경우 청원주는 대통령령으로 정하는 바에 따라 그 유족에게 보상금을 지급하여야 한다.
④ 교육비는 청원주가 경찰교육기관 입교(入校) 3일 전에 해당 경찰교육기관에 납부한다.

정답 ①

제2절 청원경찰의 복제 및 무기관리

1. 청원경찰의 복제 ★★★

(1) 청원경찰의 제복

① **제복 착용**: 청원경찰은 근무 중 제복을 착용하여야 한다(청원경찰법 제8조 제1항).

② **제복의 착용시기**: 하복·동복의 착용시기는 사업장별로 청원주가 결정하되, 착용시기를 통일하여야 한다(청원경찰법 시행규칙 제10조).

(2) 청원경찰의 복제(服制)

① 청원경찰의 복제(服制)와 무기 휴대에 필요한 사항은 대통령령으로 정한다(청원경찰법 제8조 제3항).

② **복제**: 청원경찰의 복제(服制)는 제복·장구(裝具) 및 부속물로 구분한다(청원경찰법 시행령 제14조 제1항).

　㉠ **구분**: 청원경찰의 제복·장구 및 부속물에 관하여 필요한 사항은 행정안전부령으로 정한다(청원경찰법 시행령 제14조 제2항).

　　ⓐ **제복**: 정모(正帽), 기동모(활동에 편한 모자를 말한다), 근무복(하복, 동복), 한여름 옷, 기동복, 점퍼, 비옷, 방한복, 외투, 단화, 기동화 및 방한화(청원경찰법 시행규칙 제9조 제1항 제1호)

　　ⓑ **장구**: 허리띠, 경찰봉, 호루라기 및 포승(捕繩)(청원경찰법 시행규칙 제9조 제1항 제2호)

　　ⓒ **부속물**: 모자표장, 가슴표장, 휘장, 계급장, 넥타이핀, 단추 및 장갑(청원경찰법 시행규칙 제9조 제1항 제3호)

　㉡ **형태·규격 및 재질 등**: 청원경찰의 제복·장구(裝具) 및 부속물의 형태·규격 및 재질은 다음과 같다(청원경찰법 시행규칙 제9조 제2항).

　　ⓐ **제복**: 제복의 형태·규격 및 재질은 청원주가 결정하되, 경찰공무원 또는 군인 제복의 색상과 명확하게 구별될 수 있어야 하며, 사업장별로 통일해야 한다. 다만, 기동모와 기동복의 색상은 진한 청색으로 하고, 기동복의 형태·규격은 [별도 1]과 같이 한다(청원경찰법 시행규칙 제9조 제2항 제1호).

　　ⓑ **장구**: 장구의 형태·규격 및 재질은 경찰 장구와 같이 한다(청원경찰법 시행규칙 제9조 제2항 제2호).

> **포승(捕繩)**
> 범죄자, 즉 죄인을 잡아 묶는 노끈 종류를 말한다.

ⓒ 부속물: 부속물의 형태·규격 및 재질은 다음과 같이 한다(청원경찰법 시행규칙 제9조 제2항 제3호).
- 모자표장의 형태·규격 및 재질은 [별도 2]와 같이 하되, 기동모의 표장은 정모 표장의 2분의 1 크기로 할 것
- 가슴표장, 휘장, 계급장, 넥타이핀 및 단추의 형태·규격 및 재질은 [별도 3]부터 [별도 7]까지와 같이 할 것

ⓒ 부착위치: 가슴표장, 휘장 및 계급장을 달거나 부착할 위치는 [별도 8]과 같다(청원경찰법 시행규칙 제9조 제4항).

▶ [별도 1] 기동복의 형태 및 규격

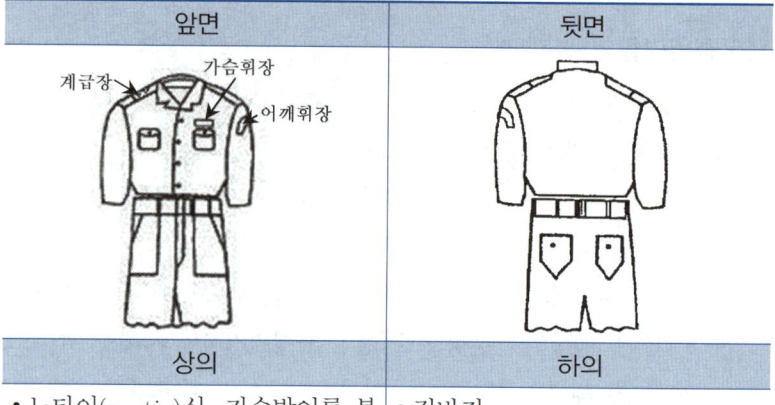

앞면	뒷면
상의	하의
• 노타이(no tie)식, 가슴받이를 붙이고 긴소매, 앞면 중앙에 플라스틱 단추(소) 6개 • 흉부 좌우에 겉붙임 뚜껑주머니 및 플라스틱 단추(소) • 어깨·가슴에 휘장(좌측)	• 긴바지 • 앞면 좌우 측에 겉붙임 옆주머니 • 뒷면 좌우 둔부에 겉붙임 주머니 및 단추 ※ 그 밖의 사항은 「경찰복제에 관한 규칙」에 따른 형태 및 규격에 따른다.

▶ [별도 2] 모자표장

- 색상 및 재질: 금색 금속지

▶ [별도 3] 가슴표장

- 색상 및 재질: 금색 금속지
- '청원경찰'은 음각으로 새겨 넣는다.
- '번호'에는 소속 기관과 그 일련번호를 새김(예 체신 112).

[별도 4] 휘장

어깨휘장(좌측)	가슴휘장(좌측)
• 너비 2cm, 바깥지름 10cm의 반원형 • 바탕색: 상의 색상과 동일 • 글자(청원경찰)색: 바탕이 밝은 색일 경우 검은색, 바탕이 어두운 색일 경우 흰색 • 글씨의 굵기는 2mm, 크기는 한 글자 기준으로 가로 1.7cm, 세로 1.9cm • 모든 제복 왼쪽 어깨에 부착	• 가로 10cm, 세로 6.5cm • 흰색 바탕에 글자(청원경찰)는 검은색 • 글씨의 굵기는 4mm, 크기는 한 글자 기준으로 가로 2cm, 세로 5.5cm • 기동복, 점퍼, 비옷, 방한복 및 외투 왼쪽 가슴에 부착

[별도 5] 계급장

조원(신임)	조원(8년 이상 근속)	조장

반장		대장

색상 및 재질: 금색 금속지

[별도 6] 넥타이핀

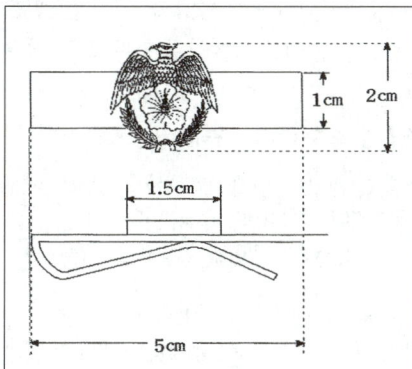

• 색상 및 재질: 은색 금속지

[별도 7] 단추

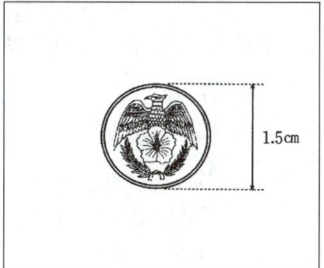

• 색상 및 재질: 은색 금속지

> [별도 8] 부속물의 위치

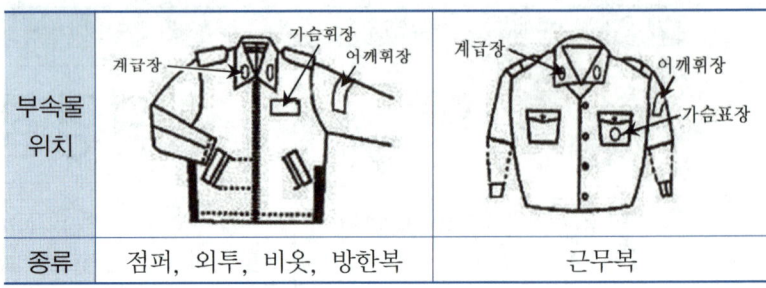

③ **착용 및 휴대**: 청원경찰은 평상근무 중에는 정모, 근무복, 단화, 호루라기, 경찰봉 및 포승을 착용하거나 휴대하여야 하고, 총기를 휴대하지 아니할 때에는 분사기를 휴대하여야 한다. 교육훈련이나 그 밖의 특수근무 중에는 기동모, 기동복, 기동화 및 휘장을 착용하거나 부착하되, 허리띠와 경찰봉은 착용하거나 휴대하지 아니할 수 있다(청원경찰법 시행규칙 제9조 제3항).

④ **특수복장**: 청원경찰이 그 배치지의 특수성 등으로 특수복장을 착용할 필요가 있을 때에는 청원주는 **시·도경찰청장의 승인**을 받아 특수복장을 착용하게 할 수 있다(청원경찰법 시행령 제14조 제3항).

핵심 기출문제

10 청원경찰법령상 청원경찰의 복제에 관한 설명으로 옳은 것은?

• 제23회 기출

① 청원경찰의 기동모와 기동복의 색상은 진한 청색으로 한다.
② 청원경찰은 평상근무 중에는 정모, 근무복, 단화, 호루라기를 착용하거나 휴대하여야 하고, 경찰봉 및 포승은 휴대하지 아니할 수 있다.
③ 청원경찰이 그 배치지의 특수성 등으로 특수복장을 착용할 필요가 있을 때에는 청원주는 관할 경찰서장의 승인을 받아 특수복장을 착용하게 할 수 있다.
④ 청원경찰 장구의 종류는 경찰봉, 호루라기, 수갑 및 포승이다.

해설 ② 청원경찰은 평상근무 중에는 정모, 근무복, 단화, 호루라기, 경찰봉 및 포승을 착용하거나 휴대하여야 한다. 교육훈련이나 그 밖의 특수근무 중에는 기동모, 기동복, 기동화 및 휘장을 착용하거나 부착하되, 허리띠와 경찰봉은 착용하거나 휴대하지 아니할 수 있다.
③ 청원경찰이 그 배치지의 특수성 등으로 인해 특수복장을 착용할 필요가 있을 때에는 청원주는 시·도경찰청장의 승인을 받아 특수복장을 착용하게 할 수 있다.
④ 청원경찰 장구의 종류는 허리띠, 경찰봉, 호루라기 및 포승(捕繩)이 있다.

정답 ①

2. 무기휴대 및 무기관리 ★★★

(1) 무기 등의 휴대

① **분사기 휴대**: 청원주는 「총포·도검·화약류 등의 안전관리에 관한 법률」에 따른 분사기의 **소지허가**를 받아 청원경찰로 하여금 그 분사기를 휴대하여 직무를 수행하게 할 수 있다(청원경찰법 시행령 제15조).

② **무기휴대**
  ㉠ 무기대여: 시·도경찰청장은 청원경찰이 직무를 수행하기 위하여 필요하다고 인정하면 청원주의 신청을 받아 관할 경찰서장으로 하여금 청원경찰에게 무기를 대여하여 지니게 할 수 있다(청원경찰법 제8조 제2항).
  ㉡ 무기대여 절차
    ⓐ 청원주가 청원경찰이 휴대할 무기를 대여받으려는 경우에는 관할 경찰서장을 거쳐 시·도경찰청장에게 무기대여를 신청하여야 한다(청원경찰법 시행령 제16조 제1항).
    ⓑ 신청을 받은 시·도경찰청장이 무기를 대여하여 휴대하게 하려는 경우에는 청원주로부터 국가에 기부채납된 무기에 한정하여 관할 경찰서장으로 하여금 무기를 대여하여 휴대하게 할 수 있다(청원경찰법 시행령 제16조 제2항).
    ⓒ 무기를 대여하였을 때에는 관할 경찰서장은 청원경찰의 무기관리상황을 수시로 점검하여야 한다(청원경찰법 시행령 제16조 제3항).

> **특수경비원과 청원경찰의 무기휴대 등 비교**

> 「경비업법 시행령」 제20조 【특수경비원 무기휴대의 절차 등】 ① 시설주는 법 제14조 제4항의 규정에 의하여 특수경비원이 휴대할 무기를 대여받고자 하는 때에는 무기대여신청서를 관할 경찰서장 및 공항경찰대장 등 국가중요시설의 경비책임자(이하 "관할 경찰관서장"이라 한다)를 거쳐 시·도경찰청장에게 제출하여야 한다.
> ② 시설주는 법 제14조 제4항의 규정에 의하여 관할 경찰관서장으로부터 대여받은 무기를 특수경비원에게 휴대하게 하는 경우에는 동조 제9항의 규정에 의하여 관할 경찰관서장의 사전승인을 얻어야 한다.
> ③ 제2항의 규정에 의한 사전승인을 함에 있어서 관할 경찰관서장은 국가중요시설에 총기 또는 폭발물의 소지자나 무장간첩 침입의 우려가 있는지의 여부 등을 고려하는 등 특수경비원에게 무기를 지급하여야 할 필요성이 있는지의 여부에 관하여 판단하여야 한다.

+ 심화학습

「경비업법」상 특수경비원의 무기대여 절차와의 차이점

- 「경비업법」상 무기는 시설주가 신청하고 분사기는 경비업자가 신청하나, 「청원경찰법」에서는 무기와 분사기 모두 청원주가 신청한다.
- 무기관리상황의 점검 주기가 서로 다르다.
- 「경비업법」에서는 대여받은 무기 휴대 시 사전승인을 받아야 한다.

> 「청원경찰법 시행령」제16조【무기휴대】① 청원주가 법 제8조 제2항에 따라 청원경찰이 휴대할 무기를 대여받으려는 경우에는 관할 경찰서장을 거쳐 시·도경찰청장에게 무기대여를 신청하여야 한다.
> ② 제1항의 신청을 받은 시·도경찰청장이 무기를 대여하여 휴대하게 하려는 경우에는 청원주로부터 국가에 기부채납된 무기에 한정하여 관할 경찰서장으로 하여금 무기를 대여하여 휴대하게 할 수 있다.
> ③ 제1항에 따라 무기를 대여하였을 때에는 관할 경찰서장은 청원경찰의 무기관리상황을 수시로 점검하여야 한다.
>
> 「경비업법 시행령」제21조【무기관리에 대한 지도·감독】관할 경찰관서장은 법 제14조 제5항의 규정에 의하여 시설주 및 특수경비원의 무기관리상황을 매월 1회 이상 점검하여야 한다.
>
> 「청원경찰법 시행령」제17조【감독】관할 경찰서장은 매달 1회 이상 청원경찰을 배치한 경비구역에 대하여 다음 각 호의 사항을 감독하여야 한다.
> 1. 복무규율과 근무 상황
> 2. 무기의 관리 및 취급 사항

핵심 기출문제

11 청원경찰법령상 청원경찰의 분사기 및 무기휴대에 관한 설명으로 옳은 것은?
・제20회 기출

① 관할 경찰서장은 대여한 청원경찰의 무기관리상황을 월 1회 이상 점검하여야 한다.
② 청원경찰은 평상근무 중에 총기를 휴대하지 아니할 때에는 분사기를 휴대하여야 한다.
③ 청원주는 위험물 안전관리법에 따른 분사기의 소지허가를 받아 청원경찰로 하여금 그 분사기를 휴대하여 직무를 수행하게 할 수 있다.
④ 관할 경찰서장은 청원경찰이 직무를 수행하기 위하여 필요하다고 인정하면 직권으로 청원경찰에게 무기를 대여하여 지니게 할 수 있다.

해설 ① 관할 경찰서장은 대여한 청원경찰의 무기관리상황을 수시로 점검하여야 한다.
③ 청원주는 「총포·도검·화약류 등의 안전관리에 관한 법률」에 따른 분사기의 소지허가를 받아 청원경찰로 하여금 그 분사기를 휴대하여 직무를 수행하게 할 수 있다.
④ 시·도경찰청장은 청원경찰이 직무를 수행하기 위하여 필요하다고 인정하면 청원주의 신청을 받아 관할 경찰서장으로 하여금 청원경찰에게 무기를 대여하여 지니게 할 수 있다.

정답 ②

■ 청원경찰법 시행규칙 [별지 제5호 서식]

청원경찰 무기대여 신청서

(앞쪽)

접수번호	접수일자	처리기간	7일

청원주	성명		생년월일	
	직책		연락처	

배치 사업장의 명칭	
배치 사업장의 소재지	
청원경찰 배치 인원	

대여 신청량	총기의 종류	수량	탄약의 종류	수량

대여 신청 사유	
대여 기간	
무기 관리 방법	
비고	

「청원경찰법」 제8조 제2항, 같은 법 시행령 제16조 제1항 및 같은 법 시행규칙 제15조에 따라 위와 같이 무기대여를 신청합니다.

년　월　일

신청인　　　　　　　　(서명 또는 인)

○○경찰서장　　　귀하

첨부 서류	없음	수수료 없음

210mm×297mm[백상지 80g/m²(재활용품)]

(2) 무기관리수칙

청원주 및 청원경찰은 행정안전부령으로 정하는 무기관리수칙을 준수하여야 한다(청원경찰법 시행령 제16조 제4항).

① **청원주의 무기관리**
  ㉠ 무기와 탄약을 대여받은 **청원주**는 다음에 따라 무기와 탄약을 관리해야 한다(청원경찰법 시행규칙 제16조 제1항).
    ⓐ 청원주가 무기와 탄약을 대여받았을 때에는 경찰청장이 정하는 무기·탄약 출납부 및 무기장비 운영카드를 갖춰 두고 기록하여야 한다.
    ⓑ 청원주는 무기와 탄약의 관리를 위하여 관리책임자를 지정하고 관할 경찰서장에게 그 사실을 통보하여야 한다.
    ⓒ 무기고 및 탄약고는 단층에 설치하고 환기·방습·방화 및 총받침대 등의 시설을 갖추어야 한다.
    ⓓ 탄약고는 무기고와 떨어진 곳에 설치하고, 그 위치는 사무실이나 그 밖에 여러 사람을 수용하거나 여러 사람이 오고가는 시설로부터 격리되어야 한다.
    ⓔ 무기고와 탄약고에는 이중 잠금장치를 하고, 열쇠는 관리책임자가 보관하되, 근무시간 이후에는 숙직책임자에게 인계하여 보관시켜야 한다.
    ⓕ 청원주는 경찰청장이 정하는 바에 따라 매월 무기와 탄약의 관리실태를 파악하여 다음 달 3일까지 관할 경찰서장에게 통보하여야 한다.
    ⓖ 청원주는 대여받은 무기와 탄약이 분실되거나 도난당하거나 빼앗기거나 훼손되는 등의 사고가 발생했을 때에는 지체 없이 그 사유를 관할 경찰서장에게 통보해야 한다.
    ⓗ 청원주는 무기와 탄약이 분실되거나 도난당하거나 빼앗기거나 훼손되었을 때에는 경찰청장이 정하는 바에 따라 그 전액을 배상해야 한다. 다만, 전시·사변·천재지변이나 그 밖의 불가항력적인 사유가 있다고 시·도경찰청장이 인정하였을 때에는 그렇지 않다.

ⓛ 무기와 탄약을 대여받은 청원주가 청원경찰에게 무기와 탄약을 출납하려는 경우에는 다음에 따라야 한다. 다만, 관할 경찰서장의 지시에 따라 아래 ⓑ에 따른 탄약의 수를 늘리거나 줄일 수 있고, 무기와 탄약의 출납을 중지할 수 있으며, 무기와 탄약을 회수하여 집중관리할 수 있다(청원경찰법 시행규칙 제16조 제2항).

ⓐ 무기와 탄약을 출납하였을 때에는 무기·탄약출납부에 그 출납사항을 기록하여야 한다.

ⓑ 소총의 탄약은 1정당 15발 이내, 권총의 탄약은 1정당 7발 이내로 출납하여야 한다. 이 경우 생산된 후 오래된 탄약을 우선하여 출납하여야 한다.

ⓒ 청원경찰에게 지급한 무기와 탄약은 매주 1회 이상 손질하게 하여야 한다.

ⓓ 수리가 필요한 무기가 있을 때에는 그 목록과 무기장비 운영카드를 첨부하여 관할 경찰서장에게 수리를 요청할 수 있다.

② **청원경찰의 준수사항**: 청원주로부터 무기와 탄약을 지급받은 **청원경찰**은 다음의 사항을 준수하여야 한다(청원경찰법 시행규칙 제16조 제3항).

㉠ 무기를 지급받거나 반납할 때 또는 인계인수할 때에는 반드시 '앞에 총' 자세에서 '검사 총'을 하여야 한다.

㉡ 무기와 탄약을 지급받았을 때에는 별도의 지시가 없으면 무기와 탄약을 분리하여 휴대하여야 하며, 소총은 '우로 어깨 걸어 총'의 자세를 유지하고, 권총은 '권총집에 넣어 총'의 자세를 유지하여야 한다.

㉢ 지급받은 무기는 다른 사람에게 보관 또는 휴대하게 할 수 없으며 손질을 의뢰할 수 없다.

㉣ 무기를 손질하거나 조작할 때에는 반드시 총구를 공중으로 향하게 하여야 한다.

㉤ 무기와 탄약을 반납할 때에는 손질을 철저히 하여야 한다.

㉥ 근무시간 이후에는 무기와 탄약을 청원주에게 반납하거나 교대근무자에게 인계하여야 한다.

심화학습

무기 및 탄약의 지급 제한 사유에 해당하는 정신질환

- **치매(癡呆)**: 대뇌 신경 세포의 손상 따위로 말미암아 지능, 의지, 기억 따위가 지속적·본질적으로 상실되는 병. 주로 노인에게 나타난다.
- **조현병(調絃病)**: 사고의 장애나 감정, 의지, 충동 따위의 이상으로 인한 인격 분열의 증상으로, 현실과의 접촉을 상실하고 분열병성 황폐를 가져오는 병이다. 청년기에 많이 발생하며 내향적인 성격이나 비사교적, 공격적 성향을 가진 사람에게 일어나기 쉬운데, 유전적인 요인과 깊은 관련이 있는 것으로 본다. 긴장형, 파과형(破瓜型), 망상형(妄想型) 따위로 나눈다.
- **조현정동장애(Schizoaffective disorder)**: 정동 및 조현병 증상이 모두 두드러져서 조현병 또는 조울병의 진단 어느 것에도 적합하지 않은 에피소드성 장애를 말한다. 미리 존재했던 조현병 질환에 부가된 정동성 증상, 동시존재 또는 기타 지속성 망상성 장애와 번갈아 나타나는 것들은 F20-F29에 분류되어 있다. 정동성 장애에서의 기분 부조화 정신병적 증상은 조현정동장애의 진단에 적합하지 않다.
- **조울병(躁鬱病)**: 정신이 상쾌하고 흥분된 상태와 우울하고 억제된 상태가 교대로 나타나거나 둘 가운데 한쪽이 주기적으로 나타나는 병이다. 조현병과 함께 2대 정신병의 하나이다(= 양극성 기분 장애).
- **재발성 우울장애**: 독립된 기분의 고조나 정력의 상승(조병)의 과거력이 없는 우울에피소드로써 우울병이 반복된 장애. 우울증에피소드 바로 후거나 항우울병 치료에 의해 촉진되는 짧고 가벼운 기분의 고조나 과잉활동(경조증)이 있을 수 있다. 재발성 우울병장애보다 더 중한 형태는 이전의 개념인 조울정신병, 우울형, 중대한 우울증, 내인성 우울증 등과 공통점을 가진다.

③ **무기 및 탄약의 지급 제한 사유**: 청원주는 다음의 어느 하나에 해당하는 청원경찰에게 무기와 탄약을 지급해서는 안 되며, 지급한 무기와 탄약은 즉시 회수해야 한다(청원경찰법 시행규칙 제16조 제4항).

　㉠ 직무상 비위(非違)로 징계 대상이 된 사람
　㉡ 형사사건으로 조사 대상이 된 사람
　㉢ 사직 의사를 밝힌 사람
　㉣ 치매, 조현병, 조현정동장애, 양극성 정동장애(조울병), 재발성 우울장애 등의 정신질환으로 인하여 무기와 탄약의 휴대가 적합하지 않다고 해당 분야 전문의가 인정하는 사람
　㉤ ㉠부터 ㉣까지의 규정 중 어느 하나에 준하는 사유로 청원주가 무기와 탄약을 지급하기에 적절하지 않다고 인정하는 사람

④ **무기 및 탄약의 회수 및 재지급**

　㉠ **통지서**: 청원주는 무기와 탄약을 지급하지 않거나 회수할 때에는 결정 통지서 [별지 제5호의2 서식]을 작성하여 지체 없이 해당 청원경찰에게 통지해야 한다. 다만, 지급한 무기와 탄약의 신속한 회수가 필요하다고 인정되는 경우에는 무기와 탄약을 먼저 회수한 후 통지서를 내줄 수 있다(청원경찰법 시행규칙 제16조 제5항).

　㉡ **결정통보**: 청원주는 청원경찰에게 무기와 탄약을 지급하지 않거나 회수한 경우 7일 이내에 관할 경찰서장에게 결정 통보서 [별지 제5호의3 서식]을 작성하여 통보해야 한다(청원경찰법 시행규칙 제16조 제6항).

　㉢ **의견청취**: ㉡에 따라 통보를 받은 관할 경찰서장은 통보받은 날부터 14일 이내에 무기와 탄약의 지급 제한 또는 회수의 적정성을 판단하기 위해 현장을 방문하여 해당 청원경찰의 의견을 청취하고 필요한 조치를 할 수 있다(청원경찰법 시행규칙 제16조 제7항).

　㉣ **재지급 사유**: 청원주는 위 ③의 무기 및 탄약의 지급 제한(청원경찰법 시행규칙 제16조 제4항 각 호) 사유가 소멸하게 된 경우에는 청원경찰에게 무기와 탄약을 지급할 수 있다(청원경찰법 시행규칙 제16조 제8항).

핵심 기출문제

12 청원경찰법령상 무기관리수칙에 관한 설명으로 옳지 <u>않은</u> 것은?

• 제26회 기출

① 청원주가 무기와 탄약을 대여받았을 때에는 경찰청장이 정하는 무기·탄약 출납부 및 무기장비 운영카드를 갖춰 두고 기록하여야 한다.
② 청원주는 무기와 탄약이 분실되었을 때에는 경찰청장이 정하는 바에 따라 그 전액을 배상해야 하지만, 전시·사변·천재지변이나 그 밖의 불가항력적인 사유가 있다고 경찰청장이 인정하였을 때에는 그렇지 않다.
③ 청원주로부터 무기와 탄약을 지급받은 청원경찰은 무기를 지급받거나 반납할 때에는 반드시 "앞에 총" 자세에서 "검사 총"을 하여야 한다.
④ 청원주는 사직 의사를 밝힌 청원경찰에게 무기와 탄약을 지급해서는 안 되며, 지급한 무기와 탄약은 즉시 회수해야 한다.

해설 청원주는 무기와 탄약이 분실되거나 도난당하거나 빼앗기거나 훼손되었을 때에는 경찰청장이 정하는 바에 따라 그 전액을 배상해야 한다. 다만, 전시·사변·천재지변이나 그 밖의 불가항력적인 사유가 있다고 시·도경찰청장이 인정하였을 때에는 그렇지 않다.

정답 ②

13 청원경찰법령상 청원주가 무기와 탄약을 지급해서는 아니 되는 사람을 모두 고른 것은?

• 제23회 기출 변형

ㄱ. 형사사건으로 조사 대상이 된 사람
ㄴ. 사직 의사를 밝힌 사람
ㄷ. 평소에 불평이 심하고 염세적인 사람
ㄹ. 변태적 성벽(性癖)이 있는 사람

① ㄱ, ㄷ
② ㄱ, ㄴ
③ ㄴ, ㄷ, ㄹ
④ ㄱ, ㄴ, ㄷ, ㄹ

해설 종전에는 ㄱ, ㄴ, ㄷ, ㄹ 모두 무기와 탄약의 지급 제한 대상에 포함되었으나, 법 개정(2022.11.10.)으로 인해 ㄷ, ㄹ은 더이상 무기와 탄약의 지급 제한 대상에 포함되지 않는다. 대신 치매, 조현병, 조현정동장애, 양극성 정동장애(조울병), 재발성 우울장애 등의 정신질환으로 인해 무기와 탄약의 휴대가 적합하지 않다고 해당 분야 전문의가 인정한 사람 등이 무기 지급 제한 대상으로 추가되었다.

정답 ②

경비업법과 청원경찰법의 무기 관련 차이점

구분	「경비업법」	「청원경찰법」
무기휴대 절차	• **시설주**는 특수경비원이 휴대할 무기를 대여받고자 하는 때에는 무기대여신청서를 관할 경찰서장 및 공항경찰대장 등 국가중요시설의 경비책임자(관할 경찰관서장)를 거쳐 시·도경찰청장에게 제출해야 함 • 시설주는 관할 경찰관서장으로부터 대여받은 무기를 특수경비원에게 휴대하게 하는 경우에는 **관할 경찰관서장의 사전 승인**을 얻어야 함	**청원주**가 청원경찰이 휴대할 무기를 대여받으려는 경우에는 관할 경찰서장을 거쳐 시·도경찰청장에게 무기대여를 신청해야 함
무기점검	관할 경찰관서장은 시설주 및 특수경비원의 무기관리상황을 **매월 1회 이상 점검**	무기를 대여 시 관할 경찰서장은 청원경찰의 무기관리상황을 **수시로 점검**
무기관리 실태 보고	**관할 경찰관서장이 정하는 바**에 의하여 매월 파악하여 다음 달 3일까지 관할 경찰관서장에게 통보	**경찰청장이 정하는 바**에 따라 매월 다음 달 3일까지 관할 경찰서장에게 통보
무기 지급 제한	• 형사사건으로 인하여 조사를 받고 있는 사람 • 사직 의사를 표명한 사람 • 정신질환자 • 그 밖에 무기를 지급하기에 부적합하다고 인정되는 사람	• 직무상 비위(非違)로 징계 대상이 된 사람 • 형사사건으로 조사 대상이 된 사람 • 사직 의사를 밝힌 사람 • 치매, 조현병, 조현정동장애, 양극성 정동장애(조울병), 재발성 우울장애 등의 정신질환으로 인하여 무기와 탄약의 휴대가 적합하지 않다고 해당 분야 전문의가 인정하는 사람 • 위의 규정 중 어느 하나에 준하는 사유로 청원주가 무기와 탄약을 지급하기에 적절하지 않다고 인정하는 사람

CHAPTER 04 청원경찰경비 등

중요내용 OX 문제

제1절 청원경찰경비

01 청원주는 청원경찰의 의료비를 청원경찰경비로 부담하여야 한다.

02 국가기관에 근무하는 청원경찰 보수의 호봉 간 승급기간은 경찰공무원의 승급기간에 관한 규정을 준용한다.

03 국가기관에 근무하는 청원경찰의 각종 수당은 공무원수당 등에 관한 규정에 따른 수당 중 가계보전수당, 실비변상 등으로 하며, 그 세부항목은 경찰청장이 정하여 고시한다.

04 국가기관 또는 지방자치단체에 근무하는 청원경찰 외의 청원경찰의 봉급과 각종 수당은 시·도경찰청장이 고시한 최저부담기준액 이상으로 지급하여야 한다.

05 국가기관 또는 지방자치단체에 근무하는 청원경찰 외의 청원경찰 보수의 호봉 간 승급기간 및 승급액은 순경의 승급에 관한 규정을 사업장의 취업규칙보다 우선 준용한다.

06 청원경찰경비 중 교육비는 청원주가 해당 청원경찰의 입교 후 청원경찰에게 납부한다.

07 청원주는 청원경찰이 퇴직할 때에는 국민연금법에 따른 퇴직금을 지급하여야 한다.

OX 정답 01 × 02 ○ 03 ○ 04 × 05 × 06 × 07 ×

X 해설
01 청원경찰경비는 청원경찰에게 지급할 봉급 및 각종 수당, 청원경찰의 피복비, 청원경찰의 교육비, 보상금 및 퇴직금 등이다. 의료비는 청원경찰경비에 포함하지 않는다.
04 경찰청장이 고시한 최저부담기준액 이상으로 지급하여야 한다.
05 국가기관 또는 지방자치단체에 근무하는 청원경찰 외의 청원경찰 보수의 호봉 간 승급기간 및 승급액은 그 배치된 사업장의 취업규칙에 따르며, 이에 관한 취업규칙이 없을 때에는 순경의 승급에 관한 규정을 준용한다.
06 청원경찰경비 중 교육비는 청원경찰의 입교 3일 전에 해당 경찰교육기관에 납부한다.
07 원칙적으로 「근로자퇴직급여 보장법」에 따른 퇴직금을 지급하여야 한다.

제2절 청원경찰의 복제 및 무기관리

O | X

08 청원경찰의 하복·동복의 착용시기는 사업장별로 관할 경찰서장이 결정한다.

09 청원경찰의 제복, 장구 및 부속물에 관하여 필요한 사항은 대통령령으로 정한다.

10 장구의 형태·규격 및 재질은 경찰 장구와 같이 한다.

11 청원경찰은 교육훈련 중에도 허리띠와 경찰봉을 착용하거나 휴대해야 하나, 휘장은 부착하지 아니할 수 있다.

12 청원경찰로 하여금 분사기를 휴대하여 직무를 수행하게 하고자 하는 경우 청원주는 총포·도검·화약류 등의 안전관리에 관한 법률에 따라 관할 경찰서장에게 소지신고를 하여야 한다.

13 시·도경찰청장이 무기를 대여하여 휴대하게 하려는 경우에는 청원주로부터 국가에 기부채납된 무기에 한정하여 관할 경찰서장으로 하여금 무기를 대여하여 휴대하게 할 수 있다.

14 청원경찰에게 무기를 대여한 경우에 관할 경찰서장은 청원경찰의 무기관리 사항을 매월 1회 이상 점검하여야 한다.

15 청원주 및 청원경찰은 대통령령으로 정하는 무기관리수칙을 준수하여야 한다.

16 청원주는 경찰청장이 정하는 바에 따라 매월 무기와 탄약의 관리실태를 파악하여 다음 달 3일까지 관할 경찰서장에게 통보하여야 한다.

17 청원주로부터 무기를 지급받은 청원경찰이 무기를 손질하거나 조작할 때에는 반드시 총구를 바닥으로 향하게 하여야 한다.

18 무기를 지급받거나 반납할 때 또는 인계인수할 때에는 반드시 '검사 총' 자세 이후 '앞에 총'을 하여야 한다.

19 청원주는 민사소송의 피고로 소송 계류 중인 사람이나 이혼경력이 있는 청원경찰에게 무기와 탄약을 지급해서는 아니 되며, 지급한 무기와 탄약은 회수하여야 한다.

20 치매, 조현병, 조현정동장애, 양극성 정동장애(조울병), 재발성 우울장애 등의 정신질환으로 인하여 무기와 탄약의 휴대가 적합하지 않다고 해당 분야 전문의가 인정하는 청원경찰에게 무기와 탄약을 지급해서는 안 되며, 지급한 무기와 탄약은 즉시 회수해야 한다.

21 청원주는 청원경찰에게 무기와 탄약을 지급하지 않거나 회수한 경우 14일 이내에 관할 경찰서장에게 결정 통보서를 작성하여 통보해야 한다.

OX 정답 08 × 09 × 10 ○ 11 × 12 × 13 ○ 14 × 15 × 16 ○ 17 × 18 × 19 × 20 ○ 21 ×

X 해설
08 청원경찰의 하복·동복 착용시기는 청원주가 결정한다.
09 청원경찰의 제복, 장구 및 부속물에 관하여 필요한 사항은 행정안전부령으로 정한다.
11 교육훈련이나 그 밖의 특수근무 중에는 기동모, 기동복, 기동화 및 휘장을 착용하거나 부착하되, 허리띠와 경찰봉은 착용하거나 휴대하지 아니할 수 있다.
12 분사기의 소지허가를 받아야 한다.
14 수시로 점검하여야 한다.
15 무기관리수칙은 행정안전부령으로 정한다.
17 무기를 손질하거나 조작할 때에는 반드시 총구를 공중으로 향하게 하여야 한다.
18 무기를 지급받거나 반납할 때 또는 인계인수할 때에는 반드시 '앞에 총' 자세 이후 '검사 총'을 하여야 한다.
19 민사소송의 피고로 소송 계류 중인 사람이나 이혼경력이 있는 청원경찰은 무기와 탄약의 지급 제한 대상이 아니다.
21 무기와 탄약을 지급하지 않거나 회수한 경우 7일 이내에 관할 경찰서장에게 결정 통보서를 작성하여 통보해야 한다.

CHAPTER 04 청원경찰경비 등

기출 및 예상문제

제1절 청원경찰경비

01 청원경찰법령상 청원경찰의 소요경비를 부담하는 자는?

① 관할 지방자치단체장
② 시·도경찰청장
③ 행정안전부장관
④ 청원주

> **해설** 청원주는 청원경찰의 봉급, 각종 수당, 피복비, 교육비, 보상금, 퇴직금 등의 경비를 부담하여야 한다 (청원경찰법 제6조 제1항).

02 청원경찰법령상 청원경찰의 봉급과 각종 수당은 누가 부담하는가?   • 제15회 기출

① 청원주
② 시·도경찰청장
③ 관할 경찰서장
④ 지방자치단체장

> **해설** 청원주는 청원경찰의 봉급, 각종 수당, 피복비, 교육비, 보상금, 퇴직금 등의 경비를 부담하여야 한다 (청원경찰법 제6조 제1항).

03 청원경찰법령상 청원주가 부담하여야 하는 청원경찰경비에 해당하지 <u>않는</u> 것은?

• 제22회 기출

① 청원경찰의 경조사비
② 청원경찰의 피복비
③ 청원경찰의 교육비
④ 청원경찰에게 지급할 봉급과 각종 수당

> **해설** 청원경찰의 경조사비는 청원경찰경비에 해당하지 않는다.
> ②③④ 청원경찰법령상 청원주가 부담해야 하는 청원경찰경비는 청원경찰 피복비, 교육비, 보상금 및 퇴직금, 청원경찰에게 지급할 봉급과 각종 수당으로 구성된다.
>
> > **법 제6조 【청원경찰경비】** ① 청원주는 다음 각 호의 청원경찰경비를 부담하여야 한다.
> > 1. 청원경찰에게 지급할 봉급과 각종 수당
> > 2. 청원경찰의 피복비
> > 3. 청원경찰의 교육비
> > 4. 제7조에 따른 보상금 및 제7조의2에 따른 퇴직금

04 청원경찰법령상 청원주가 부담해야 하는 청원경찰경비를 모두 고른 것은? • 제16회 기출

> ㄱ. 청원경찰의 교통비
> ㄴ. 청원경찰의 피복비
> ㄷ. 청원경찰의 교육비
> ㄹ. 청원경찰의 본인 또는 유족 보상금

① ㄱ, ㄴ, ㄷ
② ㄱ, ㄴ, ㄹ
③ ㄱ, ㄷ, ㄹ
④ ㄴ, ㄷ, ㄹ

해설 청원경찰의 교통비는 청원경찰경비에 해당되지 않는다.

05 청원경찰법령상 국가기관 또는 지방자치단체에 근무하는 청원경찰의 보수산정 시 청원경찰 재직기간에 따라 경찰공무원의 보수를 감안하여 정하는 경우, 그 기준이 옳지 <u>않은</u> 것은?

① 재직기간 15년 미만: 순경
② 재직기간 15년 이상 23년 미만: 경장
③ 재직기간 23년 이상 30년 미만: 경사
④ 재직기간 30년 이상: 경감

해설 재직기간 30년 이상은 경위에 해당하는 경찰공무원의 보수를 감안한다.

> **법 제6조【청원경찰경비】** ② 국가기관 또는 지방자치단체에 근무하는 청원경찰의 보수는 다음 각 호의 구분에 따라 같은 재직기간에 해당하는 경찰공무원의 보수를 감안하여 대통령령으로 정한다.
> 1. 재직기간 15년 미만: 순경
> 2. 재직기간 15년 이상 23년 미만: 경장
> 3. 재직기간 23년 이상 30년 미만: 경사
> 4. 재직기간 30년 이상: 경위

01 ④ 02 ① 03 ① 04 ④ 05 ④ **정답**

06 청원경찰경비(국가기관 또는 지방자치단체에 근무하는 청원경찰의 봉급·수당은 제외한다)의 최저부담기준 및 부담기준액(봉급, 각종 수당, 피복비, 교육비)을 고시하는 관청은?

① 경찰청장
② 고용노동부장관
③ 관할 시·도경찰청장
④ 행정안전부장관

해설 청원주의 봉급·수당의 최저부담기준액(국가기관 또는 지방자치단체에 근무하는 청원경찰의 봉급·수당은 제외한다)과 피복비 및 교육비에 따른 비용의 부담기준액은 경찰청장이 정하여 고시(告示)한다.

> 법 제6조 【청원경찰경비】 ③ 청원주의 제1항 제1호에 따른 봉급·수당의 최저부담기준액(국가기관 또는 지방자치단체에 근무하는 청원경찰의 봉급·수당은 제외한다)과 같은 항 제2호 및 제3호에 따른 비용의 부담기준액은 경찰청장이 정하여 고시(告示)한다.

07 청원경찰법령상 청원주가 부담하는 경비(국가기관 또는 지방자치단체에 근무하는 청원경찰의 봉급·수당은 제외한다) 중 경찰청장이 고시하는 항목이 아닌 것은?

① 청원경찰에게 지급할 봉급과 각종 수당
② 청원경찰의 피복비
③ 청원경찰의 교육비
④ 청원경찰의 보상금 및 퇴직금

해설 청원주의 봉급·수당의 최저부담기준액(국가기관 또는 지방자치단체에 근무하는 청원경찰의 봉급·수당은 제외한다)과 피복비 및 교육비에 따른 비용의 부담기준액은 경찰청장이 정하여 고시(告示)한다(청원경찰법 제6조 제3항). 다만, 청원주는 보상금의 지급을 이행하기 위하여 「산업재해보상보험법」에 따른 산업재해보상보험에 가입하거나, 「근로기준법」에 따라 보상금을 지급하기 위한 재원을 따로 마련하여야 한다(청원경찰법 시행령 제13조). 청원주는 청원경찰이 퇴직할 때에는 「근로자퇴직급여 보장법」에 따른 퇴직금을 지급하여야 한다. 다만, 국가기관 또는 지방자치단체에 근무하는 청원경찰의 퇴직금에 관하여는 따로 대통령령으로 정한다(청원경찰법 제7조의2).

> 법 제6조 【청원경찰경비】 ① 청원주는 다음 각 호의 청원경찰경비를 부담하여야 한다.
>   1. 청원경찰에게 지급할 봉급과 각종 수당
>   2. 청원경찰의 피복비
>   3. 청원경찰의 교육비
>   4. 제7조에 따른 보상금 및 제7조의2에 따른 퇴직금
> ③ 청원주의 제1항 제1호에 따른 봉급·수당의 최저부담기준액(국가기관 또는 지방자치단체에 근무하는 청원경찰의 봉급·수당은 제외한다)과 같은 항 제2호 및 제3호에 따른 비용의 부담기준액은 경찰청장이 정하여 고시(告示)한다.

08 청원경찰법령상 청원경찰경비 등에 관한 설명으로 옳지 않은 것은? • 제22회 기출

① 국가기관 또는 지방자치단체에 근무하는 청원경찰의 보수는 청원경찰법에서 정한 구분에 따라 같은 재직기간에 해당하는 경찰공무원의 보수를 감안하여 대통령령으로 정한다.
② 청원주의 청원경찰에 대한 봉급·수당의 최저부담기준액(국가기관 또는 지방자치단체에 근무하는 청원경찰의 봉급·수당은 제외한다)은 경찰청장이 정하여 고시(告示)한다.
③ 청원주는 청원경찰이 직무수행으로 인하여 부상을 입거나, 질병에 걸리거나 또는 사망한 경우 대통령령으로 정하는 바에 따라 청원경찰 본인 또는 그 유족에게 보상금을 지급하여야 한다.
④ 국가기관이나 지방자치단체에 근무하는 청원경찰의 퇴직금에 관하여는 행정안전부령으로 정한다.

해설 국가기관이나 지방자치단체에 근무하는 청원경찰의 퇴직금에 관하여는 대통령령으로 정한다.

09 청원경찰법령상 경비의 부담과 고시 등에 관한 설명으로 옳지 않은 것은? • 제21회 기출

① 청원경찰의 피복비 및 교육비의 부담기준액은 시·도경찰청장이 정하여 고시한다.
② 부득이한 사유가 있는 경우를 제외하고, 청원경찰경비의 최저부담기준액 및 부담기준액은 순경의 것을 고려하여 다음 연도분을 매년 12월에 고시하여야 한다.
③ 청원경찰의 교육비는 청원주가 해당 청원경찰의 입교 3일 전에 해당 경찰교육기관에 낸다.
④ 청원주는 청원경찰이 직무상의 질병으로 인하여 퇴직하게 되면 청원경찰 본인에게 보상금을 지급하여야 한다.

해설 청원경찰의 피복비 및 교육비의 부담기준액은 경찰청장이 정하여 고시(告示)한다. 단, ①에 봉급·수당의 최저부담기준액 중 '국가기관 또는 지방자치단체에 근무하는 청원경찰의 봉급·수당은 제외한다.'라는 단서가 있으면 더 정확한 설명이 될 수 있다.

06 ① 07 ④ 08 ④ 09 ① **정답**

10 청원경찰법령상 청원경찰의 경비(經費)에 관한 설명으로 옳은 것은?　• 제19회 기출

① 청원주는 대통령령이 정하는 바에 따라 청원경찰에게 봉급과 각종 수당 등을 지급하여야 한다.
② 청원주는 대통령령이 정하는 바에 따라 청원경찰이 직무수행 중 부상을 당한 경우에 본인에게 보상금을 지급하여야 한다.
③ 청원주는 청원경찰이 퇴직할 때에는 행정안전부령이 정하는 바에 따라 근로자퇴직급여 보장법에 따른 퇴직금을 지급하여야 한다.
④ 지방자치단체에 근무하는 청원경찰의 각종 수당은 공무원수당 등에 관한 규정에 따른 수당 중 가계보전수당, 실비변상 등으로 하며, 그 세부항목은 대통령령으로 정하여 고시한다.

해설
① 청원주는 국가기관 또는 지방자치단체에 근무하는 청원경찰의 보수는 재직기간을 감안하여 대통령령이 정하는 바에 따라 청원경찰에게 봉급과 각종 수당 등을 지급하여야 한다.
③ 청원주는 청원경찰이 퇴직할 때에는 「근로자퇴직급여 보장법」에 따른 퇴직금을 지급하여야 한다. 다만, 국가기관이나 지방자치단체에 근무하는 청원경찰의 퇴직금에 관하여는 따로 대통령령으로 정한다.
④ 지방자치단체에 근무하는 청원경찰의 각종 수당은 「공무원수당 등에 관한 규정」에 따른 수당 중 가계보전수당, 실비변상 등으로 하며, 그 세부항목은 경찰청장이 정하여 고시한다.

> **법 제6조【청원경찰경비】** ② 국가기관 또는 지방자치단체에 근무하는 청원경찰의 보수는 다음 각 호의 구분에 따라 같은 재직기간에 해당하는 경찰공무원의 보수를 감안하여 대통령령으로 정한다.
> 1. 재직기간 15년 미만: 순경
> 2. 재직기간 15년 이상 23년 미만: 경장
> 3. 재직기간 23년 이상 30년 미만: 경사
> 4. 재직기간 30년 이상: 경위
>
> **법 제7조【보상금】** 청원주는 청원경찰이 다음 각 호의 어느 하나에 해당하게 되면 대통령령으로 정하는 바에 따라 청원경찰 본인 또는 그 유족에게 보상금을 지급하여야 한다.
> 1. 직무수행으로 인하여 부상을 입거나, 질병에 걸리거나 또는 사망한 경우
> 2. 직무상의 부상·질병으로 인하여 퇴직하거나, 퇴직 후 2년 이내에 사망한 경우
>
> **법 제7조의2【퇴직금】** 청원주는 청원경찰이 퇴직할 때에는 「근로자퇴직급여 보장법」에 따른 퇴직금을 지급하여야 한다. 다만, 국가기관이나 지방자치단체에 근무하는 청원경찰의 퇴직금에 관하여는 따로 대통령령으로 정한다.
>
> **영 제9조【국가기관 또는 지방자치단체에 근무하는 청원경찰의 보수】** ② 법 제6조 제2항에 따른 국가기관 또는 지방자치단체에 근무하는 청원경찰의 각종 수당은 「공무원수당 등에 관한 규정」에 따른 수당 중 가계보전수당, 실비변상 등으로 하며, 그 세부항목은 경찰청장이 정하여 고시한다.

11 청원경찰법령상 청원경찰경비(經費)에 관한 설명으로 옳지 않은 것은?

• 제20회 기출

① 청원경찰경비는 봉급과 각종 수당, 피복비, 교육비, 보상금 및 퇴직금을 말한다.
② 봉급·수당의 최저부담기준액(국가기관 또는 지방자치단체에 근무하는 청원경찰의 봉급·수당은 제외한다)은 경찰청장이 정하여 고시한다.
③ 국가기관 또는 지방자치단체에 근무하는 청원경찰의 각종 수당은 공무원수당 등에 관한 규정에 따른 수당 중 가계보전수당, 실비변상 등으로 한다.
④ 교육비는 청원주가 해당 청원경찰의 입교 7일 전에 청원경찰에게 직접 지급한다.

해설 교육비는 청원주가 해당 청원경찰의 입교(入校) 3일 전에 해당 경찰교육기관에 낸다.

> **법 제6조 【청원경찰경비】** ① 청원주는 다음 각 호의 청원경찰경비를 부담하여야 한다.
> 1. 청원경찰에게 지급할 봉급과 각종 수당
> 2. 청원경찰의 피복비
> 3. 청원경찰의 교육비
> 4. 제7조에 따른 보상금 및 제7조의2에 따른 퇴직금
> ③ 청원주의 제1항 제1호에 따른 봉급·수당의 최저부담기준액(국가기관 또는 지방자치단체에 근무하는 청원경찰의 봉급·수당은 제외한다)과 같은 항 제2호 및 제3호에 따른 비용의 부담기준액은 경찰청장이 정하여 고시(告示)한다.
> **영 제9조 【국가기관 또는 지방자치단체에 근무하는 청원경찰의 보수】** ② 법 제6조 제2항에 따른 국가기관 또는 지방자치단체에 근무하는 청원경찰의 각종 수당은 「공무원수당 등에 관한 규정」에 따른 수당 중 가계보전수당, 실비변상 등으로 하며, 그 세부 항목은 경찰청장이 정하여 고시한다.
> **규칙 제8조 【청원경찰경비의 지급방법 등】** 영 제12조에 따른 청원경찰경비의 지급방법 및 납부방법은 다음 각 호와 같다.
> 1. 봉급과 각종 수당은 청원주가 그 청원경찰이 배치된 기관·시설·사업장 또는 장소(이하 "사업장"이라 한다)의 직원에 대한 보수 지급일에 청원경찰에게 직접 지급한다.
> 2. 피복은 청원주가 제작하거나 구입하여 [별표 2]에 따른 정기지급일 또는 신규 배치 시에 청원경찰에게 현품으로 지급한다.
> 3. 교육비는 청원주가 해당 청원경찰의 입교(入校) 3일 전에 해당 경찰교육기관에 낸다.

12 청원경찰법령상 청원경찰의 경비와 보상 등에 관한 설명으로 옳은 것은?

• 제16회 기출 변형

① 지방자치단체에 근무하는 청원경찰의 봉급·수당은 최저부담기준액을 경찰청장이 정하여 고시한다.
② 지방자치단체에 근무하는 청원경찰의 퇴직금에 관하여는 따로 행정안전부령으로 정한다.
③ 청원경찰이 퇴직할 때에는 급여품 및 대여품을 청원주에게 반납해야 한다.
④ 국가기관에 근무하는 청원경찰의 보수는 재직기간 15년 이상 23년 미만인 경우 경장에 해당하는 경찰공무원의 보수를 감안하여 대통령령으로 정한다.

해설
① 지방자치단체에 근무하는 청원경찰의 보수는 재직기간에 해당하는 경찰공무원의 보수를 감안하여 대통령령으로 정한다. 반면, 국가기관이나 지방자치단체에 근무하는 청원경찰의 봉급·수당을 제외한 최저부담기준액은 경찰청장이 정하여 고시한다.
② 지방자치단체에 근무하는 청원경찰의 퇴직금에 관하여는 따로 대통령령으로 정한다.
③ 청원경찰이 퇴직할 때에는 대여품을 청원주에게 반납하여야 한다.

> **법 제6조 【청원경찰경비】** ② 국가기관 또는 지방자치단체에 근무하는 청원경찰의 보수는 다음 각 호의 구분에 따라 같은 재직기간에 해당하는 경찰공무원의 보수를 감안하여 대통령령으로 정한다.
> 1. 재직기간 15년 미만: 순경
> 2. 재직기간 15년 이상 23년 미만: 경장
> 3. 재직기간 23년 이상 30년 미만: 경사
> 4. 재직기간 30년 이상: 경위
> ③ 청원주의 제1항 제1호에 따른 봉급·수당의 최저부담기준액(국가기관 또는 지방자치단체에 근무하는 청원경찰의 봉급·수당은 제외한다)과 같은 항 제2호 및 제3호에 따른 비용의 부담기준액은 경찰청장이 정하여 고시(告示)한다.
>
> **법 제7조의2 【퇴직금】** 청원주는 청원경찰이 퇴직할 때에는 「근로자퇴직급여 보장법」에 따른 퇴직금을 지급하여야 한다. 다만, 국가기관이나 지방자치단체에 근무하는 청원경찰의 퇴직금에 관하여는 따로 대통령령으로 정한다.
>
> **규칙 제12조 【급여품 및 대여품】** ② 청원경찰이 퇴직할 때에는 대여품을 청원주에게 반납하여야 한다.

13 청원경찰법령상 청원경찰경비에 관한 설명으로 옳지 않은 것은?

① 국가기관 또는 지방자치단체에 재직기간 15년 이상 23년 미만 근무하는 청원경찰의 보수는 경찰공무원의 경사에 해당하는 보수를 감안하여 대통령령으로 정한다.
② 청원주의 봉급·수당의 최저부담기준액(국가기관 또는 지방자치단체에 근무하는 청원경찰의 봉급·수당은 제외한다)과 청원경찰의 피복비 및 청원경찰의 교육비에 따른 비용의 부담기준액은 경찰청장이 정하여 고시(告示)한다.
③ 국가기관 또는 지방자치단체에 근무하는 청원경찰 외의 청원경찰의 봉급과 각종 수당은 경찰청장이 고시한 최저부담기준액 이상으로 지급하여야 한다. 다만, 고시된 최저부담기준액이 배치된 사업장에서 같은 종류의 직무나 유사 직무에 종사하는 근로자에게 지급하는 임금보다 적을 때에는 그 사업장에서 같은 종류의 직무나 유사 직무에 종사하는 근로자에게 지급하는 임금에 상당하는 금액을 지급하여야 한다.
④ 국가기관 또는 지방자치단체에 근무하는 청원경찰의 각종 수당은 공무원수당 등에 관한 규정에 따른 수당 중 가계보전수당, 실비변상 등으로 하며, 그 세부항목은 경찰청장이 정하여 고시한다.

해설 국가기관 또는 지방자치단체에 재직기간 15년 이상 23년 미만 근무하는 청원경찰의 보수는 경찰공무원의 경장에 해당하는 보수를 감안하여 대통령령으로 정한다.

> **법 제6조【청원경찰경비】** ② 국가기관 또는 지방자치단체에 근무하는 청원경찰의 보수는 다음 각 호의 구분에 따라 같은 재직기간에 해당하는 경찰공무원의 보수를 감안하여 대통령령으로 정한다.
> 1. 재직기간 15년 미만: 순경
> 2. 재직기간 15년 이상 23년 미만: 경장
> 3. 재직기간 23년 이상 30년 미만: 경사
> 4. 재직기간 30년 이상: 경위

12 ④ 13 ① **정답**

14 청원경찰법령상 청원경찰의 보수 등에 관한 설명으로 옳지 않은 것은? • 제15회 기출

① 국가기관에 근무하는 청원경찰의 각종 수당은 공무원수당 등에 관한 규정에 따른 수당 중 가계보전수당, 실비변상 등으로 하며, 그 세부 항목은 경찰청장이 정하여 고시한다.
② 국가기관에 근무하는 청원경찰의 보수산정을 위한 재직기간은 청원경찰로서 근무한 기간으로 한다.
③ 국가기관에 근무하는 청원경찰 보수의 호봉 간 승급기간은 경찰공무원의 승급기간에 관한 규정을 준용한다.
④ 국가기관 또는 지방자치단체에 근무하는 청원경찰 외의 청원경찰 보수의 호봉 간 승급기간 및 승급액은 순경의 승급에 관한 규정을 사업장의 취업규칙보다 우선 준용한다.

해설 국가기관 또는 지방자치단체에 근무하는 청원경찰 외의 청원경찰 보수의 호봉 간 승급기간 및 승급액은 그 배치된 사업장의 취업규칙에 따르며, 이에 관한 취업규칙이 없을 때에는 순경의 승급에 관한 규정을 준용한다.

> 영 제9조【국가기관 또는 지방자치단체에 근무하는 청원경찰의 보수】② 법 제6조 제2항에 따른 국가기관 또는 지방자치단체에 근무하는 청원경찰의 각종 수당은 「공무원수당 등에 관한 규정」에 따른 수당 중 가계보전수당, 실비변상 등으로 하며, 그 세부 항목은 경찰청장이 정하여 고시한다.
> ③ 법 제6조 제2항에 따른 재직기간은 청원경찰로서 근무한 기간으로 한다.
> 영 제11조【보수산정 시의 경력 인정 등】③ 국가기관 또는 지방자치단체에 근무하는 청원경찰 외의 청원경찰 보수의 호봉 간 승급기간 및 승급액은 그 배치된 사업장의 취업규칙에 따르며, 이에 관한 취업규칙이 없을 때에는 순경의 승급에 관한 규정을 준용한다.

15 甲기업체(국가기관 또는 지방자치단체가 아니다)에 근무하는 청원경찰의 보수를 산정하는 경우 우선시되는 기준은?

① 경찰공무원의 보수 기준
② 배치된 사업장에서 유사 직무 근로자에 준한 기준
③ 사업장의 취업규칙
④ 국가 또는 지방자치단체에 준한 기준

해설 국가기관 또는 지방자치단체에 근무하는 청원경찰 외의 청원경찰 보수의 산정 시 원칙적으로 그 배치된 사업장의 취업규칙에 따른다.

16 청원경찰법령상 청원경찰의 보수산정에 관하여 그 배치된 사업장의 취업규칙에 특별한 규정이 없는 경우에 봉급 산정의 기준이 되는 경력에 불산입되는 것으로 옳은 것은?

• 제19회 기출

① 군복무한 경력
② 의무경찰에 복무한 경력
③ 청원경찰로 임용되어 근무한 경력
④ 지방자치단체에서 근무하는 청원경찰에 대해서는 지방자치단체에 비상근으로 근무한 경력

해설 지방자치단체에서 근무하는 청원경찰에 대해서는 국가기관 또는 지방자치단체에서 상근(常勤)으로 근무한 경력이 산입된다.

> 영 제11조 【보수산정 시의 경력 인정 등】 ① 청원경찰의 보수산정에 관하여 그 배치된 사업장의 취업규칙에 특별한 규정이 없는 경우에는 다음 각 호의 경력을 봉급산정의 기준이 되는 경력에 산입(算入)하여야 한다.
> 1. 청원경찰로 근무한 경력
> 2. 군 또는 의무경찰에 복무한 경력
> 3. 수위·경비원·감시원 또는 그 밖에 청원경찰과 비슷한 직무에 종사하던 사람이 해당 사업장의 청원주에 의하여 청원경찰로 임용된 경우에는 그 직무에 종사한 경력
> 4. 국가기관 또는 지방자치단체에서 근무하는 청원경찰에 대해서는 국가기관 또는 지방자치단체에서 상근(常勤)으로 근무한 경력

17 A는 군복무를 필하고 청원경찰로 2년간 근무하다가 퇴직하였다. 그 후 다시 청원경찰로 임용되었다면 청원경찰법령상 봉급산정에 산입되는 경력은? (단, A가 배치된 사업장의 취업규칙에는 특별한 규정이 없다)

① 군 복무 경력과 청원경찰로 근무한 경력 중 어느 하나만 산입하여야 한다.
② 군 복무 경력은 반드시 산입하여야 하고, 청원경찰 경력은 산입하지 않는다.
③ 군 복무 경력과 청원경찰 경력을 모두 산입하여야 한다.
④ 군 복무 경력은 산입하지 않고, 청원경찰 경력은 산입하여야 한다.

해설 원칙적으로 청원경찰의 보수산정에 관하여 그 배치된 사업장의 취업규칙에 따르며, 청원경찰의 보수산정에 관하여 그 배치된 사업장의 취업규칙에 특별한 규정이 없는 경우에는 「청원경찰법 시행령」 제11조 제1항에 따라 군 또는 의무경찰에 복무한 경력 및 청원경찰로 근무한 경력 등을 봉급 산정의 기준이 되는 경력에 산입(算入)하여야 한다.

정답 14 ④ 15 ③ 16 ④ 17 ③

18 청원경찰법령상 청원경찰의 승급에 관한 설명으로 옳지 않은 것은?

① 국가기관에 근무하는 청원경찰 보수의 호봉 간 승급기간은 경찰공무원의 승급기간에 관한 규정을 준용한다.
② 지방자치단체에 근무하는 청원경찰 보수의 호봉 간 승급기간은 취업규칙에 따르며, 이에 관한 취업규칙이 없을 때에는 순경의 승급에 관한 규정을 준용한다.
③ 국가기관에 근무하는 청원경찰 외의 청원경찰 보수의 호봉 간 승급기간 및 승급액은 취업규칙에 따르며, 이에 관한 취업규칙이 없을 때에는 순경의 승급에 관한 규정을 준용한다.
④ 지방자치단체에 근무하는 청원경찰 외의 청원경찰 보수의 호봉 간 승급기간 및 승급액은 취업규칙에 따르며, 이에 관한 취업규칙이 없을 때에는 순경의 승급에 관한 규정을 준용한다.

> **해설** 국가기관 또는 지방자치단체에 근무하는 청원경찰 보수의 호봉 간 승급기간은 경찰공무원의 승급기간에 관한 규정을 준용한다. 반면, 국가기관 또는 지방자치단체에 근무하는 청원경찰 외의 청원경찰 보수의 호봉 간 승급기간 및 승급액은 그 배치된 사업장의 취업규칙에 따르며, 이에 관한 취업규칙이 없을 때에는 순경의 승급에 관한 규정을 준용한다.

> 영 제11조 【보수산정 시의 경력 인정 등】② 국가기관 또는 지방자치단체에 근무하는 청원경찰 보수의 호봉 간 승급기간은 경찰공무원의 승급기간에 관한 규정을 준용한다.
> ③ 국가기관 또는 지방자치단체에 근무하는 청원경찰 외의 청원경찰 보수의 호봉 간 승급기간 및 승급액은 그 배치된 사업장의 취업규칙에 따르며, 이에 관한 취업규칙이 없을 때에는 순경의 승급에 관한 규정을 준용한다.

19 청원경찰법령상 청원경찰경비의 지급방법 또는 납부방법을 행정안전부령으로 정하지 않는 것은?

• 제15회 기출

① 청원경찰의 피복비
② 청원경찰의 교육비
③ 청원경찰의 퇴직금
④ 청원경찰에게 지급할 봉급과 각종 수당

> **해설** 청원주는 청원경찰이 퇴직할 때에는 「근로자퇴직급여 보장법」에 따른 퇴직금을 지급하여야 한다. 다만, 국가기관이나 지방자치단체에 근무하는 청원경찰의 퇴직금에 관하여는 따로 대통령령으로 정한다(청원경찰법 제7조의2).

20 청원경찰법령상 급여품과 대여품에 관한 설명으로 옳지 않은 것은?

• 제21회 기출

① 근무복과 기동화는 청원경찰에게 지급하는 급여품에 해당한다.
② 청원경찰에게 지급하는 대여품에는 허리띠, 경찰봉, 가슴표장, 분사기, 포승이 있다.
③ 급여품 중 호루라기, 방한화, 장갑의 사용기간은 2년이다.
④ 청원경찰이 퇴직할 때에는 급여품과 대여품을 청원주에게 반납하여야 한다.

해설 청원경찰법령상 청원경찰이 퇴직할 때에는 대여품을 청원주에게 반납하여야 한다(청원경찰 시행규칙 제12조 제2항).

21 청원경찰법령상 청원경찰 급여품의 정기지급일이 나머지와 다른 것은? (단, 사용기간은 고려하지 않는다)

① 근무복(하복)
② 근무복(동복)
③ 정모
④ 방한화

해설 청원경찰의 근무복(하복)은 5월 5일이 정기지급일이다.
②③④ 9월 25일이 정기지급일이다.

▶ [별표 2] 청원경찰 급여품표(시행규칙 제12조 관련)

품명	수량	사용기간	정기지급일
근무복(하복)	1	1년	5월 5일
근무복(동복)	1	1년	9월 25일
한여름 옷	1	1년	6월 5일
외투·방한복 또는 점퍼	1	2~3년	9월 25일
기동화 또는 단화	1	단화 1년, 기동화 2년	9월 25일
비옷	1	3년	5월 5일
정모	1	3년	9월 25일
기동모	1	3년	필요할 때
기동복	1	2년	필요할 때
방한화	1	2년	9월 25일
장갑	1	2년	9월 25일
호루라기	1	2년	9월 25일

정답 18 ② 19 ③ 20 ④ 21 ①

22 청원경찰법령상 청원경찰에게 지급하는 대여품에 해당하는 것은?

① 기동복
② 가슴표장
③ 호루라기
④ 정모

•제22회 기출

해설 ①③④ 기동복, 호루라기, 정모는 급여품에 해당한다.

23 청원경찰법령상 청원경찰 급여품 중 필요할 때 지급하는 것은?

① 기동화
② 장갑
③ 기동복
④ 호루라기

해설 기동복과 기동모는 필요할 때 지급한다.
①②④ 기동화, 장갑, 호루라기는 9월 25일이 정기지급일이다.

24 청원경찰법령상 급여품의 사용기간이 나머지와 다른 것은?

① 기동모
② 기동복
③ 방한화
④ 호루라기

해설 기동모는 사용기간이 3년이다.
②③④ 기동복, 방한화, 호루라기는 사용기간이 2년이다.

25 청원경찰법령상 청원경찰 대여품이 아닌 것은?

① 가슴표장
② 분사기
③ 허리띠
④ 호루라기

해설 호루라기는 청원경찰의 급여품이다.

26. 청원경찰법령상 청원경찰이 퇴직할 때 청원주에게 반납하여야 하는 것을 모두 고른 것은?

• 제19회 기출

ㄱ. 허리띠　　　ㄴ. 근무복　　　ㄷ. 방한화
ㄹ. 호루라기　　ㅁ. 가슴표장　　ㅂ. 분사기
ㅅ. 포승　　　　ㅇ. 기동복

① ㄱ, ㄷ, ㅁ, ㅇ
② ㄱ, ㅁ, ㅂ, ㅅ
③ ㄴ, ㄷ, ㄹ, ㅇ
④ ㄴ, ㄹ, ㅂ, ㅅ

해설 허리띠(ㄱ), 가슴표장(ㅁ), 분사기(ㅂ), 포승(ㅅ)은 대여품으로 퇴직 시 청원주에게 반납하여야 한다.

> 규칙 제12조 【급여품 및 대여품】 ② 청원경찰이 퇴직할 때에는 대여품을 청원주에게 반납하여야 한다.
> ▶ [별표 3] 청원경찰의 대여품표(시행규칙 제12조 관련)

품명	수량
허리띠	1
경찰봉	1
가슴표장	1
분사기	1
포승	1

27. 청원경찰법령상 다음 대여품 중 부속물에 해당하는 것은?

① 호루라기
② 경찰봉
③ 가슴표장
④ 포승

해설 ①②④ 호루라기, 경찰봉, 포승은 대여품 중 장구에 해당한다.

> 규칙 제9조 【복제】 ① 영 제14조에 따른 청원경찰의 제복·장구(裝具) 및 부속물의 종류는 다음 각 호와 같다.
> 1. 제복: 정모(正帽), 기동모(활동에 편한 모자를 말한다. 이하 같다), 근무복(하복, 동복), 한여름 옷, 기동복, 점퍼, 비옷, 방한복, 외투, 단화, 기동화 및 방한화
> 2. 장구: 허리띠, 경찰봉, 호루라기 및 포승(捕繩)
> 3. 부속물: 모자표장, 가슴표장, 휘장, 계급장, 넥타이핀, 단추 및 장갑

정답 22 ② 23 ③ 24 ① 25 ④ 26 ② 27 ③

28 청원경찰법상 청원주가 청원경찰 본인 또는 그 유족에게 보상금을 지급해야 하는 경우가 아닌 것은?

• 제18회 기출

① 청원경찰이 직무상의 부상·질병으로 인하여 퇴직한 경우
② 청원경찰이 직무수행으로 인하여 부상을 입은 경우
③ 청원경찰이 고의·과실에 의한 위법행위로 타인에게 손해를 가한 경우
④ 청원경찰이 직무수행으로 인하여 사망한 경우

> **해설** 직무수행과 관계 없이 청원경찰이 고의·과실에 의한 위법행위로 타인에게 손해를 가한 경우의 배상책임에 관하여는 「민법」의 규정을 따른다.

29 청원경찰법령상 청원경찰경비 중 보상금과 퇴직금에 관한 설명으로 옳지 않은 것은?

① 청원경찰이 직무상의 부상·질병으로 인하여 퇴직하거나, 퇴직 후 2년 이내에 사망한 경우에는 청원경찰 본인 또는 그 유족에게 보상금을 지급하여야 한다.
② 직무수행으로 인하여 부상을 입거나, 질병에 걸리거나 또는 사망한 경우에는 청원경찰 본인 또는 그 유족에게 보상금을 지급하여야 한다.
③ 청원주는 보상금의 지급을 이행하기 위하여 산업재해보상보험법에 따른 산업재해보상보험에 가입하거나, 근로기준법에 따라 보상금을 지급하기 위한 재원(財源)을 따로 마련하여야 한다.
④ 국가기관이나 지방자치단체에 근무하는 청원경찰이 퇴직할 때에는 근로자퇴직급여 보장법에 따른 퇴직금을 지급하여야 한다.

> **해설** 청원주는 청원경찰이 퇴직할 때에는 「근로자퇴직급여 보장법」에 따른 퇴직금을 지급하여야 한다. 다만, 국가기관이나 지방자치단체에 근무하는 청원경찰의 퇴직금에 관하여는 따로 대통령령으로 정한다.

> **법 제7조【보상금】** 청원주는 청원경찰이 다음 각 호의 어느 하나에 해당하게 되면 대통령령으로 정하는 바에 따라 청원경찰 본인 또는 그 유족에게 보상금을 지급하여야 한다.
> 1. 직무수행으로 인하여 부상을 입거나, 질병에 걸리거나 또는 사망한 경우
> 2. 직무상의 부상·질병으로 인하여 퇴직하거나, 퇴직 후 2년 이내에 사망한 경우
>
> **법 제7조의2【퇴직금】** 청원주는 청원경찰이 퇴직할 때에는 「근로자퇴직급여 보장법」에 따른 퇴직금을 지급하여야 한다. 다만, 국가기관이나 지방자치단체에 근무하는 청원경찰의 퇴직금에 관하여는 따로 대통령령으로 정한다.
>
> **영 제13조【보상금】** 청원주는 법 제7조에 따른 보상금의 지급을 이행하기 위하여 「산업재해보상보험법」에 따른 산업재해보상보험에 가입하거나, 「근로기준법」에 따라 보상금을 지급하기 위한 재원(財源)을 따로 마련하여야 한다.

30 청원경찰법령상 청원경찰경비 등에 관한 설명으로 옳지 않은 것은?

• 제18회 기출

① 지방자치단체에 근무하는 청원경찰의 각종 수당에는 공무원수당 등에 관한 규정에 따른 수당 중 가계보전수당은 포함되지 않는다.
② 지방자치단체에 근무하는 재직기간이 22년인 청원경찰의 보수는 같은 재직기간에 해당하는 경찰공무원 중 경장의 보수를 감안하여 대통령령으로 정한다.
③ 국가기관 또는 지방자치단체에 근무하는 청원경찰 보수의 호봉 간 승급기간은 경찰공무원의 승급기간에 관한 규정을 준용한다.
④ 청원경찰의 피복비의 지급방법은 행정안전부령으로 정한다.

해설 국가기관 또는 지방자치단체에 근무하는 청원경찰의 각종 수당은 「공무원수당 등에 관한 규정」에 따른 수당 중 가계보전수당, 실비변상 등으로 하며, 그 세부 항목은 경찰청장이 정하여 고시한다(청원경찰법 시행령 제9조 제2항).

> **법 제6조 【청원경찰경비】** ① 청원주는 다음 각 호의 청원경찰경비를 부담하여야 한다.
> 1. 청원경찰에게 지급할 봉급과 각종 수당
> 2. 청원경찰의 피복비
> 3. 청원경찰의 교육비
> 4. 제7조에 따른 보상금 및 제7조의2에 따른 퇴직금
> ② 국가기관 또는 지방자치단체에 근무하는 청원경찰의 보수는 다음 각 호의 구분에 따라 같은 재직기간에 해당하는 경찰공무원의 보수를 감안하여 대통령령으로 정한다.
> 1. 재직기간 15년 미만: 순경
> 2. 재직기간 15년 이상 23년 미만: 경장
> 3. 재직기간 23년 이상 30년 미만: 경사
> 4. 재직기간 30년 이상: 경위
> **영 제9조 【국가기관 또는 지방자치단체에 근무하는 청원경찰의 보수】** ② 법 제6조 제2항에 따른 국가기관 또는 지방자치단체에 근무하는 청원경찰의 각종 수당은 「공무원수당 등에 관한 규정」에 따른 수당 중 가계보전수당, 실비변상 등으로 하며, 그 세부항목은 경찰청장이 정하여 고시한다.
> **영 제11조 【보수산정 시의 경력 인정 등】** ② 국가기관 또는 지방자치단체에 근무하는 청원경찰 보수의 호봉 간 승급기간은 경찰공무원의 승급기간에 관한 규정을 준용한다.
> **영 제12조 【청원경찰경비의 고시 등】** ① 법 제6조 제1항 제1호부터 제3호까지의 청원경찰경비의 지급방법 또는 납부방법은 행정안전부령으로 정한다.

정답 28 ③ 29 ④ 30 ①

31 청원경찰법령상 청원경찰경비 등에 관한 설명으로 옳지 <u>않은</u> 것은?

• 제17회 기출

① 청원경찰의 교육비는 청원주가 해당 청원경찰의 입교 후 3일 이내에 해당 경찰교육기관에 낸다.
② 청원주는 보상금의 지급을 이행하기 위하여 산업재해보상보험법에 따른 산업재해보상보험에 가입하거나, 근로기준법에 따라 보상금을 지급하기 위한 재원을 따로 마련하여야 한다.
③ 봉급과 각종 수당은 청원주가 그 청원경찰이 배치된 기관·시설·사업장 또는 장소의 직원에 대한 보수 지급일에 청원경찰에게 직접 지급한다.
④ 청원주는 청원경찰이 직무상의 부상·질병으로 인하여 퇴직하거나, 퇴직 후 2년 이내에 사망한 경우 청원경찰 본인 또는 그 유족에게 보상금을 지급하여야 한다.

해설 교육비는 청원주가 해당 청원경찰의 입교(入校) 3일 전에 해당 경찰교육기관에 낸다(청원경찰법 시행규칙 제8조 제3호).

32 청원경찰법령상 청원경찰경비 등에 관한 설명으로 옳지 <u>않은</u> 것은?

① 청원경찰에 대한 봉급 및 각종 수당은 청원주가 당해 사업장의 직원에 대한 보수지급일에 청원경찰에게 직접 지급한다.
② 경비원으로 근무하던 자가 그 사업장의 청원주에 의하여 청원경찰로 임용된 경우 경비원 종사경력은 그 사업장의 취업규칙에 특별한 규정이 없는 경우 청원경찰의 봉급산정 기준에 있어 경력으로 산입하여야 한다.
③ 청원경찰이 직무수행으로 인하여 부상을 입은 경우 보상금의 지급주체는 청원주의 산업재해보상보험 가입 여부에 따라 달라지게 된다.
④ 교육비는 청원주가 해당 청원경찰의 입교 후 청원경찰에게 직접 지급한다.

해설 교육비는 청원주가 해당 청원경찰의 입교(入校) 3일 전에 해당 경찰교육기관에 낸다.

> **규칙 제8조【청원경찰경비의 지급방법 등】** 영 제12조에 따른 청원경찰경비의 지급방법 및 납부방법은 다음 각 호와 같다.
> 1. 봉급과 각종 수당은 청원주가 그 청원경찰이 배치된 기관·시설·사업장 또는 장소(이하 "사업장"이라 한다)의 직원에 대한 보수 지급일에 청원경찰에게 직접 지급한다.
> 2. 피복은 청원주가 제작하거나 구입하여 [별표 2]에 따른 정기지급일 또는 신규 배치 시에 청원경찰에게 현품으로 지급한다.
> 3. 교육비는 청원주가 해당 청원경찰의 입교(入校) 3일 전에 해당 경찰교육기관에 낸다.

33 청원경찰법령상 청원경찰경비 등에 관한 설명으로 옳지 않은 것은?

ㄱ. 청원주는 청원경찰이 퇴직할 때에는 국민연금법에 따른 퇴직금을 지급하여야 한다.
ㄴ. 법령에 따라 청원주는 청원경찰의 피복비를 부담하여야 한다.
ㄷ. 국가기관 또는 지방자치단체에 근무하는 청원경찰의 보수산정 시의 기준이 되는 재직기간은 청원경찰로서 근무한 기간으로 한다.
ㄹ. 국가기관 또는 지방자치단체에 근무하는 청원경찰 외의 청원경찰의 봉급과 각종 수당은 시·도경찰청장이 고시한 최저부담기준액 이상으로 지급하여야 한다.

① ㄱ, ㄴ
② ㄱ, ㄹ
③ ㄴ, ㄷ
④ ㄷ, ㄹ

해설
ㄱ. 청원주는 청원경찰이 퇴직할 때에는 「근로자퇴직급여 보장법」에 따른 퇴직금을 지급하여야 한다.
ㄹ. 국가기관 또는 지방자치단체에 근무하는 청원경찰 외의 청원경찰의 봉급과 각종 수당은 「청원경찰법」 제6조 제3항에 따라 경찰청장이 고시한 최저부담기준액 이상으로 지급하여야 한다.

> **법 제6조【청원경찰경비】** ① 청원주는 다음 각 호의 청원경찰경비를 부담하여야 한다.
> 1. 청원경찰에게 지급할 봉급과 각종 수당
> 2. 청원경찰의 피복비
> 3. 청원경찰의 교육비
> 4. 제7조에 따른 보상금 및 제7조의2에 따른 퇴직금
> **법 제7조의2【퇴직금】** 청원주는 청원경찰이 퇴직할 때에는 「근로자퇴직급여 보장법」에 따른 퇴직금을 지급하여야 한다. 다만, 국가기관이나 지방자치단체에 근무하는 청원경찰의 퇴직금에 관하여는 따로 대통령령으로 정한다.
> **영 제9조【국가기관 또는 지방자치단체에 근무하는 청원경찰의 보수】** ③ 법 제6조 제2항에 따른 재직기간은 청원경찰로서 근무한 기간으로 한다.
> **영 제10조【국가기관 또는 지방자치단체에 근무하는 청원경찰 외의 청원경찰의 보수】** 국가기관 또는 지방자치단체에 근무하는 청원경찰 외의 청원경찰의 봉급과 각종 수당은 법 제6조 제3항에 따라 경찰청장이 고시한 최저부담기준액 이상으로 지급하여야 한다. 다만, 고시된 최저부담기준액이 배치된 사업장에서 같은 종류의 직무나 유사 직무에 종사하는 근로자에게 지급하는 임금보다 적을 때에는 그 사업장에서 같은 종류의 직무나 유사 직무에 종사하는 근로자에게 지급하는 임금에 상당하는 금액을 지급하여야 한다.

34 청원경찰법령상 청원경찰경비와 보상 등에 관한 설명으로 옳지 않은 것은?

① 지방자치단체에 근무하는 청원경찰의 봉급·수당의 최저부담기준액은 경찰청장이 정하여 고시한다.
② 지방자치단체에 근무하는 청원경찰의 퇴직금에 관하여는 따로 대통령령으로 정한다.
③ 청원경찰이 퇴직할 때에는 대여품을 청원주에게 반납하여야 한다.
④ 국가기관에 근무하는 청원경찰의 보수는 재직기간 15년 이상 23년 미만인 경우 경장에 해당하는 경찰공무원의 보수를 감안하여 대통령령으로 정한다.

해설 국가기관 또는 지방자치단체에 근무하는 청원경찰의 봉급·수당을 제외한 청원경찰의 피복비 및 교육비에 따른 비용의 부담기준액은 경찰청장이 정하여 고시한다.

제2절 청원경찰의 복제 및 무기관리

35 청원경찰법령상 청원경찰에 관한 설명으로 옳지 않은 것은?

① 청원경찰은 근무 중 제복을 착용하여야 한다.
② 하복·동복의 착용시기는 사업장별로 청원주가 결정하되, 착용시기를 통일하여야 한다.
③ 청원경찰의 신분증명서는 청원주가 발행하며, 그 형식은 청원주가 결정하되 사업장별로 통일하여야 한다.
④ 청원경찰은 항상 신분증명서를 휴대하여야 한다.

해설 청원경찰은 근무 중에는 항상 신분증명서를 휴대하여야 한다.

> 법 제8조【제복 착용과 무기 휴대】① 청원경찰은 근무 중 제복을 착용하여야 한다.
> 규칙 제10조【제복의 착용시기】하복·동복의 착용시기는 사업장별로 청원주가 결정하되, 착용시기를 통일하여야 한다.
> 규칙 제11조【신분증명서】① 청원경찰의 신분증명서는 청원주가 발행하며, 그 형식은 청원주가 결정하되 사업장별로 통일하여야 한다.
> ② 청원경찰은 근무 중에는 항상 신분증명서를 휴대하여야 한다.

36 청원경찰법령상 청원경찰의 복제(服制)에 관한 설명으로 옳은 것은?

• 제20회 기출

① 청원경찰의 복제는 제복·장구 및 부속물로 구분하며, 이 가운데 모자표장, 계급장, 장갑 등은 부속물에 해당한다.
② 청원주는 청원경찰이 특수복장을 착용할 필요가 있을 때에는 관할 경찰서장에게 보고하고 특수복장을 착용하게 할 수 있다.
③ 청원경찰의 제복의 형태·규격 및 재질은 시·도경찰청장이 결정하되, 사업장별로 통일하여야 한다.
④ 청원경찰은 특수근무 중에는 정모, 근무복, 단화, 호루라기, 경찰봉 및 포승을 착용하거나 휴대하여야 한다.

해설 ② 청원경찰이 그 배치지의 특수성 등으로 인해 특수복장을 착용할 필요가 있을 때에는 청원주는 시·도경찰청장의 승인을 받아 특수복장을 착용하게 할 수 있다.
③ 청원경찰의 제복의 형태·규격 및 재질은 청원주가 결정하되, 사업장별로 통일하여야 한다.
④ 청원경찰은 평상근무 중에는 정모, 근무복, 단화, 호루라기, 경찰봉 및 포승을 착용하거나 휴대하여야 한다. 교육훈련이나 그 밖의 특수근무 중에는 기동모, 기동복, 기동화 및 휘장을 착용하거나 부착하되, 허리띠와 경찰봉은 착용하거나 휴대하지 아니할 수 있다.

37 청원경찰법령상 규정된 청원경찰의 장구 중 대여품이 아닌 것은?

① 허리띠
② 경찰봉
③ 호루라기
④ 포승(捕繩)

해설 청원경찰 장구인 허리띠, 경찰봉, 호루라기 및 포승(捕繩) 중에 대여품이 아닌 것은 호루라기이다. 호루라기는 급여품에 해당한다.

정답 34 ① 35 ④ 36 ① 37 ③

38 청원경찰법령상 청원경찰의 복제(服制)와 무기 휴대에 관한 설명으로 옳지 않은 것은?

• 제21회 기출

① 시·도경찰청장은 청원경찰이 직무를 수행하기 위하여 필요하다고 인정하면 청원주의 신청을 받아 관할 경찰서장으로 하여금 청원경찰에게 무기를 대여하여 지니게 할 수 있다.

② 청원경찰이 특수복장을 착용할 필요가 있을 때에는 청원주는 관할 경찰서장의 승인을 받아 특수복장을 착용하게 할 수 있다.

③ 청원주에게 무기를 대여하였을 때에는 관할 경찰서장은 청원경찰의 무기관리 상황을 수시로 점검하여야 한다.

④ 청원경찰은 평상근무 중에는 정모, 근무복, 단화, 호루라기, 경찰봉 및 포승을 착용하거나 휴대하여야 한다.

해설 청원경찰이 그 배치지의 특수성 등으로 특수복장을 착용할 필요가 있을 때에는 청원주는 시·도경찰청장의 승인을 받아 특수복장을 착용하게 할 수 있다.

> 법 제8조【제복 착용과 무기 휴대】① 청원경찰은 근무 중 제복을 착용하여야 한다.
> ② 시·도경찰청장은 청원경찰이 직무를 수행하기 위하여 필요하다고 인정하면 청원주의 신청을 받아 관할 경찰서장으로 하여금 청원경찰에게 무기를 대여하여 지니게 할 수 있다.
> ③ 청원경찰의 복제(服制)와 무기 휴대에 필요한 사항은 대통령령으로 정한다.
> 영 제14조【복제】③ 청원경찰이 그 배치지의 특수성 등으로 특수복장을 착용할 필요가 있을 때에는 청원주는 시·도경찰청장의 승인을 받아 특수복장을 착용하게 할 수 있다.
> 영 제16조【무기 휴대】③ 제1항에 따라 무기를 대여하였을 때에는 관할 경찰서장은 청원경찰의 무기관리 상황을 수시로 점검하여야 한다.
> 규칙 제9조【복제】③ 청원경찰은 평상근무 중에는 정모, 근무복, 단화, 호루라기, 경찰봉 및 포승을 착용하거나 휴대하여야 하고, 총기를 휴대하지 아니할 때에는 분사기를 휴대하여야 하며, 교육훈련이나 그 밖의 특수근무 중에는 기동모, 기동복, 기동화 및 휘장을 착용하거나 부착하되, 허리띠와 경찰봉은 착용하거나 휴대하지 아니할 수 있다.

39 청원경찰법령상 청원경찰의 복제(服制)에 관한 설명으로 옳지 않은 것은?

① 기동모와 기동복의 색상은 진한 청색으로 한다.
② 장구는 허리띠, 경찰봉, 호루라기 및 포승(捕繩)으로 구분한다.
③ 제복의 형태·규격 및 재질은 청원주가 결정하되, 경찰공무원 또는 군인 제복의 색상과 명확하게 구별될 수 있어야 하며, 사업장별로 통일하여야 한다.
④ 장구의 형태·규격 및 재질은 경찰 장구와 명확하게 구분되어야 한다.

해설 청원경찰 장구의 형태·규격 및 재질은 경찰 장구와 같이 한다.

> 규칙 제9조 【복제】 ① 영 제14조에 따른 청원경찰의 제복·장구(裝具) 및 부속물의 종류는 다음 각 호와 같다.
> 1. 제복: 정모(正帽), 기동모(활동에 편한 모자를 말한다. 이하 같다), 근무복(하복, 동복), 한여름 옷, 기동복, 점퍼, 비옷, 방한복, 외투, 단화, 기동화 및 방한화
> 2. 장구: 허리띠, 경찰봉, 호루라기 및 포승(捕繩)
> 3. 부속물: 모자표장, 가슴표장, 휘장, 계급장, 넥타이핀, 단추 및 장갑
> ② 영 제14조에 따른 청원경찰의 제복·장구(裝具) 및 부속물의 형태·규격 및 재질은 다음 각 호와 같다.
> 1. 제복의 형태·규격 및 재질은 청원주가 결정하되, 경찰공무원 또는 군인 제복의 색상과 명확하게 구별될 수 있어야 하며, 사업장별로 통일하여야 한다. 다만, 기동모와 기동복의 색상은 진한 청색으로 하고, 기동복의 형태·규격은 [별도 1]과 같이 한다.
> 2. 장구의 형태·규격 및 재질은 경찰 장구와 같이 한다.

40 청원경찰법령상 규정된 청원경찰의 복제 중 형태·규격 및 재질이 경찰 장구와 동일한 조합은?

| ㄱ. 허리띠 | ㄴ. 경찰봉 |
| ㄷ. 호루라기 | ㄹ. 포승(捕繩) |

① ㄱ, ㄹ
② ㄴ, ㄷ
③ ㄱ, ㄴ, ㄷ
④ ㄱ, ㄴ, ㄷ, ㄹ

해설 청원경찰 장구인 허리띠, 경찰봉, 호루라기 및 포승(捕繩)의 형태·규격 및 재질은 경찰 장구와 같이 한다(청원경찰법 시행규칙 제9조 제2항).

정답 38 ② 39 ④ 40 ④

41 청원경찰법령상 청원경찰의 복제에 관한 설명으로 옳지 않은 것은?

• 제18회 기출

① 부속물에는 모자표장, 가슴표장, 휘장, 계급장, 넥타이핀, 단추 및 장갑이 있다.
② 제복의 형태·규격 및 재질은 청원주가 결정하되, 경찰공무원 또는 군인 제복의 색상과 명확하게 구별될 수 있어야 하며, 사업장별로 통일하여야 한다.
③ 청원경찰이 그 배치지의 특수성 등으로 특수복장을 착용할 필요가 있을 때에는 청원주는 시·도경찰청장의 승인을 받아 특수복장을 착용하게 할 수 있다.
④ 장구의 종류에는 허리띠, 경찰봉, 권총이 있다.

해설 장구의 종류에는 허리띠, 경찰봉, 호루라기 및 포승(捕繩)이 있다. 권총은 무기에 해당한다.

> 영 제14조【복제】① 청원경찰의 복제(服制)는 제복·장구(裝具) 및 부속물로 구분한다.
> ② 청원경찰의 제복·장구 및 부속물에 관하여 필요한 사항은 행정안전부령으로 정한다.
> ③ 청원경찰이 그 배치지의 특수성 등으로 특수복장을 착용할 필요가 있을 때에는 청원주는 시·도경찰청장의 승인을 받아 특수복장을 착용하게 할 수 있다.
>
> 규칙 제9조【복제】① 영 제14조에 따른 청원경찰의 제복·장구(裝具) 및 부속물의 종류는 다음 각 호와 같다.
> 1. 제복: 정모(正帽), 기동모(활동에 편한 모자를 말한다. 이하 같다), 근무복(하복, 동복), 한여름 옷, 기동복, 점퍼, 비옷, 방한복, 외투, 단화, 기동화 및 방한화
> 2. 장구: 허리띠, 경찰봉, 호루라기 및 포승(捕繩)
> 3. 부속물: 모자표장, 가슴표장, 휘장, 계급장, 넥타이핀, 단추 및 장갑
>
> ② 영 제14조에 따른 청원경찰의 제복·장구(裝具) 및 부속물의 형태·규격 및 재질은 다음 각 호와 같다.
> 1. 제복의 형태·규격 및 재질은 청원주가 결정하되, 경찰공무원 또는 군인 제복의 색상과 명확하게 구별될 수 있어야 하며, 사업장별로 통일하여야 한다. 다만, 기동모와 기동복의 색상은 진한 청색으로 하고, 기동복의 형태·규격은 [별도 1]과 같이 한다.
> 2. 장구의 형태·규격 및 재질은 경찰 장구와 같이 한다.
> 3. 부속물의 형태·규격 및 재질은 다음 각 목과 같이 한다.
>   가. 모자표장의 형태·규격 및 재질은 [별도 2]와 같이 하되, 기동모의 표장은 정모 표장의 2분의 1 크기로 할 것
>   나. 가슴표장, 휘장, 계급장, 넥타이핀 및 단추의 형태·규격 및 재질은 [별도 3]부터 [별도 7]까지와 같이 할 것

42 청원경찰법령상 청원경찰이 평상근무 시 착용 또는 휴대하지 않아도 되는 것은?

① 정모
② 근무복
③ 기동화
④ 경찰봉

해설 청원경찰은 평상근무 중에는 정모, 근무복, 단화, 호루라기, 경찰봉 및 포승을 착용하거나 휴대하고, 교육훈련이나 그 밖의 특수근무 중에는 기동모, 기동복, 기동화 및 휘장을 착용하거나 부착하되, 허리띠와 경찰봉은 착용하거나 휴대하지 아니할 수 있다.

> 규칙 제9조 【복제】 ③ 청원경찰은 평상근무 중에는 정모, 근무복, 단화, 호루라기, 경찰봉 및 포승을 착용하거나 휴대하여야 하고, 총기를 휴대하지 아니할 때에는 분사기를 휴대하여야 하며, 교육훈련이나 그 밖의 특수근무 중에는 기동모, 기동복, 기동화 및 휘장을 착용하거나 부착하되, 허리띠와 경찰봉은 착용하거나 휴대하지 아니할 수 있다.

43 청원경찰법령상 청원경찰이 교육훈련이나 그 밖의 특수근무 중 착용하거나 휴대하지 아니할 수 있는 장구는?

① 기동모
② 기동복
③ 기동화 및 휘장
④ 허리띠와 경찰봉

해설 청원경찰은 교육훈련이나 그 밖의 특수근무 중에는 기동모, 기동복, 기동화 및 휘장을 착용하거나 부착하되, 허리띠와 경찰봉은 착용하거나 휴대하지 아니할 수 있다.

44 다음은 청원경찰법령상 내용이다. ( ) 안에 알맞은 권한자는?

> 청원경찰이 그 배치지의 특수성 등으로 특수복장을 착용할 필요가 있을 때에는 청원주는 ( )의 승인을 받아 특수복장을 착용하게 할 수 있다.

① 경찰청장
② 시·도경찰청장
③ 시·도경찰청 소속 경찰서장
④ 지방자치단체장

해설 청원경찰이 그 배치지의 특수성 등으로 특수복장을 착용할 필요가 있을 때에는 청원주는 시·도경찰청장의 승인을 받아 특수복장을 착용하게 할 수 있다(청원경찰법 시행령 제14조 제3항).

정답 41 ④ 42 ③ 43 ④ 44 ②

45 청원경찰법령상 청원주의 무기 휴대 등에 관한 설명으로 옳은 것은?

① 청원주는 청원경찰이 직무를 수행하기 위하여 필요하다고 인정하면 관할 경찰서장으로 하여금 청원경찰에게 무기를 대여하여 지니게 할 수 있다.
② 청원주는 청원경찰에게 지급한 무기와 탄약을 매월 1회 이상 손질하게 해야 한다.
③ 시·도경찰청장이 무기를 대여하여 휴대하게 하려는 경우에는 청원주로부터 국가에 기부채납된 무기에 한정하여 관할 경찰서장으로 하여금 무기를 대여하여 휴대하게 할 수 있다.
④ 청원경찰에게 무기를 대여하였을 때에는 시·도경찰청장은 청원경찰의 무기관리상황을 수시로 점검해야 한다.

해설
① 시·도경찰청장은 청원경찰이 직무를 수행하기 위하여 필요하다고 인정하면 청원주의 신청을 받아 관할 경찰서장으로 하여금 청원경찰에게 무기를 대여하여 지니게 할 수 있다.
② 청원주는 청원경찰에게 지급한 무기와 탄약을 매주 1회 이상 손질하게 하여야 한다(청원경찰법 시행규칙 제16조 제2항 제3호).
④ 청원경찰에게 무기를 대여하였을 때에는 관할 경찰서장은 청원경찰의 무기관리상황을 수시로 점검하여야 한다.

> **법 제8조【제복 착용과 무기 휴대】** ② 시·도경찰청장은 청원경찰이 직무를 수행하기 위하여 필요하다고 인정하면 청원주의 신청을 받아 관할 경찰서장으로 하여금 청원경찰에게 무기를 대여하여 지니게 할 수 있다.
> **영 제16조【무기 휴대】** ① 청원주가 법 제8조 제2항에 따라 청원경찰이 휴대할 무기를 대여받으려는 경우에는 관할 경찰서장을 거쳐 시·도경찰청장에게 무기대여를 신청하여야 한다.
> ② 제1항의 신청을 받은 시·도경찰청장이 무기를 대여하여 휴대하게 하려는 경우에는 청원주로부터 국가에 기부채납된 무기에 한정하여 관할 경찰서장으로 하여금 무기를 대여하여 휴대하게 할 수 있다.
> ③ 제1항에 따라 무기를 대여하였을 때에는 관할 경찰서장은 청원경찰의 무기관리상황을 수시로 점검하여야 한다.
> **규칙 제16조【무기관리수칙】** ② 영 제16조에 따라 무기와 탄약을 대여받은 청원주가 청원경찰에게 무기와 탄약을 출납하려는 경우에는 다음 각 호에 따라야 한다. 다만, 관할 경찰서장의 지시에 따라 제2호에 따른 탄약의 수를 늘리거나 줄일 수 있고, 무기와 탄약의 출납을 중지할 수 있으며, 무기와 탄약을 회수하여 집중관리할 수 있다.
> 1. 무기와 탄약을 출납하였을 때에는 무기·탄약 출납부에 그 출납사항을 기록하여야 한다.
> 2. 소총의 탄약은 1정당 15발 이내, 권총의 탄약은 1정당 7발 이내로 출납하여야 한다. 이 경우 생산된 후 오래된 탄약을 우선하여 출납하여야 한다.
> 3. 청원경찰에게 지급한 무기와 탄약은 매주 1회 이상 손질하게 하여야 한다.
> 4. 수리가 필요한 무기가 있을 때에는 그 목록과 무기장비 운영카드를 첨부하여 관할 경찰서장에게 수리를 요청할 수 있다.

46 청원주가 청원경찰로 하여금 분사기를 휴대하고 직무를 수행하게 하려면 미리 어떠한 법에 의한 소지허가를 획득하여야 하는가?

① 경찰관 직무집행법
② 총포·도검·화약류 등의 안전관리에 관한 법률
③ 청원경찰법
④ 형법

해설 청원주는 「총포·도검·화약류 등의 안전관리에 관한 법률」에 의한 분사기의 소지허가를 받아 청원경찰로 하여금 그 분사기를 휴대하여 직무를 수행하게 할 수 있다(청원경찰법 시행령 제15조).

> 영 제15조【분사기 휴대】청원주는 「총포·도검·화약류 등의 안전관리에 관한 법률」에 따른 분사기의 소지허가를 받아 청원경찰로 하여금 그 분사기를 휴대하여 직무를 수행하게 할 수 있다.

47 청원경찰법령상 청원경찰의 분사기 및 무기의 휴대에 관한 설명으로 옳지 않은 것은?

① 청원주는 총포·도검·화약류 등의 안전관리에 관한 법률에 따른 분사기의 소지허가를 받아 청원경찰로 하여금 그 분사기를 휴대하여 직무를 수행하게 할 수 있다.
② 청원주가 청원경찰이 휴대할 무기를 대여받으려는 경우에는 관할 경찰서장에게 무기대여를 신청하여야 한다.
③ 시·도경찰청장이 무기를 대여하여 휴대하게 하려는 경우에는 청원주로부터 국가에 기부채납된 무기에 한정하여 관할 경찰서장으로 하여금 무기를 대여하여 휴대하게 할 수 있다.
④ 무기를 대여하였을 때에는 관할 경찰서장은 청원경찰의 무기관리상황을 수시로 점검하여야 한다.

해설 청원주가 청원경찰이 휴대할 무기를 대여받으려는 경우에는 관할 경찰서장을 거쳐 시·도경찰청장에게 무기대여를 신청하여야 한다.

> 영 제15조【분사기 휴대】청원주는 「총포·도검·화약류 등의 안전관리에 관한 법률」에 따른 분사기의 소지허가를 받아 청원경찰로 하여금 그 분사기를 휴대하여 직무를 수행하게 할 수 있다.
> 영 제16조【무기 휴대】① 청원주가 법 제8조 제2항에 따라 청원경찰이 휴대할 무기를 대여받으려는 경우에는 관할 경찰서장을 거쳐 시·도경찰청장에게 무기대여를 신청하여야 한다.
> ② 제1항의 신청을 받은 시·도경찰청장이 무기를 대여하여 휴대하게 하려는 경우에는 청원주로부터 국가에 기부채납된 무기에 한정하여 관할 경찰서장으로 하여금 무기를 대여하여 휴대하게 할 수 있다.
> ③ 제1항에 따라 무기를 대여하였을 때에는 관할 경찰서장은 청원경찰의 무기관리상황을 수시로 점검하여야 한다.

정답 45 ③ 46 ② 47 ②

48 청원경찰법령상 청원경찰에 관한 설명으로 옳지 않은 것은?

① 근무 중 제복을 착용하여야 한다.
② 관할 시·도경찰청장으로부터 무기를 대여하여 휴대하게 할 수 있다.
③ 관할 시·도경찰청장의 승인을 얻어 특수복장을 착용하게 할 수 있다.
④ 근무자의 가스분사기 휴대는 총포·도검·화약류 등의 안전관리에 관한 법률에 의한 소지허가를 받아야 한다.

해설 시·도경찰청장은 청원경찰이 직무수행을 위하여 필요하다고 인정할 때에는 청원주의 신청에 의하여 관할 경찰서장으로 하여금 무기를 대여하여 휴대하게 할 수 있다.

49 청원경찰법령상 청원경찰의 제복 착용 및 무기 휴대에 관한 설명으로 옳은 것은?

① 청원경찰의 하복·동복의 착용시기는 사업장별로 관할 경찰서장이 결정한다.
② 제복의 형태·규격 및 재질은 청원주가 결정하되 사업장별로 통일하여야 한다.
③ 청원경찰은 교육훈련 중에도 허리띠와 경찰봉을 착용하거나 휴대해야 하나, 휘장은 부착하지 아니할 수 있다.
④ 청원주 및 청원경찰은 대통령령으로 정하는 무기관리수칙을 준수하여야 한다.

해설 ① 청원경찰의 하복·동복의 착용시기는 사업장별로 청원주가 결정한다.
③ 청원경찰은 교육훈련이나 그 밖의 특수근무 중에는 기동모, 기동복, 기동화 및 휘장을 착용하거나 부착하되, 허리띠와 경찰봉은 착용하거나 휴대하지 아니할 수 있다.
④ 청원주 및 청원경찰은 행정안전부령으로 정하는 무기관리수칙을 준수하여야 한다.

> 영 제16조【무기 휴대】④ 청원주 및 청원경찰은 행정안전부령으로 정하는 무기관리수칙을 준수하여야 한다.
> 규칙 제9조【복제】② 영 제14조에 따른 청원경찰의 제복·장구(裝具) 및 부속물의 형태·규격 및 재질은 다음 각 호와 같다.
>   1. 제복의 형태·규격 및 재질은 청원주가 결정하되, 경찰공무원 또는 군인 제복의 색상과 명확하게 구별될 수 있어야 하며, 사업장별로 통일해야 한다. 다만, 기동모와 기동복의 색상은 진한 청색으로 하고, 기동복의 형태·규격은 별도 1과 같이 한다.
>   ③ 청원경찰은 평상근무 중에는 정모, 근무복, 단화, 호루라기, 경찰봉 및 포승을 착용하거나 휴대하여야 하고, 총기를 휴대하지 아니할 때에는 분사기를 휴대하여야 하며, 교육훈련이나 그 밖의 특수근무 중에는 기동모, 기동복, 기동화 및 휘장을 착용하거나 부착하되, 허리띠와 경찰봉은 착용하거나 휴대하지 아니할 수 있다.
> 규칙 제10조【제복의 착용시기】하복·동복의 착용시기는 사업장별로 청원주가 결정하되, 착용시기를 통일하여야 한다.

50 청원경찰법령상 무기 휴대 등에 관한 설명으로 옳지 않은 것은?

① 시·도경찰청장은 청원경찰이 직무를 수행하기 위하여 필요하다고 인정하면 청원주의 신청을 받아 관할 경찰서장으로 하여금 청원경찰에게 무기를 대여하여 지니게 할 수 있다.
② 청원주는 청원경찰에게 지급한 무기와 탄약을 매주 1회 이상 손질하게 하여야 한다.
③ 시·도경찰청장이 무기를 대여하여 휴대하게 하려는 경우에는 청원주로부터 국가에 기부채납된 무기에 한정하여 관할 경찰서장으로 하여금 무기를 대여하여 휴대하게 할 수 있다.
④ 청원경찰에게 무기를 대여하였을 때에는 시·도경찰청장은 청원경찰의 무기관리상황을 수시로 점검해야 한다.

해설 청원경찰에게 무기를 대여한 경우에 관할 경찰서장은 청원경찰의 무기관리상황을 수시로 점검하여야 한다.

51 청원경찰법령상 청원경찰의 분사기 및 무기의 휴대에 관한 사항으로 옳지 않은 것은?

① 청원주가 청원경찰이 휴대할 무기를 대여받고자 할 때에는 관할 경찰서장을 거쳐 시·도경찰청장에게 무기대여의 신청을 하여야 한다.
② 청원주는 총포·도검·화약류 등의 안전관리에 관한 법률에 의한 분사기의 소지허가를 받아 청원경찰로 하여금 그 분사기를 휴대하여 직무를 수행하게 할 수 있다.
③ 청원경찰에게 무기를 대여한 경우에 관할 경찰서장은 청원경찰의 무기관리상황을 매월 1회 이상 점검하여야 한다.
④ 청원주는 경찰청장이 정하는 바에 의하여 매월 무기 및 탄약의 관리실태를 파악하여 다음 달 3일까지 관할 경찰서장에게 통보하여야 한다.

해설 청원경찰에게 무기를 대여한 경우에 관할 경찰서장은 청원경찰의 무기관리상황을 수시로 점검하여야 한다.

> 영 제15조【분사기 휴대】청원주는 「총포·도검·화약류 등의 안전관리에 관한 법률」에 따른 분사기의 소지허가를 받아 청원경찰로 하여금 그 분사기를 휴대하여 직무를 수행하게 할 수 있다.
> 영 제16조【무기 휴대】① 청원주가 법 제8조 제2항에 따라 청원경찰이 휴대할 무기를 대여받으려는 경우에는 관할 경찰서장을 거쳐 시·도경찰청장에게 무기대여를 신청하여야 한다.
> ② 제1항의 신청을 받은 시·도경찰청장이 무기를 대여하여 휴대하게 하려는 경우에는 청원주로부터 국가에 기부채납된 무기에 한정하여 관할 경찰서장으로 하여금 무기를 대여하여 휴대하게 할 수 있다.
> ③ 제1항에 따라 무기를 대여하였을 때에는 관할 경찰서장은 청원경찰의 무기관리상황을 수시로 점검하여야 한다.

정답 48 ② 49 ② 50 ④ 51 ③

52 청원경찰법령상 다음 (   ) 안에 들어갈 숫자가 순서대로 바르게 연결된 것은?

> 청원주가 청원경찰에게 무기 및 탄약을 출납할 때 소총은 1정당 (ㄱ)발 이내, 권총은 1정당 (ㄴ)발 이내로 하여야 한다.

① ㄱ: 10, ㄴ: 5
② ㄱ: 10, ㄴ: 7
③ ㄱ: 15, ㄴ: 5
④ ㄱ: 15, ㄴ: 7

해설 소총의 탄약은 1정당 15발 이내, 권총의 탄약은 1정당 7발 이내로 출납한다. 이 경우 생산된 후 오래된 탄약을 우선하여 출납하여야 한다(청원경찰법 시행규칙 제16조 제2항 제2호).

53 청원경찰법령상 청원주의 무기관리수칙에 관한 설명으로 옳지 <u>않은</u> 것은? • 제24회 기출

① 청원주가 무기와 탄약을 대여받았을 때에는 경찰청장이 정하는 무기·탄약 출납부 및 무기장비 운영카드를 갖춰 두고 기록하여야 한다.
② 청원주는 무기와 탄약의 관리를 위하여 관리책임자를 지정하고 관할 경찰서장에게 그 사실을 통보하여야 한다.
③ 무기고와 탄약고에는 이중 잠금장치를 하고, 열쇠는 숙직책임자가 보관하되, 근무시간 이후에는 관리책임자에게 인계하여 보관시켜야 한다.
④ 청원주는 경찰청장이 정하는 바에 따라 매월 무기와 탄약의 관리실태를 파악하여 다음 달 3일까지 관할 경찰서장에게 통보하여야 한다.

해설 무기고와 탄약고에는 이중 잠금장치를 하고, 열쇠는 관리책임자가 보관하되, 근무시간 이후에는 숙직책임자에게 인계하여 보관시켜야 한다.

54 청원경찰법령상 청원경찰의 무기대여 및 무기관리에 관한 설명으로 옳은 것은?

① 청원주는 대여받은 무기 및 탄약의 분실 등의 사고가 발생한 때에는 지체 없이 그 사유를 관할 경찰서장에게 통보하여야 한다.
② 청원주 및 청원경찰은 대통령령으로 정하는 무기관리수칙을 준수하여야 한다.
③ 청원주는 자신이 국가에 기부채납하지 않은 무기도 대여신청 후 국가로부터 대여받아 휴대할 수 있다.
④ 청원경찰은 무기를 손질 또는 조작할 때에는 반드시 총구를 바닥으로 향하여야 한다.

해설 ② 청원주 및 청원경찰은 행정안전부령으로 정하는 무기관리수칙을 준수하여야 한다.
③ 시·도경찰청장이 무기를 대여하여 휴대하게 하고자 할 때에는 청원주로부터 국가에 기부채납된 무기에 한하여 관할 경찰서장으로 하여금 무기를 대여하여 휴대하게 할 수 있다.
④ 무기를 손질 또는 조작할 때에는 반드시 총구를 공중으로 향하여야 한다.

> 영 제16조【무기 휴대】① 청원주가 법 제8조 제2항의 규정에 의하여 청원경찰이 휴대할 무기를 대여받으려는 경우에는 관할 경찰서장을 거쳐 시·도경찰청장에게 무기대여의 신청을 하여야 한다.
> ② 제1항의 신청을 받은 시·도경찰청장이 무기를 대여하여 휴대하려는 경우에는 청원주로부터 국가에 기부채납된 무기에 한정하여 관할 경찰서장으로 하여금 무기를 대여하여 휴대하게 할 수 있다.
> ③ 제1항에 따라 무기를 대여하였을 때에는 관할 경찰서장은 청원경찰의 무기관리상황을 수시로 점검하여야 한다.
> ④ 청원주 및 청원경찰은 행정안전부령으로 정하는 무기관리수칙을 준수하여야 한다.

52 ④   53 ③   54 ①

55 청원경찰법령상 무기와 탄약을 지급받은 청원경찰의 준수사항으로 옳지 않은 것은?

• 제21회 기출

① 무기를 지급받거나 반납할 때 또는 인계인수할 때에는 반드시 '앞에 총' 자세에서 '검사 총'을 하여야 한다.
② 무기와 탄약을 지급받았을 때에는 별도의 지시가 없으면 무기와 탄약을 분리하여 휴대하여야 한다.
③ 지급받은 무기는 다른 사람에게 보관 또는 휴대하게 할 수 없으며 손질을 의뢰할 수 없다.
④ 근무시간 이후에는 무기와 탄약을 관리책임자에게 반납하여야 한다.

해설 근무시간 이후에는 무기와 탄약을 청원주에게 반납하거나 교대근무자에게 인계하여야 한다.

> 규칙 제16조 【무기관리수칙】 ③ 청원주로부터 무기와 탄약을 지급받은 청원경찰은 다음 각 호의 사항을 준수하여야 한다.
> 1. 무기를 지급받거나 반납할 때 또는 인계인수할 때에는 반드시 "앞에 총" 자세에서 "검사 총"을 하여야 한다.
> 2. 무기와 탄약을 지급받았을 때에는 별도의 지시가 없으면 무기와 탄약을 분리하여 휴대하여야 하며, 소총은 "우로 어깨 걸어 총"의 자세를 유지하고, 권총은 "권총집에 넣어 총"의 자세를 유지하여야 한다.
> 3. 지급받은 무기는 다른 사람에게 보관 또는 휴대하게 할 수 없으며 손질을 의뢰할 수 없다.
> 4. 무기를 손질하거나 조작할 때에는 반드시 총구를 공중으로 향하게 하여야 한다.
> 5. 무기와 탄약을 반납할 때에는 손질을 철저히 하여야 한다.
> 6. 근무시간 이후에는 무기와 탄약을 청원주에게 반납하거나 교대근무자에게 인계하여야 한다.

56 청원경찰법령상 무기관리수칙에 관한 설명으로 옳지 않은 것은?

• 제25회 기출

① 무기고와 탄약고에는 이중 잠금장치를 하고, 열쇠는 관리책임자가 보관하되, 근무시간 이후에는 숙직책임자에게 인계하여 보관시켜야 한다.
② 소총의 탄약은 1정당 10발 이내, 권총의 탄약은 1정당 5발 이내로 출납하여야 한다.
③ 청원주는 무기와 탄약이 분실되거나 도난당하거나 빼앗기거나 훼손되었을 때에는 경찰청장이 정하는 바에 따라 그 전액을 배상하는 것이 원칙이다.
④ 청원경찰에게 지급한 무기와 탄약은 매주 1회 이상 손질하게 하여야 한다.

해설 소총의 탄약은 1정당 15발 이내, 권총의 탄약은 1정당 7발 이내로 출납하여야 한다.

57 청원경찰법령상 무기관리수칙의 내용 중 다음 (   ) 안에 들어갈 권한자가 나머지와 다른 것은?

① 청원주는 무기와 탄약의 관리를 위하여 관리책임자를 지정하고 (   )에게 그 사실을 통보하여야 한다.
② 청원주는 매월 무기와 탄약의 관리 실태를 파악하여 다음 달 3일까지 (   )에게 통보하여야 한다.
③ 청원주는 대여받은 무기와 탄약이 분실되거나 도난당하거나 빼앗기거나 훼손되는 등의 사고가 발생했을 때에는 지체 없이 그 사유를 (   )에게 통보해야 한다.
④ 무기고와 탄약고에는 이중 잠금장치를 하고, 열쇠는 관리책임자가 보관하되, 근무시간 이후에는 (   )에게 인계하여 보관시켜야 한다.

해설 무기고와 탄약고에는 이중 잠금장치를 하고, 열쇠는 관리책임자가 보관하되, 근무시간 이후에는 숙직책임자에게 인계하여 보관시켜야 한다.
①②③ 관할 경찰서장에게 통보하여야 한다.

> **규칙 제16조【무기관리수칙】** ① 영 제16조에 따라 무기와 탄약을 대여받은 청원주는 다음 각 호에 따라 무기와 탄약을 관리해야 한다.
> 1. 청원주가 무기와 탄약을 대여받았을 때에는 경찰청장이 정하는 무기ㆍ탄약 출납부 및 무기장비 운영카드를 갖춰 두고 기록하여야 한다.
> 2. 청원주는 무기와 탄약의 관리를 위하여 관리책임자를 지정하고 관할 경찰서장에게 그 사실을 통보하여야 한다.
> 3. 무기고 및 탄약고는 단층에 설치하고 환기ㆍ방습ㆍ방화 및 총받침대 등의 시설을 갖추어야 한다.
> 4. 탄약고는 무기고와 떨어진 곳에 설치하고, 그 위치는 사무실이나 그 밖에 여러 사람을 수용하거나 여러 사람이 오고 가는 시설로부터 격리되어야 한다.
> 5. 무기고와 탄약고에는 이중 잠금장치를 하고, 열쇠는 관리책임자가 보관하되, 근무시간 이후에는 숙직책임자에게 인계하여 보관시켜야 한다.
> 6. 청원주는 경찰청장이 정하는 바에 따라 매월 무기와 탄약의 관리 실태를 파악하여 다음 달 3일까지 관할 경찰서장에게 통보하여야 한다.
> 7. 청원주는 대여받은 무기와 탄약이 분실되거나 도난당하거나 빼앗기거나 훼손되는 등의 사고가 발생했을 때에는 지체 없이 그 사유를 관할 경찰서장에게 통보해야 한다.
> 8. 청원주는 무기와 탄약이 분실되거나 도난당하거나 빼앗기거나 훼손되었을 때에는 경찰청장이 정하는 바에 따라 그 전액을 배상해야 한다. 다만, 전시ㆍ사변ㆍ천재지변이나 그 밖의 불가항력적인 사유가 있다고 시ㆍ도경찰청장이 인정하였을 때에는 그렇지 않다.

정답 55 ④ 56 ② 57 ④

58 청원경찰법령상 무기 및 탄약을 지급받은 청원경찰이 준수해야 할 사항으로 옳은 것은?

① 별도의 지시가 없는 한 무기와 탄약을 분리하여 휴대한다.
② 무기를 타인에게 보관시킬 수 없으나, 손질은 의뢰할 수 있다.
③ 근무시간 이후에는 다음 근무시간까지 자신만이 아는 비밀장소에 무기 및 탄약을 보관해 두어야 한다.
④ 무기를 손질하거나 조작할 때에는 반드시 총구가 지면을 향하도록 해야 한다.

해설
② 지급받은 무기는 타인에게 보관시키거나 휴대시킬 수 없으며 손질을 의뢰할 수 없다.
③ 근무시간 이후에는 무기 및 탄약을 청원주에게 반납하거나 교대근무자에게 인계하여야 한다.
④ 무기를 손질 또는 조작할 때에는 반드시 총구를 공중으로 향하여야 한다.

> **규칙 제16조【무기관리수칙】** ③ 청원주로부터 무기와 탄약을 지급받은 청원경찰은 다음 각 호의 사항을 준수하여야 한다.
> 1. 무기를 지급받거나 반납할 때 또는 인계인수할 때에는 반드시 "앞에 총" 자세에서 "검사 총"을 하여야 한다.
> 2. 무기와 탄약을 지급받았을 때에는 별도의 지시가 없으면 무기와 탄약을 분리하여 휴대하여야 하며, 소총은 "우로 어깨 걸어 총"의 자세를 유지하고, 권총은 "권총집에 넣어 총"의 자세를 유지하여야 한다.
> 3. 지급받은 무기는 다른 사람에게 보관 또는 휴대하게 할 수 없으며 손질을 의뢰할 수 없다.
> 4. 무기를 손질하거나 조작할 때에는 반드시 총구를 공중으로 향하게 하여야 한다.
> 5. 무기와 탄약을 반납할 때에는 손질을 철저히 하여야 한다.
> 6. 근무시간 이후에는 무기와 탄약을 청원주에게 반납하거나 교대근무자에게 인계하여야 한다.

59 청원경찰법령상 무기관리수칙에 관한 설명으로 옳지 않은 것은?

• 제18회 기출 변형

① 청원주는 대여받은 무기와 탄약이 분실되거나 도난당하거나 빼앗기거나 훼손되는 등의 사고가 발생했을 때에는 지체 없이 그 사유를 지방자치단체장에게 통보해야 한다.
② 청원주가 무기와 탄약을 대여받았을 때에는 경찰청장이 정하는 무기·탄약출납부 및 무기장비 운영카드를 갖춰 두고 기록하여야 한다.
③ 청원주가 수리가 필요한 무기가 있을 때에는 그 목록과 무기장비 운영카드를 첨부하여 관할 경찰서장에게 수리를 요청할 수 있다.
④ 청원주는 조현병 등의 정신질환으로 인하여 무기와 탄약의 휴대가 적합하지 않다고 해당 분야의 전문의가 인정한 사람에게 무기와 탄약을 지급하여서는 안 되며, 지급한 무기와 탄약은 즉시 회수하여야 한다.

해설 청원주는 대여받은 무기와 탄약이 분실되거나 도난당하거나 빼앗기거나 훼손되는 등의 사고가 발생했을 때에는 지체 없이 그 사유를 관할 경찰서장에게 통보해야 한다.

> **규칙 제16조【무기관리수칙】** ① 영 제16조에 따라 무기와 탄약을 대여받은 청원주는 다음 각 호에 따라 무기와 탄약을 관리해야 한다.
> 1. 청원주가 무기와 탄약을 대여받았을 때에는 경찰청장이 정하는 무기·탄약 출납부 및 무기장비 운영카드를 갖춰 두고 기록하여야 한다.
> 2. 청원주는 무기와 탄약의 관리를 위하여 관리책임자를 지정하고 관할 경찰서장에게 그 사실을 통보하여야 한다.
> 3. 무기고 및 탄약고는 단층에 설치하고 환기·방습·방화 및 총받침대 등의 시설을 하여야 한다.
> 4. 탄약고는 무기고와 떨어진 곳에 설치하고, 그 위치는 사무실이나 그 밖에 여러 사람을 수용하거나 여러 사람이 오고 가는 시설로부터 격리되어야 한다.
> 5. 무기고와 탄약고에는 이중 잠금장치를 하고, 열쇠는 관리책임자가 보관하되, 근무시간 이후에는 숙직책임자에게 인계하여 보관시켜야 한다.
> 6. 청원주는 경찰청장이 정하는 바에 따라 매월 무기와 탄약의 관리 실태를 파악하여 다음 달 3일까지 관할 경찰서장에게 통보하여야 한다.
> 7. 청원주는 대여받은 무기와 탄약이 분실되거나 도난당하거나 빼앗기거나 훼손되는 등의 사고가 발생했을 때에는 지체 없이 그 사유를 관할 경찰서장에게 통보해야 한다.
> 8. 청원주는 무기와 탄약이 분실되거나 도난당하거나 빼앗기거나 훼손되었을 때에는 경찰청장이 정하는 바에 따라 그 전액을 배상해야 한다. 다만, 전시·사변·천재지변이나 그 밖의 불가항력적인 사유가 있다고 시·도경찰청장이 인정하였을 때에는 그렇지 않다.
> ② 영 제16조에 따라 무기와 탄약을 대여받은 청원주가 청원경찰에게 무기와 탄약을 출납하려는 경우에는 다음 각 호에 따라야 한다. 다만, 관할 경찰서장의 지시에 따라 제2호에 따른 탄약의 수를 늘리거나 줄일 수 있고, 무기와 탄약의 출납을 중지할 수 있으며, 무기와 탄약을 회수하여 집중관리할 수 있다.
> 4. 수리가 필요한 무기가 있을 때에는 그 목록과 무기장비 운영카드를 첨부하여 관할 경찰서장에게 수리를 요청할 수 있다.
> ④ 청원주는 다음 각 호의 어느 하나에 해당하는 청원경찰에게 무기와 탄약을 지급해서는 안 되며, 지급한 무기와 탄약은 즉시 회수해야 한다.
> 1. 직무상 비위(非違)로 징계 대상이 된 사람
> 2. 형사사건으로 조사 대상이 된 사람
> 3. 사직 의사를 밝힌 사람
> 4. 치매, 조현병, 조현정동장애, 양극성 정동장애(조울병), 재발성 우울장애 등의 정신질환으로 인하여 무기와 탄약의 휴대가 적합하지 않다고 해당 분야 전문의가 인정하는 사람
> 5. 제1호부터 제4호까지의 규정 중 어느 하나에 준하는 사유로 청원주가 무기와 탄약을 지급하기에 적절하지 않다고 인정하는 사람
> 6. 삭제 〈2022.11.10.〉

60 청원경찰법령상 청원주로부터 무기 및 탄약을 지급받은 청원경찰이 준수하여야 할 사항으로 옳지 않은 것은?

① 무기를 지급받거나 반납할 때 또는 인계인수 시에는 반드시 '앞에 총' 자세에서 '검사 총'을 하여야 한다.

② 무기를 손질 또는 조작할 때에는 반드시 총구를 공중으로 향하여야 한다.

③ 불가피한 사정이 있다면 지급받은 무기는 타인에게 보관 또는 휴대시킬 수 있으며 손질을 의뢰할 수 있다.

④ 무기 및 탄약을 지급받았을 때에는 별도의 지시가 없는 한 무기와 탄약은 분리하여 휴대하여야 하며, 소총은 '우로 어깨 걸어 총', 권총은 '권총집에 넣어 총' 자세를 유지하여야 한다.

> **해설** 지급받은 무기는 타인에게 보관 또는 휴대하게 할 수 없으며 손질을 의뢰할 수 없다.
>
> 규칙 제16조【무기관리수칙】 ③ 청원주로부터 무기와 탄약을 지급받은 청원경찰은 다음 각 호의 사항을 준수하여야 한다.
> 1. 무기를 지급받거나 반납할 때 또는 인계인수할 때에는 반드시 "앞에 총" 자세에서 "검사 총"을 하여야 한다.
> 2. 무기와 탄약을 지급받았을 때에는 별도의 지시가 없으면 무기와 탄약을 분리하여 휴대하여야 하며, 소총은 "우로 어깨 걸어 총"의 자세를 유지하고, 권총은 "권총집에 넣어 총"의 자세를 유지하여야 한다.
> 3. 지급받은 무기는 다른 사람에게 보관 또는 휴대하게 할 수 없으며 손질을 의뢰할 수 없다.
> 4. 무기를 손질하거나 조작할 때에는 반드시 총구를 공중으로 향하게 하여야 한다.
> 5. 무기와 탄약을 반납할 때에는 손질을 철저히 하여야 한다.
> 6. 근무시간 이후에는 무기와 탄약을 청원주에게 반납하거나 교대근무자에게 인계하여야 한다.

61 청원경찰법령상 무기관리수칙에 관한 설명으로 옳지 않은 것은?

• 제17회 기출

① 청원주는 청원경찰에게 지급한 무기와 탄약을 매주 1회 이상 손질하게 하여야 한다.

② 청원주는 사직 의사를 밝힌 청원경찰에게 무기와 탄약을 지급해서는 안 된다.

③ 청원주는 수리가 필요한 무기가 있을 때에는 그 목록과 무기장비 운영카드를 첨부하여 관할 시·도경찰청장에게 수리를 요청할 수 있다.

④ 청원경찰은 무기를 지급받거나 반납할 때 또는 인계인수할 때에는 반드시 '앞에 총' 자세에서 '검사 총'을 하여야 한다.

> **해설** 수리가 필요한 무기가 있을 때에는 그 목록과 무기장비 운영카드를 첨부하여 관할 경찰서장에게 수리를 요청할 수 있다.

62 청원경찰법령상 청원주로부터 무기 및 탄약을 지급받은 청원경찰의 무기관리수칙에 관한 내용으로 옳은 것을 모두 고른 것은?
• 제14회 기출

> ㄱ. 지급받은 무기는 다른 사람에게 보관하거나 휴대시킬 수 없으며 손질을 의뢰할 수 없다.
> ㄴ. 무기와 탄약을 지급받았을 때에는 별도의 지시가 없으면 무기와 탄약을 분리하여 휴대하여야 하며, 소총은 '우로 어깨 걸어 총'의 자세를 유지하고, 권총은 '권총집에 넣어 총'의 자세를 유지하여야 한다.
> ㄷ. 무기를 손질 또는 조작할 때에는 반드시 총구를 바닥으로 향하여야 한다.
> ㄹ. 무기를 지급받거나 반납할 때 또는 인계인수할 때에는 반드시 '검사 총' 자세 이후 '앞에 총'을 하여야 한다.

① ㄱ, ㄴ
② ㄱ, ㄹ
③ ㄴ, ㄷ
④ ㄷ, ㄹ

해설 ㄷ. 무기를 손질 또는 조작할 때에는 반드시 총구를 공중으로 향하여야 한다.
ㄹ. 무기를 지급받거나 반납할 때 또는 인계인수할 때에는 반드시 '앞에 총' 자세 이후 '검사 총'을 하여야 한다.

63 청원경찰법령상 청원주가 무기와 탄약을 지급할 수 있는 청원경찰은?
• 제18회 기출 변형

① 직무상 비위(非違)로 징계 대상이 된 사람
② 사직 의사를 밝힌 사람
③ 형사사건으로 조사 대상이 된 사람
④ 근무 중 휴대전화를 자주 사용하는 사람

해설 ①②③ 외에도 치매, 조현병, 조현정동장애, 양극성 정동장애(조울병), 재발성 우울장애 등의 정신질환으로 인하여 무기와 탄약의 휴대가 적합하지 않다고 해당 분야 전문의가 인정하는 청원경찰에게는 무기와 탄약을 지급해서는 안 되며, 지급한 무기와 탄약은 회수해야 한다.

정답 60 ③ 61 ③ 62 ① 63 ④

64 청원경찰법령상 청원주가 무기 및 탄약을 지급해서는 안 되고, 이미 지급된 무기 및 탄약도 회수해야 하는 대상에 해당하는 사람은?

① 직무상 비위(非違)로 징계 대상이 된 사람
② 이혼 경력이 있는 사람
③ 민사소송의 피고로 소송 계류 중인 사람
④ 채무관계가 복잡한 사람

> **해설** 직무상 비위(非違)로 징계 대상이 된 사람은 청원주가 무기와 탄약을 지급해서는 안 되며, 지급된 무기 및 탄약을 회수해야 하는 대상에 이혼 경력이 있는 사람, 민사소송의 피고로 소송 계류 중인 사람, 채무관계가 복잡한 사람은 이에 포함되지 않는다.
>
> 규칙 제16조【무기관리수칙】④ 청원주는 다음 각 호의 어느 하나에 해당하는 청원경찰에게 무기와 탄약을 지급해서는 안 되며, 지급한 무기와 탄약은 즉시 회수해야 한다.
> 1. 직무상 비위(非違)로 징계 대상이 된 사람
> 2. 형사사건으로 조사 대상이 된 사람
> 3. 사직 의사를 밝힌 사람
> 4. 치매, 조현병, 조현정동장애, 양극성 정동장애(조울병), 재발성 우울장애 등의 정신질환으로 인하여 무기와 탄약의 휴대가 적합하지 않다고 해당 분야 전문의가 인정하는 사람
> 5. 제1호부터 제4호까지의 규정 중 어느 하나에 준하는 사유로 청원주가 무기와 탄약을 지급하기에 적절하지 않다고 인정하는 사람
> 6. 삭제 〈2022.11.10.〉

65 청원경찰법령상 청원주의 무기·탄약 지급 및 회수 등에 관한 설명으로 옳지 <u>않은</u> 것은?

① 청원주는 무기와 탄약을 먼저 회수한 후 청원경찰에게 통지서를 내어 준다.
② 청원주는 청원경찰에게 무기와 탄약을 지급하지 않거나 회수한 경우 7일 이내에 관할 경찰서장에게 결정 통보서를 작성하여 통보해야 한다.
③ 청원주로부터 통보를 받은 관할 경찰서장은 통보받은 날부터 14일 이내에 무기와 탄약의 지급 제한 또는 회수의 적정성을 판단하기 위해 현장을 방문하여 해당 청원경찰의 의견을 청취하고 필요한 조치를 할 수 있다.
④ 청원주는 무기 지급 제한에 관한 규정의 법정사유가 소멸하게 된 경우에는 청원경찰에게 무기와 탄약을 지급할 수 있다.

> **해설** 청원주는 「청원경찰법 시행규칙」 제16조 제4항에 따라 무기와 탄약을 지급하지 않거나 회수할 때에는 [별지 제5호의2 서식]의 결정 통지서를 작성하여 지체 없이 해당 청원경찰에게 통지해야 한다. 다만, 지급한 무기와 탄약의 신속한 회수가 필요하다고 인정되는 경우에는 무기와 탄약을 먼저 회수한 후 통지서를 내줄 수 있다.

규칙 제16조【무기관리수칙】⑤ 청원주는 제4항에 따라 무기와 탄약을 지급하지 않거나 회수할 때에는 별지 제5호의2 서식의 결정 통지서를 작성하여 지체 없이 해당 청원경찰에게 통지해야 한다. 다만, 지급한 무기와 탄약의 신속한 회수가 필요하다고 인정되는 경우에는 무기와 탄약을 먼저 회수한 후 통지서를 내줄 수 있다. 〈신설 2022.11.10.〉
⑥ 청원주는 제4항에 따라 청원경찰에게 무기와 탄약을 지급하지 않거나 회수한 경우 7일 이내에 관할 경찰서장에게 별지 제5호의3 서식의 결정 통보서를 작성하여 통보해야 한다. 〈신설 2022.11.10.〉
⑦ 제6항에 따라 통보를 받은 관할 경찰서장은 통보받은 날부터 14일 이내에 무기와 탄약의 지급 제한 또는 회수의 적정성을 판단하기 위해 현장을 방문하여 해당 청원경찰의 의견을 청취하고 필요한 조치를 할 수 있다. 〈신설 2022.11.10.〉
⑧ 청원주는 제4항 각 호의 사유가 소멸하게 된 경우에는 청원경찰에게 무기와 탄약을 지급할 수 있다. 〈신설 2022.11.10.〉

66 청원경찰법령상 청원주의 무기관리수칙에 관한 내용이다. 다음 (   ) 안에 순서대로 들어갈 내용으로 적절한 것은?

- 청원주는 청원경찰에게 무기와 탄약을 지급하지 않거나 회수한 경우 (ㄱ) 관할 경찰서장에게 결정 통보서를 작성하여 통보해야 한다.
- 통보를 받은 관할 경찰서장은 통보받은 날부터 (ㄴ) 무기와 탄약의 지급 제한 또는 회수의 적정성을 판단하기 위해 현장을 방문하여 해당 청원경찰의 의견을 청취하고 필요한 조치를 할 수 있다.

① ㄱ: 즉시,　　ㄴ: 즉시
② ㄱ: 즉시,　　ㄴ: 7일 이내에
③ ㄱ: 7일 이내에, ㄴ: 즉시
④ ㄱ: 7일 이내에, ㄴ: 14일 이내에

해설
- 청원주는 「청원경찰법 시행규칙」 제16조 제4항에 따라 청원경찰에게 무기와 탄약을 지급하지 않거나 회수한 경우 7일 이내에 관할 경찰서장에게 별지 제5호의3 서식의 결정 통보서를 작성하여 통보해야 한다(청원경찰법 시행규칙 제16조 제6항).
- 「청원경찰법 시행규칙」 제16조 제6항에 따라 통보를 받은 관할 경찰서장은 통보받은 날부터 14일 이내에 무기와 탄약의 지급 제한 또는 회수의 적정성을 판단하기 위해 현장을 방문하여 해당 청원경찰의 의견을 청취하고 필요한 조치를 할 수 있다(청원경찰법 시행규칙 제16조 제7항).

정답　64 ①　65 ①　66 ④

PART 2 청원경찰법

CHAPTER 05 감독 등

제1절 감독 등
제2절 면직 및 징계

최근 13개년 출제비중

6.0%

학습 TIP

☑ 최근 감독관계 중에서 감독자의 선임에 관한 사항이 3년 연속 출제되고 있다. 특히, 징계사유는 매년 출제되고 있으므로 반드시 숙지해야 한다.

☑ 청원주의 권한 및 위임에 대해 숙지하고, 퇴직 사유 및 징계의 사유와 종류에 대해 출제지문을 중심으로 반복 학습한다.

POINT CHAPTER 내 절별 출제비중

- 01 감독 등 — 67%
- 02 면직 및 징계 — 33%

CHAPTER 05 감독 등

최신 개정 법령 확인

제1절 감독 등

1. 감독 등 ★★★

(1) 청원주 등

① **청원주**: 청원주는 항상 소속 청원경찰의 근무 상황을 감독하고, 근무 수행에 필요한 교육을 하여야 한다(청원경찰법 제9조의3 제1항).

② **시·도경찰청장**: 시·도경찰청장은 청원경찰의 효율적인 운영을 위하여 청원주를 지도하며 감독상 필요한 명령을 할 수 있다(청원경찰법 제9조의3 제2항).

③ **관할 경찰서장**: 관할 경찰서장은 매달 1회 이상 청원경찰을 배치한 경비구역에 대하여 다음의 사항을 감독하여야 한다(청원경찰법 시행령 제17조).
  ㉠ 복무규율과 근무 상황
  ㉡ 무기의 관리 및 취급사항

> **보충학습** 감독상 명령 및 무기 관련 비교
>
> 「청원경찰법」 제9조의3 【감독】 ② 시·도경찰청장은 청원경찰의 효율적인 운영을 위하여 청원주를 지도하며 감독상 필요한 명령을 할 수 있다.
>
> ▶ [별표 2] 과태료의 부과기준(청원경찰법 시행령 제21조 제1항 관련, 일부발췌)
>
> | 위반행위 | 과태료 금액 |
> | --- | --- |
> | 4. 법 제9조의3 제2항에 따른 시·도경찰청장의 감독상 필요한 다음 각 목의 명령을 정당한 사유 없이 이행하지 않은 경우
　가. 총기·실탄 및 분사기에 관한 명령
　나. 가목에 따른 명령 외의 명령 | 500만 원
300만 원 |
>
> 「경비업법」 제14조 【특수경비원의 직무 및 무기사용 등】 ⑥ 관할 경찰관서장은 무기의 적정한 관리를 위하여 제4항의 규정에 의하여 무기를 대여받은 시설주에 대하여 필요한 명령을 발할 수 있다.

▶ [별표 6] 과태료의 부과기준(경비업법 시행령 제32조 제1항 관련, 일부발췌)

위반행위	과태료 금액
6. 법 제14조 제6항에 따른 감독상 필요한 명령을 정당한 이유 없이 이행하지 않은 경우	500만 원

「경비업법」 제24조【감독】① 경찰청장 또는 시·도경찰청장은 경비업무의 적정한 수행을 위하여 경비업자 및 경비지도사를 지도·감독하며 필요한 명령을 할 수 있다.

▶ [별표 4] 행정처분기준(경비업법 시행령 제24조 관련, 일부발췌)

위반행위	행정처분기준		
	1차 위반	2차 위반	3차 이상 위반
거. 법 제24조에 따른 감독상 명령에 따르지 않은 때	경고	영업정지 3개월	허가취소

▶ [별표 5] 행정처분기준(경비업법 시행령 제25조 관련, 일부발췌)

위반행위	행정처분기준		
	1차 위반	2차 위반	3차 이상 위반
2. 법 제24조의 규정에 의한 경찰청장·시·도경찰청장의 명령을 위반한 때	자격정지 1월	자격정지 6월	자격정지 9월

(2) 감독자

① **감독자 선정**: 2명 이상의 청원경찰을 배치한 사업장의 청원주는 청원경찰의 지휘·감독을 위하여 청원경찰 중에서 유능한 사람을 선정하여 감독자로 지정하여야 한다(청원경찰법 시행규칙 제19조 제1항).

② **감독자 기준**: 감독자는 조장, 반장 또는 대장으로 하며, 그 지정기준은 [별표 4]와 같다(청원경찰법 시행규칙 제19조 제2항).

>> [별표 4] 감독자 지정기준(시행규칙 제19조 제2항 관련)

근무인원	직급별 지정기준		
	대장	반장	조장
9명까지	-	-	1명
10명 이상 29명 이하	-	1명	2~3명
30명 이상 40명 이하	-	1명	3~4명
41명 이상 60명 이하	1명	2명	6명
61명 이상 120명 이하	1명	4명	12명

심화학습

청원경찰의 직급 필요성

국가 또는 지방자치단체에 근무하는 청원경찰의 직무수행의 효율성을 제고하기 위해 직급체계를 마련하고 지휘체계를 확립하여 인력운영의 효율성을 도모할 필요가 있다.

핵심 기출문제

01 청원경찰법령상 청원경찰의 감독에 관한 설명으로 옳지 않은 것은?

· 제26회 기출

① 청원주는 항상 소속 청원경찰의 근무 상황을 감독하여야 한다.
② 청원주는 소속 청원경찰에게 근무 수행에 필요한 교육을 하여야 한다.
③ 관할 경찰서장은 매달 1회 이상 청원경찰을 배치한 경비구역에 대하여 복무규율과 근무 상황을 감독하여야 한다.
④ 2명 이상의 청원경찰을 배치한 사업장의 청원주는 청원경찰의 지휘·감독을 위하여 청원경찰 중에서 경력이 많은 사람을 선정하여 감독자로 지정하여야 한다.

[해설] 2명 이상의 청원경찰을 배치한 사업장의 청원주는 청원경찰의 지휘·감독을 위하여 청원경찰 중에서 유능한 사람을 선정하여 감독자로 지정하여야 한다.

[정답] ④

02 청원경찰법령상 감독자 지정기준에 관한 내용으로 옳은 것은? · 제23회 기출

① 근무인원이 10명 이상 29명 이하: 반장 1명, 조장 1명
② 근무인원이 30명 이상 40명 이하: 반장 1명, 조장 3~4명
③ 근무인원이 41명 이상 60명 이하: 대장 1명, 반장 2명, 조장 4~5명
④ 근무인원이 61명 이상 120명 이하: 대장 1명, 반장 3명, 조장 10명

[해설] ① 근무인원이 10명 이상 29명 이하: 반장 1명, 조장 2~3명
③ 근무인원이 41명 이상 60명 이하: 대장 1명, 반장 2명, 조장 6명
④ 근무인원이 61명 이상 120명 이하: 대장 1명, 반장 4명, 조장 12명

[정답] ②

2. 권한 위임 등 ★★☆

> 「경비업법」상 "~위임할 수 있다."와 「경비업법 시행령」상 "~위임한다."는 것은 문제 본위로 파악해야 한다.

(1) 위임

① **위임근거 및 범위**: 「청원경찰법」에 따른 시·도경찰청장의 권한은 그 일부를 대통령령으로 정하는 바에 따라 관할 경찰서장에게 위임할 수 있다(청원경찰법 제10조의3).

② **내용**: 시·도경찰청장은 다음의 권한을 관할 경찰서장에게 위임한다. 다만, 청원경찰을 배치하고 있는 사업장이 하나의 경찰서의 관할구역에 있는 경우로 한정한다(청원경찰법 시행령 제20조).
  ㉠ 청원경찰 배치의 결정 및 요청에 관한 권한
  ㉡ 청원경찰의 임용승인에 관한 권한

ⓒ 청원주에 대한 지도 및 감독상 필요한 명령에 관한 권한
ⓔ 과태료 부과·징수에 관한 권한

핵심 기출문제

03 청원경찰법령상 청원경찰을 배치하고 있는 사업장이 하나의 경찰서의 관할 구역에 있는 경우, 시·도경찰청장이 관할 경찰서장에게 위임하는 권한으로 명시되지 않은 것은?

• 제22회 기출

① 청원경찰 배치의 결정 및 요청에 관한 권한
② 청원경찰의 임용승인에 관한 권한
③ 무기의 관리 및 취급사항을 감독하는 권한
④ 청원주에 대한 지도 및 감독상 필요한 명령에 관한 권한

해설 무기의 관리 및 취급사항을 감독하는 권한자는 본래 관할 경찰서장이다.

[정답] ③

(2) 배상책임

청원경찰(국가기관이나 지방자치단체에 근무하는 청원경찰은 제외한다)의 직무상 불법행위에 대한 배상책임에 관하여는 「민법」의 규정을 따른다(청원경찰법 제10조의2).

> **관련 판례** 파면처분취소(대판 1993.7.13., 92다47564)
>
> 【판시사항】
> 국가나 지방자치단체에 근무하는 청원경찰에 대한 징계처분에 대한 불복방법
>
> 【판결요지】
> 국가나 지방자치단체에 근무하는 청원경찰은 「국가공무원법」이나 「지방공무원법」상의 공무원은 아니지만, 다른 청원경찰과는 달리 그 임용권자가 행정기관의 장이고, 국가나 지방자치단체로부터 보수를 받으며, 「산업재해보상보험법」이나 「근로기준법」이 아닌 「공무원연금법」에 따른 재해보상과 퇴직급여를 지급받고, 직무상의 불법행위에 대하여도 「민법」이 아닌 「국가배상법」이 적용되는 등의 특질이 있으며 그 외 임용자격, 직무, 복무의무 내용 등을 종합하여 볼 때, 그 근무관계를 사법상의 고용계약관계로 보기는 어려우므로 그에 대한 징계처분의 시정을 구하는 소는 행정소송의 대상이지, 민사소송의 대상이 아니다.

심화학습

청원경찰관의 직무집행을 방해한 경우에는 공무집행방해가 성립할 수 있고(대판 1986.1.28., 85도2448., 85감도356 판결 참조), 국가나 지방자치단체에 근무하는 청원경찰은 국가공무원이나 지방공무원은 아니지만 그에 대한 징계처분에 대한 불복방법은 민사소송이 아니라 행정소송이며(대판 1993.7.13., 92다47564), 청원경찰의 휴가에 관하여는 「근로기준법」의 해당 규정이 적용되지 않는다(대판 1996.6.28., 95다24074).
청원경찰은 「형법」이나 그 밖의 법령에 따른 벌칙을 적용하는 경우와 「청원경찰법」 및 「청원경찰법 시행령」에서 특별히 규정한 경우를 제외하고는 공무원으로 보지 아니한다(청원경찰법 시행령 제18조).

제2절 면직 및 징계

1. 면직 및 퇴직 ★★★

(1) 청원경찰법령상 신분보장을 위한 규정

① **복무규정 완화**: 청원경찰의 과도한 복무규정을 완화하기 위하여 경찰공무원에 관한 규정을 포괄적으로 준용하던 청원경찰의 복무의무에 관하여 앞으로는 「국가공무원법」상의 복종 의무, 직장 이탈 금지 의무, 비밀 엄수 의무 및 「경찰공무원법」상의 거짓 보고 금지 의무 규정을 준용하도록 하였다(청원경찰법 제5조 제4항).

② **해임명령·의무규정 삭제**: 시·도경찰청장의 청원경찰 해임명령 규정과 그에 따른 청원주의 청원경찰 해임의무규정(구 청원경찰법 제9조의2, 현행 삭제)을 삭제하였다.

> 삭제된 「청원경찰법」 제9조의2【해임명령】 ① 시·도경찰청장은 청원경찰이 그 업무에 관하여 이 법 또는 이 법에 의한 명령에 위반하거나 제5조 제2항의 규정에 의한 결격사유에 해당하게 된 때에는 청원주에 대하여 그 청원경찰의 해임을 명할 수 있다.
> ② 청원주가 제1항의 해임명령을 받은 때에는 즉시 해임조치를 하고 시·도경찰청장에게 보고하여야 한다.

③ **배치폐지 및 요건강화**
  ㉠ **청원경찰의 배치폐지**: 청원주는 청원경찰이 배치된 시설이 폐쇄되거나 축소되어 청원경찰의 배치를 폐지하거나 배치인원을 감축할 필요가 있다고 인정하면, 청원경찰의 배치를 폐지하거나 배치인원을 감축할 수 있다. 다만, 청원주는 다음의 어느 하나에 해당하는 경우에는 청원경찰의 배치를 폐지하거나 배치인원을 감축할 수 없다(청원경찰법 제10조의5 제1항).
    ⓐ 청원경찰을 대체할 목적으로 「경비업법」에 따른 특수경비원을 배치하는 경우
    ⓑ 청원경찰이 배치된 기관·시설 또는 사업장 등이 배치인원의 변동 사유 없이 다른 곳으로 이전하는 경우
  ㉡ **배치폐지의 통지**: 청원주가 청원경찰을 폐지하거나 감축하였을 때에는 청원경찰 배치결정을 한 경찰관서의 장에게 알려야 하며, 그 사업장이 시·도경찰청장이 청원경찰의 배치를 요청한 사업

면직

일정한 직무에서 물러나게 하는 것을 말하며, 공무원의 경우에는 넓은 의미에서 임용행위의 일종으로 공무원 관계를 소멸시키는 것을 말한다. 면직에는 본인의 의사에 의하는 의원면직과 임용권자의 일방적 의사에 의하는 직권면직 및 징계처분으로서 행하여지는 징계면직, 즉 파면이 있다.

장일 때에는 그 폐지 또는 감축 사유를 구체적으로 밝혀야 한다(청원경찰법 제10조의5 제2항).

ⓒ **청원경찰의 고용보장**: 청원경찰의 배치를 폐지하거나 배치인원을 감축하는 경우 해당 청원주는 배치폐지나 배치인원 감축으로 과원(過員)이 되는 청원경찰 인원을 그 기관·시설 또는 사업장 내의 유사 업무에 종사하게 하거나 다른 시설·사업장 등에 재배치하는 등 청원경찰의 고용이 보장될 수 있도록 노력하여야 한다(청원경찰법 제10조의5 제3항).

④ **근무배치 등의 위임에 의한 신분상 불이익 배제**: 청원주는 경비업자에게 청원경찰의 근무배치 및 감독에 관한 권한을 위임한 경우에 이를 이유로 청원경찰의 보수나 신분상의 불이익을 주어서는 아니 된다(청원경찰법 시행령 제19조 제2항).

> 「청원경찰법 시행령」 제19조【근무배치 등의 위임】 ① 「경비업법」에 따른 경비업자(이하 이 조에서 "경비업자"라 한다)가 중요 시설의 경비를 도급받았을 때에는 청원주는 그 사업장에 배치된 청원경찰의 근무배치 및 감독에 관한 권한을 해당 경비업자에게 위임할 수 있다.
> ② 청원주는 제1항에 따라 경비업자에게 청원경찰의 근무배치 및 감독에 관한 권한을 위임한 경우에 이를 이유로 청원경찰의 보수나 신분상의 불이익을 주어서는 아니 된다.

(2) 의사에 반한 면직

① 청원경찰의 신분보장을 위하여 형의 선고·징계처분 또는 신체·정신상의 이상으로 직무를 감당하지 못하는 때를 제외하고는 그 의사에 반하여 면직되지 아니하도록 하였다.

② **사유**: 청원경찰은 형의 선고, 징계처분 또는 신체상·정신상의 이상으로 직무를 감당하지 못할 때를 제외하고는 그 의사(意思)에 반하여 면직(免職)되지 아니한다(청원경찰법 제10조의4 제1항).

③ **보고**: 청원주가 청원경찰을 면직시켰을 때에는 그 사실을 관할 경찰서장을 거쳐 시·도경찰청장에게 보고하여야 한다(청원경찰법 제10조의4 제2항).

핵심 기출문제

04 청원경찰법령에 관한 내용이다. (   )에 들어갈 내용이 옳은 것은?

• 제21회 기출

> 청원경찰은 형의 선고, 징계처분 또는 신체상·정신상의 이상으로 직무를 감당하지 못할 때를 제외하고는 그 의사에 반하여 (   )되지 아니한다.

① 파면
② 강등
③ 면직
④ 견책

해설 청원경찰은 형의 선고, 징계처분 또는 신체상·정신상의 이상으로 직무를 감당하지 못할 때를 제외하고는 그 의사(意思)에 반하여 면직(免職)되지 아니한다.

정답 ③

관련 판례 **직권면직무효확인**(대판 2002.2.8., 2000두4057)

【판시사항】
1. 청원경찰면직처분의 법적 성질(=재량행위)
2. 하자 있는 행정처분이 당연무효로 되기 위한 요건과 그 판단 기준
3. 청원경찰에 대한 면직처분이 위법하기는 하나 당연무효로 보기는 어렵다고 한 사례

【판결요지】
1. 「청원경찰법」 제5조 제1항·제3항, 제11조, 구 「청원경찰법 시행령」(1999.9.30., 대통령령 제16562호로 개정되기 전의 것) 제16조 제1항 등의 규정을 종합하면, 청원주는 청원경찰이 인원의 감축으로 과원이 되었을 때에는 직권으로 면직시킬 수 있는바, 지방자치단체의 장이 청원주인 경우 그 면직처분은 재량행위라 할 것이므로, 지방자치단체의 장이 합리적이고 공정한 기준에 의하여 면직대상자를 선정하고 그에 따라 면직처분을 하였다면 일응 적법한 재량행사라 할 것이나, 그 기준이 평등의 원칙에 위배되는 등 비합리적이고 불공정하다면 그에 따른 면직처분은 재량권의 일탈·남용으로서 위법하다.
2. 하자 있는 행정처분이 당연무효가 되기 위하여는 그 하자가 법규의 중요한 부분을 위반한 중대한 것으로서 객관적으로 명백한 것이어야 하고, 하자가 중대하고 명백한 것인지 여부를 판별함에 있어서는 그 법규의 목적, 의미, 기능 등을 목적론적으로 고찰함과 동시에 구체적 사안 자체의 특수성에 관하여도 합리적으로 고찰함을 요한다.
3. 행정안전부의 지방조직 개편지침의 일환으로 청원경찰의 인원감축을 위한 면직처분대상자를 선정함에 있어서 초등학교 졸업 이하 학력소지자 집단과 중학교 중퇴 이상 학력소지자 집단으로 나누어 각 집단별로 같은 감원비율 상당의 인원을 선정한 것은 합리성과 공정성을 결여하고, 평등의 원칙에 위배하여 그 하자가 중대하다 할 것이나, 그렇게 한 이유가 시험문

제 출제 수준이 중학교 학력 수준이어서 초등학교 졸업 이하 학력소지자에게 상대적으로 불리할 것이라는 판단 아래 이를 보완하기 위한 것이었으므로 그 하자가 객관적으로 명백하다고 보기는 어렵다고 한 사례

(3) 퇴직 등

① 당연퇴직: 청원경찰이 다음의 어느 하나에 해당할 때에는 당연퇴직된다(청원경찰법 제10조의6).

  ㉠ 「청원경찰법」 제5조 제2항(국가공무원법 제33조 각 호)에 따른 임용결격 사유에 해당될 때. 다만, 「국가공무원법」 제33조 제2호는 파산선고를 받은 사람으로서 「채무자 회생 및 파산에 관한 법률」에 따라 신청기한 내에 면책신청을 하지 아니하였거나 면책불허가 결정 또는 면책 취소가 확정된 경우만 해당하고, 「국가공무원법」 제33조 제5호는 「형법」 제129조부터 제132조까지(수뢰, 사전수뢰, 제삼자뇌물제공, 수뢰후부정처사, 사후수뢰, 알선수뢰), 「성폭력범죄의 처벌 등에 관한 특례법」 제2조, 「아동·청소년의 성보호에 관한 법률」 제2조 제2호 및 직무와 관련하여 「형법」 제355조(횡령, 배임) 또는 제356조(업무상의 횡령과 배임)에 규정된 죄를 범한 사람으로서 금고 이상의 형의 선고유예를 받은 경우만 해당한다.

> 「국가공무원법」 제33조 【결격사유】 다음 각 호의 어느 하나에 해당하는 자는 공무원으로 임용될 수 없다. 〈개정 2022.12.27., 2023.4.11., 2024.12.31.〉
> 1. 피성년후견인
> 2. 파산선고를 받고 복권되지 아니한 자
> 3. 금고 이상의 실형을 선고받고 그 집행이 끝나거나(집행이 끝난 것으로 보는 경우를 포함한다) 집행이 면제된 날부터 5년이 지나지 아니한 자
> 4. 금고 이상의 형의 집행유예를 선고받고 그 유예기간이 끝난 날부터 2년이 지나지 아니한 자
> 5. **금고 이상의 형의 선고유예를 받은 경우에 그 선고유예 기간 중에 있는 자**
> 6. 법원의 판결 또는 다른 법률에 따라 자격이 상실되거나 정지된 자
> 6의2. 공무원으로 재직기간 중 직무와 관련하여 「형법」 제355조 및 제356조에 규정된 죄를 범한 자로서 300만 원 이상의 벌금형을 선고받고 그 형이 확정된 후 2년이 지나지 아니한 자
> 6의3. 다음 각 목의 어느 하나에 해당하는 죄를 범한 사람으로서 100만 원 이상의 벌금형을 선고받고 그 형이 확정된 후 3년이 지나지 아니한 사람

➕ 심화학습

당연퇴직사유 완화 이유

현행법은 청원경찰의 임용결격사유를 국가공무원의 임용결격사유와 동일하게 규정하면서 임용결격사유에 해당하면 당연퇴직되도록 하고 있으나, 「국가공무원법」에서는 임용결격사유보다 당연퇴직사유를 완화하여 규정하고 있는 바, 청원경찰에게 국가공무원에 비해 엄격한 당연퇴직사유가 적용됨으로써 직업선택의 자유가 과도하게 제한되는 측면이 있기에 청원경찰이 임용결격사유에 해당될 때에도 파산선고를 받은 사람의 경우에는 신청기한 내에 면책신청을 하지 아니하였거나 면책불허가 결정 또는 면책 취소가 확정된 경우만, 금고 이상의 형의 선고유예를 받은 사람의 경우에는 수뢰, 성폭력범죄 및 직무와 관련한 횡령 등의 죄를 범한 사람만 당연퇴직되도록 함으로써 청원경찰의 기본권을 보호하려는 것이다.

심화학습

[단순위헌, 2017헌가26, 2018. 1.25., 청원경찰법(2010.2.4. 법률 제10013호로 개정된 것) 제10조의6 제1호 중 제5조 제2항에 의한 국가공무원법 제33조 제5호에 관한 부분은 헌법에 위반된다]

헌법재판소는 2018년 1월 25일 재판관 전원 일치 의견으로, 청원경찰이 금고 이상의 형의 선고유예를 받은 경우 당연퇴직되도록 규정한 「청원경찰법」(2010.2.4. 법률 제10013호로 개정된 것) 제10조의6 제1호 중 제5조 제2항에 의한 「국가공무원법」 제33조 제5호에 관한 부분이 「헌법」에 위반된다는 결정을 선고하였다.

가. 「성폭력범죄의 처벌 등에 관한 특례법」 제2조에 따른 성폭력범죄
나. 「정보통신망 이용촉진 및 정보보호 등에 관한 법률」 제74조 제1항 제2호 및 제3호에 규정된 죄
다. 「스토킹범죄의 처벌 등에 관한 법률」 제2조 제2호에 따른 스토킹범죄

6의4. 미성년자에 대하여 「성폭력범죄의 처벌 등에 관한 특례법」 제2조에 따른 성폭력범죄 또는 「아동·청소년의 성보호에 관한 법률」 제2조 제2호에 따른 아동·청소년대상 성범죄를 범한 사람으로서 다음 각 목의 어느 하나에 해당하는 날부터 20년이 지나지 아니한 사람

가. 금고 이상의 실형을 선고받고 그 집행이 끝나거나(집행이 끝난 것으로 보는 경우를 포함한다) 집행이 면제된 날
나. 금고 이상의 형의 집행유예를 선고받고 그 집행유예가 확정된 날
다. 벌금 이하의 형을 선고받고 그 형이 확정된 날
라. 치료감호를 선고받고 그 집행이 끝나거나 집행이 면제된 날
마. 징계로 파면처분 또는 해임처분을 받은 날

7. 징계로 파면처분을 받은 때부터 5년이 지나지 아니한 자
8. 징계로 해임처분을 받은 때부터 3년이 지나지 아니한 자

ⓛ 법 제10조의5(배치의 폐지 등)에 따라 청원경찰의 배치가 폐지되었을 때

ⓒ 나이가 60세가 되었을 때. 다만, 그날이 1월부터 6월 사이에 있으면 6월 30일에, 7월부터 12월 사이에 있으면 12월 31일에 각각 당연퇴직된다.

결격 사유 중	특수경비원	청원경찰
	당연퇴직사유	
60세 이상인 사람	60세가 된 날이 ① 1월부터 6월 사이에 있으면 6월 30일에, ② 7월부터 12월 사이에 있으면 12월 31일에 각각 당연퇴직	60세가 된 날이 ① 1월부터 6월 사이에 있으면 6월 30일에, ② 7월부터 12월 사이에 있으면 12월 31일에 각각 당연퇴직
파산선고를 받고 복권되지 아니한 자	파산선고를 받은 사람으로서 「채무자 회생 및 파산에 관한 법률」에 따라 ① 신청기한 내에 면책신청을 하지 아니하였거나 ② 면책불허가 결정 또는 ③ 면책 취소가 확정된 경우 당연퇴직	파산선고를 받은 사람으로서 「채무자 회생 및 파산에 관한 법률」에 따라 ① 신청기한 내에 면책신청을 하지 아니하였거나 ② 면책불허가 결정 또는 ③ 면책 취소가 확정된 경우 당연퇴직

금고 이상의 형의 선고유예를 받고 그 유예기간 중에 있는 자	금고 이상의 형의 선고유예를 받고 그 유예기간 중에 있는 자는 ① 「성폭력범죄의 처벌 등에 관한 특례법」 제2조("성폭력범죄"), ② 「아동·청소년의 성보호에 관한 법률」 제2조 제2호("아동·청소년대상 성범죄"), ③ 직무와 관련하여 「형법」 제355조(횡령, 배임) 또는 제356조(업무상의 횡령과 배임)에 규정된 죄를 범한 사람으로서 금고 이상의 형의 선고유예를 받은 경우 당연퇴직	금고 이상의 형의 선고유예를 받고 그 유예기간 중에 있는 자는 ① 「형법」 제129조(수뢰, 사전수뢰), 제130조(제삼자뇌물제공), 제131조(수뢰후부정처사, 사후수뢰), 제132조(알선수뢰), ② 「성폭력범죄의 처벌 등에 관한 특례법」 제2조("성폭력범죄"), ③ 「아동·청소년의 성보호에 관한 법률」 제2조 제2호("아동·청소년대상 성범죄"), ④ 직무와 관련하여 「형법」 제355조(횡령, 배임) 또는 제356조(업무상의 횡령과 배임)에 규정된 죄를 범한 사람으로서 금고 이상의 형의 선고유예를 받은 경우 당연퇴직
		청원경찰의 배치가 폐지되었을 때

② **휴직 및 명예퇴직**: 국가기관이나 지방자치단체에 근무하는 청원경찰의 휴직 및 명예퇴직에 관하여는 「국가공무원법」 제71조부터 제73조(휴직, 휴직기간, 휴직효력)까지 및 제74조의2(명예퇴직 등)를 준용한다(청원경찰법 제10조의7).

> 「국가공무원법」
> 제71조 【휴직】 ① 공무원이 다음 각 호의 어느 하나에 해당하면 임용권자는 본인의 의사에도 불구하고 휴직을 명하여야 한다.
> 1. 신체·정신상의 장애로 장기 요양이 필요할 때
> 2. 삭제 〈1978.12.5.〉
> 3. 「병역법」에 따른 병역 복무를 마치기 위하여 징집 또는 소집된 때
> 4. 천재지변이나 전시·사변, 그 밖의 사유로 생사(生死) 또는 소재(所在)가 불명확하게 된 때
> 5. 그 밖에 법률의 규정에 따른 의무를 수행하기 위하여 직무를 이탈하게 된 때
> 6. 「공무원의 노동조합 설립 및 운영 등에 관한 법률」 제7조에 따라 노동조합 전임자로 종사하게 된 때

② 임용권자는 공무원이 다음 각 호의 어느 하나에 해당하는 사유로 휴직을 원하면 휴직을 명할 수 있다. 다만, 제4호의 경우에는 대통령령으로 정하는 특별한 사정이 없으면 휴직을 명하여야 한다.
1. 국제기구, 외국 기관, 국내외의 대학·연구기관, 다른 국가기관 또는 대통령령으로 정하는 민간기업, 그 밖의 기관에 임시로 채용될 때
2. 국외 유학을 하게 된 때
3. 중앙인사관장기관의 장이 지정하는 연구기관이나 교육기관 등에서 연수하게 된 때
4. 8세 이하 또는 초등학교 2학년 이하의 자녀를 양육하기 위하여 필요하거나 여성공무원이 임신 또는 출산하게 된 때
5. 조부모, 부모(배우자의 부모를 포함한다), 배우자, 자녀 또는 손자녀를 부양하거나 돌보기 위하여 필요한 경우. 다만, 조부모나 손자녀의 돌봄을 위하여 휴직할 수 있는 경우는 본인 외에는 돌볼 사람이 없는 등 대통령령 등으로 정하는 요건을 갖춘 경우로 한정한다.
6. 외국에서 근무·유학 또는 연수하게 되는 배우자를 동반하게 된 때
7. 대통령령 등으로 정하는 기간 동안 재직한 공무원이 직무 관련 연구과제 수행 또는 자기개발을 위하여 학습·연구 등을 하게 된 때

③ 임기제공무원에 대하여는 제1항 제1호·제3호 및 제2항 제4호에 한정하여 제1항 및 제2항을 적용한다.
④ 임용권자는 제2항 제4호에 따른 휴직을 이유로 인사에 불리한 처우를 하여서는 아니 된다.
⑤ 제1항부터 제4항까지의 규정에 따른 휴직 제도 운영에 관하여 필요한 사항은 대통령령으로 정한다.

핵심 기출문제

05 청원경찰법령상 청원경찰의 퇴직에 관한 설명으로 옳지 <u>않은</u> 것은?

• 제24회 기출

① 임용결격사유에 해당될 때 당연퇴직된다.
② 청원경찰의 배치가 폐지되었을 때 당연퇴직된다.
③ 나이가 60세가 되었을 때 당연퇴직된다.
④ 국가기관이나 지방자치단체에 근무하는 청원경찰의 명예퇴직에 관하여는 경찰공무원법을 준용한다.

해설 ①④가 복수의 정답으로 처리된 문제이다.
① 청원경찰은 임용결격사유가 「국가공무원법」 제33조, 「청원경찰법 시행령」 제3조에 이원화되어 있는데, 「국가공무원법」 제33조 제5호의 임용결격사유는 당연퇴직사유에 해당되지 않는다. 따라서 임용결격사유에 해당될 때 당연퇴직된다고 볼 수 없다.
③ 나이가 60세가 되었을 때. 다만, 그날이 1월부터 6월 사이에 있으면 6월 30일에, 7월부터 12월 사이에 있으면 12월 31일에 각각 당연퇴직된다(청원경찰법 제10조의6 제3호). 복수정답으로 인정되지는 않았으나, 단서조항이 추가되어야 더 정확한 내용이 된다.
④ 국가기관이나 지방자치단체에 근무하는 청원경찰의 명예퇴직에 관하여는 「국가공무원법」을 준용한다.

정답 ①, ④

2. 청원경찰의 징계와 표창 ★★★

(1) 징계

① **징계 사유**: 청원주는 청원경찰이 다음의 어느 하나에 해당하는 때에는 대통령령으로 정하는 징계절차를 거쳐 징계처분을 하여야 한다(청원경찰법 제5조의2 제1항).
  ㉠ 직무상의 의무를 위반하거나 직무를 태만히 한 때
  ㉡ 품위를 손상하는 행위를 한 때

② **징계 요청**: 관할 경찰서장은 청원경찰이 징계 사유(청원경찰법 제5조의2 제1항 각 호)의 어느 하나에 해당한다고 인정되면 청원주에게 해당 청원경찰에 대하여 징계처분을 하도록 요청할 수 있다(청원경찰법 시행령 제8조 제1항).

③ **징계 종류**: 청원경찰에 대한 징계의 종류는 파면, 해임, 정직, 감봉 및 견책으로 구분한다(청원경찰법 제5조의2 제2항). 청원경찰의 징계에 관하여 그 밖에 필요한 사항은 대통령령으로 정한다(청원경찰법 제5조의2 제3항).
  ㉠ 정직(停職): 1개월 이상 3개월 이하로 하고, 그 기간에 청원경찰의 신분은 보유하나 직무에 종사하지 못하며, 보수의 3분의 2를 줄인다(청원경찰법 시행령 제8조 제2항).
  ㉡ 감봉: 1개월 이상 3개월 이하로 하고, 그 기간에 보수의 3분의 1을 줄인다(청원경찰법 시행령 제8조 제3항).
  ㉢ 견책(譴責): 전과(前過)에 대하여 훈계하고 회개하게 한다(청원경찰법 시행령 제8조 제4항).

④ **징계규정 제정 및 신고**: 청원주는 청원경찰 배치결정의 통지를 받았을 때에는 통지를 받은 날부터 15일 이내에 청원경찰에 대한 징계규정을 제정하여 관할 시·도경찰청장에게 신고하여야 한다. 징계규정을 변경할 때에도 또한 같다(청원경찰법 시행령 제8조 제5항).

⑤ **징계규정의 보완**: 시·도경찰청장은 징계규정의 보완이 필요하다고 인정할 때에는 청원주에게 그 보완을 요구할 수 있다(청원경찰법 시행령 제8조 제6항).

청원경찰의 징계

징계처분 사유		• 직무상의 의무를 위반하거나 직무를 태만히 한 때 • 품위를 손상하는 행위를 한 때
징계 종류	파면	신분을 박탈하는 징계
	해임	신분을 박탈하는 징계, 연금수령은 가능
	정직	1월 이상 3월 이하, 그 기간에 보수의 3분의 2를 줄임
	감봉	1월 이상 3월 이하, 그 기간에 보수의 3분의 1을 줄임
	견책	전과에 대해 훈계하고 회개하게 함
징계처분		청원주는 관할 경찰서장으로부터 징계요청을 받은 때에는 그 해당자에 대하여 징계처분을 하여야 함
징계규정 신고		배치결정통지를 받은 날부터 15일 이내에 청원경찰에 대한 징계규정을 제정하여 관할 시·도경찰청장에게 신고하여야 함
징계주체		청원주

핵심 기출문제

06 청원경찰법령상 청원경찰의 징계에 관한 설명으로 옳은 것은? • 제26회 기출

① 관할경찰서장은 청원경찰이 품위를 손상하는 행위를 한 때에는 징계절차를 거쳐 징계처분을 하여야 한다.
② 감봉은 1개월 이상 3개월 이하로 하고, 그 기간에 보수의 3분의 2를 줄인다.
③ 시·도경찰청장은 징계규정의 보완이 필요하다고 인정할 때에는 관할경찰서장에게 그 보완을 요구할 수 있다.
④ 견책(譴責)은 전과(前過)에 대하여 훈계하고 회개하게 한다.

해설 ① 청원주는 청원경찰이 품위를 손상하는 행위를 한 때에는 징계절차를 거쳐 징계처분을 하여야 한다.
② 감봉은 1개월 이상 3개월 이하로 하고, 그 기간에 보수의 3분의 1을 줄인다.
③ 시·도경찰청장은 징계규정의 보완이 필요하다고 인정할 때에는 청원주에게 그 보완을 요구할 수 있다.

정답 ④

(2) 표창

시·도경찰청장, 관할 경찰서장 또는 청원주는 청원경찰에게 다음의 구분에 따라 표창을 수여할 수 있다(청원경찰법 시행규칙 제18조).

① **공적상**: 성실히 직무를 수행하여 근무성적이 탁월하거나 헌신적인 봉사로 특별한 공적을 세운 경우(청원경찰법 시행규칙 제18조 제1호)

② 우등상: 교육훈련에서 교육성적이 우수한 경우(청원경찰법 시행규칙 제18조 제2호)

핵심 기출문제

07 청원경찰법령상 표창에 관한 설명으로 옳지 <u>않은</u> 것은? • 제22회 기출

① 경찰청장은 성실히 직무를 수행하여 근무성적이 탁월하거나 헌신적인 봉사로 특별한 공적을 세운 청원경찰에게 공적상을 수여할 수 있다.
② 청원주는 성실히 직무를 수행하여 근무성적이 탁월한 청원경찰에게 공적상을 수여할 수 있다.
③ 관할 경찰서장은 헌신적인 봉사로 특별한 공적을 세운 청원경찰에게 공적상을 수여할 수 있다.
④ 시·도경찰청장은 교육훈련에서 교육성적이 우수한 청원경찰에게 우등상을 수여할 수 있다.

해설 시·도경찰청장, 관할 경찰서장 또는 청원주는 성실히 직무를 수행하여 근무성적이 탁월하거나 헌신적인 봉사로 특별한 공적을 세운 청원경찰에게 공적상을 수여할 수 있다.

정답 ①

CHAPTER 05 감독 등

중요내용 OX 문제

제1절 감독 등

01 시·도경찰청장은 청원경찰의 효율적인 운영을 위하여 청원주를 지도하며 감독상 필요한 명령을 할 수 있다.

02 관할 경찰서장은 매달 1회 이상 청원경찰을 배치한 경비구역에 대하여 복무규율과 근무 상황, 무기의 관리 및 취급사항을 감독하여야 한다.

03 2명 이상의 청원경찰을 배치한 사업장의 청원주는 청원경찰의 지휘·감독을 위하여 청원경찰 중에서 유능한 사람을 선정하여 감독자로 지정하여야 한다.

04 청원경찰을 배치하고 있는 사업장이 하나의 경찰서의 관할구역에 있는 경우 시·도경찰청장은 청원주에 대한 지도 및 감독상 필요한 명령에 관한 권한을 관할 경찰서장에게 위임한다.

05 시·도경찰청장은 청원경찰의 특수복장 착용에 대한 승인 권한을 관할 경찰서장에게 위임한다.

06 지방자치단체에 근무하는 청원경찰의 직무상 불법행위에 대한 배상책임에 관하여는 민법의 규정을 따른다.

제2절 면직 및 징계

07 청원경찰은 신체상 이상이 있는 경우에는 그 의사에 반하여 당연면직하여야 한다.

08 청원주가 청원경찰을 면직시켰을 때에는 그 사실을 관할 경찰서장을 거쳐 시·도경찰청장에게 보고하여야 한다.

09 청원경찰이 청원경찰 임용의 신체조건에 미달되는 사유가 발생한 경우 당연퇴직된다.

10 지방자치단체에 근무하는 청원경찰의 휴직에 관하여는 국가공무원법의 규정을 준용한다.

	O	X
11 국가나 지방자치단체에 근무하는 청원경찰이 국외 유학을 하게 된 때에는 본인의 의사에도 불구하고 휴직을 명할 수 있다.	☐	☐
12 청원경찰의 징계권자는 청원주이다.	☐	☐
13 관할 경찰서장은 청원경찰이 직무상 의무를 위반하거나 직무를 태만히 한 때에는 대통령령이 정하는 징계절차를 거쳐 징계처분을 할 수 있다.	☐	☐
14 청원경찰에 대한 징계의 종류는 파면, 해임, 강등, 정직, 직위해제, 감봉 및 견책으로 구분한다.	☐	☐
15 정직은 1개월 이상 3개월 이하로 하고, 그 기간에 청원경찰의 신분은 보유하나 직무에 종사하지 못하며, 보수의 3분의 2를 줄인다.	☐	☐
16 청원주는 청원경찰 배치결정의 통지를 받았을 때에는 통지를 받은 날부터 30일 이내에 청원경찰에 대한 징계규정을 제정하여 관할 시·도경찰청장에게 신고하여야 한다.	☐	☐

OX 정답 01 ○ 02 ○ 03 ○ 04 ○ 05 × 06 × 07 × 08 ○ 09 × 10 ○ 11 × 12 ○ 13 × 14 × 15 ○ 16 ×

X 해설
05 청원경찰의 특수복장 착용에 대한 승인은 시·도경찰청장의 권한으로, 위임에 관한 규정이 없다.
06 「국가배상법」상 공무원의 불법행위에 대한 책임에 따른다.
07 신체상·정신상의 이상으로 직무를 감당하지 못할 때 당연면직하여야 한다.
09 신체조건 미달은 당연퇴직사유가 아니다. 「국가공무원법」 제33조 각 호의 임용결격사유인 경우에 법정요건을 갖춘 경우 당연퇴직된다.
11 휴직을 원하면 휴직을 명할 수 있다.
13 징계권자는 청원주이므로 청원주에게 해당 청원경찰에 대하여 징계처분을 하도록 요청할 수 있다.
14 강등 및 직위해제는 청원경찰에 대한 징계에 해당하지 않는다.
16 통지를 받은 날부터 15일 이내에 신고하여야 한다.

CHAPTER 05 감독 등 기출 및 예상문제

제1절 감독 등

01 청원경찰법령상 청원경찰의 효율적인 운영을 위하여 청원주를 지도하며 감독상 필요한 명령을 할 수 있는 자는?
• 제24회 기출

① 경찰서장
② 시·도경찰청장
③ 지구대장 또는 파출소장
④ 경찰청장

해설 시·도경찰청장은 청원경찰의 효율적인 운영을 위하여 청원주를 지도하며 감독상 필요한 명령을 할 수 있다. 그러나 시·도경찰청장은 해당 업무의 권한을 관할 경찰서장에게 위임한다.

02 청원경찰법령상 청원경찰의 감독에 관한 설명으로 옳지 않은 것은?
• 제25회 기출

① 청원주는 항상 소속 청원경찰의 근무 상황을 감독하고, 근무 수행에 필요한 교육을 하여야 한다.
② 시·도경찰청장은 청원경찰의 효율적인 운영을 위하여 청원주를 지도하며 감독상 필요한 명령을 할 수 있다.
③ 관할 경찰서장은 매주 1회 이상 청원경찰을 배치한 경비구역에 대하여 복무규율과 근무 상황, 무기의 관리 및 취급 사항을 감독하여야 한다.
④ 2명 이상의 청원경찰을 배치한 사업장의 청원주는 청원경찰의 지휘·감독을 위하여 청원경찰 중에서 유능한 사람을 선정하여 감독자로 지정하여야 한다.

해설 관할 경찰서장은 매달 1회 이상 청원경찰을 배치한 경비구역에 대하여 복무규율과 근무 상황, 무기의 관리 및 취급 사항을 감독하여야 한다(청원경찰법 시행령 제17조).

> **법 제9조의3【감독】** ① 청원주는 항상 소속 청원경찰의 근무 상황을 감독하고, 근무 수행에 필요한 교육을 하여야 한다.
> ② 시·도경찰청장은 청원경찰의 효율적인 운영을 위하여 청원주를 지도하며 감독상 필요한 명령을 할 수 있다.
> **영 제17조【감독】** 관할 경찰서장은 매달 1회 이상 청원경찰을 배치한 경비구역에 대하여 다음 각 호의 사항을 감독하여야 한다.
> 1. 복무규율과 근무 상황
> 2. 무기의 관리 및 취급 사항
> **규칙 제19조【감독자의 지정】** ① 2명 이상의 청원경찰을 배치한 사업장의 청원주는 청원경찰의 지휘·감독을 위하여 청원경찰 중에서 유능한 사람을 선정하여 감독자로 지정하여야 한다.

03 청원경찰법령의 내용으로 옳은 것은?

• 제21회 기출

① 청원주는 항상 소속 청원경찰의 근무 상황을 감독하고, 근무 수행에 필요한 교육을 하여야 한다.
② 청원경찰 업무에 종사하는 사람은 형법이나 그 밖의 법령에 따른 벌칙을 적용할 때에는 공무원으로 보지 않는다.
③ 청원경찰(국가기관이나 지방자치단체에 근무하는 청원경찰은 제외한다)의 직무상 불법행위에 대한 배상책임에 관하여는 국가배상법의 규정을 따른다.
④ 청원경찰이 직무를 수행할 때 직권을 남용하여 국민에게 해를 끼친 경우에는 6개월 이하의 금고나 구류에 처한다.

해설 ② 청원경찰 업무에 종사하는 사람은 「형법」이나 그 밖의 법령에 따른 벌칙을 적용할 때에는 공무원으로 본다.
③ 청원경찰(국가기관이나 지방자치단체에 근무하는 청원경찰은 제외한다)의 직무상 불법행위에 대한 배상책임에 관하여는 「민법」의 규정을 따른다.
④ 청원경찰이 직무를 수행할 때 직권을 남용하여 국민에게 해를 끼친 경우에는 6개월 이하의 징역이나 금고에 처한다.

> 법 제9조의3 【감독】 ① 청원주는 항상 소속 청원경찰의 근무 상황을 감독하고, 근무 수행에 필요한 교육을 하여야 한다.
> 법 제10조 【직권남용 금지 등】 ① 청원경찰이 직무를 수행할 때 직권을 남용하여 국민에게 해를 끼친 경우에는 6개월 이하의 징역이나 금고에 처한다.
> ② 청원경찰 업무에 종사하는 사람은 「형법」이나 그 밖의 법령에 따른 벌칙을 적용할 때에는 공무원으로 본다.
> 법 제10조의2 【청원경찰의 불법행위에 대한 배상책임】 청원경찰(국가기관이나 지방자치단체에 근무하는 청원경찰은 제외한다)의 직무상 불법행위에 대한 배상책임에 관하여는 「민법」의 규정을 따른다.

04 청원경찰을 배치한 경비구역에 대하여 매월 1회 이상 복무규율 및 근무 상황, 무기의 관리 및 취급 사항을 감독하여야 하는 자는?

① 청원주
② 경비업자
③ 관할 파출소장
④ 관할 경찰서장

해설 관할 경찰서장은 매달 1회 이상 청원경찰을 배치한 경비구역에 대하여 복무규율 및 근무 상황, 무기의 관리 및 취급 사항을 감독하여야 한다(청원경찰법 시행령 제17조).

정답 01 ①, ② 02 ③ 03 ① 04 ④

05 청원경찰법령상 관할 경찰서장이 청원경찰을 배치한 구역에 대하여 감독하여야 하는 사항과 거리가 먼 것은?

① 복무규율
② 보수 및 각종 수당 지급 사항
③ 근무 상황
④ 무기관리 및 취급 사항

해설 관할 경찰서장은 매달 1회 이상 청원경찰을 배치한 경비구역에 대하여 복무규율과 근무 상황, 무기의 관리 및 취급 사항을 감독하여야 한다(청원경찰법 시행령 제17조).

> 영 제17조【감독】 관할 경찰서장은 매달 1회 이상 청원경찰을 배치한 경비구역에 대하여 다음 각 호의 사항을 감독하여야 한다.
> 1. 복무규율과 근무 상황
> 2. 무기의 관리 및 취급 사항

06 다음은 청원경찰법 제9조의3이다. (   ) 안에 들어갈 공통적 권한자는?

> • (   )은(는) 항상 소속 청원경찰의 근무 상황을 감독하고, 근무 수행에 필요한 교육을 하여야 한다.
> • 시·도경찰청장은 청원경찰의 효율적인 운영을 위하여 (   )을(를) 지도하며 감독상 필요한 명령을 할 수 있다.

① 청원주
② 소속 경찰공무원
③ 관할 경찰서장
④ 행정안전부장관

해설 • 청원주는 항상 소속 청원경찰의 근무 상황을 감독하고, 근무 수행에 필요한 교육을 하여야 한다.
• 시·도경찰청장은 청원경찰의 효율적인 운영을 위하여 청원주를 지도하며 감독상 필요한 명령을 할 수 있다.

07 청원경찰법령상 청원경찰의 지휘·감독을 위한 감독자 지정기준이다. (   ) 안에 들어갈 내용이 순서대로 바르게 연결된 것은?

> (ㄱ)명 이상의 청원경찰을 배치한 사업장의 (ㄴ)은(는) 청원경찰의 지휘·감독을 위하여 청원경찰 중에서 (ㄷ) 사람을 선정하여 감독자로 지정하여야 한다.

	ㄱ	ㄴ	ㄷ
①	2	청원주	유능한
②	2	경찰서장	실력 있는
③	3	청원주	경력에 따라
④	10	경찰서장	유능한

해설 2명 이상의 청원경찰을 배치한 사업장의 청원주는 청원경찰의 지휘·감독을 위하여 청원경찰 중에서 유능한 사람을 선정하여 감독자로 지정하여야 한다.

> 규칙 제19조【감독자의 지정】① 2명 이상의 청원경찰을 배치한 사업장의 청원주는 청원경찰의 지휘·감독을 위하여 청원경찰 중에서 유능한 사람을 선정하여 감독자로 지정하여야 한다.

08 청원경찰법령상 청원경찰의 배치 근무인원별 감독자 지정기준으로 옳지 않은 것은?

• 제17회, 제22회 기출

① 근무인원 7명: 조장 1명
② 근무인원 37명: 반장 1명, 조장 5명
③ 근무인원 57명: 대장 1명, 반장 2명, 조장 6명
④ 근무인원 97명: 대장 1명, 반장 4명, 조장 12명

해설 근무인원 37명은 근무인원 30명 이상 40명 이하에 해당하므로 반장 1명, 조장 3~4명을 감독자로 지정하여야 한다.

▶ [별표 4] 감독자 지정기준(시행규칙 제19조 제2항 관련)

근무인원	직급별 지정기준		
	대장	반장	조장
9명까지	–	–	1명
10명 이상 29명 이하	–	1명	2~3명
30명 이상 40명 이하	–	1명	3~4명
41명 이상 60명 이하	1명	2명	6명
61명 이상 120명 이하	1명	4명	12명

05 ② 06 ① 07 ① 08 ② 정답

09 청원경찰법령상 청원경찰의 배치인원이 60명인 경우 감독자 지정기준으로 옳은 것은?

① 대장 1명, 반장 1명, 조장 6명
② 대장 1명, 반장 1명, 조장 12명
③ 대장 1명, 반장 2명, 조장 6명
④ 대장 1명, 반장 4명, 조장 12명

> **해설** 배치인원 60명은 근무인원 41명 이상 60명 이하에 해당하므로 대장 1명, 반장 2명, 조장 6명을 지정해야 한다.
>
> ▶ [별표 4] 감독자 지정기준(시행규칙 제19조 제2항 관련)
>
> | 근무인원 | 직급별 지정기준 | | |
> |---|---|---|---|
> | | 대장 | 반장 | 조장 |
> | 9명까지 | - | - | 1명 |
> | 10명 이상 29명 이하 | - | 1명 | 2~3명 |
> | 30명 이상 40명 이하 | - | 1명 | 3~4명 |
> | 41명 이상 60명 이하 | 1명 | 2명 | 6명 |
> | 61명 이상 120명 이하 | 1명 | 4명 | 12명 |

10 ○○방송공사에는 40명의 청원경찰이 근무 중이다. 청원경찰법령에 규정된 감독자를 지정하고자 할 때 옳지 않은 것은?

① 대장 1명
② 반장 1명
③ 조장 3명
④ 조장 4명

> **해설** 대장 1명은 근무인원 41명 이상부터 지정 가능하다.

11 청원경찰법령상 사업장의 청원주가 감독자 지정기준에 의할 때 근무인원이 100명일 경우에 대장, 반장, 조장의 인원을 순서대로 나열한 것은?

• 제19회 기출

① 0명, 1명, 4명
② 1명, 2명, 6명
③ 1명, 4명, 12명
④ 1명, 6명, 15명

> **해설** 100명은 61명 이상 120명 이하에 해당하므로 대장 1명, 반장 4명, 조장 12명을 지정해야 한다.

12 청원경찰법령상 내용으로 옳지 않은 것은?

① 2명 이상의 청원경찰을 배치한 사업장의 청원주는 청원경찰의 지휘·감독을 위하여 청원경찰 중에서 유능한 사람을 선정하여 감독자로 지정하여야 한다.
② 관할 경찰서장은 청원주의 신청에 따라 경비를 위하여 필요하다고 인정할 때에는 청원경찰이 배치된 사업장에 경비전화를 가설할 수 있으며, 가설에 드는 비용은 청원주가 부담한다.
③ 청원경찰(국가기관이나 지방자치단체에 근무하는 청원경찰은 제외한다)의 직무상 불법행위에 대한 배상책임에 관하여는 민법의 규정을 따른다.
④ 청원경찰이 직무를 수행할 때에 경찰관 직무집행법 및 같은 법 시행령에 따라 하여야 할 모든 보고는 관할 경찰서장에게 서면으로 보고하고 그 지시도 서면지시에 따라야 한다.

해설 청원경찰이 「청원경찰법」 제3조에 따라 직무를 수행할 때에 「경찰관 직무집행법」 및 「경찰관 직무집행법 시행령」에 따라 하여야 할 모든 보고는 관할 경찰서장에게 서면으로 보고하기 전에 지체 없이 구두로 보고하고 그 지시에 따라야 한다.

> 규칙 제22조 【보고】 청원경찰이 법 제3조에 따라 직무를 수행할 때에 「경찰관 직무집행법」 및 같은 법 시행령에 따라 하여야 할 모든 보고는 관할 경찰서장에게 서면으로 보고하기 전에 지체 없이 구두로 보고하고 그 지시에 따라야 한다.

정답 09 ③ 10 ① 11 ③ 12 ④

13 청원경찰법령상의 규정으로 옳지 않은 것은?

① 청원주는 항상 소속 청원경찰의 근무 상황을 감독하고, 근무 수행에 필요한 교육을 하여야 한다.
② 시 · 도경찰청장은 청원경찰의 효율적인 운영을 위하여 청원주를 지도하며 감독상 필요한 명령을 할 수 있다.
③ 청원경찰은 근무 중에는 항상 신분증명서를 휴대하여야 한다.
④ 청원경찰은 형법이나 그 밖의 법령에 따른 벌칙을 적용하는 경우와 청원경찰법 및 같은 법 시행령에서 특별히 규정한 경우를 제외하고는 공무원으로 본다.

> **해설** 청원경찰 업무에 종사하는 사람은 「형법」이나 그 밖의 법령에 따른 벌칙을 적용할 때에는 공무원으로 본다(청원경찰법 제10조 제2항). 그러나 그 외에는 공무원으로 보지 않는다.
>
> 법 제10조 【직권남용 금지 등】 ② 청원경찰 업무에 종사하는 사람은 「형법」이나 그 밖의 법령에 따른 벌칙을 적용할 때에는 공무원으로 본다.
> 영 제18조 【청원경찰의 신분】 청원경찰은 「형법」이나 그 밖의 법령에 따른 벌칙을 적용하는 경우와 법 및 이 영에서 특별히 규정한 경우를 제외하고는 공무원으로 보지 아니한다.

14 청원경찰법령상 관할 경찰서장에게 위임할 수 있는 시 · 도경찰청장의 권한이 아닌 것은?

• 제14회 기출

① 청원경찰 배치의 결정 및 요청
② 청원경찰의 임용승인
③ 청원경찰의 징계처분 요청
④ 청원경찰법상 과태료 부과 · 징수

> **해설** 관할 경찰서장은 청원주에게 해당 청원경찰에 대하여 징계처분을 하도록 요청할 수 있다. 이는 본래 관할 경찰서장의 권한이다.
>
> 영 제8조 【징계】 ① 관할 경찰서장은 청원경찰이 법 제5조의2 제1항 각 호의 어느 하나에 해당한다고 인정되면 청원주에게 해당 청원경찰에 대하여 징계처분을 하도록 요청할 수 있다.
> 영 제20조 【권한의 위임】 시 · 도경찰청장은 법 제10조의3에 따라 다음 각 호의 권한을 관할 경찰서장에게 위임한다. 다만, 청원경찰을 배치하고 있는 사업장이 하나의 경찰서의 관할구역에 있는 경우로 한정한다.
> 1. 법 제4조 제2항 및 제3항에 따른 청원경찰 배치의 결정 및 요청에 관한 권한
> 2. 법 제5조 제1항에 따른 청원경찰의 임용승인에 관한 권한
> 3. 법 제9조의3 제2항에 따른 청원주에 대한 지도 및 감독상 필요한 명령에 관한 권한
> 4. 법 제12조에 따른 과태료 부과 · 징수에 관한 권한

15 청원경찰법령상 시·도경찰청장의 권한을 관할 경찰서장에게 위임할 수 있는 것은?

① 청원경찰의 배치에 관한 권한
② 청원경찰의 임용에 관한 권한
③ 청원경찰의 징계에 관한 권한
④ 과태료 부과·징수에 관한 권한

> **해설** 과태료 부과·징수에 관한 권한만 시·도경찰청장의 권한으로, 관할 경찰서장에게 위임할 수 있다.
> ①②③ 청원경찰의 배치·임용·징계에 관한 권한은 청원주의 권한이다.

16 청원경찰법령상 청원경찰에 대한 시·도경찰청장의 권한이 아닌 것은?

① 청원경찰 배치결정
② 청원경찰의 배치변경 통보 접수
③ 청원경찰의 무기 휴대 여부 결정
④ 청원경찰 임용승인

> **해설** 청원경찰의 배치변경 통보 접수는 관할 경찰서장의 권한이다.
> ①③④ 청원경찰의 배치결정, 무기 휴대 여부 결정, 임용승인은 시·도경찰청장의 권한에 해당한다.
>
> 영 제6조【배치 및 이동】① 청원주는 청원경찰을 신규로 배치하거나 이동배치하였을 때에는 배치지(이동배치의 경우에는 종전의 배치지)를 관할하는 경찰서장에게 그 사실을 통보하여야 한다.
> ② 제1항의 통보를 받은 경찰서장은 이동배치가 다른 관할구역에 속할 때에는 전입지를 관할하는 경찰서장에게 이동배치한 사실을 통보하여야 한다.

17 청원경찰법령상 국가기관 또는 지방자치단체에 근무하는 청원경찰을 제외한 청원경찰의 직무상 불법행위에 대한 손해배상책임에 관하여는 어떤 법의 규정에 의하는가?

① 민법
② 행정법
③ 청원경찰법
④ 청원경찰법 시행령

> **해설** 국가기관 또는 지방자치단체에 근무하는 청원경찰을 제외하고는 배상책임에 관하여 「민법」의 규정에 의한다(청원경찰법 제10조의2).

정답 13 ④   14 ③   15 ④   16 ②   17 ①

18 청원경찰법령상 배상책임과 권한의 위임에 관한 설명으로 옳은 것은?

① 시 · 도경찰청장은 청원경찰의 임용승인에 관한 권한을 대통령령으로 관할 경찰서장에게 위임할 수 있다.
② 경비업자가 중요시설의 경비를 도급받았을 때에는 청원주는 그 사업장에 배치된 청원경찰의 근무배치 및 감독에 관한 권한을 해당 경비업자에게 위임할 수 없다.
③ 공기업에 근무하는 청원경찰의 직무상 불법행위로 인한 배상책임은 국가배상법에 의한다.
④ 국가기관에 근무하는 청원경찰의 직무상 불법행위로 인한 배상책임에 관해서는 민법의 규정에 의한다.

해설 ② 경비업자가 중요시설의 경비를 도급받았을 때에는 청원주는 그 사업장에 배치된 청원경찰의 근무배치 및 감독에 관한 권한을 해당 경비업자에게 위임할 수 있다.
③④ 청원경찰(국가기관이나 지방자치단체에 근무하는 청원경찰은 제외한다)의 직무상 불법행위에 대한 배상책임에 관하여는 「민법」의 규정을 따른다.

> 법 제10조의2【청원경찰의 불법행위에 대한 배상책임】청원경찰(국가기관이나 지방자치단체에 근무하는 청원경찰은 제외한다)의 직무상 불법행위에 대한 배상책임에 관하여는 「민법」의 규정을 따른다.
> 법 제10조의3【권한의 위임】이 법에 따른 시 · 도경찰청장의 권한은 그 일부를 대통령령으로 정하는 바에 따라 관할 경찰서장에게 위임할 수 있다.
> 영 제19조【근무배치 등의 위임】①「경비업법」에 따른 경비업자(이하 이 조에서 "경비업자"라 한다)가 중요시설의 경비를 도급받았을 때에는 청원주는 그 사업장에 배치된 청원경찰의 근무배치 및 감독에 관한 권한을 해당 경비업자에게 위임할 수 있다.
> 영 제20조【권한의 위임】시 · 도경찰청장은 법 제10조의3에 따라 다음 각 호의 권한을 관할 경찰서장에게 위임한다. 다만, 청원경찰을 배치하고 있는 사업장이 하나의 경찰서의 관할구역에 있는 경우로 한정한다.
> 1. 법 제4조 제2항 및 제3항에 따른 청원경찰 배치의 결정 및 요청에 관한 권한
> 2. 법 제5조 제1항에 따른 청원경찰의 임용승인에 관한 권한
> 3. 법 제9조의3 제2항에 따른 청원주에 대한 지도 및 감독상 필요한 명령에 관한 권한
> 4. 법 제12조에 따른 과태료 부과 · 징수에 관한 권한

19 청원경찰법령상 청원경찰에 관한 설명으로 옳지 않은 것은?

• 제25회 기출

① 청원경찰이 그 배치지의 특수성 등으로 특수복장을 착용할 필요가 있을 때에는 청원주는 시·도경찰청장의 승인을 받아 특수복장을 착용하게 할 수 있다.
② 청원주는 배치폐지나 배치인원 감축으로 과원(過員)이 되는 청원경찰 인원을 그 기관·시설 또는 사업장 내의 유사 업무에 종사하게 하거나 다른 시설·사업장 등에 재배치하는 등 청원경찰의 고용이 보장될 수 있도록 노력하여야 한다.
③ 청원경찰이 배치된 사업장이 하나의 경찰서의 관할구역에 있는 경우에는 시·도경찰청장은 청원주에 대한 지도 및 감독상 필요한 명령의 권한을 관할 경찰서장에게 위임한다.
④ 청원경찰이 직무를 수행할 때 직권을 남용하여 국민에게 해를 끼친 경우에는 1년 이하의 징역이나 금고에 처한다.

해설 청원경찰이 직무를 수행할 때 직권을 남용하여 국민에게 해를 끼친 경우에는 6개월 이하의 징역이나 금고에 처한다(청원경찰법 제10조 제1항).

> **영 제14조【복제】** ③ 청원경찰이 그 배치지의 특수성 등으로 특수복장을 착용할 필요가 있을 때에는 청원주는 시·도경찰청장의 승인을 받아 특수복장을 착용하게 할 수 있다.
> **영 제20조【권한의 위임】** 시·도경찰청장은 법 제10조의3에 따라 다음 각 호의 권한을 관할 경찰서장에게 위임한다. 다만, 청원경찰을 배치하고 있는 사업장이 하나의 경찰서의 관할구역에 있는 경우로 한정한다.
> 1. 법 제4조 제2항 및 제3항에 따른 청원경찰 배치의 결정 및 요청에 관한 권한
> 2. 법 제5조 제1항에 따른 청원경찰의 임용승인에 관한 권한
> 3. 법 제9조의3 제2항에 따른 청원주에 대한 지도 및 감독상 필요한 명령에 관한 권한
> 4. 법 제12조에 따른 과태료 부과·징수에 관한 권한
>
> **법 제10조의5【배치의 폐지 등】** ③ 제1항에 따라 청원경찰의 배치를 폐지하거나 배치인원을 감축하는 경우 해당 청원주는 배치폐지나 배치인원 감축으로 과원(過員)이 되는 청원경찰 인원을 그 기관·시설 또는 사업장 내의 유사 업무에 종사하게 하거나 다른 시설·사업장 등에 재배치하는 등 청원경찰의 고용이 보장될 수 있도록 노력하여야 한다.
> **법 제10조【직권남용 금지 등】** ① 청원경찰이 직무를 수행할 때 직권을 남용하여 국민에게 해를 끼친 경우에는 6개월 이하의 징역이나 금고에 처한다.

18 ①   19 ④   **정답**

제2절 면직 및 징계

20 청원경찰법령상 청원경찰의 신분보장에 관한 설명으로 옳지 <u>않은</u> 것은?

① 청원주가 청원경찰을 면직시킨 때에는 그 사실을 관할 경찰서장을 거쳐 시·도경찰청장에게 보고하여야 한다.
② 청원경찰은 형의 선고·징계처분으로 직무를 감당하지 못할 때에는 그 의사에 반하여 면직될 수 있다.
③ 청원경찰은 신체상의 이상으로 직무를 감당하지 못할 경우에도 그 의사에 반하여 면직될 수 없다.
④ 청원경찰은 원칙적으로 본인의 의사에 반하여 면직될 수 없다.

> **해설** 청원경찰은 형의 선고·징계처분 또는 신체·정신상의 이상으로 직무를 감당하지 못할 때를 제외하고는 그 의사에 반하여 면직되지 아니한다(청원경찰법 제10조의4 제1항). 즉, 청원경찰이 신체·정신상의 이상으로 직무를 감당하지 못할 때에는 그 의사에 반하여 면직될 수 있다.

21 청원경찰법령상 청원경찰의 신분보장에 관한 설명으로 옳은 것은?

① 청원주는 경비업법에 의해 특수경비원을 배치하고자 하는 경우에는 청원경찰의 배치를 폐지하거나 배치인원을 감축할 수 있다.
② 청원경찰이 배치된 시설이 폐쇄 또는 축소된 경우에도 청원주는 청원경찰의 배치를 폐지하거나 배치인원을 감축할 수 없다.
③ 시·도경찰청장이 청원경찰의 배치를 요청하여 사업장에 배치된 청원경찰에 대해서는 그 배치를 폐지하거나 감축할 수 없다.
④ 국가기관 또는 지방자치단체에 근무하는 청원경찰의 휴직 및 명예퇴직에 관하여는 국가공무원법의 관련 규정이 준용된다.

> **해설** ①② 청원주는 청원경찰이 배치된 시설이 폐쇄되거나 축소되어 청원경찰의 배치를 폐지하거나 배치인원을 감축할 필요가 있다고 인정하면 청원경찰의 배치를 폐지하거나 배치인원을 감축할 수 있다. 그러나 청원주가 「경비업법」에 의한 특수경비원을 배치할 목적으로 청원경찰의 배치를 폐지하거나 배치인원을 감축할 수는 없다(청원경찰법 제10조의5 제1항 제1호).
> ③ 시·도경찰청장이 청원경찰의 배치를 요청한 사업장일 때에는 그 폐지 또는 감축 사유를 구체적으로 명시하여야 한다(청원경찰법 제10조의5 제2항). 즉, 시·도경찰청장이 청원경찰의 배치를 요청한 사업장은 그 폐지 또는 감축 사유를 구체적으로 명시하여 청원경찰의 배치를 폐지하거나 감축할 수 있다.

22 청원경찰법령상 청원경찰의 신분보장을 위한 규정이 <u>아닌</u> 것은?

① 의사에 반한 면직 금지
② 해임명령권 보장
③ 특수경비원 배치를 목적으로 청원경찰 배치폐지의 금지
④ 배치폐지 또는 감축 사유의 명시

> **해설** 해임명령권(구법 제9조의2)은 청원경찰의 신분보장을 해하는 규정으로, 현재는 법 개정으로 삭제되었다.

23 청원경찰법령상 신분보장사유 중 의사에 반한 면직 사유가 <u>아닌</u> 것은?

① 청원경찰이 형의 선고로 직무를 감당하지 못할 때
② 청원경찰이 징계처분으로 직무를 감당하지 못할 때
③ 특수경비원을 배치할 목적으로 청원경찰이 배치된 시설이 축소된 때
④ 청원경찰이 신체상·정신상의 이상으로 직무를 감당하지 못할 때

> **해설** 청원주는 청원경찰이 배치된 시설이 폐쇄되거나 축소되어 청원경찰의 배치를 폐지하거나 배치인원을 감축할 필요가 있다고 인정하면 청원경찰의 배치를 폐지하거나 배치인원을 감축할 수 있다. 그러나 청원경찰을 대체할 목적으로「경비업법」에 따른 특수경비원을 배치하는 경우나 청원경찰이 배치된 기관·시설 또는 사업장 등이 배치인원의 변동 사유 없이 다른 곳으로 이전하는 경우에는 청원경찰의 배치를 폐지하거나 배치인원을 감축할 수 없다. 또한 청원경찰은 형의 선고, 징계처분 또는 신체상·정신상의 이상으로 직무를 감당하지 못할 때에는 그 의사(意思)에 반하여 면직(免職)이 가능하다.
>
> > **법 제10조의4【의사에 반한 면직】** ① 청원경찰은 형의 선고, 징계처분 또는 신체상·정신상의 이상으로 직무를 감당하지 못할 때를 제외하고는 그 의사(意思)에 반하여 면직(免職)되지 아니한다.
> > ② 청원주가 청원경찰을 면직시켰을 때에는 그 사실을 관할 경찰서장을 거쳐 시·도경찰청장에게 보고하여야 한다.
> > **법 제10조의5【배치의 폐지 등】** ① 청원주는 청원경찰이 배치된 시설이 폐쇄되거나 축소되어 청원경찰의 배치를 폐지하거나 배치인원을 감축할 필요가 있다고 인정하면 청원경찰의 배치를 폐지하거나 배치인원을 감축할 수 있다. 다만, 청원주는 다음 각 호의 어느 하나에 해당하는 경우에는 청원경찰의 배치를 폐지하거나 배치인원을 감축할 수 없다.
> > 1. 청원경찰을 대체할 목적으로「경비업법」에 따른 특수경비원을 배치하는 경우
> > 2. 청원경찰이 배치된 기관·시설 또는 사업장 등이 배치인원의 변동 사유 없이 다른 곳으로 이전하는 경우

정답 20 ③ 21 ④ 22 ② 23 ③

24 청원경찰법령상 청원경찰의 당연퇴직 사유에 해당하는 것은?

① 청원경찰이 만 55세에 달한 때
② 청원주가 청원경찰이 배치된 시설을 축소하여 청원경찰의 배치인원을 감축한 때
③ 청원주가 청원경찰이 배치된 시설을 폐쇄하여 청원경찰의 배치를 폐지한 때
④ 청원경찰이 견책처분을 받은 때

해설 청원주가 청원경찰이 배치된 시설을 폐쇄하여 청원경찰의 배치를 폐지한 경우는 청원경찰의 당연퇴직 사유에 해당한다(청원경찰법 제10조의6 제2호).

> **법 제10조의6 【당연퇴직】** 청원경찰이 다음 각 호의 어느 하나에 해당할 때에는 당연퇴직된다.
> 1. 제5조 제2항에 따른 임용결격사유에 해당될 때. 다만, 「국가공무원법」 제33조 제2호는 파산선고를 받은 사람으로서 「채무자 회생 및 파산에 관한 법률」에 따라 신청기한 내에 면책신청을 하지 아니하였거나 면책불허가 결정 또는 면책 취소가 확정된 경우만 해당하고, 「국가공무원법」 제33조 제5호는 「형법」 제129조부터 제132조까지(수뢰, 사전수뢰, 제삼자뇌물제공, 수뢰후부정처사, 사후수뢰, 알선수뢰), 「성폭력범죄의 처벌 등에 관한 특례법」 제2조, 「아동·청소년의 성보호에 관한 법률」 제2조 제2호 및 직무와 관련하여 「형법」 제355조(횡령, 배임) 또는 제356조(업무상의 횡령과 배임)에 규정된 죄를 범한 사람으로서 금고 이상의 형의 선고유예를 받은 경우만 해당한다.
> 2. 제10조의5에 따라 청원경찰의 배치가 폐지되었을 때
> 3. 나이가 60세가 되었을 때. 다만, 그 날이 1월부터 6월 사이에 있으면 6월 30일에, 7월부터 12월 사이에 있으면 12월 31일에 각각 당연퇴직된다.

25 청원경찰법령상 청원경찰이 퇴직하였을 때의 조치사항으로 옳은 것은?

① 퇴직 후 7일 이내에 관할 시·도경찰청장에게 보고한다.
② 퇴직 후 10일 이내에 관할 경찰서장에게 보고한다.
③ 퇴직 후 10일 이내에 관할 경찰서장을 거쳐 시·도경찰청장에게 보고한다.
④ 퇴직 후 30일 이내에 관할 시·도경찰청장에게 보고한다.

해설 청원주는 청원경찰을 임용한 날부터 10일 이내에 그 임용사항을 관할 경찰서장을 거쳐 시·도경찰청장에게 보고하여야 한다. 청원경찰이 퇴직한 때에도 또한 같다(청원경찰법 시행령 제4조 제2항).

> **영 제4조 【임용방법 등】** ① 법 제4조 제2항에 따라 청원경찰의 배치 결정을 받은 자(이하 "청원주"라 한다)는 법 제5조 제1항에 따라 그 배치 결정의 통지를 받은 날부터 30일 이내에 배치 결정된 인원수의 임용예정자에 대하여 청원경찰 임용승인을 시·도경찰청장에게 신청하여야 한다.
> ② 청원주가 법 제5조 제1항에 따라 청원경찰을 임용하였을 때에는 임용한 날부터 10일 이내에 그 임용사항을 관할 경찰서장을 거쳐 시·도경찰청장에게 보고하여야 한다. 청원경찰이 퇴직하였을 때에도 또한 같다.

26

청원경찰법령상 청원경찰과 경비업법령상 특수경비원이 금고 이상의 형의 선고유예를 받고 그 유예기간 중에 있는 자는 결격사유에 해당한다. 다음 중 공통적 당연퇴직사유에 해당하지 <u>않는</u> 것은?

① 형법 제129조(수뢰, 사전수뢰), 제130조(제삼자뇌물제공), 제131조(수뢰후부정처사, 사후수뢰), 제132조(알선수뢰)에 규정된 죄를 범한 사람
② 성폭력범죄의 처벌 등에 관한 특례법 제2조("성폭력범죄")에 규정된 죄를 범한 사람
③ 아동·청소년의 성보호에 관한 법률 제2조 제2호("아동·청소년대상 성범죄")에 규정된 죄를 범한 사람
④ 직무와 관련하여 형법 제355조(횡령, 배임) 또는 제356조(업무상의 횡령과 배임)에 규정된 죄를 범한 사람

해설 「형법」 제129조(수뢰, 사전수뢰), 제130조(제삼자뇌물제공), 제131조(수뢰후부정처사, 사후수뢰), 제132조(알선수뢰)에 규정된 죄를 범한 사람은 청원경찰에 해당하는 당연퇴직사유이다.

결격사유 중	특수경비원	청원경찰
	당연퇴직사유	
금고 이상의 형의 선고유예를 받고 그 유예기간 중에 있는 자	금고 이상의 형의 선고유예를 받고 그 유예기간 중에 있는 자는 ① 「성폭력범죄의 처벌 등에 관한 특례법」 제2조("성폭력범죄"), ② 「아동·청소년의 성보호에 관한 법률」 제2조 제2호("아동·청소년대상 성범죄"), ③ 직무와 관련하여 「형법」 제355조(횡령, 배임) 또는 제356조(업무상의 횡령과 배임)에 규정된 죄를 범한 사람으로서 금고 이상의 형의 선고유예를 받은 경우 당연퇴직	금고 이상의 형의 선고유예를 받고 그 유예기간 중에 있는 자는 ① 「형법」 제129조(수뢰, 사전수뢰), 제130조(제삼자뇌물제공), 제131조(수뢰후부정처사, 사후수뢰), 제132조(알선수뢰), ② 「성폭력범죄의 처벌 등에 관한 특례법」 제2조("성폭력범죄"), ③ 「아동·청소년의 성보호에 관한 법률」 제2조 제2호("아동·청소년대상 성범죄"), ④ 직무와 관련하여 「형법」 제355조(횡령, 배임) 또는 제356조(업무상의 횡령과 배임)에 규정된 죄를 범한 사람으로서 금고 이상의 형의 선고유예를 받은 경우 당연퇴직

27 청원경찰법령상 청원경찰의 당연퇴직 사유에 해당하는 것은?

① 금고 이상의 형의 선고유예를 받은 적이 있는 경우
② 직무상 의무에 위반하거나 직무를 태만히 한 경우
③ 청원경찰의 배치가 폐지된 경우
④ 청원경찰 임용의 신체조건이 미달되는 사유가 발생한 경우

해설 청원경찰의 배치가 폐지되었을 때에는 당연퇴직된다(청원경찰법 제10조의6 제2호).

28 청원경찰법령상 청원경찰의 당연퇴직사유에 관한 규정이다. 다음 보기와 관련한 규정 중 형법상 당연퇴직 규정에 해당하지 않는 것은?

> 「국가공무원법」제33조【결격사유】
> 5. 금고 이상의 형의 선고유예를 받은 경우에 그 선고유예 기간 중에 있는 자

① 「형법」제129조 수뢰, 사전수뢰
② 「형법」제131조 수뢰후부정처사, 사후수뢰
③ 「형법」제133조 뇌물공여 등
④ 「형법」제356조 업무상의 횡령과 배임

해설 제133조 뇌물공여 등은 당연퇴직규정이 아니다.
「형법」제129조부터 제132조까지(제129조 수뢰, 사전수뢰, 제130조 제삼자뇌물제공, 제131조 수뢰후부정처사, 사후수뢰, 제132조 알선수뢰) 직무와 관련하여 「형법」제355조 횡령, 배임 또는 「형법」제356조 업무상의 횡령과 배임에 규정된 죄를 범한 사람으로서 금고 이상의 형의 선고유예를 받은 경우만 해당한다.

> **법 제10조의6【당연 퇴직】** 청원경찰이 다음 각 호의 어느 하나에 해당할 때에는 당연 퇴직된다.
> 1. 제5조 제2항에 따른 임용결격사유에 해당될 때. 다만, 「국가공무원법」제33조 제2호는 파산선고를 받은 사람으로서 「채무자 회생 및 파산에 관한 법률」에 따라 신청기한 내에 면책신청을 하지 아니하였거나 면책불허가 결정 또는 면책 취소가 확정된 경우만 해당하고, 「국가공무원법」제33조 제5호는 「형법」제129조부터 제132조까지, 「성폭력범죄의 처벌 등에 관한 특례법」제2조, 「아동·청소년의 성보호에 관한 법률」제2조 제2호 및 직무와 관련하여 「형법」제355조 또는 제356조에 규정된 죄를 범한 사람으로서 금고 이상의 형의 선고유예를 받은 경우만 해당한다.
> 2. 제10조의5에 따라 청원경찰의 배치가 폐지되었을 때
> 3. 나이가 60세가 되었을 때. 다만, 그 날이 1월부터 6월 사이에 있으면 6월 30일에, 7월부터 12월 사이에 있으면 12월 31일에 각각 당연 퇴직된다.

29 청원경찰법령상 청원경찰의 퇴직과 면직에 관한 설명으로 옳은 것은?

• 제22회 기출

① 국가기관이나 지방자치단체에 근무하는 청원경찰의 휴직 및 명예퇴직에 관하여는 국가공무원법 관련 규정을 준용한다.
② 청원경찰은 65세가 되었을 때 당연퇴직된다.
③ 청원경찰의 배치폐지는 당연퇴직 사유에 해당하지 않는다.
④ 청원주가 청원경찰을 면직시켰을 때에는 그 사실을 관할 시·도경찰청장을 거쳐 경찰청장에게 보고하여야 한다.

해설
② 청원경찰은 60세가 되었을 때 당연퇴직된다. 다만, 그 날이 1월부터 6월 사이에 있으면 6월 30일에, 7월부터 12월 사이에 있으면 12월 31일에 각각 당연퇴직된다.
③ 청원경찰의 배치폐지는 당연퇴직 사유에 해당한다.
④ 청원주가 청원경찰을 면직시켰을 때에는 그 사실을 관할 경찰서장을 거쳐 시·도경찰청장에게 보고하여야 한다.

> 법 제10조의4 【의사에 반한 면직】 ① 청원경찰은 형의 선고, 징계처분 또는 신체상·정신상의 이상으로 직무를 감당하지 못할 때를 제외하고는 그 의사(意思)에 반하여 면직(免職)되지 아니한다.
> ② 청원주가 청원경찰을 면직시켰을 때에는 그 사실을 관할 경찰서장을 거쳐 시·도경찰청장에게 보고하여야 한다.
>
> 법 제10조의6 【당연퇴직】 청원경찰이 다음 각 호의 어느 하나에 해당할 때에는 당연퇴직된다. 〈개정 2022.11.15.〉
> 1. 제5조 제2항에 따른 임용결격사유에 해당될 때. 다만, 「국가공무원법」 제33조 제2호는 파산선고를 받은 사람으로서 「채무자 회생 및 파산에 관한 법률」에 따라 신청기한 내에 면책신청을 하지 아니하였거나 면책불허가 결정 또는 면책 취소가 확정된 경우만 해당하고, 「국가공무원법」 제33조 제5호는 「형법」 제129조부터 제132조까지, 「성폭력범죄의 처벌 등에 관한 특례법」 제2조, 「아동·청소년의 성보호에 관한 법률」 제2조 제2호 및 직무와 관련하여 「형법」 제355조 또는 제356조에 규정된 죄를 범한 사람으로서 금고 이상의 형의 선고유예를 받은 경우만 해당한다.
> 2. 제10조의5에 따라 청원경찰의 배치가 폐지되었을 때
> 3. 나이가 60세가 되었을 때. 다만, 그 날이 1월부터 6월 사이에 있으면 6월 30일에, 7월부터 12월 사이에 있으면 12월 31일에 각각 당연퇴직된다.
>
> 법 제10조의7 【휴직 및 명예퇴직】 국가기관이나 지방자치단체에 근무하는 청원경찰의 휴직 및 명예퇴직에 관하여는 「국가공무원법」 제71조부터 제73조까지 및 제74조의2를 준용한다.

정답 27 ③ 28 ③ 29 ①

30 청원경찰법령상 국가기관이나 지방자치단체에 근무하는 청원경찰 본인의 의사에도 불구하고 휴직을 명하여야 하는 경우가 아닌 것은?

• 제15회 기출

① 국외 유학을 하게 된 때
② 신체・정신상의 장애로 장기 요양이 필요할 때
③ 병역법에 따른 병역 복무를 마치기 위하여 징집된 때
④ 천재지변 등의 사유로 생사가 불명확하게 된 때

> **해설** 국외 유학을 하게 된 때에는 공무원이 휴직을 원하면 휴직을 명할 수 있다(국가공무원법 제71조 제2항 제2호).

> 「국가공무원법」 제71조【휴직】① 공무원이 다음 각 호의 어느 하나에 해당하면 임용권자는 본인의 의사에도 불구하고 휴직을 명하여야 한다.
> 1. 신체・정신상의 장애로 장기 요양이 필요할 때
> 2. 삭제 〈1978.12.5.〉
> 3. 「병역법」에 따른 병역 복무를 마치기 위하여 징집 또는 소집된 때
> 4. 천재지변이나 전시・사변, 그 밖의 사유로 생사(生死) 또는 소재(所在)가 불명확하게 된 때
> 5. 그 밖에 법률의 규정에 따른 의무를 수행하기 위하여 직무를 이탈하게 된 때
> 6. 「공무원의 노동조합 설립 및 운영 등에 관한 법률」 제7조에 따라 노동조합 전임자로 종사하게 된 때

31 청원경찰법령상 국가나 지방자치단체에 근무하는 청원경찰의 의사에도 불구하고 휴직을 명하는 경우가 아닌 것은?

① 천재지변이나 전시・사변, 그 밖의 사유로 생사(生死) 또는 소재(所在)가 불명확하게 된 때
② 국제적 기구 또는 외국기관에 임시로 고용되거나 해외유학을 하게 된 때
③ 공무원의 노동조합 설립 및 운영 등에 관한 법률 제7조에 따라 노동조합 전임자로 종사하게 된 때
④ 신체・정신상의 장애로 장기 요양이 필요할 때

> **해설** 국제적 기구 또는 외국기관에 임시로 고용되거나 해외유학을 하게 된 때에 청원경찰의 의사에도 불구하고 휴직을 명하여야 한다는 규정은 법 개정(1978.12.5.)으로 삭제되었다.

32 청원경찰법령상 국가나 지방자치단체에 근무하는 청원경찰이 휴직을 원하면 대통령령으로 정한 특별한 사정이 없는 한 휴직을 명하여야 하는 것은? (단, 법정요건을 갖춘 경우에 해당한다)

① 국제기구, 외국 기관, 국내외의 대학·연구기관, 다른 국가기관 또는 대통령령으로 정하는 민간기업, 그 밖의 기관에 임시로 채용될 때
② 국외 유학을 하게 된 때
③ 8세 이하 또는 초등학교 2학년 이하의 자녀를 양육하기 위하여 필요하거나 여성청원경찰이 임신 또는 출산하게 된 때
④ 조부모, 부모(배우자의 부모를 포함한다), 배우자, 자녀 또는 손자녀를 부양하거나 돌보기 위하여 필요한 경우

해설 8세 이하 또는 초등학교 2학년 이하의 자녀를 양육하기 위하여 필요하거나 여성 청원경찰이 임신 또는 출산하게 된 때에 휴직을 원하면 대통령령으로 정하는 특별한 사정이 없는 한 휴직을 명하여야 한다. ①②④ 휴직을 원하면 휴직을 명할 수 있는 사유이다.

> **국가공무원법 제71조 【휴직】** ② 임용권자는 공무원이 다음 각 호의 어느 하나에 해당하는 사유로 휴직을 원하면 휴직을 명할 수 있다. 다만, 제4호의 경우에는 대통령령으로 정하는 특별한 사정이 없으면 휴직을 명하여야 한다.
> 1. 국제기구, 외국 기관, 국내외의 대학·연구기관, 다른 국가기관 또는 대통령령으로 정하는 민간기업, 그 밖의 기관에 임시로 채용될 때
> 2. 국외 유학을 하게 된 때
> 3. 중앙인사관장기관의 장이 지정하는 연구기관이나 교육기관 등에서 연수하게 된 때
> 4. 8세 이하 또는 초등학교 2학년 이하의 자녀를 양육하기 위하여 필요하거나 여성 공무원이 임신 또는 출산하게 된 때
> 5. 조부모, 부모(배우자의 부모를 포함한다), 배우자, 자녀 또는 손자녀를 부양하거나 돌보기 위하여 필요한 경우. 다만, 조부모나 손자녀의 돌봄을 위하여 휴직할 수 있는 경우는 본인 외에는 돌볼 사람이 없는 등 대통령령 등으로 정하는 요건을 갖춘 경우로 한정한다.
> 6. 외국에서 근무·유학 또는 연수하게 되는 배우자를 동반하게 된 때
> 7. 대통령령 등으로 정하는 기간 동안 재직한 공무원이 직무 관련 연구과제 수행 또는 자기개발을 위하여 학습·연구 등을 하게 된 때

33 청원경찰법령상 청원경찰에 대한 징계규정 제정권자는?

① 경찰청장
② 관할 시·도경찰청장
③ 관할 경찰서장
④ 청원주

해설 청원주는 청원경찰 배치결정의 통지를 받았을 때에는 통지를 받은 날부터 15일 이내에 청원경찰에 대한 징계규정을 제정하여 관할 시·도경찰청장에게 신고하여야 한다. 징계규정을 변경할 때에도 또한 같다(청원경찰법 시행령 제8조 제5항).

정답 30 ① 31 ② 32 ③ 33 ④

34 청원경찰법령상 청원경찰에 대한 징계권자는?

① 경찰청장
② 관할 시·도경찰청장
③ 관할 경찰서장
④ 청원주

해설 청원주는 청원경찰이 직무상의 의무를 위반하거나 직무를 태만히 한 때 또는 품위를 손상하는 행위를 한 때에는 대통령령으로 정하는 징계절차를 거쳐 징계처분을 하여야 한다(청원경찰법 제5조의2 제1항).

> 법 제5조의2 【청원경찰의 징계】 ① 청원주는 청원경찰이 다음 각 호의 어느 하나에 해당하는 때에는 대통령령으로 정하는 징계절차를 거쳐 징계처분을 하여야 한다.
> 1. 직무상의 의무를 위반하거나 직무를 태만히 한 때
> 2. 품위를 손상하는 행위를 한 때

35 청원경찰법령상 청원경찰에 대한 징계의 종류로 옳은 것은? • 제24회 기출

① 강등
② 견책
③ 면직
④ 직위해제

해설 청원경찰에 대한 징계의 종류는 파면, 해임, 정직, 감봉 및 견책으로 구분한다(청원경찰법 제5조의2 제2항).

> 법 제5조의2 【청원경찰의 징계】 ② 청원경찰에 대한 징계의 종류는 파면, 해임, 정직, 감봉 및 견책으로 구분한다.

36 청원경찰법상 청원경찰에 대한 징계의 종류가 아닌 것은? • 제18회 기출

① 직위해제
② 해임
③ 정직
④ 감봉

해설 청원경찰에 대한 징계에 직위해제는 해당하지 않는다. 청원경찰에 대한 징계의 종류는 파면, 해임, 정직, 감봉 및 견책으로 구분한다(청원경찰법 제5조의2 제2항).

> 법 제5조의2 【청원경찰의 징계】 ② 청원경찰에 대한 징계의 종류는 파면, 해임, 정직, 감봉 및 견책으로 구분한다.

37 청원경찰법령상 청원경찰 갑(甲)이 품위손상을 이유로 감봉처분을 받은 경우, 갑(甲)의 감봉 기간과 보수는?

① 감봉 기간은 1개월 이상 3개월 이하로 하고, 그 기간에 청원경찰의 신분은 보유하나 직무에 종사하지 못하며, 보수의 3분의 2를 줄인다.
② 감봉 기간은 1개월 이상 6개월 이하로 하고, 그 기간에 보수의 3분의 1을 줄인다.
③ 감봉 기간은 1개월 이상 3개월 이하로 하고, 그 기간에 청원경찰의 신분은 보유하나 직무에 종사하지 못하며, 보수의 3분의 1을 줄인다.
④ 감봉 기간은 1개월 이상 3개월 이하로 하고, 그 기간에 보수의 3분의 1을 줄인다.

> **해설** 감봉 기간은 1개월 이상 3개월 이하로 하고, 그 기간에 보수의 3분의 1을 줄인다. 정직 기간은 1개월 이상 3개월 이하로 하고, 그 기간에 청원경찰의 신분은 보유하나 직무에 종사하지 못하며, 보수의 3분의 2를 줄인다.

> 영 제8조 【징계】 ① 관할 경찰서장은 청원경찰이 법 제5조의2 제1항 각 호의 어느 하나에 해당한다고 인정되면 청원주에게 해당 청원경찰에 대하여 징계처분을 하도록 요청할 수 있다.
> ② 법 제5조의2 제2항의 정직(停職)은 1개월 이상 3개월 이하로 하고, 그 기간에 청원경찰의 신분은 보유하나 직무에 종사하지 못하며, 보수의 3분의 2를 줄인다.
> ③ 법 제5조의2 제2항의 감봉은 1개월 이상 3개월 이하로 하고, 그 기간에 보수의 3분의 1을 줄인다.

38 청원경찰법령상 청원경찰의 징계에 관한 설명으로 옳은 것은?

• 제23회 기출

① 시·도경찰청장은 청원경찰이 품위를 손상하는 행위를 한 때에는 대통령령으로 정하는 징계절차를 거쳐 징계처분을 할 수 있다.
② 청원경찰에 대한 징계의 종류는 파면, 해임, 강등, 정직, 감봉 및 견책으로 구분한다.
③ 청원주는 청원경찰 배치결정의 통지를 받았을 때에는 통지를 받은 날부터 15일 이내에 청원경찰에 대한 징계규정을 제정하여 관할 시·도경찰청장에게 신고하여야 한다.
④ 정직은 1개월 이상 3개월 이하로 하고, 그 기간에 청원경찰의 신분은 보유하나 직무에 종사하지 못하며, 보수는 전액을 감한다.

> **해설** ① 청원주는 청원경찰이 품위를 손상하는 행위를 한 때에는 대통령령으로 정하는 징계절차를 거쳐 징계처분을 하여야 한다.
> ② 청원경찰에 대한 징계의 종류는 파면, 해임, 정직, 감봉 및 견책으로 구분하며 강등은 해당하지 않는다.
> ④ 정직은 1개월 이상 3개월 이하로 하고, 그 기간에 청원경찰의 신분은 보유하나 직무에 종사하지 못하며, 보수의 3분의 2를 줄인다.

34 ④ 35 ② 36 ① 37 ④ 38 ③ **정답**

39 청원경찰법령상 청원경찰의 징계에 관한 설명으로 옳은 것은?

• 제25회 기출

① 청원경찰에 대한 징계의 종류는 파면, 해임, 정직, 감봉 및 경고로 구분한다.
② 청원주는 청원경찰이 품위를 손상하는 행위를 한 때 행정안전부령으로 정하는 징계 절차를 거쳐 징계처분을 할 수 있다.
③ 관할 경찰서장은 청원경찰이 직무를 태만히 한 것으로 인정되면 청원주에게 해당 청원경찰에 대하여 징계처분을 하도록 요청할 수 있다.
④ 청원주는 청원경찰 배치 결정의 통지를 받았을 때에는 통지를 받은 날부터 30일 이내에 청원경찰에 대한 징계규정을 제정하여 관할 시·도경찰청장에게 신고하여야 한다.

해설
① 청원경찰에 대한 징계의 종류는 파면, 해임, 정직, 감봉 및 견책으로 구분한다.
② 청원주는 청원경찰이 품위를 손상하는 행위를 한 때 대통령령으로 정하는 징계 절차를 거쳐 징계처분을 하여야 한다.
④ 청원주는 청원경찰 배치 결정의 통지를 받았을 때에는 통지를 받은 날부터 15일 이내에 청원경찰에 대한 징계규정을 제정하여 관할 시·도경찰청장에게 신고하여야 한다.

> 법 제5조의2 【청원경찰의 징계】 ① 청원주는 청원경찰이 다음 각 호의 어느 하나에 해당하는 때에는 대통령령으로 정하는 징계절차를 거쳐 징계처분을 하여야 한다.
> 1. 직무상의 의무를 위반하거나 직무를 태만히 한 때
> 2. 품위를 손상하는 행위를 한 때
> ② 청원경찰에 대한 징계의 종류는 파면, 해임, 정직, 감봉 및 견책으로 구분한다.
> 영 제8조 【징계】 ① 관할 경찰서장은 청원경찰이 법 제5조의2 제1항 각 호의 어느 하나에 해당한다고 인정되면 청원주에게 해당 청원경찰에 대하여 징계처분을 하도록 요청할 수 있다.
> ② 법 제5조의2 제2항의 정직(停職)은 1개월 이상 3개월 이하로 하고, 그 기간에 청원경찰의 신분은 보유하나 직무에 종사하지 못하며, 보수의 3분의 2를 줄인다.
> ③ 법 제5조의2 제2항의 감봉은 1개월 이상 3개월 이하로 하고, 그 기간에 보수의 3분의 1을 줄인다.
> ④ 법 제5조의2 제2항의 견책(譴責)은 전과(前過)에 대하여 훈계하고 회개하게 한다.
> ⑤ 청원주는 청원경찰 배치결정의 통지를 받았을 때에는 통지를 받은 날부터 15일 이내에 청원경찰에 대한 징계규정을 제정하여 관할 시·도경찰청장에게 신고하여야 한다. 징계규정을 변경할 때에도 또한 같다.

40 청원경찰법령상 청원경찰의 징계에 관한 설명으로 옳은 것은?

• 제16회 기출

① 청원경찰에 대한 징계의 종류는 파면, 해임, 강등, 정직, 감봉 및 견책으로 구분한다.
② 정직은 1개월 이상 6개월 이하로 하고, 그 기간에 청원경찰의 신분은 보유하나 직무에 종사하지 못하며, 보수의 2분의 1을 줄인다.
③ 감봉은 1개월 이상 3개월 이하로 하고, 그 기간에 보수의 3분의 1을 줄인다.
④ 청원주는 청원경찰 배치결정의 통지를 받았을 때에는 통지를 받은 날부터 30일 이내에 청원경찰에 대한 징계규정을 제정하여 관할 시·도경찰청장에게 신고하여야 한다.

해설 ① 청원경찰에 대한 징계의 종류는 파면, 해임, 정직, 감봉 및 견책으로 구분한다. 강등은 청원경찰의 징계에 해당하지 않는다.
② 정직은 1개월 이상 3개월 이하로 하고, 그 기간에 청원경찰의 신분은 보유하나 직무에 종사하지 못하며, 보수의 3분의 2를 줄인다.
④ 청원주는 청원경찰 배치결정의 통지를 받았을 때에는 통지를 받은 날부터 15일 이내에 청원경찰에 대한 징계규정을 제정하여 관할 시·도경찰청장에게 신고하여야 한다.

> **법 제5조의2 【청원경찰의 징계】** ① 청원주는 청원경찰이 다음 각 호의 어느 하나에 해당하는 때에는 대통령령으로 정하는 징계절차를 거쳐 징계처분을 하여야 한다.
> 1. 직무상의 의무를 위반하거나 직무를 태만히 한 때
> 2. 품위를 손상하는 행위를 한 때
> ② 청원경찰에 대한 징계의 종류는 파면, 해임, 정직, 감봉 및 견책으로 구분한다.
>
> **영 제8조 【징계】** ① 관할 경찰서장은 청원경찰이 법 제5조의2 제1항 각 호의 어느 하나에 해당한다고 인정되면 청원주에게 해당 청원경찰에 대하여 징계처분을 하도록 요청할 수 있다.
> ② 법 제5조의2 제2항의 정직(停職)은 1개월 이상 3개월 이하로 하고, 그 기간에 청원경찰의 신분은 보유하나 직무에 종사하지 못하며, 보수의 3분의 2를 줄인다.
> ③ 법 제5조의2 제2항의 감봉은 1개월 이상 3개월 이하로 하고, 그 기간에 보수의 3분의 1을 줄인다.
> ④ 법 제5조의2 제2항의 견책(譴責)은 전과(前過)에 대하여 훈계하고 회개하게 한다.
> ⑤ 청원주는 청원경찰 배치결정의 통지를 받았을 때에는 통지를 받은 날부터 15일 이내에 청원경찰에 대한 징계규정을 제정하여 관할 시·도경찰청장에게 신고하여야 한다. 징계규정을 변경할 때에도 또한 같다.

정답 39 ③ 40 ③

41 다음은 청원경찰법령상 청원경찰의 징계규정에 관한 설명이다. (   ) 안에 들어갈 내용이 순서대로 바르게 연결된 것은?

> (ㄱ)은(는) 청원경찰 (ㄴ)를 받았을 때에는 통지를 받은 날부터 (ㄷ) 이내에 청원경찰에 대한 징계규정을 제정하여 (ㄹ)에게 신고하여야 한다. 징계규정을 변경할 때에도 또한 같다.

	ㄱ	ㄴ	ㄷ	ㄹ
①	청원주	배치결정의 통지	15일	관할 시·도경찰청장
②	청원주	임용승인의 통지	15일	관할 시·도경찰청장
③	시설주	배치결정의 통지	15일	경찰청장
④	관할 경찰서장	임용승인의 통지	30일	청원주

해설 청원주는 청원경찰 배치결정의 통지를 받았을 때에는 통지를 받은 날부터 15일 이내에 청원경찰에 대한 징계규정을 제정하여 관할 시·도경찰청장에게 신고하여야 한다. 징계규정을 변경할 때에도 또한 같다(청원경찰법 시행령 제8조 제5항).

42 청원경찰법령상 청원경찰의 징계에 관한 설명으로 옳지 않은 것은?   • 제21회 기출

① 청원주는 청원경찰이 품위를 손상하는 행위를 한 때에는 징계절차를 거쳐 징계처분을 하여야 한다.
② 관할 경찰서장은 청원경찰이 청원경찰법상의 징계 사유에 해당한다고 인정되면 청원주에게 해당 청원경찰에 대하여 징계처분을 하도록 요청할 수 있다.
③ 감봉은 1개월 이상 3개월 이하로 하고, 그 기간에 보수의 3분의 1을 줄인다.
④ 청원주는 청원경찰 배치결정의 통지를 받은 날부터 15일 이내에 청원경찰에 대한 징계규정을 제정하여 관할 경찰서장에게 신고하여야 한다.

해설 청원주는 청원경찰 배치결정의 통지를 받은 날부터 15일 이내에 청원경찰에 대한 징계규정을 제정하여 관할 시·도경찰청장에게 신고하여야 한다.

43 청원경찰법령상 청원경찰의 징계에 관한 설명으로 옳은 것은?

• 제20회 기출

① 징계의 종류는 파면, 해임, 강등, 정직, 감봉 및 견책으로 구분된다.
② 시·도경찰청장은 징계규정의 보완이 필요하다고 인정할 때에는 청원주에게 그 보완을 요구할 수 있다.
③ 정직은 1개월 이상 3개월 이하로 하고, 보수의 3분의 1을 줄인다.
④ 청원주는 청원경찰 배치결정의 통지를 받았을 때에는 통지를 받은 날부터 10일 이내에 청원경찰에 대한 징계규정을 제정하여야 한다.

해설 ① 징계의 종류는 파면, 해임, 정직, 감봉 및 견책으로 구분하며, 강등은 해당되지 않는다.
③ 정직(停職)은 1개월 이상 3개월 이하로 하고, 그 기간에 청원경찰의 신분은 보유하나 직무에 종사하지 못하며, 보수의 3분의 2를 줄인다.
④ 청원주는 청원경찰 배치결정의 통지를 받았을 때에는 통지를 받은 날부터 15일 이내에 청원경찰에 대한 징계규정을 제정하여 관할 시·도경찰청장에게 신고하여야 한다.

44 청원경찰법령상 징계에 관한 설명으로 옳지 않은 것은?

① 정직(停職)은 1개월 이상 3개월 이하로 하고, 그 기간에 청원경찰의 신분은 보유하나 직무에 종사하지 못하며, 보수의 3분의 2를 줄인다.
② 감봉은 1개월 이상 3개월 이하로 하고, 그 기간에 보수의 3분의 1을 줄인다.
③ 견책(譴責)은 전과(前過)에 대하여 훈계하고 회개하게 한다.
④ 청원주는 청원경찰 배치결정의 통지를 받았을 때에는 통지를 받은 날부터 7일 이내에 청원경찰에 대한 징계규정을 제정하여 관할 시·도경찰청장에게 신고하여야 한다.

해설 청원주는 청원경찰 배치결정의 통지를 받았을 때에는 통지를 받은 날부터 15일 이내에 청원경찰에 대한 징계규정을 제정하여 관할 시·도경찰청장에게 신고하여야 한다. 징계규정을 변경할 때에도 또한 같다.

> 영 제8조【징계】⑤ 청원주는 청원경찰 배치결정의 통지를 받았을 때에는 통지를 받은 날부터 15일 이내에 청원경찰에 대한 징계규정을 제정하여 관할 시·도경찰청장에게 신고하여야 한다. 징계규정을 변경할 때에도 또한 같다.

정답 41 ① 42 ④ 43 ② 44 ④

45 청원경찰법령상 청원경찰의 징계에 관한 설명으로 옳지 않은 것은?

① 청원경찰의 징계권자는 관할 시·도경찰청장이다.
② 관할 경찰서장으로부터 징계요청을 받은 때에는 그 해당자에 대하여 징계처분을 하여야 한다.
③ 청원경찰에 대한 징계의 종류는 파면, 해임, 정직, 감봉, 견책으로 구분한다.
④ 청원주는 청원경찰 배치결정의 통지를 받은 때에는 통지를 받은 날부터 15일 이내에 청원경찰에 대한 징계규정을 제정하여 관할 시·도경찰청장에게 신고하여야 한다.

해설 청원주는 청원경찰이 직무상의 의무를 위반하거나 직무를 태만히 한 때 또는 품위를 손상하는 행위를 한 때에는 대통령령으로 정하는 징계절차를 거쳐 징계처분을 하여야 한다(청원경찰법 제5조의2 제1항).

> 법 제5조의2【청원경찰의 징계】① 청원주는 청원경찰이 다음 각 호의 어느 하나에 해당하는 때에는 대통령령으로 정하는 징계절차를 거쳐 징계처분을 하여야 한다.
> 1. 직무상의 의무를 위반하거나 직무를 태만히 한 때
> 2. 품위를 손상하는 행위를 한 때
> ② 청원경찰에 대한 징계의 종류는 파면, 해임, 정직, 감봉 및 견책으로 구분한다.
> 영 제8조【징계】① 관할 경찰서장은 청원경찰이 법 제5조의2 제1항 각 호의 어느 하나에 해당한다고 인정되면 청원주에게 해당 청원경찰에 대하여 징계처분을 하도록 요청할 수 있다.
> ⑤ 청원주는 청원경찰 배치결정의 통지를 받았을 때에는 통지를 받은 날부터 15일 이내에 청원경찰에 대한 징계규정을 제정하여 관할 시·도경찰청장에게 신고하여야 한다. 징계규정을 변경할 때에도 또한 같다.

46 청원경찰법령상 청원경찰의 징계 및 불법행위 책임에 관한 설명으로 옳지 않은 것은?

• 제17회 기출

① 청원경찰이 직무를 수행할 때 직권을 남용하여 국민에게 해를 끼친 경우에는 6개월 이하의 징역이나 금고에 처한다.
② 국가기관이나 지방자치단체에 근무하는 청원경찰의 직무상 불법행위에 대한 배상책임에 관하여는 민법의 규정을 따른다.
③ 청원주는 청원경찰이 직무상의 의무를 위반하거나 직무를 태만히 한 때, 품위를 손상하는 행위를 한 때에는 대통령령으로 정하는 징계절차를 거쳐 징계처분을 하여야 한다.
④ 청원경찰에 대한 징계처분 중 정직은 1개월 이상 3개월 이하로 하고, 그 기간에 청원경찰의 신분은 보유하나 직무에 종사하지 못하며, 보수의 3분의 2를 줄인다.

해설 국가기관 또는 지방자치단체에 근무하는 청원경찰을 제외하고는 배상책임에 관하여 「민법」의 규정을 따른다(청원경찰법 제10조의2).

47 청원경찰법령상 청원경찰의 직무와 표창에 관한 설명으로 옳지 않은 것은? • 제26회 기출

① 청원경찰은 청원경찰법 제3조에 따른 직무를 수행할 때에는 경비 목적을 위하여 필요한 최대한의 범위에서 하여야 한다.
② 청원경찰은 경찰관 직무집행법에 따른 직무 외의 수사활동 등 사법경찰관리의 직무를 수행해서는 아니 된다.
③ 청원주는 헌신적인 봉사로 특별한 공적을 세운 청원경찰에게 공적상을 수여할 수 있다.
④ 관할 경찰서장은 교육훈련에서 교육성적이 우수한 청원경찰에게 우등상을 수여할 수 있다.

해설 청원경찰은 청원경찰법 제3조에 따른 직무를 수행할 때에는 경비 목적을 위하여 필요한 최소한의 범위에서 하여야 한다.

> **규칙 제21조【주의사항】** ① 청원경찰이 법 제3조에 따른 직무를 수행할 때에는 경비 목적을 위하여 필요한 최소한의 범위에서 하여야 한다.
> ② 청원경찰은 「경찰관 직무집행법」에 따른 직무 외의 수사활동 등 사법경찰관리의 직무를 수행해서는 아니 된다.
> **규칙 제18조【표창】** 시·도경찰청장, 관할 경찰서장 또는 청원주는 청원경찰에게 다음 각 호의 구분에 따라 표창을 수여할 수 있다.
> 1. 공적상: 성실히 직무를 수행하여 근무성적이 탁월하거나 헌신적인 봉사로 특별한 공적을 세운 경우
> 2. 우등상: 교육훈련에서 교육성적이 우수한 경우

정답 45 ① 46 ② 47 ①

48 청원경찰법령상 (　　)의 권한자에 해당하지 않는 것은?

> (　　)은(는) 청원경찰에게 다음 각 호의 구분에 따라 표창을 수여할 수 있다.
> 1. 공적상: 성실히 직무를 수행하여 근무성적이 탁월하거나 헌신적인 봉사로 특별한 공적을 세운 경우
> 2. 우등상: 교육훈련에서 교육성적이 우수한 경우

① 경찰청장
② 시·도경찰청장
③ 관할 경찰서장
④ 청원주

해설 시·도경찰청장, 관할 경찰서장 또는 청원주는 청원경찰에게 공적상 및 우등상 표창을 수여할 수 있다.

> 규칙 제18조 【표창】 시·도경찰청장, 관할 경찰서장 또는 청원주는 청원경찰에게 다음 각 호의 구분에 따라 표창을 수여할 수 있다.
> 1. 공적상: 성실히 직무를 수행하여 근무성적이 탁월하거나 헌신적인 봉사로 특별한 공적을 세운 경우
> 2. 우등상: 교육훈련에서 교육성적이 우수한 경우

49 청원경찰법령상 청원경찰에 대한 청원주의 권한이 아닌 것은?

① 청원경찰의 임용권한
② 청원경찰 배치폐지권한
③ 청원경찰의 신분증명서 발급권한
④ 청원경찰에 대한 징계요청권한

해설 청원경찰에 대한 징계요청권자는 관할 경찰서장이며, 징계요청이 있을 때 청원주는 그 해당자를 징계처분하여야 한다(청원경찰법 시행령 제8조 제1항).

50 청원경찰법령상 관할 경찰서장을 경유하지 <u>않는</u> 것은?

① 청원경찰의 배치신청
② 무기대여신청
③ 청원경찰의 임용승인신청
④ 청원경찰 면직 시 보고

해설 청원경찰의 배치결정을 받은 자는 그 배치결정의 통지를 받은 날부터 30일 이내에 배치결정된 인원수의 임용예정자에 대하여 청원경찰 임용승인을 시·도경찰청장에게 신청하여야 한다.

> **법 제10조의4 【의사에 반한 면직】** ② 청원주가 청원경찰을 면직시켰을 때에는 그 사실을 관할 경찰서장을 거쳐 시·도경찰청장에게 보고하여야 한다.
>
> **영 제2조 【청원경찰의 배치 신청 등】** 청원경찰법(이하 "법"이라 한다) 제4조 제1항에 따라 청원경찰의 배치를 받으려는 자는 청원경찰 배치신청서에 다음 각 호의 서류를 첨부하여 법 제2조 각 호의 기관·시설·사업장 또는 장소(이하 "사업장"이라 한다)의 소재지를 관할하는 경찰서장(이하 "관할 경찰서장"이라 한다)을 거쳐 시·도경찰청장에게 제출하여야 한다. 이 경우 배치 장소가 둘 이상의 도(특별시, 광역시, 특별자치시 및 특별자치도를 포함한다. 이하 같다)일 때에는 주된 사업장의 관할 경찰서장을 거쳐 시·도경찰청장에게 한꺼번에 신청할 수 있다.
> 1. 경비구역 평면도 1부
> 2. 배치계획서 1부
>
> **영 제4조 【임용방법 등】** ① 법 제4조 제2항에 따라 청원경찰의 배치결정을 받은 자(이하 "청원주"라 한다)는 법 제5조 제1항에 따라 그 배치결정의 통지를 받은 날부터 30일 이내에 배치결정된 인원수의 임용예정자에 대하여 청원경찰 임용승인을 시·도경찰청장에게 신청하여야 한다.
> ② 청원주가 법 제5조 제1항에 따라 청원경찰을 임용하였을 때에는 임용한 날부터 10일 이내에 그 임용사항을 관할 경찰서장을 거쳐 시·도경찰청장에게 보고하여야 한다. 청원경찰이 퇴직하였을 때에도 또한 같다.
>
> **영 제16조 【무기 휴대】** ① 청원주가 법 제8조 제2항에 따라 청원경찰이 휴대할 무기를 대여받으려는 경우에는 관할 경찰서장을 거쳐 시·도경찰청장에게 무기대여를 신청하여야 한다.

정답 48 ① 49 ④ 50 ③

51 청원경찰법령상 청원경찰의 퇴직 및 휴직에 관한 설명으로 옳지 않은 것은? (단, 다툼이 있는 경우에는 판례에 의한다)

① 지방자치단체에 근무하는 청원경찰의 휴직에 관하여는 국가공무원법의 규정을 준용한다.
② 청원경찰이 국가공무원법상 결격사유에 해당하면 당연퇴직된다.
③ 청원경찰이 배치된 시설이 폐쇄됨에 따라 청원경찰의 배치가 폐지되었을 때에는 당연퇴직된다.
④ 신체·정신상의 장애로 장기 요양이 필요할 때에는 임용권자는 본인의 의사에도 불구하고 휴직을 명하여야 한다.

해설 법 개정 전에는 청원경찰이 「국가공무원법」상 결격사유에 해당하면 당연퇴직되었으나, 현재는 「국가공무원법」 제33조 제2호는 파산선고를 받은 사람으로서 「채무자 회생 및 파산에 관한 법률」에 따라 신청기한 내에 면책신청을 하지 아니하였거나 면책불허가 결정 또는 면책 취소가 확정된 경우만 해당한다. 또한 「국가공무원법」 제33조 제5호는 「형법」 제129조부터 제132조까지, 「성폭력범죄의 처벌 등에 관한 특례법」 제2조, 「아동·청소년의 성보호에 관한 법률」 제2조 제2호 및 직무와 관련하여 「형법」 제355조 또는 제356조에 규정된 죄를 범한 사람으로서 금고 이상의 형의 선고유예를 받은 경우만 해당한다.

> **법 제5조의2 【청원경찰의 징계】** ① 청원주는 청원경찰이 다음 각 호의 어느 하나에 해당하는 때에는 대통령령으로 정하는 징계절차를 거쳐 징계처분을 하여야 한다.
> 1. 직무상의 의무를 위반하거나 직무를 태만히 한 때
> 2. 품위를 손상하는 행위를 한 때
>
> **법 제10조의6 【당연퇴직】** 청원경찰이 다음 각 호의 어느 하나에 해당할 때에는 당연퇴직된다.
> 1. 제5조 제2항에 따른 임용결격사유에 해당될 때. 다만, 「국가공무원법」 제33조 제2호는 파산선고를 받은 사람으로서 「채무자 회생 및 파산에 관한 법률」에 따라 신청기한 내에 면책신청을 하지 아니하였거나 면책불허가 결정 또는 면책 취소가 확정된 경우만 해당하고, 「국가공무원법」 제33조 제5호는 「형법」 제129조부터 제132조까지(수뢰, 사전수뢰, 제삼자뇌물제공, 수뢰후부정처사, 사후수뢰, 알선수뢰), 「성폭력범죄의 처벌 등에 관한 특례법」 제2조, 「아동·청소년의 성보호에 관한 법률」 제2조 제2호 및 직무와 관련하여 「형법」 제355조(횡령, 배임) 또는 제356조(업무상의 횡령과 배임)에 규정된 죄를 범한 사람으로서 금고 이상의 형의 선고유예를 받은 경우만 해당한다.
> 2. 제10조의5에 따라 청원경찰의 배치가 폐지되었을 때
> 3. 나이가 60세가 되었을 때. 다만, 그 날이 1월부터 6월 사이에 있으면 6월 30일에, 7월부터 12월 사이에 있으면 12월 31일에 각각 당연퇴직된다.
>
> **법 제10조의7 【휴직 및 명예퇴직】** 국가기관이나 지방자치단체에 근무하는 청원경찰의 휴직 및 명예퇴직에 관하여는 「국가공무원법」 제71조부터 제73조까지 및 제74조의2를 준용한다.
>
> **「국가공무원법」 제71조 【휴직】** ① 공무원이 다음 각 호의 어느 하나에 해당하면 임용권자는 본인의 의사에도 불구하고 휴직을 명하여야 한다.
> 1. 신체·정신상의 장애로 장기 요양이 필요할 때
> 2. 삭제 〈1978.12.5.〉
> 3. 「병역법」에 따른 병역 복무를 마치기 위하여 징집 또는 소집된 때
> 4. 천재지변이나 전시·사변, 그 밖의 사유로 생사(生死) 또는 소재(所在)가 불명확하게 된 때
> 5. 그 밖에 법률의 규정에 따른 의무를 수행하기 위하여 직무를 이탈하게 된 때
> 6. 「공무원의 노동조합 설립 및 운영 등에 관한 법률」 제7조에 따라 노동조합 전임자로 종사하게 된 때

52 청원경찰법령상 청원경찰의 신분 및 근무 등에 관한 설명으로 옳은 것은?

① 청원경찰 업무에 종사하는 자는 형법 또는 타 법령에 의한 벌칙의 적용과 불법행위로 인한 손해배상의 책임에 있어서는 공무원으로 본다.
② 청원경찰이 직무를 수행함에 있어 직권을 남용하여 국민에게 해를 끼친 경우에는 1년 이하의 징역이나 금고에 처한다.
③ 청원경찰은 근무 중에 제복을 착용하여야 하며, 청원주는 직권으로 청원경찰에게 무기를 휴대하게 할 수 있다.
④ 청원경찰은 형의 선고, 징계처분 또는 신체상·정신상의 이상으로 직무를 감당하지 못할 때를 제외하고는 그 의사(意思)에 반하여 면직(免職)되지 아니한다.

해설 ① 청원경찰 업무에 종사하는 사람은 「형법」이나 그 밖의 법령에 따른 벌칙을 적용할 때에는 공무원으로 본다.
② 청원경찰이 직무를 수행할 때 직권을 남용하여 국민에게 해를 끼친 경우에는 6개월 이하의 징역이나 금고에 처한다.
③ 시·도경찰청장은 청원경찰이 직무를 수행하기 위하여 필요하다고 인정하면 청원주의 신청을 받아 관할 경찰서장으로 하여금 청원경찰에게 무기를 대여하여 지니게 할 수 있다(청원경찰법 제8조 제2항).

> 법 제8조【제복 착용과 무기 휴대】① 청원경찰은 근무 중 제복을 착용하여야 한다.
> ② 시·도경찰청장은 청원경찰이 직무를 수행하기 위하여 필요하다고 인정하면 청원주의 신청을 받아 관할 경찰서장으로 하여금 청원경찰에게 무기를 대여하여 지니게 할 수 있다.
> 법 제10조【직권남용 금지 등】① 청원경찰이 직무를 수행할 때 직권을 남용하여 국민에게 해를 끼친 경우에는 6개월 이하의 징역이나 금고에 처한다.
> ② 청원경찰 업무에 종사하는 사람은 「형법」이나 그 밖의 법령에 따른 벌칙을 적용할 때에는 공무원으로 본다.
> 법 제10조의4【의사에 반한 면직】① 청원경찰은 형의 선고, 징계처분 또는 신체상·정신상의 이상으로 직무를 감당하지 못할 때를 제외하고는 그 의사(意思)에 반하여 면직(免職)되지 아니한다.
> ② 청원주가 청원경찰을 면직시켰을 때에는 그 사실을 관할 경찰서장을 거쳐 시·도경찰청장에게 보고하여야 한다.

51 ② 52 ④ **정답**

53 청원경찰법령에 관한 설명으로 옳지 않은 것은?

• 제20회 기출

① 청원경찰의 신분증명서는 청원주가 발행하며, 그 형식은 시·도경찰청장이 결정한다.
② 청원주는 소속 청원경찰에게 그 직무집행에 필요한 교육을 매월 4시간 이상 하여야 한다.
③ 청원경찰이 퇴직할 때에는 대여품을 청원주에게 반납하여야 한다.
④ 청원경찰은 국내 주재 외국기관에도 배치될 수 있다.

해설 청원경찰의 신분증명서는 청원주가 발행하며, 그 형식은 청원주가 결정하되 사업장별로 통일하여야 한다(청원경찰법 시행규칙 제11조 제1항).

> 법 제2조【정의】이 법에서 "청원경찰"이란 다음 각 호의 어느 하나에 해당하는 기관의 장 또는 시설·사업장 등의 경영자가 경비[이하 "청원경찰경비"(請願警察經費)라 한다]를 부담할 것을 조건으로 경찰의 배치를 신청하는 경우 그 기관·시설 또는 사업장 등의 경비(警備)를 담당하게 하기 위하여 배치하는 경찰을 말한다.
> 1. 국가기관 또는 공공단체와 그 관리하에 있는 중요시설 또는 사업장
> 2. 국내 주재(駐在) 외국기관
> 3. 그 밖에 행정안전부령으로 정하는 중요시설, 사업장 또는 장소
>
> 규칙 제11조【신분증명서】① 청원경찰의 신분증명서는 청원주가 발행하며, 그 형식은 청원주가 결정하되 사업장별로 통일하여야 한다.
> 규칙 제12조【급여품 및 대여품】② 청원경찰이 퇴직할 때에는 대여품을 청원주에게 반납하여야 한다.
> 규칙 제13조【직무교육】① 청원주는 소속 청원경찰에게 그 직무집행에 필요한 교육을 매월 4시간 이상 하여야 한다.
> ② 청원경찰이 배치된 사업장의 소재지를 관할하는 경찰서장(이하 "관할 경찰서장"이라 한다)은 필요하다고 인정하는 경우에는 그 사업장에 소속 공무원을 파견하여 직무집행에 필요한 교육을 할 수 있다.

정답 53 ①

에듀윌이 너를 지지할게

ENERGY

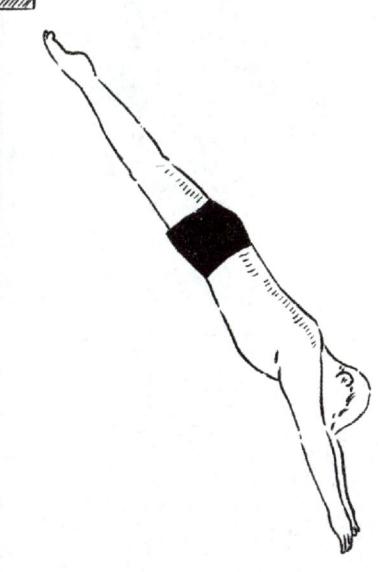

한 글자로는 '꿈'

두 글자로는 '희망'

세 글자로는 '가능성'

네 글자로는 '할 수 있어'

– 정철, 『머리를 구하라』, 리더스북

PART 2 청원경찰법

CHAPTER 06 과태료와 벌칙 등

제1절 벌칙

제2절 기타

최근 13개년 출제비중

5.0%

학습 TIP

- ☑ 과태료에 관한 문제는 1문제 이상 반드시 출제되며, 문서와 비치장부에 관한 내용도 자주 출제되므로 권한자가 누구인지 알아두어야 한다.
- ☑ 쟁의행위에 따른 형벌, 직권남용 금지, 과태료 규정에 대한 내용을 정확히 숙지해야 한다. 특히, 과태료는 각 내용을 기출문제 위주로 비교하면서 반복학습한다.

POINT CHAPTER 내 절별 출제비중

| 01 | 벌칙 | 52% |
| 02 | 기타 | 48% |

CHAPTER 06 과태료와 벌칙 등

최신 개정 법령 확인

제1절 벌칙

1. 형벌 ★★☆

(1) 직권남용의 금지 등

① 청원경찰이 직무를 수행할 때 직권을 남용하여 국민에게 해를 끼친 경우에는 6개월 이하의 징역이나 금고에 처한다(청원경찰법 제10조 제1항).

② 청원경찰 업무에 종사하는 사람은 「형법」이나 그 밖의 법령에 따른 벌칙을 적용할 때에는 공무원으로 본다(청원경찰법 제10조 제2항).

(2) 쟁의행위의 금지

청원경찰로서 「청원경찰법」 제9조의4(쟁의행위의 금지)를 위반하여 파업, 태업 또는 그 밖에 업무의 정상적인 운영을 방해하는 쟁의행위를 한 사람은 1년 이하의 징역 또는 1천만 원 이하의 벌금에 처한다(청원경찰법 제11조).

> 「경비업법」과의 비교
> 「경비업법」상 특수경비원도 쟁의행위 시 1년 이하의 징역 또는 1천만 원 이하의 벌금에 처한다.

핵심 기출문제

01 청원경찰법령상 청원경찰의 신분 및 직무수행에 관한 설명으로 옳지 <u>않은</u> 것은?
• 제26회 기출

① 청원경찰은 파업, 태업 또는 그 밖에 업무의 정상적인 운영을 방해하는 일체의 쟁의행위를 하여서는 아니 된다.
② 청원경찰이 직무를 수행할 때 직권을 남용하여 국민에게 해를 끼친 경우에는 1년 이하의 징역이나 금고에 처한다.
③ 청원경찰 업무에 종사하는 사람은 형법이나 그 밖의 법령에 따른 벌칙을 적용할 때에는 공무원으로 본다.
④ 청원경찰(국가기관이나 지방자치단체에 근무하는 청원경찰은 제외)의 직무상 불법행위에 대한 배상책임에 관하여는 민법의 규정을 따른다.

해설 청원경찰이 직무를 수행할 때 직권을 남용하여 국민에게 해를 끼친 경우에는 6개월 이하의 징역이나 금고에 처한다.

정답 ②

2. 과태료 ★★★

(1) 과태료 부과

① 과태료 부과 사유: 다음의 어느 하나에 해당하는 자에게는 500만 원 이하의 과태료를 부과한다(청원경찰법 제12조 제1항).

㉠ 시·도경찰청장은 청원경찰 배치신청을 받으면 지체 없이 그 배치 여부를 결정하여 신청인에게 알려야 한다(청원경찰법 제4조 제2항)는 규정에 따른 시·도경찰청장의 배치결정을 받지 아니하고 청원경찰을 배치하거나, 청원경찰은 청원주가 임용하되, 임용할 때에는 미리 시·도경찰청장의 승인을 받아야 한다(청원경찰법 제5조 제1항)는 규정에 따른 시·도경찰청장의 승인을 얻지 아니하고 청원경찰을 임용한 자

㉡ 정당한 사유 없이 「청원경찰법」 제6조 제3항에 따른 경찰청장이 고시한 최저부담기준액 이상의 보수를 지급하지 아니한 자

㉢ 「청원경찰법」 제9조의3 제2항에 따른 감독상 필요한 명령을 정당한 사유 없이 이행하지 아니한 자

② 과태료 부과·징수권자: 과태료는 대통령령으로 정하는 바에 따라 시·도경찰청장이 부과·징수한다(청원경찰법 제12조 제2항).

> 「청원경찰법」 제9조의3 【감독】
> ② 시·도경찰청장은 청원경찰의 효율적인 운영을 위하여 청원주를 지도하며 감독상 필요한 명령을 할 수 있다.

(2) 과태료의 구체적 기준

① 부과기준: 과태료의 부과기준은 [별표 2]와 같다(청원경찰법 시행령 제21조 제1항).

》 [별표 2] 과태료의 부과기준(시행령 제21조 제1항 관련)

위반행위	해당 법조문	과태료 금액
1. 법 제4조 제2항의 규정에 의한 시·도경찰청장의 배치결정을 받지 않고 다음 각 목의 시설에 청원경찰을 배치한 경우 가. 국가중요시설(국가정보원장이 지정하는 국가보안 목표시설을 말한다)인 경우 나. 가목에 따른 국가중요시설 외의 시설인 경우	법 제12조 제1항 제1호	500만 원 400만 원
2. 법 제5조 제1항의 규정에 의한 시·도경찰청장의 승인을 받지 않고 다음 각 목의 청원경찰을 임용한 경우	법 제12조 제1항 제1호	

	가. 법 제5조 제2항의 규정에 의한 임용결격사유에 해당하는 청원경찰		500만 원
	나. 법 제5조 제2항의 규정에 의한 임용결격사유에 해당하지 않는 청원경찰		300만 원
3. 정당한 이유 없이 법 제6조 제3항의 규정에 의하여 경찰청장이 고시한 최저부담기준액 이상의 보수를 지급하지 않은 경우		법 제12조 제1항 제2호	500만 원
4. 법 제9조의3 제2항의 규정에 의한 시·도경찰청장의 감독상 필요한 다음 각 목의 명령을 이행하지 않은 경우 가. 총기·실탄 및 분사기에 관한 명령 나. 가목에 따른 명령 외의 명령		법 제12조 제1항 제3호	500만 원 300만 원

② **고려사항**: 시·도경찰청장은 위반행위의 동기, 내용 및 위반의 정도 등을 고려하여 [별표 2]에 따른 과태료 금액의 100분의 50의 범위에서 그 금액을 줄이거나 늘릴 수 있다. 다만, 늘리는 경우에는 「청원경찰법」 제12조 제1항에 따른 과태료 금액의 상한을 초과할 수 없다(청원경찰법 시행령 제21조 제2항).

③ **기타**: 경찰서장은 과태료 처분을 하였을 때에는 과태료 부과 및 징수 사항을 [별지 제9호 서식]의 과태료 수납부에 기록하고 정리하여야 한다(청원경찰법 시행규칙 제24조 제3항).

핵심 기출문제

02 청원경찰법령상 과태료에 관한 설명으로 옳지 <u>않은</u> 것은? (단, 가중·감경은 고려하지 않는다)

• 제26회 기출

① 시·도경찰청장의 배치 결정을 받지 아니하고 청원경찰을 배치한 경우 1,000만 원 이하의 과태료가 부과된다.
② 정당한 사유 없이 경찰청장이 고시한 최저부담기준액 이상의 보수를 지급하지 아니한 경우 500만 원 이하의 과태료가 부과된다.
③ 감독상 필요한 명령을 정당한 사유 없이 이행하지 아니하였을 경우 500만 원 이하의 과태료가 부과된다.
④ 경찰서장은 과태료처분을 하였을 때에는 과태료 부과 및 징수 사항을 과태료 수납부에 기록하고 정리하여야 한다.

해설 시·도경찰청장의 배치 결정을 받지 아니하고 청원경찰을 배치한 경우 500만원 이하의 과태료가 부과된다.

정답 ①

■ 청원경찰법 시행규칙 [별지 제8호 서식]

(앞쪽)

봉 함 엽 서

우체국 요금후납

보내는 사람
시·도경찰청장(경찰관서장)
주소
□□□-□□□

과태료 부과 고지서 재중

받는 사람

□□□-□□□

귀하

------- 접 는 선 -------

------- 접 는 선 -------

제   호

과태료 부과 고지서 및 영수증(납부자용)

납부자: 주민(법인)번호: -*******

세입징수관	계좌번호

주소:

귀하에 대하여 「청원경찰법」 제12조 제1항에 따라 아래와 같이 과태료를 부과하니 납부기한 내에 내시기 바랍니다.

과태료 금액			납부기한	~
위반 사항	일시		위반내용	
	장소		적용법령	

년   월   일   위 금액을 정히 영수합니다.
* 납기 후 수납 불가

시·도경찰청장
경 찰 서 장   [직인]   년 월 일   (수납인)

210mm×297mm[일반용지60g/m²(재활용품)]

(뒤쪽)

-------- 접는선 --------

제   호

과태료 부과 고지서 및 영수증(수납기관용)

경찰청

납부자:	주민(법인)번호 :	- *******	세입징수관	계좌번호
주소:				

과태료 금액		납부기한	~

위 금액의 수납을 의뢰합니다.
년   월   일   은행(우체국)   지점

시 · 도경찰청장   [직인]   (수납인)
경 찰 서 장

-------- 접는선 --------

〈안 내 말 씀〉

❖ 앞쪽에 기재된 과태료 금액을 한국은행 국고(수납) 대리점인 은행, 우체국, 신용협동조합, 새마을금고 또는 상호저축은행에 내시기 바랍니다.
❖ 과태료 부과에 불복하실 경우 납부기한 내에 우리 경찰서(시 · 도경찰청)에 서면으로 이의를 제기하실 수 있습니다.
❖ 이의제기 없이 기한 내에 내지 않으실 경우 「질서위반행위규제법」 제24조에 따라 5/100의 가산금이 부과되며, 1개월 경과 시마다 12/1000의 중가산금이 부과됩니다. 또한, 「질서위반행위규제법」 제52조에 따라 관허사업의 제한을 받을 수 있고, 같은 법 제53조에 따라 체납 또는 결손처분자료가 신용정보기관에 제공될 수 있으며, 같은 법 제54조에 따라 법원의 결정으로 감치(監置)에 처해질 수 있습니다.
❖ 영수증은 5년간 보관하시기 바랍니다.

제2절 ▶ 기타

1. 문서와 장부의 비치 ★★☆

(1) 청원주

청원주는 다음의 문서와 장부를 갖춰 두어야 한다(청원경찰법 시행규칙 제17조 제1항).
① 청원경찰 명부
② 근무일지
③ 근무상황카드
④ 경비구역 배치도
⑤ 순찰표철
⑥ 무기·탄약출납부
⑦ 무기장비 운영카드
⑧ 봉급지급 조서철
⑨ 신분증명서 발급대장
⑩ 징계 관계철
⑪ 교육훈련 실시부
⑫ 청원경찰 직무교육계획서
⑬ 급여품 및 대여품 대장
⑭ 그 밖에 청원경찰의 운영에 필요한 문서와 장부

(2) 관할 경찰서장

관할 경찰서장은 다음의 문서와 장부를 갖춰 두어야 한다(청원경찰법 시행규칙 제17조 제2항).
① 청원경찰 명부
② 감독순시부
③ 전·출입 관계철
④ 교육훈련 실시부
⑤ 무기·탄약대여대장
⑥ 징계요구서철
⑦ 그 밖에 청원경찰의 운영에 필요한 문서와 장부

(3) 시·도경찰청장

시·도경찰청장은 다음의 문서와 장부를 갖춰 두어야 한다(청원경찰법 시행규칙 제17조 제3항).

① 배치결정 관계철
② 청원경찰 임용승인 관계철
③ 전·출입 관계철
④ 그 밖에 청원경찰의 운영에 필요한 문서와 장부

핵심 기출문제

03 청원경찰법령상 청원주가 갖추어야 할 문서와 장부가 아닌 것은?

• 제25회 기출

① 청원경찰 임용승인 관계철 ② 청원경찰 명부
③ 경비구역 배치도 ④ 무기·탄약 출납부

해설 청원경찰 임용승인 관계철은 시·도경찰청장이 갖추어야 할 문서와 장부이다.

정답 ①

04 청원경찰법령상 청원주와 관할 경찰서장이 공통으로 갖춰 두어야 할 문서와 장부로 옳은 것은?

• 제17회, 제24회 기출

① 무기·탄약 출납부 ② 교육훈련 실시부
③ 무기장비 운영카드 ④ 무기·탄약 대여대장

해설 청원경찰 명부와 교육훈련 실시부는 청원주와 관할 경찰서장이 공통으로 갖춰 두어야 한다.

정답 ②

05 청원경찰법령상 관할 경찰서장이 갖춰 두어야 할 문서와 장부로 옳지 않은 것은?

• 제26회 기출

① 청원경찰 명부
② 감독 순시부
③ 교육훈련 실시부
④ 배치 결정 관계철

해설 배치 결정 관계철은 시·도경찰청장이 갖춰 두어야 할 문서와 장부이다.

정답 ④

청원경찰법과 경비업법의 비치 장부 비교

비교	「청원경찰법」	「경비업법」
청원주 (시설주)	• 청원경찰 명부 • 근무일지 • 근무상황카드 • 경비구역 배치도 • 순찰표철 • 무기·탄약출납부 • 무기장비 운영카드 • 봉급지급 조서철 • 신분증명서 발급대장 • 징계 관계철 • 교육훈련 실시부 • 청원경찰 직무교육계획서 • 급여품 및 대여품 대장 • 그 밖에 청원경찰의 운영에 필요한 문서와 장부	• 근무일지 • 근무상황카드 • 경비구역 배치도 • 순찰표철 • 무기·탄약출납부 • 무기장비 운영카드
관할 경찰서장 (경찰관서장)	• 청원경찰 명부 • 감독순시부 • 전·출입 관계철 • 교육훈련 실시부 • 무기·탄약대여대장 • 징계요구서철 • 그 밖에 청원경찰의 운영에 필요한 문서와 장부	• 감독순시부 • 특수경비원 전·출입 관계철 • 특수경비원 교육훈련 실시부 • 무기·탄약대여대장 • 그 밖에 특수경비원의 관리 등을 위하여 필요한 장부 또는 서류
시·도경찰청장	• 배치결정 관계철 • 청원경찰 임용승인 관계철 • 전·출입 관계철 • 그 밖에 청원경찰의 운영에 필요한 문서와 장부	–

2. 경비전화의 비치

① 관할 경찰서장은 청원주의 신청에 따라 경비를 위하여 필요하다고 인정할 때에는 청원경찰이 배치된 사업장에 경비전화를 가설할 수 있다(청원경찰법 시행규칙 제20조 제1항).

② 경비전화를 가설할 때 드는 비용은 청원주가 부담한다(청원경찰법 시행규칙 제20조 제2항).

3. 민감정보 및 고유식별정보의 처리 ★★★

(1) 내용

시·도경찰청장 또는 경찰서장은 다음의 사무를 수행하기 위하여 불가피한 경우「개인정보 보호법」제23조에 따른 **건강**에 관한 정보와 「개인정보 보호법 시행령」제18조 제2호에 따른 **범죄경력자료**에 해당하는 정보,「개인정보 보호법 시행령」제19조 제1호 또는 제4호에 따른 **주민등록번호 또는 외국인등록번호**가 포함된 자료를 처리할 수 있다(청원경찰법 시행령 제20조의2).

(2) 처리가능한 자료

① 「청원경찰법」및 「청원경찰법 시행령」에 따른 청원경찰의 임용, 배치 등 인사관리에 관한 사무
② 청원경찰의 제복 착용 및 무기 휴대(청원경찰법 제8조)에 관한 사무
③ 청원주에 대한 지도·감독(청원경찰법 제9조의3)에 관한 사무
④ 위 ①부터 ③까지의 규정에 따른 사무를 수행하기 위하여 필요한 사무

CHAPTER 06 과태료와 벌칙 등

중요내용 OX 문제

제1절 벌칙

01 청원경찰이 직무를 수행할 때 직권을 남용하여 국민에게 해를 끼친 경우에는 6개월 이하의 징역 또는 200만 원 이하의 벌금에 처한다.

02 청원경찰은 형법에 따른 벌칙을 적용할 때에는 공무원으로 간주하지 않는다.

03 청원경찰이 쟁의행위의 금지 규정을 위반하여 파업, 태업 또는 그 밖에 업무의 정상적인 운영을 방해하는 쟁의행위를 한 경우, 1년 이하의 징역 또는 1천만 원 이하의 벌금에 처한다.

04 시·도경찰청장의 승인을 받지 않고 임용결격사유에 해당하지 아니하는 청원경찰을 임용한 자에게는 300만 원의 과태료를 부과한다.

05 청원경찰이 직무상의 의무를 위반하거나 직무를 태만히 한 경우에는 500만 원 이하의 과태료를 부과한다.

06 시·도경찰청장은 과태료 처분을 하였을 때에는 과태료 부과 및 징수 사항을 과태료 수납부에 기록하고 정리하여야 한다.

OX 정답 01 × 02 × 03 ○ 04 ○ 05 × 06 ×

X 해설
01 6개월 이하의 징역이나 금고에 처한다.
02 청원경찰은 「형법」에 따른 벌칙을 적용할 때에는 공무원으로 본다.
05 과태료 부과가 아니라 청원경찰의 징계 사유에 해당한다.
06 경찰서장은 과태료 처분을 하였을 때에는 과태료 부과 및 징수 사항을 과태료 수납부에 기록하고 정리하여야 한다.

제2절 기타

07 무기·탄약출납부와 무기장비 운영카드는 관할 경찰서장이 비치하는 부책이다. ☐ O ☐ X

08 관할 경찰서장은 청원주의 신청에 따라 경비를 위하여 필요하다고 인정할 때에는 청원경찰이 배치된 사업장에 경비전화를 가설할 수 있으며, 가설에 드는 비용은 관할 경찰서장이 부담한다. ☐ O ☐ X

09 시·도경찰청장 또는 경찰서장은 법정사무를 수행하기 위하여 불가피한 경우 개인정보 보호법에 따른 유전자검사 등의 결과로 얻어진 유전정보를 처리할 수 있다. ☐ O ☐ X

OX 정답 07 × 08 × 09 ×

X 해설
07 무기·탄약출납부와 무기장비 운영카드는 청원주가 갖춰 두어야 할 장부이다. 관할 경찰서장이 갖춰 두어야 할 장부는 무기·탄약대여대장이다.
08 경비전화를 가설할 때 드는 비용은 청원주가 부담한다.
09 처리 가능한 민감정보 및 고유식별정보에 유전정보는 명문화되어 있지 않다.

CHAPTER 06 과태료와 벌칙 등

기출 및 예상문제

제1절 벌칙

01 청원경찰법령상 벌칙과 과태료에 관한 설명으로 옳은 것은? · 제24회 기출

① 파업, 태업 또는 그 밖에 업무의 정상적인 운영을 방해하는 쟁의행위를 한 청원경찰은 1년 이하의 징역 또는 1천만 원 이하의 벌금에 처한다.
② 시·도경찰청장의 배치 결정을 받지 아니하고 청원경찰을 배치하거나 시·도경찰청장의 승인을 받지 아니하고 청원경찰을 임용한 청원주는 1년 이하의 징역 또는 1천만 원 이하의 벌금에 처한다.
③ 정당한 사유 없이 경찰청장이 고시한 최저부담기준액 이상의 보수를 지급하지 아니한 청원주는 1년 이하의 징역 또는 1천만 원 이하의 벌금에 처한다.
④ 시·도경찰청장의 감독상 필요한 명령을 정당한 사유 없이 이행하지 아니한 청원주는 1년 이하의 징역 또는 1천만 원 이하의 벌금에 처한다.

해설 ② 시·도경찰청장의 배치 결정을 받지 아니하고 청원경찰을 배치하거나 시·도경찰청장의 승인을 받지 아니하고 청원경찰을 임용한 청원주는 500만 원 이하의 과태료에 처한다.
③ 정당한 사유 없이 경찰청장이 고시한 최저부담기준액 이상의 보수를 지급하지 아니한 청원주는 500만 원 이하의 과태료에 처한다.
④ 시·도경찰청장의 감독상 필요한 명령을 정당한 사유 없이 이행하지 아니한 청원주는 500만 원 이하의 과태료에 처한다.

정답 01 ①

02 청원경찰법령상 청원경찰의 직무 등에 관한 설명으로 옳지 않은 것은?
• 제20회 기출

① 경찰관 직무집행법에 따른 직무 외의 수사활동 등 사법경찰관리의 직무를 수행해서는 아니 된다.
② 청원경찰 업무에 종사하는 사람은 형법이나 그 밖의 법령에 따른 벌칙을 적용할 때에는 공무원으로 본다.
③ 청원경찰이 직무를 수행할 때 직권을 남용하여 국민에게 해를 끼친 경우에는 6개월 이하의 징역이나 금고에 처한다.
④ 관할 경찰서장은 매월 2회 이상 청원경찰의 복무규율과 근무 상황을 감독하여야 한다.

해설 관할 경찰서장은 매월 1회 이상 청원경찰을 배치한 경비구역에 대하여 복무규율과 근무 상황을 감독하여야 한다.

> **법 제10조 【직권남용 금지 등】** ① 청원경찰이 직무를 수행할 때 직권을 남용하여 국민에게 해를 끼친 경우에는 6개월 이하의 징역이나 금고에 처한다.
> ② 청원경찰 업무에 종사하는 사람은 「형법」이나 그 밖의 법령에 따른 벌칙을 적용할 때에는 공무원으로 본다.
> **영 제17조 【감독】** 관할 경찰서장은 매달 1회 이상 청원경찰을 배치한 경비구역에 대하여 다음 각 호의 사항을 감독하여야 한다.
> 1. 복무규율과 근무 상황
> 2. 무기의 관리 및 취급 사항
> **규칙 제21조 【주의사항】** ① 청원경찰이 법 제3조에 따른 직무를 수행할 때에는 경비 목적을 위하여 필요한 최소한의 범위에서 하여야 한다.
> ② 청원경찰은 「경찰관 직무집행법」에 따른 직무 외의 수사활동 등 사법경찰관리의 직무를 수행해서는 아니 된다.

03 청원경찰법령상 청원경찰의 신분 및 근무 등에 관한 설명으로 옳지 <u>않은</u> 것은?

• 제16회 기출

① 청원경찰은 형법이나 그 밖의 법령에 따른 벌칙을 적용할 때에는 공무원으로 본다.
② 국가기관에 근무하는 청원경찰의 직무상 불법행위에 대한 배상책임에 관하여는 민법의 규정을 적용하여야 한다.
③ 청원경찰이 직무를 수행할 때 직권을 남용하여 국민에게 해를 끼친 경우에는 6개월 이하의 징역이나 금고에 처한다.
④ 청원경찰은 형의 선고, 징계처분 또는 신체상·정신상의 이상으로 직무를 감당하지 못할 때를 제외하고는 그 의사에 반하여 면직되지 아니한다.

해설 청원경찰(국가기관이나 지방자치단체에 근무하는 청원경찰은 제외한다)의 직무상 불법행위에 대한 배상책임에 관하여는 「민법」의 규정을 따른다.

> **법 제10조【직권남용 금지 등】** ① 청원경찰이 직무를 수행할 때 직권을 남용하여 국민에게 해를 끼친 경우에는 6개월 이하의 징역이나 금고에 처한다.
> ② 청원경찰 업무에 종사하는 사람은 「형법」이나 그 밖의 법령에 따른 벌칙을 적용할 때에는 공무원으로 본다.
> **법 제10조의2【청원경찰의 불법행위에 대한 배상책임】** 청원경찰(국가기관이나 지방자치단체에 근무하는 청원경찰은 제외한다)의 직무상 불법행위에 대한 배상책임에 관하여는 「민법」의 규정을 따른다.
> **법 제10조의4【의사에 반한 면직】** ① 청원경찰은 형의 선고, 징계처분 또는 신체상·정신상의 이상으로 직무를 감당하지 못할 때를 제외하고는 그 의사(意思)에 반하여 면직(免職)되지 아니한다.

04 청원경찰법령상 청원경찰이 직무를 수행함에 있어서 직권을 남용하여 국민에게 해를 끼친 경우 처벌은?

① 6개월 이하의 징역이나 금고
② 1년 이하의 징역이나 금고
③ 2년 이하의 징역이나 금고
④ 3년 이하의 징역이나 금고

해설 청원경찰의 직권남용 시 6개월 이하의 징역이나 금고에 처한다.

> **법 제10조【직권남용 금지 등】** ① 청원경찰이 직무를 수행할 때 직권을 남용하여 국민에게 해를 끼친 경우에는 6개월 이하의 징역이나 금고에 처한다.

정답 02 ④ 03 ② 04 ①

05 청원경찰법령상 청원경찰의 신분 및 직무수행에 관한 설명으로 옳지 <u>않은</u> 것은?

• 제20회 기출

① 청원경찰은 파업, 태업 또는 그 밖에 업무의 정상적인 운영을 방해하는 일체의 쟁의행위를 하여서는 아니 된다.
② 국가기관에 근무하는 청원경찰의 직무상 불법행위에 대한 배상책임은 민법의 규정을 따른다.
③ 청원경찰은 형의 선고, 징계처분 또는 신체상·정신상의 이상으로 직무를 감당하지 못할 때를 제외하고는 그 의사에 반하여 면직되지 아니한다.
④ 청원경찰의 근무구역 순찰은 단독 또는 복수로 정선순찰을 하되, 청원주가 필요하다고 인정할 때에는 요점순찰 또는 난선순찰을 할 수 있다.

해설 청원경찰(국가기관이나 지방자치단체에 근무하는 청원경찰은 제외한다)의 직무상 불법행위에 대한 배상책임에 관하여는 「민법」의 규정을 따른다.

06 청원경찰법령상 청원경찰의 신분 및 근무 등에 관한 설명으로 옳은 것은?

① 청원경찰은 형법이나 그 밖의 법령에 따른 벌칙을 적용할 때에는 공무원이 아닌 것으로 본다.
② 국가기관에 근무하는 청원경찰의 직무상 불법행위에 대한 배상책임에 관하여는 민법의 규정을 적용하여야 한다.
③ 청원경찰이 직무를 수행할 때 직권을 남용하여 국민에게 해를 끼친 경우에는 6개월 이하의 징역이나 금고에 처한다.
④ 청원경찰은 형의 선고, 징계처분 또는 신체상·정신상의 이상이 있을 때를 제외하고는 그 의사에 반하여 면직되지 아니한다.

해설 ① 청원경찰은 「형법」이나 그 밖의 법령에 따른 벌칙을 적용할 때에는 공무원으로 본다.
② 청원경찰(국가기관이나 지방자치단체에 근무하는 청원경찰은 제외한다)의 직무상 불법행위에 대한 배상책임에 관하여는 「민법」의 규정을 따른다.
④ 청원경찰은 형의 선고, 징계처분 또는 신체상·정신상의 이상으로 직무를 감당하지 못할 때를 제외하고는 그 의사에 반하여 면직되지 아니한다.

07 청원경찰법령상 청원경찰의 근무 등에 관한 설명으로 옳지 않은 것은?   • 제19회 기출

① 청원경찰은 형법에 따른 벌칙을 적용할 때에는 공무원으로 간주하지 않는다.
② 청원경찰은 근무 중에는 행정안전부령이 정하는 제복을 착용하여야 한다.
③ 청원경찰이 직무수행 시에 직권을 남용하여 국민에게 해를 끼친 경우에는 6개월 이하의 징역이나 금고에 처한다.
④ 시·도경찰청장은 직무수행에 필요하면 청원주의 신청을 받아 관할 경찰서장으로 하여금 청원경찰에게 무기를 대여하여 지니게 할 수 있다.

해설 청원경찰 업무에 종사하는 사람은 「형법」이나 그 밖의 법령에 따른 벌칙을 적용할 때에는 공무원으로 본다.

> 법 제8조【제복 착용과 무기 휴대】① 청원경찰은 근무 중 제복을 착용하여야 한다.
> ② 시·도경찰청장은 청원경찰이 직무를 수행하기 위하여 필요하다고 인정하면 청원주의 신청을 받아 관할 경찰서장으로 하여금 청원경찰에게 무기를 대여하여 지니게 할 수 있다.
> 법 제10조【직권남용 금지 등】① 청원경찰이 직무를 수행할 때 직권을 남용하여 국민에게 해를 끼친 경우에는 6개월 이하의 징역이나 금고에 처한다.
> ② 청원경찰 업무에 종사하는 사람은 「형법」이나 그 밖의 법령에 따른 벌칙을 적용할 때에는 공무원으로 본다.

08 청원경찰법상 청원주에게 과태료를 부과·징수하는 기관으로 옳은 것은?

① 경찰청장
② 시·도경찰청장
③ 관할 지방자치단체의 장
④ 관할 세무서장

해설 과태료는 대통령령으로 정하는 바에 따라 시·도경찰청장이 부과·징수한다(청원경찰법 제12조 제2항).

09 청원경찰법 제12조(과태료) 제2항에 관한 규정이다. (   ) 안에 들어갈 내용으로 옳은 것은?   • 제18회 기출

> 제1항에 따른 과태료는 대통령령으로 정하는 바에 따라 (   )이(가) 부과·징수한다.

① 경찰청장
② 시·도경찰청장
③ 지방자치단체장
④ 청원주

해설 과태료는 대통령령으로 정하는 바에 따라 시·도경찰청장이 부과·징수한다.

정답 05 ② 06 ③ 07 ① 08 ② 09 ②

10 청원경찰법에서 과태료 부과 대상이 <u>아닌</u> 것은?

① 배치결정을 받지 아니하고 청원경찰을 배치한 경우
② 승인을 얻지 아니하고 청원경찰을 임용한 경우
③ 고시한 최저부담기준액 이하의 보수를 청원경찰에게 지급한 경우
④ 직무상 의무에 위반하거나 직무를 태만히 한 경우

해설 직무상 의무에 위반하거나 직무를 태만히 한 경우는 청원주의 과태료 부과 대상이 아닌 청원경찰의 징계 사유에 해당한다.

> 법 제12조【과태료】① 다음 각 호의 어느 하나에 해당하는 자에게는 500만 원 이하의 과태료를 부과한다.
> 1. 제4조 제2항에 따른 시·도경찰청장의 배치결정을 받지 아니하고 청원경찰을 배치하거나 제5조 제1항에 따른 시·도경찰청장의 승인을 받지 아니하고 청원경찰을 임용한 자
> 2. 정당한 사유 없이 제6조 제3항에 따라 경찰청장이 고시한 최저부담기준액 이상의 보수를 지급하지 아니한 자
> 3. 제9조의3 제2항에 따른 감독상 필요한 명령을 정당한 사유 없이 이행하지 아니한 자
> ② 제1항에 따른 과태료는 대통령령으로 정하는 바에 따라 시·도경찰청장이 부과·징수한다.

11 청원경찰법상 과태료 부과기준 금액이 500만 원에 해당하지 <u>않는</u> 경우는? • 제20회 기출

① 임용결격사유에 해당하지 않는 청원경찰을 시·도경찰청장의 승인을 받지 않고 임용한 경우
② 시·도경찰청장의 배치결정을 받지 않고 국가정보원장이 지정하는 국가보안 목표시설에 청원경찰을 배치한 경우
③ 정당한 사유 없이 경찰청장이 고시한 최저부담기준액 이상의 보수를 지급하지 않은 경우
④ 시·도경찰청장의 감독상 필요한 총기·실탄 및 분사기에 관한 명령을 정당한 사유 없이 이행하지 않은 경우

해설 임용결격사유에 해당하지 않는 청원경찰을 시·도경찰청장의 승인을 받지 않고 임용한 경우는 300만 원의 과태료에 해당한다.

▶ [별표 2] 과태료의 부과기준(시행령 제21조 제1항 관련)

위반행위	해당 법조문	과태료 금액
1. 법 제4조 제2항에 따른 시·도경찰청장의 배치결정을 받지 않고 다음 각 목의 시설에 청원경찰을 배치한 경우 　가. 국가중요시설(국가정보원장이 지정하는 국가보안 목표시설을 말한다)인 경우 　나. 가목에 따른 국가중요시설 외의 시설인 경우	법 제12조 제1항 제1호	500만 원 400만 원
2. 법 제5조 제1항에 따른 시·도경찰청장의 승인을 받지 않고 다음 각 목의 청원경찰을 임용한 경우 　가. 법 제5조 제2항에 따른 임용결격사유에 해당하는 청원경찰 　나. 법 제5조 제2항에 따른 임용결격사유에 해당하지 않는 청원경찰	법 제12조 제1항 제1호	500만 원 300만 원
3. 정당한 사유 없이 법 제6조 제3항에 따라 경찰청장이 고시한 최저부담기준액 이상의 보수를 지급하지 않은 경우	법 제12조 제1항 제2호	500만 원
4. 법 제9조의3 제2항에 따른 시·도경찰청장의 감독상 필요한 다음 각 목의 명령을 정당한 사유 없이 이행하지 않은 경우 　가. 총기·실탄 및 분사기에 관한 명령 　나. 가목에 따른 명령 외의 명령	법 제12조 제1항 제3호	500만 원 300만 원

12 청원경찰법상 500만 원 이하의 과태료를 부과하는 대상이 아닌 자는?   • 제17회 기출

① 시·도경찰청장의 배치결정을 받지 아니하고 청원경찰을 배치한 자
② 정당한 사유 없이 경찰청장이 고시한 최저부담기준액 이상의 보수를 지급하지 아니한 자
③ 시·도경찰청장의 감독상 필요한 명령을 정당한 사유 없이 이행하지 아니한 자
④ 청원경찰로서 직무에 관하여 허위로 보고한 자

해설 ▶ 청원경찰로서 직무에 관하여 허위로 보고한 자에 대한 과태료 부과의 명문 규정은 없다.

법 제12조【과태료】① 다음 각 호의 어느 하나에 해당하는 자에게는 500만 원 이하의 과태료를 부과한다.
　1. 제4조 제2항에 따른 시·도경찰청장의 배치결정을 받지 아니하고 청원경찰을 배치하거나 제5조 제1항에 따른 시·도경찰청장의 승인을 받지 아니하고 청원경찰을 임용한 자
　2. 정당한 사유 없이 제6조 제3항에 따라 경찰청장이 고시한 최저부담기준액 이상의 보수를 지급하지 아니한 자
　3. 제9조의3 제2항에 따른 감독상 필요한 명령을 정당한 사유 없이 이행하지 아니한 자

10 ④　11 ①　12 ④　정답

13 청원경찰법령상 처벌기준이 낮은 것부터 높은 순서대로 바르게 나열한 것은?

> ㄱ. 시·도경찰청장의 배치결정을 받지 아니하고 국가중요시설 외의 시설에 청원경찰을 배치한 경우
> ㄴ. 시·도경찰청장의 승인을 받지 않고 임용결격사유에 해당하지 않는 청원경찰을 임용한 경우
> ㄷ. 정당한 사유 없이 경찰청장이 고시한 최저부담기준액 이상의 보수를 지급하지 않은 경우

① ㄱ - ㄴ - ㄷ
② ㄴ - ㄱ - ㄷ
③ ㄷ - ㄱ - ㄴ
④ ㄷ - ㄴ - ㄱ

해설 ㄴ. 300만 원의 과태료, ㄱ. 400만 원의 과태료, ㄷ. 500만 원의 과태료를 부과한다.

14 청원경찰법령상 청원주의 위반행위로 인한 과태료의 부과기준이 500만 원에 해당하지 않는 것은?

• 제19회 기출

① 시·도경찰청장의 승인을 받지 않고 임용결격사유에 해당하는 사람을 청원경찰에 임용한 경우
② 시·도경찰청장의 감독상 필요한 분사기에 관한 명령을 정당한 사유 없이 이행하지 않은 경우
③ 정당한 사유 없이 경찰청장이 고시한 최저부담기준액 이상의 보수를 지급하지 않은 경우
④ 시·도경찰청장의 배치결정을 받지 않고 국가정보원장이 지정하는 국가보안 목표시설에 청원경찰을 배치한 경우

해설 모두 500만 원 이하의 과태료 부과 대상으로, '정답 없음'으로 처리되었다.

> 법 제12조 【과태료】 ① 다음 각 호의 어느 하나에 해당하는 자에게는 500만 원 이하의 과태료를 부과한다.
> 1. 제4조 제2항에 따른 시·도경찰청장의 배치결정을 받지 아니하고 청원경찰을 배치하거나 제5조 제1항에 따른 시·도경찰청장의 승인을 받지 아니하고 청원경찰을 임용한 자
> 2. 정당한 사유 없이 제6조 제3항에 따라 경찰청장이 고시한 최저부담기준액 이상의 보수를 지급하지 아니한 자
> 3. 제9조의3 제2항에 따른 감독상 필요한 명령을 정당한 사유 없이 이행하지 아니한 자

▶ [별표 2] 과태료의 부과기준(시행령 제21조 제1항 관련)

위반행위	해당 법조문	과태료 금액
1. 법 제4조 제2항에 따른 시·도경찰청장의 배치결정을 받지 않고 다음 각 목의 시설에 청원경찰을 배치한 경우 　가. 국가중요시설(국가정보원장이 지정하는 국가보안 목표시설을 말한다)인 경우 　나. 가목에 따른 국가중요시설 외의 시설인 경우	법 제12조 제1항 제1호	500만 원 400만 원
2. 법 제5조 제1항에 따른 시·도경찰청장의 승인을 받지 않고 다음 각 목의 청원경찰을 임용한 경우 　가. 법 제5조 제2항에 따른 임용결격사유에 해당하는 청원경찰 　나. 법 제5조 제2항에 따른 임용결격사유에 해당하지 않는 청원경찰	법 제12조 제1항 제1호	500만 원 300만 원
3. 정당한 사유 없이 법 제6조 제3항에 따라 경찰청장이 고시한 최저부담기준액 이상의 보수를 지급하지 않은 경우	법 제12조 제1항 제2호	500만 원
4. 법 제9조의3 제2항에 따른 시·도경찰청장의 감독상 필요한 다음 각 목의 명령을 정당한 사유 없이 이행하지 않은 경우 　가. 총기·실탄 및 분사기에 관한 명령 　나. 가목에 따른 명령 외의 명령	법 제12조 제1항 제3호	500만 원 300만 원

15 청원경찰법령상 500만 원 이하의 과태료 부과 처분의 대상이 되는 자가 <u>아닌</u> 것은?

① 정당한 사유 없이 경찰청장이 고시한 최저부담기준액 이상의 보수를 지급하지 아니한 자
② 시·도경찰청장의 승인을 받지 않고 청원경찰을 임용한 자
③ 시·도경찰청장의 청원주에 대한 지도·감독상 필요한 명령을 정당한 사유 없이 이행하지 아니한 자
④ 시·도경찰청장에게 신청을 하지 않고 무기대여를 받으려는 자

해설 시·도경찰청장에게 신청을 하지 않고 무기대여를 받으려는 자는 500만 원 이하의 과태료가 부과되는 대상에 포함되지 않는다.

13 ② 　 14 정답 없음 　 15 ④ 　 **정답**

16 청원경찰법령상 다음의 위반행위에 따른 과태료 부과기준이 순서대로 바르게 짝지어진 것은?

• 제13회 기출

> ㄱ. 시·도경찰청장의 감독상 필요한 총기·실탄 및 분사기에 관한 명령을 정당한 사유 없이 이행하지 않은 경우
> ㄴ. 시·도경찰청장의 승인을 받지 않고 국가공무원법상 임용결격사유에 해당하는 청원경찰을 임용한 경우

① ㄱ: 300만 원, ㄴ: 400만 원
② ㄱ: 400만 원, ㄴ: 400만 원
③ ㄱ: 400만 원, ㄴ: 500만 원
④ ㄱ: 500만 원, ㄴ: 500만 원

해설 시·도경찰청장의 감독상 필요한 총기·실탄 및 분사기에 관한 명령을 정당한 사유 없이 이행하지 않은 경우는 500만 원, 시·도경찰청장의 승인을 받지 않고 「국가공무원법」상 임용결격사유에 해당하는 청원경찰을 임용한 경우는 500만 원의 과태료가 부과된다.

▶ 위반행위에 따른 과태료의 부과기준

위반행위		과태료 금액
시·도경찰청장의 배치결정을 받지 아니하고 시설에 청원경찰을 배치한 경우	국가중요시설(국가정보원장이 지정하는 국가보안 목표시설)인 경우	500만 원
	국가중요시설 외의 시설인 경우	400만 원
시·도경찰청장의 승인을 얻지 아니하고 청원경찰을 임용한 경우	임용결격사유에 해당하는 경우	500만 원
	임용결격사유에 해당하지 않는 경우	300만 원
정당한 이유 없이 경찰청장이 고시한 최저부담기준액 이상의 보수를 지급하지 아니한 경우		500만 원
시·도경찰청장의 감독상 필요한 명령을 이행하지 아니한 경우	총기·실탄 및 분사기에 관한 명령	500만 원
	총기·실탄 및 분사기에 관한 명령 외의 명령	300만 원

17 청원경찰법령상 과태료의 부과기준 금액이 가장 적은 것은? (단, 과태료의 경감이나 가중은 고려하지 않는다)

• 제15회 기출

① 시·도경찰청장의 승인을 받지 않고 임용결격사유에 해당하는 청원경찰을 임용한 경우
② 시·도경찰청장의 배치결정을 받지 않고 국가중요시설 외의 시설에 청원경찰을 배치한 경우
③ 정당한 사유 없이 경찰청장이 고시한 최저부담기준액 이상의 보수를 지급하지 않은 경우
④ 총기·실탄 및 분사기에 관한 시·도경찰청장의 감독상 필요한 명령을 정당한 사유 없이 이행하지 않는 경우

해설 시·도경찰청장의 배치결정을 받지 않고 국가중요시설 외의 시설에 청원경찰을 배치한 경우는 400만 원의 과태료가 부과된다.
①③④ 500만 원의 과태료가 부과되는 경우에 해당한다.

18 청원경찰법령상 과태료의 부과기준 상한이 나머지와 <u>다른</u> 것은?

① 시·도경찰청장의 배치결정을 받지 아니하고 국가중요시설(국가정보원장이 지정하는 국가보안 목표시설을 말한다)에 청원경찰을 배치한 경우
② 시·도경찰청장의 승인을 받지 아니하고 임용결격사유에 해당하지 아니하는 청원경찰을 임용한 경우
③ 정당한 사유 없이 법규정에 의하여 경찰청장이 고시한 최저부담기준액 이상의 보수를 지급하지 아니한 경우
④ 시·도경찰청장의 감독상 필요한 명령 중 총기·실탄 및 분사기에 관한 명령을 이행하지 아니한 경우

해설 시·도경찰청장의 승인을 받지 않고 임용결격사유에 해당하는 청원경찰을 임용한 경우에 500만 원의 과태료를 부과한다. 시·도경찰청장의 승인을 받지 않고 임용결격사유에 해당하지 아니하는 청원경찰을 임용한 경우는 300만 원의 과태료를 부과한다.
①③④ 500만 원의 과태료 부과대상이다.

19 청원경찰법령상 처벌기준이 나머지와 <u>다른</u> 것은?

① 시·도경찰청장의 배치결정을 받지 아니하고 국가중요시설에 청원경찰을 배치한 경우
② 정당한 사유 없이 경찰청장이 고시한 최저부담기준액 이상의 보수를 지급하지 아니한 경우
③ 시·도경찰청장의 감독상 필요한 명령을 정당한 사유 없이 이행하지 아니한 경우
④ 청원경찰이 파업, 태업 또는 그 밖에 업무의 정상적인 운영을 방해하는 쟁의행위를 한 경우

해설 「청원경찰법」 제9조의4를 위반하여 파업, 태업 또는 그 밖에 업무의 정상적인 운영을 방해하는 쟁의행위를 한 사람은 1년 이하의 징역 또는 1천만 원 이하의 벌금에 처한다(청원경찰법 제11조).
①②③ 500만 원 이하의 과태료를 부과한다.

> 법 제12조 【과태료】① 다음의 어느 하나에 해당하는 자에게는 500만 원 이하의 과태료를 부과한다.
> 1. 제4조 제2항에 따른 시·도경찰청장의 배치결정을 받지 아니하고 청원경찰을 배치하거나 제5조 제1항에 따른 시·도경찰청장의 승인을 받지 아니하고 청원경찰을 임용한 자
> 2. 정당한 사유 없이 제6조 제3항에 따라 경찰청장이 고시한 최저부담기준액 이상의 보수를 지급하지 아니한 자
> 3. 제9조의3 제2항에 따른 감독상 필요한 명령을 정당한 사유 없이 이행하지 아니한 자

정답 16 ④　17 ②　18 ②　19 ④

20 청원경찰법령상 과태료의 부과기준에 관한 내용으로 옳지 않은 것은?

① 시·도경찰청장의 배치결정을 받지 않고 국방부장관이 지정하는 국가중요시설에 청원경찰을 배치한 경우
② 정당한 사유 없이 경찰청장이 고시한 최저부담기준액 이상의 보수를 지급하지 않은 경우
③ 시·도경찰청장의 감독상 필요한 총기·실탄 및 분사기에 관한 명령을 정당한 사유 없이 이행하지 않은 경우
④ 시·도경찰청장의 승인을 받지 않고 임용결격사유에 해당하지 아니하는 청원경찰을 임용한 경우

해설 시·도경찰청장의 배치결정을 받지 않고 국가중요시설(국가정보원장이 지정하는 국가보안 목표시설을 말한다)에 청원경찰을 배치한 경우에 과태료 부과대상이다. 즉, 국방부장관이 아닌 국가정보원장이 지정하는 국가중요시설이어야 한다.

21 청원경찰법령상 과태료에 관한 설명으로 옳지 않은 것은?

• 제22회 기출

① 시·도경찰청장의 배치결정을 받지 아니하고 청원경찰을 배치한 자에게는 500만 원 이하의 과태료를 부과한다.
② 과태료는 대통령령으로 정하는 바에 따라 시·도경찰청장이 부과·징수한다.
③ 경찰서장은 과태료 처분을 하였을 때에는 과태료 부과 및 징수 사항을 과태료 수납부에 기록하고 정리하여야 한다.
④ 경찰서장은 위반행위의 동기, 내용 및 위반의 정도 등을 고려하여 과태료 금액의 3분의 1의 범위에서 그 금액을 줄이거나 늘릴 수 있다.

해설 시·도경찰청장은 위반행위의 동기, 내용 및 위반의 정도 등을 고려하여 「청원경찰법 시행령」 [별표 2]에 따른 과태료 금액의 100분의 50의 범위에서 그 금액을 줄이거나 늘릴 수 있다.

> **법 제12조【과태료】** ① 다음 각 호의 어느 하나에 해당하는 자에게는 500만 원 이하의 과태료를 부과한다.
> 1. 제4조 제2항에 따른 시·도경찰청장의 배치결정을 받지 아니하고 청원경찰을 배치하거나 제5조 제1항에 따른 시·도경찰청장의 승인을 받지 아니하고 청원경찰을 임용한 자
> 2. 정당한 사유 없이 제6조 제3항에 따라 경찰청장이 고시한 최저부담기준액 이상의 보수를 지급하지 아니한 자
> 3. 제9조의3 제2항에 따른 감독상 필요한 명령을 정당한 사유 없이 이행하지 아니한 자
> ② 제1항에 따른 과태료는 대통령령으로 정하는 바에 따라 시·도경찰청장이 부과·징수한다.
> **영 제21조【과태료의 부과기준 등】** ② 시·도경찰청장은 위반행위의 동기, 내용 및 위반의 정도 등을 고려하여 별표 2에 따른 과태료 금액의 100분의 50의 범위에서 그 금액을 줄이거나 늘릴 수 있다. 다만, 늘리는 경우에는 법 제12조 제1항에 따른 과태료 금액의 상한을 초과할 수 없다.
> **규칙 제24조【과태료의 부과 고지서 등】** ③ 경찰서장은 과태료처분을 하였을 때에는 과태료 부과 및 징수 사항을 별지 제9호서식의 과태료 수납부에 기록하고 정리하여야 한다.

22 청원경찰법령상 과태료에 관한 설명으로 옳지 않은 것은? • 제25회 기출

① 과태료는 대통령령으로 정하는 바에 따라 시·도경찰청장이 부과·징수한다.
② 정당한 사유 없이 경찰청장이 고시한 최저부담기준액 이상의 보수를 지급하지 아니한 자에게는 300만 원 이하의 과태료를 부과한다.
③ 시·도경찰청장의 배치 결정을 받지 아니하고 청원경찰을 배치하거나 시·도경찰청장의 승인을 받지 아니하고 청원경찰을 임용한 자에게는 500만 원 이하의 과태료를 부과 한다.
④ 시·도경찰청장은 위반행위의 동기, 내용 및 위반의 정도 등을 고려하여 과태료 금액의 100분의 50의 범위에서 그 금액을 줄이거나 늘릴 수 있다.

해설 정당한 사유 없이 경찰청장이 고시한 최저부담기준액 이상의 보수를 지급하지 아니한 자에게는 500만 원 이하의 과태료를 부과한다.

23 청원경찰법령상 벌칙과 과태료에 관한 설명으로 옳지 않은 것은? • 제21회 기출

① 시·도경찰청장의 승인을 받지 아니하고 청원경찰을 임용한 자는 500만 원 이하의 과태료를 부과한다.
② 시·도경찰청장은 위반행위의 동기, 내용 및 위반의 정도 등을 고려하여 대통령령에서 정한 과태료 금액의 100분의 50의 범위에서 그 금액을 줄일 수 있다.
③ 경찰청장은 과태료 처분을 하였을 때에는 과태료 부과 및 징수 사항을 과태료 수납부에 기록하고 정리하여야 한다.
④ 파업 등 쟁의행위를 한 청원경찰은 1년 이하의 징역 또는 1천만 원 이하의 벌금에 처한다.

해설 경찰서장은 과태료 처분을 하였을 때에는 과태료 부과 및 징수 사항을 과태료 수납부에 기록하고 정리하여야 한다.

24 청원경찰법령상 과태료 처분을 하였을 때 과태료 부과 및 징수 사항을 과태료 수납부에 기록하고 정리하는 자는?

① 시·도경찰청장
② 경찰서장
③ 경찰청장
④ 지방자치단체장

해설 경찰서장은 과태료 처분을 하였을 때에는 과태료 부과 및 징수 사항을 과태료 수납부에 기록하고 정리하여야 한다(청원경찰법 시행규칙 제24조 제3항).

| 정답 | 20 ① | 21 ④ | 22 ② | 23 ③ | 24 ② |

제2절 기타

25 청원경찰법령상 규정된 각종 양식에 관한 내용으로 옳은 것은?

① 청원경찰의 신분증명서는 경찰서장이 발행하며, 그 형식은 청원주가 결정하되 사업장별로 통일하여야 한다.
② 경찰서장은 무기와 탄약을 대여했을 때에는 경찰청장이 정하는 무기·탄약출납부 및 무기장비 운영카드를 갖춰 두고 기록하여야 한다.
③ 청원주가 갖춰 두어야 할 문서와 장부의 서식은 경찰관서에서 사용하는 서식을 준용한다.
④ 시·도경찰청장은 과태료 처분을 하였을 때에는 과태료 부과 및 징수 사항을 과태료 수납부에 기록하고 정리하여야 한다.

해설
① 청원경찰의 신분증명서는 청원주가 발행하며, 그 형식은 청원주가 결정하되 사업장별로 통일하여야 한다.
② 청원주가 무기와 탄약을 대여받았을 때에는 경찰청장이 정하는 무기·탄약출납부 및 무기장비 운영카드를 갖춰 두고 기록하여야 한다.
④ 경찰서장은 과태료 처분을 하였을 때에는 과태료 부과 및 징수 사항을 과태료 수납부에 기록하고 정리하여야 한다.

> 규칙 제11조【신분증명서】① 청원경찰의 신분증명서는 청원주가 발행하며, 그 형식은 청원주가 결정하되 사업장별로 통일하여야 한다.
> 규칙 제16조【무기관리수칙】① 영 제16조에 따라 무기와 탄약을 대여받은 청원주는 다음 각호에 따라 무기와 탄약을 관리하여야 한다.
> 1. 청원주가 무기와 탄약을 대여받았을 때에는 경찰청장이 정하는 무기·탄약출납부 및 무기장비 운영카드를 갖춰 두고 기록하여야 한다.
> 규칙 제17조【문서와 장부의 비치】④ 제1항부터 제3항까지의 규정에 따른 문서와 장부의 서식은 경찰관서에서 사용하는 서식을 준용한다.
> 규칙 제24조【과태료 부과 고지서 등】③ 경찰서장은 과태료 처분을 하였을 때에는 과태료 부과 및 징수 사항을 별지 제9호 서식의 과태료 수납부에 기록하고 정리하여야 한다.

26 청원경찰법령상 관할 경찰서장이 갖춰 두어야 할 문서와 장부가 아닌 것은? • 제21회 기출

① 청원경찰 명부
② 전·출입 관계철
③ 교육훈련 실시부
④ 청원경찰 임용승인 관계철

해설 청원경찰 임용승인 관계철은 시·도경찰청장이 갖춰 두어야 한다.
①③ 청원경찰 명부와 교육훈련 실시부는 청원주와 관할 경찰서장이 갖춰 두어야 한다.
② 전·출입 관계철은 관할 경찰서장과 시·도경찰청장이 갖춰 두어야 한다.

27 청원경찰법령상 시·도경찰청장과 관할 경찰서장이 모두 비치해야 할 장부 등으로 옳은 것은?

• 제19회 기출

① 전·출입 관계철
② 교육훈련 실시부
③ 청원경찰 명부
④ 배치결정 관계철

해설 전·출입 관계철은 관할 경찰서장과 시·도경찰청장이 갖춰 두어야 한다.
②③ 청원경찰 명부와 교육훈련 실시부는 청원주와 관할 경찰서장이 갖춰 두어야 한다.
④ 배치결정 관계철은 시·도경찰청장이 갖춰 두어야 한다.

> 규칙 제17조 【문서와 장부의 비치】 ① 청원주는 다음 각 호의 문서와 장부를 갖춰 두어야 한다.
> 1. 청원경찰 명부
> 2. 근무일지
> 3. 근무상황카드
> 4. 경비구역 배치도
> 5. 순찰표철
> 6. 무기·탄약출납부
> 7. 무기장비 운영카드
> 8. 봉급지급 조서철
> 9. 신분증명서 발급대장
> 10. 징계 관계철
> 11. 교육훈련 실시부
> 12. 청원경찰 직무교육계획서
> 13. 급여품 및 대여품 대장
> 14. 그 밖에 청원경찰의 운영에 필요한 문서와 장부
> ② 관할 경찰서장은 다음 각 호의 문서와 장부를 갖춰 두어야 한다.
> 1. 청원경찰 명부
> 2. 감독순시부
> 3. 전·출입 관계철
> 4. 교육훈련 실시부
> 5. 무기·탄약대여대장
> 6. 징계요구서철
> 7. 그 밖에 청원경찰의 운영에 필요한 문서와 장부
> ③ 시·도경찰청장은 다음 각 호의 문서와 장부를 갖춰 두어야 한다.
> 1. 배치결정 관계철
> 2. 청원경찰 임용승인 관계철
> 3. 전·출입 관계철
> 4. 그 밖에 청원경찰의 운영에 필요한 문서와 장부

정답 25 ③ 26 ④ 27 ①

28 청원경찰법령상 청원주가 갖추어 두어야 할 문서와 장부에 해당하는 것을 모두 고른 것은?

• 제23회 기출

ㄱ. 청원경찰 명부　　　　　　　　ㄴ. 경비구역 배치도
ㄷ. 청원경찰 직무교육계획서　　　ㄹ. 전·출입 관계철

① ㄱ, ㄷ
② ㄱ, ㄴ, ㄷ
③ ㄱ, ㄴ, ㄹ
④ ㄴ, ㄷ, ㄹ

해설 ㄹ. 전·출입 관계철은 관할 경찰서장과 시·도경찰청장이 갖추어 두어야 하는 문서와 장부에 해당한다.

29 청원경찰법상 청원주가 비치하여야 할 문서와 장부가 아닌 것은?

• 제14회, 제18회 기출

① 경비구역 배치도
② 징계 관계철
③ 감독순시부
④ 교육훈련 실시부

해설 감독순시부는 관할 경찰서장이 갖춰 두어야 한다.

▶ 비치 장부의 비교

청원주	관할 경찰서장	시·도경찰청장
• 청원경찰 명부 • 근무일지 • 근무상황카드 • 경비구역 배치도 • 순찰표철 • 무기·탄약출납부 • 무기장비 운영카드 • 봉급지급 조서철 • 신분증명서 발급대장 • 징계 관계철 • 교육훈련 실시부 • 청원경찰 직무교육계획서 • 급여품 및 대여품 대장 • 기타 청원경찰의 운영상 필요한 문서와 장부	• 청원경찰 명부 • 감독순시부 • 전·출입 관계철 • 교육훈련 실시부 • 무기·탄약대여대장 • 징계요구서철 • 기타 청원경찰의 운영상 필요한 문서와 장부	• 배치결정 관계철 • 청원경찰 임용승인 관계철 • 전·출입 관계철 • 기타 청원경찰의 운영상 필요한 문서와 장부

30 청원경찰법령상 청원주가 비치해야 할 문서에 해당하는 것은?

① 감독순시부, 징계요구서철
② 경비구역 배치도, 교육훈련 실시부
③ 무기·탄약대여대장, 전·출입 관계철
④ 배치결정 관계철, 청원경찰 임용승인 관계철

> **해설** 경비구역 배치도는 청원주가 갖춰 두어야 하고, 교육훈련 실시부는 청원주와 관할 경찰서장이 갖춰 두어야 하는 문서이다.
> ① 감독순시부, 징계요구서철은 관할 경찰서장이 갖춰 두어야 한다.
> ③ 무기·탄약대여대장은 관할 경찰서장이 갖춰 두어야 하고, 전·출입 관계철은 관할 경찰서장과 시·도경찰청장이 갖춰 두어야 한다.
> ④ 배치결정 관계철, 청원경찰 임용승인 관계철은 시·도경찰청장이 갖춰 두어야 한다.

31 청원경찰법령상 청원주가 비치할 문서와 장부가 <u>아닌</u> 것은?

① 청원경찰 명부
② 근무일지
③ 감독순시부
④ 근무상황카드

> **해설** 청원주가 비치할 부책은 청원경찰 명부, 근무일지, 근무상황카드, 경비구역 배치도, 순찰표철, 무기·탄약출납부, 무기장비 운영카드, 봉급지급 조서철, 신분증명서 발급대장, 징계 관계철, 교육훈련 실시부, 청원경찰 직무교육계획서, 급여품 및 대여품 대장, 기타 청원경찰의 운영에 필요한 문서와 장부 등이다. 감독순시부는 관할 경찰서장이 갖춰 두어야 한다.

32 청원경찰법령상 관할 경찰서장이 비치해야 되는 문서와 장부로 옳은 것은?

① 경비구역 배치도
② 전·출입 관계철
③ 순찰표철
④ 무기장비 운영카드

> **해설** 관할 경찰서장이 비치할 부책은 청원경찰 명부, 감독순시부, 전·출입 관계철, 교육훈련 실시부, 무기·탄약대여대장, 징계요구서철, 기타 청원경찰의 운영상 필요한 부책 등이다.
> ①③④ 경비구역 배치도, 순찰표철, 무기장비 운영카드는 청원주가 갖춰 두어야 한다.

28 ② 29 ③ 30 ② 31 ③ 32 ② **정답**

33 청원경찰법령상 시·도경찰청장이 비치해야 되는 문서와 장부로 옳은 것은?

① 무기·탄약출납부
② 배치결정 관계철
③ 징계 관계철
④ 징계요구서철

해설 시·도경찰청장이 비치할 부책은 배치결정 관계철, 청원경찰 임용승인 관계철, 전·출입 관계철, 기타 청원경찰의 운영상 필요한 부책 등이다.
①③ 무기·탄약출납부, 징계 관계철은 청원주가 갖춰 두어야 한다.
④ 징계요구서철은 관할 경찰서장이 갖춰 두어야 한다.

34 청원경찰법령상 청원주와 관할 경찰서장이 공통으로 갖춰 두어야 할 문서와 장부에 해당하는 것은?

• 제9회, 제10회, 제13회, 제17회 기출

① 청원경찰 명부, 교육훈련 실시부
② 근무일지, 징계요구서철
③ 경비구역 배치도, 감독순시부
④ 무기장비 운영카드, 전·출입 관계철

해설 청원주와 관할 경찰서장이 공통으로 비치하는 부책으로는 청원경찰 명부와 교육훈련 실시부가 있다.

▶ 비치 장부의 비교

청원주	관할 경찰서장	시·도경찰청장
• 청원경찰 명부 • 근무일지 • 근무상황카드 • 경비구역 배치도 • 순찰표철 • 무기·탄약출납부 • 무기장비 운영카드 • 봉급지급 조서철 • 신분증명서 발급대장 • 징계 관계철 • 교육훈련 실시부 • 청원경찰 직무교육계획서 • 급여품 및 대여품 대장 • 기타 청원경찰의 운영상 필요한 문서와 장부	• 청원경찰 명부 • 감독순시부 • 전·출입 관계철 • 교육훈련 실시부 • 무기·탄약대여대장 • 징계요구서철 • 기타 청원경찰의 운영상 필요한 문서와 장부	• 배치결정 관계철 • 청원경찰 임용승인 관계철 • 전·출입 관계철 • 기타 청원경찰의 운영상 필요한 문서와 장부

35. 청원경찰법령상 관할 경찰서장과 시·도경찰청장이 공통으로 갖춰 두어야 할 문서나 장부에 해당하는 것은?

• 제15회 기출

① 청원경찰 명부
② 전·출입 관계철
③ 교육훈련 실시부
④ 청원경찰 임용승인 관계철

해설 전·출입 관계철은 관할 경찰서장과 시·도경찰청장이 공통으로 갖춰 두어야 한다.

36. 청원경찰법령상 시·도경찰청장 또는 경찰서장은 사무를 수행하기 위하여 불가피한 경우에 민감정보 및 고유식별정보의 처리를 할 수 있다. 다음 중 민감정보 및 고유식별정보가 아닌 것은?

① 개인정보 보호법 시행령 제18조 제1호에 따른 유전자검사 등의 결과로 얻어진 유전정보
② 개인정보 보호법 시행령 제18조 제2호에 따른 범죄경력자료에 해당하는 정보
③ 개인정보 보호법 시행령 제19조 제1호 또는 제4호에 따른 주민등록번호 또는 외국인등록번호가 포함된 자료
④ 개인정보 보호법 제23조에 따른 건강에 관한 정보

해설 「개인정보 보호법」 제23조에 따른 '건강에 관한 정보'와 「개인정보 보호법 시행령」 제18조 제2호에 따른 '범죄경력자료에 해당하는 정보', 「개인정보 보호법 시행령」 제19조 제1호 또는 제4호에 따른 '주민등록번호 또는 외국인등록번호가 포함된 자료'가 민감정보 및 고유식별정보이다. 유전자검사 등의 결과로 얻어진 유전정보는 이에 해당하지 않는다.

정답 33 ② 34 ① 35 ② 36 ①

37 청원경찰법령상 시·도경찰청장 또는 경찰서장은 사무를 수행하기 위하여 불가피한 경우에 민감정보 및 고유식별정보의 처리를 할 수 있다. 이에 대한 명문 규정이 없는 것은?

① 청원경찰법 및 청원경찰법 시행령에 따른 청원경찰의 임용, 배치 등 인사관리에 관한 사무
② 청원경찰법 제8조에 따른 청원경찰의 제복 착용 및 무기 휴대에 관한 사무
③ 청원경찰법 제9조의3에 따른 청원주에 대한 지도·감독에 관한 사무
④ 청원경찰법 제20조에 따른 권한의 위임에 관한 사무

해설 권한의 위임에 관한 사무는 명문 규정이 없다.

> 영 제20조의2【민감정보 및 고유식별정보의 처리】시·도경찰청장 또는 경찰서장은 다음 각 호의 사무를 수행하기 위하여 불가피한 경우「개인정보 보호법」제23조에 따른 건강에 관한 정보와 같은 법 시행령 제18조 제2호에 따른 범죄경력자료에 해당하는 정보, 같은 영 제19조 제1호 또는 제4호에 따른 주민등록번호 또는 외국인등록번호가 포함된 자료를 처리할 수 있다.
> 1. 법 및 이 영에 따른 청원경찰의 임용, 배치 등 인사관리에 관한 사무
> 2. 법 제8조에 따른 청원경찰의 제복 착용 및 무기 휴대에 관한 사무
> 3. 법 제9조의3에 따른 청원주에 대한 지도·감독에 관한 사무
> 4. 제1호부터 제3호까지의 규정에 따른 사무를 수행하기 위하여 필요한 사무

37 ④ 정답

**에듀윌이
너를
지지할게**

ENERGY

끝을 맺기를 처음과 같이하면 실패가 없다.
마지막에 이르기까지
처음과 마찬가지로 주의를 기울이면
어떤 일도 해낼 수 있을 것이다.

– 노자

여러분의 작은 소리
에듀윌은 크게 듣겠습니다.

본 교재에 대한 여러분의 목소리를 들려주세요.
공부하시면서 어려웠던 점, 궁금한 점,
칭찬하고 싶은 점, 개선할 점, 어떤 것이라도 좋습니다.

에듀윌은 여러분께서 나누어 주신 의견을
통해 끊임없이 발전하고 있습니다.

에듀윌 도서몰 book.eduwill.net
• 부가학습자료 및 정오표: 에듀윌 도서몰 → 도서자료실
• 교재 문의: 에듀윌 도서몰 → 문의하기 → 교재(내용, 출간) / 주문 및 배송

2025 에듀윌 경비지도사 2차 **경비업법** 한권끝장

발 행 일	2025년 2월 24일 초판
편 저 자	어상일
펴 낸 이	양형남
개 발	정상욱, 남궁현
펴 낸 곳	(주)에듀윌
등록번호	제25100-2002-000052호
주 소	08378 서울특별시 구로구 디지털로34길 55 코오롱싸이언스밸리 2차 3층
I S B N	979-11-360-3777-0(14350)
	979-11-360-3999-6(14350)(SET)

* 이 책의 무단 인용 · 전재 · 복제를 금합니다.

www.eduwill.net
대표전화 1600-6700

64개월, 563회 베스트셀러 1위
시리즈 전 교재 1위

만점합격자를 만든 1위 교재!
클래스의 차이를 직접 경험해 보세요.

1차 한권끝장 (법학개론/민간경비론)

2차 한권끝장 (경비업법/경호학)

* 64개월, 563회: 에듀윌 경비지도사 YES24 월별/주별 베스트셀러, 알라딘 월간/주간 베스트셀러 합산 기준 (2017년 1월 1일~2024년 12월 31일)
* 2024년 제26회 경비지도사 2차 시험 만점합격자 배출
* YES24, 알라딘 국내도서 해당 분야 월별, 주별 베스트 기준

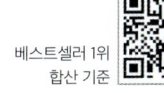

베스트셀러 1위
합산 기준

2025 최신판

에듀윌 경비지도사
2차 경비업법 한권끝장 + 기출특강

기본개념이 확실해지는
3회독 워크북

1회독 기출 빈칸노트
반드시 알아야 할 기출 개념만 주관식으로 복습

2회독 최신 기출문제
2024년 최신 기출문제로 취약챕터 재점검 후, 집중학습

3회독 마무리 모의고사
출제확률 높은 문제만 모은 모의고사로 확실한 실전연습

eduwill

2025 최신판

에듀윌 경비지도사
2차 경비업법 한권끝장 + 기출특강

에듀윌 경비지도사

2차 경비업법 한권끝장 + 기출특강

기본개념이 확실해지는
3회독 워크북

기출 빈칸노트

1회독 후

GUIDE
- [ ] 1회독 후, 빈칸노트로 개념정리
- [ ] 필수 기출개념만을 모아 다시 한 번 복습

PART 1 | 경비업법

CHAPTER 01 총칙

6회, 7회, 9회, 15회 기출
001 경비업이라 함은 경비업무의 [　　] 또는 [　　]를 [　　]받아 행하는 영업을 말한다.

14회, 16회, 18회, 19회, 23회 기출
002 시설경비업무란 경비를 필요로 하는 시설 및 장소에서의 [　　] · 화재 그 밖의 [　　] 등으로 인한 위험발생을 방지하는 업무를 말한다.

12회, 16회, 18회, 19회, 26회 기출
003 호송경비업무란 [　　]에 있는 현금 · 유가증권 · 귀금속 · 상품 그 밖의 물건에 대하여 도난 · 화재 등 위험발생을 방지하는 업무를 말한다.

12회, 16회, 19회, 25회 기출
004 신변보호업무란 사람의 생명이나 신체에 대한 [　　]의 발생을 방지하고 그 신변을 보호하는 업무이다.

7회, 8회, 9회, 12회, 14회, 16회, 18회, 19회, 25회 기출
005 기계경비업무는 경비대상시설에 설치한 기기에 의하여 감지 · 송신된 정보를 그 [　　]의 장소에 설치한 관제시설의 기기로 수신하여 도난, 화재 등 위험발생을 방지하는 업무이다.

14회, 16회, 18회, 19회, 23회, 25회 기출
006 특수경비업무란 공항(항공기를 포함) 등 대통령령이 정하는 국가중요시설의 [　　] 및 도난 · 화재 그 밖의 위험발생을 방지하는 업무이다.

16회, 17회, 18회, 19회, 20회, 23회, 24회 기출
007 행정대집행법에 따라 대집행을 하는 장소는 [　　]이다.

---

001 전부, 일부, 도급　**002** 도난, 혼잡　**003** 운반중　**004** 위해　**005** 경비대상시설 외　**006** 경비　**007** 집단민원현장

CHAPTER 02　경비업의 허가 등

12회, 17회, 20회, 22회 기출
008 경비업의 허가를 받은 법인이 도급받아 행하고자 하는 경비업무를 변경하는 경우에는 그 법인의 주사무소 소재지 [　　]의 [　　]를 받아야 한다.

13회, 14회, 16회, 19회, 21회, 23회 기출
009 특수경비업의 경비인력 및 자본금의 허가요건으로 경비인력은 특수경비원 [　　] 이상, 경비지도사 [　　] 이상과 자본금 [　　] 이상이다.

16회 기출
010 누구든지 집단민원현장에 경비인력을 [　　] 이상 배치하려고 할 때에는 경비업자에게 경비업무를 도급하여야 한다. 다만, 시설주 등이 집단민원현장 발생 [　　] 전까지 직접 고용하여 경비업무를 수행하는 피고용인의 경우에는 그러하지 아니하다.

11회, 13회, 14회, 15회, 17회, 18회, 20회, 21회 기출
011 기계경비업자는 관제시설 등에서 경보를 수신한 때에는 경보를 수신한 때부터 늦어도 [　　] 이내에 도착시킬 수 있는 대응체제를 갖추어야 한다.

13회, 14회, 17회, 18회, 19회, 20회, 21회, 22회, 23회 기출
012 허위의 방법으로 허가를 받아 허가가 취소된 법인의 허가 취소 당시의 임원이었던 자로서 그 취소 후 [　　]이 지나지 아니한 자의 경우에는 허가취소사유에 해당하는 경비업무와 동종의 경비업무를 수행하는 법인의 임원이 될 수 없다.

12회, 13회, 19회, 20회, 21회, 22회, 25회, 26회 기출
013 대통령 등의 경호에 관한 법률에 위반하여 [　　]의 선고를 받은 후 3년이 지나지 아니한 자는 법인의 임원 결격사유에 해당한다.

13회, 19회, 20회, 21회 기출
014 경비업의 허가를 받은 법인은 법인의 주사무소나 출장소를 신설·이전 또는 폐지한 때에는 그 사유가 발생한 날부터 [　　] 이내에 신고하여야 한다.

---

008 관할 시·도경찰청장, 허가　**009** 20명, 1명, 3억 원　**010** 20명, 3개월　**011** 25분　**012** 3년　**013** 벌금형　**014** 30일

18회, 19회, 21회, 26회 기출
015 경비업의 허가를 받은 법인이 [   ]를 개시하거나 종료한 때에는 시·도경찰청장에게 신고하여야 한다.

15회, 19회, 24회 기출
016 경비업의 허가를 받은 법인이 법인의 명칭 변경의 경우와 법인의 주사무소 및 출장소 변경의 경우 허가사항 등의 변경신고서 제출시에 [   ]을 첨부하여 시·도경찰청장에게 신고하여야 한다.

13회, 18회, 19회, 23회 기출
017 법인의 대표자·임원을 변경 또는 법인의 출장소를 신설·이전한 경우에는 시·도경찰청장에게 [   ]를 해야 한다.

11회, 15회, 22회 기출
018 경비업자는 경비업 허가증이 못쓰게 된 경우에는 허가증 재교부신청서에 그 [   ]을 첨부하여 법인의 주사무소를 관할하는 시·도경찰청장 또는 해당 시·도경찰청 소속의 경찰서장에게 재발급을 신청하여야 한다.

11회, 12회, 13회 기출
019 특수경비업무를 수행하는 경비업자는 첫 업무개시의 신고를 하기 전에 시·도경찰청장의 [   ]를 받아야 한다.

10회, 11회, 15회 기출
020 경비업 허가의 유효기간이 만료된 후 계속하여 경비업을 하고자 하는 법인은 [   ]이 정하는 바에 따라 갱신허가를 받아야 한다.

15회, 21회 기출
021 [   ]은 특수경비업자에게 비밀취급인가를 하고자 하는 때에는 특수경비업자로 하여금 [   ]을 거쳐 [   ]에게 보안측정을 요청하도록 하여야 한다.

11회, 13회, 14회, 15회, 16회, 17회, 18회, 20회, 23회, 26회 기출
022 기계경비업자는 오경보인 경우 오경보가 발생한 경비대상시설 및 그 오경보에 대한 조치의 결과를 기재한 서류를 당해 경보를 수신한 날부터 [   ]간 보관해야 한다.

---

015 특수경비업무 **016** 허가증 원본 **017** 신고 **018** 허가증 **019** 비밀취급인가 **020** 행정안전부령
021 시·도경찰청장, 경찰청장, 국가정보원장 **022** 1년

CHAPTER 03 경비지도사와 경비원

12회, 13회, 15회, 17회, 20회, 21회 기출
023 [   ]인 자는 경비원이 될 수 있다(경비원의 최저 나이).

12회, 13회, 15회, 17회, 20회, 21회, 23회 기출
024 [   ] 이상의 형의 [   ]를 받고 그 유예기간 중에 있는 자는 특수경비원이 될 수 없다.

14회, 15회, 18회, 19회, 20회, 22회, 23회 기출
025 고등교육법에 따른 전문대학을 졸업한 사람으로서 재학 중 경비지도사 시험과목을 3과목 이상을 이수하고 졸업한 후 경비업무에 [   ] 종사한 사람은 경비지도사 제1차 시험을 면제한다.

13회, 14회, 15회, 23회 기출
026 군인사법에 따른 각 군 전투병과 또는 군사경찰병과 부사관 이상 간부로 [   ] 이상 재직한 사람은 경비지도사 제1차 시험을 면제한다.

18회, 23회, 25회 기출
027 경비업법에 따른 일반경비업무에 [   ] 이상 종사하고 행정안전부령으로 정하는 교육 과정을 이수한 사람은 경비지도사 1차시험을 면제한다.

11회, 12회, 13회, 15회, 18회, 23회, 25회, 26회 기출
028 경비업자는 선임·배치된 경비지도사에 결원이 있거나 자격정지 등의 사유로 그 직무를 수행할 수 없는 때에는 [   ] 이내에 경비지도사를 새로이 충원하여야 한다.

11회, 12회, 13회, 16회, 18회, 23회, 25회 기출
029 경비지도사가 선임·배치된 시·도경찰청의 관할구역에 인접하는 시·도경찰청의 관할구역에 배치되는 경비원이 [   ] 이하인 경우에는 경비지도사를 따로 선임·배치하지 아니할 수 있다.

21회, 25회 기출
030 경비지도사는 경비원의 지도·감독·교육에 관한 계획의 수립·실시 및 그 기록의 유지를 [   ] 이상 수행하여야 한다.

---

023 18세　**024** 금고, 선고유예　**025** 5년 이상　**026** 7년　**027** 7년　**028** 15일　**029** 30인　**030** 월 1회

18회, 21회, 23회, 26회 기출
031 경비지도사는 경비원에 대한 직무교육을 실시하고, [　　]으로 정하는 경비원 직무교육 실시 대장에 그 내용을 기록하여 [　　]간 보존하여야 한다.

22회 기출
032 [　　]은 특수경비원 신임교육을 받은 사람이 요청하는 경우에는 신임교육 이수 확인증을 발급할 수 있다.

12회, 13회, 14회, 15회, 16회, 23회 기출
033 일반경비원 신임교육을 받은 사람으로서 채용 전 [　　] 이내에 경비업무에 종사한 경력이 있는 사람을 일반경비원으로 채용한 경우에는 해당 일반경비원을 일반경비원 신임교육 대상에서 제외할 수 있다.

14회, 15회, 16회, 17회, 18회, 22회, 23회 기출
034 특수경비원은 직무를 수행함에 있어 시설주·관할 경찰관서장 및 [　　]의 직무상 명령에 복종하여야 한다. [　　]의 허가 또는 정당한 사유 없이 경비구역을 벗어나서는 아니 된다.

11회, 13회, 15회, 16회, 20회, 23회 기출
035 특수경비원은 원칙적으로 사람을 향하여 권총 또는 소총을 발사하고자 하는 때에는 미리 [　　] 또는 [　　]에 의한 사격으로 상대방에게 경고하여야 한다.

14회, 15회, 17회, 18회, 20회, 23회, 25회 기출
036 특수경비원은 총기 또는 폭발물을 가지고 대항하는 경우를 제외하고는 [　　] 미만인 자에 대하여는 권총 또는 소총을 발사하여서는 아니 된다.

15회, 20회, 22회, 23회 기출
037 [　　]이 되려는 사람은 대통령령으로 정하는 교육기관에서 미리 일반경비원 신임교육을 받을 수 있다.

---

031 행정안전부령, 2년　**032** 시·도경찰청장 또는 경찰서장　**033** 3년　**034** 소속 상사, 소속 상사　**035** 구두, 공포탄　**036** 14세　**037** 일반경비원

22회, 23회 기출
038 일반경비원의 교육 실시에 필요한 사항은 [　　]으로 정한다.

18회, 20회, 22회, 26회 기출
039 경비업자는 소속 일반경비원에게 경비지도사가 수립한 교육계획에 따라 [　　] 이상의 직무교육을 받도록 하여야 한다.

10회, 11회, 12회, 13회, 14회, 15회, 18회, 26회 기출
040 특수경비원의 신임교육 시간은 [　　]이고, 특수경비원의 직무교육 시간은 [　　] 이상이다.

14회, 15회, 26회 기출
041 특수경비업자는 채용 전 [　　] 이내에 특수경비업무에 종사하였던 경력이 있는 사람을 특수경비원으로 채용한 경우에는 해당 특수경비원을 특수경비원 신임교육 대상에서 제외할 수 있다.

10회, 11회, 12회, 13회, 14회, 17회, 23회, 25회 기출
042 [　　]은 국가중요시설에 대한 경비업무의 수행을 위하여 필요하다고 인정하는 때에는 [　　]의 신청에 의하여 무기를 구입한다. 이 경우 [　　]는 그 무기의 구입대금을 지불하고, 구입한 무기를 국가에 기부채납하여야 한다.

22회, 23회, 25회 기출
043 시설주는 관할 경찰관서장으로부터 대여받은 무기를 특수경비원에게 휴대하게 하는 경우에는 관할경찰관서장의 [　　]을 얻어야 한다.

20회, 25회 기출
044 무기를 대여받은 시설주는 관할 경찰관서장이 정하는 바에 의하여 무기의 관리 실태를 매월 파악하여 다음 달 [　　]까지 관할 경찰관서장에게 통보하여야 한다.

---

038 행정안전부령　**039** 매월 2시간　**040** 80시간, 매월 3시간　**041** 3년　**042** 시·도경찰청장, 시설주, 시설주
043 사전승인　**044** 3일

10회, 11회, 13회, 14회, 17회, 21회, 23회 기출
045 시설주는 무기지급의 필요성이 해소되었다고 인정되는 때에는 특수경비원으로부터 [   ] 무기를 회수하여야 한다.

12회, 13회, 21회, 22회 기출
046 국가중요시설의 시설주는 자체계획을 수립하여 보관하고 있는 무기를 [   ] 이상 손질할 수 있게 하여야 한다.

10회, 11회, 13회, 14회, 16회, 17회, 18회, 21회, 26회 기출
047 [   ]가 경비원으로 하여금 분사기를 휴대하여 직무를 수행하게 하는 경우에는 총포·도검·화약류 등의 안전관리에 관한 법률에 따라 미리 분사기의 [   ]를 받아야 한다.

14회, 16회, 17회, 20회, 26회 기출
048 경비원은 근무 중 경비업무 수행에 필요한 것으로서 [   ]인 용도로 제작되지 아니한 장비를 휴대할 수 있다.

13회, 14회, 16회, 17회, 19회 기출
049 경비업자는 [   ]으로 정하는 바에 따라 경비원의 명부를 작성·비치하여야 한다.

16회, 18회, 21회, 22회, 23회 기출
050 시설경비업무 중 [   ]에 배치된 일반경비원을 배치하기 48시간 전까지 행정안전부령으로 정하는 바에 따라 배치허가를 신청하고, 관할 경찰관서장의 배치허가를 받은 후에 경비원을 배치하여야 한다.

16회, 19회, 22회, 26회 기출
051 집단민원현장에 배치되는 [   ]의 명부는 그 경비원이 배치되는 장소에 작성·비치해야 한다.

---

045 즉시 **046** 매주 1회 **047** 경비업자, 소지허가 **048** 공격적 **049** 행정안전부령 **050** 집단민원현장 **051** 일반경비원

19회, 26회 기출
052 경비업자가 경비원의 배치를 폐지한 경우에는 행정안전부령으로 정하는 바에 따라 [   ]에게 신고하여야 한다.

13회, 14회, 15회, 17회, 18회, 22회 기출
053 경비업자는 경비업무를 수행하기 위하여 [   ] 이상 경비원을 배치하거나 그 기간을 연장하고자 하는 때에는 경비원을 배치한 후 [   ] 이내에 경비원 배치신고서를 배치지의 [   ]에게 제출하여야 한다.

16회, 20회 기출
054 경비업자가 경비원을 배치하여 경비업무를 수행하게 하는 때에는 근무상황기록부를 작성하여 [   ] 동안 보관해야 한다.

16회, 18회, 20회, 22회 기출
055 시·도경찰청장은 직권으로 경비업자의 임원이 결격사유에 해당하는지를 확인하기 위해 형의 실효 등에 관한 법률에 따른 [   ]를 할 수 있다.

11회, 13회, 15회 기출
056 시설주는 무기를 수송하는 때에는 출발하기 전 [   ]에게 그 사실을 통보하여야 하며, 통보를 받은 [   ]은 1인 이상의 무장경찰관을 무기를 수송하는 자동차 등에 함께 타도록 하여야 한다.

---

052 관할 경찰관서장　**053** 20일, 7일, 관할 경찰관서장　**054** 1년　**055** 범죄경력조회　**056** 관할 경찰서장, 관할 경찰서장

CHAPTER 04　행정처분 등

13회, 14회, 17회, 20회, 21회, 22회, 25회 기출
057 정당한 사유 없이 최종 도급계약 종료일의 [　　] 이내에 경비 도급실적이 없을 때에는 그 허가를 취소하여야 한다.

13회, 14회, 20회, 23회, 25회, 26회 기출
058 정당한 사유 없이 허가를 받은 날부터 [　　] 이내에 경비 도급실적이 없거나 계속하여 [　　] 이상 휴업한 때에는 그 허가를 취소하여야 한다.

10회, 12회, 16회, 18회, 22회, 23회 기출
059 영업정지처분에 해당하는 위반행위가 적발된 날 이전 최근 [　　]간 같은 위반행위로 [　　] 영업정지처분을 받은 경우에는 그 위반행위에 대한 행정처분 기준은 허가취소로 한다.

11회, 12회, 13회, 14회, 15회, 16회, 22회, 23회 기출
060 [　　]이 경비업무의 적정한 수행을 위하여 경비지도사의 지도·감독을 위하여 내린 필요한 명령을 경비지도사가 위반한 때에 [　　]의 범위 내에서 그 자격을 정지시킬 수 있다.

18회, 21회, 22회, 23회, 25회 기출
061 경찰청장은 경비지도사가 자격정지 기간 중에 경비지도사로 선임되어 활동한 때에는 그 자격을 [　　]하여야 한다.

---

057 다음 날부터 2년　**058** 2년, 1년　**059** 2년, 2회　**060** 경찰청장, 1년　**061** 취소

062

10회, 11회, 12회, 13회, 14회, 15회, 16회, 19회, 20회, 22회, 23회 기출

위반행위	행정처분 기준		
	1차 위반	2차 위반	3차 이상 위반
경비업법 제12조 제3항의 규정에 위반하여 직무를 성실하게 수행하지 아니한 때	자격정지 3월	자격정지 [①]	자격정지 12월
경비업법 제24조의 규정에 의한 경찰청장, 시·도경찰청장의 명령을 위반한 때	자격정지 [②]	자격정지 6월	자격정지 9월

22회 기출

063 위반행위의 횟수에 따른 행정처분의 기준은 당해 위반행위가 있은 이전 최근 [ ] 같은 위반행위로 행정처분을 받은 경우에 적용한다.

13회, 18회, 22회 기출

064 [ ]은 경비지도사의 자격을 정지한 때에는 그 정지기간 동안 경비지도사 자격증을 회수하여 보관하여야 한다.

13회, 14회, 15회, 16회, 21회, 22회, 23회, 25회 기출

065 [ ] 또는 [ ]은 경비지도사가 경비지도사 자격증을 다른 사람에게 빌려주거나 양도하여 경비지도사 자격 취소 처분을 하고자 하는 경우에는 [ ]을 실시하여야 한다.

---

062 ① 6월, ② 1월 **063** 2년간 **064** 경찰청장 **065** 경찰청장, 시·도경찰청장, 청문

CHAPTER 05 경비협회

12회, 13회, 14회, 15회, 18회, 20회, 21회, 26회 기출
066 경비업자는 경비업무의 건전한 발전과 경비원의 자질향상 및 교육훈련 등을 위하여 [   ]이 정하는 바에 따라 경비협회를 설립할 수 있다.

13회, 14회, 15회, 16회, 18회, 20회, 21회, 26회 기출
067 경비업자가 경비협회를 설립하려는 경우에는 [   ]을 작성하여야 하며, 협회는 정관이 정하는 바에 의하여 [   ]를 징수할 수 있다.

15회, 22회, 26회 기출
068 경비협회는 공제사업의 회계를 다른 사업의 회계와 [   ]하여 경리하여야 한다.

10회, 11회, 12회, 13회, 14회, 15회, 16회, 20회, 21회, 24회, 25회, 26회 기출
069 경비협회는 경비업법에 특별한 규정이 있는 것을 제외하고는 민법 중 [   ]에 관한 규정을 준용한다.

17회, 19회, 20회, 21회, 22회, 23회, 24회, 25회 기출
070 경비협회는 [   ]의 손해배상책임을 보장하고 [   ]의 복지향상과 업무상 재해로 인한 손실을 보상하는 공제사업을 할 수 있다.

15회, 18회, 19회, 21회, 22회, 24회, 26회 기출
071 경비협회는 공제사업을 하고자 하는 때에는 [   ]을 제정하여야 한다.

18회, 19회, 20회, 22회, 23회, 26회 기출
072 경찰청장은 공제규정을 승인하거나 공제사업의 감독에 관한 기준을 정하는 경우에는 미리 [   ]와 협의하여야 한다.

20회, 22회, 26회 기출
073 경찰청장은 공제사업에 대하여 금융위원회의 설치 등에 관한 법률에 따른 [   ]의 원장에게 [   ]를 요청할 수 있다.

---

066 대통령령 **067** 정관, 회비 **068** 구분 **069** 사단법인 **070** 경비업자, 경비원 **071** 공제규정 **072** 금융위원회 **073** 금융감독원, 검사

CHAPTER 06 　 보칙

11회, 13회, 14회, 15회, 16회, 17회, 19회, 20회, 23회, 26회 기출
074 [　　] 또는 [　　　]은 경비업무의 적정한 수행을 위하여 경비업자 및 경비지도사를 지도·감독하며 필요한 명령을 할 수 있다.

13회, 16회, 17회, 19회, 20회, 24회, 26회 기출
075 [　　] 또는 [　　　]은 소속 경찰공무원으로 하여금 관할 구역 안에 있는 경비업자의 주사무소 및 출장소와 경비원 배치장소에 출입하여 근무상황 및 교육훈련상황 등을 감독하며 필요한 명령을 하게 할 수 있다.

15회, 16회, 19회, 20회, 24회, 26회 기출
076 [　　] 또는 [　　　]은 경비업자 또는 배치된 경비원이 경비업법이나 경비업법에 따른 명령, 폭력행위 등 처벌에 관한 법률을 위반하는 행위를 하는 경우 그 위반행위의 중지를 명할 수 있다.

18회, 20회, 22회, 23회, 26회 기출
077 시·도경찰청장은 경비업무 장소가 집단민원현장으로 판단되는 경우에는 그때부터 [　　　] 이내에 경비업자에게 경비원 배치허가를 받을 것을 고지하여야 한다.

10회, 13회, 14회, 15회, 17회, 19회, 20회, 22회, 23회 기출
078 시·도경찰청장은 특수경비업자에 대하여 연 [　　　] 이상의 [　　　]·점검을 실시하여야 하고, 필요한 경우 관계기관에 [　　　]을 요청하여야 한다.

18회, 19회, 20회, 22회, 24회, 26회 기출
079 경비업자는 경비원이 업무수행 중 고의 또는 과실로 [　　　]에게 손해를 입힌 경우와 경비원이 업무수행 중 고의 또는 과실로 [　　　]에 손해가 발생하는 것을 방지하지 못한 때에 그 손해를 배상하여야 한다.

---

074 경찰청장, 시·도경찰청장　**075** 시·도경찰청장, 관할 경찰관서장　**076** 시·도경찰청장, 관할 경찰관서장
077 48시간　**078** 2회, 보안지도, 보안측정　**079** 제3자, 경비대상

18회, 20회, 22회, 24회 기출
080 경찰청장은 경비지도사의 시험에 관한 업무를 대통령령이 정하는 바에 따라 관계전문기관 또는 단체에 [   ]할 수 있고, 경비업법에 의한 경찰청장의 권한은 대통령령이 정하는 바에 따라 그 일부를 시·도경찰청장에게 [   ]할 수 있다.

10회, 13회, 14회, 15회, 16회, 17회, 18회, 20회, 22회, 23회, 24회, 26회 기출
081 경비업법에 의한 경찰청장의 권한은 대통령령이 정하는 바에 따라 그 일부를 [   ]에게 위임할 수 있는데, 위임되는 권한에는 [   ]에 관한 권한이 포함된다.

15회, 17회, 19회, 22회, 24회, 26회 기출
082 [   ]은 시험 응시자가 시험시행일 [   ] 전까지 접수를 취소하는 경우, 응시수수료의 전액을 반환하여야 한다.

22회, 23회, 26회 기출
083 위탁받은 업무에 종사하는 관계전문기관 또는 단체의 임직원은 형법 제129조([   ]), 제130조(제삼자뇌물제공), 제131조(수뢰후부정처사, 사후수뢰), 제132조(알선수뢰)의 규정을 적용할 때에는 공무원으로 본다.

---

080 위탁, 위임   **081** 시·도경찰청장, 경비지도사 자격의 취소 및 정지   **082** 경찰청장, 20일   **083** 수뢰, 사전수뢰

CHAPTER 07　벌칙

11회, 12회, 13회, 15회, 16회, 21회, 23회, 26회 기출
084 국가중요시설에 대한 경비업무 수행 중 국가중요시설의 정상적인 운영을 해치는 장해를 일으킨 특수경비원은 [　　] 이하의 징역 또는 [　　] 이하의 벌금에 처한다.

11회, 12회, 13회, 15회, 16회, 22회 기출
085 국가중요시설에 대한 경비업무 수행 중 정당한 사유 없이 무기를 소지하고 배치된 경비구역을 벗어난 특수경비원은 [　　] 이하의 징역 또는 [　　] 이하의 벌금에 처한다.

12회, 13회, 23회, 24회 기출
086 경비업자가 법령상의 신고의무를 위반하여 일반경비원을 배치하고 관할 경찰관서장의 배치폐지명령을 이행하지 아니한 경우에는 [　　] 이하의 징역 또는 [　　] 이하의 벌금에 처한다.

14회, 15회, 16회, 17회, 19회, 20회, 22회, 23회, 24회, 26회 기출
087 경비원이 경비업무 수행 중 경비업법에 규정된 장비 외에 흉기 그 밖의 위험한 물건을 휴대하고 일정한 형법상의 범죄를 범한 경우에는 특수폭행죄가 성립되어 법정형의 [　　]까지 가중처벌한다.

16회, 19회, 20회, 23회, 25회 기출
088 법인의 대표자나 법인 또는 개인의 대리인, 사용인, 그 밖의 종업원이 그 법인 또는 개인의 업무에 관하여 경비업법 제28조(벌칙)의 위반행위를 하면 그 행위자를 벌하는 외에 그 법인 또는 개인에게도 해당 조문의 [　　]을 과(科)한다. 개인의 [　　]은 해당되지 않는다.

19회, 20회, 22회, 23회, 24회, 26회 기출
089 [　　]에 일반경비원을 배치하면서 경비원의 명부를 배치장소에 작성·비치하지 아니한 경비업자에게는 3천만 원 이하의 과태료를 부과한다.

19회, 23회 기출
090 경비업자가 신임교육을 이수하지 않은 자를 집단민원현장이 아닌 곳에서 신변보호업무를 수행하는 일반경비원으로 배치한 경우 [　　] 이하의 과태료를 부과한다.

13회, 14회, 15회, 16회, 18회, 19회, 22회, 23회 기출
091 경비업자가 대통령령이 정하는 바에 따라 경비지도사를 선임하지 않은 경우에는 [　　]의 과태료가 부과된다.

---

084 5년, 5천만 원　**085** 2년, 2천만 원　**086** 1년, 1천만 원　**087** 2분의 1　**088** 벌금형, 직계존비속　**089** 집단민원현장
090 3천만 원　**091** 500만 원 이하

PART 2 | 청원경찰법

CHAPTER 01 총칙

16회, 19회, 22회, 23회, 25회, 26회 기출
092 청원경찰은 [   ] 등이 경비(經費)를 부담할 것을 조건으로 사업장 등의 경비(警備)를 담당하게 하기 위하여 배치하는 경찰이다.

13회, 15회, 16회, 20회, 22회, 23회, 24회, 25회 기출
093 청원경찰법령상 명시된 국가기관 또는 공공단체와 그 관리하에 있는 중요시설 또는 사업장, [   ], 그 밖에 [   ]으로 정하는 중요시설·사업장 또는 장소에 청원경찰을 배치하여야 한다.

11회, 15회, 16회, 17회, 24회, 26회 기출
094 청원경찰이 직무를 수행할 때에는 경비 목적을 위하여 필요한 [   ]의 범위에서 하여야 한다.

11회, 15회, 16회, 23회, 24회, 26회 기출
095 청원경찰은 청원경찰의 배치결정을 받은 자(청원주)와 배치된 기관·시설 또는 사업장 등의 구역을 관할하는 [   ]의 감독을 받아 그 경비구역만의 경비를 목적으로 필요한 범위에서 [   ]에 의한 경찰관의 직무를 수행한다.

11회, 15회, 25회 기출
096 청원경찰이 직무를 수행할 때에 경찰관 직무집행법 및 같은 법 시행령에 따라 하여야 할 모든 보고는 관할 경찰서장에게 [   ]으로 보고하기 전에 지체 없이 [   ]로 보고하고 그 지시에 따라야 한다.

11회, 14회, 16회, 17회, 21회, 23회, 24회, 25회 기출
097 [   ]는 업무처리 및 자체경비를 하며, 근무 중 특이한 사항이 발생하였을 때에는 지체 없이 청원주 또는 관할 경찰서장에게 보고하고 그 지시에 따라야 한다.

---

092 청원주 **093** 국내 주재(駐在) 외국기관, 행정안전부령 **094** 최소한 **095** 경찰서장, 경찰관 직무집행법
096 서면, 구두 **097** 소내근무자

CHAPTER 02　청원경찰의 배치

15회, 18회, 21회, 22회, 23회, 24회, 25회, 26회 기출
098 청원경찰을 배치받으려는 자는 [　　]으로 정하는 바에 따라 관할 [　　]에게 청원경찰 배치를 신청하여야 한다.

12회, 15회, 18회, 21회, 22회, 24회, 25회, 26회 기출
099 청원경찰의 배치를 받으려는 자는 청원경찰 배치신청서에 [　　]와 [　　]의 서류를 첨부하여 사업장의 소재지를 관할하는 경찰서장을 거쳐 시·도경찰청장에게 제출하여야 한다.

12회, 15회, 18회, 21회, 22회, 23회, 24회 기출
100 [　　]은 청원경찰 배치가 필요하다고 인정하는 기관의 장 또는 시설·사업장의 경영자에게 청원경찰을 배치할 것을 요청할 수 있다.

15회, 17회, 18회, 22회 기출
101 청원주는 청원경찰 배치결정의 통지를 받은 날부터 [　　] 이내에 배치결정된 인원수의 임용예정자에 대하여 청원경찰 임용승인을 시·도경찰청장에게 신청하여야 한다.

15회, 16회, 18회, 21회, 22회 기출
102 청원주는 청원경찰을 배치하기 전에 직무수행에 필요한 교육을 받게 해야 한다. 다만, 부득이한 경우에는 우선 배치하고 임용 후 [　　] 이내에 교육을 받게 할 수 있다.

15회, 21회, 23회, 25회 기출
103 청원경찰의 이동배치의 통보를 받은 [　　]은 이동배치지가 다른 관할 구역에 속할 때에는 [　　]를 관할하는 경찰서장에게 이동배치한 사실을 통보하여야 한다.

---

098 대통령령, 시·도경찰청장　**099** 경비구역 평면도, 배치계획서　**100** 시·도경찰청장　**101** 30일　**102** 1년
103 경찰서장, 전입지

CHAPTER 03   청원경찰의 임용

13회, 15회, 16회, 18회, 20회, 24회, 26회 기출
104 청원경찰은 [　　　]가 임용하되, 임용을 할 때에는 미리 [　　　]의 승인을 받아야 한다.

15회, 17회, 18회, 20회, 21회, 22회, 26회 기출
105 청원주가 청원경찰을 임용하였을 때에는 임용한 날부터 [　　　] 이내에 그 임용사항을 관할 경찰서장을 거쳐 시·도경찰청장에게 보고하여야 한다.

15회, 16회, 22회 기출
106 청원경찰의 직무수행에 필요한 교육의 교육과목 및 수업시간표는 [　　　]으로 정한다.

15회, 16회, 17회, 22회 기출
107 청원경찰의 신임교육기간은 [　　　]이다.

19회, 22회 기출
108 청원경찰의 직무수행에 필요한 교육의 교육과목 중 정신교육의 수업시간은 [　　　]이다.

17회, 18회, 21회, 22회 기출
109 [　　　](의무경찰을 포함한다) 또는 [　　　]에서 퇴직한 사람이 퇴직한 날부터 3년 이내에 청원경찰로 임용되었을 때에는 경찰교육기관에서 직무수행에 필요한 교육을 면제할 수 있다.

22회 기출
110 청원경찰의 임용자격·임용방법·교육 및 보수에 관하여는 [　　　]으로 정한다.

23회 기출
111 청원경찰의 임용자격은 [　　　]세 이상으로 신체가 건강하고 팔다리가 완전하며 시력(교정시력을 포함한다)은 양쪽 눈이 각각 [　　　] 이상인 사람이다.

---

104 청원주, 시·도경찰청장   **105** 10일   **106** 행정안전부령   **107** 2주   **108** 8시간   **109** 경찰공무원, 청원경찰   **110** 대통령령   **111** 18, 0.8

CHAPTER 04 청원경찰경비 등

12회, 13회, 14회, 15회, 16회, 24회 기출
112 [　　　]는 청원경찰경비를 부담하여야 한다.

15회, 16회, 23회 기출
113 국가기관에 근무하는 청원경찰의 보수는 재직기간 15년 이상 23년 미만인 경우 [　　　]에 해당하는 경찰공무원의 보수를 감안하여 대통령령으로 정한다.

15회, 19회, 26회 기출
114 국가기관 또는 지방자치단체에 근무하는 청원경찰 외의 청원경찰 보수의 호봉 간 승급기간 및 승급액은 그 배치된 사업장의 [　　　]에 따르며, 이에 관한 취업규칙이 없을 때에는 [　　　]의 승급에 관한 규정을 준용한다.

10회, 12회, 15회, 16회, 26회 기출
115 지방자치단체에 근무하는 청원경찰의 퇴직금에 관하여는 따로 [　　　]으로 정한다.

10회, 17회, 26회 기출
116 청원주는 보상금 지급의 이행을 위하여 [　　　]에 따른 산업재해보상보험에 가입하거나, [　　　]에 따라 보상금을 지급하기 위한 재원(財源)을 따로 마련하여야 한다.

11회, 14회, 17회, 20회, 21회, 23회 기출
117 청원경찰의 교육비는 청원주가 해당 청원경찰의 입교(入校) [　　　] 전에 해당 경찰교육기관에 납부한다.

10회, 13회, 14회, 15회, 16회 기출
118 [　　　]은 청원경찰이 직무를 수행하기 위하여 필요하다고 인정하면 청원주의 신청을 받아 [　　　]으로 하여금 청원경찰에게 무기를 대여하여 지니게 할 수 있다.

11회, 13회, 14회 기출
119 청원경찰은 무기를 손질 또는 조작할 때에는 반드시 총구를 [　　　]으로 향하게 해야 한다.

---

112 청원주 **113** 경장 **114** 취업규칙, 순경 **115** 대통령령 **116** 「산업재해보상보험법」, 「근로기준법」 **117** 3일
118 시·도경찰청장, 관할 경찰서장 **119** 공중

CHAPTER 05　감독 등

14회 기출

120 [　　]은 [　　] 이상 청원경찰을 배치한 경비구역에 대하여 복무규율 및 근무상황, 무기의 관리 및 취급 사항을 감독하여야 한다.

14회, 17회, 21회, 23회, 26회 기출

121 [　　]는 청원경찰이 품위를 손상하는 행위를 한 때에는 징계절차를 거쳐 징계처분을 하여야 한다.

11회, 13회, 14회, 16회, 20회, 23회, 24회, 25회 기출

122 청원경찰에 대한 징계의 종류는 [　　], [　　], [　　], 감봉 및 견책으로 구분한다.

14회, 16회, 17회, 18회, 20회, 21회, 26회 기출

123 [　　]은 1개월 이상 3개월 이하로 하고, 그 기간에 청원경찰의 신분은 보유하나 직무에 종사하지 못하며, 보수의 3분의 2를 줄인다. [　　]은 1개월 이상 3개월 이하로 하고, 그 기간에 보수의 3분의 1을 줄인다.

16회, 23회, 25회 기출

124 청원주는 청원경찰 배치결정의 통지를 받았을 때에는 통지를 받은 날부터 [　　] 이내에 청원경찰에 대한 징계규정을 제정하여 관할 시·도경찰청장에게 신고하여야 한다.

15회, 20회, 26회 기출

125 시·도경찰청장은 징계규정의 보완이 필요하다고 인정할 때에는 [　　]에게 그 보완을 요구할 수 있다.

10회, 13회, 16회, 23회, 24회 기출

126 청원주와 관할 경찰서장이 동시에 비치해야 하는 부책으로는 [　　]와 [　　]가 있다.

---

120 관할 경찰서장, 매달 1회　**121** 청원주　**122** 파면, 해임, 정직　**123** 정직(停職), 감봉　**124** 15일　**125** 청원주　**126** 청원경찰 명부, 교육훈련 실시부

CHAPTER 06   과태료와 벌칙 등

10회, 13회, 14회, 16회, 25회, 26회 기출
127 청원경찰이 직무를 수행할 때 직권을 남용하여 국민에게 해를 끼친 경우에는 [   ] 이하의 징역이나 금고에 처한다.

14회, 24회, 26회 기출
128 청원경찰이 쟁의행위의 금지 규정을 위반하여 파업, 태업 또는 그 밖에 업무의 정상적인 운영을 방해하는 쟁의행위를 한 경우, [   ] 이하의 징역 또는 [   ] 이하의 벌금에 처한다.

16회, 18회, 19회, 21회, 23회, 26회 기출
129 청원경찰 업무에 종사하는 사람은 「형법」이나 그 밖의 법령에 따른 벌칙을 적용할 때에는 [   ]으로 본다.

16회, 17회, 18회, 19회, 20회, 21회, 22회, 26회 기출
130 청원경찰(국가기관이나 지방자치단체에 근무하는 청원경찰은 제외)의 직무상 불법행위에 대한 배상책임에 관하여는 [   ]의 규정을 따른다.

12회, 13회, 15회, 19회, 20회, 23회, 24회 기출
131 시·도경찰청장의 승인을 받지 않고 국가공무원법상 임용결격사유에 해당하는 청원경찰을 임용한 경우에는 [   ]의 과태료가 부과된다.

---

127 6개월   **128** 1년, 1천만 원   **129** 공무원   **130** 「민법」   **131** 500만 원

최신 기출문제

* 2024년도 제26회 시험에 출제된 기출문제입니다.

풀이시간 & 정답 및 해설	
적정풀이시간	40분
정답 및 해설	p.42

01
경비업법령상 경비업을 영위하고자 하는 법인의 허가 여부 결정을 위한 검토사항에 해당하지 <u>않는</u> 것은?

① 첫 업무개시의 신고에 따른 비밀취급인가 가능성 유무
② 경비인력·시설 및 장비의 확보 또는 확보가능성 여부
③ 임원중 경비업법에 의한 결격사유에 해당하는 자가 있는지의 유무
④ 대표자·임원의 경력 및 신용

02
경비업법령상 특수경비업을 영위하는 법인의 임원이 될 수 없는 자를 모두 고른 것은?

ㄱ. 파산선고를 받고 복권된 자
ㄴ. 징역형의 선고를 받고 그 형이 실효되지 아니한 자
ㄷ. 「대통령 등의 경호에 관한 법률」에 위반하여 벌금형의 선고를 받고 3년이 지나지 아니한 자

① ㄱ
② ㄱ, ㄴ
③ ㄴ, ㄷ
④ ㄱ, ㄴ, ㄷ

03
경비업법령상 기계경비업자의 출장소별 관리 서류에 관한 설명으로 옳지 <u>않은</u> 것은?

① 경비대상시설의 명칭·소재지 및 경비계약기간을 기재한 서류를 갖추어 두어야 한다.
② 기계경비지도사의 명단·배치일자·배치장소와 출동차량의 대수를 기재한 서류를 갖추어 두어야 한다.
③ 오경보가 발생한 경비대상시설을 기재한 서류를 갖추어 두어야 한다.
④ 경보의 수신 및 조치의 결과를 기재한 서류는 당해 경보를 수신한 날부터 3년간 보관하여야 한다.

04
경비업법령상 운반중에 있는 현금·유가증권·귀금속·상품 그 밖의 물건에 대하여 도난·화재 등 위험발생을 방지하는 업무는?

① 특수경비업무
② 신변보호업무
③ 기계경비업무
④ 호송경비업무

05

경비업법령상 특수경비원의 의무에 관한 설명으로 옳지 않은 것은?

① 파업·태업을 하여서는 아니된다.
② 소속상사의 허가 또는 정당한 사유없이 경비구역을 벗어나서는 아니된다.
③ 어떠한 경우에도 14세 미만의 자에 대하여는 권총 또는 소총을 발사하여서는 아니된다.
④ 직무를 수행함에 있어 시설주의 직무상 명령에 복종하여야 한다.

06

경비업법령상 특수경비원의 직무 및 무기사용 등에 관한 내용이다. ( )에 각각 들어갈 숫자로 옳은 것은?

- 관할경찰관서장은 시설주 및 특수경비원의 무기관리상황을 매월 (ㄱ)회 이상 점검하여야 한다.
- 무기를 대여받은 국가중요시설의 시설주 또는 관리책임자는 관할경찰관서장이 정하는 바에 의하여 무기의 관리실태를 매월 파악하여 다음 달 (ㄴ)일까지 관할경찰관서장에게 통보하여야 한다.

① ㄱ: 1, ㄴ: 3
② ㄱ: 1, ㄴ: 5
③ ㄱ: 2, ㄴ: 3
④ ㄱ: 2, ㄴ: 5

07

경비업법령상 경비원의 복장 등에 관한 설명으로 옳지 않은 것은?

① 경비업자는 경찰공무원 또는 군인의 제복과 색상 및 디자인 등이 명확히 구별되는 소속 경비원의 복장을 정하고 이를 확인할 수 있는 사진을 첨부하여 주된 사무소를 관할하는 경찰서장을 거쳐 경찰청장에게 신고하여야 한다.
② 경비원은 경비업무 수행 시 이름표를 경비원 복장의 상의 가슴 부위에 부착하여 경비원의 이름을 외부에서 알아볼 수 있도록 하여야 한다.
③ 경비업자는 집단민원현장이 아닌 곳에서 신변보호업무를 수행하는 경우에는 신고된 복장과 다른 복장을 경비원에게 착용하게 할 수 있다.
④ 복장 변경 등에 대한 시정명령을 받은 경비업자는 이를 이행하여야 한다.

08

경비업법령상 경비원의 결격사유 확인을 위해 경비업자가 범죄경력조회를 요청하는 경우 첨부하여야 하는 서류로만 바르게 나열된 것은?

ㄱ. 경비업 허가증 사본
ㄴ. 주민등록초본
ㄷ. 취업자 또는 취업예정자 범죄경력조회 동의서
ㄹ. 신분증 사본

① ㄱ, ㄴ
② ㄱ, ㄷ
③ ㄱ, ㄴ, ㄷ
④ ㄴ, ㄷ, ㄹ

09

경비업법령상 경비지도사의 선임 등에 관한 내용이다. ( )에 들어갈 숫자로 옳은 것은?

> - 경비업자는 경비업법령에 의하여 선임·배치된 경비지도사에 결원이 있거나 자격정지 등의 사유로 그 직무를 수행할 수 없는 때에는 (ㄱ)일 이내에 경비지도사를 새로이 충원하여야 한다.
> - 경비지도사는 경비업법에 따라 경비원에 대한 교육을 실시하고, 행정안전부령으로 정하는 경비원 직무교육 실시대장에 그 내용을 기록하여 (ㄴ)년간 보존하여야 한다.

① ㄱ: 15, ㄴ: 1
② ㄱ: 15, ㄴ: 2
③ ㄱ: 30, ㄴ: 1
④ ㄱ: 30, ㄴ: 2

10

경비업법령상 경비원의 교육 등에 관한 설명으로 옳지 않은 것은?

① 경비업자는 「군인사법」에 따른 부사관 이상으로 근무한 경력이 있는 사람을 일반경비원으로 채용한 경우에는 해당 일반경비원을 일반경비원 신임교육 대상에서 제외할 수 있다.
② 경비업자는 소속 일반경비원에게 경비지도사가 수립한 교육계획에 따라 매월 2시간 이상의 직무교육을 받도록 하여야 한다.
③ 특수경비업자는 채용 전 3년 이내에 특수경비업무에 종사하였던 경력이 있는 사람을 특수경비원으로 채용한 경우에는 해당 특수경비원을 특수경비원 신임교육 대상에서 제외할 수 있다.
④ 특수경비업자는 소속 특수경비원에게 경비지도사가 수립한 교육계획에 따라 매월 2시간의 직무교육을 받도록 하여야 한다.

11

경비업법령상 관할 경찰관서장이 집단민원현장에 일반경비원 배치허가 신청을 받은 경우에 배치허가를 하여서는 아니 되는 경우로 옳지 않은 것은?

① 경비원 중 신임교육을 받지 아니한 사람이 100분의 15 포함되어 있는 경우
② 경비업무의 범위를 벗어난 행위를 할 우려가 있는 경우
③ 경비원 중 결격자가 대통령령으로 정하는 기준 이상으로 포함되어 있는 경우
④ 경비원의 복장·장비 등에 대하여 내려진 필요한 명령을 이행하지 아니하는 경우

12

경비업법령상 경비원의 장비 및 출동차량 등에 관한 설명으로 옳지 않은 것은?

① 경비업자가 경비원으로 하여금 분사기를 휴대하여 직무를 수행하게 하는 경우에는 총포·도검·화약류 등 단속법에 따라 미리 분사기의 소지허가를 받아야 한다.
② 경비원은 근무 중 경적, 단봉, 분사기, 안전방패, 무전기 및 그 밖에 경비 업무 수행에 필요한 것으로서 공격적인 용도로 제작되지 아니하는 장비를 휴대할 수 있다.
③ 경비업자는 출동차량 등의 도색 및 표지를 경찰차량 및 군차량과 명확히 구별될 수 있게 하여야 한다.
④ 경비원이 휴대할 수 있는 장비의 종류는 경적·단봉·분사기 등 행정안전부령으로 정하되, 근무 중에는 물론 근무 후에도 이를 휴대할 수 있다.

13
경비업법령상 경비업 허가취소 사유에 해당하지 **않는** 것은?

① 경비업 및 경비관련업 외의 영업을 한 때
② 영업정지처분을 받고 계속하여 영업을 한 때
③ 정당한 사유없이 허가를 받은 날부터 1년 이내에 경비 도급실적이 없을 때
④ 관할 경찰관서장의 배치폐지 명령에 따르지 아니한 때

14
경비업법령상 경비원의 명부와 배치허가 등에 관한 설명으로 옳지 **않은** 것은?

① 경비업자가 경비원의 배치를 폐지한 경우에는 행정안전부령으로 정하는 바에 따라 관할 경찰관서장에게 신고하여야 한다.
② 집단민원현장에 배치되는 특수경비원의 명부는 그 경비원이 배치되는 장소에도 작성·비치하여야 한다.
③ 경비업자는 특수경비원을 배치하는 경우에는 경비원을 배치하는 기간과 관계없이 경비원을 배치하기 전까지 경비원 배치신고서를 배치지를 관할하는 경찰관서장에게 제출해야 한다.
④ 일반경비원 배치허가를 받은 경비업자가 집단민원현장에 새로운 경비원을 배치하려는 경우에는 새로운 경비원을 배치하기 48시간 전까지 배치허가 신청서를 관할 경찰관서장에게 제출하여 허가를 받아야 한다.

15
경비업법령상 경비협회에 관한 설명으로 옳은 것은?

① 경비지도사는 경비업무의 건전한 발전 등을 위하여 경비협회를 설립할 수 있다.
② 경비협회를 설립하려는 경우에는 정관을 작성하여야 한다.
③ 경비업법에 특별한 규정이 있는 것을 제외하고는 민법 중 재단법인에 관한 규정을 준용한다.
④ 경비협회는 관할 경찰관서장의 허가를 받아 회원으로부터 회비를 징수할 수 있다.

16
경비업법령상 경비지도사 자격정지처분 기준으로 옳은 것은?

① 경비업법 제12조 제3항의 규정을 1차 위반하여 직무를 성실하게 수행하지 아니한 때: 자격정지 1월
② 경비업법 제12조 제3항의 규정을 2차 위반하여 직무를 성실하게 수행하지 아니한 때: 자격정지 3월
③ 경비업법 제24조의 규정에 의한 시·도경찰청장의 명령을 2차 위반한 때: 자격정지 3월
④ 경비업법 제24조의 규정에 의한 시·도경찰청장의 명령을 3차 위반한 때: 자격정지 9월

17

경비업법령상 청문을 실시하여야 하는 업무정지처분의 대상을 모두 고른 것은?

> ㄱ. 경비지도사 교육기관이 교육지침을 위반하여 시정명령을 받고도 정당한 사유 없이 정하여진 기간 이내에 시정하지 아니한 경우
> ㄴ. 경비지도사 교육기관이 거짓으로 경비지도사 교육기관의 지정을 받은 경우
> ㄷ. 경비원 교육기관이 지정 기준에 적합하지 아니하게 된 경우
> ㄹ. 경비원 교육기관이 지정받은 사항을 위반하여 업무를 행한 경우

① ㄱ, ㄴ
② ㄱ, ㄷ, ㄹ
③ ㄴ, ㄷ, ㄹ
④ ㄱ, ㄴ, ㄷ, ㄹ

18

경비업법령상 경비업의 허가를 받은 법인이 시·도경찰청장에게 신고하여야 하는 경우에 해당하는 것은?

① 법인의 정관 시행일을 변경한 때
② 법인의 주사무소를 이전한 때
③ 기계경비업무를 개시하거나 종료한 때
④ 특수경비업무의 수행을 위한 관제시설을 신설한 때

19

경비업법령상 경비협회의 공제사업에 관한 설명으로 옳지 않은 것은?

① 경비협회는 공제사업을 하고자 하는 때에는 공제사업의 운영에 관하여 필요한 사항에 대하여 공제규정을 제정하여야 한다.
② 경비협회는 공제사업의 회계를 다른 사업의 회계와 구분하여 경리하여야 한다.
③ 경찰청장은 공제사업에 대하여 금융위원회에게 검사를 요청할 수 있다.
④ 경찰청장은 공제사업의 건전한 육성과 가입자의 보호를 위하여 공제사업의 감독에 관한 기준을 정할 수 있다.

20

경비업법령상 경비업자의 책임에 관한 설명으로 옳은 것은?

① 경비업자는 경비원이 업무수행중 경비대상에 손해가 발생하는 것을 방지하여도 손해를 배상하여야 한다.
② 경비업자는 경비원이 업무수행중 고의로 제3자에게 손해를 입힌 경우에는 그 손해가 발생하는 것을 방지하지 못한 때에만 배상할 책임이 있다.
③ 경비업자는 경비원이 업무수행중 과실로 제3자에게 손해를 입힌 경우에도 이를 배상하여야 한다.
④ 경비업자는 경비원이 업무수행중 과실로 경비대상에 손해가 발생하는 것을 방지하지 못한 때에는 그 손해를 배상할 책임이 없다.

21

경비업법령상 경찰청장의 권한이 시·도경찰청장에게 위임되어 있는 것을 모두 고른 것은?

ㄱ. 경비지도사 자격의 취소권한
ㄴ. 경비지도사 자격증의 교부권한
ㄷ. 경비지도사 시험의 관리에 관한 권한
ㄹ. 경비지도사 자격의 정지에 관한 청문권한

① ㄱ, ㄴ ② ㄱ, ㄹ
③ ㄴ, ㄷ ④ ㄷ, ㄹ

22

경비업법령상 감독 및 보안지도·점검에 관한 설명으로 옳지 않은 것은?

① 시·도경찰청장은 경비업무의 적정한 수행을 위하여 경비지도사를 지도·감독하며 필요한 명령을 할 수 있다.
② 관할 경찰관서장은 소속 경찰공무원으로 하여금 관할 구역안에 있는 경비업자의 주사무소에 출입하여 근무상황을 감독하며 필요한 명령을 하게 할 수 있다.
③ 시·도경찰청장은 배치된 경비원이 경비업법에 따른 명령을 위반하는 행위를 하는 경우 그 위반행위의 중지를 명할 수 있다.
④ 관할 경찰관서장은 경비업무 장소가 집단민원현장으로 판단되는 경우에는 그 때부터 48시간 이내에 경비지도사에게 경비원 배치 허가를 받을 것을 고지하여야 한다.

23

경비업법령상 시험에 응시하고자 하는 자가 납부한 응시수수료의 전부 또는 일부를 반환하는 기준으로 옳지 않은 것은?

① 응시수수료를 과오납한 경우: 과오납한 금액 전액
② 시험시행기관의 귀책사유로 시험에 응시하지 못한 경우: 응시수수료 전액
③ 시험시행일 20일 전까지 접수를 취소하는 경우: 응시수수료의 100분의 80
④ 시험시행일 10일 전까지 접수를 취소하는 경우: 응시수수료의 100분의 50

24

경비업법령상 경찰청장으로부터 경비지도사의 시험에 관한 업무를 위탁받은 단체의 임직원이 공무원으로 의제되어 적용받는 형법상의 규정에 해당하는 것은?

① 제122조(직무유기)
② 제126조(피의사실공표)
③ 제127조(공무상 비밀의 누설)
④ 제129조(수뢰, 사전수뢰)

25

경비업법령상 법정형이 "경비업의 허가를 받지 아니하고 경비업을 영위한 자"에 대한 법정형과 같은 것은?

① 다른 법률에 특별한 규정이 있는 경우가 아님에도 그 직무상 알게 된 비밀을 누설한 경비업자의 임·직원
② 국가중요시설에 대한 경비무 수행 중 국가중요시설의 정상적인 운영을 해치는 장해를 일으킨 특수경비원
③ 쟁의행위를 한 특수경비원
④ 경비업법에서 정한 장비 외에 흉기 또는 그 밖의 위험한 물건을 휴대하고 경비업무를 수행한 경비원

26

경비업법령상 일반경비원이 경비업무 수행 중에 경비업법령에서 정한 장비 외에 흉기 또는 그 밖의 위험한 물건을 휴대하고 죄를 범한 경우, 그 죄에 정한 형의 2분의 1까지 가중처벌되는 형법상의 범죄가 아닌 것은?

① 폭행죄(형법 제260조 제1항)
② 특수폭행죄(형법 제261조)
③ 폭행치사상죄(형법 제262조)
④ 업무상과실·중과실치사상죄(형법 제268조)

27

경비업법령에 위반한 다음의 경비업자 중 부과될 수 있는 과태료 최고액이 다른 사람은? (단, 가중·감경은 고려하지 않는다)

① 경비업법의 규정에 위반하여 경비대행업자 지정신고를 하지 아니한 자
② 경비업법의 규정에 위반하여 경비원의 복장에 관한 신고를 하지 아니하고 집단민원현장에 경비원을 배치한 자
③ 경비업법의 규정에 위반하여 이름표를 부착하게 하지 아니하고 집단민원현장에 경비원을 배치한 자
④ 경비업법의 규정에 위반하여 집단민원현장에 일반경비원을 배치하면서 경비원의 명부를 배치장소에 작성·비치하지 아니한 자

28

청원경찰법령상 청원경찰에 관한 설명으로 옳은 것은?

① 청원경찰은 청원주 등의 경비(經費)의 부담을 면제할 것을 조건으로 사업장 등의 경비(警備)를 담당하게 하기 위하여 배치하는 경찰이다.
② 선박, 항공기 등 수송시설에는 청원경찰이 배치될 수 없다.
③ 청원경찰은 청원경찰의 배치 결정을 받은 자의 감독을 받는다.
④ 청원경찰은 배치된 기관·시설 또는 사업장 등의 구역을 관할하는 시·도지사의 감독을 받는다.

29

청원경찰법령상 관할 경찰서장이 갖춰 두어야 할 문서와 장부로 옳지 <u>않은</u> 것은?

① 청원경찰 명부
② 감독 순시부
③ 교육훈련 실시부
④ 배치 결정 관계철

30

청원경찰의 원활한 운영을 목적으로 청원경찰법에서 규정하고 있는 것은 모두 몇 개인가?

> ㄱ. 청원경찰의 보수
> ㄴ. 청원경찰의 임용
> ㄷ. 청원경찰의 직무
> ㄹ. 청원경찰의 사회보장

① 1개
② 2개
③ 3개
④ 4개

31

청원경찰법령상 청원경찰의 배치에 관한 설명으로 옳지 <u>않은</u> 것은?

① 청원경찰을 배치받으려는 자는 대통령령으로 정하는 바에 따라 관할 시·도경찰청장에게 청원경찰 배치를 신청하여야 한다.
② 시·도경찰청장은 청원경찰 배치 신청을 받으면 7일 이내에 그 배치 여부를 결정하여 신청인에게 알려야 한다.
③ 청원경찰의 배치를 받으려는 자는 청원경찰 배치신청서에 경비구역 평면도 1부와 배치계획서 1부를 첨부하여야 한다.
④ 청원경찰 배치신청서 제출 시 배치 장소가 둘 이상의 도(특별시, 광역시, 특별자치시 및 특별자치도를 포함)일 때에는 주된 사업장의 관할 경찰서장을 거쳐 시·도경찰청장에게 한꺼번에 신청할 수 있다.

32

청원경찰법령상 청원경찰의 임용에 관한 설명으로 옳은 것은?

① 청원경찰의 임용자격에 관하여는 대통령령으로 정한다.
② 청원경찰은 관할경찰서장이 임용한다.
③ 청원주가 청원경찰을 임용하였을 때에는 임용한 날부터 30일 이내에 그 사항을 관할 경찰서장을 거쳐 시·도경찰청장에게 보고하여야 한다.
④ 청원주는 청원경찰이 퇴직하였을 때에는 퇴직한 날부터 60일 이내에 그 사항을 관할 경찰서장을 거쳐 시·도경찰청장에게 보고하여야 한다.

33

청원경찰법령상 청원경찰의 징계에 관한 설명으로 옳은 것은?

① 관할경찰서장은 청원경찰이 품위를 손상하는 행위를 한 때에는 징계절차를 거쳐 징계처분을 하여야 한다.
② 감봉은 1개월 이상 3개월 이하로 하고, 그 기간에 보수의 3분의 2를 줄인다.
③ 시·도경찰청장은 징계규정의 보완이 필요하다고 인정할 때에는 관할경찰서장에게 그 보완을 요구할 수 있다.
④ 견책(譴責)은 전과(前過)에 대하여 훈계하고 회개하게 한다.

34

청원경찰법령상 청원경찰의 보수산정 시의 경력 인정 등에 관한 규정이다. ( )에 들어갈 내용으로 옳은 것은?

> 국가기관 또는 지방자치단체에 근무하는 청원경찰 외의 청원경찰 보수의 호봉 간 승급기간 및 승급액은 그 배치된 사업장의 (ㄱ)에 따르며, 이에 관한 (ㄱ)이 없을 때에는 (ㄴ)의 승급에 관한 규정을 준용한다.

① ㄱ: 정관,　　ㄴ: 순경
② ㄱ: 정관,　　ㄴ: 경장
③ ㄱ: 취업규칙,　ㄴ: 순경
④ ㄱ: 취업규칙,　ㄴ: 경장

35

청원경찰법령상 청원경찰의 보상금과 퇴직금에 관한 설명이다. ( )에 들어갈 내용으로 옳은 것은?

> • 청원주는 보상금 지급의 이행을 위하여 (ㄱ)에 따른 산업재해보상보험에 가입하거나, (ㄴ)에 따라 보상금을 지급하기 위한 재원(財源)을 따로 마련하여야 한다.
> • 청원주는 청원경찰이 퇴직할 때에는 (ㄷ)에 따른 퇴직금을 지급하여야 한다. 다만, 국가기관이나 지방자치단체에 근무하는 청원경찰의 퇴직금에 관하여는 따로 (ㄹ)으로 정한다.

① ㄱ: 근로기준법
② ㄴ: 산업재해보상보험법
③ ㄷ: 근로자퇴직급여 보장법
④ ㄹ: 행정안전부령

36

청원경찰법령상 청원경찰의 직무와 표창에 관한 설명으로 옳지 않은 것은?

① 청원경찰은 청원경찰법 제3조에 따른 직무를 수행할 때에는 경비 목적을 위하여 필요한 최대한의 범위에서 하여야 한다.
② 청원경찰은 경찰관 직무집행법에 따른 직무 외의 수사활동 등 사법경찰관리의 직무를 수행해서는 아니 된다.
③ 청원주는 헌신적인 봉사로 특별한 공적을 세운 청원경찰에게 공적상을 수여할 수 있다.
④ 관할 경찰서장은 교육훈련에서 교육성적이 우수한 청원경찰에게 우등상을 수여할 수 있다.

37
청원경찰법령상 청원경찰의 신분 및 직무수행에 관한 설명으로 옳지 <u>않은</u> 것은?

① 청원경찰은 파업, 태업 또는 그 밖에 업무의 정상적인 운영을 방해하는 일체의 쟁의행위를 하여서는 아니 된다.
② 청원경찰이 직무를 수행할 때 직권을 남용하여 국민에게 해를 끼친 경우에는 1년 이하의 징역이나 금고에 처한다.
③ 청원경찰 업무에 종사하는 사람은 형법이나 그 밖의 법령에 따른 벌칙을 적용할 때에는 공무원으로 본다.
④ 청원경찰(국가기관이나 지방자치단체에 근무하는 청원경찰은 제외)의 직무상 불법행위에 대한 배상책임에 관하여는 민법의 규정을 따른다.

38
청원경찰법령상 과태료에 관한 설명으로 옳지 <u>않은</u> 것은? (단, 가중·감경은 고려하지 않는다)

① 시·도경찰청장의 배치 결정을 받지 아니하고 청원경찰을 배치한 경우 1,000만 원 이하의 과태료가 부과된다.
② 정당한 사유 없이 경찰청장이 고시한 최저부담기준액 이상의 보수를 지급하지 아니한 경우 500만 원 이하의 과태료가 부과된다.
③ 감독상 필요한 명령을 정당한 사유 없이 이행하지 아니하였을 경우 500만 원 이하의 과태료가 부과된다.
④ 경찰서장은 과태료처분을 하였을 때에는 과태료 부과 및 징수 사항을 과태료 수납부에 기록하고 정리하여야 한다.

39
청원경찰법령상 청원경찰의 감독에 관한 설명으로 옳지 <u>않은</u> 것은?

① 청원주는 항상 소속 청원경찰의 근무 상황을 감독하여야 한다.
② 청원주는 소속 청원경찰에게 근무 수행에 필요한 교육을 하여야 한다.
③ 관할 경찰서장은 매달 1회 이상 청원경찰을 배치한 경비구역에 대하여 복무규율과 근무 상황을 감독하여야 한다.
④ 2명 이상의 청원경찰을 배치한 사업장의 청원주는 청원경찰의 지휘·감독을 위하여 청원경찰 중에서 경력이 많은 사람을 선정하여 감독자로 지정하여야 한다.

40
청원경찰법령상 무기관리수칙에 관한 설명으로 옳지 <u>않은</u> 것은?

① 청원주가 무기와 탄약을 대여받았을 때에는 경찰청장이 정하는 무기·탄약 출납부 및 무기장비 운영카드를 갖춰 두고 기록하여야 한다.
② 청원주는 무기와 탄약이 분실되었을 때에는 경찰청장이 정하는 바에 따라 그 전액을 배상해야 하지만, 전시·사변·천재지변이나 그 밖의 불가항력적인 사유가 있다고 경찰청장이 인정하였을 때에는 그렇지 않다.
③ 청원주로부터 무기와 탄약을 지급받은 청원경찰은 무기를 지급받거나 반납할 때에는 반드시 "앞에 총" 자세에서 "검사 총"을 하여야 한다.
④ 청원주는 사직 의사를 밝힌 청원경찰에게 무기와 탄약을 지급해서는 안 되며, 지급한 무기와 탄약은 즉시 회수해야 한다.

마무리 모의고사

3회독 후

GUIDE
- ☐ 3회독 후, 실전모의고사로 최종 실력 점검
- ☐ 실제 시험 유형을 구현한 모의고사로 실전감각 키우기

* 2025년도 제27회 시험 출제예상문제로 구성하였습니다.

풀이시간 & 정답 및 해설	
적정풀이시간	40분
정답 및 해설	p.53

01

경비업법령상 용어의 정의이다. ( )에 공통적으로 들어갈 단어로 옳은 것은?

> - 시설경비업무: 경비를 필요로 하는 시설 및 장소(이하 "경비대상시설"이라 한다)에서의 도난·화재 그 밖의 ( ) 등으로 인한 위험발생을 방지하는 업무 사람의 생명이나 신체에 대한 의 발생을 방지하고 그 신변을 보호하는 업무
> - 혼잡·교통유도경비업무: 도로에 접속한 공사현장 및 사람과 차량의 통행에 위험이 있는 장소 또는 도로를 점유하는 행사장 등에서 교통사고나 그 밖의 ( ) 등으로 인한 위험발생을 방지하는 업무

① 위해　　② 경비
③ 혼잡　　④ 침해

02

경비업법령상 경비업의 시설 등의 기준에 관한 설명 중 혼잡·교통유도경비업무에 대한 설명으로 옳은 것은?

업무별 시설 등 기준	혼잡·교통 유도경비 업무
① 경비인력	• 일반경비원 10명 이상 • 경비지도사 1명 이상
② 자본금	3억 원 이상
③ 시설	• 기준 경비인력 수 이상을 동시에 교육할 수 있는 교육장 • 관제시설
④ 장비 등	• 기준 경비인력 수 이상의 무전기 등 통신장비 • 기준 경비인력 수 이상의 경적, 단봉, 분사기

03

경비업법령상 경비업의 허가에 관한 설명으로 옳은 것은?

① 경비업자가 허가를 받은 경비업무를 변경하려는 경우에는 변경허가신청서를 경찰청장 또는 관할 시·도경찰청장에게 제출하여야 한다.
② 누구든지 허가를 받은 경비업체와 동일한 명칭으로 경비업 허가를 받을 수 없다.
③ 경비업 변경허가신청 시 자본금을 갖출 수 없는 경우에는 자본금 확보계획서를 제출한 후 변경허가를 받은 날부터 1월 이내에 자본금을 갖추고 시·도경찰청장의 확인을 받아야 한다.
④ 법인의 명칭을 변경할 때에는 그 법인의 주사무소의 소재지를 관할하는 시·도경찰청장의 허가를 받아야 한다.

04

경비업법령상 경비업을 영위하는 법인의 임원이 될 수 없는 사람은?

① 18세인 甲(갑)이 시설경비업무를 수행하는 법인의 임원이 되는 경우
② 대통령 등의 경호에 관한 법률에 위반하여 벌금형의 선고를 받고 2년이 지난 乙(을)이 신변보호업무를 수행하는 법인의 임원이 되는 경우
③ 경비업법에 위반하여 벌금형의 선고를 받고 3년이 지난 丙(병)이 특수경비업무를 수행하는 법인의 임원이 되는 경우
④ 기계경비업무를 수행하는 "A"법인이 소속경비원으로 하여금 기계경비업무의 범위를 벗어난 행위를 하여 허가가 취소 당시 재직 중이었던 임원 丁(정)이 그 허가취소 후 3년이 지나서 호송경비업무를 수행하는 "B"법인의 임원이 되는 경우

05

경비업법령상 기계경비업자가 출장소별로 갖추어야 할 관리 서류의 기재사항에 해당하는 것을 모두 고른 것은?

> ㄱ. 기계경비업자가 경비대상시설에서 발생한 경보를 수신한 경우에 취하는 조치
> ㄴ. 경비대상시설의 명칭·소재지 및 경비계약기간
> ㄷ. 기계경비지도사의 명단·배치일자·배치장소와 출동 차량의 대수

① ㄱ, ㄴ
② ㄱ, ㄷ
③ ㄴ, ㄷ
④ ㄱ, ㄴ, ㄷ

06

경비업법령상 특수경비원의 결격사유에만 해당하는 것이 아닌 것은? (단, 해당 분야 전문의가 적합하다고 인정하는 경우는 제외한다)

① 심신상실자, 마약·대마·향정신성의약품 또는 알코올 중독자
② 금고 이상의 형의 집행유예선고를 받고 그 유예기간 중에 있는 자
③ 금고 이상의 형의 선고유예를 받고 그 유예기간중에 있는 자
④ 치매관리법 제2조 제1호에 따른 치매, 조현병·조현정동장애·양극성정동장애(조울병)·재발성우울장애 등의 정신질환이나 정신 발육지연, 뇌전증 등이 있는 사람

07

경비업법상 특수경비원의 당연퇴직사유에 해당하는 것을 모두 고른 것은?

> ㄱ. 피성년후견인
> ㄴ. 금고 이상의 형의 집행유예선고를 받고 그 유예 기간 중에 있는 자
> ㄷ. 파산선고를 받은 자
> ㄹ. 금고 이상의 형의 선고유예를 받은 자

① ㄱ, ㄴ
② ㄷ, ㄹ
③ ㄱ, ㄷ, ㄹ
④ ㄱ, ㄴ, ㄷ, ㄹ

08

경비업법령상 경비지도사의 교육에 관한 설명으로 옳은 것은?

① 경비지도사는 결격사유(법 제10조 제1항)에 해당하지 아니하는 자로서 경찰청장이 시행하는 경비지도사 시험에 합격하고 행정안전부령으로 정하는 바에 따라 경찰청장이 실시하는 기본교육을 받은 자이어야 한다.
② 경찰청장이 실시하는 기본교육은 44시간 이상으로 한다.
③ 선임된 경비지도사는 행정안전부령으로 정하는 바에 따라 경찰청장이 실시하는 보수교육을 받아야 한다.
④ 기본교육 또는 직전 보수교육을 받은 날부터 3년 이상 보수교육을 받은 적이 없는 사람이 경비지도사로 선임된 경우에는 선임된 날부터 60일 이내에 보수교육을 받아야 한다.

09

경비업법령상 경찰청장이 경비지도사 교육기관의 지정을 반드시 취소하는 경우에 해당하는 것을 모두 고른 것은? (단, 위반행위의 차수는 고려한다)

> ㄱ. 지정받은 사항을 위반하여 업무를 행한 경우
> ㄴ. 시정명령(법 제11조의3 제3항)을 받고도 정당한 사유 없이 정하여진 기간 이내에 시정하지 아니한 경우
> ㄷ. 지정 기준(법 제11조의3 제4항)에 적합하지 아니하게 된 경우

① ㄱ, ㄴ   ② ㄴ, ㄷ
③ ㄱ, ㄷ   ④ ㄱ, ㄴ, ㄷ

10

경비업법령상 경비업자가 다음과 같이 경비원을 채용한 경우에 선임·배치하여야 하는 경비지도사의 최소 인원은? (단, 주된 사무소는 서울에 두며, 모두 시설경비업무에 해당한다)

> • 서울특별시: 201명
> • 인천광역시: 31명
> • 강원특별자치도: 120명

① 3명   ② 4명
③ 5명   ④ 6명

11

다음은 경비업법의 법조문 내용이다. ( ) 안에 공통으로 들어갈 권한자로 옳은 것은?

> • 특수경비원은 직무를 수행함에 있어 ( )의 직무상 명령에 복종하여야 한다.
> • 특수경비원은 ( )의 허가 또는 정당한 사유 없이 경비구역을 벗어나서는 아니 된다.

① 시·도경찰청장   ② 관할 경찰관서장
③ 시설주   ④ 소속 상사

12

경비업법령상 경비지도사의 선임·해임신고에 대한 설명으로 옳지 않은 것은?

① 경비업자는 경비지도사를 선임하거나 해임하는 때에는 행정안전부령으로 정하는 바에 따라 해당 경비현장을 관할하는 시·도경찰청장 또는 경찰서장에게 신고하여야 한다.
② 경비업자는 경비지도사를 선임 또는 해임하는 때에는 경비지도사를 선임 또는 해임한 날부터 15일 이내에 경비지도사 선임·해임신고서를 해당 배치지를 관할하는 시·도경찰청장 또는 경찰서장에게 제출해야 한다.
③ 경비업자는 집단민원현장에 경비원 배치허가를 받은 경우 경비원을 배치한 후에 경비지도사 선임신고서를 배치지를 관할하는 경찰서장에게 제출해야 한다.
④ 시·도경찰청장 또는 경찰서장은 경비지도사로 선임되거나 선임되었던 사람이 요청하는 경우 경비지도사 선임 확인증을 발급할 수 있다.

13

경비업법령상 경비원 교육기관의 지정 기준으로서 일반경비원 교육기관과 특수경비원 교육기관의 인력기준 요건 중 공통적인 것은? (단, 교육과목 관련분야에 해당하며, 경력도 고려한다)

① 교육과목 관련 박사학위를 취득한 후 관련 분야의 연구실적이 있는 사람
② 교육과목 관련 석사 이상의 학위를 취득한 후 관련 분야에 근무한 경력이 있는 사람
③ 교육과목 관련 분야에서 공무원으로 근무한 경력이 있는 사람
④ 체포·호신술 과목의 경우에는 무도 사범 자격을 취득한 후 관련 분야에 근무한 경력이 있는 사람

14

경비업법령상 특수경비원의 무기사용 등에 관한 내용으로 옳은 것은?

① 시·도경찰청장은 무기의 적정한 관리를 위하여 무기를 대여받은 시설주에 대하여 필요한 명령을 발할 수 있다.
② 특수경비원의 무기휴대, 무기종류, 그 사용기준 및 안전검사의 기준 등에 관하여 필요한 사항은 행정안전부령으로 정한다.
③ 시설주는 관할경찰관서장으로부터 대여받은 무기를 특수경비원에게 휴대하게 하는 경우에는 관할경찰관서장의 사전승인을 얻어야 한다.
④ 관할경찰관서장은 경비업자 및 특수경비원의 무기관리상황을 매월 1회 이상 점검하여야 한다.

15

경비업법상 결격사유 확인을 위한 범죄경력조회 등에 관한 설명으로 옳지 않은 것은? (단, 결격사유는 동법 제5조 각 호, 제10조 제1항 각 호 또는 제2항 각 호이며, 위임규정은 제외한다)

① 시·도경찰청장 또는 관할 경찰관서장만이 직권으로 또는 범죄경력조회 요청이 있는 경우에 경비업자의 임원, 경비지도사 또는 경비원이 결격사유에 해당하는지를 확인하기 위하여 범죄경력조회를 할 수 있다.
② 경비업자는 선출·선임·채용 또는 배치하려는 임원, 경비지도사 또는 경비원이 결격사유에 해당하는지를 확인하기 위하여 주된 사무소, 출장소 또는 배치장소를 관할하는 시·도경찰청장 또는 경찰관서장에게 범죄경력조회를 요청할 수 있다.
③ 범죄경력조회 요청을 받은 시·도경찰청장 또는 관할 경찰관서장은 경비업자에게 그 결과를 통보할 때 경비업자의 임원, 경비지도사 또는 경비원이 결격사유에 해당하는지 여부만을 통보하여야 한다.
④ 시·도경찰청장 또는 관할 경찰관서장은 경비업자의 임원, 경비지도사 또는 경비원이 결격사유에 해당하는 사실을 알게 되거나 경비업법 또는 경비업법에 따른 명령을 위반한 때에는 경비업자에게 그 사실을 통보하여야 한다.

16

경비업법령상 경비원의 명부와 배치허가 등에 관한 설명으로 옳은 것은?

① 경비업자는 대통령령으로 정하는 바에 따라 경비원의 명부를 작성·비치하여야 한다.
② 집단민원현장에 배치되는 일반경비원의 명부는 그 경비원이 배치되는 장소에만 작성·비치하여야 한다.
③ 경비업자가 경비원을 배치하거나 배치를 폐지한 경우에는 행정안전부령으로 정하는 바에 따라 관할 경찰관서장에게 허가받아야 한다.
④ 신변보호업무 중 집단민원현장에 일반경비원을 배치하기 48시간 전까지 행정안전부령으로 정하는 바에 따라 배치허가를 신청하고, 관할 경찰관서장의 배치허가를 받은 후에 경비원을 배치하여야 한다.

17

경비업법령상 경비원의 배치폐지를 명할 수 있는 사유를 모두 고른 것은?

> ㄱ. 경비업무의 범위를 벗어난 행위를 할 우려가 있는 경우
> ㄴ. 경비원의 복장·장비 등에 대하여 내려진 필요한 명령을 이행하지 아니하는 경우
> ㄷ. 결격사유에 해당하는 자를 집단민원현장에 일반경비원으로 배치한 경우
> ㄹ. 경비원이 위력이나 흉기 또는 그 밖의 위험한 물건을 사용하여 집단적 폭력사태를 일으킨 경우

① ㄱ
② ㄱ, ㄴ
③ ㄷ, ㄹ
④ ㄱ, ㄴ, ㄷ, ㄹ

18

경비업법령상 민감정보 및 고유식별정보의 처리를 위하여 불가피한 경우 개인정보 보호법 제23조에 따른 건강에 관한 정보에 관한 자료를 처리할 수 있는 사무에 해당하는 것을 모두 고른 것은?

> ㄱ. 경비업의 허가 및 갱신허가 등에 관한 사무
> ㄴ. 경비업 법인의 임원, 경비지도사 및 경비원의 결격사유 확인에 관한 사무
> ㄷ. 경비원의 교육 등에 관한 사무
> ㄹ. 특수경비원의 직무 및 무기사용 등에 관한 사무

① ㄱ, ㄴ
② ㄴ, ㄷ
③ ㄴ, ㄹ
④ ㄱ, ㄴ, ㄷ, ㄹ

19

경비업법령상 행정처분 등에 관한 설명으로 옳은 것은?

① 허가관청은 경비업자가 허가 없이 경비업무를 변경한 때에는 그 허가를 취소하여야 한다.
② 허가관청은 경비업자가 시·도경찰청장의 허가를 받은 경비업무 외의 업무에 경비원을 종사하게 한 때에는 대통령령으로 정하는 행정처분의 기준에 따라 그 허가를 취소하거나 6개월 이내의 기간을 정하여 영업의 전부 또는 일부에 대하여 영업정지를 명할 수 있다.
③ 경찰청장은 경비지도사의 자격을 취소한 때에는 경비지도사 자격증을 회수하여야 하고, 경비지도사의 자격을 정지한 때에는 그 정지 기간 동안 경비지도사 자격증을 회수하여 보관하여야 한다.
④ 경찰청장은 경비지도사가 경찰청장 또는 시·도경찰청장의 명령을 위반한 때에는 그 자격을 취소하여야 한다.

20

경비업법상 경비협회의 업무와 관련된 내용 중 직접 명문화된 공제사업에 해당하는 것은?

① 경비업자의 손해배상책임을 보장하기 위한 사업
② 경비업자가 경비업을 운영할 때 필요한 입찰보증, 계약보증(이행보증을 포함한다), 하도급보증을 위한 사업
③ 경비원의 복지향상과 업무상 재해로 인한 손실을 보상하는 사업
④ 경비업무와 관련한 연구 및 경비원 교육·훈련에 관한 사업

21

경비업법령상 허가증 등의 수수료에 관한 설명으로 옳은 것은?

① 경비업법에 따른 경비업의 허가를 받거나 허가증을 재교부 받고자 하는 자는 행정안전부령이 정하는 바에 따라 수수료를 납부하여야 한다.
② 경비업의 허가(추가·변경·갱신허가를 포함한다)의 경우에는 1만 원의 수수료를 납부하여야 한다.
③ 허가사항의 변경신고로 인한 허가증 재교부의 경우에는 1만 원의 수수료를 납부하여야 한다.
④ 수수료는 허가 등의 신청서 및 경비지도사시험에 응시하고자 하는 자는 경찰청장이 정하여 고시하는 수수료를 수입증지로 납부하여야 한다.

22

경비업법 시행령 제31조의3에 규정한 규제의 재검토에 해당하는 것을 모두 고른 것은?

ㄱ. 경비업의 시설 등의 기준
ㄴ. 경비지도사의 기본교육 및 보수교육의 시간
ㄷ. 집단민원현장 배치 불허가기준
ㄹ. 경비원이 휴대하는 장비 등

① ㄱ, ㄴ
② ㄱ, ㄷ
③ ㄱ, ㄴ, ㄷ
④ ㄱ, ㄴ, ㄷ, ㄹ

23

경비업법령상 경찰청장 또는 시·도경찰청장이 행정처분을 하기 위하여 청문을 실시하여야 하는 경우를 모두 고른 것은?

ㄱ. 경비지도사 교육기관의 지정 취소 또는 업무의 정지
ㄴ. 경비원 교육기관의 지정 취소 또는 업무의 정지
ㄷ. 경비업 허가의 취소 또는 영업정지
ㄹ. 경비지도사자격의 취소 또는 정지

① ㄱ, ㄹ
② ㄱ, ㄷ
③ ㄴ, ㄷ
④ ㄱ, ㄴ, ㄷ, ㄹ

24

경비업법령상 특수경비원이 법령 위반 시 가장 약한 처벌을 받는 경우는?

① 국가중요시설의 정상적인 운영을 해치는 장해를 일으킨 경우
② 과실로 인하여 의무규정에 위반하여 국가중요시설의 정상적인 운영을 해치는 장해를 일으킨 경우
③ 경비구역 안에서 시설물의 절도, 손괴, 위험물의 폭발 등의 사유로 인한 위급한 상태가 발생한 때에 복종의무 등을 위반한 경우
④ 정당한 사유 없이 무기를 소지하고 배치된 경비구역을 벗어난 경우

25
경비업법령상 특수경비원이 무기를 휴대하고 경비업무 수행 중에 경비업법령의 규정에 의한 무기의 안전수칙을 위반하여 형법에 규정된 범죄를 범한 경우, 그 법정형의 2분의 1까지 가중처벌하는 범죄에 해당하는 것은?

① 과실치상죄(형법 제266조 제1항)
② 특수폭행죄 (형법 제261조)
③ 강요죄(형법 제324조 제1항)
④ 특수공갈죄(형법 제350조의2)

26
경비업법상 양벌규정에 해당하는 것은? (단, 위반행위를 방지하기 위하여 해당 업무에 관하여 상당한 주의와 감독을 게을리하지 아니한 경우는 제외한다)

① 신고된 동일 복장을 착용하게 하지 아니하고 집단민원현장에 경비원을 배치한 자
② 이름표를 부착하게 하지 아니하거나, 신고된 동일 복장을 착용하게 하지 아니하고 집단민원현장에 경비원을 배치한 자
③ 집단민원현장에 20명 이상의 경비인력을 배치하면서 그 경비인력을 직접 고용한 자
④ 집단민원현장에 일반경비원을 배치하면서 경비원의 명부를 배치장소에 작성·비치하지 아니한 자

27
경비업법령상 과태료 부과 대상이 같은 경우에 해당하는 것은?

ㄱ. 경비대행업자 지정신고(법 제7조 제7항)를 하지 아니한 자
ㄴ. 정당한 사유 없이 보수교육(법 제11조의2)을 받지 아니한 자
ㄷ. 경비지도사의 선임 또는 해임의 신고(법 제12조의2)를 하지 아니한 자
ㄹ. 감독상 필요한 명령(법 제14조 제6항)을 정당한 이유없이 이행하지 아니한 자

① ㄱ, ㄴ
② ㄱ, ㄷ
③ ㄴ, ㄷ
④ ㄷ, ㄹ

28
청원경찰법령상 청원경찰의 배치장소를 모두 고른 것은?

ㄱ. 국가기관 또는 공공단체와 그 관리하에 있는 중요 시설 또는 사업장
ㄴ. 국외 주재(駐在) 국내기관
ㄷ. 그 밖에 대통령령으로 정하는 중요 시설, 사업장 또는 장소
ㄹ. 그 밖에 공공의 안녕질서 유지와 국민경제를 위하여 고도의 경비(警備)가 필요한 중요 시설, 사업체 또는 장소

① ㄱ, ㄴ
② ㄱ, ㄹ
③ ㄴ, ㄷ
④ ㄱ, ㄴ, ㄷ, ㄹ

29
청원경찰법령상 청원경찰의 직무와 청원경찰의 배치에 관한 설명 중 옳은 것은?

① 청원경찰은 청원경찰의 배치 결정을 받은 자와 배치된 기관·시설 또는 사업장 등의 구역을 시·도경찰청장의 감독을 받아 그 경비구역만의 경비를 목적으로 필요한 범위에서 경찰관 직무집행법에 따른 경찰관의 직무를 수행한다.
② 청원경찰을 배치받으려는 자는 대통령령으로 정하는 바에 따라 관할하는 경찰서장에게 청원경찰 배치를 신청하여야 한다.
③ 시·도경찰청장은 청원경찰 배치 신청을 받으면 30일 이내에 그 배치 여부를 결정하여 신청인에게 알려야 한다.
④ 시·도경찰청장은 청원경찰 배치가 필요하다고 인정하는 기관의 장 또는 시설·사업장의 경영자에게 청원경찰을 배치할 것을 요청할 수 있다.

30
청원경찰법령상 청원경찰의 임용 등에 관한 설명으로 옳은 것은?

① 청원경찰은 청원주가 임용하되, 임용을 한 다음에는 시·도경찰청장의 승인을 받아야 한다.
② 청원경찰의 배치 결정을 받은 자는 그 배치 결정의 통지를 받은 날부터 15일 이내에 배치 결정된 인원수의 임용예정자에 대하여 청원경찰 임용승인을 시·도경찰청장에게 신청하여야 한다.
③ 청원경찰의 임용자격·임용방법·교육 및 보수에 관하여는 대통령령으로 정한다.
④ 청원경찰의 복무에 관하여는 국가공무원법 제56조(성실 의무), 제57조(복종의 의무), 제58조 제1항(직장 이탈 금지), 제60조(비밀 엄수의 의무) 및 경찰공무원법 제24조(거짓 보고 등의 금지)를 준용한다.

31
청원경찰법령상 청원경찰의 신임교육에 관한 설명으로 옳지 않은 것은?

① 청원주는 청원경찰로 임용된 사람으로 하여금 경비구역에 우선 배치하고 임용 후 1년 이내에 교육을 받게 할 수 있다.
② 의무경찰에서 퇴직한 사람이 퇴직한 날부터 3년 이내에 청원경찰로 임용되었을 때에는 교육을 면제할 수 있다.
③ 청원경찰의 교육기간·교육과목·수업시간 및 그 밖에 교육의 시행에 필요한 사항은 행정안전부령으로 정한다.
④ 청원경찰의 교육과목 중 학술교육은 형사법 10시간과 청원경찰법 5시간, 경찰관 직무집행법 5시간으로 한다.

32
청원경찰법령상 청원경찰의 징계에 관한 설명으로 옳은 것은?

① 청원주는 청원경찰이 법령을 위반한 경우에는 징계절차를 거쳐 징계처분을 하여야 한다.
② 청원경찰에 대한 징계의 종류는 파면, 해임, 정직, 감봉 및 견책으로 구분한다.
③ 청원경찰의 징계에 관하여 그 밖에 필요한 사항은 행정안전부령으로 정한다.
④ 시·도경찰청장은 징계규정의 보완이 필요하다고 인정할 때에는 청원주에게 그 보완을 요구하여야 한다.

33
청원경찰법령상 청원경찰경비에 관한 설명으로 옳은 것은?

① 국가기관 또는 지방자치단체에 근무하는 청원경찰의 각종 수당은 공무원수당 등에 관한 규정에 따른 수당 중 가계보전수당, 실비변상 등으로 하며, 그 세부 항목은 청원주가 정하여 고시한다.
② 청원경찰의 보수 산정에 관하여 그 배치된 사업장의 취업규칙에 특별한 규정이 없는 경우, 국가기관 또는 지방자치단체에서 근무하는 청원경찰에 대해서는 국가기관 또는 지방자치단체에서 비상근(非常勤)으로 근무한 경력도 봉급 산정의 기준이 되는 경력에 산입(算入)하여야 한다.
③ 청원주가 청원경찰에게 지급할 보상금과 퇴직금 등의 청원경찰경비의 지급방법 또는 납부방법은 행정안전부령으로 정한다.
④ 청원경찰의 봉급과 각종 수당은 청원주가 그 청원경찰이 배치된 기관·시설·사업장 또는 장소의 직원에 대한 보수 지급일에 청원경찰에게 직접 지급한다.

34
청원경찰법령상 청원주의 무기·탄약 지급 및 회수 등에 관한 설명으로 옳은 것은?

① 청원주는 무기와 탄약을 먼저 회수한 후 청원경찰에게 통지서를 내어 준다.
② 청원주는 청원경찰에게 무기와 탄약을 지급하지 않거나 회수한 경우 지체 없이 관할 경찰서장에게 결정 통보서를 작성하여 통보해야 한다.
③ 청원주로부터 통보를 받은 관할 경찰서장은 통보받은 날부터 14일 이내에 무기와 탄약의 지급 제한 또는 회수의 적정성을 판단하기 위해 현장을 방문하여 해당 청원경찰의 의견을 청취하고 필요한 조치를 할 수 있다.
④ 청원주는 무기 지급 제한에 관한 규정의 법정사유가 소멸하게 된 경우에는 대여받은 무기와 탄약을 관할 경찰서장을 경유하여 국가에 귀속시킨다.

35
청원경찰법상 내용으로 옳은 것은?

① 청원경찰은 파업, 태업 또는 그 밖에 업무의 정상적인 운영을 방해하는 일체의 쟁의행위를 하여서는 아니 된다.
② 청원경찰이 직무를 수행할 때 직권을 남용하여 국민에게 해를 끼친 경우에는 1년 이하의 징역이나 금고에 처한다.
③ 청원경찰 업무에 종사하는 사람은 형법이나 그 밖의 법령에 따른 벌칙을 적용할 때를 제외하고는 공무원으로 본다.
④ 국가기관이나 지방자치단체에 근무하는 청원경찰의 직무상 불법행위에 대한 배상책임에 관하여는 민법의 규정을 따른다.

36
청원경찰법상 청원경찰의 당연퇴직사유에 해당하는 것은? (단, 다툼이 있는 경우에는 판례에 의한다)

① 파산선고를 받은 자
② 금고 이상의 형의 선고유예를 받은 자
③ 직무상의 의무를 위반하거나 직무를 태만히 한 때
④ 청원경찰의 배치가 폐지되었을 때

37
청원경찰법령상 시·도경찰청장이 관할 경찰서장에게 위임할 수 있는 권한을 모두 고른 것은? (단, 청원경찰을 배치하고 있는 사업장이 하나의 경찰서의 관할구역에 있는 경우로 한정한다)

> ㄱ. 청원경찰의 임용승인에 관한 권한
> ㄴ. 청원경찰의 징계처분 요청에 관한 권한
> ㄷ. 청원주에 대한 지도 및 감독상 필요한 명령에 관한 권한

① ㄱ, ㄴ
② ㄴ, ㄷ
③ ㄱ, ㄷ
④ ㄱ, ㄴ, ㄷ

38
청원경찰법령상 민감정보 및 고유식별정보의 처리에 관한 법조문의 내용이다. ( )에 해당하는 사무분야를 모두 고른 것은?

> 시·도경찰청장 또는 경찰서장은 ( )의 사무를 수행하기 위하여 불가피한 경우「개인정보 보호법」제23조에 따른 건강에 관한 정보와 같은 법 시행령 제18조 제2호에 따른 범죄경력자료에 해당하는 정보, 같은 영 제19조제1호 또는 제4호에 따른 주민등록번호 또는 외국인등록번호가 포함된 자료를 처리할 수 있다.

> ㄱ. 법 및 이 영에 따른 청원경찰의 임용, 배치 등 인사관리에 관한 사무
> ㄴ. 청원경찰의 제복 착용 및 무기 휴대에 관한 사무
> ㄷ. 청원주에 대한 지도·감독에 관한 사무

① ㄱ, ㄴ
② ㄱ, ㄷ
③ ㄴ, ㄷ
④ ㄱ, ㄴ, ㄷ

39
청원경찰법령상 과태료에 관한 설명으로 옳은 것은?

① 과태료는 대통령령으로 정하는 바에 따라 경찰서장이 부과·징수한다.
② 정당한 사유 없이 경찰청장이 고시한 최저부담기준액 이상의 보수를 지급하지 아니한 자에게는 300만원 이하의 과태료를 부과한다.
③ 시·도경찰청장은 위반행위의 동기, 내용 및 위반의 정도 등을 고려하여 과태료 금액의 100분의 50의 범위에서 그 금액을 줄이거나 늘릴 수 있다.
④ 시·도경찰청장은 과태료처분을 하였을 때에는 과태료 부과 및 징수 사항을 과태료 수납부에 기록하고 정리하여야 한다.

40
청원경찰법령상 문서와 장부의 비치에 관한 설명으로 옳은 것은?

① 청원주는 징계요구서철의 문서와 장부를 갖춰 두어야 한다.
② 관할 경찰서장은 무기·탄약 출납부의 문서와 장부를 갖춰 두어야 한다.
③ 시·도경찰청장은 감독 순시부의 문서와 장부를 갖춰 두어야 한다.
④ 갖춰 두어야 할 문서와 장부의 서식은 경찰관서에서 사용하는 서식을 준용한다.

최신 기출문제 — 정답 및 해설

제1과목 | 경비업법   본문 p.22

01	①	02	③	03	④	04	④	05	③
06	①	07	①	08	②	09	②	10	④
11	①	12	④	13	②	14	②	15	②
16	④	17	①	18	②	19	③	20	①
21	②	22	④	23	③	24	④	25	①
26	①	27	①	28	③	29	④	30	④
31	②	32	①	33	③	34	③	35	③
36	①	37	②	38	①	39	④	40	②

01   정답 ①
경비업의 허가 등 ▶ 경비업 허가신청   난이도 상 중 하

시·도경찰청장은 허가 또는 변경허가의 신청을 받은 때에는 경비업을 영위하고자 하는 법인의 임원중 법 제5조의 규정에 의한 결격사유에 해당하는 자가 있는지의 유무, 경비인력·시설 및 장비의 확보 또는 확보가능성의 여부, 자본금과 대표자·임원의 경력 및 신용 등을 검토하여 허가여부를 결정하여야 한다.

> 영 제4조【허가절차 등】① 시·도경찰청장은 제3조 제1항의 규정에 의하여 허가 또는 변경허가의 신청을 받은 때에는 경비업을 영위하고자 하는 법인의 임원중 법 제5조의 규정에 의한 결격사유에 해당하는 자가 있는지의 유무, 경비인력·시설 및 장비의 확보 또는 확보가능성의 여부, 자본금과 대표자·임원의 경력 및 신용 등을 검토하여 허가여부를 결정하여야 한다.

02   정답 ③
경비업의 허가 등 ▶ 법인임원 결격사유   난이도 상 중 하

ㄱ. 파산선고를 받고 복권된 자는 결격사유가 아니며, 파산선고를 받고 복권되지 아니한 자는 모든 경비업무의 공통적인 결격사유에 해당한다.

> 법 제5조【임원의 결격사유】다음 각 호의 어느 하나에 해당하는 자는 경비업을 영위하는 법인(제4호에 해당하는 자의 경우에는 특수경비업무를 수행하는 법인을 말하고, 제5호에 해당하는 자의 경우에는 허가취소사유에 해당하는 경비업무와 동종의 경비업무를 수행하는 법인을 말한다)의 임원이 될 수 없다.
> 1. 피성년후견인
> 2. 파산선고를 받고 복권되지 아니한 자
> 3. 금고 이상의 형의 선고를 받고 그 형이 실효되지 아니한 자
> 4. 이 법 또는 「대통령 등의 경호에 관한 법률」에 위반하여 벌금형의 선고를 받고 3년이 지나지 아니한 자
> 5. 이 법(제19조 제1항 제2호 및 제7호는 제외한다) 또는 이 법에 의한 명령에 위반하여 허가가 취소된 법인의 허가취소 당시의 임원이었던 자로서 그 취소 후 3년이 지나지 아니한 자
> 6. 제19조 제1항 제2호 및 제7호의 사유로 허가가 취소된 법인의 허가취소 당시의 임원이었던 자로서 허가가 취소된 날부터 5년이 지나지 아니한 자

03   정답 ④
경비업의 허가 등 ▶ 경비업자의 의무   난이도 상 중 하

경보의 수신 및 조치의 결과를 기재한 서류는 당해 경보를 수신한 날부터 1년간 보관하여야 한다.

> 영 제9조【기계경비업자의 관리 서류】① 기계경비업자는 법 제9조 제2항의 규정에 의하여 출장소별로 다음 각호의 사항을 기재한 서류를 갖추어 두어야 한다.
> 1. 경비대상시설의 명칭·소재지 및 경비계약기간
> 2. 기계경비지도사의 명단·배치일자·배치장소와 출동차량의 대수
> 3. 경보의 수신 및 현장도착 일시와 조치의 결과
> 4. 오경보인 경우 오경보가 발생한 경비대상시설 및 그 오경보에 대한 조치의 결과
> ② 제1항 제3호 및 제4호의 규정에 의한 사항을 기재한 서류는 당해 경보를 수신한 날부터 1년간 이를 보관하여야 한다.

04   정답 ④
총칙 ▶ 용어 정의   난이도 상 중 하

호송경비업무란 운반중에 있는 현금·유가증권·귀금속·상품 그 밖의 물건에 대하여 도난·화재 등 위험발생을 방지하는 업무를 말한다.

법 제2조 【정의】 이 법에서 사용하는 용어의 정의는 다음과 같다.
1. "경비업"이라 함은 다음 각목의 1에 해당하는 업무(이하 "경비업무"라 한다)의 전부 또는 일부를 도급받아 행하는 영업을 말한다.
  가. 시설경비업무: 경비를 필요로 하는 시설 및 장소(이하 "경비대상시설"이라 한다)에서의 도난·화재 그 밖의 혼잡 등으로 인한 위험발생을 방지하는 업무
  나. 호송경비업무: 운반중에 있는 현금·유가증권·귀금속·상품 그 밖의 물건에 대하여 도난·화재 등 위험발생을 방지하는 업무
  다. 신변보호업무: 사람의 생명이나 신체에 대한 위해의 발생을 방지하고 그 신변을 보호하는 업무
  라. 기계경비업무: 경비대상시설에 설치한 기기에 의하여 감지·송신된 정보를 그 경비대상시설 외의 장소에 설치한 관제시설의 기기로 수신하여 도난·화재 등 위험발생을 방지하는 업무
  마. 특수경비업무: 공항(항공기를 포함한다) 등 대통령령이 정하는 국가중요시설(이하 "국가중요시설"이라 한다)의 경비 및 도난·화재 그 밖의 위험발생을 방지하는 업무
  바. 혼잡·교통유도경비업무: 도로에 접속한 공사현장 및 사람과 차량의 통행에 위험이 있는 장소 또는 도로를 점유하는 행사장 등에서 교통사고나 그 밖의 혼잡 등으로 인한 위험발생을 방지하는 업무

05

정답 ③

경비지도사와 경비원 ▶ 경비원의 의무   난이도 ⑧⑨❶

특수경비원은 총기 또는 폭발물을 가지고 대항하는 경우를 제외하고는 14세 미만의 자 또는 임산부에 대하여는 권총 또는 소총을 발사하여서는 아니된다.

법 제15조 【특수경비원의 의무】 ① 특수경비원은 직무를 수행함에 있어 시설주·관할 경찰관서장 및 소속상사의 직무상 명령에 복종하여야 한다.
② 특수경비원은 소속상사의 허가 또는 정당한 사유없이 경비구역을 벗어나서는 아니된다.
③ 특수경비원은 파업·태업 그 밖에 경비업무의 정상적인 운영을 저해하는 일체의 쟁의행위를 하여서는 아니된다.
④ 특수경비원이 무기를 휴대하고 경비업무를 수행하는 때에는 다음 각 호의 어느 하나에서 정하는 무기의 안전사용수칙을 지켜야 한다.
3. 특수경비원은 총기 또는 폭발물을 가지고 대항하는 경우를 제외하고는 14세 미만의 자 또는 임산부에 대하여는 권총 또는 소총을 발사하여서는 아니된다.

06

정답 ①

경비지도사와 경비원 ▶ 무기사용   난이도 ⑧⑨❶

- 관할경찰관서장은 시설주 및 특수경비원의 무기관리상황을 매월 (1)회 이상 점검하여야 한다.
- 무기를 대여받은 국가중요시설의 시설주 또는 관리책임자는 관할경찰관서장이 정하는 바에 의하여 무기의 관리실태를 매월 파악하여 다음 달 (3)일까지 관할경찰관서장에게 통보하여야 한다.

영 21조 무기관리에 대한 지도·감독】 관할경찰관서장은 법 제14조 제5항의 규정에 의하여 시설주 및 특수경비원의 무기관리상황을 매월 1회 이상 점검하여야 한다.

규칙 제18조 【무기의 관리수칙 등】 ① 법 제14조 제4항에 따라 무기를 대여받은 국가중요시설의 시설주(이하 "시설주"라 한다) 또는 같은 조 제7항에 따른 관리책임자(이하 "관리책임자"라 한다)는 다음 각 호의 관리수칙에 따라 무기(탄약을 포함한다. 이하 같다)를 관리해야 한다.
5. 관할경찰관서장이 정하는 바에 의하여 무기의 관리실태를 매월 파악하여 다음 달 3일까지 관할경찰관서장에게 통보할 것

07

정답 ①

경비지도사와 경비원 ▶ 경비원의 복장·장비   난이도 ⑧⑨❶

경비업자는 경찰공무원 또는 군인의 제복과 색상 및 디자인 등이 명확히 구별되는 소속 경비원의 복장을 정하고 이를 확인할 수 있는 사진을 첨부하여 주된 사무소를 관할하는 시·도경찰청장에게 행정안전부령으로 정하는 바에 따라 신고하여야 한다.

법 제16조 【경비원의 복장 등】 ① 경비업자는 경찰공무원 또는 군인의 제복과 색상 및 디자인 등이 명확히 구별되는 소속 경비원의 복장을 정하고 이를 확인할 수 있는 사진을 첨부하여 주된 사무소를 관할하는 시·도경찰청장에게 행정안전부령으로 정하는 바에 따라 신고하여야 한다.
② 경비업자는 경비업무 수행 시 경비원에게 소속 경비업체를 표시한 이름표를 부착하도록 하고, 제1항에 따라 신고된 동일한 복장을 착용하게 하여야 하며, 복장에 소속 회사를 오인할 수 있는 표시를 하거나 다른 회사의 복장을 착용하게 하여서는 아니 된다. 다만, 집단민원현장이 아닌 곳에서 신변보호업무를 수행하는 경우 또는 경비업무의 성격상 부득이한 사유가 있어 관할 경찰관서장이 허용하는 경우에는 그러하지 아니하다.

③ 시·도경찰청장은 제1항에 따라 제출받은 사진을 검토한 후 경비업자에게 복장 변경 등에 대한 시정명령을 할 수 있다.
④ 제3항에 따른 시정명령을 받은 경비업자는 이를 이행하여야 하고, 시·도경찰청장에게 행정안전부령으로 정하는 바에 따라 이행보고를 하여야 한다.

08 정답 ②

경비지도사와 경비원 ▶ 범죄경력조회   난이도 상중하

범죄경력조회 신청서에 경비업 허가증 사본과 취업자 또는 취업예정자 범죄경력조회 동의서를 첨부하여야 한다.

규칙 제22조【결격사유 확인을 위한 범죄경력조회 요청】① 법 제17조 제2항에 따른 범죄경력조회 요청은 별지 제13호의5서식의 범죄경력조회 신청서(전자문서로 된 신청서를 포함한다)에 따른다.
② 경비업자는 제1항에 따라 범죄경력조회를 요청하는 경우 다음 각 호의 서류를 첨부하여야 한다.
1. 경비업 허가증 사본
2. 별지 제13호의6 서식의 취업자 또는 취업예정자 범죄경력조회 동의서

09 정답 ②

경비지도사와 경비원 ▶ 경비지도사 선임   난이도 상중하

- 경비업자는 경비업법령에 의하여 선임·배치된 경비지도사에 결원이 있거나 자격정지 등의 사유로 그 직무를 수행할 수 없는 때에는 (15)일 이내에 경비지도사를 새로이 충원하여야 한다.
- 경비지도사는 경비업법에 따라 경비원에 대한 교육을 실시하고, 행정안전부령으로 정하는 경비원 직무교육 실시대장에 그 내용을 기록하여 (2)년간 보존하여야 한다.

영 제16조【경비지도사의 선임·배치】② 경비업자는 제1항의 규정에 의하여 선임·배치된 경비지도사에 결원이 있거나 자격정지 등의 사유로 그 직무를 수행할 수 없는 때에는 15일 이내에 경비지도사를 새로이 충원하여야 한다.

영 제17조【경비지도사의 직무 및 준수사항】③ 경비지도사는 법 제12조 제2항 제1호에 따라 경비원에 대한 교육을 실시하고, 행정안전부령으로 정하는 경비원 직무교육 실시대장에 그 내용을 기록하여 2년간 보존하여야 한다.

10 정답 ④

경비지도사와 경비원 ▶ 경비원의 교육   난이도 상중하

특수경비업자는 소속 특수경비원에게 경비지도사가 수립한 교육계획에 따라 매월 3시간의 직무교육을 받도록 하여야 한다.

영 제19조【특수경비원에 대한 교육】③ 특수경비업자는 법 제13조 제3항에 따라 소속 특수경비원에게 법 제12조에 따라 선임한 경비지도사가 수립한 교육계획에 따라 매월 행정안전부령으로 정하는 시간 이상의 직무교육을 받도록 하여야 한다.

규칙 제16조【특수경비원에 대한 직무교육의 시간 등】① 영 제19조 제3항에서 "행정안전부령으로 정하는 시간"이란 3시간을 말한다.

11 정답 ①

경비지도사와 경비원 ▶ 경비원의 배치허가   난이도 상중하

경비원 중 신임교육을 받지 아니한 사람이 100분의 21 이상으로 포함되어 있는 경우에는 배치허가를 하여서는 아니 된다.

법 제18조【경비원의 명부와 배치허가 등】③ 관할 경찰관서장은 제2항 각 호 외의 부분 단서에 따른 배치허가 신청을 받은 경우 다음 각 호의 사유에 해당하는 때에는 배치허가를 하여서는 아니 된다. 이 경우 관할 경찰관서장은 다음 각 호의 사유를 확인하기 위하여 소속 경찰관으로 하여금 그 배치장소를 방문하여 조사하게 할 수 있다.
1. 제15조의2 제1항 및 제2항을 위반하여 경비업무의 범위를 벗어난 행위를 할 우려가 있는 경우
2. 경비원 중 제10조 제1항 또는 제2항에 해당하는 결격자나 제13조에 따른 신임교육을 받지 아니한 사람이 대통령령으로 정하는 기준 이상으로 포함되어 있는 경우
3. 제24조에 따라 경비원의 복장·장비 등에 대하여 내려진 필요한 명령을 이행하지 아니하는 경우

영 제22조【집단민원현장 배치 불허가 기준】법 제18조 제3항 제2호에서 "대통령령으로 정하는 기준"이란 100분의 21을 말한다.

12 정답 ④

경비지도사와 경비원 ▶ 경비원의 복장·장비   난이도 상중하

경비원이 휴대할 수 있는 장비의 종류는 경적·단봉·분사기 등으로 행정안전부령으로 정하되, 근무 중에만 이를 휴대할 수 있다.

법 제16조의2 【경비원의 장비 등】 ① 경비원이 휴대할 수 있는 장비의 종류는 경적·단봉·분사기 등 행정안전부령으로 정하되, 근무 중에만 이를 휴대할 수 있다.
② 경비업자가 경비원으로 하여금 분사기를 휴대하여 직무를 수행하게 하는 경우에는 「총포·도검·화약류 등 단속법」에 따라 미리 분사기의 소지허가를 받아야 한다.

규칙 제20조 【경비원의 휴대장비】 ① 법 제16조의2 제1항에 따라 경비원은 근무 중 경적, 단봉, 분사기, 안전방패, 무전기 및 그 밖에 경비 업무 수행에 필요한 것으로서 공격적인 용도로 제작되지 아니하는 장비를 휴대할 수 있으며, 안전모 및 방검복 등 안전장비를 착용할 수 있다.

법 제16조의3 【출동차량 등】 ① 경비업자는 출동차량 등의 도색 및 표지를 경찰차량 및 군차량과 명확히 구별될 수 있게 하여야 한다.

13
정답 ③

행정처분 등 ▶ 경비업 영업허가 취소 등   난이도 상 중 하

정당한 사유없이 최종 도급계약 종료일의 다음 날부터 2년 이내에 경비 도급실적이 없을 때는 경비업 허가취소 사유에 해당한다.

법 제19조 【경비업 허가의 취소 등】 ① 허가관청은 경비업자가 다음 각 호의 어느 하나에 해당하는 때에는 그 허가를 취소하여야 한다.
1. 허위 그 밖의 부정한 방법으로 허가를 받은 때
2. 제7조 제5항의 규정에 위반하여 허가받은 경비업무외의 업무에 경비원을 종사하게 한 때
3. 제7조 제9항의 규정에 위반하여 경비업 및 경비관련업외의 영업을 한 때
4. 정당한 사유없이 허가를 받은 날부터 2년 이내에 경비 도급실적이 없거나 계속하여 1년 이상 휴업한 때
5. 정당한 사유없이 최종 도급계약 종료일의 다음 날부터 2년 이내에 경비 도급실적이 없을 때
6. 영업정지처분을 받고 계속하여 영업을 한 때
7. 제15조의2 제2항을 위반하여 소속 경비원으로 하여금 경비업무의 범위를 벗어난 행위를 하게 한 때
8. 제18조 제8항에 따른 관할 경찰관서장의 배치폐지명령에 따르지 아니한 때

14
정답 ②

경비지도사와 경비원 ▶ 경비원의 배치허가   난이도 상 중 하

집단민원현장에 배치되는 일반경비원의 명부는 그 경비원이 배치되는 장소에도 작성·비치하여야 한다.

법 제18조 【경비원의 명부와 배치허가 등】 ① 경비업자는 행정안전부령으로 정하는 바에 따라 경비원의 명부를 작성·비치하여야 한다. 다만, 집단민원현장에 배치되는 일반경비원의 명부는 그 경비원이 배치되는 장소에도 작성·비치하여야 한다.
② 경비업자가 경비원을 배치하거나 배치를 폐지한 경우에는 행정안전부령으로 정하는 바에 따라 관할 경찰관서장에게 신고하여야 한다. 다만, 다음 제1호의 경우에는 경비원을 배치하기 48시간 전까지 행정안전부령으로 정하는 바에 따라 배치허가를 신청하고, 관할 경찰관서장의 배치허가를 받은 후에 경비원을 배치하여야 하며(제2호 및 제3호의 경우에는 경비원을 배치하기 전까지 신고하여야 한다), 이 경우 관할 경찰관서장은 배치허가를 함에 있어 필요한 조건을 붙일 수 있다.
1. 제2조 제1호에 따른 시설경비업무, 신변보호업무 또는 혼잡·교통유도경비업무 중 집단민원현장에 배치된 일반경비원
2. 집단민원현장이 아닌 곳에서 제2조 제1호 다목의 규정에 의한 신변보호업무를 수행하는 일반경비원
3. 특수경비원

규칙 제24조 【경비원의 배치 및 배치폐지의 신고】 ① 경비업자는 법 제18조 제2항에 따라 경비업무를 수행하기 위하여 20일 이상 경비원을 배치하거나 그 기간을 연장하려는 때에는 경비원을 배치한 후 7일 이내에 별지 제15호서식의 경비원 배치신고서(전자문서로 된 신고서를 포함하며, 이하 "배치신고서"라 한다)를 배치지를 관할하는 경찰관서장에게 제출해야 한다. 다만, 법 제18조 제2항 제2호 및 제3호에 해당하는 경비원을 배치하는 경우에는 경비원을 배치하는 기간과 관계없이 경비원을 배치하기 전까지 제출해야 한다.

규칙 제24조의2 【집단민원현장에의 일반경비원 배치허가 신청 등】 ④ 제2항에 따라 일반경비원 배치허가를 받은 경비업자가 집단민원현장에 새로운 경비원을 배치하려는 경우에는 새로운 경비원을 배치하기 48시간 전까지 배치허가 신청서를 관할 경찰관서장에게 제출하여 허가를 받아야 한다.

15
정답 ②

경비협회 ▶ 경비협회 설립   난이도 상 중 하

① 경비업자는 경비업무의 건전한 발전 등을 위하여 경비협회를 설립할 수 있다.
③ 경비업법에 특별한 규정이 있는 것을 제외하고는 「민법」 중 사단법인에 관한 규정을 준용한다.
④ 경비협회는 정관이 정하는 바에 의하여 회원으로부터 회비를 징수할 수 있다.

법 제22조【경비협회】① 경비업자는 경비업무의 건전한 발전과 경비원의 자질향상 및 교육훈련 등을 위하여 대통령령이 정하는 바에 따라 경비협회를 설립할 수 있다.
④ 경비협회에 관하여 이 법에 특별한 규정이 있는 것을 제외하고는 민법중 사단법인에 관한 규정을 준용한다.

영 제26조【경비협회】① 경비업자가 법 제22조 제1항에 따라 경비협회(이하 "협회"라 한다)를 설립하려는 경우에는 정관을 작성하여야 한다.
② 협회는 정관이 정하는 바에 의하여 회원으로부터 회비를 징수할 수 있다.

영 제27조【공제사업】① 협회는 법 제23조 제1항의 규정에 의하여 공제사업을 하는 경우 공제사업의 회계는 다른 사업의 회계와 구분하여 경리하여야 한다.

16 정답 ④

행정처분 등 ▶ 경비지도사 자격취소   난이도 상중하

① 경비업법 제12조 제3항의 규정을 1차 위반하여 직무를 성실하게 수행하지 아니한 때: 자격정지 3월
② 경비업법 제12조 제3항의 규정을 2차 위반하여 직무를 성실하게 수행하지 아니한 때: 자격정지 6월
③ 경비업법 제24조의 규정에 의한 시·도경찰청장의 명령을 2차 위반한 때: 자격정지 6월

▶ 경비업법 시행령 [별표 5]
경비지도사 자격정지처분 기준(제25조 관련)

위반행위	해당 법조문	행정처분기준		
		1차	2차	3차 이상
1. 법 제12조 제3항의 규정에 위반하여 직무를 성실하게 수행하지 아니한 때	법 제20조 제2항 제1호	자격정지 3월	자격정지 6월	자격정지 12월
2. 법 제24조의 규정에 의한 경찰청장·시·도경찰청장의 명령을 위반한 때	법 제20조 제2항 제2호	자격정지 1월	자격정지 6월	자격정지 9월

비고: 위반행위의 횟수에 따른 행정처분의 기준은 당해 위반행위가 있은 이전 최근 2년간 같은 위반행위로 행정처분을 받은 경우에 적용한다.

17 정답 ②

행정처분 등 ▶ 청문   난이도 상중하

ㄴ. 경비지도사 교육기관이 거짓으로 경비지도사 교육기관의 지정을 받은 경우는 청문대상은 맞으나, 업무정지처분의 대상이 아니라 교육기관지정 취소사유로 청문대상이다.

법 제21조【청문】경찰청장 또는 시·도경찰청장은 다음 각 호의 어느 하나에 해당하는 처분을 하고자 하는 경우에는 청문을 실시하여야 한다.
1. 제11조의4에 따른 경비지도사 교육기관의 지정 취소 또는 업무의 정지
2. 제13조의3에 따른 경비원 교육기관의 지정 취소 또는 업무의 정지
3. 제19조의 규정에 의한 경비업 허가의 취소 또는 영업정지
4. 제20조 제1항 또는 제2항의 규정에 의한 경비지도사자격의 취소 또는 정지

법 제13조의3【경비원 교육기관의 지정 취소 등】① 경찰청장은 경비원 교육기관이 다음 각 호의 어느 하나에 해당하는 경우에는 그 지정을 취소하거나 1년 이내의 기간을 정하여 업무의 전부 또는 일부를 정지할 수 있다. 다만, 제1호의 경우에는 그 지정을 취소하여야 한다.
1. 거짓이나 그 밖의 부정한 방법으로 경비원 교육기관의 지정을 받은 경우
2. 지정받은 사항을 위반하여 업무를 행한 경우
3. 제13조의2 제3항에 따른 시정명령을 받고도 정당한 사유 없이 정하여진 기간 이내에 시정하지 아니한 경우
4. 제13조의2 제4항에 따른 지정 기준에 적합하지 아니하게 된 경우

위반행위	근거 법조문	행정처분기준		
		1차	2차	3차 이상
가. 지정받은 사항을 위반하여 업무를 행한 경우	법 제11조의4 제1항 제2호 또는 법 제13조의3 제1항 제2호	업무정지 1개월	업무정지 3개월	업무정지 6개월
나. 법 제11조의3 제3항 또는 법 제13조의2 제3항에 따른 시정명령을 받고도 정당한 사유 없이 시정하지 않은 경우	법 제11조의4 제1항 제3호 또는 법 제13조의3 제1항 제3호	업무정지 3개월	업무정지 6개월	지정취소
다. 법 제11조의3 제4항 또는 법 제13조의2 제4항에 따른 지정 기준에 적합하지 않게 된 경우	법 제11조의4 제1항 제4호 또는 법 제13조의3 제1항 제4호	업무정지 1개월	업무정지 3개월	지정취소

18   정답 ②
경비업의 허가 등 ▶ 경비업 허가신청   난이도 상중하

① 법인의 정관 중요사항을 변경한 때
③ 특수경비업무를 개시하거나 종료한 때
④ 기계경비업무의 수행을 위한 관제시설을 신설한 때

> **법 제4조【경비업의 허가】** ③ 제1항의 규정에 의하여 경비업의 허가를 받은 법인은 다음 각 호의 어느 하나에 해당하는 때에는 시·도경찰청장에게 신고하여야 한다.
> 1. 영업을 폐업하거나 휴업한 때
> 2. 법인의 명칭이나 대표자·임원을 변경한 때
> 3. 법인의 주사무소나 출장소를 신설·이전 또는 폐지한 때
> 4. 기계경비업무의 수행을 위한 관제시설을 신설·이전 또는 폐지한 때
> 5. 특수경비업무를 개시하거나 종료한 때
> 6. 그 밖에 대통령령이 정하는 중요사항을 변경한 때
>
> **영 제5조【폐업 또는 휴업 등의 신고】** ④ 법 제4조 제3항 제6호에서 "그밖에 대통령령이 정하는 중요사항"이라 함은 정관의 목적을 말한다.

19   정답 ③
경비협회 ▶ 공제사업   난이도 상중하

경찰청장은 공제사업에 대하여 「금융위원회의 설치 등에 관한 법률」에 따른 금융감독원의 원장에게 검사를 요청할 수 있다.

> **법 제23조【공제사업】** ② 경비협회는 제1항의 규정에 의한 공제사업을 하고자 하는 때에는 공제규정을 제정하여야 한다.
> ④ 경찰청장은 제1항에 따른 공제사업의 건전한 육성과 가입자의 보호를 위하여 공제사업의 감독에 관한 기준을 정할 수 있다.
> ⑥ 경찰청장은 제1항에 따른 공제사업에 대하여 「금융위원회의 설치 등에 관한 법률」에 따른 금융감독원의 원장에게 검사를 요청할 수 있다.
>
> **영 제27조【공제사업】** ① 협회는 법 제23조 제1항의 규정에 의하여 공제사업을 하는 경우 공제사업의 회계는 다른 사업의 회계와 구분하여 경리하여야 한다.

20   정답 ③
보칙 ▶ 손해배상 등   난이도 상중하

①④ 경비업자는 경비원이 업무수행중 고의 또는 과실로 경비대상에 손해가 발생하는 것을 방지하지 못한 때에는 그 손해를 배상하여야 한다.

② 경비업자는 경비원이 업무수행중 고의 또는 과실로 제3자에게 손해를 입힌 경우에는 이를 배상하여야 한다.

> **법 제26조【손해배상 등】** ① 경비업자는 경비원이 업무수행중 고의 또는 과실로 경비대상에 손해가 발생하는 것을 방지하지 못한 때에는 그 손해를 배상하여야 한다.
> ② 경비업자는 경비원이 업무수행중 고의 또는 과실로 제3자에게 손해를 입힌 경우에는 이를 배상하여야 한다.

21   정답 ②
보칙 ▶ 업무위임 및 위탁   난이도 상중하

ㄴ. 경비지도사 자격증의 교부권한은 위임 규정이 없다.
ㄷ. 경비지도사 시험의 관리에 관한 권한은 위탁사항이다.

> **법 제27조【위임 및 위탁】** ① 이 법에 의한 경찰청장의 권한은 대통령령이 정하는 바에 따라 그 일부를 시·도경찰청장에게 위임할 수 있다.
> ② 경찰청장은 제11조의 규정에 의한 경비지도사의 시험에 관한 업무를 대통령령이 정하는 바에 따라 관계전문기관 또는 단체에 위탁할 수 있다.
>
> **영 제31조【권한의 위임 및 위탁】** ① 경찰청장은 법 제27조제1항의 규정에 의하여 다음 각호의 권한을 시·도경찰청장에게 위임한다.
> 1. 법 제20조의 규정에 의한 경비지도사의 자격의 취소 및 정지에 관한 권한
> 2. 법 제21조 제2호의 규정에 의한 경비지도사 자격의 취소 및 정지에 관한 청문의 권한
> ② 경찰청장 또는 경찰관서장은 법 제27조 제2항에 따라 법 제11조 제1항에 따른 경비지도사시험의 관리에 관한 업무를 경비업무에 관한 인력과 전문성을 갖춘 기관 또는 단체로서 경찰청장이 지정하여 고시하는 기관 또는 단체에 위탁한다. 〈개정 2024.8.13.〉

22   정답 ④
보칙 ▶ 지도·감독   난이도 상중하

시·도경찰청장 또는 관할 경찰관서장은 경비업무 장소가 집단민원현장으로 판단되는 경우에는 그 때부터 48시간 이내에 경비업자에게 경비원 배치 허가를 받을 것을 고지하여야 한다.

> **법 제24조【감독】** ① 경찰청장 또는 시·도경찰청장은 경비업무의 적정한 수행을 위하여 경비업자 및 경비지도사를 지도·감독하며 필요한 명령을 할 수 있다.
> ② 시·도경찰청장 또는 관할 경찰관서장은 소속 경찰공무원으로 하여금 관할구역안에 있는 경비업자의 주

사무소 및 출장소와 경비원배치장소에 출입하여 근무상황 및 교육훈련상황 등을 감독하며 필요한 명령을 하게 할 수 있다. 이 경우 출입하는 경찰공무원은 그 권한을 표시하는 증표를 관계인에게 내보여야 한다.
③ 시·도경찰청장 또는 관할 경찰관서장은 경비업자 또는 배치된 경비원이 이 법이나 이 법에 따른 명령, 「폭력행위 등 처벌에 관한 법률」을 위반하는 행위를 하는 경우 그 위반행위의 중지를 명할 수 있다.
④ 시·도경찰청장 또는 관할 경찰관서장은 경비업무 장소가 집단민원현장으로 판단되는 경우에는 그 때부터 48시간 이내에 경비업자에게 경비원 배치 허가를 받을 것을 고지하여야 한다.

23 정답 ③
보칙 ▶ 수수료   난이도 상 중 하

시험시행일 20일 전까지 접수를 취소하는 경우에는 응시수수료 전액을 반환하여야 한다.

> 영 제28조【허가증 등의 수수료】 ④ 경찰청장은 다음 각 호의 어느 하나에 해당하는 경우에는 제3항에 따라 받은 응시수수료의 전부 또는 일부를 다음 각 호의 구분에 따라 반환하여야 한다.
> 1. 응시수수료를 과오납한 경우: 과오납한 금액 전액
> 2. 시험시행기관의 귀책사유로 시험에 응시하지 못한 경우: 응시수수료 전액
> 3. 시험시행일 20일 전까지 접수를 취소하는 경우: 응시수수료 전액
> 4. 시험시행일 10일 전까지 접수를 취소하는 경우: 응시수수료의 100분의 50

24 정답 ④
보칙 ▶ 업무위탁   난이도 상 중 하

경찰청장으로부터 경비지도사의 시험에 관한 업무를 위탁받은 업무에 종사하는 관계전문기관 또는 단체의 임직원은 「형법」 제129조부터 제132조까지[제129조(수뢰, 사전수뢰), 제130조(제삼자뇌물제공), 제131조(수뢰후부정처사, 사후수뢰), 제132조(알선수뢰)]의 규정을 적용할 때에는 공무원으로 본다.

> 법 제27조의3【벌칙 적용에서 공무원 의제】 제27조 제2항에 따라 위탁받은 업무에 종사하는 관계전문기관 또는 단체의 임직원은 「형법」 제129조부터 제132조까지[제129조(수뢰, 사전수뢰), 제130조(제삼자뇌물제공), 제131조(수뢰후부정처사, 사후수뢰), 제132조(알선수뢰)]의 규정을 적용할 때에는 공무원으로 본다.

25 정답 ①
벌칙 ▶ 행정형벌   난이도 상 중 하

"경비업의 허가를 받지 아니하고 경비업을 영위한 자"는 3년 이하의 징역 또는 3천만 원 이하의 벌금에 처한다.
① 다른 법률에 특별한 규정이 있는 경우가 아님에도 그 직무상 알게 된 비밀을 누설한 경비업자의 임·직원은 3년 이하의 징역 또는 3천만 원 이하의 벌금에 처한다.
② 국가중요시설에 대한 경비업무 수행 중 국가중요시설의 정상적인 운영을 해치는 장해를 일으킨 특수경비원은 5년 이하의 징역 또는 5천만 원 이하의 벌금에 처한다.
③ 쟁의행위를 한 특수경비원은 1년 이하의 징역 또는 1천만 원 이하의 벌금에 처한다.
④ 경비업법에서 정한 장비 외에 흉기 또는 그 밖의 위험한 물건을 휴대하고 경비업무를 수행한 경비원은 1년 이하의 징역 또는 1천만 원 이하의 벌금에 처한다.

> 법 제28조【벌칙】 ① 제14조 제2항의 규정에 위반하여 국가중요시설의 정상적인 운영을 해치는 장해를 일으킨 특수경비원은 5년 이하의 징역 또는 5천만 원 이하의 벌금에 처한다.
> ② 다음 각 호의 어느 하나에 해당하는 자는 3년 이하의 징역 또는 3천만 원 이하의 벌금에 처한다.
> 1. 제4조 제1항의 규정에 의한 허가를 받지 아니하고 경비업을 영위한 자
> 2. 제7조 제4항의 규정에 위반하여 직무상 알게 된 비밀을 누설하거나 부당한 목적을 위하여 사용한 자
> ④ 다음 각 호의 어느 하나에 해당하는 자는 1년 이하의 징역 또는 1천만 원 이하의 벌금에 처한다.
> 2. 제15조 제3항의 규정에 위반하여 쟁의행위를 한 특수경비원
> 4. 제16조의2 제1항에서 정한 장비 외에 흉기 또는 그 밖의 위험한 물건을 휴대하고 경비업무를 수행한 경비원 또는 경비원에게 이를 휴대하고 경비업무를 수행하게 한 자

26 정답 ①
벌칙 ▶ 형의 가중처벌   난이도 상 중 하

경비원이 경비업무 수행 중에 경비업법령에서 정한 장비 외에 흉기 또는 그 밖의 위험한 물건을 휴대하고 「형법」 제258조의2 제1항(특수상해)(제257조 제1항의 죄로 한정한다)·제2항(제258조 제1항·제2항의 죄로 한정한다), 제259조 제1항(상해치사), 제261조(특수폭행), 제262조(폭행치사상), 제268조(업무상과실·중과실 치사상), 제276조 제1항(체포, 감금, 존속체포, 존속감금),

제277조 제1항(중체포, 중감금, 존속중체포, 존속중감금), 제281조 제1항(체포·감금등의 치사상), 제283조 제1항(협박, 존속협박), 제324조(강요) 제2항(특수강요), 제350조의2(특수공갈) 및 제366조(재물손괴등)의 죄를 범한 때에는 그 죄에 정한 형의 2분의 1까지 가중처벌한다.

> 법 제29조【형의 가중처벌】② 경비원이 경비업무 수행 중에 제16조의2 제1항에서 정한 장비 외에 흉기 또는 그 밖의 위험한 물건을 휴대하고「형법」제258조의2 제1항(제257조 제1항의 죄로 한정한다)·제2항(제258조 제1항·제2항의 죄로 한정한다), 제259조 제1항, 제261조, 제262조, 제268조, 제276조 제1항, 제277조 제1항, 제281조 제1항, 제283조 제1항, 제324조 제2항, 제350조의2 및 제366조의 죄를 범한 때에는 그 죄에 정한 형의 2분의 1까지 가중처벌한다.

27   정답 ①

벌칙 ▶ 과태료   난이도 상 중 **하**

① 경비업법의 규정에 위반하여 경비대행업자 지정신고를 하지 아니한 자는 500만 원 이하의 과태료(허위로 신고한 경우 400만 원/그 밖의 사유로 신고하지 않은 경우 300만 원)를 부과한다.
② 경비업법의 규정에 위반하여 경비원의 복장에 관한 신고를 하지 아니하고 집단민원현장에 경비원을 배치한 자에게는 3천만 원 이하의 과태료(3차 이상 2,400만 원)를 부과한다.
③ 경비업법의 규정에 위반하여 이름표를 부착하게 하지 아니하고 집단민원현장에 경비원을 배치한 자에게는 3천만 원 이하의 과태료(3차 이상 2,400만 원)를 부과한다.
④ 경비업법의 규정에 위반하여 집단민원현장에 일반경비원을 배치하면서 경비원의 명부를 배치장소에 작성·비치하지 아니한 자에게는 3천만 원 이하의 과태료(경비원 명부를 비치하지 않은 경우 3차 이상 2,400만원/경비원 명부를 작성하지 않은 경우 3차 이상 1,200만원)를 부과한다.

> 법 제31조【과태료】① 다음 각 호의 어느 하나에 해당하는 경비업자에게는 3천만 원 이하의 과태료를 부과한다.
> 1. 제16조 제1항을 위반하여 경비원의 복장에 관한 신고를 하지 아니하고 집단민원현장에 경비원을 배치한 자
> 2. 제16조 제2항을 위반하여 이름표를 부착하게 하지 아니하거나, 신고된 동일 복장을 착용하게 하지 아니하고 집단민원현장에 경비원을 배치한 자
> 3. 제18조 제1항 단서를 위반하여 집단민원현장에 일반경비원을 배치하면서 경비원의 명부를 배치장소에 작성·비치하지 아니한 자
> 4. 제18조 제2항 각 호 외의 부분 단서를 위반하여 배치허가를 받지 아니하고 경비원을 배치하거나 경비원 명단 및 배치일시·배치장소 등 배치허가 신청의 내용을 거짓으로 한 자
> 5. 제18조 제7항을 위반하여 제13조에 따른 신임교육을 이수하지 아니한 자를 제18조 제2항 각 호의 경비원으로 배치한 자

28   정답 ③

총칙 ▶ 용어정의   난이도 상 중 **하**

① 청원경찰은 청원주 등의 경비(經費)의 부담할 것을 조건으로 사업장 등의 경비(警備)를 담당하게 하기 위하여 배치하는 경찰이다.
② 선박, 항공기 등 수송시설에는 청원경찰이 배치될 수 있다.
④ 청원경찰은 배치된 기관·시설 또는 사업장 등의 구역을 관할하는 경찰서장의 감독을 받는다. 청원경찰은 청원주와 배치된 기관·시설 또는 사업장 등의 구역을 관할하는 경찰서장의 감독을 받아 그 경비구역만의 경비를 목적으로 필요한 범위에서「경찰관 직무집행법」에 따른 경찰관의 직무를 수행한다.

> 법 제2조【정의】이 법에서 "청원경찰"이란 다음 각 호의 어느 하나에 해당하는 기관의 장 또는 시설·사업장 등의 경영자가 경비(이하 "청원경찰경비"(請頭警察經費)라 한대)를 부담할 것을 조건으로 경찰의 배치를 신청하는 경우 그 기관·시설 또는 사업장 등의 경비(警備)를 담당하게 하기 위하여 배치하는 경찰을 말한다.
> 1. 국가기관 또는 공공단체와 그 관리하에 있는 중요 시설 또는 사업장
> 2. 국내 주재(駐在) 외국기관
> 3. 그 밖에 행정안전부령으로 정하는 중요 시설, 사업장 또는 장소
>
> 규칙 제2조【배치 대상】「청원경찰법」(이하 "법"이라 한다) 제2조 제3호에서 "그 밖에 행정안전부령으로 정하는 중요 시설, 사업장 또는 장소"란 다음 각 호의 시설, 사업장 또는 장소를 말한다.
> 1. 선박, 항공기 등 수송시설
> 2. 금융 또는 보험을 업(業)으로 하는 시설 또는 사업장
> 3. 언론, 통신, 방송 또는 인쇄를 업으로 하는 시설 또는 사업장
> 4. 학교 등 육영시설
> 5. 「의료법」에 따른 의료기관

6. 그 밖에 공공의 안녕질서 유지와 국민경제를 위하여 고도의 경비(警備)가 필요한 중요 시설, 사업체 또는 장소

법 제3조 【청원경찰의 직무】 청원경찰은 제4조 제2항에 따라 청원경찰의 배치 결정을 받은 자(이하 "청원주"(請願主)라 한다)와 배치된 기관·시설 또는 사업장 등의 구역을 관할하는 경찰서장의 감독을 받아 그 경비구역만의 경비를 목적으로 필요한 범위에서 「경찰관 직무집행법」에 따른 경찰관의 직무를 수행한다.

29 정답 ④
과태료와 벌칙 등 ▶ 문서와 장부의 비치 난이도 상 중 하

배치 결정 관계철은 시·도경찰청장이 갖춰 두어야 할 문서와 장부이다.

규칙 제17조 【문서와 장부의 비치】 ② 관할 경찰서장은 다음 각 호의 문서와 장부를 갖춰 두어야 한다.
1. 청원경찰 명부
2. 감독 순시부
3. 전출입 관계철
4. 교육훈련 실시부
5. 무기·탄약 대여대장
6. 징계요구서철
7. 그 밖에 청원경찰의 운영에 필요한 문서와 장부

30 정답 ④
총칙 ▶ 목적 난이도 상 중 하

청원경찰법은 청원경찰의 직무·임용·배치·보수·사회보장 및 그 밖에 필요한 사항을 규정함으로써 청원경찰의 원활한 운영을 목적으로 한다.

법 제1조 【목적】 이 법은 청원경찰의 직무·임용·배치·보수·사회보장 및 그 밖에 필요한 사항을 규정함으로써 청원경찰의 원활한 운영을 목적으로 한다.

31 정답 ②
청원경찰의 배치 ▶ 청원경찰의 배치신청 난이도 상 중 하

시·도경찰청장은 청원경찰 배치 신청을 받으면 지체 없이 그 배치 여부를 결정하여 신청인에게 알려야 한다.

법 제4조 【청원경찰의 배치】 ① 청원경찰을 배치받으려는 자는 대통령령으로 정하는 바에 따라 관할 시·도경찰청장에게 청원경찰 배치를 신청하여야 한다.
② 시·도경찰청장은 제1항의 청원경찰 배치 신청을 받으면 지체 없이 그 배치 여부를 결정하여 신청인에게 알려야 한다.

영 제2조 【청원경찰의 배치 신청 등】 「청원경찰법」(이하 "법"이라 한다) 제4조 1항에 따라 청원경찰의 배치를 받으려는 자는 청원경찰 배치신청서에 다음 각 호의 서류를 첨부하여 법 제2조 각 호의 기관·시설·사업장 또는 장소(이하 "사업장"이라 한다)의 소재지를 관할하는 경찰서장(이하 "관할 경찰서장"이라 한다)을 거쳐 시·도경찰청장에게 제출하여야 한다. 이 경우 배치 장소가 둘 이상의 도(특별시, 광역시, 특별자치시 및 특별자치도를 포함한다. 이하 같다)일 때에는 주된 사업장의 관할 경찰서장을 거쳐 시·도경찰청장에게 한꺼번에 신청할 수 있다.
1. 경비구역 평면도 1부
2. 배치계획서 1부

32 정답 ①
청원경찰의 임용 ▶ 임용권자 난이도 상 중 하

② 청원경찰은 청원주가 임용한다.
③ 청원주가 청원경찰을 임용하였을 때에는 임용한 날부터 10일 이내에 그 사항을 관할 경찰서장을 거쳐 시·도경찰청장에게 보고하여야 한다.
④ 청원주는 청원경찰이 퇴직하였을 때에는 퇴직한 날부터 10일 이내에 그 사항을 관할 경찰서장을 거쳐 시·도경찰청장에게 보고하여야 한다.

법 제5조 【청원경찰의 임용 등】 ① 청원경찰은 청원주가 임용하되, 임용을 할 때에는 미리 시·도경찰청장의 승인을 받아야 한다.
③ 청원경찰의 임용자격·임용방법·교육 및 보수에 관하여는 대통령령으로 정한다.

영 제4조 【임용방법 등】 ① 법 제4조 제2항에 따라 청원경찰의 배치 결정을 받은 자(이하 "청원주"라 한다)는 법 제5조 제1항에 따라 그 배치 결정의 통지를 받은 날부터 30일 이내에 배치 결정된 인원수의 임용예정자에 대하여 청원경찰 임용승인을 시·도경찰청장에게 신청하여야 한다.
② 청원주가 법 제5조 제1항에 따라 청원경찰을 임용하였을 때에는 임용한 날부터 10일 이내에 그 임용사항을 관할 경찰서장을 거쳐 시·도경찰청장에게 보고하여야 한다. 청원경찰이 퇴직하였을 때에도 또한 같다.

33 정답 ④
감독 등 ▶ 면직과 징계 난이도 상 중 하

① 청원주는 청원경찰이 품위를 손상하는 행위를 한 때에는 징계절차를 거쳐 징계처분을 하여야 한다.

② 감봉은 1개월 이상 3개월 이하로 하고, 그 기간에 보수의 3분의 1을 줄인다.
③ 시·도경찰청장은 징계규정의 보완이 필요하다고 인정할 때에는 청원주에게 그 보완을 요구할 수 있다.

> 법 제5조의2 【청원경찰의 징계】 ① 청원주는 청원경찰이 다음 각 호의 어느 하나에 해당하는 때에는 대통령령으로 정하는 징계절차를 거쳐 징계처분을 하여야 한다.
> 1. 직무상의 의무를 위반하거나 직무를 태만히 한 때
> 2. 품위를 손상하는 행위를 한 때
> ② 청원경찰에 대한 징계의 종류는 파면, 해임, 정직, 감봉 및 견책으로 구분한다.
>
> 영 제8조 【징계】 ② 법 제5조의2 제2항의 정직(停職)은 1개월 이상 3개월 이하로 하고, 그 기간에 청원경찰의 신분은 보유하나 직무에 종사하지 못하며, 보수의 3분의 2를 줄인다.
> ③ 법 제5조의2 제2항의 감봉은 1개월 이상 3개월 이하로 하고, 그 기간에 보수의 3분의 1을 줄인다.
> ④ 법 제5조의2 제2항의 견책(譴責)은 전과(前過)에 대하여 훈계하고 회개하게 한다.
> ⑥ 시·도경찰청장은 제5항에 따른 징계규정의 보완이 필요하다고 인정할 때에는 청원주에게 그 보완을 요구할 수 있다.

34 정답 ③
청원경찰경비 등 ▶ 청원경찰경비 부담   난이도 상 중 하

국가기관 또는 지방자치단체에 근무하는 청원경찰 외의 청원경찰 보수의 호봉 간 승급기간 및 승급액은 그 배치된 사업장의 (취업규칙)에 따르며, 이에 관한 취업규칙이 없을 때에는 (순경)의 승급에 관한 규정을 준용한다.

> 영 제11조 【보수 산정 시의 경력 인정 등】 ③ 국가기관 또는 지방자치단체에 근무하는 청원경찰 외의 청원경찰 보수의 호봉 간 승급기간 및 승급액은 그 배치된 사업장의 취업규칙에 따르며, 이에 관한 취업규칙이 없을 때에는 순경의 승급에 관한 규정을 준용한다.

35 정답 ③
청원경찰경비 등 ▶ 청원경찰경비 부담   난이도 상 중 하

- 청원주는 보상금 지급의 이행을 위하여 (「산업재해보상보험법」)에 따른 산업재해보상보험에 가입하거나, (「근로기준법」)에 따라 보상금을 지급하기 위한 재원(財源)을 따로 마련하여야 한다.
- 청원주는 청원경찰이 퇴직할 때에는 (「근로자퇴직급여 보장법」)에 따른 퇴직금을 지급하여야 한다. 다만, 국가기관이나 지방자치단체에 근무하는 청원경찰의 퇴직금에 관하여는 따로 (대통령령)으로 정한다.

> 영 제13조 【보상금】 청원주는 법 제7조에 따른 보상금의 지급을 이행하기 위하여 「산업재해보상보험법」에 따른 산업재해보상보험에 가입하거나, 「근로기준법」에 따라 보상금을 지급하기 위한 재원(財源)을 따로 마련하여야 한다.
>
> 법 제7조의2 【퇴직금】 청원주는 청원경찰이 퇴직할 때에는 「근로자퇴직급여 보장법」에 따른 퇴직금을 지급하여야 한다. 다만, 국가기관이나 지방자치단체에 근무하는 청원경찰의 퇴직금에 관하여는 따로 대통령령으로 정한다.

36 정답 ①
감독 등 ▶ 표창   난이도 상 중 하

청원경찰은 청원경찰법 제3조에 따른 직무를 수행할 때에는 경비 목적을 위하여 필요한 최소한의 범위에서 하여야 한다.

> 규칙 제21조 【주의사항】 ① 청원경찰이 법 제3조에 따른 직무를 수행할 때에는 경비 목적을 위하여 필요한 최소한의 범위에서 하여야 한다.
> ② 청원경찰은 「경찰관 직무집행법」에 따른 직무 외의 수사활동 등 사법경찰관리의 직무를 수행해서는 아니 된다.
>
> 규칙 제18조 【표창】 시·도경찰청장, 관할 경찰서장 또는 청원주는 청원경찰에게 다음 각 호의 구분에 따라 표창을 수여할 수 있다.
> 1. 공적상: 성실히 직무를 수행하여 근무성적이 탁월하거나 헌신적인 봉사로 특별한 공적을 세운 경우
> 2. 우등상: 교육훈련에서 교육성적이 우수한 경우

37 정답 ②
기타 ▶ 종합   난이도 상 중 하

청원경찰이 직무를 수행할 때 직권을 남용하여 국민에게 해를 끼친 경우에는 6개월 이하의 징역이나 금고에 처한다.

> 법 제9조의4 【쟁의행위의 금지】 청원경찰은 파업, 태업 또는 그 밖에 업무의 정상적인 운영을 방해하는 일체의 쟁의행위를 하여서는 아니 된다.
>
> 법 제10조 【직권남용 금지 등】 ① 청원경찰이 직무를 수행할 때 직권을 남용하여 국민에게 해를 끼친 경우에는 6개월 이하의 징역이나 금고에 처한다.
> ② 청원경찰 업무에 종사하는 사람은 「형법」이나 그 밖의 법령에 따른 벌칙을 적용할 때에는 공무원으로 본다.

법 제10조의2【청원경찰의 불법행위에 대한 배상책임】 청원경찰(국가기관이나 지방자치단체에 근무하는 청원경찰은 제외한다)의 직무상 불법행위에 대한 배상책임에 관하여는 「민법」의 규정을 따른다.

38 정답 ①

과태료와 벌칙 등 ▶ 과태료 난이도 상 중 하

시·도경찰청장의 배치 결정을 받지 아니하고 청원경찰을 배치한 경우 500만 원 이하의 과태료가 부과된다.

법 제12조【과태료】 ① 다음 각 호의 어느 하나에 해당하는 자에게는 500만 원 이하의 과태료를 부과한다.
1. 제4조 제2항에 따른 시·도경찰청장의 배치 결정을 받지 아니하고 청원경찰을 배치하거나 제5조 제1항에 따른 시·도경찰청장의 승인을 받지 아니하고 청원경찰을 임용한 자
2. 정당한 사유 없이 제6조 제3항에 따라 경찰청장이 고시한 최저부담기준액 이상의 보수를 지급하지 아니한 자
3. 제9조의3 제2항에 따른 감독상 필요한 명령을 정당한 사유 없이 이행하지 아니한 자

규칙 제24조【과태료 부과 고지서 등】 ③ 경찰서장은 과태료처분을 하였을 때에는 과태료 부과 및 징수 사항을 별지 제9호서식의 과태료 수납부에 기록하고 정리하여야 한다.

39 정답 ④

감독 등 ▶ 감독자 난이도 상 중 하

2명 이상의 청원경찰을 배치한 사업장의 청원주는 청원경찰의 지휘·감독을 위하여 청원경찰 중에서 유능한 사람을 선정하여 감독자로 지정하여야 한다.

법 제9조의3【감독】 ① 청원주는 항상 소속 청원경찰의 근무 상황을 감독하고, 근무 수행에 필요한 교육을 하여야 한다.

영 제17조【감독】 관할 경찰서장은 매달 1회 이상 청원경찰을 배치한 경비구역에 대하여 다음 각 호의 사항을 감독하여야 한다.
1. 복무규율과 근무 상황
2. 무기의 관리 및 취급 사항

규칙 제19조【감독자의 지정】 ① 2명 이상의 청원경찰을 배치한 사업장의 청원주는 청원경찰의 지휘·감독을 위하여 청원경찰 중에서 유능한 사람을 선정하여 감독자로 지정하여야 한다.

40 정답 ②

청원경찰경비 등 ▶ 무기관리 난이도 상 중 하

청원주는 무기와 탄약이 분실되거나 도난당하거나 빼앗기거나 훼손되었을 때에는 경찰청장이 정하는 바에 따라 그 전액을 배상해야 한다. 다만, 전시·사변·천재지변이나 그 밖의 불가항력적인 사유가 있다고 시·도경찰청장이 인정하였을 때에는 그렇지 않다.

규칙 제16조【무기관리수칙】 ① 영 제16조에 따라 무기와 탄약을 대여받은 청원주는 다음 각 호에 따라 무기와 탄약을 관리해야 한다.
1. 청원주가 무기와 탄약을 대여받았을 때에는 경찰청장이 정하는 무기·탄약 출납부 및 무기장비 운영카드를 갖춰 두고 기록하여야 한다.
8. 청원주는 무기와 탄약이 분실되거나 도난당하거나 빼앗기거나 훼손되었을 때에는 경찰청장이 정하는 바에 따라 그 전액을 배상해야 한다. 다만, 전시·사변·천재지변이나 그 밖의 불가항력적인 사유가 있다고 시·도경찰청장이 인정하였을 때에는 그렇지 않다.
③ 청원주로부터 무기와 탄약을 지급받은 청원경찰은 다음 각 호의 사항을 준수하여야 한다.
1. 무기를 지급받거나 반납할 때 또는 인계인수할 때에는 반드시 "앞에 총" 자세에서 "검사 총"을 하여야 한다.
④ 청원주는 다음 각 호의 어느 하나에 해당하는 청원경찰에게 무기와 탄약을 지급해서는 안 되며, 지급한 무기와 탄약은 즉시 회수해야 한다.
1. 직무상 비위(非違)로 징계 대상이 된 사람
2. 형사사건으로 조사 대상이 된 사람
3. 사직 의사를 밝힌 사람
4. 치매, 조현병, 조현정동장애, 양극성 정동장애(조울병), 재발성 우울장애 등의 정신질환으로 인하여 무기와 탄약의 휴대가 적합하지 않다고 해당 분야 전문가가 인정하는 사람
5. 제1호부터 제4호까지의 규정 중 어느 하나에 준하는 사유로 청원주가 무기와 탄약을 지급하기에 적절하지 않다고 인정하는 사람

마무리 모의고사   정답 및 해설

제1과목 | 경비업법
본문 p.32

01	③	02	①	03	②	04	④	05	③
06	②	07	①	08	④	09	②	10	②
11	④	12	③	13	④	14	③	15	①
16	④	17	③	18	③	19	③	20	④
21	②	22	③	23	②	24	④	25	④
26	③	27	②	28	③	29	④	30	③
31	④	32	②	33	④	34	③	35	①
36	④	37	③	38	④	39	③	40	④

01   정답 ③
총칙 ▶ 용어 정의   난이도 상 중 하

- 시설경비업무: 경비를 필요로 하는 시설 및 장소(이하 "경비대상시설"이라 한다)에서의 도난·화재 그 밖의 (혼잡) 등으로 인한 위험발생을 방지하는 업무
- 혼잡·교통유도경비업무: 도로에 접속한 공사현장 및 사람과 차량의 통행에 위험이 있는 장소 또는 도로를 점유하는 행사장 등에서 교통사고나 그 밖의 (혼잡) 등으로 인한 위험발생을 방지하는 업무

> 법 제2조 【정의】 이 법에서 사용하는 용어의 정의는 다음과 같다. 〈개정 2024.1.30.〉
> 1. "경비업"이라 함은 다음 각목의 1에 해당하는 업무(이하 "경비업무"라 한다)의 전부 또는 일부를 도급받아 행하는 영업을 말한다.
>   가. 시설경비업무: 경비를 필요로 하는 시설 및 장소(이하 "경비대상시설"이라 한다)에서의 도난·화재 그 밖의 혼잡 등으로 인한 위험발생을 방지하는 업무
>   나. 호송경비업무: 운반중에 있는 현금·유가증권·귀금속·상품 그 밖의 물건에 대하여 도난·화재 등 위험발생을 방지하는 업무
>   다. 신변보호업무: 사람의 생명이나 신체에 대한 위해의 발생을 방지하고 그 신변을 보호하는 업무
>   라. 기계경비업무: 경비대상시설에 설치한 기기에 의하여 감지·송신된 정보를 그 경비대상시설 외의 장소에 설치한 관제시설의 기기로 수신하여 도난·화재 등 위험발생을 방지하는 업무
>   마. 특수경비업무: 공항(항공기를 포함한다) 등 대통령령이 정하는 국가중요시설(이하 "국가중요시설"이라 한다)의 경비 및 도난·화재 그 밖의 위험발생을 방지하는 업무
>   바. 혼잡·교통유도경비업무: 도로에 접속한 공사현장 및 사람과 차량의 통행에 위험이 있는 장소 또는 도로를 점유하는 행사장 등에서 교통사고나 그 밖의 혼잡 등으로 인한 위험발생을 방지하는 업무

02   정답 ①
경비업의 허가 등 ▶ 경비업 허가신청   난이도 상 중 하

업무별 시설 등 기준	혼잡·교통 유도경비 업무
① 경비인력	• 일반경비원 10명 이상 • 경비지도사 1명 이상
② 자본금	1억 원 이상
③ 시설	기준 경비인력 수 이상을 동시에 교육할 수 있는 교육장
④ 장비 등	기준 경비인력 수 이상의 경비원 복장 및 경적, 단봉, 분사기, 무전기, 경광봉

03   정답 ②
경비업의 허가 등 ▶ 경비업 허가신청   난이도 상 중 하

① 경비업자가 허가를 받은 경비업무를 변경하려는 경우에는 변경허가신청서를 법인의 주사무소를 관할하는 시·도경찰청장 또는 해당 시·도경찰청 소속의 경찰서장에게 제출하여야 한다.
③ 경비업 변경허가를 신청하는 때에 [별표 1]의 규정에 의한 시설 등(자본금을 제외)을 갖출 수 없는 경우에는 허가 또는 변경허가의 신청 시 시설 등의 확보계획서를 제출한 후 허가 또는 변경허가를 받은 날부터 1월 이내에 [별표 1]의 규정에 의한 시설 등을 갖추고 시·도경찰청장의 확인을 받아야 한다.
④ 법인의 명칭을 변경할 때에는 그 법인의 주사무소의 소재지를 관할하는 시·도경찰청장에게 신고를 하여야 한다.

04

경비업의 허가 등 ▶ 경비업 허가신청   정답 ④

① 18세인 甲(갑)이 시설경비업무를 수행하는 법인의 임원이 되는 경우는 법인의 임원은 연령규정이 없기에 임원이 가능하다.
② 「대통령 등의 경호에 관한 법률」에 위반하여 벌금형의 선고를 받고 2년이 지난 乙(을)이 신변보호업무를 수행하는 법인의 임원이 되는 경우는 특수경비업무에만 해당하는 것으로 신변보호업무는 법적 결격사유 규정이 없다.
③ 「경비업법」에 위반하여 벌금형의 선고를 받고 3년이 지난 丙(병)이 특수경비업무를 수행하는 법인의 임원이 되는 경우는 특수경비업무에만 해당하는 것으로 3년이 지나서 가능하다.
④ 허가받은 경비업무외의 업무에 경비원을 종사하게 한 때(법 제19조 제1항 제2호) 및 소속 경비원으로 하여금 경비업무의 범위를 벗어난 행위를 하게 한 때(동법 제19조 제1항 제7호)의 사유로 허가가 취소된 법인의 허가취소 당시의 임원이었던 丁(정)은 허가가 취소된 날부터 5년이 지나지 아니한 자는 경비업무를 수행하는 법인의 임원이 될 수 없다.

> **법 제5조【임원의 결격사유】** 다음 각 호의 어느 하나에 해당하는 자는 경비업을 영위하는 법인(제4호에 해당하는 자의 경우에는 특수경비업무를 수행하는 법인을 말하고, 제5호에 해당하는 자의 경우에는 허가취소사유에 해당하는 경비업무와 동종의 경비업무를 수행하는 법인을 말한다)의 임원이 될 수 없다.
> 1. 피성년후견인
> 2. 파산선고를 받고 복권되지 아니한 자
> 3. 금고 이상의 형의 선고를 받고 그 형이 실효되지 아니한 자
> 4. 이 법 또는 「대통령 등의 경호에 관한 법률」에 위반하여 벌금형의 선고를 받고 3년이 지나지 아니한 자
> 5. 이 법(제19조 제1항 제2호 및 제7호는 제외한다) 또는 이 법에 의한 명령에 위반하여 허가가 취소된 법인의 허가취소 당시의 임원이었던 자로서 그 취소 후 3년이 지나지 아니한 자
> 6. 제19조 제1항 제2호 및 제7호의 사유로 허가가 취소된 법인의 허가취소 당시의 임원이었던 자로서 허가가 취소된 날부터 5년이 지나지 아니한 자

05

경비업의 허가 등 ▶ 경비업자의 의무   정답 ③

ㄴ과 ㄷ 이외에도 경보의 수신 및 현장도착 일시와 조치의 결과 및 오경보인 경우 오경보가 발생한 경비대상시설 및 그 오경보에 대한 조치의 결과 등이 있다.

ㄱ. 기계경비업자가 경비대상시설에서 발생한 경보를 수신한 경우에 취하는 조치는 기계경비업자가 계약상대방에게 하여야 하는 설명 사항이며, 기재한 서면 또는 전자문서를 교부하는 방법에 의한다.

> **영 제8조【오경보의 방지를 위한 설명 등】** ① 법 제9조 제1항의 규정에 의하여 기계경비업자가 계약상대방에게 하여야 하는 설명은 다음 각 호의 사항을 기재한 서면 또는 전자문서(이하 "서면등"이라 하며, 이 조에서 전자문서는 계약상대방이 원하는 경우에 한한다)를 교부하는 방법에 의한다.
> 1. 당해 기계경비업무와 관련된 관제시설 및 출장소(제5조 제3항의 규정에 의한 출장소를 말한다. 이하 같다)의 명칭 · 소재지
> 2. 기계경비업자가 경비대상시설에서 발생한 경보를 수신한 경우에 취하는 조치
> 3. 기계경비업무용 기기의 설치장소 및 종류와 그밖의 기계장치의 개요
> 4. 오경보의 발생원인과 송신기기의 유지 · 관리방법
>
> **영 제9조【기계경비업자의 관리 서류】** ① 기계경비업자는 법 제9조 제2항의 규정에 의하여 출장소별로 다음 각 호의 사항을 기재한 서류를 갖추어 두어야 한다.
> 1. 경비대상시설의 명칭 · 소재지 및 경비계약기간
> 2. 기계경비지도사의 명단 · 배치일자 · 배치장소와 출동차량의 대수
> 3. 경보의 수신 및 현장도착 일시와 조치의 결과
> 4. 오경보인 경우 오경보가 발생한 경비대상시설 및 그 오경보에 대한 조치의 결과

06

경비지도사와 경비원 ▶ 경비원의 결격사유   정답 ②

금고 이상의 형의 집행유예선고를 받고 그 유예기간중에 있는 자는 일반공통적 결격사유에 해당한다.

> **법 제10조【경비지도사 및 경비원의 결격사유】** ② 다음 각 호의 어느 하나에 해당하는 자는 특수경비원이 될 수 없다.
> 1. 18세 미만이거나 60세 이상인 사람 또는 피성년후견인
> 2. 심신상실자, 알코올 중독자 등 대통령령으로 정하는 정신적 제약이 있는 자

3. 제1항 제2호부터 제8호까지의 어느 하나에 해당하는 자
4. 금고 이상의 형의 선고유예를 받고 그 유예기간중에 있는 자
5. 행정안전부령으로 정하는 신체조건에 미달되는 자

2. 파산선고를 받고 복권되지 아니한 자
3. 금고 이상의 실형의 선고를 받고 그 집행이 종료(집행이 종료된 것으로 보는 경우를 포함한다)되거나 집행이 면제된 날부터 5년이 지나지 아니한 자
4. 금고 이상의 형의 집행유예선고를 받고 그 유예기간중에 있는 자
5. 다음 각 목의 어느 하나에 해당하는 죄를 범하여 벌금형을 선고받은 날부터 10년이 지나지 아니하거나 금고 이상의 형을 선고받고 그 집행이 종료된(종료된 것으로 보는 경우를 포함한다) 날 또는 집행이 유예·면제된 날부터 10년이 지나지 아니한 자
   가. 「형법」 제114조의 죄
   나. 「폭력행위 등 처벌에 관한 법률」 제4조의 죄
   다. 「형법」 제297조, 제297조의2, 제298조부터 제301조까지, 제301조의2, 제302조, 제303조, 제305조, 제305조의2의 죄
   라. 「성폭력범죄의 처벌 등에 관한 특례법」 제3조부터 제11조까지 및 제15조(제3조부터 제9조까지의 미수범만 해당한다)의 죄
   마. 「아동·청소년의 성보호에 관한 법률」 제7조 및 제8조의 죄
   바. 다목부터 마목까지의 죄로서 다른 법률에 따라 가중처벌되는 죄
6. 다음 각 목의 어느 하나에 해당하는 죄를 범하여 벌금형을 선고받은 날부터 5년이 지나지 아니하거나 금고 이상의 형을 선고받고 그 집행이 유예된 날부터 5년이 지나지 아니한 자
   가. 「형법」 제329조부터 제331조까지, 제331조의2 및 제332조부터 제343조까지의 죄
   나. 가목의 죄로서 다른 법률에 따라 가중처벌되는 죄
   다. 삭제 〈2014. 12. 30.〉
   라. 삭제 〈2014. 12. 30.〉
7. 제5호 다목부터 바목까지의 어느 하나에 해당하는 죄를 범하여 치료감호를 선고받고 그 집행이 종료된 날 또는 집행이 면제된 날부터 10년이 지나지 아니한 자 또는 제6호 각 목의 어느 하나에 해당하는 죄를 범하여 치료감호를 선고받고 그 집행이 면제된 날부터 5년이 지나지 아니한 자
8. 이 법이나 이 법에 따른 명령을 위반하여 벌금형을 선고받은 날부터 5년이 지나지 아니하거나 금고 이상의 형을 선고받고 그 집행이 유예된 날부터 5년이 지나지 아니한 자

영 제10조의2 【특수경비원의 결격사유】 법 제10조 제2항 제2호에서 "심신상실자, 알코올 중독자 등 대통령령으로 정하는 정신적 제약이 있는 자"란 다음 각 호의 사람을 말한다.
1. 심신상실자
2. 마약·대마·향정신성의약품 또는 알코올 중독자
3. 「치매관리법」 제2조 제1호에 따른 치매, 조현병·조현정동장애·양극성정동장애(조울병)·재발성 우울장애 등의 정신질환이나 정신 발육지연, 뇌전증 등이 있는 사람. 다만, 해당 분야 전문의가 특수경비원으로서 적합하다고 인정하는 사람은 제외한다.

07　　　　　　　　　　　　　　　　정답 ①

경비지도사와 경비원 ▶ 경비원의 결격사유　난이도 상 중 하

ㄱ, ㄴ. 특수경비원의 결격사유에 해당하여 당연퇴직된다(경비업법 제10조 제2항).

특수경비원 인력을 원활히 운영하기 위하여 특수경비원이 결격사유에 해당하게 되면 당연퇴직되도록 하되, 상반기에 정년에 도달하면 6월 30일에, 하반기에 정년에 도달하면 12월 31일에 당연퇴직되도록 하였다. 그리고 금고 이상의 형의 선고유예를 받고 그 유예기간 중에 있는 경우에는 성폭력범죄나 아동·청소년 성범죄 등의 죄를 범한 경우에만 당연퇴직되도록 하는 등 유사직무 종사자와의 형평성을 고려하여 당연퇴직 요건을 규정하여, 특수경비원이 파산선고를 받은 사람으로서 「채무자 회생 및 파산에 관한 법률」에 따라 신청기한 내에 면책신청을 하지 아니하였거나 면책불허가 결정 또는 면책 취소가 확정된 경우만 해당하며, 금고 이상의 형의 선고유예를 받은 자는 「성폭력범죄의 처벌 등에 관한 특례법」 제2조, 「아동·청소년의 성보호에 관한 법률」 제2조 제2호 및 직무와 관련하여 「형법」 제355조 또는 제356조에 규정된 죄를 범한 사람으로서 금고 이상의 형의 선고유예를 받은 경우만 해당한다(경비업법 제10조의2).

08

정답 ④

경비지도사와 경비원 ▶ 경비지도사의 교육   난이도 상중하

① 경비지도사는 결격사유(법 제10조 제1항)에 해당하지 아니하는 자로서 경찰청장이 시행하는 경비지도사시험에 합격하고 대통령령으로 정하는 바에 따라 경찰청장이 실시하는 기본교육을 받은 자이어야 한다.
② 경찰청장이 실시하는 기본교육은 40시간 이상으로 한다.
③ 선임된 경비지도사는 대통령령으로 정하는 바에 따라 경찰청장이 실시하는 보수교육을 받아야 한다.

> 법 제11조【경비지도사의 시험 등】① 경비지도사는 제10조 제1항 각 호의 어느 하나에 해당하지 아니하는 자로서 경찰청장이 시행하는 경비지도사시험에 합격하고 대통령령으로 정하는 바에 따라 경찰청장이 실시하는 기본교육(이하 "기본교육"이라 한다)을 받은 자이어야 한다.
>
> 영 제15조의2【경비지도사의 기본교육】① 법 제11조 제1항에 따라 경찰청장이 실시하는 기본교육(이하 "기본교육"이라 한다)은 40시간 이상으로 한다. 다만, 다음 각 호의 어느 하나에 해당하는 사람이 기본교육을 받는 경우에는 행정안전부령으로 정하는 바에 따라 기본교육의 일부를 면제할 수 있다.
>   1. 일반경비지도사 자격을 취득한 후 3년 이내에 기계경비지도사시험에 합격한 사람
>   2. 기계경비지도사 자격을 취득한 후 3년 이내에 일반경비지도사시험에 합격한 사람
>
> 법 제11조의2【경비지도사의 보수교육】제12조 제1항에 따라 선임된 경비지도사는 대통령령으로 정하는 바에 따라 경찰청장이 실시하는 보수교육(이하 "보수교육"이라 한다)을 받아야 한다.
>
> 영 15조의3【경비지도사의 보수교육】① 법 제11조의2에 따라 경찰청장이 실시하는 보수교육(이하 "보수교육"이라 한다)은 법 제12조 제1항에 따라 선임된 경비지도사를 대상으로 선임된 날부터 매 3년이 되는 날이 속하는 해에 실시하는 6시간 이상의 교육으로 한다. 다만, 일반경비지도사와 기계경비지도사 자격을 모두 취득한 사람이 법 제12조 제1항에 따라 일반경비지도사와 기계경비지도사에 모두 선임된 경우에는 행정안전부령으로 정하는 바에 따라 보수교육의 일부를 면제할 수 있다.
> ② 제1항에도 불구하고 기본교육 또는 직전 보수교육을 받은 날부터 3년 이상 보수교육을 받은 적이 없는 사람이 법 제12조 제1항에 따라 경비지도사로 선임된 경우에는 선임된 날부터 60일 이내에 보수교육을 받아야 한다.

09

정답 ②

경비지도사와 경비원 ▶ 경비지도사의 교육기관   난이도 상중하

ㄱ, ㄴ, ㄷ의 경우에는 그 지정을 취소하거나 1년의 범위에서 기간을 정하여 업무의 전부 또는 일부를 정지할 수 있다. 그러나 단서에 위반차수를 고려하면 다음과 같다.
ㄱ. 지정받은 사항을 위반하여 업무를 행한 경우는 1차 업무정지 1개월, 2차 업무정지 3개월, 3차 이상 업무정지 6개월에 해당한다.
ㄴ. 시정명령(법 제11조의3 제3항)을 받고도 정당한 사유 없이 정하여진 기간 이내에 시정하지 아니한 경우는 1차 업무정지 3개월, 2차 업무정지 6개월, 3차 이상 지정취소에 해당한다.
ㄷ. 지정 기준(법 제11조의3 제4항)에 적합하지 아니하게 된 경우는 1차 업무정지 1개월, 2차 업무정지 3개월, 3차 이상 지정취소에 해당한다.

> 법 제11조의4【경비지도사 교육기관의 지정 취소 등】
> ① 경찰청장은 경비지도사 교육기관이 다음 각 호의 어느 하나에 해당하는 경우에는 그 지정을 취소하거나 1년의 범위에서 기간을 정하여 업무의 전부 또는 일부를 정지할 수 있다. 다만, 제1호의 경우에는 그 지정을 취소하여야 한다.
>   1. 거짓이나 그 밖의 부정한 방법으로 경비지도사 교육기관의 지정을 받은 경우
>   2. 지정받은 사항을 위반하여 업무를 행한 경우
>   3. 제11조의3 제3항에 따른 시정명령을 받고도 정당한 사유 없이 정하여진 기간 이내에 시정하지 아니한 경우
>   4. 제11조의3 제4항에 따른 지정 기준에 적합하지 아니하게 된 경우

위반행위	근거 법조문	행정처분기준		
		1차	2차	3차 이상
가. 지정받은 사항을 위반하여 업무를 행한 경우	법 제11조의4 제1항 제2호 또는 법 제13조의2 제1항 제2호	업무 정지 1개월	업무 정지 3개월	업무 정지 6개월
나. 법 제11조의3 제3항 또는 법 제13조의2 제3항에 따른 시정명령을 받고도 정당한 사유 없이 시정하지 않은 경우	법 제11조의4 제1항 제3호 또는 법 제13조의3 제1항 제3호	업무 정지 3개월	업무 정지 6개월	지정 취소

| 다. 법 제11조의3 제4항 또는 법 제13조의2 제4항에 따른 지정 기준에 적합하지 않게 된 경우 | 법 제11조의4 제1항 제4호 또는 법 제13조의3 제1항 제4호 | 업무 정지 1개월 | 업무 정지 3개월 | 지정 취소 |

10

정답 ②

경비지도사와 경비원 ▶ 경비지도사 선임   난이도 상 중 하

경비원 200명까지는 일반경비지도사를 1명 선임하고 200명을 초과하는 100명 단위로 1명씩을 추가로 선임·배치하므로, 서울특별시(201명)는 총 2명을 선임한다. 그리고 인천광역시(31명)는 서울특별시와 인접지역이지만, 경비원의 수가 30명을 초과하므로 독자적으로 1명을 선임해야 한다. 강원특별자치도는 경비원의 수가 120명이므로 경비지도사 1명을 선임하면 된다. 따라서 선임·배치하여야 하는 경비지도사의 최소 인원은 2+1+1=4명이다.

> 영 제16조【경비지도사의 선임·배치】① 경비업자는 법 제12조 제1항의 규정에 의하여 별표 3의 기준에 따라 경비지도사를 선임·배치하여야 한다.
>
> 경비지도사의 선임·배치기준(제16조 제1항 관련)
> 1. 경비업자는 경비원을 배치하여 영업활동을 하고 있는 지역을 관할하는 시·도경찰청의 관할구역별로 경비원 200명까지는 경비지도사 1명을 선임·배치하고, 경비원이 200명을 초과하는 경우 200명을 초과하는 경비원 100명 단위로 경비지도사 1명씩을 추가로 선임·배치해야 한다.
> 2. 제1호에 따라 경비지도사가 선임·배치된 시·도경찰청의 관할구역과 경계를 맞닿아 인접한 시·도경찰청의 관할구역에 배치된 경비원이 30명 이하인 경우에는 제1호에도 불구하고 경비지도사를 따로 선임·배치하지 않을 수 있다. 이 경우 제주특별자치도경찰청과 전라남도경찰청은 경계를 맞닿아 인접한 것으로 본다.
> 3. 제2호에 따라 경비지도사를 따로 선임·배치하지 않는 경우 경비지도사 1명이 지도·감독 및 교육할 수 있는 경비원의 총수(경계를 맞닿아 인접한 시·도경찰청의 관할구역에 배치된 경비원의 수를 합산한다)는 200명을 초과할 수 없다.
> ※ 비고
>   1. 시설경비업무·호송경비업무·신변보호업무·특수경비업무 또는 혼잡·교통유도경비업무를 하는 경비업자는 일반경비지도사를 선임·배치하고, 시설경비업무·호송경비업무·신변보호업무·특수경비업무 또는 혼잡·교통유도경비업무 중 둘 이상의 경비업무를 하는 경우에는 각 경비업무에 종사하는 경비원의 수를 합산한 인원을 기준으로 경비지도사를 선임·배치해야 한다. 다만, 특수경비업무를 수행하는 경비업자는 제19조 제1항에 따른 특수경비원 신임교육을 이수한 일반경비지도사를 선임·배치해야 한다.
>   2. 기계경비업무를 하는 경비업자는 기계경비지도사를 선임·배치해야 한다.
> ② 경비업자는 제1항의 규정에 의하여 선임·배치된 경비지도사에 결원이 있거나 자격정지 등의 사유로 그 직무를 수행할 수 없는 때에는 15일 이내에 경비지도사를 새로이 충원하여야 한다.

11

정답 ④

경비지도사와 경비원 ▶ 경비원의 의무   난이도 상 중 하

- 특수경비원은 직무를 수행함에 있어 시설주·관할 경찰관서장 및 소속 상사의 직무상 명령에 복종하여야 한다.
- 특수경비원은 소속 상사의 허가 또는 정당한 사유 없이 경비구역을 벗어나서는 아니 된다.

> 법 제15조【특수경비원의 의무】① 특수경비원은 직무를 수행함에 있어 시설주·관할 경찰관서장 및 소속 상사의 직무상 명령에 복종하여야 한다.
> ② 특수경비원은 소속 상사의 허가 또는 정당한 사유 없이 경비구역을 벗어나서는 아니 된다.

12

정답 ③

경비지도사와 경비원 ▶ 경비지도사의 선임·해임신고   난이도 상 중 하

경비업자는 집단민원현장에 경비원 배치허가를 받은 경우 경비원을 배치하기 전까지 경비지도사 선임신고서를 배치지를 관할하는 경찰서장에게 제출해야 한다.

> 법 제12조의2【경비지도사의 선임·해임 신고의 의무】경비업자는 경비지도사를 선임하거나 해임하는 때에는 행정안전부령으로 정하는 바에 따라 해당 경비현장을 관할하는 시·도경찰청장 또는 경찰서장에게 신고하여야 한다.
>
> 규칙 11조의5【경비지도사의 선임·해임 신고】① 경비업자는 법 제12조의2에 따라 경비지도사를 선임 또는 해임하는 때에는 경비지도사를 선임 또는 해임한 날부터 15일 이내에 경비지도사 자격증 사본을 첨부

(경비지도사 선임 신고의 경우에만 해당한다)하여 별지 제10호의4서식의 경비지도사 선임·해임신고서(전자문서로 된 신고서를 포함하며, 이하 같다)를 해당 경비현장(경원 배치장소를 말하며, 이하 "배치지"라 한다)을 관할하는 시·도경찰청장 또는 경찰서장에게 제출해야 한다. 다만, 경비지도사 선임 신고 시 경비지도사 선임신고서에 기재한 해임예정일에 경비지도사를 해임한 경우에는 경비지도사 해임신고서를 제출하지 않아도 된다.
② 경비업자는 제1항 본문에도 불구하고 법 제18조제2항 단서에 따라 집단민원현장에 경비원 배치허가를 받은 경우 경비원을 배치하기까지 경비지도사 선임신고서를 배치지를 관할하는 경찰서장에게 제출해야 한다.
③ 시·도경찰청장 또는 경찰서장은 경비지도사로 선임되거나 선임되었던 사람이 요청하는 경우 별지 제10호의5서식의 경비지도사 선임 확인증을 발급할 수 있다.

13
정답 ④

경비지도사와 경비원 ▶ 경비원의 교육   난이도 상 중 하

체포·호신술 과목의 경우에는 무도 사범 자격을 취득한 후 관련 분야에 2년 이상 근무한 경력이 있는 사람은 공통적이나 폭발물 처리요령 과목은 관련 분야에 2년 이상 근무한 경력이 있는 사람은 특수경비원 교육기관의 요건에만 해당한다.

	일반경비원 교육기관	특수경비원 교육기관
① 박사학위를 취득	×	○
② 석사 이상의 학위를 취득	1년 이상	3년 이상
③ 공무원으로 근무	5년 이상	7년 이상
④ 체포·호신술 무도 사범 자격을 취득	2년 이상	2년 이상

일반경비원 교육기관	다음의 어느 하나에 해당하는 강사를 1명 이상 갖출 것 1) 교육과목 관련 석사 이상의 학위를 취득한 후 관련 분야에 1년 이상 근무한 경력이 있는 사람 2) 교육과목 관련 분야에서 공무원으로 5년 이상 근무한 경력이 있는 사람 3) 교육과목 관련 분야에 5년 이상 근무한 경력이 있는 사람. 다만, 체포·호신술 과목의 경우에는 무도 사범 자격을 취득한 후 관련 분야에 2년 이상 근무한 경력이 있는 사람을 말한다.
특수경비원 교육기관	다음의 어느 하나에 해당하는 강사를 1명 이상 갖출 것 1) 「고등교육법」 제2조 각 호에 따른 학교 또는 이에 준하는 학교에서 교육과목 관련 학과의 조교수 이상의 직에 1년 이상 근무한 경력이 있는 사람

2) 교육과목 관련 박사학위를 취득한 후 관련 분야의 연구실적이 있는 사람
3) 교육과목 관련 석사 이상의 학위를 취득한 후 관련 분야에 3년 이상 근무한 경력이 있는 사람
4) 교육과목 관련 분야에서 공무원으로 7년 이상 근무한 경력이 있는 사람
5) 교육과목 관련 분야에 10년 이상 근무한 경력이 있는 사람. 다만, 체포·호신술 과목 및 폭발물 처리요령 과목에 대해서는 다음의 구분에 따른다.
　가) 체포·호신술 과목: 무도 사범 자격을 취득한 후 관련 분야에 2년 이상 근무한 경력이 있는 사람
　나) 폭발물 처리요령 과목: 관련 분야에 2년 이상 근무한 경력이 있는 사람

14
정답 ③

경비지도사와 경비원 ▶ 무기사용   난이도 상 중 하

① 관할 경찰관서장은 무기의 적정한 관리를 위하여 무기를 대여받은 시설주에 대하여 필요한 명령을 발할 수 있다.
② 특수경비원의 무기휴대, 무기종류, 그 사용기준 및 안전검사의 기준 등에 관하여 필요한 사항은 대통령령으로 정한다.
④ 관할경찰관서장은 시설주 및 특수경비원의 무기관리상황을 매월 1회 이상 점검하여야 한다.

> 법 제14조 【특수경비원의 직무 및 무기사용 등】⑥ 관할 경찰관서장은 무기의 적정한 관리를 위하여 제4항의 규정에 의하여 무기를 대여받은 시설주에 대하여 필요한 명령을 발할 수 있다.
> ⑨ 특수경비원의 무기휴대, 무기종류, 그 사용기준 및 안전검사의 기준 등에 관하여 필요한 사항은 대통령령으로 정한다.
> 영 제20조 【특수경비원 무기휴대의 절차 등】② 시설주는 법 제14조 제4항의 규정에 의하여 관할경찰관서장으로부터 대여받은 무기를 특수경비원에게 휴대하게 하는 경우에는 동조 제9항의 규정에 의하여 관할경찰관서장의 사전승인을 얻어야 한다.
> 영 제21조 【무기관리에 대한 지도·감독】 관할경찰관서장은 법 제14조 제5항의 규정에 의하여 시설주 및 특수경비원의 무기관리상황을 매월 1회 이상 점검하여야 한다.

15
정답 ①

경비지도사와 경비원 ▶ 범죄경력조회   난이도 상 중 하

경찰청장, 시·도경찰청장 또는 관할 경찰관서장은 직권으로 또는 범죄경력조회 요청이 있는 경우에 경비업자의 임원, 경비지도사 또는 경비원이 결격사유에 해당하는지

를 확인하기 위하여 「형의 실효 등에 관한 법률」 제6조에 따른 범죄경력조회를 할 수 있다.

> **법 제17조【결격사유 확인을 위한 범죄경력조회 등】**
> ① 경찰청장, 시·도경찰청장 또는 관할 경찰관서장은 직권으로 또는 제2항에 따른 범죄경력조회 요청이 있는 경우에는 경비업자의 임원, 경비지도사 또는 경비원이 제5조 제3호·제4호, 제10조 제1항 제3호부터 제8호까지 또는 같은 조 제2항 제3호·제4호에 따른 결격사유에 해당하는지를 확인하기 위하여 「형의 실효 등에 관한 법률」 제6조에 따른 범죄경력조회를 할 수 있다.
> ② 경비업자는 선출·선임·채용 또는 배치하려는 임원, 경비지도사 또는 경비원이 제5조 제3호·제4호, 제10조 제1항 제3호부터 제8호까지 또는 같은 조 제2항 제3호·제4호에 따른 결격사유에 해당하는지를 확인하기 위하여 주된 사무소, 출장소 또는 배치장소를 관할하는 시·도경찰청장 또는 경찰관서장에게 「형의 실효 등에 관한 법률」 제6조에 따른 범죄경력조회를 요청할 수 있다.
> ③ 제2항에 따른 범죄경력조회 요청을 받은 시·도경찰청장 또는 관할 경찰관서장은 경비업자에게 그 결과를 통보할 때에는 경비업자의 임원, 경비지도사 또는 경비원이 제5조 제3호·제4호, 제10조 제1항 제3호부터 제8호까지 또는 같은 조 제2항 제3호·제4호에 따른 결격사유에 해당하는지 여부만을 통보하여야 한다.
> ④ 시·도경찰청장 또는 관할 경찰관서장은 경비업자의 임원, 경비지도사 또는 경비원이 제5조 각 호, 제10조 제1항 각 호 또는 제2항 각 호의 결격사유에 해당하는 사실을 알게 되거나 이 법 또는 이 법에 따른 명령을 위반한 때에는 경비업자에게 그 사실을 통보하여야 한다.

16　　　　　　　　　　　　　　　　정답 ④
경비지도사와 경비원 ▶ 경비원의 배치허가　　난이도 상중하

① 경비업자는 행정안전부령으로 정하는 바에 따라 경비원의 명부를 작성·비치하여야 한다.
② 집단민원현장에 배치되는 일반경비원의 명부는 그 경비원이 배치되는 장소에도 작성·비치하여야 한다.
③ 경비업자가 경비원을 배치하거나 배치를 폐지한 경우에는 행정안전부령으로 정하는 바에 따라 관할 경찰관서장에게 신고하여야 한다.

> **법 제18조【경비원의 명부와 배치허가 등】** ① 경비업자는 행정안전부령으로 정하는 바에 따라 경비원의 명부를 작성·비치하여야 한다. 다만, 집단민원현장에 배치되는 일반경비원의 명부는 그 경비원이 배치되는 장소에도 작성·비치하여야 한다.
> ② 경비업자가 경비원을 배치하거나 배치를 폐지한 경우에는 행정안전부령으로 정하는 바에 따라 관할 경찰관서장에게 신고하여야 한다. 다만, 다음 제1호의 경우에는 경비원을 배치하기 48시간 전까지 행정안전부령으로 정하는 바에 따라 배치허가를 신청하고, 관할 경찰관서장의 배치허가를 받은 후에 경비원을 배치하여야 하며(제2호 및 제3호의 경우에는 경비원을 배치하기 전까지 신고하여야 한다), 이 경우 관할 경찰관서장은 배치허가를 함에 있어 필요한 조건을 붙일 수 있다.
> 1. 제2조 제1호에 따른 시설경비업무, 신변보호업무 또는 혼잡교통유도경비업무 중 집단민원현장에 배치된 일반경비원
> 2. 집단민원현장이 아닌 곳에서 제2조 제1호 다목의 규정에 의한 신변보호업무를 수행하는 일반경비원
> 3. 특수경비원

17　　　　　　　　　　　　　　　　정답 ③
경비지도사와 경비원 ▶ 경비원의 배치허가　　난이도 상중하

ㄷ, ㄹ. 배치폐지를 명할 수 있는 사유에 해당한다.
ㄱ, ㄴ. 배치금지사유에 해당한다.

> **법 제18조【경비원의 명부와 배치허가 등】** ③ 관할 경찰관서장은 제2항 각 호 외의 부분 단서에 따른 배치허가 신청을 받은 경우 다음 각 호의 사유에 해당하는 때에는 배치허가를 하여서는 아니 된다. 이 경우 관할 경찰관서장은 다음 각 호의 사유를 확인하기 위하여 소속 경찰관으로 하여금 그 배치장소를 방문하여 조사하게 할 수 있다.
> 1. 제15조의2 제1항 및 제2항을 위반하여 경비업무의 범위를 벗어난 행위를 할 우려가 있는 경우
> 2. 경비원 중 제10조 제1항 또는 제2항에 해당하는 결격자나 제13조에 따른 신임교육을 받지 아니한 사람이 대통령령으로 정하는 기준 이상으로 포함되어 있는 경우
> 3. 제24조에 따라 경비원의 복장·장비 등에 대하여 내려진 필요한 명령을 이행하지 아니하는 경우
> ⑧ 관할 경찰관서장은 경비업자가 다음 각 호의 어느 하나에 해당하는 때에는 배치폐지를 명할 수 있다.
> 1. 제2항 각 호 외의 부분 단서를 위반하여 배치허가를 받지 아니하고 경비원을 배치하거나 경비원 명단 및 배치일시·배치장소 등 배치허가 신청의 내용을 거짓으로 한 때
> 2. 제6항의 결격사유에 해당하는 자를 집단민원현장에 일반경비원으로 배치한 때
> 3. 제7항을 위반하여 신임교육을 이수하지 아니한 자를 제2항 각 호의 경비원으로 배치한 때

4. 경비업자 또는 경비원이 위력이나 흉기 또는 그 밖의 위험한 물건을 사용하여 집단적 폭력사태를 일으킨 때
5. 경비업자가 제2항 각 호 외의 부분 본문을 위반하여 신고하지 아니하고 일반경비원을 배치한 때

18 정답 ③

보칙 ▶ 민감정보 및 고유식별정보의 처리   난이도 상 중 하

경찰청장, 시·도경찰청장, 경찰서장 및 경찰관서장(경비업법 시행령 제31조에 따라 경찰청장 및 경찰관서장의 권한을 위임·위탁받은 자를 포함한다)은 경비업 법인의 임원, 경비지도사 및 경비원의 결격사유 확인에 관한 사무 및 특수경비원의 직무 및 무기사용 등에 관한 사무를 수행하기 위하여 불가피한 경우「개인정보 보호법」제23조에 따른 건강에 관한 정보가 포함된 자료를 처리할 수 있다.

영 제31조의2【민감정보 및 고유식별정보의 처리】경찰청장, 시·도경찰청장, 경찰서장 및 경찰관서장(제31조에 따라 경찰청장 및 경찰관서장의 권한을 위임·위탁받은 자를 포함한다)은 다음 각 호의 사무를 수행하기 위하여 불가피한 경우「개인정보 보호법」제23조에 따른 건강에 관한 정보(제1호의2 및 제4호의 사무로 한정한다), 같은 법 시행령 제18조 제2호에 따른 범죄경력자료에 해당하는 정보(제1호의2 및 제9호의 사무로 한정한다), 같은 영 제19조 제1호 또는 제4호에 따른 주민등록번호 또는 외국인등록번호가 포함된 자료를 처리할 수 있다. 〈개정 2022.12.20., 2024.8.13.〉
1. 법 제4조 및 제6조에 따른 경비업의 허가 및 갱신허가 등에 관한 사무
1의2. 법 제5조 및 제10조에 따른 임원, 경비지도사 및 경비원의 결격사유 확인에 관한 사무
2. 법 제11조에 따른 경비지도사 시험 등에 관한 사무
2의2. 법 제12조의2에 따른 경비지도사의 선임·해임 신고에 관한 사무
3. 법 제13조에 따른 경비원의 교육 등에 관한 사무
4. 법 제14조에 따른 특수경비원의 직무 및 무기사용 등에 관한 사무
5. 삭제〈2021.7.13.〉
6. 법 제18조에 따른 경비원 배치허가 등에 관한 사무
7. 법 제19조 및 제20조에 따른 행정처분에 관한 사무
8. 법 제24조에 따른 경비업자 및 경비지도사의 지도·감독에 관한 사무
9. 법 제25조에 따른 보안지도·점검 및 보안측정에 관한 사무
10. 삭제〈2022.12.20.〉

19 정답 ③

행정처분 등 ▶ 경비업 영업허가 취소 등   난이도 상 중 하

① 허가관청은 경비업자가 시·도경찰청장의 허가 없이 경비업무를 변경한 때에는 대통령령으로 정하는 행정처분의 기준에 따라 그 허가를 취소하거나 6개월 이내의 기간을 정하여 영업의 전부 또는 일부에 대하여 영업정지를 명할 수 있다.
② 허가관청은 경비업자가 허가받은 경비업무 외의 업무에 경비원을 종사하게 한 때에는 그 허가를 취소하여야 한다.
④ 경찰청장은 경비지도사가 경찰청장 또는 시·도경찰청장의 명령을 위반한 때에는 대통령령이 정하는 바에 따라 1년의 범위 내에서 그 자격을 정지시킬 수 있다.

법 제19조【경비업 허가의 취소 등】① 허가관청은 경비업자가 다음 각 호의 어느 하나에 해당하는 때에는 그 허가를 취소하여야 한다.
1. 허위 그 밖의 부정한 방법으로 허가를 받은 때
2. 제7조 제5항의 규정에 위반하여 허가받은 경비업무 외의 업무에 경비원을 종사하게 한 때
3. 제7조 제9항의 규정에 위반하여 경비업 및 경비관련업 외의 영업을 한 때
4. 정당한 사유 없이 허가를 받은 날부터 2년 이내에 경비 도급실적이 없거나 계속하여 1년 이상 휴업한 때
5. 정당한 사유 없이 최종 도급계약 종료일의 다음 날부터 2년 이내에 경비 도급실적이 없을 때
6. 영업정지처분을 받고 계속하여 영업을 한 때
7. 제15조의2 제2항을 위반하여 소속 경비원으로 하여금 경비업무의 범위를 벗어난 행위를 하게 한 때
8. 제18조 제8항에 따른 관할 경찰관서장의 배치폐지명령에 따르지 아니한 때
② 허가관청은 경비업자가 다음 각 호의 어느 하나에 해당하는 때에는 대통령령으로 정하는 행정처분의 기준에 따라 그 허가를 취소하거나 6개월 이내의 기간을 정하여 영업의 전부 또는 일부에 대하여 영업정지를 명할 수 있다.
1. 제4조 제1항 후단을 위반하여 시·도경찰청장의 허가 없이 경비업무를 변경한 때

법 제20조【경비지도사 자격의 취소 등】② 경찰청장은 경비지도사가 다음 각 호의 1에 해당하는 때에는 대통령령이 정하는 바에 따라 1년의 범위 내에서 그 자격을 정지시킬 수 있다.
1. 제12조 제3항의 규정에 위반하여 직무를 성실하게 수행하지 아니한 때
2. 제24조의 규정에 의한 경찰청장 또는 시·도경찰청장의 명령을 위반한 때

③ 경찰청장은 제1항의 규정에 의하여 경비지도사의 자격을 취소한 때에는 경비지도사 자격증을 회수하여야 하고, 제2항의 규정에 의하여 경비지도사의 자격을 정지한 때에는 그 정지기간 동안 경비지도사 자격증을 회수하여 보관하여야 한다.

20 정답 ④

경비협회 ▶ 경비협회의 업무 난이도 상㊥하

경비업무와 관련한 연구 및 경비원 교육·훈련에 관한 사업은 경비협회의 공제사업 중 경비업무와 관련한 연구 및 경비원 교육·훈련에 관한 공제사업에 해당된다.

법 제22조【경비협회】③ 경비협회의 업무는 다음과 같다.
1. 경비업무의 연구
2. 경비원 교육·훈련 및 그 연구
3. 경비원의 후생·복지에 관한 사항
4. 경비진단에 관한 사항
5. 그 밖에 경비업무의 건전한 운영과 육성에 관하여 필요한 사항

법 제23조【공제사업】① 경비협회는 다음 각 호의 공제사업을 할 수 있다.
1. 제26조에 따른 경비업자의 손해배상책임을 보장하기 위한 사업
2. 경비업자가 경비업을 운영할 때 필요한 입찰보증, 계약보증(이행보증을 포함한다), 하도급보증을 위한 사업
3. 경비원의 복지향상과 업무상 재해로 인한 손실을 보상하는 사업
4. 경비업무와 관련한 연구 및 경비원 교육·훈련에 관한 사업

21 정답 ②

보칙 ▶ 수수료 난이도 상㊥하

① 경비업법에 따른 경비업의 허가를 받거나 허가증을 재교부 받고자 하는 자는 대통령령이 정하는 바에 따라 수수료를 납부하여야 한다.
③ 허가사항의 변경신고로 인한 허가증 재교부의 경우에는 2천원의 수수료를 납부하여야 한다.
④ 수수료는 허가 등의 신청서에 수입인지를 첨부하여 납부 하며, 시험에 응시하고자 하는 자는 경찰청장이 정하여 고시하는 수수료를 납부하여야 한다. 경찰청장 및 시·도경찰청장은 정보통신망을 이용하여 전자화폐·전자결제 등의 방법으로 수수료를 납부하게 할 수 있다.

법 제27조의2【수수료】이 법에 따른 경비업의 허가를 받거나 허가증을 재교부 받고자 하는 자는 대통령령이 정하는 바에 따라 수수료를 납부하여야 한다.

영 제28조【허가증 등의 수수료】① 법에 의한 경비업의 허가를 받거나 허가증을 재교부받고자 하는 자는 다음 각 호의 수수료를 납부하여야 한다.
1. 법 제4조제1항 및 법 제6조 제2항의 규정에 의한 경비업의 허가(추가·변경·갱신허가를 포함한다)의 경우에는 1만 원
2. 허가사항의 변경신고로 인한 허가증 재교부의 경우에는 2천 원
② 제1항의 규정에 의한 수수료는 허가 등의 신청서에 수입인지를 첨부하여 납부한다.
③ 시험에 응시하고자 하는 자는 경찰청장이 정하여 고시하는 수수료를 납부하여야 한다.
④ 경찰청장은 다음 각 호의 어느 하나에 해당하는 경우에는 제3항에 따라 받은 응시수수료의 전부 또는 일부를 다음 각 호의 구분에 따라 반환하여야 한다. 〈개정 2014. 6. 3.〉
1. 응시수수료를 과오납한 경우: 과오납한 금액 전액
2. 시험시행기관의 귀책사유로 시험에 응시하지 못한 경우: 응시수수료 전액
3. 시험시행일 20일 전까지 접수를 취소하는 경우: 응시수수료 전액
4. 시험시행일 10일 전까지 접수를 취소하는 경우: 응시수수료의 100분의 50
⑤ 경찰청장 및 시·도경찰청장은 제2항 및 제3항의 규정에 불구하고 정보통신망을 이용하여 전자화폐·전자결제 등의 방법으로 수수료를 납부하게 할 수 있다.

22 정답 ④

보칙 ▶ 규제의 재검토 난이도 상중㊦

ㄱ, ㄴ, ㄷ은 경비업법 시행령(제31조의3)에 규정되어 있으며, ㄹ은 경비업법 시행규칙(제27조의2)에 규정되어 있다.

영 제31조의3【규제의 재검토】경찰청장은 다음 각 호의 사항에 대하여 다음 각 호의 기준일을 기준으로 3년마다(매 3년이 되는 해의 기준일과 같은 날 전까지를 말한다) 그 타당성을 검토하여 개선 등의 조치를 해야 한다. 〈개정 2024. 8. 13.〉
1. 제3조 제2항 및 별표 1에 따른 경비업의 시설 등의 기준: 2014년 6월 8일
1의2. 제15조의2 제1항 및 제15조의3 제1항에 따른 경비지도사의 기본교육 및 보수교육의 시간: 2025년 1월 1일
2. 제22조에 따른 집단민원현장 배치 불허가 기준: 2014년 6월 8일

규칙 제27조의2 【규제의 재검토】 경찰청장은 제20조에 따른 경비원이 휴대하는 장비 등에 대하여 2014년 6월 8일을 기준으로 3년마다(매 3년이 되는 해의 6월 8일 전까지를 말한다) 그 타당성을 검토하여 개선 등의 조치를 하여야 한다.

23 정답 ④
행정처분 등 ▶ 청문 난이도 상 중 **하**

ㄱ, ㄴ, ㄷ, ㄹ에 해당하는 처분을 하고자 하는 경우에는 청문을 실시하여야 한다.

법 제21조 【청문】 경찰청장 또는 시·도경찰청장은 다음 각 호의 어느 하나에 해당하는 처분을 하고자 하는 경우에는 청문을 실시하여야 한다.
1. 제11조의4에 따른 경비지도사 교육기관의 지정 취소 또는 업무의 정지
2. 제13조의3에 따른 경비원 교육기관의 지정 취소 또는 업무의 정지
3. 제19조의 규정에 의한 경비업 허가의 취소 또는 영업정지
4. 제20조 제1항 또는 제2항의 규정에 의한 경비지도사자격의 취소 또는 정지

24 정답 ④
벌칙 ▶ 행정형벌 난이도 상 중 **하**

특수경비원이 정당한 사유 없이 무기를 소지하고 배치된 경비구역을 벗어난 때에는 2년 이하의 징역 또는 2천만 원 이하의 벌금에 처한다(경비업법 제28조 제3항).
① 5년 이하의 징역 또는 5천만 원 이하의 벌금에 처한다.
②③ 3년 이하의 징역 또는 3천만 원 이하의 벌금에 해당한다.

25 정답 ④
벌칙 ▶ 형의 가중처벌 난이도 상 중 **하**

「형법」 제268조(업무상과실·중과실 치사상죄), 「형법」 제260조 제1항(폭행죄), 「형법」 제324조 제2항(특수강요죄)에 해당하며, 형법에는 강요죄로 규정되어있고 「형법」 제324조 제2항은 학문상은 특수강요죄라고 한다.

법 제29조 【형의 가중처벌】 ① 특수경비원이 무기를 휴대하고 경비업무를 수행중에 제14조 제8항의 규정 및 제15조 제4항의 규정에 의한 무기의 안전수칙을 위반하여 「형법」 제258조의2 제1항(특수상해)[제257조 제1항의 죄로 한정한다]·제2항(제258조 제1항·제2항의 죄로 한정한다), 제259조 제1항(상해치사), 제260조 제1항(폭행, 존속폭행), 제262조(폭행치사상), 제268조(업무상과실·중과실 치사상), 제276조 제1항(체포, 감금, 존속체포, 존속감금), 제277조 제1항(중체포, 중감금, 존속중체포, 존속중감금), 제281조 제1항(체포·감금등의 치사상), 제283조 제1항(협박, 존속협박), 제324조(강요)제2항(특수강요), 제350조의2(특수공갈) 및 제366조(재물손괴등)의 죄를 범한 때에는 그 죄에 정한 형의 2분의 1까지 가중처벌한다.

26 정답 ③
벌칙 ▶ 양벌규정 난이도 **상** 중 하

집단민원현장에 20명 이상의 경비인력을 배치하면서 그 경비인력을 직접 고용한 자는 3년 이하의 징역 또는 3천만 원 이하의 벌금에 처하기 때문에 양벌규정의 대상에 해당한다.
①②④ 해당되는 경비업자에게 3천만 원 이하의 과태료를 부과하는 경우로, 양벌규정의 대상은 아니다.

법 제30조 【양벌규정】 법인의 대표자나 법인 또는 개인의 대리인, 사용인, 그 밖의 종업원이 그 법인 또는 개인의 업무에 관하여 제28조의 위반행위를 하면 그 행위자를 벌하는 외에 그 법인 또는 개인에게도 해당 조문의 벌금형을 과(科)한다. 다만, 법인 또는 개인이 그 위반행위를 방지하기 위하여 해당 업무에 관하여 상당한 주의와 감독을 게을리하지 아니한 경우에는 그러하지 아니하다.

27 정답 ②
벌칙 ▶ 과태료 난이도 상 중 **하**

ㄱ. 경비대행업자 지정신고(법 제7조 제7항)를 하지 아니한 경비업자에게 500만 원 이하의 과태료를 부과한다.
ㄴ. 정당한 사유 없이 보수교육(법 제11조의2)을 받지 아니한 경비지도사에게 500만 원 이하의 과태료를 부과한다.
ㄷ. 경비지도사의 선임 또는 해임의 신고(법 제12조의2)를 하지 아니한 경비업자에게 500만 원 이하의 과태료를 부과한다.
ㄹ. 감독상 필요한 명령(법 제14조 제6항)을 정당한 이유없이 이행하지 아니한 시설주에게 500만 원 이하의 과태료를 부과한다.

법 제31조 【과태료】 ② 다음 각 호의 어느 하나에 해당하는 경비업자, 경비지도사 또는 시설주에게는 500만 원 이하의 과태료를 부과한다.
1. 제4조 제3항 또는 제18조제2항의 규정에 위반하여 신고를 하지 아니한 자

2. 제7조 제7항의 규정에 위반하여 경비대행업자 지정신고를 하지 아니한 자
3. 제9조 제1항의 규정에 위반하여 설명의무를 이행하지 아니한 자
3의2. 제11조의2를 위반하여 정당한 사유 없이 보수교육을 받지 아니한 경비지도사
4. 제12조 제1항의 규정에 위반하여 경비지도사를 선임하지 아니한 자
4의2. 제12조의2를 위반하여 경비지도사의 선임 또는 해임의 신고를 하지 아니한 자
5. 제14조 제6항의 규정에 의한 감독상 필요한 명령을 정당한 이유 없이 이행하지 아니한 자
6. 제10조 제3항을 위반하여 결격사유에 해당하는 경비원을 배치하거나 결격사유에 해당하는 경비지도사를 선임·배치한 자
7. 제16조 제1항의 복장 등에 관한 신고규정을 위반하여 신고를 하지 아니한 자
8. 제16조 제2항을 위반하여 이름표를 부착하게 하지 아니하거나, 신고된 동일 복장을 착용하게 하지 아니하고 경비원을 경비업무에 배치한 자
9. 제18조 제1항 본문을 위반하여 명부를 작성·비치하지 아니한 자
10. 제18조 제5항을 위반하여 경비원의 근무상황을 기록하여 보관하지 아니한 자

28 정답 ②

총칙 ▶ 용어 정의 난이도 상중하

ㄴ. 국내 주재(駐在) 외국기관이 청원경찰의 배치장소에 해당한다.
ㄷ. 그 밖에 행정안전부령으로 정하는 중요 시설, 사업장 또는 장소가 청원경찰의 배치장소에 해당한다.

> **법 제2조 【정의】** 이 법에서 "청원경찰"이란 다음 각 호의 어느 하나에 해당하는 기관의 장 또는 시설·사업장 등의 경영자가 경비[이하 "청원경찰경비"(請願警察經費)라 한다]를 부담할 것을 조건으로 경찰의 배치를 신청하는 경우 그 기관·시설 또는 사업장 등의 경비(警備)를 담당하게 하기 위하여 배치하는 경찰을 말한다.
> 1. 국가기관 또는 공공단체와 그 관리하에 있는 중요 시설 또는 사업장
> 2. 국내 주재(駐在) 외국기관
> 3. 그 밖에 행정안전부령으로 정하는 중요 시설, 사업장 또는 장소
>
> **규칙 제2조 【배치 대상】** 「청원경찰법」(이하 "법"이라 한다) 제2조 제3호에서 "그 밖에 행정안전부령으로 정하는 중요 시설, 사업장 또는 장소"란 다음 각 호의 시설, 사업장 또는 장소를 말한다.
> 1. 선박, 항공기 등 수송시설
> 2. 금융 또는 보험을 업(業)으로 하는 시설 또는 사업장
> 3. 언론, 통신, 방송 또는 인쇄를 업으로 하는 시설 또는 사업장
> 4. 학교 등 육영시설
> 5. 「의료법」에 따른 의료기관
> 6. 그 밖에 공공의 안녕질서 유지와 국민경제를 위하여 고도의 경비(警備)가 필요한 중요 시설, 사업체 또는 장소

29 정답 ④

청원경찰의 배치 ▶ 청원경찰의 배치신청 난이도 상중하

① 청원경찰은 청원경찰의 배치 결정을 받은 자와 배치된 기관·시설 또는 사업장 등의 구역을 관할하는 경찰서장의 감독을 받아 그 경비구역만의 경비를 목적으로 필요한 범위에서 「경찰관 직무집행법」에 따른 경찰관의 직무를 수행한다.
② 청원경찰을 배치받으려는 자는 대통령으로 정하는 바에 따라 관할 시·도경찰청장에게 청원경찰 배치를 신청하여야 한다.
③ 시·도경찰청장은 청원경찰 배치 신청을 받으면 지체 없이 그 배치 여부를 결정하여 신청인에게 알려야 한다.

> **법 제3조 【청원경찰의 직무】** 청원경찰은 제4조 제2항에 따라 청원경찰의 배치 결정을 받은 자[이하 "청원주"(請願主)라 한다]와 배치된 기관·시설 또는 사업장 등의 구역을 관할하는 경찰서장의 감독을 받아 그 경비구역만의 경비를 목적으로 필요한 범위에서 「경찰관 직무집행법」에 따른 경찰관의 직무를 수행한다.
>
> **법 제4조 【청원경찰의 배치】** ① 청원경찰을 배치받으려는 자는 대통령으로 정하는 바에 따라 관할 시·도경찰청장에게 청원경찰 배치를 신청하여야 한다.
> ② 시·도경찰청장은 제1항의 청원경찰 배치 신청을 받으면 지체 없이 그 배치 여부를 결정하여 신청인에게 알려야 한다.
> ③ 시·도경찰청장은 청원경찰 배치가 필요하다고 인정하는 기관의 장 또는 시설·사업장의 경영자에게 청원경찰을 배치할 것을 요청할 수 있다.

30 정답 ③

청원경찰의 임용 ▶ 임용절차 난이도 상중하

① 청원경찰은 청원주가 임용하되, 임용을 할 때에는 미리 시·도경찰청장의 승인을 받아야 한다.
② 청원경찰의 배치 결정을 받은 자는 그 배치 결정의 통지를 받은 날부터 30일 이내에 배치 결정된 인원 수의 임용예정자에 대하여 청원경찰 임용승인을 시·

도경찰청장에게 신청하여야 한다.
④ 청원경찰의 복무에 관하여는 「국가공무원법」 제57조(복종의 의무), 제58조 제1항(직장 이탈 금지), 제60조(비밀 엄수의 의무) 및 「경찰공무원법」 제24조(거짓 보고 등의 금지)를 준용한다. 제56조(성실의무)는 해당하지 않는다.

> 법 제5조 【청원경찰의 임용 등】 ① 청원경찰은 청원주가 임용하되, 임용을 할 때에는 미리 시·도경찰청장의 승인을 받아야 한다.
> ② 「국가공무원법」 제33조 각 호의 어느 하나의 결격사유에 해당하는 사람은 청원경찰로 임용될 수 없다.
> ③ 청원경찰의 임용자격·임용방법·교육 및 보수에 관하여는 대통령령으로 정한다.
> ④ 청원경찰의 복무에 관하여는 「국가공무원법」 제57조, 제58조 제1항, 제60조 및 「경찰공무원법」 제24조를 준용한다.

31 정답 ④
청원경찰의 임용 ▶ 청원경찰교육

청원경찰의 교육과목 중 학술교육은 형사법 10시간과 「청원경찰법」 5시간이며, 「경찰관 직무집행법」은 실무교육에 속한다.

> 영 제5조 【교육】 ① 청원주는 청원경찰로 임용된 사람으로 하여금 경비구역에 배치하기 전에 경찰교육기관에서 직무 수행에 필요한 교육을 받게 하여야 한다. 다만, 경찰교육기관의 교육계획상 부득이하다고 인정할 때에는 우선 배치하고 임용 후 1년 이내에 교육을 받게 할 수 있다.
> ② 경찰공무원(의무경찰을 포함한다) 또는 청원경찰에서 퇴직한 사람이 퇴직한 날부터 3년 이내에 청원경찰로 임용되었을 때에는 제1항에 따른 교육을 면제할 수 있다.
> ③ 제1항의 교육기간·교육과목·수업시간 및 그 밖에 교육의 시행에 필요한 사항은 행정안전부령으로 정한다.

32 정답 ②
감독 등 ▶ 면직과 징계

① 청원주는 청원경찰이 직무상의 의무를 위반하거나 직무를 태만히 한 때, 또는 품위를 손상하는 행위를 한 때에는 징계절차를 거쳐 징계처분을 하여야 한다.
③ 청원경찰의 징계에 관하여 그 밖에 필요한 사항은 대통령령으로 정한다.
④ 시·도경찰청장은 징계규정의 보완이 필요하다고 인정할 때에는 청원주에게 그 보완을 요구할 수 있다.

> 법 제5조의2 【청원경찰의 징계】 ① 청원주는 청원경찰이 다음 각 호의 어느 하나에 해당하는 때에는 대통령령으로 정하는 징계절차를 거쳐 징계처분을 하여야 한다.
> 1. 직무상의 의무를 위반하거나 직무를 태만히 한 때
> 2. 품위를 손상하는 행위를 한 때
> ② 청원경찰에 대한 징계의 종류는 파면, 해임, 정직, 감봉 및 견책으로 구분한다.
> ③ 청원경찰의 징계에 관하여 그 밖에 필요한 사항은 대통령령으로 정한다.

> 영 제8조 【징계】 ⑥ 시·도경찰청장은 제5항에 따른 징계규정의 보완이 필요하다고 인정할 때에는 청원주에게 그 보완을 요구할 수 있다.

33 정답 ④
청원경찰경비 등 ▶ 청원경찰경비

① 국가기관 또는 지방자치단체에 근무하는 청원경찰의 각종 수당은 「공무원수당 등에 관한 규정」에 따른 수당 중 가계보전수당, 실비변상 등으로 하며, 그 세부 항목은 경찰청장이 정하여 고시한다.
② 청원경찰의 보수 산정에 관하여 그 배치된 사업장의 취업규칙에 특별한 규정이 없는 경우, 국가기관 또는 지방자치단체에서 근무하는 청원경찰에 대해서는 국가기관 또는 지방자치단체에서 상근(常勤)으로 근무한 경력도 봉급 산정의 기준이 되는 경력에 산입(算入)하여야 한다.
③ 청원주는 대통령령으로 정하는 바에 따라 청원경찰 본인 또는 그 유족에게 보상금을 지급하여야 한다. 또한 청원주는 청원경찰이 퇴직할 때 「근로자퇴직급여 보장법」에 따른 퇴직금을 지급하여야 한다. 다만, 국가기관이나 지방자치단체에 근무하는 청원경찰의 퇴직금에 관하여는 따로 대통령령으로 정한다.

> 법 제6조 【청원경찰경비】 ① 청원주는 다음 각 호의 청원경찰경비를 부담하여야 한다.
> 1. 청원경찰에게 지급할 봉급과 각종 수당
> 2. 청원경찰의 피복비
> 3. 청원경찰의 교육비
> 4. 제7조에 따른 보상금 및 제7조의2에 따른 퇴직금

> 법 제7조의2 【퇴직금】 청원주는 청원경찰이 퇴직할 때에는 「근로자퇴직급여 보장법」에 따른 퇴직금을 지급하여야 한다. 다만, 국가기관이나 지방자치단체에 근무하는 청원경찰의 퇴직금에 관하여는 따로 대통령령으로 정한다.

> 영 제9조 【국가기관 또는 지방자치단체에 근무하는 청원경찰의 보수】 ② 법 제6조 제2항에 따른 국가기관

또는 지방자치단체에 근무하는 청원경찰의 각종 수당은 「공무원수당 등에 관한 규정」에 따른 수당 중 가계보전수당, 실비변상 등으로 하며, 그 세부 항목은 경찰청장이 정하여 고시한다.

영 제11조 【보수 산정 시의 경력 인정 등】 ① 청원경찰의 보수 산정에 관하여 그 배치된 사업장의 취업규칙에 특별한 규정이 없는 경우에는 다음 각 호의 경력을 봉급 산정의 기준이 되는 경력에 산입(算入)하여야 한다.
1. 청원경찰로 근무한 경력
2. 군 또는 의무경찰에 복무한 경력
3. 수위·경비원·감시원 또는 그 밖에 청원경찰과 비슷한 직무에 종사하던 사람이 해당 사업장의 청원주에 의하여 청원경찰로 임용된 경우에는 그 직무에 종사한 경력
4. 국가기관 또는 지방자치단체에서 근무하는 청원경찰에 대해서는 국가기관 또는 지방자치단체에서 상근(常勤)으로 근무한 경력

영 제12조 【청원경찰경비의 고시 등】 ① 법 제6조 제1항 제1호부터 제3호까지의 청원경찰경비의 지급방법 또는 납부방법은 행정안전부령으로 정한다.

규칙 제8조 【청원경찰경비의 지급방법 등】 영 제12조에 따른 청원경찰경비의 지급방법 및 납부방법은 다음 각 호와 같다.
1. 봉급과 각종 수당은 청원주가 그 청원경찰이 배치된 기관·시설·사업장 또는 장소(이하 "사업장"이라 한다)의 직원에 대한 보수 지급일에 청원경찰에게 직접 지급한다.

34 정답 ③
청원경찰경비 등 ▶ 무기관리   난이도 상 중 하

① 청원주는 무기와 탄약을 지급하지 않거나 회수할 때에는 결정 통지서를 작성하여 지체 없이 해당 청원경찰에게 통지해야 한다. 다만, 지급한 무기와 탄약의 신속한 회수가 필요하다고 인정되는 경우에는 무기와 탄약을 먼저 회수한 후 통지서를 내줄 수 있다.
② 청원주는 청원경찰에게 무기와 탄약을 지급하지 않거나 회수한 경우 7일 이내에 관할 경찰서장에게 결정 통보서를 작성하여 통보해야 한다.
④ 청원주는 무기지급제한에 관한 규정의 법정사유가 소멸하게 된 경우에는 청원경찰에게 무기와 탄약을 지급할 수 있다.

규칙 제16조 【무기관리수칙】 ⑤ 청원주는 제4항에 따라 무기와 탄약을 지급하지 않거나 회수할 때에는 별지 제5호의2 서식의 결정 통지서를 작성하여 지체 없이 해당 청원경찰에게 통지해야 한다. 다만, 지급한 무기와 탄약의 신속한 회수가 필요하다고 인정되는 경우에는 무기와 탄약을 먼저 회수한 후 통지서를 내줄 수 있다. 〈신설 2022.11.10.〉
⑥ 청원주는 제4항에 따라 청원경찰에게 무기와 탄약을 지급하지 않거나 회수한 경우 7일 이내에 관할 경찰서장에게 별지 제5호의3 서식의 결정 통보서를 작성하여 통보해야 한다. 〈신설 2022.11.10.〉
⑦ 제6항에 따라 통보를 받은 관할 경찰서장은 통보받은 날부터 14일 이내에 무기와 탄약의 지급 제한 또는 회수의 적정성을 판단하기 위해 현장을 방문하여 해당 청원경찰의 의견을 청취하고 필요한 조치를 할 수 있다. 〈신설 2022.11.10.〉
⑧ 청원주는 제4항 각 호의 사유가 소멸하게 된 경우에는 청원경찰에게 무기와 탄약을 지급할 수 있다. 〈신설 2022.11.10.〉

35 정답 ①
기타 ▶ 종합   난이도 상 중 하

② 청원경찰이 직무를 수행할 때 직권을 남용하여 국민에게 해를 끼친 경우에는 6개월 이하의 징역이나 금고에 처한다.
③ 청원경찰 업무에 종사하는 사람은 「형법」이나 그 밖의 법령에 따른 벌칙을 적용할 때에는 공무원으로 본다.
④ 청원경찰(국가기관이나 지방자치단체에 근무하는 청원경찰은 제외한다)의 직무상 불법행위에 대한 배상책임에 관하여는 「민법」의 규정을 따른다.

법 제9조의4 【쟁의행위의 금지】 청원경찰은 파업, 태업 또는 그 밖에 업무의 정상적인 운영을 방해하는 일체의 쟁의행위를 하여서는 아니 된다.

법 제10조 【직권남용 금지 등】 ① 청원경찰이 직무를 수행할 때 직권을 남용하여 국민에게 해를 끼친 경우에는 6개월 이하의 징역이나 금고에 처한다.
② 청원경찰 업무에 종사하는 사람은 「형법」이나 그 밖의 법령에 따른 벌칙을 적용할 때에는 공무원으로 본다.

법 제10조의2 【청원경찰의 불법행위에 대한 배상책임】 청원경찰(국가기관이나 지방자치단체에 근무하는 청원경찰은 제외한다)의 직무상 불법행위에 대한 배상책임에 관하여는 「민법」의 규정을 따른다.

36 정답 ④
감독 등 ▶ 퇴직   난이도 상 중 하

① 파산선고를 받은 사람으로서 「채무자 회생 및 파산에 관한 법률」에 따라 신청기한 내에 면책신청을 하지 아니하였거나 면책불허가 결정 또는 면책 취소가 확정된 경우에만 당연퇴직사유에 해당한다.

② 금고 이상의 형의 선고유예를 받은 자는 「형법」 제129조(수뢰, 사전수뢰)부터 제132조(알선수뢰)까지, 「성폭력범죄의 처벌 등에 관한 특례법」 제2조, 「아동·청소년의 성보호에 관한 법률」 제2조 제2호 및 직무와 관련하여 「형법」 제355조 또는 제356조에 규정된 죄를 범한 사람으로서 금고 이상의 형의 선고유예를 받은 경우만 당연퇴직에 해당한다. 이는 청원경찰의 기본권을 보호하기 위함이다.
③ 직무상의 의무를 위반하거나 직무를 태만히 한 때에는 대통령령으로 정하는 징계절차를 거쳐 징계처분을 하여야 한다. 당연퇴직사유에 해당하지 않는다.

> 법 제10조의6 【당연퇴직】 청원경찰이 다음 각 호의 어느 하나에 해당할 때에는 당연퇴직된다. 〈개정 2022. 11.15.〉
> 1. 제5조 제2항에 따른 임용결격사유에 해당될 때. 다만, 「국가공무원법」 제33조 제2호는 파산선고를 받은 사람으로서 「채무자 회생 및 파산에 관한 법률」에 따라 신청기한 내에 면책신청을 하지 아니하였거나 면책불허가 결정 또는 면책 취소가 확정된 경우만 해당하고, 「국가공무원법」 제33조 제5호는 「형법」 제129조부터 제132조까지, 「성폭력범죄의 처벌 등에 관한 특례법」 제2조, 「아동·청소년의 성보호에 관한 법률」 제2조 제2호 및 직무와 관련하여 「형법」 제355조 또는 제356조에 규정된 죄를 범한 사람으로서 금고 이상의 형의 선고유예를 받은 경우만 해당한다.
> 2. 제10조의5에 따라 청원경찰의 배치가 폐지되었을 때
> 3. 나이가 60세가 되었을 때. 다만, 그날이 1월부터 6월 사이에 있으면 6월 30일에, 7월부터 12월 사이에 있으면 12월 31일에 각각 당연퇴직된다.

37
정답 ③

보칙 ▶ 업무위임 및 위탁   난이도 상 중 하

ㄴ. 청원경찰의 징계처분 요청에 관한 권한은 관할 경찰서장의 권한이다.

> 영 제20조 【권한의 위임】 시·도경찰청장은 법 제10조의3에 따라 다음 각 호의 권한을 관할 경찰서장에게 위임한다. 다만, 청원경찰을 배치하고 있는 사업장이 하나의 경찰서의 관할구역에 있는 경우로 한정한다.
> 1. 법 제4조 제2항 및 제3항에 따른 청원경찰 배치의 결정 및 요청에 관한 권한
> 2. 법 제5조 제1항에 따른 청원경찰의 임용승인에 관한 권한
> 3. 법 제9조의3 제2항에 따른 청원주에 대한 지도 및 감독상 필요한 명령에 관한 권한
> 4. 법 제12조에 따른 과태료 부과·징수에 관한 권한

38
정답 ④

과태료와 벌칙 등 ▶ 민감정보 등   난이도 상 중 하

ㄱ, ㄴ, ㄷ 뿐만 아니라, ㄱ, ㄴ, ㄷ의 규정에 따른 사무를 수행하기 위하여 필요한 사무도 대상이 된다.

> 영 제20조의2 【민감정보 및 고유식별정보의 처리】 시·도경찰청장 또는 경찰서장은 다음 각 호의 사무를 수행하기 위하여 불가피한 경우 「개인정보 보호법」 제23조에 따른 건강에 관한 정보와 같은 법 시행령 제18조 제2호에 따른 범죄경력자료에 해당하는 정보, 같은 영 제19조 제1호 또는 제4호에 따른 주민등록번호 또는 외국인등록번호가 포함된 자료를 처리할 수 있다.
> 1. 법 및 이 영에 따른 청원경찰의 임용, 배치 등 인사관리에 관한 사무
> 2. 법 제8조에 따른 청원경찰의 제복 착용 및 무기 휴대에 관한 사무
> 3. 법 제9조의3에 따른 청원주에 대한 지도·감독에 관한 사무
> 4. 제1호부터 제3호까지의 규정에 따른 사무를 수행하기 위하여 필요한 사무

39
정답 ③

과태료와 벌칙 등 ▶ 과태료   난이도 상 중 하

① 과태료는 대통령령으로 정하는 바에 따라 시·도경찰청장이 부과·징수한다. 위임하는 경우 경찰서장이 부과·징수한다.
② 정당한 사유 없이 경찰청장이 고시한 최저부담기준액 이상의 보수를 지급하지 아니한 자에게는 500만 원 이하의 과태료를 부과한다.
④ 경찰서장은 과태료처분을 하였을 때에는 과태료 부과 및 징수 사항을 과태료 수납부에 기록하고 정리하여야 한다.

> 법 제12조 【과태료】 ① 다음 각 호의 어느 하나에 해당하는 자에게는 500만 원 이하의 과태료를 부과한다.
> 1. 제4조 제2항에 따른 시·도경찰청장의 배치 결정을 받지 아니하고 청원경찰을 배치하거나 제5조 제1항에 따른 시·도경찰청장의 승인을 받지 아니하고 청원경찰을 임용한 자
> 2. 정당한 사유 없이 제6조 제3항에 따라 경찰청장이 고시한 최저부담기준액 이상의 보수를 지급하지 아니한 자
> 3. 제9조의3 제2항에 따른 감독상 필요한 명령을 정당한 사유 없이 이행하지 아니한 자
> ② 제1항에 따른 과태료는 대통령령으로 정하는 바에 따라 시·도경찰청장이 부과·징수한다.

> 영 제21조【과태료의 부과기준 등】② 시·도경찰청장은 위반행위의 동기, 내용 및 위반의 정도 등을 고려하여 별표 2에 따른 과태료 금액의 100분의 50의 범위에서 그 금액을 줄이거나 늘릴 수 있다. 다만, 늘리는 경우에는 법 제12조 제1항에 따른 과태료 금액의 상한을 초과할 수 없다.
>
> 규칙 제24조【과태료 부과 고지서 등】③ 경찰서장은 과태료처분을 하였을 때에는 과태료 부과 및 징수 사항을 별지 제9호 서식의 과태료 수납부에 기록하고 정리하여야 한다.

40 정답 ④

과태료와 벌칙 등 ▶ 문서와 장부의 비치 난이도 상중하

① 청원주는 징계 관계철의 문서와 장부를 갖춰 두어야 한다. 징계요구서철의 문서와 장부는 시·도경찰청장이 갖춰 두어야 한다.
② 관할 경찰서장은 무기·탄약 대여대장의 문서와 장부를 갖춰 두어야 한다. 무기·탄약 출납부의 문서와 장부는 청원주가 갖춰 두어야 한다.
③ 시·도경찰청장은 배치 결정 관계철, 청원경찰 임용승인 관계철, 전출입 관계철의 문서와 장부를 갖춰 두어야 한다. 감독 순시부의 문서와 장부는 관할 경찰서장이 갖춰 두어야 한다.

> 규칙 제17조【문서와 장부의 비치】① 청원주는 다음 각 호의 문서와 장부를 갖춰 두어야 한다.
> 1. 청원경찰 명부
> 2. 근무일지
> 3. 근무 상황카드
> 4. 경비구역 배치도
> 5. 순찰표철
> 6. 무기·탄약 출납부
> 7. 무기장비 운영카드
> 8. 봉급지급 조서철
> 9. 신분증명서 발급대장
> 10. 징계 관계철
> 11. 교육훈련 실시부
> 12. 청원경찰 직무교육계획서
> 13. 급여품 및 대여품 대장
> 14. 그 밖에 청원경찰의 운영에 필요한 문서와 장부
> ② 관할 경찰서장은 다음 각 호의 문서와 장부를 갖춰 두어야 한다.
> 1. 청원경찰 명부
> 2. 감독 순시부
> 3. 전출입 관계철
> 4. 교육훈련 실시부
> 5. 무기·탄약 대여대장
> 6. 징계요구서철
> 7. 그 밖에 청원경찰의 운영에 필요한 문서와 장부
> ③ 시·도경찰청장은 다음 각 호의 문서와 장부를 갖춰 두어야 한다.
> 1. 배치 결정 관계철
> 2. 청원경찰 임용승인 관계철
> 3. 전출입 관계철
> 4. 그 밖에 청원경찰의 운영에 필요한 문서와 장부
> ④ 제1항부터 제3항까지의 규정에 따른 문서와 장부의 서식은 경찰관서에서 사용하는 서식을 준용한다.

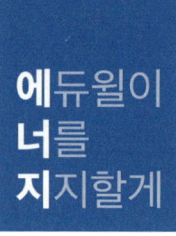

마음을 위대한 일로 이끄는 것은 오직 열정,
위대한 열정뿐이다.

– 드니 디드로(Denis Diderot)

제( )차 국가전문자격시험 답안카드

국가전문자격시험 답안카드

제( )차 국가전문자격시험 답안카드

수험자 여러분의 합격을 기원합니다.

(　　　)년도 (　　　　　) 제(　　)차 국가전문자격시험 답안카드

성 명

교시 기재란	
(　)교시	① ② ③

문제지 형별 기재란	
(　　　)형	Ⓐ Ⓑ

선 택 과 목 1

선 택 과 목 2

수 험 번 호							
⓪	⓪	⓪	⓪	⓪	⓪	⓪	⓪
①	①	①	①	①	①	①	①
②	②	②	②	②	②	②	②
③	③	③	③	③	③	③	③
④	④	④	④	④	④	④	④
⑤	⑤	⑤	⑤	⑤	⑤	⑤	⑤
⑥	⑥	⑥	⑥	⑥	⑥	⑥	⑥
⑦	⑦	⑦	⑦	⑦	⑦	⑦	⑦
⑧	⑧	⑧	⑧	⑧	⑧	⑧	⑧
⑨	⑨	⑨	⑨	⑨	⑨	⑨	⑨

감독위원 확인
㊞

1	① ② ③ ④ ⑤	21	① ② ③ ④ ⑤	41	① ② ③ ④ ⑤	61	① ② ③ ④ ⑤	81	① ② ③ ④ ⑤	101	① ② ③ ④ ⑤	121	① ② ③ ④ ⑤
2	① ② ③ ④ ⑤	22	① ② ③ ④ ⑤	42	① ② ③ ④ ⑤	62	① ② ③ ④ ⑤	82	① ② ③ ④ ⑤	102	① ② ③ ④ ⑤	122	① ② ③ ④ ⑤
3	① ② ③ ④ ⑤	23	① ② ③ ④ ⑤	43	① ② ③ ④ ⑤	63	① ② ③ ④ ⑤	83	① ② ③ ④ ⑤	103	① ② ③ ④ ⑤	123	① ② ③ ④ ⑤
4	① ② ③ ④ ⑤	24	① ② ③ ④ ⑤	44	① ② ③ ④ ⑤	64	① ② ③ ④ ⑤	84	① ② ③ ④ ⑤	104	① ② ③ ④ ⑤	124	① ② ③ ④ ⑤
5	① ② ③ ④ ⑤	25	① ② ③ ④ ⑤	45	① ② ③ ④ ⑤	65	① ② ③ ④ ⑤	85	① ② ③ ④ ⑤	105	① ② ③ ④ ⑤	125	① ② ③ ④ ⑤
6	① ② ③ ④ ⑤	26	① ② ③ ④ ⑤	46	① ② ③ ④ ⑤	66	① ② ③ ④ ⑤	86	① ② ③ ④ ⑤	106	① ② ③ ④ ⑤		
7	① ② ③ ④ ⑤	27	① ② ③ ④ ⑤	47	① ② ③ ④ ⑤	67	① ② ③ ④ ⑤	87	① ② ③ ④ ⑤	107	① ② ③ ④ ⑤		
8	① ② ③ ④ ⑤	28	① ② ③ ④ ⑤	48	① ② ③ ④ ⑤	68	① ② ③ ④ ⑤	88	① ② ③ ④ ⑤	108	① ② ③ ④ ⑤		
9	① ② ③ ④ ⑤	29	① ② ③ ④ ⑤	49	① ② ③ ④ ⑤	69	① ② ③ ④ ⑤	89	① ② ③ ④ ⑤	109	① ② ③ ④ ⑤		
10	① ② ③ ④ ⑤	30	① ② ③ ④ ⑤	50	① ② ③ ④ ⑤	70	① ② ③ ④ ⑤	90	① ② ③ ④ ⑤	110	① ② ③ ④ ⑤		
11	① ② ③ ④ ⑤	31	① ② ③ ④ ⑤	51	① ② ③ ④ ⑤	71	① ② ③ ④ ⑤	91	① ② ③ ④ ⑤	111	① ② ③ ④ ⑤		
12	① ② ③ ④ ⑤	32	① ② ③ ④ ⑤	52	① ② ③ ④ ⑤	72	① ② ③ ④ ⑤	92	① ② ③ ④ ⑤	112	① ② ③ ④ ⑤		
13	① ② ③ ④ ⑤	33	① ② ③ ④ ⑤	53	① ② ③ ④ ⑤	73	① ② ③ ④ ⑤	93	① ② ③ ④ ⑤	113	① ② ③ ④ ⑤		
14	① ② ③ ④ ⑤	34	① ② ③ ④ ⑤	54	① ② ③ ④ ⑤	74	① ② ③ ④ ⑤	94	① ② ③ ④ ⑤	114	① ② ③ ④ ⑤		
15	① ② ③ ④ ⑤	35	① ② ③ ④ ⑤	55	① ② ③ ④ ⑤	75	① ② ③ ④ ⑤	95	① ② ③ ④ ⑤	115	① ② ③ ④ ⑤		
16	① ② ③ ④ ⑤	36	① ② ③ ④ ⑤	56	① ② ③ ④ ⑤	76	① ② ③ ④ ⑤	96	① ② ③ ④ ⑤	116	① ② ③ ④ ⑤		
17	① ② ③ ④ ⑤	37	① ② ③ ④ ⑤	57	① ② ③ ④ ⑤	77	① ② ③ ④ ⑤	97	① ② ③ ④ ⑤	117	① ② ③ ④ ⑤		
18	① ② ③ ④ ⑤	38	① ② ③ ④ ⑤	58	① ② ③ ④ ⑤	78	① ② ③ ④ ⑤	98	① ② ③ ④ ⑤	118	① ② ③ ④ ⑤		
19	① ② ③ ④ ⑤	39	① ② ③ ④ ⑤	59	① ② ③ ④ ⑤	79	① ② ③ ④ ⑤	99	① ② ③ ④ ⑤	119	① ② ③ ④ ⑤		
20	① ② ③ ④ ⑤	40	① ② ③ ④ ⑤	60	① ② ③ ④ ⑤	80	① ② ③ ④ ⑤	100	① ② ③ ④ ⑤	120	① ② ③ ④ ⑤		

수험자
여러분의
합격을
기원합니다.

3회독 워크북

2025 최신판

에듀윌 경비지도사
2차 경비업법 한권끝장 + 기출특강

고객의 꿈, 직원의 꿈, 지역사회의 꿈을 실현한다

에듀윌 도서몰
book.eduwill.net
- 부가학습자료 및 정오표: 에듀윌 도서몰 > 도서자료실
- 교재 문의: 에듀윌 도서몰 > 문의하기 > 교재(내용, 출간) / 주문 및 배송

에듀윌 경비지도사

2025 최신판

에듀윌 경비지도사
2차 경비업법 한권끝장+기출특강

상위 10%의 합격 비법

경비업법 합격노트

최신 개정법령 + 테마별 핵심이론

2025 최신판

에듀윌 경비지도사
2차 경비업법 한권끝장+기출특강

관련법령

01 경비업법
02 경비업법 시행령
03 경비업법 시행규칙
04 청원경찰법
05 청원경찰법 시행령
06 청원경찰법 시행규칙

경비업법

[시행 2025.1.31.] [법률 제20545호, 2025.1.7., 일부개정]

★은 중요도 표시입니다. 진하게 표시한 것과 밑줄 아래 ※의 설명은 반드시 숙지하시기 바랍니다.

제1장 총칙

제1조【목적】 이 법은 경비업의 육성 및 발전과 그 체계적 관리에 관하여 필요한 사항을 정함으로써 경비업의 건전한 운영에 이바지함을 목적으로 한다.

제2조【정의】 ★★★★ 이 법에서 사용하는 용어의 정의는 다음과 같다.

1. "경비업"이라 함은 다음 각 목의 1에 해당하는 업무(이하 "경비업무"라 한다)의 <u>전부 또는 일부를 도급</u>받아 행하는 영업을 말한다.
   ※ 하도급
   가. 시설경비업무: 경비를 필요로 하는 시설 및 장소(이하 "경비대상시설"이라 한다)에서의 도난·화재 그 밖의 **혼잡** 등으로 인한 위험발생을 방지하는 업무
   나. 호송경비업무: **운반 중**에 있는 현금·유가증권·귀금속·상품 그 밖의 물건에 대하여 도난·화재 등 위험발생을 방지하는 업무
   다. 신변보호업무: 사람의 생명이나 신체에 대한 위해의 발생을 방지하고 그 신변을 보호하는 업무
   라. 기계경비업무: 경비대상시설에 설치한 기기에 의하여 감지·송신된 정보를 <u>그 경비대상시설 외의 장소에 설치한 관제시설</u>의 기기로
   ※ 경비대상시설 내는 시설경비업무임
   수신하여 도난·화재 등 위험발생을 방지하는 업무
   마. 특수경비업무: **공항(항공기를 포함**한다) 등 **대통령령이 정하는** 국가중요시설(이하 "국가
   ※ 「경비업법 시행령」
   중요시설"이라 한다)의 경비 및 도난·화재 그 밖의 위험발생을 방지하는 업무
   바. 혼잡·교통유도경비업무: 도로에 접속한 공사현장 및 사람과 차량의 통행에 <u>위험이 있는 장소</u> 또는 도로를 점유하는 행사장 등에서 교통사고나 그 밖의 **혼잡** 등으로 인한 <u>위험발생</u>을 방지하는 업무
2. "경비지도사"라 함은 경비원을 지도·감독 및 교육하는 자를 말하며 <u>일반경비지도사와 기계경비지도사</u>로 구분한다. ※ 특수경비지도사(X)

3. "경비원"이라 함은 제4조 제1항의 규정에 의하여 경비업의 허가를 받은 법인(이하 "경비업자"라 한다)이 채용한 고용인으로서 다음 각 목의 어느 하나에 해당하는 자를 말한다.
   가. 일반경비원: 제1호 가목부터 라목까지 및 바목의 경비업무를 수행하는 자
   나. 특수경비원: 제1호 마목의 경비업무를 수행하는 자
4. "무기"라 함은 인명 또는 신체에 위해를 가할 수 있도록 제작된 **권총·소총** 등을 말한다.
5. "**집단민원현장**"이란 다음 각 목의 장소를 말한다.
   ※ 반드시 숙지할 것
   가. 「노동조합 및 노동관계조정법」에 따라 노동관계 당사자가 노동쟁의 조정신청을 한 사업장 또는 쟁의행위가 발생한 사업장
   나. 「도시 및 주거환경정비법」에 따른 정비사업과 관련하여 이해대립이 있어 다툼이 있는 장소
   다. 특정 시설물의 설치와 관련하여 민원이 있는 장소
   라. 주주총회와 관련하여 이해대립이 있어 다툼이 있는 장소
   마. 건물·토지 등 부동산 및 동산에 대한 소유권·운영권·관리권·점유권 등 법적 권리에 대한 이해대립이 있어 다툼이 있는 장소
   바. 100명 이상의 사람이 모이는 국제·문화·예술·체육 행사장
   사. 「행정대집행법」에 따라 대집행을 하는 장소

제3조【법인】 경비업은 **법인**이 아니면 이를 영위할 수 없다. ※ 개인(X), 법인의 종류는 불문함

제2장 경비업의 허가 등

제4조【경비업의 허가】 ★★★★ ① 경비업을 영위하고자 하는 법인은 도급받아 행하고자 하는 경비업무를 **특정**하여 그 법인의 주사무소의 **소재지를 관할하는 시·도경찰청장의 허가**를 받아야 한다. 도급받아 행하고자 하는 경비업무를 **변경하는 경우에도 또한 같다**.
※ 변경은 새로운 행위로 허가받음

② 제1항에 따른 허가를 받으려는 법인은 다음 각 호의 요건을 갖추어야 한다. 〈개정 2022.11.15.〉

1. 대통령령으로 정하는 1억 원 이상의 자본금의 보유
2. 다음 각 목의 경비인력 요건
   가. 시설경비업무: **경비원 10명 이상 및 경비지도사 1명 이상**
   나. 시설경비업무 외의 경비업무: 대통령령으로 정하는 경비인력
3. 제2호의 경비인력을 교육할 수 있는 교육장을 포함하여 대통령령으로 정하는 시설과 장비의 보유
4. 그 밖에 경비업무 수행을 위하여 대통령령으로 정하는 사항

③ 제1항의 규정에 의하여 경비업의 허가를 받은 법인은 다음 각 호의 1에 해당하는 때에는 **시·도경찰청장에게 신고**하여야 한다.
1. 영업을 폐업하거나 휴업한 때
2. **법인의 명칭이나 대표자·임원을 변경한 때**
   ※ 직원의 변경(X)
3. 법인의 주사무소나 출장소를 신설·이전 또는 폐지한 때
4. **기계경비업무의 수행**을 위한 관제시설을 신설·이전 또는 폐지한 때
5. 특수경비업무를 개시하거나 종료한 때
6. 그 밖에 **대통령령이 정하는 중요사항을 변경**한 때
   ※ 정관변경(X), 정관목적변경(O)

④ 제1항 및 제3항의 규정에 의한 허가 또는 신고의 절차, 신고의 기한 등 허가 및 신고에 관하여 필요한 사항은 대통령령으로 정한다.

제4조의2【허가의 제한】★★★ ① 누구든지 제4조 제1항에 따른 **허가를 받은 경비업체와 동일한 명칭으로 경비업 허가를 받을 수 없다.**

② 제19조 제1항 제2호 및 제7호의 사유로 경비업체의 허가가 취소된 경우 허가가 취소된 날부터 10년이 지나지 아니한 때에는 누구든지 허가가 취소된 경비업체와 동일한 명칭으로 제4조 제1항에 따른 허가를 받을 수 없다.

③ **제19조 제1항 제2호 및 제7호의 사유로 허가가 취소된 법인은 법인명 또는 임원의 변경에도 불구하고 허가가 취소된 날부터 5년이 지나지 아니한 때에는 제4조 제1항에 따른 허가를 받을 수 없다.**

제5조【임원의 결격사유】★★★★★ 다음 각 호의 어느 하나에 해당하는 자는 경비업을 영위하는 법인(**제4호에 해당하는 자의 경우에는 특수경비업무를 수행하는 법인을 말하고, 제5호에 해당하는 자의 경우에는 허가취소사유에 해당하는 경비업무와 동종의 경비업무를 수행하는 법인**을 말한다)의 임원이 될 수 없다.
1. 피성년후견인
2. 파산선고를 받고 복권되지 아니한 자
3. 금고 이상의 형의 선고를 받고 그 형이 실효되지 아니한 자
4. **이 법 또는 「대통령 등의 경호에 관한 법률」에 위반하여 벌금형의 선고를 받고 3년이 지나지 아니한 자** ※ 특수경비업무를 수행하는 법인 임원
5. **이 법(제19조 제1항 제2호 및 제7호는 제외한다) 또는 이 법에 의한 명령에 위반하여 허가가 취소된 법인의 허가취소 당시의 임원이었던 자로서 그 취소 후 3년이 지나지 아니한 자** ※ 동종업무
6. 제19조 제1항 제2호 및 제7호의 사유로 허가가 취소된 법인의 허가취소 당시의 임원이었던 자로서 허가가 취소된 날부터 5년이 지나지 아니한 자

제6조【허가의 유효기간 등】① 제4조 제1항의 규정에 의한 경비업 허가의 유효기간은 허가받은 날부터 5년으로 한다.

② 제1항의 규정에 의한 유효기간이 만료된 후 계속하여 경비업을 하고자 하는 법인은 행정안전부령으로 정하는 바에 따라 갱신허가를 받아야 한다.

제7조【경비업자의 의무】★★★★★ ① 경비업자는 경비대상시설의 소유자 또는 관리자(이하 "시설주"라 한다)의 관리권의 범위 안에서 경비업무를 수행하여야 하며, 다른 사람의 자유와 권리를 침해하거나 그의 정당한 활동에 간섭하여서는 아니 된다.(공통의무)

② 경비업자는 경비업무를 성실하게 수행하여야 하고, 도급을 의뢰받은 경비업무가 위법 또는 부당한 것일 때에는 이를 거부하여야 한다.(공통의무)

③ 경비업자는 불공정한 계약으로 경비원의 권익을 침해하거나 경비업의 건전한 육성과 발전을 해치는 행위를 하여서는 아니 된다.(공통의무)

④ 경비업자의 임·직원이거나 임·직원이었던 자는 다른 법률에 특별한 규정이 있는 경우를 제외하고는 그 직무상 알게 된 비밀을 누설하거나 다른 사람에게 제공하여 이용하도록 하는 등 부당한 목적을 위하여 사용하여서는 아니 된다.(공통의무)

⑤ 경비업자는 허가받은 경비업무 외의 업무에 경비원을 종사하게 하여서는 아니 된다.(공통의무)

⑥ 경비업자는 집단민원현장에 경비원을 배치하는 때에는 경비지도사를 선임하고 그 장소에 배치하여 행정안전부령으로 정하는 바에 따라 경비원을 지도·감독하게 하여야 한다.

⑦ **특수경비업무**를 수행하는 경비업자(이하 "특수경비업자"라 한다)는 제4조 제3항 제5호의 규정에 의한 특수경비업무의 개시신고를 하는 때에는 국가중요시설에 대한 특수경비업무의 수행이 중단되는 경우 시설주의 동의를 얻어 다른 특수경비업자 중에서 경비업무를 대행할 자(이하 "경비대행업자"라 한다)를 지정하여 허가관청에 신고하여야 한다. 경비대행업자의 지정을 변경하는 경우에도 또한 같다.

⑧ **특수경비업자**는 국가중요시설에 대한 특수경비 업무를 중단하게 되는 경우에는 미리 이를 제7항의 규정에 의한 경비대행업자에게 통보하여야 하며, 경비대행업자는 통보받은 즉시 그 경비업무를 인수하여야 한다. 이 경우 제7항의 규정은 경비대행업자에 대하여 이를 준용한다.

⑨ **특수경비업자**는 이 법에 의한 경비업과 경비장비의 제조·설비·판매업, 네트워크를 활용한 정보산업, 시설물 유지관리업 및 경비원 교육업 등 대통령령이 정하는 경비관련업 외의 영업을 하여서는 아니 된다.

※ 모든 경비업의 겸업을 금하는 것이 위헌 소지로, 특수경비업무에 한정함

[2002.12.18. 법률 제6787호에 의하여 2002.4.25. 헌법재판소에서 위헌 결정된 이 조를 개정함]

제7조의2【경비업무 도급인 등의 의무】 ① 누구든지 제4조 제1항에 따른 허가를 받지 아니한 자에게 경비업무를 도급하여서는 아니 된다.

② 누구든지 집단민원현장에 경비인력을 **20명 이상 배치하려고 할 때에는 그 경비인력을 직접 고용하여서는 아니 되고, 경비업자에게 경비업무를 도급하여야 한다.** 다만, 시설주 등이 집단민원현장 발생 3개월 전까지 직접 고용하여 경비업무를 수행하는 피고용인의 경우에는 그러하지 아니하다.

③ 제1항 및 제2항에 따라 경비업무를 도급하는 자는 그 경비업무를 수급한 경비업자의 경비원 채용 시 무자격자나 부적격자 등을 채용하도록 관여하거나 영향력을 행사해서는 아니 된다.

④ 제3항에 따른 무자격자 및 부적격자의 구체적인 범위 등은 대통령령으로 정한다.

제3장 기계경비업무

제8조【대응체제】 기계경비업무를 수행하는 경비업자(이하 "기계경비업자"라 한다)는 경비대상시설에 관한 경보를 수신한 때에는 신속하게 그 사실을 확인하는 등 필요한 대응조치를 취하여야 하며, 이를 위한 **대응체제**를 갖추어야 한다.

※ 특수경비업자의 대행체제구축의무는 위반 시 행정처분대상이 아니며, 기계경비업자의 의무와 구별해야 함

제9조【오경보의 방지 등】 ★★★ ① 기계경비업자는 경비계약을 체결하는 때에는 오경보를 막기 위하여 계약상대방에게 기기사용요령 및 기계경비운영체계 등에 관하여 설명하여야 하며, 각종 기기가 오작동되지 아니하도록 관리하여야 한다.

② 기계경비업자는 대응조치 등 업무의 원활한 운영과 개선을 위하여 대통령령이 정하는 바에 따라 관련 서류를 작성·비치하여야 한다.

제4장 경비지도사 및 경비원

제10조【경비지도사 및 경비원의 결격사유】 ★★★★★
① 다음 각 호의 어느 하나에 해당하는 자는 **경비지도사 또는 일반경비원**이 될 수 없다.

※ 피성년후견인 및 제2호부터 제4호까지는 공통적 결격사유

1. 18세 미만인 사람 또는 피성년후견인
2. 파산선고를 받고 복권되지 아니한 자
3. 금고 이상의 실형의 선고를 받고 그 집행이 종료(집행이 종료된 것으로 보는 경우를 포함한다)되거나 집행이 면제된 날부터 5년이 지나지 아니한 자
4. 금고 이상의 형의 집행유예선고를 받고 그 유예기간 중에 있는 자
5. 다음 각 목의 어느 하나에 해당하는 죄를 범하여 벌금형을 선고받은 날부터 10년이 지나지 아니하거나 금고 이상의 형을 선고받고 그 집행이 종료된 것으로 보는 경우를 포함한다) 날 또는 집행이 유예·면제된 날부터 10년이 지나지 아니한 자
   가. 「형법」제114조의 죄
   나. 「폭력행위 등 처벌에 관한 법률」제4조의 죄
   다. 「형법」제297조, 제297조의2, 제298조부터 제301조까지, 제301조의2, 제302조, 제303조, 제305조, 제305조의2의 죄
   라. 「성폭력범죄의 처벌 등에 관한 특례법」제3조부터 제11조까지 및 제15조(제3조부터 제9조까지의 미수범만 해당한다)의 죄
   마. 「아동·청소년의 성보호에 관한 법률」제7조 및 제8조의 죄
   바. 다목부터 마목까지의 죄로서 다른 법률에 따라 가중처벌되는 죄
6. 다음 각 목의 어느 하나에 해당하는 죄를 범하여 벌금형을 선고받은 날부터 5년이 지나지 아니하거나 금고 이상의 형을 선고받고 그 집행이 유예된 날부터 5년이 지나지 아니한 자
   가. 「형법」제329조부터 제331조까지, 제331조의2 및 제332조부터 제343조까지의 죄
   나. 가목의 죄로서 다른 법률에 따라 가중처벌되는 죄
   다. 삭제 〈2014.12.30.〉
   라. 삭제 〈2014.12.30.〉
7. 제5호 다목부터 바목까지의 어느 하나에 해당하는 죄를 범하여 치료감호를 선고받고 그 집행이 종료된 날 또는 집행이 면제된 날부터 10년이 지나지 아니한 자 또는 제6호 각 목의 어느 하나에 해당하는 죄를 범하여 치료감호를 선고받고 그 집행이 면제된 날부터 5년이 지나지 아니한 자
8. 이 법이나 이 법에 따른 명령을 위반하여 벌금형을 선고받은 날부터 5년이 지나지 아니하거나 금고 이상의 형을 선고받고 그 집행이 유예된 날부터 5년이 지나지 아니한 자

② 다음 각 호의 어느 하나에 해당하는 자는 특수경비원이 될 수 없다.
1. 18세 미만이거나 60세 이상인 사람 또는 피성년후견인
2. 심신상실자, 알코올 중독자 등 대통령령으로 정하는 정신적 제약이 있는 자
3. 제1항 제2호부터 제8호까지의 어느 하나에 해당하는 자
4. **금고 이상의 형의 선고유예를 받고 그 유예기간 중에 있는 자**
   ※ 특수경비원과 청원경찰의 공통적 결격사유이나 청원경찰의 경우, 당연퇴직사유는 위헌판결을 받아 단서조항이 있다.
5. 행정안전부령으로 정하는 신체조건에 미달되는 자
③ 경비업자는 제1항 각 호 또는 제2항 각 호의 결격사유에 해당하는 자를 경비지도사 또는 경비원으로 채용 또는 근무하게 하여서는 아니 된다.

제10조의2 【특수경비원의 당연퇴직】 ★★★ 특수경비원이 제10조 제2항에 따른 결격사유에 해당하게 될 때에는 당연퇴직된다. 다만, 제10조 제2항 제1호는 나이가 60세가 되어 퇴직하는 경우에는 60세가 된 날이 1월부터 6월 사이에 있으면 6월 30일에, 7월부터 12월 사이에 있으면 12월 31일에 각각 당연퇴직되고, 제10조 제2항 제3호 중 제10조 제1항 제2호는 파산선고를 받은 사람으로서 「채무자 회생 및 파산에 관한 법률」에 따라 신청기한 내에 면책신청을 하지 아니하였거나 면책불허가 결정 또는 면책취소가 확정된 경우만 해당하며, 제10조 제2항 제4호는 「성폭력범죄의 처벌 등에 관한 특례법」 제2조, 「아동·청소년의 성보호에 관한 법률」 제2조 제2호 및 직무와 관련하여 「형법」 제355조 또는 제356조에 규정된 죄를 범한 사람으로서 금고 이상의 형의 선고유예를 받은 경우만 해당한다.
〈본조신설 2022.11.15.〉

제11조 【경비지도사의 시험 등】 ★★ ① 경비지도사는 제10조 제1항 각 호의 어느 하나에 해당하지 아니하는 자로서 경찰청장이 시행하는 경비지도사 시험에 합격하고 대통령령으로 정하는 바에 따라 경찰청장이
   ※ 종전에는 행정안전부령과 구별
실시하는 기본교육(이하 "기본교육"이라 한다)을 받은 자이어야 한다.
② 경찰청장은 제1항의 규정에 의한 교육을 받은 자에게 행정안전부령으로 정하는 바에 따라 경비지도사 자격증을 교부하여야 한다.
③ **경비지도사 시험은 매년 1회 이상 시행하며**, 시험과목, 시험공고, 시험의 일부가 면제되는 자의 범위 그 밖에 경비지도사 시험에 관하여 필요한 사항은 **대통령령으로 정한다.**

제11조의2 【경비지도사의 보수교육】 ★★ 제12조 제1항에 따라 선임된 경비지도사는 **대통령령으로 정하는** 바에 따라 경찰청장이 실시하는 **보수교육**(이하 "보수교육"이라 한다)을 받아야 한다.

제11조의3 【경비지도사 교육기관의 지정 및 교육의 위탁 등】 ★★ ① 경찰청장은 경비지도사에 대한 기본교육 및 보수교육에 관한 업무를 전문인력 및 시설 등을 갖춘 **법인**으로서 경찰청장이 지정하는 기관 또는 단체(이하 "경비지도사 교육기관"이라 한다)에 위탁할 수 있다.
② 경찰청장은 경비지도사에 대한 기본교육 및 보수교육의 전국적 균형을 유지하기 위하여 교육수준 및 교육방법 등에 필요한 지침을 마련하여 시행할 수 있다.
③ 경찰청장은 경비지도사 교육기관이 제2항에 따른 교육지침을 위반한 경우에는 기간을 정하여 시정을 명할 수 있다.
④ 그 밖에 경비지도사 교육기관의 지정 기준 및 절차 등에 필요한 사항은 대통령령으로 정한다.

제11조의4 【경비지도사 교육기관의 지정 취소 등】 ★★★★ ① 경찰청장은 경비지도사 교육기관이 다음 각 호의 어느 하나에 해당하는 경우에는 그 지정을 취소하거나 1년의 범위에서 기간을 정하여 업무의 전부 또는 일부를 정지할 수 있다. 다만, **제1호의 경우에는 그 지정을 취소하여야 한다.**
1. **거짓이나 그 밖의 부정한 방법으로 경비지도사 교육기관의 지정을 받은 경우**
2. 지정받은 사항을 위반하여 업무를 행한 경우
3. 제11조의3 제3항에 따른 시정명령을 받고도 정당한 사유 없이 정하여진 기간 이내에 시정하지 아니한 경우
4. 제11조의3 제4항에 따른 지정 기준에 적합하지 아니하게 된 경우
② 그 밖에 경비지도사 교육기관의 지정 취소 및 업무 정지에 관한 세부기준 및 절차는 그 위반행위의 유형과 위반의 정도 등을 고려하여 행정안전부령으로 정한다.

제12조 【경비지도사의 선임 등】 ★★★ ① 경비업자는 대통령령이 정하는 바에 따라 경비지도사를 선임하여야 한다.
② 제1항의 규정에 의하여 선임된 경비지도사의 직무는 다음과 같다.
1. **경비원의 지도·감독·교육에 관한 계획의 수립·실시 및 그 기록의 유지**
2. **경비현장에 배치된 경비원에 대한 순회점검 및 감독**
3. **경찰기관 및 소방기관과의 연락방법에 대한 지도**
   ※ 1, 2, 3은 경비지도사의 공통적인 직무
4. **집단민원현장에 배치된 경비원에 대한 지도·감독**
5. 그 밖에 대통령령이 정하는 직무

③ 선임된 경비지도사는 제2항 각 호의 규정에 의한 직무를 대통령령이 정하는 바에 따라 성실하게 수행하여야 한다.

제2조의2 【경비지도사의 선임·해임 신고의 의무】 ★★★
경비업자는 경비지도사를 선임하거나 해임하는 때에는 행정안전부령으로 정하는 바에 따라 해당 경비현장을 관할하는 시·도경찰청장 또는 경찰서장에게 신고하여야 한다.

제13조 【경비원의 교육 등】 ★★★ ① 경비업자는 경비업무를 적정하게 실시하기 위하여 경비원으로 하여금 대통령령으로 정하는 바에 따라 경비원 신임교육 및 직무교육을 받게 하여야 한다. 다만, 경비업자는 대통령령으로 정하는 경력 또는 자격을 갖춘 일반경비원을 신임교육 대상에서 제외할 수 있다.
② 경비원이 되려는 사람은 대통령령으로 정하는 교육기관에서 **미리 일반경비원 신임교육을 받을 수 있다.**
③ 특수경비업자는 대통령령으로 정하는 바에 따라 특수경비원으로 하여금 특수경비원 신임교육과 정기적인 직무교육을 받게 하여야 하고, 특수경비원 신임교육을 받지 아니한 자를 특수경비업무에 종사하게 하여서는 아니 된다.
④ 제3항에 의한 특수경비원의 교육 시 관할 경찰서 소속 경찰공무원이 교육기관에 입회하여 대통령령이 정하는 바에 따라 지도·감독하여야 한다.

제13조의2 【경비원 교육기관의 지정 등】 ★★ ① 경찰청장은 제13조 제1항부터 제3항까지에 따른 경비원에 대한 신임교육(이하 "신임교육"이라 한다)의 효율성을 제고하기 위하여 전문인력 및 시설 등을 갖춘 **기관 또는 단체**를 경비원 교육기관(이하 "경비원 교육기관"이라 한다)으로 지정할 수 있다.
② 경찰청장은 경비원에 대한 신임교육의 전국적 균형을 유지하기 위하여 교육수준 및 교육방법 등에 필요한 지침을 마련하여 시행할 수 있다.
③ 경찰청장은 경비원 교육기관이 제2항에 따른 교육지침을 위반한 경우에는 기간을 정하여 시정을 명할 수 있다.
④ 그 밖에 경비원 교육기관의 지정 기준 및 절차 등에 필요한 사항은 대통령령으로 정한다.

제13조의3 【경비원 교육기관의 지정 취소 등】 ★★★★
① 경찰청장은 경비원 교육기관이 다음 각 호의 어느 하나에 해당하는 경우에는 **그 지정을 취소하거나 1년 이내의 기간을 정하여 업무의 전부 또는 일부를 정지할 수 있다.** 다만, **제1호의 경우에는 그 지정을 취소하여야 한다.**
1. 거짓이나 그 밖의 부정한 방법으로 경비원 교육기관의 지정을 받은 경우
2. 지정받은 사항을 위반하여 업무를 행한 경우
3. 제13조의2 제3항에 따른 시정명령을 받고도 정당한 사유 없이 정하여진 기간 이내에 시정하지 아니한 경우
4. 제13조의2 제4항에 따른 지정 기준에 적합하지 아니하게 된 경우
② 그 밖에 경비원 교육기관의 지정 취소 및 업무 정지에 관한 세부기준 및 절차는 그 위반행위의 유형과 위반의 정도 등을 고려하여 행정안전부령으로 정한다.

제14조 【특수경비원의 직무 및 무기사용 등】 ★★★★
※ 경비업자가 아니라 시설주
① 특수경비업자는 특수경비원으로 하여금 배치된 **경비구역 안에서 관할 경찰서장 및 공항경찰대장 등 국가중요시설의 경비책임자(이하 "관할 경찰관서장"**
※ 관할 경찰서장과 구별
이라 한다)와 국가중요시설의 시설주의 감독을 받아 시설을 경비하고 도난·화재 그 밖의 위험의 발생을 방지하는 업무를 수행하게 하여야 한다.
② 특수경비원은 국가중요시설에 대한 경비업무 수행 중 국가중요시설의 정상적인 운영을 해치는 장해를 일으켜서는 아니 된다.
③ **시·도경찰청장**은 국가중요시설에 대한 경비업무의 수행을 위하여 필요하다고 인정하는 때에는 **시설주의 신청에 의하여 무기를 구입한다.** 이 경우 시설주는 그 무기의 구입대금을 지불하고, 구입한 무기를 국가에 기부채납하여야 한다.
④ **시·도경찰청장**은 국가중요시설에 대한 경비업무의 수행을 위하여 필요하다고 인정하는 때에는 **관할 경찰관서장**으로 하여금 시설주의 신청에 의하여 시설주로부터 국가에 기부채납된 무기를 대여하게 하고, **시설주**는 이를 특수경비원으로 하여금 휴대하게 할 수 있다. 이 경우 **특수경비원은 정당한 사유 없이 무기를 소지하고 배치된 경비구역을 벗어나서는 아니 된다.** ※ 위반 시 2년 이하의 징역 또는 2천만 원 이하의 벌금
⑤ 시설주가 제4항의 규정에 의하여 대여받은 무기에 대하여 **시설주 및 관할 경찰관서장은 무기의 관리책임**을 지고, **관할 경찰관서장**은 시설주 및 특수경비원의 무기관리상황을 **대통령령**이 정하는 바에 따라 지도·감독하여야 한다.
⑥ 관할 경찰관서장은 무기의 적정한 관리를 위하여 제4항의 규정에 의하여 무기를 대여받은 시설주에 대하여 필요한 명령을 발할 수 있다.
⑦ 시설주로부터 무기의 관리를 위하여 지정받은 책임자(이하 "관리책임자"라 한다)는 다음 각 호에 의하여 이를 관리하여야 한다.
1. 무기출납부 및 무기장비운영카드를 비치·기록하여야 한다.
2. 무기는 관리책임자가 직접 지급·회수하여야 한다.

⑧ 특수경비원은 국가중요시설의 경비를 위하여 무기를 사용하지 아니하고는 다른 수단이 없다고 인정되는 때에는 필요한 한도 안에서 무기를 사용할 수 있다. 다만, 다음 각 호의 어느 하나에 해당하는 때를 제외하고는 사람에게 위해를 끼쳐서는 아니 된다.
1. 무기 또는 폭발물을 소지하고 국가중요시설에 침입한 자가 특수경비원으로부터 3회 이상 투기(投棄) 또는 투항(投降)을 요구받고도 이에 불응하면서 계속 항거하는 경우 이를 억제하기 위하여 무기를 사용하지 아니하고는 다른 수단이 없다고 인정되는 때
2. 국가중요시설에 침입한 무장간첩이 특수경비원으로부터 투항(投降)을 요구받고도 이에 불응한 때
⑨ 특수경비원의 무기휴대, 무기종류, 그 사용기준 및 안전검사의 기준 등에 관하여 필요한 사항은 **대통령령으로 정한다.**

제15조【**특수경비원의 의무**】★★★ ① 특수경비원은 직무를 수행함에 있어 **시설주·관할 경찰관서장 및 소속 상사**의 **직무상 명령에 복종**하여야 한다.
② 특수경비원은 **소속 상사의 허가** 또는 **정당한 사유 없이** 경비구역을 벗어나서는 아니 된다.
③ **특수경비원은 파업·태업 그 밖에 경비업무의 정상적인 운영을 저해하는 일체의 쟁의행위를 하여서는 아니 된다.** ※ 위반 시 1년 이하의 징역 또는 1천만 원 이하의 벌금
④ 특수경비원이 무기를 휴대하고 경비업무를 수행하는 때에는 다음 각 호의 어느 하나에 정하는 **무기의 안전사용수칙을 지켜야 한다.**
1. 특수경비원은 사람을 향하여 권총 또는 소총을 발사하고자 하는 때에는 미리 구두 또는 공포탄에 의한 사격으로 상대방에게 경고하여야 한다. 다만, 다음 각 목의 1에 해당하는 경우로서 부득이한 때에는 경고하지 아니할 수 있다.
   가. 특수경비원을 급습하거나 타인의 생명·신체에 대한 중대한 위험을 야기하는 범행이 목전에 실행되고 있는 등 상황이 급박하여 경고할 시간적 여유가 없는 경우
   나. 인질·간첩 또는 테러사건에 있어서 은밀히 작전을 수행하는 경우
2. 특수경비원은 무기를 사용하는 경우에 있어서 범죄와 무관한 다중의 생명·신체에 위해를 가할 우려가 있는 때에는 이를 사용하여서는 아니 된다. 다만, 무기를 사용하지 아니하고는 타인 또는 특수경비원의 생명·신체에 대한 중대한 위협을 방지할 수 없다고 인정되는 때에는 필요한 최소한의 범위 안에서 이를 사용할 수 있다.
3. 특수경비원은 총기 또는 폭발물을 가지고 대항하는 경우를 제외하고는 **14세 미만의 자 또는 임산부**에 대하여는 권총 또는 소총을 발사하여서는 아니 된다.

제15조의2【**경비원 등의 의무**】★★★ ① 경비원은 직무를 수행함에 있어 타인에게 위력을 과시하거나 물리력을 행사하는 등 경비업무의 범위를 벗어난 행위를 하여서는 아니 된다.
② **누구든지 경비원으로 하여금 경비업무의 범위를 벗어난 행위를 하게 하여서는 아니 된다.**
※ 위반 시 3년 이하의 징역 또는 3천만 원 이하의 벌금

제16조【**경비원의 복장 등**】★★ ① 경비업자는 경찰공무원 또는 군인의 제복과 색상 및 디자인 등이 명확히 구별되는 소속 경비원의 복장을 정하고 이를 확인할 수 있는 사진을 첨부하여 주된 사무소를 관할하는 **시·도경찰청장에게 행정안전부령으로 정하는 바에 따라 신고하여야 한다.**
② 경비업자는 경비업무 수행 시 경비원에게 **소속 경비업체를 표시한 이름표를 부착하도록 하고**, 제1항에 따라 신고된 동일한 복장을 착용하게 하여야 하며, 복장에 소속 회사를 오인할 수 있는 표시를 하거나 다른 회사의 복장을 착용하게 하여서는 아니 된다. 다만, **집단민원현장이 아닌 곳에서 신변보호업무를 수행하는 경우** 또는 경비업무의 성격상 부득이한 사유가 있어 관할 경찰관서장이 허용하는 경우에는 그러하지 아니하다.
③ 시·도경찰청장은 제1항에 따라 제출받은 사진을 검토한 후 경비업자에게 복장 변경 등에 대한 시정명령을 할 수 있다.
④ 제3항에 따른 시정명령을 받은 경비업자는 이를 이행하여야 하고, 시·도경찰청장에게 행정안전부령으로 정하는 바에 따라 이행보고를 하여야 한다.
⑤ 그 밖에 경비원의 복장 등에 필요한 사항은 행정안전부령으로 정한다.

제16조의2【**경비원의 장비 등**】★★ ① 경비원이 휴대할 수 있는 **장비의 종류는 경적·단봉·분사기 등 행정안전부령으로 정하되, 근무 중에만 이를 휴대할 수 있다.**
※ 무기는 장비가 아님
② **경비업자**가 경비원으로 하여금 **분사기**를 휴대하여 직무를 수행하게 하는 경우에는 「총포·도검·화약류 등 단속법」에 따라 미리 분사기의 **소지허가를 받아야 한다.**
③ 누구든지 제1항의 장비를 임의로 개조하여 통상의 용법과 달리 사용함으로써 다른 사람의 생명·신체에 위해를 가하여서는 아니 된다.
④ 경비원은 경비업무를 위하여 필요하다고 인정되는 상당한 이유가 있을 때에는 **필요한 최소한도에서 제1항의 장비를 사용**할 수 있다.
⑤ 그 밖에 경비원의 장비 등에 관하여 필요한 사항은 행정안전부령으로 정한다.

제16조의3 【출동차량 등】 ★★ ① 경비업자는 출동차량 등의 도색 및 표지를 경찰차량 및 군차량과 명확히 구별될 수 있게 하여야 한다.

② 경비업자는 출동차량 등의 도색 및 표지를 정하고 이를 확인할 수 있는 사진을 첨부하여 주된 사무소를 관할하는 **시·도경찰청장에게 행정안전부령으로 정하는 바에 따라** 신고하여야 한다.

③ 시·도경찰청장은 제2항에 따라 제출받은 사진을 검토한 후 경비업자에게 도색 및 표지 변경 등에 대한 시정명령을 할 수 있다.

④ 제3항에 따른 시정명령을 받은 경비업자는 이를 이행하여야 하고, 시·도경찰청장에게 행정안전부령으로 정하는 바에 따라 이행보고를 하여야 한다.

⑤ 그 밖에 출동차량 등에 필요한 사항은 행정안전부령으로 정한다.

제17조 【결격사유 확인을 위한 범죄경력조회 등】 ★★★★ ① **경찰청장, 시·도경찰청장 또는 관할 경찰관서장은 직권으로 또는 제2항에 따른 범죄경력조회 요청이 있는 경우**에는 경비업자의 임원, 경비지도사 또는 경비원이 제5조 제3호·제4호, 제10조 제1항 제3호부터 제8호까지 또는 같은 조 제2항 제3호·제4호에 따른 결격사유에 해당하는지를 확인하기 위하여 「형의 실효 등에 관한 법률」 제6조에 따른 범죄경력조회를 할 수 있다.

② **경비업자는** 선출·선임·채용 또는 배치하려는 임원, 경비지도사 또는 경비원이 제5조 제3호·제4호, 제10조 제1항 제3호부터 제8호까지 또는 같은 조 제2항 제3호·제4호에 따른 결격사유에 해당하는지를 확인하기 위하여 주된 사무소, 출장소 또는 배치장소를 관할하는 시·도경찰청장 또는 경찰관서장에게 「형의 실효 등에 관한 법률」 제6조에 따른 범죄경력조회를 요청할 수 있다.

③ 제2항에 따른 범죄경력조회 요청을 받은 시·도경찰청장 또는 관할 경찰관서장은 경비업자에게 그 결과를 통보할 때에는 경비업자의 임원, 경비지도사 또는 경비원이 제5조 제3호·제4호, 제10조 제1항 제3호부터 제8호까지 또는 같은 조 제2항 제3호·제4호에 따른 **결격사유에 해당하는지 여부만을 통보**하여야 한다.

④ 시·도경찰청장 또는 관할 경찰관서장은 경비업자의 임원, 경비지도사 또는 경비원이 제5조 각 호, 제10조 제1항 각 호 또는 제2항 각 호의 결격사유에 해당하는 사실을 알게 되거나 이 법 또는 이 법에 따른 명령을 위반한 때에는 경비업자에게 그 사실을 통보하여야 한다.

제18조 【경비원의 명부와 배치허가 등】 ★★★★ ① 경비업자는 행정안전부령으로 정하는 바에 따라 **경비원의 명부를 작성·비치하여야 한다.** 다만, 집단민원현장에 배치되는 일반경비원의 명부는 그 경비원이 배치되는 장소에도 작성·비치하여야 한다.

② 경비업자가 경비원을 배치하거나 배치를 폐지한 경우에는 행정안전부령으로 정하는 바에 따라 관할 경찰관서장에게 신고하여야 한다. 다만, 다음 제1호의 경우에는 경비원을 배치하기 48시간 전까지 행정안전부령으로 정하는 바에 따라 배치허가를 신청하고, 관할 경찰관서장의 배치허가를 받은 후에 경비원을 배치하여야 하며(제2호 및 제3호의 경우에는 경비원을 배치하기 전까지 신고하여야 한다), 이 경우 관할 경찰관서장은 배치허가를 함에 있어 필요한 조건을 붙일 수 있다.

1. 제2조 제1호에 따른 시설경비업무, 신변보호업무 또는 혼잡·교통유도경비업무 중 집단민원현장에 배치된 일반경비원
2. 집단민원현장이 아닌 곳에서 제2조 제1호 다목의 규정에 의한 신변보호업무를 수행하는 일반경비원
3. 특수경비원

③ 관할 경찰관서장은 제2항 각 호 외의 부분 단서에 따른 배치허가 신청을 받은 경우 다음 각 호의 사유에 해당하는 때에는 배치허가를 하여서는 아니 된다. 이 경우 관할 경찰관서장은 다음 각 호의 사유를 확인하기 위하여 소속 경찰관으로 하여금 그 배치장소를 방문하여 조사하게 할 수 있다.

1. 제15조의2 제1항 및 제2항을 위반하여 경비업무의 범위를 벗어난 행위를 할 우려가 있는 경우
2. 경비원 중 제10조 제1항 또는 제2항에 해당하는 결격자나 제13조에 따른 신임교육을 받지 아니한 사람이 **대통령령으로 정하는 기준** 이상으로 포함되어 있는 경우 ※ 100분의 21
3. 제24조에 따라 경비원의 복장·장비 등에 대하여 내려진 필요한 명령을 이행하지 아니하는 경우

④ 제2항 각 호 외의 부분 단서에 따른 배치허가 신청을 받은 관할 경찰관서장은 배치되는 경비원 중 제10조 제1항 또는 제2항에 해당하는 결격자가 있는 경우에는 그 사람을 제외하고 배치허가를 하여야 한다.

⑤ 경비업자는 경비원을 배치하여 경비업무를 수행하게 하는 때에는 행정안전부령으로 정하는 바에 따라 배치된 경비원의 인적사항과 배치일시·배치장소 등 **근무상황을 기록하여 보관**하여야 한다.
※ 1년 동안 보관

⑥ **경비업자는 다음 각 호의 어느 하나에 해당하는 죄를 범하여 벌금형을 선고받고 5년이 지나지 아니하거나 금고 이상의 형을 선고받고 그 집행이 유예된 날부터 5년이 지나지 아니한 자를 집단민원현장에 일반경비원으로 배치하여서는 아니 된다.**

1. 「형법」 제257조부터 제262조까지, 제264조, 제276조부터 제281조까지의 죄, 제284조의 죄, 제

285조의 죄, 제320조의 죄, 제324조 제2항의 죄, 제350조의2의 죄, 제351조의 죄(제350조, 제350조의2의 상습범으로 한정한다), 제369조 제1항의 죄
2. 「폭력행위 등 처벌에 관한 법률」 제2조 또는 제3조의 죄

⑦ 경비업자는 제1항에 따른 경비원 명부에 없는 자를 경비업무에 종사하게 하여서는 아니 되고, 제2항에 따라 경비원을 배치하는 경우에는 제13조에 따른 신임교육을 이수한 자를 배치하여야 한다.

⑧ 관할 경찰관서장은 경비업자가 다음 각 호의 어느 하나에 해당하는 때에는 배치폐지를 명할 수 있다.
※ 위반 시 의무적 취소사유
1. 제2항 각 호 외의 부분 단서를 위반하여 배치허가를 받지 아니하고 경비원을 배치하거나 경비원 명단 및 배치일시·배치장소 등 배치허가 신청의 내용을 거짓으로 한 때
2. 제6항의 결격사유에 해당하는 자를 집단민원현장에 일반경비원으로 배치한 때
3. 제7항을 위반하여 신임교육을 이수하지 아니한 자를 제2항 각 호의 경비원으로 배치한 때
4. 경비업자 또는 경비원이 위력이나 흉기 또는 그 밖의 위험한 물건을 사용하여 집단적 폭력사태를 일으킨 때
5. 경비업자가 제2항 각 호 외의 부분 본문을 위반하여 신고하지 아니하고 일반경비원을 배치한 때

제5장 행정처분 등

제19조【경비업 허가의 취소 등】★★★★★ ① 허가관청은 경비업자가 다음 각 호의 어느 하나에 해당하는 때에는 그 **허가를 취소하여야 한다.**
※ 의무적 취소사유
1. 허위 그 밖의 부정한 방법으로 허가를 받은 때
2. **제7조 제5항의 규정에 위반하여 허가받은 경비업무 외의 업무에 경비원을 종사하게 한 때**
3. 제7조 제9항의 규정에 위반하여 경비업 및 경비관련업 외의 영업을 한 때
4. 정당한 사유 없이 허가를 받은 날부터 2년 이내에 경비 도급실적이 없거나 계속하여 1년 이상 휴업한 때
5. 정당한 사유 없이 최종 도급계약 종료일의 다음 날부터 2년 이내에 경비 도급실적이 없을 때
6. 영업정지처분을 받고 계속하여 영업을 한 때
7. **제15조의2 제2항을 위반하여 소속 경비원으로 하여금 경비업무의 범위를 벗어난 행위를 하게 한 때**
8. 제18조 제8항에 따른 관할 경찰관서장의 배치폐지 명령에 따르지 아니한 때

② 허가관청은 경비업자가 다음 각 호의 어느 하나에 해당하는 때에는 대통령령으로 정하는 행정처분의 기준에 따라 <u>그 허가를 취소하거나 6개월 이내의 기간을 정하여 영업의 전부 또는 일부에 대하여 영업정지를 명할 수 있다.</u>
※ 임의적 취소사유
1. 제4조 제1항 후단을 위반하여 시·도경찰청장의 허가 없이 경비업무를 변경한 때
2. 제7조 제2항을 위반하여 도급을 의뢰받은 경비업무가 위법한 것임에도 이를 거부하지 아니한 때
3. 제7조 제6항을 위반하여 경비지도사를 집단민원현장에 선임·배치하지 아니한 때
4. 제8조를 위반하여 경비대상 시설에 관한 경보 대응체제를 갖추지 아니한 때
5. 제9조 제2항을 위반하여 관련 서류를 작성·비치하지 아니한 때
6. 제10조 제3항을 위반하여 결격사유에 해당하는 경비원을 배치하거나 **결격사유에 해당하는 경비지도사를 선임·배치한 때**
7. 제12조 제1항을 위반하여 경비지도사를 선임한 때
8. 제13조를 위반하여 경비원으로 하여금 교육을 받게 하지 아니한 때
9. 제16조에 따른 경비원의 복장 등에 관한 규정을 위반한 때
10. 제16조의2에 따른 경비원의 장비 등에 관한 규정을 위반한 때
11. 제16조의3에 따른 경비원의 출동차량 등에 관한 규정을 위반한 때
12. 제18조 제1항 단서를 위반하여 집단민원현장에 **일반경비원 명부**를 작성·비치하지 아니한 때
※ 특수경비원의 명부가 아님
13. 제18조 제2항 각 호 외의 부분 단서를 위반하여 배치허가를 받지 아니하고 경비원을 배치하거나 경비원 명단 및 배치일시·배치장소 등 배치허가 신청의 내용을 거짓으로 한 때
14. 제18조 제6항을 위반하여 결격사유에 해당하는 일반경비원을 집단민원현장에 배치한 때
15. 제24조에 따른 감독상 명령에 따르지 아니한 때
16. 제26조를 위반하여 손해를 배상하지 아니한 때

③ 허가관청은 제1항 및 제2항에 의하여 허가취소 또는 영업정지처분을 하는 때에는 경비업자가 허가받은 경비업무 중 허가취소 또는 영업정지사유에 해당되는 경비업무에 한하여 처분을 하여야 한다. 다만, **제1항 제2호 및 제7호에 해당하여 허가취소를 하는 때에는 그러하지 아니하다.**
[2002.12.18. 법률 제6787호에 의하여 2002.4.25. 헌법재판소에서 위헌결정된 이 조를 개정함]

제20조【경비지도사 자격의 취소 등】★★★★ ① 경찰청장은 경비지도사가 다음 각 호의 어느 하나에 해당하는 때에는 그 **자격을 취소하여야 한다**.
1. 제10조 제1항 각 호의 결격사유에 해당하게 된 때
2. 허위 그 밖의 부정한 방법으로 경비지도사 자격증을 교부받은 때
3. 경비지도사 자격증을 다른 사람에게 빌려주거나 양도한 때
4. **자격정지 기간 중에 경비지도사로 선임되어 활동한 때**
② 경찰청장은 경비지도사가 다음 각 호의 1에 해당하는 때에는 **대통령령이 정하는 바에 따라 1년의 범위 내에서 그 자격을 정지시킬 수 있다.**
1. 제12조 제3항의 규정에 위반하여 직무를 **성실하게 수행하지 아니한 때**
2. 제24조의 규정에 의한 경찰청장 또는 시·도경찰청장의 명령을 위반한 때
③ 경찰청장은 제1항의 규정에 의하여 경비지도사의 자격을 취소한 때에는 경비지도사 자격증을 회수하여야 하고, 제2항의 규정에 의하여 경비지도사의 자격을 정지한 때에는 그 정지기간 동안 경비지도사 자격증을 회수하여 보관하여야 한다.

제21조【청문】★★ **경찰청장 또는 시·도경찰청장**은 다
※ 시·도경찰청장이 가능한 것은 위임할 수 있기 때문이다. 그러나 1., 2.의 교육기관의 경우에는 명문규정이 없다.

음 각 호의 어느 하나에 해당하는 처분을 하고자 하는 경우에는 청문을 실시하여야 한다.
1. 제11조의4에 따른 경비지도사 교육기관의 지정 취소 또는 업무의 정지
2. 제13조의3에 따른 경비원 교육기관의 지정 취소 또는 업무의 정지
3. 제19조의 규정에 의한 경비업 허가의 취소 또는 영업정지
4. 제20조 제1항 또는 제2항의 규정에 의한 경비지도사 자격의 취소 또는 정지

제6장 경비협회

제22조【경비협회】★★★ ① 경비업자는 경비업무의 건전한 발전과 경비원의 자질향상 및 교육훈련 등을 위하여 **대통령령이 정하는 바에 따라 경비협회를 설립할 수 있다.**
※ 복수설립이 가능
② 경비협회는 **법인**으로 한다.
③ 경비협회의 업무는 다음과 같다.
1. 경비업무의 연구
2. 경비원 교육·훈련 및 그 연구
3. 경비원의 후생·복지에 관한 사항
4. 경비진단에 관한 사항
5. 그 밖에 경비업무의 건전한 운영과 육성에 관하여 필요한 사항

④ 경비협회에 관하여 이 법에 특별한 규정이 있는 것을 제외하고는 「**민법**」 중 **사단법인**에 관한 규정을 준용한다.

제23조【공제사업】★★★★ ① 경비협회는 다음 각 호의 공제사업을 할 수 있다.
1. 제26조에 따른 경비업자의 손해배상책임을 보장하기 위한 사업
2. 경비업자가 경비업을 운영할 때 필요한 입찰보증, 계약보증(이행보증을 포함한다), 하도급보증을 위한 사업
3. 경비원의 복지향상과 업무상 재해로 인한 손실을 보상하는 사업
4. 경비업무와 관련한 연구 및 경비원 교육·훈련에 관한 사업
② 경비협회는 제1항의 규정에 의한 공제사업을 하고자 하는 때에는 공제규정을 제정하여야 한다.
③ 제2항의 공제규정에는 공제사업의 범위, 공제계약의 내용, 공제금, 공제료 및 공제금에 충당하기 위한 책임준비금 등 공제사업의 운영에 관하여 필요한 사항을 정하여야 한다.
④ 경찰청장은 제1항에 따른 공제사업의 건전한 육성과 가입자의 보호를 위하여 공제사업의 감독에 관한 기준을 정할 수 있다.
⑤ 경찰청장은 제2항에 따른 공제규정을 승인하거나 제4항에 따라 공제사업의 감독에 관한 기준을 정하는 경우에는 미리 금융위원회와 협의하여야 한다.
⑥ 경찰청장은 제1항에 따른 공제사업에 대하여 「금융위원회의 설치 등에 관한 법률」에 따른 금융감독원의 원장에게 검사를 요청할 수 있다.

제7장 보칙

제24조【감독】★★★ ① 경찰청장 또는 시·도경찰청장은 경비업무의 적정한 수행을 위하여 경비업자 및 경비지도사를 지도·감독하며 필요한 **명령을 할 수 있다.**
② **시·도경찰청장 또는 관할 경찰관서장**은 소속 경찰공무원으로 하여금 관할 구역 안에 있는 경비업자의 주사무소 및 출장소와 경비원배치장소에 출입하여 근무상황 및 교육훈련상황 등을 감독하며 **필요한 명령을 하게 할 수 있다.** 이 경우 출입하는 경찰공무원은 그 권한을 표시하는 증표를 관계인에게 내보여야 한다.
③ **시·도경찰청장 또는 관할 경찰관서장**은 경비업자 또는 배치된 경비원이 이 법이나 이 법에 따른 명령, 「폭력행위 등 처벌에 관한 법률」을 위반하는 행위를 하는 경우 그 위반행위의 **중지를 명할 수 있다.**
※ 위반 시 1년 이하의 징역 또는 1천만 원 이하의 벌금

④ 시·도경찰청장 또는 관할 경찰관서장은 경비업무 장소가 집단민원현장으로 판단되는 경우에는 그 때부터 48시간 이내에 경비업자에게 경비원 배치허가를 받을 것을 고지하여야 한다.

제25조【보안지도·점검 등】시·도경찰청장은 대통령령이 정하는 바에 따라 특수경비업자에 대하여 보안지도·점검을 실시하여야 하고, 필요한 경우 관계기관에 보안측정을 요청하여야 한다.

제26조【손해배상 등】① 경비업자는 **경비원이 업무 수행 중 고의 또는 과실로 경비대상에 손해가 발생**하는 것을 방지하지 못한 때에는 그 손해를 배상하여야 한다.
② 경비업자는 경비원이 업무 수행 중 고의 또는 과실로 제3자에게 손해를 입힌 경우에는 이를 배상하여야 한다.

제27조【위임 및 위탁】★★ ① 이 법에 의한 경찰청장의 권한은 대통령령이 정하는 바에 따라 그 일부를 시·도경찰청장에게 위임할 수 있다.
② 경찰청장은 제11조의 규정에 의한 경비지도사의 시험에 관한 업무를 대통령령이 정하는 바에 따라 관계전문기관 또는 단체에 위탁할 수 있다.

제27조의2【수수료】이 법에 따른 경비업의 허가를 받거나 허가증을 재교부받고자 하는 자는 대통령령이 정하는 바에 따라 수수료를 납부하여야 한다.

제27조의3【벌칙 적용에서 공무원 의제】★★ 제27조 제2항에 따라 위탁받은 업무에 종사하는 관계전문기관 또는 단체의 임직원은 「**형법」제129조부터 제132조까지의 규정**을 적용할 때에는 **공무원**으로 본다.
※ 「형법」 제129조(수뢰, 사전수뢰), 제130조(제삼자뇌물제공), 제131조(수뢰후부정처사, 사후수뢰), 제132조(알선수뢰)의 규정을 적용

제8장 벌칙

제28조【벌칙】★★★★★ ① 제14조 제2항의 규정에 위반하여 국가중요시설의 정상적인 운영을 해치는 장해를 일으킨 특수경비원은 5년 이하의 징역 또는 5천만 원 이하의 벌금에 처한다.
② 다음 각 호의 어느 하나에 해당하는 자는 3년 이하의 징역 또는 3천만 원 이하의 벌금에 처한다.
1. 제4조 제1항의 규정에 의한 **허가를 받지 아니하고 경비업을 영위한 자**
    ※ 허위 그 밖에 부정한 방법으로 허가받은 경우는 필요적 취소 사유, 허가 없이 경비업무를 변경한 때에는 임의적 취소사유
2. 제7조 제4항의 규정에 위반하여 직무상 알게 된 비밀을 누설하거나 부당한 목적을 위하여 사용한 자
3. 제7조 제8항의 규정에 위반하여 **경비업무의 중단을 통보하지 아니하거나** 경비업무를 즉시 인수하지 아니한 특수경비업자 또는 경비대행업자
    ※ 신고하지 아니한 경우는 과태료 대상
4. 집단민원현장에 경비원을 배치하면서 제7조의2 제1항을 위반하여 제4조 제1항에 따른 허가를 받지 아니한 자에게 경비업무를 도급한 자
5. 제7조의2 제2항을 위반하여 집단민원현장에 20명 이상의 경비인력을 배치하면서 그 경비인력을 직접 고용한 자
6. 제7조의2 제3항을 위반하여 경비업자의 경비원 채용 시 무자격자나 부적격자 등을 채용하도록 관여하거나 영향력을 행사한 도급인
7. **과실로 인하여** 제14조 제2항의 규정에 위반하여 국가중요시설의 정상적인 운영을 해치는 장해를 일으킨 특수경비원
8. 특수경비원으로서 경비구역 안에서 시설물의 절도, 손괴, 위험물의 폭발 등의 사유로 인한 위급사태가 발생한 때에 제15조 제1항 또는 제2항의 규정에 위반한 자
9. 제15조의2 제2항의 규정을 위반하여 경비원에게 경비업무의 범위를 벗어난 행위를 하게 한 자
③ 제14조 제4항 후단의 규정에 위반하여 정당한 사유 없이 무기를 소지하고 배치된 경비구역을 벗어난 특수경비원은 2년 이하의 징역 또는 2천만 원 이하의 벌금에 처한다.
④ 다음 각 호의 어느 하나에 해당하는 자는 1년 이하의 징역 또는 1천만 원 이하의 벌금에 처한다.
1. 제14조 제7항의 규정에 위반한 관리책임자
2. 제15조 제3항의 규정에 위반하여 쟁의행위를 한 특수경비원
3. **제15조의2 제1항을 위반하여 경비업무의 범위를 벗어난 행위를 한 경비원**
4. **제16조의2 제1항에서 정한 장비 외에 흉기 또는 그 밖의 위험한 물건을 휴대하고 경비업무를 수행한 경비원 또는 경비원에게 이를 휴대하고 경비업무를 수행하게 한 자**
5. 제18조 제8항을 위반하여 경찰관서장의 배치폐지 명령을 따르지 아니한 자
6. 제24조 제3항에 따른 시·도경찰청장 또는 관할 경찰관서장의 중지명령에 따르지 아니한 자
⑤ 삭제 〈2013.6.7.〉

제29조【형의 가중처벌】★★★ ① 특수경비원이 무기를 휴대하고 경비업무를 수행 중에 제14조 제8항의 규정 및 제15조 제4항의 규정에 의한 무기의 안전수칙을 위반하여 「형법」제258조의2 제1항(제257조 제1항의 죄로 한정한다)·제2항(제258조 제1항·제2항의 죄로 한정한다), 제259조 제1항, 제260조 제1항, 제262조, 제268조, 제276조 제1항, 제277조 제1항, 제281조 제1항, 제283조 제1항, 제324조 제2항, 제350조의2 및 제366조의 죄를 범한 때에는 그 죄에 정한 형의 2분의 1까지 가중처벌한다.

② 경비원이 경비업무 수행 중에 제16조의2 제1항에서 정한 장비 외에 흉기 또는 그 밖의 위험한 물건을 휴대하고 「형법」 제258조의2 제1항(제257조 제1항의 죄로 한정한다)·제2항(제258조 제1항·제2항의 죄로 한정한다), 제259조 제1항, 제261조, 제262조, 제268조, 제276조 제1항, 제277조 제1항, 제281조 제1항, 제283조 제1항, 제324조 제2항, 제350조의2 및 제366조의 죄를 범한 때에는 그 죄에 정한 형의 2분의 1까지 가중처벌한다.

제30조【양벌규정】 법인의 대표자나 법인 또는 개인의 대리인, 사용인, 그 밖의 종업원이 그 법인 또는 개인의 업무에 관하여 제28조의 위반행위를 하면 그 행위자를 벌하는 외에 그 법인 또는 개인에게도 해당 조문의 벌금형을 과(科)한다. 다만, 법인 또는 개인이 그 위반행위를 방지하기 위하여 해당 업무에 관하여 상당한 주의와 감독을 게을리하지 아니한 경우에는 그러하지 아니하다.

제31조【과태료】 ★★★★ ① 다음 각 호의 어느 하나에 해당하는 경비업자에게는 **3천만 원 이하의 과태료**를 부과한다.
1. **제16조 제1항을 위반하여 경비원의 복장에 관한 신고를 하지 아니하고 집단민원현장에 경비원을 배치한 자**
2. **제16조 제2항을 위반하여 이름표를 부착하게 하지 아니하거나, 신고된 동일 복장을 착용하게 하지 아니하고 집단민원현장에 경비원을 배치한 자**
3. **제18조 제1항 단서를 위반하여 집단민원현장에 일반경비원을 배치하면서 경비원의 명부를 배치장소에 작성·비치하지 아니한 자**
4. **제18조 제2항 각 호 외의 부분 단서를 위반하여 배치허가를 받지 아니하고 경비원을 배치하거나 경비원 명단 및 배치일시·배치장소 등 배치허가 신청의 내용을 거짓으로 한 자**
5. **제18조 제7항을 위반하여 제13조에 따른 신임교육을 이수하지 아니한 자를 제18조 제2항 각 호의 경비원으로 배치한 자**

② 다음 각 호의 어느 하나에 해당하는 **경비업자, 경비지도사 또는 시설주에게는 500만 원 이하의 과태료**를 부과한다.
1. 제4조 제3항 또는 제18조 제2항의 규정에 위반하여 신고를 하지 아니한 자
2. 제7조 제7항의 규정에 위반하여 경비대행업자 지정신고를 하지 아니한 자
3. 제9조 제1항의 규정에 위반하여 설명의무를 이행하지 아니한 자
3의2. **제11조의2를 위반하여 정당한 사유 없이 보수교육을 받지 아니한 경비지도사**
   ※ 경비지도사에만 해당함
4. 제12조 제1항의 규정에 위반하여 경비지도사를 선임하지 아니한 자
4의2. 제12조의2를 위반하여 경비지도사의 선임 또는 해임의 신고를 하지 아니한 자
5. **제14조 제6항의 규정에 의한 감독상 필요한 명령을 정당한 이유 없이 이행하지 아니한 자**
   ※ 시설주에만 해당함
6. 제10조 제3항을 위반하여 결격사유에 해당하는 경비원을 배치하거나 **결격사유에 해당하는 경비지도사를 선임·배치한 자**
   ※ 행정처분인 동시에 과태료 부과 대상
7. 제16조 제1항의 복장 등에 관한 신고규정을 위반하여 신고를 하지 아니한 자
8. 제16조 제2항을 위반하여 이름표를 부착하게 하지 아니하거나, 신고된 동일 복장을 착용하게 하지 아니하고 경비원을 경비업무에 배치한 자
9. 제18조 제1항 본문을 위반하여 명부를 작성·비치하지 아니한 자
10. 제18조 제5항을 위반하여 경비원의 근무상황을 기록하여 보관하지 아니한 자

③ 제1항 및 제2항의 규정에 의한 과태료는 대통령령이 정하는 바에 의하여 **시·도경찰청장 또는 경찰관서장이 부과·징수**한다.
④ 삭제 〈2013.6.7.〉
⑤ 삭제 〈2013.6.7.〉

부칙 〈법률 제20266호, 2024.2.13.〉
제1조【시행일】 이 법은 공포 후 6개월이 경과한 날부터 시행한다.
제2조【경비지도사의 보수교육에 관한 적용례】 제11조의2의 개정규정은 이 법 시행 당시 제12조 제1항에 따라 선임된 경비지도사에 대해서도 적용한다.

부칙 〈법률 제20645호, 2025.1.7.〉
이 법은 공포 후 1년이 경과한 날부터 시행한다. 다만, 제18조 제2항 제1호의 개정규정은 2025년 1월 31일부터 시행한다.

경비업법 시행령
[시행 2025.1.30.] [대통령령 제34826호, 2024.8.13., 일부개정]

제1조【목적】 이 영은 「경비업법」에서 위임된 사항과 그 시행에 관하여 필요한 사항을 규정함을 목적으로 한다.

제2조【국가중요시설】 ★★★★ 「경비업법」(이하 "법"이라 한다) 제2조 제1호 마목에서 "대통령령이 정하는 국가중요시설"이라 함은 공항·항만, 원자력발전소 등의 시설 중 **국가정보원장이 지정하는 국가보안목표시설**과 **「통합방위법」 제21조 제4항의 규정에 의하여 국방부장관이 지정하는 국가중요시설**을 말한다.

제3조【허가신청 등】 ★★★★★ ① 법 제4조 제1항에 따라 경비업의 허가를 받으려는 경우에는 허가신청서에, 경비업의 허가를 받은 법인(이하 "경비업자"라 한다)이 허가를 받은 경비업무를 변경하거나 새로운 경비업무를 추가하려는 경우에는 변경허가신청서에 행정안전부령으로 정하는 서류를 첨부하여 **법인의 주사무소를 관할하는 시·도경찰청장 또는 해당 시·도경찰청 소속의 경찰서장에게 제출하여야 한다**. 이 경우 신청서를 제출받은 경찰서장은 지체 없이 관할 시·도경찰청장에게 보내야 한다.

② 제1항의 규정에 의하여 허가 또는 변경허가 신청서를 제출하는 법인은 별표 1의 규정에 의한 경비인력·자본금·시설 및 장비를 갖추어야 한다. 다만, 경비업의 허가 또는 변경허가를 신청하는 때에 **별표 1의 규정에 의한 시설 등(자본금을 제외한다. 이하 이 항에서 같다)을 갖출 수 없는 경우에는 허가 또는 변경허가의 신청 시 시설 등의 확보계획서를 제출한 후 허가 또는 변경허가를 받은 날부터 1월 이내에 별표 1의 규정에 의한 시설 등을 갖추고 시·도경찰청장의 확인을 받아야 한다**.

제4조【허가절차 등】 ★★ ① 시·도경찰청장은 제3조 제1항의 규정에 의하여 허가 또는 변경허가의 신청을 받은 때에는 경비업을 영위하고자 하는 법인의 임원 중 법 제5조의 규정에 의한 결격사유에 해당하는 자가 있는지의 유무, 경비인력·시설 및 장비의 확보 또는 확보가능성의 여부, 자본금과 대표자·임원의 경력 및 신용 등을 검토하여 허가 여부를 결정하여야 한다.

② 시·도경찰청장은 제1항에 따른 검토를 한 후 경비업을 허가하거나 변경허가를 한 경우에는 해당 법인의 주사무소를 **관할하는 경찰서장을 거쳐** 신청인에게 허가증을 발급하여야 한다.

③ 경비업자는 경비업 허가증을 잃어버리거나 경비업 허가증이 못쓰게 된 경우에는 허가증 재교부신청서에 다음 각 호의 구분에 따른 서류를 첨부하여 법인의 주사무소를 관할하는 시·도경찰청장 또는 해당 시·도경찰청 소속의 경찰서장에게 재발급을 신청하여야 하고, 신청서를 제출받은 경찰서장은 지체 없이 관할 시·도경찰청장에게 보내야 한다.
1. **허가증을 잃어버린 경우에는 그 사유서**
2. **허가증이 못쓰게 된 경우에는 그 허가증**

제5조【폐업 또는 휴업 등의 신고】 ★★ ① 경비업자는 폐업을 한 경우에는 법 제4조 제3항 제1호에 따라 폐업을 한 날부터 7일 이내에 폐업신고서에 허가증을 첨부하여 법인의 주사무소를 관할하는 시·도경찰청장 또는 해당 시·도경찰청 소속의 경찰서장에게 제출하여야 한다. 이 경우 폐업신고서를 제출받은 경찰서장은 지체 없이 관할 시·도경찰청장에게 보내야 한다.

② 경비업자는 휴업을 한 경우에는 법 제4조 제3항 제1호에 따라 휴업한 날부터 **7일 이내**에 휴업신고서를 법인의 주사무소를 관할하는 시·도경찰청장 또는 해당 시·도경찰청 소속의 경찰서장에게 제출하여야 하고, 휴업신고서를 제출받은 경찰서장은 지체 없이 관할 시·도경찰청장에게 보내야 한다. 이 경우 휴업신고를 한 경비업자가 신고한 휴업기간이 끝나기 전에 영업을 다시 시작하거나 신고한 휴업기간을 연장하려는 경우에는 영업을 다시 시작한 후 7일 이내에 또는 신고한 휴업기간이 끝난 후 7일 이내에 영업재개신고서 또는 휴업기간연장신고서를 제출하여야 한다.

③ 법 제4조 제3항 제3호의 규정에 의하여 신설·이전 또는 폐지한 때에 신고를 하여야 하는 출장소는 주사무소 외의 장소로서 일상적으로 일정 지역 안의 경비업무를 지휘·총괄하는 영업거점인 지점·지사 또는 사업소 등의 장소로 한다.

④ 법 제4조 제3항 제6호에서 "그 밖에 대통령령이 정하는 중요사항"이라 함은 정관의 목적을 말한다.

⑤ 법 제4조 제3항 제2호부터 제6호까지의 규정에 따른 신고는 그 사유가 발생한 날부터 **30일 이내에** 하여야 한다.
※ 15일이 아님

제6조【특수경비업자의 업무개시 전의 조치】★★★★
① 법 제2조 제1호 마목의 규정에 의한 특수경비업무를 수행하는 경비업자(이하 "특수경비업자"라 한다)는 법 제4조 제3항 제5호의 규정에 의하여 **첫 업무개시의 신고를 하기 전에 시·도경찰청장의 비밀취급인가를 받아야 한다.**
② 시·도경찰청장은 제1항의 규정에 의하여 특수경비업자에게 비밀취급인가를 하고자 하는 때에는 법 제25조의 규정에 의하여 **특수경비업자로 하여금 경찰청장을 거쳐 국가정보원장에게 보안측정을 요청**하도록 하여야 한다.

제7조【기계경비업자의 대응체제】★★★★ 법 제2조 제1호 라목의 규정에 의한 기계경비업무를 수행하는 경비업자(이하 "기계경비업자"라 한다)는 법 제8조의 규정에 의하여 관제시설 등에서 경보를 수신한 때에는 경보를 수신한 때부터 늦어도 **25분 이내에는 도착시킬 수 있는 대응체제를 갖추어야 한다.**

제7조의2【특수경비업자가 할 수 있는 영업】★★★
① 법 제7조 제9항에서 "경비장비의 제조·설비·판매업, 네트워크를 활용한 정보산업, 시설물 유지관리업 및 경비원 교육업 등 대통령령이 정하는 경비관련업"이란 다음 각 호의 영업을 말한다.
1. 별표 1의2에 따른 영업
2. 제1호에 따른 영업에 부수되는 것으로서 경찰청장이 지정·고시하는 영업

② 제1항에 따른 영업의 범위에 관하여는 법 또는 이 영에 특별한 규정이 있는 경우를 제외하고는 「통계법」에 따라 통계청장이 고시하는 한국표준산업분류표에 따른다.

제7조의3【무자격자 및 부적격자 등의 범위】★★★
다음 각 호의 경비업무를 도급하려는 자는 법 제7조의2 제3항에 따라 다음 각 호의 구분에 해당하는 사람을 그 경비업무를 수급한 경비업자의 경비원으로 채용하도록 관여하거나 영향력을 행사해서는 아니 된다.
1. 시설경비업무, 호송경비업무, 신변보호업무, 기계경비업무 또는 혼잡·교통유도경비업무. 다만, 제3호의 경비업무는 제외한다.
   가. 법 제10조 제1항에 따라 경비지도사 또는 일반경비원이 될 수 없는 사람
   나. 「아동·청소년의 성보호에 관한 법률」제56조 제1항 제14호에 따라 경비업무에 종사할 수 없는 사람
2. 특수경비업무
   가. 법 제10조 제2항에 따라 특수경비원이 될 수 없는 사람
   나. 「아동·청소년의 성보호에 관한 법률」제56조 제1항 제14호에 따라 경비업무에 종사할 수 없는 사람
3. 집단민원현장의 시설경비업무, 신변보호업무 또는 혼잡·교통유도경비업무
   가. 법 제10조 제1항에 따라 경비지도사 또는 일반경비원이 될 수 없는 사람
   나. 법 제18조 제6항에 따라 집단민원현장에 일반경비원으로 배치할 수 없는 사람
   다. 「아동·청소년의 성보호에 관한 법률」제56조 제1항 제14호에 따라 경비업무에 종사할 수 없는 사람

제8조【오경보의 방지를 위한 설명 등】★★★★ ① 법 제9조 제1항의 규정에 의하여 기계경비업자가 계약상대방에게 하여야 하는 설명은 다음 각 호의 사항을 기재한 **서면 또는 전자문서**(이하 "서면 등"이라 하며, 이 조에서 전자문서는 계약상대방이 원하는 경우에 한한다)를 교부하는 방법에 의한다.
1. **당해 기계경비업무와 관련된 관제시설 및 출장소**(제5조 제3항의 규정에 의한 출장소를 말한다. 이하 같다)의 명칭·소재지
2. 기계경비업자가 경비대상시설에서 발생한 경보를 수신한 경우에 취하는 조치
3. 기계경비업무용 기기의 설치장소 및 종류와 그 밖의 기계장치의 개요
4. 오경보의 발생원인과 송신기기의 유지·관리방법

② 기계경비업자는 제1항 각 호의 사항을 기재한 서면 등과 함께 법 제26조의 규정에 의한 손해배상의 범위와 손해배상액에 관한 사항을 기재한 서면 등을 계약상대방에게 교부하여야 한다.

제9조【기계경비업자의 관리 서류】★★★★ ① 기계경비업자는 법 제9조 제2항의 규정에 의하여 출장소별로 다음 각 호의 사항을 기재한 서류를 갖추어 두어야 한다.
1. 경비대상시설의 명칭·소재지 및 경비계약기간
2. 기계경비지도사의 명단·배치일자·배치장소와 출동차량의 대수
3. 경보의 수신 및 현장도착 일시와 조치의 결과
4. 오경보인 경우 오경보가 발생한 경비대상시설 및 그 오경보에 대한 조치의 결과

② 제1항 제3호 및 제4호의 규정에 의한 사항을 기재한 서류는 당해 경보를 수신한 날부터 **1년간 이를 보관**하여야 한다.

제10조【경비지도사의 구분】 경비지도사는 다음 각 호와 같이 구분한다.
1. 일반경비지도사: 다음 각 목의 경비업무에 종사하는 경비원을 지도·감독 및 교육하는 경비지도사
   가. 시설경비업무
   나. 호송경비업무
   다. 신변보호업무
   라. 특수경비업무

마. 혼잡·교통유도경비업무
　2. 기계경비지도사: 기계경비업무에 종사하는 경비원을 지도·감독 및 교육하는 경비지도사

제10조의2 【특수경비원의 결격사유】★★ 법 제10조 제2항 제2호에서 "심신상실자, 알코올 중독자 등 대통령령으로 정하는 정신적 제약이 있는 자"란 다음 각 호의 사람을 말한다.
　1. 심신상실자
　2. 마약·대마·향정신성의약품 또는 알코올 중독자
　3. 「치매관리법」 제2조 제1호에 따른 치매, 조현병·조현정동장애·양극성정동장애(조울병)·재발성우울장애 등의 정신질환이나 정신 발육지연, 뇌전증 등이 있는 사람. 다만, 해당 분야 전문의가 특수경비원으로서 적합하다고 인정하는 사람은 제외한다.

제11조 【경비지도사시험의 시행 및 공고】 ① 경찰청장은 법 제11조 제1항에 따른 경비지도사시험(이하 "시험"이라 한다)의 실시계획을 매년 수립해야 한다.
② 경찰청장은 제1항의 규정에 의한 시험의 실시계획에 따라 시험을 실시하고자 하는 때에는 응시자격·시험과목·시험일시·시험장소 및 선발예정인원 등을 시험시행일 **90일 전까지 공고**하여야 한다.
③ 제2항의 규정에 의한 공고는 관보게재와 각 시·도경찰청 게시판 및 인터넷 홈페이지에 게시하는 방법에 의한다.

제12조 【시험의 방법 및 과목 등】 ① 시험은 필기시험의 방법에 의하되, 제1차 시험과 제2차 시험으로 구분하여 실시한다. 이 경우 경찰청장이 필요하다고 인정하는 때에는 제1차 시험과 제2차 시험을 병합하여 실시할 수 있다.
② 제1차 시험 및 제2차 시험은 각각 선택형으로 하되, 제2차 시험에 있어서는 선택형 외에 단답형을 추가할 수 있다.
③ 제1차 시험 및 제2차 시험의 과목은 별표 2와 같다.
④ 제2차 시험은 제1차 시험에 합격한 자에 대하여 실시한다. 다만, 제1항 후단의 규정에 의하여 제1차 시험과 제2차 시험을 병합하여 실시하는 경우에는 그러하지 아니하다.
⑤ 제1항 후단의 규정에 의하여 제1차 시험과 제2차 시험을 병합하여 실시하는 경우에는 제1차 시험에 불합격한 자가 치른 제2차 시험은 이를 무효로 한다.
⑥ 제1차 시험에 합격한 자에 대하여는 다음 회의 시험에 한하여 제1차 시험을 면제한다.

제13조 【시험의 일부면제】 ★★★★ 법 제11조 제3항에 따라 다음 각 호의 어느 하나에 해당하는 사람은 경비지도사 제1차 시험을 면제한다.
　1. **「경찰공무원법」에 따른 경찰공무원으로 7년 이상 재직한 사람**
　2. 「대통령 등의 경호에 관한 법률」에 따른 경호공무원 또는 별정직공무원으로 7년 이상 재직한 사람
　3. 「군인사법」에 따른 각 군 전투병과 또는 군사경찰병과 부사관 이상 간부로 7년 이상 재직한 사람
　4. 「경비업법」에 따른 경비업무에 7년 이상(특수경비업무의 경우에는 3년 이상) 종사하고 행정안전부령으로 정하는 교육과정을 이수한 사람
　5. 「고등교육법」에 따른 대학 이상의 학교를 졸업한 사람으로서 재학 중 제12조 제3항에 따른 경비지도사 시험과목을 3과목 이상을 이수하고 졸업한 후 경비업무에 종사한 경력이 3년 이상인 사람
　6. 「고등교육법」에 따른 전문대학을 졸업한 사람으로서 재학 중 제12조 제3항에 따른 경비지도사 시험과목을 3과목 이상을 이수하고 졸업한 후 경비업무에 종사한 경력이 5년 이상인 사람
　7. 일반경비지도사의 자격을 취득한 후 기계경비지도사의 시험에 응시하는 사람 또는 기계경비지도사의 자격을 취득한 후 일반경비지도사의 시험에 응시하는 사람
　8. 「공무원임용령」에 따른 행정직군 교정직렬 공무원으로 7년 이상 재직한 사람

제14조 【시험합격자의 결정】 ① 제1차 시험의 합격결정에 있어서는 매 과목 100점을 만점으로 하며, 매 과목 40점 이상, 전과목 평균 60점 이상 득점한 자를 합격자로 결정한다.
② 제2차 시험의 합격결정에 있어서는 선발예정인원의 범위 안에서 60점 이상을 득점한 자 중에서 고득점 순으로 합격자를 결정한다. 이 경우 동점자로 인하여 선발예정인원이 초과되는 때에는 동점자 모두를 합격자로 한다.
③ 경찰청장은 제2차 시험에 합격한 자에 대하여 합격공고를 하고, 합격 및 교육소집 통지서를 교부하여야 한다.

제15조 【시험출제위원의 임명·위촉 등】 ① 경찰청장은 시험문제의 출제를 위하여 다음 각 호의 어느 하나에 해당하는 사람 중에서 시험출제위원을 임명 또는 위촉한다.
　1. 「고등교육법」에 따른 전문대학 이상의 교육기관에서 경찰행정학과 등 경비업무 관련학과 및 법학과의 조교수 이상으로 재직하고 있는 사람
　2. 석사 이상의 학위소지자로 경찰청장이 정하는 바에 의하여 경비업무에 관한 연구실적이나 전문경력이 인정되는 사람
　3. 경감 이상의 경찰공무원(범죄예방·경비 업무를 담당한 경력이 3년 이상인 사람으로 하되, 경감이 되기 전의 경력을 포함한다)
② 제1항의 규정에 의한 시험출제위원의 수는 시험과목별로 2인 이상으로 한다.

③ 시험출제위원으로 임명 또는 위촉된 자는 경찰청장이 정하는 준수사항을 성실히 이행하여야 한다.
④ 시험출제위원과 시험관리업무에 종사하는 자에 대하여는 예산의 범위 안에서 수당과 여비를 지급할 수 있다. 다만, 공무원인 위원이 그 소관업무와 직접적으로 관련하여 시험관리업무에 종사하는 경우에는 그러하지 아니하다.

제15조의2【경비지도사의 기본교육】★★ ① 법 제11조 제1항에 따라 경찰청장이 실시하는 기본교육(이하 "기본교육"이라 한다)은 **40시간 이상**으로 한다. 다만, 다음 각 호의 어느 하나에 해당하는 사람이 기본교육을 받는 경우에는 행정안전부령으로 정하는 바에 따라 기본교육의 **일부를 면제할 수 있다**.
1. 일반경비지도사 자격을 취득한 후 3년 이내에 기계경비지도사시험에 합격한 사람
2. 기계경비지도사 자격을 취득한 후 3년 이내에 일반경비지도사시험에 합격한 사람

② 제1항에 따른 기본교육의 과목, 시간, 그 밖에 기본교육의 실시에 필요한 사항은 행정안전부령으로 정한다.

제15조의3【경비지도사의 보수교육】★★★★ ① 법 제11조의2에 따라 경찰청장이 실시하는 보수교육(이하 "보수교육"이라 한다)은 법 제12조 제1항에 따라 선임된 경비지도사를 대상으로 **선임된 날부터 매 3년이 되는 날이 속하는 해에 실시하는 6시간 이상의 교육**으로 한다. 다만, 일반경비지도사와 기계경비지도사 자격을 모두 취득한 사람이 법 제12조 제1항에 따라 일반경비지도사와 기계경비지도사에 **모두 선임된 경우**에는 행정안전부령으로 정하는 바에 따라 보수교육의 **일부를 면제할 수 있다**.
② 제1항에도 불구하고 **기본교육 또는 직전 보수교육을 받은 날부터 3년 이상 보수교육을 받은 적이 없는 사람**이 법 제12조 제1항에 따라 **경비지도사로 선임된 경우에는 선임된 날부터 60일 이내에 보수교육을 받아야 한다.**
③ 제1항 및 제2항에 따른 보수교육의 과목, 시간, 그 밖에 보수교육의 실시에 필요한 사항은 행정안전부령으로 정한다.

제15조의4【경비지도사 교육기관의 지정 기준 등】★★
① 법 제11조의3 제1항에 따른 경비지도사 교육기관(이하 "경비지도사 교육기관"이라 한다)의 지정 기준은 별표 2의2와 같다.
② 법 제11조의3 제1항에 따라 경비지도사 교육기관 지정을 받으려는 자는 행정안전부령으로 정하는 바에 따라 다음 각 호의 서류를 첨부하여 **경찰청장**에게 지정을 신청해야 한다.
1. 경비 관련 교육 운영계획서 및 운영경력서(운영경력서의 경우에는 경비 관련 교육을 운영한 경력이 있는 자만 해당한다)
2. 인력 기준에 해당하는 강사의 인적사항 및 자격을 증명하는 서류
3. 교육 시설 및 장비의 현황을 확인할 수 있는 서류

③ 제2항에 따른 지정 신청을 받은 경찰청장은 제1항에 따른 지정 기준에 적합한지를 심사하고, 심사 결과 적합하다고 인정되는 경우에는 경비지도사 교육기관으로 지정할 수 있다. 이 경우 경찰청장은 「전자정부법」 제36조 제1항에 따른 행정정보의 공동이용을 통하여 **법인 등기사항증명서를 확인**해야 한다.
④ 경찰청장은 제3항에 따라 경비지도사 교육기관을 지정하는 경우 그 명칭, 소재지, 지정일자 등을 인터넷 홈페이지에 공고해야 한다.
⑤ 경찰청장은 법 제11조의3 제1항에 따라 경비지도사에 대한 기본교육 및 보수교육에 관한 업무를 경비지도사 교육기관에 위탁하는 경우에는 위탁받는 기관 및 위탁업무의 내용을 고시해야 한다.

제16조【경비지도사의 선임·배치】★★ ① 경비업자는 법 제12조 제1항의 규정에 의하여 별표 3의 기준에 따라 경비지도사를 선임·배치하여야 한다.
② 경비업자는 제1항의 규정에 의하여 선임·배치된 경비지도사에 결원이 있거나 자격정지 등의 사유로 그 직무를 수행할 수 없는 때에는 **15일 이내에 경비지도사를 새로이 충원하여야 한다.**

제17조【경비지도사의 직무 및 준수사항】★★★ ① 법 제12조 제2항 제5호에서 "대통령령이 정하는 직무"란 다음 각 호의 직무를 말한다.
1. 기계경비업무를 위한 기계장치의 운용·감독(기계경비지도사의 경우에 한한다)
2. 오경보방지 등을 위한 기기관리의 감독(기계경비지도사의 경우에 한한다)

② 경비지도사는 법 제12조 제3항에 따라 같은 조 제2항 제1호·제2호의 직무 및 제1항 각 호의 직무를 월 1회 이상 수행하여야 한다.
③ 경비지도사는 법 제12조 제2항 제1호에 따라 경비원에 대한 교육을 실시하고, 행정안전부령으로 정하는 **경비원 직무교육 실시대장에 그 내용을 기록하여 2년간 보존**하여야 한다. ※ 구별 - 경비업자는 근무상황기록부를 1년 동안 보관해야 함

제18조【일반경비원에 대한 교육】★★★★★ ① 경비업자는 일반경비원을 채용한 경우 법 제13조 제1항 본문에 따라 해당 일반경비원에게 **경비업자의 부담**으로 법 제13조의2 제1항에 따른 경비원 교육기관(이하 "경비원 교육기관"이라 한다) 중 이 영 제19조의2 제1항에 따른 일반경비원 교육기관(이하 "일반경비원 교육기관"이라 한다)에서 실시하는 일반경비원 신임교육을 받도록 해야 한다.

② 경비업자는 법 제13조 제1항 단서에 따라 다음 각 호의 어느 하나에 해당하는 사람을 일반경비원으로 채용한 경우에는 **해당 일반경비원을 일반경비원 신임교육 대상에서 제외**할 수 있다.
1. 법 제13조 제1항 본문 및 같은 조 제3항에 따른 일반경비원 또는 특수경비원 신임교육을 받은 사람으로서 채용 전 3년 이내에 경비업무에 종사한 경력이 있는 사람
2. 「경찰공무원법」에 따른 경찰공무원으로 근무한 경력이 있는 사람
3. 「대통령 등의 경호에 관한 법률」에 따른 경호공무원 또는 별정직공무원으로 근무한 경력이 있는 사람
4. 「군인사법」에 따른 부사관 이상으로 근무한 경력이 있는 사람
5. 경비지도사 자격이 있는 사람
6. 채용 당시 법 제13조 제2항에 따른 <u>일반경비원 신임교육을 받은 지 3년이 지나지 아니한 사람</u>
   ※ 제1호와의 차이점은 경력 여부와 특수경비원 신임교육임

③ 경비업자는 법 제13조 제1항에 따라 소속 일반경비원에게 법 제12조에 따라 선임한 경비지도사가 수립한 교육계획에 따라 매월 행정안전부령으로 정하는 시간 이상의 직무교육을 받도록 하여야 한다.
④ 법 제13조 제2항에서 "대통령령으로 정하는 교육기관"이란 일반경비원 교육기관을 말한다.
⑤ 제1항에 따른 신임교육의 과목 및 시간, 제3항에 따른 직무교육의 과목 등 일반경비원의 교육 실시에 필요한 사항은 행정안전부령으로 정한다.

제19조 【특수경비원에 대한 교육】 ① 특수경비업자는 특수경비원을 채용한 경우 법 제13조 제3항에 따라 해당 특수경비원에게 특수경비업자의 부담으로 경비원 교육기관 중 제19조의2 제1항에 따른 특수경비원 교육기관에서 실시하는 특수경비원 신임교육을 받도록 해야 한다.
② 제1항에도 불구하고 특수경비업자는 채용 전 3년 이내에 **특수경비업무에 종사하였던 경력이 있는 사람**을 특수경비원으로 채용한 경우에는 해당 특수경비원을 특수경비원 신임교육 대상에서 제외할 수 있다.
③ 특수경비업자는 법 제13조 제3항에 따라 소속 특수경비원에게 법 제12조에 따라 선임한 경비지도사가 수립한 교육계획에 따라 매월 행정안전부령으로 정하는 시간 이상의 직무교육을 받도록 하여야 한다.
④ 제1항에 따른 신임교육의 과목 및 시간, 제3항에 따른 직무교육의 과목 등 특수경비원의 교육 실시에 필요한 사항은 행정안전부령으로 정한다.

제19조의2 【경비원 교육기관의 지정 기준 등】 ① 경비원 교육기관은 일반경비원 교육기관과 특수경비원 교육기관으로 구분하되, 그 지정 기준은 별표 3의2와 같다.

② 경비원 교육기관의 지정 절차 등에 관하여는 제15조의4 제2항, 제3항 전단 및 제4항을 준용한다. 이 경우 "경비지도사 교육기관"은 "경비원 교육기관"으로 본다.

제20조 【특수경비원 무기휴대의 절차 등】 ★★★★
① **시설주**는 법 제14조 제4항의 규정에 의하여 특수경비원이 휴대할 무기를 대여받고자 하는 때에는 무기대여신청서를 관할 경찰서장 및 공항경찰대장 등 국가중요시설의 경비책임자(이하 "관할 경찰관서장"이라 한다)를 거쳐 **시·도경찰청장에게 제출**하여야 한다.
② **시설주**는 법 제14조 제4항의 규정에 의하여 관할 경찰관서장으로부터 대여받은 무기를 특수경비원에게 휴대하게 하는 경우에는 동조 제9항의 규정에 의하여 **관할 경찰관서장의 사전승인**을 얻어야 한다.
※ 「청원경찰법」상 무기휴대와 차이가 있음
③ 제2항의 규정에 의한 사전승인을 함에 있어서 관할 경찰관서장은 국가중요시설에 총기 또는 폭발물의 소지자나 무장간첩 침입의 우려가 있는지의 여부 등을 고려하는 등 특수경비원에게 무기를 지급하여야 할 필요성이 있는지의 여부에 관하여 판단하여야 한다.
④ **시설주**는 제3항의 규정에 의한 무기지급의 필요성이 해소되었다고 인정되는 때에는 특수경비원으로부터 **즉시 무기를 회수**하여야 한다.
⑤ 법 제14조 제9항의 규정에 의하여 특수경비원이 휴대할 수 있는 **무기종류는 권총 및 소총**으로 한다.
⑥ 「위해성 경찰장비의 사용기준 등에 관한 규정」 제18조 및 별표 2의 규정은 법 제14조 제9항의 규정에 의한 안전검사의 기준에 관하여 이를 준용한다.
⑦ **시설주**, 법 제14조 제7항의 규정에 의한 관리책임자와 특수경비원은 행정안전부령이 정하는 무기관리수칙을 준수하여야 한다.
※ 무기는 시설주와 관련되며, 경비업자는 무기와 직접적인 명문 규정은 없고 분사기와 관련됨

제21조 【무기관리에 대한 지도·감독】 ★★ 관할 경찰관서장은 법 제14조 제5항의 규정에 의하여 시설주 및 특수경비원의 **무기관리상황을 매월 1회 이상 점검**하여야 한다. ※ 청원경찰법령상 수시점검과 구별하여야 함

제22조 【집단민원현장 배치 불허가 기준】 ★ 법 제18조 제3항 제2호에서 "대통령령으로 정하는 기준"이란 100분의 21을 말한다.

제23조 【위반행위의 보고·통보】 ① 경비업자의 출장소 또는 경비대상시설을 관할하는 시·도경찰청장 또는 경찰관서장은 출장소의 임·직원이나 경비원이 법 또는 법에 의한 명령에 위반한 사실을 안 때에는 지체 없이 그 사실을 서면 등으로 당해 경비업을 허가한 시·도경찰청장에게 통보하거나 보고하여야 한다.

② 제1항의 규정에 의하여 통보 또는 보고를 받은 시·도경찰청장은 그 위반행위에 대하여 행정처분을 한 때에는 이를 해당 시·도경찰청장 또는 경찰관서장에게 통보하여야 한다.

제24조【행정처분의 기준】★★★★★ 법 제19조 제2항에 따른 **행정처분의 기준은 별표 4**와 같다.

※ 반드시 확인할 것 [테마 12]

제25조【경비지도사의 자격정지처분의 기준】★★★★★
법 제20조 제2항의 규정에 의한 경비지도사에 대한 **자격정지처분의 기준은 별표 5**와 같다.

※ 반드시 확인할 것 [테마 8]

제26조【경비협회】★★★ ① 경비업자가 법 제22조 제1항에 따라 경비협회(이하 "협회"라 한다)를 설립하려는 경우에는 정관을 작성하여야 한다.
② 협회는 정관이 정하는 바에 의하여 회원으로부터 회비를 징수할 수 있다.

제27조【공제사업】① 협회는 법 제23조 제1항의 규정에 의하여 공제사업을 하는 경우 공제사업의 회계는 다른 사업의 회계와 **구분하여 경리하여야** 한다.
② 삭제 〈2015.10.20.〉

제28조【허가증 등의 수수료】★★★ ① 법에 의한 경비업의 허가를 받거나 허가증을 재교부받고자 하는 자는 다음 각 호의 수수료를 납부하여야 한다.
1. 법 제4조 제1항 및 법 제6조 제2항의 규정에 의한 경비업의 허가(추가·변경·갱신허가를 포함한다)의 경우에는 **1만 원**
2. 허가사항의 변경신고로 인한 허가증 재교부의 경우에는 **2천 원**

② 제1항의 규정에 의한 수수료는 허가 등의 신청서에 수입인지를 첨부하여 납부한다.
③ 시험에 응시하고자 하는 자는 경찰청장이 정하여 고시하는 수수료를 납부하여야 한다.
④ 경찰청장은 다음 각 호의 어느 하나에 해당하는 경우에는 제3항에 따라 받은 응시수수료의 전부 또는 일부를 다음 각 호의 구분에 따라 반환하여야 한다.
1. **응시수수료를 과오납한 경우: 과오납한 금액 전액**
2. **시험시행기관의 귀책사유로 시험에 응시하지 못한 경우: 응시수수료 전액**
3. **시험시행일 20일 전까지 접수를 취소하는 경우: 응시수수료 전액**
4. **시험시행일 10일 전까지 접수를 취소하는 경우: 응시수수료의 100분의 50**

⑤ 경찰청장 및 시·도경찰청장은 제2항 및 제3항의 규정에 불구하고 정보통신망을 이용하여 전자화폐·전자결제 등의 방법으로 수수료를 납부하게 할 수 있다.

제29조【보안지도점검】★★★ 시·도경찰청장은 법 제25조의 규정에 의하여 **특수경비업자에 대하여 연 2회 이상**의 보안지도·점검을 실시하여야 한다.

제30조【경비가 필요한 시설 등에 대한 경비의 요청】
★★ ① 시·도경찰청장 또는 경찰서장은 행사장, 그 밖에 많은 사람이 모이는 시설 또는 장소(이하 "행사장등"이라 한다)에서 혼잡 등으로 인한 위험의 발생을 방지하기 위하여 경비가 필요하다고 인정하는 경우에는 행사의 주최자나 시설 또는 장소의 관리자에게 행사장등에 경비원을 배치하도록 요청할 수 있다.
② 시·도경찰청장 또는 경찰서장은 제1항에 따른 요청을 할 때 행사의 주최자나 시설 또는 장소의 관리자에게 행사장등에 경비원을 배치할 수 없다고 판단되는 경우에는 행사개최일 또는 많은 사람이 모이는 날 1일 전까지 그 사실을 통지해 줄 것을 함께 요청할 수 있다.

제31조【권한의 위임 및 위탁】★★★ ① **경찰청장**은 법 제27조 제1항의 규정에 의하여 다음 각 호의 권한을 **시·도경찰청장에게 위임한다.**
1. 법 제20조의 규정에 의한 경비지도사의 자격의 취소 및 정지에 관한 권한
2. 법 제21조 제2호의 규정에 의한 경비지도사 자격의 취소 및 정지에 관한 청문의 권한

② 경찰청장 또는 경찰관서장은 법 제27조 제2항에 따라 법 제11조 제1항에 따른 경비지도사 시험의 관리에 관한 업무를 경비업무에 관한 인력과 전문성을 갖춘 기관 또는 단체로서 경찰청장이 지정하여 고시하는 기관 또는 단체에 **위탁**한다.

제31조의2【민감정보 및 고유식별정보의 처리】★★★
경찰청장, 시·도경찰청장, 경찰서장 및 경찰관서장(제31조에 따라 경찰청장 및 경찰관서장의 권한을 위임·위탁받은 자를 포함한다)은 다음 각 호의 사무를 수행하기 위하여 불가피한 경우 「개인정보 보호법」 제23조에 따른 건강에 관한 정보(제1호의2 및 제4호의 사무로 한정한다), 같은 법 시행령 제18조 제2호에 따른 범죄경력자료에 해당하는 정보(제1호의2 및 제9호의 사무로 한정한다), 같은 영 제19조 제1호 또는 제4호에 따른 주민등록번호 또는 외국인등록번호가 포함된 자료를 처리할 수 있다.
1. 법 제4조 및 제6조에 따른 경비업의 허가 및 갱신허가 등에 관한 사무
1의2. 법 제5조 및 제10조에 따른 임원, 경비지도사 및 경비원의 결격사유 확인에 관한 사무
2. 법 제11조에 따른 경비지도사시험 등에 관한 사무
2의2. 법 제12조의2에 따른 경비지도사의 선임·해임 신고에 관한 사무
3. 법 제13조에 따른 경비원의 교육 등에 관한 사무
4. 법 제14조에 따른 특수경비원의 직무 및 무기사용 등에 관한 사무

5. 삭제 〈2021.7.13.〉
6. 법 제18조에 따른 경비원 배치허가 등에 관한 사무
7. 법 제19조 및 제20조에 따른 행정처분에 관한 사무
8. 법 제24조에 따른 경비업자 및 경비지도사의 지도·감독에 관한 사무
9. 법 제25조에 따른 보안지도·점검 및 보안측정에 관한 사무
10. 삭제 〈2022.12.20.〉

제31조의3 【규제의 재검토】 경찰청장은 다음 각 호의 사항에 대하여 다음 각 호의 기준일을 기준으로 3년마다(매 3년이 되는 해의 기준일과 같은 날 전까지를 말한다) 그 타당성을 검토하여 개선 등의 조치를 해야 한다.
1. 제3조 제2항 및 별표 1에 따른 경비업의 시설 등의 기준: 2014년 6월 8일
1의2. 제15조의2 제1항 및 제15조의3 제1항에 따른 경비지도사의 기본교육 및 보수교육의 시간: 2025년 1월 1일
2. 제22조에 따른 집단민원현장 배치 불허가 기준: 2014년 6월 8일
3. 삭제 〈2021.3.2.〉
4. 삭제 〈2021.3.2.〉

제32조 【과태료의 부과기준 등】 ★★★★★ ① 법 제31조 제1항 및 제2항에 따른 과태료의 부과기준은 **별표 6**과 같다.
② 시·도경찰청장 또는 경찰관서장은 「질서위반행위규제법」 제14조 각 호의 사항을 고려하여 별표 6에 따른 금액의 100분의 50의 범위에서 경감하거나 가중할 수 있다. 다만, 가중하는 때에는 법 제31조 제1항 및 제2항에 따른 과태료 금액의 상한을 초과할 수 없다.
③ 삭제 〈2014.6.3.〉
④ 삭제 〈2014.6.3.〉

부칙 〈대통령령 제33112호, 2022.12.20.〉(개인정보 침해요인 개선을 위한 49개 법령의 일부개정에 관한 대통령령)
이 영은 공포한 날부터 시행한다.

부칙 〈대통령령 제33464호, 2023.5.15.〉
이 영은 2023년 5월 16일부터 시행한다.

부칙 〈대통령령 제34826호, 2024.8.13.〉
제1조 【시행일】 이 영은 2024년 8월 14일부터 시행한다. 다만, 제7조의3 제1호·제3호, 제10조, 별표 1 제6호 및 별표 3 비고 제1호의 개정규정은 2025년 1월 31일부터 시행한다.

제2조 【경비지도사의 보수교육에 관한 특례】 이 영 시행 당시 법 제12조 제1항에 따라 선임된 경비지도사는 제15조의3의 개정규정에도 불구하고 이 영 시행일부터 6개월 이내에 보수교육을 받아야 한다.

경비업법 시행규칙
[시행 2025.1.31.] [행정안전부령 제512호, 2024.8.14., 일부개정]

제1조【목적】 이 규칙은 「경비업법」 및 동법 시행령에서 위임된 사항과 그 시행에 관하여 필요한 사항을 규정함을 목적으로 한다.

제2조【호송경비의 통지】 ★★★ 「경비업법」(이하 "법"이라 한다) 제4조 제1항의 규정에 의하여 경비업의 허가를 받은 법인(이하 "경비업자"라 한다)은 법 제2조 제1호 나목의 규정에 의한 호송경비업무를 수행하기 위하여 관할 경찰서의 협조를 얻고자 하는 때에는 **현금 등의 운반을 위한 출발 전일까지 출발지의 경찰서장**에게 별지 제1호서식의 호송경비통지서(전자문서로 된 통지서를 포함한다)를 제출하여야 한다.

제3조【허가신청 등】 ★★★★★ ① 법 제4조 제1항 및 「경비업법 시행령」(이하 "영"이라 한다) 제3조 제1항에 따라 경비업의 허가를 받으려는 경우 또는 경비업자가 허가를 받은 경비업무를 변경하거나 새로운 경비업무를 추가하려는 경우에는 별지 제2호서식의 경비업 허가신청서 또는 변경허가신청서(전자문서로 된 신청서를 포함한다)에 다음 각 호의 서류(전자문서를 포함한다)를 첨부하여 법인의 주사무소를 관할하는 시·도경찰청장 또는 해당 시·도경찰청 소속의 경찰서장에게 제출하여야 한다. 이 경우 신청서를 제출받은 경찰서장은 지체 없이 관할 시·도경찰청장에게 보내야 한다.
1. 법인의 정관 1부
2. 법인 임원의 이력서 1부
3. 경비인력·시설 및 장비의 확보계획서 1부(경비업 허가의 신청 시 이를 갖출 수 없는 경우에 한한다)

② 제1항에 따른 신청서를 제출받은 시·도경찰청장은 「전자정부법」 제36조 제1항에 따른 행정정보의 공동이용을 통하여 법인의 등기사항증명서를 확인하여야 한다.

제4조【허가증 등】 ① 영 제4조 제2항의 규정에 의한 허가증은 별지 제3호서식에 의한다.
② 영 제4조 제3항의 규정에 의한 허가증 재교부신청서는 별지 제4호서식에 의한다.

제5조【폐업 또는 휴업 등의 신고】 ★★★ ① 영 제5조 제1항의 규정에 의한 폐업신고서와 동조 제2항의 규정에 의한 휴업신고서·영업재개신고서 및 휴업기간연장신고서는 별지 제5호서식에 의한다.

② 법 제4조 제3항 제2호에 따른 법인의 명칭·대표자·임원, 같은 항 제3호에 따른 주사무소·출장소나 영 제5조 제4항에 따른 정관의 목적이 변경되어 법 제4조 제3항에 따른 신고를 하는 경우에는 별지 제6호서식의 경비업 허가사항 등의 변경신고서(전자문서로 된 신고서를 포함한다)에 다음 각 호의 서류(전자문서를 포함한다)를 첨부하여 법인의 주사무소를 관할하는 시·도경찰청장 또는 해당 시·도경찰청 소속의 경찰서장에게 제출하여야 한다. 변경신고서를 제출받은 경찰서장은 이를 지체 없이 관할 시·도경찰청장에게 보내야 한다.
1. 명칭 변경의 경우: 허가증 원본
2. 대표자 변경의 경우
   가. 삭제 〈2006.9.7.〉
   나. 법인 대표자의 이력서 1부
   다. 허가증 원본
3. 임원 변경의 경우: 법인 임원의 이력서 1부
4. 주사무소 또는 출장소 변경의 경우: 허가증 원본
5. 정관의 목적 변경의 경우: 법인의 정관 1부

③ 제2항에 따른 신고서를 제출받은 시·도경찰청장은 「전자정부법」 제36조 제1항에 따른 행정정보의 공동이용을 통하여 법인의 등기사항증명서를 확인하여야 한다.

④ 법 제4조 제3항 제5호의 규정에 의한 특수경비업무의 개시 또는 종료의 신고는 별지 제7호서식에 의한다.

제6조【허가갱신】 ★★ ① 법 제6조 제2항에 따라 경비업의 갱신허가를 받으려는 자는 **허가의 유효기간 만료일 30일 전까지** 별지 제2호서식의 경비업 갱신허가신청서(전자문서로 된 신청서를 포함한다)에 허가증 원본 및 정관(변경사항이 있는 경우만 해당한다)을 첨부하여 **법인의 주사무소를 관할하는 시·도경찰청장 또는 해당 시·도경찰청 소속의 경찰서장에게 제출**하여야 한다. 경비업 갱신허가신청서를 제출받은 경찰서장은 이를 지체 없이 관할 시·도경찰청장에게 보내야 한다.

② 제1항에 따른 신청서를 제출받은 시·도경찰청장은 「전자정부법」 제36조 제1항에 따른 행정정보의 공동이용을 통하여 법인의 등기사항증명서를 확인하여야 한다.

③ 시·도경찰청장은 법 제6조 제2항의 규정에 의하여 갱신허가를 하는 때에는 유효기간이 만료되는 허가증을 회수한 후 별지 제3호서식의 허가증을 교부하여야 한다.

제6조의2【집단민원현장에 선임·배치된 경비지도사의 직무】★★★★ 법 제7조 제6항에 따라 경비업자는 집단민원현장에 선임·배치된 경비지도사로 하여금 다음 각 호의 직무를 수행하도록 하여야 한다.
1. 법 제15조의2에 따른 경비원 등의 의무 위반행위 예방 및 제지
2. 법 제16조에 따른 경비원의 복장 착용 등에 대한 지도·감독
3. 법 제16조의2에 따른 경비원의 장비 휴대 및 사용에 대한 지도·감독
4. 법 제18조 제1항 단서에 따라 집단민원현장에 배치된 경비원 명부의 관리

제7조【특수경비원의 신체조건】★ 법 제10조 제2항 제5호에서 "행정안전부령이 정하는 신체조건"이라 함은 **팔과 다리가 완전하고 두 눈의 맨눈시력 각각 0.2 이상 또는 교정시력 각각 0.8 이상**을 말한다.
※ 청원경찰과 구별(교정시력 포함 각각 0.8 이상)

제8조【응시원서 등】★★ ① 법 제11조의 규정에 의한 경비지도사 시험에 응시하고자 하는 자는 별지 제8호 서식의 응시원서(전자문서로 된 원서를 포함한다)를 영 제31조 제2항에 따라 경비지도사 시험의 관리를 위탁받은 기관 또는 단체(이하 이 조에서 "시험관리기관"이라 한다)에 제출해야 한다.
② 영 제13조에 따라 경비지도사 제1차 시험을 면제받으려는 사람은 같은 조 각 호의 면제 사유를 증명할 수 있는 서류로서 영 제11조 제2항에 따른 공고에서 정하는 서류를 시험관리기관에 제출해야 한다.
③ 시험관리기관은 제2항에 따른 서류 중 재직증명서 또는 경력증명서를 제출받은 경우에는 「전자정부법」 제36조 제1항에 따른 행정정보의 공동이용을 통하여 제출인의 국민연금가입자가입증명 또는 건강보험자격득실확인서를 확인해야 한다. 다만, 제출인이 확인에 동의하지 않는 경우에는 해당 서류를 제출하도록 해야 한다.

제9조【경비지도사의 기본교육】 ① 법 제11조 제1항 및 영 제15조의2 제1항에 따른 기본교육(이하 "기본교육"이라 한다)의 과목 및 시간은 별표 1과 같다.
② **기본교육에 소요되는 비용은 기본교육을 받는 사람의 부담**으로 한다.
※ 비교: 경비원은 경비업자의 부담이 원칙

제10조【경비지도사 시험의 일부면제】★ 영 제13조 제4호에서 "행정안전부령으로 정하는 교육과정을 이수한 사람"이란 다음 각 호의 어느 하나에 해당하는 사람을 말한다.

1. 「고등교육법」에 의한 전문대학 이상의 교육기관(경비지도사의 시험과목 3과목 이상이 개설된 교육기관에 한한다)에서 **1년 이상**의 경비업무관련 과정을 마친 사람
2. 경찰청장이 지정하는 기관 또는 단체에서 실시하는 **64시간 이상**의 경비지도사 양성과정을 마치고 수료시험에 합격한 사람

제11조【경비지도사 자격증의 교부】경찰청장은 법 제11조에 따른 경비지도사 시험에 합격하고 기본교육을 받은 사람에게는 별지 제9호 서식의 경비지도사 자격증 교부대장에 정해진 사항을 기재한 후, 별지 제10호 서식의 경비지도사 자격증을 교부해야 한다.

제11조의2【경비지도사의 보수교육】★★★★ ① 법 제11조의2 및 영 제15조의3 제1항·제2항에 따른 보수교육(이하 "보수교육"이라 한다)의 과목 및 시간은 **별표 1의2**와 같다.
② 법 제11조의3 제1항에 따른 경비지도사 교육기관(이하 "경비지도사 교육기관"이라 한다)의 장은 보수교육을 이수한 사람에게 별지 제10호의2서식의 경비지도사 보수교육 이수증을 발급해야 한다.
③ 보수교육의 방법은 **집합교육을 원칙으로 하되, 부득이한 경우 온라인교육으로 대체**할 수 있다.

제11조의3【경비지도사 교육기관의 지정 신청 등】법 제11조의3 제1항·제13조의2 제1항 및 영 제15조의4 제2항(영 제19조의2 제2항에 따라 준용되는 경우를 포함한다)에 따라 경비지도사 교육기관 또는 경비원 교육기관의 지정을 받으려는 자는 경찰청장에게 별지 제10호의3서식의 교육기관 지정 신청서를 제출해야 한다.

제11조의4【경비지도사 교육기관의 지정 취소 등】★★★★ ① 법 제11조의4 제1항에 따른 경비지도사 교육기관의 지정 취소 및 업무 정지 기준은 **별표 1의3**과 같다.
② 경찰청장은 제1항에 따라 경비지도사 교육기관 지정을 취소하거나 업무 정지를 명한 경우 그 사실을 인터넷 홈페이지에 공고해야 한다.

제11조의5【경비지도사의 선임·해임 신고】★★★★★
① 경비업자는 법 제12조의2에 따라 경비지도사를 선임 또는 해임하는 때에는 경비지도사를 선임 또는 해임한 날부터 **15일 이내**에 경비지도사 자격증 사본을 첨부(**경비지도사 선임 신고의 경우에만 해당한다**)하여 별지 제10호의4서식의 경비지도사 선임·해임신고서(전자문서로 된 신고서를 포함하며, 이하 같다)를 해당 경비현장(경비원 배치장소를 말하며, 이하 "배치지"라 한다)을 **관할하는 시·도경찰청장 또는 경찰서장에게 제출**해야 한다. 다만, 경비지도사 선임 신고 시 경비지도사 선임신고서에 기재한 해임예정일에 경비지도사를 해임한 경우에는

경비지도사 해임신고서를 제출하지 않아도 된다.
② 경비업자는 제1항 본문에도 불구하고 법 제18조 제2항 단서에 따라 **집단민원현장에 경비원 배치허가를 받은 경우 경비원을 배치하기 전까지** 경비지도사 선임신고서를 배치지를 관할하는 경찰서장에게 제출해야 한다.
③ **시·도경찰청장 또는 경찰서장**은 경비지도사로 선임되거나 선임되었던 사람이 요청하는 경우 별지 제10호의5 서식의 경비지도사 선임 확인증을 발급할 수 있다.

제11조의6 【경비원 직무교육 실시대장】 영 제17조 제3항에 따른 경비원 직무교육 실시대장은 별지 제10호의6 서식에 따른다.

제12조 【일반경비원에 대한 신임교육의 실시 등】 ★★
★★ ① 영 제18조 제1항에 따른 일반경비원 신임교육의 과목 및 시간은 **별표 2**와 같다.
② 경찰청장은 일반경비원에 대한 신임교육의 실시를 위하여 연도별 교육계획을 수립하고, 영 제19조의2 제1항에 따른 일반경비원 교육기관(이하 "일반경비원 교육기관"이라 한다)이 교육계획에 따라 교육을 실시하도록 하여야 한다.
③ 삭제 〈2014.6.5.〉
④ 일반경비원 교육기관의 장은 제1항에 따른 일반경비원 신임교육과정을 마친 사람에게 별지 제11호 서식의 신임교육이수증을 교부하고 그 사실을 별지 제12호 서식의 신임교육이수증 교부대장에 기록해야 하며, 교육기관, 교육일, 교육이수증 교부번호 등을 포함한 신임교육 이수자 현황을 경찰청장에게 통보해야 한다.
⑤ 경비업자는 일반경비원이 제1항의 규정에 의한 신임교육을 받은 때에는 제23조 제1항의 규정에 의한 경비원의 명부에 그 사실을 기재하여야 한다.
⑥ **시·도경찰청장 또는 경찰서장**은 제1항에 따른 일반경비원 신임교육을 받은 사람이 요청하는 경우에는 별지 제12호의2 서식의 **신임교육 이수 확인증을 발급**할 수 있다.

제13조 【일반경비원에 대한 직무교육의 시간 등】 ★★
① 영 제18조 제3항에서 "행정안전부령으로 정하는 시간"이란 **2시간**을 말한다.
② 영 제18조 제3항에 따른 일반경비원에 대한 직무교육의 과목은 일반경비원의 직무수행에 필요한 이론·실무과목 및 직업윤리 등으로 한다.
③ 영 제18조제3항에 따른 일반경비원에 대한 직무교육은 집합교육, 온라인교육 등 다양한 방법으로 실시할 수 있다.

제14조 〈삭제〉

제15조 【특수경비원에 대한 신임교육의 실시 등】 ★★
① 영 제19조 제1항에 따른 특수경비원 신임교육의 과목 및 시간은 **별표 4**와 같다.
② 영 제19조의2 제1항에 따른 특수경비원 교육기관의 장은 제1항에 따른 특수경비원 신임교육과정을 마친 사람에게 별지 제11호 서식의 신임교육이수증을 교부하고 그 사실을 별지 제12호서식의 신임교육이수증 교부대장에 기록해야 하며, 교육기관, 교육일, 교육이수증 교부번호 등을 포함한 신임교육 이수자 현황을 경찰청장에게 통보해야 한다.
③ 경비업자는 특수경비원이 제1항의 규정에 의한 신임교육을 받은 때에는 제23조 제1항의 규정에 의한 경비원의 명부에 그 사실을 기재하여야 한다.
④ 시·도경찰청장 또는 경찰서장은 제1항에 따른 특수경비원 신임교육을 받은 사람이 요청하는 경우에는 별지 제12호의2 서식의 신임교육 이수 확인증을 발급할 수 있다.

제16조 【특수경비원에 대한 직무교육의 시간 등】 ★★
① 영 제19조 제3항에서 "행정안전부령으로 정하는 시간"이란 **3시간**을 말한다.
② 관할 경찰서장 및 공항경찰대장 등 국가중요시설의 경비책임자(이하 "관할 경찰관서장"이라 한다)는 필요하다고 인정하는 경우에는 특수경비원이 배치된 경비대상시설에 소속 공무원을 파견하여 직무집행에 필요한 교육을 실시할 수 있다.
③ 영 제19조 제3항에 따른 특수경비원에 대한 직무교육의 과목은 특수경비원의 직무수행에 필요한 이론·실무과목 및 직업윤리 등으로 한다.
④ 영 제19조 제3항에 따른 특수경비원에 대한 직무교육은 집합교육, 온라인교육 등 다양한 방법으로 실시할 수 있다.

제16조의2 【경비원 교육기관의 지정 취소 등】 ★★★
① 법 제13조의3 제1항에 따른 경비원 교육기관의 지정 취소 및 업무 정지 기준은 **별표 1의3**과 같다.
② 경찰청장은 제1항에 따라 경비원 교육기관 지정을 취소하거나 업무 정지를 명한 경우 그 사실을 인터넷 홈페이지에 공고해야 한다.

제17조 【무기대여신청서】 영 제20조 제1항의 규정에 의한 무기대여신청서는 별지 제13호 서식에 의한다.

제18조 【무기의 관리수칙 등】 ★★★★★ ① 법 제14조 제4항에 따라 무기를 대여받은 국가중요시설의 시설주(이하 "시설주"라 한다) 또는 같은 조 제7항에 따른 관리책임자(이하 "관리책임자"라 한다)는 다음 각 호의 관리수칙에 따라 무기(탄약을 포함한다. 이하 같다)를 관리해야 한다.
1. 무기의 관리를 위한 책임자를 지정하고 관할 경찰관서장에게 이를 통보할 것
2. 무기고 및 탄약고는 단층에 설치하고 환기·방습·방화 및 총받침대 등의 시설을 할 것

3. **탄약고**는 무기고와 사무실 등 많은 사람을 수용하거나 많은 사람이 오고 가는 시설과 떨어진 곳에 설치할 것
4. 무기고 및 탄약고에는 이중 잠금장치를 하여야 하며, 열쇠는 관리책임자가 보관하되, 근무시간 이후에는 열쇠를 당직책임자에게 인계하여 보관시킬 것
5. 관할 경찰관서장이 정하는 바에 의하여 무기의 관리실태를 매월 파악하여 **다음 달 3일까지 관할 경찰관서장**에게 통보할 것
6. 대여받은 무기를 빼앗기거나 대여받은 무기가 분실·도난 또는 훼손되는 등의 사고가 발생한 때에는 관할 경찰관서장에게 그 사유를 지체 없이 통보할 것
7. 대여받은 무기를 빼앗기거나 대여받은 무기가 분실·도난 또는 훼손된 때에는 경찰청장이 정하는 바에 의하여 그 전액을 배상할 것. **다만, 전시·사변, 천재·지변 그 밖의 불가항력의 사유가 있다고 시·도경찰청장이 인정한 때에는 그러하지 아니하다.**
8. 시설주는 자체계획을 수립하여 보관하고 있는 무기를 매주 1회 이상 손질할 수 있게 할 것

② 시설주 또는 관리책임자는 고의 또는 과실로 무기(부속품을 포함한다)를 빼앗기거나 무기가 분실·도난 또는 훼손되도록 한 특수경비원에 대하여 특수경비업자에게 교체 또는 징계 등의 조치를 요청할 수 있다. 이 경우 특수경비업자는 특별한 사유가 없는 한 이에 응하여야 한다.

③ 법 제14조 제4항의 규정에 의하여 무기를 대여받은 시설주 또는 관리책임자가 특수경비원에게 무기를 출납하고자 하는 때에는 다음 각 호의 관리수칙에 따라 무기를 관리하여야 한다.
1. 관할 경찰관서장이 무기를 회수하여 집중적으로 관리하도록 지시하는 경우 또는 출납하는 탄약의 수를 증감하거나 출납을 중지하도록 지시하는 경우에는 이에 따를 것
2. 탄약의 출납은 소총에 있어서는 1정당 15발 이내, 권총에 있어서는 1정당 7발 이내로 하되, 생산된 후 오래된 탄약을 우선적으로 출납할 것
3. 무기를 지급받은 특수경비원으로 하여금 무기를 매주 1회 이상 손질하게 할 것
4. 수리가 필요한 무기가 있는 때에는 그 목록과 무기장비 운영카드를 첨부하여 **관할 경찰관서장**에게 수리를 요청할 것

④ 법 제14조 제4항의 규정에 의하여 시설주로부터 무기를 지급받은 특수경비원은 다음 각 호의 관리수칙에 따라 무기를 관리하여야 한다.
1. 무기를 지급받거나 반납하는 때 또는 무기의 인계인수를 하는 때에는 반드시 "앞에 총"의 자세에서 "검사 총"을 할 것
2. 무기를 지급받은 때에는 별도의 지시가 없는 한 탄약은 무기로부터 분리하여 휴대하여야 하며, 소총은 "우로 어깨걸어 총"의 자세를 유지하고, 권총은 "권총집에 넣어 총"의 자세를 유지할 것
3. 지급받은 무기를 다른 사람에게 보관·휴대 또는 손질시키지 아니할 것
4. 무기를 손질 또는 조작하는 때에는 총구를 반드시 공중으로 향하게 할 것
5. 무기를 반납하는 때에는 손질을 철저히 한 후 반납하도록 할 것
6. 근무시간 이후에는 무기를 시설주에게 반납하거나 교대근무자에게 인계할 것

⑤ 시설주는 다음 각 호의 특수경비원에 대하여 무기를 지급해서는 안 되며, 지급된 무기가 있는 경우 이를 즉시 회수해야 한다.
1. 형사사건으로 인하여 조사를 받고 있는 사람
2. 사직 의사를 표명한 사람
3. 정신질환자
4. 그 밖에 무기를 지급하기에 부적합하다고 인정되는 사람

⑥ **시설주**는 무기를 수송하는 때에는 출발하기 전에 **관할 경찰관서장**에게 그 사실을 통보하여야 하며, 통보를 받은 관할 경찰관서장은 1인 이상의 무장경찰관을 무기를 수송하는 자동차 등에 함께 타도록 하여야 한다.

제19조【경비원의 복장 등 신고 등】★★★ ① 법 제16조 제1항에 따라 경비원의 복장 신고(변경신고를 포함한다)를 하려는 경비업자는 소속 경비원에게 복장을 착용하도록 하기 전에 별지 제13호의2 서식의 경비원 복장 등 신고서(전자문서로 된 신고서를 포함한다. 이하 같다)를 경비업자의 주된 사무소를 관할하는 **시·도경찰청장에게 제출**하여야 한다.

② 법 제16조 제4항에 따라 경비원 복장 시정명령에 대한 이행보고를 하려는 경비업자는 별지 제13호의3 서식의 시정명령 이행보고서(전자문서로 된 보고서를 포함한다. 이하 같다)에 이행사실을 입증할 수 있는 사진 등의 서류를 첨부하여 시정명령을 한 시·도경찰청장에게 제출하여야 한다.

③ 경비업자는 제1항에 따른 신고서 또는 제2항에 따른 이행보고서를 경비업자의 주된 사무소를 관할하는 시·도경찰청장 소속 경찰서장을 거쳐 제출할 수 있다. 이 경우 신고서 또는 이행보고서를 받은 경찰서장은 지체 없이 경비업자의 주된 사무소를 관할하는 시·도경찰청장에게 해당 신고서 또는 이행보고서를 보내야 한다.

④ 경비원은 경비업무 수행 시 이름표를 경비원 복장의 상의 가슴 부위에 부착하여 경비원의 이름을 외부에서 알아볼 수 있도록 하여야 한다.

제20조【경비원의 휴대장비】★★★ ① 법 제16조의2 제1항에 따라 **경비원은 근무 중 경적, 단봉, 분사기, 안전방패, 무전기 및 그 밖에 경비 업무 수행에 필요한 것으로서 공격적인 용도로 제작되지 아니하는 장비를 휴대할 수 있으며, 안전모 및 방검복 등 안전장비를 착용할 수 있다.**

② 제1항에 따른 경비원 장비의 구체적인 기준은 **별표 5**에 따른다.

제21조【출동차량 등의 신고 등】① 법 제16조의3 제2항에 따라 출동차량 등에 대한 신고(변경신고를 포함한다)를 하려는 경비업자는 출동차량 등을 운행하기 전에 별지 제13호의4 서식의 출동차량 등 신고서(전자문서로 된 신고서를 포함한다. 이하 같다)를 경비업자의 주된 사무소를 관할하는 **시·도경찰청장에게 제출**하여야 한다.

② 법 제16조의3 제4항에 따라 출동차량 등의 시정명령에 대한 이행보고를 하려는 경비업자는 별지 제13호의3 서식의 시정명령 이행보고서에 이행사실을 입증할 수 있는 사진 등의 서류를 첨부하여 시정명령을 한 시·도경찰청장에게 제출하여야 한다.

③ 경비업자는 제1항에 따른 신고서 및 제2항에 따른 이행보고서를 경비업자의 주된 사무소를 관할하는 시·도경찰청장 소속의 경찰서장을 거쳐 제출할 수 있다. 이 경우 신고서 또는 이행보고서를 받은 경찰서장은 지체 없이 경비업자의 주된 사무소를 관할하는 시·도경찰청장에게 해당 신고서 또는 이행보고서를 보내야 한다.

제22조【결격사유 확인을 위한 범죄경력조회 요청】★★★ ① 법 제17조 제2항에 따른 범죄경력조회 요청은 별지 제13호의5 서식의 범죄경력조회 신청서(전자문서로 된 신청서를 포함한다)에 따른다.

② 경비업자는 제1항에 따라 범죄경력조회를 요청하는 경우 다음 각 호의 서류를 첨부하여야 한다.
1. **경비업 허가증 사본**
2. **별지 제13호의6 서식의 취업자 또는 취업예정자 범죄경력조회 동의서**

제23조【경비원의 명부】★★★ 경비업자는 법 제18조 제1항에 따라 다음 각 호의 장소에 별지 제14호 서식의 경비원 명부(**제2호 및 제3호의 경우에는 해당 장소에 배치된 경비원의 명부**를 말한다)를 작성·비치하여 두고, 이를 항상 정리하여야 한다.
1. **주된 사무소**
2. **영 제5조 제3항에 따른 출장소**
3. **집단민원현장**

제24조【경비원의 배치 및 배치폐지의 신고】★★★★★ ① 경비업자는 법 제18조 제2항에 따라 경비업무를 수행하기 위하여 **20일 이상 경비원을 배치하거나 그 기간을 연장하려는 때에는 경비원을 배치한 후 7일 이내**에 별지 제15호 서식의 경비원 배치신고서(전자문서로 된 신고서를 포함하며, 이하 "배치신고서"라 한다)를 배치지를 관할하는 경찰관서장에게 제출해야 한다. 다만, **법 제18조 제2항 제2호 및 제3호에 해당하는 경비원을 배치하는 경우에는 경비원을 배치하는 기간과 관계없이 경비원을 배치하기 전까지 제출**해야 한다.

② 법 제18조 제2항 제3호에 해당하는 특수경비원을 배치하는 경비업자는 배치신고서에 특수경비원 전원의 별지 제15호의2 서식의 병력(病歷) 신고 및 개인정보 이용 동의서(이하 이 조에서 "동의서"라 한다)를 첨부하여 관할 경찰관서장에게 제출해야 한다.

③ 제2항에 따른 동의서를 제출받은 관할 경찰관서장은 국민건강보험공단 등 관계기관에 치료경력의 조회를 요청할 수 있다.

④ 관할 경찰관서장은 제2항에 따른 동의서의 기재내용 또는 관계기관의 조회결과를 확인하여 필요한 경우 경비업자에게 다음 각 호의 서류를 제출하도록 요청할 수 있다. 이 경우 경비업자는 해당 특수경비원의 서류(제출일 기준 6개월 이내에 발급된 서류에 한정한다)를 관할 경찰관서장에게 제출해야 한다.
1. 영 제10조의2 각 호에 해당하지 않음을 증명하는 해당 분야 전문의의 진단서 1부
2. 영 제10조의2 제3호 단서에 해당하는 경우 이를 증명하는 해당 분야 전문의의 진단서 1부

⑤ 제1항의 규정에 의하여 경비원의 배치신고를 한 경비업자가 경비원의 배치를 폐지한 때에는 배치폐지를 한 날부터 7일 이내에 별지 제15호 서식의 경비원 배치폐지신고서(전자문서로 된 신고서를 포함한다)를 배치지의 관할 경찰관서장에게 제출하여야 한다. 다만, 경비원 배치신고 시에 기재한 배치폐지 예정일에 경비원의 배치를 폐지한 경우에는 그러하지 아니하다.

⑥ 시·도경찰청장 또는 경찰서장은 일반경비원 또는 특수경비원이나 일반경비원 또는 특수경비원으로 근무했던 사람이 요청하는 경우에는 별지 제12호의2서식의 배치폐지 또는 현재 배치여부 확인증을 발급할 수 있다. 〈신설 2023. 7. 17.〉

제24조의2【집단민원현장에의 일반경비원 배치허가 신청 등】★★★★★ ① 법 제18조 제2항 각 호 외의 부분 단서에 따라 집단민원현장에 일반경비원 배치허가를 신청하려는 경비업자는 별지 제15호의3 서식의 집단민원현장 일반경비원 배치허가 신청서(전자문서에 의한 신청서를 포함하며, 이하 "배치허가 신청서"라 한다)

에 집단민원현장에 배치될 일반경비원의 신임교육 이수증(영 제18조 제2항에 따른 일반경비원 신임교육 면제 대상의 경우 신임교육 면제 대상에 해당함을 입증할 수 있는 서류를 말한다) 각 1부를 첨부하여 관할 경찰관서장에게 제출해야 한다.
② 제1항에 따른 배치허가 신청서를 받은 관할 경찰관서장은 경비원 배치예정 일시 전까지 배치허가 여부를 결정하여 경비업자에게 통보하여야 한다.
③ 제2항에 따라 **일반경비원 배치허가를 받은 경비업자가 경비원 배치기간을 연장하려는 경우에는 배치기간이 만료되기 48시간 전까지 배치허가 신청서를 관할 경찰관서장에게 제출하여 허가**를 받아야 한다.
④ 제2항에 따라 일반경비원 배치허가를 받은 경비업자가 집단민원현장에 새로운 경비원을 배치하려는 경우에는 새로운 경비원을 배치하기 48시간 전까지 배치허가 신청서를 관할 경찰관서장에게 제출하여 허가를 받아야 한다.
⑤ 제2항에 따라 일반경비원 배치허가를 받은 경비업자가 경비원의 배치를 폐지한 때에는 배치폐지를 한 날부터 48시간 이내에 별지 제15호의4 서식의 집단민원현장 일반경비원 배치폐지 신고서(전자문서로 된 신고서를 포함한다)를 관할 경찰관서장에게 제출해야 한다.
⑥ 제2항에 따라 일반경비원 배치허가를 받은 경비업자가 집단민원현장에 배치된 경비지도사를 변경한 경우에는 변경된 내용을 관할 경찰관서장에게 통보하여야 한다.

제24조의3 【경비원 근무상황기록부】 ★★★ ① 경비업자는 법 제18조 제5항에 따라 경비업무를 수행하는 경비원의 인적사항, 배치일시, 배치장소, 배치폐지 일시 및 근무 여부 등 근무상황을 기록한 근무상황기록부(전자문서로 된 근무상황기록부를 포함한다. 이하 같다)를 작성하여 주된 사무소 및 출장소에 갖추어 두어야 한다.
② **경비업자는** 제1항에 따른 **근무상황기록부를 1년 동안 보관**하여야 한다.　　※ 구별 - 경비지도사는 경비원 직무교육실시대장에 그 내용을 기록하여 2년간 보존

제25조 【경비전화의 가설】 ① 관할 경찰관서장은 **시설주의** 신청에 의하여 특수경비원이 배치된 국가중요시설 등에 경비전화를 가설할 수 있다.
② 제1항의 규정에 의하여 경비전화를 가설하는 경우의 소요경비는 시설주의 부담으로 한다.

제26조 【갖추어 두어야 하는 장부 또는 서류】 ★★★★★
① 특수경비원을 배치한 **시설주는** 다음 각 호의 장부 및 서류를 갖추어 두어야 한다.
1. 근무일지
2. 근무상황카드
3. 경비구역 배치도
4. **순찰표철**
5. **무기탄약출납부**
6. **무기장비 운영카드**
② 특수경비원을 배치한 국가중요시설의 **관할 경찰관서장은** 다음 각 호의 장부 및 서류를 갖추어 두어야 한다.
1. 감독순시부
2. 특수경비원 전·출입 관계철
3. 특수경비원 교육훈련 실시부
4. **무기·탄약대여대장**
5. 그 밖에 특수경비원의 관리 등을 위하여 필요한 장부 또는 서류
③ 제1항 및 제2항의 규정에 의한 장부 또는 서류의 서식은 경찰관서에서 사용하는 서식을 준용한다.

제27조 삭제 〈2014.6.5.〉

제27조의2 【규제의 재검토】 경찰청장은 제20조에 따른 **경비원이 휴대하는 장비** 등에 대하여 2014년 6월 8일을 기준으로 **3년마다(매 3년이 되는 해의 6월 8일 전까지를 말한다) 그 타당성을 검토**하여 개선 등의 조치를 하여야 한다.

제28조 【과태료 부과 고지서 등】 ① 법 제31조 제1항 및 제2항에 따른 과태료 부과의 사전 통지는 별지 제16호 서식의 과태료 부과 사전 통지서에 따른다.
② 법 제31조 제1항 및 제2항에 따른 과태료의 부과는 별지 제17호 서식의 과태료 부과 고지서에 따른다.

부칙 〈행정안전부령 제363호, 2022.12.19.〉(자격 취득 등에 요구되는 실무경력의 인정범위 확대 등을 위한 3개 법령의 일부개정에 관한 행정안전부령) 이 규칙은 공포한 날부터 시행한다.

부칙 〈행정안전부령 제418호, 2023.7.17.〉 이 규칙은 공포한 날부터 시행한다. 다만, 다음 각 호의 개정규정은 해당 호에서 정하는 날부터 시행한다.
1. 제13조 제1항 및 제16조 제1항의 개정규정: 2023년 8월 1일
2. 별표 1, 별표 2 및 별표 4의 개정규정: 2024년 1월 1일

부칙 〈행정안전부령 제512호, 2024.8.14.〉
제1조 【시행일】 이 규칙은 2024년 8월 14일부터 시행한다. 다만, 별표 1, 별표 2, 별표 4 및 별지 제2호 서식의 개정규정은 2025년 1월 31일부터 시행한다.
제2조 【경비지도사 기본교육의 과목 및 시간에 관한 경과조치】 경비지도사 기본교육의 과목, 시간 및 교육의 면제에 대하여는 별표 1의 개정규정에도 불구하고 2025년 1월 30일까지는 종전의 규정에 따른다.

04 청원경찰법

[시행 2022.11.15.] [법률 제19033호, 2022.11.15., 일부개정]

제1조【목적】이 법은 청원경찰의 **직무·임용·배치·보수·사회보장** 및 그 밖에 필요한 사항을 규정함으로써 청원경찰의 원활한 운영을 목적으로 한다.

제2조【정의】★★★ 이 법에서 "청원경찰"이란 다음 각 호의 어느 하나에 해당하는 기관의 장 또는 시설·사업장 등의 경영자가 경비[이하 "청원경찰경비"(請願警察經費)라 한다]를 부담할 것을 조건으로 경찰의 배치를 신청하는 경우 그 기관·시설 또는 사업장 등의 경비(警備)를 담당하게 하기 위하여 배치하는 경찰을 말한다.
1. 국가기관 또는 공공단체와 그 관리하에 있는 중요 시설 또는 사업장
2. <u>국내 주재(駐在) 외국기관</u>
   ※ 국외 주재 국내기관(X)
3. 그 밖에 행정안전부령으로 정하는 중요 시설, 사업장 또는 장소

제3조【청원경찰의 직무】★★★ 청원경찰은 제4조 제2항에 따라 청원경찰의 배치결정을 받은 자[이하 "청원주"(請願主)라 한다]와 배치된 기관·시설 또는 사업장 등의 **구역을 관할하는 경찰서장의 감독을 받아 그 경비구역만의 경비를 목적으로 필요한 범위**에서 「경찰관 직무집행법」에 따른 경찰관의 직무를 수행한다.

제4조【청원경찰의 배치】★★★★★ ① 청원경찰을 배치받으려는 자는 대통령령으로 정하는 바에 따라 **관할 시·도경찰청장에게 청원경찰 배치를 신청**하여야 한다.
② 시·도경찰청장은 제1항의 청원경찰 배치신청을 받으면 지체 없이 그 배치 여부를 결정하여 신청인에게 알려야 한다.
③ **시·도경찰청장**은 청원경찰 배치가 필요하다고 인정하는 기관의 장 또는 시설·사업장의 경영자에게 청원경찰을 배치할 것을 **요청할 수 있다.**

제5조【청원경찰의 임용 등】★★★ ① 청원경찰은 **청원주가 임용**하되, 임용을 할 때에는 **미리 시·도경찰청장의 승인**을 받아야 한다.
② 「국가공무원법」 제33조 각 호의 어느 하나의 결격사유에 해당하는 사람은 청원경찰로 임용될 수 없다.
   ※ 제5조 제2항에 의한 「국가공무원법」 제33조 제5호에 관한 부분은 「헌법」에 위반됨

③ 청원경찰의 임용자격·임용방법·교육 및 보수에 관하여는 대통령령으로 정한다.
④ 청원경찰의 복무에 관하여는 「국가공무원법」 제57조, 제58조 제1항, 제60조 및 「경찰공무원법」 제24조를 준용한다.
[2018.9.18. 법률 제15765호에 의하여 2017.9.28. 헌법재판소에서 헌법불합치 결정된 이 조 제4항을 개정함]

제5조의2【청원경찰의 징계】★★★★ ① 청원주는 청원경찰이 다음 각 호의 어느 하나에 해당하는 때에는 대통령령으로 정하는 징계절차를 거쳐 징계처분을 하여야 한다.
1. 직무상의 의무를 위반하거나 직무를 태만히 한 때
2. 품위를 손상하는 행위를 한 때
② 청원경찰에 대한 징계의 종류는 **파면, 해임, 정직, 감봉 및 견책**으로 구분한다.
   ※ 강등, 직위해제 규정은 없음
③ 청원경찰의 징계에 관하여 그 밖에 필요한 사항은 대통령령으로 정한다.

제6조【청원경찰경비】★★★★ ① 청원주는 다음 각 호의 청원경찰경비를 부담하여야 한다.
1. <u>청원경찰에게 지급할 봉급과 각종 수당</u>
2. <u>청원경찰의 피복비</u>
3. <u>청원경찰의 교육비</u>
4. 제7조에 따른 보상금 및 제7조의2에 따른 퇴직금
   ※ 제4호를 제외한 제1호~제3호는 경찰청장이 정하는 것이 원칙
② 국가기관 또는 지방자치단체에 근무하는 청원경찰의 보수는 다음 각 호의 구분에 따라 같은 재직기간에 해당하는 경찰공무원의 보수를 감안하여 대통령령으로 정한다.
1. 재직기간 15년 미만: 순경
2. 재직기간 15년 이상 23년 미만: 경장
3. 재직기간 23년 이상 30년 미만: 경사
4. 재직기간 30년 이상: 경위
③ 청원주의 제1항 제1호에 따른 봉급·수당의 최저 부담기준액(국가기관 또는 지방자치단체에 근무하는 청원경찰의 봉급·수당은 제외한다)과 같은 항 제2호 및 제3호에 따른 비용의 부담기준액은 **경찰청장이 정하여 고시**(告示)한다.

제7조【보상금】★★ 청원주는 청원경찰이 다음 각 호의 어느 하나에 해당하게 되면 대통령령으로 정하

는 바에 따라 청원경찰 본인 또는 그 유족에게 보상금을 지급하여야 한다.
1. 직무수행으로 인하여 부상을 입거나, 질병에 걸리거나 또는 사망한 경우
2. 직무상의 부상·질병으로 인하여 퇴직하거나, **퇴직 후 2년 이내에 사망한 경우**

제7조의2 【퇴직금】 ★★ 청원주는 청원경찰이 퇴직할 때에는 「근로자퇴직급여 보장법」에 따른 퇴직금을 지급하여야 한다. 다만, 국가기관이나 지방자치단체에 근무하는 청원경찰의 퇴직금에 관하여는 따로 대통령령으로 정한다.

제8조 【제복 착용과 무기 휴대】 ① 청원경찰은 근무 중 제복을 착용하여야 한다.
② 시·도경찰청장은 청원경찰이 직무를 수행하기 위하여 필요하다고 인정하면 청원주의 신청을 받아 관할 경찰서장으로 하여금 청원경찰에게 무기를 대여하여 지니게 할 수 있다.
③ 청원경찰의 복제(服制)와 무기 휴대에 필요한 사항은 대통령령으로 정한다.

제9조 삭제 〈1999.3.31.〉

제9조의2 삭제 〈2001.4.7.〉

제9조의3 【감독】 ★★ ① **청원주는 항상** 소속 청원경찰의 근무상황을 감독하고, 근무 수행에 필요한 교육을 하여야 한다.
② 시·도경찰청장은 청원경찰의 효율적인 운영을 위하여 청원주를 지도하며 감독상 필요한 명령을 할 수 있다.

제9조의4 【쟁의행위의 금지】 청원경찰은 파업, 태업 또는 그 밖에 업무의 정상적인 운영을 방해하는 일체의 쟁의행위를 하여서는 아니 된다.

제10조 【직권남용 금지 등】 ★★★★ ① 청원경찰이 직무를 수행할 때 직권을 남용하여 국민에게 해를 끼친 경우에는 **6개월 이하의 징역이나 금고**에 처한다.
② 청원경찰 업무에 종사하는 사람은 「형법」이나 그 밖의 법령에 따른 벌칙을 적용할 때에는 공무원으로 본다.

제10조의2 【청원경찰의 불법행위에 대한 배상책임】 ★★★★ 청원경찰(국가기관이나 지방자치단체에 근무하는 청원경찰은 제외한다)의 직무상 불법행위에 대한 배상책임에 관하여는 「**민법」의 규정을 따른다.**

제10조의3 【권한의 위임】 이 법에 따른 시·도경찰청장의 권한은 그 일부를 대통령령으로 정하는 바에 따라 관할 경찰서장에게 위임할 수 있다.

제10조의4 【의사에 반한 면직】 ★★★★★ ① 청원경찰은 **형의 선고, 징계처분 또는 신체상·정신상의 이상으로 직무를 감당하지 못할 때를 제외하고는** 그 의사(意思)에 반하여 면직(免職)되지 아니한다.
② 청원주가 청원경찰을 면직시켰을 때에는 그 사실을 관할 경찰서장을 거쳐 시·도경찰청장에게 보고하여야 한다.

제10조의5 【배치의 폐지 등】 ★★★★★ ① 청원주는 청원경찰이 배치된 시설이 폐쇄되거나 축소되어 청원경찰의 배치를 폐지하거나 배치인원을 감축할 필요가 있다고 인정하면 청원경찰의 배치를 폐지하거나 배치인원을 감축할 수 있다. 다만, 청원주는 다음 각 호의 어느 하나에 해당하는 경우에는 청원경찰의 배치를 폐지하거나 배치인원을 감축할 수 없다.
1. 청원경찰을 대체할 목적으로 「경비업법」에 따른 특수경비원을 배치하는 경우
2. 청원경찰이 배치된 기관·시설 또는 사업장 등이 배치인원의 변동사유 없이 다른 곳으로 이전하는 경우

② 제1항에 따라 청원주가 청원경찰을 폐지하거나 감축하였을 때에는 청원경찰 배치 결정을 한 경찰관서의 장에게 알려야 하며, 그 사업장이 제4조 제3항에 따라 시·도경찰청장이 청원경찰의 배치를 요청한 사업장일 때에는 그 폐지 또는 감축 사유를 구체적으로 밝혀야 한다.

③ 제1항에 따라 청원경찰의 배치를 폐지하거나 배치인원을 감축하는 경우 해당 청원주는 배치폐지나 배치인원 감축으로 과원(過員)이 되는 청원경찰 인원을 그 기관·시설 또는 사업장 내의 유사 업무에 종사하게 하거나 다른 시설·사업장 등에 재배치하는 등 청원경찰의 고용이 보장될 수 있도록 노력하여야 한다.

제10조의6 【당연퇴직】 ★★★★ 청원경찰이 다음 각 호의 어느 하나에 해당할 때에는 당연퇴직된다.
1. **제5조 제2항에 따른 임용결격사유에 해당될 때.**
   ※ 「청원경찰법 시행령」 제5조 제3항은 해당사항이 아님
   다만, 「국가공무원법」 제33조 제2호는 파산선고를 받은 사람으로서 「채무자 회생 및 파산에 관한 법률」에 따라 신청기한 내에 면책신청을 하지 아니하였거나 면책불허가 결정 또는 면책 취소가 확정된 경우만 해당하고, 「국가공무원법」 제33조 제5호는 「**형법」 제129조부터 제132조까지**, 「성폭력범죄의 처벌 등에 관한 특례법」 제2조, 「아동·청소년의 성보호에 관한 법률」 제2조 제2호 및 직무와 관련하여 「형법」 제355조 또는 제356조에 규정된 죄를 범한 사람으로서 금고 이상의 형의 선고유예를 받은 경우만 해당한다.
2. 제10조의5에 따라 청원경찰의 배치가 폐지되었을 때
3. 나이가 60세가 되었을 때. 다만, 그날이 1월부터 6월 사이에 있으면 6월 30일에, 7월부터 12월 사이에 있으면 12월 31일에 각각 당연퇴직된다.

청원경찰법 시행령

[시행 2024.4.23.] [대통령령 제3432호, 2024.4.23., 일부개정]

제10조의7 【휴직 및 명예퇴직】 ★ 국가기관이나 지방자치단체에 근무하는 청원경찰의 휴직 및 명예퇴직에 관하여는 「국가공무원법」 제71조부터 제73조까지 및 제74조의2를 준용한다.

제11조 【벌칙】 ★★★ 제9조의4를 위반하여 **파업, 태업 또는 그 밖에 업무의 정상적인 운영을 방해하는 쟁의행위를 한 사람은 1년 이하의 징역 또는 1천만 원 이하의 벌금**에 처한다.

제12조 【과태료】 ★★★★★ ① 다음 각 호의 어느 하나에 해당하는 자에게는 **500만 원 이하의 과태료**를 부과한다.
1. 제4조 제2항에 따른 시·도경찰청장의 배치결정을 받지 아니하고 청원경찰을 배치하거나 제5조 제1항에 따른 시·도경찰청장의 승인을 받지 아니하고 청원경찰을 임용한 자
2. 정당한 사유 없이 제6조 제3항에 따라 경찰청장이 고시한 최저부담기준액 이상의 보수를 지급하지 아니한 자
3. 제9조의3 제2항에 따른 감독상 필요한 명령을 정당한 사유 없이 이행하지 아니한 자

② 제1항에 따른 과태료는 대통령령으로 정하는 바에 따라 시·도경찰청장이 부과·징수한다.

부칙 〈법률 제19033호, 2022.11.15.〉

제1조 【시행일】 이 법은 공포한 날부터 시행한다.

제2조 【당연퇴직에 관한 적용례】 제10조의6 제1호의 개정규정은 이 법 시행 이후 파산선고를 받거나 이 법 시행 이후의 행위로 형의 선고유예를 받은 사람부터 적용한다.

제1조 【목적】 이 영은 「청원경찰법」에서 위임된 사항과 그 시행에 필요한 사항을 규정함을 목적으로 한다.

제2조 【청원경찰의 배치 신청 등】 ★★★ 「청원경찰법」(이하 "법"이라 한다) 제4조 제1항에 따라 청원경찰의 배치를 받으려는 자는 청원경찰 배치신청서에 다음 각 호의 서류를 첨부하여 법 제2조 각 호의 기관·시설·사업장 또는 장소(이하 "사업장"이라 한다)의 소재지를 관할하는 경찰서장(이하 "관할 경찰서장"이라 한다)을 거쳐 시·도경찰청장에게 제출하여야 한다. 이 경우 배치 장소가 둘 이상의 도(특별시, 광역시, 특별자치시 및 특별자치도를 포함한다. 이하 같다)일 때에는 주된 사업장의 관할 경찰서장을 거쳐 시·도경찰청장에게 한꺼번에 신청할 수 있다.
1. 경비구역 평면도 1부
2. 배치계획서 1부

제3조 【임용자격】 ★★ 법 제5조 제3항에 따른 청원경찰의 임용자격은 다음 각 호와 같다.
1. 18세 이상인 사람
2. 행정안전부령으로 정하는 신체조건에 해당하는 사람

제4조 【임용방법 등】 ★★★ ① 법 제4조 제2항에 따라 청원경찰의 배치결정을 받은 자(이하 "청원주"라 한다)는 법 제5조 제1항에 따라 그 배치결정의 통지를 받은 날부터 **30일 이내에 배치 결정된 인원수의 임용예정자에 대하여 청원경찰 임용승인을 시·도경찰청장에게 신청**하여야 한다.

② 청원주가 법 제5조 제1항에 따라 청원경찰을 임용하였을 때에는 **임용한 날부터 10일 이내에 그 임용사항을 관할 경찰서장을 거쳐 시·도경찰청장에게 보고**하여야 한다. 청원경찰이 퇴직하였을 때에도 또한 같다.

제5조 【교육】 ★★★★★ ① 청원주는 청원경찰로 임용된 사람으로 하여금 **경비구역에 배치하기 전에 경찰교육기관에서 직무 수행에 필요한 교육**을 받게 하여야 한다. 다만, 경찰교육기관의 교육계획상 부득이하다고 인정할 때에는 **우선 배치하고 임용 후 1년 이내에 교육을 받게 할 수 있다.**

② 경찰공무원(의무경찰을 포함한다) 또는 청원경찰에서 퇴직한 사람이 **퇴직한 날부터 3년 이내에 청원경찰로 임용되었을 때에는 제1항에 따른 교육을 면제할 수 있다.**

③ 제1항의 교육기간·교육과목·수업시간 및 그 밖에 교육의 시행에 필요한 사항은 행정안전부령으로 정한다.

제6조 【배치 및 이동】 ★★★ ① 청원주는 청원경찰을 신규로 배치하거나 이동배치하였을 때에는 배치지(이동배치의 경우에는 종전의 배치지)를 관할하는 경찰서장에게 그 사실을 통보하여야 한다.

② 제1항의 통보를 받은 경찰서장은 이동배치지가

다른 관할 구역에 속할 때에는 전입지를 관할하는 경찰서장에게 이동배치한 사실을 통보하여야 한다.

제7조【복무】★ 법 제5조 제4항에서 규정한 사항 외에 청원경찰의 복무에 관하여는 해당 **사업장의 취업규칙**에 따른다.

제8조【징계】★★★★★ ① 관할 경찰서장은 청원경찰이 법 제5조의2 제1항 각 호의 어느 하나에 해당한다고 인정되면 청원주에게 해당 청원경찰에 대하여 징계처분을 하도록 요청할 수 있다.

② 법 제5조의2 제2항의 정직(停職)은 1개월 이상 3개월 이하로 하고, 그 기간에 청원경찰의 신분은 보유하나 직무에 종사하지 못하며, 보수의 3분의 2를 줄인다.

③ 법 제5조의2 제2항의 감봉은 1개월 이상 3개월 이하로 하고, 그 기간에 보수의 3분의 1을 줄인다.

④ 법 제5조의2 제2항의 견책(譴責)은 전과(前過)에 대하여 훈계하고 회개하게 한다.

⑤ 청원주는 청원경찰 배치 결정의 통지를 받았을 때에는 통지를 받은 날부터 15일 이내에 청원경찰에 대한 징계규정을 제정하여 관할 시·도경찰청장에게 신고하여야 한다. 징계규정을 변경할 때에도 또한 같다.

⑥ 시·도경찰청장은 제5항에 따른 징계규정의 보완이 필요하다고 인정할 때에는 청원주에게 그 보완을 요구할 수 있다.

제9조【국가기관 또는 지방자치단체에 근무하는 청원경찰의 보수】① 법 제6조 제2항에 따른 국가기관 또는 지방자치단체에 근무하는 청원경찰의 봉급은 별표 1과 같다.

② 법 제6조 제2항에 따른 국가기관 또는 지방자치단체에 근무하는 청원경찰의 각종 수당은 「공무원수당 등에 관한 규정」에 따른 수당 중 가계보전수당, 실비변상 등으로 하며, 그 세부 항목은 경찰청장이 정하여 고시한다.

③ 법 제6조 제2항에 따른 재직기간은 청원경찰로서 근무한 기간으로 한다.

제10조【국가기관 또는 지방자치단체에 근무하는 청원경찰 외의 청원경찰의 보수】 국가기관 또는 지방자치단체에 근무하는 청원경찰 외의 청원경찰의 봉급과 각종 수당은 법 제6조 제3항에 따라 경찰청장이 고시한 최저부담기준액 이상으로 지급하여야 한다. 다만, 고시된 최저부담기준액이 배치된 사업장에서 같은 종류의 직무나 유사 직무에 종사하는 근로자에게 지급하는 임금보다 적을 때에는 그 사업장에서 같은 종류의 직무나 유사 직무에 종사하는 근로자에게 지급하는 임금에 상당하는 금액을 지급하여야 한다.

제11조【보수 산정 시의 경력 인정 등】★★★ ① 청원경찰의 보수 산정에 관하여 그 배치된 사업장의 취업규칙에 특별한 규정이 없는 경우에는 다음 각 호의 경력을 봉급 산정의 기준이 되는 경력에 산입(算入)하여야 한다.
1. 청원경찰로 근무한 경력
2. 군 또는 의무경찰에 복무한 경력
3. **수위·경비원·감시원** 또는 그 밖에 청원경찰과 비슷한 직무에 종사하던 사람이 해당 사업장의 청원주에 의하여 청원경찰로 임용된 경우에는 그 직무에 종사한 경력
4. 국가기관 또는 지방자치단체에서 근무하는 청원경찰에 대해서는 국가기관 또는 지방자치단체에서 **상근(常勤)**으로 근무한 경력

② 국가기관 또는 지방자치단체에 근무하는 청원경찰 보수의 호봉 간 승급기간은 경찰공무원의 승급기간에 관한 규정을 준용한다.

③ 국가기관 또는 지방자치단체에 근무하는 청원경찰 외의 청원경찰 보수의 호봉 간 승급기간 및 승급액은 그 배치된 사업장의 취업규칙에 따르며, 이에 관한 취업규칙이 없을 때에는 순경의 승급에 관한 규정을 준용한다.

제12조【청원경찰경비의 고시 등】★★ ① 법 제6조 제1항 제1호부터 제3호까지의 청원경찰경비의 지급방법 또는 납부방법은 행정안전부령으로 정한다.

② 법 제6조 제3항에 따른 청원경찰경비의 최저부담기준액 및 부담기준액은 경찰공무원 중 순경의 것을 고려하여 다음 연도분을 매년 12월에 고시하여야 한다. 다만, 부득이한 사유가 있을 때에는 수시로 고시할 수 있다.

제13조【보상금】★★ 청원주는 법 제7조에 따른 보상금의 지급을 이행하기 위하여 「산업재해보상보험법」에 따른 산업재해보상보험에 가입하거나, 「근로기준법」에 따라 보상금을 지급하기 위한 재원(財源)을 따로 마련하여야 한다.

제14조【복제】① 청원경찰의 복제(服制)는 제복·장구(裝具) 및 부속물로 구분한다.

② 청원경찰의 제복·장구 및 부속물에 관하여 필요한 사항은 행정안전부령으로 정한다.

③ 청원경찰이 그 배치지의 특수성 등으로 **특수복장을 착용할 필요가 있을 때에는 청원주는 시·도경찰청장의 승인을 받아 특수복장을 착용**하게 할 수 있다.

제15조【분사기 휴대】★★★ 청원주는 「총포·도검·화약류 등의 안전관리에 관한 법률」에 따른 분사기의 소지허가를 받아 청원경찰로 하여금 그 분사기를 휴대하여 직무를 수행하게 할 수 있다.

제16조【무기 휴대】① 청원주가 법 제8조 제2항에 따라 청원경찰이 휴대할 무기를 대여받으려는 경우에

는 관할 경찰서장을 거쳐 시·도경찰청장에게 무기 대여를 신청하여야 한다.
② 제1항의 신청을 받은 시·도경찰청장이 무기를 대여하여 휴대하게 하려는 경우에는 청원주로부터 국가에 기부채납된 무기에 한정하여 관할 경찰서장으로 하여금 무기를 대여하여 휴대하게 할 수 있다.
③ 제1항에 따라 무기를 대여하였을 때에는 관할 경찰서장은 청원경찰의 **무기관리 상황을 수시로 점검하여야 한다.** ※「경비업법」상은 매월 1회 이상 점검
④ 청원주 및 청원경찰은 행정안전부령으로 정하는 무기관리수칙을 준수하여야 한다.

제17조【감독】★★★ 관할 경찰서장은 매달 1회 이상 청원경찰을 배치한 경비구역에 대하여 다음 각 호의 사항을 감독하여야 한다.
1. 복무규율과 근무 상황
2. 무기의 관리 및 취급 사항

제18조【청원경찰의 신분】★★★ 청원경찰은「형법」이나 그 밖의 법령에 따른 벌칙을 적용하는 경우와 법 및 이 영에서 특별히 규정한 경우를 제외하고는 공무원으로 보지 아니한다.

제19조【근무 배치 등의 위임】★★ ①「경비업법」에 따른 경비업자(이하 이 조에서 "경비업자"라 한다)가 중요 시설의 경비를 도급받았을 때에는 청원주는 그 사업장에 배치된 청원경찰의 근무 배치 및 감독에 관한 권한을 해당 경비업자에게 위임할 수 있다.
② 청원주는 제1항에 따라 경비업자에게 청원경찰의 근무 배치 및 감독에 관한 권한을 위임한 경우에 이를 이유로 청원경찰의 보수나 신분상의 불이익을 주어서는 아니 된다.

제20조【권한의 위임】★★★★★ 시·도경찰청장은 법 제10조의3에 따라 다음 각 호의 권한을 관할 경찰서장에게 위임한다. 다만, 청원경찰을 배치하고 있는 사업장이 하나의 경찰서의 관할 구역에 있는 경우로 한정한다.
1. 법 제4조 제2항 및 제3항에 따른 청원경찰 **배치의 결정** 및 요청에 관한 권한
　　※ 배치권한은 청원주에게 있음
2. 법 제5조 제1항에 따른 **청원경찰의 임용승인에 관한 권한**　　※ 임용권한은 청원주에게 있음
3. 법 제9조의3 제2항에 따른 청원주에 대한 지도 및 감독상 필요한 명령에 관한 권한
4. 법 제12조에 따른 과태료 부과·징수에 관한 권한

제20조의2【민감정보 및 고유식별정보의 처리】★★
시·도경찰청장 또는 경찰서장은 다음 각 호의 사무를 수행하기 위하여 불가피한 경우「개인정보 보호법」제23조에 따른 **건강에 관한 정보**와 같은 법 시행령 제18조 제2호에 따른 **범죄경력자료에 해당하는 정보**, 같은 영 제19조 제1호 또는 제4호에 따른 주민등록번호 또는 외국인등록번호가 포함된 자료를 처리할 수 있다.
1. 법 및 이 영에 따른 청원경찰의 임용, 배치 등 인사관리에 관한 사무
2. 법 제8조에 따른 청원경찰의 제복 착용 및 무기 휴대에 관한 사무
3. 법 제9조의3에 따른 청원주에 대한 지도·감독에 관한 사무
4. 제1호부터 제3호까지의 규정에 따른 사무를 수행하기 위하여 필요한 사무

제20조의3 삭제〈2020.3.3.〉

제21조【과태료의 부과기준 등】★★★ ① 법 제12조 제1항에 따른 과태료의 부과기준은 별표 2와 같다.
② 시·도경찰청장은 위반행위의 동기, 내용 및 위반의 정도 등을 고려하여 **별표 2**에 따른 과태료 금액의 100분의 50의 범위에서 그 금액을 줄이거나 늘릴 수 있다. 다만, 늘리는 경우에는 법 제12조 제1항에 따른 과태료 금액의 상한을 초과할 수 없다.

부칙〈대통령령 제32617호, 2022.5.3.〉
제1조【시행일】이 영은 공포한 날부터 시행한다.
제2조【봉급에 관한 적용례】별표 1의 개정규정은 2022년 1월 1일 이후 지급하는 봉급부터 적용한다.

부칙〈대통령령 제33428호, 2023.4.25.〉
제1조【시행일】이 영은 공포한 날부터 시행한다.
제2조【봉급에 관한 적용례】별표 1의 개정규정은 2023년 1월 1일 이후 지급하는 봉급부터 적용한다.

부칙〈대통령령 제34432호, 2024.4.23.〉
제1조【시행일】이 영은 공포한 날부터 시행한다.
제2조【봉급에 관한 적용례】별표 1의 개정규정은 2024년 1월 1일 이후 지급하는 봉급부터 적용한다.

청원경찰법 시행규칙

[시행 2022.11.10.] [행정안전부령 제357호, 2022.11.10., 일부개정]

제1조【목적】 이 규칙은 「청원경찰법」 및 같은 법 시행령에서 위임된 사항과 그 시행에 필요한 사항을 규정함을 목적으로 한다.

제2조【배치 대상】 ★★★★ 「청원경찰법」(이하 "법"이라 한다) 제2조 제3호에서 "그 밖에 행정안전부령으로 정하는 중요 시설, 사업장 또는 장소"란 다음 각 호의 시설, 사업장 또는 장소를 말한다.
1. 선박, 항공기 등 수송시설
2. 금융 또는 보험을 업(業)으로 하는 시설 또는 사업장
3. 언론, 통신, 방송 또는 인쇄를 업으로 하는 시설 또는 사업장
4. 학교 등 육영시설
5. 「의료법」에 따른 의료기관
6. 그 밖에 공공의 안녕질서 유지와 국민경제를 위하여 고도의 경비(警備)가 필요한 중요 시설, 사업체 또는 장소

제3조【청원경찰 배치신청서 등】 ① 「청원경찰법 시행령」(이하 "영"이라 한다) 제2조에 따른 청원경찰 배치신청서는 별지 제1호서식에 따른다.
② 법 제4조 제2항에 따른 청원경찰 배치결정 통지 또는 청원경찰 배치불허 통지는 별지 제2호서식에 따른다.

제4조【임용의 신체조건】 ★★ 영 제3조 제2호에 따른 신체조건은 다음 각 호와 같다.
1. <u>신체가 건강하고 팔다리가 완전할 것</u>
2. <u>시력(교정시력을 포함한다)은 양쪽 눈이 각각 0.8 이상일 것</u>
※ 「경비업법」상 특수경비원과 구별하여 알아 둠

제5조【임용승인신청서 등】 ★★★★ ① 법 제4조 제2항에 따라 청원경찰의 배치결정을 받은 자[이하 "청원주"(請願主)라 한다]가 영 제4조 제1항에 따라 시·도경찰청장에게 청원경찰 임용승인을 신청할 때에는 별지 제3호서식의 청원경찰 임용승인신청서에 그 해당자에 관한 다음 각 호의 서류를 첨부해야 한다.
1. 이력서 1부
2. 주민등록증 사본 1부
3. 민간인 신원진술서(보안업무규정 제36조에 따른 신원조사가 필요한 경우만 해당한다) 1부
4. 최근 3개월 이내에 발행한 채용신체검사서 또는 취업용 건강진단서 1부
5. 가족관계등록부 중 기본증명서 1부
② 제1항에 따른 신청서를 제출받은 시·도경찰청장은 「전자정부법」 제36조 제1항에 따라 행정정보의 공동이용을 통하여 해당자의 **병적증명서를 확인**하여야 한다. 다만, 그 해당자가 확인에 동의하지 아니할 때에는 해당 서류를 첨부하도록 하여야 한다.

제6조【교육기간 등】 ★★★ 영 제5조 제3항에 따른 교육기간은 **2주**로 하고, 교육과목 및 수업시간은 **별표 1**과 같다.

제7조【청원경찰 배치통보서 등】 영 제6조 제1항에 따른 청원경찰 배치 통보 및 영 제6조 제2항에 따른 청원경찰 전출 통보는 별지 제4호서식에 따른다.

제8조【청원경찰경비의 지급방법 등】 ★★★★★ 영 제12조에 따른 청원경찰경비의 지급방법 및 납부방법은 다음 각 호와 같다.
1. 봉급과 각종 수당은 청원주가 그 청원경찰이 배치된 기관·시설·사업장 또는 장소(이하 "사업장"이라 한다)의 직원에 대한 **보수 지급일에 청원경찰에게 직접** 지급한다.
2. 피복은 청원주가 제작하거나 구입하여 별표 2에 따른 정기지급일 또는 신규 배치 시에 청원경찰에게 **현품으로** 지급한다.
3. 교육비는 청원주가 해당 청원경찰의 **입교(入校) 3일 전에 해당 경찰교육기관**에 낸다.

제9조【제복】 ★★★ ① 영 제14조에 따른 청원경찰의 제복·장구(裝具) 및 부속물의 종류는 다음 각 호와 같다.
1. 제복: 정모(正帽), 기동모(활동에 편한 모자를 말한다. 이하 같다), 근무복(하복, 동복), 한여름 옷, 기동복, 점퍼, 비옷, 방한복, 외투, 단화, 기동화 및 방한화
2. **장구: 허리띠, 경찰봉, 호루라기 및 포승(捕繩)**
3. 부속물: 모자표장, 가슴표장, 휘장, 계급장, 넥타이핀, 단추 및 장갑
② 영 제14조에 따른 청원경찰의 제복·장구(裝具) 및 부속물의 형태·규격 및 재질은 다음 각 호와 같다.

1. 제복의 형태·규격 및 재질은 청원주가 결정하되, 경찰공무원 또는 군인 제복의 색상과 명확하게 구별될 수 있어야 하며, 사업장별로 통일해야 한다. 다만, 기동모와 기동복의 색상은 진한 청색으로 하고, 기동복의 형태·규격은 별도 1과 같이 한다.
2. 장구의 형태·규격 및 재질은 경찰 장구와 같이 한다.
3. 부속물의 형태·규격 및 재질은 다음 각 목과 같이 한다.
   가. 모자표장의 형태·규격 및 재질은 별도 2와 같이 하되, 기동모의 표장은 정모 표장의 2분의 1 크기로 할 것.
   나. 가슴표장, 휘장, 계급장, 넥타이핀 및 단추의 형태·규격 및 재질은 별도 3부터 별도 7까지와 같이 할 것.

③ **청원경찰은 평상근무 중에는 정모, 근무복, 단화, 호루라기, 경찰봉 및 포승을 착용하거나 휴대하여야 하고, 총기를 휴대하지 아니할 때에는 분사기를 휴대하여야 하며, 교육훈련이나 그 밖의 특수근무 중에는 기동모, 기동복, 기동화 및 휘장을 착용하거나 부착하되, 허리띠와 경찰봉은 착용하거나 휴대하지 아니할 수 있다.**

④ 가슴표장, 휘장 및 계급장을 달거나 부착할 위치는 별도 8과 같다.

제10조【제복의 착용시기】하복·동복의 착용시기는 사업장별로 청원주가 결정하되, 착용시기를 통일하여야 한다.

제11조【신분증명서】★ ① 청원경찰의 신분증명서는 청원주가 발행하며, 그 형식은 청원주가 결정하되 사업장별로 통일하여야 한다.

② 청원경찰은 **근무 중에는 항상 신분증명서를 휴대**하여야 한다.

제12조【급여품 및 대여품】★★ ① 청원경찰에게 지급하는 급여품은 **별표 2**와 같고, 대여품은 **별표 3**과 같다.

② 청원경찰이 퇴직할 때에는 대여품을 청원주에게 반납하여야 한다.

제13조【직무교육】★★ ① 청원주는 소속 청원경찰에게 그 직무집행에 필요한 교육을 **매월 4시간 이상** 하여야 한다.

② 청원경찰이 배치된 사업장의 소재지를 관할하는 경찰서장(이하 "관할 경찰서장"이라 한다)은 필요하다고 인정하는 경우에는 그 사업장에 소속 공무원을 파견하여 직무집행에 필요한 교육을 할 수 있다.

제14조【근무요령】★★★★ ① 자체경비를 하는 입초근무자는 경비구역의 정문이나 그 밖의 지정된 장소에서 경비구역의 내부, 외부 및 출입자의 움직임을 감시한다.

② 업무처리 및 자체경비를 하는 소내근무자는 근무 중 특이한 사항이 발생하였을 때에는 지체 없이 청원주 또는 관할 경찰서장에게 보고하고 그 지시에 따라야 한다.

③ 순찰근무자는 청원주가 지정한 일정한 구역을 순회하면서 경비 임무를 수행한다. 이 경우 순찰은 단독 또는 복수로 정선순찰(정해진 노선을 규칙적으로 순찰하는 것을 말한다)을 하되, 청원주가 필요하다고 인정할 때에는 요점순찰(순찰구역 내 지정된 중요지점을 순찰하는 것을 말한다) 또는 난선순찰(임의로 순찰지역이나 노선을 선정하여 불규칙적으로 순찰하는 것을 말한다)을 할 수 있다.

④ 대기근무자는 소내근무에 협조하거나 휴식하면서 불의의 사고에 대비한다.

제15조【무기대여 신청서】영 제16조 제1항에 따른 무기대여 신청은 별지 제5호서식에 따른다.

제16조【무기관리수칙】★★★★ ① 영 제16조에 따라 무기와 탄약을 대여받은 청원주는 다음 각 호에 따라 무기와 탄약을 관리해야 한다.

1. 청원주가 무기와 탄약을 대여받았을 때에는 경찰청장이 정하는 무기·탄약 출납부 및 무기장비 운영카드를 갖춰 두고 기록하여야 한다.
2. 청원주는 무기와 탄약의 관리를 위하여 관리책임자를 지정하고 관할 경찰서장에게 그 사실을 통보하여야 한다.
3. 무기고 및 탄약고는 단층에 설치하고 환기·방습·방화 및 총받침대 등의 시설을 갖추어야 한다.
4. 탄약고는 무기고와 떨어진 곳에 설치하고, 그 위치는 사무실이나 그 밖에 여러 사람을 수용하거나 여러 사람이 오고 가는 시설로부터 격리되어야 한다.
5. 무기고와 탄약고에는 이중 잠금장치를 하고, 열쇠는 관리책임자가 보관하되, 근무시간 이후에는 숙직책임자에게 인계하여 보관시켜야 한다.
6. 청원주는 경찰청장이 정하는 바에 따라 매월 무기와 탄약의 관리 실태를 파악하여 다음 달 3일까지 관할 경찰서장에게 통보하여야 한다.
7. 청원주는 대여받은 무기와 탄약이 분실되거나 도난당하거나 빼앗기거나 훼손되는 등의 사고가 발생했을 때에는 지체 없이 그 사유를 관할 경찰서장에게 통보해야 한다.
8. 청원주는 무기와 탄약이 분실되거나 도난당하거나 **빼앗기거나** 훼손되었을 때에는 경찰청장이 정하는 바에 따라 그 전액을 배상해야 한다. 다만, 전시·사변·천재지변이나 그 밖의 불가항력적인 사유가 있다고 시·도경찰청장이 인정하였을 때에는 그렇지 않다.

② 영 제16조에 따라 무기와 탄약을 대여받은 청원주가 청원경찰에게 무기와 탄약을 출납하려는 경우에는 다음 각 호에 따라야 한다. 다만, 관할 경찰서장의 지시에 따라 제2호에 따른 탄약의 수를 늘리거나 줄일 수 있고, 무기와 탄약의 출납을 중지할 수 있으며, 무기와 탄약을 회수하여 집중관리할 수 있다.
1. 무기와 탄약을 출납하였을 때에는 무기·탄약 출납부에 그 출납사항을 기록하여야 한다.
2. 소총의 탄약은 1정당 15발 이내, 권총의 탄약은 1정당 7발 이내로 출납하여야 한다. 이 경우 생산된 후 오래된 탄약을 우선하여 출납하여야 한다.
3. 청원경찰에게 지급한 무기와 탄약은 매주 1회 이상 손질하게 하여야 한다.
4. 수리가 필요한 무기가 있을 때에는 그 목록과 무기장비 운영카드를 첨부하여 관할 경찰서장에게 수리를 요청할 수 있다.

③ 청원주로부터 무기와 탄약을 지급받은 청원경찰은 다음 각 호의 사항을 준수하여야 한다.
1. 무기를 지급받거나 반납할 때 또는 인계인수할 때에는 반드시 "앞에 총" 자세에서 "검사 총"을 하여야 한다.
2. 무기와 탄약을 지급받았을 때에는 별도의 지시가 없으면 무기와 탄약을 분리하여 휴대하여야 하며, 소총은 "우로 어깨 걸어 총"의 자세를 유지하고, 권총은 "권총집에 넣어 총"의 자세를 유지하여야 한다.
3. 지급받은 무기는 다른 사람에게 보관 또는 휴대하게 할 수 없으며 손질을 의뢰할 수 없다.
4. 무기를 손질하거나 조작할 때에는 반드시 총구를 공중으로 향하게 하여야 한다.
5. 무기와 탄약을 반납할 때에는 손질을 철저히 하여야 한다.
6. 근무시간 이후에는 무기와 탄약을 청원주에게 반납하거나 교대근무자에게 인계하여야 한다.

④ 청원주는 다음 각 호의 어느 하나에 해당하는 청원경찰에게 무기와 탄약을 지급해서는 안 되며, 지급한 무기와 탄약은 즉시 회수해야 한다. 〈개정 2022.11.10.〉
1. **직무상 비위(非違)로 징계 대상이 된 사람**
2. **형사사건으로 조사 대상이 된 사람**
3. **사직 의사를 밝힌 사람**
4. 치매, 조현병, 조현정동장애, 양극성 정동장애(조울병), 재발성 우울장애 등의 정신질환으로 인하여 무기와 탄약의 휴대가 적합하지 않다고 해당 분야 전문의가 인정하는 사람
5. 제1호부터 제4호까지의 규정 중 어느 하나에 준하는 사유로 청원주가 무기와 탄약을 지급하기에 적절하지 않다고 인정하는 사람
6. 삭제 〈2022.11.10.〉

⑤ 청원주는 제4항에 따라 무기와 탄약을 지급하지 않거나 회수할 때에는 별지 제5호의2서식의 결정 통지서를 작성하여 지체 없이 해당 청원경찰에게 통지해야 한다. 다만, 지급한 무기와 탄약의 신속한 회수가 필요하다고 인정되는 경우에는 무기와 탄약을 먼저 회수한 후 통지서를 내줄 수 있다. 〈신설 2022.11.10.〉

⑥ 청원주는 제4항에 따라 청원경찰에게 무기와 탄약을 지급하지 않거나 회수한 경우 7일 이내에 관할 경찰서장에게 별지 제5호의3서식의 결정 통보서를 작성하여 통보해야 한다. 〈신설 2022.11.10.〉

⑦ 제6항에 따라 통보를 받은 관할 경찰서장은 통보받은 날부터 14일 이내에 무기와 탄약의 지급 제한 또는 회수의 적정성을 판단하기 위해 현장을 방문하여 해당 청원경찰의 의견을 청취하고 필요한 조치를 할 수 있다. 〈신설 2022.11.10.〉

⑧ 청원주는 제4항 각 호의 사유가 소멸하게 된 경우에는 청원경찰에게 무기와 탄약을 지급할 수 있다. 〈신설 2022.11.10.〉

제17조 【문서와 장부의 비치】 ★★★★ ① 청원주는 다음 각 호의 문서와 장부를 갖춰 두어야 한다.
1. **청원경찰 명부**
2. 근무일지
3. 근무상황카드
4. 경비구역 배치도
5. 순찰표철
6. 무기·탄약출납부
7. 무기장비 운영카드
8. 봉급지급 조서철
9. 신분증명서 발급대장
10. 징계 관계철
11. 교육훈련 실시부
12. 청원경찰 직무교육계획서
13. 급여품 및 대여품 대장
14. 그 밖에 청원경찰의 운영에 필요한 문서와 장부

② 관할 경찰서장은 다음 각 호의 문서와 장부를 갖춰 두어야 한다.
1. **청원경찰 명부**
2. 감독순시부
3. 전출입 관계철
4. 교육훈련 실시부
5. 무기·탄약 대여대장
6. 징계요구서철
7. 그 밖에 청원경찰의 운영에 필요한 문서와 장부

③ 시·도경찰청장은 다음 각 호의 문서와 장부를 갖춰 두어야 한다.
1. 배치 결정 관계철
2. 청원경찰 임용승인 관계철

3. 전출입 관계철
4. 그 밖에 청원경찰의 운영에 필요한 문서와 장부
④ 제1항부터 제3항까지의 규정에 따른 문서와 장부의 서식은 경찰관서에서 사용하는 서식을 준용한다.

제18조【표창】 시·도경찰청장, 관할 경찰서장 또는 청원주는 청원경찰에게 다음 각 호의 구분에 따라 표창을 수여할 수 있다.
1. 공적상: 성실히 직무를 수행하여 근무성적이 탁월하거나 헌신적인 봉사로 특별한 공적을 세운 경우
2. 우등상: 교육훈련에서 교육성적이 우수한 경우

제19조【감독자의 지정】 ★★ ① 2명 이상의 청원경찰을 배치한 사업장의 청원주는 청원경찰의 지휘·감독을 위하여 청원경찰 중에서 유능한 사람을 선정하여 **감독자로 지정하여야 한다.**
② 제1항에 따른 감독자는 조장, 반장 또는 대장으로 하며, 그 지정기준은 **별표 4**와 같다.

제20조【경비전화의 가설】 ① 관할 경찰서장은 청원주의 신청에 따라 경비를 위하여 필요하다고 인정할 때에는 청원경찰이 배치된 사업장에 경비전화를 가설할 수 있다.
② 제1항에 따라 경비전화를 가설할 때 드는 비용은 청원주가 부담한다.

제21조【주의사항】 ★★★★ ① 청원경찰이 법 제3조에 따른 직무를 수행할 때에는 경비 목적을 위하여 **필요한 최소한의 범위에서 하여야 한다.**
② 청원경찰은 「경찰관 직무집행법」에 따른 **직무 외의 수사활동 등 사법경찰관리의 직무를 수행해서는 아니 된다.**

제22조【보고】 ★★★★ 청원경찰이 법 제3조에 따라 **직무를 수행할 때에 「경찰관 직무집행법」 및 같은 법 시행령에 따라 하여야 할 모든 보고는 관할 경찰서장에게 서면으로 보고하기 전에 지체 없이 구두로 보고하고 그 지시에 따라야 한다.**

제23조【청원경찰 배치의 폐지·감축 통보】 법 제10조의5 제2항에 따른 청원경찰 배치의 폐지 또는 감축의 통보는 별지 제6호 서식에 따른다.

제24조【과태료 부과 고지서 등】 ① 법 제12조 제1항에 따른 과태료 부과의 사전 통지는 별지 제7호 서식의 과태료 부과 사전 통지서에 따른다.
② 법 제12조 제1항에 따른 과태료의 부과는 별지 제8호 서식의 과태료 부과 고지서에 따른다.
③ 경찰서장은 과태료처분을 하였을 때에는 과태료 부과 및 징수 사항을 별지 제9호 서식의 과태료 수납부에 기록하고 정리하여야 한다.

부칙 〈행정안전부령 제357호, 2022.11.10.〉
이 규칙은 공포한 날부터 시행한다.

테마별 핵심정리

- 01 결격사유
- 02 주요 결격사유
- 03 경비업 허가기준
- 04 첨부서류
- 05 교육기관 비교
- 06 교육·교육과목 및 시간
- 07 교육시기 및 배치 등
- 08 선임기준
- 09 경비지도사 자격취소 등
- 10 의무, 직무, 근무
- 11 손해배상 관련
- 12 권한위임 및 위탁
- 13 행정처분
- 14 장비 등
- 15 무기관리수칙
- 16 관련 문서와 장부 비치 및 작성
- 17 과태료 부과
- 18 과태료 개별부과기준
- 19 벌칙
- 20 경비업법상 행정처분과 행정벌의 비교
- 21 중요 기간 1 - 경비업법
- 22 중요 기간 2 - 청원경찰법
- 23 중요 횟수
- 24 경유주의
- 25 경비업법령상 주요 명령 구분(대통령령과 행정안전부령)
- 26 당연퇴직

테마 01 ▶ 결격사유

경비업법인의 임원	경비지도사, 일반경비원	특수경비원	청원경찰
-	18세 미만인 사람	18세 미만이거나 60세 이상인 사람	18세 미만인 사람
피성년후견인	피성년후견인	피성년후견인	피성년후견인
파산선고를 받고 복권되지 아니한 자	파산선고를 받고 복권되지 아니한 자	파산선고를 받고 복권되지 아니한 자	파산선고를 받고 복권되지 아니한 자
금고 이상의 형의 선고를 받고 그 형이 실효되지 아니한 자	금고 이상의 실형의 선고를 받고 그 집행이 종료(집행이 종료된 것으로 보는 경우 포함한다)되거나 집행이 면제된 날부터 5년이 지나지 아니한 자	금고 이상의 실형의 선고를 받고 그 집행이 종료(집행이 종료된 것으로 보는 경우 포함한다)되거나 집행이 면제된 날부터 5년이 지나지 아니한 자	금고 이상의 실형을 선고받고 그 집행이 종료되거나(집행이 끝난 것으로 보는 경우를 포함한다) 집행이 면제된 날부터 5년이 지나지 아니한 자
-	금고 이상의 형의 집행유예 선고를 받고 그 유예기간 중에 있는 자	금고 이상의 형의 집행유예 선고를 받고 그 유예기간 중에 있는 자	금고 이상의 형의 집행유예를 선고받고 그 유예 기간이 끝난 날부터 2년이 지나지 아니한 자
-	-	금고 이상의 형의 선고유예를 받고 그 유예기간 중에 있는 자	금고 이상의 형의 선고유예를 받은 경우에 그 선고유예 기간 중에 있는 자
• 「경비업법」 또는 「대통령 등의 경호에 관한 법률」에 위반하여 벌금형의 선고를 받고 3년이 지나지 아니한 자(특수경비업무를 수행하는 법인의 임원에 한한다) • 「경비업법」(제19조 제1항 제2호 및 제7호 제외) 또는 「경비업법」에 의한 명령에 위반하여 허가가 취소된 법인의 허가취소 당시의 임원이었던 자로서 그 취소 후 3년이 지나지 아니한 자(허가취소 사유에 해당하는 동종의 경비업무를 수행하는 법인의 임원에 한한다) • 「경비업법」 제19조 제1항 제2호 및 제7호의 사유로 허가가 취소된 법인의 허가취소 당시의 임원이었던 자로서 허가가 취소된 날부터 5년이 지나지 아니한 자	• 다음의 어느 하나에 해당하는 죄를 범하여 벌금형을 선고받은 날부터 10년이 지나지 아니하거나 금고 이상의 형을 선고받고 그 집행이 종료된(종료된 것으로 보는 경우 포함한다) 날 또는 집행이 유예·면제된 날부터 10년이 지나지 아니한 자 가. 「형법」 제114조의 죄 나. 「폭력행위 등 처벌에 관한 법률」 제4조의 죄 다. 「형법」 제297조, 제297조의2, 제298조부터 제301조까지, 제301조의2, 제302조, 제303조, 제305조, 제305조의2의 죄 라. 「성폭력범죄의 처벌 등에 관한 특례법」 제3조부터 제11조까지 및 제15조(제3조부터 제9조까지의 미수범만 해당)의 죄 마. 「아동·청소년의 성보호에 관한 법률」 제7조 및 제8조의 죄	• 다음의 어느 하나에 해당하는 죄를 범하여 벌금형을 선고받은 날부터 10년이 지나지 아니하거나 금고 이상의 형을 선고받고 그 집행이 종료된(종료된 것으로 보는 경우 포함한다) 날 또는 집행이 유예·면제된 날부터 10년이 지나지 아니한 자 가. 「형법」 제114조의 죄 나. 「폭력행위 등 처벌에 관한 법률」 제4조의 죄 다. 「형법」 제297조, 제297조의2, 제298조부터 제301조까지, 제301조의2, 제302조, 제303조, 제305조, 제305조의2의 죄 라. 「성폭력범죄의 처벌 등에 관한 특례법」 제3조부터 제11조까지 및 제15조(제3조부터 제9조까지의 미수범만 해당한다)의 죄 마. 「아동·청소년의 성보호에 관한 법률」 제7조 및 제8조의 죄	• 법원의 판결 또는 다른 법률에 따라 자격이 상실되거나 정지된 자 • 공무원으로 재직기간 중 직무와 관련하여 「형법」 제355조 및 제356조에 규정된 죄를 범한 자로서 300만 원 이상의 벌금형을 선고받고 그 형이 확정된 후 2년이 지나지 아니한 자 • 다음 각 목의 어느 하나에 해당하는 죄를 범한 사람으로서 100만 원 이상의 벌금형을 선고받고 그 형이 확정된 후 3년이 지나지 아니한 사람 가. 「성폭력범죄의 처벌 등에 관한 특례법」 제2조에 따른 성폭력범죄 나. 「정보통신망 이용촉진 및 정보보호 등에 관한 법률」 제74조 제1항 제2호 및 제3호에 규정된 죄

경비업법인의 임원	경비지도사, 일반경비원	특수경비원	청원경찰
	바. 다목부터 마목까지의 죄로서 다른 법률에 따라 가중처벌되는 죄 • 다음의 어느 하나에 해당하는 죄를 범하여 벌금형을 선고받은 날부터 5년이 지나지 아니하거나 금고 이상의 형을 선고받고 그 집행이 유예된 날부터 5년이 지나지 아니한 자 　가.「형법」제329조부터 제331조까지, 제331조의2 및 제332조부터 제343조까지의 죄 　나. 가목의 죄로서 다른 법률에 따라 가중처벌되는 죄 •「경비업법」제10조 제5호 다목부터 바목까지의 어느 하나에 해당하는 죄를 범하여 치료감호를 선고받고 그 집행이 종료된 날 또는 집행이 면제된 날부터 10년이 지나지 아니한 자 또는 제6호 각 목의 어느 하나에 해당하는 죄를 범하여 치료감호를 선고받고 그 집행이 면제된 날부터 5년이 지나지 아니한 자 •「경비업법」이나「경비업법」에 따른 명령을 위반하여 벌금형을 선고받은 날부터 5년이 지나지 아니하거나 금고 이상의 형을 선고받고 그 집행이 유예된 날부터 5년이 지나지 아니한 자	바. 다목부터 마목까지의 죄로서 다른 법률에 따라 가중처벌되는 죄 • 다음의 어느 하나에 해당하는 죄를 범하여 벌금형을 선고받은 날부터 5년이 지나지 아니하거나 금고 이상의 형을 선고받고 그 집행이 유예된 날부터 5년이 지나지 아니한 자 　가.「형법」제329조부터 제331조까지, 제331조의2 및 제332조부터 제343조까지의 죄 　나. 가목의 죄로서 다른 법률에 따라 가중처벌되는 죄 •「경비업법」제10조 제5호 다목부터 바목까지의 어느 하나에 해당하는 죄를 범하여 치료감호를 선고받고 그 집행이 종료된 날 또는 집행이 면제된 날부터 10년이 지나지 아니한 자 또는 제6호 각 목의 어느 하나에 해당하는 죄를 범하여 치료감호를 선고받고 그 집행이 면제된 날부터 5년이 지나지 아니한 자 •「경비업법」이나「경비업법」에 따른 명령을 위반하여 벌금형을 선고받은 날부터 5년이 지나지 아니하거나 금고 이상의 형을 선고받고 그 집행이 유예된 날부터 5년이 지나지 아니한 자	다.「스토킹범죄의 처벌 등에 관한 법률」제2조 제2호에 따른 스토킹 범죄 • 미성년자에 대한 다음 각 목의 어느 하나에 해당하는 죄를 저질러 파면·해임되거나 형 또는 치료감호를 선고받아 그 형 또는 치료감호가 확정된 사람(집행유예를 선고받은 후 그 집행유예기간이 경과한 사람을 포함) 　가.「성폭력범죄의 처벌 등에 관한 특례법」제2조에 따른 성폭력범죄 　나.「아동·청소년의 성보호에 관한 법률」제2조 제2호에 따른 아동·청소년 대상 성범죄 • 미성년자에 대하여「성폭력 처벌 등에 관한 특례법」제2조에 따른 성폭력범죄 또는「아동·청소년 성 보호에 관한 법률」제2조 제2호에 따른 아동·청소년 대상 성범죄를 범한 사람으로서 다음 각 목의 어느 하나에 해당하는 날부터 20년이 지나지 아니한 사람 　가. 금고 이상의 실형선고 받고 그 집행이 끝나거나(집행이 끝난 것으로 보는 경우를 포함한다) 집행이 면제된 날 　나. 금고 이상의 형의 집행유예를 선고 받고 그 집행유예가 확정된 날 　다. 벌금 이하의 형을 선고 받고 그 형이 확정된 날 　라. 치료감호를 선고 받고 그 집행이 끝나거나 집행이 면제된 날 　마. 징계로 파면 처분 또는 해임 처분을 받은 날 • 징계로 파면 처분을 받은 때부터 5년이 지나지 아니한 자 • 징계로 해임 처분을 받은 때부터 3년이 지나지 아니한 자

경비업법인의 임원	경비지도사, 일반경비원	특수경비원	청원경찰
		• 심신상실자, 알코올 중독자 등 대통령령으로 정하는 정신적 제약이 있는 자 가. 심신상실자 나. 마약·대마·향정신성의약품 또는 알코올 중독자 다. 「치매관리법」 제2조 제1호에 따른 치매, 조현병·조현정동장애·양극성정동장애(조울병)·재발성우울장애 등의 정신질환이나 정신 발육 지연, 뇌전증 등이 있는 사람. 다만, 해당 분야 전문의가 특수경비원으로서 적합하다고 인정하는 사람은 제외함	
		행정안전부령이 정하는 신체조건에 미달되는 자(팔과 다리가 완전하고 두 눈의 맨눈 시력 각각 0.2 이상 또는 교정시력 각각 0.8 이상)	신체가 건강하고 팔다리가 완전할 것. 시력(교정시력을 포함한다)은 양쪽 눈이 각각 0.8 이상일 것

테마 02 ▶ 주요 결격사유

구분		경비업법			청원경찰법
		법인 임원	경비지도사, 일반경비원	특수경비원	청원경찰
연령 규정		-	18세 미만	18세 미만이거나 60세 이상	18세 미만
피성년후견인		공통적 결격사유			
파산선고를 받고 복권되지 아니한 자		공통적 결격사유			
금고 이상의 실형을 선고받은 경우	선고유예	-	-		유예기간 중
	집행유예	-	유예기간 중		유예기간이 끝난 날부터 2년이 지나지 아니한 자
	집행종료	-	5년이 지나지 아니한 자 (단, 범죄단체구성 등 성 관련 범죄 10년)		5년이 지나지 아니한 자
	집행면제	-	5년이 지나지 아니한 자 (단, 범죄단체구성 등 성 관련 범죄 10년)		5년이 지나지 아니한 자
	실효	실효되지 아니한 자	-		

벌금형을 선고받은 경우		3년이 지나지 않음 (특수경비업무 임원만)	5년이 지나지 않음 (단, 범죄단체구성 등 성 관련 범죄 10년)	100만 원 이상의 벌금형 선고받고 그 형이 확정된 후 3년이 지나지 않음(성범죄 관련)
치료감호를 선고받은 경우	집행종료	–	10년 지나지 아니한 자 (단, 성 관련 범죄 10년)	치료감호가 확정된 사람(집행유예를 선고받은 후 그 집행유예기간이 경과한 자 포함) [미성년자 성범죄 관련]
	집행면제	–	5년 지나지 아니한 자 (단, 성 관련 범죄 10년)	

테마 03 ▶ 경비업 허가기준

시설 등 기준 / 업무별	경비인력	자본금	시설	장비 등
1. 시설경비업무	• 일반경비원 10명 이상 • 경비지도사 1명 이상	1억 원 이상	기준 경비인력 수 이상을 동시에 교육할 수 있는 교육장	기준 경비인력 수 이상의 경비원 복장 및 경적, 단봉, 분사기
2. 호송경비업무	• 무술유단자인 일반경비원 5명 이상 • 경비지도사 1명 이상	1억 원 이상	기준 경비인력 수 이상을 동시에 교육할 수 있는 교육장	• 호송용 차량 1대 이상 • 현금호송백 1개 이상 • 기준 경비인력 수 이상의 경비원 복장 및 경적, 단봉, 분사기
3. 신변보호업무	• 무술유단자인 일반경비원 5명 이상 • 경비지도사 1명 이상	1억 원 이상	기준 경비인력 수 이상을 동시에 교육할 수 있는 교육장	• 기준 경비인력 수 이상의 무전기 등 통신장비 • 기준 경비인력 수 이상의 경적, 단봉, 분사기
4. 기계경비업무	• 전자 · 통신분야 기술자격증소지자 5명을 포함한 일반경비원 10명 이상 • 경비지도사 1명 이상	1억 원 이상	• 기준 경비인력 수 이상을 동시에 교육할 수 있는 교육장 • 관제시설	• 감지장치 · 송신장치 및 수신장치 • 출장소별로 출동차량 2대 이상 • 기준 경비인력 수 이상의 경비원 복장 및 경적, 단봉, 분사기
5. 특수경비업무	• 특수경비원 20명 이상 • 경비지도사 1명 이상	3억 원 이상	기준 경비인력 수 이상을 동시에 교육할 수 있는 교육장	기준 경비인력 수 이상의 경비원 복장 및 경적, 단봉, 분사기
6. 혼잡 · 교통유도 경비업무	• 일반경비원 10명 이상 • 경비지도사 1명 이상	1억원 이상	기준 경비인력 수 이상을 동시에 교육할 수 있는 교육장	기준 경비인력 수 이상의 경비원 복장 및 경적, 단봉, 분사기, 무전기, 경광봉

비고

1. 자본금의 경우 납입 자본금을 말하고, 하나의 경비업무에 대한 자본금을 갖춘 경비업자가 그 외의 경비업무를 추가로 하려는 경우 자본금을 갖춘 것으로 본다. 다만, 특수경비업자 외의 자가 특수경비업무를 추가로 하려는 경우에는 이미 갖추고 있는 자본금을 포함하여 특수경비업무의 자본금 기준에 적합하여야 한다.
2. 교육장의 경우 하나의 경비업무에 대한 시설을 갖춘 경비업자가 그 외의 경비업무를 추가로 하려는 경우에는 경비인력이 더 많이 필요한 경비업무에 해당하는 교육장을 갖추어야 한다.
3. "무술유단자"란 「국민체육진흥법」 제33조에 따른 대한체육회에 가맹된 단체 또는 문화체육관광부에 등록된 무도 관련 단체가 무술유단자로 인정한 사람을 말한다.
4. "호송용 차량"이란 현금이나 그 밖의 귀중품의 운반에 필요한 견고성 및 안전성을 갖추고 무선통신시설 및 경보시설을 갖춘 자동차를 말한다.
5. "현금호송백"이란 현금이나 그 밖의 귀중품을 운반하기 위한 이동용 호송장비로서 경보시설을 갖춘 것을 말한다.
6. "전자 · 통신분야 기술자격증소지자"란 「국가기술자격법」에 따라 전자 및 통신분야에서 기술자격을 취득한 사람을 말한다.

테마 04 ▶ 첨부서류

1. 경비업 허가신청 시

신청인 제출서류	• 신규 · 변경 허가신청 　가. 법인의 정관 1부 　나. 법인 임원의 이력서 1부 　다. 경비인력 · 시설 및 장비의 확보계획서 각 1부(경비업의 허가를 신청하는 때에 갖출 수 없는 경우만 해당한다) • 갱신 허가신청 　가. 허가증 원본 　나. 정관 1부(변경사항이 있는 경우만 해당한다)	수수료 10,000원
담당 공무원 확인사항	법인의 등기사항증명서	

2. 경비업 허가증 재교부신청 시

첨부서류	• 사유서(허가증을 잃어버린 경우만 해당한다) • 허가증(허가증이 못쓰게 된 경우만 해당한다)	수수료 2,000원

3. 경비업 허가사항 등의 변경신고 시

신고인 제출서류	• 명칭 변경의 경우: 허가증 원본 • 대표자 변경의 경우: 법인 대표자의 이력서 1부 및 허가증 원본 • 임원 변경의 경우: 법인 임원의 이력서 1부 • 주사무소 또는 출장소 변경의 경우: 허가증 원본 • 정관의 목적 변경의 경우: 법인의 정관 1부	수수료 2,000원
담당 공무원 확인사항	법인의 등기사항증명서	

4. 경비지도사 · 경비원 교육기관 지정신청 시

신청인 제출서류	• 경비 관련 교육 운영계획서 • 경비 관련 교육 운영경력서(경비 관련 교육을 운영한 경력이 있는 경우만 해당한다) • 인력 기준에 해당하는 강사의 인적사항 및 자격을 증명하는 서류 • 교육 시설 및 장비의 현황을 확인할 수 있는 서류	수수료 없음
담당 공무원 확인사항	법인의 등기사항증명서(경비지도사 교육기관의 지정만 해당한다)	

5. 경비지도사 선임 · 해임신청 시

첨부서류	경비지도사 자격증 사본 1부(경비지도사 선임 신고의 경우에만 해당한다)	수수료 없음

6. 집단민원현장 일반경비원 배치허가신청 시

첨부서류	배치될 경비원의 신임교육 이수증 또는 배치될 경비원이 신임교육 면제대상에 해당함을 입증할 수 있는 서류 각 1부	수수료 없음

7. 범죄경력조회신청 시

첨부서류	• 경비업 허가증 사본 • 취업자 또는 취업예정자 범죄경력조회 동의서 각 1부	수수료 없음

8. 청원경찰 배치신청 시

첨부서류	• 경비구역 평면도 1부 • 배치계획서 1부	수수료 없음

9. 청원경찰 임용승인신청 시

첨부서류	임용예정자에 대한 다음의 서류 • 이력서 1부 • 주민등록증 사본 1부 • 민간인 신원진술서 1부(보안업무규정 제36조에 따른 신원조사가 필요한 경우만 해당한다) • 최근 3개월 이내에 발행한 채용신체검사서 또는 취업용 건강진단서 1부 • 가족관계등록부 중 기본증명서 1부	수수료 없음
담당 공무원 확인사항	임용예정자 병적증명서	

테마 05 ▶ 교육기관의 비교

1. 경비지도사 교육기관의 지정기준

구분	지정 기준
1. 인력	다음 각 목의 어느 하나에 해당하는 강사를 1명 이상 갖출 것 가. 「고등교육법」 제2조 각 호에 따른 학교 또는 이에 준하는 학교에서 교육과목 관련 학과의 조교수 이상의 직에 1년 이상 근무한 경력이 있는 사람 나. 교육과목 관련 박사학위를 취득한 후 관련 분야의 연구실적이 있는 사람 다. 교육과목 관련 석사 이상의 학위를 취득한 후 관련 분야에 1년 이상 근무한 경력이 있는 사람 라. 교육과목 관련 분야에서 공무원으로 5년 이상 근무한 경력이 있는 사람 마. 교육과목 관련 분야에 7년 이상 근무한 경력이 있는 사람. 다만, 체포·호신술 과목의 경우에는 무도 사범 자격을 취득한 후 관련 분야에 2년 이상 근무한 경력이 있는 사람을 말한다.
2. 시설·장비	가. 지정기간 동안 교육 수행에 필요한 강의실과 사무실을 소유 또는 임차 등의 방법으로 확보할 것 나. 교육 수행에 필요한 컴퓨터, 시청각 장비 등 교육훈련 기자재를 확보할 것 다. 체포·호신술 과목의 경우에는 실습을 위한 별도의 공간 또는 매트 등 안전장비를 확보할 것 라. 기계경비지도사 교육에 필요한 감지장치, 수신장치 및 관제시설을 갖춘 실습실을 확보할 것

비고
위 표에서 규정한 사항 외에 경비지도사 교육기관의 지정에 필요한 인력 및 시설·장비의 세부기준 등은 경찰청장이 정한다.

2. 경비원 교육기관의 지정기준

구분		지정 기준
일반경비원 교육기관	가. 인력	다음의 어느 하나에 해당하는 강사를 1명 이상 갖출 것 1) 교육과목 관련 석사 이상의 학위를 취득한 후 관련 분야에 1년 이상 근무한 경력이 있는 사람 2) 교육과목 관련 분야에서 공무원으로 5년 이상 근무한 경력이 있는 사람 3) 교육과목 관련 분야에 5년 이상 근무한 경력이 있는 사람. 다만, 체포·호신술 과목의 경우에는 무도 사범 자격을 취득한 후 관련 분야에 2년 이상 근무한 경력이 있는 사람을 말한다.
	나. 시설·장비	1) 지정기간 동안 교육 수행에 필요한 강의실과 사무실을 소유 또는 임차 등의 방법으로 확보할 것 2) 교육 수행에 필요한 컴퓨터, 시청각 장비 등 교육훈련 기자재를 확보할 것 3) 체포·호신술 과목의 경우에는 실습을 위한 별도의 공간 또는 매트 등 안전장비를 확보할 것

특수경비원 교육기관	가. 인력	다음의 어느 하나에 해당하는 강사를 1명 이상 갖출 것
		1) 「고등교육법」 제2조 각 호에 따른 학교 또는 이에 준하는 학교에서 교육과목 관련 학과의 조교수 이상의 직에 1년 이상 근무한 경력이 있는 사람
		2) 교육과목 관련 박사학위를 취득한 후 관련 분야의 연구실적이 있는 사람
		3) 교육과목 관련 석사 이상의 학위를 취득한 후 관련 분야에 3년 이상 근무한 경력이 있는 사람
		4) 교육과목 관련 분야에서 공무원으로 7년 이상 근무한 경력이 있는 사람
		5) 교육과목 관련 분야에 10년 이상 근무한 경력이 있는 사람. 다만, 체포·호신술 과목 및 폭발물 처리요령 과목에 대해서는 다음의 구분에 따른다.
		  가) 체포·호신술 과목: 무도 사범 자격을 취득한 후 관련 분야에 2년 이상 근무한 경력이 있는 사람
		  나) 폭발물 처리요령 과목: 관련 분야에 2년 이상 근무한 경력이 있는 사람

	나. 시설·장비	1) 지정기간 동안 교육 수행에 필요한 강의실과 사무실을 소유 또는 임차 등의 방법으로 확보할 것 2) 교육 수행에 필요한 컴퓨터, 시청각 장비 등 교육훈련 기자재를 확보할 것 3) 체포·호신술 과목의 경우에는 실습을 위한 별도의 공간 또는 매트 등 안전장비를 확보할 것 4) 소총에 의한 실탄사격이 가능하고 10개 사로(射路) 이상을 갖춘 사격장을 사용할 수 있을 것. 다만, 사용계획서를 제출한 경우에는 교육기관 지정을 받은 날부터 2개월 이내에 시·도경찰청장에게 사격장 사용이 가능하다는 사실의 확인을 받아야 한다.

> **비고**
> 위 표에서 규정한 사항 외에 일반경비원 교육기관 또는 특수경비원 교육기관의 지정에 필요한 인력 및 시설·장비의 세부기준 등은 경찰청장이 정한다.

3. 출제위원 및 교육기관의 강사 비교

구분	출제위원	경비지도사	특수경비원	일반경비원
조교수 이상 재직	하고 있는 사람	1년 이상	1년 이상	-
박사학위	-	연구실적	연구실적	-
석사 이상의 학위	인정되는 사람	1년 이상	3년 이상	1년 이상
공무원		5년 이상	7년 이상	5년 이상
경감이상(범죄예방·경비 업무담당) 되기 전 경력포함	3년 이상	-	-	-
관련 분야 경력사람	-	7년 이상	10년 이상	5년 이상
체포·호신술과목(무도사범자격취득 후)	-	2년 이상	2년 이상	2년 이상
폭발물 처리요령	-	-	2년 이상	

테마 06 ▶ 교육·교육과목 및 시간

1. 일반경비원 신임교육

교육 대상	• 경비원이 되려는 사람은 대통령령으로 정하는 교육기관에서 미리 일반경비원 신임교육을 받을 수 있다. • 경비원의 경력이 없는 사람 • 경비원교육을 받은 후 3년 이상의 기간 동안 경비업무에 종사하지 아니한 사람
교육면제 대상	• 일반경비원 또는 특수경비원 신임교육을 받은 사람으로서 채용 전 3년 이내에 경비업무에 종사한 경력이 있는 사람 • 「경찰공무원법」에 따른 경찰공무원으로 근무한 경력이 있는 사람 • 「대통령 등의 경호에 관한 법률」에 따른 경호공무원 또는 별정직공무원으로 근무한 경력이 있는 사람 • 「군인사법」에 따른 부사관 이상으로 근무한 경력이 있는 사람 • 경비지도사 자격이 있는 사람 • 채용 당시 법에 따른 일반경비원 신임교육을 받은 지 3년이 지나지 아니한 사람
교육 이수증 교부·기록	일반경비원 교육기관의 장은 일반경비원 신임교육과정을 마친 사람에게 신임교육 이수증을 교부하고 그 사실을 신임교육 이수증 교부대장에 기록해야 하며, 교육기관, 교육일, 교육 이수증 교부번호 등을 포함한 신임교육 이수자 현황을 경찰청장에게 통보해야 한다.
신임교육사실 기록	경비업자는 일반경비원이 신임교육을 받은 때에는 경비원의 명부에 그 사실을 기재해야 한다.
신임교육 이수 확인증 교부	시·도경찰청장 또는 경찰서장은 일반경비원 신임교육을 받은 사람이 요청하는 경우에는 신임교육 이수 확인증을 발급할 수 있다.
교육기관	일반경비원 교육기관
교육비 부담	일반경비업자(예외, 경비원이 되려는 사람이 미리 받는 경우)
교육 형태	사전교육(경비업자는 반드시 신임교육을 이수한 경비원을 배치해야 한다)

2. 특수경비원 신임교육

교육면제 대상	특수경비업자는 채용 전 3년 이내에 특수경비업무에 종사하였던 경력이 있는 사람을 특수경비원으로 채용한 경우에는 해당 특수경비원을 특수경비원 신임교육 대상에서 제외할 수 있다.
교육 이수증 교부·기록	특수경비원 교육기관의 장은 특수경비원 신임교육과정을 마친 사람에게 신임교육 이수증을 교부하고 그 사실을 신임교육 이수증 교부대장에 기록해야 하며, 교육기관, 교육일, 교육 이수증 교부번호 등을 포함한 신임교육 이수자 현황을 경찰청장에게 통보해야 한다.
신임교육사실 기록	경비업자는 특수경비원이 신임교육을 받은 때에는 경비원의 명부에 그 사실을 기재해야 한다.
신임교육 이수 확인증 교부	시·도경찰청장 또는 경찰서장은 특수경비원 신임교육을 받은 사람이 요청하는 경우에는 신임교육 이수 확인증을 발급할 수 있다.
교육비 부담	특수경비업자
교육시 지도·감독	특수경비원의 교육 시 관할 경찰서 소속 경찰공무원이 교육기관에 입회하여 대통령령이 정하는 바에 따라 지도·감독하여야 한다.
교육 형태	사전교육

3. 청원경찰 신임교육

교육면제 대상	경찰공무원(의무경찰 포함) 또는 청원경찰에서 퇴직한 날부터 3년 이내에 청원경찰로 임용된 때
교육기관	경찰교육기관
교육비 부담	청원주
교육 형태	• 경비구역에 배치하기 전(사전교육) • 경찰교육기관의 교육계획상 부득이한 경우 우선 배치하고 임용 후 1년 이내에 교육

4. 경비지도사 교육과목 및 시간

① 기본교육 과목 및 시간

구분(교육시간)	과목		시간
공통교육 (22시간)	「경비업법」, 「경찰관직무집행법」, 「도로교통법」 등 관계 법령 및 「개인정보 보호법」에 따른 개인정보 보호지침 등		4
	실무 I		4
	실무 II		3
	범죄·테러·재난 대응 요령 및 화재대처법		2
	응급처치법		2
	직업윤리 및 인권보호		2
	체포·호신술		2
	입교식, 평가 및 수료식		3
자격의 종류별 교육 (18시간)	일반경비지도사	시설경비	3
		호송경비	2
		신변보호	2
		특수경비	2
		혼잡·다중운집 인파 관리	2
		교통안전 관리	2
		일반경비 현장실습	5
	기계경비지도사	기계경비 운용관리	4
		기계경비 기획 및 설계	4
		인력경비 개론	5
		기계경비 현장실습	5
계			40

> **비고**
>
> 다음 각호의 사람이 기본교육을 받은 경우에는 공통교육은 면제한다.
> 1. 일반경비지도사 자격을 취득한 후 3년 이내에 기계경비지도사 시험에 합격한 사람
> 2. 기계경비지도사 자격을 취득한 후 3년 이내에 일반경비지도사 시험에 합격한 사람

② 경비지도사의 보수교육과목 및 시간

구분	과목		시간
공통교육	경비업법령		1
	직업윤리 및 인권보호		1
자격의 종류별 교육	일반경비지도사	일반경비 실무	4
	기계경비지도사	기계경비 실무	

> **비고**
>
> 일반경비지도사와 기계경비지도사 자격을 모두 취득한 사람이 일반경비업무와 기계경비업무에 모두 선임된 경우 공통교육은 1회만 실시한다.

교육시기	기본교육 또는 직전 보수교육을 받은 날부터 3년 이상 보수교육을 받은 적이 없는 사람이 경비지도사로 선임된 경우에는 선임된 날부터 60일 이내에 보수교육을 받아야 한다.
교육시간	선임된 경비지도사를 대상으로 선임된 날부터 매 3년이 되는 날이 속하는 해에 실시하는 6시간 이상의 교육으로 한다.
미교육 시 (과태료)	100만 원 | 1년 | 200만 원 | 2년 | 300만 원

5. 일반경비원 교육과목 및 시간

① 신임교육 과목 및 시간

구분(교육시간)	과목	시간
이론교육 (4시간)	「경비업법」 등 관계 법령	2
	범죄예방론	2
실무교육 (19시간)	시설경비 실무	3
	호송경비 실무	2
	신변보호 실무	2
	기계경비 실무	2
	혼잡·교통유도경비 실무	2
	사고 예방대책	2
	체포·호신술	2
	장비 사용법	2
	직업윤리 및 인권보호	2
기타(1시간)	입교식, 평가 및 수료식	1
계		24

② 직무교육 시간 및 방법

교육시간	경비업자는 경비지도사가 수립한 교육계획에 따라 소속 일반경비원에게 매월 2시간 이상의 직무교육을 받도록 하여야 한다.
교육과목	일반경비원의 직무수행에 필요한 이론·실무과목 및 직업윤리 등으로 한다.
교육방법	집합교육, 온라인교육 등 다양한 방법으로 실시할 수 있다.

6. 특수경비원 교육과목 및 시간

① 신임교육 과목 및 시간

구분(교육시간)	과목	시간
이론교육 (15시간)	「경비업법」 및 「경찰관 직무집행법」 등 관계 법령	8
	「헌법」 및 형사법	4
	범죄예방론	3
실무교육 (61시간)	테러 및 재난 대응요령	4
	폭발물 처리요령	6
	화재대처법	3
	응급처치법	3
	장비 사용법	3

실무교육 (61시간)		출입통제 요령	3
		직업윤리 및 인권보호	2
		기계경비 실무	3
		혼잡·교통유도경비 업무	4
		정보보호 및 보안업무	6
		시설경비 요령	4
		민방공	4
		총기조작	3
		사격	6
		체포·호신술	4
		관찰·기록기법	3
기타(4시간)		입교식, 평가 및 수료식	4
계			80

② 직무교육 시간 및 방법

교육시간	경비업자는 경비지도사가 수립한 교육계획에 따라 소속 특수경비원에게 매월 3시간 이상의 직무교육을 받도록 하여야 한다.
교육과목	특수경비원의 직무수행에 필요한 이론·실무과목 및 직업윤리 등으로 한다.
교육방법	집합교육, 온라인교육 등 다양한 방법으로 실시할 수 있다.

7. 청원경찰 신임교육과목 및 시간

구분		과목	시간
정신교육	정신교육		8
학술교육	형사법		10
	「청원경찰법」		5
실무교육	경무	「경찰관 직무집행법」	5
	방범	방범업무	3
		「경범죄 처벌법」	2
	경비	시설경비	6
		소방	4
	정보	대공이론	2
		불심검문	2
	민방위	민방공	3
		화생방	2
	기본훈련		5
	총기조작		2
	총검술		2
	사격		6
술과	체포술 및 호신술		6
기타	입교·수료 및 평가		3
계			76

8. 교육과목

구분	경비지도사	일반경비원	특수경비원	청원경찰
「경비업법」	○	○	○	×
「청원경찰법」	×	×	×	○
「경찰관 직무집행법」	○	×	○	○
형사법	×	×	○	○
「도로교통법」	○	×	×	×
「헌법」	×	×	○	×
「경범죄 처벌법」	×	×	×	○
범죄예방론	×	○	○	×

9. 직무교육 시간

교육구분	일반경비원	특수경비원	청원경찰
직무교육(월)	2시간 이상	3시간 이상	4시간 이상

테마 07 ▶ 교육시기 및 배치 등

1. 경비원 신임교육시기

구분		교육시기
일반경비원	신규채용	근무배치 전까지
	신변보호업무를 수행하는 일반경비원	근무배치 전까지
	집단민원현장에 배치되는 일반경비원 • "집단민원현장"이란 다음의 장소를 말한다. 　가. 「노동조합 및 노동관계조정법」에 따라 노동관계 당사자가 노동쟁의 조정신청을 한 사업장 또는 쟁의행위가 발생한 사업장 　나. 「도시 및 주거환경정비법」에 따른 정비사업과 관련하여 이해대립이 있어 다툼이 있는 장소 　다. 특정 시설물의 설치와 관련하여 민원이 있는 장소 　라. 주주총회와 관련하여 이해대립이 있어 다툼이 있는 장소 　마. 건물·토지 등 부동산 및 동산에 대한 소유권·운영권·관리권·점유권 등 법적 권리에 대한 이해대립이 있어 다툼이 있는 장소 　바. 100명 이상의 사람이 모이는 국제·문화·예술·체육 행사장 　사. 「행정대집행법」에 따라 대집행을 하는 장소	근무배치 전까지
특수경비원	–	근무배치 전까지

2. 경비원 배치·배치폐지신고 및 허가 등

신고 및 허가 신청시기	내용	신고 및 허가 주체
배치 후 7일 이내 신고	20일 이상 일반경비원을 배치하거나 그 기간을 연장하고자 하는 때	배치지 관할 경찰관서장
경비원 배치 전 신고	• 신변보호업무를 수행하는 경비원 • 특수경비원	
배치 48시간 전까지 허가신청	• 시설경비업무 중 집단민원현장에 배치된 일반경비원 • 신변보호업무 중 집단민원현장에 배치된 일반경비원	
폐지 후 7일 이내 신고	• 배치신고를 한 경비근무자 배치폐지의 경우 • 경비원 배치신고 시에 기재한 배치폐지 예정일에 경비원의 배치를 폐지한 경우에는 별도로 신고할 필요가 없다.	
배치폐지한 날부터 48시간 이내 신고	일반경비원 배치허가를 받은 경비업자가 경비원의 배치를 폐지한 때	
배치허가고지	시·도경찰청장 또는 관할 경찰관서장은 경비업무 장소가 집단민원현장으로 판단되는 경우에는 그때부터 48시간 이내에 경비업자에게 경비원 배치 허가를 받을 것을 고지하여야 한다.	시·도경찰청장 또는 관할 경찰서장
행사 개최일 또는 모이는 날 1일 전까지 통지요청	시·도경찰청장 또는 경찰서장은 요청을 할 때 행사의 주최자나 시설 또는 장소의 관리자에게 행사장 등에 경비원을 배치할 수 없다고 판단되는 경우에는 행사 개최일 또는 많은 사람이 모이는 날 1일 전까지 그 사실을 통지해 줄 것을 함께 요청할 수 있다	시·도경찰청장 또는 경찰서장

3. 청원경찰의 배치·이동·배치폐지

배치신청	• 청원경찰을 배치받고자 하는 자는 대통령령으로 정하는 바에 따라 관할 시·도경찰청장에게 신청하여야 한다. • 청원경찰 배치신청서에 첨부서류를 첨부하여 기관·시설·사업장 또는 장소(사업장)의 소재지를 관할하는 경찰서장을 거쳐 시·도경찰청장에게 제출하여야 한다. 이 경우 배치장소가 둘 이상의 도(특별시, 광역시, 특별자치시 및 특별자치도를 포함한다)일 때에는 주된 사업장의 관할 경찰서장을 거쳐 관할 시·도경찰청장에게 한꺼번에 신청할 수 있다.
배치요청	시·도경찰청장은 청원경찰의 배치가 필요하다고 인정되는 기관의 장 또는 시설·사업장의 경영자에게 청원경찰을 배치할 것을 요청할 수 있다.
배치결정	시·도경찰청장은 청원경찰의 배치신청을 받으면 지체 없이 그 배치 여부를 결정하여 신청인에게 알려야 한다.
배치통보	• 청원주는 청원경찰을 신규로 배치하거나 이동배치한 때에는 배치지(이동배치의 경우에는 종전의 배치지) 관할 경찰서장에게 그 사실을 통보하여야 한다. • 통보를 받은 경찰서장은 이동배치지가 다른 관할 구역에 속할 때에는 전입지 관할 경찰서장에게 이동배치한 사실을 통보하여야 한다.
배치폐지	• 청원주는 청원경찰이 배치된 시설이 폐쇄 또는 축소되어 청원경찰의 배치를 폐지하거나 배치인원을 감축할 필요가 있다고 인정하면 청원경찰의 배치를 폐지하거나 배치인원을 감축할 수 있다. • 청원주는 「경비업법」에 따른 특수경비원을 배치할 목적으로 청원경찰의 배치를 폐지하거나 배치인원을 감축할 수 없다. • 청원경찰이 배치된 기관·시설 또는 사업장 등이 배치인원의 변동 사유 없이 다른 곳으로 이전하는 경우에는 청원경찰의 배치를 폐지하거나 배치인원을 감축할 수 없다.
배치폐지의 통지	청원주가 청원경찰을 폐지 또는 감축한 때에는 이를 청원경찰의 배치결정을 한 경찰관서의 장에게 알려야 한다. 이 경우 그 사업장이 시·도경찰청장이 청원경찰의 배치를 요청한 사업장일 때에는 그 폐지 또는 감축사유를 구체적으로 밝혀야 한다.

테마 08 ▶ 선임기준

1. 경비지도사

선임·배치 기한	충원시기	경비업자는 선임·배치된 경비지도사에 결원이 있거나 자격정지 등의 사유로 그 직무를 수행할 수 없는 때에는 15일 이내에 경비지도사를 새로이 충원하여야 한다.
선임·배치 기준	일반경비지도사 (시설경비업·호송경비업· 신변보호업·특수경비업 또는 혼잡·교통유도업무)	• 시·도경찰청의 관할 구역별로 경비원 200명까지는 일반경비지도사 1명씩 선임·배치 • 200명을 초과하는 경우 200명을 초과하는 경비원 100명 단위로 경비지도사 1명씩을 추가로 선임·배치 • 특수경비업의 경우는 특수경비원교육을 이수한 일반경비지도사를 선임·배치 • 둘 이상의 경비업무를 하는 경우 경비지도사의 배치는 각 경비업무에 종사하는 경비원의 수를 합산한 인원을 기준으로 한다. • 관할 구역에 인접하는 시·도경찰청의 관할 구역에 배치되는 경비원이 30명 이하인 경우에는 경비지도사를 따로 선임·배치하지 아니할 수 있다(이 경우 제주특별자치도경찰청과 전라남도경찰청은 경계를 맞닿아 인접한 것으로 본다). • 경비지도사를 따로 선임·배치하지 않는 경우 경비지도사 1명이 지도·감독 및 교육할 수 있는 경비원의 총수(경계를 맞닿아 인접한 시·도경찰청의 관할 구역에 배치된 경비원의 수를 합산한다)는 200명을 초과할 수 없다.
	기계경비지도사	• 기계경비업에 한하여 선임·배치 • 선임기준은 일반경비지도사와 동일
미선임 시	| 1회 100만 원, 2회 200만 원, 3회 이상 400만 원 과태료	
선임 규정 위반 시	1차 영업정지 1개월, 2차 영업정지 3개월, 3차 이상 허가취소	
선임·해임 신고	경비지도사를 선임 또는 해임한 날부터 15일 이내에 경비지도사 자격증 사본을 첨부(경비지도사 선임 신고의 경우에만 해당한다)하여 경비지도사 선임·해임신고서(전자문서로 된 신고서를 포함)를 해당 경비현장(경비원 배치장소를 말하며, 이하 "배치지"라 한다)을 관할하는 시·도경찰청장 또는 경찰서장에게 제출해야 한다.	
신고 위반시 (과태료)	6개월 / 12개월 100만원 / 200만원 / 400만원	

2. 청원경찰 감독자

근무인원	직급별 지정기준		
	대장	반장	조장
9명 이하			1명
10명 이상 29명 이하		1명	2~3명
30명 이상 40명 이하		1명	3~4명
41명 이상 60명 이하	1명	2명	6명
61명 이상 120명 이하	1명	4명	12명

테마 09 ▶ 경비지도사 자격취소 등

1. 경비지도사 자격의 취소 사유

자격취소 사유	내용

결격 사유에 해당하게 된 때	• 18세 미만인 사람
	• 피성년후견인
	• 파산선고를 받고 복권되지 아니한 자
	• 금고 이상의 실형의 선고를 받고 그 집행이 종료(집행이 종료된 것으로 보는 경우를 포함한다)되거나 면제된 날부터 5년이 지나지 아니한 자
	• 금고 이상의 형의 집행유예선고를 받고 그 유예기간 중에 있는 자
	• 다음의 어느 하나에 해당하는 죄를 범하여 벌금형을 선고받은 날부터 10년이 지나지 아니하거나 금고 이상의 형을 선고받고 그 집행이 종료된(종료된 것으로 보는 경우를 포함한다) 날 또는 집행이 유예·면제된 날부터 10년이 지나지 아니한 자
	  가. 「형법」 제114조의 죄
	  나. 「폭력행위 등 처벌에 관한 법률」 제4조의 죄
	  다. 「형법」 제297조, 제297조의2, 제298조부터 제301조까지, 제301조의2, 제302조, 제303조, 제305조, 제305조의2의 죄
	  라. 「성폭력범죄의 처벌 등에 관한 특례법」 제3조부터 제11조까지 및 제15조(제3조부터 제9조까지의 미수범만 해당한다)의 죄
	  마. 「아동·청소년의 성보호에 관한 법률」 제7조 및 제8조의 죄
	  바. 다목부터 마목까지의 죄로서 다른 법률에 따라 가중처벌되는 죄
	• 다음의 어느 하나에 해당하는 죄를 범하여 벌금형을 선고받은 날부터 5년이 지나지 아니하거나 금고 이상의 형을 선고받고 그 집행이 유예된 날부터 5년이 지나지 아니한 자
	  가. 「형법」 제329조부터 제331조까지, 제331조의2 및 제332조부터 제343조까지의 죄
	  나. 가목의 죄로서 다른 법률에 따라 가중처벌되는 죄
	• 위의 다목부터 바목까지의 어느 하나에 해당하는 죄를 범하여 치료감호를 선고받고 그 집행이 종료된 날 또는 집행이 면제된 날부터 10년이 지나지 아니한 자 또는 바로 위의 어느 하나에 해당하는 죄를 범하여 치료감호를 선고받고 그 집행이 면제된 날부터 5년이 지나지 아니한 자
	• 「경비업법」이나 「경비업법」에 따른 명령을 위반하여 벌금형을 선고받은 날부터 5년이 지나지 아니하거나 금고 이상의 형을 선고받고 그 집행이 유예된 날부터 5년이 지나지 아니한 자

허위 그 밖의 부정한 방법으로 경비지도사 자격증을 교부받은 때	
경비지도사 자격증을 다른 사람에게 빌려주거나 양도한 때	
자격정지 기간 중에 경비지도사로 선임되어 활동한 때	

■ 경비지도사의 자격을 취소한 때에는 경비지도사 자격증을 회수하여야 하고, 경비지도사의 자격을 정지한 때에는 그 정지기간 동안 경비지도사 자격증을 회수하여 보관하여야 한다.

2. 경비지도사 자격정지처분기준

구분	1차 위반	2차 위반	3차 이상 위반
직무 불성실	자격정지 3월	자격정지 6월	자격정지 12월
감독명령 위반	자격정지 1월	자격정지 6월	자격정지 9월

■ 위반행위의 횟수에 따른 행정처분의 기준은 당해 위반행위가 있은 이전 최근 2년간 같은 위반행위로 행정처분을 받은 경우에 적용한다.

테마 10 ▶ 의무, 직무, 근무

1. 경비업자의 의무

공통의무	• **업무범위한계**: 경비업자는 경비대상시설의 소유자 또는 관리자(시설주)의 관리권의 범위 안에서 경비업무를 수행하여야 하며, 다른 사람의 자유와 권리를 침해하거나 그의 정당한 활동에 간섭하여서는 아니 된다. • **성실의무**: 경비업자는 경비업무를 성실하게 수행하여야 하고, 도급을 의뢰받은 경비업무가 위법 또는 부당한 것일 때에는 이를 거부하여야 한다. • **권익보호의무**: 경비업자는 불공정한 계약으로 경비원의 권익을 침해하거나 경비업의 건전한 육성과 발전을 해치는 행위를 하여서는 아니 된다. • **비밀준수의무**: 경비업자의 임직원이거나 임직원이었던 자는 다른 법률에 특별한 규정이 있는 경우를 제외하고는 그 직무상 알게 된 비밀을 누설하거나 다른 사람에게 제공하여 이용하도록 하는 등 부당한 목적을 위하여 사용하여서는 아니 된다. • **업무영역 준수의무**: 경비업자는 허가받은 경비업무 외 업무에 경비원을 종사하게 하여서는 아니 된다. • **경비지도사 선임·해임신고의무**: 경비업자는 경비지도사를 선임하거나 해임하는 때에는 행정안전부령으로 정하는 바에 따라 해당 경비현장을 관할하는 시·도경찰청장 또는 경찰서장에게 신고하여야 한다.		
개별 의무	특수 경비 업자	• **비밀취급인가**: 특수경비업자는 첫 업무개시의 신고를 하기 전에 시·도경찰청장의 비밀취급인가를 받아야 한다. • **대행업자 지정신고의무**: 특수경비업자는 특수경비업무의 개시신고를 하는 때에는 국가중요시설에 대한 특수경비업무의 수행이 중단되는 경우 시설주의 동의를 얻어 다른 특수경비업자 중에서 경비업무를 대행할 자(경비대행업자)를 지정하여 허가관청에 신고하여야 한다. 경비대행업자의 지정을 변경하는 경우에도 또한 같다. • **대행통보 및 인수의무**: 특수경비업자는 국가중요시설에 대한 특수경비업무를 중단하게 되는 경우에는 미리 경비대행업자에게 통보하여야 하며, 경비대행업자는 통보받은 즉시 그 경비업무를 인수하여야 한다. • **겸업금지의무**: 특수경비업자는 「경비업법」에 의한 경비업과 경비장비의 제조·설비·판매업, 네트워크를 활용한 정보산업, 시설물 유지관리업 및 경비원 교육업 등 대통령령이 정하는 경비관련업 외의 영업을 하여서는 아니 된다.	

	기계 경비 업자	• **대응체제 구축의무**: 기계경비업무를 수행하는 경비업자(기계경비업자)는 경비대상시설에 관한 정보를 수신한 때에는 신속하게 그 사실을 확인하는 등 필요한 대응조치를 취하여야 하며, 이를 위한 대응체제를 갖추어야 한다.
		• **오경보 방지 의무**
		  가. 설명의무: 기계경비업자는 경비계약을 체결하는 때에는 오경보를 막기 위하여 계약상대방에게 기기사용요령 및 기계경비운영체계 등에 관하여 설명하여야 하며, 각종 기기가 오작동되지 아니하도록 관리하여야 한다.
		  나. 서류보관의무: 기계경비업자는 대응조치 등 업무의 원활한 운영과 개선을 위하여 대통령령이 정하는 바에 따라 관련 서류를 작성·비치하여야 한다.	

	집단 민원 현장	**경비지도사 선임의무**: 경비업자는 집단민원현장에 경비원을 배치하는 때에는 경비지도사를 선임하고 그 장소에 배치하여 행정안전부령으로 정하는 바에 따라 경비원을 지도·감독하게 하여야 한다.	

2. 경비업무 도급인 등의 의무

무허가업체 도급금지	누구든지 허가를 받지 아니한 자에게 경비업무를 도급하여서는 아니 된다.
직접고용제한	누구든지 집단민원현장에 경비인력을 20명 이상 배치하려고 할 때에는 그 경비인력을 직접 고용하여서는 아니 되고, 경비업자에게 경비업무를 도급하여야 한다. 다만, 시설주 등이 집단민원현장 발생 3개월 전까지 직접 고용하여 경비업무를 수행하는 피고용인의 경우에는 그러하지 아니하다.

3. 경비원 등의 의무

공통의무	• 경비원은 직무를 수행함에 있어 타인에게 위력을 과시하거나 물리력을 행사하는 등 경비업무의 범위를 벗어난 행위를 하여서는 아니 된다. • 누구든지 경비원으로 하여금 경비업무의 범위를 벗어난 행위를 하게 하여서는 아니 된다.
특수경비원	• **복종의무**: 특수경비원은 직무를 수행함에 있어 시설주·관할 경찰관서장 및 소속 상사의 직무상 명령에 복종하여야 한다. • **이탈금지의무**: 특수경비원은 소속 상사의 허가 또는 정당한 사유 없이 경비구역을 벗어나서는 아니 된다. • **쟁의행위 금지의무**: 특수경비원은 파업·태업 그 밖에 경비업무의 정상적인 운영을 저해하는 일체의 쟁의행위를 하여서는 아니 된다. • **무기 안전수칙 준수의무**: 특수경비원이 무기를 휴대하고 경비업무를 수행하는 때에는 무기의 안전사용 수칙을 지켜야 한다.

4. 경비지도사의 직무

월 1회 이상 수행	• 경비원의 지도·감독·교육에 관한 계획의 수립·실시 및 그 기록의 유지 • 경비현장에 배치된 경비원에 대한 순회점검 및 감독 • 기계경비업무를 위한 기계장치의 운용·감독(기계경비지도사) • 오경보방지 등을 위한 기기관리의 감독(기계경비지도사)
명문 규정 없음	• 집단민원현장에 배치된 경비원에 대한 지도·감독 • 경찰기관 및 소방기관과의 연락방법에 대한 지도

5. 청원경찰의 의무

의무	해당 법조문	세부내용
복종의 의무	「국가공무원법」 제57조	공무원은 직무를 수행할 때 소속 상관의 직무상 명령에 복종하여야 한다.
직장 이탈 금지	「국가공무원법」 제58조 제1항	공무원은 소속 상관의 허가 또는 정당한 사유가 없으면 직장을 이탈하지 못한다.
비밀 엄수의 의무	「국가공무원법」 제60조	공무원은 재직 중은 물론 퇴직 후에도 직무상 알게 된 비밀을 엄수하여야 한다.
거짓 보고 등의 금지	「경찰공무원법」 제24조	• 경찰공무원은 직무에 관하여 거짓으로 보고나 통보를 하여서는 아니 된다. • 경찰공무원은 직무를 게을리하거나 유기(遺棄)해서는 아니 된다.

6. 청원경찰 근무요령

입초근무자	자체경비를 하는 입초근무자는 경비구역의 정문이나 그 밖의 지정된 장소에서 경비구역의 내부, 외부 및 출입자의 움직임을 감시한다.
소내근무자	업무처리 및 자체경비를 하는 소내근무자는 근무 중 특이한 사항이 발생하였을 때에는 지체 없이 청원주 또는 관할 경찰서장에게 보고하고 그 지시에 따라야 한다.
순찰근무자	• 순찰근무자는 청원주가 지정한 일정한 구역을 순회하면서 경비 임무를 수행한다. • 순찰은 단독 또는 복수로 정선순찰(정해진 노선을 규칙적으로 순찰하는 것을 말한다)을 하되, 청원주가 필요하다고 인정할 때에는 요점순찰(순찰구역 내 지정된 중요지점을 순찰하는 것을 말한다) 또는 난선순찰(임의로 순찰지역이나 노선을 선정하여 불규칙적으로 순찰하는 것을 말한다)을 할 수 있다.
대기근무자	대기근무자는 소내근무에 협조하거나 휴식하면서 불의의 사고에 대비한다.

테마 11 ▶ 손해배상 관련

경비업법	공제사업	경비협회는 다음의 공제사업을 할 수 있다. • 경비업자의 손해배상책임을 보장하기 위한 사업 • 경비업자가 경비업을 운영할 때 필요한 입찰보증, 계약보증(이행보증을 포함한다), 하도급보증을 위한 사업 • 경비원의 복지향상과 업무상 재해로 인한 손실을 보상하는 사업 • 경비업무와 관련한 연구 및 경비원 교육·훈련에 관한 사업
	손해배상	• 경비업자는 경비원이 업무수행 중 고의 또는 과실로 경비대상에 손해가 발생하는 것을 방지하지 못한 때에는 그 손해를 배상하여야 한다. • 경비업자는 경비원이 업무수행 중 고의 또는 과실로 제3자에게 손해를 입힌 경우에는 이를 배상하여야 한다.
청원경찰법	배상책임	청원경찰(국가기관이나 지방자치단체에 근무하는 청원경찰 제외한다)의 직무상 불법행위에 대한 배상책임에 관하여는 「민법」의 규정을 따른다.

테마 12 ▶ 권한위임 및 위탁

경비업법	위임	경찰청장은 다음의 권한을 시·도경찰청장에게 위임할 수 있다. • 경비지도사 자격의 취소 및 정지에 관한 권한 • 경비지도사 자격의 취소 및 정지에 관한 청문의 권한
	위탁	경찰청장 또는 경찰관서장은 경비지도사 시험의 관리에 관한 업무를 경비업무에 관한 인력과 전문성을 갖춘 기관으로서 경찰청장이 지정하여 고시하는 기관 또는 단체에 위탁한다. ※ 경비업무 위탁 규정에 따라 위탁받은 업무에 종사하는 관계전문기관 또는 단체의 임직원은 「형법」 제129조부터 제132조[제129조(수뢰, 사전수뢰), 제130조(제삼자뇌물제공), 제131조(수뢰후부정처사, 사후수뢰), 제132조(알선수뢰)]까지의 규정을 적용할 때에는 공무원으로 본다.
청원경찰법	위임	시·도경찰청장은 다음의 권한을 관할 경찰서장에게 위임한다. 다만, 청원경찰을 배치하고 있는 사업장이 하나의 경찰서 관할 구역 안에 있는 경우에 한한다. • 청원경찰 배치의 결정 및 요청에 관한 권한 • 청원경찰의 임용 승인에 관한 권한 • 청원주에 대한 지도·감독 및 명령의 권한 • 과태료 부과·징수에 관한 권한

테마 13 ▶ 행정처분

1. 경비업 허가의 취소 등

① 의무적 취소 사유

- 허위 그 밖의 부정한 방법으로 허가를 받은 때
- 경비업자가 허가받은 경비업무 외의 업무에 경비원을 종사하게 한 때
- 특수경비업자가 「경비업법」에 의한 경비업과 경비장비의 제조·설비·판매업, 네트워크를 활용한 정보산업, 시설물 유지관리업 및 경비원 교육업 등 대통령령이 정하는 경비관련업 외의 영업을 하여서는 아니 된다는 규정에 위반하여 경비업 및 경비관련업 외의 영업을 한 때
- 정당한 사유 없이 허가를 받은 날부터 2년 이내에 경비 도급실적이 없거나 계속하여 1년 이상 휴업한 때
- 정당한 사유 없이 최종 도급계약 종료일의 다음 날부터 2년 이내에 경비 도급실적이 없을 때
- 영업정지처분을 받고 계속하여 영업을 한 때
- 소속 경비원으로 하여금 경비업무의 범위를 벗어난 행위를 하게 한 때(경비업법 제15조의2 제2항 위반)
- 관할 경찰관서장의 배치폐지 명령(경비업법 제18조 제8항)에 따르지 아니한 때

② **임의적 취소 사유**: 허가를 취소하거나 6개월 이내의 기간을 정하여 영업의 전부 또는 일부에 대하여 영업정지를 명할 수 있다.

- 시·도경찰청장의 허가 없이 경비업무를 변경한 때
- 도급을 의뢰받은 경비업무가 위법한 것임에도 이를 거부하지 아니한 때
- 경비지도사를 집단민원현장에 선임·배치하지 아니한 때
- 경비대상시설에 관한 경보대응체제를 갖추지 아니한 때
- 「경비업법」 제9조 제2항을 위반하여 관련 서류를 작성·비치하지 아니한 때
- 결격사유에 해당하는 경비원을 배치하거나 결격사유에 해당하는 경비지도사를 선임·배치한 때
- 「경비업법」 제12조 제1항을 위반하여 경비지도사를 선임한 때
- 경비원으로 하여금 교육을 받게 하지 아니한 때
- 경비원의 복장 등에 관한 규정을 위반한 때
- 경비원의 장비 등에 관한 규정을 위반한 때
- 경비원의 출동차량 등에 관한 규정을 위반한 때
- 집단민원현장에 일반경비원 명부를 작성·비치하지 아니한 때
- 「경비업법」 제18조 제2항 각 호 외의 부분 단서를 위반하여 배치허가를 받지 아니하고 경비원을 배치하거나 경비원 명단 및 배치일시·배치장소 등 배치허가 신청의 내용을 거짓으로 한 때
- 「경비업법」 제18조 제6항을 위반하여 결격사유에 해당하는 일반경비원을 집단민원현장에 배치한 때
- 감독상 명령에 따르지 아니한 때
- 손해를 배상하지 아니한 때

③ 행정처분 일반기준

- 개별기준(경비업법 시행령 별표 4 제2호)에 따른 행정처분이 영업정지인 경우에는 위반행위의 동기, 내용 및 위반의 정도 등을 고려하여 가중하거나 감경할 수 있다.
- 위반행위가 2 이상인 경우로서 그에 해당하는 각각의 처분기준이 다른 경우에는 그중 중한 처분기준에 따르며, 2 이상의 처분기준이 동일한 영업정지인 경우에는 중한 처분기준의 2분의 1까지 가중할 수 있다. 다만, 가중하는 경우에도 각 처분기준을 합산한 기간을 초과할 수 없다.
- 위반행위의 횟수에 따른 행정처분기준은 최근 2년간 같은 위반행위로 행정처분을 받은 경우에 적용한다. 이 경우 기준 적용일은 위반행위에 대한 행정처분일과 그 처분 후의 위반행위가 다시 적발된 날을 기준으로 한다.
- 영업정지처분에 해당하는 위반행위가 적발된 날 이전 최근 2년간 같은 위반행위로 2회 영업정지처분을 받은 경우에는 개별기준에도 불구하고 그 위반행위에 대한 행정처분기준은 허가취소로 한다.

④ 행정처분 개별기준

위반행위	해당 법조문	행정처분기준 1차 위반	행정처분기준 2차 위반	행정처분기준 3차 이상 위반
가. 법 제4조 제1항 후단을 위반하여 시·도경찰청장의 허가 없이 경비업무를 변경한 때	법 제19조 제2항 제1호	경고	영업정지 6개월	허가취소
나. 법 제7조 제2항을 위반하여 도급을 의뢰받은 경비업무가 위법한 것임에도 이를 거부하지 않은 때	법 제19조 제2항 제2호	영업정지 1개월	영업정지 3개월	허가취소
다. 법 제7조 제6항을 위반하여 경비지도사를 집단민원현장에 선임·배치하지 않은 때	법 제19조 제2항 제3호	영업정지 1개월	영업정지 3개월	허가취소
라. 법 제8조를 위반하여 경비대상시설에 관한 경보 대응체제를 갖추지 않은 때	법 제19조 제2항 제4호	경고	경고	영업정지 1개월
마. 법 제9조 제2항을 위반하여 관련 서류를 작성·비치하지 않은 때	법 제19조 제2항 제5호	경고	경고	영업정지 1개월
바. 법 제10조 제3항을 위반하여 결격사유에 해당하는 경비원을 배치하거나 결격사유에 해당하는 경비지도사를 선임·배치한 때	법 제19조 제2항 제6호	영업정지 1개월	영업정지 3개월	허가취소
사. 법 제12조 제1항을 위반하여 경비지도사를 선임한 때	법 제19조 제2항 제7호	영업정지 1개월	영업정지 3개월	허가취소
아. 법 제13조를 위반하여 경비원으로 하여금 교육을 받게 하지 않은 때	법 제19조 제2항 제8호	경고	경고	영업정지 1개월
자. 법 제16조에 따른 경비원의 복장 등에 관한 규정을 위반한 때	법 제19조 제2항 제9호	경고	영업정지 1개월	영업정지 3개월
차. 법 제16조의2에 따른 경비원의 장비 등에 관한 규정을 위반한 때	법 제19조 제2항 제10호	경고	영업정지 1개월	영업정지 3개월
카. 법 제16조의3에 따른 경비원의 출동차량 등에 관한 규정을 위반한 때	법 제19조 제2항 제11호	경고	영업정지 1개월	영업정지 3개월
타. 법 제18조 제1항 단서를 위반하여 집단민원현장에 일반경비원 명부를 작성·비치하지 않은 때	법 제19조 제2항 제12호	영업정지 1개월	영업정지 3개월	허가취소
파. 법 제18조 제2항 각 호 외의 부분 단서를 위반하여 배치허가를 받지 아니하고 경비원을 배치하거나 경비원 명단 및 배치일시·배치장소 등 배치허가 신청의 내용을 거짓으로 한 때	법 제19조 제2항 제13호	영업정지 1개월	영업정지 3개월	허가취소
하. 법 제18조 제6항을 위반하여 결격사유에 해당하는 일반경비원을 집단민원현장에 배치한 때	법 제19조 제2항 제14호	영업정지 1개월	영업정지 3개월	허가취소
거. 법 제24조에 따른 감독상 명령에 따르지 않은 때	법 제19조 제2항 제15호	경고	영업정지 3개월	허가취소
너. 법 제26조를 위반하여 손해를 배상하지 않은 때	법 제19조 제2항 제16호	경고	영업정지 3개월	영업정지 6개월

⑤ 행정처분 개별기준 - 암기 위주

위반행위	행정처분기준		
	1차 위반	2차 위반	3차 이상 위반
허가 없이 경비업무 변경	경고	영업정지 6개월	허가취소
감독상 필요한 명령 위반	경고	영업정지 3개월	허가취소
성실의무 위법부당거부	영업정지 1개월	영업정지 3개월	허가취소
집단민원현장에 경비지도사 선임·배치 위반	영업정지 1개월	영업정지 3개월	허가취소
결격 사유자를 경비지도사·경비원으로 채용·배치	영업정지 1개월	영업정지 3개월	허가취소
결격 사유자 배치(집단민원현장)	영업정지 1개월	영업정지 3개월	허가취소
대통령령이 정하는 경비지도사를 위반 선임	영업정지 1개월	영업정지 3개월	허가취소
거짓 등 배치허가규정 위반	영업정지 1개월	영업정지 3개월	허가취소
경비원명부 미작성·미비치(집단민원현장)	영업정지 1개월	영업정지 3개월	허가취소
손해배상 위반	경고	영업정지 3개월	영업정지 6개월
출동차량 등 규정 위반	경고	영업정지 1개월	영업정지 3개월
경비원의 복장규정 위반	경고	영업정지 1개월	영업정지 3개월
장비규정 위반	경고	영업정지 1개월	영업정지 3개월
경비원교육을 받게 하지 아니한 경우	경고	경고	영업정지 1개월
기계경비업자 경보대응체제 미구축	경고	경고	영업정지 1개월
기계경비업자의 서류 미작성·미비치	경고	경고	영업정지 1개월

❖ 암기 Tip

허 경6소(대) : 명 경3소(대)는
위 (로) 집 결 선 거 - 13소
손해 는 - 경고 3배
출 장 복 - 경13
교 대 로 서 - 고고지

허경 6소대와 명경 3소대는 위로 집결선거(일삼소)해!
출장복으로 갈아입으라고(경일삼)
교대로서 고고지(가야지)

2. 경비지도사·경비원 교육기관의 지정 취소 및 업무정지 기준

① 일반기준

> 가. 위반행위가 둘 이상이면 그 중 무거운 처분기준에 따른다. 다만, 둘 이상의 처분기준이 모두 업무 정지인 경우에는 각 처분기준을 합산한 기간을 넘지 않는 범위에서 무거운 처분기준에 그 처분기준의 2분의 1 범위에서 가중한다.
> 나. 위반행위의 횟수에 따른 행정처분 기준은 최근 2년간 같은 위반행위로 행정처분을 받은 경우에 적용한다. 이 경우 기간의 계산은 위반행위에 대한 행정처분일과 그 처분 후 다시 같은 위반행위를 하여 적발된 날을 기준으로 한다.
> 다. 나목에 따라 가중된 처분을 하는 경우 가중처분의 적용 차수는 그 위반행위 전 처분차수(나목에 따른 기간 내에 처분이 둘 이상 있었던 경우에는 높은 차수를 말한다)의 다음 차수로 한다.
> 라. 처분권자는 제2호에 따른 처분기준이 업무 정지인 경우에는 위반행위의 동기, 내용 및 위반의 정도 등을 고려하여 2분의 1 범위에서 감경할 수 있다.

② 개별기준

위반행위	근거 법조문	행정처분기준 1차	행정처분기준 2차	행정처분기준 3차 이상
가. 지정받은 사항을 위반하여 업무를 행한 경우	법 제11조의4 제1항 제2호 또는 법 제13조의3 제1항 제2호	업무정지 1개월	업무정지 3개월	업무정지 6개월
나. 법 제11조의3 제3항 또는 법 제13조의2 제3항에 따른 시정명령을 받고도 정당한 사유 없이 시정하지 않은 경우	법 제11조의4 제1항 제3호 또는 법 제13조의3 제1항 제3호	업무정지 3개월	업무정지 6개월	지정 취소
다. 법 제11조의3 제4항 또는 법 제13조의2 제4항에 따른 지정 기준에 적합하지 않게 된 경우	법 제11조의4 제1항 제4호 또는 법 제13조의3 제1항 제4호	업무정지 1개월	업무정지 3개월	지정 취소

테마 14 ▶ 장비 등

1. 경비업법

무기	권총, 소총		
장비	• 경비원이 휴대할 수 있는 장비의 종류는 경적·단봉·분사기 등 행정안전부령으로 정하되, 근무 중에만 이를 휴대할 수 있다. • 경비원은 근무 중 경적, 단봉, 분사기, 안전방패, 무전기 및 그 밖에 경비업무 수행에 필요한 것으로서 공격적인 용도로 제작되지 아니하는 장비를 휴대할 수 있으며, 안전모 및 방검복 등 안전장비를 착용할 수 있다.		
	장비	장비 기준	
	경적	금속이나 플라스틱 재질의 호루라기	
	단봉	금속(합금 포함)이나 플라스틱 재질의 전장 700mm 이하의 호신용 봉	
	분사기	「총포·도검·화약류 등의 안전관리에 관한 법률」에 따른 분사기	
	안전방패	플라스틱 재질의 폭 500mm 이하, 길이 1,000mm 이하의 방패로 경찰공무원이 사용하는 안전방패와 색상 및 디자인이 명확히 구분되어야 함	
	무전기	무전기 송신 시 실시간으로 수신이 가능한 것	
	안전모	안면을 가리지 아니하면서, 머리를 보호하는 장비로 경찰공무원이 사용하는 방석모와 색상 및 디자인이 명확히 구분되어야 함	
	방검복	경찰공무원이 사용하는 방검복과 색상 및 디자인이 명확히 구분되어야 함	
분사기 휴대 시 소지허가	경비업자가 경비원으로 하여금 분사기를 휴대하여 직무를 수행하게 하는 경우에는 「총포·도검·화약류 등의 안전관리에 관한 법률」에 따라 미리 분사기의 소지허가를 받아야 한다.		

2. 청원경찰법

무기	권총, 소총
장구	허리띠, 경찰봉, 호루라기 및 포승(捕繩)
분사기	청원주는 「총포·도검·화약류 등의 안전관리에 관한 법률」에 따른 분사기의 소지허가를 받아 청원경찰로 하여금 그 분사기를 휴대하여 직무를 수행하게 할 수 있다.
제복	정모(正帽), 기동모(활동에 편한 모자를 말한다. 이하 같다), 근무복(하복, 동복), 한여름 옷, 기동복, 점퍼, 비옷, 방한복, 외투, 단화, 기동화 및 방한화
착용·휴대	• 평상시: 정모, 근무복, 단화, 호루라기, 경찰봉, 포승, 총기(혹은 분사기) • 교육훈련, 기타 특수근무 중: 기동모, 기동복, 기동화, 휘장. 다만, 허리띠와 경찰봉은 착용·휴대하지 않을 수도 있다.

	품명	수량	사용기간	정기지급일
급여품표	근무복(하복)	1	1년	5월 5일
	근무복(동복)	1	1년	9월 25일
	한여름 옷	1	1년	6월 5일
	외투·방한복 또는 점퍼	1	2~3년	9월 25일
	기동화 또는 단화	1	단화 1년 기동화 2년	9월 25일
	비옷	1	3년	5월 5일
	정모	1	3년	9월 25일
	기동모	1	3년	필요할 때
	기동복	1	2년	필요할 때
	방한화	1	2년	9월 25일
	장갑	1	2년	9월 25일
	호루라기	1	2년	9월 25일

	품명	수량
대여품표	허리띠	1
	경찰봉	1
	가슴표장	1
	분사기	1
	포승	1

■ 청원경찰이 <u>퇴직할 때에는 대여품을 청원주에게 반납</u>하여야 한다.

테마 15 ▶ 무기관리수칙

1. 시설주 또는 관리책임자

책임자 지정	책임자를 지정하고 관할 경찰관서장에게 이를 통보할 것
무기고, 탄약고 설치	• 단층에 설치, 환기·방습·방화 및 총받침대 등의 시설을 설치할 것 • 많은 사람을 수용하거나 많은 사람이 오고 가는 시설과 떨어진 곳에 설치할 것
무기고, 탄약고 등 잠금장치	• 이중 잠금장치를 할 것 • 열쇠는 관리책임자가 보관하되, 근무시간 이후에는 열쇠를 당직책임자에게 인계하여 보관시킬 것
관리실태 보고	관할 경찰관서장이 정하는 바에 의하여 무기관리 실태를 매월 파악하여 다음 달 3일까지 관할 경찰관서장에게 통보할 것
무기, 탄약 등 분실	대여받은 무기를 빼앗기거나 대여받은 무기가 분실·도난 또는 훼손되는 등의 사고가 발생한 때에는 관할 경찰관서장에게 그 사유를 지체 없이 통보할 것
배상	• 무기를 빼앗기거나 대여받은 무기가 분실·도난 또는 훼손된 때에는 경찰청장이 정하는 바에 의하여 그 전액을 배상할 것 • 전시·사변·천재지변 등 시·도경찰청장이 인정한 때에는 제외
무기손질	시설주는 자체계획을 수립하여 보관하고 있는 무기를 매주 1회 이상 손질할 수 있게 할 것

2. 청원주

비치·기록	무기·탄약출납부 및 무기장비 운영카드를 갖춰 두고 기록하여야 한다.
관리책임자 지정	관리책임자를 지정하고 관할 경찰서장에게 그 사실을 통보한다.
무기고, 탄약고 설치	• 단층에 설치, 환기·방습·방화 및 총받침대 등의 시설을 갖추어야 한다. • 탄약고는 무기고와 떨어진 곳에 설치하고, 그 위치는 사무실이나 그 밖에 여러 사람을 수용하거나 여러 사람이 오고 가는 시설로부터 격리되어야 한다.
무기고, 탄약고 등 잠금장치	• 이중 잠금장치 • 열쇠는 관리책임자가 보관하되, 근무시간 이후에는 숙직책임자에게 인계하여 보관시켜야 한다.
관리실태 보고	경찰청장이 정하는 바에 따라 매월 다음 달 3일까지 관할 경찰서장에게 통보하여야 한다.
무기, 탄약 등 분실	무기와 탄약이 분실되거나 도난당하거나 빼앗기거나 훼손되는 등의 사고가 발생했을 때에는 지체 없이 그 사유를 관할 경찰서장에게 통보한다.
배상	• 무기와 탄약이 분실되거나 도난당하거나 빼앗기거나 훼손되었을 때에는 경찰청장이 정하는 바에 의하여 그 전액을 배상해야 한다. • 전시·사변·천재지변이나 그밖의 기타 불가항력의 사유가 있다고 시·도경찰청장이 인정하였을 때에는 제외한다.

3. 무기의 사용 및 안전수칙

무기 사용	• 무기를 사용하지 않고는 다른 수단이 없다고 인정되는 때에는 필요한 한도 안에서 무기를 사용한다. • 무기 또는 폭발물을 소지하고 국가중요시설에 침입한 자가 3회 이상 투기 또는 투항을 요구받고도 이에 불응하면서 계속 항거할 경우, 이를 억제하기 위한 다른 수단이 없다고 인정되는 때 • 국가중요시설에 침입한 무장간첩이 투항을 요구받고도 이에 불응한 때
무기 사용 안전수칙	발사 전 미리 구두 또는 공포탄으로 경고해야 한다. 부득이하게 경고하지 않을 경우는 다음과 같다. • 경비원을 급습하거나, 중대한 위험을 야기하는 범행이 목전에 실행되거나, 상황이 급박할 경우 • 인질, 간첩, 테러 사건 발생 시 은밀히 작전을 수행할 경우

4. 무기지급의 제외 및 회수 대상자

특수경비원	청원경찰
• 형사사건으로 인하여 조사를 받고 있는 사람 • 사직 의사를 표명한 사람 • 정신질환자 • 그 밖에 무기를 지급하기에 부적합하다고 인정되는 사람	• 형사사건으로 조사 대상이 된 사람 • 사직 의사를 밝힌 사람 • 직무상 비위(非違)로 징계 대상이 된 사람 • 치매, 조현병, 조현정동장애, 양극성 정동장애(조울병), 재발성 우울장애 등의 정신질환으로 인하여 무기와 탄약의 휴대가 적합하지 않다고 해당 분야 전문의가 인정하는 사람 • 위의 규정 중 어느 하나에 준하는 사유로 청원주가 무기와 탄약을 지급하기에 적절하지 않다고 인정하는 사람

테마 16 ▶ 관련 문서와 장부 비치 및 작성

1. 청원경찰과 특수경비원 관련 문서와 장부

구분	청원경찰	특수경비원
청원주(시설주)가 비치	• 청원경찰 명부 • 근무일지 • 근무상황카드 • 경비구역 배치도 • 순찰표철 • 무기 · 탄약출납부 • 무기장비 운영카드 • 봉급지급 조서철 • 신분증명서 발급대장 • 징계 관계철 • 교육훈련 실시부 • 청원경찰 직무교육계획서 • 급여품 및 대여품 대장 • 기타 청원경찰의 운영에 필요한 문서와 장부	• 근무일지 • 근무상황카드 • 경비구역 배치도 • 순찰표철 • 무기 · 탄약출납부 • 무기장비 운영카드
관할 경찰서장(관할 경찰관서장)이 비치	• 청원경찰 명부 • 감독순시부 • 전 · 출입 관계철 • 교육훈련 실시부 • 무기 · 탄약대여대장 • 징계요구서철 • 기타 청원경찰의 운영에 필요한 문서와 장부	• 감독순시부 • 특수경비원 전 · 출입 관계철 • 특수경비원 교육훈련 실시부 • 무기 · 탄약대여대장 • 그 밖에 특수경비원의 관리 등을 위하여 필요한 장부 또는 서류
시 · 도경찰청장이 비치	• 배치결정 관계철 • 청원경찰 임용승인 관계철 • 전 · 출입 관계철 • 기타 청원경찰의 운영에 필요한 문서와 장부	

- 청원주와 관할 경찰서장 공동비치: 청경명부, 교육훈련
- 관할 경찰서장과 시 · 도경찰청장 공동비치: 전 · 출입
- 관할 경찰서장: 전 · 출입, 청경명부, 징계요구, 탄약대여, 교육훈련, 감독순시
- 관할 경찰서장의 징계요구(징계요구서철)가 있을 경우 청원주가 징계(징계 관계철)

2. 경비업법상 서류작성 및 보관

경비원 명부	경비업자는 경비원의 명부(② 및 ③의 경우에는 해당 장소에 배치된 경비원의 명부를 말한다)를 작성·비치하여 두고, 이를 항상 정리하여야 한다. ① 주된 사무소 ② 출장소 ③ 집단민원현장
기계경비업자의 관리 서류	기계경비업자는 출장소별로 다음의 사항을 기재한 서류를 갖추어 두어야 한다(③ 및 ④는 경보를 수신한 날부터 1년간 보관한다). ① 경비대상시설의 명칭·소재지 및 경비계약기간 ② 기계경비지도사의 명단·배치일자·배치장소와 출동차량의 대수 ③ 경보의 수신 및 현장도착 일시와 조치의 결과 ④ 오경보인 경우 오경보가 발생한 경비대상시설 및 그 오경보에 대한 조치의 결과
경비원 직무교육 실시대장	경비지도사는 경비원에 대한 교육을 실시하고, 행정안전부령으로 정하는 경비원 직무교육 실시대장에 그 내용을 기록하여 2년간 보존하여야 한다.
근무상황기록부	경비업자는 근무상황기록부를 1년 동안 보관하여야 한다.

테마 17 ▶ 과태료 부과

구분	경비업법	청원경찰법
부과 권자	과태료는 대통령령이 정하는 바에 의하여 시·도경찰청장 또는 경찰관서장이 부과·징수한다.	과태료는 대통령령으로 정하는 바에 따라 시·도경찰청장이 부과·징수한다.
3,000 만 원 이하의 과태료	• 경비업자는 경찰공무원 또는 군인의 제복과 색상 및 디자인 등이 명확히 구별되는 소속 경비원의 복장을 정하고 이를 확인할 수 있는 사진을 첨부하여 주된 사무소를 관할하는 시·도경찰청장에게 행정안전부령으로 정하는 바에 따라 신고하여야 한다(제16조 제1항)는 규정을 위반하여 경비원의 복장에 관한 신고를 하지 아니하고 집단민원현장에 경비원을 배치한 자 • 경비업자는 경비업무 수행 시 경비원에게 소속 경비업체를 표시한 이름표를 부착하도록 하고, 신고된 동일한 복장을 착용하게 하여야 하며, 복장에 소속 회사를 오인할 수 있는 표시를 하거나 다른 회사의 복장을 착용하게 하여서는 아니 된다(제16조 제2항)는 규정을 위반하여 이름표를 부착하게 하지 아니하거나, 신고된 동일 복장을 착용하게 하지 아니하고 집단민원현장에 경비원을 배치한 자 • 집단민원현장에 배치되는 일반경비원의 명부는 그 경비원이 배치되는 장소에도 작성·비치하여야 한다(제18조 제1항 단서)는 규정을 위반하여 집단민원현장에 일반경비원을 배치하면서 경비원의 명부를 배치장소에 작성·비치하지 아니한 자 • 제18조 제2항 각 호 외의 부분 단서를 위반하여 배치허가를 받지 아니하고 경비원을 배치하거나 경비원 명단 및 배치일시·배치장소 등 배치허가신청의 내용을 거짓으로 한 자 • 경비업자는 경비원 명부에 없는 자를 경비업무에 종사하게 하여서는 아니 되고, 경비원을 배치하는 경우에는 신임교육을 이수한 자를 배치하여야 한다(제18조 제7항)는 규정을 위반하여 신임교육을 이수하지 아니한 자를 제18조 제2항 각 호의 경비원으로 배치한 자	-

500만 원 이하의 과태료	• 휴·폐업, 법인의 명칭·임원변경 등 신고(제4조 제3항) 또는 경비원의 배치폐지신고(제18조 제2항)의 규정을 위반하여 신고를 하지 아니한 자 • 특수경비업무의 경비대행업자는 시설주의 동의를 얻어 허가관청에 신고해야 한다(제7조 제7항)는 규정을 위반하여 경비대행업자 지정신고를 하지 아니한 자 • 오경보의 방지(제9조 제1항)의 규정을 위반하여 설명의무를 이행하지 아니한 자 • 정당한 사유 없이 보수교육(제11조의2)을 받지 아니한 경비지도사 • 경비지도사를 선임하지 아니한 자 • 경비지도사의 선임 또는 해임의 신고(제12조의2)를 하지 아니한 자 • 감독상 필요한 명령(제14조 제6항)을 정당한 이유 없이 이행하지 아니한 자 • 결격사유에 해당하는 경비원을 배치하거나 결격 사유에 해당하는 경비지도사를 선임·배치한 자 • 복장 등에 관한 신고규정을 위반(제16조 제1항)하여 신고를 하지 아니한 자 • 이름표를 부착하게 하지 아니하거나, 신고된 동일 복장을 착용하게 하지 아니하고 경비원을 경비업무에 배치한 자 • 경비원의 명부작성·비치(제18조 제1항 본문)의 규정을 위반하여 명부를 작성·비치하지 아니한 자 • 경비원의 근무상황을 기록하여 보관(제18조 제5항)하지 아니한 자	• 시·도경찰청장의 배치결정을 받지 아니하고 청원경찰을 배치하거나 시·도경찰청장의 승인을 얻지 아니하고 청원경찰을 임용한 자 • 정당한 이유 없이 경찰청장이 고시한 최저부담기준액 이상의 보수를 지급하지 아니한 자 • 시·도경찰청장의 감독상 필요한 명령을 정당한 이유 없이 이행하지 아니한 자
기타	시·도경찰청장 또는 경찰관서장은 「질서위반행위규제법」 제14조 각 호의 사항을 고려하여 [별표 6]에 따른 금액의 100분의 50의 범위에서 경감하거나 가중할 수 있다. 다만, 가중하는 때에는 3,000만 원(제31조 제1항) 및 500만 원(제31조 제2항)에 따른 과태료 금액의 상한을 초과할 수 없다.	시·도경찰청장은 위반행위의 동기, 내용 및 위반의 정도 등을 고려하여 [별표 2]에 따른 과태료 금액의 100분의 50의 범위에서 그 금액을 줄이거나 늘릴 수 있다. 다만, 늘리는 경우에는 법 제12조 제1항에 따른 과태료 금액의 상한(500만 원)을 초과할 수 없다.

테마 18 ▶ 과태료 개별부과기준

1. 경비업법령상 행위별 과태료 부과기준

시·도경찰청장 또는 경찰관서장 ⇨ 경비업자, 경비지도사 또는 시설주

위반행위	해당 법조문	과태료 금액(단위: 만 원)		
		1회 위반	2회 위반	3회 이상
1. 법 제4조 제3항 또는 제18조 제2항을 위반하여 신고를 하지 않은 경우 가. 1개월 이내의 기간 경과 나. 1개월 초과 6개월 이내의 기간 경과 다. 6개월 초과 12개월 이내의 기간 경과 라. 12개월 초과의 기간 경과	법 제31조 제2항 제1호	50 100 200 400		
2. 법 제7조 제7항을 위반하여 경비대행업자 지정신고를 하지 않은 경우 가. 허위로 신고한 경우 나. 그 밖의 사유로 신고하지 않은 경우	법 제31조 제2항 제2호	400 300		
3. 법 제9조 제1항을 위반하여 설명의무를 이행하지 않은 경우	법 제31조 제2항 제3호	100	200	400
4. 법 제10조 제3항을 위반하여 결격사유에 해당하는 경비원을 배치하거나 결격사유에 해당하는 경비지도사를 선임·배치한 경우	법 제31조 제2항 제6호	100	200	400
4의2. 법 제11조의2를 위반하여 정당한 사유 없이 보수교육을 받지 않은 경우 가. 1년 이내의 기간 경과 나. 1년 초과 2년 이내의 기간 경과 다. 2년 초과의 기간 경과	법 제31조 제2항 제3호의2	100 200 300		
5. 법 제12조 제1항을 위반하여 경비지도사를 선임하지 않은 경우	법 제31조 제2항 제4호	100	200	400
5의2. 법 제12조의2를 위반하여 경비지도사의 선임 또는 해임의 신고를 하지 않은 경우 가. 6개월 이내의 기간 경과 나. 6개월 초과 12개월 이내의 기간 경과 다. 12개월 초과의 기간 경과	법 제31조 제2항 제4호의2	100 200 400		
6. 법 제14조 제6항에 따른 감독상 필요한 명령을 정당한 이유 없이 이행하지 않은 경우	법 제31조 제2항 제5호	500		
7. 법 제16조 제1항을 위반하여 복장 등에 관한 신고규정을 위반하여 신고를 하지 않은 경우	법 제31조 제2항 제7호	100	200	400
8. 법 제16조 제1항을 위반하여 경비원의 복장에 관한 신고를 하지 않고 집단민원현장에 경비원을 배치한 경우	법 제31조 제1항 제1호	600	1,200	2,400
9. 법 제16조 제2항을 위반하여 이름표를 부착하게 하지 않거나, 신고된 동일 복장을 착용하게 하지 않고 경비원을 경비업무에 배치한 경우	법 제31조 제2항 제8호	100	200	400

위반행위	해당 법조문	과태료 금액(단위: 만 원)		
		1회 위반	2회 위반	3회 이상
10. 법 제16조 제2항을 위반하여 이름표를 부착하게 하지 않거나, 신고된 동일 복장을 착용하게 하지 않고 집단민원현장에 경비원을 배치한 경우	법 제31조 제1항 제2호	600	1,200	2,400
11. 법 제18조 제1항 본문을 위반하여 명부를 작성·비치하지 않은 경우 　가. 경비원 명부를 비치하지 않은 경우 　나. 경비원 명부를 작성하지 않은 경우	법 제31조 제2항 제9호	 100 50	 200 100	 400 200
12. 법 제18조 제1항 단서를 위반하여 집단민원현장에 배치되는 일반경비원의 명부를 그 배치장소에 작성·비치하지 않은 경우 　가. 경비원 명부를 비치하지 않은 경우 　나. 경비원 명부를 작성하지 않은 경우	법 제31조 제1항 제3호	 600 300	 1,200 600	 2,400 1,200
13. 법 제18조 제2항 각 호 외의 부분 단서를 위반하여 배치허가를 받지 않고 경비원을 배치하거나, 경비원 명단 및 배치일시·배치장소 등 배치허가 신청의 내용을 거짓으로 한 경우	법 제31조 제1항 제4호	1,000	2,000	3,000
14. 법 제18조 제5항을 위반하여 경비원의 근무상황을 기록하여 보관하지 않은 경우	법 제31조 제2항 제10호	50	100	200
15. 법 제18조 제7항을 위반하여 법 제13조에 따른 신임교육을 이수하지 않은 자를 법 제18조 제2항 각 호의 경비원으로 배치한 경우	법 제31조 제1항 제5호	600	1,200	2,400

비고

가. 위반행위의 횟수에 따른 과태료의 가중된 부과기준은 최근 2년간 같은 위반행위로 과태료 부과처분을 받은 경우에 적용한다. 이 경우 기간의 계산은 위반행위에 대하여 과태료 부과처분을 받은 날과 그 처분 후 다시 같은 위반행위를 하여 적발된 날을 기준으로 한다.

나. 가목에 따라 가중된 부과처분을 하는 경우 가중처분의 적용 차수는 그 위반행위 전 부과처분 차수(가목에 따른 기간 내에 과태료 부과처분이 둘 이상 있었던 경우에는 높은 차수를 말한다)의 다음 차수로 한다.

2. 청원경찰법령상 행위별 과태료 부과기준(500만 원 이하)

시·도경찰청장(경찰관서장) ⇨ 청원주

위반행위		과태료 금액
시·도경찰청장의 배치결정을 받지 아니하고 청원경찰을 배치한 경우	국가중요시설(국가정보원장이 지정하는 국가보안 목표시설)인 경우	500만 원
	국가중요시설 외의 시설인 경우	400만 원
시·도경찰청장의 승인을 얻지 아니하고 청원경찰을 임용한 경우	임용결격 사유에 해당하는 경우	500만 원
	임용결격 사유에 해당하지 않는 경우	300만 원
정당한 이유 없이 경찰청장이 고시한 최저부담기준액 이상의 보수를 지급하지 아니한 경우	-	500만 원
시·도경찰청장의 감독상 필요한 명령을 이행하지 아니한 경우	총기·실탄 및 분사기에 관한 명령	500만 원
	총기·실탄 및 분사기에 관한 명령 외의 명령	300만 원

테마 19 ▶ 벌칙

경비업법	청원경찰법
1. **5년 이하 징역 또는 5천만 원 이하 벌금** 　국가중요시설의 정상적인 운영을 해치는 장해를 일으킨 특수경비원 2. **3년 이하 징역 또는 3천만 원 이하 벌금** 　• 허가를 받지 아니하고 경비업을 영위한 자 　• 직무상 알게 된 비밀을 누설하거나 부당한 목적을 위하여 사용한 자 　• 국가중요시설에 대한 특수경비업무를 중단하게 되는 경우에 경비업무의 중단을 통보하지 아니하거나 경비업무를 즉시 인수하지 아니한 특수경비업자 또는 경비대행업자 　• 집단민원현장에 경비원을 배치하면서 허가를 받지 아니한 자에게 경비업무를 도급한 자 　• 집단민원현장에 20명 이상의 경비인력을 배치하면서 그 경비인력을 직접 고용한 자 　• 경비업자의 경비원 채용 시 무자격자나 부적격자 등을 채용하도록 관여하거나 영향력을 행사한 도급인 　• 과실로 인하여 국가중요시설의 정상적인 운영을 해치는 장해를 일으킨 특수경비원 　• 특수경비원으로서 경비구역 안에서 시설물의 절도, 손괴, 위험물의 폭발 등의 사유로 인한 위급사태가 발생한 때에 직무상 복종 명령(제15조 제1항) 또는 경비구역 이탈금지(제15조 제2항)의 규정에 위반한 자 　• 경비원에게 경비업무의 범위를 벗어난 행위를 하게 한 자 3. **2년 이하 징역 또는 2천만 원 이하 벌금** 　정당한 사유 없이 무기를 소지하고 배치된 경비구역을 벗어난 특수경비원 4. **1년 이하 징역 또는 1천만 원 이하 벌금** 　• 시설주로부터 무기의 관리를 위하여 지정받은 책임자는 무기출납부 및 무기장비운영카드를 비치·기록하여야 하며, 무기는 관리책임자가 직접 지급·회수하는 규정을 위반한 관리책임자 　• 법 제15조 제3항의 규정을 위반하고 쟁의행위를 한 특수경비원 　• 직무를 수행함에 있어 타인에게 위력을 과시하거나 물리력을 행사하는 등 경비업무의 범위를 벗어난 행위를 한 경비원 　• 법 제16조의2 제1항에서 정한 경비원이 휴대할 수 있는 장비 외에 흉기 또는 그 밖의 위험한 물건을 휴대하고 경비업무를 수행한 경비원 또는 경비원에게 이를 휴대하고 경비업무를 수행하게 한 자 　• 법 제18조 제8항의 규정을 위반하여 경찰관서장의 배치폐지 명령을 따르지 아니한 자 　• 이 법이나 이 법에 따른 명령, 「폭력행위 등 처벌에 관한 법률」을 위반하는 행위를 하고 시·도경찰청장 또는 관할 경찰관서장의 중지명령에 따르지 아니한 경비업자 또는 배치된 경비원	1. **1년 이하의 징역 또는 1천만 원 이하의 벌금** 　파업, 태업 또는 그 밖에 업무의 정상적 운영을 방해하는 쟁의행위를 한 사람 2. **6월 이하의 징역이나 금고** 　청원경찰이 직무를 수행함에 있어 직권을 남용하여 국민에게 해를 끼친 경우
형의 가중처벌 • 특수경비원이 무기를 휴대하고 경비업무를 수행 중에 법 제14조 제8항의 규정 및 법 제15조 제4항의 규정에 의한 무기의 안전수칙을 위반하여 「형법」 제258조의2(특수상해) 제1항[제257조 제1항(상해)의 죄로 한정한다]·제2항[제258조 제1항·제2항(중상해)의 죄로 한정한다], 제259조(상해치사) 제1항, 제260조 제1항(폭행), 제262조(폭행치사상), 제268조(업무상과실·중과실 치사상), 제276조 제1항(체포·감금), 제277조 제1항(중체포·중감금), 제281조(체포·감금 등의 치사상) 제1항, 제283조 제1항(협박), 제324조(강요) 제2항(특수강요), 제350조의2(특수공갈) 및 제366조(재물손괴 등)의 죄를 범한 때에는 그 죄에 정한 형의 2분의 1까지 가중처벌한다. • 경비원이 경비업무 수행 중에 법 제16조의2 제1항(경비원이 휴대할 수 있는 장비의 종류는 경적·단봉·분사기 등 행정안전부령으로 정하되, 근무 중에만 이를 휴대할 수 있다)에서 정한 장비 외에 흉기 또는 그 밖의 위험한 물건을 휴대하고 「형법」 제258조의2(특수상해) 제1항[제257조 제1항(상해)의 죄로 한정한다]·제2항[제258조 제1항·제2항(중상해)의 죄로 한정한다], 제259조(상해치사) 제1항, 제261조(특수폭행), 제262조(폭행치사상), 제268조(업무상과실·중과실 치사상), 제276조 제1항(체포·감금), 제277조 제1항(중체포·중감금), 제281조(체포·감금 등의 치사상) 제1항, 제283조 제1항(협박), 제324조(강요) 제2항(특수강요), 제350조의2(특수공갈) 및 제366조(재물손괴 등)의 죄를 범한 때에는 그 죄에 정한 형의 2분의 1까지 가중처벌한다.	

테마 20 ▶ 경비업법상 행정처분과 행정벌의 비교

내용	조문	행정처분 1차	행정처분 2차	행정처분 3차 이상	행정질서벌(과태료) 1차	행정질서벌(과태료) 2차	행정질서벌(과태료) 3차	행정형벌
허위·부정으로 허가받은 경우	제4조 제1항	허가취소						
허가 없이 영위한 자	제4조 제1항							3년 이하 징역 또는 3천만 원 이하 벌금
허가 없이 경비업무 변경	제4조 제1항	경고	6개월 영업정지	허가 취소				
경비업의 허가를 받은 법인 변경신고	제4조 제3항				1개월 50, 6개월 100, 12개월 200, 초과 400			
성실의무 위법부당거부	제7조 제2항	1개월 영업정지	3개월 영업정지	허가 취소				
비밀 엄수 위반	제7조 제4항							3년 이하 징역 또는 3천만 원 이하 벌금
허가받은 경비업무 외의 업무에 경비원 종사	제7조 제5항	허가취소						
집단민원현장에 경비지도사 선임 위반	제7조 제6항	1개월 영업정지	3개월 영업정지	허가 취소				
경비대행업자 미지정신고	제7조 제7항				허위신고 400, 미신고 300			
대행체제구축 시 통보인수의무 위반	제7조 제8항							3년 이하 징역 또는 3천만 원 이하 벌금
특수경비업자 경비관련업 외의 영업	제7조 제9항	허가취소						
무허가업자에 도급	제7조의2 제1항							3년 이하 징역 또는 3천만 원 이하 벌금
집단민원현장에 직접고용	제7조의2 제2항							3년 이하 징역 또는 3천만 원 이하 벌금
기계경비업자 경보대응체제 미구축	제8조	경고	경고	1개월 영업정지				
설명의무 위반	제9조 제1항				100	200	400	
기계경비업자의 서류미작성·미비치	제9조 제2항	경고	경고	1개월 영업정지				
결격사유자를 경비지도사·경비원으로 채용·근무	제10조 제3항	1개월 영업정지	3개월 영업정지	허가 취소	100	200	400	
대통령령이 정하는 경비지도사를 위반 선임	제12조 제1항	1개월 영업정지	3개월 영업정지	허가 취소				
경비지도사를 선임하지 아니한 자					100	200	400	
경비원교육을 받게 하지 아니한 경우	제13조	경고	경고	1개월 영업정지				
국가중요시설의 정상적인 운영을 해치는 장해	제14조 제2항							5년 이하 징역 또는 5천만 원 이하 벌금
국가중요시설의 정상적인 운영을 해치는 장해(과실)	제14조 제2항							3년 이하 징역 또는 3천만 원 이하 벌금

내용	조문	행정처분 1차	행정처분 2차	행정처분 3차 이상	행정질서벌(과태료) 1차	행정질서벌(과태료) 2차	행정질서벌(과태료) 3차	행정형벌
특수경비원이 무기를 소지하고 경비구역 이탈	제14조 제4항							2년 이하 징역 또는 2천만 원 이하 벌금
무기감독상 시설주가 필요한 명령 위반	제14조 제6항					500		
무기관리책임자의 위반	제14조 제7항							1년 이하 징역 또는 1천만 원 이하 벌금
직무상 명령에 복종 위반(위급 시)	제15조 제1항							3년 이하 징역 또는 3천만 원 이하 벌금
경비구역 이탈금지 위반(위급 시)	제15조 제2항							3년 이하 징역 또는 3천만 원 이하 벌금
특수경비원의 쟁의행위	제15조 제3항							1년 이하 징역 또는 1천만 원 이하 벌금
경비업무의 범위를 벗어난 행위를 한 경비원	제15조의2 제1항							1년 이하 징역 또는 1천만 원 이하 벌금
경비원에게 경비업무를 벗어난 행위를 하게 한 자	제15조의2 제2항	허가취소						3년 이하 징역 또는 3천만 원 이하 벌금
경비원의 복장규정 위반	제16조	경고	1개월 영업정지	3개월 영업정지				
경비원의 복장규정 위반(미신고)/집단민원현장(미신고)	제16조 제1항				100/600	200/1,200	400/2,400	
이름표와 미신고복장 및 집단민원현장 위반	제16조 제2항				100/600	200/1,200	400/2,400	
장비규정 위반	제16조의2	경고	1개월 영업정지	3개월 영업정지				
장비 외에 흉기 등을 휴대하고 경비업무 수행한 자와 수행하게 한 자	제16조의2 제1항							1년 이하 징역 또는 1천만 원 이하 벌금
출동차량 등 규정 위반	제16조의3	경고	1개월 영업정지	3개월 영업정지				
경비원명부 미비치 및 미작성	제18조 제1항				100/50	200/100	400/200	
경비원명부 미비치 및 미작성(집단민원현장)	제18조 제1항	1개월 영업정지	3개월 영업정지	허가취소	600/300	1,200/600	2,400/1,200	
경비원배치신고 위반	제18조 제2항				1개월 50, 6개월 100, 12개월 200, 초과 400			
거짓 등 배치허가규정 위반	제18조 제2항	1개월 영업정지	3개월 영업정지	허가취소	1,000	2,000	3,000	
경비원의 근무상황기록부 미보관	제18조 제5항				50	100	200	
결격사유자 배치(집단민원현장)	제18조 제6항	1개월 영업정지	3개월 영업정지	허가취소				
신임교육 미이수자 배치	제18조 제7항				600	1,200	2,400	
배치폐지 명령	제18조 제8항	허가취소						1년 이하 징역 또는 1천만 원 이하 벌금
감독상 필요한 명령 위반	제24조	경고	3개월 영업정지	허가취소				
폭력 등 위반행위중지 명령 위반(경비업자, 경비원)	제24조 제3항							1년 이하 징역 또는 1천만 원 이하 벌금
손해배상 위반	제26조	경고	3개월 영업정지	6개월 영업정지				

테마 21 ▶ 중요 기간 1 - 경비업법

즉시	1. 특수경비업자는 국가중요시설에 대한 특수경비업무를 중단하게 되는 경우에는 미리 이를 경비대행업자에게 통보하여야 하며, 경비대행업자는 통보받은 즉시 그 경비업무를 인수하여야 한다. 2. 시설주는 무기지급의 필요성이 해소되었다고 인정되는 때에는 특수경비원으로부터 즉시 무기를 회수하여야 한다. 3. 시설주는 형사사건으로 인하여 조사를 받고 있는 사람, 사직의사를 표명한 사람, 정신질환자 및 그 밖에 무기를 지급하기에 부적합하다고 인정되는 사람에 해당하는 특수경비원에 대하여 무기를 지급해서는 안 되며, 지급된 무기가 있는 경우 이를 즉시 회수해야 한다.
지체 없이	1. 경비업자의 출장소 또는 경비대상시설을 관할하는 시·도경찰청장 또는 경찰관서장은 출장소의 임·직원이나 경비원이 법 또는 법에 의한 명령에 위반한 사실을 안 때에는 지체 없이 그 사실을 서면 등으로 당해 경비업을 허가한 시·도경찰청장에게 통보하거나 보고하여야 한다. 2. 대여받은 무기를 빼앗기거나 대여받은 무기가 분실·도난 또는 훼손되는 등의 사고가 발생한 때에는 관할 경찰관서장에게 그 사유를 지체 없이 통보해야 한다.
배치하기 전	1. 집단민원현장이 아닌 곳에서 신변보호업무를 수행하는 일반경비원 및 특수경비원을 배치하는 경우에는 경비원을 배치하는 기간과 관계없이 경비원을 배치하기 전까지 신고하여야 한다. 2. 경비원의 신임교육 3. 배치허가 신청서를 받은 관할 경찰관서장은 경비원 배치예정 일시 전까지 배치허가 여부를 결정하여 경비업자에게 통보하여야 한다. 4. 경비업자는 집단민원현장에 경비원 배치허가를 받은 경우 경비원을 배치하기 전까지 경비지도사 선임신고서를 배치지를 관할하는 경찰서장에게 제출해야 한다.
출발 전일	호송경비업무를 수행하기 위하여 관할 경찰서의 협조를 얻고자 하는 때에는 현금 등의 운반을 위한 출발 전일까지 출발지의 경찰서장에게 호송경비통지서(전자문서로 된 통지서를 포함한다)를 제출하여야 한다.
출발 전	시설주는 무기를 수송하는 때에는 출발하기 전에 관할 경찰서장에게 그 사실을 통보하여야 하며, 통보를 받은 관할 경찰서장은 1인 이상의 무장경찰관을 무기를 수송하는 자동차 등에 함께 타도록 하여야 한다.
25분 이내	관제시설 등에서 경보를 수신한 때에는 경보를 수신한 때부터 늦어도 25분 이내에는 도착시킬 수 있는 대응체제를 갖추어야 한다.
2시간 이상	일반경비업자는 소속 일반경비원에 대하여 매월 행정안전부령이 정하는 시간 이상의 직무교육을 실시하여야 한다.
3시간 이상	특수경비업자는 소속 특수경비원에 대하여 매월 행정안전부령이 정하는 시간 이상의 직무교육을 실시하여야 한다.
6시간 이상	경찰청장이 실시하는 보수교육은 선임된 경비지도사를 대상으로 선임된 날부터 매 3년이 되는 날이 속하는 해에 실시하는 6시간 이상의 교육으로 한다. 다만, 일반경비지도사와 기계경비지도사 자격을 모두 취득한 사람이 일반경비지도사와 기계경비지도사에 모두 선임된 경우에는 행정안전부령으로 정하는 바에 따라 보수교육의 일부를 면제할 수 있다.
24시간	1. 일반경비원 신임교육시간 2. 경비지도사 공통교육시간
40시간	1. 경비지도사는 경찰청장이 시행하는 경비지도사 시험에 합격하고 행정안전부령이 정하는 교육을 받은 자이어야 한다[일반경비지도사 자격취득자 또는 기계경비지도사 자격취득자가 자격 취득일로부터 3년 이내 기계경비지도사 또는 일반경비지도사 시험에 합격하여 교육을 받을 시 공통교육(22시간)은 면제되므로 18시간 교육]. 2. 경찰청장이 실시하는 기본교육(이하 "기본교육"이라 한다)은 40시간 이상으로 한다. 다만, 다음의 어느 하나에 해당하는 사람이 기본교육을 받는 경우에는 행정안전부령으로 정하는 바에 따라 기본교육의 일부를 면제할 수 있다. ㉠ 일반경비지도사 자격을 취득한 후 3년 이내에 기계경비지도사시험에 합격한 사람 ㉡ 기계경비지도사 자격을 취득한 후 3년 이내에 일반경비지도사시험에 합격한 사람

48시간 전	1. 시설경비업무 또는 신변보호업무 중 집단민원현장에 배치된 일반경비원의 경우에는 경비원을 배치하기 48시간 전까지 행정안전부령으로 정하는 바에 따라 배치허가를 신청하고, 관할 경찰관서장의 배치허가를 받은 후에 경비원을 배치하여야 하며, 이 경우 관할 경찰관서장은 배치허가를 함에 있어 필요한 조건을 붙일 수 있다. 2. 집단민원현장에 일반경비원 배치허가를 받은 경비업자가 경비원 배치기간을 연장하려는 경우에는 배치기간이 만료되기 48시간 전까지 배치허가 신청서를 관할 경찰관서장에게 제출하여 허가를 받아야 한다. 3. 집단민원현장에 일반경비원 배치허가를 받은 경비업자가 집단민원현장에 새로운 경비원을 배치하려는 경우에는 새로운 경비원을 배치하기 48시간 전까지 배치허가 신청서를 관할 경찰관서장에게 제출하여 허가를 받아야 한다. 4. 집단민원현장에 일반경비원 배치허가를 받은 경비업자가 경비원의 배치를 폐지한 때에는 배치폐지를 한 날부터 48시간 이내에 집단민원현장 일반경비원 배치폐지 신고서(전자문서로 된 신고서를 포함한다)를 관할 경찰관서장에게 제출하여야 한다.
64시간	경찰청장이 지정하는 기관 또는 단체에서 실시하는 64시간 이상의 경비지도사 양성과정을 마치고 수료시험에 합격한 사람
80시간	특수경비원에 대한 교육의 과목·시간 그 밖에 교육의 실시에 관하여 필요한 사항은 행정안전부령으로 정한다.
1일 전	시·도경찰청장 또는 경찰서장은 요청을 할 때 행사의 주최자나 시설 또는 장소의 관리자에게 행사장 등에 경비원을 배치할 수 없다고 판단되는 경우에는 행사 개최일 또는 많은 사람이 모이는 날 1일 전까지 그 사실을 통지해 줄 것을 함께 요청할 수 있다.
3일	관할 경찰관서장이 정하는 바에 의하여 무기의 관리실태를 매월 파악하여 다음 달 3일까지 관할 경찰관서장에게 통보해야 한다.
7일	1. 폐업한 날부터 7일 이내에 폐업신고서에 허가증을 첨부하여 시·도경찰청장에게 제출해야 한다. 2. 휴업한 날부터 7일 이내에 휴업신고서를 시·도경찰청장에게 제출해야 한다. 3. 신고한 휴업기간을 연장하고자 하는 때에는 신고한 휴업기간 종료 후 7일 이내에 휴업기간연장신고서를 제출해야 한다. 4. **경비원의 배치·폐지 신고** ① 경비업자는 법 제18조 제2항의 규정에 의하여 경비업무를 수행하기 위하여 20일 이상 경비원을 배치하거나 그 기간을 연장하고자 하는 때에는 경비원을 배치한 후 7일 이내에 [별지 제15호 서식]의 경비원 배치신고서(전자문서로 된 신고서를 포함한다)를 배치지의 관할 경찰관서장에게 제출한다. ② 경비원의 배치신고를 한 경비업자가 경비원의 배치를 폐지한 때에는 배치폐지를 한 날부터 7일 이내에 [별지 제15호 서식]의 경비원 배치폐지신고서(전자문서로 된 신고서를 포함한다)를 배치지의 관할 경찰관서장에게 제출하여야 한다. 다만, 경비원 배치신고 시에 기재한 배치폐지 예정일에 경비원의 배치를 폐지한 경우에는 그러하지 아니하다.
10일	경찰청장은 시험시행일 10일 전까지 접수를 취소하는 경우 응시수수료의 100분의 50을 반환하여야 한다.
15일	1. 경비업자는 선임·배치된 경비지도사에 결원이 있거나 자격정지 등의 사유로 그 직무를 수행할 수 없는 때에는 15일 이내에 경비지도사를 새로이 충원하여야 한다. 2. 경비업자는 경비지도사를 선임 또는 해임하는 때에는 경비지도사를 선임 또는 해임한 날부터 15일 이내에 경비지도사 자격증 사본을 첨부(경비지도사 선임 신고의 경우에만 해당한다)하여 경비지도사 선임·해임신고서 [별지 제10호의4 서식](전자문서로 된 신고서를 포함)를 해당 경비현장(경비원 배치장소를 말하며, 이하 "배치지"라 한다)을 관할하는 시·도경찰청장 또는 경찰서장에게 제출해야 한다.
20일	1. 경비업자는 경비업무를 수행하기 위하여 20일 이상 경비원을 배치할 경우 배치신고를 해야 한다. 2. 경찰청장은 시험 시행일 20일 전까지 접수를 취소하는 경우 응시수수료의 전액을 반환하여야 한다.

30일	1. 다음은 사유가 발생한 날부터 30일 이내에 신고하여야 한다. 　① 법인의 명칭이나 대표자·임원을 변경한 때 　② 법인의 주사무소나 출장소를 신설·이전 또는 폐지한 때 　③ 기계경비업무의 수행을 위한 관제시설을 신설·이전 또는 폐지한 때 　④ 특수경비업무를 개시하거나 종료한 때 　⑤ 그 밖에 대통령령이 정하는 중요사항을 변경한 때 2. 경비업의 갱신허가를 받으려는 자는 허가의 유효기간 만료일 30일 전까지 경비업 갱신허가신청서(전자문서로 된 신청서를 포함한다)에 허가증 원본 및 정관(변경사항이 있는 경우만 해당한다)을 첨부하여 법인의 주사무소를 관할하는 시·도경찰청장 또는 해당 시·도경찰청 소속의 경찰서장에게 제출하여야 한다.
90일	경찰청장은 시험의 실시계획에 따라 시험을 실시하고자 하는 때에는 응시자격·시험과목·시험일시·시험장소 및 선발예정인원 등을 시험 시행일 90일 전까지 공고하여야 한다.
2개월	소총에 의한 실탄사격이 가능하고 10개 사로(射路) 이상을 갖춘 사격장을 사용할 수 있을 것. 다만, 사용계획서를 제출한 경우에는 교육기관 지정을 받은 날부터 2개월 이내에 시·도경찰청장에게 사격장 사용이 가능하다는 사실의 확인을 받아야 한다.
1년	1. 기계경비업자는 경보를 수신한 날부터 1년간 관련 내용을 기재한 서류를 보관하여야 한다. 2. 경비업자는 근무상황기록부를 1년 동안 보관하여야 한다. 3. 경찰청장은 경비지도사가 다음에 해당하는 때에는 대통령령이 정하는 바에 따라 1년의 범위 내에서 그 자격을 정지시킬 수 있다. 　① 제12조 제3항의 규정에 위반하여 직무를 성실하게 수행하지 아니한 때 　② 제24조의 규정에 의한 경찰청장 또는 시·도경찰청장의 명령을 위반한 때 4. 경비지도사 교육기관의 지정 기준 　①「고등교육법」제2조 각 호에 따른 학교 또는 이에 준하는 학교에서 교육과목 관련 학과의 조교수 이상의 직에 1년 이상 근무한 경력이 있는 사람 　② 교육과목 관련 석사 이상의 학위를 취득한 후 관련 분야에 1년 이상 근무한 경력이 있는 사람 5. 일반경비원 교육기관의 지정 기준 　교육과목 관련 석사 이상의 학위를 취득한 후 관련 분야에 1년 이상 근무한 경력이 있는 사람 6. 특수경비원 교육기관의 지정 기준 　「고등교육법」제2조 각 호에 따른 학교 또는 이에 준하는 학교에서 교육과목 관련 학과의 조교수 이상의 직에 1년 이상 근무한 경력이 있는 사람
2년	1. 경비지도사는 경비원에 대한 교육을 실시하고, 행정안전부령으로 정하는 경비원 직무교육 실시대장에 그 내용을 기록하여 2년간 보존하여야 한다. 2. 경비지도사, 일반경비원 및 특수경비원 교육기관의 강사 기준 중 　① 체포·호신술 과목의 경우 무도사범의 자격이 있는 사람으로서 교육과목 관련 분야에서 2년 이상 실무경력이 있는 사람 　② 폭발물 처리요령 및 예절교육 과목의 경우 교육과목 관련 분야에서 2년 이상 실무경력이 있는 사람 3. 행정처분 일반기준 중 　① 위반행위의 횟수에 따른 행정처분기준은 최근 2년간 같은 위반행위로 행정처분을 받은 경우에 적용한다. 이 경우 기준 적용일은 위반행위에 대한 행정처분일과 그 처분 후의 위반행위가 다시 적발된 날을 기준으로 한다. 　② 영업정지처분에 해당하는 위반행위가 적발된 날 이전 최근 2년간 같은 위반행위로 2회 영업정지처분을 받은 경우에는 개별기준(제2호)에도 불구하고 그 위반행위에 대한 행정처분기준은 허가취소로 한다. 4. 위반행위의 횟수에 따른 과태료의 부과기준은 최근 2년간 같은 위반행위로 과태료 부과처분을 받은 경우에 적용한다. 이 경우 기준 적용일은 위반행위에 대한 과태료 부과처분일과 그 처분 후의 위반행위가 다시 적발된 날을 기준으로 한다. 5. 경비업 허가취소 사유 중 　① 정당한 사유 없이 허가를 받은 날부터 2년 이내에 경비 도급실적이 없거나 계속하여 1년 이상 휴업한 때(취소 사유) 　② 정당한 사유 없이 최종 도급계약 종료일의 다음 날부터 2년 이내에 경비 도급실적이 없을 때(취소 사유)

3년	1. 경비업자 임원의 결격사유 ① 「경비업법」 또는 「대통령 등의 경호에 관한 법률」에 위반하여 벌금형의 선고를 받고 3년이 지나지 아니한 자 ② 「경비업법」(제19조 제1항 제2호 및 제7호 제외) 또는 「경비업법」에 의한 명령에 위반하여 허가가 취소된 법인의 허가취소 당시의 임원이었던 자로서 그 취소 후 3년이 지나지 아니한 자 2. 일부(1차) 시험 면제요건 ① 「고등교육법」에 의한 대학 이상의 학교를 졸업한 자로서 재학 중 제12조 제3항의 규정에 의한 경비지도사 시험과목을 3과목 이상 이수하고 졸업한 후 경비업무에 종사한 경력이 3년 이상인 자 ② 「경비업법」에 의한 특수경비업무의 경우에는 3년 이상 종사하고 행정안전부령이 정하는 교육과정을 이수한 자 3. 시험출제위원의 임명·위촉 중: 방범·경비업무를 3년 이상 담당한 경감 이상 경찰공무원의 경력이 있는 자 4. 신임교육 대상 제외 중 ① 일반경비원 신임교육을 받은 사람으로서 채용 전 3년 이내에 경비업무에 종사한 경력이 있는 사람 ② 특수경비업자는 채용 전 3년 이내에 특수경비업무에 종사하였던 경력이 있는 사람을 특수경비원으로 채용한 경우에는 해당 특수경비원을 특수경비원 신임교육 대상에서 제외 가능 5. 경찰청장이 실시하는 보수교육은 선임된 경비지도사를 대상으로 선임된 날부터 매 3년이 되는 날이 속하는 해에 실시하는 6시간 이상의 교육으로 한다. 6. 특수경비원 교육기관의 지정 기준 교육과목 관련 석사 이상의 학위를 취득한 후 관련 분야에 3년 이상 근무한 경력이 있는 사람
5년	1. 허가제한 사유 중:「경비업법」제19조 제1항 제2호 및 제7호의 사유로 허가가 취소된 법인은 법인명 또는 임원의 변경에도 불구하고 허가가 취소된 날부터 5년이 지나지 아니한 때에는 허가를 받을 수 없다. 2. 경비업 임원의 결격사유 중:「경비업법」제19조 제1항 제2호 및 제7호의 사유로 허가가 취소된 법인의 허가취소 당시의 임원이었던 자로서 허가가 취소된 날부터 5년이 지나지 아니한 자 3. 경비업 허가의 유효기간은 허가받은 날부터 5년으로 한다. 4. 경비지도사 및 경비원의 결격사유 ① 금고 이상의 실형의 선고를 받고 그 집행이 종료(집행이 종료된 것으로 보는 경우를 포함한다)되거나 집행이 면제된 날부터 5년이 지나지 아니한 자 ② 다음의 어느 하나에 해당하는 죄를 범하여 벌금형을 선고받은 날부터 5년이 지나지 아니하거나 금고 이상의 형을 선고받고 그 집행이 유예된 날부터 5년이 지나지 아니한 자 ㉠ 「형법」제329조부터 제331조까지, 제331조의2, 제332조부터 제343조까지의 죄 ㉡ 위 ①의 죄로서 다른 법률에 따라 가중처벌되는 죄 ㉢ ㉠, ㉡의 어느 하나에 해당하는 죄를 범하여 치료감호를 선고받고 그 집행이 면제된 날부터 5년이 지나지 아니한 자 5. 일부(1차) 시험 면제요건:「고등교육법」에 의한 전문대학을 졸업한 자로서 재학 중 제12조 제3항의 규정에 의한 경비지도사 시험과목을 3과목 이상 이수하고 졸업한 후 경비업무에 종사한 경력이 5년 이상인 자 6. 집단민원현장에 배치하는 경비원의 결격사유 중: 경비업자는 다음의 어느 하나에 해당하는 죄를 범하여 벌금형을 선고받고 5년이 지나지 아니하거나 금고 이상의 형을 선고받고 그 집행이 유예된 날부터 5년이 지나지 아니한 자를 집단민원현장에 일반경비원으로 배치하여서는 아니 된다. ① 「형법」제257조부터 제262조까지, 제264조, 제276조부터 제281조까지의 죄, 제284조의 죄, 제285조의 죄, 제320조의 죄, 제324조 제2항의 죄, 제350조의2의 죄, 제351조의 죄(제350조, 제350조의2의 상습범으로 한정한다), 제369조 제1항의 죄 ② 「폭력행위 등 처벌에 관한 법률」제2조 또는 제3조의 죄 7. 경비지도사 교육기관의 지정 기준 교육과목 관련 분야에서 공무원으로 5년 이상 근무한 경력이 있는 사람

7년	1. 1차 시험 면제요건 중 　① 「경찰공무원법」에 따른 경찰공무원으로 7년 이상 재직한 사람 　② 「대통령 등의 경호에 관한 법률」에 의한 경호공무원 또는 별정직공무원으로 7년 이상 재직한 사람 　③ 「군인사법」에 따른 각 군 전투병과 또는 군사경찰병과 부사관 이상 간부로 7년 이상 재직한 사람 　④ 「경비업법」에 따른 경비업무에 7년 이상(특수경비업무의 경우에는 3년 이상) 종사하고 행정안전부령으로 정하는 교육과정을 이수한 사람 　⑤ 「공무원임용령」에 따른 행정직군 교정직렬 공무원으로 7년 이상 재직한 사람 2. 경비지도사 교육기관의 지정 기준 　교육과목 관련 분야에 7년 이상 근무한 경력이 있는 사람 3. 특수경비원 교육기관의 지정 기준 　교육과목 관련 분야에서 공무원으로 7년 이상 근무한 경력이 있는 사람
10년	1. 허가제한 사유 중:「경비업법」제19조 제1항 제2호 및 제7호의 사유로 경비업체의 허가가 취소된 경우 허가가 취소된 날부터 10년이 지나지 아니한 때에는 누구든지 허가가 취소된 경비업체와 동일한 명칭으로 허가를 받을 수 없다. 2. 경비지도사 및 경비원의 결격사유 　① 다음의 어느 하나에 해당하는 죄를 범하여 벌금형을 선고받은 날부터 10년이 지나지 아니하거나 금고 이상의 형을 선고받고 그 집행이 종료된(종료된 것으로 보는 경우를 포함한다) 날 또는 집행이 유예·면제된 날부터 10년이 지나지 아니한 자 　　㉠ 「형법」제114조의 죄 　　㉡ 「폭력행위 등 처벌에 관한 법률」제4조의 죄 　　㉢ 「형법」제297조, 제297조의2, 제298조부터 제301조까지, 제301조의2, 제302조, 제303조, 제305조, 제305조의2의 죄 　　㉣ 「성폭력범죄의 처벌 등에 관한 특례법」제3조부터 제11조까지 및 제15조(제3조부터 제9조까지의 미수범만 해당한다)의 죄 　　㉤ 「아동·청소년의 성보호에 관한 법률」제7조 및 제8조의 죄 　　㉥ 위 ㉢부터 ㉤까지의 죄로 다른 법률에 따라 가중처벌되는 죄 　② 위 ①의 ㉢부터 ㉥까지의 어느 하나에 해당하는 죄를 범하여 치료감호를 선고받고 그 집행이 종료된 날 또는 집행이 면제된 날부터 10년이 지나지 아니한 자 3. 특수경비원 교육기관의 지정 기준 　교육과목 관련 분야에 10년 이상 근무한 경력이 있는 사람

[참고]「경비업법」제19조 제1항 제2호 및 제7호: 제2호는 허가받은 경비업무 외의 업무에 경비원을 종사하게 한 때이며, 제7호는 소속 경비원으로 하여금 경비업무의 범위를 벗어난 행위를 하게 한 때이다.

테마 22 ▶ 중요 기간 2 – 청원경찰법

즉시	청원주는 청원경찰에게 무기와 탄약을 지급해서는 안 되며, 지급한 무기와 탄약은 즉시 회수해야 한다.
지체 없이	1. 시·도경찰청장은 청원경찰 배치신청을 받으면 지체 없이 그 배치 여부를 결정하여 신청인에게 알려야 한다. 2. 업무처리 및 자체경비를 하는 소내근무자는 근무 중 특이한 사항이 발생하였을 때에는 지체 없이 청원주 또는 관할 경찰서장에게 보고하고 그 지시에 따라야 한다. 3. 청원주는 대여받은 무기 및 탄약에 분실·도난·피탈 또는 훼손 등의 사고가 발생한 때에는 지체 없이 그 사유를 관할 경찰서장에게 통보하여야 한다. 4. 청원경찰이 직무를 수행할 때에 「경찰관 직무집행법」 및 같은 법 시행령에 따라 하여야 할 모든 보고는 관할 경찰서장에게 서면으로 보고하기 전에 지체 없이 구두로 보고하고 그 지시에 따라야 한다. 5. 청원주는 무기와 탄약을 지급하지 않거나 회수할 때에는 결정 통지서를 작성하여 지체 없이 해당 청원경찰에게 통지해야 한다.
배치하기 전	청원주는 청원경찰로 임용된 사람으로 하여금 경비구역에 배치하기 전에 경찰교육기관에서 직무 수행에 필요한 교육을 받게 하여야 한다. 다만, 경찰교육기관의 교육계획상 부득이하다고 인정할 때에는 우선 배치하고 임용 후 1년 이내에 교육을 받게 할 수 있다.
4시간 이상	청원주는 소속 청원경찰에게 그 직무집행에 필요한 교육을 매월 4시간 이상 하여야 한다.
3일	1. 교육비는 청원주가 당해 청원경찰의 입교 3일 전에 해당 경찰교육기관에 납부한다. 2. 청원주는 경찰청장이 정하는 바에 의하여 매월 무기 및 탄약의 관리실태를 파악하여 다음 달 3일까지 관할 경찰서장에게 통보하여야 한다.
7일	청원주는 청원경찰에게 무기와 탄약을 지급하지 않거나 회수한 경우 7일 이내에 관할 경찰서장에게 결정 통보서를 작성하여 통보해야 한다.
10일	청원주가 청원경찰을 임용하였을 때에는 임용한 날부터 10일 이내에 그 임용사항을 관할 경찰서장을 거쳐 시·도경찰청장에게 보고하여야 한다. 청원경찰이 퇴직하였을 때에도 또한 같다.
14일	청원주로부터 통보를 받은 관할 경찰서장은 통보받은 날부터 14일 이내에 무기와 탄약의 지급 제한 또는 회수의 적정성을 판단하기 위해 현장을 방문하여 해당 청원경찰의 의견을 청취하고 필요한 조치를 할 수 있다.
15일	청원주는 청원경찰 배치결정의 통지를 받았을 때에는 통지를 받은 날부터 15일 이내에 청원경찰에 대한 징계규정을 제정하여 관할 시·도경찰청장에게 신고하여야 한다. 징계규정을 변경할 때에도 또한 같다.
30일	청원경찰의 배치결정을 받은 자(이하 "청원주"라 한다)는 그 배치결정의 통지를 받은 날부터 30일 이내에 배치결정된 인원수의 임용예정자에 대하여 청원경찰 임용승인을 시·도경찰청장에게 신청하여야 한다.
2주간	청원경찰의 신임교육 기간은 2주간으로 한다.
1개월	1. 정직(停職)은 1개월 이상 3개월 이하로 하고, 그 기간에 청원경찰의 신분은 보유하나 직무에 종사하지 못하며, 보수의 3분의 2를 줄인다. 2. 감봉은 1개월 이상 3개월 이하로 하고, 그 기간에 보수의 3분의 1을 줄인다.
3개월	1. 정직(停職)은 1개월 이상 3개월 이하로 하고, 그 기간에 청원경찰의 신분은 보유하나 직무에 종사하지 못하며, 보수의 3분의 2를 줄인다. 2. 감봉은 1개월 이상 3개월 이하로 하고, 그 기간에 보수의 3분의 1을 줄인다.
6개월 이하	청원경찰이 직무를 수행함에 있어 직권을 남용하여 국민에게 해를 끼친 경우에는 6개월 이하의 징역이나 금고에 처한다.

1년	청원주는 청원경찰로 임용된 사람으로 하여금 경비구역에 배치하기 전에 경찰교육기관에서 직무 수행에 필요한 교육을 받게 하여야 한다. 다만, 경찰교육기관의 교육계획상 부득이하다고 인정할 때에는 우선 배치하고 임용 후 1년 이내에 교육을 받게 할 수 있다.
2년	보상금 지급 사유는 직무상의 부상·질병으로 인하여 퇴직하거나, 퇴직 후 2년 이내에 사망한 때로 한다.
3년	경찰공무원(의무경찰을 포함한다) 또는 청원경찰에서 퇴직한 사람이 퇴직한 날부터 3년 이내에 청원경찰로 임용되었을 때에는 제1항에 따른 교육을 면제할 수 있다.
기타	청원경찰경비의 최저부담기준액 및 부담기준액은 경찰공무원 중 순경의 것을 참작하여 다음 연도 분을 매년 12월에 고시하여야 한다. 다만, 부득이한 사유가 있을 때에는 수시 고시할 수 있다.

테마 23 ▶ 중요 횟수

「경비업법」	규정 없음	• 경찰기관 및 소방기관과의 연락방법에 대한 지도 • 집단민원현장에 배치된 경비원에 대한 지도·감독
	매주 1회 이상	무기를 지급받은 특수경비원으로 하여금 무기를 매주 1회 이상 손질하게 할 것
	2회	영업정지처분에 해당하는 위반행위가 적발된 날 이전 최근 2년간 같은 위반행위로 2회 영업정지처분을 받은 경우에는 개별기준(경비업법 시행령 제2호 별표 4)에도 불구하고 그 위반행위에 대한 행정처분기준은 허가취소로 한다.
	3회 이상	무기 또는 폭발물을 소지하고 국가중요시설에 침입한 자가 특수경비원으로부터 3회 이상 투기(投棄) 또는 투항(投降)을 요구받고도 이에 불응하면서 계속 항거하는 경우 이를 억제하기 위하여 무기를 사용하지 아니하고는 다른 수단이 없다고 인정되는 때
	연 2회	시·도경찰청장은 특수경비업자에 대하여 연 2회 이상의 보안지도·점검을 실시하여야 한다.

	매월 1회 이상	• 경비지도사의 직무
		  가. 경비원의 지도·감독·교육에 관한 계획의 수립·실시 및 그 기록의 유지
		  나. 경비현장에 배치된 경비원에 대한 순회점검 및 감독
		  다. 기계경비업무를 위한 기계장치의 운용·감독(기계경비지도사의 경우에 한한다)
		  라. 오경보방지 등을 위한 기기관리의 감독(기계경비지도사의 경우에 한한다)
		• 무기관리에 대한 지도·감독: 시설주 및 특수경비원의 무기관리상황을 매월 1회 이상 점검하여야 한다.

「청원경찰법」	수시	• 무기관리상황 점검: 무기를 대여한 때에는 관할 경찰서장은 청원경찰의 무기관리상황을 수시 점검하여야 한다. • 청원경찰경비 고시: 청원경찰경비의 최저부담기준액 및 부담기준액은 경찰공무원 중 순경의 것을 참작하여 다음 연도 분을 매년 12월에 고시하여야 한다. 다만, 부득이한 사유가 있을 때에는 수시 고시할 수 있다.
	매주 1회 이상	청원경찰에게 지급한 무기 및 탄약의 손질은 매주 1회 이상 행하게 하여야 한다.
	매월 1회 이상	관할 경찰서장은 매달 1회 이상 청원경찰을 배치한 경비구역에 대하여 다음 사항을 감독하여야 한다. • 복무규율과 근무 상황 • 무기의 관리 및 취급 사항

테마 24 경유주의

「경비업법」	허가증발급	시·도경찰청장은 서류를 검토한 후 경비업을 허가하거나 변경허가를 한 경우에는 해당 법인의 주사무소를 관할하는 **경찰서장을 거쳐** 신청인에게 허가증을 발급하여야 한다.
	보안측정	시·도경찰청장은 특수경비업자에게 비밀취급인가를 하고자 하는 때에는 특수경비업자로 하여금 **경찰청장을 거쳐** 국가정보원장에게 보안측정을 요청하도록 하여야 한다.
	무기대여	시설주는 특수경비원이 휴대할 무기를 대여받고자 하는 때에는 무기대여신청서를 관할 경찰서장 및 공항경찰대장 등 국가중요시설의 경비책임자(**관할 경찰관서장**)를 거쳐 시·도경찰청장에게 제출하여야 한다.
	이행보고서	경비업자는 신고서 또는 이행보고서를 경비업자의 주된 사무소를 관할하는 시·도경찰청장 **소속 경찰서장을 거쳐** 제출할 수 있다. 이 경우 신고서 또는 이행보고서를 받은 경찰서장은 지체 없이 경비업자의 주된 사무소를 관할하는 시·도경찰청장에게 해당 신고서 또는 이행보고서를 보내야 한다.
「청원경찰법」	배치신청	청원경찰의 배치를 받으려는 자는 청원경찰 배치신청서에 기관·시설·사업장 또는 장소(이하 "사업장")의 소재지를 관할하는 경찰서장(**관할 경찰서장**)을 거쳐 시·도경찰청장에게 제출하여야 한다. 이 경우 배치 장소가 둘 이상의 도(특별시, 광역시, 특별자치시 및 특별자치도를 포함한다)일 때에는 주된 사업장의 **관할 경찰서장을 거쳐** 시·도경찰청장에게 한꺼번에 신청할 수 있다.
	임용보고	청원주가 청원경찰을 임용하였을 때에는 임용한 날부터 10일 이내에 그 임용사항을 **관할 경찰서장을 거쳐** 시·도경찰청장에게 보고하여야 한다. 청원경찰이 퇴직하였을 때에도 또한 같다.
	면직보고	청원주가 청원경찰을 면직시켰을 때에는 그 사실을 **관할 경찰서장을 거쳐** 시·도경찰청장에게 보고하여야 한다.
	무기대여	청원주가 청원경찰이 휴대할 무기를 대여받으려는 경우에는 **관할 경찰서장을 거쳐** 시·도경찰청장에게 무기대여를 신청하여야 한다.

테마 25 경비업법령상 주요 명령 구분(대통령령과 행정안전부령)

대통령령	행정안전부령
• 경비업 허가: 경비업 허가 또는 신고의 절차, 신고의 기한 등 허가 및 신고에 관하여 필요한 사항은 대통령령으로 정한다. • 위임근거: 경비지도사 시험은 매년 1회 이상 시행하며, 시험과목, 시험공고, 시험의 일부가 면제되는 자의 범위 그 밖에 경비지도사 시험에 관하여 필요한 사항은 대통령령으로 정한다(법 제11조 제3항). • 경비지도사 선임·배치: 경비업자는 대통령령이 정하는 바에 따라 경비지도사를 선임하여야 한다(법 제12조 제1항). 선임된 경비지도사는 제2항 각 호의 규정에 의한 직무를 대통령령이 정하는 바에 따라 성실하게 수행하여야 한다(법 제12조 제3항). • 경비업무 도급인 등: 무자격자 및 부적격자의 구체적인 범위 등은 대통령령으로 정한다. • 오경보의 방지 대응조치: 기계경비업자는 대응조치 등 업무의 원활한 운영과 개선을 위하여 대통령령이 정하는 바에 따라 관련 서류를 작성·비치하여야 한다. • 경비협회 설립: 경비업자는 경비업무의 건전한 발전과 경비원의 자질향상 및 교육훈련 등을 위하여 대통령령이 정하는 바에 따라 경비협회를 설립할 수 있다(법 제22조 제1항).	• 경비업 허가: 경비업의 허가를 받으려는 경우에는 허가신청서에, 경비업의 허가를 받은 법인(이하 "경비업자"라 한다)이 허가를 받은 경비업무를 변경하거나 새로운 경비업무를 추가하려는 경우에는 변경허가신청서에 행정안전부령으로 정하는 서류를 첨부하여 법인의 주사무소를 관할하는 시·도경찰청장 또는 해당 시·도경찰청 소속의 경찰서장에게 제출하여야 한다(영 제3조 제1항). • 경비원의 명부: 경비업자는 행정안전부령이 정하는 바에 따라 경비원의 명부를 작성·비치하여야 한다. 다만, 집단민원현장에 배치되는 일반경비원의 명부는 그 경비원이 배치되는 장소에도 작성·비치하여야 한다(법 제18조 제1항).

• **경비지도사 교육**: 경비지도사는 결격사유에 해당하지 아니하는 자로서 경찰청장이 시행하는 경비지도사 시험에 합격하고 대통령령으로 정하는 바에 따라 경찰청장이 실시하는 기본교육(이하 "기본교육"이라 한다)을 받은 자이어야 한다. • **경비지도사의 보수교육**: 선임된 경비지도사는 대통령령으로 정하는 바에 따라 경찰청장이 실시하는 보수교육(이하 "보수교육"이라 한다)을 받아야 한다. • **경비원 교육**: 경비업자는 경비업무를 적정하게 실시하기 위하여 경비원으로 하여금 대통령령으로 정하는 바에 따라 경비원 신임교육 및 직무교육을 받게 하여야 한다(법 제13조 제1항). • 경비원이 되려는 사람은 대통령령으로 정하는 교육기관에서 미리 일반경비원 신임교육을 받을 수 있다(법 제13조 제2항). • 특수경비업자는 대통령령으로 정하는 바에 따라 특수경비원으로 하여금 특수경비원 신임교육과 정기적인 직무교육을 받게 하여야 하고, 특수경비원 신임교육을 받지 아니한 자를 특수경비업무에 종사하게 하여서는 아니 된다. • 특수경비원의 교육시 관할경찰서 소속 경찰공무원이 교육기관에 입회하여 대통령령이 정하는 바에 따라 지도·감독하여야 한다. • **보안지도**: 시·도경찰청장은 대통령령이 정하는 바에 따라 특수경비업자에 대하여 보안지도·점검을 실시하여야 하고, 필요한 경우 관계기관에 보안측정을 요청하여야 한다(법 제25조).	• **경비지도사의 선임·해임 신고의 의무**: 경비업자는 경비지도사를 선임하거나 해임하는 때에는 행정안전부령으로 정하는 바에 따라 해당 경비현장을 관할하는 시·도경찰청장 또는 경찰서장에게 신고하여야 한다. • 그 밖에 경비원 교육기관의 지정 취소 및 업무 정지에 관한 세부기준 및 절차는 그 위반행위의 유형과 위반의 정도 등을 고려하여 행정안전부령으로 정한다. • **직무교육**: 경비지도사는 경비원에 대한 교육을 실시하고, 행정안전부령으로 정하는 경비원 직무교육 실시대장에 그 내용을 기록하여 2년간 보존하여야 한다(영 제17조 제3항). • **특수경비원 교육**: 특수경비업자는 소속 특수경비원에게 선임한 경비지도사가 수립한 교육계획에 따라 매월 행정안전부령으로 정하는 시간 이상의 직무교육을 받도록 하여야 한다(영 제19조 제3항). 신임교육의 과목 및 시간, 직무교육의 과목 등 특수경비원의 교육 실시에 필요한 사항은 행정안전부령으로 정한다(영 제19조 제4항).
• **무기 관련 기준**: 시설주가 제4항의 규정에 의하여 대여받은 무기에 대하여 시설주 및 관할 경찰관서장은 무기의 관리책임을 지고, 관할 경찰관서장은 시설주 및 특수경비원의 무기관리상황을 대통령령이 정하는 바에 따라 지도·감독하여야 한다(법 제14조 제5항). 특수경비원의 무기휴대, 무기종류, 그 사용기준 및 안전검사의 기준 등에 관하여 필요한 사항은 대통령령으로 정한다(법 제14조 제9항).	• **무기관리수칙**: 시설주, 무기의 관리를 위하여 지정받은 책임자(관리책임자)와 특수경비원은 행정안전부령이 정하는 무기관리수칙을 준수하여야 한다(영 제20조 제7항). • **장비 종류**: 경비원이 휴대할 수 있는 장비의 종류는 경적·단봉·분사기 등 행정안전부령으로 정하되, 근무 중에만 이를 휴대할 수 있다(법 제16조의2 제1항).
• **위임 및 위탁**: 이 법에 의한 경찰청장의 권한은 대통령령이 정하는 바에 따라 그 일부를 시·도경찰청장에게 위임할 수 있다(법 제27조 제1항). 경찰청장은 경비지도사의 시험 및 교육에 관한 업무를 대통령령이 정하는 바에 따라 관계 전문기관 또는 단체에 위탁할 수 있다(법 제27조 제2항). • **수수료**: 이 법에 따른 경비업의 허가를 받거나 허가증을 재교부받고자 하는 자는 대통령령이 정하는 바에 따라 수수료를 납부하여야 한다(법 제27조의2). • **과태료 부과·징수**: 과태료는 대통령령이 정하는 바에 의하여 시·도경찰청장 또는 경찰관서장이 부과·징수한다(법 제31조 제3항).	–

테마 26 ▶ 당연퇴직

「경비업법」상 특수경비원	특수경비원이 제10조 제2항에 따른 결격사유에 해당하게 될 때에는 당연퇴직된다. 다만, 제10조 제2항 제1호는 나이가 60세가 되어 퇴직하는 경우에는 60세가 된 날이 1월부터 6월 사이에 있으면 6월 30일에, 7월부터 12월 사이에 있으면 12월 31일에 각각 당연퇴직되고, 제10조 제2항 제3호 중 제10조 제1항 제2호는 파산선고를 받은 사람으로서「채무자 회생 및 파산에 관한 법률」에 따라 신청기한 내에 면책신청을 하지 아니하였거나 면책불허가 결정 또는 면책 취소가 확정된 경우만 해당한다. 제10조 제2항 제4호는「성폭력범죄의 처벌 등에 관한 특례법」제2조,「아동·청소년의 성보호에 관한 법률」제2조 제2호 및 직무와 관련하여「형법」제355조 또는 제356조에 규정된 죄를 범한 사람으로서 금고 이상의 형의 선고유예를 받은 경우만 해당한다.
「청원경찰법」상 청원경찰	청원경찰이 다음의 어느 하나에 해당할 때에는 당연퇴직된다. 1. 제5조 제2항에 따른 임용결격사유에 해당될 때. 다만, 「국가공무원법」제33조 제2호는 파산선고를 받은 사람으로서「채무자 회생 및 파산에 관한 법률」에 따라 신청기한 내에 면책신청을 하지 아니하였거나 면책불허가 결정 또는 면책 취소가 확정된 경우만 해당하고, 「국가공무원법」제33조 제5호는「형법」제129조부터 제132조까지,「성폭력범죄의 처벌 등에 관한 특례법」제2조,「아동·청소년의 성보호에 관한 법률」제2조 제2호 및 직무와 관련하여「형법」제355조 또는 제356조에 규정된 죄를 범한 사람으로서 금고 이상의 형의 선고유예를 받은 경우만 해당한다. 2. 제10조의5에 따라 청원경찰의 배치가 폐지되었을 때 3. 나이가 60세가 되었을 때. 다만, 그날이 1월부터 6월 사이에 있으면 6월 30일에, 7월부터 12월 사이에 있으면 12월 31일에 각각 당연퇴직된다.

※ 당연퇴직사유 비교

결격사유 중	특수경비원	청원경찰
	당연퇴직사유	
60세 이상인 사람	60세가 된 날이 ① 1월부터 6월 사이에 있으면 6월 30일에, ② 7월부터 12월 사이에 있으면 12월 31일에 각각 당연퇴직	60세가 된 날이 ① 1월부터 6월 사이에 있으면 6월 30일에, ② 7월부터 12월 사이에 있으면 12월 31일에 각각 당연퇴직
파산선고를 받고 복권되지 아니한 자	파산선고를 받은 사람으로서「채무자 회생 및 파산에 관한 법률」에 따라 ① 신청기한 내에 면책신청을 하지 아니하였거나 ② 면책불허가 결정 또는 ③ 면책 취소가 확정된 경우 당연퇴직	파산선고를 받은 사람으로서「채무자 회생 및 파산에 관한 법률」에 따라 ① 신청기한 내에 면책신청을 하지 아니하였거나 ② 면책불허가 결정 또는 ③ 면책 취소가 확정된 경우 당연퇴직
금고 이상의 형의 선고유예를 받고 그 유예기간중에 있는 자	금고 이상의 형의 선고유예를 받고 그 유예기간중에 있는 자는 ①「성폭력범죄의 처벌 등에 관한 특례법」제2조("성폭력범죄") ②「아동·청소년의 성보호에 관한 법률」제2조 제2호("아동·청소년대상 성범죄") ③ 직무와 관련하여「형법」제355조(횡령, 배임) 또는 제356조(업무상의 횡령과 배임)에 규정된 죄를 범한 사람으로서 금고 이상의 형의 선고유예를 받은 경우 당연퇴직	금고 이상의 형의 선고유예를 받고 그 유예기간중에 있는 자는 ①「형법」제129조(수뢰, 사전수뢰), 제130조(제삼자뇌물제공), 제131조(수뢰후부정처사, 사후수뢰), 제132조(알선수뢰) ②「성폭력범죄의 처벌 등에 관한 특례법」제2조("성폭력범죄") ③「아동·청소년의 성보호에 관한 법률」제2조 제2호("아동·청소년대상 성범죄") ④ 직무와 관련하여「형법」제355조(횡령, 배임) 또는 제356조(업무상의 횡령과 배임)에 규정된 죄를 범한 사람으로서 금고 이상의 형의 선고유예를 받은 경우 당연퇴직

eduwill